縮刷版

Friedrich
Wilhelm
Nietzsche

ニーチェ事典

編集委員 ▶
大石紀一郎・大貫敦子・木前利秋・高橋順一・三島憲一

弘文堂

縮刷版の刊行にあたって

　この度，小社では『ニーチェ事典』の縮刷版を刊行することにいたしました。『ニーチェ事典』は，1995年に刊行されて以来，日本のニーチェ研究の世界に誇りうる高い水準を示すものとして，ニーチェ研究者はじめ哲学・思想の専門家の間で好評を博し，わが国のニーチェ研究に不可欠の文献であるとの高い評価を得てきました。

　しかし，残念ながら，本事典は，その後長く品切れ状態が続いていました。これは，昨今の社会情勢から見て，一方で学生諸氏や一般読者にとっては価格面でなかなか手の届かない書であったということをも意味しており，各方面から廉価版を求める声が寄せられていたのも事実であります。そこでこの度，そうした読者の声に応えるために，編集委員にも諮りつつ原版の3分の1以下の価格で一般読者，特に若い読者を対象に『縮刷版ニーチェ事典』を刊行する運びとなりました。

　したがいまして，価格面での配慮から，本体項目と索引をそのまま収めることとし，付録は割愛しましたが，それでも十分に読者の要望に応えうる内容であることを確信しています。新たな装いのもとに刊行されます縮刷版が，若い読者から高齢の哲学・思想分野に関心をお持ちの読者諸氏まで，広く受け入れられることを期待しております。本縮刷版の刊行に，各位のご理解・ご支援をお願いする次第でございます。

2014年5月

　　　　　　　　　　　　　　　　　　　　　　　　　弘文堂編集部

原版序文

弘文堂編集部から本事典の企画について打診があったのは、もう大分昔の1988年春のことである。ニーチェの翻訳も出そろい、解説書も多様化し、日本での受容の歴史にもそれなりの重層性が出てきた事態をふまえて、多角的にニーチェを事典として扱ってみたいというのがそもそもの始まりであった。私として企画を引き受けさせていただいた背景にあるのは、第一には、80年代とともにますます先鋭さを増してきたニーチェのアクチュアリティである。ファシズムに結果として手を貸すことになった思想家とか、ニヒリズムや力への意志、永遠回帰や超人を譫言のように唱えた狂気の哲学者といったイメージではすまなくなり、ニーチェは現代の西側文明を考える重要な手がかりになっている。第二には、そのためにはニーチェを彼が生きた時代のコンテクストにいったんは置き入れて再構成するという作業も不可欠であるが、その点は、日本ではあまりなされてこなかったように見える。第三には、ニーチェの受容の多面性を押さえる必要があり、それはもちろん我々の手に負える仕事ではないが、多少の端緒はつける必要があること——ほぼこのようなところである。

それゆえ、必ずしもニーチェを専門にしていない方々にも敢えて共同編集者の役を引き受けていただくことにした。現代思想に詳しい方々、またドイツ19世紀の文化的コンテクストやニーチェを最初に受容した時代について研究実績のある方々、そしてもちろんのことニーチェの専門家として知識を蓄えている方も欠かすことはできない。事典をできるだけ多様な観点から作ろうというのが、趣旨である。かくして大石紀一郎、大貫敦子、木前利秋、高橋順一の各氏に加わっていただいて編集委員会がスタートした。

だが、講壇哲学者と異なって、専門用語といってもニーチェの場合には限られている。概念史的な発想からアプローチするのにも限界がある。また受容といっても項目選定の段階においてすら我々にカバーできる地域や文化には限界がある。ニーチェと交際のあった人物も意外に多い。ニーチェにとって重要なヨーロッパの過去の思想家や文学者も相当な数に上る。無理はしたいが、失敗するわけにも行かない。さらには、ニーチェの用語ではないが、現代から見て再構成しうるようなもの

も（例：啓蒙の弁証法，フェミニズム）取り入れることにした。項目選定が予想外に難航した末ようやくほぼ570項目を選び，ランクづけし，執筆をお願いする先生方に，依頼のお手紙を発送するところまでこぎつけたのは，1990年秋のことである。その間にベルリンの壁が開き，冷戦体制が崩壊し，世界史は予想もしない速度で未知の領野に突き進み始め，ニーチェの言葉の多くはますます不気味に響くようになっていた。

項目の選定に当たっては，400字詰め原稿用紙20枚あるいはそれ以上になることも予想される大項目を20ほど立て，これについては共同編集者が引き受け，相互の討論の上で仕上げる方式を取ることにした。それ以外にも編集者が執筆する量を多めにし，全体として半分以上になることを目途にした。書き方も，事典のスタイルにとらわれない自由な，そして多少とも主観的なアクセントをつけるようにした。その試みが成功しているか否かは，まったく自信がないが，そのためにずるずると完成が先延びになってしまった。それによって多少でも満足できるものになっていれば，と願うのみである。いずれにせよ，その間にニーチェの重要性は，増加することはあっても減少することはなかったと信じている。

お忙しい中を原稿執筆を快く引き受けてくださった執筆者の先生方には，この場を借りて心からお礼を申し上げたい。特に早くに原稿をいただいた先生方には，刊行が遅れたことをおわびする次第である。

ようやく完成するにあたって，我々の牛歩のような仕事ぶりにじっと忍耐の一字で，しかも快活につきあってくださった弘文堂編集部の浦辻雄次郎氏に心から感謝申し上げたい。氏は，日程の調整から原稿の整理，細かな相互連絡のいっさい，それ以外にもこうした企画の成功に不可欠な「人間的な，あまりに人間的な」配慮のいっさいを引き受けてくださった。仕事の終わりの「曙光」が見えてくるころ，時には「悦ばしき智恵」を感じることもあったのも，また「善悪の彼岸」において討論できたのも，そして思想における「偶像の黄昏」は複雑な相貌をしていることを理解できたのも，いかなる力への意志も示されない，浦辻氏の超人的なコーディネーティングによっている。まさに「この人を見よ」，といいたいところである。

1995年1月10日　　　　　　　　　　　　　　　　　共同編集者を代表して

　　　　　　　　　　　　　　　　　　　　　　　　　　三島 憲一

執筆者一覧

今村仁司	柏原啓一	好村冨士彦	須藤訓任	徳永 恂	三宅晶子
岩淵達治	兼子正勝	後藤嘉也	薗田宗人	中尾健二	村岡晋一
上山安敏	川崎 浹	小林 眞	高田珠樹	中野敏男	村田経和
鵜飼 哲	川本隆史	清水本裕	高橋順一	野家啓一	山内 昶
宇田川博	木田 元	シャイフェレ, E.	高橋 透	富士川義之	山下威士
大石紀一郎	木前利秋	杉田弘子	瀧田夏樹	三島憲一	山本 尤
大貫敦子	忽那敬三	鈴木 直	長木誠司	港道 隆	鷲田清一

使用の手引

【項目見出しおよび配列】
1) 配列は，事項・人名・著作名を分けず項目読みの五十音順とした。配列の原則は以下の通り。
    ① 清音，濁音，半濁音の別および直音，拗音，撥音の別を無視する。
    ② 音引（ー）は無視する。
    ③ 以上の結果，配列が同じになる場合は，清音，直音，音引なしをそれぞれ優先する。
2) 項目の見出しには，必要に応じて対応する原語を付した。
3) 人名項目のうち，外国人名については姓の片仮名読みを示し，一般的に用いられている原綴，生没年を付した。ドイツ語表記を主とし，原名を（ ）内に併記した場合もある。日本人については姓名を示し，読みと生没年を付した。
    〔例〕ショーペンハウアー　［Arthur Schopenhauer 1788-1860］
    　　　シーザー　　［Cäsar (Gaius Julius Caesar) 100-44B.C.］
    　　　萩原朔太郎　［はぎわら・さくたろう　1866-1942］
    読みが同一の項目は，姓の綴りの，また同姓の場合はパーソナル・ネームの綴りのアルファベット順に配列した。
4) 検索頻度の高いと思われる別訳や対形式の見出しの後半部などは見よ項目（空見出し）とし，⇨印で参照すべき独立項目を示した。
    〔例〕僧侶　⇨司祭〔僧侶〕
    　　　認識　⇨真理と認識
5) 見出し語中の〔 〕（ ）は以下の基準に従って用いた。
    ① 〔 〕：同義語・異称を示す。
    〔例〕『悦ばしき智恵』『華やぐ智慧』

② 見出し語末尾の（ ）内の明朝体：補足説明または記述の範囲の限定。
〔例〕反ニーチェ（リベラリズムの）

【本文中の注意事項】
1） 記述中のニーチェの著作名は，初出時にはフルで表記する原則に従っているが，二度目以降または誤解の恐れのない場合は，下記一覧表の略称をそのまま用いている。
2） 文中右肩に＊を付した語は，本事典に項目として採用されている用語・人名・著作名であることを示す。あくまで利用者の参考として付したものなので，文脈上の重要度を問わず，原則として各項目の初出に付した。必ずしも網羅的ではなく，また項目見出しと若干異なる表記の箇所にも付されている。
3） 本文末の→は，当該項目に関連して参照していただきたい項目の指示である。

【参考文献】
項目の内容理解を深めるのに参考になると思われる文献を末尾に掲げた。一部編者の判断で付け加えたものもある。

【引用凡例ならびに略号】
記述の典拠もしくは引用箇所は，本文中 [ ] に表示した。
1） ニーチェの著作の出典表記は次の原則に従っている。
① 一般的な著作については，末尾の表の右欄の略称を用いた。
② 以下の全集に収録されている著作からの引用は，グロイター版注釈で用いられている略号に従い，下記要領で略記して示した。
シュレヒタ版全集　　　　　SA
歴史的・批判的全集　　　　BAW
ムザーリオン版全集　　　　MusA
グロイター版ペーパー・バック版全集コメンタール　　KSA 14
〔例〕[BAW 2.50]　　　　（歴史的・批判的全集第2巻50頁からの引用）
③ 書簡からの引用は　宛先 年．月．日．の体裁で示した。
〔例〕[ペーター・ガスト宛1881.6.5.]
④ 遺稿・断片については，白水社版の邦訳全集の　期．巻．ページ　で示した。
〔例〕[遺稿 Ⅱ.8.278]　　（第Ⅱ期の8巻278ページに該当する断片からの引用）
2） 翻訳について
ニーチェの著作からの引用にあたっては，白水社版，理想社版（ちくま学芸文庫版）など，既存の邦訳を参考にしたり，そのまま利用させていただいたりした部分もある。ただし，執筆者の判断で適宜訳文を変更している場合もある。とくに遺稿に関しては，出典表記においては白水社版全集の対応ページを示してはいても，文脈や必要性に応じて，訳文を変更していることが多い。
3） ニーチェ以外の著作家の作品・著作からの引用は，誤解のない範囲で適宜著作名（場合によってはページ数や章節ナンバーまで）を示した。

著作名（著作略称）	章節名／アフォリズム番号	章節略称
「われわれの教育施設の将来について」	第1～5講演	「教育施設」Ⅰ～Ⅴ
「書かれなかった五冊の書物のための五つの序文」（「五つの序文」）	真理のパトスについて	「五つの序文」Ⅰ
	われわれの教養施設の将来についての考え	「五つの序文」Ⅱ
	ギリシアの国家	「五つの序文」Ⅲ
	ショーペンハウアー哲学のドイツ文化に対する関係	「五つの序文」Ⅳ

使用の手引

	ホメロスの技競べ	「五つの序文」V
『悲劇の誕生』(『悲劇』)	自己批判の試み1～7	『悲劇』「自己批判」1～7
	リヒャルト・ヴァーグナーに寄せる序文	『悲劇』序文
	第1～25節	『悲劇』1～25
「ギリシア人の悲劇時代の哲学」(「悲劇時代の哲学」)	(序文)	「悲劇時代の哲学」序
	第1～19節	「悲劇時代の哲学」1～19
「道徳外の意味における真理と虚偽について」(「真理と虚偽」)	第1・2節	「真理と虚偽」1・2
『反時代的考察』(『反時代的』)		
第一篇『ダーフィト・シュトラウス』(『反時代的』I)	第1～12節	『反時代的』I.1～12
第二篇『生に対する歴史の利と害』(『反時代的』II)	序文	『反時代的』II序文
	第1～10節	『反時代的』II.1～10
第三篇『教育者としてのショーペンハウアー』(『反時代的』III)	第1～8節	『反時代的』III.1～8
第四篇『バイロイトにおけるリヒャルト・ヴァーグナー』(『反時代的』IV)	第1～11節	『反時代的』IV.1～11
『人間的な、あまりに人間的な』(『人間的』)		
『人間的な、あまりに人間的な』第1部(『人間的』I)	序言1～8	『人間的な』I序言1～8
	1～638	『人間的』I.1～638
	後奏曲「友たちの間で」	『人間的』I「友たちの間で」
『人間的な、あまりに人間的な』第2部(『人間的』II)	序言1～7	『人間的』II序言1～7
『さまざまな意見と箴言』(『人間的』II-1)	1～408	『人間的』II-1.1～408
『漂泊者とその影』(『人間的』II-2)	1～350	『人間的』II-2.1～350
	漂泊者と影の対話	『人間的』II-2 対話
『曙光』	序言1～5	『曙光』序言1～5
	1～575	『曙光』1～575
「メッシーナ牧歌」(「牧歌」)	(各詩編題名)	「牧歌」のあとに各詩編題名
『悦ばしき智恵』/『華やぐ智恵』(『智恵』)	第2版への序言1～4	『智恵』序言1～4
	たわむれ、たくらみ、しかえし 1～63	『智恵』「たわむれ」1～63
	1～383	『智恵』1～383
	プリンツ・フォーゲルフライの歌	『智恵』「フォーゲルフライ」のあとに各詩編題名
『ツァラトゥストラはこう語った』(『ツァラトゥストラ』)	序説1～10	『ツァラトゥストラ』序説1～10
第1部(『ツァラトゥストラ』I)	三段の変化	『ツァラトゥストラ』I-1
	徳の講壇	『ツァラトゥストラ』I-2
	背後世界論者たち	『ツァラトゥストラ』I-3
	身体の軽蔑者たち	『ツァラトゥストラ』I-4
	喜びの情熱と苦しみの情熱	『ツァラトゥストラ』I-5
	蒼白の犯罪者	『ツァラトゥストラ』I-6
	読むことと書くこと	『ツァラトゥストラ』I-7
	山上の木	『ツァラトゥストラ』I-8

使用の手引

	死の説教者	『ツァラトゥストラ』Ⅰ-9
	戦争と戦士	『ツァラトゥストラ』Ⅰ-10
	新しい偶像	『ツァラトゥストラ』Ⅰ-11
	市場の蝿	『ツァラトゥストラ』Ⅰ-12
	純潔	『ツァラトゥストラ』Ⅰ-13
	友	『ツァラトゥストラ』Ⅰ-14
	千の目標と一つの目標	『ツァラトゥストラ』Ⅰ-15
	隣人愛	『ツァラトゥストラ』Ⅰ-16
	創造者の道	『ツァラトゥストラ』Ⅰ-17
	老いた女と若い女	『ツァラトゥストラ』Ⅰ-18
	蝮の咬み傷	『ツァラトゥストラ』Ⅰ-19
	子供と結婚	『ツァラトゥストラ』Ⅰ-20
	自由な死	『ツァラトゥストラ』Ⅰ-21
	贈り与える徳1～3	『ツァラトゥストラ』Ⅰ-22.1～3
第2部(『ツァラトゥストラ』Ⅱ)	鏡を持った幼な子	『ツァラトゥストラ』Ⅱ-1
	幸福の島々で	『ツァラトゥストラ』Ⅱ-2
	同情者たち	『ツァラトゥストラ』Ⅱ-3
	聖職者たち	『ツァラトゥストラ』Ⅱ-4
	有徳者たち	『ツァラトゥストラ』Ⅱ-5
	賤民	『ツァラトゥストラ』Ⅱ-6
	毒ぐもタランチュラ	『ツァラトゥストラ』Ⅱ-7
	名声高い賢者たち	『ツァラトゥストラ』Ⅱ-8
	夜の歌	『ツァラトゥストラ』Ⅱ-9
	舞踏の歌	『ツァラトゥストラ』Ⅱ-10
	墓の歌	『ツァラトゥストラ』Ⅱ-11
	自己克服	『ツァラトゥストラ』Ⅱ-12
	悲壮な者たち	『ツァラトゥストラ』Ⅱ-13
	教養の国	『ツァラトゥストラ』Ⅱ-14
	汚れなき認識	『ツァラトゥストラ』Ⅱ-15
	学者	『ツァラトゥストラ』Ⅱ-16
	詩人	『ツァラトゥストラ』Ⅱ-17
	大いなる出来事	『ツァラトゥストラ』Ⅱ-18
	預言者	『ツァラトゥストラ』Ⅱ-19
	救済	『ツァラトゥストラ』Ⅱ-20
	処世の術	『ツァラトゥストラ』Ⅱ-21
	最も静かな時	『ツァラトゥストラ』Ⅱ-22
第3部(『ツァラトゥストラ』Ⅲ)	漂泊者	『ツァラトゥストラ』Ⅲ-1
	幻影と謎1・2	『ツァラトゥストラ』Ⅲ-2.1・2
	来ては困る幸福	『ツァラトゥストラ』Ⅲ-3
	日の出前	『ツァラトゥストラ』Ⅲ-4
	小さくする徳1～3	『ツァラトゥストラ』Ⅲ-5.1～3
	オリーブ山で	『ツァラトゥストラ』Ⅲ-6
	通過	『ツァラトゥストラ』Ⅲ-7
	脱落者たち1・2	『ツァラトゥストラ』Ⅲ-8.1・2
	帰郷	『ツァラトゥストラ』Ⅲ-9
	三つの悪1・2	『ツァラトゥストラ』Ⅲ-10.1・2
	重力の精1・2	『ツァラトゥストラ』Ⅲ-11.1・2

使用の手引

	新しい石板と古い石板 1～30	『ツァラトゥストラ』 Ⅲ-12.1～30
	快癒に向かう者 1・2	『ツァラトゥストラ』 Ⅲ-13.1・2
	大いなる憧れ	『ツァラトゥストラ』 Ⅲ-14
	第二の舞踏の歌 1～3	『ツァラトゥストラ』 Ⅲ-15.1～3
	七つの封印 1～7	『ツァラトゥストラ』 Ⅲ-16.1～7
第4部（『ツァラトゥストラ』Ⅳ）	蜜の供え物	『ツァラトゥストラ』 Ⅳ-1
	危急の叫び	『ツァラトゥストラ』 Ⅳ-2
	王たちとの対話	『ツァラトゥストラ』 Ⅳ-3
	蛭	『ツァラトゥストラ』 Ⅳ-4
	魔術師 1・2	『ツァラトゥストラ』 Ⅳ-5.1・2
	退職	『ツァラトゥストラ』 Ⅳ-6
	最も醜い人間	『ツァラトゥストラ』 Ⅳ-7
	求めてなった乞食	『ツァラトゥストラ』 Ⅳ-8
	影	『ツァラトゥストラ』 Ⅳ-9
	正午	『ツァラトゥストラ』 Ⅳ-10
	挨拶	『ツァラトゥストラ』 Ⅳ-11
	晩餐	『ツァラトゥストラ』 Ⅳ-12
	ましな人間 1～20	『ツァラトゥストラ』 Ⅳ-13.1～20
	憂鬱の歌 1～3	『ツァラトゥストラ』 Ⅳ-14.1～3
	学問	『ツァラトゥストラ』 Ⅳ-15
	砂漠の娘たちのもとで 1・2	『ツァラトゥストラ』 Ⅳ-16.1・2
	覚醒 1・2	『ツァラトゥストラ』 Ⅳ-17.1・2
	驢馬祭り 1～3	『ツァラトゥストラ』 Ⅳ-18.1～3
	酔歌 1～12	『ツァラトゥストラ』 Ⅳ-19.1～12
	徴	『ツァラトゥストラ』 Ⅳ-20
『善悪の彼岸』（『善悪』）	序言	『善悪』序言
	1～296	『善悪』1～296
	後奏曲「高き山より」	『善悪』「高き山より」
『道徳の系譜』（『系譜』）	序言 1～8	『系譜』序言 1～8
第1論文「〈善と悪〉，〈良いと悪い〉」（『系譜』Ⅰ）	1～17	『系譜』Ⅰ.1～17
第2論文「〈罪〉，〈良心〉，その類」（『系譜』Ⅱ）	1～25	『系譜』Ⅱ.1～25
第3論文「禁欲的理想は何を意味するか」（『系譜』Ⅲ）	1～28	『系譜』Ⅲ.1～28
『ヴァーグナーの場合』（『場合』）	序文	『場合』序文
	トリノからの手紙 1～12	『場合』手紙 1～12
	追記	『場合』追記
	第2の追記	『場合』第2の追記
	エピローグ	『場合』エピローグ
『偶像の黄昏』（『偶像』）	序言	『偶像』序言

	箴言と矢 1〜44	『偶像』 I .1〜44
	ソクラテスの問題 1〜12	『偶像』 II .1〜12
	哲学における「理性」1〜6	『偶像』 III .1〜6
	いかにして「真の世界」は寓話となったか 1〜6	『偶像』 IV .1〜6
	反自然としての道徳 1〜6	『偶像』 V .1〜6
	四つの大きな錯誤 1〜8	『偶像』 VI .1〜8
	人類の「改良者」 1〜5	『偶像』 VII .1〜5
	ドイツ人に欠けているもの 1〜7	『偶像』 VIII .1〜7
	ある反時代的人間の逍遥 1〜51	『偶像』 IX .1〜51
	私が古代人に負うもの 1〜5	『偶像』 X .1〜5
『アンチクリスト』	序言	『アンチクリスト』序言
	第1〜62節	『アンチクリスト』 1〜62
	キリスト教に反対する律法	『アンチクリスト』「律法」
『この人を見よ』(『この人』)	序言 1〜4	『この人』序言 1〜4
	なぜ私はかくも賢明なのか 1〜8	『この人』 I .1〜8
	なぜ私はかくも怜悧なのか 1〜10	『この人』 II .1〜10
	なぜ私はかくも良い本を書くのか 1〜6	『この人』 III .1〜6
	悲劇の誕生 1〜4	『この人』 IV .1〜4
	反時代的考察 1〜3	『この人』 V .1〜3
	人間的な,あまりに人間的な 1〜6	『この人』 VI .1〜6
	曙光 1・2	『この人』 VII .1・2
	悦ばしき智恵	『この人』 VIII
	ツァラトゥストラはこう語った 1〜8	『この人』 IX .1〜8
	善悪の彼岸 1・2	『この人』 X .1・2
	道徳の系譜	『この人』 XI
	偶像の黄昏 1〜3	『この人』 XII .1〜3
	ヴァーグナーの場合 1〜4	『この人』 XIII .1〜4
	なぜ私は運命であるのか 1〜9	『この人』 XIV .1〜9
「ディオニュソス・ディテュランブス」(「ディテュランブス」)	(各詩編題名)	「ディテュランブス」のあとに各詩編題名
『ニーチェ対ヴァーグナー』〔略号下 [ ] 内の注記はもとになっている箇所を示す〕	序言	『ニーチェ対ヴァーグナー』序言
	私が感嘆するところ	『ニーチェ対ヴァーグナー』 I [『智恵』87]
	私が抗議するところ	『ニーチェ対ヴァーグナー』 II [『智恵』368]
	間奏曲	『ニーチェ対ヴァーグナー』 III [『この人』「怜悧」7]
	危険としてのヴァーグナー 1	『ニーチェ対ヴァーグナー』 IV.1 [『人間的な』 II -1.134]
	2	『ニーチェ対ヴァーグナー』

	Ⅳ.2［『人間的な』Ⅱ-1.165］
未来のない音楽	『ニーチェ対ヴァーグナー』Ⅴ ［『人間的な』Ⅱ-1.171］
われら対蹠者	『ニーチェ対ヴァーグナー』Ⅵ ［『智恵』370］
ヴァーグナーの属するところ	『ニーチェ対ヴァーグナー』Ⅶ ［『善悪』254 / 256］
純潔の使徒としてのヴァーグナー 1	『ニーチェ対ヴァーグナー』Ⅷ.1［『善悪』256］
同 2	『ニーチェ対ヴァーグナー』Ⅷ.2［『系譜』Ⅲ.2］
同 3	『ニーチェ対ヴァーグナー』Ⅷ.3［『系譜』Ⅲ.3］
いかにして私はヴァーグナーから解放されたか 1	『ニーチェ対ヴァーグナー』Ⅸ.1［『人間的な』Ⅱ序言3］
同 2	『ニーチェ対ヴァーグナー』Ⅸ.2［『人間的な』Ⅱ序言4］
心理学者は発言する 1・2	『ニーチェ対ヴァーグナー』Ⅹ.1・2［『善悪』269］
同 3	『ニーチェ対ヴァーグナー』Ⅹ.3［『善悪』270］
エピローグ 1	『ニーチェ対ヴァーグナー』Ⅺ.1［『智恵』序言3］
同 2	『ニーチェ対ヴァーグナー』Ⅺ.2［『智恵』序言4］

〈とくに略称を設けない著作〉

「ホメロスと古典文献学」
「ギリシアの音楽劇」
「ソクラテスと悲劇」
「ディオニュソス的世界観」
「悲劇的思想の誕生」
「ソクラテスとギリシア悲劇」
「週刊誌『新しい国で』編集者への新年の挨拶」
「ドイツ人への警鐘」

ア

アイスキュロス [Äschylus (Aischylos)]
⇨悲劇作家

アクシオン・フランセーズ [Action française]

19世紀末から今世紀初頭にかけて、フランスの右翼ナショナリズム思潮の形成に大きな役割を果たすことになった集団。アクシオン・フランセーズ設立のきっかけは、1894年のドレフュス事件である。ゾラをはじめ自由・人権・民主主義*を主張するいわゆる「知識人」たちに対して、シャルル・モラスを中心とした人々が軍を擁護し反民主主義・反ユダヤ主義*に立つナショナリズムの論陣を張り、1899年に「フランス愛国同盟」から分離してアクシオン・フランセーズを設立。レオン・ドデー（アルフォンス・ドデーの息子）らが中心メンバー。モラスの場合、議会制民主主義を軽蔑し、近代を否定的に見て古典古代に依拠するなど、ニーチェに似た思考を示すが、明示的にニーチェを引合いに出していることはほとんどない。むしろ時代の潮流のなかに漂っていたニーチェ主義の影響を受けていると見た方がよい。近代の悪弊の根をプロテスタンティズム*に見た彼はむしろカトリシズムに共鳴し、ニーチェのキリスト教*一般への批判とは距離を保つ。またモラスやドデーにとってディオニュソス*的ニーチェは、あまりに異教的であり、ニーチェの批判は、愛国的行動をめざす彼にとっては非政治的すぎた。ドデーはニーチェを「形而上学的アッティラ」と呼んでいる。だが彼らにとってニーチェはあくまでも嫌悪するドイツの文化に列する者であり、思考の共通性が認められるにもかかわらず積極的な賛同は少ない。ニーチェはむしろ1930年代から、アクシオン・フランセーズの若い世代にとって精神的な礎となった。だが、アクシオン・フランセーズの保守ナショナリズムはむしろ美的次元での近代の超克という性質がまだ強い。ティエリー・モルニエはその著書『ニーチェ』(1933) で、ニーチェを「地中海諸国の理性」に対立する「チュートン的・プロメテウス的ロマン主義」の代表者とみなし、大衆化と民主主義に抗するニーチェの思想に共感を示している。またドリュー・ラ・ロシェルもまた30年代にはニーチェをダヌンツィオ*と並ぶ耽美主義者の典型としている。こうしたニーチェ受容から見ても、アクシオン・フランセーズは30年代に台頭しやがて対独協力にむかうファシズム的右翼とは一線を画している。1942年のドイツによるフランス占領後、とくにパリを中心として在仏ドイツ大使館・文化機関による文化伝播活動のなかでニーチェはファシズム的ドイツを代表する思想家として紹介され、フランスのファシストにもこうした「公式」のニーチェ観が定着していく。モラスなどの古い保守ナショナリズムが、ナチス*・ファシズムから距離をとった事実は、保守革命とファシズムの関係を検討する上で重要であろう。　　　　　　　　　(大貫敦子)

文献 ▷Maurizio Serra, Nietzsche und die französischen Rechten 1930–1945, in: *Nietzsche-Studien*, Bd. 13, Berlin / New York 1984. ▷Ernst Nolte, *Der Faschismus in seiner Epoche*, München 1963/84.

芥川龍之介 [あくたがわ・りゅうのすけ　1892–1927]

一高在学中から文筆活動に従事し、東京帝国大学在学中の大正5年、第4次『新思潮』創刊号に掲載した「鼻」が師の漱石*に激賞され、はなばなしく文壇にデビューした。構

成美を重んずる理知的作風により、大正文壇の寵児となったが、同時に有名な読書家であった。大正期に流行したニーチェも、当然こうした芥川の視野に入っており、大正3年3月、親友の恒藤恭にあてた手紙で、『ツァラトゥストラ』*を読んでいることを報告し、そのアレゴリーに限りない興味を感じると言っている。彫心鏤骨の文章家であった芥川らしい読み方である。しかしニーチェ思想そのものに強く惹かれたのはむしろその晩年においてであろう。まとまったニーチェ論はないが、この頃書いたものにニーチェの名がよく出てくる。大正11年の『支那遊記』や大正13年の随筆『僻見』では、水滸伝の英雄たちや日本の豪傑岩見重太郎に超人*を感ずるという。善悪の彼岸に立ち、生命力あふれる超人のイメージである。これは芸術的苦悩や生活上の重圧から次第に激しくなってくる神経衰弱や発狂した母親の遺伝を恐れる気持ちや、無力感に悩む芥川の本能的な強者への憧れを現しているのであろう。芥川が惹かれたのはもっぱらこの超人思想である。自殺の年、昭和2年に書かれた『河童』『文芸的な余りに文芸的な』『或る阿呆の一生』『闇中問答』『西方の人』など重要な作品にはいずれもニーチェへの言及がある。死の直前、キリスト教*に救いを求めて得られなかった芥川はユニークなイエス論『西方の人』を書いている。ここで芥川はキリストを「永遠に超えんとする者」と呼び、マリアを「永遠に守らんとする者」と呼ぶ。永遠に超えるという表現自体に、超人に向かって自己を超えることを説いた『ツァラトゥストラ』の影響が感じられる。またニーチェはキリストへの叛逆者ではなくマリアへの叛逆者だともいう。芥川は超える者としてキリストとニーチェの同質性を感じているのである。 (杉田弘子)

文献 ▷杉田弘子「芥川龍之介とニーチェ」東京大学教養学部『教養学科紀要』第3号, 1970.

悪魔 [Teufel]

『悲劇の誕生』*[20]では現代文化の荒廃のさまを、死と悪魔を伴侶としたやせ細った騎士を描いたデューラー*の版画にたとえている。この騎士はいかなる望みも抱かないが、真理を求めたのだとニーチェは解釈する。真理の探求が悪魔を道連れとするという発想には、善なる神に真理の根源を求めるキリスト教*思想を逆転しようとする意図がすでにうかがえる。また自分はすでに12歳のときに「神-子、父-子、神-悪魔という三位一体」を考え出したと後に豪語してもいる[遺稿 II.7.330]。『善悪の彼岸』*[129]では「悪魔は、認識のもっとも古くからの友人である」とも言われている。『反時代的考察』*[II.9]には、人類の歴史を理想状態への接近とみなすE. ハルトマン*のような歴史観に対して、「悪魔がこの世界の統治者であり、成果と進歩の主人であり、悪魔こそがあらゆる歴史的権力のなかで本来的な権力である」という歴史観を対置し、「現代は悪魔にさえ再洗礼をほどこす」時代になってしまったことを嘆いている。神と悪魔の位置づけを逆転しようとする思考は「神は否定されたが、悪魔は否定されていない」[遺稿 II.8.444f.]という表現にもうかがえる。

悪の存在を善なる神と相補的存在として捉える見方は、神に逆らって天を追われた堕落天使ルツィファーの存在を語った旧約聖書イザヤ書を思わせる。しかしイザヤについてはわずかな言及しかない。だがイザヤについては肯定的で「時代の批判者にして風刺家」[『アンチクリスト』25]といわれ、その時代のユダヤ教はまだ「良心*の疾しさ」を感じることもなく、「民族の自己肯定」や「自己によせる希望」や「権力の意識」を隠す必要もないほど「自然」であったという。だが救世主の到来を告げるイザヤの預言が実現しない状況のなかで、ユダヤ教の「僧侶的扇動家」は神の概念から自然性を除去してしまったの

だとニーチェは言う［同］。こうして本能を去勢されたキリスト教のなかでは、苦悩や苦痛といった負の感受能力は恥であり、何らかの正当化なしには表現できなくなった。そこで苦悩を引きおこす原因として悪魔という「強力な敵」をしたてあげ、苦悩を恥じる必要をなくしたのだと言う［同 23］。それゆえに、キリスト教における神も悪魔も、権力意志の衰えの兆候である「デカダンス*の産物」［同 17］にほかならないとニーチェは見る。こうした弱者が作り出した神と悪魔の次元を越えるヴィジョンとして、ニーチェは「チェーザレ・ボルジア*が法王を演じる劇」を想像するが、それは「悪魔的でありながら神的なもの」［同 61］である。またデカダンスの克服者としてのツァラトゥストラはそれゆえに、「悪魔と二人住まいする隠者」［『ディオニュソス・ディテュランブス』「猛禽のあいだで」］といわれるのである。　　　　　　（大貫敦子）

アゴーンと嫉妬

ニーチェは、同じ嫉妬でも、弱い者が強い者を、美しくない者が美しい者をひそかに嫉み、意地の悪い復讐を意図するそれみと、同等の力のある者、同等の美に輝く者同士が雌雄を決すべく張り合う競争心とを区別した。ヘシオドスに倣って前者は悪しきエリスと呼ばれ、黒い夜の娘とされる。反対に、後者の良きエリスは、アリストテレスすら批判的に見ていない真にギリシア的精神であると、考えていた。後者によるのがギリシア人のたぐい稀な智恵としての競争（アゴーン）である［『曙光』38］。『人間的』* Ⅱ-2 の 226 番では、他者に打ち勝ちたいというのは、人間本性の消しがたい特性であり、平等の喜びよりもずっと根源的であるから、ギリシア人は体育と音楽の競争のための特別の場を作る智恵を働かしたのであり、それによって政治秩序が危険に曝されないようにした。しかし、この競争の場の消失とともにギリシアの国家も揺らぎはじめたと論じられている。

「闘争こそは……治癒であり、救済であり、勝利の残酷さこそは生の歓喜の頂点である」［「五つの序文」Ⅴ］とするこの心性は、ニーチェに言わせれば、ホメロス*以前の神話時代の残虐なギリシアに遡る。ただ、人間は、自分の娘を神々の娘より綺麗であると言って、ゼウスの妻ヘラの怒りをかい、娘を殺されてしまったニオベの伝説が示すとおり、神々とは競争してはならなかった。また、貝殻追放は元来は絶対的に優勢な者を追い払い、たえず競争を可能にするためであった。この競争は、ホメロスの名声に対する後世の詩人の嫉妬となることもあれば、悲劇作家*たちの個人的嫉妬による競り合いともなるし、どんな演説よりすばらしい演説を書いたとするプラトン*のひそかな自負となることもある。プラトンの場合には体育の競争よりもエロスの競争と言うべきであり、これは古典主義期のフランスの優雅な性の競争にもつながる、とも指摘される［『偶像』Ⅸ.23］。いずれにせよ、天才*同士の競争こそギリシア文化の秘密であり、ペロポネソス戦争以降、これがなくなり、都市国家間の競争もなくなってからは、ギリシアはホメロス以前の野蛮な競争に戻ってしまった、とされる。またギリシア古典期のノモスによる教育が現代になくなったこともしきりと嘆かれる。ただ、ニーチェは一方では、古典期の競争の果たした実り豊かな役割、そこにある文化的昇華を評価しながら、他方ではホメロス以前の権力と虐殺の血なまぐささに捨てきれぬ魅力を感じてもいる。これを矛盾と見るか、連続線で見るかでニーチェ解釈は大きく分かれて来る。「彼（ソクラテス）は新しい種類のアゴーンを発見した」［遺稿Ⅱ.11.86］。→ホメロス　　（三島憲一）

アドルノ　［Theodor Wiesengrund Adorno 1903-69］

フランクフルト学派*の代表的思想家とし

て知られるドイツの哲学者。音楽，社会学，文学にわたる広範な領域で鋭い批評活動を展開した。アドルノという姓はコルシカ系の母方の姓に由来するが，富裕なユダヤ系の家庭に生まれ，学生時代から音楽批評に従事，現象学について博士論文を書いた後，ウィーンのベルクのもとで作曲を学ぶかたわら，音楽雑誌の編集をしたりするが，1931年にはベンヤミン*の影響下に教授資格論文「キルケゴール――美的なものの構成」を出し，フランクフルト大学の講師に就任。同時にホルクハイマー*指導下の「社会研究所」に加わる。33年ナチス*の政権獲得とともにロンドンへ，そしてアメリカに亡命。ホルクハイマーとともに『啓蒙の弁証法』を執筆。バークレイ大学グループと『権威主義的性格』の共同研究。50年代以降ドイツに帰って社会研究所を再建。フランクフルト学派のリーダーとして華々しい活躍を続けるが，69年急死。ズールカンプ社からの全集は一応完結したが，なお20巻を越える遺稿集が刊行中である。

アドルノおよび彼の属するフランクフルト学派は，しばしばネオ・マルクス主義などと呼ばれることがある。たしかに物象化の概念を美学に導入するなど，初期ルカーチ*以来の西欧的マルクス主義の影響は否定できないが，アドルノの特色は，後期ルカーチのように，ニーチェをナチズムの非合理主義的先駆者として単純に非難することなく，むしろ大衆文化への仮借ない批判者，伝統的形而上学*の破産告知者，とりわけ啓蒙の弁証法*の両義性への透徹した認識者として，積極的に評価するところに見いだされよう。フランクフルト学派が旗印とする「批判理論」にしても，その理論モデルは，マルクス*の『経済学批判』に求められているが，アドルノにとっては，むしろニーチェこそ，西欧文明に対する根本的な批判という課題と方法を受け継いだモデルだったということができよう。「脱構築*」もしくは「ポスト構造主義*」と呼ばれる潮流の中で，その先駆者としてのニーチェと結びつけて，アドルノが再評価されるのも偶然ではない。

アドルノほど同時代のアカデミックな哲学から無縁な哲学者も珍しい。哲学史との結びつきもヘーゲル*，ニーチェまでで途切れていると言っていい。アドルノが早くからニーチェを愛読したこと，亡命先にもクレーナー版の全集を持参して精読したこと，そのほとんど全著作からの引用が見られることなどから，ニーチェへの並み並みならぬ関心がうかがえるし，毎年の夏休みをジルス＝マリーア*で送っていたのも，ニーチェと無縁とは思われない。しかしアドルノには，ニーチェを主題として扱った著作や論文はなく，ハイデガー*のような講義や遺稿が現れる見込みもないようである。したがってアドルノのニーチェへの態度は，さしあたり散見する断章や寸言，場合によってはアイロニカルな非難や，あからさまな批判の裏側などから読みとる外にはない。「ニーチェは，ヘーゲル以後に啓蒙の弁証法を認識した数少ない一人だった。……しかしニーチェの啓蒙に対する関係は，それ自体分裂したものだった。彼は啓蒙のうちに崇高な精神の普遍的運動を見てとり，その完成者として自らを自覚すると同時に，またそこに，生に敵対的な〈ニヒリズム的な〉力を見て取ったのであるが，ファシズムに先行する彼のエピゴーネンたちのもとでは，第二のモメントだけが残されて，イデオロギーへと転落してしまった」[『啓蒙の弁証法』(徳永恂訳，岩波書店) 69ページ]。

「啓蒙」とは，マクス・ウェーバー*が言う意味での合理化，ないし神話や野蛮からの離脱としての文明化，あるいは人類の知的営為の進展という，もっとも広い意味で考えられており，「啓蒙の弁証法」とは，そういう進歩を推進してきた理性が，深く自己保存*，ないし自然や人間の「支配」と関わっており，本来，野蛮と神話へ顚落する自己破滅的

傾向を持つという事態ないしその認識をさす。アドルノがニーチェのうちに注目するのは、文化ファシストが歪曲したような、盲目的な生や力の非合理的賛美者でも、文化ペシミストの詠嘆でも、偶像破壊的の「積極的ニヒリズム」でもない。啓蒙の持つ否定的側面への批判を、非合理的な敵方に委ねるのでなく、啓蒙自身の自己批判として遂行しようとする課題とそのジレンマである。啓蒙に対するニーチェの態度が分裂していたとすれば、アドルノのニーチェ評価も当然両義的にならざるをえない。一方でアドルノは、ニーチェのファシズムへ通じるイデオロギー的側面、ヴァーグナー*解釈、良心*や残虐さ、同情*といった個々の道徳感情の分析、晩年の「力への意志*」の形而上学に至るまで、あからさまな批判を加える。しかし他方では、アドルノはニーチェの大衆蔑視のうちに文化産業に操作される現代の大衆文化への批判の先取りを見ているし、内的自然支配という点でカント*の道徳的リゴリズムと楯の両面をなすサドやニーチェの背徳主義のうちに、逆説的に、ひそかな人間への信頼を読みとっている。

アドルノの後期哲学を構成している『啓蒙の弁証法』『否定弁証法』『美の理論』三部作に通底している理論的基礎を非同一性の哲学と言えるとすれば、それへのニーチェの影響も否定できない。言葉とくに概念言語、定義、判断、あるいは主観と客観の一致を目ざす認識目標など、あらゆる同一化・全体化作用の持つ暴力性に抗して、非同一的なものを注視し擁護することは、おそらくアドルノが、——ユダヤ的否定神学と並んで——ニーチェの言語感覚から学んだ知恵だったろう。しかし非同一性の立場の首尾一貫した理論化という点では、アドルノの方が徹底していたと言えようか。ニーチェは最終的には、同一なものの永遠回帰*という形で、自然や「力への意志*」を同一的なものとして実体化し

はしなかったか。そこにアドルノは、ニーチェの同一性批判が「控訴審までは持ち込みながら最終審には至らなかった」不徹底性を見る。しかし他方アドルノは、無意味な現実の認識そのものは無意味にすぎないとして実証主義を斥けつつ、真理への意志が希望への意志と深く関わることを認め、神を否定することが、同時に人間の認識能力の否定に通じるのではないかを憂える。こうしてアドルノが希求するのは、支配や力という契機を抜きにした「自然との和解*」というユートピアである。しかし啓蒙の批判者であると同時にその完成者であるというジレンマを、アドルノはニーチェと共有していたのではなかったか。近代を「未完のプロジェクト*」と捉える啓蒙者ハーバーマス*は、その点で、美的ユートピアに走ったアドルノを批判している。
⇨フランクフルト学派、啓蒙の弁証法、自然との和解、ホルクハイマー、ベンヤミン、ハーバーマス

(徳永恂)

アナーキズム [Anarchismus]

ニーチェはアナーキズムを、彼の後期における思索のもっとも重要な課題の一つであったニヒリズム*とつねに関連させながら問題にしようとする。ニーチェがアナーキズムの問題をこのようにニヒリズムと関連させて考察しようとしたきっかけになったのは、おそらくロシアのニヒリストたちの動向であろう。彼らの一部はアナーキスト化してテロリズムに走り、1881年には皇帝暗殺まで実行する。次のようなニーチェの言はそうしたロシアのアナーキストが抱いているニヒリズムに対して彼が感じた生々しい衝撃を示している。「遠くから、まるでどこかで新しい爆薬の実験が行われているような脅迫に満ちたいやなざわめきが聞こえてくる。精神のダイナマイトだ。おそらく新たに発見されたロシアの虚無剤である。それはたんに否を言い、否を欲するだけでなく——恐ろしい考えなのだ

が！否を実行する善き意志（bonae voluntatis）を持ったペシミズムである」[『善悪』208]。ではニーチェはこうしたアナーキズムの衝撃にどう応えようとしたのか。ニーチェのニヒリズム概念には受動的な否定性の段階、能動的な否定性の段階、そしてさらにより高次な肯定性の段階という三つの次元が含まれるが、ニーチェは最終的にはアナーキズムを社会主義*とともに、あらゆる価値の揺らぎや転倒に耐ええない弱者の自己保存*のための狡智である受動的ニヒリズムに対応させる。「〔ニヒリズムの原因は〕低級種である〈畜群*〉〈大衆〉〈社会〉が慎みを忘れ、自らの欲望を宇宙的・形而上学的価値にまで膨らませることにある。それによって存在全体が低俗化される」[遺稿 Ⅱ.10.39]。こうした受動的ニヒリズムは、弱者が強者に対して抱く妬みや復讐感情であるルサンチマン*と、さらに「疚しい良心」によって強者の力を否定し、生*のペシミスティックな劣弱化をもたらすキリスト教*道徳と結びつく。したがってアナーキズムに含まれるルサンチマンやキリスト教道徳と深く関連している。「今日の賤民のうちで私がもっとも憎むのは誰であろうか。社会主義者という賤民*、チャンダーラ*の使徒である。彼らは、本能*や悦楽、労働者が自らのささやかな存在にたいして抱く満足感を蝕み——彼に妬みの気持ちを起こさせ、復讐を教える。不正はけっして不等な権利の中にあるのではなく、〈平等〉な権利の要求の中にあるのだ。なにが悪しきものなのか。……すべては弱さから、妬みから、復讐から由来している。——アナーキストとキリスト者は同じ素性である」[『アンチクリスト』57]。そして、「ニヒリスト（Nihilist）とキリスト者（Christ）は韻が合う、いや韻が合うだけではないのである」[同58]。⇒ロシア・ニヒリズムとニーチェ　　　　　　　　　　（高橋順一）

姉崎正治〔嘲風〕　［あねさき・まさはる（ちょうふう）　1873-1949］

京都の仏画販売を営む家に生まれ、宗教に縁の深い環境のなかで育った姉崎正治は、東京帝国大学で宗教学を専攻し、高山樗牛*の「美的生活」論をめぐって喧しい論争が交わされていた明治34(1901)年から35(1902)年にかけて、ドイツ、イギリス、インドに留学した。ドイツではキール大学のパウル・ドイセン*のもとでインド哲学を研究し、いっしょに『ツァラトゥストラ』*を読んだり、その家族との交際を通じてニーチェの人となりを知る機会を持ったりした。ニーチェの死を報ずる電報が届いた際もその場に居合わせたという。姉崎は樗牛を支援してドイツから何通かの公開書簡を書き送り（雑誌『太陽』に掲載）、日本が手本とするヴィルヘルム時代のドイツを痛烈に批判した。文明の外面的な進歩は軍国主義や官尊民卑の風潮を助長し、精神の自由を損うプロテスタンティズム*やショーヴィニズム、反ユダヤ主義*といった精神の荒廃をもたらしている。「ニーチェの如き狂気の天才、空茫奔逸の哲学が滔々青年の心頭を席捲」するのは、「人心が自ら此内部の瓦解を悟り始めて、近世の文化に大反抗をなさんと進みつつある一徴候」であるという［「高山樗牛に答ふるの書」（明治35年2-3月）］。また、ドイツの文献学者が偏狭な専門主義者に堕して細かな字句の差異にこだわり、自分なりの判断の放棄を客観性と称してかえって偏見の虜となっているという観察などは、ニーチェの文献学批判を思わせる［「高山君に贈る」（明治35年3-4月）］。姉崎は当時、『反時代的考察』*の第3篇と第4篇を読んでいるが、ショーペンハウアー*からニーチェを経て展開された「意志」の否定と肯定をめぐる問題はヴァーグナー*の楽劇において「愛による宥和」に至ったとして、ドイセンの折衷的な見方を引き継いでいる［「再び樗牛に与ふる書」（明治35年8月）］。ニーチェの批判との並行性は、

やはり文献学者としての将来を前にしていた姉崎自身の逡巡や、彼の目には西洋の無批判な模倣と映った日本の近代化に対する疑問から発していた。とはいえ、青年期には美的な立場からの文化批判に惹かれても、体制内に地位を占めるとそこで要求される役割を忠実に果たしていったという点では、姉崎がたどった軌跡はその後の多くの知識人の歩みを先取りしていた。帰国後彼は、『意志と現識の世界』という題名でショーペンハウアーの主著を初めて翻訳したが（1910-12年）、文化批判的な姿勢は影をひそめるようになり、東京帝国大学教授として日本における宗教学研究の基礎を築くとともに、仏教研究の権威として国際的に活躍し、関東大震災後は東京帝国大学付属図書館長としてその復興に尽力した。→日本における受容、高山樗牛、ドイッセン

(大石紀一郎)

アフォリズムと思考のパフォーマンス

『人間的』*以降のニーチェの公刊された著作はほとんどがいわゆるアフォリズムから成っている。その数は6000を越える。また、遺稿の多くもアフォリズム的なものが多い。例外は『道徳の系譜』*であり、また著作全体にわたって見るならば、初期の『悲劇の誕生』*と『反時代的考察』*も例外に属する。この三著作にアフォリズム的な要素を見ることも不可能ではないが、やはり読者として受ける印象は大分異なる。いずれにせよ、後期のニーチェにとってアフォリズムは自分の思想のパフォーマンスそのものであった。「時がどんなにその牙を立てても、擦り減らない事物を作ること。形式から言っても、実質から言っても小さな不死性を求めること——私は、それ以下のことを自分自身に求めるほど謙虚であったことはいまだかつてない。アフォリズムもしくは箴言において私はドイツ人のなかで最初の名人なのであるが、こうしたものは、〈永遠性〉の形式である。他の人なら1冊の本で言うことを、いや他の人なら1冊の本でも言わないことを、10の文章で言うこと。これこそ私の野心なのである。私は、人類におよそ人類が持つなかで最も深い本を与えた。つまり、私の『ツァラトゥストラ』*である」[『偶像』IX.51]。こうして見ると、『ツァラトゥストラ』もアフォリズム的なものとされていることがわかるが、それはともかくとして、簡潔な形式のなかで緊密に凝縮された、そして示唆と暗示に富む文体*を使いこなす点では第一人者を自負していた。

こうした表現形式を好んだのには、ふたつの実人生上の理由がある。ひとつは、主としてバーゼル大学教授時代にパスカル*やラ・ロシュフコー*をはじめとするフランス・モラリスト*の作品を好んで読んだことである。これには、フランス語に堪能な友人オーヴァーベック*夫妻の影響もあるが、ドイツの学者の晦渋な文章だけが認識への道でないことが、フランス*17世紀への愛着とともに、ニーチェの知的体質に滲みとおっていった。「最も深く、また汲み尽くしがたい書物というのは、おそらくはパスカルの『パンセ』のようなアフォリズム的で突発的な性格をつねに持っているのであろう」[遺稿 II.8.324]。いまひとつは、たえず病気*に悩まされていたために、苦痛が去った束の間に走り書きをしたり（「頭と目のせいで呪わしい電報文スタイルを取らなければならない」[ペーター・ガスト宛1881.11.5.]、また散歩の途上で思い巡らしたことどもを急いで記したためである。一瞬の思いで世界が見通せるような経験の、筆跡による定着を自覚的に行っていた。病気はその点でニーチェの知的活動に内属している。

また、知的伝統としては、ドイツ啓蒙主義*の旗手でアフォリズムの名人であったリヒテンベルク*、寸鉄人を刺すような警句を散りばめた散文を得意としたハイネ*、「ドイツ人を越えた存在」としてニーチェが高く評

価していた。そして『クセーニエン』などでやはり警句の名手であったゲーテ*などが挙げられよう。彼らはドイツの伝統の中でニーチェが好んだ数少ない文章家である。またショーペンハウアー*の存在も――たとえ後期のニーチェがいかにショーペンハウアーを批判しようとも――無視できない。ショーペンハウアー自身はその『意志と表象としての世界』にも示されているように、体系志向をまだ持ってはいたが、すでにこの主著自身、欲望が渦巻き、全体的な見通しのつきにくくなったヘーゲル*以降の、そして48年革命が挫折した以降の社会を先取りしており、それゆえ行間からは体系*の不可能な時代の表現であることが読み取れる。さらに、彼の『パレルガとパラリポメーナ』は、アフォリズム文学の傑作である。

もっとも、こうした「背景」を一応はおさえておかねばならないとしても、ニーチェの思考と表現のスタイルを、「背景」に還元・解消するわけにはいかない。彼はたしかに、アフォリズムが「誤解の土壌」であることは知っていたが、体系性の拒否という点でこの表現形式をきわめて自覚的に選びとってもいた。問題は、こうした断片的思考とその文体をどう捉えるかということである。レーヴィット*は、ニーチェの書いたものの全体を「アフォリズムからなる体系」とし、ヤスパース*はこの表現形式を「可能性から可能性へと歩み行く」過程と見て、キルケゴール*と同じに「人間の実存的状況の根源的文書」という形容を与えている [Nietzsche, S.398]。

ところがニーチェをヨーロッパ形而上学の完成・終結と捉えるハイデガー*にとっては、ニーチェの表現の特異性はあまり気にならないようである。『ニーチェ講義』では冒頭にほんのちょっとこの形式に触れ、「本質的なものと非本質的なもの」を区別する手法としているだけであり、むしろ、ニーチェを「詩人哲学者」と形容するような講壇哲学やドイツ文学の教授たちから距離をとっている。彼に言わせれば、『権力への意志』と称された遺稿集そのものが傑出した哲学のテクストなのである。実際に『道徳の系譜』や『権力への意志』などは、既成の哲学や文化史の用語に「翻訳」しやすいことはたしかである。そして、ハイデガー自身がニーチェの全体を思想の言葉に、つまり、自分自身で作り上げた「存在の歴史」の物語に溶解している。こうして見ると、レーヴィットは少し違うとはいえ、30年代から50年代のドイツ人たちの議論の中では、そもそもニーチェの表現を哲学の専門用語を使って翻訳することの意味を問うことは、つまり、彼の思想のパフォーマンスをそれとして受け取ることは、無縁だったようである。――例外は、『悲劇の誕生』をめぐる論争以降、表現の世界と意味の世界が分裂した、と述べたゴットフリート・ベン*である。

表現と意味の内的整合性もしくは対応性は、それまでの古典主義的もしくは擬古典主義的な文体論の前提であった。「文は人なり」（ビュフォン）とはそうした時代のキャッチフレーズである。そしてドイツ観念論*に代表される近代哲学のディスクルスも、基本的にこの対応関係を信じていた。その中で、言語*の多様性と言語性の統一性が、そして、意味の多様性と意味であることの統一性が設定されていた。それは同時にリアリズムの文学を可能にするとともに、19世紀半ばまで造形芸術、とくに絵画で多用されていた、共通の約束事にもとづく古典古代以来の神話的モティーフを支えていた――実際にはそうした対応への素朴な信頼とは別に、少なくとも芸術表現に関しては表現が意味を作っていたはずなのだが。また、1820年代頃から急速に整備されてきた歴史的精神科学の言語（ニーチェがその中で育った言語）は、表現と意味の不可分な接合を成し遂げていた。この癒着を解体した最初の一人がニーチェである。もち

ろん、ボードレール*やマラルメ、そしてワイルドなどと同じ流れ、それぞれの文化圏や資質によるバイアスのかかった同じ流れにはちがいないが。今世紀も大分たつと彼らが先鞭をつけたモダニズムが表現と形式の主張であったことは自明視されてくる。たとえば、「形式という概念が新しい意味を獲得した。形式はもはや入れ物ではなく、それ自身において内容を持ったダイナミックで具体的な総体（intégrité）、いっさいの関係性の外に位置した総体となった」（シクロヌキー）。アドルノ*もこの意味でのニーチェの「断片的思考」に敬意を払っていた。

だが、また反省度の増大という、こうしたモダニズムの正当化の物語にニーチェの表現を吸収しきることも難しい。意味と表現の対応性が、そして言語の多様性と言語性の統一性が表裏一体である事態を崩壊させるアフォリズムは、なるほどモダニズムには違いないが、モダニズム自身の基盤をも掘り崩すようなになにものかであろう。ドゥルーズ*はアフォリズムを形容して、「多元論的な思惟の形式」『ニーチェと哲学』p.53）と述べているが、まさに思考の多様性こそが、モダニズムの指標にとどまらない、ニーチェのアフォリズムのめざすところであろう。それはまた自己自身の文体の多様性（ビュフォンの正反対）をもたらす。「私の文体の技法……パトスをはらんでいるひとつの状態、ひとつの内的緊張を、記号の連鎖、ならびに記号のテンポによって伝達すること——これが、およそ文体の意味である。そして、私の場合、内的状態が人並みはずれて多様であることを考えると、私には多くの文体の可能性があるわけである。かつて何人も使いこなせなかったほどの多きわまる文体の技法の可能性である」［『この人』Ⅲ.4］。「自分の内部を、巨大な宇宙を見るようにのぞきこむ者、自分のうちに銀河を宿している者は、すべての銀河がどんなに不規則であるかを知っている。実際、どの銀河も、生の混沌と迷宮の中にまで人を導くのだ」［『智恵』322］。自己の内部に無限の多様性を宿し、はじめから同一性原理とのずれを表現の手段にすること、したがって隠喩になりきること——これこそアフォリズムという思考のパフォーマンスのあり方であろう。バタイユ*によれば、「人間の持つ極限の、無条件の渇望、この人間の渇望は、ニーチェによってはじめて、道徳的目標や神への奉仕から切り離されて、表明された」のであるが［『ニーチェについて』p.12］、そのとき無限性が、「統一性なき多様性」として経験される。それは、言語表現としては徹底して隠喩と化することになる。「隠喩的に自己を表現することと自己を変貌させることとは、同じもの」（コフマン）なのである。隠喩と文体の多様性とは相互に内属的となる。つまり、コフマンの言うとおり、「隠喩によって語るということは、言語にその最も自然な表現を、すなわち〈最も正当で最も単純で、最も直接的〉であるような比喩*に富んだ表現を取り戻させるということである」［『ニーチェとメタファー』p.34］。そしてそれこそ生*の表現なのである。「彼〔芸術的な人間〕は、新しい転移、隠喩、換喩を作りだすことによって、たえまなく概念の項目や小部屋を混乱させる。彼は、醒めた人間のこの現在の世界に、夢の世界がそうであるような、かくも雑然として不規則で、かくも脈絡がなく、魅力に溢れた、永遠に新しい形態を与えようとする欲望を、絶え間なく示している」［「真理と虚偽」2］。ついには哲学そのものについて隠喩が数多く用いられるが、それはコフマンによれば、哲学者の任務の多様性を示すためとされる。であるならば、アフォリズムの解釈や理解には伝統的な解釈学*の手法では届かないことになる。「十分に溶解され、鋳造されたアフォリズムというものは一読しただけではまだ解読されはしない。なんどもなんども読むことが必要である。なぜなら、そのときや

っと解釈がはじまるからだ」[『系譜』序文8]。解釈も隠喩となるかもしれない。そしてコフマンの言うとおり,「隠喩を増やすことは,運命愛*と一体をなす戯れであり,あらゆる形態における生の肯定である」[コフマン,同前 p.176]。おそらくはさまざまな偶然的事情にもとづいてニーチェはアフォリズムを選びとったのであろうが,こうして見ると,彼の思想の基本的なあり方——つまり生*を生として写しとること——に必然的なもののように思われて来る。➡修辞学と文体,比喩

(三島憲一)

文献 ▷ Sarah Kofman, *Nietzsche et la métaphore*, 1983(宇田川博訳『ニーチェとメタファー』朝日出版社, 1986).

阿部次郎 [あべ・じろう 1883-1959]

 いわゆる大正教養派の代表的な思想家で,その『三太郎の日記』(大正3-7年)は大正から昭和にかけて旧制高校生たちの必読書と言われた。阿部のニーチェ受容は,友人であった和辻哲郎*のニーチェ解釈とも密接に関連しているが,彼の場合はもっぱらニーチェを模範とすべき偉人として崇拝し,その思想を倫理思想として捉えて自らの「人格主義」の枠組みに合わせて受け取る傾向が強かった。すでに『三太郎の日記』でも,ニーチェの超人*は現在ある自己を否定することによって普遍的個性に達することを求める点で古今東西の優れた哲学・宗教と一致するとされているが,このような強引な解釈の背景にあったのは,個人の意識的な「自我」を脱却して超個人的な「自己」の境地に達することに究極の倫理規範を見いだすという思考パターンである。これは,西田幾多郎の『善の研究』以来おなじみの図式として和辻哲郎のニーチェ解釈も規定していたものであるが,利己主義という非難をかわして伝統的な道徳意識との摩擦を避けながら憧れの西洋文化を受け入れていこうとした知的虚栄心に富む優等生たちには大いに歓迎されるものであった。阿部においてはこの思考パターンがみごとなほど一貫しており,リップスを祖述した『倫理学の根本問題』(大正5年)や自分の倫理思想を集約した『人格主義』(11年)でも,一方では利己主義や主観主義を批判しながら,他方では「人間の克服」を説いて「大いなる理性*」を教えたニーチェの真意はそれらを超越することにあったとして,ニーチェを肯定的に評価しようとしている。彼が「自分の思想と人格との告白」であるとする『ニーチェのツァラツストラ 解釈並びに批評』は,東京帝大基督教青年会のための講演をもとに,雑誌『思潮』に連載されたのち,大正8年に刊行されたが,『ツァラトゥストラ*』の梗概を述べた部分はきわめて退屈であり,超人の思想は平板な人類愛となり,永遠回帰*の解釈はジンメル*の『ショーペンハウアーとニーチェ』(1907)を踏襲している。そのほかにも評論「ダンテの『神曲』とニイチェの『ツァラストラ』」(大正10年)や「『悲劇の誕生』——その体験及び論理」(昭和5年)があるが,阿部は道徳を根本から問題にしたニーチェの道徳批判の位相を理解せず,また和辻のようにニーチェの思想の美的側面に関心を持つこともなかった。ニーチェを模範的な人物として評価しようとして,かえって彼の思想を毒にも薬にもならない倫理思想へと薄めてしまうというのは,ドイツにおいても初期受容の衝撃が去ったのちに見られた傾向であるが,そうした傾向を承けて形成された阿部のニーチェ像もその例外ではなく,ニーチェの大衆嫌悪も博愛主義的に脱色して取り込んでしまう彼の「人格主義」は,社会問題が深刻化した大正末期以降においては現実と遊離したお題目以上のものではなく,いかなる有効性も持たなかった。➡日本における受容

(大石紀一郎)

アポロ／ディオニュソス　[Apollo/Dionysos]

　古代ギリシア神話の二神。アポロは予告，予言，弓術，芸術の神。ムーサを従えることから芸術のなかでもとくに音楽を司る。「ソフォクレスは賢い。エウリピデスはもっと賢い。ソクラテスは万人のなかで最も賢い」という有名なデルフォイの神託は，予言の神アポロが下したものと伝えられる。紀元前5世紀頃には，ポイボス（「輝ける」）・アポロの名から太陽神と混同され，以後同一視されるようになった。ディオニュソスは，ローマ名はバッコス，酒と陶酔，解放の神である。ギリシアではもっとも新しい神で，豊かな祭礼をともなったこの神にたいする信仰は，救済を約束するといわれた。幼児の頃，ティタン神の手で八つ裂きにされ貪り喰われたが，心臓だけは助かったためのちに甦る。豊穣を守る山の精シレノスやサテュロス*たちを従え，その心酔者（通例は女）たちは，狂ったような恍惚状態で山中を歌い踊り回るところから，マイナデス（「狂女たち」の意）と呼ばれた。歴史時代初期のギリシア人たちは，ディオニュソスが外来の神であることを意識していたため，その痛飲乱舞の儀式は非ギリシア的としてギリシア各地で排斥されたという。

　ニーチェが流布させた言葉でも，おそらくもっとも広く人口に膾炙したものをあげるとすれば，このギリシア二神の名をあげる者も少なくないだろう。〈アポロ－ディオニュソス〉がニーチェのまとまった論稿で出てくるのは，「ディオニュソス的世界観」と題した草稿が最初である。もっともこれをはじめとした『悲劇の誕生』*関連の草稿や講演原稿は，『悲劇の誕生』の内容と重複するものがほとんどで，アポロ／ディオニュソスを論じる上で食い違いはあまりない。むしろ気になるのは，この著作群以後，アポロ／ディオニュソスという考えをニーチェがどう見るようになったかだ。中期にもわずかだが両者に触れたアフォリズム*があり，80年代後半の遺稿には，『悲劇』をニーチェなりに論評するなかでこの対を見直した断片がある［一部は『偶像』IX.10 参照］。しかし，それよりも注目すべきなのは，時期が下るにつれ，アポロが後景に退き，ディオニュソスが前面に踊りでるようになったことである。「ディオニュソス・ディテュランブス」はその典型だが，ツァラトゥストラとディオニュソスが同一視されたり，狂気におちたニーチェが，「十字架に架けられた者」*とともにディオニュソスの名をかたったことも，この神にたいする彼のなみなみならぬ傾倒のほどがうかがわれる。

【Ⅰ】　**夢との戯れと陶酔との戯れ**　古代ギリシアの二神は，『悲劇』の冒頭でまず「自然そのものから出現した……芸術的な力」として，それぞれ夢と陶酔という二つの生理現象に対応させられている。

　夢のなかで「われわれは直接的な理解において形姿を享受し，形という形がすべてわれわれに語りかけてくる。……むだなものは何ひとつない」［『悲劇』1］。しかし「この夢の現実における最高の生*に与りながら，われわれはやはりそれが仮象*であるというほのかな感じをまぬかれるわけにはいかない」。この夢の経験がギリシア人の手でアポロのなかに表現された。光の神であるアポロはまた，内面の想像＝世界の美しい仮象をも支配する。行きとどかない理解しか許さない日常の現実に対立して，夢の状態のより高い真実性……，さらには眠りと夢のなかで治癒……する自然についての深い意識は，同時に予言の能力の，一般に生を可能に……する諸芸術の，象徴的な類似物である」［同］。

　ニーチェがこのように語る夢は，われわれが常日頃体験している夢というより，まずは「ギリシア人の夢」である。「後代の者が恥ずかしくなるほどの，線と輪郭，色彩と構図の論理的な因果関係，彼らの最良の浮彫りに似た場面の連続」，ニーチェが語るこうした鮮

明で光輝ある夢は、「色彩に対して明るいすなおなよろこびを感じていた」古代ギリシア人にして見ることのできた夢なのである。ドッズによれば、古代ギリシアの文献は、その特有の宗教経験に根ざした夢、「神から送られた」夢の伝承で充ち溢れているという。この種の夢においては、神や司祭が眠れる者の枕元にたち現れて、予言、助言、警告を行い、時には祭儀をもとめた。デルフォイにおける大地の神託も、もともと夢の神託であった。聖所での睡眠と夢には、医療上の効果があったとも伝えられる。神的な夢は、何も古代ギリシアにかぎった話ではないが、ニーチェがアポロ的なものを考察するために持ち出した夢とは、まずこのような脈絡のなかにあった夢である。

これに対し、ディオニュソス的なものを知る手がかりとなるのが、陶酔*である。たとえば春の訪れや麻酔性の飲料は、われわれにディオニュソス的な興奮を起こさせる。「これが高まると主体的なものは完全に消滅して忘我状態と化する」。「ディオニュソス的なるものの魔力のもとでは、たんに人間と人間とのあいだの盟約が再び結ばれるだけではない。疎外され、敵となり、あるいは隷属していた自然が再び、その放蕩息子たる人間との和解の祭を営むのである」[『悲劇』1]。「すべての身分の制約が消失」し、「歌いつ踊りつ、人間は高次の理想的な共同体の一員として出現する」。「大地はみずから進んでその賜物を提供し、岩山と砂漠の猛獣たちはおとなしく近寄って来る」。のみならず「人間は自分が魔法にかかったと感じ、実際に何かほかのものになっているのである」[「ディオニュソス的世界観」1]。「いまや……人間のなかからも何か超自然の音調が流れ出る。人間は自分を神と感じ、彼が夢のなかで神々の動くのを見たとおりに、みずから恍惚として高められて動きまわる」[『悲劇』1]。

陶酔を語ったこの記述も、かなりはっきりしたイメージからなっている。ディオニュソス的恍惚は歴史のあちこちに見いだされるとニーチェは指摘しているが、彼が以上のイメージを引き出すもとにしたのは、たとえばエウリピデスが『バッコスの信女たち』で描いたギリシアのディオニュソス祭である。ニーチェがディオニュソス的な本質として捉えるのは、その歴史的な源にあったものでもなければ、その歴史のすべてに共通したものでもない。むしろディオニュソス的なもののギリシア的変容こそが、その核心を語っている。「アジア人のもとでは下級な衝動のきわめて粗野な解放を意味し、特定の期間内でのあらゆる社会的束縛を破棄する乱婚的な動物生活を意味していた一つの自然祭祀から、ギリシア人のもとでは一種の世界救済の祭、浄化の祭が生じたのである」[[「ディオニュソス的世界観」1；『悲劇的思想の誕生』]。夢の経験といい陶酔の境地といい、ここでニーチェは、すでにディオニュソスとアポロとがギリシア的に変容された姿を念頭におきながら語っている。

もちろん夢や陶酔といった生理現象はあくまで自然の次元に属するもので、それがそのままアポロ的ないしディオニュソス的芸術になるわけではない。芸術固有の次元は、自然そのものではなく「自然の模倣」の次元にある。ニーチェはこの模倣を「遊戯」(Spiel)とも言っている。彼は「自然の模倣」という言葉をアリストテレスから引いているが、遊戯の概念に照らせば、ここでは、芸術的衝動を遊戯衝動と捉え「芸術美は自然それ自身ではなく、自然の模倣である」といったシラー*を思い出す。夢と陶酔という自然それ自身ではなく、こうした自然の模倣すなわちそうした生理現象との戯れ、夢との戯れと陶酔との戯れが、アポロ的ないしディオニュソス的芸術である。

ただしニーチェに言わせれば、夢とは「個々の人間と現実的なものとの間の戯れ」

である。アポロ的芸術はこうした夢という戯れを相手にした戯れである。また陶酔とは「人間を相手とする自然の戯れ」であり、ディオニュソス的芸術は陶酔なる戯れとの戯れである。とすればニーチェはここで、夢・陶酔という自然現象を〈戯れ〉と捉え、その〈戯れとの戯れ〉として芸術衝動を捉えたことになる。自然の模倣という芸術固有の次元のみならず、自然そのものがすでに戯れなのである。ニーチェがどの程度、意識して語ったのか断定できないが、ここは「世界はゼウスの、あるいはもっと物理的に表現すれば火の、自分自身と遊ぶ戯れである」という、ニーチェが好んだヘラクレイトス*の思想を想起しておきたい。「子どもと芸術家が遊ぶように、あの……火も遊び、築いてはまた崩すであろう……。新たに目覚める遊戯衝動が、他のさまざまな世界に生命を与えるのである」[『悲劇時代の哲学』7]——ニーチェがヘラクレイトスの思想をこうまとめてみたことからも察せられるが、〈戯れとの戯れ〉という芸術衝動の二重の位相には、シラーの「芸術衝動」とヘラクレイトスの「遊ぶ子ども」が異種交配されているととれる。実のところ、遺稿断片には、ギリシア悲劇を次のように語ったものがある——「生のうらに凄惨なものを生み出す衝動が悲劇という場で芸術衝動として、微笑みを浮かべつつ遊ぶ子どもとして表にあらわれるかぎりにおいて、悲劇は美しい。恐るべき衝動がわれわれの眼に芸術および遊戯衝動として映るという点に、感動を呼び心を動かすものとしての悲劇自体の真骨頂がある」[遺稿 I.3.199]。

【Ⅱ】 アポロとディオニュソスとの和解と分裂　古代のギリシア人たちは「人生における恐ろしさと愚かしさ」を知っていた——上の引用にあるように、ニーチェはギリシア人における悲劇の思想の根をここにおいている[『悲劇』7]。生における恐ろしさと愚かしさとは、ギリシア人の生存闘争における凄惨と苦悩を語ったもの、その意味で彼らにとっての生の真実とでもいうべきものである。アポロ的芸術とディオニュソス的芸術との和解から成り立ったアッティカ悲劇は、生における恐るべきものと愚かしきものの、この〈戯れとの戯れ〉の位相において芸術的に昇華させたものにほかならない。アポロ的のないしディオニュソス的な芸術衝動は、この生存をめぐる悲惨と苦痛を認識しつつ、しかもその根源的苦悩を救済するために求められた。「美的現象としてのみ、人間存在と世界は永遠に是認される」*のである。

ニーチェは、このような事態をより原理的に考察するために、ショーペンハウアー*の意志と表象、根源的一者*と仮象の二元論を手がかりにしている。「真に存在するもの・根源的一者は、永遠に苦悩するもの・矛盾撞着に満ちたものである」。「これを……救済していくには、心を魅する幻影や心たのしい仮象を必要とする」[『悲劇』4]。アポロ／ディオニュソス的な〈戯れ〉はこうした視点からみれば〈仮象〉となる。ディオニュソス的なものは「永遠なる根源的一者の反映」として「存在の仮象」である。それは世界の根源的な苦悩と矛盾をそのまま照らし出す。この仮象から「もっとも純粋な歓喜と、……無痛の観照との中に光りただよう」別の新しい仮象世界が立ち現れてくる。この「仮象の仮象」がアポロ的美の世界である。この世界において「根源的一者と目標を永遠に達成し、仮象によるその救済が果たされるのである」[同]。二つの芸術衝動は、生の光学からみると、「存在の仮象」と「仮象の仮象」[遺稿 I 3.248] として現れる。

もちろん夢との戯れと陶酔との戯れ、仮象の仮象と存在の仮象といっただけでは、アポロ的なものとディオニュソス的なものとがいかに絡み合うかは見えてこない。アポロ的芸術とは、「形姿や群や形象」つまりかたちを「眼前に見えるように」する芸術である。〈か

たち〉と〈眼の世界〉が重要な契機をなしている。ただし眼の世界とはいっても、実際にみた知覚の世界ではなく、夢で見た神々の世界、光り輝く美的仮象の世界である。また造形といっても、いわゆる造形芸術に限らない。たとえば非造形芸術たる音楽でも、リズムは造形的な力としてアポロ的な面の描出に貢献したとされている。形を造るとはかたちにそって限界を規定し、限度を知ることから、倫理的な節度*の観念を呼び起こす。「美の審美的要求」と「節度の倫理的要求」を合一した「美の節度」がアポロ的文化の基礎である。また限度を知るとは、「個別者たること、すなわち個別者の限界を守る」ことで、この意味でアポロは「個別化（個体化*）の原理」の神化でもある。「美の節度 (Maß)」にもとづくこのアポロ的な古代ギリシア世界に、ディオニュソスが「快感・苦悩・認識における自然の過剰* (Übermaß)」として侵入してくる。「従来は限界・程度規定とみなされていたいっさいのものが、ここでは芸術的仮象たる本性をあらわにし、〈過剰〉が真実として出現した」［「ディオニュソス的世界観」2］。過剰とは節度 (Maß) を超える (Über-) ことである。美の節度にたいする自然の過剰、美の仮象にたいする生の苦悩の真実といった対立を鮮明にしながら侵入してくるのがディオニュソス的なものである。アポロ的文化が、節度を規範として「汝自身を知れ」と戒告すれば、ディオニュソス的陶酔は「主体的なもの」を滅却して忘我へと至る。「個別化の原理」が個別者の分をわきまえるよう命ずるのに対し、ディオニュソス的な「根源的一者」は分裂を超えた一体感へと誘う。

美の節度と自然の過剰、自我の覚知と忘我の境地、境界の設定と境界の侵犯、個別化の原理と根源的一者——アポロとディオニュソスは、これら拮抗する諸契機からなる。遺稿にはさらに、国家の目的と生存の目的［I. 3. 208］、預言者ピュティアと英雄オイディプス、世界存続と世界変容［同 321］などの属性で両者を比較した断片が散見される。ニーチェは明らかに両者の（ときに対立もする）異質性に注目している。両者の異質性の強調という点でまず気がつくのは、アポロ的なものの特性描写に、ヴィンケルマン*流の古典主義的なギリシア像を想わせるものが眼につくことだ。かたち、造形性、眼の世界、光輝、節度といった特徴は、その線と輪郭の美しさに魅せられてギリシア的造形美に傾倒し、「高貴な単純と静かな偉大さ」を讃えたヴィンケルマンのギリシア像を想わせる。ニーチェが古代ギリシアにおけるディオニュソス的なものの意義を称揚した時、このようなギリシア像を転換しようとした意図があったことは否定できないだろう。このことがしばしば、ニーチェは古典主義的なアポロ的ギリシア像にディオニュソス的な根源性を対置し、前者を拒否して後者を賛美したという通念を流布させるのに一役買ったように思われる。ニーチェがディオニュソス的なるものを称揚したことも古典主義的ギリシア観を超えようとしたのも事実だが、アポロ的なものを単純に否定したわけでも、ディオニュソス的なものを無条件に肯定したわけでもなく、アッティカ悲劇が誕生する以前からそれ以後にわたって、両者の交互作用とその変容に彼が眼を向けていたことを見逃してはならない。

ソフォクレスとアイスキュロスの悲劇にニーチェが見たのは、この対照的な二つの芸術衝動が和解・結合した姿にほかならない。「〔この種の〕芸術家についてわれわれが想定しなくてはならないのは、いかにして彼がディオニュソス的な陶酔と神秘的な自己放棄のなかで孤独に、熱狂する合唱団から離れて伏し沈むのか、一つの比喩的な夢の形象において彼に啓示されるのか、ということである」『悲劇』2］。ニーチェが夢と陶酔の考察で念頭においていたのは、じつはディオニュソス

とアポロとが和解・結合したギリシア悲劇の世界，ディオニュソスとアポロのあるべき姿である。

だがアッティカ悲劇において両者の和解とあるべき姿が成り立ったとすれば，その以前と以後は，両者の分裂とあるべきでない姿が現れたことになる。事実，ニーチェにとって，ギリシア悲劇が成立する以前の「異邦人」たちのディオニュソス祭は，「自然の最も荒々しい獣が解き放たれて，快楽と残忍性の忌むべき混成物」になりはて「過度な性的放縦」に狂った世界である［同］。またこの和解が終焉した後のギリシア人たちのあいだでは，アポロ的要素は，ディオニュソス的なものから分裂して，美の節度を失った「限界のないアポロ主義，無節操な知識欲，恐れを知らぬ懐疑」［遺稿 I.3.183］，すなわちソクラテス的な「理論的人間」となって現象する。一方の極には「アジア的な分裂」のなかで荒れ狂うディオニュソスがおり，他方の極にはソクラテス*的な「理論的人間*」にまで頽落したアポロがいる。ニーチェにとってはどちらもディオニュソスとアポロのあるべきでない姿である。

【Ⅲ】 ディオニュソスと生成への意志

アポロとディオニュソスは対抗的な原理というより異質な契機である。ニーチェにとって真の対立は，アッティカ悲劇におけるアポロ／ディオニュソスのあるべき姿と，悲劇以前の荒れ狂ったディオニュソス／悲劇以後の頽落したアポロのあるべきでない姿との対立であった。後期の思想に属する『悦ばしき智恵』*第5書には，美的価値にかんする分類によってこうした見方を半ば裏書きするような一節がある。──ニーチェによれば，美的価値を区別するさいには，一見すると，永遠化や存在への願望が創造の原因であるか，それとも破壊・変化・未来・生成への願望がその原因かという二つの見方がある。しかしこの二つはよくみると各々がさらに二つに分かれる。「破壊・変化・生成への願望は，あり余る未来を孕んだ力の表現でもありうる。……がまたそれは……破壊を抑えることのできない，出来の悪い……人間の憎悪でもありうる」。ニーチェは，このうち前者について「これに対する私の述語が，周知のように〈ディオニュソス的〉という言葉である」と指摘している。同じく「永遠化への意志」も二つある。「それは第一には，感謝と愛から生じうる──こうした起源による芸術は，つねに神化の芸術であろう。……しかしまた第二に，それは大いに病苦に悩む者……の暴君的な意志でもありうる」『智恵』370］。ニーチェは，永遠化への意志のうちの前者を，アポロ的なものとみなした様子がある。こうした弁別からも，ニーチェが，ディオニュソス的なものとアポロ的なものの本来の姿を，そうでないものから明確に区別していたことがわかる。両者のあるべき姿とそれ以外との対立は，ここでは生の過剰に発する苦悩と生の衰弱化にもとづく苦悩との対抗に根拠づけられている。

ただし注目されることにニーチェは，ここでは，もはやディオニュソスとアポロとの交互作用を口にしていない。両者の和解と相克のドラマを語ろうとしてはいない。『この人を見よ』*には『悲劇』にたいする次のような自己批判が顔を出す。「この著書には，……不快なヘーゲル*的なにおいがある。……ディオニュソス的とアポロ的との対立という一つの〈イデー〉が形而上学的なものにまで持ち上げられている。歴史そのものが，この〈イデー〉の展開なのだ。そして悲劇において，この対立が統一へと止揚される」［『この人』Ⅳ.1］。後期ニーチェで注目すべきことは，生と力の過剰が（アポロとディオニュソスとの和解のかたちで捉えられず）そのままディオニュソス的とみなされたことである。そしてこれと相応じるかのように，ニーチェは，アポロとディオニュソスとのあいだに異

質性より類似性をみるようになる。しかもその類似点はかつてディオニュソス的とされたものである。「私が美学に導入したアポロ的とディオニュソス的という対立概念は、両者ともに陶酔の種類と解された場合、何を意味するのか。——アポロ的陶酔は何よりもまず眼を興奮状態に置くので、そのため、眼が幻視の力を持つことになる。……これに対しディオニュソス的状態においては、全情緒系統が刺激され高揚させられる」[『偶像』IX.10]。かつて陶酔はアポロ的な夢・幻影にたいするディオニュソス的な現象とみなされた。いまでは夢や幻影も陶酔とされる。そして『偶像の黄昏』*の上のアフォリズムは、全体としてあきらかにディオニュソス的なものの全体性に力点を置いた記述に仕上がっている。

晩年のニーチェとてもディオニュソスとアポロの違いを忘れたわけではない。しかしそれは対立と和解の物語というより、「ギリシア的アポロ主義がディオニュソス的基底から」生じてきたものとして描かれるようになる[遺稿 II.11.31]。両者の和解とは、ここではまるでディオニュソスがアポロをその一部に組み入れでもしたかのようだ。こうして「アポロによる欺瞞、美的形式の永遠性」「幻影への強制」は、ディオニュソス的な生成への意志と同化され、総じてディオニュソス的なものとして「欺瞞への、生成……への意志」と呼ばれる。これに対抗するのは「真理への、……存在への意志」であり、ディオニュソスの対立項は「十字架に架けられた者」イエス*である。なるほど存在への意志は、「永遠化への……願望」[『智恵』370]として、優れた意味でアポロ的な欺瞞への意志でもありうる。そのかぎりで「存在への意志それ自身がたんに幻影への意志の一形式にすぎない」[遺稿 II.11.36]。だが幻影から真理が捏造*され、真理と仮象が対立させられるようになると、存在への意志は真理への意志*に結びつけられる。ニーチェは、これに抗して存在への意志を真理への意志から切り離し、欺瞞と生成への意志の側に奪還することを目論んだようだ。「生成に存在の性格を刻印する*こと——これが力への最高の意志である」[同 II.9.394]。ディオニュソスとイエスとを対抗させたとき、苦悩とともに存在の意味を問うたのもこれと無縁ではない。「問題は苦悩の意味なのだ。キリスト教的意味か、悲劇的意味か、ということ……。前者の場合では、それは彼岸の浄福的存在への道たるべきものであり、後者の場合では、存在そのものが、巨大な苦悩さえも是認するくらい十分浄福的なものと見られる」[同 II.11.83]。

ニーチェの省察が初期のある発想を深化させ、徹底させていった姿が、ここに現れているともいえる。だがそれはまた、ディオニュソス的ギリシア人へのニーチェの過度の思い入れが、いささか極端な一般化と存在論化を招いてはいないかとの疑義にも通じうる。キリスト教的な「神の死*」を語ったニーチェにとって、ディオニュソスが来るべき神として、神の再版になりはしないかと疑われるところである。⇨『悲劇の誕生』、悲劇作家、生、「十字架に架けられた者対ディオニュソス」、イエス

(木前利秋)

あらゆる価値の価値転換　　⇨価値の転換
〔あらゆる価値の価値転換〕

アリアドネ　[Ariadne]

おそらくはクレタ島に発する神話のなかの女性で、字義的には「快きもの」「光輝くもの」といった意味であったとされ、ディオニュソス*神話とも深い関連を持っている。標準的伝承は、ミノタウロスと闘うテーセウスを、ダイダロスから貰った糸を使って、迷宮から救いだす話である。エウリピデスの『テーセウス』は、この話を戯曲化したもの。その後ふたりは船でアテネに向かうが、途中のナクソス島でテーセウスはアリアドネを捨

る。その地でアリアドネが子を産む話や，アルテミスの命令で殺される話などいろいろあるが，やはり標準的なのは，英雄テーセウスに捨てられた彼女は，寝ているときにディオニュソスに愛され，彼と結婚するというものである。アリアドネ自身の復活の伝説もあり，その意味でもディオニュソスと近親的な存在といえる。ディオニュソスと同じく，死滅する自然と再生する自然，苦悩と歓喜，捨てられた女性の悲しみと婚姻の喜び——そうした両極性を交互に体現する人神である。

ニーチェはとくに晩年になるにつれてアリアドネのモティーフを自己の思想の象徴として使うようになる。『善悪の彼岸』*296番では，人間という特別な存在を「より強く，より悪く，より深く，そしてより美しく」するのだと述べるディオニュソスの傍らには，アリアドネがいる。また『偶像の黄昏』*[Ⅸ.19]にも，ディオニュソスがアリアドネの耳をいじってからかう話がでてくる。しかしなんといってもアリアドネ・モティーフが多用されるのは，『ツァラトゥストラ』*である。例えば第3部の「大いなる憧れ」のなかでは「私の魂」のことを「光明のように静かに輝く」存在としているが，この表現はあきらかにアリアドネの形容句の転用であり，「憧れに満ちた海に小舟を浮かべる」のは，おそらくディオニュソスであろう。海*，太陽，葡萄，乳房，そして「与える」および「受け取る」という交合のモティーフ——こういった地中海世界とエロスの結び付き全体に，アリアドネ伝説が生きている。あるいは，第3部の「七つの封印」は原題も「ディオニュソス，アリアドネ＝ツァラトゥストラの魂について」とされていた。『この人を見よ』*の記述を見るまでもなく，ツァラトゥストラはディオニュソスと一体化されており，そのツァラトゥストラ（＝私）の魂が，ディオニュソスに愛されたアリアドネということになる。こうしてみると，ツァラトゥストラというオリエントの宗教の創設者，ディオニュソスというやはり元来はオリエント出身のギリシアの神，そしてギリシア神話の最も古い形態であり，エジプトから葡萄酒が伝来する途上で産まれたアリアドネという人神（ケレーニー*）——この三者の融合の秘儀をニーチェが目指していたことがわかる。遺稿にも「迷宮的な人間は決して真理を求めない。彼は，我々になにをを言おうと，ただ彼のアリアドネを求めているのだ」[Ⅱ.5.170]とある。思いだされるのは，「ディオニュソス・ディテュランブス」の中に「アリアドネの嘆き」という詩があり，そのなかでディオニュソスは「私はあなたの迷宮である」とアリアドネに向かって述べていることである。また『ツァラトゥストラ』第2部の「悲壮な者たち」のなかで「これがすなわち魂の秘密である。魂が英雄*に見捨てられたとき，はじめてその魂に，夢のなかで，——超英雄が近づいてくる」と言われているのは，そのまま，捨てられ，愛されるアリアドネの神話の焼き直しであるが，やはり彼のめざした玄義とでもいうものを推測させる。1889年1月初頭の狂気の日々にニーチェがコージマ・ヴァーグナー*に送った最後の手紙には「アリアドネ，われは御身を愛す。ディオニュソスより」とのみ，謎のように記されていた。ニーチェには自分の恋の謎を解く糸は見つからなかったのかもしれない。

(三島憲一)

アルチュセール [Louis Althusser 1918-90]

アルチュセールは，『資本論を読む』（1965）のなかで，われわれはマルクス*，フロイト*，ニーチェから深い学恩を受けている，と述べている。3人のドイツの思想家は現実の「読み方」の偉大な教師である，と彼はいう。マルクスは「歴史の大陸」を開拓し，歴史を読む新しい様式を創造した。フロイトは「無意識の大陸」を発見し，無意識という現実の読み方を練り上げた。ではアルチュセー

ルにとってニーチェはいかなる意味で「読解の教師」なのであるか。マルクスはイデオロギーの領域を重視したが、そのメカニズムの分析は手つかずのままに放置した。ニーチェはマルクスが放置したイデオロギー自体の読解に取り組んだといえる。ニーチェの「道徳」はマルクスの「イデオロギー」とほとんど全面的に重なる。アルチュセールのイデオロギーの理論は、ニーチェ的系譜論とフロイトの精神分析論の統合をめざすものであった。アルチュセールの観点からニーチェを見直すなら、ニーチェの系譜学的研究はイデオロギーの理論への最大級の貢献であったといえるだろう。マルクス、ニーチェ、フロイトの結合によってはじめて人間精神の未知の複雑な暗闇を明るみに出すことができると言ったところに、アルチュセールの重要な貢献がある。

(今村仁司)

アレクサンドリア的 [alexandrinisch]

哲学史上アレクサンドリア哲学といえば、紀元前1世紀から紀元後1世紀にかけてエジプトのアレクサンドリアでピロンなどを中心にユダヤ教的なものとギリシア哲学を融合させ、やがて2世紀から3世紀のアレクサンドリア神学や新プラトン主義を生み出す潮流を指すが、「アレクサンドリア的」と一般的に形容詞で使われるときは、偉大な時代の末裔として膨大な学識を蓄え、文献考証と訓古註釈に生きた人々の受動的な生活態度を指すことが多い。自ら新たなものを生み出せない疲労と、にもかかわらず営まれる学問の勤勉さが否定的なニュアンスで含意されている。アレクサンドリアの図書館の炎上はヘレニズム文化の終末を告げる事件であると同時に、こうした学殖の虚しさの象徴として引かれる。ニーチェもほぼこの意味で「アレクサンドリア的」を用いている。アレクサンドリア的人間とは「基本的に図書館員であり、校訂者」[『悲劇』18]であると言われている。

だが、ニーチェが歴史的ヴィジョンを語るときは、ソクラテス*以前の世界とアレクサンダー大王以後(そしてアレクサンドリア的世界以後)の世界という時代区分が多く、ソクラテスの死からヘレニズム誕生までのギリシア古典哲学は、つねに無視される傾向がある。時によってソクラテス以降アレクサンドリア的なものが始まっているようでもあり、また場合によっては、アレクサンダー大王、つまりヘレニズムとともに、彼があれほど讃仰した古代世界の没落が(古典哲学も含めて)始まっているようでもある。アレクサンダー大王はふたつの課題を果たしたとニーチェは言う。それは第一には世界のヘラス化、つまりギリシア文明の東洋への、そして世界中への普及であり、第二には、ヘラス的なもののオリエント化である。その後の歴史は現在に至るまでこの両極のあいだで動いている。キリスト教*は、オリエント的古代としてヘラス的なもののオリエント化に寄与したとされる。それに対してルネサンス*以降、キリスト教の力が弱くなるにつれて、ヘラス的な文化の力が強まっているという図式である。初期のニーチェはまだカント*とエレア学派の共通性や精密科学における現代とアレクサンドリア的=ギリシア的世界の近さなどを説いて、多少とも非歴史的思考をしている。そして近代世界の再ヘラス化を果たす反アレクサンダーはリヒャルト・ヴァーグナー*その人である——『反時代的考察』*の第4論文ではおよそ以上のように論じられている[『反時代的』IV.4]。「アレクサンダーがしたようにギリシア文化のゴルディアスの結び目をほどいて、その紐の先端が四方八方にひらひらと揺れるようにするのではなく、彼がほどいたこの結び目を結ぶこと、これこそが課題である」。最晩年の『この人を見よ』*でも『悲劇の誕生』*を振り返って同じメタファーが使われている。「この書においてはいっさいが予告的である。ギリシア精神の再生が

近いこと，いったん切断されたギリシア文化のゴルディアスの結び目をふたたび結び合わせることになる反アレクサンダー主義者たちの出現の必然性を言ったのはみなそうである」[『この人』IV.4]。

先に多少とも触れたようにアレクサンドリア文化は他方で，後に生まれた者にとって真のヘラス文化へ参入する門としても位置づけられることもある。その意味で，アレクサンドリア世界を見事に模倣したら，次はそれを越えて古代ギリシアに参入することがドイツ人として可能となるはずであるといった発言もある[『反時代的』II.8]。また，ニーチェは「古代の午後」[『智恵』45]としてのヘレニズム文化の静謐を愛していた面もなくはない。少なくともエピクロス*像に関してそれは言える[同45]。だが，基本的には否定的なものとして見ており，現代文化自身がアレクサンドリア的とされている。それは芸術*についても，学問*についてもそうである。「オペラの起源の中に，またオペラによって代表された文化の本質のなかにひそんでいた楽観論は，目もくらむような速さで，音楽からディオニュソス*的な世界使命をはぎ取り，音楽に形式を弄ぶ娯楽的な刻印を押すことに成功したのであって，この変身（メタモルフォーゼ）に比較しうるものは，アイスキュロス的人間からアレクサンドリアの快活な人間への変身しかないほどである」[『悲劇』19]。「われわれの全近代世界はアレクサンドリア的な文化の網の目に捉えられていて，ソクラテスを原像および元祖とする，最高度の認識能力を備え，学問への奉仕を仕事とする理論的人間*を理想としている」。銘記すべきことは，アレクサンドリア的な文化が，長く存続しうるためには，奴隷の身分を必要とするということであり，また，この文化がそれの持つ生存への楽観的考察のなかであの身分の必然性を否認し，〈人間の尊厳〉とか〈仕事の尊厳〉とかいう美しい誘惑と気休めの言葉

の効果を濫用したあげくに，しだいに戦慄すべき破滅に向かうということである」[同18]。そしてこのような歴史の運命的堕落が始まったのは，すでに紀元前5世紀のギリシアの最盛期に位置づけられている。「彼らテミストクレスとアルキビアデスは最も高貴なヘラス的な思想である競争を放棄し，それによってヘラス的なるものを裏切った。そしてギリシアの歴史の粗野なコピーであり，短縮形であるアレクサンダーこそは，いたるところにいる平均的ヘラス人を作り上げ，それによっていわゆる〈ヘレニズム〉を発明した」[『五つの序文』V]。この引用に見られるようなニーチェの歴史像には乱暴なところがある，と言わねばならない。

(三島憲一)

『**アンチクリスト**』 [*Der Antichrist.* 1888]

1888年8月末から9月初めにかけて，ニーチェはそれまでの『力への意志』に代えて『あらゆる価値の価値転換』を表題とする著作を計画し，その構成を，第1書「アンチクリスト。キリスト教批判の試み」，第2書「自由精神」，第3書「インモラリスト」，第4書「ディオニュソス。永遠回帰の哲学」とする構想を立てた[遺稿II.12.43, 47f.]。そして，『力への意志』のために準備した草稿を抜粋して一つの著作にまとめるとともに（これが『偶像の黄昏』*となった），キリスト教*に関する草稿を『あらゆる価値の価値転換』の第1書として仕上げることを企てた。9月3日にはジルス＝マリーア*で序言が成立し（ただしその一部は『偶像』序言に用いられた），9月30日にトリノ*で彼は「大いなる勝利，価値転換の終結」を迎えたという[『この人』XII.3]。こうして成立したのが『アンチクリスト』であるが，11月に入るとニーチェは，この著作が『価値転換』の第1書ではなく，『価値転換』の書そのものであると考えるようになり[ブランデス宛1888.11.20.；同12月初め；ドイッセン宛12.26.]，その間に成立し

た『この人を見よ』*を刊行したあとで、「キリスト教への呪詛」を副題として出版するようにとナウマン書店に指示した。彼の発狂後、遺された原稿はまずケーゲル編の全集第8巻(1895)で『アンチクリスト。キリスト教批判の試み』として公刊され、ザイドル編の版(1899)では『力への意志。あらゆる価値の価値転換の試み』第1書として、さらに『権力への意志』刊行後の1905年版では、『あらゆる価値の価値転換』第1書として刊行された。いずれの版でも、イエス*を「白痴」と形容した箇所やドイツ皇帝ヴィルヘルム2世を批判したと受け取れる部分などが削除されており、その事実はすでに1931年にホーフミラーが指摘していたが、削除部分が復元され、書名も最後の指示にしたがって改められて刊行されたのはシュレヒタ*版第3巻(1956)からである。コリ*／モンティナーリ*編の全集では、その所属に関して議論のある断片「キリスト教に抗する律法」も末尾に加えられている。

「アンチクリスト」(反キリスト者)という語は、新約聖書ではイエスが救い主であることを否認する者を意味する表現であるが、教父神学においては黙示録で地底から出現する怪獣のイメージと結びつけられることもあった。またキリストの教えに背く者をいう表現としても用いられ、ルター*はカトリック教会を「アンチクリスト」と形容している。ニーチェが、自分は「選り抜きのアンチ驢馬」(「驢馬*」とは愚鈍なキリスト者のことであろう)にして「世界史的な怪獣」、すなわち「アンチクリスト」であると述べているのも〔『この人』Ⅲ.2〕、そうした連想にもとづいているのかもしれない。ただ、『アンチクリスト』における「呪詛」は、イエスの教えの内容よりも、教会*による支配の欺瞞性に向けられている。その背景にはまた、キリスト教が育んだ知的誠実*によるキリスト教の「自己止揚」という弁証法*的思考もある。『この人を見よ』の草稿の一つでニーチェは、「私は数千年にわたる宿命であるものに対してその責任を一個人に取らせるようなことはしない。私の祖先自身がプロテスタントの牧師であった。高貴*で純粋な感覚を私が彼らから受け継いでいるのでないとすれば、どこからキリスト教に対して戦う権利が由来するのか、私にはわからない」として、「アンチクリスト自体が、真のキリスト者の発展における必然的な論理であり、この私においてキリスト教は自己自身を克服するのである」と述べている〔遺稿Ⅱ.12.152〕。

とはいえ、この著作では弁証法的思考よりも〈生*〉の肯定と否定との止揚しえない対立の方が根本に置かれて、それにもとづいてニヒリズム*とデカダンス*の宗教としてのキリスト教に対する容赦ない批判が展開される。そこでは、『道徳の系譜』*以来の、貴族*的価値評価と畜群*的価値評価との対立や、弱者のルサンチマン*からの道徳的価値の発生、あるいは禁欲主義的司祭*の支配についての議論が前提とされて、キリスト教の成立が論じられているが、その際にニーチェは、ヴェルハウゼン*の『イスラエル史序説』やルナン*の『イエス伝』、トルストイの『わが宗教』なども批判的に利用している。すなわち、ユダヤ*教の歴史は、被征服民族が復讐の本能から生を誹謗する価値を捏造*していった歴史であり、司祭は権力を獲得・維持するために神の概念や民族の歴史を偽造した。キリスト教も、「神」「霊魂の不滅」「彼岸」「神の国」といった現世の生を否定する観念を捏造し、「罪」「罰」「良心の呵責」「最後の審判」などを道具として用いて信者の良心*を拷問することによって教会の支配を維持してきたとされる。それに対して、仏教は同様にニヒリズムの宗教でありながら「善悪の彼岸」に立っており、そこには禁欲やルサンチマンもない。また、マヌの法典が語るカースト制度の「序列*」(Rangordnung)は、生自

体の最高の法則を定式化したにすぎない」とされている。

ニーチェのキリスト教批判において興味深いのは、彼がイエスその人の教えと初期キリスト教教会において成立した教義を区別して、後者はむしろイエスの福音に反するものだと捉えていることである。イエスという「救い主のタイプ」の解釈にあたって彼はドストエフスキー*からもヒントを得たらしいが、イエスは言葉にとらわれない「自由精神*」であり、内的な現実についてしか語らずに無抵抗を実践した人物であるとされ、ユダヤ教会に対して反乱を企てた「アナーキスト」として自らの罪のために十字架に架けられたのだという。ところが、ルサンチマンを超越したイエスの死を理解しえなかった使徒たちは、イエスの平等の教えに反して彼を「唯一の神」にして「神の子」として奉り上げ、神が「赦し」のために罪なき子を犠牲にしたという解釈をほどこした。こうして「十字架に架けられた神」という倒錯した象徴が生まれ、あらゆる弱者や苦悩する者を神化する宗教が成立したというのである。ニーチェはそこに「憎悪の天才」パウロ*による「古代的な価値の価値転換」を見る。しかも、パウロは、自らの司祭的支配を確実にするために、聖書*の背後を読み取る文献学や、キリスト教徒の生理学*的頹廃の背後を見抜く医学の発展を阻止するという「人類に対する最大の犯罪」を犯し、キリスト教は古代文化の収穫を奪い去ったとされる。その後の歴史においてはルネサンス*だけが「キリスト教的価値の価値転換」を企てた偉大な戦いであったが、ルターの宗教改革*はかえってキリスト教の息を吹き返させることになったとされ、生に敵対的な哲学を発展させたことも含めて、ドイツ人はつねに生の否定を幇助してきたとされる。そして、歴史的感覚を誇る現代人は、キリスト者であることは「不作法」であるということに気づいていてよいはずな のに、司祭や神学者は「神」や「救い主」など存在しないことを知りながら嘘をつき、政治家も「若き国王」も反キリスト者でありながら恥知らずにもキリスト教徒と称していると告発している。

ニーチェは、『アンチクリスト』によって自分は「価値転換*」を成し遂げたのだと確信していた。ただ、いかに緊迫した筆致で書かれているとはいえ、この著作には、他の著作に見られるような、自らの立場も相対化していく軽やかなスタンスはほとんど見られないし、饒舌でとどまることを知らない罵倒はいささか抑制を欠くきらいがある。むしろ、大まじめにキリスト教と対決することによって、かえってキリスト教へのとらわれをあらわにしているとも言える。この書がもたらす新たな「価値転換」によって人類史が二分され、新たな紀元が始まるというニーチェの野望自体、キリスト教的・終末論的な観念を反映したものである。彼の幻想のなかで「あらゆる価値の価値転換」は「大いなる政治*」の観念と混ざり合い、キリスト教に対する「殲滅戦」にプロイセンの将校たちの共感を期待するという妄想も生まれていた[ブランデス宛書簡の草稿 1888.12月初め]。この「大いなる政治」の妄想のなかで書かれたビスマルク*宛の挑戦状の下書きに、ニーチェは「アンチクリスト」と署名している[1888.12月初め]。→キリスト教、イエス、「十字架に架けられた者対ディオニュソス」　　　　　　　　（大石紀一郎）

アンチモダニズム　⇨モダニズムとアンチモダニズムの間

アンドレール　[Charles Andler 1866-1933]

フランスの独文学者。独仏の知的相互了解に努力した。1920年から31年にかけて出版された『ニーチェ——彼の生活と思想』(*Nietzsche, sa vie et sa pensée*. 再版が1958年にガリマール書店から出ている) は、総計

1500ページにもわたる広瀚なもので, 現在でも古くなっていない。とくにニーチェの知的祖先を扱った第1巻では, ドイツからはゲーテ*, シラー*, ヘルダーリン*, クライスト, フィヒテ, ショーペンハウアー*が挙げられていて, 世界の脆弱性の意識に絞って論じられているクライストの項などは, 斬新である。フランスからはモンテーニュ*をはじめとする一連のモラリスト*, そしてスタンダール*らが挙げられていて, とくに芸術論との関連でのスタンダールとニーチェの比較は魅力的である。また19世紀のコスモポリタンの系譜としてブルクハルト*とエマーソン*が挙げられ, それぞれについて詳細な論が展開されているのも面白い。とくにニーチェにとってのエマーソンの意義はドイツでは無視されがちであるが, それを強調しているのは, 外国からの視線でなければできないことである。またニーチェの生涯と思想を綿密に辿った第2巻, 第3巻も実に明晰で透徹した筆使いで書かれており, 『ニーチェとブルクハルト』といった著作は1926年にドイツ語に訳されているものの, ニーチェ研究史においてももっと評価されてしかるべき存在である。ちなみにアンドレールは1901年には『共産党宣言』の仏訳を刊行しているし, 他にも『ドイツにおける社会主義の起源』という著作もあり, 左翼思想との共存という点でもドイツの場合と違ったニーチェの受容をうかがわせる。→リシュタンベルジェ　　　　（三島憲一）

イ

イェイツ ［William Butler Yeats 1865-1939］
英語圏でニーチェ思想を最も深く受けとめたアイルランド詩人・劇作家。イェイツがニーチェに初めて接したのは1902年夏のこと。トマス・コモン編『批評家, 哲学者, 詩人, 預言者としてのニーチェ』（1901）と題する1巻本の英訳ニーチェ選集を読んで興奮を抑えきれず, アイルランド復興運動の盟友グレゴリー夫人への手紙（1902年9月）のなかでニーチェを「あの強烈な魅惑者」と呼んでいるほどだ。1890年代からブレイクの神秘主義に傾倒していたイェイツは, ニーチェをブレイクと結びつけてまず理解しようとした。さらにスウェーデンボリ, ベーメ, 『ルイ・ランベール』や『セラフィータ』の作者としてのバルザック*（「ニーチェのすべてはバルザックにある」とイェイツは述べている）, ブラヴァツキー夫人らの神智学, ないしはオカルト思想の伝統の継承者としてニーチェを位置づけていく。こうしたニーチェ観は晩年に至るまで一貫しているが, イェイツにとってニーチェは何よりもまず近代合理主義の袋小路から脱出し, 人間の霊性を直視する新時代の黎明を告げる偉大な神秘家・預言者として把握された。ブレイク思想の完成者としてニーチェを見るのはこのような文脈内でのことである。その意味で『幻想録』（1925）によって集大成されるイェイツのオカルト学の根幹にニーチェの永遠回帰*の神話やアポロ／ディオニュソス*の対立概念が少なからぬ影を落としていることは特筆すべきである。とりわけディオニュソス神話への関心を強くかきたてられた点で, ニーチェ読解の果たした役割は少なからぬものがある。劇作家としてのイェイツは悲劇的エクスタシーを「芸術──おそらく生──が与えうる最高のもの」と考えていたが, 『砂時計』（1903）以後の主要な戯曲作品において, 「悲劇的情熱の神」であるニーチェ的なディオニュソスが, クーフーリンなど古代アイルランドの英雄像に反映されていることは明白である。今日, ニーチェを抜きにしてイェイツを語ることはできないと言ってよい。→パウンド　　（富士川義之）

イェーガー [Werner Wilhelm Jaeger 1888-1961]

ヴィラモーヴィッツ＝メレンドルフ*の弟子のひとりの古典文献学者。1914年バーゼル大学の教授。彼を有名にしたのは、1930年にニーチェの故郷の町ナウムブルク*で行われた古典文献学会において「古典的なるものと古典古代」の標題の下に彼が組織した一連の講演である。出席したガーダマー*などはそれほど興味を示さなかったようであるが[『哲学的修行時代』]、古典文献学*の自己反省としては重要であった。すでにニーチェが『反時代的考察』*のひとつとして構想していた遺稿群「われら文献学者」で指摘している問題、つまり古典古代の模範性と歴史的相対性の関係をどのように考えるかという問題を、イェーガーは危機の時代との関連で考えようとした。彼は、ニーチェとまったく逆に、カトリックの立場から古典古代後期の模範性を信じている。なぜならば、イェーガーに言わせれば、古典古代後期に生まれた〈パイデイア（教養、陶冶）〉の思想こそは、キリスト教中世に媒介されて西欧を作ったからである。古典的教養の解体により西欧の根が忘却されてしまったこの現代に必要なのは、古代の人文主義、そしてゲーテ*、シラー*、フンボルトの人文主義に続く第三の人文主義であり、古代のパイデイアのルネサンスであると、彼は主張する。ナチス*の政権奪取とともにアメリカに亡命し、ハーヴァード大学教授として戦後も一貫して、古代世界におけるギリシアとキリスト教の出会いがパイデイアの思想を豊かにしたことを強調し続けた。ディオニュソス*の名称の下に人文主義の転覆をはかったニーチェと正反対である。現在のアクチュアリティはないが、ニーチェの受容の重要な一コマである。　　　　（三島憲一）

文献 ▷ Werner Jaeger, *Paideia*, Bd.I, *Die Formung des griechischen Menschen*, 1934.

イエス [Jesus von Nasareth]

ニーチェはキリスト教*の本質を「ルサンチマン*（怨恨感情）」ととらえ、キリスト教道徳を「奴隷の道徳」と批判攻撃して止まないが、その際いつも、キリスト教とイエス・キリストその人は分けて考えようとしている。彼は『アンチクリスト』*のなかで、端的に次のように述べている。「すでにキリスト教という言葉が、ひとつの誤解だ。――突き詰めていけば、キリスト教徒はただ一人しかいなかった。そしてその人は、十字架につけられて死んだ」。つまりニーチェの批判する「キリスト教」とは、イエスその人の教えではなく、むしろその使徒たちが「イエスが身をもって生きたものの反対物」へと変えてしまったものなのである。ニーチェにとってイエスその人は、「彼が生きてきた通りに、教えてきたとおりに死んだ」稀有な人、教えと実践、真理と生*の一体性を見事に体現した人であった。ニーチェは、D. シュトラウス*やルナン*の『イエス伝』を熟知していたが、彼らがそのイエス像のなかに「狂信者」とか、あるいは「天才*」、「英雄*」などのイメージを持ち込んだことに断固反対している。ニーチェにとってイエスは、幼な子のように純朴な心を持った青年、そして何よりも徹底した「愛の人」であった。「わが身を護ることもなく、怒りも見せず、責を問うこともしない。悪人にも手向かいせず、――これを愛する……」とイエスを描くニーチェの言葉には、深い共感さえ感じられる。『ツァラトゥストラ』*ではこのヘブライ人イエスについて、「彼はあまりにも早く死んだ。もし彼が、私の年まで生きていたら、彼はその教えを撤回していたであろうに。撤回するほど十分に、彼は高貴*であったのだ」[I-21]とも述べている。ニーチェは、キリスト教からのイエスの解放を試みたのだ、とも言えよう。

→キリスト教、パウロ　　　　（薗田宗人）

イェール学派

1970年代からイェール大学を拠点として展開した脱構築*批評をになう批評家・思想家たち。ジェフリー・ハートマン，J. ヒリス・ミラー，ハラルド・ブルーム，ポール・ド・マンらがあげられる。とくに学派意識を持つわけではなく，脱構築の捉え方にも差異があるが，ポスト構造主義*を鮮明に打ちだしている点で共通した立場にたつ。彼らの脱構築批評には，デリダ*を介したニーチェ解釈が大きな影響を与えている。なかでも，真理とは言語*の修辞的機能によって生みだされる虚構であるというニーチェの理性批判*の視点は，アメリカでそれまで支配的だった新批評（ニュー・クリティシズム）を打破する上で有効な武器となった。新批評は，詩的言語を科学の合理的言語と区別し，その固有の自律性を認め，詩的真理に理性言語を超越した特権的な地位をあたえた。その一方で詩的言語について語る文学批評に客観性を与えるために構造主義が援用された。つまりテクスト解読は，詩的真理を作品の構造から見つけだす特殊な能力とみなされた。脱構築が批判をいどんだのは，構造を擬似科学的方法として絶対化し，それによって詩的言語と科学的言語の二元論を固定化するこうした新批評の思考だった。真理概念の脱構築は，テクストをメタファーの集合体として読むことによって真理の虚構性を暴露する「運動」であるとされる。イェール学派に共通するのは，特定の真理体系を前提とする比喩*ではなく，記号と意味の関係に開かれた多様性を持つ隠喩や換喩に着目している点である。その視点の基盤になっているのは，デリダが「ニーチェ的な肯定の態度」と呼ぶもの，つまり「解釈」にさらされることもなく，「真理も起源もない記号の世界」の肯定である。こうした共通性があるとはいえ，ハートマンやミラーが「記号の自由な戯れ」に徹し，デリダの厳密なテクスト解読作業を踏襲せずにレトリックの放縦な快楽に身を任せる傾向があるのに対して，ポール・ド・マンは綿密な議論を展開し，文学を哲学より優位におくことによる真理概念の単なる逆転ではなく，理性と修辞の共犯関係をむしろ強調する。「ニーチェは認識論的な方法の限界について考えるには，認識論的に厳密な方法をその手段として使うほかないと訴えている」[『読むことのアレゴリー』]と言うド・マンは，サトゥルヌス祭的な記号の戯れに陥らないところでニーチェの手法を救おうとしている。また修正派と言われるブルームはカバラに依拠しつつ，脱構築を脱却して詩的創造力のもつ救済の力を求める秘教的方向へと向かっている[『カバラと批評』]。いずれにしても，デリダの影響なしにイェール学派を考えることはできないが，ニーチェの思考を記号論的に展開する可能性を示した点で重要な足跡を残している。→脱構築，デリダとニーチェ

(大貫敦子)

位階秩序 ⇨序列〔位階秩序〕

イギリス／イギリス人

19世紀ドイツの教養人がイギリス人に対して持っていたイメージといえば，多くの植民地を持つ大英帝国を背景として，旺盛な企業家精神をもって世界中で商取引にいそしむ功利的な国民，ダーウィンの進化論やバックルの文明論など，自然科学的なものの考え方を発展させる進取の気性に富む国民といったところであろう。そうしたイギリスに対する感嘆と怖れとが入り混じった感情は，ドイツの帝国主義的発展とともに，強大なライバルに対する競争心，敵愾心へと発展していった。ニーチェ自身は，保養地でイギリス人と知り合う機会はあっても，イギリスに行ったことはなく，このような一般的なイメージをある程度まで共有していたらしい。とりわけ道徳哲学に関しては，イギリス人の浅薄さに対する軽蔑をあからさまにしている。たとえば，

善と悪の違いを種の維持という合目的性の有無に還元する道徳説は誤りであり［『智恵』4］、ベンサム以来の功利主義*哲学は、学問性を装ってキリスト教*道徳を焼き直したものにすぎないとしている。また、イギリスの道徳説が「公共の利益」や「最大多数の幸福」を求めるのは、自らのエゴイズムを偽っているからであり、イギリス人は「完全な偽善者の国民」にほかならないとされる。そして、平等を求めてあらゆる人間を平均化する「近代の理念」を生み出したのは、ダーウィンや J. S. ミル*、ハーバート・スペンサー*といった「尊敬すべき、しかし凡庸なイギリス人たち」の趣味であるという。つまり、「ヨーロッパの卑しさ、近代の理念の賤民主義」の根源はイギリスにあるというのである［『善悪』228, 252, 253；『偶像』Ⅸ.12］。結局のところ、「精神」を欠くイギリス人は「哲学的な種族ではない」とされ、ベーコン、ホッブズ、ロック、ヒュームと対比して、カント*、シェリング、ヘーゲル*、ショーペンハウアー*が賞賛されている。当時、浅薄なイギリス人にはドイツ精神の深遠さなど理解しえないといったたぐいの偏見は、ドイツの教養文化人によく見られた発想であったし、そうした考え方は最近まで知識層の一部に根強く残っていた。ニーチェはそうした教養市民の文化的エスノセントリズムには距離を取っていたものの、まったく偏見を免れていたわけでもなかった。しかしそれにしても、イギリス人には音楽性がないということを言おうとして、イギリス美人よりきれいな鳩や白鳥はめったにいないけれども、その歌を聴いてみるがいい［『善悪』252］とか、イギリス料理は人肉嗜食への回帰も同然で、まるでイギリス女の足をぶらさげたように精神を重苦しくする（『この人』Ⅱ.1）というのは、あまりにひどい言い方である。ニーチェの田舎者ぶりが知れるというものである。イギリスの社会にニーチェが批判するようなスノッブの伝統があったにせよ、新奇なものに敏感なイギリスでニーチェの紹介や翻訳が比較的早く行われ、英語を通じての世界的な受容（日本の場合で言えば、夏目漱石*や坪内逍遥ら）に大きく貢献したのも事実なのである。→功利主義

（大石紀一郎）

生きんとする意志 ［der Wille zum Leben］

ショーペンハウアー*形而上学の根本原理。ニーチェが学生時代の1865年に耽読した『意志と表象としての世界』正篇（1819）によれば、知覚される世界は人間の表象にすぎず、知覚されざる世界の本体は盲目の巨大な「生きんとする意志」である。欲望であるこの意志は絶えず自己自身と確執するためつねに不満であり、それゆえ世界は苦悩に満ちている。そして、この意志の個別化形態である人間が苦悩の生から救済されるためには、禁欲によって意志を否定し、意志からの解脱を図るほかはないという倫理思想を、ショーペンハウアーは説いていた。ニーチェはこうした形而上学*の図式を受け継いだが、すでに初期において彼の世界観はショーペンハウアーとは一線を画している。すなわちニーチェにとっては、「現象のあらゆる有為転変にもかかわらず、事物の根底にある生は不滅の力を持ち、歓喜に満ちている」［『悲劇』7］のであり、不満や欠乏ゆえの苦悩のみならず、生*の充実や力の過剰*ゆえの苦悩も存在するはずであった。ショーペンハウアーとの違いを明確に表現しうるキーワードをニーチェがようやく獲得したのは、1882年11月の断想においてである。「生きんとする意志？　そのかわりに私が見いだしたのは、つねに力への意志のみであった」［Ⅱ.5.256］。そして『ツァラトゥストラ*第2部「自己克服」では、ショーペンハウアーの理論が次のような言い回しで批判された。「真理を射抜こうとして〈生存への意志〉(der Wille zum Dasein)という言葉を放った者は、もちろん命中しな

かった。そのような意志は——存在しない！なぜなら，生存しないものは意志することができない。またすでに生存しているものは，どうしてことさら生存を意志することができよう！」。さらにまた倫理の面でも，力への意志*を否定するのではなく，力への意志の永遠の自動運動という世界のありようといわば一体化し，危険と背中合わせの絶えざる自己克服によって力を高め，創造と破壊，上昇*と没落*の歓喜の中に生きよと，ニーチェは説いたのだった。→ショーペンハウアー

(清水本裕)

育成 ⇨飼育〔育成，訓育〕

生田長江 〔いくた・ちょうこう　1882-1936〕

島根県生まれ。明治34年頃，ニーチェの死に続いて日本の文壇では登張竹風や高山樗牛*を中心にニーチェ論議がさかんになったが，当時長江は一高の生徒であった。明治36年7月，東京帝国大学哲学科に入学したが，20年代にすでにニーチェについて講義をしたといわれるケーベル*博士や，ドイツ留学をおえて帰朝したばかりの姉崎嘲風*（樗牛の親友）の講義を聞いたことは，ニーチェに対する長江の興味を深めたことであろう。長江がニーチェについて最初に述べた文章は，帝大へ入学したばかりの明治36年8月，『明星』掲載の「軽佻の意義」と題する一文である。この文は，昨今のニーチェ論議の根底をなすニーチェ理解の浅薄さを批判し，「思ふに通読せずして批評し得らるべきものは，多士済々たる我文壇の産物のみ」と痛烈に皮肉っている。事実この時代にはまだニーチェの著作の完全な邦訳はなかった。そこで長江は，明治42年5月から43年暮れにかけて『ツァラトゥストラ』*の翻訳に没頭した。最初漱石*に相談したともいわれるが，改造社版現代日本文学全集の年譜（昭和5年）には，「森鷗外*先生の御宅へ度々推参して『ツァラトゥストラ』の難解な箇所を教えて頂く」と本人自ら記している。こうして明治44年1月，日本初の『ツァラトゥストラ』の全訳が，鷗外の「沈黙の塔」を序にして新潮社から刊行された。大正に入り和辻哲郎*，阿部次郎*らによる本格的ニーチェ研究が始まるが，長江はひき続いて他のニーチェの翻訳をめざし，個人でニーチェ全集12巻の完訳（新潮社刊）を果たした。これに長江は，大正5年の『人間的な』に始まり昭和4年まで十数年の歳月を費している。弁舌滔々として長江の如しという意味で上田敏から長江という号を与えられたというだけに，評論活動も華々しかったが，ニーチェ訳は彼の仕事としても最も大きなものであろう。この長江訳によってニーチェはほぼその全容を日本の読書界にあらわしたことになる。→日本における受容，萩原朔太郎

(杉田弘子)

意志の自由 ⇨自由意志〔意志の自由〕

イタリア

1876年初めてイタリアの土を踏んで以来，トリノ*の街角で昏倒するまでニーチェは，夏以外の多くの時間をイタリアおよびニース*にかけてのリヴィエラ地域で過ごしている。ソレント，ヴェニス，ローマ*，ジェノヴァ*，トリノ，……。そしてルー・ザロメ*との謎のひとときを過ごしたのは，北イタリアはラーゴ・マジョーレの近くモンテ・サクロであった。よく知られているように『ツァラトゥストラ』*の風景の多くにはこうした地中海世界の光が射し込んでいる。だが，それは啓蒙が愛する理知の光ではない。四囲を輝かしめ，生命の神話的な美の輪郭を浮かび上がらせる変容の光である。絶対の，しかし一瞬でしかない幸福のきらめきとその残光。たとえば『ツァラトゥストラ』第2部の「至福の島々」にはナポリ湾のイスキア島のイメージが揺曳していると言われている。「見るが

いい，私たちをとりまく何という充実のけはい！ そしてこの溢れるような豊かさのなかにあって，はるかにひろがる海*を眺める感動」[Ⅱ-2]．ツァラトゥストラの着想に襲われたと言われるジェノヴァ近郊ポルトフィーノ*岬を思わせる文章もある．「夢のなかであった．あけがたの名残の夢のなかであった．この日，私はひとつの岬のうえに，――世界から遠く離れた岬のうえに立って，秤を手にして，世界を秤っていた」[『ツァラトゥストラ』Ⅲ-10]．すでにブルクハルト*が「筆舌に尽くしがたく美しいイタリア」について語っているが，ニーチェの場合にはその各地に残る古代の遺跡よりも，海に象徴される自然に魅了されたようである．「青く欲情した海，地中海の空の明るさを前にしても音がかすれないような超ドイツ的な音楽を」[『善悪』255]といった表現にもその事情は窺える．現にローマ*などはカトリックの中心であるがゆえにそれほど好きでなかったようだ．もちろんのこと，スペインの南岸まで射しているこの変容の光が，国境を越える算段をしていたヴァルター・ベンヤミン*を幸福にできなかったことをわれわれは忘れるわけにはいかない．→海，ヴェニス，ジェノヴァ，トリノ，ポルトフィーノ，ニース，ローマ　（三島憲一）

イプセン　[Henrik Ibsen 1828-1906]

　ニーチェが近代劇の成立に間接にせよ大きな役割を果たしたことは，早くから指摘されているが，ストリンドベリ*とは個人的に親交があったのに，イプセンに対しては否定的な発言しか残していない．とくに『この人を見よ』*では，女性解放を痛罵したあとで，「最もたちの悪い〈理想主義〉という名の一種目は――これは男性にも現れることがある．たとえばヘンリック・イプセンというあの典型的老嬢におけるように――この最もたちの悪い〈理想キ義〉は，性愛における疚しさのなさ，自然さに毒を盛ることを目的としている」と書いている．しかしストリンドベリが女性憎悪者だからニーチェと結びつくというような考え方はひどい短絡であり，またニーチェのこのイプセン観は，ほとんど俗な偏見に近いといってもいい．1888年にデンマークでニーチェを紹介したために，ニーチェに感謝されていたブランデス*は，イプセンの支持者でもあり，イプセンをニーチェに近づけようとしたが成功しなかった．ニーチェの影響も受け，女性解放運動を軽蔑していたヴェーデキントがイプセンを評価していたことを考えてもニーチェの誤解は明瞭である．ルー・ザロメ*も90年代にイプセンと女性についての論文を著しているが，ニーチェへの影響はなかった．しかし従来の道徳観を覆し，社会に果敢に挑戦したイプセンが，世紀初めの芸術家たちにとっては，しばしばニーチェと並び称せられる存在であったことは，たとえば1909年にアルバン・ベルクが母に宛てた手紙にも見ることができる．イプセンのほうがどの程度ニーチェの思想に親しんだかは明らかでない．「ヨーン・ガブリエル・ボルクマン」の主人公の権力主義にニーチェの影を見ようとする研究もあったが，現在は否定されている．ハンス・マイヤーは「エピローグ」と副題されたイプセンの遺作『わたしたち死んでいるものが目覚めるとき』の芸術家ルーベックは，『ツァラトゥストラ』*にいわれる，神々を捏造する「詩人－騙りもの」(Dichter-Erschleichnis) の系列の人物であり，山頂を目ざす彼が雪崩に捲きこまれて死ぬのは，そのまやかしの暴露だとしている．→ストリンドベリ，ブランデス　（岩淵達治）

意味と無意味

　現象世界の根拠として何らかの超越的真理を想定したり，現象世界の背後に真なる世界それ自体を想定したりすることを強く否定するニーチェは，しかし，現象主義的に現象そのもの，出現・消滅する出来事そのものとい

ったものを認めたわけでもない。ニーチェによれば、出来事とはつねに「解釈する存在によって解釈された一群の現象」である。「事実なるものは存在しない、存在するのは解釈*だけだ」と言われるように、あらゆるものはあるパースペクティヴ(遠近法*)からする解釈であって、それはつねに新たな意味づけに開かれてある。「世界は他にも解釈しうる。世界は背後に一つの意味を携えているのではなく、無数の意味を従えているのだ」[遺稿 Ⅱ.9.397]。世界とはそのように、無数の解釈がたえず流動的に交替する生成*の過程であり、そういう解釈の「多数性」こそが生の「力」の徴候であるとされる。生成を存在へと固定しないで、より広い視野(パースペクティヴ)と地平のうちに立って、ある強度をもった人間の新しい可能性を出現させることが求められるのである。

では、この解釈の「力」とは何か。ひとはふつう、解釈の多数性をではなく、むしろ逆にその「統一」を探し求める。現象する世界には意味や目的が内在していると想定してかかる。世界の存在に、そして自己の存在に、根拠や背景を与えたがる、つまり「存在の意味」という問題に思い煩らう。しかし、世界の生成には意味も目的も存在しない。「人間の現存在は不気味(unheimlich)であり、依然として無意味(ohne Sinn)である」[『ツァラトゥストラ』序説 7]。意味を探し求めてはならないのであって、むしろそういう無意味な世界のうちに存在することに耐えうるようなものとなること、神も真理も存在しないそういう無のうちに「仮構」の無限なる可能性と力を発現させることが重要だと、ニーチェはいう。生成の「戦慄的な偶然を一つに圧縮し収集すること」、それが解釈の「力」の発見であり、無意味、没意味に弄ばれるのではなく、みずから何かを意欲すること、そして何も欲しないよりはむしろ「無を欲する」*ことが求められる。

こうした生の仮構と自己解釈の生成のなかで、「これが生であったのか。さあ、もう一度!」[『ツァラトゥストラ』Ⅲ-2.1]という「永遠回帰*」の意志、絶対的肯定の意志が発現する。そこでは世界の生成が無意味なものの永遠なる回帰として捉えられるのであり、「無意味なものが永遠に」という極限のニヒリズム*的な意志がたえず再創造される。そして、起源も終末もないこのようなはてしのない反復のなかで、同じ意味が無限に回帰し、繰り延べられることは、同時に意味が無意味なものとして焼き尽くされることでもある。先に解釈の「力」、解釈の強度といわれたのは、おそらくは、この(無)意味を永遠に生成させるそれ自体が無意味な力のことである。

真の世界が廃棄されるとともにみせかけの世界も廃棄される。クロソウスキー*によれば、世界はこうして「寓話」となる。「世界とは語られる何かであり、語られた事件、つまり一つの解釈である。宗教、芸術、科学、歴史は、それと同じだけの相異った世界解釈である、というよりもむしろそれと同じだけの寓話のヴァリアントなのである」[「ニーチェと多神教とパロディ」]。クロソウスキーによって「寓話」として語りだされたニーチェ的な世界生成の論理、つまり解釈の生成としての世界過程についての洞察(「解釈」の概念や認識の遠近法主義*)は、その後、こうした解釈の根源的な生起のうちに知の原初的な生成のモデルを読み込む解釈学*の立場から、ホワイトヘッドの実在の過程性という考え方やフッサールの(解釈としての)「志向性」の概念とともに、現代の解釈学的哲学の源流の一つとして位置づけられる。→解釈と系譜学,解釈学,遠近法/遠近法主義,永遠回帰

(鷲田清一)

文献 ▷ Gottfried Boehm, Einleitung, in: *Seminar: Die Hermeneutik und die Wissenschaften*, hrsg. mit H.-G. Gadamer, Frankfurt a.M. 1978.

イロニー [Ironie]

ソクラテス*がソフィストたちを相手に問答し、彼らの認識の誤りを悟らせた方法を、当時のアテナイ人たちは「エイローネイアー（eirōneiā）」と呼んでいた。近代語の Ironie（独）／irony（英）／ironie（仏）もここに由来する。ソクラテスのイロニーは、無知を装うことによって、相手の主張に無意識に隠されている矛盾を引出し、最初の発言の虚偽をみずから認めさせる教育的手段である。ニーチェはある種の教育的効果という点では、ソクラテス的イロニーに価値を認めている［『人間的』I.372］ものの、その他の面ではイロニーに対して一般に否定的である。ソクラテスのイロニーは「本能*の疲弊した人間たち」［『善悪』212］の態度であり、デカダンス*の時代の始まりがここにあるとニーチェは見る。ソクラテスのイロニーは、ある事柄を「真」であると積極的に肯定することなく、つねに否定性という形での判断留保に終わる。この永遠の否定性というイロニーの特性は、ニーチェの目には生*を肯定することなくひたすら自己保全をはかる19世紀市民社会の「中庸*」の徳につながるものと映った。歴史的教養に見られる一種の「イロニー的自己意識」は、いわば「生まれながら老人である」ような認識の態度であり、自己の現在の生に対しても他者のそれに対しても無関心な、現実を達観したペシミストの態度であると言う［『反時代的』II.8］。またすべての「人間的なるもの」は「イロニー的なものの見方」から生まれるがゆえに、「イロニーはこの世界で余計なもの」［『人間的』I.252］である。

イロニーを生の弱体化の現象として捉え、デカダンスと一体化して批判するこうした観点を助長しているのは、ニーチェのロマン主義嫌いである。イロニーをレトリックの次元を超えて哲学的な思考の一形態として捉えたのは、ほかでもなく「ロマン的イロニー」の概念を思考と創作の中心に据えたドイツ・ロマン派である。自我以外のすべての外界の存在（非-自我）を自我自身が措定したものと捉えることによって、自我を無限大に拡大していくフィヒテの「絶対自我」の概念に、ノヴァーリスやF．シュレーゲルは主体の自由の無限性を読み取った。彼らにとってイロニーの否定性は、何ものにも捕われない精神の完全な自由を確認する方法であった。このロマン的イロニーは、外界世界の否定ばかりでなく、自我が産出した作品さえもそれがいったん外化されたとたんに否定の対象とする。つまり、自我の絶対的自由を保証するロマン的イロニーは、自己創出と自己破壊を無限に繰り返していく精神の運動である。キルケゴール*の著書『イロニーの概念』は、ソクラテスからロマン派へいたるイロニー概念のいわば総括であり、いっさいの旧弊なものを否定しさって、新しいものへの道を開くものとしてイロニーに高い評価を与えている。

ニーチェは、ロマン派のこうした永遠の否定の連続が、生からの逃避であり、内面性への退却であることを見て取っていた。これがイロニーに対する批判的観点の原因である。しかしそうした批判にもかかわらず、イロニーはどこか無意識のうちにニーチェ自身の思考の方法となっていた。それをもっとも鋭く読み取っていたのが、トーマス・マン*である。彼は自分の「ニーチェ体験」は、ほかでもなくイロニーの発見であると記している。ニーチェを通して知ったイロニーとは「自己否定であり、生のために精神が自らを欺くこと」、つまり「精神の自己否定」であると言う［『非政治的人間の考察』］。トーマス・マンにとってはニーチェから学んだイロニーこそが、彼の創作の基盤となっている。イロニーは生と精神、市民社会と芸術*の緊張関係のなかで揺れ動く芸術家の視点そのものであ

る。だがそれは，現実社会と遊離した「非政治性」に対する自己弁護となっていることも忘れてはなるまい。

ニーチェはソクラテス批判，ロマン派批判，そしてデカダンス批判という観点から，意図的にイロニー概念の使用を避けているとも言えよう。だが，彼の思考形態にはソクラテスにもロマン派にも共通するイロニー的態度がある。それは彼のいわば「仮面*」の戦略に形を変えて現れている。「仮面」は，けっしてひとつの主張を真として固持するのではなく，相手の虚偽を暴露するためにそのつどつけ代えられるという点で，ソクラテス的な「無知を装う」戦略と同じものであり，またその意味で無限の否定性であるという点ではロマン的イロニーとも共通している。→仮面と戯れ，ソクラテス　　　　　　（大貫敦子）

文献　▷ Ernst Behler, Nietzsches Auffassung der Ironie, in: *Nietzsche-Studien*, Bd.4, Berlin/New York 1975.

因果性

ニーチェにとって（括弧つきの）「真理」が，多様なパースペクティヴからなされる世界への生の関わりのなかから生じる暫定的な見方である限り，因果性についても事情は同じである。それは永遠性を欠いた解釈の一つでしかない。因果性への「信念」ないし「信仰」が人間の血となり肉となっているとすれば，それは，当の「信念」が「種族」の存亡に関わるものであったからにほかならない。

ニーチェは一貫して因果性の思惟に批判的であった。そこには，生起する事柄の背後に基体の存在が前提されているからである。当時ニーチェが物理学のものとした「アトム」を始めとする事物がそうであり，主体の「内的な諸事実」——意志，意識（精神），自我——がそうである。また（後にハイデガー*が「存在 - 神学」と規定する形而上学*），とりわけキリスト教時代の哲学において，神が最高の精神的原因として，自己原因として措定されたのは言うまでもない。批判をもってドイツ哲学の近代を開いたカント*にあっても，現象しない「物自体*」が原因性の根拠とされている。それに対し，不動・不変の実体や基体の存在を認めず，「力への意志*」を仮定して生成を語り出そうとするニーチェにとっては，因果性の思惟はデカダンス*の一つであった。ところで，事物の因果性解釈は，主体自身の行為の因果的解釈にその源をもつ。すなわち，事物という概念は，人間が「原因としての自我という概念に合わせて」捏造したものにほかならない〔『偶像』Ⅵ；遺稿Ⅱ.11.92-95. 参照〕。因果論はしたがってまず，行為の原因を主体の意図や動機，そして目的に求めるところに由来する。この原因なくしては，行為の「自由」や「責任」が成立しないと思われたからである。それゆえニーチェには，形而上学的・宗教的道徳的な因果性を批判する，あるいは「脱構築*」することが急務だったのである（ニーチェは，因果性の思惟を「錯誤」「迷妄」「悪習」だと攻撃する。ただし，たとえば語「錯誤」がいぜん「真理」の言語に組み込まれているとすれば，「真理」との対決を避けることはできない。実際その対決は繰り返しなされている。そして，今日の読者は，ニーチェにおける「真理」を再び徹底して問題化するハイデガーの読解を避けて通ることはできないであろう）。

その一方でニーチェは，因果的思惟の「心理学的」発生を問う。彼によれば原因を求める衝動は，未知のものに対する恐怖や不安に由来する。未知の経験から喚起される恐怖を鎮めるために，ひとは事後的にその原因を既知のもののなかに探る。因果性とは安心の機制なのである。その際，未知のものは原因の場所から締め出され，既知のものからなる一定の原因群が他を排して優位を占め，さらに体系化されることになる。道徳と宗教とは，こうして発生する解釈体系にほかならない。

たとえば，行為の原因として「自由意志*」を措定することは，神学的な意味で人間を責任ある存在にして行為の罪を裁き，罪を罰することを可能にし，人間たちを神に，さらには自分たちに依存させようとする僧侶（司祭*）の本能から生まれるのである［『偶像』VI］。

自然科学の因果的思惟に対しても，当然ニーチェは批判的であった。それは，たとえば「力」「法則」などの概念を始めとして機械論，目的論，決定論に対する批判として，『権力への意志』の名で集められた遺稿断片に読むことができる。そこにおいて彼は，「力への意志」にもとづいて，科学上の概念のいくつかに関する再解釈を試みているが，なかには新たな形而上学の観を呈するものもあり，彼の科学についての言説を今日，鵜呑みにすることはできない。もちろん彼が，科学的な因果性に何の価値も認めなかったわけではない。既知のものの制限を突き破り，未知のものにさえ原因を求めようとする因果性に対する感覚は，宗教や道徳を支えている「空想的な因果関係」を破壊するからである［『曙光』10］。しかしニーチェは，近代科学を一般にニヒリズム*の一形態として批判してもいる。すなわち，禁欲主義的な宗教・道徳が失墜した時代において，その失墜に貢献した近代科学が単純に同じ座にすわるのではないとしても，不平や不信，悔恨や自己蔑視や良心の疚しさの新たな隠れ場所になっているという［『系譜』III.23］，科学の両価性の指摘は，今日でも考えるべきものを含んでいる。

(港道 隆)

インド

ニーチェのインドへの関心は，まずは，ショーペンハウアー*からの刺激によってかき立てられたものと考えられる。そして，さらには，ニーチェ自身の友人で同じくショーペンハウアーから影響を受けたドイッセン*によるインド哲学とくにヴェーダ哲学の研究に大いに学ぶことから，インドへの認識を深めている。「その他の点でヨーロッパがどれほど進んでいようとも，宗教的な事物については，ヨーロッパは古代のバラモン*の素朴なとらわれない心にまだ及ばない。その証拠に，インドでは4000年以前に，現在のわれわれよりも，より多くのことが思索され，より多くの思索の愉しみが伝承されていくのが常であった」［『曙光』96］。ニーチェのインドへの関心は，ヨーロッパのキリスト教*文明への批判と表裏をなすものなのである。バラモン教や仏教を問わず，ニーチェが関心をもったインド思想に共通する中心点は，「輪廻」と「解脱」という考え方にあった。インド思想は，個体化*の原理に束縛されて現世にこの自我として現れているあり方そのものを，徹底して「苦」とみなし，現世における倫理的行為が因果応報的な「業」となって来世の運命を決定するという「輪廻」の歯車からの離脱こそが，求められるべき救済としての「解脱」であると捉える。このような見地が，あらゆる価値の転換*と相対化，善悪の彼岸への超脱という志向，そして永遠回帰*というニーチェ思想の中心とある類縁性をもつことは明らかである。とはいえ，あらゆる現世的価値とともに肝心の〈生*〉そのものまで否定してしまうインド思想の徹底した現世拒否を，ニーチェは，退廃し疲弊した弱さからくるペシミズム*と見なして拒否し，それを根底から転倒させている。すなわち，「強さからくるペシミズム」をもって永遠回帰をむしろ徹底して受け止めそこで生き抜くこと，ここからニーチェのいわゆる「超人*」の思想が生まれてくるのである。⇒仏陀，ハフィス

(中野敏男)

ウ

ヴァイニンガー [Otto Weininger 1880-1903]

　女性の性欲や同性愛を取り上げ,一世を風靡した『性と性格』の著者。ウィーンのユダヤ系家庭に生まれ,ウィーン大学で哲学,生物学,生理学などを学ぶ。博士論文に加筆した『性と性格』が出版されて半年後にピストル自殺をはかり,唯一の著書となった『性と性格』は,精神病理学的な例証としても注目された。ニーチェは,ショーペンハウアー*,カント*,シュティルナーらとともに彼の思考形成に影響を与えたようだが,『性と性格』ではニーチェの『善悪の彼岸』*から男女平等を軽蔑した一文を引き,平等よりむしろ「女性自身による自発的な女性の解放」を支持する姿勢を示している。その論拠は彼一流の性欲論によるものである。女性は理性や道徳や芸術と無縁であり「性交の観念は女性のあらゆる思考の中心位置を占め」,「全生涯を通じてもっぱら性にのみ関心を持ち,肉体的にも精神的にも全存在が性の塊となっている」。女性はその制約を意識し理解把握する能力をもたない,つまり「自我への意志」をもたない存在であるとされる。そして「男性が女性の性欲に応じているかぎり」,女性は性欲に囚われ自立することができないので,「性交の断念」こそが両性にとって完全なる人間となる条件である,と彼は論じる。一方で強烈な女性蔑視があるにもかかわらず,その一方では同性愛を異常性愛として禁じる道徳をアナクロニズムと非難する彼の矛盾に満ちた論述には,世紀末*ウィーンの二重道徳の世界が深く影を落としている。　　　(大貫敦子)

ヴァーグナー[1]　(コージマ・ヴァーグナー)
[Cosima Wagner 1837-1930]

　リスト*の娘で,最初の夫である指揮者ハンス・フォン・ビューロー*と別れてヴァーグナー*の二番目の夫人となったコージマは,ニーチェの生涯にいろいろな意味で影を落としている。1869年ニーチェははじめてスイスのルツェルン近郊にあるトリープシェンのヴァーグナーの家を訪れている。ヴァーグナーは翌年8月にコージマと正式に結婚した。ニーチェ自身が「わが人生の最良の,もっとも高揚した瞬間」と呼んだトリープシェン時代はニーチェとヴァーグナー,コージマの関係がもっとも親密であった時期でもあった。

　ニーチェとコージマの関係については諸説があるが,すくなくともトリープシェンの幸福な時間にあってコージマとニーチェのあいだに敬愛と友情の念が共有されていたことはたしかである。『悲劇の誕生』*の出版にさいしコージマはニーチェに次のように書き送っている。「ああ,あなたの御本はなんと美しいんでしょう! なんと美しく,深遠で,なんと深遠でしかも鮮やかなんでしょう! わたしたちのマイスターの命令しか聞かぬと思っていた精霊たちを,あなたはこの本で呼び覚ましたのです」。1871年のコージマの誕生日にはニーチェは自分が作曲した「大晦日の夜に」を,ちょうどヴァーグナーが前年に「ジークフリート牧歌」をコージマの誕生日に送ったのとまったく同じやりかたでコージマにささげている。ただコージマは単にヴァーグナーの妻というだけに留まらないすぐれた判断力,理解力を備えた一個の自立した人格であり,かつヴァーグナーが夢想した芸術帝国建立を推進するプランナー,マネージャーでもあった。こうした点でコージマは当初からニーチェに対して精神的に優位な立場にたって利用主義的に振る舞っていた感がある。

　したがってヴァーグナー・イデオロギーの

忠実なメッセンジャーという役割への期待がニーチェの反ヴァーグナーへの転向によって裏切られると、コージマはニーチェに対する失望と嫌悪をあらわにする。後年の書簡では「このあわれな人間は私が面識を得る前からすでに病人だったのです」というような言い方をしている。ニーチェの側も彼がもっとも嫌った教養俗物*たちの祭壇と化したバイロイト*を統べる「女帝」となったコージマへの批判をいくつか残している。しかし最後の書簡でニーチェがコージマに宛てて「アリアドネ*、御身を愛す。ディオニュソス*」[1889.1.]と書いてなお消しがたいコージマへの思いを表白したのにちょうど見合うように、コージマの日記にはじつに250箇所にものぼるニーチェへの言及が残されている。コージマとニーチェのあいだの宿縁はけっして最後まで切れることはなかった。⇨ニーチェとヴァーグナー——ロマン主義の問題、ビューロー、リスト、アリアドネ　　　　　　　　　（高橋順一）

文献　▷ Cosima Wagner, *Die Tagebücher*, Bd. I u. II, München/Zürich 1976/77.

ヴァーグナー² （リヒャルト・ヴァーグナー）[Richard Wagner] ⇨ニーチェとヴァーグナー——ロマン主義の問題

ヴィラモーヴィッツ゠メレンドルフ [Ulrich von Wilamowitz-Moellendorff 1848-1931]

19世紀末から20世紀前半にかけてドイツの古典文献学界を代表した学者。東プロイセンのユンカーの生まれで、ニーチェと同じくプフォルタ校*に学んだ。グライフスヴァルト大学、ゲッティンゲン大学を経て、1897年、プロイセン文部省の意向でベルリン大学教授に招聘され、カール・ラインハルト*、ヴェルナー・イェーガー*ら、次世代の文献学者を数多く育成した。また古代ローマ史家として著名なテオドール・モムゼンの女婿でもある。文献の歴史的伝承を綿密に跡づけることで徹底した資料批判を行う歴史的・批判的方法を完成し、多くの校訂版や翻訳を刊行したこの文献学の泰斗は、ホメロス*から悲劇作家*・哲学者まで、古典古代以前からヘレニズム期に至るまでのあらゆる文献を研究対象として渉猟し、古典文献学*を総合的な古代学（Altertumswissenschaft）へと拡張することを企てた。『悲劇の誕生』*が刊行されると、まだ若い学生だったヴィラモーヴィッツは「未来の文献学！」と題するパンフレットで二度にわたってニーチェを糾弾し（1872-73）、講壇を降りよとまで要求した。その際に彼が前提としたのは、「あらゆる歴史的に成立した現象をそれが発展した時代の前提のみから把握する」という歴史主義*の公準であり、「その原則が学会の共有財産となった歴史的・批判的方法」のみが文献学の唯一の方法であるという考え方であった。ニーチェがあれこれの文献を「読んでいない」とか、「理解していない」といったことばかりをひたすらあげつらうヴィラモーヴィッツは、ニーチェにとって重大な問題であった文献学の研究・教育の正当性ということにまったく注意を向けようとしなかった。両者とも、ヴィンケルマン*以来の古典主義的ギリシア像が、19世紀の文献学の水準からすれば歴史的事実と一致しない「先入見」であるということは意識していたはずであるが、そこでニーチェが、このギリシア像が力を失えば、われわれの古代に対する関係はどうなるのだろうかと真剣に問いかけて、〈ディオニュソス*的なもの〉に新たな古代への通路を探ったのに対して、ヴィラモーヴィッツにとって、先入見はただ克服されるべきものにすぎず、「それがかつていかにあったのか」をそのとおりに再現することのみが研究の名に値するものであった。そのような研究の意義に対する反省のなさが、やがて第一次世界大戦勃発に際して彼がベルリン大学の学生を前に、文献学ではなく戦争のなかで国家に身を

捧げよと演説した背景にあったのではなかったか。→歴史主義

(大石紀一郎)

ウィルソン [Collin Henry Wilson 1931-2013]

イギリスの批評家・オカルト研究家コリン・ウィルソンにとって、ニーチェはロマン主義的「アウトサイダー」の典型である。近代的な市民社会に強い違和感を感じないではいられないし、したがって社会のなかで孤立することを余儀なくされるような大胆な思想の冒険家が、ウィルソンの言う「アウトサイダー」にほかならない。その意味でニーチェは、キルケゴール*とともに、「アウトサイダー」意識に端を発する実存哲学を展開した異端の哲学者と見なされる。ウィルソンの代表作『アウトサイダー』(1956) には、ニーチェの生涯と作品が「アウトサイダー」という基本テーマに即して要領よく解説されている。それによると、ニーチェはショーペンハウアー*の影響のもとに、自己を知るために最も肝要なのは「自己よりの離脱」であると自覚した。そして「純粋意思」、あるいは「主体が完全な忘却のなかに消え去るディオニュソス的感情」を直観的啓示によって知ったニーチェを描いていく。さらに、「超人*」や「永遠回帰*」といった実存的概念が「ニーチェ自身の魂の病いへの反動として発現したものであり、それは大いなる健康*という思想に肉づけしようとしたニーチェの試み」であったことを明らかにしてみせる。こうしてニーチェの肯定の哲学は、ブレイクに始まるヨーロッパの神秘主義、ないしは「宗教的アウトサイダー」の系譜のなかに位置づけられる。このあたりアウトサイダーの究極の目標は「いかに生きるべきか」という問題に何らかの解答を示唆することにあるとするウィルソンの関心が、ニーチェ読解を通じて最もよくあらわれている箇所の一つとして印象深い。つまりニーチェは自己救済がどの方向にあるかを明らかにしてみせた大思想家として把握されるのだ。ここにウィルソンのニーチェ理解の核心がある。しかし主に病者を対象として実存の問題に取り組んできたウィルソンは次第に関心を超能力の問題(超能力者には健康者のほうが多いと、彼は言う) に移してゆき、最近の著作にはニーチェへの言及はほとんど見られない。

(富士川義之)

ヴィンケルマン [Johann Joachim Winckelmann 1717-68]

ヴィンケルマンの名はニーチェの著作のなかでは、つねにゲーテ*, シラー*, レッシング*らとともに登場し、ヘレニズム文化の核心に迫ろうとした「高貴*な教養*の戦い」の戦士として比類なき賛辞を送られている。ギリシア後期古典芸術に具現された「自然」を近代芸術の模範とすべきことを説いた『古代芸術模倣論』(1755) は、18世紀後半のドイツ知識人たちの間でギリシア回帰熱を巻き起こす一因となった。ニーチェはヴィンケルマンやゲーテにおける、現代の視点にひきつけたギリシア解釈を、「歴史的には間違っている」が、まさにそうした過去解釈こそが「近代的」なのだと述べている。19世紀後半における歴史主義*的教養は、ヴィンケルマンらの見いだしたギリシア的調和や美の理想を死せる美辞麗句にしてしまった。過去に秘められた潜在的可能性を現在に呼び覚まそうとするニーチェの姿勢は、ヴィンケルマンらのギリシア受容と共通している。だがヴィンケルマンやゲーテさえ、ヘレニズム文化の根底に潜むオルギア的な要素、つまり「生への意志」を理解できなかった。これこそはニーチェが『悲劇の誕生』*で「ディオニュソス*的精神の復活」として、また後には「生*の永遠回帰*」として求めたものである。

(大貫敦子)

ヴェニス [Venedig (Venezia)]

ニーチェは1880年の春ペーター・ガスト*

に伴われて初めてヴェニスを訪れ，夏まで滞在したが，それ以来，かつてアドリアの海に君臨したこの町の魅力にとり憑かれた。『この人を見よ』*のなかでは，「音楽にかわる別の言葉を探すなら，私にはヴェニスという言葉しかない」[『この人』Ⅱ.7]と書いている。ヴェニスは彼にとっては，「南国」「南欧」の代名詞，明るく軽やかな生そのものであった。晩年のニーチェの文化的エッセイには，彼の嫌いなキリスト教*，ルター*的プロテスタンティズム*，ドイツ的生真面目さ，観念論哲学，北国の湿った風土とそこに住む鈍重な人々の反対物として「南方」「南方的」という表現がほとんど魔術的な合言葉のように出てくるが，辻音楽師の町，賑やかなカーニヴァルの町ヴェニスこそその結晶であった——ただ，ペーター・ガストのコミック・オペラ「ヴェネツィアの獅子」のように，いつもガストの音楽と結びつける軽率さを伴っていたが。ヴェニスといえば，トーマス・マン*の『ヴェニスに死す』に代表されるように，崩壊と腐敗を宿した昔日の栄光の町，病気と悪魔的誘惑に満ちた世紀末*の町というイメージが強いが，ニーチェのヴェニスにその面を見るのは，誤解である。ニーチェをテーマにしたリリアーナ・カヴァーニの映画『善悪の彼岸』でも，梅毒に感染するニーチェの経験がサン・マルコ広場での悪魔の踊りに形象化されているが，これはヴェニスに寄せるニーチェの「健康」のイメージを損なうものである。

ところで，『ツァラトゥストラ』第1部が完成した1883年2月13日にヴァーグナー*が，ヴェニスの大運河に面するヴェンドラミン宮殿で没したことをニーチェは，自己の伝記の運命的事件として描いているが，これもニーチェのヴェニス体験の一部である。ヴァーグナーがヴェニスを愛したことは，ニーチェがヴァーグナーに赦す数少ない恩典のひとつである。「南国を，恐怖*の戦慄*を伴わずには考えられない幸福」をニーチェは次の詩に託している。「橋のほとりに私は立っていた／鳶色の夜／遥かに聞こえる歌の声／金色の滴が／震える水面からわき上がる／ゴンドラ，あかり，音楽——酔うがごとくに黄昏のなかへとさまよい出る……／わが魂，この弦の響きは／きづかぬうちにふるえて／ひそかに舟歌に合わせてうたう／色とりどりの幸福にうちふるえながら／この魂に耳を傾ける者がいるのだろうか？…」[『この人』Ⅱ.7]。狂気のニーチェは，オーヴァーベック*に付き添われてバーゼル*に向かう汽車の中で，この詩を一人口ずさんでいたと伝えられている。

(三島憲一)

ウェーバー[1] (アルフレート・ウェーバー)
[Alfred Weber 1868-1958]

社会学者マクス・ウェーバー*の弟にあたる。早くから社会問題に関心をもち，自由競争を前提にした古典派経済学の工業立地論を批判し，社会政策学の立場から新しい立地論を展開した。社会政策学会の中では講壇社会主義の社会政策論に対して，M.ウェーバーと共有の立場から価値中立の科学の必要を説いた。彼は「文化社会学」を提唱し，文化社会の原理として，社会と文化と文明とのそれぞれの過程を区別すべきであることを強調し，文化と文明の対立というドイツの精神風土を背景にした考え方に影響を与えている。彼は生の哲学の要素を取り入れることによって兄ウェーバーと微妙な食い違いを見せているが，そのことは彼が強くニーチェの影響を受けていたことと関連している。1913年の「自由ドイツ青年」の結集にも呼び掛け人に名を連ねている。1933年，ナチス*が権力を掌握したとき，ハイデルベルク大学の社会科学研究所の屋根にあがっているハーケンクロイツの旗を自分の手で引き降し，国内亡命派になった。戦後の解放後はドイツの新しい民主主義政治に積極的に関与した。 (上山安敏)

ウェーバー² (マクス・ウェーバー) [Max Weber 1864-1920]

マクス・ウェーバーは、最晩年のある日、「今日の学者、とりわけ今日の哲学者の誠実さは、その人がニーチェとマルクス*に対してどのような態度を取っているかによって測ることができる。……われわれ自身がその精神において実在しているこの世界は、あくまでマルクスとニーチェによって刻印を受けた世界なのだ」と語ったと言われる[Eduard Baumgarten, *Max Weber: Werk und Person*, J.C.B.Mohr, 1964, S.554f.]。この言葉は、ウェーバーの思想形成において、ニーチェの存在がいかに大きな位置を占めていたかを明確に示唆している。

だが、ウェーバーの著作自体におけるニーチェへの直接の言及は、実は、かの「ルサンチマン*」説をめぐる方法論的な評価に関連したものにほぼ限られている。それは「世界宗教の経済倫理」の序論においてもっとも詳しいが、そこでウェーバーは、ルサンチマン説を、さまざまな宗教倫理の生成をそれの担い手の利害状況から心理学的に説明する方法的立場として位置づけて、批判しているのである。ウェーバーによれば、現実の諸宗教が呪術の圏域から離脱してなんらかの宗教倫理を発展させるときには、現世の「苦難」の存在をいかに説明するのか（苦難の神義論）という問題にも、必ずしも被抑圧階級の怨恨感情に直接に依拠した対処がなされているわけではない。むしろそこには、幸福財の不平等を合理的に説明しようとする預言者や救い主の知性主義的な関心が働いており、しかもこれらの人々は、必ずしも被抑圧階級の出身ではなかった。もちろん、救いを多く必要とした被抑圧階級の方が、救いの教説にも多く共鳴したということはあろう。しかしその際でも、ルサンチマンが必ずそれを媒介したわけではなく、ましてや「禁欲」一般をルサンチマンという心理的起源に帰すことはできない、とウェーバーは主張するのである。ウェーバーのこのようなルサンチマン説批判は、「ニーチェによって刻印を受けた世界」の問題に、あくまでニーチェとは異なった方法をもって対しようとする、ウェーバーの独自な立場を明示するものである。すなわち、客観的に「筋が通っている」と考えることができる整合合理的な連関と行為者の主観において「現実に」生起した目的合理的な意味連関とを混同せずに区別し、それにより、諸宗教倫理についてもその生成と意義を経験科学的に比較するという、理解社会学に固有な問題領域がここに画定されているのである。

ところで、ウェーバーのニーチェとの関係は、思想史的には、このような方法論的な領域とは異なったところから問題にされてきた。それは、まずは、第二次大戦後のドイツにおける戦後民主主義的な風潮を受けて、ウェーバーの思想のニーチェとの親近性をナチス*体験と結び付けて批判的に問い直そうとする研究が現れてきたことに発している。モムゼンは、ウェーバーの自由主義が厳格な人格の自律という原則に基礎を置いている点を捉えて、これを貴族主義的な決断主義と性格づけ、ここに超人*への志向をもつニーチェ思想との親近性を見る。この決断主義は、あらゆる価値の相対性（神々の闘争）という認識をもって自然法思想を否定する点でニーチェ的なニヒリズム*に与し、この観点が、ウェーバーの理念型を道具的に駆使する学問方法にまで貫通している、というのである。そして、ウェーバーのそうした貴族主義的立場は、政治思想においては「権力政治」の立場に連なり、「人民投票的指導者民主制」の主張において最もナチス的な領域に近接する、とされた。「カール・シュミット*がウェーバーの正嫡の弟子である事実を、われわれはおろそかにできない」というのは、この文脈に棹さすハーバーマス*の言葉である。

さて、80年代にはいると、ウェーバー／ニ

ーチェ関係は、それまでとは大きく観点を変えて問題にされるようになってきた。というのは、一方での近代社会に固有の病理の深まりと、他方でのポストモダンという思潮の隆盛を背景にしつつ、キリスト教*批判・近代西洋批判というモティーフの類同性において、ウェーバーとニーチェの関係が語られるようになったのである。この議論の前提には、かつては安んじて信奉しえたあらゆる価値を時代そのものが相対化してしまったという、現実認識が据えられている。世界事象の生起そのものになんらかの「価値」を見いだそうとすることの断念、これこそはウェーバーがニーチェの思想から学び、われわれもそれを共有せざるをえないような、時代の要求する精神態度の出発点である。山之内靖は、この見地から、むしろ、意味形成的な創造性をもつのはわれわれの価値選択の決断であり、この決断を導くところの「高貴な品位意識」の顕揚こそ、われわれが学ぶべきウェーバーの「ニーチェ的モメント」の核心であると論じている。

ゲオルゲ・クライスとの親交など、ウェーバーを取りまいていた当時の時代思潮へのニーチェの影は大きかったし、そればかりでなく、ウェーバーが、中国文化圏やインド文化圏などとの比較の視点から近代西洋的な価値理念の意義を問うときにも、この価値理念に根本的な懐疑を突きつけるニーチェと問題関心の出発点が重なることは明らかだ。しかし、ウェーバーが、ニーチェについてはことさらその方法論上の問題に即して論じていることは注意していい。いっさいの価値のラディカルな転倒の末に「力への意志*」を基調とする「生*」の形而上学へと向かってゆくニーチェと、現存のあるいは可能な文化価値の意義を経験科学的な比較をもって考察しようとするウェーバー、この違いをどう受けとめるかによってわれわれの評価のポイントも異なってくるはずである。→ルサンチマン、ゲ

オルゲ (中野敏男)

文献 ▷山之内靖『ニーチェとヴェーバー』未来社, 1993.

ヴェルハウゼン [Julius Wellhausen 1844-1918]

聖書学者かつイスラム研究家。グライフスヴァルト、ハレ、ゲッティンゲン(パウル・ドゥ・ラガルド*の後任)の教授を歴任。旧約のイスラエル史についての著作は教会制度を疑問に付す内容で、教会当局から敵視された。サイードは大著『オリエンタリズム』のなかで、彼について、オリエント研究として大変な研究をしながら、古典古代崇拝を変えず、自分の研究対象への軽蔑を隠さない学者の一人であると述べている。マクス・ウェーバー*は『古代ユダヤ教』のなかで、ヴェルハウゼンの仕事を重視している。ニーチェは、おそくとも1883年以降彼の仕事を読み、とくに1887年の秋から翌春にかけて熱心に読んでいる。その頃の遺稿[たとえばⅡ.10.511f.など]にはヴェルハウゼンの『イスラエルおよびユダヤの歴史概説』などからの抜き書きやそれにヒントを得たと覚しきメモが散見する。ヤーヴェの神がイスラエルの民族の神から正義の神に変貌し、それとともにイスラエルの民と神とのあいだに契約の関係が成立するにいたったこと、さらには、ユダヤ*教が太古においては古代ギリシアのディオニュソス*祭儀ともそれほど変わらない、官能や感性と結びついた農耕および牧畜上の儀礼であったものが(この点については今世紀ではケレーニー*も指摘している)、司祭*階級によって脱官能化、脱自然化され、単なる規則の体系に変わったことなどに注意が向けられている。そうしたメモ類の帰結を『アンチクリスト』*25節に見ることができる。 (三島憲一)

ヴォルテール [Voltaire (François-Marie Arouet) 1694-1778]

『人間的な、あまりに人間的な』*はヴォルテールの没後100年にあたる1878年5月30日を記念して刊行され，初版の扉にはこの「最も偉大な精神の解放者」に対する献辞が掲げられていた。まもなく「ヴォルテールの魂よりフリードリヒ・ニーチェに賛辞を送る」と記されたカードとともにヴォルテールの胸像がパリから匿名で届けられたことは，ニーチェを大いに喜ばせた。だが，理性による真理の方法的探求を礼賛するデカルト*の言葉を巻頭に掲げ（初版），「概念と感情の化学」を標榜したこの書物は，近代理性の批判者ニーチェが突如として啓蒙主義*の信奉者に変貌したという印象を与えて友人たちを驚かせた。しかし，のちに彼は，ヴォルテールの名を冠したこの著作は，じつは自分自身に向かっての「進歩」であったと述べている [『この人』VI.1]。従来の諸価値からの「大いなる解放」による〈自由精神*〉の誕生を告知したニーチェが，それを批判的な啓蒙の精神による先入見からの解放になぞらえていたのであろう。ただ，ヴォルテールに対するニーチェの態度を見ていくと，そこで明らかになるのはむしろ「啓蒙の世紀」に対する彼の両義的な関係であり，また18世紀の理性の啓蒙と彼が企てた「新しい啓蒙」との差異も浮き彫りになってくる。

ニーチェにとってヴォルテールは，古き良きヨーロッパ文化の伝統を断絶なく体現し，ルネサンス*的な人間性（humanità）を理解して，貴族*社会の礼節（honnêteté）を重んじた人物であった [遺稿 II.10.147]。また文学者としては，荒れ狂う魂をギリシア的節度*をもって抑制して表現しえた最後の劇作家であり（戯曲『マホメット』についての評言），散文においても「ギリシア的な耳，ギリシア的な芸術家の誠実さ，ギリシア的な簡素と優美」を持ちえた最後の偉大な著作家で あった。つまり，彼は「一貫性を欠いたり卑怯になったりすることなく，最高の精神の自由とまったく非革命的な心情とを自らのうちに統一しえた最後の人間」であったとされる [『人間的』I.221]。だが，それだけならばたんなる一人の才人（un bel esprit）にとどまったかもしれないヴォルテールが，「恥知らずをやっつけろ！」（Ecrasez l'infame !）という標語のもとに趣味*や学芸，そして文明や進歩のために闘い，寛容と不信仰を説いて18世紀を代表する哲学者となったのは，高貴*さを価値とする社会にルサンチマン*を抱くルソー*との対決を通してであったとされる [遺稿 II.10.146-149; 同 187-190 参照]。そして，感傷的な自己陶酔にひたって「自然へ還れ」と叫び，平等を説くルソー流の「近代の理念」が勝利を収めたところに，ニーチェは18世紀の啓蒙の没落を見る。暴力的で突発的な革命は，彼が考える「啓蒙」とは無縁のものであった [『人間的』II-2.221]。「ヴォルテールの，節度のある，秩序作りや浄化や改革に適した本性ではなく，ルソーの熱狂的なたわごとや中途半端な嘘こそが革命の楽天主義的精神を呼び覚ましたのであり，それに対して，私は〈恥知らずをやっつけろ！〉と叫ぶ」と抗議している [『人間的』I.463]。

このようにルソーとの対立においてはヴォルテールの肩を持っているニーチェだが，ヴォルテールと自分との間に大きな隔たりがあることも自覚していた。宮廷の趣味の完成者であるヴォルテールが専門的表現を嫌ったのに対して，専門化した学問の世紀に育ったニーチェはそのような趣味の文化との断絶を経験していた [『智恵』101]。また，真理と虚偽の区別自体が道徳的偏見にもとづいていると考えるニーチェは，ヴォルテールが「誤謬にもそれなりに利点がある」と述べたことに不満をもらしている [『人間的』II-1.4]。そして，ヴォルテールからコント*に至るフランス*の自由思想家はキリスト教*的理想を超え

ようとしながら、「人間愛の崇拝」という別のドグマに支配されてしまったと批判する[『曙光』132]。ヴォルテールの啓蒙はまだ善を見いだすために真を求めているとして、「おおヴォルテールよ！ おお人間性よ！ おお何とばかげていることか！」とニーチェは彼の素朴さを嘲っている[『善悪』35]。

1886年に書かれた『人間的』第1部の序言でニーチェは、「〈自由精神〉は存在していないし、存在したこともない」と語って、啓蒙の仕事はまだ完結したわけではないとしている。また別のところでは、「自分自身において啓蒙の仕事を継続し、あとから革命の芽を摘み取り、それを起こらなかったことにする」ようにとも求めている[『人間的』Ⅱ-2.221]。その際に彼の関心は、たんに急激な社会変革の思想を否定するばかりでなく、18世紀の啓蒙とそれに対するロマン主義的反動のいずれにも潜んでいた形而上学*的な思考の痕跡を明らかにすることにも向けられていた。そのようにしてはじめて「われわれは啓蒙の旗幟を――ペトラルカ、エラスムス、ヴォルテールの名が記された旗幟を――新たに掲げていくことが許される。われわれは反動から進歩を作ったのだ」というのである[『人間的』Ⅰ.26]。ニーチェが「新しい啓蒙」という標語のもとで新たな著作を計画したのも、このような啓蒙の反省的な継続という意図にもとづいていたのであり[遺稿Ⅱ.7.296, 299]、それは『善悪の彼岸』*以降の著作において実現されていった。→自由精神と理性批判，啓蒙主義，ルソー　　　　　（大石紀一郎）

ウーゼナー　[Hermann Usener 1834-1905]

リッチュル*のもとで古典文献学*を学んだが、のちに対立し、彼がライプツィヒ*に転出したあと、ヤーコプ・ベルナイス*とともに後任としてボン大学教授となった。ニーチェはボンの知人から、ウーゼナーは「何の飛び抜けた才能もないお人好しの俗物」だと聞かされていたが[ローデ宛 1868.6.6.]、ある程度は敬意を抱いていたらしい。『悲劇の誕生』*についてウーゼナーが学生たちに、これは「まるっきりナンセンス」であり、「このようなものを書く者は、学問的には死んでいる」と述べたと聞いて、ショックを受けている[同 1872.10.25.]。ただし、ウーゼナーが『悲劇の誕生』を認めなかったのは、ヴィラモーヴィッツ＝メレンドルフ*が歴史的文献学の正統を自認する立場からニーチェの直感的な古代理解に反発したのとは別の理由からであった。彼もまた、細かい字句に拘泥するような文献学に問題があることには気づいていた。ただ、ニーチェが古代悲劇の再生による現代文化の革新を期待したのに対して、ウーゼナーは、個別的な研究を積み重ねることで人間の本性を知ろうとするところに学問の意味があると考えていた。そこには、義兄にあたるヴィルヘルム・ディルタイ*からの刺戟もあったであろう。ウーゼナーによれば、文献学は「精神の共通性にもとづいて（kongenial）追体験し、ともに体験する能力」の向上を求めるものであるから、学問（Wissenschaft）というよりは芸術的技巧（Kunst）であり、総合的な歴史科学の基礎をなす方法であるという。彼はギリシアの詩論や修辞学のみならず、風俗習慣も含めて古代の宗教生活も文献学の対象として考察し、偉大な個人の作品だけでなく民俗資料も重視した。そして、古典古代にとどまらず、古代末期や中世のビザンツまで視野に入れた比較文化的な研究を求めたが、こうした意識的な非古典主義や対象領域の大幅な拡張は、その後、文献学研究に対する動機をかえって減退させることにもなり、プログラムの壮大さに見合うほどの成果は挙がらなかった。　　　　（大石紀一郎）

文献　▷ Hermann Usener, Philologie und Geschichtswissenschaft (1882), in: *Wesen und Rang der Philologie. Zum Gedenken an Hermann Usener und Franz Bücheler*, hrsg. von

Wolfgang Schmid, Stuttgart 1969.

海

「私は海が好きだ。海の性質を持つすべてのものが好きだ。それらが怒り狂って,私にはむかうときなど,いよいよたまらない。未知のものにむかって帆をあげる,あの探求するよろこびが私の中にある。私のよろこびの中には,航海者の喜びがある」[『ツァラトゥストラ』III-16.5]。「私は叫びのように,歓呼のように広大な海をわたって行きたい」[同II-1]。ニーチェにとって海はその広大な広がりと無数に揺れ動く波頭のゆえに生命そのものの比喩*であると同時に(「太陽は海を吸い,その深みをみずからの高みに吸い上げようとする。そのとき海の欲望は百千の乳房を高くもたげる。……まことに,私は太陽とひとしく,生とすべての深い海を愛する」[『ツァラトゥストラ』II-15]),人類の未だ到達されざる新たな岸辺への船出と希望の表象でもあった。「認識者のいっさいの冒険がふたたび許された。海,われわれの海がふたたび開かれた。おそらくいまだかつて,このような〈自由な海〉は存在しなかったであろう」[『智恵』343]。

生*の深さを表すということは,海は必ずしも軽快で美しい生の比喩だけではないということでもある。それは人間の作りだしたいっさいの価値を,その残虐と崇高さをも意味している。そうした生の全体をニーチェは「理想上の地中海」と呼び,その「全沿岸を周航したいと渇望する魂」[同 382]に,そしてアルゴ船の乗組員に自分をなぞらえている。人間の帝国のすべてを見る認識者の航海*を支え,その航海が発見する新しい海と新しい岸辺,その究極の目的は,目的のない世界のありよう,つまり世界の永遠回帰*と一体化することである。その点で,海を渡るディオニュソス*を描いたあのギリシアの皿のイメージこそは,ニーチェにとっての海とそこでの孤独*の歓喜をよく示すものである。「あなたがたは帆が海原を渡って行くところを見たことがないのか? はげしい風に背を丸め,膨らんでおののきながら渡って行くところを? その帆のように精神のはげしい風におののきながら,私の知恵は海を渡って行く」[『ツァラトゥストラ』II-8]。→航海

(三島憲一)

運命への愛 [amor fati]

「運命への愛」という概念は,ニーチェ思想の中核をなすもののひとつであるが,この語そのものはニーチェの著作中に頻出するわけではない。これが最初に現れるのは『悦ばしき智恵』*第4書冒頭のアフォリズム[276]で,そこには,新年を迎えるにあたって著者が掲げる信条という形で,つぎのように述べられている。「……事物における必然的なものを美としてみることを,私はもっともっと学びたいと思う,──このようにして私は,事物を美しくするものの一人となるであろう。運命への愛,これを,これからの私の愛としよう!……これを要するに,私はいつかは,ひたすらの肯定者になりたいと思うのだ!」。「運命への愛」はさしあたりは,すべての必然的なものをよしとし,あるがままの自らの運命を肯定する一種けなげな心的姿勢,決意と高揚感に溢れた気分として語られている。この語が現れる最後の著作である『この人を見よ』*でも,「運命への愛」は,ニーチェ自身の哲学する姿勢に関する信条であるかのように語られる。「……人間の偉大さを言い表す私の決まった言い方は,運命愛である。すなわち,何事も現にそれがあるのと別様であってほしいとは思わぬこと。未来に向かっても,過去に向かっても,そして永劫にわたっても絶対にそう欲しないこと……──そうではなく,必然を愛すること」[『この人』II.10]。「運命への愛」という語は,このように一見したところでは「大いなる肯

定*」を説くニーチェ哲学の基本的姿勢が漠然と表現されているにすぎないもののようにも見えるが、しかし実はもっと複雑な哲学的問題と、それに対するニーチェの解答が隠されている。

すでに17歳（1862年4月）の少年ニーチェが、「運命」（Fatum）というものについて格別な関心を抱いていた。当時同級生でつくった同人誌『ゲルマニア』のために書いた作文のうち、早くも後年のニーチェ思想を予見させるといわれるものが2編あるが、それらは「運命と歴史」および「意志の自由と運命」と題されている。前者にはすでに「永遠回帰*」の思想の萌芽が見られると指摘する学者もいるが、ここで重要なことは、少年ニーチェがこれらの作文のなかで、自由意志*と運命との関係をさまざまに思考していることである。少年ニーチェによれば、「運命とは自由意志に対する無限の対抗力である。運命なしに自由意志は考えられず、それは実在なしに精神が、悪なしに善が考えられないのと同じである」。ここでは運命と自由意志の観念上での相関性が舌足らずに述べられているにすぎないが、第一の小文の結びになる次の段落は、もっと大胆な考察を進めている。「精神が実体の無限に微小なものであり、善が悪の無限に純粋な自己展開でしかありえないのとおそらくは似通った仕方で、自由意志とは運命の最高の勢位（Potenz）でしかありえない」［BAW 2.59］。つまり自由意志というものは、それ自体としては存立しえず、むしろ誠実に自らの運命を自らに引き受けるところにこそ発現しうる、逆に言えば、自由意志はそれがいかに自由に意志したつもりであっても、まさにそのように自由に意志すべく運命づけられていたのだ、というのである。自由意志がどこまでいっても運命に取り込まれてしまうというこの考えは、第二の小文ではすでに胎生においてすべては決定されていると表現されたり、インド*的「業」

(Karma) の思想による補強が試みられたりするが［同 2.61］、ここで稚拙な形で現れるこの思想は、やがては『悦ばしき智恵』の「自由意志という迷信」［345］という言葉となり、さらに展開して「最高の決断による危急（Not）の転回（Wende）が必然（Notwendigkeit）であり運命である」というツァラトゥストラの教説［『ツァラトゥストラ』III-14］になっていく。

少年ニーチェは、第二の作文を「運命から解放された絶対的な自由意志があれば、それは人間を神にするであろうし、宿命論的原理は、人間を自動機械にしてしまうであろう」と結んでいるのであるが［BAW 2.62］、自由意志がそのまま運命であり、逆に運命を肯定することがそのまま自由な意志の決断であるというこの微妙な関係を理解せず、単純に運命の絶対的支配の前に屈従する生き方を、ニーチェは『人間的』*第2部第2書のあるアフォリズム［61］では「トルコ式宿命論」（der Türkenfatalismus）と呼んだ。この宿命論の根本的な誤りは、「それが人間と運命をふたつの異なったものとして対立させていること」である。それは、人間は所詮運命の力に逆らうことはできないと諦め、すべての意志を放棄して、運命にすべてを委ねるのである。これに対してニーチェは言う。「真実のところは、あらゆる人間が自ら一片の運命なのである。……運命に逆らおうと思っても、そう思うことこそ運命の実現である。〔運命との〕闘争は妄想にすぎないが、あの断念による運命への帰服も同様に妄想である。これらすべての妄想は運命のなかに含まれている」。ここには、すべての神々さえ服従しなければならないというギリシア的モイラ（運命を司る神）の観念が影を落としているが、同時に、そうであればこそ、運命の消極的な承認ないしは運命への単なる服従から転じて、運命への積極的な「愛」に向かうことの意味と必然性が暗示されている。そして

この消極的な「運命受容」から積極的な「運命への愛」への転換が、『ツァラトゥストラ』*において、もっと端的に言えば「永遠回帰」の思想を通してなされるのである。

作品『ツァラトゥストラ』に「運命への愛」という言葉そのものは一度も現れない。だが次のような箇所では、明らかにニーチェ的な意味での「運命」と、その運命への「愛」が語られている。「おお、わが意志よ!おまえ、いっさいの危急の転回よ、わが必然よ! 私が、すべてのちっぽけな勝利に惑わされないように護ってくれ!/おまえ、わが魂の定めよ、私が運命と呼ぶものよ! わが内なるものよ! わが頭上なるものよ! ひとつの大いなる運命に殉ずる日まで、私を護り、惜しんでくれ!/そしてわが意志よ、おまえのめざす究極のもののために、おまえの最後の偉大さを大切に保ってくれ」[Ⅲ-12.30]。「——あなた方がこれまでに、一度あったことを二度あれ、と欲したことがあるのなら、あなた方がこれまでに〈おまえは私の気にいった、幸福よ!刹那よ!瞬間よ!〉と、語ったことがあるのなら、そのときあなた方は、いっさいのものが戻って来ることを欲したのだ!/——いっさいのものがもう一度、いっさいのものが永遠に、鎖と愛情の糸に結ばれたまま、戻って来ることを欲したのだ。おお、世界をそのようなものとして、あなた方は愛したのだ」[『ツァラトゥストラ』Ⅳ-19.10]。ここには、最高の自由な意志の行使がそのまま運命に対する大いなる肯定であること、そして現実の生の一瞬に対する「よし!」がそのまま過去と未来をも含めた世界全体への「よし!」であることが語られている。「永遠回帰」を見据えた上での瞬間への肯定は、そのまま世界全体への肯定であり、運命への愛である。

「運命への愛」の語が最後に現れるのは、ニーチェ最晩年(1888年夏)に書かれたひとつの遺稿断片[Ⅱ.11.358]である。ここで「運命への愛」は、ニーチェの最後の神ディオニュソス*の名前と結び合わされる。生成して止まない現実の世界全体をあるがままに「よし!」とする「大いなる肯定」が、ここでは「ディオニュソス的世界肯定」と呼ばれている。だが、現実の世界全体は同時に永遠の循環であり、ディオニュソス的世界肯定は、言い換えれば「力への意志*」の純粋な体現は、そのまま永遠回帰の肯定、運命への愛となる。「生存に対してディオニュソス的に立ち向かうこと、——これこそおよそ哲学者たる者の到達できる最高の状態である。それをあらわす私の公式が運命への愛である……」。この断片のわずか20行あまりの第1段落には、「ニヒリズム*」「ディオニュソス」「大いなる肯定」「意志」「永遠の循環」などの、ニーチェ哲学の要となるほとんどの概念が現れ、それらをしめくくるものとして「運命への愛」が語られるのである。この断片は、「どの点で私は私と等しいものを認識するか」と題されていて、ここでも「運命への愛」が、ニーチェの哲学する姿勢における単なる気分的決意にすぎないような印象を与えているが、そこに述べられている内容は、この概念がいわばニーチェの全思想の結束点であることを、そしてニーチェの哲学する姿勢そのものが、ニーチェの個人的な性向からではなく、思想そのものに厳しく規定されたものであることを示している。なお、ニーチェが彼の思想を、運命への「愛」という情緒的なものに集約したことは、プラトン*の「エロス」、スピノザ*の「神の知的愛」などをも思い起こさせ、西洋哲学全体を巨視的に見るときにも一考に値する点であろう。→大いなる肯定,自由意志〔意志の自由〕　　(薗田宗人)

エ

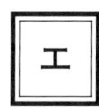

永遠回帰 [die ewige Wiederkunft des Gleichen]

【Ⅰ】 **最高の肯定**　最晩年の『この人を見よ』*では、永遠回帰は「およそ到達しうるかぎりの最高の肯定の定式」とされている。自然の全体、そのなかでの人間の生、その混乱と苦悩、理性の勝利と敗北、情熱の狂奔と萎縮——それらいっさいを肯定しうる最高の名称が永遠回帰だというのだろう。思い出されるのは、やはり世界の肯定を定式化した処女作『悲劇の誕生』*の一節である。「美的現象としてのみ、人間存在と世界は永遠に是認される」*[『悲劇』5]とそこには記されていた。発端の「美的現象」としての人生と世界の「正当化」と、終焉の「最高の肯定の定式化としての永遠回帰」とのあいだには、切れそうで切れない一本の糸がつながっているようだ。もちろん「美的現象としてのみ」という限定が『悲劇の誕生』でついている以上、そこには大きな変化があると考えることもできよう。まずは、この思想の成立の事情を見ておこう。『この人を見よ』にはこう記されている。

〔紙片のメモ〕「永遠回帰の思想、このおよそ到達しうるかぎりでの最高の肯定の定式は、1881年の8月に始まる。その時この思想は〈人間と時間のかなた6000フィート〉という言葉をつけてとっさに一枚の紙片に走り書きされた。私はその日、ジルヴァプラーナ湖のほとりの森のなかを散歩していた。ズルライからほど遠からぬピラミッド状にそそり立った巨岩の下に来て私は歩みをとめた。その時この思想が私を襲ったのである」[『この人』Ⅸ.1]。「力への意志*」が80年代初頭からの長い熟成過程を経て定式化を見たのに対して、ここには一瞬の高圧電流がもたらす痙攣が、神経が焼き切れるばかりの戦慄と震えがある。数日後ガスト宛にニーチェは書いた。「私の地平には、いまだ見たこともないような思想が立ちのぼっています。……ああ、友よ、私はきわめて危険な生を生きているという予感が頭の中をめぐっています。……私の感情の強烈さは、私をして戦慄させ、また哄笑させずにはおきません」。

ところで先の「一枚の紙片」の走り書きとおぼしきものが、最新の全集に収録されている。

「同じきものの回帰——草案

1　もろもろの根本的誤謬の体現（Einverleibung）

2　もろもろの情熱*の体現

3　知と諦念的知の体現（認識の情熱）

4　無垢なる者、実験*としての単独者。生の軽減、低下、弱化——移行

5　新しき重し。同じきものの永遠回帰。いっさいの来たるべきものにとってわれわれの知、迷い、われわれの習慣、生活様式がもつ無限の重要性。残された生をわれわれはどうするのか？——この生の大部分をわれわれは、基本的な無知の中で過ごしてしまった以上。われわれはこの教えを教える——これこそが、この教えをわれわれ自身に体現させるためのもっとも強力な手段である。もっとも偉大な教えの教師としてのわれわれの独自の幸福。

1881年8月初め、ジルス＝マリーア*にて海抜6000フィートの高さで、そしてあらゆる人間的事物から離れることさらに！　高く——」[遺稿 Ⅰ 12.80]

メモが終わったあと，さらに十数行のコメントが続く。夏の後半からニーチェは，永遠回帰が閃いた瞬間に向けての知的伝記を『ツァラトゥストラ』*に仮託して展開する作業にとりかかる。遺稿にはそのための無数の断片やメモが残っている。

【Ⅱ】　紙片メモの解釈　　引用からわかるように，永遠回帰は啓蒙以降の思想である。世界と人生について人類が築きあげてきたもろもろの解釈はまったくの誤謬であった。また，愛の情熱も芸術*の夢に賭けた生も，ただただ空虚であった。そうしたものは，しかし一度は人間の中に血肉化され体現（Einverleibung）されねばならなかった。なぜなら，そこには，絶対の真理，絶対の価値を求める激情があったからである［メモの1と2］。だが，まさにその激情が，つまり，ニーチェが真理への意志*，認識への衝動と呼んだ当のものが，こうした世界解釈の誤謬性を，情熱の無意味性を，そして認識そのものの馬鹿馬鹿しさをつきつけることになる［メモの3］。これこそが彼の見た，そして彼が遂行した啓蒙の結末である。認識が自己自身を支える衝動*を無として認識する——この自己認識を生きる生は，なにものも頼るところがない以上，なにもわかることはないという諦めを伴った海図なき航海となる。つまり，実験でしかなくなる［メモの4］。紙片の続きにはこう記されている。「認識の情熱の究極はこうである。すなわち，この情熱の存在にとって，認識の源泉および力であるもろもろの誤謬と情熱を維持する以外の手段はない」。認識のための実験的生についてはさらにこう言われている。「個人なるものとしてのわれわれを否定すること，できるだけ多くの眼で世界を見ることであり，また，眼を開くためにもろもろの衝動と営為のうちに生きること，時には生に身を委ね，その後でしばらくは，眼となって生を上から安らかに眺めること」に存する。ここにはショーペンハウアー*のモティーフが生きている。

　そして第五段階。唐突に「新しき重し。同じきものの永遠回帰」が言われる。第四段階では，人類の歴史は子ども*の遊びと同じであった。目的も意味もなく，ただ争いと幻滅が，力のゲームがあっただけである。これからも遊び続けるだろう。だが，啓蒙以降のショーペンハウアー的まなざしは，その遊びを冷ややかに見る「多くの眼」を獲得した。生は総体としては「小児の遊戯であり，そしてそれを多くの眼が眺めていることになろう」。重要なのは，「前者の状態および後者の状態を思うままにすること」である。「ところがここで最も重苦しい認識が出てきて，あらゆる生き方をきわめて疑わしいものにしてしまう」とニーチェは続ける。それのみによって，これまでの人類の生の全体に対抗し，また未来の人類に襲いかかるいかなる悲惨にも対抗できる重しとなる認識である。それは，万物と人類史のいままでの部分は永遠に繰り返されるし，またそうでなければならない，という認識である。

　情熱と衝動にもとづく誤謬に深く沈み込んでいた状態から，認識*による解放を経て，さらにまた，その認識も情熱や衝動を栄養源にしているというメタ認識に依拠した諦念を経て，生は軽減化され，軽やかになり実験性を獲得する——ここに，啓蒙以降の知がとりうるひとつのオプションがあることは，たしかであろう。一般にデカダンス*と言われたり，世紀末的と形容されたりする，ある種の反抗的知性の源泉でもある。俗世間の利害闘争を嫌い，ブルジョワのむなしい生活にコミットしないという拒否の姿勢である。だが，ここからどのような理由で，世界の運航について「すべては永遠に繰り返す。それはわれわれの力ではどうにもならないことなのだ」という重苦しい結論がでてくるのだろうか。

【Ⅲ】　存在論と瞬間的経験　　ジルヴァプラーナ湖畔の閃光とおそらくは狂いはじめて

いた神経の譫妄，その経験の「強度」(クロソウスキー*）を度外視すれば，永遠回帰の教説は存在論としては，ある程度の再構成は可能であり，事実ニーチェもさまざまに試みている。たとえば，歴史のすべてが，いや自然も含めていっさいが「力への意志」のまったく偶然で無計画な戯れの産物であるとしたら，その戯れを司る原理というのはあるのだろうか。その戯れのありようはどのように形容できるのだろうか――このように問うことはできよう。答えはこうである。時間が永久に続くとしたならば，すべてはいまいちど同じように展開する可能性を確率として秘めているのではなかろうか。悠久無限の時間のなかで有限のエネルギーがぶつかりあう以上，かつてあったのとまったく同じ配置も生じうるのではなかろうか。ちょうど，どんなに多くのサイコロであっても飽きずにふり続けていれば，いつかは同じ配置のさいの目がでるのと同じに――。

ここにも，啓蒙以降の機械論的自然観に依拠した思考実験がある。数学に弱く，すんでのところで高校の卒業試験に落ちるところだったニーチェであるが，80年代になってからは，かなり多くの自然科学関係の文献を渉猟していたことが，明らかになっている［Alwin Mittasch, *Friedrich Nietzsche als Naturphilosoph*. Stuttgart 1952 および ders., *Friedrich Nietzsches Naturbeflissenheit*, Heidelberg 1950］。そのなかには，当時としては衝撃的なエネルギー保存の法則を論じたローベルト・マイヤーの著書・論文も含まれている。ニーチェは，マイヤーがまだ法則のうちに物質の介在を承認していると非難し，存在するのは唯一エネルギー，力であると友人への手紙で論じている。だが，こうした存在論的再構成とニーチェの経験の質とのあいだに――そのどちらも啓蒙以降の知のオプションであっても――落差のあることはすぐに感じとれる。また古典文献学者としての教養にギリシアの円環的世界像が含まれていたこともたしかである。『生に対する歴史の利と害』(1874) にはその一端が窺われる。「結局のところ，もしも同じ星の組合せが出現するたびごとに，同じできごとがその細部にわたるまでそっくり地上に再生産されるというピュタゴラス*派の確信，すなわち，星々が特定の位置に来るたびごとに，ストア*派の人物はエピクロス*派の人物と手を結んでシーザー*を暗殺し，コロンブス*はアメリカ大陸を発見するはずであるという彼らの確信が正しければ，その時こそは，ひとたび可能であったすべてのことは，再び可能でありうるだろう」[『反時代的』II.2]。だが，たとえこうした歴史的下敷きが多少は働いていたとしても，誤謬の体現でしかない，ほとんど宗教的な（ピュタゴラス派的）世界解釈と，その誤謬を看破した啓蒙を経た後の思考実験のあいだに，あるいは，実体的もしくは存在論的な世界解釈と脱魔術化された世界の中での主観性の瞬間的経験とのあいだに隔絶があることも見逃してはならない。

だが，この瞬間的経験とはなんであろうか。それは，なんらかの理解可能な客観性を取っているのだろうか。クロソウスキーは逆に，この経験がなぜそのままの形でニーチェの思考のなかに存続することなく消えてしまったのか，高揚した気分はいかにして至高の思想になりうるのか，あるいはそもそもなりえないのか，と問うほどである。とはいえ，その気分の痕跡は一応辿りうる。

1882年に出た『悦ばしき智恵』*の最初の版の最後から二番目の「最大の重し」と題されたアフォリズム [341] にはこの「深淵*の思想」がおそるおそる語りだされている。――しかも，「仮にそうであったら」という想定を述べる仮定法を酷使して。「ある日，あるいはある夜，デーモンがあなたの最もさびしい孤独*のなかまで忍びよってきて，こう言ったらどうだろう。〈おまえは，おまえが現

に生き、これまで生きてきたこの人生を、もう一回さらには無限回にわたり、くりかえして生きなければなるまい。……あらゆるものが細大洩らさず、そっくりそのままの順序でもどってくるのだ。——この蜘蛛も、こずえを洩れる月光も、そしてこのいまの瞬間*も……〉」。主人公がこの思想に耐えられ、それを体現するまでに熟する過程を主題とした『ツァラトゥストラ』においてすら、目的も意味も知らない時間の円環性が告げられるのは、第3部の「幻影と謎」の章になってからである。「瞬間」という名のかかっている門の前で「重力の精*」に語りかけるツァラトゥストラの言葉はなおもためらいがちの疑問文である。「およそ走りうるすべてのものは、すでに一度この道を走ったことがあるのではなかろうか？ およそ起こりうるすべてのことは、すでに一度起こり、行われ、この道を走ったことがあるのではなかろうか？……ここに月光をあびてのろのろと這っている蜘蛛、この月光そのもの、そして門のほとりで永遠の問題についてささやきかわしている私とおまえ、——われわれはみな、すでにいつか存在したことがあるのではなかろうか？——そしてまためぐり戻ってきて、あの向こうへ延びているもう一つの道、あの長い恐ろしい道を走らなければならないのではなかろうか、——われわれは永遠にわたってめぐり戻ってこなければならないのではなかろうか？」。だが、仮定法と疑問文に現れているのは、自信のなさというよりも、経験の強烈さ、そしてその美的な瞬間的性格であろう。また、どちらも、深夜、月の光、蜘蛛が書き割として出てくる。この不気味な光景は、研究者によっては幼児の頃のニーチェの引っ越しの体験に由来しているともされている。父の死後ナウムブルク*の町に移り住むとき、深夜の月光のなかで満載した荷車が動きだすときの寂寥感が——妹の伝記にも出て来る——ツァラトゥストラ＝ニーチェの凄惨な孤独*にしみこんでいたかもしれない。存在の無意味性の美的経験がこの永遠回帰の思想の核にあることを示す傍証となろう。

だが、美的経験である以上、すべてが回帰することに耐えられない美的な理由がある。それは、もしもすべてがかつてあったとおりに繰り返されるならば、キリスト教徒のルサンチマン*も、ヴァーグナー*固有の、薄汚い権力のセンチメンタリズムも、プラトン*＝ソクラテス*の理想主義も、そしてヨーロッパから生の輝きを奪ってしまった禁欲道徳*も、すべてかつてあったがままに繰り返されることになる。美的趣味から見れば耐え難い種類の「文化」の形態が無限回にわたって襲うことになる。この考えにツァラトゥストラ＝ニーチェは呻吟する。果たしてそのことに耐えられるのか。この問題も繰り返し主題化される。この点で重要なのは同じく「幻影と謎」の一シーンである。先の対話の後で、風景が突如として一変する。すると、そこには一人の若い牧人が倒れてのたうちまわっている。彼の「口からは一匹の黒くて重たい蛇*が垂れさがっていた」。牧人の喉の奥深く噛みついているこのどす黒い蛇こそ、いっさいの醜いものの回帰を象徴している。牧人はそれを克服する。「〈噛むんだ！〉——私はそう絶叫した。私の恐怖、私の憎悪、私の嘔吐、私の憐憫、私の善意と悪意のなにもかもが、ただひとつの絶叫となってほとばしった。——……牧人は、私の絶叫のとおりに噛んだ。力強く噛んだ！……もはや牧人ではなかった。もはや人間ではなかった。——一人の変容した者、光につつまれた者であった」。

今ひとつ「気分の痕跡」としても重要なファクターは、この永遠回帰を認識するその瞬間もまた回帰するという経験である。『悦ばしき智恵』でも『ツァラトゥストラ』でも先に引いた箇所にはそのメタ認識が組み込まれている。人類の誤謬の歴史の結果としてニーチェが辿りついたこの永遠回帰の知は、これ

まで誤謬を生み出して来ただけの力への意志がそこにおいて自らの盲目的性格を明確に認識する――しかも，その盲目的力への意志によって認識するものであった。認識と誤謬がその極限において収斂している。だが力の戯れはそこにおいて永久の静止状態に，完全な均衡関係に入るわけではない。大いなる正午*，太陽が天頂にかかるのは，瞬間であり，しかもその瞬間をそれとして認知できる者にとってのみであろう。永遠回帰の認識もまた過ぎ去る。またもむなしい営為が繰り返され，価値の闘争が続くであろう。だが，この一瞬が，つまり世界が認識によって輝き，ニーチェのメモを引くならば「快楽の絶対的過剰*が証明される」この一瞬がめぐってくるならば，この生は生きるにあたいする――こうニーチェの経験は語っているようである。

このあたりが「気分の痕跡」といえるものである。もっともここにはサルトル*も指摘することだが，瞬間的経験のナルシシズム的重視もある。すでに2年前にガスト*に宛てて次のように書いていることをサルトルは指摘する。「私も35歳が終る。……この年にダンテは幻視を見ている」[1879.9.11.]。いずれにせよ，この気分はニーチェが，力への意志という形而上学的な思想，そして価値の転換*や超人*の思想などとの整合性をつけるべく苦闘しているうちに，変質していった（体系化への意志の存在とその蹉跌については，ポーダッハの文献学的な分析がある。Erich F. Podach, *Friedrich Nietzsches Werke des Zusammenbruchs,* 1961)。もちろん実体的な世界観として永遠回帰が提示されているふしも充分にある。レーヴィット*などはそのあたりを踏まえて，ニーチェの永遠回帰は「近代性の頂点における古代の円環的世界観の取り返し」であると論じている［『ニーチェの哲学』］。

他方，狂気の進行とともに，美的経験は，客観的世界像と融け合い，崩壊なのか爆発なのか定めがたいとてつもない言説となって展開する。そこでは個人という同一性も崩壊する。なぜならば，すべてが回帰するならば，この私はかつて存在したすべての歴史上の人物であってもおかしくはない。いや，「この私は」という仮の主語そのものが意味をもたなくなる。私はナポレオン*であったかもしれない。しかし，ナポレオンであった以上，この私は統一的な一個の存在ではないはずだ。このあたりの消息は，狂気の手紙に窺い知ることができる。1889年1月3日コージマ・ヴァーグナー宛の手紙にはこう記されている。「私が人間だというのは偏見です。私はすでにいくども人間たちのなかで暮らしましたし，人間が経験できるすべてのことを，卑小なことから最高のことまで知っています。しかし私はインド*では仏陀*でしたし，ギリシアではディオニュソス*でした。――アレクサンダーとシーザーは私の化身です……。最後にはヴォルテール*とナポレオンでもありました。ひょっとしたらリヒャルト・ヴァーグナーであったかもしれません。今回は勝利に輝くディオニュソスとしてやってまいりました。……私は十字架にもかかったことがあります」。同一性の崩壊による世界史の通覧。ドゥルーズ*＝ガタリは『アンチ・オイディプス』で，こうした手紙のなかで分裂者ニーチェは通常のカレンダーを越えていると指摘し，「これまで分裂者と同じ仕方で分裂者と同じほど歴史を深く学んだ者はいない」と述べている。クロソウスキーはこの「神々の乱舞」について，「それはつまり，思考する主体が，自分自身からその主体を排除するような統一性を持った思考のせいで，みずからの同一性を失ってしまうということだろうか」[*Nietzsche et le circle vicieux.* Paris 1969]と自問を発している。

こうして見ると，冒頭に触れた問題，つまり『悲劇の誕生』における「世界と人生の美的現象としての正当化」と「到達しうる最高

の肯定の方式」としての永遠回帰との関係については，美的経験という線がつながっていることがわかる。ひとつだけ違うのは，その経験が体系化に伴い著しく水増しされ，ときには存在論的様相を帯びている点である。だが，基本的には，壮大な高揚の感覚であり，その意味で美的経験であった。ジルヴァブラーナ湖畔の紙片にもこうある。「だがそのことに叩きのめされないために，われわれは同情*を大きくしてはならない。無関心が深くわれわれのうちに働いていなければならない。また眺めることの楽しみが」。「眺めることの楽しみ」——依然として「見る」ことの過重がある。美的な視線といってもいい。ここには，古代以来のテオリア（観想）の心性が，利害なき直観，「感覚を楽しんで眺める」という近代の美学的心情と，ポスト啓蒙におけるひとつの知的オプションのなかで溶け合っている。

【Ⅳ】さまざまな解釈　こうして見ると，この今がなんど繰り返されてもいいように生きよ，というジンメル*‐阿部次郎*的な倫理的解釈は——ニーチェのテクストにもそれを思わせる要素もあるが——まったくはずれていることになる。またハイデガー*もいささか怪しいことになる。ハイデガーに言わせれば，「力への意志」は，存在者の根本性格をニーチェが名付けたものである。その意味では存在者の総体を神，イデア，精神，意志，物質，力，エネルギーなどと形容してきた西欧形而上学*の完成＝終結でしかない。しかし，ニーチェは「存在者の存在」にまで問いを深め，「存在に生成の性格を刻印し」*，それを永遠回帰と呼んだ，というのである。だが，ハイデガーによるこの整理は，まさに経験の強度が失われだしたいくつかのテクストについてのものでしかない。自分の思想を自然科学的に根拠づけるべくウィーン大学に入りなおそうとしてルー・ザロメ*を誘ったりしたニーチェでしかない。また，今さら永遠回帰などを論じても意味はない，そうした時代は去った，というハーバーマス*の醒めた発言 (Vorwort zu: Friedrich Nietzsche, *Erkenntnistheoretische Schriften*, Frankfurt a.M. 1968) も問題視されてしかるべきであろう。

永遠回帰はやはり，基本的に美的な経験である。だが，美的な経験だからといって，気楽に受け止め，その凄味を追体験すればいいというものではない。なぜならば，知の歴史におけるニーチェの最大の功績は，古代以来の啓蒙の恐怖は美的恐怖であったという指摘にあるからである。聖なるものを潰すとき，性と死のタブーを破る啓蒙の味わう怯えの一瞬に，既成の意味の世界が崩壊し，社会的再生産の下支えとなっていた安定した日常が吹き飛ぶ。また，その啓蒙の冒瀆行為はたえず，神話的暴力によって復讐される。啓蒙をたえず無力化する暴力*の恐怖，その瞬間にもすべてが解体する。ギリシア悲劇でいくどもいくども語られるこの恐怖に近代人ニーチェは美の絶対性を見ていた。啓蒙的暴露の恐怖，どんな啓蒙もかなわぬ——そして啓蒙によって明らかになる——無の永遠性から発する神話の暴力。幸福の不可能性。ここにこそ美的経験が，余暇の芸術鑑賞と異なる面がある。

この点を見ていたのがヴァルター・ベンヤミン*である。意味が無意味によりかかっていることの発見は，エッセイ「破壊的性格」にあるように「既成のものを瓦礫に変えてしまう」。シュルレアリスム*の破壊力に表れるこうした実験は「さわやかな空気と自由な空間への渇望」でもある。だが，19世紀末の狂乱する資本主義のなかでは，その幸福の願望は，商品社会にひそむ神話的暴力によって絶えず無化される。また，いままでの幸福の願望がすべてそうであったように，幸福を不可能にする神話的暴力のカテゴリーによって混濁された表現にならざるをえない。その点を

ベンヤミンは、「『ツァラトゥストラ』よりも10年早く」ブランキ*の『天体による永遠』に描かれた永遠回帰のもうひとつのヴィジョンと関連づけて論じている。そこにも商品の無限の循環、そして商品が振りまく幸福の影が投影されている。「永遠回帰の思想は歴史的事件をすら大量生産商品にする」[「セントラルパーク」]。「永遠回帰の理念は泡沫会社乱立時代の悲惨のなかから幸福の幻影(Phantasmagorie)を魔術的に生み出す。彼に言わせれば、この教説は、相互に矛盾しあう快楽の方向、つまり繰り返しの快楽と永遠性の快楽を結びつける」[『パサージュ論』]。その意味で永遠回帰の文体は、絶望のなかでの自己肯定の欲望であり、欲望でしかない希望の表れである。先に人類の犯してきた誤謬のなかにも「人間であることを越えた極北への意志」をニーチェは見ていたと書いたが、この〈絶望の中での自己肯定への混濁した希望〉こそ、まさにそれである。絶望の中の美的希望をニーチェは、狂気の書『アンチクリスト』*の冒頭にこう書いている。「われわれ自身の顔をはっきり覗こうではないか。われわれは極北の人々(Hyperboreer)なのだ。いかに辺鄙なところで生活しているかをわれわれはよく知っている。〈陸路でも海路でも極北の人々のところには行けない〉とすでにピンダロスがわれわれについて語っている。北の彼方、氷雪の彼方、死の彼方——われわれの生、われわれの幸福……われわれは幸福を発見した。われわれは幸福への道を知っている。何千年もの迷路からの脱出口を見いだした」。→大いなる正午、力への意志、『ツァラトゥストラはこう語った』、ベンヤミン、ブランキ

(三島憲一)

英雄

ギリシア神話における英雄は、神と人間の中間にある戦士で、知力・胆力・体力において常人を抜きんでていることのほか、苦闘の果てに悲劇的な死を遂げることをその特質とする。古典文献学者でもあったニーチェは、そうした英雄像を念頭に置きつつ、自由と向上をめざして危険も孤独も恐れず戦闘的に邁進する勇敢な人物を「英雄」と呼んだ。けれどもこの呼称には、肯定的評価ばかりでなく否定的評価が含まれることもある。『ツァラトゥストラ』*第2部「悲壮な者たち」では、刻苦勉励する精神の贖罪者、認識の森の陰鬱な狩人に対し、「彼はさらに彼の英雄的意志をも忘れ去らねばならない」と言われる。いかに崇高に見えようとも、笑い*と遊びとくつろぎと、そして何よりも美が、彼には欠けているというわけである。「まさに英雄にとって、美しさはあらゆる事柄の中で最も困難なことである。美しさはおよそ激烈な意志には獲得しがたい。……力が慈愛に満ちて可視の世界に下降して来るとき、そのような下降を私は美と呼ぶ。そして私は、力強い者よ、誰にもまして君からこそこの美を望むのだ。英雄に対するこのような要求は、第1部「三段の変化*」における、駱駝は獅子に、獅子は幼児に変化せねばならないという要求を思い出させる。実際、1884年春に書かれた断想には次のような箇所もある。「節制と禁欲は高さの一段階であり、それ以上に高いのは〈黄金の本性〉である。……〈汝なすべし〉より高いのは〈われ欲す〉(英雄たち)、〈われ欲す〉よりさらに高いのは〈われあり〉(ギリシアの神々)」[遺稿 Ⅱ.7.138-139]。要するに、英雄は「われ欲す」の獅子にあたるわけで、この段階を克服すれば、精神の最高の段階である幼児やギリシアの神々の自在無碍の境地に達することが期待されるのである。「悲壮な者たち」の章の末尾における「魂から英雄が離れたとき、はじめて、その魂に夢の中で——超英雄が近づくのだ」という文も、第一義的にはそのように解釈されねばならない。→三段の変化

(清水本裕)

エウリピデス [Euripides] ⇨悲劇作家

エピクロス [Epikur (Epikuros) 341-270 B.C.]
のちにエピクロスの園と呼ばれた庭園に学派を築き、激しい感情や欲求から心を遠ざけ平静不動の状態（アタラクシア）に保つことが幸福へ至る道であるとする幸福主義をとなえる。ストア*の禁欲主義との相違は、ニーチェもたびたび指摘している［遺稿 I.11.194 など］。その主著は紛失し、わずかな書簡と40あまりの教説しか残されていない。エピクロスはニーチェの著作のなかでさまざまな、時にまったく対立する評価を与えられている。「豊饒さの哲学者」［『人間的』*II-2.192］であり、「典型的なデカダン」［『アンチクリスト』30］でもあり、また「キリスト教の前身に戦いを挑んだもの」［同 58］であると同時に、キリスト教のなかにも一種のエピクロス主義があるという。つねに思索をめぐらしたという8人の思想家のうちにエピクロスの名が挙げられている［『人間的』*II-1.408］ことからも、エピクロスがニーチェにとって重要な思考軸となっていることが推測できる。

『悦ばしき智恵』*［45］で「エピクロスをおそらくほかの誰とも違った風に感得している」ことを誇りにするニーチェは、エピクロスを「古代の午後の幸福」を味わうことのできる唯一の哲学者だという。この「古代の午後の幸福」の原体験となったのは、1879年6月の終わりから滞在したスイスのオーバーエンガディーンであるといわれる。ヴァーグナー*と決裂した後、病も悪化しバーゼル大学を辞職してこの地にやってきたニーチェは、「イタリア*とフィンランドとが一体となり、自然の持つあらゆる銀の色調の故郷ともいうべき」その風景に、まさに彼のアルカディアを見た。『漂泊者とその影』のなかに収められた「われもまたアルカディアにあり」［『人間的』*II-2.295］と題されたアフォリズム*には、氷結した岩角がそびえたち丘の波がはるかかなたまで続く山の麓に夕日を浴びて牛や牧人が憩うさまを目にしたニーチェの感動が記されている。感性の最大の高揚を静寂のうちに自然のすみずみにまで感じとる生*の解放感を「自分をつねに世界の中に感じ、また世界を自分のなかに感じる」と表現している。その光景は、ニーチェが愛したプーサンやクロード・ロレン*の描く「英雄的・牧歌的」風景と重なりあうものだった。そうした古代の午後の生を生きた「最大の人間の一人」、「英雄的・牧歌的な哲学の仕方の発明者」がエピクロスだったとニーチェはいう。快癒*の時期の書である『人間的』*の第2部に比較的多くエピクロスが言及されているのは偶然ではないだろう。

そうした哲学の仕方には、プラトン*のような「徳の哲学者」には味わえない幸福感があるという。なぜなら「もっとも理性的であることは冷たい明晰な状態であり、陶酔をもたらすような幸福の感情を与えることとは程遠い」［遺稿 II.11.136f.］からである。静謐のうちにも感性の充実のあるエピクロスの幸福とは、「その前では生存の海が静まりかえる眼、生存の表面、この多彩な、繊細な、震えおののく海の皮膚をいくらみてももはや見飽きることのない眼──そのような眼の幸福」［『智恵』45］である。だが、そうした幸福は「不断に苦悩するもののみが創造しうるのだ」と言われている。「苦悩」という表現に注目すると、ショーペンハウアー*の強い影響下にあった初期との連続性を思わせるが、エピクロスに対する共感は、むしろショーペンハウアー的ペシミズム*を脱した後のペシミズムの現れであるといえる。

『悦ばしき智恵』［370］には、ショーペンハウアーとヴァーグナーについて「私は哲学的ペシミズムにおいてもまたドイツ音楽においても、それらの本質であるロマン主義を誤解していた」と述懐し、それが誤解であったことがわかるとともに「ディオニュソス的ペ

シミストの反対であるエピクロスを理解するようになった。……事実，キリスト教徒なるものは，一種のエピクロス派にすぎず，エピクロスと同様に本質的にロマン主義者なのだ」と述べている。ここでニーチェは「ロマン主義は苦悩と苦悩する者とを前提としている」とし，その苦悩者を二つに分ける。ひとつは「生の充実のゆえに苦悩する者」であって「ディオニュソス*的芸術を求める」。もうひとつは「生の貧困化のゆえに苦悩するものであって，休息，静寂，穏やかな海，芸術と認識による自己からの救済を求めるか，陶酔，痙攣，麻痺，錯乱を求める」。この後者の「二重の要求」に応じているのがショーペンハウアーとヴァーグナーであり，また「静寂，穏やかな海」という表現から分かるようにエピクロスに共感していたニーチェ自身でもあろう。前者の「ディオニュソス的」人間と言われているのは，「破壊や解体や否定などの贅沢を自らに許す」生産的な人間であり，「未来のペシミスト」と呼ばれている。この頃からエピクロスよりはディオニュソスの形象が中心を占めるようになる。

「未来のペシミスト」たる「ディオニュソス的人間」の構想はやがて，ペシミズムの積極的な克服としてのツァラトゥストラの思想へと展開していくことになる。そして繊細な陰影に富む文体に書き留められた，エピクロス的「古代の午後の幸福」の感性経験は，力への意志*のカテゴリーの強靱な吸引力をまえに影を潜めていく。→ストア派／ストア主義，ペシミズム　　　　　　　　　（大貫敦子）

エマーソン [Ralph Waldo Emerson 1803-82]

ニーチェがエマーソンを愛し，若いときから幾度も読み返し，親縁性を感じ続け，また影響を受けていたことは，あまり知られていない重要な事実である。「エマーソン。彼を読むときほどに自分の家にいるような感じを抱いたことはない。彼をほめることはできない。あまりに私に近いからだ」[遺稿 I.12.200]。すでに高校時代に愛読していたが，学生時代にはショーペンハウアー*経験と合体していることは，次のゲルスドルフ*宛の手紙の一節からわかる。エマーソンの描く真夏の野原の静けさについて，その「完璧となった」自然の経験について「そのときわれわれはつねに伸びていく意志の呪いから自由となり，純粋な，観照するだけの，利害関心なき眼 (reines, anschauendes, interesseloses Auge) となる」[1866.4.7.]と書かれている。清教徒の頑迷さを批判してハーヴァード大学で禁止されたエマーソンがキリスト教*から離れようとするニーチェに，勇気を与えた可能性も強い。『生に対する歴史の利と害』を書くためにアルプスの山村にこもった彼が携えていた数少ない本のなかに，エマーソンの『随想集』があった。この本は1874年にヴュルツブルクの駅で旅行鞄をなくしたときにともに失われたが，すぐに購入しなおしている。ここにも愛着ぶりが窺える。こうした読書の影響は，『教育者としてのショーペンハウアー』の末尾に見られる。ドイツで哲学が評価されず，政治家や軍人の興味を引かないのは，学識だけの講壇哲学者のせいである，と論じながら，真の哲学者についてのエマーソンの文章が長く引かれている。「偉大な神が思想家をこの世に遣わせるときは気をつけるがいい。すべてが危険に曝される。それは大きな町に大火事が起きたときのようである。安全なものはあるのか，いつ終わるのか誰にもわからない事態である。そのとき，学問においても明日にはひっくりかえらないようなものはなにひとつない。文筆上の知名も永遠の高名などと言われているものもなんの支えにもならない。……文化の新たな尺度は人間の努力の全体系を一瞬にして転覆 (Umwälzung) させるであろう」と[『反時代的』Ⅲ.8]。後の価値の転換*を思わせなくもない。また『偶像の黄昏』*のなかにはエマー

ソンと題したアフォリズム*がある［『偶像』IX.13］。エマーソンの自足した精神の明るさ，利害を超越したいわゆるトランセンデンタリストのあり方を称賛しながら，「私は私自身に従います」というローペ・デ・ヴェーガの言葉を彼の性格描写に引いている。それに対してエマーソンが英国で実際に交流したこともあるカーライル*の英雄主義をニーチェは好まなかった。「彼は騒々しさを必要としている。自己に対する絶えざる情熱的な不誠実――これこそカーライル固有のものである」［同 12］。エマーソンの男性的で強い態度，精神的健康の重視などに魅せられていることも考えると「汝自身であるところのものになれ」というニーチェの生涯のモットーに合う数人のひとりであることがわかる。兵営でも『随想集』を読んだニーチェが「自分のために書く者は，不滅の公衆のために書くのだ」という文章をメモしているのも，その連関であろう。生*の肯定を説き，歴史批判をするエマーソンもニーチェの範になったに違いない（「脈絡のない，粗野で，愚にもつかない〈あそこであの時〉という言い草は消えて，その代わりに，〈いまここで〉が登場すべきである」というエマーソンの文を含む一節は最後に触れる抜き書きにも含まれている）。

すでにシャルル・アンドレール*は，エマーソンをニーチェの精神的先達の一人に数えている。さらに彼は，類似の標題（life is a search after power），類似の表現（「自らを贈り与える徳」）を指摘し，エマーソンのOversoul や Plus-Man に超人*の匂いも感じ取っている。だが，事実はこうした親縁以上のことを語ってくれる。『悦ばしき智恵』*初版のモットーの「詩人と賢者にとってはすべての事物が友人であり聖別されている。すべての体験が有益であり，すべての日が聖なる日であり，すべての人間が神的である」は，バウムガルテンが指摘するように，『随想集』の文章を少し変えただけである。また

エマーソンが自分のことを professor of joyous science と呼んでいたことも忘れてはならないと彼は指摘する。ニーチェが『随想集』のなかで「自我」について論じられている部分の欄外に「この人を見よ」と書き込んでいるという彼の報告も見逃せない。1881年8月の永遠回帰*の啓示を受けてから間もない自分の誕生日（10月15日）にもこの本を読み，そこに自分の性格を見いだす自己確認の儀式を行っている。その上，同書の表紙の裏，扉などに『ツァラトゥストラ』*の原初的な構想とおぼしき走り書きが相当量なされている［遺稿 I.12.243-249］。たとえば「あなたは普遍的で公正な眼をもちたいと思うか。それならば，多くの個人を通過した者として，その最後の個人としてすべての以前の個人を機能として必要とする者としてでなければならない」（「あなた」とは言うまでもなく語法上ニーチェ自身のことである）などは，「私はインド*では仏陀*でしたし，ギリシアではディオニュソス*でした。――アレクサンダーとシーザー*は私の化身です。最後にはヴォルテール*とナポレオン*でもありました……」という，世界史のすべてに顕在していたと僭称する分裂者ニーチェ（ドゥルーズ*／ガタリ）の狂気の手紙につながるものがある。つまり，永遠回帰の思想を現すこうした文章が，たえず持ち歩いていたためかぼろぼろになっている『随想集』に書き込まれているという事実，そして1882年初頭にも同書から相当量の抜き書きを行っている［遺稿 I.12.307-316］事実は，今後とも解釈を必要とする。→『反時代的考察』　　　　　（三島憲一）

文献　▷ Eduard Baumgarten, *Das Vorbild Emersons im Werk und Leben Nietzsches*, Heidelberg 1957.

エーラー　［Richard Oehler 1878-1948］

エーラー家はニーチェの母方の家系で，ニーチェの従弟にあたるリヒャルト・エーラー

は、ニーチェと同じくプフォルタ校*で学び、大学では神学と古典文献学*を修めた。ファイヒンガー*の勧めに従って書いた博士論文のテーマは「ソクラテス以前の哲学*に対するニーチェの関係」であった。彼はニーチェ・アルヒーフでエリーザベト・フェルスター＝ニーチェの片腕として全集の編集や索引の作成に携わり、また早くからナチス*に共鳴して、そのイデオロギーに適合するニーチェ像を提供しようとした。巻頭にニーチェ・アルヒーフを訪問したヒトラーの写真を掲げた『フリードリヒ・ニーチェとドイツの未来』では、ニーチェとヒトラーの発言を比較して、反民主主義やニヒリズム*の克服から優生学思想・人種主義に至るまで両者は一致すると強調している。ニーチェ・アルヒーフを訪れたヒトラーがそのままバイロイト*の祝祭劇場へ向かうようになったい、かつてのワイマール*とバイロイトとの対立は解消しており、将来はナチス・ドイツによる地上支配がニーチェの理想を実現するであろうというのである。なお、エーラー家の他の従弟たちのうち、アーダルベルト・エーラーはニーチェの母を理想化して描いた伝記を出版してエリーザベトとは別の見方を示した。また、マクス・エーラーは、ニーチェ家とエーラー家の家系を調直してニーチェとヴァーグナー*に共通の先祖があることを示したり、ニーチェの蔵書目録を作成したりしたが、ナチスに入党し、エリーザベトの死後アルヒーフの館長となった。→ニーチェの家系

(大石紀一郎)

文献 ▷ Richard Oehler, *Nietzsches Verhältnis zur vorsokratischen Philosophie*, Diss. Universität Halle Wittenberg 1903. ▷ ders., *Friedrich Nietzsche und die deutsche Zukunft*, Leipzig 1935. ▷ ders., *Die Zukunft der Nietzsche-Bewegung*, Leipzig 1938. ▷ Adalbert Oehler, *Nietzsches Mutter*, München 1940. ▷ Max Oehler, *Nietzsches Ahnentafel*, Weimar 1938. ▷ ders., *Nietzsches Bibliothek*, Weimar 1942.

エリオット [Thomas Stearns Eliot 1888-1965]

アメリカ出身のイギリス詩人 T. S. エリオットはニーチェについてほとんど何も語っていない。ニーチェを初めて読んだのは、ソルボンヌやオックスフォードでの留学生活を終えて再びハーヴァード大学に戻り、哲学科助手をつとめながら、「プルーフロックの恋唄」などの詩を書きはじめたり、博士号をめざして哲学研究に従事していた1915年頃のこと。1916年にはエイブラハム・ウォルフの著書『ニーチェの哲学』を『国際倫理学雑誌』第26号で書評したが、おおむね好評だったこの書評がニーチェとの結びつきを直接示すほとんど唯一の資料である。その書評のなかでエリオットは、当時英米の若い哲学者たちのあいだで人気を呼んでいたニーチェをかなり冷淡に扱っている。ニーチェは「その哲学が文学的特性から引き離されると雲散霧消しかねない著者の一人である……そのような著者は生半可な哲学を好む大衆にはつねにある特別な影響を与えるものだ」という具合に。しかし当時のエリオットは、ソルボンヌで教わったベルクソンの進化論哲学の楽天主義に批判的であり、ニーチェの厭世的な世界観のほうを好むという感想をもらしている。エリオットがニーチェと明らかに共有していると思えるのは、現代を頽廃と混乱にひたされた世界と見て、その世界で生きる自分をいかにして救済するかという問題である。とくに長編詩『荒地』は、現代世界を荒地としてとらえ、そこで生きる人間の多くが精神的空虚にとらわれている状況を克明に描き込んでいる。これはニーチェの頽廃の哲学をある程度想起させる文化的病いの徴候の詩的表現と見ることもできよう。現代を黙示録的な時代、終末の時代と見なす感覚もニーチェ的である。だが『荒地』以後のエリオットは、ニーチェとは異なり、中世的なキリスト教*の伝統の復活によって自己および社会の蘇生を夢

見るようになる。その点では，ニーチェよりもむしろ『パルジファル』*のヴァーグナー*に近づいたと言ってよいかもしれない。

(富士川義之)

エリーザベト [Elisabeth Förster-Nietzsche]
⇨ニーチェの家系

遠近法／遠近法主義 [Perspektive/Perspektivismus]

「生存の遠近法的性格はどこまで及んでいるのだろうか。あるいは，生存にはまだほかに何らかの性格もあるのだろうか，解釈なき生存，〈意味〉(Sinn) なき生存とはまさに〈ナンセンス〉(Unsinn) にならないだろうか，他方から言えば，一切の生存は本質的に解釈する存在ではないだろうか」——ニーチェは『悦ばしき智恵』*でこのように問いかけたうえで，人間の知性を厳密に分析し，自己吟味してみてもこの問題は解決されないとしている。なぜなら，「人間の知性はその分析に際して，自分自身を自らの遠近法にもとづく諸形式のもとで見るほかはなく，これらの形式のなかでしか見ることができない」からであるという [『智恵』374]。つまり，あらゆる認識は認識する者のパースペクティヴ（遠近法）に制約された解釈にほかならず，この制約についての反省自体もまた人間の知性に特有な遠近法の制約のもとにあるので，いかなる反省によっても遠近法的解釈によって意味づけられる世界の外に立つことは不可能であるということになる。「遠近法的なもの」は「一切の生*の根本条件」であるというのである [『善悪』序言]。

「遠近法」というと思い浮かぶのは，とりわけルネサンス*以降の絵画において発展した描写の技法であるが，哲学史上では，モナドがそれぞれの視点から一つの宇宙をさまざまに表象すると説くライプニッツのモナドロジーが想起される。とはいえ，ニーチェのいう遠近法主義は，ただ一つの真なる現実*を前提したうえで，視点の違いによってその現実についての多様な表象が生ずるとする考え方とはまったく異なっている。「あらゆる信仰，真であると思うことはいずれも必然的に誤りであるということ，これは，真の世界などというものはまったく存在しないからである。すなわち，それはわれわれに由来する遠近法的仮象 (perspektivischer Schein) である」という言葉が示しているように [遺稿 II.10.34]，彼はむしろ真なる現実の存在そのものを否定し，それも遠近法的解釈にもとづいて生じた仮象*にすぎないとする。そして，それに対して，「私が理解する仮象とは，現実的で唯一の，事物の現実 (Realität) である」として，「それゆえ，私は〈仮象〉を〈現実〉に対置するのではなく，反対に仮象を現実として受け取るのであり，この現実は，空想の産物である〈真理の世界〉への変容に抵抗するものである」と述べている [同 II.8.480]。このように仮象と現実との差異を解消して一切は「遠近法的仮象」であるとすることによって，ニーチェは超越的な実在から出発する形而上学*の解体を図るが，「遠近法」という言葉を用いるようになる以前においても，カント*の認識論をショーペンハウアー*を通して読み換えることによって同様の思考を展開している。『人間的』*第1部では，「われわれの空間と時間の知覚」は誤謬にすぎないとされ，「悟性はその法則を自然から汲み出すのではなく，法則を自然に対して規定する」というカントの言葉は，自然が「表象としての世界，すなわち誤謬としての世界である」ことを示すものだとしている [I.19]。「われわれがいま世界と呼んでいるものは，一連の誤謬と空想の産物であり，それは有機的な生命体の全発展のなかでしだいに発生し，互いに結びついて成長して，いまでは過去全体の蓄積された宝としてわれわれに相続されたものである」として，ニーチェ

は「現象」としての世界は人間が誤った解釈を事物のなかに持ち込んで作り上げたものにすぎないとするばかりか，さらに「物自体*」にも実在性を認めない，［『人間的』 I.16］。同一の事物が存在するという信仰にもとづく形而上学は「人間の根本的誤謬を扱う科学——あたかも根本的真理であるかのように扱う科学——であると呼んでさしつかえない」というのである［同 I.18］。

遠近法的認識の問題に関してニーチェが影響を受けたと推測されるのは，ショーペンハウアーやフリードリヒ・アルベルト・ランゲ（『唯物論の歴史』）以外では，『思考と現実』（1873）で時間のアプリオリ性や表象の継起を仮定するカントを批判したアフリカン・シュピーアや，『生の価値』（1865）で人間の価値判断が感情に依存すると指摘したオイゲン・デューリング*である。また，グスタフ・タイヒミュラーの『現実の世界と仮象の世界』（1882）には，世界は「つねに至るところで遠近法的に整序されて」おり，直観の形式は「遠近法的仮象」の形式にほかならないという表現も見られるという（テオ・マイヤーの指摘による。タイヒミュラーはバーゼル大学で同僚だったことがあり，その転任後ニーチェは哲学のポストを狙ったこともある）。ニーチェが「遠近法」という表現を用いるようになるのは，彼がシュピーアやタイヒミュラーを再読した1885年頃からであり，しかも形而上学の根本概念を「遠近法的仮象」として解体するという文脈においてである。「存在」や「実体」は経験の誤った解釈によって成立した概念であるとされ，「自己*」や「主観」といった概念も「遠近法的仮象」であって，「見るときの一種の遠近法をもう一度見る行為そのものの原因として措定する」ことによって「捏造*」されたものだという［遺稿 II.9.146, 215］。また，普遍妥当的な認識をもたらすとされるカントの純粋理性やヘーゲル*の絶対精神は「危険な古い概念的虚構」にすぎず，遠近法においてはたらく「能動的な解釈する力」を欠いているとして斥けられる［『系譜』III.12］。

しかし，ニーチェはそこで新しい認識論を樹立しようとするのではない。むしろ，80年代の遺稿において顕著なのは，遠近法的解釈を導くのはそれぞれの遠近法にとって特有の価値の観点であるとして，解釈の妥当性を価値評価の問題へと還元し，遠近法を「一切の生の根本条件」として実体化する傾向である。〈本質〉や〈本質性〉というのは何か遠近法的なもの」であって，「根柢にあるのはつねに〈それは私にとって何か？〉（われわれにとって，あらゆる生物にとってなど）という問いである」とされ［遺稿 II.9.187］，また「存在」や「実体」という概念が必要だったのは，それらの「従来の解釈はすべて生に対して一定の意義を持っていた——生を維持し，耐えられるものにし，あるいは疎外し，洗練し，またおそらくは病的なものを分離して死滅させるものであった」という事情によるとされる［同 II.8.454］。「善」や「悪」といった道徳的価値も「事実」ではなく「解釈」であって，人間という種が自らを維持するために必要とした遠近法的評価によって成り立っていたものであるが，いまやこの遠近法は克服されつつあるとされる。他方，仮象の世界が成立するのは，「動物界のある特定の種の維持と力の増大に関して有益であるという観点にしたがって」遠近法的に見られ，整えられ，選ばれることによってであり［同 II.11.208］，「真理とは，それなくしてはある特定の種の生物が生きられないような種類の誤謬である」［同 II.8.306］とも言われる。こうした側面はプラグマティズムともよく比較されるが，ニーチェの場合，種の維持や力の増大といった結果によって価値を図るということよりも，そこで力の過剰*から生み出されるのが仮象であるというところにアクセントが置かれている。これはあとで見るよう

に, 仮象の美的現象として性格とも関連する。

先に引いた仮象こそ唯一の現実であるとする断片で彼は,「この現実に対する特定の名称が〈力への意志*〉であろう」と述べているが[遺稿 II.8.480], この時期に計画されたが実現されなかった著作『力への意志』の副題として,「あらゆる出来事の一つの新たな解釈の試み」とか「一つの新たな世界解釈の試み」という案があるのは偶然ではない[同 II.9.27, 130]。「真の世界」なるものは存在しないとして形而上学的世界の解体を図ることは「ニヒリズム*の最も極端な形式」[同 II. 10.34]であり, そこで新たな意味づけが必要とされるようになる。その際,「世界の価値なるものの本質はわれわれの解釈にある」としてニーチェが持ち出すのが, 新しい解釈による価値設定の原理としての〈力への意志〉である。「従来のさまざまな解釈は遠近法にもとづく価値評価であって, それによってわれわれは自己の生を, つまり力への意志を, 力の成長への意志を保持してきた」のであり, また,「あらゆる人間の向上はより狭い解釈の克服を伴い, 達成された強化と力の拡張はいずれも新たなパースペクティヴを開き, 新たな地平を信ずることである」として[同 II.9.156], ニーチェは遠近法を真理性ではなく力の増大と結びつけ, 遠近法の多様性をたがいにせめぎあう力の中心の多数性と対応させる。「世界の多義性は力の問題であり, 遠近法の多様性, より多くの意味を生む解釈が可能であることこそ,「力の徴候」であるというのである[同 II.9.163, 172]。

ニーチェの遠近法主義に対しては, 遠近法は「生の根本条件」であり, あらゆる認識は「遠近法的仮象」であるという主張自体, 遠近法的な見方の一つにすぎないのではないか,「真理というものはない」という主張そのものの「真理性」はどのようにして主張しうるのか, と問うこともできよう。これに対してニーチェは,「遠近法的に見ることしか, 遠近法的な〈認識〉しか存在しない, そして, われわれがある事柄についてますます多くの情動を発言させ, ますます多くの眼, さまざまに異なる眼を同じ事柄に向けるすべを心得ているならば, この事柄についてのわれわれの〈概念〉, われわれの〈客観性〉はいっそう完全になるであろう」[『系譜』III.12]と述べるにとどまっている。ただ, 生の遠近法的性格に関する彼の発言は, しばしば反語的な疑問や意図的な矛盾によって表現されており, 彼は強い意味での客観性や真理性を要求するよりも, むしろ仮象の戯れの多様性を楽しむことをめざしたといえよう。ある遠近法の外に立つには, それを相対化しうるパースペクティヴを獲得しなければならないはずであるが, ニーチェの場合, それは真理性を問題にする視点を仮象によって相対化し, さらに仮象を生との関連において評価する視点へと移行することによって行われていた。『悲劇の誕生*』についての「自己批判の試み」(1886) で彼は, 自分がかつてこの著作で捉えたのは学問*そのものの問題であったが,「学問の問題は学問の地盤の上では認識されない」ので,「学問を芸術家の光学のもとで, さらに芸術を生の光学のもとで」論じたのだと述べている[「自己批判」2]。ここで「光学」(Optik) という言葉は「遠近法」と言い換えてもよいだろう。真理とは生を耐えやすくする仮象の一種にほかならないのに, 真理と仮象を厳密に区別して真理のみを追い求める学問に対して, 仮象から出発する芸術*こそ「人間の本来的に形而上学的な活動」であり,「美的現象としてのみ, 人間存在と世界は永遠に是認される」*というのが,『悲劇の誕生』を貫くメッセージであった。「なぜなら, あらゆる生は仮象, 芸術, 欺瞞, 光学に, 遠近法的なものと誤謬の必然性にもとづいているからである」[同 5]。「同一のテクストが無数の解釈を許容する。つまり,〈正

しい〉解釈などというものは存在しない」という断片［Ⅱ.9.54］も，仮象による生の救済というモティーフと結びつけて受け取ることができる。最初に引用した『悦ばしき智恵』374番でニーチェは，「世界はわれわれにとって，むしろふたたび〈無限〉となった，——世界が無限の解釈を内包するという可能性をわれわれが拒絶しえないかぎりにおいて——。ふたたびわれわれを大いなる戦慄が襲う」と，無限の解釈を許容する世界の崇高な美しさについて語っている。ニーチェの遠近法主義の「遠近法」は，ふたたび生を生きるに値するものにする仮象への問いに導かれていたのである。⇒仮象，現実　　（大石紀一郎）

怨恨　　⇒ルサンチマン

オ

オイディプス　［Ödipus］　⇒悲劇作家

負い目〔罪〕　［Schuld; Sünde］

「私の戦いは負い目の感情に向けられている。また，罰の概念が形而下および形而上の世界へと，同じく心理学や歴史解釈へと混入されることに向けられている」［遺稿Ⅱ.10.154］。ニーチェによれば「罪は理性の誤謬によって世界に入ってきた」［『人間的』I.124］ものにすぎず，「形而上学的意味における罪は存在しない」［同 I.56］。そもそも罪の感情というものが存在しなかった古代ギリシア世界と異なって，ユダヤ教は「罪」を不幸と結びつけ，すべての罪を神への罪に還元してしまった。したがって，「罪」というものはあくまでもユダヤ的感情であり，ユダヤ人の発明にほかならない」［『智恵』135；遺稿Ⅱ.10.210］。「罪という概念をこの世から追放しよう」［『曙光』202］と訴えた彼は，「理解すること，愛しもせず憎みもしないこと，見通すことといった新しい習慣が……十分に強力になって，賢明で負い目をもたない（負い目のなさを自覚した）人間を一様に生み出すに足るようになるだろう」［『人間的』I.107］とか「〈神〉や〈罪〉という概念も……おそらくいつかはわれわれにとって取るに足らないものと思われるようになるであろう」［『善悪』57］との展望を抱いていた。そうした予測を裏づけるためには，「〈負い目〉という道徳上の主要概念が，きわめて物質的な概念である〈負債〉（Schulden）に由来している」［『系譜』Ⅱ.4］こと，「債務法の領域を発祥地として，〈負い目〉や〈良心*〉……といった道徳上の概念の世界が成立している」［同 Ⅱ.6］こと，さらに「人間の〈罪〉ということが事実ではなくて，むしろある事実，すなわち生理的不調の解釈にすぎない」［同 Ⅲ.16］ことを，〈系譜学*〉の観点からしっかりと暴き出すことがまず何よりも必要な作業だと考えられたのである。「負い目とか個人的責務という感情は……およそ存在する最も古い，最も原initial的な対人関係，すなわち，買い手と売り手，債権者と債務者との間の関係に，その起源をもっている。……この関係において初めて個人が個人に対峙し，ここに初めて個人が個人を尺度としておのれを測ったのである」［同 Ⅱ.8］。「神に対して負債を負っているという意識は，歴史の教えるように，〈共同体〉という血縁的体制が衰退した後でも，けっしてなくなりはしなかった。人類は〈優良と劣悪〉（gut und schlecht）という概念を貴族*から相続したのと同じ行き方で，種族神および血族神という遺産とともに負債をまだ返していないという重圧感とこれを返済したいという欲求をも相続したのである。……神に債務を負っているという感情は数千年にわたって成長しつづ

けてやむことがなかった。……これまでに達成された神の極限としてのキリスト教の神の出現は、それゆえにまた最大限の負債感情を世界にもたらした。……無神論の完全な決定的勝利が、人類を、その始まりである〈第一原因〉に対して債務を負っているといったこの感情のすべてから解放するかもしれないという見込みは、確かに門前払いされるべきものではない」[同 II.20]。

晩年のニーチェにおいても「〈罰〉と〈負い目〉とによって生成の負い目のなさ(無垢)を汚染し尽くすことを止めない神学者どもとの敵対関係」[『偶像』VI.7]はさらに激化し、「偶然からその負い目のなさを奪い、不幸を〈罪〉という概念で汚してきた」[『アンチクリスト』25]キリスト教的道徳への果敢な攻撃が続行される。「罪こそ権力の本当の口実であって、僧侶は罪を食い物にして生きているのだ」[同 26]。こうした批判は〈生成の無垢*(負い目のなさ)〉という思想として結実する。「われわれの存在を裁き、計り、比較し、有罪判決を下しうるようなものは何ひとつない。そういうことは、全体を裁き、計り、比較し、有罪を宣告することにほかならないからだ。……もはや誰ひとり責任を問われないということ、存在の仕方を第一原因に還元してはならないこと……これこそが大いなる解放である。――これによって、ようやく生成の無垢が回復されたのである」[『偶像』VI.8]。

「負い目」や「罪」の感情に関するニーチェの系譜学的解明は、フロイト*によって深層心理学的な確証が与えられている。彼によれば、負い目とは外的な権威に対する不安(「愛の喪失に対する不安」)にすぎないものであったのに、超自我という内的権威が設定されてからは、厳格な超自我とそれに従属している自我との間の緊張(超自我に対する不安)として意識されるようになった。人類は幸福の喪失と引き換えに負い目の感情を高めることによって、かろうじて文化の進歩の代償を支払っているのである[『文化への不満』(1930)]。またニーチェの良心論を批判しつつ「悔恨」現象の積極的意義の解明を企てたシェーラー*の「悔恨と再生」[(1917);『人間における永遠なるもの』(1921)に再録]では、人格の悪しき行為によって持続的に自分のものとなってしまった「悪」という性質こそが負い目であるとの把握が打ち出されており、悔恨も負い目も個人の内面的な心理機制にとどまるものでなく、両者がともに「社会的・歴史的な全体現象」であることが強調されている。→良心, 生成の無垢　　　(川本隆史)

オーヴァーベック　[Franz Overbeck 1837-1905]

ペテルブルク生まれのプロテスタント神学者でニーチェの親友。1864年からイェーナ大学で教会史の私講師をつとめたあと、70年にバーゼル大学助教授となって新約学と古代教会史を講じた。72年から97年まで同教授。主著は『現今の神学のキリスト教性について』(初版1873, 増補第二版1903), 没後刊行の『キリスト教と文化』(1919)など。

オーヴァーベックは原始キリスト教の信仰とギリシア・ローマ的な教養との関係を解明して、両者の断絶を強調した。彼によれば、原始キリスト教は世界の終末とキリストの再臨による救済とを素朴に信じるものであり、終末論と世界否定的な人生観を特徴とするものであった。このキリスト教*を彼は「原歴史」と呼ぶ。しかしそれは、ギリシア・ローマの文化と接触することによって変質し、信仰と知識との闘争にまきこまれて歴史的文化的キリスト教となった。アレクサンドリア学派はこの世の知恵たるギリシア哲学と結びついてキリスト教神学を成立させた。これに対する攻撃はあったものの、古代教会は結局のところ知、学、神学の手に落ちた。中世, 近代においてもキリスト教とギリシア・ローマ

の教養との悪しき結合は明らかである。神学はキリスト教の世俗化にほかならない。キリスト教にかぎらず信仰と神学は本質的に相容れないものであり，純粋に護教的な神学などというものは幻想でしかない。それゆえオーヴァーベックは，当時の正統神学をもこれと対立する自由神学をも攻撃した。彼の考え方は，20世紀の終末論神学やヘレニズム化による福音の歪曲を説くハルナック神学の先駆と見ることもできる。また K. バルトは原歴史と歴史的文化的キリスト教との峻別から多くを学び，超歴史的な比類なき原歴史は上から垂直に下降して歴史的キリスト教をさばくという思想としてそれを受容した。ただし，オーヴァーベック自身は宗教には冷淡であり，原歴史への復帰を唱道したというより，むしろあくまで歴史家として事実を指摘したにすぎない。キリスト教への囚われない姿勢はニーチェにも共通しており，後期のニーチェがイエス*その人の教えや生き方とキリスト教とを峻別した背景にはオーヴァーベックの上記の区別があろうが，しかしキリスト教に関する彼らの区別は必ずしも重なるものではない。

　二人が知りあったのは1870年である。オーヴァーベックは，前年バーゼル*に着任していた7歳年下のニーチェと同僚となり，しかも偶然にも同じバウマン家に床を隔てて階下と階上に住む隣人になった。彼らは半年後には1階のオーヴァーベックの部屋（〈バウマンの洞窟〉）で毎夕食を1時間共にする習慣ができ，5年に及ぶこの共同生活は二人の間柄を分かちがたいものにした。その頃のニーチェの態度は「溢れんばかりの話好きと隠者めいた慎み深さ」とがないまぜになっていたという。73年にニーチェの『反時代的考察』*第1篇とオーヴァーベックの処女作『現今の神学のキリスト教性について』が同じフリッチュ書店から相次いで発行されたが，後者が出版されたについてはニーチェの助力が与っ

ている。ニーチェは，この2冊を合本したものに次の詩を書きつけた。「ある家の双子が／勇んで世間へとびだした，／世間という龍を八つ裂きに。／父は二人！　奇跡だった！／双子の母の名は／友情であった！」実際両書は，普仏戦争*の勝利をドイツ精神の勝利と錯覚し，また市民的幸福に酔い痴れているドイツ社会と，これを象徴する D. シュトラウス*の『古い信仰と新しい信仰』とを批判するという点で，内容の上でも共通するところが大きい。オーヴァーベックにとって，教養俗物*の現世肯定的オプティミズムやナショナリズムは当代神学各派が共有する非キリスト教性であり，ニーチェが古典文献学界に反逆したように，彼は神学界全体を敵に回して闘ったのであって，二つの書物は二人の親交の所産でもあったのである。この友情*は終生つづいた。オーヴァーベックは，バーゼル大学退職後のニーチェに物質的精神的援助を惜しまなかった。89年1月，錯乱したニーチェからのブルクハルト*宛書簡を読んでトリノ*に急行し，バーゼルに連れ帰って精神病院に入れたのは彼である。その後4度彼はニーチェに会ったが，最後の対面となった95年9月にはニーチェは変わり果て，「致命傷を負った高貴な動物が隅に身を隠す」かのような印象を受けたという。

　とはいえ，彼らの交友はけっして平坦なものではなかった。オーヴァーベックの遺稿によれば，ローデ*などとの場合と違い知りあったときの大きい年齢差は互いにある距離を保たせ，そのため二人は確かな信頼関係を結びえたが，彼とのつきあいは彼に対してニーチェが抱いた猜疑心によってニーチェに「想像上の苦痛」を与えた。さらにオーヴァーベックは，ニーチェが自己抑制のきかない人間，偉大ならざる人物であったと述べている。極度の名誉欲に駆り立てられた野心家でありながら創造的芸術的才能が十二分にはなく，批判家という一面的な傑出した才能を自

身に向けた点にニーチェの不幸，狂気の原因を見るとともに，永遠回帰*，力への意志*，超人*，強者と弱者の二分法といった，後期ニーチェの根本思想を「幻想」と評した。がしかし，情熱的で激しい者と冷静なペシミスト，知的天分の豊かな者と劣る者という大きい差異にもかかわらず，また互いに不満はもちながらも，「われわれは，自らを超えようと欲する二つの学者気質だった」と，二人の友情*を要約している。↪バーゼル，友情，歴史神学　　　　　　　　　　　　（後藤嘉也）

大いなる軽蔑　[die große Verachtung]

『ツァラトゥストラ』*序説には，ツァラトゥストラが民衆*にむかって「超人*を教えよう」と呼びかける場面が出てくる。これに続く箇所で，ニーチェは「生命の軽蔑者」「最低の軽蔑すべき者」そして「大いなる軽蔑者」という表現をそこに配している。三者の布置関係は，神の死*・おしまいの人間*・超人という三者の関係を反映したもので，「大いなる軽蔑」は人間の意義を悟り，超人に身を捧げる時に訪れる。超人を語る者にとっては，もはや神の名のもとに「地上を超えた希望」を説くことはできない。かような希望を抱くのは，霊魂による肉体の軽蔑を最高の思想と説く「生命の軽蔑者」である。神の死とともにこのような「死にぞこない」の去る時がきた。超人は大地を超えたものであるどころか「大地の意義*」そのものであり「大海」である。人間がこの大地に身を捧げ，大海に没するとき「大いなる軽蔑」の時が訪れる。「大いなる軽蔑」とは，人間が小さな幸福・徳・理性・正義*・同情*に満足して生きる自己の姿そのものを軽蔑し，嫌悪する徹底した自己否定の偉大さを形容したもの。小市民的な日常の幸福に憧れて，もはや自分自身を軽蔑することすらできない「おしまいの人間」がツァラトゥストラにとって「最も軽蔑すべき者」であり，この「大いなる軽蔑をなす者」こそ彼の愛すべき「大いなる尊敬者」である。やせ細った醜い霊魂が肉体を軽蔑する時が去ったのち，「もはや自分自身を軽蔑することのできない最も軽蔑すべき人間の時」に溺れるか，「大いなる軽蔑」の時に出会うか――人間はどちらの可能性にも開かれている。↪おしまいの人間　　　　（木前利秋）

大いなる健康　[die große Gesundheit]

実生活においてはおよそ健康というものを知らなかったニーチェが，「大いなる健康」について語るのはやや不似合いに見える。ニーチェにおける「健康」という語の意味合いは，それを「病気*」という語との対立で捉えるだけではなく，むしろこの両者を身体*ないし肉体という概念で一括し，それを精神ないし理性という概念に対置させて考えるとき，はじめて把握される。ニーチェによれば，総じてヨーロッパ2000年の歴史は，精神による肉体支配の歴史であった。聖なる信仰の心が罪深い肉体を裁き，精神と理性が物質世界と肉体を統御してきた。しかしニーチェは，こうした歴史にもう一歩踏み込んでその裏面を暴露する。聖なる心，神，神の国，そしてまた純粋な精神，永遠の真理など，こうしたありもしない「背後世界」すべてが，そもそもは病み疲れた肉体の創作物，自己自身に絶望した肉体の妄想ではないのか，というのである。彼は歴史を，精神の歴史としてではなく肉体の歴史として，そしてすべての精神的現象を健康な，ないしは病める肉体の「徴候」として見る。そしてすべての「背後世界」が消え，新しい価値の創造が始まるべき今，最も必要とされるのは健康な肉体，「大いなる健康」だと言うのである。

すでに『悲劇の誕生』*においてニーチェは，すべての芸術行為を「生の光学」のもとに見る視点を確立した。そしてディオニュソス*的およびアポロ*的と呼ばれる芸術*のふたつの根源衝動は，それぞれ「陶酔*」と

「夢」という生理的現象を通して身近に捉えられていた。だがやがて、芸術のみでなく哲学も、肉体にもとづくものとして生理学的に解釈される。「この哲学というものは、絶えざる強い衝動の、いわば理性への翻訳以上のことであろうか」と、ニーチェは『曙光』*の巻末近くで反問し、「結局個人的な食餌を求める本能、それが哲学ではないか。それは私の太陽、私の高み、私の嗅覚、私の健康へ向かって頭脳の回り道をして行こうと努める本能ではないか」［553節］と書いている。ツァラトゥストラはもっと明瞭に、「肉体とはひとつの大いなる理性*、ひとつの感覚をもった複合体だ」と語り、また「君の思考と感情の背後に、ひとりの強大な命令者、知られざる賢者がいる——その名を称して〈おのれ〉という。君の肉体のなかに彼は住む。君の肉体が彼なのだ」［『ツァラトゥストラ』Ⅰ-4］と述べている。ヨーロッパの形而上学*を支配してきた精神と肉体という二元論*は、ニーチェによれば幼稚な迷信であり、いわんや精神を肉体の上位に置く観念論は、健康な肉体の欠落、生命力減退の徴候にほかならない。プラトン*の哲学もキリスト教*も、またヴァーグナー*の芸術も、すべてこれである。このデカダンス*の徴候に対置され、今や要請されるのが「大いなる健康」である。

『悦ばしき智恵』*第5書巻末前のアフォリズム［382節］は「大いなる健康」と題され、こう始められている。「われら新しい者、名のない者、理解されがたい者、定かならぬ未来の早生児——そうしたわれわれは新しい目的のために、やはり新しい手段を必要とする、すなわち、新しい健康を、従来のいっさいの健康よりももっと強く、もっと抜け目なく、もっと強靭な、もっと楽しい健康を必要とする」。この「大いなる健康」に担われて、「これまで聖、善、不可侵、神的と呼ばれてきたすべてのものを相手に、無邪気に、つまり下心なく、みなぎるばかりの充実と力強さをもって戯れる精神」たるわれわれは、新しい理想を求めて船出しなければならない、と言われている。なお『この人を見よ』*のなか、『ツァラトゥストラ』*について述べた箇所でニーチェは、この作品においてまさに「大いなる健康」が実践されていると考え、かつ「大いなる健康」が、ツァラトゥストラという典型の生理学的前提であるとも述べている。そこから考えると、「大いなる健康」とは単に肉体的健康だけを言うのではなく、「勇気」「試みる精神」「新鮮な本能」「笑い*」などが同時にイメージされていることがわかる。→病気と快癒　　　　　　　　（薗田宗人）

大いなる肯定　[die höchste Bejahung]

肯定と否定は、ある事柄についての悟性的判断の形式である。しかしニーチェが「大いなる肯定」と呼ぶのは、何らかの部分的な事柄についての肯定でもなければ、悟性の判断にもとづく肯定でもない。それは、根源的な「力への意志*」をまさに力への意志たらしめている原理そのものの表現であり、自己自身と世界全体をあるがままに是認し肯定する、そのような絶対的肯定である。「大いなる」という形容詞をニーチェは他にも多用し、たとえば「大いなる健康*」とか「大いなる様式」、「大いなる政治*」などについて語っているが、これらはすべて「力への意志」そのものが顕現するそのつどの絶対的な在り方を指している。「大いなる肯定」とは、「力への意志」が自己自身を肯定しつつ能動的に働く姿そのものと言ってもいい。『この人を見よ』*のなかでニーチェは、彼が『悲劇の誕生』*において述べた「ディオニュソス*的なもの」という概念に言及しながら、これこそがすでに「みなぎり溢れる過剰*から生まれたひとつの最高の肯定の方式、苦悩や罪に対してさえ、生存におけるあらゆるいかがわしいもの、奇異なものに対してさえ、留保なしに然りという態度」であったと回顧している。

『悲劇の誕生』では、まだ「力への意志」という思想は現れない。だが、「ディオニュソス的なもの」という概念が、のちに「力への意志」とよばれるものの別の名称にすぎないことは明瞭である。

「大いなる肯定」が、能動的に自己自身を肯定する「力への意志」の本質そのものであるとすれば、この「力への意志」の思想と並んでいわばニーチェの思想の両輪をなしている「永遠回帰*」の思想（ハイデガー*は、「力への意志」が「存在者とは何か」という問いに対するニーチェの答えであるとすれば、「永遠回帰」の思想は「存在者はいかにあるか」の問いに答えるものである、と述べている）も、当然「大いなる肯定」のひとつの公式である。最も卑小なもの、最も醜悪なものをもふくめたいっさいのものが永遠に回帰することを認めることは、とりもなおさずこの円環のなかに立つ自己自身を認めることであり、あるがままの自己自身を肯定することによって、同時に世界全体を肯定することである。「あなた方はこれまでに、ひとつの歓びを〈然り〉と言って肯定したことがあるか？　おお友たちよ、もしそうなら、そのときあなた方は、いっさいの悲しみにも〈然り〉を言ったのだ。あわれ、いっさいの事物は鎖でひとつに繋ぎ合わされ、愛情の糸で結ばれている。──あなた方がこれまでに一度あったことを二度あれ、と欲したことがあるのなら……そのときあなた方は、いっさいのものが戻ってくることを欲したのだ！」と、ツァラトゥストラは語っている〔『ツァラトゥストラ』IV-19. 10〕。「永遠回帰」の思想は、「およそ到達されうる最高の肯定方式」とも呼ばれている〔『この人』IX.1〕。ニーチェ晩年のもうひとつの思想「運命への愛*」も、「大いなる肯定」のひとつの公式である。ニーチェにとって「人間の偉大さ」を示す表現とされる「運命への愛」とは、「何事も現にそれがあるのとは別様であって欲しいとは思わぬ

こと、未来に向かっても、過去に向かっても、そして永劫に向かっても絶対にそう欲しないこと」という、あるがままの自己自身に対する無条件な肯定の姿勢である。しかもここでは、肯定は「必然を耐え忍ぶ」のではなく、進んで「必然を愛する」ことにまで高められている。ニーチェの諸思想──「力への意志」「永遠回帰」「超人*」「運命への愛」など、すべては「大いなる肯定」に支えられている。このすべてを「留保なしに」肯定しようとするニーチェの姿勢は、一見「ナルチシズム的誇大妄想」とも、自らの弱点を隠蔽するための「過剰補償」（H. E. リヒター）とも映る。現実のニーチェの生活を想像すればなおさらである。だが、この「大いなる肯定」を掲げて突き進まなければならなかったニーチェの姿は、彼が、その本質を歪められた「力への意志」が2000年の歴史──それはニーチェから見れば「大いなる否定」の歴史であったとも言えよう──を通じて募らせてきたニヒリズム*の闇の深さに対して抱いた不安と危機感の強さを裏書きするものにほかならない。→運命への愛, 力への意志

(薗田宗人)

大いなる正午　[der große Mittag]

【 I 】　悲劇の死とその再生の企て　『ツァラトゥストラはこう語った』*は、洞窟を出たツァラトゥストラが、「これは私の朝だ、私の昼がはじまろうとする。さあ、昇れ、昇ってこい、大いなる正午よ！」と呼びかけるところで終わる〔IV-20〕。ツァラトゥストラの役割は、この「大いなる正午」の到来を告知することにあると言ってよいだろう。『この人を見よ』*でニーチェは、自分の使命は「人類の最高の自覚の瞬間*を準備すること、人類が過去を振り返り、未来を見通して、偶然と司祭*たちの支配を脱し、〈なぜ？〉〈何のために？〉という問いをはじめて全体として発する大いなる正午を準備すること」であ

ると語っている[『この人』Ⅶ.2]。さらに『悲劇の誕生』*について彼は、「この著作から語りかけてくるのは一つの壮大な希望である。音楽のディオニュソス的未来に寄せるこの希望を私が取り下げる理由は、結局どこにもない」と述べて、かつて自分が「バイロイト*の思想」と呼んだものは、ヴァーグナー*に対して自分が抱いた幻想を振り払って見るならば「大いなる正午」のことであり、「この思想こそ私がこれから生きて体験するであろう一つの祝祭のヴィジョンにほかならない」としている[同 Ⅳ.4]。こうしてみると、「大いなる正午」は、世界史的転換をもたらす悲劇の再生を求める『悲劇の誕生』の思想の一貫した帰結であると言える。

『悲劇の誕生』でニーチェは、ティベリウス帝の時代にギリシアの船人が「大いなるパンの神は死んだ」という叫びを聞いたとする伝承に寄せて、「ギリシア悲劇の死とともに巨大な、至るところで深く感じられた空虚が生じた」と語っている[『悲劇』11]。この著作の意図は、この空虚を埋めて古代的な生*の全体性を恢復すべき芸術のプログラムを示すことにあり、その実現の担い手として当時彼が期待を寄せたのがヴァーグナーであった。『バイロイトにおけるリヒャルト・ヴァーグナー』でも、「ディテュランボス*的芸術家」は人間が自らふたたび自然となり、自然のなかで芸術の魔力によって変容することを教え、それによって失われた生の全体性が恢復されると説いている[『反時代的』Ⅳ.6, 7]。だが、ひとたび古代的な生の全体性が失われて、芸術が反省的な制作の対象となった近代において、もう一度芸術による全体性の恢復が求められても、そこで呼び出される古代のイメージは、かならずしも伝承をそのまま反復するものではなく、この構想はニーチェ自身の思想的展開のなかでも変化していった。

『ツァラトゥストラ』の第4部が成立した頃の遺稿を見ると、当時ニーチェが『正午と永遠。永遠回帰の哲学』という著書を計画していたことがわかる[遺稿 Ⅱ.8.278; vgl. 101, 121, 227, 257, 330f.]。翌年の遺稿にも「永遠回帰*」という表題のもとに「決定的な時、大いなる正午」という言葉が見いだされ[Ⅱ.9.173]、「大いなる正午」と〈永遠回帰〉の認識との間に密接な関連があることを示唆している。だが、ニーチェの〈永遠回帰〉がヘラクレイトス*などの回帰思想を反復するだけのものではないように、「大いなる正午」というニーチェが近代の極点に待望する「祝祭」も、古代における正午へのたんなる復帰ではありえない。その差異はどこにあるのだろうか。また、「大いなる正午」はどのような意味で「決定的な時」であるのだろうか。

【Ⅱ】 ニーチェと古代的伝承における正午
古代ギリシアの伝承において、正午、とりわけ夏の真昼時は、あらゆる自然が眠りにつく時刻であるとされていた。そのまどろみの静けさのなかで、ヘカテーやニンフ、サテュロス*、セイレーノスが来臨し、冥界をつかさどるプルートーやペルセポネーといった神々も来訪すると考えられていた。ニーチェの友人ローデ*は『プシュケー、ギリシア人の霊魂崇拝と不死信仰』(1894)でこの古代ギリシア人の信仰をくわしく扱っている。こうした神々の来訪は戦慄をもたらすものであり、そのためピュタゴラス*は午睡の危険を説いたという。民間伝承においては、正午に生者が眠ると、生死の境界が消滅して死者が甦ると信じられており、一日の時間の流れを円環として考えるとちょうど真夜中に相対する位置にある正午は、死者の亡霊が現れる時刻であるとされていた。やがてヘレニズム*期になると、テオクリトスからヴェルギリウスやロンゴスに至る牧歌的文学の伝統において、正午は牧神パンと結びつけられるようになった。それはパンの神が眠る時刻であり、その眠りを妨げる者があると、パンの怒りが目に見えない形で現れて人や獣を脅かすので(た

とえば、獣たちが突然「パニック」を起こして暴れるのはその現れであるとされた)、正午の静寂を破らないように万物が眠りについたというのである。半人半獣の姿をした家畜の神パンは繁殖を象徴し、目覚めて情欲に駆られるとニンフたちを追い回したというが、同時に、「パン」はギリシア語で「すべて」を意味することから、一切の自然を統べる「大いなるパンの神」として崇拝された。プルタルコス*以来「大いなるパンは死せり」は古代の没落を意味する表現として伝承されており、ニーチェは『悲劇の誕生』以前の戯曲『エムペドクレス』草案（1870年末〜71年初頭の遺稿）でもこれに言及している。この草案の直前にある「私は、すべての神々は死すべきものであるという古代ゲルマンの言葉を信ずる」というメモ［遺稿 I.3.170f.］はマクス・ミュラーを読んで記したものらしいが、「ゾロアスターの宗教は、もしダレイオスが屈服させられなかったら、ギリシアを征服していたであろう」という同じ時期の断片は、後年の『ツァラトゥストラ』とのかすかな照応関係を推測させる［I.3.146］。

『悲劇の誕生』に先立って書かれた「ディオニュソス的世界観」と「悲劇的思想の誕生」（1870）は、自然は「個体化*の原理」によって引き裂かれたものを「ディオニュソス的陶酔」のなかでふたたび結びつけるとして、すでに自然との和解*を扱っている。そのような陶酔*をもたらすギリシアのディオニュソス祭の様子を、ニーチェはエウリピデスの『バッコスの信女たち』にもとづいて次のように描いている。一人の使者が「正午の暑熱のなかで畜群を連れて山頂に上って行った。それは見られたことのないものを見るためにはまさに正しい時であり、正しいところであった。いまやパンは眠り、天空は栄光の不動の背景をなし、そして日は輝いている」。そこで使者が目にしたのは、バッコスの信女たちが杖で岩を打つと泉が湧き、地を突くとワインが吹き出し、木々の枝からは甘い蜜がしたたり、指先が地に触れると乳がほとばしるという光景である。「これはまったく魔法に捉えられた世界であり、自然は人間と和解の祭を祝うのである。神話の語るところによれば、アポロ*は引き裂かれたディオニュソス*をふたたびつなぎ合わせたという。これこそ、アポロによって新たに創られ、アジア的分裂から救われたディオニュソスの姿である」というのである［「ディオニュソス的世界観」1］。『悲劇の誕生』における自然との和解、アポロ的なものとディオニュソス的なものの結びつきによる仮象*における陶酔と変容という考えにつながる部分であるが、それがエウリピデスにもとづいて導かれていたということは、ニーチェがエウリピデスを悲劇の衰退を招いた張本人として批判しているだけにいっそう興味深い。

古典文献学*者としてニーチェは古代の牧歌的文学についても知っていたが、そこで描かれた「英雄的・牧歌的風景」を彼が実感として捉えたのは意外に遅かった。1879年のサン・モリッツ滞在に際して、「一昨日の夕方、私は完全にクロード・ロレン*的な恍惚感にひたって、ついに涙を流して長いこと激しく泣いた」。「英雄的・牧歌的なものを私の魂はいま発見した。そして古代の牧歌的なものがいま一挙に私の目の前でヴェールを脱ぎ、明らかになった——いままで私はそれについて何もわかっていなかった」と記している［遺稿 I.8.483f.］。地中海ではなく、オーバーエンガディーンの風光明媚な景観のなかで、ニーチェは彼の「アルカディア」を発見した。「われもまたアルカディアにあり」（Et in Arcadia ego）と題されたアフォリズムでは、明らかにジルス＝マリーア*周辺を想わせる風景のなかで牛を追う「ベルガマスク生まれのような」牧人や「少年のような服装をした」少女を、意図的に古代の伝承を取り入れて描いている。夕刻5時半とされてはいる

が，この「強烈な夕陽に照らされた」牧歌的風景には独特の美の予感が漂う。「すべてが偉大で，静かで明るかった。全体の美は戦慄を覚えさせ，この美の啓示の瞬間を無言で崇拝したくなるほどであった。思わず，それ以上自然なことはないかのように，この純粋で鋭い光の世界（そこには憧れたり，期待したり，前後を見たりするようなものはまったくなかった）のなかにギリシアの英雄たちを置いてみたくなるようだ」[『人間的』II-2.295]。そして，かつてこのように感じ，このような世界に生きた人としてニーチェはエピクロス*の名を挙げるが，別のところではエピクロス的な「古代の午後の幸福」について，「そのような幸福を編み出すことができるのは，不断に苦悩する者のみである。そのような目の幸福を前にして生存の海は凪ぎ，その目はいま海面を，この多彩で繊細で震えおののく海の肌を眺めて飽きることがない。いまだかつてこれほどつつましい欲望は存在しなかった」と述べている[『智恵』45]。

だが，ニーチェがこうした「古代の午後の幸福」に完全に没入することはない。そこには，エピクロスの自足した視線をたどりつつ，それを見つめるもう一つの視線がある。それはさまざまな遠近法*を試みては立ち去る「自由精神*」の視線であり，その自在な転換が『人間的』*以降の思索の特徴をなしている。彼はしばしば「曙光」「午前」「正午」「午後」「黄昏」「夜」といった一日の時間を，特定の気分や精神の階梯を特徴づける比喩*として用いたが，この「自由精神」の知を「午前の哲学」と呼んで[『人間的』I. 638]，この精神は自らの真の課題を「生の正午においてはじめて理解する」としている[同 I 序言 7]。のちの『偶像の黄昏』*でも，「正午，影が最も短くなる瞬間，最も長きにわたった誤謬の終焉，人類の頂点，ツァラトゥストラが始まる」と述べて，「正午」は従来の形而上学*的世界観の誤謬があらわになる時であ

るとしている[『偶像』IV.6]。この認識の時としての「生の正午」を，ニーチェは『漂泊者とその影』の「正午に」というアフォリズムで次のように描いている。「活動的で波乱に富んだ生の朝を与えられた者の魂は，生の正午を迎えて奇妙な平安への渇望に見舞われる」。「森のなかに隠された草地に，彼はパンが眠っているのを見る。自然の万物はパンとともに眠っており，その顔には永遠を示す表情が浮かんでいる——彼にはそう思われる。彼は何も欲せず，何ごとにも煩わされず，彼の心臓は止まり，目だけが活きている，——目を覚ましたままの死である。そのときこの人間はいまだかつて見たことのない多くのものを見るが，彼の見るかぎり，一切は光の網の目に織り込まれ，いわばそのなかに葬られている。そこで彼は自らの幸福を感ずるが，それは重い，重い幸福である」。そして正午が過ぎ去ったあとに，再び活動的な生の夕暮れが訪れる[『人間的』II-2.308]。ここには古代的伝承にもとづいて時間の静止と永遠性を帯びた静けさが描かれているが，同時にそれは一人の個人が「目を覚ましたままの死」という生の中間点における危機を経て新たな認識を獲得し，「重い幸福」に至る転換の時としても描かれている。このようにニーチェのテクストにおいては，古代のイメージと近代の美的経験がたくみに織り合わされており，『悦ばしき智恵』*の「プリンツ・フォーゲルフライの歌」の詩篇でも，牧歌的風景を描きながら，正午における一瞬の美的戦慄をいっそう強調している。「時間も空間も死に絶えた真昼時，／ただお前の眼だけが——すさまじく／おれを凝視する——無限よ！」と謳う「新しき海へ」に続いて，「ジルス゠マリーア」では「すべてが戯れであった。／すべて湖，すべて正午，目標を持たない時間であった。／そのとき突如として，女友よ，一が二となった，／——ツァラトゥストラが私のかたわらを通っていった……」と，ツァラトゥ

ストラの到来が告げられる。『善悪の彼岸』*に付された詩「高き山より」でも、「生の正午！第二の青春！時がきた！」と、ツァラトゥストラの到着が華々しく祝われている。回想と熟慮の時であった生の正午は、ツァラトゥストラの登場とともに、決定的な事件を予告する時へと変化する。

【Ⅲ】『ツァラトゥストラ』における「大いなる正午」 『ツァラトゥストラ』にも古代の伝承を想わせる「正午」の描写がある。第4部で、地上からの俗っぽい訪問者たちにうんざりしたツァラトゥストラは、正午に老木のかたわらで眠り込むが、魂はめざめたまま、彼は夢うつつのうちに自分の魂との対話を交わす。「おお、幸福！ おお、幸福！おまえは歌いたいのか、私の魂よ？ 草のなかに横たわって。だが、いまは牧人もその笛を吹かない、ひそやかでおごそかな時刻だ。／おそれるがいい！ 熱い正午が野にまどろんでいる。歌うな！ 静かに！ 世界は完全だ！」「古代の午後の幸福」への誘惑、牧神の眠る古代的な生の幻影が彼をとらえそうになる。「老いた正午はまどろんでいる。彼は口を動かす。幸福の一滴をまさに飲もうとするのか？──／──至醇の幸福の、至醇の葡萄酒の、古い濃い紫金の一滴を？」「ほんのわずかなものが至高の幸福を生み出すのだ。静かに！／──私はどうなったのだろう？ 聞け！ 時間は飛び去ったのだろうか？ 私は落ちていくのではないか？ 私は落ちたのではないか？ 聞け！──永遠の井戸のなかへ？」だが、このまどろみのなかで心臓が裂けるかのような幸福を味わったツァラトゥストラは、やがて「異様な酩酊」から醒めたかのように起き上がる［Ⅳ-10］。ツァラトゥストラにとって、世界が完全なものとなって時間が静止するという古代の伝承に沿った正午は、「酩酊」のようなまどろみをもたらすものではあっても、もはや「異質」なものとなっており、そのまま反復されうるものではない。パンが眠り、あらゆる生命あるものが活動を止めて休む時である古代の正午が、回帰する時間のなかでくりかえされる出来事であり、本質的には何も新しいことは起こらない自己完結的な世界のなかにあったのに対して、ツァラトゥストラが迎えようとする「大いなる正午」は、そこでまったく新しいことが明らかになる「決定的な時」、「最も豊饒なる解明の時」なのである［遺稿Ⅱ.9.171, 173］。

シュレヒタ*が指摘しているように、このような時間観念は古代の異教的伝統に根ざすものではなく、むしろユダヤ*・キリスト教*的な終末論に近い。レーヴィット*も、ツァラトゥストラの正午は、古代的な生の全体性への還帰よりも預言者や使徒が説く審判の日に似ているとして、「古代人の目で見れば、〈大いなる正午〉は節度*を欠いた冒瀆である」というシュレヒタの言葉に賛同している。それは、「大いなる正午」は「炎の舌」によって告知され［『ツァラトゥストラ』Ⅲ-5.3］、それに先立つ「火の柱」は町を焼き尽くす［同 Ⅲ-7］とか、「いまや昼が、変転が、裁きの剣が、大いなる正午がやってくる。そこで多くのことが明らかになるであろう！」［同 Ⅲ-10.2］などといった黙示録的表現からも明らかである。ただし、このもう一つの「終末」がもたらすのは、キリスト教的価値が支配する歴史の終焉である。すなわち、「大いなる正午」は、キリスト教的な世界解釈がもたらした〈ニヒリズム*〉という困難（Not）を転回させる（wenden）必然的な出来事（Notwendigkeit）であって、しかもその必然性をわれわれは意志しなければならないとされるのである［同 Ⅲ-12.30］。「大いなる正午とは、人間がその道程の中間において動物と超人*との間に立って、夕べに向かう自分の道を自分の最高の希望として祝い讃える時である。それは新しい朝に向かう道でもあるからだ／そのとき、没落する者

は彼方へ超えゆく者として自己を祝福するであろう。そのとき，彼の認識の太陽は彼の真上に，天空の中心にかかっていることであろう。〈すべての神々は死んだ。いまやわれわれは超人が生まれることを願う〉——これを，いつの日か大いなる正午の到来したとき，われわれの最後の意志としよう！——」［同 I-22.3］。ここでは，人間以前の存在への頽落と〈超人〉への上昇*との間の「中間」という危機の瞬間にあって，人間が最高の認識のもとで〈超人〉への道を行くことを決断することが求められている。それによって，「正午」の瞬間は「新しい朝」への移行となり，〈超人〉への決断は〈永遠回帰〉への意志と結びつけられる。「大いなる正午」は，そこでくりかえし回帰するものが現れるがゆえに永遠なのではなく，その瞬間において永続的な決定がなされるがゆえに永遠性を持つのである。

「快癒する者」の章では，「永遠回帰の教師」であるツァラトゥストラの教説を鷲と蛇*が次のように語る。「生成の循環が行われる大いなる年，途方もなく巨大な年がある。それは砂時計にも似て，くりかえし新たにひっくり返されなければならない，それによってまた新たに時が流れ落ち，流れ去るように」。「私はふたたび来る。この太陽，この大地，この鷲，この蛇とともに。——新しい人生やより良い人生，あるいはよく似た人生に戻ってくるのではない。／——私は，永遠にくりかえし，細大もらさず，まったく同一の生に戻ってくる，くりかえし一切の事物の永遠回帰を教えるために，——／——くりかえし大地と人間の大いなる正午について語るために，くりかえし人間に超人を告知するために」［Ⅲ-13.2］。「大いなる正午」は〈永遠回帰〉が人類によって感得される高揚した瞬間である。しかし，すべてが同一のものとして回帰し，卑小で嘔吐をもよおさせるような人間や事物さえもが回帰するというこの思想の恐るべき含意は，戦慄をもたらさざるをえない。それにもかかわらず，この回帰を肯定し，円環を意志させるのは，真夜中という正午と照応する時刻に感得される「悦び」の永遠性への欲望である。「いままさに私の世界は完全になった。真夜中はまた正午なのだ——」「すべての快楽は永遠を欲する」*［同 Ⅳ-19.10］。ところで，円環の頂点において永遠に接する正午というイメージは，ショーペンハウアー*が『意志と表象としての世界』で時間を円環になぞらえ，意志を沈むことのない太陽として描いている箇所を想わせる。「地球は回転して昼から夜となり，個体は死んでいく。しかし，太陽そのものは休むことなく灼熱して永遠の正午に燃え立っている。生きんとする意志*にとって生ほど確実なものはなく，生の形式は終わることを知らない現在である」というのである［第54節］。しかし，ショーペンハウアーの「永遠の正午」が時間に制約されない根源意志の絶対的な現在性を示すものであるのに対して，ニーチェの「大いなる正午」は，この瞬間に〈永遠回帰〉を意志することによって生のあらゆる瞬間に永遠性の刻印を押そうとするものである。それはまた，彼がディオニュソスの名と結びつけて語る生の肯定の定式である。のちに彼は『ツァラトゥストラ』について，「〈ディオニュソス的〉という私の概念はこの作品において最高の行為となった」と述べている［『この人』Ⅸ.6］。

【Ⅳ】 ディオニュソスの到来　　「大いなる正午」との関連で「ディオニュソス」について語られるとき，そこにはいくつかの複合した契機が見いだされる。その一つは，キリスト教と「ディオニュソスの教え」を対置して，終末論を転倒させるかのようにして「ディオニュソスの到来」を待望する歴史哲学的な対立の構図である。『道徳の系譜』*でニーチェは，「われわれを従来の理想から救済すると同様に，この理想から必然的に生じたも

の,すなわち,大いなる嘔吐と虚無への意志とニヒリズムから救済するであろうこの未来の人間,意志をふたたび自由にし,大地にその目標を与え,人間にその希望を取り戻すこの正午と大いなる決定の時の鐘,このアンチクリストにして反ニヒリストである者,この神と虚無との克服者——いつの日か彼は来るにちがいない……」と述べているが[『系譜』Ⅱ.24],この発言は「大いなる正午」における反キリスト教的終末論を,いっそう明瞭に預言者的な口調で表明している。その後はさらに,〈超人〉への決断を強者の生の賛美と結びつけて,人類の訓育と弱者の根絶のうえに「ディオニュソス的状態」の再現を期待する思考も現れる。とはいえ,そうした「地上における生の過剰」の追求が目的とするのは,同じところで「私は悲劇的時代の到来を約束しておく。すなわち,生を肯定する最高の芸術である悲劇が,やがてふたたび誕生するであろう時代である」と言われているように,初期における芸術による生の革新のプログラムがめざしていた悲劇の再生である[『この人』Ⅳ.4]。1885年のある断片でニーチェは,ディオニュソスの教えにしたがって,「自らの内に南方を再発見し」,「南方的な健康と魂の隠れた力をふたたび獲得する」ことによってギリシア的なものを見いだそうとする者は,「新たなる白」に出会うかもしれないと述べている[遺稿 Ⅱ.8.514]。悲劇の再生の企ては,古代の正午や回帰説のたんなる反復ではなく,また終末論の反キリスト教的反転にとどまることもなく,新たな世界が美的に啓示される瞬間としての「大いなる正午」へと転換したと見ることができよう。「大いなる正午」はその瞬間における美的啓示の衝撃や重大な転換に伴う戦慄によって鮮烈なイメージを与えて,その後多くの文学者や芸術家,思想家の心を捉えた。世紀末*に生の躍動を賛美したユーゲントシュティール*を代表する雑誌の一つは『パン』と名づけられ,その創刊号(1895)には『ツァラトゥストラ』の一節が掲載された。やがて20世紀のアヴァンギャルドは突然の衝撃に新たな美を見いだす美学を発展させた。決断の時における戦慄の経験に例外的な美を見いだすユンガー*や,「歴史の正午」に閃くアクチュアルな過去のイメージを探るベンヤミン*において,美的啓示の瞬間への感性はそれぞれに独特の現れ方をしている。ニーチェの「大いなる正午」は,こうした広い意味でのモダニズム*の美的心性に連なるものであった。⇨永遠回帰

(大石紀一郎)

文献 ▷ Karl Schlechta, *Nietzsches großer Mittag*, Frankfurt a. M. 1954. ▷ Karl Löwith, *Nietzsches Philosophie der ewigen Wiederkehr des Gleichen*, Stuttgart ²1956(柴田治三郎訳『ニーチェの哲学』岩波書店, 1960). ▷ 氷上英広「ニーチェにおける『大いなる正午』」『大いなる正午 ニーチェ論考』筑摩書房, 1979.

大いなる政治 [die große Politik]

グロイター版ニーチェ全集は,『アンチクリスト*』の末尾に「キリスト教に反抗する律法」(以下「律法」)という七つの命題からなる異様な文章を収め,『この人を見よ*』の目次には,旧来の版とは異なり,最後の二章として「宣戦布告」「ハンマーは語る」のタイトルを載せている(ただしこちらはタイトルだけで本文はない)。テクスト・クリティーク上の問題をおいて言えば,「律法」と「宣戦布告」は,ニーチェの他の遺稿から推して,おそらく最晩年の「大いなる政治」に間接・直接に関連したものである。ニーチェが書き残した断想のおそらく最後を飾ったというべきか,ほとんど狂気に接した,あるいはすでに狂気に陥ったニーチェの,まことに面妖な言説が大いなる政治の名で書き散らされた。

大いなる政治はもともとビスマルク*の用語だともいう。『善悪の彼岸*』にビスマルクの政治を指す意味でこの言葉を用いた例があ

る[241, 254]。また『悦ばしき智恵』*第5書にも，当時のヨーロッパの小国分立状態を「小さな政治」の時代と呼び，「次の世紀はきっと，地上支配のための戦いを，——大いなる政治への強制を，もたらすだろう」と唱える一節があり，ニーチェの大いなる政治のイメージの一面が開陳されている[『智恵』377]。『善悪』251番では，ロシアの脅威が増大しつつある今，ヨーロッパは小国分立状態を脱して「ヨーロッパを支配するある新しい階級」の手で統一された独自の意志を形成し，はるかな見通しのもとにロシアに匹敵するだけの力を育むべきだ，というのがそこでの主旨である。大いなる政治においては，新たな体制の創造が，強力な敵を前にして図られるのである。『偶像の黄昏』*では「新たな創造，たとえば新しい国などにあたっては，味方以上に敵が要る。敵対することにおいてこそ初めてそれは自己を必然のものと感じる」と大いなる政治の特徴を描写している[Ⅴ.3]。

しかし大いなる政治がニーチェの思想と深く交わるかたちで口にされたのは，『この人』の一節だろう。ニーチェの言うあらゆる価値の転換*は，ニーチェが唱えた「真理が数千年にわたる虚偽との戦闘状態に突入する」ことを意味している。「そうなると政治なとという概念は，すっかり亡霊どもの戦いとなってしまうであろうし，古い社会の権力組織は，ことごとく空中に飛散してしまうであろう」。かくして「いまだかつて地上に存在しなかったような戦争が起こるだろう。私が出現してようやくにして，地上に大いなる政治が行われるようになるのである」[『この人』XIV.1]。この大いなる政治をめぐる戦いは，人種*，民族*，階級のあいだで繰り広げられるべきものではない。それは生*の「上昇と下降，生への意志と生に刃向かう復讐心」との戦いにほかならない。「大いなる政治を行うための十分強い，生の党派をつくること。大

いなる政治は，生理学*をあらゆる他の問題に君臨する女王とする」[遺稿 Ⅱ.12.169]。こうした発言のどこかに狂気の匂いを嗅ぎ取ったとしてもあながち錯覚だとはいえまい。だがニーチェの思想として，それなりに一貫性があることもたしかである。大いなる政治が狂気じみていたのは，むしろニーチェがこうした思想を現実の政治・政策に短絡させてしまったところにある。

ニーチェが大いなる政治をめぐる戦争*で敵としてテロの対象にあげているのが，まず第一にキリスト教*である。「律法」には，キリスト教なる「悪徳に対し決戦を挑む」旨が，七つの命題のかたちで記されている。僧侶（司祭*）は刑務所送りにすること，同じキリスト教徒でもカトリックよりはプロテスタントを，同じプロテスタントでも信心深い者よりも自由寛大な者に辛くあたること，性生活にかんする侮蔑はすべて生にたいする罪であること，僧侶と食卓を共にするものは追放すべきこと，「神」「救世主」「聖者」なる語は犯罪者用の記章マークとすべきことなど——読みようによってはまことに愉快なブラックユーモアである。もう一方の敵の名に挙げられているのは，ドイツ帝国を支配するホーエンツォレルン家，ことにビスマルクとヴィルヘルム2世である。すでに狂気の兆候を来し始めていたとみるべきか，ニーチェは両人に宛てて「宣戦布告」と題した書状を発送するつもりでいたともいう[ストリンドベリ宛1888.12.8]。ニーチェのほとんど最後ともいえる断簡にはこう記されている。「なんじホーエンツォレルンをほろぼすことによって，私は虚偽をほろぼす」[遺稿 Ⅱ.12.181]。「聖職者の制度」と「土室の制度」こそ「二つの呪うべき機構」である[同 Ⅱ.12.178]。こうした二つの敵をせん滅するには，強力な味方の陣営を組まなければならない。1888年12月頃の文書には，ユダヤ人の大資本と将校たちとの同盟の必要を論じた紙片が見受けられ

る。「本来の同盟者は誰かと問うならば，それは何よりも将校である。身体の中に軍隊的な本能を宿している者は，キリスト教徒にはなれない……。同様にユダヤ系の銀行家は，その起源からしても本能からしても，諸民族を結びつける……唯一の国際的な勢力として，私の本来的な同盟者」である。「両者をあわせたものは力への意志*を代表する」[同Ⅱ.12.175]。

これがどの程度，ニーチェの本意であったのか，今では知るよしもない。だがあらゆる価値の転換をめぐる戦いがすぐにも現実の戦争と直結するかのような語り口は，どうみても尋常ではない。ニーチェの言説には，文字通りにとるより，ある種，メタファーと解した方がよい場合が多い。しかし彼の言説が，認識のための生をめざすがゆえに，メタファーと現実を媒介し区別する上で，どこか転倒した方法に拠らざるをえなかったことも十分考えうる。尋常でないとはいっても狂気の所為とばかりは言えない。→ビスマルク，『アンチクリスト』
(木前利秋)

大いなる理性 [die große Vernunft]

ニーチェの身体論を凝縮的に表現するキーワード。『ツァラトゥストラ』*第1部の「身体の軽蔑者たち」の章で，彼はツァラトゥストラにこう言わせている。「身体*はひとつの大いなる理性である。一つの意味をもつ多様体であり，戦争と平和であり，畜群*と牧人である。私の兄弟よ，君が〈精神〉と呼ぶ君の小さな理性も君の身体の道具にほかならない。君の大いなる理性の小さな道具ないし玩具にほかならない。〈自我（Ich）〉と君は言い，この言葉を誇りにしている。しかしもっと大きなものは，君が信じようとしないもの──すなわち君の身体とその大いなる理性である。……感覚と精神とは道具ないし玩具なのだ。それらの背後には，さらに自己（Selbst）が横たわっている」。ここから，「身体＝大いなる理性＝自己」，そして「精神＝小さな理性＝自我」という，価値評価を含んだ図式が見て取れる。自己とは何かという問題について，西洋の思想史的伝統は，プラトン*からキリスト教*を経てデカルト*以降の近代哲学に至るまで，身体よりも精神に優位を与えてきたが，ニーチェはこれを逆転させて，身体こそが包括者的自己であり，精神は身体のはたらきの一部にすぎないと言ったのである。人間の身体は細胞，神経，脳，筋肉，骨などの多種多様な生命単位から成る統合体であり，ひとりの人間が生きて行動するためには，それら無数の生命単位相互の命令，反抗，闘争，合意を経た迅速な協調がなければならない。近代人の誇る意識主観としての自我さえも，その根源を問うならば，無数の生命単位の個別の意識──個別の力への意志*と言い換えてもよい──から抽象され総合されたものと言うほかはないが，この抽象や総合を行うものは当の自我ではなく，まさに身体としての自己なのである。そのように精妙複雑なはたらきをする身体は「大いなる理性」の名に値するのであり，こうしたニーチェの身体観は，フロイト*の精神分析から現代思想にまで広汎な影響を及ぼしている。→身体
(清水本裕)

大杉 栄 [おおすぎ・さかえ 1885-1923]

明治末から大正期にかけて活発に言論活動を展開した無政府主義者で，関東大震災の直後，憲兵隊の甘粕大尉によって虐殺されたことはよく知られているが，ニーチェと自らの美的革命の思想を結びつけた点でも，日本における受容*において異彩を放つ存在であった。「ニーチェはもとより社会主義者じゃない。けれども社会主義者は，さほどにニーチェに反対するものじゃない」と述べる大杉は，大正2年から3年にかけて自らが編集する雑誌『近代思想』でたびたびニーチェに言及している。たとえば，当時しばしば論じら

れた「自我」の問題について、「自我は自由に思索し自由に行動する、ニーチェの言えるがごとく、彼岸に向かう渇望の矢である」と、ニーチェが超人*を形容した表現を用いている。そして、「今日のごとき、ほとんどあらゆる社会的制度が、自我の圧迫と破壊とに勉むる場合において、自我の向うところは、これらの社会的制度に対する叛逆に外はない」のであり、アナーキストとサンジカリストこそ「生活意志と権力意志とのもっとも強力なる、少数者である。最も多く過去を解脱した新人である」と主張する。しかも、そのような社会に対する闘争そのものに彼は最高の美的価値を認め、社会革命を「実行の芸術」として捉えていた。「生の最高潮に上りつめた瞬間のわれわれは価値の創造者である、一種の超人である。ぼくはこの超人の気持ちが味わいたいのだ」という大杉なりの美的行動主義のヒロイズムはしかし、やがて「孤立した個人は無力である」、「新しき歴史的生活の可能を有する労働階級の群衆と結びつかなくてはならぬ。英雄*と凡人との間に深淵を穿ったニーチェの超人は、愚かにも自らの敗滅のために働くものである」という「社会的個人主義」の主張へと移行していく。たしかに、大杉のこのような思想的発展は、「翻訳社会主義者」という自己批評からも見てとれるように、多分に外国の文献の影響(たとえばジョルジュ・パラントのニーチェ論)にもとづいていた。しかし、ちょうどこの時期に個人主義からの脱却を求めて和辻哲郎*や阿部次郎*が観照的な内省に耽ったのに対し、そのような内省によって「自己の完成」だとか「生命の充実」だとかを図るのはごまかしであり、一時逃れにほかならぬと喝破して、あくまで政治的・社会的抑圧への反抗を主張し、ニーチェをそのための刺戟剤とした大杉の受容は、きわめてユニークかつ尖鋭なものであった。→日本における受容

(大石紀一郎)

贈り与える徳 [schenkende Tugend]

「徳」と訳される Tugend は、人々の模範となる倫理的心性を意味する。したがって「贈り与える徳」とは、字義のうえでは〈自己の所有物を他者に贈り与えようとする模範的心性〉であるということになる。けれどもニーチェのこの概念は、キリスト教道徳的利他主義とは大きく異なっている。

「贈り与える徳」は『ツァラトゥストラ』*第1部最終章の表題でもあり、この章でツァラトゥストラは、彼が滞在した町とそこで得た弟子たちに別れを告げるにあたり最後の説教をする。彼はまず、「どうして黄金は最高の価値を持つようになったのか」と問いかける。そして、黄金は稀有であり、非実用的であり、柔和な光を放つという三つの点で、最高の徳である「贈り与える徳」の似姿になっているがゆえに、最高の価値を持つに至ったのだと説明する。柔和な光を放つというのは、贈り与える者のまなざしの形容であるとともに、その者の存在が人々に与える印象の形容でもあろう。

それでは、この贈り与える徳が最高の徳であるというのはなぜなのか。ツァラトゥストラはその根拠をすぐには示さず、あたかもそれは自明であるかのごとくに話を進める。贈り与える徳を志す者は、その徳を実践するために、あらゆる富や宝を獲得しようと努め、いっさいの価値を強奪する者とならねばならない、と彼は言う。そして、そうした〈健康で神聖な我欲〉と対比して、〈あまりにも貧しい、飢えた、いつも盗もうとする我欲〉のことが、次のように語られる。「そうした欲望のうちにひそむものは病気であり、目に見えぬ退化である。この我欲の盗人めいた貪欲さは、身体が病み衰えている証拠なのだ。言うがよい、私の兄弟たちよ、私たちにとって劣悪なこと、最も劣悪なことは何か。それは退化ではないか。——そして贈り与える心が欠けているのを見ると、私たちはいつもそこ

に退化があると推測する。私たちの道は上昇する。種から超種へとのぼって行く。〈何もかも自分のため〉と語る退化の心境こそ,私たちには恐怖である」。このあたりでようやく,贈り与える徳と超人*思想とのつながりが理解されるであろう。すなわち贈り与える徳とその前提となる我欲は,超人産出に向けて人類全体の力を高めるという最高の課題に資するがゆえに,〈最高の徳〉と呼ばれ〈健康で神聖な我欲〉と呼ばれるのに対して,単なる利己主義的な我欲は,人類の富や宝をおのれ一人のもとに停滞させることによってあの課題に逆行するがゆえに,〈病める我欲〉と呼ばれるのである。

ところで,贈り与える徳の体現者は,具体的にはどのようなものを贈り与えるのであろうか。ツァラトゥストラの口吻から判断するかぎり,贈り与えられる物は金銭や財貨ではなく知恵や思想や助力などのようであるが,実はそればかりではない。彼はこんなことも言っている。「君たちが称賛や非難に超然とした高みに到り,君たちの意志が愛する者の意志として万物に命令しようと欲するとき,そこにこそ君たちの徳の根源がある。……この新しい徳は力のだ。支配する思想なのだ」。すなわち贈り与えられる物には,命令や支配も含まれるのである。このことは第3部「三つの悪」における次の回想からも確認することができる。「支配欲。だが,高みにある者が下に向かって力の行使を渇望するとき,誰がそれを欲と呼ぶことができよう。……孤独な高みがいつまでも孤独のままで自己満足してはいられないという思い。山が谷へ,高みの風が低地へおりようとする気持。——おお,誰がこうした憧れを言い表す正しい名称を,徳としての名称を見いだすことができよう! 〈贈り与える徳〉——かつてツァラトゥストラはこの名づけがたいものをそう名づけた」。

以上のように,贈り与える徳は,力の過剰と生の充実から発する〈自分の力を他者に贈り与えずにはいられない心性〉,〈自分の力を他者に及ぼさずにはいられない心性〉であると言える。それは黄金とならんで太陽の隠喩でも表現される。「序説」の冒頭でツァラトゥストラが太陽に向かって語りかける言葉を想起するならば,彼の説教活動そのものが,彼自身の贈り与える徳から発していることが納得されるであろう。その意味でこの徳についての説教は,彼の自己肯定にほかならない。ただ,ツァラトゥストラは第2部の「夜の歌」で,自分が贈り与えることしか知らない光のごとき存在であることを嘆き,光を受け取る夜のごとき存在への憧憬を吐露している。贈り与える者と受け取る者の間に必ずしも心の触れ合いがないこと,つねに与える者は受け取る者の羞恥に鈍感になりやすいこと,さらに贈り与える者同士の間にも交流がなくそれぞれに孤独であること等々が,嘆き歌われる。そうした自己批判,自己嫌悪,自己否定の心情も併記されている点が,『ツァラトゥストラ』という哲学書の特異さであり魅力であると言えよう。→『ツァラトゥストラはこう語った』,超人

(清水本裕)

おしまいの人間 [der letzte Mensch; die letzten Menschen]

「おしまいの人間」は,『ツァラトゥストラ*』の序説で「最低の軽蔑すべき者」といわれる人間類型。超人*の対極におかれ,「末人」などとも訳される。

ニーチェの毒のきいた比喩や造語には,日々の惰性に安穏として暮らす市民や教養人などの人間類型を揶揄的に形容したさまざまな表現がある。教養俗物*,畜群*などがそれで,「おしまいの人間」もその一つ。生*が創造的な活力を失い,「人間がもはやそのあこがれの矢を,人間を超えて放つことがなくなり,その弓の弦が鳴るのを忘れる時」,「人間がもはやなんらの星を産むことができなくな

る時」、すなわち世も末、もう世もおしまいに近づいた時に、登場してくる人間どもである。『ツァラトゥストラ』では、神の死と超人の到来が最初に告げられる脈絡で出てくる。

山奥での10年、知恵を愛し孤独*を楽しんだのち、ツァラトゥストラは、溢れるばかりの知恵を人間に贈り与えるため、山を下りる。森のなかで神の死*を知らない翁に遭遇した後、最初の町にはいり、ツァラトゥストラは、民衆*に向かって、超人を説き、愛すべきものについて語る。ツァラトゥストラが「おしまいの人間」について語りだすのは、超人や愛すべきものに関する彼の教説を民衆は理解できないと悟ったときである。

ツァラトゥストラは、「おしまいの人間」を大要、次のように描いている――「おしまいの人間」どもは、厄介な土地を嫌い、温暖な気候、温和な隣人愛*を好む。健康に気を配り、不信を抱かず、摩擦を避けて用心深く暮らす。酒・たばこを少々たしなむ。からだにさわらぬ程度に仕事をする。貧しさも豊かさも望まない。わずらわしいことは避けて、人々を統治しようとも、他人に服従しようとも思わない。ときに喧嘩するが、じきに和解する。「だれもが平等であり、また平等であることを望んでいる。それに同感できない者は、みずからすすんで精神病院にはいる」。「〈われわれは幸福をつくりだした〉――〈おしまいの人間〉たちはこう言い、まばたきする」[『ツァラトゥストラ』序説5]。

「われわれをこのおしまいの人間にしてくれ！ そうすれば超人はあなたのもの」。ツァラトゥストラの教説は、この民衆の歓呼にさえぎられた。以後、ツァラトゥストラは、民衆つまり「おしまいの人間」に語りかけることをやめ、彼の言を聞くだけの耳をもった、もっと「ましな人間*」を選び求める。

ニーチェが「おしまいの人間」でツァラトゥストラに語らせたものは、近代物質文明の爛熟とともに現れた大衆像である。それは生の衰退・柔弱化の傾向とともに社会を跋扈し支配する劣悪な多数者たちの像でもある。それを「最も軽蔑すべき者」と断じる姿勢には、大衆蔑視とエリートの思想が見てとれる。しかしそれはまた、後の多くの思想家たちに、近代人のあり方を歴史的に相対化していく上で、有力な視点を提供することとなった。たとえば、マクス・ウェーバー*は、著名な『プロテスタンティズムの倫理と資本主義の〈精神〉』の末尾近くに、この「おしまいの人間」を登場させている。「非有機的・機械的生産の技術的・経済的条件に結びつけられた近代的経済秩序」という「鋼鉄の檻」のなかに、将来いったい誰が住むのか、「そして、この巨大な発展が終わるとき、まったく新しい預言者たちが現れるのか、あるいはかつての思想や理想の力強い復活が起こるのか、それとも、――そのどちらでもなくて――一種の異常な尊大さで粉飾された機械的化石と化することになるのか、まだ誰も分からない。しかしその場合、こうした文化発展の最後に現れる〈おしまいの人間たち〉にとっては、次の言葉が真理となるのではなかろうか。〈精神のない専門人、心情のない享楽人、この無のものは、人間性のかつて達したことのない段階にまですでに登りつめた、と自惚れるだろう〉と」。→『ツァラトゥストラはこう語った』、超人、ましな人間、ウェーバー[2]

(木前利秋)

オットー　[Walter F. Otto 1874-1958]

今世紀ドイツの代表的な古典文献学者。ニーチェの師であったウーゼナー*の講筵にも列したことがある。20年代はフランクフルト大学にあって、カール・ラインハルト*と親交を結ぶ。かつてゲーテ*の深い影響下に立っていた古典文献学*が抹消的な事実の究明に堕落したことを批判し、ニーチェを通じてその再生をはかろうとした。『悲劇の誕生』*

が書かれた頃、ドイツの学者たちがオリュムピアで発掘したアポロ*像が、ベルヴェデーレのアポロ像と異なって、ディオニュソス*の兄弟とも思える姿をしていたことを強調する。ギリシア人の自由の理想は、神話の神々が生きた現実であることに由来している。神々が本当に直観された姿であったためであり、原始神話の再編成によってプリミティヴな文化が芸術的文化になったと論じる。一時期ワイマール*のニーチェ・アルヒーフで歴史的・批判的全集の編集作業に従事し、遺稿の編集に厳密な文献学の必要性を強調したが、戦争のために実現しなかった。ただし、33年以降の〈危機〉の時代になると、ヘルダーリン*やニーチェの名を引きつつ、強権の時代に見かけは反権力の、しかし所詮はドイツ的な文化主義的救済を説いた。グラッシなどとの協力は問題である。戦争で蔵書をいっさい失った後、ダルムシュタットの図書購入クラブである学術図書協会を創設したことで有名。教養主義とリベラリズムと戦犯の文化主義と具体的有能さのきわめてドイツ的な共存がめだつ。→古典文献学、ラインハルト

(三島憲一)

オルテガ [José Ortega y Gasset 1883-1955]

マドリード生まれの哲学者。ドイツ留学中、新カント派*の影響下で哲学の研究をつづける。他に、ジンメル*、ヴントらに師事、またディルタイ*から受けた影響は大きい。かなり早い時期（1910年代）に執筆活動を開始したためか、ウナムーノなど一世代前のいわゆる「98年の世代」（1898年の米西戦争敗北をきっかけに、スペイン再建をめざしたナショナリスティックな文学運動）と問題意識を共有するといわれる。

オルテガが独自の哲学的立場を明らかにしたのは『ドン・キホーテをめぐる省察』が最初で、「私とは私と私の環境である」という命題は、それを一言で要約したもの。私を一個のものとみる実在論と、いっさいのものを私のうちに取り込もうとする観念論の双方を超えて、「私」と「私の環境」との共存を唱えたのがこの命題である。命題には「私」という語が三度出てくるが、最初の「私」は後二者の「私」を包括する位置をしめる。オルテガにとって真に実在するのは、この最初の「私」とその生だけである。とすれば環境の中にあるものは、この「私」とその生のパースペクティヴにおいて存在することになる。しかしオルテガは、「私」のパースペクティヴの複数性を認めながらも、複数のパースペクティヴを規定し、真正のパースペクティヴに開かれた「生の理性」なるものを要請している。ニーチェとの違いが出るのはここである。「生の理性」はニーチェの「大いなる理性*」を思わせもするがむしろディルタイの「歴史的理性」に近い。

オルテガとニーチェとの類似を指摘することは不可能ではない。だがそれは同時に両者の違いを際立たせることになる。文明批評家としてのオルテガの名を世界に知らしめることとなった『大衆の反逆』もそうである。オルテガによればどの社会にもエリートと大衆というものが存在する。しかし現代の「大衆人」は上級の規範と国家や文明の所産を尊重しない点で、これまでの大衆と異なる。大衆人の存在に現代の退廃現象をみるオルテガの見解は、たしかにニーチェの大衆批判に通じている。しかし彼はその現状を打開する方途として国民国家の基盤たるネーションの活性化を謳うが、この視点はニーチェにはない。

(木前利秋)

女

女性については、母、妻、娘、妹、少女から処女、娼婦、女家庭教師まで、その多様な類型への言及がほとんどの著作にまき散らされているが、女性的なるもの一般が問題にされるのは、〈真理*〉という問題との関連で、

非真理として、つまり真なるものと真でないものとの区別を宙づりにするような比喩形象としてである。『善悪の彼岸』*の冒頭にあるように、もし真理が女であるとするならば*、哲学者というのはこれを手なずけるのにもっとも拙劣な人種であったという、そういう哲学批判の文脈で「女」という比喩形象が頻繁に引照されるのである。「女は真理を欲しない。女にとって真理など問題ではない！　女にとっては、はじめから真理ほど疎ましい、厭わしい、憎らしいものは一つとしてない。——女の最大の技巧は嘘をつくことであり、その至上の関心事は見せかけと美である。……彼女らの手ぶりや、眼差しや、そのやさしい愚かしさに接していると、われわれの真剣さ、われわれの重々しさ、深さが、まるで一個の愚鈍そのもののように思えてくる」[『善悪』232]。ニーチェにおいて、女性は、遠ざかりつつ誘惑するものとして「距離をおいた働き」(遠隔作用 actio in distans)であり、「ヴェール」ないしは「被い」の戯れのようなものとして表象されている。そういう「見かけ」の次元で、女性的なるものが、隠蔽・韜晦・技巧・粉飾・擬装・仮面・嘘として自らをくり広げるというのである。ニーチェは「女性」に託して、真理の歴史を誤謬の歴史として描きだすのであるが、他方、もし真理というものが、隔てるという働き (Entfernung)のなかではじめて開示されるものであるとすれば、女性はまさにその存在において自分自身から遠ざかるものであるがゆえに、女性そのものの真理などというものは存在しないとされる。→セクシュアリティ、「真理が女性であると仮定すれば……」、女性と結婚、「女の所へ行くときは、鞭を忘れるな」、仮面と戯れ　　　　　　　　　　　　　　(鷲田清一)

文献　▷ Jacques Derrida, *ÉPERONS: Les styles de Nietzsche*, 1978 (白井健三郎訳『尖筆とエクリチュール』朝日出版社、1979)

「女の所へ行くときは、鞭を忘れるな」

[„Du gehst zu Frauen? Vergiß die Peitsche nicht!"]

　女*について長々と語るツァラトゥストラに老婆は小さな真理としてこう語る[『ツァラトゥストラ』Ⅰ-18]。鞭といってすぐ思い出すのは、1882年、ルツェルンで撮られた有名な写真である。荷車の上にひざまずいたルー・ザロメ*が棒に紐を垂らした鞭をもち、その前に腕を縄で縛られたニーチェと恋敵のパウル・レー*。ニーチェにはさまざまな女性蔑視の発言があるが、ルーに対する夢が敗れて後に吐かれたこの残忍な警句は、ひょっとして、あの写真が示しているように、女から打たれたいというマゾヒズム的な願望の裏返しなのかもしれない。後年のメモ「真理*——／それは女だ。……／恥じらいの中に悪知恵を秘めている。……／女が譲るのは何にか？　暴力にだけだ！／　だから暴力が要る。／手荒に行け……／あの恥らう真理に／無理強いしなければならぬ……／彼女の喜びのために／強要が要るのだ——／——真理は女だ……」[遺稿 Ⅱ.12.65]にも、屈折した感情が読み取れる。→女　　　　　(山本 尤)

懐疑

ニーチェの文章には反語めいた疑問文が多い。不断に何事かを疑い自問してやまなかったニーチェの懐疑癖が、そうした文体によくあらわれている。初期の『反時代的考察』*は、タイトルがすでに時代にたいする懐疑のポーズそのものである。中期になると「ラ・ロシュフコー*流の鋭敏な懐疑」[『曙光』103] が、その心理学*的考察に大きな影を落としている。後期の『アンチクリスト』*には「偉大な精神とは懐疑家のことである。……強さというもの、精神の力、精神のあり余る力からくる自由は、懐疑によって証明される」[54] と懐疑を謳い上げた一節が眼を引く。あらゆる価値の転換*を図るニーチェの思索の特性は、知的誠実*性とともに徹底した懐疑を貫こうとする姿勢に現れている。「従来、……いわゆる道徳の価値を吟味したものはまだ一人もいない。そのためには何よりもまず──疑問視するということが必要だ」[『智恵』345]。『ツァラトゥストラ』*には、ツァラトゥストラの影なるものが登場するが、これは懐疑のメタファーである。『人間的』* Ⅱ-2 のプロローグとエピローグとしておかれた漂泊者と影*の対話は、その前駆とでもいうべきか。ニーチェの省察と文体に懐疑は影のごとくつきまとって離れない。

とはいってもニーチェが懐疑と名のつくものならなべて歓迎したかと言えばそうではない。『人間的』* Ⅱ-1 には、「知性を極度に洗練させることによって知性の諸成果に対する倦厭感を生み出そうと努め」「われわれの生存にかんする観念を暗いものにしてしまう」反啓蒙主義者の懐疑を皮肉った一節があるが [27]、これは、中期のニーチェが負っていた「ラ・ロシュフコー流の鋭敏な懐疑」とは正反対のものだろう。懐疑はたんなる否定ではない。むしろそれは精神の明るみのなかで肯定することをも学ぶものでなければならない。「君はまさに懐疑家たることをやめたのだ！ なぜなら君は否定するから！……それによってぼくは同時に再び肯定することを学んだのだ」[『曙光』477]。

また『善悪の彼岸』*には二つの懐疑を区別した節がある。一つは「意志不随症」から出た懐疑、「神経衰弱とか虚弱とよばれる……生理状態の……精神的な表現」ともみることのできる懐疑である。それはきっぱり決めることに躊躇し、複数の価値や尺度を前にどれを採用してよいか不安で戸惑っている。決断し命ずる意志が退化しているのである。「彼らは決意にこめられた独立心、意欲にやどる勇ましい快感を、もはやまったく知らず、──彼らはその夢のなかですらもなお、〈意志の自由*〉を疑っている」[『善悪』208]。この優柔不断な懐疑に対し、ニーチェは「もっと別のより強い」「男性的懐疑」について語っている。「この懐疑は軽蔑するが、にもかかわらず独占する。それは相手を蝕んで手に入れる。それは信じることをしないが、しかしそれによって自分を失うこともしない。それは精神に危険な自由を与えるが、しかし心は厳しく保っている」。「剛胆な眼差し」「果敢で厳格な解剖の手なみや、危険な探検旅行への、荒涼とした危険な天空のもとでの北極探検への意志」[同 209]──そのような男性的な意志が生み出した懐疑である。

「ついには懐疑そのものに懐疑が向けられる。懐疑に対する懐疑」[Ⅱ.9.22]──ニーチェは80年代の遺稿でこう書き残していたが、その懐疑精神の輪郭を浮彫りにするのに、自らとは違った懐疑から距離をとろうとした姿勢がよく現れている。そこは「誠実さ

の正当性と範囲に関する問いが現れる」ところでもある。たとえば『善悪』にはデカルト*的懐疑を批判した次のようなくだりがある。「形而上学者たちの根本信仰は対立しあう諸価値への信仰なのだ。疑うということがどうしてもいちばん必要だったこの敷居のところでまず疑ってみるということが、彼らのうちのもっとも用心深い者たちにすら思い浮かばなかった……彼らはたがいに〈すべてについて疑う〉ことをほめちぎっていたにもかかわらず」[2]。若きニーチェは「我思う故に我あり」というデカルトの言葉に「我生きる故に我思う」という「生の衛生学」を対置したことがあったが[『反時代的』Ⅱ.10]、ここでのニーチェは、むしろデカルト流の方法的懐疑が、懐疑を徹底しなかった点を難じている。それは、疑うべきところで疑うことをせず、諸価値というものは対立する二つのものに別れるものだという信仰に陥ってしまった。懐疑の手前に信仰を置いたというのである。

信仰というものは懐疑の対極にある。懐疑家が信仰に身をゆだねたとは、おのが誠実性を欺いたに等しい。ニーチェは、信仰をもちたがる者には「確実性への願望」があり、それは「弱さの本能」の徴であると見ていた[『智恵』347]。信仰といってもひとりキリスト教*信仰のみではない。愛国心も、実証主義*も、はては「無信仰への信仰」も何か確実なものの存在を願う点で変わりはない。それは意志が「命令の情熱として、自主性と力」を持つことを忘れている。むしろ「精神が、その……可能性の上に身を支え、深淵*に臨んでなお舞踏するという力を得て、すべての信仰、あらゆる確実性への願望に別れをつげるという自由」こそ、精神の自由闊達な舞踏であり、ニーチェにとっての懐疑精神だったろう。「私は次のような応答を許すすべての懐疑を讃える——〈では、ためしてみよう。〉私は実験*を許さないすべての事物……について

は、もはや何も聞きたくない」[同 51]。懐疑はこうした実験的な思考に結びついてこそその力を発揮できるのである。

もっともニーチェは、信仰ないし信念と懐疑の対立だけを言うわけではない。『アンチクリスト』には、懐疑家という存在の根拠と威力を「大いなる情熱」に求めて、この大いなる情熱は、必要とあらば信念のたぐいでも手段として使用すると語っている[54]。とはいえニーチェの求めた懐疑が、精神の自由、知的誠実*性、強い意志、実験と探検の精神など、彼の思想の特徴を表したものであることに変わりはない。

(木前利秋)

解釈学 [Hermeneutik]

ニーチェと解釈学との関係は思ったほど単純ではない。今日、何がしかのかたちで解釈学を標榜するものにとって、ニーチェの問題意識や考えのある部分は、継承すべきものの一つとみなされている。しかしアンチ解釈学を唱えるものにとっても、ニーチェは反論の有力な手がかりと見込まれている。一見しただけでは、ニーチェの思想には、解釈学に通じる面と解釈学に異を唱える面が、混在していたといえるかもしれない。

たしかにニーチェには、解釈学とその伝統を想起させるような文言が散見される。古典文献学徒として出発したニーチェが、テクスト解釈にたいする何らかの意見を抱くにいたったことはごく自然なことだろう。そしてそれが解釈学の伝統となにがしか通じる面があったことも十分、予想できよう。たとえば『生に対する歴史の利と害』には次のような一節がある——「ただ現在の最高の力をもってしてのみ君たちには過ぎ去ったものを解釈することが許されるのだ。……まさに、等しきものは等しきものによって知られるのだ！さもなければ君たちは過ぎ去ったものを君たちの次元まで引き下ろすだけだ」[『反時代的』Ⅱ.6]。等しいものは等しいものによって知ら

れるとは，たんに作者と解釈者とが同等性を有するのではなく，解釈者の資質がテクストの質と同じ高みにまで達することを意味する。ここには，テクストの解釈者はすぐれた読者でなければならず，すぐれた読者であるとは彼がテクストの作家と同質でなければならないとする考え，たとえば E・シュタイガーの〈作品内在的解釈〉の立場などにつながる考えがないではない。あるいはもっと広く〈感情移入〉論などに通じる面もないではない。しかしニーチェの，理解や解釈，遠近法*などにかんするその後のさまざまな発言は，ニーチェを解釈学に近づける以上に，遠ざけてもいる。

今日の哲学的解釈学がニーチェから継承したものを挙げるとするなら，歴史主義批判のモティーフを見過ごすことはできない。ガーダマー*における先入見（Vorurteil）や地平（Horizont）の概念も，この批判意識ぬきに考えられない。「歴史主義*にたいするニーチェの非難を思い起こしてみるがよい。文化が唯一生きることのできる地平，神話に囲まれた地平を，歴史主義は解消してしまうのだ，と言ってニーチェは非難している」[『真理と方法』]。地平という言葉そのものは，フッサール由来のものだが，ガーダマーはこの言葉について，「ニーチェとフッサール以来の哲学の用語法では，思惟が自己の有限な規定性に拘束されていることや，視界が一定の規則をもって広がっていることを特徴づける」ために用いられたものだと指摘している。個々人のさまざまな判断・理解・解釈をあらかじめ規定する先入見の働きによってこの地平が形成される。ニーチェが地平という言葉を頻用した様子はないが，『反時代的考察』*第2篇にガーダマーの定義と合致した用法がみられ[『反時代的』Ⅱ.1]，『悦ばしき智恵』*には，「地平」と「遠近法」なる語を並べた印象深い次の一節がある——「多神教には人間の自由精神的・多数精神的なやり方がめざされていた。自己自身のために，新しい独自の眼を創造する力，しかもくりかえし新しく，より独自な眼を創造するところの力が——。したがって，あらゆる動物のなかで人間にとってだけは，永遠の地平や遠近法といったものは存在しない」[『智恵』143]。地平にかんするガーダマーの規定の仕方は，たしかにニーチェのパースペクティヴ（遠近法）にかんする考えに通じる面がある。ハイデガー*も，ニーチェが両者の相違および連関を明示していない点を難じながら「地平と遠近法とは必然的に相互に付属し交錯しあうものであり，一方が他方に代わりうる態のもの」[『ニーチェ』]であると指摘していた。

パースペクティヴなる言葉は，人間の認識が特定の視点に制約され，一定の角度からしかものごとを見ることはできないという特性を表すために用いられた言葉である。「地平とはある一点から見ることのできるものすべてを包括・包囲する視界」だというガーダマーの定義からみても，パースペクティヴの思想が現象学*や解釈学における「地平」の思想の先駆をなしていることは確からしい。だがこの遠近法＝地平というニーチェとガーダマーの接点は，どちらかといえば両者を結びつけるよりも離反させる契機になっている。

「理解はたんに再現をこととする行為ではなく，つねに創造的な行動である。理解の含まれているこの創造的な契機を表現するのに，よりよい理解を口にするのは，おそらく正しくない。……およそ理解するとは，別の仕方で理解することだ」[『真理と方法』]。ガーダマーは，このように解釈者による理解の多様性，創造性を原則として認めている。こうした見解だけをみるならば，ニーチェの次のような考えと似ていないことはない。「同一のテクストは無数の解釈を許す。〈正しい〉解釈は存在しない」[遺稿 Ⅱ.9.54]。「〈認識*〉という言葉がある程度に応じて，世界は認識しうるものとなる。だが世界は他にも解釈し

うるのだ。世界は背後にひとつの意味を携えているのではなく、無数の意味を従えているのだ」[同Ⅱ.9.397]。ニーチェの遠近法主義*は、こうした解釈や理解の別の可能性、意味の多数性を認める点では、むしろ解釈学よりはるかに徹底していたといえる。ただしこの徹底の仕方において、ニーチェとガーダマーは別の方向を向いている。それがもっともよく現れているのが地平の思想なのである。

ガーダマーは、この地平の概念に関連して、ニーチェを次のように批判していた。ニーチェは「この地平が多数あり変化するものだと」考えているが、「それは歴史的意識を正しく記述していることにはならない」[『真理と方法』]。むしろたんに個々人に応じた個々別々の「閉じた地平」があるのではない。「自分自身の個別性を克服し、さらには他人の個別性をも克服して、よりいっそう高い普遍性へと高揚せしめること」——「ここに地平という概念が現れる」。それぞれの視点・視界に応じた多様な地平は、その個別性が止揚され、高次の普遍性にいたる点にこそ、地平の地平たる所以がある。「なぜなら、この概念が表現しているすぐれて遠望がきくということこそ、理解する者には不可欠のものだからである」。したがって「本当のところは、ただひとつの地平なるものが歴史意識のなかに含まれているもののすべてを包囲している」のであり、「このような地平が、……伝承となって、人間の生を規定していくのである」。地平の多数性がガーダマーにとって意義深いのは、それが「地平の融合」の機縁となるからだ。地平の多数性の背後にガーダマーが見ているのは、結局のところ、一つの地平すなわち「伝承の呼び声」にほかならない。とすれば、時代の隔たりを機縁にした解釈や解釈によって生じうる無数の多様な意味も、こうした地平融合、過去と現在の媒介によって「意味の連続体」としての伝承が生起することに、あらかじめ方向づけられていたことになろう。

ニーチェが解釈や意味の多様性を語る姿勢は、「意味の連続体」などとは明らかに異なる。「意味とは必然的に関係としての意味であり、遠近法なのではなかろうか？ およそ意味なるものは、力への意志*である」[遺稿Ⅱ.9.134]。意味なるものに力への意志をみるのは、意味の連続体に伝承の呼び声を聞き取るのとは、あきらかに違う。意味の多様性の背後に何かあるとすれば、それは無意味ないし非意味である。

ガーダマーとデリダ*とのあいだで交わされた（ほとんど擦れ違いといってよい）論争も、こうした方向の違いと無縁ではない。ガーダマーが伝承における「意味の連続体」を口にする場合、そこに何か不変の実体的な意味の意味が存在すると素朴に考えていたわけではない。彼は、理解という解釈学的経験の本質的な特徴として、この経験が言語を媒体としている点に注目していた。「あらゆる相互理解は言語の問題である」。テクストと解釈者との関係を、「問いと答えの弁証法*」として捉え、そこに対話的構造をみてとったのも、この言語性にたいする着目と関連している。伝承における意味と真理は、解釈と相互理解による対話的な作業とともに生起するものである。だが、デリダが反論を加えたのは、「理解」なるものの捉え方に立てられていたある種の暗黙の了解である。「〔問題は、ガーダマーが〕〈理解〉……といった言い方をしているものが何なのかということである。……〔相互了解、誤解のいずれから出発しようとも〕、了解の条件というのは、連続的に発展する連関……とはまったく無縁なものなのではないか、むしろ、了解の条件とはこの連関の断絶なのではないか」[「力への善き意志」『テクストと解釈』]。伝承の呼び声というメタファーは、理解が合意をテロスにし、合意が規範的拘束力をもった実体的な言語共同体に保証されることを暗に前提にしてはい

79

ないか。もしそうなら、ガーダマーのいう「理解」の概念は、たとえばニーチェの次のような考えからははるか遠いところにあるだろう。「すべての深い思想家は、誤解されるよりむしろ理解されることを恐れる。誤解されることに苦しむのはおそらく彼の虚栄心*であろうが、理解されることに苦しむのは彼の心、彼の同情*である。彼の同情はいつもこう言うのだ。〈ああ、なぜ君たちも私と同じように苦しい思いをしたがるのだ？〉」[『善悪』290]. →遠近法／遠近法主義, 解釈と系譜学, ガーダマー, 現象学 (木前利秋)

解釈と系譜学

【Ⅰ】ニーチェの解釈規定 ニーチェは『悦ばしき智恵』*の中で次のように言っている。「われわれの新たな〈無限なるもの〉。——生存の遠近法*的性格は、どこまで及んでいるのか、あるいは何か別な性格をもさらに持っているのだろうか、生存は解釈なしには、〈意味〉なしには〈無意味〉に陥るのではないだろうか、別な側面からいえば、生存はすべて本質的には解釈する生存ではないのだろうか——こうしたことは、知性によるきわめて真摯で良心的な分析や自己検証を通じても、当然のことながら解決することはできない。というのも人間の知性はこうした分析にあたって、自分自身を遠近法の形式のもとで、もっぱらこの形式によってのみ見るほかはないからである」[3/4]. ニーチェはここで、解釈が生存 (Dasein) の最も基本的な与件であることを提示する。解釈とは生*におけるある特定の遠近法の形式である。生存は、こうした遠近法の形式としての解釈を通してしか諸対象に関わることはできない。より正確にいえば、生存の活動形態そのものが解釈であり、そうした活動形態の所産として現前する対象世界の総体と、それに向き合う生存自身もまた解釈にほかならない。

こうしたニーチェの解釈についての見方は、まず第一にカント*の「物自体*」に代表されるような「不動の一者」、すなわち生成や変化の過程において揺れ動く現象世界の背後にあって永遠の自己同一性を保持しつづける形而上学*的本質の否定を意味する。このことについての指摘はすでに『人間的』*第1部に見られる。「……より厳密な論理家たち〔カントもここに含まれる〕は、形而上学的な概念を無制約なものの概念として、したがってまた制約しないものの概念として鋭く弁別した上で、無制約なるもの（形而上学的世界）とわれわれに知られている世界のあらゆる関連を否定した。その結果現象に物自体が現れることはけっしてなく、現象の側からするどんな物自体の推論も拒否されるべきことになるのである。しかし両面において次のような可能性が、すなわちあの絵 (Gemälde) ——今われわれ人間にとって生と経験を意味するもの——がしだいに生成してきたものであり、それどころかなお生成の途上にあるものであり、それゆえ創始者（充足理由）に関する推論をしたり、ただ斥けたりすることが許されるような確定した大きさとして見なされるべきではない、という可能性が見過ごされるのである」[16]. ニーチェは、形而上学的本質と現象の弁別を拒否する。その結果、存在の様態として「生成 (werden) の途上にある」という規定性だけが残る。ここで「生成*」は存在のもつ同一性に還元しえない不断の変化や多様な差異*性を意味する。それは同時に存在に向けられた解釈に内包される遠近法の無限ともいうべき多様性も指し示している。「世界はむしろ今一度〈無限〉になったのである。われわれが、世界は自らの内に無限の解釈を含んでいるという可能性を拒否しないかぎり、そうなのである」[『智恵』374].

【Ⅱ】形而上学批判の視点 こうした解釈をめぐるニーチェの、いわば存在論的視点から第二の問題点を抽き出すことができる。

それは、解釈と解釈されるものの分離の否定である。あらゆるものが解釈を通じて捉えられるとするならば、存在するものの現前はそのまま解釈そのものの現前を意味することになる。こうしたニーチェの思考のあり方は後期の断章の中で跡づけることができる。「いっさいの事象は解釈された性格を持つ。出来事それ自体というものは存在しない。事象として起きているのは、解釈するなんらかの存在によって選別され、まとめられた一群の現象にすぎないのだ」[遺稿 Ⅱ.9.53]。このことは、ニーチェが世界を解釈の相対性において見ようとしたということだけを意味するのではない。むしろここで問われるべきなのは、さきほどふれた形而上学的本質存在と現象世界の弁別の否定に内在しているニーチェの思考のありようである。ニーチェは、私たちの判断に根深く纏わりついている謬見を指摘する。それは、私たちが物事をいつも「主語（〜は）と述語（〜である）の結びつき」の、「原因と結果の結びつき」への信仰にもとづいて判断するという謬見である。別な言い方をするならば、判断の根拠を事象の真理に求めようとする謬見である。この謬見のメカニズムをニーチェは次のように摘出する。「……変化を一個の出来事としてではなく、一個の存在として、〈特性〉なるものとして設定してしまう——そうした変化が附帯しているものとしての存在者をそれに加えて捏造*したのだ。つまりわれわれは、作用（Wirkung）を、その作用を引き起こすもの（Wirkendes）と混同し、その作用者を存在者として設定してしまった。……私が〈稲妻が光る〉と言うとすれば、事の奥に一個の存在を前提しており、その存在は、出来事と同一ではなく、むしろそのままであり続けるもの（bleiben）、存在するもの（sein）であって、〈変化するもの（werden）〉ではないとみているのである」[遺稿 Ⅱ.9.143、『系譜』Ⅰ.13 参照]。作用が作用者による働きかけとし

て捉えられるとき、そのつどの出来事（Geschehen）は「主語 - 述語」の結合形式としての判断のもとで、作用の「原因」である作用者の存在と作用そのもの＝「結果」の分離・結合として現前することになる。それは別な言い方をすれば、解釈されるもののそのつどの解釈からの分離と定立が、すなわち解釈されるものが実体として定立され、かつその持続的な同一性がそのつどの解釈に先行することが解釈の前提となるということである。そして真理とはかかる解釈のそのつどの一回的な性格の背後にある解釈されるものの持続的な存在＝実体への遡行を通じて得られる認識内容にほかならなくなる。こうした解釈と解釈されるものの分離が、そしてその背景にある出来事性の存在＝実体への還元とそれを支える「主語（原因）- 述語（結果）の結びつき」への信仰が、先にふれた形而上学的本質と現象世界の分離という形而上学的思考形式に根ざしていることが見てとれる。ニーチェはこうした思考形式が、「出来事を作用として設定する」のと、「作用を存在として設定する」がゆえに「二重の誤謬」であるという[遺稿 Ⅱ.9.143]。ここでニーチェは、形而上学的思考形式の本質を出来事の一回的な性格が作用という原因 - 結果の連関内の一ファクターへと還元されるところに見ているのである。

【Ⅲ】 アゴーンとしての解釈——二つの解釈観の争い　ところで今ふれた箇所に続いてニーチェはこう言っている。「[上記のような謬見は]あるいはわれわれ自身が責任を負うべき解釈である」[遺稿 Ⅱ.9.143]。解釈の無限の多様性、一回的な性格を否定しようとする形而上学的思考もまた一個の解釈である。とするならニーチェが解釈をつうじて提起しようとしたのは、形而上学的思考対解釈の二元対立でも、それに根ざす形而上学的思考の転倒でもないことになる。形而上学的思考も含めたあらゆる人間の思考形態が解釈で

あるという認識をふまえた上でニーチェは，解釈を，さまざまな思考形態が覇権を競う場（アゴーン*），言い換えれば生成と変容を無限に繰り返す世界と生をどのような遠近法のもとで枠づけるのかを競う場として捉えるのである。つねにそこでは新しい解釈と旧い解釈のせめぎあいが展開される。

このとき一個のテーゼが執拗にリフレインされることになる。それは「解釈であって，説明ではない」というテーゼである。「解釈であって，説明ではない。事実関係などは存在しない。すべては流動しており，捉えられず，捉えようとしても遠ざかってしまう。どんなに恒常的とされるものでも，やはりわれわれの持ち込んだ臆見にすぎない。解釈によって意味を入れ込む――大多数の場合には，古い解釈が理解不可能なものになり，もはや単なる記号にすぎなくなったときに，新しい解釈をかぶせただけだ」[遺稿 Ⅱ.9.138]。

「説明」を求める思考は，解釈の彼岸にある事実や存在の同一性に遡行することで自分が解釈であることを否定しようとする解釈である。ここでニーチェが設定しようとしている対抗関係の基底が明らかになる。それは，解釈であることの自覚・省察から出発する思考と解釈であることの否認から出発する思考の対抗関係である。前者が生成と変容――無限の多様性――に身をゆだね，そのつどの出来事の持つ一回的な性格を自らの現前の場として見定めようとする思考，言い換えれば「差異性」の思考だとすれば，後者は説明あるいは認識を可能にする固定され，確定された事実関係への遡行を求める思考，言い換えれば「同一性」の思考である。別な角度から言えば，前者は，力（Macht）あるいは欲動（Affekt）の発現として出来事を，さらにはそうした出来事に関わる解釈のありようを捉えようとする思考であるのに対して，後者はそうした力や欲動を因果連関の一ファクターとしての「原因」や「主体*」として捉え，それを通じて出来事＝解釈をそうした因果連関の連続性の枠内に押し込もうとする思考であるということができる。そして前者が出来事＝解釈の偶有的な差異性に定位することで，いっさいの同一化の基準，すなわち真理基準を放棄するのに対し，後者は存在＝実体の同一性の定立に根拠づけられた真理基準を一義的な判断の尺度とする。ニーチェはかかる二つの思考様態の対抗関係に，解釈をめぐる闘いの主戦場を見ようとしたのであった。

「これまでのもろもろの解釈は遠近法にもとづく価値評価であって，それによってわれわれは自己の生を，つまり力への意志を，力の成長への意志を保持してきたこと，人間の高揚のどれをとっても，それまでの狭い解釈の克服をもたらしていること，強化と力の拡大が達成されるたびに新しい視界が開け，新たな地平を信じさせてくれること――こうしたいっさいが私の著作を貫いている。われわれがかかわっている世界は偽りである。つまり事実的関係ではない。そうではなく虚構であり，乏しい観察を集めて丸味をつけただけのものである。世界は〈流れて〉いる。生成しているのであり，たえず自己自身を押し流す偽りであって，けっして真理*に近づくことはない。――なぜなら〈真理〉など存在しないのだ」[遺稿 Ⅱ.9.156]。

【Ⅳ】「系譜学」と「力への意志」――ドゥルーズのニーチェ観にふれつつ ここからニーチェの後期思想をめぐる二つの問題が派生する。それは「系譜学」（Genealogie）という形で展開されたニーチェの，道徳批判の核心をなす形而上学批判のあり方の問題と，ニーチェの思考の極北というべき「力への意志*」（Wille zur Macht）の問題にほかならない。逆にいえば，解釈という問題の場において，系譜学の問題性と力への意志の問題性が重層化されて現前している。解釈と系譜学の関連という問題にはつねにこの二重性が見てとれる。

現代フランスの哲学者ジル・ドゥルーズ*は，ニーチェの哲学が価値と意味をめぐる哲学であることを指摘した上でこう言っている。「彼が創出し構想するような価値の哲学は，批判の真の実現であり，全体的批判を実現する」[『ニーチェと哲学』]。

　価値を問題にすることが批判の実現を意味するというのはどういうことであろうか。ニーチェにおいて価値——たとえば「高尚」「低俗」のような——は価値そのものではなく，背景としてそれぞれにふさわしい生存形式を負っている価値相互の評価関係に根ざしているとドゥルーズは言う。そして「価値評価は対応する諸価値の差異的な境位（elément différentiel）」なのである。この「差異的な境位」が，先にふれた出来事＝解釈の差異性に対応するのは明らかである。したがってドゥルーズが，かかる「差異的な境位」に対照させて価値をそれ自体として絶対化したり，あるいは因果的派生関係や単純な起源に還元したりする態度を挙げ，「差異的な境位」がこうした態度へのラディカルな批判を内包しているというとき，それは明らかに同一性に収斂する形而上学的思考への批判を意味している。そしてドゥルーズはこうした批判としての価値（意味）の哲学の形成を，ニーチェにおける系譜学の誕生として捉えるのである［遺稿 Ⅱ.9.213 参照］。

　こうした認識から抽き出されるのは，価値の起源としての力の複数性である。力の複数性とは，ある力がつねに他の力と関係づけられているということを意味する。そして重要なのは，かかる力の複数性，力の関係としての現前が「力への意志」の内実を形づくっていること，言い換えれば支配意志や位階序列*という形で現前する「力への意志」の核心にあるのが力の複数性であるということである。それは繰り返し言うように，力の現前としての諸対象，諸現象が無限の多様性・差異性の偶有的な並列的関係の中に置かれることを意味する。そして多様性・差異性の偶有的な並列的関係としての「力への意志」とは，解釈そのもの，もう少し正確にいうならば自らが解釈であるしかないことを受容する解釈にほかならない。「〈解釈しているのはいったい誰であるのか〉といった質問をしてはならない。解釈そのものが，力への意志の一形式として実現しているのだ」[遺稿 Ⅱ.9.188]。

　ここから系譜学の志向しようとする認識のありようが明らかになる。それは，いかなる中心（原因や主体）も，そしてその中心から始まる継起的・因果的な関係も持たないような並列的関係のモデルである。「もしも世界がある特定の量の力を持っているとしたら，その中のどこかでの力関係のちょっとした変化でも，システム全体に影響を与えずにはおかないことは明らかである——それゆえ，前後関係としての因果性*と並んで，並列関係の，もしくは組み込み関係の相互依存性があることになる」[遺稿 Ⅱ.9.184]。この相互依存性によって証明されるのは，「並列・組み込み関係がある」という出来事だけであって，「なにが並列され，組み込まれているのか」ではない。「なにが」が問われるとき，必然的に並列関係にある各々の項は分離され，関係に先立つ存在＝実体として同定されることになる——「行為と行為者の，能動と受動の，存在と生成の，原因と結果のこうした分離」[同 Ⅱ.9.183]。

　翻っていえば，因果関係とは，かかる関係項の分離・自立を前提とし，そうした自立した項どうしの関係として出来事を解釈しようとする態度の所産であるといってよいだろう。そしてそこには「だれが」解釈し，「なにが」解釈されるのかという，解釈における主体と対象の分離が伴う。それによって解釈（出来事）の一回的な出来事性が消去されるのである。系譜学の問題意識が，こうした出来事性の消去への批判にあるとすれば，そこ

にはある「なにか」としての存在＝実体を「こと」としての関係性に先行させて定立することへの批判が含まれているはずである。ここに系譜学における「系譜」の意味が見いだされる。すなわち因果関係に内在する存在＝実体と出来事性の起源‐派生関係、言い換えれば時間的順序関係（系譜）を転倒させ、解体させることこそが、「系譜」の意味にほかならない。したがって系譜学とはある意味で系譜批判であるといってよいだろう。『道徳の系譜』*においてこの系譜批判としての系譜学という問題意識が最も如実に見てとれるのは、第2論文における「罪」をめぐる議論である。

ニーチェはまず道徳の主要概念である「罪*」（Schuld）がきわめて物質的な概念である「負債」（Schulden）に由来するという。そして「罪」に対応する「罰」が、「意志の自由*あるいは不自由」からではなく「報復」（Vergeltung）から発展してきたものであるという。それは、「犯罪者は、別な行動をする可能性があったのだから、処罰に値する」という因果論的考え方、そしてその前提にある「正義の感情」のアプリオリな実体性を否定し、「罪」と「罰」の関係を「債権者と債務者の契約関係」、すなわち「売買・交換・交易・通商といった根本形式」へと還元することを意味する（『系譜』Ⅱ.4］。それによって「罪」と「罰」の関係は、アプリオリな道徳的観念という基準から解放されて、市場における売り手と買い手のごとき二つの非均衡的な力の関係に置き換わるのである。逆にいえば「罪」や「良心*」「義務」というような道徳的観念の起源はこの二つの非均衡的な力の関係における均衡の回復、すなわち債権者と債務者のあいだの補償関係にあることになる。ではこの「補償形式全体の論理」の核心にあるものとはなにか。それは、債権者が補償の代用物として債務者に対して権力*や暴力*を思いきりふるえる「快感」

（Wohlgefühl）にほかならない。

ここでもニーチェの解釈をめぐる「系譜学」的関心の核心が浮かび上がる。いかなる普遍的・抽象的仮装にもかかわらず、道徳的観念の起源には「血と戦慄」が潜んでいる。それは能動的な力と受動的な力の衝突であり、支配や位階の起源としての暴力の乱舞である。形而上学的思考が虚妄であるのは、単に出来事＝解釈の一回的な偶然性や相対性を認めないからだけではなく、こうした起源としての力（暴力）の戦慄を道徳的観念に象徴されるような転倒的＝倒錯的派生概念——後から生じたもののアプリオリな先行化——によって隠蔽し、平準化してしまうからである。こうした点にニーチェのファシズムとの親近性があるのだという見方もあろう。しかしニーチェの「系譜学」による、起源としての力（暴力）の所在とそうした力の非均衡的な多様性、複数性の指摘は、単純な暴力や権力礼讃のイデオロギーにもポスト構造主義*における「差異の戯れ」風の知的スノビズムにも還元しえない社会哲学上の切実な課題を含んでいる。それは正義や法、統治などのあらゆる社会的実定性の根源に力（暴力）が存在するという洞察である。確かにそこから暴力的イデオロギーが生じる可能性もあるが、一方でこうした洞察から起源としての暴力を統御する叡知も生まれて来るのではないだろうか。私たちはニーチェの解釈と系譜学をめぐる思想的射程をそうしたものとして捉えねばならない。

【Ⅴ】フーコーのニーチェ観　ここでニーチェの解釈と系譜学の問題をおそらく現代においてもっとも深いところで受け止めた思想家といってよいミシェル・フーコー*の見解に触れておきたい。フーコーは、『臨床医学の誕生』や『狂気の歴史』、さらにはそうした系列の仕事の頂点に立つ『言葉と物』において歴史を問題とする。フーコーはそこで歴史を、各々の局面が不連続的に構成する知

のありようとそこに絡み合う言表——言説の分節＝布置、そしてそれらの諸要素をいわば深層において包含する意味の集蔵体から捉えようとする。そしてこのような形で歴史を把握する仕方をフーコーは「考古学(アルケオロジー)」と呼ぶのである。こうしたフーコーによる歴史の「考古学」的見方、そしてそこに含まれる二つの大きな要素である「歴史と知－言説の結びつき」と「歴史の不連続性」は、明らかにニーチェの系譜学の方法の影響のもとで形成されたものである。フーコーは系譜学の作業を次のように言う。「単一の究極指向性のまったく外に、さまざまな出来事の独自性を見定めること、それらの出来事を。最も予期しないところ、歴史などもたないことになっているもの——……それらの出来事の回帰を、進化のゆっくりした曲線をあとづけるためにではなく、それらが多様な役割を演じた多様な場面を再発見するために把握すること……」[伊藤晃訳「ニーチェ・系譜学・歴史」]。こうした系譜学の意味を明確にするためにフーコーは、Ursprung（起源）と Herkunft（由来）を対照する。「起源」を求めることは「すでにあったもの」「背後にある別なもの」を求めることを意味する。そして「起源はつねに、失墜の前、肉体の前、世界と時間の前のものである。起源は神々の側にあり、これを語るのに、ひとはつねに神々の発生の系譜を歌いあげるのだ」[同上]。別な言い方をすれば、「起源」は歴史において真理の現成する場にほかならない。フーコーはこうしたまさに歴史の形而上学的見方の源泉ともいうべき「起源」に対して「由来」を対置する。「由来」を求めることにおいては「微妙で、独特な、個の下にかくれているさまざまな痕跡、個の中で交錯しあい、解きほぐしがたい網目を作っていることもありうる痕跡をすべて見定めることが問題なのである」。したがって「由来の複雑な糸のつながりをたどることは、それ〔現在までの進化の道すじをたどるこ

と〕とは逆に、起こったことをそれに固有の散乱状態のうちに保つことである」[同]。さらにフーコーはこうした「由来」の意味が肉体の意味に結びつくこと、言い換えれば「由来」は「肉体と歴史の結節点」であることを指摘する。こうして「起源」の否認としての「由来」の系譜学的視点に立つとき、歴史はさまざまな力＝解釈の現出の散乱状態にほかならなくなる。そこにはすでにふれたニーチェの思考の社会哲学的意義が投影されている。後年のフーコーの『監視と処罰』や『性の歴史』に見られる、真理と権力の共犯関係の分析やミクロ現象の次元における権力作動の跡づけ（ミクロポリティックスの視点）なども、こうした系譜学的思考から来たものと考えられるだろう。

【VI】 ニーチェの解釈観と哲学的解釈学

最後にニーチェの解釈をめぐる思考と、シュライエルマッハーからディルタイ*を経てガーダマー*へ至る哲学的解釈学の関係について見ておきたい。ニーチェと解釈学のあいだには共通の前提が存在する。それは近代啓蒙のよりどころとしての主観的理性の絶対的自律性への懐疑である。理性の自己決定権への疑いからニーチェと解釈学に共通する問いの形式が生じる。すなわち理性の——理性の台座としての自己意識の——「背後への問い」(Hinterfragen) という形式である。それによってニーチェも解釈学*もともに、近代啓蒙理性がもたらす説明的認識とそのよりどころである客観的真理という基準の根拠を解体しようとする。しかしこの近代啓蒙理性の根拠の解体の後に残るものをめぐってニーチェと解釈学ははっきりと異なった立場に立つことになる。ガーダマーは、道徳の領域に対する近代啓蒙理性の解答能力の不全によって露呈した近代啓蒙理性の限界を、理性の背後にある個々の理性の判断・反省能力を超えて存在する「伝統」の権威の承認によって克服しようとする。その結果解釈学に残された課題

は、「伝統」の超越論的構造にもとづいて個々の歴史事象や作品と解釈主体の間の「作用史」(Wirkungsgeschichte)的連関を反省化することになる。こうした解釈学のあり方は、個別的な主観性の枠組みの内部において成立する近代啓蒙理性の同一性の根拠を、より歴史的・間主観的な次元において成立する同一性に求めることによって基礎づけられる。それに対してニーチェの「背後への問い」は、むしろ背後の存立そのものの解体をめざすものである。系譜学へと帰着するニーチェの解釈的思考は、道徳を支える伝統や慣習の超越的構造をも「力への意志」としての解釈という視座から反省化し相対化する。ニーチェは近代啓蒙理性に潜在する批判的反省能力を解釈の持っている批判的境位を通じてより急進化させようとしているといってもよいだろう。→価値の転換、真理と認識、『道徳の系譜』、主体、ディルタイ、ガーダマー、ドゥルーズ、フーコー　　　　　　　　　　（高橋順一）

[文献] ▷ Gilles Deleuze, *Nietzsche et la philosophie,* Paris 1962（足立和浩訳『ニーチェと哲学』国文社、1974）.

快癒　　⇨病気と快癒

快楽　　⇨美と快楽

カオス　⇨混沌

化学

『人間的』の第1部の、序言に続く冒頭の第1節は「概念と感覚の化学」と題されている。このことは、本書を通じて遂行されたニーチェにおける芸術家形而上学の立場から暴露心理学と自由精神*の探究の立場への転回の過程において、「化学」という言葉がいわばその着手点としての役割を果たしていることを示唆している。ここでニーチェは自然科学の立場に仮託しながら、伝統的哲学が高次の存在を説明するための根拠として用いてきた「奇蹟としての起源 (Wunder-Ursprung)」を否定する。この否定には、そうした起源の設定の背景をなしている高次／低次という存在の形而上学的位階づけが虚構であり、たとえば「非利己的行為」というような高い道徳的価値を持つとされるような現象も「きわめて繊細な観察にとってのみ存在することが明らかになる昇華物にすぎない」という認識が働いている。とするならば真の意味での起源はそうした昇華物に見合うかたちで設定される形而上学*的・理念的次元にではなく、昇華物をもたらすべく複合的に働く諸要素や連関のより個別的で具体的な次元に求められるはずである。こうした次元に立ち帰る方法をニーチェは「道徳的、宗教的、美的表象と感覚の化学」と呼ぶのである。ニーチェはこの言い方を通して中期以降の形而上学批判の視座をはっきりと見定めた。さらに言えばこうした化学という言葉の使い方、そしてその背後にある反哲学的姿勢には、生理学*という用語への偏愛にも示されているニーチェの同時代の自然科学*への強い関心が投影されている。→ニーチェと同時代の自然科学、生理学　　　　　　　　　　　　　　（高橋順一）

学者

『ツァラトゥストラ』*第2部「学者」の章で、主人公は「私は学者たちの家を飛び出し、しかも後ろ手でそのドアをばたんと閉めてやったのだ」と語るが、これは、ニーチェのバーゼル大学教授職辞任が健康上の理由によるのみならず、学者の世界への嫌気によるものでもあったことを示している。彼の著作の多くの箇所に見られる学者へのコメントも、おおむね否定的であった。学者批判において最も強調されるのは、生産力・創造力の欠如である。「天才*に比べれば、すなわち産むか産ませるかする存在に比べれば、……学問*をする凡人である学者には、つねにオー

ルドミスめいたところがある。なぜなら，学者はオールドミス同様，人間の持つ最も貴重なあの二つの機能を心得ていないからだ」[『善悪』206]。そして，学者は他人が産み出したものを収集したり分類整理したりするにすぎないと言われるのであるが，これは，自立的思考の欠如という批判に結びつく。「学者は考えるといっても，何かの刺激（——本で読んだ思想）に答えているだけだ。……学者はすでに誰かが考えたことを批評して〈そうだ〉と言ったり〈ちがう〉と言ったりすることに全力を使い果たし——自分ではもう何も考えないのである」[『この人』Ⅱ.8]。さらに，学問*の専門化・細分化から来る全体の総合的視野の欠如，学問を支える理想や目的意識の欠如，惰性的機械的勤勉さから結果する人間的感情の欠如などが，至るところで批判されている。けれども一方でニーチェは，狭い専門に閉じこもる学者といえども，その実直さと職人的勤勉さに徹しているかぎりにおいて，権力に媚びて保身を図る御用学者や，金儲けのためなら何でも書く売文業者よりは高く評価する。『ツァラトゥストラ』第4部で，蛭（ひる）の脳髄を研究する男が「精神の良心的な者」と呼ばれて「ましな人間*」のうちに数え入れられるのは，そのためである。
→学問，古典文献学，真理と認識，真理への意志

（清水本裕）

学生組合 [Burschenschaft; Corps]

1864年10月にボン大学に入学したニーチェは，ドイッセン*などプフォルタ校*の卒業生7名とともに学生組合フランコーニアに入会した。学生組合は，ナポレオン戦争後，ドイツ統一と学問の自由を掲げる学生や教授によって各地で結成され，自由主義的な政治運動の担い手となったが，ウィーン体制のもとで弾圧された。ニーチェが大学に入学した1860年代には，進歩的な政治的主張を保ってはいたものの，メンバーが定期的に会合してビールを飲みながら議論して騒いだり，遠足に出かけたり，射撃やフェンシングをともに練習する団体という色彩を濃くしていた。そこでは他の団体に属する学生と決闘を行うことがイニシエーションとなり，決闘で傷を負うことが一人前のしるしとして受け取られる傾向が強かった。また，就職や昇進に際して学生組合でのつながりがものを言う場面もあった。ニーチェが入会したフランコーニアは，よりリベラルな傾向の Corps とは異なる Burschenschaft の一つで，歴史家トライチュケ*や作家シュピールハーゲン，政治家カール・シュルツなどが在籍した「名門」の組合であり，民主的なナショナリズムにもとづくドイツ統一を目標として掲げていた。入会時に赤と金の縁のついた白い帽子をもらって喜んでいたニーチェは，政治的にはむしろ反動的な傾向に理解を示し，その後会のシンボル・カラーをドイツ民主化の旗印である「黒・赤・金」に変えることが決定されたことに不服であった。やがて二日酔いしか残らない会合や先輩のお説教にうんざりしたニーチェは，思いつきのように決闘をして鼻の頭に傷を負った以外には目立った活動をすることもなく，65年にライプツィヒ大学に移るとともにフランコーニアを脱会してしまった。ニーチェにとって学生団体への入会は，政治的な動機よりも学生組合に対する時代錯誤のロマン的な思い入れにもとづくものであったらしい。その辺の事情は，のちにバーゼル*で行った講演で，「自主性」をふりかざして勝手放題なふるまいをしている学生に対しては偉大な指導者による精神的な導きが必要であると説き，そのためには学生組合こそ真の教養*を促進し，本物のドイツ精神を叩き込む制度であると賛美しているところからも察せられる[「教育施設」Ⅴ]。19世紀末以降，多くの学生組合は愛国主義的傾向を強め（そうした過去の遺物は現代でも残っている），それに対して，権威主義的社会からの解放を求

めた世紀末*の若者たちはむしろ青年運動*に加わり、そうした青年組織においてニーチェがさかんに読まれるようになった。→青年運動とニーチェ　　　　　　　　　（犬石啓一郎）

文献　▷ Oskar Franz Scheuer, *Friedrich Nietzsche als Student*, Bonn 1923. ▷ Walter Z. Laquer, *Young Germany. A History of the German Youth Movement*, London 1962（西村稔訳『ドイツ青年運動』人文書院、1985. ▷潮木守一『ドイツの大学』講談社学術文庫、1992. ▷上山安敏『世紀末ドイツの若者』同、1994.

学問

【Ⅰ】 **背景と特徴**　　ニーチェは学問もしくは科学についての近代の複雑な議論は正確には理解していなかった。たしかにひととおりのことは押さえている。たとえば、『純粋理性批判』B版の序文の有名な「われわれは自分が現象のなかに持ち込んだものを取り出す」というカント*の「コペルニクス的転回」を意識的にラディカルにして次のように述べたりはする。「科学とは事物をできるだけ正確に人間に合わせるようにしたものであると見れば十分である。われわれは、事物とその継起を記述することによって、自分自身をより正確に記述することをたえず学んでいるのだ」[智恵] 112]、あるいは「人間が最終的に事物のうちに見いだすのは、自らそのなかにあらかじめ入れ込んだもの以外のなにものでもない」[遺稿Ⅱ.9.204]。しかし、その先の真に哲学的な問題、それでは、個人個人はまったく知覚も感覚も異なるのに、つまり偶発的な「私」には差異があるのに、どうして、経験に関する客観的な認識が成り立つのか、つまり普遍的な「主体」について語りうるのか、という問題にはまったく関心がなかった。それはもちろん、カント的な超越論的統覚を認めないがゆえにはちがいないが、これでは他の箇所でしきりに述べるカント批判も今ひとつ迫力を失わざるをえない。むしろ、ニーチェの学問批判の出発点でもあり、強み

でもあるのは、自分の時代、自分の大学、自分の専門における学者*たちの生態学である。いわば直感にもとづいて、彼は新しい世代の生活感覚に訴える力のなくなった学問を告発した。次に来るヴィルヘルム時代末期の世代が抱いた学問への批判的感情をかなり早くに正直に表明したところが重要である。

大学や学問や教授たちのもったいぶった権威主義への批判にも長い歴史がある。実際、学問の世界ほど普遍性を標榜しながら、そして認識の優越、正誤だけが問題でありながら、実践においては身分の差異化による支配と結びつき、しかもそれが大多数の人々の生活と無縁であることを誇りにすることで、大多数の人々の生活を屈服させる富と権力への選別のプログラムを作ってきた世界は存在しない。タイトルがこれほど重要な世界もない。中世の遍歴学生の歌『カルミナ・ブラーナ』にも、学問の倒錯が歌われていた。学問が知識に偏重し、かつては年齢を重ねても叡智を求めての勉強をやめなかった学者が沢山いたのに、現在では10歳の少年でも物知り顔で「学士と称して闊歩する」と。このくだりを引いているのは『ヨーロッパ文学とラテン的中世』におけるエルンスト・ローベルト・クルツィウスであるが、その彼もまた、「人文主義という言葉の上には400年の埃が積もっている」と述べて、古代との生きた関係が、学問とその教師たちによって失われたことを嘆いている。さらには、ニーチェが尊敬してやまなかったゲーテ*も「いっさいの理論は灰色である」に始まって、学者の罵倒が好きだったことも思い出される。そうした一連の学問批判の系列のなかで、ニーチェの特徴は、一口に言えば形而上学*批判へと高めたことであり、また、結果として偽りのラディカリズムに陥っていることである。にもかかわらず、ニーチェの学問論が、マクス・ウェーバー*のそれと並んでアクチュアリティを失っていないのは、社会的分業が生の分裂

としてしか経験されないような社会のあり方が現在までも続いているからである。そのこととドイツ帝国の学問への批判とは関連していよう。

ニーチェの学問批判を時代的に追いながら,論理的に再構成するのには,文献学批判が,学問一般の批判へと高揚するプロセス,学問と芸術の関係が生*という基盤から問い直され,やがて力への意志*の関数として理解されるようになるプロセスが問題となる。また,ニーチェがどのような学問を,あるいはどのように制度化された学問を主として批判のターゲットにしていたのかも問わねばならない。

【Ⅱ】 **文化批判としての学問批判——初期**
すでにバーゼル大学への応募にあたってバーゼル市の文部当局へ履歴書を提出したその同じ頃に(1869年),ニーチェは,文献学者の生活に人生の十全の意味を見いだすのに躊躇を感じていることを記している。「私はおそらく,自然の鋼鉄の尖筆によってここに文献学者ありと額に刻まれ,幼児のごとく無邪気に,まったく屈折を知らないで定められた道を進むような狭義の文献学者には属していない。……私がいかにして芸術から哲学へ,哲学から学問へ,さらに学問のなかでもますます狭い領域へと入り込んで行ったかを顧ると,それはほとんど意識的な諦めの道であったようにも思われる」[BAW 5.251]。ときあたかも古典文献学*に代表される歴史的精神科学の隆盛時である。その後世界中の教養俗物*が模範とし,わが国でもその虚妄を早く感じとっていた姉崎嘲風*などを除けば,最近まで尊敬と憧れの対象であったドイツの碩学たちの世界への異和感は,ニーチェにおいては,彼がヨーロッパ形而上学なるものを敵視しはじめるずっと以前から,いわば体質的に宿っていた。

『悲劇の誕生』*の通奏低音は学問〔科学〕によって作られている現代世界とその文化のあり方への批判であった。後年に書かれた序文にある有名な言葉「当時私が捉ええたもの,この恐ろしい,危険なもの……とにかくひとつの新しい問題,それは今日の私に言わせれば,学問そのものの問題であった。学問がはじめて問題として,疑わしいものとして捉えられた。……学問の問題は学問の土台の上にいては,認識できないのだ」——この言葉は初期の仕事の正確な確認であろう。「学問という原則の上に成り立っている文化」[『悲劇』18]が,自らの帰結を恐れているという根源的苦悩を『悲劇の誕生』の最後の数章で彼が語るのは,まさにこの学生時代以来の異和感に依拠している。現代人は,どんな生産的な時代に生きようとも,またどんなに自然を模倣しても本物とならないし,慰めのために「世界文学」を集めても虚しいばかりであり,あらゆる時代の芸術様式や芸術家の作品を並べて,アダムのように名前をつけても,永遠の空腹には変わらない。「快楽と力のない批評家」としての「アレクサンドリア的*人間」にとどまるだけであり,本の埃にまみれ,誤植を追いかけて次第に目が見えなくなっていくだけである[『悲劇』18章末の要約]。

こうした学問への異和感は,『悲劇の誕生』に対する学会の黙殺と攻撃をきっかけにニーチェがはじめた文献学および歴史研究への批判として集中的に展開される。『反時代的考察』*の第2論文「生に対する歴史の利と害」がその代表であり,また同じく『反時代的考察』シリーズのひとつとして準備されながら最終的に纏められなかった「われら文献学者」や,それとは別の連続講演「われわれの教育施設の将来について」もその一貫をなしている。問題にされているのは,近代的学問による歴史の対象化が,文化的実践の連関を解体し,神話的な祝祭共同体の息吹を現代の形成力へと生かすことができない点である。つまり,近代における歴史意識の誕生によっ

89

てはじめて、古代ギリシアとの緊張を孕んだ生きたつながりが可能となったわけであるが、まさにそれとともに生じた制度化された学問によってそうしたつながりが断ち切られていくという逆説である。「古代に対して学問的であろうとしよう、生起したことを歴史家の目で把握しよう、あるいは自然科学者の目で古代の傑作の言語上の形式を分類し比較しよう……とするならば、われわれは教養*を育む素晴らしいものを、まさに古典的雰囲気の本当の香りを失うことになる」。就任講演「ホメロスと古典文献学」からの引用であるが、同じ講演の冒頭でも、「古典文献学は芸術的要素を、また美学的、倫理的領域においては命令者的な要素をはらんでいる」が、これは当然、文献学につきまとう「純学問的な態度とは疑わしい対立関係にある」とされる。

「歴史上の現象は、もし純粋かつ完全に認識され、認識現象へと解体されてしまうならば、それを認識するものにとっては、死んだものである」[『反時代的』 II.1]といった発言は、生き生きした共同体には、また偉大な行動には必ずや一片の幻想が、そして虚偽の仮装が必要であるというニーチェがいくども繰り返す基本パターンにもとづいており、まさにそのことは、彼の真理観そのものが実証主義化した啓蒙主義*の頽廃形態に依拠していることを示している。とはいえ、そうした頽廃形態が国家*や権力*と結合しやすいことは、ニーチェも見逃さない。「古典文献学は、浅薄きわまりない啓蒙の温床である。いつも不正に利用され、次第にまったく無力になってしまったのだ。力があると思っているのは現代人の幻想である。本当のところここには坊主ならぬ教師階級がいるだけなのだ。ここに利害を持っているのは国家である」[遺稿 I.5.199f.]。「すべての国家が古典的教養を助成するさまを見て、私はこう言いたい。〈それはきわめて無害なものにちがいない〉。さらに〈それはきわめて役立つものにちがいない〉と」[同 I.5.214.]。「きわめて不完全な文献学と古代知識から自由思潮が出てきた。われわれの高度に発展した文献学は、国家という偶像に隷属し、奉仕している」[同 I.5.225]。制度化された自由と国家は抑圧という点で協力しており、その要に文献学がある、というわけである。あたかも制度化された自由以外の自由がありうるかのような幻想があるが、制度化された自由をマルクス*のようにブルジョワ的自由ときめつけることをせずに、まったく別の自由への夢を文献学批判にのせて抱くのは、おそらく時代のしからしむるところであろう（ちなみにマルクーゼ*が、抑圧的寛容と構造的暴力を免れたマージナルな知的存在のひとつの可能性として文献学者を挙げているのは、今から見れば懐かしい1960年代の夢であった）。

いずれにせよニーチェのこうした批判は、教養主義批判という次元で見れば、ドイツの19世紀後半の社会と文化の問題性を鋭く突いたものであり、世紀末*以降の青年運動*を先取りしている。ハインリヒ・マン*は『ウンラート教授』（1905）のなかで、シラー*をギムナジウムで読むのをやめさせるべきである、さもないと子どもたちは一生シラーに触れることをいやがるようになり、本当にオルレアンの乙女のメッセージが聞き取れる年齢になっても読むことをしないであろうと述べている。本来は意味を持っているものが学校教育と大学の精神科学のなかで選別と支配の手段になってしまうことへの鋭い批判であるが、新人文主義のエピゴーネンが跋扈し、彼らの寸法に合わせて調達された古代ギリシアにさらに合わせてシラーが調理されている事態は、ニーチェが古典文献学について述べていることと相応している。フランス革命*以来、45年以上続いた政権はヨーロッパ大陸にはないと述べたのはヴァレリーであるが、同じく45年以上続いた教育規範や文化的自己解

釈も存在しない以上、ニーチェの批判は——時代のバイアスがかかっているだけに——なされるべくしてなされたものである。

だがニーチェの特異性は「学問という原則の上に成り立っている文化」の誕生を、1830年頃の中欧に確実に生じた文化的枠組みの大きな組替えに見ないで、ソクラテス*とその理性に見ていることである。文献学へと学問論が集中する時期より早い、『悲劇の誕生』の本文にその点はすでに見て取れる。「思惟は因果律という導きの糸を頼りに、存在のもっとも奥深い深淵にまで行きつける。そして、思惟は存在を認識できるばかりか、訂正することさえできる」とするソクラテスの信念は、「われわれの生存を理解できるものとし、そのことによって正当化されたものとする」というその後の「学問の使命」[『悲劇』15]を生み出した、とされる。「この崇高な形而上学的妄想は、本能として学問に付属している」。19世紀の制度化された学問への異和感が、ヨーロッパ文化全体の問題を代弁しており、その発端における悪しき選択に由来するものとなる。この選択が根拠なき選択であったことはいくども強調される。つまり、ヨーロッパが発端において学問を選択した根拠は、根拠を重視するはずの学問の要請から見れば根拠にもなにもなっていないという逆説である。根拠の正反対の「本能として学問に付属している」にすぎない、ことになる。学問は虚無の上に打ち立てられているという後期のニヒリズム*のテーゼがここで準備されている。もっとも根拠が根拠としてふさわしくないからといって、それがそのまま虚無であるということにはならないはずである。根拠をうまく表現できていない、ということだけの可能性もあるはずである。だがニーチェはそうした議論には立ち入らなかった。その理由は、同じく仮象*とされる芸術*との関係で学問を捉えようとしたからであろう。崇高な形而上学的妄想について、それは「学問をいくどとなくその限界に導くものであるが、この限界において学問は芸術に転ぜざるをえないのである。もともと、芸術こそ以上のからくりのめざすところであったのである」[『悲劇』15]と彼は語る。

【Ⅲ】 芸術と学問　この関連は「道徳外の意味における真理と虚偽」で、ほぼ次のように議論されている。知性は他者に対する「自己偽装」と「自然支配」のための手段に過ぎない。この偽装こそ「角も、鋭い猛獣の牙も持たない」われわれが、自己保存*を成しとげる手段であり、偽装とごまかし、仮装と裏工作を本領とする人間の中に、真理への意志*が生まれてきたことほど不可思議なことはない。大体からして人間は幻と夢の世界に深く取り込まれていて、われわれの視線は事物の本来の姿に到達するどころか、その上縁を撫でているだけである。こうした幻や夢のなかから自己保存に役立つものとしての概念が選ばれ、作り上げられるのだが、それを行うのは古くは言語*であり、後の時代になればその言語に依拠した「学問」である。だが、知性には今ひとつ別の働きがある。いかなる実害もなく偽装を行うときには、知性は自己保存という奴隷労働を免れ、真に自由である。そのときにはまた自己保存のためにでさえあがっている概念や抽象の体系を混乱におとしいれ、境界の石をひっくり返す。このとき知性は直感に導かれ、生の粉飾なきあり方がまさに虚構と仮象という手段によって浮かび上がって来る。それこそ芸術であり、そのときにこそ「生に対する芸術の支配」が可能となる。「あの偽装、概念のあの否定、メタファーの直観のあの輝き、およそ偽装の直接性こそがこのような〔芸術によって支配された〕生のいっさいの表現を特徴づけるものとなる。そこでは家であっても、歩みであっても、服装であっても、粘土の壺であっても、生活の必要から作られたものと見てとられてしまうようなものではなくなる。それらすべ

てのうちに、ある崇高なる幸福が、オリュンポスの曇りなき空が、いわば真面目さとの戯れが表現されているように思える」。こうした議論は、学問が自らを支える理念のゆえに自ずから限界に達し、芸術に場を譲るというかたちに纏めうる。つまり、生活の必要を満たすだけでは人間は「楽しくない」のであって、それを越えて、時には日常の欲求の満足に没頭しているかぎりは味わわないですむような「苦悩」をも味わう「楽しみ」と「幸福」は、学問が芸術へと変貌することによって可能となる、ということである。だが、学問のあとに芸術がくるという、こうしたいわば体系的な考察と並んで、歴史哲学的考察としては、悲劇という芸術世界が、理論的人間*によって破壊されてしまい、それ以来学問が文化の主役になっている、という議論がある。この両者のあいだには矛盾がある。また理論的人間というのは、おそらく単に自己保存への志向以上の欲求を持った人間のことを意味しているのであろうが、このあたりも初期においてははっきりしないところがある。

【IV】 **懐疑の砦としての学問** いわゆる中期になっても、知の産出と蓄積と伝達の、国家により保証され、支配のための差異をめざして制度化された営為としての学問に対して好意的な発言はほとんど存在しない。むしろニーチェは、制度を離れた懐疑の砦としての学問を語るようになった。そして、リヒテンベルク*やヴォルテール*の、ヴォーヴナルグやシャンフォールの「表現のヴィッツ」[『人間的』II-2. 214] を愛していた。たとえば「われわれは他人のために感情を抱くなどということはできっこない。われわれは自分のために感じているだけなのだ」[『人間的』I.133 のリヒテンベルクの引用] といった奇抜さを好んでいた。ということは、斜視的で柔軟な啓蒙を学問の名の下に高く評価していた。暴露心理学とか実証主義*による批判と

いった形容がこの時期についてよくなされるが、それは必ずしも適していない。そこでは学問は徹底的な懐疑精神と支配的思考への反抗を意味していたからである。自由精神*について「習慣化したもの、規則化したもの、持続的なもの、既成の決まったものを憎む」存在と言われ [『人間的』I.427]、「彼は、その素姓や、環境や、階層や役目や、または時代の支配的精神のゆえに、あの人ならこう考えそうだと人が思いそうなこととは違ったことを考える人間である。彼は例外者である」[同 225] と言われていることは、この時期のニーチェが「学問」という表現で理解していたことと重なっている。端的に言えば天の邪鬼の知的で、巧みな表現力を駆使した啓蒙のことである。学問のもつ論理性も、方法的思考も、結論を出すときの慎重さもこうしたメンタリティの結果であるとニーチェは理解していた。たとえば『人間的』I. 635 にはその事情がよく窺える。結論よりは方法の方が重要である。その辺にいる気持ちの早い連中はすぐなにかの仮説を自分の意見と思い込んで、「火のように」熱中してしまう。彼らにとってはなんらかの見解を持つということはそれに夢中になることである。よく分かってもいないのに夢中になり、夢中になれるような意見は事柄の説明として適切であると思い込みがちの人間がいるし、そういう連中はとくに政治の分野では危険きわまりない。思想家から結局は自分にとって確信や信念になるようなもののみを求める人々が今なお多いが、そういう連中に対する処方箋はまさに学問的方法、慎重な思考という謙虚さである——おおよそこのように、彼は機智*に富んだ文章で論じている。

学問についてのこうした論述はもちろんのこと、ヴァーグナー*熱からの自己解放によっている。また近代人が激しやすいことへのより深い洞察にもとづいている。だが、ニーチェは、こうした楽しい懐疑といった方向の

学問観を,「悦ばしき智恵」(「楽しい学問」) といった面白い表現でほのめかすだけで, 十分に展開したとはいいがたい。むしろ, 最終的にはソクラテス以来の学問は, 人間の自己保存のための道具的認識と同一視される。とくに最晩年においては, 力への意志の関数としか見なされなくなり, 学問こそヨーロッパの潜在的論理としてのニヒリズムを体現するものと性格づけられる。しかし, 実際にはこうした知的反省も, 学問として可能であることをニーチェは忘れて, 偽りのラディカリズムに走ってしまったと考えたい。それは, 冒頭に記したように, 学問や認識のあり方をめぐる議論の多面性を, ニーチェが十分に把握していなかったことにもよろう。→古典文献学, 真理と認識, 形而上学, 自由精神と理性批判, 真理への意志, 芸術, 学者,『悦ばしき智恵』

(三島憲一)

影 [Schatten]

ニーチェの孤独*の経験は,〈影〉につき纏われることが多い。『漂泊者とその影』と題された『人間的』II-2 の冒頭と終末では, 漂泊者がその影と謎めいた対話をする。認識の光が当たるときにどんな物でも影ができる。その影こそ漂泊者の影である, と影自ら述べる。そして, 影との対話であるこの書が終わったところで, 影は, お前たち漂泊者がようやく「最も近い物事のよき隣人」となろうとしているのは気にいった, と述べる。漂泊*の哲学者のモノローグ (影との対話) は, 反省哲学のような観念化へと向かわずに, 日常の交際や男女の機微や友人や食事について語る——ニーチェにおける「最も近い物事」の発見は, クラーゲス*も評価するところである。やがて日暮れとともに, 影は, 漂泊者に樹蔭に入って振り返るように頼む。当然その間に影は消える。本書の最後は「どこに消えたのだ」という影への呼び掛けで終わる。もちろん, 背景には大学辞職の年の生活と思索の経験がある。「1879年……私の生涯でも最も日光の希薄だった冬には, ナウムブルク*で影そのものとして生きた。……『漂泊者とその影』が, その間に生まれた」[『この人』I-1]。

また冒頭の対話で漂泊者は, プラトン*がテクストよりも対話を重視したことにひっかけながら, 「とはいえ, 後世の読者はプラトン〔のテクスト〕により多くの楽しみを抱くであろう。現実に楽しませてくれる対話は, 文書に変貌し, 読まれるならば, まちがった遠近法*ばかりで書かれている絵画と同じになってしまう。……とはいえ, 私たちが一致したことをやはり伝えてもいいだろう」と述べる。デリダ*を先取りしているかのようなこの個所は, エクリチュールと音声の機微が, 漂泊者と影との対話によるテクストの紡ぎだしとして暗示されている。

『ツァラトゥストラ』*第 4 部「砂漠の娘たちのもとで」*は,「ツァラトゥストラの影」と称する「漂泊者」のツァラトゥストラへ向けての言葉「行かないでください」から始まっている。アフォリズム集『漂泊者』では漂泊の「私」と影は別の存在であったが, ここでは漂泊者と影は同一の存在である。そしてこの影は, かつて見た東洋の澄んだ空気のなかの愛らしい娘たちについて歌う。また「影」と題した章 (第 4 部) で「影」はこう言う。「私があなたの影であるのをお許しください。……私は漂泊者だ。これまでも長いこと私はあなたのあとについてまわった。……あなたとともに, 私は自分の心がかつて尊敬していたものを破壊した」。ここでも漂泊者と同一存在である, 痩せ細った影は, 批判的理性として, 理性の価値を破壊してきたという逆説が暗示されている。およそニーチェの「影」はわれわれの思惟の最深部から産み出される逆説と深く関わっていよう。→漂泊, 自由精神と理性批判

(三島憲一)

仮象 [Schein]

仮象は本質や存在に対立する用語として哲学の歴史の中で用いられてきた。存在に対立する場合には，非‐在でありながら，存在するかのような見かけをもったものとして，幻想や虚偽と類似の意味を持たされ，理性の光によって見破られるべきものとされ，本質に対立する場合には，ものの本来の姿を覆い隠す存在（非‐在ではない）であり，本質的なものでないとされてきた。どちらの場合も，そうした仮象はわれわれの感覚や知覚が捉えたものと同一視されてきた。感覚や知覚が誤謬にとらわれやすいという日常経験が背後にあることはいうまでもない。それに対して，仮象と混同されやすい現象（Erscheinung）の場合には，本質の輻射，投射として，本質の活動に内属する本質的なものとして，新プラトン主義などでは考えられてきた。ニーチェの仮象概念は，これらのいずれとも異なる。

仮象に関するこうした伝統的思考は18世紀啓蒙を経て，美学的思考の誕生とともに芸術をめぐる議論のなかで大きく変容する。顕著な例は芸術の世界を〈美的仮象の王国〉と見たシラー*［『美的教育に関する書簡』］である。芸術の世界を偽りの世界や本質を隠すかりそめのものとはせずに，経験的現実よりも高い品格をもった存在であり，教養*への道であると捉えたのである。「人倫性の象徴としての美」をいうカント*［『判断力批判』］が背景にある。真理と美的仮象とは切り離されながら同時に，それまでの思想の知らない新たな結合を遂げる。『美学講義』においてヘーゲル*が美を定義して「イデーの感覚的輝き（scheinen）」としたのもその延長である。ニーチェの仮象概念は，こうした美学化を背景としているが，重要なことは，それと教養や善導や真理との密やかな関連を断ち切っていることである。

『悲劇の誕生』*において仮象は，夢の中の美しい像を司る光の神，輝く神（der Scheinende）アポロ*と結びつけられている。日常の現実よりも完璧な形象が現れる内面の幻想の世界を可能にし，しかもその幻想が病的なものに堕する危険を静かに払ってもくれる神がアポロである。われわれはこうした「夢の世界の美しき仮象」に耽り，それを楽しみながらも，所詮これは夢であるという気持と同時に，それでも構わない，この夢を見続けようではないかと叫ばずにはおれないときがあるはずだと，ニーチェは議論する。そのうえ，哲学的な人間は，「われわれが生きているこの現実の下に二つ目の，まったく異なった隠れた現実があり，その意味では日常の現実自身が仮象なのではないかという予感」［『悲劇』1］を持っている。しかも夢の中の仮象は楽しく美しいものばかりではない。苦しみと破壊の，欺瞞と惑いの神聖悲劇である人生の実相が現れることもある。それでも夢を見続け，かつこの実人生をも夢として仮象のなかに生き続ける態度がある，とするこの議論こそ彼がショーペンハウアー*の思想で捉えかえしたギリシア人の世界である。ギリシア人は，自分たちの人生の苦悩をオリュンポスの神々という仮象を繰り広げることで耐えられるようにした。「ギリシア人は生きていることの凄まじいまでの恐ろしさを知りぬいていた。そもそも生きていくことができるためにギリシア人はオリュンポスの神々の輝かしい夢の世界を自分たちの眼前に設定しなければならなかったのだ」［同 3］。さらには，この日常の現実そのものも，自己が意志であることに苦悩する世界の根源の原‐意志が思い描く仮象，つまり「真の非在」であるとするなら，われわれの美的仮象としての夢，そして芸術的な形象は，「仮象の仮象」［同 4］としてより大いなる快楽と満足の媒体であるはずである。すると個体化*の原理の実現としての「仮象の仮象」において根源的一者*は，自らが意志であることから救済

される。「個人的主体は媒体となって、真に存在する主体がその媒体を通じて仮象において自己の救済を祝う」[同 5]。要するに、一人の芸術家を媒体として世界と人類が仮象において自己の苦悩から救われ、人間の共同体の祝祭が光と輝きのうちに成就するということであろう。「美的現象としてのみ、人間存在と世界は是認される」*[同 5]。

プラトン*では、この世界はただの現象であった。イデアの世界に分与 (methexis) してはいるが、所詮はその現象 (Erscheinung) であった。その意味では存在に対する非-在でもあった。仮象が帯びさせられているすべての否定的要素が、われわれの生きているこの経験的世界に与えられていた。ニーチェにあってはまったく逆で、仮象のうちにこそ救済がある。仮象は現実*でも、現実の奥底の本質でもなければ、またまやかしの幻でもない。独自の存在の品格をもたされているが、それはあくまで仮象なのである。しかもこの仮象の「中間世界」――「オリュンポスの神々の芸術的な中間世界」[『悲劇』3]――は美的現象 (Phänomen) となる。この現象はなんらかの本質が現出するという意味での現象ではもはやない。夢の世界において、世界の本当のありよう、つまりは世界の〈本質〉が美的仮象として経験されるということである。世界を動かしているもの、その律動力はまさに美としての仮象にある。そしてそれは世界の奥底の苦悩の発現でありながら、苦悩を救う美となっているからこそ、本質のただの発現ではない自立した現象なのである。『悦ばしき智恵』*においてその事情はこう表現されている。「私にとって〈仮象〉とはなんだろうか。なんらかの本質なるものに対立するものではない。なんらかの本質などといったところで、その仮象につける述語以外になにを言葉にしようがあるだろうか」。さらに続けて、仮象とはまさに生の活力そのものであるとされる。「仮象とは私にとっては、生き生きと動く生 (das Wirkende und Lebende) のことである。こうした生は自己を嘲り笑うことによって、人生においては仮象と鬼火と幽霊の舞踏しかないのであり、それ以上のものはなにもないことを私に感じさせてくれる。さらには、このようにすべての者が夢見ているなかで、〈認識者〉である私も私の舞踏を踊っているのであり、認識者であることは、この地上の舞踏を長引かせる手段であり、その意味で人生の祝祭の担い手であることをも感じさせてくれるのである」[『智恵』54]。ここでは、芸術における仮象によってだけではなく、認識によっても世界は美へと転成することも強調されている。認識もこの世界に生きていくための幻として芸術となっている。

こうした新たな美の思考の中で、仮象とその対立物 (存在であれ、本質であれ) との関係は消失する。そこには、世界と人生を日常の取引や利害の対立や自己保存*行動の枠内で見ない新たな可能性が追求されている。「いわゆる世界史における相互絶滅の戦い」[『悲劇』7] を見つめつつも、それに絶望せずにギリシア人が生きていけたのは仮象のゆえである。芸術*や認識によって世界と人生がいかにかりそめのものであるかを知りつつも、そのかりそめの世界と人生を通して、個別化の美*の快楽*を通じて、個別化されない大いなる生命の衝動との美的一体感が仮象において可能となる。「ギリシア人を救うのは芸術であり、芸術を通じて自らを救うのは生*である」[同]。

だが、問題は、仮象についてのこうした美学的議論がとくに後期のニーチェにおいて、力への意志*による世界解釈と結びつくことである。その点は、いわゆる認識論や価値をめぐる議論に示される。彼に言わせれば、あるのは無数の解釈であって、「真なる解釈」というのは無意味な表現である。真と偽りという対立自身が力のひとつの配置の結果でし

かない。生があるという考えすら、ある偽りの解釈かもしれない。「今日、哲学のどんな立場に立とうとも、われわれがその中で生きていると思っている世界がどのような場所から見ても誤っていることこそが、われわれの目が確認しうる最も確実なものである。……このくらいは認めた方がいいだろう。遠近法*的な評価ともっともらしい仮象(Scheinbarkeit) を基盤としなかったら、生そのものが存在しないであろうということを」[『善悪』34]。「真理*の方が仮象よりも価値があるというのは、道徳的先入見以上のものではない。……みせかけの仮象にもろもろの段階があることを認めるだけで十分ではないだろう」[同]。もろもろの仮象、仮象のさまざまな段階を設定するのは力への意志である。してみるならば、真理よりも仮象の方に高い価値があるかもしれない。「仮象の方が、偽装への意志の方が、そして利己心と欲望の方がいっさいの生にとってより高い、そしてより基本的な価値を持っているとすべき可能性がある。いやそれどころか、[真理や没利己性という]あの良き、そして尊重されている事柄の価値を作っているのは、あの悪辣で、見かけ上は (scheinbar) 反対の事柄と危ないかたちで縁戚関係にあり、結びついており、絡みあっており、ひょっとしたら本質的に同じものであるということも考えられうる」[『善悪』2]。伝統的思考において存在や本質と対立関係にあるとされていた仮象がそうした二項対立を離れた独自の位置を獲得し、美における救済の夢を表すものといちどはなりながら、この段階になると、また二項対立の一項として考えられるようになっている。つまり、真に対立する偽という場合と同じに、二項対立として両者をやはり設定してしまったうえで、他項を一項に吸収するかたちで、すべては仮象であるといった論理の組み立てになる。二項対立の解消のための議論が二項対立を先鋭化し、一項の他項に対する圧倒的勝利に終わる論理である。——「真理へのこうした信仰はわれわれにあっては、その最後の究極の形態にいたる。……つまり、およそ崇めるものがあるとするならば、崇めねばならないのは仮象であるという結論に。そして嘘は神的であるという結論に」[遺稿 II.9.314]。そこでは、美しい仮象としてのオリュンポスの神々という意味での仮象概念は後景に退き、「みせかけ」という語義の方がまたしても重要になってくる。かつては、直観の持つけっして概念に捉え込むことのできない魅力こそ重要であった。そして、理性にとって異質であるだけに理性を魅する仮象の、官能的で偶然的な、そしてつかのまの力こそは、「偶然の悪ふざけ」[『悲劇』1]である世界と人生との和解をもたらしてくれた。そして、あるのは感覚的な現実であることを悟らせてくれた。なるほどどんな直観も概念に捉え込むことはできないが、概念で語らなければ、それが直観であることもできないからこそ、和解が可能なのであった。それが、後期になると、あるのは、力によって設定された偽りの価値の戦い、仮象の価値の闘争でしかない。美よりは、「偽り」「みせかけ」の意味での仮象が前面に出てくる。「仮象」の語における重点の置き方の移動はニーチェの思想の変化に相応している。→遠近法／遠近法主義，芸術，真理と認識，捏造，美と快楽

(三島憲一)

過剰

ニーチェの文章には豊穣なるもの、満ち溢れるもの、拡大・成長するものを謳った言葉がちりばめられている。「私が愛するのは、その魂がみち溢れるほどの豊かさで、そのため自分自身を忘れるにいたり、いっさいの事物が彼のなかにあるという者だ」[『ツァラトゥストラ』序説4]。過剰性の哲学——そのイメージの連なりに仮託していうなら、ニーチェの思想をこう呼びたくなる。

『悲劇の誕生』*には，アポロ*とディオニュソス*の和解のプロセスを，美の節度*に自然の過剰が侵入してくる過程として描いた部分がある。アポロ的な美の節度にもとづいて打ち建てられた世界に「いまやディオニュソス祭の有頂天な音調が侵入し，快感・苦悩・認識における自然の過剰が同時に啓示されたのである。従来は境界，節度の規定とみなされていたいっさいのものが，ここでは芸術の仮象たる本性をあらわにし，〈過剰〉が真実として出現した」［ディオニュソス的世界観］。ここで「過剰」と訳した言葉 Übermaß は，「節度」(Maß) を「超えたもの Über-」という意味をもち，境界を突破するディオニュソス的自然の姿を表現している。過剰はここでは節度の境界の侵犯という意味を担っている。そして自然というものは，こうした過剰性をその特徴として持つのである。「……自然にあって支配しているのは，窮状ではなくて，過剰 (Überfluß) であり，浪費であり，それも無意味なくらいの過剰と浪費である」［『智恵』349］。もし芸術がこうした過剰な自然と人間との和解を可能にするのなら，芸術自身にも，その過剰性という特性が転移するかもしれない。「芸術とはまず第一に旺盛な身体性の過剰 (Überschluß) であり，形象や願望の世界へのその流出にはかならないが，他方では，高められた生から生ずる形象と願望とによる動物的機能への刺激でもある」［遺稿 Ⅱ.10.83］。

過剰とはしかし文字通りには豊かさであり富である。「無限の感激すべき富！……どうして精神の貧しい者たちが幸福と讃えられるのか，私にはもはやわからない！」［『曙光』476］。ニーチェがここで語っているのは，経験，思想における富だが，広い意味での文化人の能力は，ニーチェにとっては欠乏や必要性からというよりこのような富や過剰性から生まれる。「われわれ文化人の能力は，さらに満ち溢れた能力から引き算をされたものである」［遺稿 Ⅱ.11.120］。過剰な富はまた贅沢を許容する。「贅沢を好む心は人間の深みに及ぶ——それは満ち溢れるもの (das Überfüssige)，過剰なもの (das Übermäßige) こそ彼の魂がもっとも好んで泳ぐ水であることを示す」［『曙光』405］。富は蓄積や保存の対象となるが，ニーチェにとって，むしろそれは贈与や浪費の対象となるべきものである。過剰なるものは贈り与えることができる。「人間が人々から何事も欲せず，つねに彼らに与えることに慣れてしまうと，彼は知らず知らずに高貴*に身を処することになる」［『人間的』Ⅰ.497］。高貴な者の贈り与える徳*は，いわば過剰性から生まれた徳にほかならない。また過剰なものは浪費することができる。そしてこの過剰の浪費はしばしば暴力や残虐さが伴う。「道義の苛酷さと凄絶さとは生*の過剰の一結果でありうる。すなわち生が過剰であるときには，多大のことが敢行され，多大のことが挑戦され，多大のことが蕩尽されることもまた許されているのである」［『偶像』Ⅸ.37］。

もちろん過剰なるものは，贈与や浪費の対象として現れるだけではなく，増大や成長への意志となっても現れる。「生は力の成長をあらわすものでなければなるまい。それは〈より多く〉という差異が意識されるためである」［遺稿 Ⅱ.11.98］。成長は力の質であるとすれば，過剰は力の証明である。「力があり余ってこそはじめて力の証明となるのである」［『偶像』序言］。

過剰なものを愛したニーチェの言説は，たとえばバタイユ*が『呪われた部分』で描いた「普遍経済学」にさまざまな示唆を与えている。マルセル・モースの贈与論に依拠した未開社会でのポトラッチの解釈にしても，「労働の理性」にもとづく限定経済学に対し，「過剰の蕩尽」に依拠した普遍経済学を構想しようとした試みにしても，境界の侵犯，豊かな富の贈与，蕩尽，力の増大と差異の意識

といった過剰性をめぐるニーチェの言説ぬきには考えられない。『無神学大全』第3巻『ニーチェについて』の次の一節など，過剰性を軸にした『道徳の系譜』*の読み変えであるのは一目瞭然である。「私は，善と悪を対立させるのではなく，〈道徳上の頂点〉と〈衰退〉を対立させたい。ここでいう〈道徳上の頂点〉は，善とは異なる。〈衰退〉も悪とは何ら関係がない。〈衰退〉の必然性は，逆に，善の諸様態を決定している。／頂点は力の過剰に，横溢に，対応している。頂点は，悲劇的な激しさを最高度へと導く。頂点は，度を越したエネルギーの消費に，存在の一体性の侵害に，結びつく。したがって頂点は，善よりも悪に近い。／衰退——憔悴，疲労の時に対応している——は，存在を維持し富ます配慮に最高の価値を与える。道徳の規範は，まさにこの衰退の支配下にある。」
→節度〔中庸〕，贈り与える徳，美と快楽，バタイユ　　　　　　　　　　　　　　　（木前利秋）

ガスト [Peter Gast (Heinrich Köselitz) 1854-1918]

ペーター・ガスト（本名ハインリヒ・ケーゼリッツ）は1875年からバーゼル大学でニーチェ，オーヴァーベック*，ブルクハルト*の講義を聴講し，やがてニーチェに心酔して，目の悪いニーチェのために原稿を清書したり，校正を手伝ったりして献身的に奉仕した。そうした奉仕はニーチェの退職後も続けており，ニーチェにとっては数少ない年下の友人として頻繁に文通を交わしている。のちにニーチェは，『人間的な，あまりに人間的な』*は頭痛に苦しむ自分の口述をガストが筆記して訂正したので，彼が「本来の著作者」であって自分は「たんなる原作者にすぎない」とも述べている［『この人』VI.5］。「ペーター・ガスト」という名前自体，ヴェニス*に住んで作曲家としての成功を夢見た彼に，イタリア人にも覚えやすいようにとニーチェがつけたものであった（イタリア風に「ピエトロ・ガスティ」とも呼んでいる）。ニーチェは，ガストはモーツァルト*にも匹敵する「南方の音楽」の名匠であるとして［同II.7］，チマローザの「秘密の結婚」と同じ脚本に彼が作曲したオペラ「ヴェネツィアの獅子」（この題名変更もニーチェによる）の上演のために奔走した（1890年にニーチェの友人カール・フックスの尽力によってダンツィヒで実現）。1888年の遺稿では「近代の最善のオペラはわが友ハインリヒ・ケーゼリッツのオペラで，それはヴァーグナー的ドイツから自由な唯一のオペラ〈ヴェネツィアの獅子〉である」と述べている（第2位にはビゼー*の「カルメン」，第3位には「音楽におけるディレッタンティズムの傑作」としてヴァーグナー*の「ニュルンベルクのマイスタージンガー」*を挙げている［遺稿II.11.320]）。また，ヴァーグナーを「モダニティ」を集約して体現する存在と見る立場から［『ヴァーグナーの場合』序文］，ニーチェはガストを「最後の古典的な作曲家」であると賞讃し［マイゼンブーク宛1888.10.20.]，自分がルー・ザロメ*の詩に作曲した「生への讃歌」をガストにオーケストラと合唱のために編曲させて出版した。ニーチェの発狂後，ガストは妹エリーザベトに協力してニーチェ全集の編集作業に加わったが，彼が保管していた『この人を見よ』*の原稿でニーチェが母と妹を罵倒している部分をめぐって対立し，1893年には一度関係を断った。しかし，ニーチェの筆跡を解読するためにどうしてもガストの協力を必要としたエリーザベトは和解を持ちかけ，1899年に復帰した彼は悪名高い偽書『権力への意志』の捏造に協力させられることになった。恩師オーヴァーベック*やカール・アルブレヒト・ベルヌーリ*とエリーザベトとの間で板ばさみになったガストは，1909年に最終的にニーチェ・アルヒーフを去った。『この人を見よ』の問題の箇所の原稿は妹によって破棄

されたが、それを予期してガストが残した写しが近年発見され、コリ*とモンティナーリ*による全集に採録されている。　　（大石紀一郎）

ガーダマー　[Hans-Georg Gadamer 1900-2002]
　ガーダマーにとってニーチェは二つの点で重要である。第一に、考証と注釈に自己満足する19世紀的な精神科学への激しい批判をした点で、自己の解釈学的反省とのある種の近さを認めうる存在である。解釈学*こそは、いかなる歴史的認識といえどもそのつどの現代の行為からの問いかけを暗黙の前提にしていることを意識化させるからである。第二には、恩師ハイデガー*が行ったと称する西欧形而上学*の解体に先鞭をつけた存在としてである。西欧の思想の発端であり、またその内在的論理である〈存在忘却〉についての認識を、プラトン*以来のヨーロッパのニヒリズム*の暴露というかたちで始めたのが、ニーチェだということになる。だが、第一に関しては、ニーチェが青年運動*などを先取りしながら、盲目的な生を称揚したのではないかという疑念をガーダマーはたえず表明している。むしろ、自分はニーチェにおける多少とも乱暴なところをもっとよく分節化してみせたという自負がある。第二に関しては、ニーチェの議論を、ニーチェ自身が批判した伝統のもつ水準の高さに合わせて継続させたという点で、ニーチェよりハイデガーを重視する [*Wahrheit und Methode*, S.243f.]。超越論的な問いそのものを近代形而上学の主観主義であると認識しえたのは、ハイデガーであるという立場を取る。その点でニーチェを見る目はけっして高くない。とはいいながら、ニーチェを青春の重要な読書体験にしている世代だけに、彼の生*という概念にはたえず魅了されていることも間違いない。たとえば、生の実相を悲劇のカタルシス効果に見ようとする記述が大著『真理と方法』にある [第2章第1節]。時間と空間の枠組みが崩壊し、実人生上のいっさいの意味や規範が無と化する運命的破局のうちにこそ芸術の描く生の意味を見ようとする議論である。ここにはニーチェの影が濃い。
　だが、『悲劇の誕生』*は他方で解釈学的反省への挑発である。つまり、理解の枠を越えた異質なもの、まったき他者をその異質性において、他者性において見よう、いやそれによって震撼されようとニーチェはするが、そうした姿勢はガーダマーには乏しい。彼の解釈学はハイデガーを受け継いでいるにもかかわらず、なにごとにおいても知的伝統の連続性を強調して解釈する傾向がある。〈存在の歴史〉こそ反省の究極的な対象でありながら、ガーダマーにあってはそれがやはり〈反省〉である以上、連続性に吸収されてしまっている。もっともそれは、ハイデガーそのもののなかにもある。だが『悲劇の誕生』はもっと豊かな可能性をはらんでいる。それは、太古の異質な経験、失われた経験からの挑発を、存在-神学にも激化させず（デリダ*、ハイデガー）、また19世紀市民社会の人文的伝統への懐古的気分をかきたてる（碩学ガーダマー）こともしないで受けとめる可能性である。→解釈学、ハイデガー　　　　（三島憲一）

価値の転換〔あらゆる価値の価値転換〕
[Umwertung aller Werte]
　【Ⅰ】　**最晩年の構想をめぐって**　晩年のニーチェは『あらゆる価値の転換』を表題にした四書からなる著述を構想したことがある [遺稿 Ⅱ.9.401; Ⅱ.12.47f., 114]。これは、もともと『力への意志』という題で想を練っていた著作が放棄されたのちに、それを継いだ格好で浮上してきたもので、メインタイトルとなる以前には、しばしば『力への意志』のサブタイトルに置かれていた [同 Ⅱ.11.147; 『系譜』Ⅲ.27]。グロイター版全集の編者たちによれば、ニーチェは1888年8月末から9月初頭に『力への意志』の計画を最終的に断念、

それまでの草稿を『あらゆる価値の転換』としてまとめて出版することを思いついたらしい。事実、この9月初頭以降になると、「あらゆる価値の転換」と題した著述のプランが散見し［遺稿 Ⅱ.12.43］、四つに分けられた各書の計画も、そこに含まれている（一例をあげれば、第1書・アンチクリスト、第2書・自由精神*、第3書・インモラリスト、第4書・ディオニュソス［同 Ⅱ.12.47f.］）。今日『アンチクリスト』*の名で知られている書物は、当初その第1書として構想されていた。とすれば、あらゆる価値の転換とは、晩年のニーチェが図った思想の集大成、おのれの思想を収斂させようとの思いから出た決めの一句にほかならなかったといえるかもしれない。第一に「キリスト教批判」を試みるアンチクリスト、第二に「ニヒリズムの運動としての哲学への批判」を遂行する自由精神、第三に「最も不幸な無知の一種ともいうべき道徳への批判」を敢行するインモラリスト、そして第四に「永遠回帰の哲学」を予言するディオニュソス*――これまでの価値の破壊とあらたな価値の創造とを二つながら一つにしたこれら総括は、生涯の長い思索の末に立ち現れて来た、ニーチェにとっての思想の到達点と言えるかも知れない。

だが価値の転換という思想を晩年に完成をみた境地とだけとるならば、その肝心な部分を見落とすはめになる。何よりも、ニーチェが『あらゆる価値の転換』という書物を完成させなかった事実を指摘しておかねばならない。価値の転換は晩年にあっても閉じることがなく、体系*の完成からは程遠かったというのが真実である。だがそれはニーチェの思想が未成熟に終わったことを意味しない。そこには未成熟どころか成熟の一段階に安んじようとはしなかった彼の思索の強靭な風貌がみえてくる。体系の完成から程遠かったというより体系への意志とは縁遠かったというべきか。著作にうかがえる思考の反復の数々が

その証左である。そしてこれは、価値の転換という思想が晩年の一時期に閉じられたのみならず、逆に彼の思索のあらゆる時期に開かれていたことをも物語っている。果してニーチェは「『悲劇の誕生』*は私の最初のあらゆる価値の転換であった」と述懐していた［『偶像』X.5］。あらゆる価値の転換はニーチェの生涯の著作を貫いていた。

【Ⅱ】 価値転換の持続したモティーフ

「あらゆる価値の転換」という表現が後期に属するとは言っても、価値の転換の思想が後期に限られるわけではない。たとえば『悲劇の誕生』*は、あらゆる価値の転換ではないにしても、たしかにある価値の転換を試みた著作である。後に書かれた序文「自己批判」は、この価値転換の跡を捉え直したものでもあった。ペシミズム*といえば、下降の兆候と決めてかかりやすい常識に抗して、「強さのペシミズム」というものもありはしないかと通例の見方を転じ、ソクラテス*にギリシア思想の絶頂をみてきた旧来の古代ギリシア観に、「ほかならぬこのソクラテス主義こそ、下降・疲労・羅病の兆候」ではあるまいかと疑義を呈していくとき［「自己批判」1］、価値を転換させようとの試みがはっきりみてとれる。「『学問』*を芸術*の光学のもとで見、他方、芸術を生*の光学のもとで見る」という課題設定や「生の光学のもとで見るとき――道徳とは何を意味するか？」という問題提起［同 2, 4］は、こうした試みと結びついていた。価値の転換とは学問・道徳、生の価値を規定してきた古代ギリシアの伝統の規範力を問い直すことである。ニーチェは晩年の遺稿断片で、『悲劇』に含まれた三つの新しい着想として、「生への大いなる刺激剤としての芸術」、「新しい型のペシミズム」、「ギリシア人へのあたらしい構想」をあげている［遺稿 Ⅱ.11.37］。科学的真理にたいする芸術、ロマン主義的ペシミズムにたいする「古典的ペシミズム」、ソクラテスのギリシアにたいする

悲劇作家*たちのギリシア——ヨーロッパの伝統を規定してきた価値の転換こそが『悲劇』を貫いていた。

ところで『悲劇』は、古代ギリシアという過去の像の転換をはかりながら、同時にニーチェの時代そのものに対する批判のまなざしをも隠してはいない。『反時代的考察』*になるとこれが鮮明になる。ショーペンハウアー*論には過去の民族*や異民族の歴史を研究することの意義にふれて次のように語った箇所がある。「古代ギリシアの哲学者たちが生存の価値について下した判断は、現代人の判断よりもずっと含蓄が深い。それは、彼らにとっては生自体が眼前で、あるいは周囲で豊穣なる完成に達していたからであり、そして、現代のように思想家の感情が、生の自由や美や偉大を求める願望と、生存にはそもそもいかなる価値があるのかと問いつめる真理への衝動に分裂して混乱を来たすということがなかったからだ」〔『反時代的』Ⅲ.3〕。『悲劇』での重点が古代ギリシア観の転換にあったとすれば、ここでニーチェは古代ギリシアからみた現代社会の価値の懐疑と転換の可能性について語っている。「現在目の前にあるものはすべて押しつけがましさがあるもので」、それはわれわれの「視野を限定してしまう」。過去の歴史を知ることは「現代を乗り超える」構えを身につけるのにも有益である〔同〕。『ヴァーグナーの場合』の口吻を借りれば、「いっさいの時代的なもの、時世にかなうものに対する深い疎隔、冷淡、冷静な態度」、「人間という事実全体を途方も無い遠方から見渡す……ツァラトゥストラの眼光」を欲することである〔『場合』序文〕。ニーチェの言う価値の転換は、「自らのうちで自分の時代を超克して〈時代にとらわれなく〉なること」でもあった〔遺稿Ⅱ.3.209〕。いわば古代にかんする価値の転換が、現代における価値の転換に連動していたわけだ。あらゆる価値の転換とは、過去と現在をめぐる価値の破壊にほかならない。

ただしニーチェが「反時代的」であることをスローガンに謳い上げるとき、これまでのいっさいの価値を喪失させるにとどまらないより積極的な意味も込められていた。「反時代的」とは「時代に抗して、それによって時代に対して、そして望むらくは来るべき時代のために」働きかけることだと彼はコメントしているが、反時代的とは、してみれば現にあるものの価値の破壊を通じて、来るべきものの価値の創造をも告げるものだったことになろう。古代を基準にして現代が評価されるのは、実はこうした未来への志向性に根ざしている。ただしニーチェの場合、基準とされる古代そのものの解釈変えが行われていた。過去を基準にした現代の評価が未来志向的ならば、この基準の解釈そのものも来るべきものに向けた実践の一つでなければならない。過去と現在はいずれにしても不確実性のなかにさらされる。そしてそれは、しばしばそれぞれの従来の価値喪失にも通じうる。しかしあらゆる価値の転換という思想は、従来の価値の破壊という否定的な側面だけに還元されるものではない。従来の価値喪失を未来の価値創造に結びつけようとするものこそが、価値転換の思想にとって肝心な問題なのである。

【Ⅲ】 **価値転換の試みの変化** もっともニーチェの価値転換を可能にした条件が、過去・現在・未来という歴史的な文化や社会の位相だけに終わるならば、さして彼のオリジナルとは言いにくい。価値転換の思想が「かくも黒々として巨怪なもの」〔『偶像』序言〕とつるのは、ニーチェが自らをもこの価値転換の標的にしたからだ。価値転換の運動はニーチェ自身の生涯と個性の位相自身に内在していた。「いまや孤独*に、自分に対し厭わしくも不信の念を抱いて、忿懣の気持がないでもなかったが、私はそんなぐあいに自分に敵対し、またまさに私が苦痛を覚えて辛く感

じたいっさいのことのほうに与した」[『人間的』Ⅱ序言4]。ニーチェは初期から中期への転換をこう振り返り、それを「反ロマン主義的自己治療」と呼んでいる[同2]。自己吟味を通じた自己否定、自己治療、こうした苦痛と快癒*を生きることが、価値の転換を可能にしたもう一つの条件である。「私は医者と患者を一身に兼ねて、いまだ試されていない反対側の魂の風土へと、とりわけ異国への、見知らぬ事物への退却漂泊へと、……縁遠いものへの好奇心へと、自分を強いた……」[同5]。『ヴァーグナーの場合』の序文で、「無時代的」であるには自己克服、自己訓練の努力が必要である旨を語っているが、未知で新たなもの、遠い異質なものへの感受性を磨くことに通じただろう。

ただしこうした変容や転身がニーチェの生涯をいくたびか見舞うにもかかわらず、彼の思索のなかでいくつかの同じ主題をめぐる省察がいくども繰り返されたことは見逃せない。だがこの果てしない反復は、思考の固定化や不変の解の構築に収斂するものではない。むしろ自己矛盾をも恐れない流動的な思考の運動こそが、この反復に伴う。ひとは何か心に浮かんだ想念を書きとめると、自分の考えがある形を得、定着を見たかのような錯覚を受ける。しかし次の瞬間にわれわれを襲うのは、書きつけた文字への懐疑である。書きとめたものとはむしろわれわれの思考の運動の痕跡にすぎない。考えてみればささやかながら誰しも自分が「克服したところのみを語っている」[『人間的』Ⅱ序1]のである。アフォリズム*という叙述のスタイルは、この生きた思考を一つのかたちにとどめようとしたものだったと見ることもできよう。ヤスパース*は、ニーチェの省察にみる「果てしなき反復」には、「個々の命題において根本思想が陥る陳腐な固定化からそれを救い出すところの変容」[『ニーチェ』]が伴わざるをえないことを指摘している。完成した体系*に安らおうとはしない思索の持続と反復、その強さこそが、あらゆる価値の転換という難行に耐えるのである。ニーチェにおけるあらゆる価値の転換は、価値転換をめぐる思索の反復と持続ぬきには成り立たない。

価値転換の試みはニーチェの思索のどの段階にも現れる。初期には、自らの哲学を「逆転したプラトン主義」と呼び、「真に存在するものから遠ざかれば遠ざかるほど、より純粋に、より美しく、より良くなってゆく。仮象*のうちなる生が目的」[遺稿 Ⅰ.3.267]と記していたが、ここには真理*と仮象の世界という二世界説を「芸術家形而上学」の立場から逆転しようとした姿勢が見える。中期になると「芸術家形而上学」を語ることはなく、「もはや自然科学と区別して考えることの全然できない歴史的な哲学」が「形而上学*的な哲学」一般に代わるものとして採用される[『人間的』Ⅰ.1]。永遠の真理は存在しない。むしろその背後に「小さな目立たぬ真理」を「厳密な方法で」発見していく心理学*的考察こそ主眼になる[同 Ⅰ.3]。だが後期には、この方法も「世界の背後」に何物かが存在するとの見方から脱していないことが反省され、さまざまな「価値判断そのものはいかなる価値をもつか」という問いが「力への意志*」の視角から系譜学*的に吟味されることになる。「芸術家形而上学」によるプラトン主義の逆転、「心理学的考察」による形而上学的真理の還元、「力への意志」の生理学*にもとづく系譜学的思索、これらはどれも価値転換の試みなのである。とすればニーチェの価値転換の試みにあっては、生涯にわたってその企図が繰り返されながら、その試み自身が不断の乗り越えの対象となったことが分かる。価値の転換自身の転換である。ニーチェにとって価値の転換の試みとは価値の転換の方法そのものの変容の歴史でもあった。

『ツァラトゥストラ』*の一節「三段の変化*」は、駱駝・獅子・幼子のメタファーによって、あるべき精神の変化の跡を辿ったものだが、レーヴィット*は、ニーチェの思想の発展を「三段の変化」に対応させ、初期はヴァーグナー*、ショーペンハウアーを崇拝した信奉者の時代、中期は自由精神にもとづく「午前の哲学」の時代、そして『ツァラトゥストラ』に始まる後期は、永遠回帰*の教師となる「正午の哲学」の時代だと整理している。もしそう言えるとするなら、「三段の変化」はニーチェの価値転換の遍歴をも辿ったもので、その意味で価値転換の転換にかんする省察を綴ったものとも読めるだろう。この解釈の当否はおいて、ニーチェの叙述には、彼自身が試みたこと、企てようとしたことに関する自己批評を書きとめたものがある。1886年に既刊の著書の新版に付された序文、『この人を見よ』*などにとどまらず、遺稿断片のあちこちにみられる自己批評がそれである。これらは、すでに完成をみた彼の思想体系を後日、わかりよく解説したものというより、ニーチェにおける価値転換の思想が、彼自身の認識と生の変転に対する自己省察ぬきに成り立たなかったことを物語っているだろう。とすれば、ニーチェにおける価値転換の思想は、ここで価値転換の変容にかんする省察そのものをうちに含んだものとして成立したことになるだろう。

価値転換の反復、価値転換の反復におけるその変容、そして価値転換の反復のなかの変容にかんする自己省察——反復、変容、省察といった諸相が、ニーチェの価値転換の試みをダイナミックなものにも、豊かなものにもしているのである。

【Ⅳ】 後期における価値転換論　「ニーチェの企ては、ごく概括的に言うなら次のことである。すなわち、哲学の中に意味と価値の概念を導入すること」——ドゥルーズ*は、ニーチェにおける価値概念の重要性をこう指摘している [『ニーチェの哲学』]。後期ニーチェに「あらゆる価値の転換」という言葉が頻出するという事実からも、価値の概念が後期において決定的な意義を有することはまちがいない。冒頭にみたように、ニーチェは価値の転換を軸にした思想をまとめあげようとした様子がある。体系的な完成にいたることはなかったにせよ、〈力への意志〉にもとづいた〈あらゆる価値の転換〉の思想は、後期ニーチェにおいて、ある程度の筋をもったいくつかの命題に要約できる。

人間は通常、虚偽よりは真理を、悪よりは善を価値あるものと考える。真理、道徳、宗教といったものが、こうした価値づけを前提に成り立っていることはいうまでもない。この価値判断を自明の前提として、最高善や第一真理の何たるかを尋ねてきたのが、従来の形而上学の歴史であった。ニーチェが問うのは、究極において真なる価値、善なる価値を持つのは何かではない。「まず問われねばならないのは、これらの価値はいかなる価値をもっているかということである」[『系譜』序言 6]。最高の善、第一の真理とは何かではなく、虚偽や悪よりも真理や善により価値があると判断すること自身は、そもそもいかなる価値があるのかと問うことである。諸々の価値を前提にして最上の価値を探り出すのではなく、諸価値そのものの価値を問うこと——あらゆる価値の転換において問われていたのはこの諸価値の価値である。

もちろんこうした問いは、真理や善の方を価値ありとみる評価づけそのものへの懐疑と表裏一体である。「〈善人〉のほうが〈悪人〉より価値の上で一段と高い価値をもっていると評価することにかけて、誰もこれまで毫も疑ったり、揺れ動いたりした者はなかった。……　ところで、その逆が本当だったらどうするのか？〈善人〉にも退化の兆候があるとしたら、どうなるのか？」[『系譜』序言 6]。ニーチェはここで価値評価をたんに逆

103

にしているのではなく，真と偽，善と悪の対立を自明のものとみることからも，真理や善にプラスの価値を与え虚偽や悪にマイナスの価値を与えることからも距離をとろうとしている。二項対立の外に立つことで，この対立を成り立たせている価値と対立する価値があるという信仰を疑っている。それはこれまで価値の相違とは価値の対立ではなく程度の差にすぎないと発想を転換し，価値ありとされたものの総体が無と化す徹底したニヒリズム*を経験することでもある。価値の転換と新しい価値の設定が主題になるのはこの次元である。あらゆる価値の転換とは厳密に言うならあらゆる諸価値の価値の転換のことである。

ではこの諸価値の価値とは何か。価値評価とは「ある種の生を保持するための生理的要求」[『善悪』3] である。ハイデガー*によれば「ニーチェにとって，価値とは……生が〈生〉であるための条件というにほぼ等しい」[『ニーチェ』]。だから価値は生をいかに可能にするかによって弁別される。「価値判断そのものはいかなる価値をもつのか。……それは生の困窮，貧困化，退化の兆候であるのか。それとも逆に，生の充実，力，意志の現れであるのか」[『系譜』序言3]。われわれはこうした価値設定の流儀に，いっさいを生なるものに還元するニーチェの一面を見たとしてもあながち不当ではない。だがそうした難点を指摘しただけで話が済むわけではない。ニーチェはこの生なるものの解釈を，そのディオニュソス*的な古代ギリシア観から引き出している。ということは，旧来のギリシア観そのものの彼自身による転換からそれを引き出したということである。ただしニーチェは，それを初期の成果からそのまま導入せず，初期の思索にたいする自己批判を介して導入している。ニーチェの価値転換の思想が，一つにギリシア的伝統における規範力の価値転換を含み，さらに価値転換の試みの変容にかんする省察をも内に含んでいたことが，「生の退化の兆候であるか，生の充実の現れであるか」という諸価値にたいする価値判断に結実したのである。

ところで充実の現れか退化の兆候かという判断の区別は，後期ニーチェの場合，力そのものの類型の違いにも対応している。強者の高貴*な能動的力と弱者の劣悪な反動的力との違いがそれで，ニーチェのいう価値はこうした力の質の違いでもある。ドゥルーズの言い方をとれば，「ある事象の価値とは複合的な現象であるその事象のうちに表現されている諸々の力の序列」である[『ニーチェと哲学』]。現代の諸価値は，ニーチェのこうした価値概念に照らせば，劣悪で柔弱な反動的力が支配的なものとなったために優位を誇るようになったもので，結局は，生の衰弱化を招くだけである。こうした現代の諸価値の上に君臨するものは何か。ニーチェにとってそれは「道徳的価値」である。「ソクラテス以来のヨーロッパの歴史に共通してみられるものは，道徳的価値をして他のいっさいの価値に君臨せしめようとする試み」[遺稿 Ⅱ.10.125] にすぎない。それは生の裁き手ないし導き手であるばかりではない。認識，芸術，国家的・社会的な努力の裁き手ないし導き手でもある。『系譜』などにおいてニーチェが「道徳の価値」を論駁したとき，通常の道徳論を超えていたと言えるかもしれない。「道徳的価値はこれまで最上位にある価値であった。……われわれが道徳的価値をあの最上位から取り除けば，われわれはあらゆる価値を変革することになる」[同 Ⅱ.10.217]。

近代社会の諸価値にたいする批判を，ニーチェはこうしたスタンスから展開する。ただし彼は現代における劣悪な反動的力の支配を，それ自身，一個の「価値の転倒」の結果だとみる[『善悪』46, 62, 195]。ヨーロッパの歴史でこの転倒に大きく与ったのがキリスト教*支配である。「行為と真実においてヨー

ロッパ人種の劣等化のために働くために，彼ら〔キリスト教の「聖者たち」〕は何をしなければならなかったか？　すべての価値を転倒させること——これを彼らはしなければならなかったのだ！」[『善悪』62]。しかしそうなると諸価値の価値評価には，この転倒以前に，転倒されざる評価の仕方があったことになる。『系譜』では，そうした価値評価を「騎士的・貴族的価値判断」と呼び，転倒の結果生じた「司祭的価値評価」と区別して，ヨーロッパ史を両者の相克の歴史として描いている [I.7]。あらゆる価値の転換とは，この「価値の転倒」の超克の上に成り立つ。

もっとも価値の転換にかんするこうした見解は，諸価値の多様な姿を，〈力への意志〉と〈生〉の思想に一律に還元してしまう見方に通じかねない。しかし他方でニーチェは，こうした諸命題を導き出すのに，いくつもの主題にわたって省察を重ねている。そしてこれが彼の価値転換をめぐる思索の魅力でもある。「道徳上の自然主義。言い換えれば，いかにも自然から解放されているかのように見える超自然的道徳価値を，その〈自然〉へと，すなわち自然な背徳性とか自然な〈有用性〉などへと還元すること」[遺稿 II.10.66] ——かなりいかがわしい〈自然〉概念でもあるが，これが，初期の自然概念や中期にみるモラリスト*への積極的評価にたいするニーチェの自己反省を経ていることは見逃せない。「社会学がもっぱら群居性の頽落的形成物を経験からのみ知り，不可避的に頽落本能を社会学的判断の規範としていることは，やはりその非難さるべき点である。……畜群本能は……貴族主義的社会性の本能とは根本的に相違したものである」[同 II.11.47]。「エゴイズムは，それを持っている者が生理学的に価値があるそれだけの価値がある。……利他主義的な価値づけの優勢は，出来の悪さのための本能の結果である」[同 II.11.39f.] ——共同性やエゴイズムに関する暴言ともみえる発言は，人間の社会的関係に統合的な構造や価値を前提しない地平から，人間の共同性や関係性を問う道に通じてもいる。

「道徳的価値のかわりに……自然主義的価値。／〈社会学〉のかわりに支配組織論。／〈認識論〉のかわりに情動の遠近法理論……／形而上学と宗教のかわりに，永遠回帰説」[同 II.10.21]，「真理への意志*」にたいする「欺瞞への意志」，「善 – 悪」にたいする「良い – 悪い」，「自我」にたいする「自己」等々。——こうしたさまざまなモティーフこそが，あらゆる価値の転換を説くニーチェの尽きない魅力なのである。もちろんこれらをめぐる彼の思惟が世界の諸事象を生や力なるものに還元する方向と，生や力をさまざまな主題の思索によって豊穣にする方向に向いていることは否めない。ニーチェにおける「あらゆる価値の転換」の思想をどう解析していくかは，ニーチェ読解の今後を占う課題でもあるだろう。→『悲劇の誕生』，アポロ／ディオニュソス，『アンチクリスト』，真理と認識

(木前利秋)

カティリーナ [Lucius Sergius Catilina ca. 108-62 B.C.]

ローマ共和制の末期に現れた陰謀家であり，共和制に不満を持つ人々を結集して反乱をおこそうと企てたが，キケロ*の追及を受け陰謀を阻止された。ニーチェは「カティリーナ的存在」が犯罪者の原形であり，「あらゆる皇帝を先取りした形式」[『偶像』IX. 45] だと言う。犯罪者とは，定着した規範や価値に対して「憎悪と復讐と反逆の感情」を抱くものであり，その意味では「天才*」の特性でもある。これと同列に置かれているのはナポレオン*であり，またドストエフスキー*が描くシベリアの徒刑囚である。彼らは本能の強い「自然児」であるがゆえに「去勢されたわれわれの社会」にやってくると必然的に犯罪者になってしまうのだとされる。彼らの

「強い人間の徳」が社会から追放されていることは、「生理学的な退化」の兆候であり、カティリーナ的犯罪者の「地下的」なものを僧侶的道徳の代わりに最上位につけることによって、「精神の革新者」を求めようとしている。→天才　　　　　　　　　　（大貫敦子）

カフカ　[Franz Kafka 1883-1924]

　ニーチェがカフカにどの程度「直接的」影響を与えたかについては諸説がある。カフカの蔵書に『ツァラトゥストラ』*が含まれていたことや、それを女友達に朗読して聞かせていること（1900）、また『悲劇の誕生』*を読んでいたと思わせる証言があることなどが確認されているが、影響関係を直接に示す伝記的事実は限られている。動物寓話の使用法、『判決』に見られる悲劇の構造や死への願望、『断食芸人』の禁欲と精神的渇望、さらには倫理的なものに拮抗する審美主義的傾向などに、ニーチェからの影響を指摘する研究もあるが、こうした解釈には懐疑的な研究者もいる。しかし直接的な影響関係とは別に、両者の作品にはジャンルや文体上の差異を越えた現代思想の根幹をなす共通性が見いだされる。人間の認識*や言語*のメカニズムには、本来、主体の投影に過ぎないはずの仮象*世界を、絶えず実体的・客観的な真理*として措定しようとする働きがあること、そしてこの誤謬のメカニズムと、機械化された産業社会における生の抑圧のメカニズムとの間には内的な連関があることなどを両者は洞察していた。両者が好んで用いた非体系的なアフォリズム*や断章には、言語の実体化への批判、近代科学的真理概念や体系的思想に対する懐疑、生と認識の乖離への洞察、遠近法主義*など、種々の共通した主題や表現が見いだされる。　　　　　　　　　　　　　　（鈴木　直）

[文献]　▷辻瑆・三島憲一・麻生建『ニーチェとカフカ』『エピステーメー』1977年2月号. ▷ P.Bridgwater, *Kafka and Nietzsche*, Bonn 1987. ▷ K-H.Fingerhut, *Die Funktion der Tierfiguren im Werke Franz Kafkas. Offene Erzählgerüste und Figurenspiele*, Bonn 1969. ▷ W.H.Sokel, *Franz Kafka. Tragik und Ironie. Zur Struktur seiner Kunst*, Frankfurt a. M. 1976.

神の死

　「神の死」は、ニーチェの後期の思想の中心概念の一つである。『ツァラトゥストラ』*において最も中心的に展開されたこの「神の死」は、単に一概念というだけにとどまらず、ニーチェの『人間的』*とともに始まった批判と解体のための諸作業の結節点としての意味と、そこからさらに開始されるべき新たな思想段階にとっての決定的なスプリングボードとしての意味を担っている。

　【I】　神の殺害　「神の死」の概念がニーチェにおいて最初に明瞭な形で登場するのは、『悦ばしき智恵』*の125番である。「諸君に言ってやる！　おれたちが神様を殺したのだ――諸君とおれが！　おれたちは全部神様の殺害者だ！」。広場に突然現れ、人々に向かってこうわめき散らす「気違いじみた男」は明らかにツァラトゥストラの先駆である。神の殺害、それは人間にとってこれまでにない「偉大な行為」であると男は言う。そして「おれたちのあとから生まれてくるものはみな、この行為のおかげで、これまでにあったすべての歴史より一段高い歴史に属することになる」のだ。そこから私たちは、神の死がニーチェにとり人類の歴史において一個の決定的な転回を劃する概念にほかならないことを捉えうるだろう。そしてそれが『ツァラトゥストラ』の主題となる。

　まず『ツァラトゥストラ』の序説を見てみよう。『智恵』の342番にも引かれている序説の冒頭でツァラトゥストラはまず、自らの内部における豊饒と充溢を、そしてその豊饒と充溢を人間にわかち与えるための「没落*」

(Untergang) への意志を語る。この豊饒・充溢と人間に向かおうとする没落への意志の中にすでに「神の死」をめぐるニーチェの思考の基本構図が現れている。豊饒・充溢とはここで，ツァラトゥストラが自ら神にも比すべきある絶対的な肯定性（同一性）の高みにまで至ったことを証しだてている。それは裏返していえば，ツァラトゥストラにとってもはや神が不要な存在となったことを意味しているといってよいだろう。このことから明らかになるのは，ツァラトゥストラにおいて神を中心とする生と存在の形が解体したということである。ツァラトゥストラが森の隠者と出会い，その自足的な生活ぶりにいくばくかの好意を感じつつも訣れねばならなかったのも，隠者が神の方に向いており，本来目を向けねばならないはずの人間の方に向いていなかったためであった。ここでツァラトゥストラはあまりにも有名なあの台詞を口にする。「一体こんなことがありえようか！　この老聖者は森にいてまだあのことについて何も聞いていないのだ，すなわち神が死んだということを」［序説2］。ただここで「神の死」の宣告と人間へと目を向けることが対になっているからといって，ツァラトゥストラを神の死の宣告へと誘った豊饒と充溢がただちにありのままの人間の肯定を意味しているわけではない。ここで神の死の意味，より正確にいうならば神の死を転回の契機としつつ現出する神という中心を欠いた生と存在のありようと意味についてさらに考えてみる必要があるだろう。そのとき神の死のもう一つの要素である「没落」への意志が重要な意義をもってくる。

【Ⅱ】　没落への意志——超越性の死　没落への意志は，すでに見たようにツァラトゥストラの豊饒と充溢の所産であり帰結である。この豊饒・充溢の持つ絶対的ともいえる肯定性（同一性）はまず何よりもツァラトゥストラ自身の神に替わるべき超越性として表現されるかに見える。このツァラトゥストラの超越性の形象化が「超人*」という，これまた『ツァラトゥストラ』におけるあまりにも有名な概念であることはいうまでもない。だが一方に没落への意志という概念を置き，かつそれを人間へのまなざしと関連づけながら超人の概念を考えるとき，ツァラトゥストラを死滅した神の超越性に替わるもう一つの超越性として捉える見方，そして神の死の概念をこうした超越性の王位交替という次元で捉える見方は完全に誤りであることが明らかになる。まず初めにツァラトゥストラの最初の人間へのよびかけの言葉を検討してみよう。「私は，諸君に超人を教える。人間とは，克服されるべき何物かである。諸君は，人間を克服するために何を為したか？」［序説3］。ここでツァラトゥストラは超人たる自らを人間に向かって宣告しているわけでもないし，そうした自らの超人としてのあり方を人間が模倣せよといっているわけでもない。超人とは人間が人間たることの次元において実現すべき生のありようであるのだ。このとき超人は神に替わるもう一つの超越性ではありえなくなる。神の死はむしろあらゆる超越性の死とみなされねばならない。このことに関して序説の同じ章にあるつぎのような言葉に注目する必要がある。「かつては神に対する冒瀆が最大の冒瀆であった。しかし神は死んだ。そしてそれとともにかかる冒瀆者たちも死んだのである。大地を冒瀆することこそ今やもっともおそるべきことであり，究めがたいものの内臓を大地の意味より高いものとして尊重することも同断である」［同］。ここでニーチェが「神を冒瀆する者たち」として取り上げているのは，E. フィンクらの考えにしたがうならば「啓蒙主義者」のことである。啓蒙主義者たちは神への批判をとおして，神と人間の位置をひっくり返そうとした。言い換えれば啓蒙主義*においては神と人間のあいだで超越性の王位交替が追求されたのであ

る。では啓蒙主義において新たな超越性の台座となるものはなにか。それは主体*(Subjekt) として定義され、肯定される人間にほかならない。したがって神を冒瀆する者たちも神の死とともに死ぬ、とニーチェが言うとき、それは啓蒙主義において設定された主体としての人間の超越性が神の超越性とともに死ぬことを意味したのである。

ここで問題は、神の死がただちにありのままの人間の肯定にはつながらないという先ほどの了解につながってゆく。神の死があらゆる超越性の死を意味するならば、神の超越性のみならず主体としての人間の超越性への志向、言い換えれば啓蒙主義的な神（宗教）批判の核にある人間中心主義(ホモツェントリスムス)への志向もまた死なねばならないのだ。この啓蒙主義的な人間中心主義をニーチェは、動物と超人のあいだにあって危うい均衡を保っている人間の怯懦の現れとみる。それは人間であることの克服をめざす意志、すなわち没落への意志を阻害するあらゆる現状逃避的な名目——「幸福」「理性」「徳」「正義*」「同情*」といったもの——の持つ意味にほかならない。裏返していえば、没落への意志とは単にツァラトゥストラ自身の人間への没落の志向を意味しているだけではなく、人間そのものの没落、すなわち人間の人間であることの克服への意志、志向を意味しているということである。そしてこうした没落への意志の核心に、あらゆる超越性の構造を根底から解体する神の死の認識が働いている。

【III】 肯定性の思考　　ただここであらためて見ておかねばならないのは、神の死の概念を軸に展開される『ツァラトゥストラ』の思想の肯定的性格の問題である。ニーチェの超越性に対する批判の目は、『ツァラトゥストラ』において急に芽生えたものではなかった。むしろ明確に、『人間的』から始まるニーチェの第二期の思考のあり方の中心的主題としてこの超越性への批判があったというべきであろう。だがこの時点におけるニーチェの超越性への批判は、文字通り「批判」の構図によって貫かれていた。ここでニーチェが自らの思考の力点として賭けようとしたのが「批判」にまつわる価値の転換*への、あるいは価値破壊への志向であったとすれば、そこで働いていたのは否定性の思考の特性にほかならなかった。そしてこの批判の持つ否定的特性から生じてきたのが『人間的』における「自由精神*」であった。「〈自由精神〉という原型を内に宿し、それをいつか完全なまでに成熟させたり完備なものにならせたりするはずのある精神は、みずからの決定的事件として大いなる解放を経験している……おそらく自分がこれまであがめ愛したところにまでさかのぼる神殿冒瀆者に似た手つきや眼つき……かかるよからぬものや痛ましいものが、大いなる解放の歴史に属している。解放とは同時に人間を破壊するかもしれぬ一つの病気である、自分で決定し自分で価値措定しようとする力や意志のこの最初の爆発、自由な意志へのこの意志こそは」〔『人間的』I序言3〕。この引用にみられるニーチェの批判のラディカリズムは、まずなによりも現象の背後に永遠化された本質——たとえば「物自体*」——を求めるイデアリスムスの思考構造に向けられる。こうしたイデアリスムス的思考から生み出される本質も、あるいはその倫理的ヴァリエーションとしての善も、現象の一回的・偶然的生起から人工的かつ派生的に捏造されたものにすぎない。ニーチェはこのようにイデアリスムスを捉え返すことによって、本質や善を基盤として成立する超越性の構造に対して強烈な一撃を加えたのであった。それは超越性を超越性たらしめている背後世界と現象の二元構造と背後世界に本質としての永続性を付与するメカニズムを解体することであり、さらにはそうした永続化された背後世界＝本質を現象世界の目的とみなす目的論(テレオロギー)的思考構造を破壊することであった。

この結果「自由精神」のもとでは、「こと」(Sache)の一回性と各々の対等性に規定される無目的な、極度に相対化された世界が現出することになる。逆にいえば第二期のニーチェの、批判の持つ否定的特性に彩られた思考は、超越性を軸にしつつ構成される肯定性＝実定性の破壊・解体をめざすものであったということ、そしてそうした破壊・解体の結果として生じるのが相対化された世界であることがここで明らかになるのである。だがこうした相対的世界が現れるとき、問題はある転回を示すことになる。

【Ⅳ】 ニヒリズムとデカダンス　先に啓蒙主義的な人間中心主義との関連で「神の冒瀆者」という言葉に言及した。これに類似した言葉「神殿冒瀆者」が『人間的』にも登場することはすでにみた通りである。そしてここで私たちは、『ツァラトゥストラ』における「神の冒瀆者」の扱いと『人間的』における「神殿冒瀆者」の扱いの違いに眼を向けねばならない。『ツァラトゥストラ』において「神の冒瀆者」は、啓蒙主義的な人間中心主義と重ね合わされつつ批判の対象となっていた。「神の冒瀆者」は結局はツァラトゥストラがもっとも軽蔑する存在としての「おしまいの人間*」に帰着せざるをえないからである。ではなぜそうなのか？　それは、「神の冒瀆者」の特性としての否定性が力の過少（衰退）としての「受動的ニヒリズム」にしかつながらないからである。もし神の死という超越性の解体をさし示す事態がかかる「神の冒瀆者」的な否定性に回収されてしまうならば、それは神の死以後の状況が「受動的ニヒリズム」によって方向づけられてしまうこと——じつはこれがニーチェのみるソクラテス*とキリスト教*以後のヨーロッパの歴史、すなわちデカダンス*の歴史なのだが——を意味するのである。そしてそれはいうまでもなく超越性の虚偽と欺瞞にみちた再興を意味することにもなる。とするならばここで問われねばならないのは、神の死を否定性に沿って捉えようとする思考のあり方そのものであるといってよいだろう。すなわち『人間的』における「神殿冒瀆者」という言葉の背後にある「自由精神」の、批判としての否定的特性があらためて問われねばならないのだ。

問題を整理していえばこうである。神の死という状況は、かつて存在した超越性が解体した地点に立つ人間に対して、向かうべき方向が、否定性→啓蒙主義的人間中心主義→受動的ニヒリズム（デカダンス）→「おしまいの人間」となるのか、それとも肯定性（豊饒・充溢）→没落への意志→能動的ニヒリズム→「超人」となるのかという二者択一を迫る場としてあるのである。したがって否定性の思考から肯定性の思考への転回は、『ツァラトゥストラ』全体の展開にとってきわめて重要な意義をもっているといわねばならない。そしてこの肯定性のありようを解き明かしてくれるものとなるのが「大地の意義*」であり、『ツァラトゥストラ』全篇の頂点に立つ理念ともいうべき「永遠回帰*」の思想である。そこでは現にあるものがその一回性や偶然性も含め、あるがままに肯定される。そこにはいかなる形而上学的な分割や隠蔽や歪曲も介入の余地がない。このことはレーヴィット*が次のように言っていることと符合する。「神の死は、自己自身に委ねられ、自己自身に命令する人間、その極端な自由を最後に〈死への自由〉においてもつ人間、の復活を意味する。この自由の頂点では、しかし、無への意志*は等しいものの永遠回帰の意欲に転回される。死せるキリスト教の神と無の前の人間と永遠回帰への意志、これがニーチェの体系をだいたいひとつの運動——まず〈汝まさになすべし〉から〈我は欲す〉の誕生へ、ついですべての存在するものの自然的世界のただ中において永遠に回帰する現存在の〈最初の運動〉たる〈我はあり〉の再誕生への運動——として特徴づけるものであ

る」[『ニーチェの哲学』]。こうしたニーチェの肯定性の思考は、たとえば次に挙げるような表現から窺える。「もし私が予言者であり、その精神に満たされているなら。その精神は二つの海のあいだの高い山嶺をさまよい、……／過去と未来のあいだで重くたれこめた雲としてさまよう、……蒸し暑い低地や、疲れてしまって死ぬことも生きることもできないすべてのものに敵対しつつ／暗い胸奥深く稲妻と、救済の光を準備している。それは〈然り〉といい、〈然り〉とわらい、予言者の稲妻を準備している」[『ツァラトゥストラ』Ⅲ-16]。

【Ⅴ】 ハイデガーの「神の死」の観方

ここでニーチェの神の死に関して独特の解釈を示しているハイデガー*の論文「ニーチェの言葉〈神は死んだ〉」に触れておきたい。ハイデガーはこの論文で先に引いた『智恵』125番を取り上げ、神の死をめぐるニーチェの思索の意味を捉えようとする。その際にハイデガーが問おうとするのは、ニーチェの神の死に現れる形而上学*の問題である。ハイデガーはニーチェの神の死が、ヨーロッパにおける形而上学の最終段階、すなわち形而上学の別な途の可能性がもはや残されていないような、形而上学のある本質的な転倒の局面を示していると考える。それは別な言い方をすれば、神の死がニヒリズム*という事態と結びついているということである。「ニーチェ自身は西欧の歴史を形而上学的に、しかもニヒリズムの到来と展開として解釈する。ニーチェの形而上学を考え抜いてみることは、その運命を真理という点に関わりつつ知ることがまだほとんどない現在の人間のあり方および場所についての省察となる」。

ではハイデガーがニーチェの神の死に見ようとしている形而上学の転倒（ニヒリズム）とはいかなるものか。それは、すでに私たちがニーチェの思考の裡に確認した現象と本質の位階関係の転倒にほかならない。神の死と

ともにヨーロッパ形而上学の核心を形づくってきた「理念・理想」が、「感性的領域」の復位とそれをつうじた両者の区別の消滅によって失われたのである。とするならばニーチェの神の死の思考は形而上学の解体の思考、言い換えれば反形而上学の思考と呼ぶべきなのではないだろうか。じっさいハイデガーもニーチェの上記のような思考の性格を「反プラトニズム」と言っている。だがハイデガーは次のように言う。「形而上学に対するニーチェの反対運動は、その単純なる裏返しとして形而上学の中へ巻き込まれて出口を失っており、その結果形而上学は自らを自らの本質から遮断してしまい、形而上学としての自分自身の本質をけっして思惟することができなくなっている」。こうしたハイデガーのニーチェに対する批判的な視点は、ニーチェの形而上学の転倒（ニヒリズム）がニーチェの価値哲学とその究極的な到達点としての「力への意志」に結びついているとハイデガーが認識していることから生じる。たしかにニーチェは「最高の価値がその価値を喪失すること」としての価値の転換に、形而上学の転倒の核心的事態を見ようとした。しかし一方で価値が複数の力の位階関係によって措定されるとニーチェが言い、かつこのことを根拠としつつ価値定立が「力への意志」の現れとされるとき、価値の転換は価値関係そのものの消滅ではなく、「力への意志」を実体－本質とする新たな価値定立につながっていく。これは「力への意志の形而上学」の誕生を意味する。

こうしてハイデガーはニーチェが形而上学の転倒（ニヒリズム）を言いつつも、結局は形而上学的思考の枠組み（現象－本質の二元関係）の中で「理念・理想」にかわって「力」を新たな実体＝本質として立てたにすぎないと断ずるのである。怪しげな哲学的ジャルゴンを多用する夫子自身の思考はどうなのかと茶々を入れたくなるようなハイデガー

のニーチェ批判だが、ニーチェの思考が形而上学的かどうかということより、ニーチェの思考を形而上学批判のコンテクストにおいて読み込んでいこうとする際の媒介としてこうしたハイデガーの批判は一定の意味、影響を持ちえたと思われる。

【Ⅵ】 ニーチェの神の死とフーコーの「人間の死」　最後にニーチェの神の死とフーコー*の『言葉と物』における「人間の死」を比較しておきたい。というのもニーチェの神の死の概念がその後の思想の歴史に与えた影響というとき、まっさきに思い浮かぶのがこのフーコーの「人間の死」だからである。「神の死以上に——というよりむしろ、その死の澪のなかでその死との深い相関関係において——ニーチェの思考が告示するもの、それはその虐殺者〔「おしまいの人間」のこと〕の終焉である。……19世紀全体をつうじて、哲学の終焉ときたるべき文化の約束は、たぶん、有限性の思考および知における人間の出現とまったく一体をなすものにほかなるまい。今日、哲学がいまなお終焉にむかいつつあるという事実と、おそらくは哲学のなかで、だがさらにそれ以上に哲学の外でそれに対抗して、文学においても、形式的反省においても、言語(ランガージュ)の問題が提起されているという事実は、たぶん、人間が消滅しつつあるということを証明しているのにほかなるまい」〔『言葉と物』〕。

フーコーは19世紀近代における知の配置を、労働(経済学)・生命(生物学)・言語(比較文法)の三要素から捉えようとする。そしてこの三要素がもたらす有限性(実定的分節化)に取入られつつ「人間」という概念が三要素の配置図の中心に浮上する。そしてこの人間という概念には主体の「先験性＝経験性」、「思考しえぬもの」としての思考＝コギトの絶対性、「起源」の反復＝後退という契機が結びついている。こうした人間をめぐる知の配置図の中にフーコーは、人間という王位に凝集していった19世紀近代という時代の構造を、もしこれまでニーチェに則しつつ私たちが用いてきた言葉を使うならば超越性の構造を見ようとしたのであった。ここでフーコーの認識をつき動かしているのは、ニーチェの系譜学*の視座であろう。人間といえどもある歴史的な限定性の中で生み出された有限な概念にすぎない、というフーコーの認識は、明らかにすべてを解釈の遠近法*のもとで相対化しようとするニーチェの系譜学の影響下に生まれたものである。

ところでここでぜひふれておかねばならないのは、『ツァラトゥストラ』における肯定性の思考が最後期のニーチェの思考において、ふたたび「系譜学」的思考の持つ否定性と「力への意志」の肯定性の両義的・相補的関係のもとでとらえ返されたことである。もう少し正確にいうならば、ここでニーチェは「系譜学」における解釈の遠近法と「力への意志」における力の複数性とそれらのあいだにおける不均衡な位階関係とを通して、否定対肯定という二元性そのものを最終的に解体し、「差異*としての力の戯れ」ともいうべき境位を現出させるのである。フーコーの「人間の死」が言語(ランガージュ)の浮上と対の関係において捉えられているのは、ここで言語がなによりも差異の体系を意味しているからであることをあらためて確認しておこう。ただフーコーは神の死にツァラトゥストラ的な肯定性の側面を見ようとはしなかった。フーコーにとってニーチェの神の死はあくまで系譜学的な、差異の思考としてのニーチェの思考境位において捉えられるべきものであった。したがってフーコーの「人間」は、言語の差異性の網の目の中で最終的には「波打ちぎわの砂の表情のように消滅する」〔『言葉と物』〕のである、ニーチェの力にある肯定性の痕跡さえも打ち消すかたちで。→ニヒリズム、超人、『ツァラトゥストラはこう語った』、『悦ばしき智恵』、ハイデガー、ソーコー　　　　　　　(高橋順一)

[文献] ▷ Martin Heidegger, Nietzsches Wort ‚Gott ist tot', in: *Holzwege*. V. Klostermann, 1950 (細谷貞雄訳『ニーチェの言葉「神は死せり」』理想社, 1954). ▷ Karl Löwith, *Nietzsches Philosophie der ewigen Wiederkehr des Gleichen*, Stuttgart 1956 (柴田治三郎訳『ニーチェの哲学』岩波書店, 1960). ▷ Michel Foucault, *Les mots et les choses*. Gallimard, 1966 (渡辺一民ほか訳『言葉と物』新潮社, 1974).

カミュ [Albert Camus 1913-60]

ドイツでのニーチェ受容は, 保守的な側で哲学化されたニーチェが勝っていたが, フランスでは, 反抗者としてのいわば左翼ニーチェの文学的伝統が早くから始まっていた。その一人がカミュである。彼は, 19歳のときの「音楽に関する試論」でショーペンハウアー*, ニーチェ, ヴァーグナー*の音楽観を比較考量している。「ニーチェの哲学はもっぱら豊かな生命力のユニークな飛躍から成り立っているのに, 人々はそれをエゴイズムだといって責めるのに急だった」というこの「試論」のなかの一文は生涯にわたるカミュ自身の人生観を暗示すると同時に, ニーチェ観の基礎になっている。もっとも, この文章全体では, ヴァーグナーの人間的不潔さに幻滅するあまりにその音楽まで批判するニーチェが批判されている。

カミュの文学と評論は一貫して世界の不条理との格闘であったが, この概念の説明にあたってニーチェが頻繁に引かれている。理性は単位と統一性によって世界を説明しきろうとするが, 結局それは不可能な企てである。人間が作った曇り硝子で見られた世界は, その偶然性においてわれわれには越えることができない。「世界の原初の敵意が, 数千年の時間を超えて, ぼくらのほうへと舞い戻って来る」[『シジフォスの神話』]。「この世界が理性では割り切れず, しかも人間の奥底には明晰を求める死にもの狂いの願望が激しく鳴り響いていて, この両者がともに相対峙したままである状態」[同]こそ不条理なのである。だが, ニーチェに多くを負っているこうした認識論的絶望はそのまま実践道徳の消失でもある。世間一般の実践道徳は「自己を偽らぬ人間にはお笑い草だ。……鎖につながれているという精神の深い真実を否定するものである」[同]。それゆえ, レジスタンスに参加しながらも, ニーチェをナチス*の先祖として全面的に否定することはしなかった。むしろ, ナチスを信じる虚構の友人に宛てた「ドイツの友人への手紙」では, すべてが許されている神なき時代に正義を守ることの意味が扱われている。そこでは, 強制収容所の燃焼炉の火を煽るのも, 癩病患者の看護に身を献げるのも同じようなことである, と実践道徳の消失が確認される。「悪意か美徳かは偶然もしくは気分」でしかない。だが, 彼は正義に賭ける。なぜならば, 大地に忠実であらんがためである, と論じられる。ここでは, 『ツァラトゥストラ』*の比喩を使いながら, 「豊かな生命力のユニークな飛躍」というカミュが一貫してニーチェに見ているものを守ろうとしている。生命の豊かさと倫理を結合させるというニーチェが持っていたが, みずから見ようとしなかった課題を果たすためである。それは, 神なき時代の正義の追求でもあった。人生と世界はまさに不条理であるがゆえにそれだけいっそうよく生きられると論じるカミュの運命論は, ニーチェの否定性を超える積極的な意志のニヒリズム*となる。まさに理性で割り切れない生の豊かさと多様さのゆえに, われわれは不条理に対して「意識的反抗」を行うのだとされる。「永久革命の主題がこうして個人の経験内に移されることになる。……筋道のとおった数少ない哲学的姿勢の一つは反抗である。反抗とは人間と人間固有の暗黒との不断の対決。不可能な透明性への要求だ」[同]。不条理なるがゆえにわれ生きるのであり(自殺否定), また

「我れ反抗す。ゆえに我らはあり」[『反抗的人間』]（「我ら」と後が複数であることが重要）。

この姿勢が最もよく出ている作品『ペスト』は，ニーチェ問題との対決を経て，ルサンチマン*や支配者道徳の思想から身をもぎはなした成果である。いかなる合理的理由もなくペストと戦う主人公の医師やその友人たちは，いっさいのヒューマニズムやヒロイズムとは無縁である。人間が自分と人類を結びつける偉大な思想のために殺戮に耽ったスペイン市民戦争の思い出がほんの一瞬出て来るが，思想の政治化への拒否を徹底させると同時に，生命や豊かな自然のゆえに連帯と希望に駆り立てられる人々の姿に，神なき時代の正義をカミュは見ている。そういう態度を構成する個々の要素はニーチェから多くを取っている。死の1年ほど前の日記でも「どんな苦痛*といえども，それは私が見るところのこの生について誤った証言をするように私を誘惑することはできなかったし，今後もできないであろう」というニーチェの言葉が引かれている。生であること自身が持つ希望は，ニーチェのなかにカミュの見た重大な側面である。「幸福と不条理とは同じひとつの大地から生まれた二人の息子である」ということは，「もうひとつの生を希望する，いやそれは希望というよりは欺瞞だ，生そのもののために生きるのではなくて，生を超えたなんらかの偉大な観念，生を純化し，生にひとつの意義をあたえ，そして生を裏切ってしまう偉大な観念のために生きているひとびとの欺瞞」（背後世界論）を糾弾することでもある。この態度は末来に幸福を先のばしするのでなく，瞬間の美と豊かさを享受するというカミュの決意にも由来している。未来を考えることは，それだけでイデアと背後世界を信じることにつながる，というのであろう。「迷宮を孕んだ人間はけっして真理を求めない。ただアリアドネ*だけを求める」とは，同じく最晩年の日記に引かれているニーチェの言葉である。

アルジェリア出身のカミュは，ニーチェのように無理しなくても，自然に地中海崇拝が可能であった。ニーチェが苦労して選んだ地中海世界こそは，神なき時代であっても，このような反抗と美と倫理を不条理のなかで融合させた。「熱気をはらんだ不動の海の正午／それが歓声もあげずに僕を迎える。沈黙と，そして微笑／ラテン的精神，古代，苦悶の叫び声に／かぶせられた羞恥のヴェール」。19歳の時に書かれた「地中海」という詩の一部であるが，明らかなニーチェの影響は，そのまま自身の発見であった。晩年トリノ*に旅したカミュは，日記のなかで狂気のニーチェをしのびながら，「私が驚嘆し，引かれる彼」が「なぜこの町を愛したか」について思いを巡らしている。そして，1957年ノーベル賞受賞に際しての講演「芸術家とその時代」では，ニーチェがジェノヴァ*周辺の山を夜に散歩しながら，焚火をし，その火が消えるのをじっと見つめていたというエピソードが引かれている。その草稿と覚しき日記の文章はこう終わっている。「そして私がある種の思想や人間に対して不当であったとするならば，それは，こうした思想や人間をどうしても，このニーチェの焚火の火と，つまり，それによって灰に変じさせられたようなこの人と比べてしまうからである」。ニーチェの熱が反抗と批判の熱であり，かつそれは，浅薄なヒューマニズムを越えた連帯と希望の思想に読み替えられうるというのが，カミュのニーチェ理解の根本であろう。そうした思想を綴った1951年の『反抗的人間』の「正午の思想」というニーチェ的な標題をもつ最終章の最後の数行でカミュは，ニーチェもマルクス*も排除しない，そしてニヒリズムを越えたヨーロッパの建設を夢見ている。だがこの本は，ニーチェを多少なりとも肯定的に扱い，左翼思想の暴力性を批判したためもあっ

て、サルトル*との大論争に発展したことはよく知られている。→サルトル　　　　　（三島憲一）

文献 ▷ Maurice Weyembergh, Camus und Nietzsche, in: *Sinn und Form*, Heft 4, Berlin 1993.

仮面と戯れ
【I】 隠蔽の仮面　ニーチェには孤独*の影*がつきまとっている。それは、理解者が得られない孤独さであり、また逆にみずから求めた孤独でもある。浅薄な理解者を得るよりは、むしろ無理解のなかでの孤独を選んだニーチェにとって、仮面は他者と関わる時の姿である。1883年初頭、『ツァラトゥストラ』*の第1部を書き上げたにもかかわらず、ルー・ザロメ*との関係の破綻や妹との不和のために「この冬は私の生涯でもっとも苦しい冬だった」[P．ガスト宛 1883.2.19.]と書き記した時期に、ニーチェはまた次のように心境を吐露している。「私の生活のいっさいは、私の目の前で砕けてしまった。この薄気味悪い、隠された生活は、6年ごとに一歩前進するだけで、この歩み以外には何も欲しない。ほかのすべてのこと、私のすべての人間関係は、私の仮面にかかわることなのだ。そして私はつねに、隠された生活を送ることの犠牲者でありつづけるほかない」[オーヴァーベック宛 1883.2.10.]。ルーとレー*だけは「仮面をつけずに」付き合える数少ない友人だったとも記している［妹宛書簡の草稿 1885年3月中旬]。

だが隠者のような生活を選んだ者にとってのみならず、対人関係はすべて仮面でなりたっているとニーチェは捉える。「われわれ（隠者）も〈人間たち〉と交際する。われわれもつつましい身なりをして……社会に、ということは、仮装した人々のところに出て行く。だが彼らは、自分が仮装していると言おうとしない。われわれ隠者も、すべての賢い仮面たちのようにふるまう」[『智恵』365]。

この意味での仮面とは、他者とうまくやっていくために自己を偽る自己保存*の策略である。「人間というものは、必要性から、あるいはまた退屈さから、社会的に群れをなして生きようとするので、平和条約を結び、少なくとも最大の〈万人の万人に対する戦い〉が世界からなくなるようにつとめるのである」[「真理と虚偽」1]。そして人間は社会的に生きるために、つまり畜群*の平和を維持するために「欺き、へつらい、嘘をつき、騙し、裏をかき、仮面をつけ、他人に対しても自分に対しても劇を演じる」[同]。仮面は自己保存のための自己隠蔽の術である。

こうしたニーチェの仮面の捉え方は、人格（Person）という言葉が語源的に、劇を演じる俳優の仮面（ペルソナ）に由来することを念頭に置いている。この点で、人間の社会的パーソナリティが他者に対する仮面であると考えたユングなどにも共通する点がある。社会的な道徳規範の世界と、その背後にある抑圧されている自我との二重性は、たとえばツヴァイク*の『昨日の世界』に描かれているように、19世紀末のヨーロッパ市民社会の特性であり、ニーチェの仮面の思考はけっして例外ではなく、むしろそうした社会の反映である。それゆえ、仮面の虚偽性をついたニーチェの思考は、多くの共鳴者を得た。全員が仮面をかぶり、虚栄と見せ掛けの調和を保っている社会というイメージは、たとえば表現主義*画家のベックマンに大きな影響を与えている。彼の描く大都市の社交場の人間の表情、表のきらびやかな世界と対照的に描かれた裏の悲惨な生活の光景は、ニーチェが批判した仮面の社会を彷彿とさせる。またベンヤミン*は『パサージュ論』で、19世紀における「仮面の熱狂的流行」を指摘し、市民社会の内向化現象と関係させて捉えている。実際に仮面舞踏会や過去の衣装で仮装したパーティなどがよく開かれたことも時代の特性を示している。19世紀市民社会は、みずからの矛

盾した実態を隠すために仮面を必要とした時代であった。

【Ⅱ】 仮面・道化・俳優　社会的自我と内的自我との分裂が近代の兆候であることをニーチェは指摘する。「近代人には確実な本能が欠けている」ゆえに「すべてが演技となる」[遺稿 Ⅱ.11.229]と捉えるニーチェは、屈託のない民衆的なものや、良心*の疾しさや羞恥心を持つことのない南欧的なもの（ロッシーニのオペラやスペインの騎士小説）に「仮面をつける快楽」を認めている[『智恵』11]。それは本能*を隠し、内面性へと逃避することで自己保存をはかる必要のない世界であり、「古代の精神の沐浴と休養」[同]のある世界である。この仮面は自我の本来の姿を隠すための仮面ではなく、「表面に踏み留まること」[同序言4]への悦びを伴っている。ここにはかつて『悲劇の誕生』で展開された仮面の思考との連続性もあるが違いは無視できない。『悲劇の誕生』では、悲劇で演じられる生*の苦悩の恐ろしい本質は、舞台上では英雄*たちの光輝く形姿としての仮面に投影されて、アポロ*的仮象となる。その仮象*の美による生の救済が、「ギリシア的軽やかさ」であった。『悦ばしき智恵』*では、「仮象への良き意志である芸術」の必要性が述べられ、「美的現象としてなら、生もまだ耐えられる」[107]という表現がある。しかしその芸術は、「尊大で、軽やかで、踊るようで、軽蔑的で、子どものようで、かつ幸福な芸術」[同]である。重苦しさ、深遠さ、生真面目さとは無縁の軽やかさが、ちょうど『悦ばしき智恵』の題名が含意している南フランスのトゥルバドゥール的な快活さが、芸術に求められている。

こうした芸術にある「仮面をつける快楽」は、自分や物事から距離をとって笑いとばす軽やかさである。ここでは生の救済ではなく、むしろ「さまざまな事柄に対する自由を失わない」ための「距離」を与えるものとしての仮象が重視されている。認識における反省的な視線としての「距離」の必要性は、きわめて近代的な意識にもとづくものであり、自己嘲笑する態度はロマン主義以降のイロニー*とも重なる。しかしニーチェは〈距離を取る姿勢〉の範型を、古典古代や中世南欧など近代以前に求めている点で、素朴な意識の全体性を取戻しえない近代の問題の複雑性を縮減してしまっていることになろう。そうした問題性には触れないまま、ニーチェは〈距離を取る姿勢〉を「道化的なもの」と表現し、それを認識の姿勢としても求めている。「われわれの認識の情熱の内に潜む英雄的なものと道化的なものを、われわれは発見しなくてはならない」[『智恵』107]という彼は、『悦ばしき智恵』を「学問の形をとった〈道化〉」[遺稿 Ⅱ.9.199]であると述べている。とくに『悦ばしき智恵』の最後におかれた「プリンツ・フォーゲルフライの歌」はまさにその道化の極みである。この道化的な認識者の視点からは、世界の諸現象は「戯れ」として捉えられ、それを語る言葉も戯れとなる。

「道化*」が自分から距離を取るためのひとつの仮面であるとするなら、ニーチェはその仮面を使って演じているとも言える。レーヴィット*もニーチェ自身が「ディオニュソス*神を演じた」のだと論じ、またP.スローターダイク*は彼を「舞台の上の哲学者」と呼んでいる。しかしニーチェは道化的なものは評価しているものの、「俳優」に対しては、おおむね否定的である。人間はそもそも外界から要求された役に人格を合わせる点でみな俳優である[遺稿 Ⅱ.7.145]。だがとくに自己を演出して虚栄の仮面をかぶる人間の場合には、その俳優的要素に忌憚なき批判を浴びせている。なかでもヴァーグナー*についてはその「俳優的な身振り素振りによるまやかし」[『智恵』368]を非難し、ギリシアの「徳の哲学者」はその徳をひけらかした[『曙光』

29] ゆえに「偉大な俳優性」[遺稿 II.7.53] を持っていたと否定的に見ている。こうした自己誇示する俳優的人間への嫌悪を込めてニーチェは「私は本質的に反演劇的に生まれついている」[『智恵』368] と言う。その一方で、自分自身の著作について、「私の息子ツァラトゥストラが私の見解を述べているなどと思わないでくれ。彼は私の幕間劇のひとつなのだから」[妹宛 1885.5.7.] と、著作全体を演劇に喩えてもいる。このように一つの立脚点を固定することが不可能なニーチェの発言は、いわば仮面の戦略であるともいえよう。

【III】 仮面と言語批判　　ニーチェはみずからの文体について、内面の状態の多様性に応じて多様な文体の可能性があると言う [『この人』III.4]。それと同様に、彼のつける仮面は、その時々の事柄と相手によってつけかえられる。ニーチェの仮面は、彼の著作にひとつのニーチェ像、ニーチェ解釈を見いだそうとする読者の裏をかき、意味の多義性と矛盾を残して身をかわしてしまう。「すべて深いものは仮面を愛する*。最も深いことがらは、イメージや比喩に対してさえ嫌悪をおぼえる。……隠れ潜んでいる者は、沈黙し、沈黙し隠し続けるために語ることを必要とし、途をつくして伝達することを避け、彼の仮面が彼の代わりに友人たちの心や頭のなかを歩きまわることを望み、またそうなるように仕向ける。……すべての深い精神は、仮面を必要とする。いやそれ以上にすべての深い精神の周りにはつねに仮面が生じてくる。しかも彼の与える言葉のすべて、彼の歩みのすべて、彼の生のしるしのすべてが、つねに誤って、つまり浅薄に解釈されるおかげで」[『善悪』40]。すべてが解釈であるとすれば、仮面は解釈を固定することを阻む働きをする。

静かに、しかも冷徹に自己からも他者からも距離をとった仮面の視線は、言葉のひとつひとつのリズムやテンポを聞き取り、しぐさや、微妙な心理的動きにさまざまな綾（ニュアンス）を読み取り、その裏を穿つことによって、歪みや虚偽を明かしていく。否定性の繰返しを行うこの批判の方法は、そのつど批判の拠点を変えていく。ちょうど仮面をそのたびにつけかえるように。しかも仮面の背後に、ひとつの根拠や本質を求めることはできない。むしろ、本質や、唯一の真理などが存在するのではなく、すべては関係性によって規定されているにすぎないことを、仮面の戦略は示そうとしている。『善悪の彼岸』*でニーチェは再び隠者に次のように言わせている。「隠者は、哲学者が……彼の本当の最終的な見解を書物に記したなどとは信じない。そもそも、本というものは自分が隠しているものを隠すために書くのではないだろうか。それどころか隠者は、哲学者が〈最後の、本当の〉見解をそもそも持てるなどということを疑うだろう。そしてどんな洞窟の裏にももっと深い洞窟があるだろう、いやあるはずだ、と疑ってかかるだろう——ある表面の上には、さらに広くて未知なるより豊かな世界がある、いかなる根底／根拠（Grund）の背後にも、いかなる〈根拠づけ〉（Begründung）の下にも深淵（Abgrund）があるだろう、と。どのような哲学も、表層の哲学である。……どのような哲学も、もうひとつの哲学を隠している。どのような見解も隠れ家であり、どのような言葉も仮面である」[『善悪』289]。

仮面について語るときのニーチェには、哲学の言葉としての概念への深い疑いがある。彼は言語*とは何だろうかという問いを次のように解釈する。まずわれわれは何らかの神経への刺激をうける。それをあるイメージに置き換える。これが第一のメタファーである。今度はこのイメージを音声つまり言葉に置き換える。これが第二のメタファーである。さらに言葉から概念が成立するのは、言葉がそもそもメタファーであることを忘却す

ることによってである、という。それゆえに二重のメタファー性の忘却にもとづいて形成された概念を使って思考する哲学が主張する真理は、幻想でしかない。真理とは「メタファー、換喩、擬人化表現からなる遊撃隊である。端的に言えば、人間の諸関係の総計であり、それが詩的、修辞的に誇張され、転用され、粉飾されたものである」[「真理と虚偽」1]。哲学者は言葉の歪曲／偽装（Verstellung）の名人であるとニーチェは言う。形而上学批判のためにニーチェが行っているこの言語批判の方法は、発生と帰結の関係を逆転させる系譜学*のそれである。ここで重要なのは、ニーチェが、概念言語によって歪められた関係を逆転させることによって正しい関係が求められるとは主張しない点である。いかなる形であれ、真理概念を積極的にたてることが欺瞞であるからである。こうした立場からニーチェが行う批判は、レトリックの力によって関係を置き換えられ、偽装された（ver-stellt）真理概念や価値秩序を、さらにレトリックの次元でくつがえす方法である。この点がイデオロギー批判と基本的に異なる批判である。ポール・ド・マンは、このニーチェの方法を終わりのない「解体」であり、無限の反省を繰り返すロマン的イロニーと同様に、みずから語る言葉をさえ否定し解体する「作業」であると指摘している。つまり、言語がけっしてレトリックによる歪曲を逃れることができない以上、歪曲を批判する言葉もまた歪曲であり、その歪みを無限に指摘しつづけることしかできないというわけである。

【Ⅳ】 戯れと反形而上学のレトリック

「表層性」に留まろうとする仮面の思考が、「戯れ」と密接に関係することはすでに【Ⅱ】でふれた。初期のメモに次のような言葉がある。「理論的人間*の新たなる理想。彼は、国家などに関与するとしても、ただ戯れとしてだけである。これが最高の人間の可能性である。──つまり、すべてを戯れのうちに解消すること。その戯れの背後には真剣さがあるのだが」[遺稿 I.4.506]。ここにはシラー*の『人間の美的教育に関する書簡』に見られる思想、つまり人間は目的や強制のない戯れのうちにある時こそ自由であるという思想が共鳴しているとも考えられるが、シラーの場合には、美の世界での戯れは真と善のカテゴリーに導かれたものであるのに対し、ニーチェの場合の戯れは、世界全体が目的も意味もなく、偶然性の戯れであるとする点で異なる。「世界が神の戯れであり、善悪の彼岸にある」と考えた先人はヘラクレイトス*であるとニーチェは記している[遺稿 Ⅱ.7.261]。ヘラクレイトスは世界の生成をいかなる因果律も目的論もない、コスモスの子、ゼウスの戯れとして理解した。この思想にニーチェは学生時代から魅かれていたらしい。世界がアイオーン（永遠）の自分自身との戯れであるとすれば、外在的な倫理的命令にも目的論にも拘束されない完全な自由が可能となると考えたのである。このゼウスの創造の戯れは、ちょうど芸術家のそれのように「いかなる道徳的責任もなしに」行われる、無罪のなかでの創造である。「力を蓄えたもの」の無限の自己生成として、戯れは「神の小児性」であるとも言う[同 Ⅱ.9.174]。「世界の戯れ、すべてを統べる戯れは／存在と仮象を混ぜあわせ／永遠に道化的なものが／われわれをその中に混ぜ入れる」[『智恵』「フォーゲルフライ」に収められた詩「ゲーテに寄す」]。ここから「永遠回帰」の思想への繋がりは容易に見てとれる。

だが、ニーチェの「戯れ」の思考をあまりにも「芸術家形而上学」として理解したり、「永遠回帰*」に結びつけて解釈すると、その反形而上学的要素を見過ごすことになる。彼の「戯れ」はむしろ、形而上学的な根拠づけや世界解釈を行う言葉──つまり自己保存のための虚偽を作り出す道具となった言葉──が忘れ去り、排除してしまった個別性・偶然

性を救い出す言葉を求めようとする、ひとつの実験*である。「空想にさすらい、ありえないことやナンセンスなことを考えるのは楽しい。なぜならそれは意味も目的もない行為だからだ」[遺稿 I.8.226/227] とこの戯れを語るニーチェは、「踊り」「道化」「俳優」といった比喩を使う。たとえば「万物が偶然*の足で踊ることを好む」[『ツァラトゥストラ』Ⅲ-4]、「自分のなかをきわめて遠くまで走りまわり、迷い、さまようことのできるおよそ広大無辺な魂。よろこびいさんで偶然のなかに踊りこむ、きわめて必然的な魂」[同 Ⅲ-12.19] などである。

ニーチェにおける「戯れ」は、真理という虚構を作り出すレトリックの作用をいわば逆に使って、虚構をつき崩す策略を展開しようとするものである。これを言語批判と結び付けてロゴス中心主義への批判を行っているのが、デリダ*を始めとするポスト構造主義者たちである。ニーチェを記号学の観点から読み直したのは、彼らの功績である。「道徳外の意味における真理と虚偽」が彼らにとって脱構築*の思考の基盤となっているのは偶然ではない。デリダはニーチェに依拠しつつ自らの立場を「誤謬も真理も根源もない記号の世界の悦ばしき肯定」という言い方をする。ここには西洋的ロゴスが作り上げた真理体系は、差異を無理矢理に同一性原理で解消し、言語外に想定された何らかの根拠を措定することによって捏造されたのだという批判がある。つまりデリダから見れば、シニフィアンに対して言語外に想定された形而上学的なシニフィエを対応させてきたことが、西洋的ロゴス中心主義を生じさせたのであり、言語外の超越的なシニフィエは存在せず、あるのはシニフィアンの無限の戯れのみである。「意味をもたず、存在しない痕跡あるいは差延 (différance) の戯れ」というデリダの表現に、特定の根拠や真理体系に安住することを虚偽とするニーチェの「戯れ」の思想からの影響をはっきりと見ることができる。

ニーチェが近年においてポスト構造主義*の観点から再評価されていることは、60年代後半においてイデオロギー批判の立場が最終的に挫折した後の時代において、西洋的合理性の全体が問いに付されている状況を反映しているともいえる。差異*や非同一性を損わないためには、どのような形であれ特定の中心をもった体系*の構築を行うことはできない。合理性批判のために「理性の他者」に依拠することも、逆に体系的思考に陥ることになる。とすれば、ニーチェが理性自身の基盤を「穿ち」「掘り起こす」といった形で行った批判の手法が、西洋的合理性をその内部から脱構築しようとするポスト構造主義にとって唯一可能な批判のあり方なのであろう。

ニーチェの思想に関しては、超人*や永遠回帰、神の死*、善悪の彼岸など、大袈裟な身振りのニーチェの発言に多くのニーチェ解釈は着目してきた傾向がある。またその中でニーチェ自身の仮面の罠を見抜けずに、ニーチェを再形而上学化してしまう解釈もあった。だが、むしろニーチェの「仮面」と「戯れ」の思考は、どのような思考も、それが絶対的妥当性を要求することができないことを示そうとしている。この点を念頭におけば、ニーチェの著作の解読にあたっては、大袈裟な、俳優的な身振りの発言の部分より、むしろ言語の虚偽性に着目した彼の批判の手法を分析していくべきであろう。→自己保存、言語、ポスト構造主義　　　　　　　　（大貫敦子）

カーライル　[Thomas Carlyle 1795-1881]

イギリス*の文学者でドイツの文学・哲学に造詣が深く、普仏戦争*に際しては『タイムズ』紙上でドイツ支持を打ち出した。とりわけ『英雄*、英雄崇拝、歴史における英雄性』(1841) や、クロムウェルやフリードリヒ大王の伝記などにおける英雄崇拝で知られ、ニーチェは自分の「超人*」がカーライ

ルの英雄崇拝と同様のものとして受け取られることを苦々しく思っていた[『この人』Ⅲ.1]。弟子として将来を期待したハインリヒ・フォン・シュタイン*がカーライルばりの『英雄と世界』(1883)なる書物を書いたことも気に入らなかったようである。『偶像の黄昏』*では、正直者のエマーソン*と偽善者のカーライルを対比している。カーライルはエマーソンについて「彼はわれわれにじゅうぶんに歯ごたえのあるものを与えてくれない」と評したが、「消化不良は事物のなかに残しておく」エマーソンの方かよはと止直でであるとされるとされる[『偶像』Ⅸ.13]。カーライルは「消化不良状態の英雄的・道徳的解釈」を行って、「つねに強い信念への欲求と、それとともにそのような信念を持てないという無力感に刺戟されている」「典型的なロマン主義者」にほかならない。しかも、彼はそれをごまかすために大げさな言葉や身振りを必要とする「欠如ゆえの雄弁家」であり、「自分自身に対してつねに情熱的なほど不誠実」なところは「偽善者の国民」たるイギリス人の典型であるとされる。結局、カーライルは自分が「無神論者ではないということに名誉を求めるイギリスの無神論者」であって[『偶像』Ⅸ.12]、その不誠実さは、偉大な人間にはつきものの不正や嘘や搾取を賛嘆してそれを善いものとして歪曲しようとするキリスト教*的な解釈者のタイプにほかならないというのである[遺稿 Ⅱ.9.264, 393]。→イギリス／イギリス人　　　　　　　　　　（大石紀一郎）

カリオストロ　[Alessandro conte di Cagliostro (Giuseppe Balsamo) 1743-95]

　伯爵を僭称し、錬金術や超能力に通じていると称して、ヨーロッパの多くの宮廷を股にかけて詐欺をはたらき、ついにローマで異端として終身刑になったイタリア*の山師。詐欺師の代名詞的存在となり、ゲーテ*やシラー*も作品の素材にしている。ニーチェは、国民を騙す政治家や怪しげな哲学者をカリオストロに喩えており[『善悪』194, 205]、たとえば、「善のイデア」や不死の霊魂といった、彼にとっては欺瞞にすぎないものについて語ったプラトン*を「大いなるカリオストロ」と呼んでいる[遺稿Ⅱ.11.115]。とはいえ、ニーチェにとって、とりわけ「カリオストロ」と呼ぶにふさわしい人物はヴァーグナー*であった。すでにカール・グツコーもヴァーグナーをカリオストロに喩えていたが、ニーチェはヴァーグナーを「近代性(Modernität)のカリオストロ」と形容している。ここで彼の言う「近代性」とは、現代の芸術が疲弊した生を刺戟するために「残虐なものや人為的なもの、罪のないもの（白痴的なもの）」を求めて、対立する価値や道徳を無原則に取り入れ、その矛盾に良心の呵責を覚えることもない状態である。刺戟的なものを巧妙に組み合わせて世間に迎合し、さらには、生*を肯定すべき芸術*に生を否定するキリスト教*の救済の思想を持ち込む（「パルジファル」*のこと）という虚偽をはたらいたヴァーグナーは、ニーチェにとってこの「近代性」を体現する存在であった。「まさにわれわれの時代において、虚偽が肉となり、天才*にすらなったのも、ヴァーグナーが〈われわれのうちに住みついた〉のも、驚くにはあたらない」というのである[『場合』手紙 5; 同エピローグ]。　　　　　　　　　　　　（大石紀一郎）

慣習道徳　[Sittlichkeit der Sitten]

　『曙光』*のニーチェは、慣習道徳の時代を「人類の性格を決定した真の決定的な主要史」と呼んでいる。慣習道徳は、ニーチェが「道徳的偏見の由来」を考察していくなかで、原始社会に想定することとなった道徳概念。慣習とは「行為や評価の因襲的なやり方」で、慣習のなかでは、個人よりも共同体が価値あるものとされ、一時的な利益よりも持続的な利益が優先された。慣習の道徳とはこの「慣

習に服従すること」[『曙光』9]を旨とした道徳である。慣習道徳の立場に沿うなら，道徳上の善か悪か，倫理的か否かは「古い因襲や掟に従順である」か否かで決まる。そこでは「何よりもまず一集団を維持すること，一民族を保持することが目的」[『人間的』I.96]とされ，そうした持続的な共同性に諸個人を束縛する力が，人間を画一的，規則的で，算定可能な存在に仕立てあげることとなる。『道徳の系譜』第2論文でニーチェは，慣習道徳のこうした働きを「人間の前史的な作業」と言っている[II.2]。このような慣習道徳の概念は，一方では，同情*道徳や利他的価値づけを道徳的価値とみる立場に代わるニーチェ固有の系譜学*的仮説をなしている。ニーチェにいわせれば，こうした慣習道徳の方こそ「非利己的な行動を求める道徳」よりもはるかに古く根源的なもので，そこでは「苦悩が徳として，残酷が徳として，……同情が危険として，同情を受けることが侮蔑として……妥当していた」[『曙光』18]。がまた他方では，慣習道徳は「人間の前史的な作業」として次のような意味も持つ。「慣習道徳が，もともとそれが何のための手段であったかをついに明るみに持ち出す地点に立ってみるなら，われわれは社会性という木になった最も熟した果実として優越した至上の個体を見いだすであろう。それはただ自己自身にのみ等しい個体，慣習道徳からふたたび脱却した個体，自律的な，超倫理的な個体である」[『系譜』II.2]。一方で，利他的な道徳よりも根源的とされながら，他方で，超倫理的な個人の可能性を開き，この個人によって克服される道徳として置かれたのが，慣習道徳である。　　　　　　　　　　　　　　(木前利秋)

カント [Immanuel Kant 1724-1804]

　最初のうちニーチェはカントをそれほど否定的には見ていなかった。なんといってもカントは，19世紀以降のドイツのほとんどの知識人がそうであるように彼にとっても近代哲学との最初の触れあいの機会であった。すでにプフォルタ校*時代にある程度はカントを知っていたニーチェは，学生時代の1868年には友人への手紙で「カント以降の目的論」について論文を執筆する計画を伝えている（ランゲを読んだことが背景にある）。認識の可能性の条件を論じた『純粋理性批判』は，世俗化のなかでドイツ知識人の客観重視の生活態度と学問観に深くしみついている。その上，青年期に惚れ込んだショーペンハウアー*の基本概念の〈意志〉と〈表象〉がカントの〈物自体*〉と〈現象〉の通俗的焼き直しであったことも肯定的なカント観に寄与している。『悲劇の誕生』*[18節]では，論理的推論によって事物の最内奥の根拠を認識できるとする理論的文化の学問信仰を，カントはまさにその学問的手段によって打ち破るという「困難な勝利」を飾ったとされている。時間も空間も因果律もすべて現象界というベールを唯一の現実へ高めるための手段にしかすぎないことを示したというのである。ホルクハイマー*の言葉を使えば，客観的理性は存在せず，また主観的理性だけでは文化を作ることはできないことがいよいよもって明らかになったということであろう。そうした事態で唯一意味のある文化は「学問による誘惑」に屈しない叡知をもった〈悲劇的文化〉であるとされる。カントによってショーペンハウアーとヴァーグナー*が可能になったというのである。D. シュトラウス*はカントの理性批判を理解していない[『反時代的』I.6]とか，カントの認識批判に衝撃を受けた H. v. クライストは「苦悩と欲望における全き人間」[同 III.3]であるなどという当時の発言にも，カントをかなり積極的に評価していることが見て取れる。だが，同じショーペンハウアー論のなかで，カントは国家に対して「われわれ学者の常として」遠慮が多すぎたという批判がされているし，『人間的』*

Ⅰ.25 ではカントにおける行為の普遍化可能性の要求は自由貿易原理と同じで、怪しげな予定調和の発想が潜んでいるといった指摘もある。

時とともにカント批判が高まり、最後には全面的な批判となる。批判はおよそ三点に分けられる。

まずは、カント以降のドイツの道徳哲学は、フランスやイギリスに較べて水準が低く、エルヴェシウスに対する「半ば神学的な暗殺」であった［『人間的』Ⅱ-2.216。類似の発言が『アンチクリスト』10にある］とされ、その意味でカントはドイツ精神の内面性、後進性、権力追随的態度の元凶の一人であるというものである。「人間はなにか絶対的に服従するものが必要だ」という「ドイツ的感情」の伝統に立つ点でカントはルター*の後継者であり［『曙光』207］、ライプニッツと並んでヨーロッパの知的誠実*さにとってのブレーキであって［『この人を見よ』XⅢ.2］、その点でゲーテ*の対極に位置する［『偶像』Ⅸ.49］。最終的には「哲学としてのドイツ的デカダンス──カント」と『アンチクリスト』*［11］で言われることになる。

第二点は、信仰のために知を消去したカントの道徳主義への批判である［『曙光』序言3など］。普遍化命題こそは、自分の判断を普遍的なものと感じたいだけの利己心の現れであり、しかもこの利己心はまだ自分の欲望や趣味の本当の姿を知らない盲目的な利己心にすぎない［『智恵』335］。老カントはタルチュフと同じであり、範疇的命法の誘惑に屈した不正直な哲学者［『善悪』5］である。その意味ではたしかに反キリスト教的であるが、微妙な音を聞き分ける耳が聞けばかえって「反宗教的」とは言えない近代哲学の道徳好きの代表である［同 54］。ルサンチマン*や犠牲*についての自分の議論を下敷きにしながら、この範疇命法には血の臭いすらある［『系譜』Ⅰ.6］とか、カントの叡知的理性の概念にも埋

性によって理性を犠牲に捧げる禁欲家の淫蕩さが潜んでいる［同 Ⅲ.12］などと暴露心理学の餌食にしている。その究極は、「利害なき適意」という美の定義に対する批判である［同 Ⅲ.6］。「美とは幸福の約束である」というスタンダール*の定義とどちらが正しいのか。自分の作った美女の彫刻に恋をしたピグマリオンはけっして美的感覚のない人間であったわけではない、とたたみかけ、カントにおけるエロスの否定がショーペンハウアーにまでつながっているとしている。

第三は認識論のメタ批判である。世界を真なる世界と仮象*の世界に分けるのは、キリスト教的に行おうと、カント的に行おうとデカダンス*の示唆でしかない［『偶像』Ⅲ.6］という観点から、因果律が俎上に乗せられる。区別をつけること、単位を現象に読み込むこと、認識への信頼は適法であるという前提を問わないことなどが、最終的には道徳的感情への信頼とつながっているとされ、道徳主義と認識論との内的関連が暴かれる。こうして全面的批判が完結する。「いかにして〈真なる世界〉がついにはおとぎばなしになったのか」という『偶像の黄昏』*の有名な一節は、その全面化を巧みに纏めたものである。「真なる世界。到達不可能。証明不可能。約束不可能。しかしそういうものを考えるだけでも慰め。義務を引き起こす。命法。（基本的には昔の太陽のまま。しかし霧と懐疑のあいだから薄日が射している。理念は昇華されている。青白い。北方的。ケーニヒスベルク的）」［『偶像』Ⅳ.3］。

ポストモダンが論じられる現在、ニーチェのカント批判はなおアクチュアルであるが、われわれはカントを論じたフーコー*の議論も忘れてはならない。フーコーは啓蒙とヒューマニズムを区別し、ひとつのエトスもしくは態度としての近代性は、啓蒙に賛成とか反対といった不毛な二項対立を越えた、自由への仕事に内属しているのだと論じる。啓蒙をめぐ

る議論はニーチェのいささか乱暴な議論を越えて精密化されていると同時に、ニーチェの文体には、そして思考のスタイルにはまさにこのエトスがあることもたしかである。→アフォリズムと思考のパフォーマンス，物自体

(三島憲一)

キケロ [Marcus Tullius Cicero 106-43 B.C.]

 古代ローマの政治家にして雄弁家，ストア学徒であるキケロをニーチェは，古典文献学者としていくども手にとったはずである。実際バーゼル*時代にはゼミナールでキケロを扱ってもいる。しかし，国家*や政治よりは文化と芸術のあり方を，ローマの共和制よりはギリシアの悲劇時代を好んだニーチェにとっては，それほど重大な意味を持つ人物ではなかった。シーザー*を批判したキケロである以上，英雄*崇拝のニーチェが好むわけがない。イギリス17世紀の貴族が晩年の隠遁生活時代のキケロの著作，特に『義務論』を座右の書として国政を考えたのとは見事に対照的である。「ギリシア人の悲劇時代の哲学」2には，ヘラクレイトス*やデモクリトスの発言は断片しか伝えられていないのに，ストア*派，エピクロス*派，キケロが残っているのを見ると，「書物の運命」というものを考えさせられると言うくだりがある。この点にもキケロに対する評価の低さが見てとれる。「セネカや，ましてやキケロにあってのごとく，哲学を教訓めいて吹聴することにもまして，私にとって厭わしいものはなにひとつとしてない」[遺稿Ⅱ.7.353] といった文章を見ても，政治的責任などをもっともらしく述べるキケロを好んでいないことがわかる。とはいいながら，雄弁家として一定の評価はしている。とくに雄弁の伝統の乏しいドイツから見れば [『善悪』247]，あるいはそもそもそうした政治的フォーラムの失われた現代から見れば [『人間的』Ⅱ-2.110]，このキケロでも重要なようである。また，天才*産出に必要な凡庸な媒介者としての功績を認めるあたりにもニーチェらしいシニシズムがある。「もしもローマ文化がギリシア文化を蔑んだとしたら」といった書きだしの断片 [Ⅰ.5.190] では，ギリシア思想をローマに，そしてヨーロッパに伝えるのに重要な役割を果たした「キケロは人類の最大の功労者のひとり」とされている。そして天才というものがいかに危険にさらされているか，幸運な偶然によるかという例証に使われている。

(三島憲一)

擬人観 [Anthropomorphismus]

 もともとは人間 (anthrōpos) の形姿 (morphē) になぞらえて神々の姿を思い描いた古代ギリシアの神観の特色を示した言葉で，〈神人同型説〉〈擬人神観〉といった訳語が当てられることもある。エレア学派の始祖クセノファネスが，人間の悪徳をまでも神々に押しつけたホメロスやヘシオドスの神観に加えた批判にはじまる概念であるが，Anthropomorphismus という言葉は18世紀半ばに造語されたものである。その後もっと広く，人間の諸性質を自然現象に投射して自然を理解しようとする態度をもこう呼ぶようになった。この言葉は現代では，主として心理学や動物学において非難をこめて使われることが多い。

 ニーチェは，1870年代初頭の遺稿ではこの言葉を擬人神観という意味でしばしば使っているが [たとえば Ⅰ.4.118, 175, 180]，その後はあまり使っていない。シュレヒタ版の索引によれば，遺稿「道徳外の意味における真理と虚偽」において「全経験界」を「擬人的世界」と言い換えている一例しか見られない。

しかし、この言葉で捉えられる問題そのものは繰りかえし採りあげられており、ニーチェはそれを「人間化」(Vermenschung; Vermenschlichung) という概念のもとに展開している。もっとも、その展開はかなり複雑な経緯をたどる。

1881年8月にニーチェは、結局は『ツァラトゥストラ』*に結実することになる〈回帰思想〉を告知する著作の最初の構想をさまざまに練っているが、その第4草稿〈ある新しい生き方の設計〉について」では、まずその第1番で「自然の脱人間化」(Entmenschlichung) が企てられている［遺稿 I.12.112］。「人間たちと哲学者たちは以前は自然のうちに勝手に人間を読みこんでいた——われわれは自然の脱人間化を行うのだ！」［同 I.12.128］。「宇宙はある特定の形式に達しようとする傾向をもつとか、宇宙はさらに美しく、さらに完全に、さらに複雑になろうとしているなどということを信じないように気をつけよう！ これらはすべて人間化なのだ！」［同 I.12.117］と言われている。この頃ニーチェが宇宙を混沌*とみなしているのも（「宇宙の全体的性格は……永遠にわたる混沌である」『智恵』109）、これと関連している。このばあいの〈混沌〉とは、単なる混乱や支離滅裂の状態のことではなく、神的な統一や秩序をもたないという意味である。したがって、宇宙を混沌と見ることは存在者の全体を脱神格化することであり——神格化とは偽装された人間化のことであるから——脱人間化することにほかならない。「これらすべての神の影がもはやわれわれを蔽わなくなるのはいつの日のことか！ われわれが自然を脱神格化するのはいつの日のことか！ 純粋な、発見されたばかりの、新たに救い出された自然によって、われわれ人間を自然化することに着手するのが許されるのはいつの日のことか！」（『智恵』109）。ここでは自然を脱神格化し、つまりは脱人間化することは、むしろ人間を自然化することだと言われている。

ところが、やがて彼は存在者を最高度にまで人間化するという正反対の要求を掲げるようになり、それとともに〈力への意志*〉の思想圏に移行する。「世界を〈人間化する〉こと、すなわち、われわれをますます自然のなかの支配者と感じるようになること——」［1884年春、II.7.123］。この逆転はどうして起こったのであろうか。おそらく彼は〈回帰思想〉をどこまでも考えぬくうちに、この思想がこの思想そのものやそれを思考する者をまで巻きこまずにはおかないこと、つまりこの思想自体これまで無限回も繰りかえして考えられた陳腐な思想にすぎないこと、さらに言いかえれば、ニヒリズム*の克服を意図したこの思想が実はニヒリズムの窮極の形式にほかならないことに思いあたり、いわば絶対のアポリアに陥ったが、最後のギリギリのところで彼は、あの牧人のように、自分の喉元に入りこんだ〈黒く重い蛇〉をみずから噛み切り、すべてが自分の今の瞬間の決断にかかっていることに気づいたことによるのであろう。彼は存在者の全体についての解釈はすべて〈人間化〉であること、かつておのれの試みた〈脱人間化〉さえも一つの人間化であり、自乗された人間化だということを悟るにいたる。すべての解釈は、そのつどの遠近法*のうちでの価値づけ、つまりは人間化にほかならないのである。「世界の価値はわれわれの解釈に依拠しているということ（おそらくはどこかに単なる人間的解釈と異なるもっと別の解釈があるかもしれないということ——）、これまでのもろもろの解釈は遠近法のうちでの価値づけであり、この価値づけによってわれわれはおのれを生のうちに、つまりは力への意志のうちに、力の増大のうちに維持してきたのだということ、人間の高揚はすべて、それまでのより狭い解釈の克服をともなうということ、強化と力の拡大が達成さ

れるそのつど，新たな遠近法*が開かれ，新たな地平を信じるように命じられるということ，これが私の著作を貫く思想である。……世界は〈流れて〉いる。生成*しているものであり，絶えずおのれ自身を押し流す虚偽であり，けっして真理に近づくことはない。なぜなら──〈真理〉など存在しないからだ」[1885-86年，Ⅱ.9.156]。→遠近法／遠近法主義

(木田 元)

犠牲

犠牲をめぐるニーチェの思考は，生*の意味への問いのもとで展開される。「生にはそもそもいかなる価値があるのか」[『反時代的』Ⅲ.3]という根本的問いをショーペンハウアー*から受け継いだニーチェにとって，人間の生がそれ自体として意味を有するとは考えられなかった。生には意味が与えられねばならない。その意味付与は，まず初期においては，大多数の人間の生に対して「あらゆる文化の目標である天才*の産出」[同上]によってなされる，と考えられた。少人数の卓越した哲学者・芸術家・宗教家がそれぞれの文化的使命を完遂するためのしかるべき準備作業に従事することによって，すなわち，天才の(無意識的にであれ)犠牲となることによって，その他すべての人間の生も有意味になることができる，というわけである。生は，それ自体では意味を欠いているがゆえに，なにものかに捧げられる犠牲とならないことには，有意味な存在となりえない──こうした思考パターンはニーチェの生涯を貫いてゆくであろう。

しかしながら，「およそ生きとし生けるものは自分の回りにある雰囲気，ある神秘的な靄を必要とする」[『反時代的』Ⅱ.7]として，天才の存在によって「限られた地平のうちに自己を閉じ込め」[同10]る反動もまた強く，中期の『人間的』*になると，天才を初めとして従来人間の生の意味の源泉とされてきたものが「心理学的に」その素性を暴露されてゆく。その正体暴露は，すぐれて厳密で冷徹な科学的認識の営みとして遂行される。いまや天才が科学の犠牲にされる，といってもよい。したがって，天才の形而上学が瓦解したのち，生に意味を付与しうるのは認識の作業でしかありえない。このことは，『人間的』の次の著作『曙光』*になるとより明確に自覚されてくる。「認識は，われわれにあってどんな犠牲も恐れない情熱，とどのつまり自己消滅以外のなにものも恐れない情熱に変わった。全人類がこの情熱の衝迫と苦悩のもとで，これまでの，野蛮*につきものの粗暴な快楽*に対して嫉妬を捨てきれなかった時代よりも，いっそう気高く，いっそう安んじて自己を信じるようになるだろうと，われわれは率直に信じる」[429]。それゆえ，認識の発展のためにはあらゆるものが犠牲になりうる──人類の存在自体も例外ではない。「感激を与えるあらゆる手段のなかで，あらゆる時代を通じて人間をもっとも昂揚させ感動させたものは人間の犠牲であった。だから一つの途方もない思想──自己を犠牲にする人類という思想──をもってすれば，おそらく他のどんな努力も打ち破られてしまい，どんな勝利者をも凌ぐ勝利が得られるかもしれない。けれども人類はいったい何もののために自己を犠牲にするのだろうか？ われわれはすでにこう言いきることができる。もしいつかこの思想の星座が地平線に現れるときは，真理の認識が，そのような犠牲にふさわしい唯一の巨大な目標として残るにすぎまい，なぜならこの目標のためにはいかなる犠牲も大きすぎるということがないから，と」[同45]。このように，なにものかの犠牲になることが生に意味を付与するとすれば，意味を与えるのはそのなにものか（天才，認識）であると考えられるだけでなく，他方では，最後の引用からも推察されるように，犠牲行為そのものが意味付与を実現するように感じら

れることにもなる。しかしその場合には、犠牲が捧げられるなにものかはとかく単なる口実になりかねない。いや、そもそも犠牲の行為自体が厳密な意味での自己否定ではなく、ある隠された欲望の仮面*でしかなくなる。「諸君は感激のなかで身を捧げ、自己を犠牲にすることにより、かの、神にせよ人間にせよ、諸君が身に捧げるところの力強いものと、今こそ合一するという思想の陶酔*を味わうのだ。諸君はその力強いものの力を感じることに没頭するのであり、そして、その力はまさに犠牲によって再び証明されることになる。実際はしかし、諸君はただ自己を犠牲にするように見えるだけである。諸君はむしろその心で神々に変じ、神々として自己を享楽しているのだ」［同 215］。結局のところ犠牲は純粋な意味では成り立ちえず、「力の感情」の獲得という目的にそれこそ捧げられている、というのである。「力の感情」こそが——『曙光』においては——生を有意味な存在たらしめるのだからである。

犠牲行為の隠れた動機を探るこうした見方は、先述した認識への献身による生の有意味化にも波及せずにはおかない。『ツァラトゥストラ』*にいたってそのことは明確になる。第2部中の「自己克服」において生が認識者ツァラトゥストラに語る。「この私は、つねにおのれ自身を克服しなければならないものだ。……まことに、没落*と、散りゆく木の葉のあるところ、見よ、そこでは生が、自らを犠牲に捧げているのだ——力のために！……そしておまえ、認識者よ、おまえもこの私の意志のひとつの小径、ひとつの足跡であるに過ぎない。まことに、私の力への意志*が、おまえの真理への意志*という足を借りて歩んでいるのだ！……多くのものが、生あるものにとって生そのものよりも高く評価されている。だが、その評価自体の中から語っているもの——それは力への意志である！」。あらゆるものに——したがって認識者の「真理への意志」にも——千変万化する「力への意志」の思想の登場である。以降、生の意味はこの「力への意志」から捉え返され、「犠牲」も基本的にその観点から解釈されてゆく。→生、天才

(須藤訓任)

貴族 [Adel; Aristokratie]

ニーチェは、利害に固執する現代文化には「高貴な形式」が欠けているのに対して、高貴*さというのは長い年月の賜物であるとして、宮廷で苦しい姿勢を保っていられて、苦難にも敢然として対処する貴族の姿に優越した力の意識を見ていた［『智恵』3, 40;『曙光』201］。このような貴族的矜恃の礼讃には、当時の市民階級が貴族の称号をありがたがって、貴族的な立居振舞いを模範とする風潮があったことを思わせるところもある。しかし、「すべて良きものは相続である」として、天才*や美も幾世代にもわたる厳格な抑制と才能の蓄積の結果であると考えるニーチェにとって、貴族の血統は家柄の良さを示すものというよりは、むしろ精神的に選り抜きの存在が出現するための条件であり、身体*の教養*による選別という原理を体現するものであった［『偶像』IX.47］。これは、民主主義*や社会主義*といった「賤民*」の平等主義を軽蔑する考えと対応すると同時に、自らの貴族的血統への信仰とも密接に結びついていた。彼は、自分の名前は「ニエツキー」というポーランドの貴族に由来し、100年ほど前に宗教的迫害を逃れてドイツに移住してきたプロテスタントの家系であると信じていた［遺稿 I.12.333］。『この人を見よ』*でも、「かつて地上に存在した中で最も高貴なこの人種を、私がそうであるほどに本能の純粋さにおいて見いだすためには、何世紀も遡らなければならないであろう。私は今日貴族と呼ばれているものすべてに対して、自分は際立って優れているという差異の感情を抱いている。——私は若いドイツ皇帝に私の馭者になるという名

誉を与えることさえしないであろう」と述べている［『この人』I.3］。とはいえ、血統について語りながらも、彼がそこで実際に問題にしているのは、むしろ精神における貴族性である。「ツァラトゥストラ、モーゼ、マホメット、イエス*、プラトン*、ブルータス、スピノザ*、ミラボーを突き動かしていたものの中に私もすでに生きており、しかも多くの事柄に関しては、胎児のままの状態で何千年も過ごすことを必要としたものが、私の中ではじめて成熟して白日のもとに現れるのだ。われわれは精神の歴史における最初の貴族主義者である」という発言もある［遺稿 I.12.274f.］。そして、「貴族的急進主義」というブランデス*による形容をニーチェは喜んで受け入れている。

『善悪の彼岸』*の「高貴とは何か」と題された節や『道徳の系譜』*の第一論文では、貴族的な精神のあり方が道徳的価値の成立との関連で論じられている。すなわち、あらゆる「支配者の道徳」の根源にあるのは、自らの力強い健康な肉体を誇り、柔弱で卑俗な「賤民」に対する優位の意識を肯定して（「距離のパトス*」）、自らを「よし」とし、弱者を「劣る」とする「騎士的・貴族的価値評価」である。それに対して、弱者は自らの卑小さや無力感から強者に対する憎悪（「ルサンチマン*」）をつのらせて、強者の力による支配を「悪」とする「奴隷道徳」を案出したとされる［『善悪』260；『系譜』I.3, 7］。しかし、この両者のうち前者が示すような「高貴」な精神のあり方こそ、人類のあるべき姿を予示するものだという。というのも、「高貴なカースト」は最初はつねに「野蛮人のカースト」［『善悪』257］、「金髪の野獣*」［『系譜』I.11］だったのであり、そこから出発して「人間というタイプ」を高めてきたという点では、貴族社会こそ「人間の自己克服」の担い手であったからである。そして、「この優越感の上に築かれた貴族文化の争う余地のない幸福は、いまやさらにいっそう高次の段階に昇ろうとして」おり、「認識の騎士団」において「より高い騎士的奉仕」がなされるべきであるとしている［『曙光』201］。

『ツァラトゥストラ』*第4部では、まやかしの「上流社会」で「礼節」を気どる「賤民」たちを嫌悪して、このにせの「貴族」から逃れてきた王たちがツァラトゥストラの洞窟を訪れる［Ⅳ-3］。この王たちのような「ましな人間*たち」に対する演説でツァラトゥストラは、彼らが弱者の画一的な平等主義を克服することを期待するが、同時に「ましな人間たち」自身も自分たちが失敗作であることを認めて、自らの存在を笑い、自分たちの中にまだ「人間の未来」が隠されていることを学ぶべきであると述べる［Ⅳ-13. 1, 2, 15］。『悦ばしき智恵』*でも、「過去のいっさいの精神的遺産のあらゆる高貴性の継承者」は「すべての高貴な者の中で最も高貴な者」であり、「新しい貴族の初子」であるとして、人類の未来への希望を孕む貴族性について語られていたが［『智恵』337］、『ツァラトゥストラ』でも、賤民の支配を打ち破るべき「新しい貴族」が待望されている。「おお、わが兄弟たちよ、新しい貴族が必要なのだ。すべての賤民とすべての暴力的な支配者に対抗し、新しい石の板に、新しく〈高貴〉という言葉を書く貴族が」［Ⅲ-12.11］。ただ、凡庸な賤民の支配か、ルサンチマンを知らぬ高貴な精神による人間の克服かという二者択一は、力の増大による自然支配こそ「新たな貴族階級」を形成するものであるという短絡的な考え方にもつながっていた［遺稿 Ⅱ.9.271］。また逆に、その後の受容においてニーチェの精神貴族性が、しばしば現実の政治や社会へのコミットメントを軽蔑する文化保守的な態度と結びつけて解釈されたこともたしかである。→高貴, 賤民, 距離のパトス　　（大石紀一郎）

機智／フモール [Witz/Humor]

「もっとも機智に富んだ著者たちは，ほとんど気付かれることすらないような微笑をもよおさせる」[『人間的』I.186] という言葉には，ニーチェの愛読したフランス・モラリスト*たちや，ニーチェ自身のアフォリズム*を読む時にふと誘われる密やかな笑いを思わせるものがある。それは通常の思考秩序のずらしや視点の逆転によって，それまでとらわれていた思考から解かれた解放感がもたらす笑いである。フロイト*は機智と無意識の関係を指摘し，社会的にタブーとされていることを滑稽な話の蓑に隠して人前で言えるようにする機智は，無意識と同様に防衛機制の解除であるとしている[『機智と無意識』(1905)]。笑いを誘う解放の要素は機智にもフモールにも共通するが，ニーチェはフモールよりは機智の方に自分の思考との類似性を見ていたようである。そこにはこの二つの言葉が19世紀までに辿った意味の変遷が影響している。

機智（Witz）は，17世紀までは理解力や知識を表す言葉だったが，18世紀初頭にクリスティアン・ヴェルニケという詩人によって，フランス語の esprit の訳語として使われた。エスプリとは，機敏な知的能力を持ち，巧妙な会話で人を楽しませ，当意即妙な対応のできる能力とされ，フランス人固有のものという見方が強かった。ドイツ初期啓蒙の思想家トマジウスは，フランス人のエスプリを真似るようにドイツ人に勧めている。18世紀に入るとさらに，イギリスのウィット（wit）の意味がこれに加わる。ウィットという語の受容に際しては，特にイギリス経験論哲学の影響が強かった。哲学者 Ch. v. ヴォルフはジョン・ロックによるウィットの定義をそのまま受け入れて，類似のものを知覚する能力を機智と捉え，「いくつかの既知の真理から，正しい推論によって別の真理を引き出してくること」[『神についての理性的思考』(1720)] と規定している。ヴォルフをはじめ啓蒙思想家にとって機智は洞察（Scharfsinn）とならんで合理的思考にとって不可欠な要素となった。洞察が一般概念からの演繹能力であるのに対し，機智は個別的事実から一般概念を引き出す総合判断の能力であり，構想力とも関係すると捉えられた。この考え方はカント*にも引き継がれ，彼は機智について「類似性を見つける特有の能力」[『人間学』(1798)] という言い方をしている。

エスプリとウィットの両方の側面を受け継いだ機智の概念は，啓蒙期の文学・芸術論にも反映している。だが既知のものから新しい真理*を引き出すという発見的な想像力としての面は，1760年頃からはいわゆる天才*の概念にとって代わられ，次第に機智という言葉は，面白い落ちがあるジョークのような短い話だけを指す言葉となっていく。この傾向は19世紀に入っていっそう強まった。既知のものの独創的な組み合わせから新しい判断を導くという18世紀の哲学における意味あいで機智という言葉が最後に使われたのは，19世紀初頭の前期ロマン派である。ノヴァーリスや F. シュレーゲルにとって機智は，分析的な思考能力に縮減されてしまった理性概念を批判する思考形態のひとつであり，自由な連想によって狭義の合理性の枠を越える思考力として高く位置づけられている。F. シュレーゲルは機智とは「無意識の世界からくる稲妻」であると述べている。またジャン・パウルも「機智のみが発見を行うことができる」と，18世紀啓蒙の機智概念を受け継ぎつつ，創造的能力としての機智を強調した理解をしている。つまり19世紀までに機智という言葉には，これらの主に三つの意味，つまり(1)フランス的エスプリという意味，(2)啓蒙哲学が捉えた発見能力としての機智，(3)社交的場面で話をもり立てるためのジョークや洒落という意味が読み込まれてきたわけであるが，このうち哲学的意味はニーチェの時代にはもう

消失していた。ニーチェの言葉の使い方も(1)か(3)の意味に対応する。

社交的談話の手段となった機智にはニーチェは懐疑的である。たとえば「談話の際にうまい洒落（Witz）をとばすこと」[『人間的』I.369] や「和解の手段」としての洒落［同312] などについて述べている場合には、交際の潤滑油として機智ないし洒落を必要とせざるをえない人間の心理を暴いている。また「ドイツ的深さ」について述べているアフォリズム［『善悪』244] では、フランス的エスプリとはまったく縁遠く鈍重なドイツ人の「深さ」を批判してはいるが、その一方で「プロイセン的な切口上」や「ベルリン的な洒落」よりは、まだ「深さ」に徹していた方がいいとさえ言う。深さに立ち入らずに表向きの人間関係を活発にするだけの機智に関してはニーチェは否定的に見ている。「大都会の詩人たちに」[『人間的』II-1.111] と題されたアフォリズムでは、「詩人たちよ、君たちは何らかの無垢な美しい感情の洗礼を受けるときに、機智と不潔とをいつも名付け親に頼むことがそんなに必要なのか」と非難しているが、ベルリン的洒落に代表されるような機智はニーチェにとってどこか都会のテンポの早い雑踏のなかの生活を思わせ、彼の好むところではなかったようだ。

これに対してニーチェが高く評価するフランス的機智を代表する著作家として挙げているのは、モンテーニュ*、ラ・ロシュフコー*、ラ・ブリュイエール*、フォントネル、ヴォーヴナルグ、シャンフォール*であり、彼らを読むと「紀元前の最後の数世紀の精神がよみがえってくる」[『人間的』II-1.214] という。ここでフランス・モラリストを規範として、そこから過去へと視線が戻っているのは、ニーチェ固有の思考の回路でもあるが、それと同時にドイツ語で機智という言葉が19世紀にはすでにエスプリの意味をほとんど失っていた事情とも関係していよう。別の言い方をすれば、エスプリはドイツの社会では根付かなかった事態の現れでもあろう。エスプリという意味での機智に代わる言葉としてニーチェは「才気に富む」（geistreich）という表現を使っている。それは「才気で人を楽しませ、刺激し、燃え立たせ、真剣さや諧謔へとさそう」[『人間的』I.264] ものである。才気に富んだ者はつまらぬ学者*から嫌われ、才気に富んだ者は逆に学問への嫌悪を抱くという言葉は、ニーチェ自身の自己観察に由来している感さえある。

機智と似て、視点の転換によっておかしさを誘うフモール（Humor）は、人生や世界について達観できる高みに視点をおき、道徳通念から距離をとって、通常のものの見方を逆転させて見るものである。たとえば、強大な支配者のなかに人間的弱さを、高潔に見える者のなかに貪欲な欲望を見つけたり、あるいは逆に貧困な生活をしている者のなかに快活さを、変人扱いされる者のなかに暖かい人間性を発見するという具合に、強さと弱さ、支配と被支配、善と悪などの社会通念が逆転するときの滑稽さが笑いを誘うものである。もともと一風変わった人物について語りながらその人間性を尊重するイギリスの「ユーモア」に発する文学の伝統に由来するもので、H. フィールディングや L. スターンの作品を通じてドイツにも知られ、ジャン・パウルはフモールについての最初の理論化を『美学入門』（1804）で行った。彼の作品はフモール小説の典型といえる。視点の逆転やあるもののなかに逆のものを発見する思考は、ニーチェの価値の転換や心理学*的パースペクティヴと共通点をもっているように見えながら、ニーチェがフモールをあまり取り上げていないのは、フモールが弱い者への同情*を含んでいるためである。フモールの観点からは徹底的に毒を含んだ諧謔やニヒリズム*は不可能である。ニーチェはフモールの理論家であり作家であるジャン・パウルをブフォル

タ校*時代に愛読したことを自伝の試みに記しているが，その際にジャン・パウルを機智の作家とみなしている。後にはジャン・パウルには否定的な見方をするようになり，ジャン・パウルはせっかく機智のセンスを持っていながら，同情的なフモールの「涙」で機智を台無しにしてしまったという。「(彼は) 感情と真面目さを持っていたが，それを人に味わわせるときに，その上にいやらしい涙のスープをふりかけた。それどころか彼は機智を持っていた。しかしその機智は残念ながら，機智をほしがる彼の渇望にくらべてあまりにも少なすぎた」[『人間的』II-2.99]とニーチェは記している。この発言で，ニーチェがフモールにあまりにも「人間的」な臭いを感じていたがゆえに，嫌悪したことが読みとれる。ちなみに文学におけるフモールはドイツで1848年の三月革命の挫折の後にショーペンハウアー*のペシミズム*の影響のもとに流行した。フモールは現実の変革が不可能になった状態への諦念をいだいた作家たちにとって，市民社会のなかに留まりつつ最大限に可能な現実批判を行う形であったといえる。

視点の転換の面白さという点では機智もフモールもニーチェが「無意味なことへのよろこび」[『人間的』I.213]と言ったものと共通点を持つ。ニーチェは次のように言う。「合目的的なものを無目的なものへ，必然的なものを任意なものへと転換すること，しかもこの過程がなんらの害も与えずに，ただちょっと陽気に表象されるといった具合になされることが，喜ばせる。なぜならそれは，我々が通常我々の仮借なき主人とみなしている必然的なもの，合目的的なもの，経験的なものの束縛から，一時的に我々を解放するからである。期待されていたもの (それは普通は不安感を抱かせ，緊張させる) が害を与えずに発散される時，我々は笑う」。これをニーチェは「サトゥルヌス祭における奴隷のよろこび」と名付けている。文学のなかにはそうし

たサトゥルヌス祭的な視点の転換の手法がいくつも存在してきた。機智もフモールもその一形態と考えることができよう。ちなみに諷刺 (Satire) は語源的にはサトゥルヌスとは関係ないが，その類似性のゆえからローマ末期やルネサンス*期には，時代的にさかのぼってサトゥルヌスに由来すると考えられたこともある。ニーチェの批判に文学ジャンルで言う諷刺に近いところがあるのも偶然ではなかろう。ともあれ機智，フモール，諷刺，さらにはイロニー*などの文学的手法やジャンルは，ニーチェの言う「害を与えずに」価値の転換によって批判を行うさまざまな可能性であった。こうしたさまざまな批判の形態との取り組みにおいて，ニーチェは「無意味なことへのよろこび」が持っている批判のポテンシャルをすくいあげる形態を模索していたのだといえよう。→モラリスト，イロニー

(大貫敦子)

救済

『ツァラトゥストラ』*第2部の末尾近くには「救済」と題した章がある [II-20]。ニーチェはそこで救済を，次のようにツァラトゥストラに語らせている。「過ぎ去ったものたちを救済し，すべての〈そうあった〉を，〈私がそのように欲した〉につくりかえること——これこそが私が救済と呼びたいものだ」。すでに過去と化してしまったもの，そうなってしまったことは，意志の手ではどうにもならない。「時間が逆もどりしないということ，これが意志の深い怨懟である」。こうした怨懟が過去を亡きものにしようとする復讐を生む。そしてそれが現在の苦悩を何かの罰だと解釈したりする。いずれも時間は逆もどりできないとの見解から来ている。これに対し，「過去の救済」を唱えるニーチェは，過ぎ去ったものすべてを肯定し，未来を望ましいものにすることでいっさいの過去を救済すること，すなわち過ぎ去ったものをその断片と偶

然*と謎のすべてにわたって肯定しつつ、来るべきものに向けた必然的契機に転じることを求める。もちろんそれにはいかなるものであれ過去いっさいを肯定できる強靭な力への意志*が必要である。キリスト教*の伝統では救済は神の手でなされる。だが神が死んだ以上、もはやこの絶対他者による救済を望むことはできない。意志自身による自己救済に転換させること、「過ぎ去ったものの救済」はそうした救済の伝統の転換をも目指している。また時間をめぐる救済のモティーフは、永遠回帰*の思想を予兆したものとも解しうる。

救済はすでに初期から存在したテーマである。『悲劇の誕生』*では、「根源的一者*は、永遠に苦悩するもの・矛盾撞着に満ちたもの」で、「これを救済していくためには、心を魅する幻像や心たのしい仮象*を必要とする」[『悲劇』4]とされ、ディオニュソス*的・アポロ*的芸術衝動の意義が語られていた。ショーペンハウアー*からの影響が濃いこの段階にあっても、生きんとする意志*の否定によって苦悩からの救済を求めようとしたショーペンハウアーの思想とは一線を画していた。『悲劇』における救済は、苦悩を緩和する麻酔剤*の作用と苦悩を歓喜に転じる情熱の働きとが未分化で曖昧な点が残っているが、意志自身の自己肯定と苦悩の救済との結びつきは、すでにニーチェ独自の思想となっている。→永遠回帰、『悲劇の誕生』、『ツァラトゥストラはこう語った』　　　　　　　(木前利秋)

教会

「福音の根源であり、意味であり、正しさであったところのものの正反対のものの前に人間が跪いていること、〈福音をもたらした人〉が彼自身の下に、彼自身の後ろにあると感じたところの当のものを、〈教会〉という概念において神聖であると語ってしまったこと、これより以上の世界史的なイロニー*は求むべくもない」[『アンチクリスト』36]。パウロ*によって、キリスト教*は「教会」となった。ニーチェは、この教会に、イエス*の福音とは正反対のものを見て取る。ニーチェはキリスト教を批判するのだが、その批判の矛先は、イエスのではなく、パウロによって設立された教会的概念におけるこのキリスト教に向けられているのである。ニーチェによれば、そもそもイエスの福音には「罪」も「贖い」も「赦し」も含まれていない。そうではなく、イエスの福音とは、彼に悪意を抱くものに対して、言葉によっても、また心の中でも抵抗せず、誰に対しても怒らず誰も軽蔑しないで、彼らの中にあってこれを愛する、そのように現在に生きる実践そのものであった。このことによって、イエスの福音は、神と人間との間のすべての距離関係を廃し、それゆえ神との交わりのためのあらゆる儀式を無意味にした。ところが、パウロによって設立された教会は、最も非福音的な感情である復讐心を復活させる。教会においては、「罪」がいずれ「裁かれる」という期待が前面に登場し、キリストによる救済の信仰が高揚し、重点は「あの世」に移ってしまった。このことによりキリスト教は、大衆の宗教となる。そしてそれにより、イエスの福音そのものは死滅する。かくてニーチェは言う、「万人向きの書物というものはつねに悪臭を放つ書物であり、小人じみた臭いがそこにこびりついている。大衆が飲み食いするところでは、拝むところですらも、きまって悪臭がするものだ。清浄な大気を呼吸したい者なら、教会へ入ってはならない」[『善悪』30]。→パウロ　　　　　　　　　(中野敏男)

狂気

古代には真の賢人と狂人との間にはある種の関連があり、狂気からこそより高い真実が漏れ出るとされ、狂人は賢者*や神託告示者として尊敬された。ゲオルゲ*派の詩人たち

もヘルダーリン*の狂気の中に「見者」を見るが、ニーチェもギムナジウム時代の作文ですでにヘルダーリンの「崇高さと美」の中に「痛ましい不協和音で中断される」狂気を認め、ある種の畏怖を感じながらも、それを讃えている［BAW 2.3］。当時さまざまに話題になったC. ロンブローゾの『天才と狂気』(1864) にニーチェが一言も触れていないのは不思議だが、「新しい道を拓き、尊敬されていた習慣や迷信の束縛を破るのは、ほとんどどこでも狂気」であった。そして道徳の桎梏を破って新しい律法を与えようとする人々が、実際に狂気でない場合には、「自己を狂気にするか、狂気のふりをするよりほかはなかった」と言う［『曙光』14］。『悦ばしき智恵』*の中の有名な箇所［125番］の、白昼に提灯をつけながら神の死*を告げて廻る狂人は、時代に先駆けて早く来すぎたために、狂気の仮面をつけねばならなかったのではなかろうか。『ツァラトゥストラ』*でも「電光はいずこ？……おまえたちに接種さるべき狂気はいずこ？／見よ、私はおまえたちに超人*を教える。超人はこの電光、超人はこの狂気」［序説3］、「かくていまや精神の上に雲また雲が渦巻いて押し寄せ、ついに狂気が説教するに至う」［Ⅱ-20］とある。その一方で、ニーチェは一般の集団、党派、民族、時代における非本来的な狂気は激しく弾劾する。「ドイツ人は教養*を政治的、国民的狂気と取替えた。彼らはこの狂気によってその文化、教養によって到達したよりも遙かに多く他国民の関心を引くに至っている」［『曙光』190］とし、「〈あらゆる犠牲を払わせる真理〉へのこうした意志、真理への愛におけるこうした若者の狂気」をこの上なく厭わしく思う［『智恵』序言4］。狂気はいい、しかしほどほどにしておかねば危険だとして、狂気から健康な理性への柔らかな移行を要請しながら、ニーチェ自らは本当の狂気の闇の中へ入って行った。→ヘルダーリン　　　　　　　　（山本 尤）

京都学派とニーチェ

戦前・戦中の京都学派で、ニーチェが主題的に取り上げられる機会は思ったよりも少ない。もっともこの学派にとって、ニーチェの思想がまったく意味をもたなかったわけではない。たとえば西谷啓治の「ニイチェのツァラツストラとマイスター・エックハルト」［『根源的主体性の哲学』(昭和15年) 所収］は、自我が生を規定するのではなく「大なる生命が自己を満たして来る」点にニーチェにおける生の根源性の思想を捉え、「神との合一をも超えた」純なる一の境地に生の根源性をみたマイスター・エックハルトと相通じる「生の弁証法的運動の徹底」を見ている。エックハルトを持ち出したところは西谷の独創である。ただし宗教的生とのつながりを求めながら、デカルト的自我とは違った創造的な主体性の可能性を探ろうとした点には、『世界史の哲学』の高山岩男が歴史性を主体の創造的行為の跡として論じる点と似ている。西田幾多郎門下に通底する世界観の一面である。これは、戦後の実存主義*の流行を前に、高坂正顕がニーチェの哲学は「実存哲学には止まらず、同時に生の哲学」であり、その超人*とは「たんなる実存ではなく歴史的実存である」と解釈する姿勢にまで通じている［『ツァラストラを読む人のために』(昭和25年)］。ただし高山らの歴史哲学には、歴史性をさらに歴史の地域性から捉え返す視点がだぶっていた。このため日本精神に、西欧文明と対抗し、それを超克する世界史的課題が与えられ、これが当時の総力戦を正当化する時務の論理に導いた。たとえば西田が「日本の文化は強いて之を孤独のものと考へずとも、世界の文化の一要素として尚ふべきものであると思ふ。……我等が桜花を愛する心の奥にもニーチェが〈我は創造して亡び行くものを愛す〉……といふ如き創造的意志の哲学を味って見たいと思ふ」［「日本的といふことに就て」『思潮』(大正8年10月)］と言ってみせるあた

りには、ニーチェにたいする共通した態度が代表されているといえるかもしれない。こうした脈絡を背景におくと、ハイデガー*のナチ関与の問題をニーチェのディオニュソス*的な暗闇に結びつけて論難し、ニーチェの古典文献学者としての資質からその思想の特性を批判的に描き出した三木清*のニーチェ論[「ニーチェと現代思想」]は、西田門下のなかでも異色である。⇒三木清　　　（木前利秋）

恐怖　⇨戦慄と恐怖

教養　[Bildung]

【Ⅰ】 知と生の宥和としての教養の理想

『反時代的考察』*の第1篇以降、堰を切ったように始まる時代批判、歴史主義*批判、そして痛烈なドイツ批判の大きな機軸は、市民社会的教養への批判である。すでに『悲劇の誕生』*も、「われわれがこんにち文化・教養・文明と呼ぶすべて」を審判者ディオニュソス*の前に立たせ、その欺瞞を暴露する企みである。ニーチェは、知の形式化とそれに伴う生の空疎化が、すでにアレクサンドリア的*精神に端を発し、近代市民社会において最大限に加速されたと見る。生の根源的な要求を窒息させる教養主義への批判は、合理主義批判と重なりあう。

教養 (Bildung) という言葉は、それに対応するラテン語 (eruditio, formatio) が示すように、野蛮な状態から脱し、自己を形成することを意味する。それは二つの意味で自然の陶冶である。つまりまずは外的な自然環境への働きかけによって、自然を作りかえ粗野な自然から解放されることであり、さらに社会環境との関わりのなかで人間の内的な自然を作り変えることによって、単なる本能的欲求の充足をこえて、精神的自由を獲得することである。ところが市民社会は教養を内的自然を飼い馴らす方法と化してしまった。フロイト*にいたって「文明は人間の本能を永久に抑圧することである」と言われる。

ニーチェが教養に求めていたのは、ちょうどアッティカ悲劇の再生の構想に見られるように、理論理性と生*の根源的意志との相互補完的な関係、つまり理性の専横でも、また生への激情的陶酔でもない形で、両者を宥和させうるような知と生の関係であり、生の抑圧とならないような共同体と個人の関係である。バーゼル*における初期の講演「われわれの教育施設の将来について」で、ありうべき教養について「ほんとうに教養ある人は、幼年時代の穏やかな本能に少しの断絶もなしにいつまでも忠実でいることができて、そのおかげで平静さや統一、また連関性や調和に達するという測りしれない宝物が与えられる」[「教育施設」Ⅳ] と言われている。だが現在の教養は、本能にくびきをかけることに執心している。「ドイツ*の青年教育の目標は自由な教養人ではまったくなく、学識者、学問的人間であり、しかもできるだけ早く役に立ちうる学問的人間、生を真に明白に認識するために生から離れて立つ学問的人間である」[『反時代的』Ⅱ.10]。『教育者としてのショーペンハウアー』で繰り返し「青年」の感性や「若き魂」に期待をこめて言われる発言の裏には、プフォルタ校*での厳格な古典教養の授業に感じた重圧感への思い出と、それを越えて若き日の彼が彼自身の「読み」によってギリシア古典や近代文学から感じとった生の横溢の経験がある。

【Ⅱ】 第二帝政期と教養の歪み　自然を圧殺せず、分裂を知らない生の形式を悲劇の再生によって獲得する試みにかけた期待は、その実現となるはずだったバイロイト*でみごとに裏切られた。芸術*と権力*との癒着をヴァーグナー*のうちに見るにいたって、現在あるような芸術までもがいまや批判の対象となる。にもかかわらず『反時代的考察』では、生のありうべき形式の規範となっているのはなおも芸術である。「文化とは何よりも

まず、ある民族の生のすべての表現における芸術的様式の統一である」[『反時代的』I.1]。とすればここで「芸術的」とは何を意味しているのだろうか。

普仏戦争*での勝利を文化の勝利と錯覚し、「文化の時」に酔いしれるドイツ市民階級の文化は、ニーチェには「野蛮*」そのものに映った。普仏戦争の賠償金によって莫大な資産を手にした市民階級は、自らの文化の欠如を過去の文化を借りて糊塗することに汲々としていた。ネオゴシックから擬古典主義までの建築様式が混在し、室内にはオリエントや東洋風のインテリアが所狭しと並べたてられる。それは様式の統一には程遠い。それは彼が軽蔑して「教養俗物*」とよぶ市民階級の醜悪な趣味である。「今日のドイツ人はいっさいの様式が混沌と混じりあった混乱のなかで生活している。だからきわめて博識であるにもかかわらずこの混乱状態には気付かず、そればかりか自分の現在の〈教養〉を本当に心から喜んでいる。こんなことが、ドイツ人にどうして可能であるか、深刻な問題である。自分の身なりや部屋や家を見るたびに、自分の街の通りを歩くたびに、流行美術店に出入りするたびに、すべてのものが様式の混在に気づかされるはずである。社交の場で自分の礼儀作法の由来に気づき、美術館に入れば、音楽会や劇場や文芸の楽しみを味わえば、いっさいのありとあらゆる様式のグロテスクな陳列や並列や重なりあいに気づくはずである。」[『反時代的』I.1]。

かつてありえた、そして二度と戻ることのない理想的な教養の姿としてニーチェがとらえるヴィンケルマン*やゲーテ*、レッシング*、ヴィルヘルム・フォン・フンボルトにおいては、歴史的過去や西洋以外の未知の国々と接触することは、現在の生の様式の限界を自覚し、それを越えるものを探究することであった。しかしいまや過去も異国も引用の対象でしかない。ブロイセンによる強引な、作られた統一にすぎないドイツ帝国を正当化するために、「歴史的教養」は現在のドイツこそがいっさいの過去の正嫡の相続人であると僭称し、過去のドイツ文化を勝利の証拠品として博物館の展示に供している。ヘーゲル*に即して言えば、精神は歴史過程の頂点に立って過去のものを誇らしき遺産として眺め楽しむばかりである。また教育に関しては、「若者の頭脳は生の直接的な直観からではなく、過去の時代と民族についてのきわめて間接的な知識から抽象された膨大な数の概念を積めこまれる。……自分自身で何かを経験し、そして自分の経験のそれぞれが相互に関連しあって生き生きとした体系として自分のうちに育っていくのを感じたいという若者の熱望は麻痺されている」[『反時代的』II.10]。そして音楽会や劇場を訪れることは、「教養ある」市民階級に属しているという空しい自己確証以外の何ものでもない。

ニーチェによれば、現在のドイツ的教養が皮相的なものであるのは「生と知の矛盾を耐えしのぶばかりで、文化は生からのみ発芽し生からのみ開花するという真に文化的な民族の文化の特徴にまったく気づかなかった」[同上]からである。そうした矛盾の隠蔽にしか寄与しない文化のいかがわしさや、個々の日常的な趣味判断に現れてくる不自然さを敏感に察知する感覚の鋭さこそ、本来の教養の培うべきものであり、それこそが芸術的な生の様式化という表現における「芸術的」の意味するものである。

【III】 市民階級批判としての教養概念

「教養ある階級や国家は、はなはだしく軽蔑すべき貨幣経済に心を奪われている」「人を孤独にする教養、金銭と利益を超越して諸目標を定める教養、多大の暇を浪費する教養、このどれもが厭わしく思われています」といった初期著作の表現からだけならば、一見したところ20世紀のドイツにもその末裔を見ることのできる右派ヘーゲル主義的な思考、つ

まり近代合理性の欠陥を文化によって埋めあわせようとする思想とさほど変わらないように見える。また文化ペシミズムと近代的教養の凋落への悲歌という方向では、ほぼ同時期にイギリスで著されたマシュー・アーノルドの『教養と無秩序』(1869)に見られる伝統回帰思想との共通性もある。その意味ではニーチェの教養批判は、ヨーロッパ市民社会の閉塞性と近代合理性の慢性的なジレンマを同じように反映しているといえよう。しかし文化保守的なこれらの方向とニーチェの教養概念とが一線を分かつのは、彼の求める文化が教養俗物にとっては「気に障るもの」であること、つまり日常の人間関係に潤滑油をさしているにすぎない「文化」や「教養」が、またそこで称揚される安っぽいヒューマニズムや人間性といった理念が欺瞞であることを暴くものである点である。教養俗物の日常性を震撼させる認識こそを、ニーチェは教養に求めた。その意味では小市民的日常性にゆさぶりをかけるモダニズムの芸術との近さがある。

俗物的な教養市民階級の行きつく先が「野蛮」であるというテーゼが尖鋭化されるのは『啓蒙の弁証法*』である。ナチス*・ドイツにおけるユダヤ人大量虐殺を目の前にしたホルクハイマー*とアドルノ*は、外的自然からの、そして粗野的内的自然からの解放が計算的理性による人間自身に対する支配に帰結するさまを、ナチスの全体主義と同様にアメリカの文化産業にも見た。彼らは、ニーチェを引きつつ、文化産業を「非文化の体系」であり、「様式化された野蛮」であるという。外的、内的な自然からの解放が「なぜほんとうに人間らしい状態に到達するかわりに、新たな野蛮に陥ってしまうのか」という問いが『啓蒙の弁証法』の出発点におかれる。ホルクハイマーとアドルノにとってもやはり、ありうべき生の表現形式の唯一の規範は芸術に、しかもモダニズムの芸術にしかない。

しかしここで、「教養」という概念が19世紀以来、「文化」とならんで特別な意味あいを持ってきたドイツの事情を無視することはできない。イギリス*、フランス*と比べて市民階級の発達の遅かったドイツでは、市民階級が社会的意志形成の過程に参与する機会はきわめて少なかった。それが「教養」をことさら内面化し、社会への関与よりはむしろ個人的な人格形成として、しかも現にある社会に追従する人格形成として理解する傾向に拍車をかけた。そうした内在化された教養概念こそが、ニーチェ、ホルクハイマー、アドルノの教養批判の焦点であった。現代フランスの社会学者ピエール・ブルデューの言葉を借りて言い替えれば、共同体形成のために必要な「実践感覚」を生み出しえなかったことが、ドイツ市民階級の悲劇であり、また拭いえぬ負目でもある。視点を変えてリチャード・ローティのようにアメリカの自由主義社会を後ろ盾として、民主主義的なコモン・センス形成能力を市民的教養性(civility)とみなす立場からすれば、ニーチェにしてもまたホルクハイマーとアドルノにしてもその教養批判は、「民主国家の市民たちが自分たちを自発的に〈コミュニケーション共同体〉の構成員と見る」『連帯と自由の哲学』ことのできなかったドイツ知識人固有の、きわめて局地的な物語にすぎないことになる。だが、ローティの立場が結局は自由主義社会の現実を追認する保守リベラルの方向へ向かわざるをえないことを考えるならば、局地性のゆえに逆説的にも徹底した否定性を宿したニーチェの教養批判は、現在の自由主義社会における自由の実現形態の欺瞞性を暴露するうえでなおも有効であろう。とくに、ニーチェがあれほど嫌ったドイツ的教養の伝統のなかにニーチェ自身をも組み込んで受容してしまった日本の教養と文化のありかたに対しては、彼の教養批判の視線をもういちど向けてみる必要があるのではないだろうか。→ドイツ／ド

イツ人,日本における受容　　　(大貫敦子)

教養俗物 [Bildungsphilister]

　普仏戦争*に勝利した後のドイツ*を,ニーチェはペルシャ戦争での勝利に陶酔するアテナイ人に比較した。アテナイ人がペルシャ戦争以来の「政治の狂気」のために悲劇の精神を失い,やがて古典古代文化がアレクサンドリア・ローマ文化へと形骸化していったように,ドイツ人*も軍事的勝利に酔い痴れて文化の悲劇的な要素を忘却しているという。のちに彼自身「徹底して戦闘的」と形容する『反時代的考察』*で攻撃の的となっているのは,悲劇性を喪失し生から遊離したドイツの文化のありかたである。そうした文化を真の文化と思い込み,ドイツ文化の謳歌を先唱しているのが教養俗物たちである。ちなみに『この人を見よ』*では「教養俗物」が自分の著書『反時代的考察』から生まれた言葉であることを豪語している。

　俗物 (Philister) という言葉は,18世紀頃から学生たちの間で使われていた。当時は必ずしも侮蔑的な意味はなく,学生ではない一般市民を意味する言葉だったが,19世紀ロマン派の頃から次第に,芸術家の独特な空想世界に理解のない,凡庸な日常生活に埋没した小市民を軽蔑して言うニュアンスが強まった。E. T. A. ホフマン,ハイネ*,ベルネらでは明らかに,狭量で現実生活ばかり大事にして芸術への理解のない凡人という意味で使われている。こうした意味の変化のうちには,芸術がすでに一般市民の社会生活と深い溝で分かたれはじめた19世紀前半の市民社会の変質をみることができる。教養俗物という表現はニーチェの造語であるが,その表現で彼は19世紀後半における市民社会の第二の変質過程をみごとに表現している。芸術はもはや,社会生活と切り離されたばかりでなく,社会によって馴致されることによって俗物的な日常性に奉仕するようになった。教養俗物は芸術に疎いのでなく,逆に「みずからを詩神の子であり文化人であると妄想する」ことによって,自分は「俗物」ではなく,教養人であるという意識をもっている。

　ニーチェが教養俗物の筆頭に挙げるのはダーフィト・シュトラウス*である。彼の著書『古い信仰と新しい信仰』は,わずか数カ月で4版を重ねるほどの売れ行きだったが,それだけでもニーチェには近代の悪弊の最たる兆候だった。「この悪い時代にすぐさま効果をあげ普及するものはすべて劣悪品であると評価することにしています」[1873年コージマ宛書簡]。ジャーナリズム*をはじめ大衆の賛同を得るこの種の劣悪品の文化は「文化に対する粘液質的な無感覚状態」を生みだし,「何事にも驚かず (nil admirari)」という鈍感さによって,文化から力強い生の運動を奪い取り,麻痺させ解体させているという。これがいっさいの学問*,とくに哲学と古典文献学*を疲弊させている原因である。

　『反時代的考察』でニーチェはシュトラウスに代表される教養俗物の特性を「日常性を神化」させてしまうヘーゲル主義に見ている。「この哲学はいっさいの現実的なものが理性的であることを語り,ごてごてした装飾の好きな教養俗物に巧みにとりいったのである。教養俗物たちは自分だけを現実的と捉え,自分の現実だけを世界の理性の尺度とする」。彼らは芸術*をたしなみはするが,芸術が彼らの現実——それは職業と家庭と習慣にほかならないのだが——に揺さぶりをかけようとすると,「何か卑猥なものを見たかのように目をそらし,貞操の番人のような顔つきをして警告する」。この「農民風の健康さ」が,ヘルダーリン*やショーペンハウアー*を病的とみなして斥ける「教養俗物たちのかの有名な健康」である。ところがこの健康さは,彼らの弱さの裏返しなのだ。「真の根源的ドイツ文化」にあるはずの「探求し新生を渇望するドイツ精神」を担うにはひ弱すぎる

ために、教養俗物はゲーテ*からもベートーヴェン*からもヘルダーリンからも心地よい調和だけを取りだして、それを「ドイツ古典」として捏造してしまったという。この事態は弱々しい教養俗物が権力を持ってしまった帰結であるとニーチェは見ている[『反時代的』I.2]。

まだ『悲劇の誕生』*の思想圏から完全には出ていない『反時代的考察』では、真のドイツ文化にある「悲劇的なもの」をショーペンハウアーのうちに見てとり、その実現をヴァーグナー*の楽劇に託していた。しかしヴァーグナーの復古的で権力追従的な傾向を嗅ぎとりはじめた頃から、彼の芸術も「教養ある賤民*どもが愛するロマンティックな熱狂と感性の錯乱」[『智恵』序言4]をかきたてるものとして、まさに教養俗物の文化を促進していると批判されることになる。

ニーチェが当時の教養俗物文化として挙げている典型は次のようなものである。「書棚には最良の本があり、楽譜台には有名な楽曲の楽譜がおかれ」、また「妻子の脇で新聞を読み、政治談義をかわし」[『反時代的』I.9]、古典的作家や芸術家についてゲーテ協会やベートーヴェン協会を設立して文化振興に寄与していると思い込む。こうした教養俗物へのニーチェの辛辣な批判は、現代においてもまだ効力を失っていないといえよう。→シュトラウス¹、ドイツ/ドイツ人 (大貫敦子)

虚栄心 [Eitelkeit]

ニーチェは初期の「道徳外の意味における真理と虚偽について」で、人間においては真理を求める衝動よりも偽装に悦びを覚える虚栄心の方が本質的であるという意味のことを語っている[「真理と虚偽」1]。とはいえ彼が虚栄心をしばしば取り上げるようになったのは、中期の著作、とくに『人間的な、あまりに人間的な』*以降においてである。たとえば、同じくらい虚栄心の強い人間同士が出会うと、互いに自分が相手に与える印象ばかり気にして何の効果も得られないので、結局悪い印象しか残らない[『人間的』I.338]とか、人がある意見に固執するのは、自分がその意見に到達したことやそれを理解したことを自慢したいという虚栄心のためであり[同I.527]、いかに不合理なことでも自分の虚栄心を満足させるものであれば認めてしまうものだといった発言である[同I.574]。あるいは、女*は愛する男が他人にも重要な人物に見えることを望み、自分には男を幸福にする力があると信じたがるというような、女性の虚栄心についての観察[同I.401, 407]や、病人や老人の虚栄心についての考察もある[同I.546; II-1.289]。そして、自分の虚栄心を否認するのは、それを直視できないほど粗野な虚栄心の持ち主であるとも言われているように[同II-1.38]。ニーチェにとって虚栄心はどのような人間にもある最も人間的な感情であり、いかなる犠牲を払っても自分の優越を確信しようとする欲求を特徴とするものであった。すなわち、われわれが自分の評判を気にするのは、たいてい自分の利益のためであるか、他人を喜ばせようするからである。ところが虚栄心の場合は、自分自身を喜ばせるために、他人が自分について不当に高い評価をするように仕向けたうえで、誤った意見を抱いた他人の権威を信ずることによって自惚れを確信へと高めようとする。それによって自分自身に対する悦びを確認することができれば、偽りのイメージが他人の嫉妬をかき立てて、結果として自分に害悪を招くことも辞さないというのである[同I.89]。つまり、虚栄的な人間は、卓越した者であろうと欲するよりも、自分が卓越していると感じようと欲して、そのためには（他人に対しても自分に対しても）あらゆる手段を用いて欺瞞を弄するのであり、そこで彼が本当に気にかけているのは、他人の意見ではなく、他人の意見についての自分の意見であるとされる

[同Ⅰ.545］。言い換えれば，自分を優越したものにすることと，公けにもそのように見えるように願うことのうち，第一が欠けていて第二があるのが虚栄心であり，その逆が自惚れ（Stolz）であるということになる［同Ⅰ.170］。それゆえ，自分が実際に何であるかという存在よりも，何者として通用するかという見せかけの方が人生の浮沈にとって決定的であるという確信こそ，虚栄心において根本的なものなのである［同Ⅱ-2.60, 181］。

こうした虚栄心についての考察に際しては，『人間的』執筆当時，緊密な知的交流のあったパウル・レー*からの刺戟があったであろうし，またショーペンハウアー*の処世の智慧やモラリスト*の思考がニーチェの念頭にあったであろうことは想像に難くない。ショーペンハウアーは，虚栄的な人びとは「他人の頭のなかに映る彼らの本性についてのイメージの方が，彼らの本性自体よりも大切だと思っている」として，その愚かしさを説き［『人生の智恵についてのアフォリズム』第4章］，また「虚栄心」（Eitelkeit, vanitas）という語がもともとは「空虚」や「空無」を意味していたことを指摘して，その空しさについて語っている［『意志と表象としての世界』第60節］。それに対してニーチェは，同じように語の意味を問題にしても，そこに「人間の最も身近で最も自然な情動」を非難する道徳的評価が入り込んでいることは「われわれモラリスト」にとって困惑の種であるという。そして，あらゆる社会的行動の舵となっているこの「最も充実して最も内容豊かなもの」を空しいものであるとする過去の習慣の声に耳を貸すことなく，『善悪の彼岸』において虚栄心を考察するように求めている［『人間的』Ⅱ-2.60］。そこでニーチェにとって先蹤となったのは，モンテーニュ*よりもラ・ロシュフコー*であったであろう。モンテーニュは，自分の価値について実際よりもよい意見を抱き，他人の価値を十分に評価しない「自惚れ」や，それを警戒して「虚栄から謙遜になる」ことを，いずれも誤りとして斥けているが［『エセー』第17章］，ラ・ロシュフコーは虚栄心に人間のさまざまなふるまいの原動力を見いだして，価値評価抜きでその諸現象を描いている。虚栄心はわれわれを寡黙にしたり，悪意もないのに悪口を言わせたりする。気前よくさせたり，自らすすんで自分の欠点を認めさせたりするのも虚栄心である［『箴言と省察』137, 483, 263, 609］。美徳を発揮させるのも，その美徳をよろめかせるのも虚栄心次第のことで，それはわれわれの好みに反することでも数多くさせるという点では理性をしのいでいる。最も激しい情念でさえ休むときがあるのに，虚栄心だけはたえずわれわれを駆り立ててやまないというのである［同 200, 388, 467, 443］。なかにはニーチェの観察と照応するような箴言もある。たとえば，「他人の虚栄心が鼻持ちならないのは，それがわれわれの虚栄心を傷つけるからである」という箴言［同 389］は，「他人の虚栄心がわれわれの趣味に反するのは，それがわれわれの虚栄心に反する場合だけである」というニーチェの箴言［『善悪』176］と符合するし，また，英雄*を作るのも虚栄心であり，苦行も人に見てもらえれば虚栄心が満たされて楽になるという箴言と省察』24, 536］という指摘は，戦う者は負けるのが確実でも自分の戦い方を感嘆してもらいたがるというニーチェの発言［『人間的』Ⅱ-1.379］に通ずるところもある。さらにニーチェが，自分の優越を見せつけたい相手がいると，友人に対してもひどい仕打ちをしたり，敵の価値を誇張して自分がそのような敵にふさわしい者であるかのように見せかけようとしたりすると述べているのは［同 Ⅱ-1.263］，ラ・ロシュフコーが人間を根柢から動かすものとした「自己愛」について，それはときとして敵方について彼らと志をともにすることもあると主張していること［『箴言と省察』563＝「削除された箴言」1］

を，ニーチェなりに展開してみせたかのようでもある。いずれにせよ，ラ・ロシュフコーによれば，「虚栄の種類はとても数え尽くせない」のである［同506］。

とはいえ，ニーチェは「道徳的感情」としての虚栄心の起源を探るうちに，そのさまざまな現象形態の根柢に一つの共通の性質を見いだした。すなわち，虚栄心が求めるのは何よりも自己享楽（Selbstgenuß）であり，それは実際の存在よりも見せかけによって「力の感情」を味わおうとするものだという考察である。つまり，弱者がわざと不当で冷酷にふるまうのは，自分は強いのだという印象を与えたいからであるし［『人間的』II-1.64］，強者が自らの力を誇示して弱者を恐れさせるのも，自分が実際に何者であるかということよりも何者として通用するかの方が決定的であることに気づいているからである。これが虚栄心の起源であり，それゆえに権力者は見せかけによって自らの力への信仰を増大させようとするし，屈服した者たちも自分たちの価値が強者にとっての自分たちの見かけにもとづくことを知っている。しかも，「力への信仰を増大させることの方が力そのものを増大させることよりも容易である」がゆえに，見せかけによって欺くすべを心得たずる賢い者ほど虚栄心が強いとされる［同 II-2.181］。逆に，権力*を求める者は，他人が不快に思うほど自分の優越を示すことも厭わないが，それは権力を手に入れてしまえば，自分がどのようにしていても気に入られることを知っているからだという観察もある［同I.595］。

このような虚栄心と見せかけの力との共犯関係に関する考察のなかでもとくに興味深いのは，『人間的』第1部で禁欲主義者の虚栄心を扱った部分である［同I.136-144］。そこでニーチェは，あらゆる宗教や哲学には自己破壊や自分の本性に対する嘲弄が生み出す高度の虚栄がつきものであるとして，「山上の垂訓」を例として挙げている。そして，禁欲道徳*において人間は，極端な要求によって自らに暴行を加え，自分の魂のなかで暴君のように要求する部分を神とし，他の一部を悪魔とするという［同I.137］。つまり，禁欲主義者は，「内面の敵」を作り上げて自分自身の魂を善悪が争う戦場と化し，過大な道徳的要求を掲げることによって自らの本性をいっそう罪深く感じ，そこに興奮を覚えるという倒錯した悦びを発明した。「これこそ古代が発明した最後の快楽であった」というのである［同I.141］。こうして登場した禁欲主義的な「聖者」は，自分の激情を残忍に支配して「力の感情」を享受し，苦痛*や屈従にも快楽を覚えることになる［同I.142］。禁欲とは，自らを引き裂いて隔絶した支配と屈従を同時に体験することでいっそうの自己享受を得ようとする欲張りな虚栄心の現れなのである。それゆえ，聖者を自分たちとは隔絶した超人的な存在として崇拝するのは，その魂の誤った解釈にもとづいているとされる［同I.143］。これは，芸術*において，天才*は自分とは程遠い奇蹟のような存在であると考えれば，嫉妬*することも虚栄心が傷つくこともなくて済むために，天才が崇拝されるという場合［同I.162］とも共通するメカニズムであろう。このような虚栄心についての考察が，のちの〈力への意志*〉の源泉の一つとなったことは疑いえない。それは，〈力への意志〉が論じられるようになると，「虚栄心」という語がニーチェのテクストにほとんど現れなくなるということからも逆に裏付けられよう。ただし，〈力への意志〉が虚栄心のみに限って考察されたものではないように，すでに『人間的』においてもニーチェは，「個人の唯一の欲求である自己享楽への欲求」は，「虚栄心や復讐，快楽，有用性，悪意，狡智の行為においてであれ，犠牲や同情，認識の行為においてであれ」，いずれにしろ満たされるとして，「自己享楽への欲求」を虚栄心に限定されない現象として捉えている

［同Ⅰ.107］。

ところで，虚栄心についてのニーチェの発言のなかには，自由意志*の否定に対する「最強の敵」は虚栄心である［同Ⅱ-1.50］とか，「目的」という概念もいっさいの事物を貫く必然性を認めたくないという虚栄心から人間が案出したものである［『智性』360］というように，人間中心的な見方に伴う虚栄心を指摘して，「あまりに人間的」な遠近法*の相対化を図っているものもある。とりわけ「人間，世界のコメディアン」と題するアフォリズム*では，人間の生など永遠の宇宙のなかでは一瞬のうちに消滅するものにすぎないのに，自分たちが世界の目的や意図と深く関わっているかのように思い込んでいる人間は，「神の猿」として哄笑に値するとされる。しかも，そのような虚栄の愚かさに気づいて，人間は虚栄心において無比の，奇蹟的な存在であると思い込むことも，それ自体としてやはり虚栄心のなせるわざであるという［『人間的』Ⅱ-2.14］。それでは，虚栄心を克服するということは不可能なのであろうか。情熱的な人間は他人が何を考えようと気にしないので，虚栄心を超越しているという箴言もあるが［『曙光』394］，やがてニーチェは，高貴*な支配者の価値評価と畜群*的な価値評価との対立を持ち出して，自らをよしとする高貴な人間にとって，他人による評価に心を煩わせる虚栄心は理解しがたいとするようになる。虚栄心は，かつて自分が何者として通用するかという価値を支配者によって定められていた奴隷の本能が隔世遺伝的に現れたものであるとされ，中期における微妙な心理的観察は新たな二項対立のなかに消え去ってしまうのである［『善悪』261］。☆心理学，モラリスト，力への意志，ラ・ロシュフコー，レー

（大石紀一郎）

距離のパトス ［das Pathos der Distanz］

距離のパトスという言葉は，力への意志*の思想と結びついているためか，公にされた著作では，ニーチェ後期の作品に出てくる。しかしこの表現が象徴しているニーチェの考えのある面は，後期だけに限らない。たとえば『善悪の彼岸』*の一節で，貴族的な社会は「人間と人間の間にある序列*や価値の相違の長い階梯を信じており，何らかの意味での奴隷制度を必要とする」，そこでは「距離のパトス」というものが「血肉化した身分の違いから，支配階級が隷属者や道具をたえず見渡したり見下ろしたりし，また，同じくたえず服従と命令，抑圧と隔離の訓練をすることから生じてくる」［『善悪』257］と語っているが，この種の奴隷制度の容認や，人間は元来平等ではないという主張は，初期の論稿「ギリシアの国家」以来のものである。「芸術発展のための広くて深い，肥沃な土壌が存在するためには，少数者に奉仕するとてつもない多数者が，その個人的な必要の度を越えて，生活の艱苦に奴隷的に服していなければならないのだ」［「五つの序文」Ⅲ］。ニーチェのどのテクストの使用例でも，距離のパトスで言う距離とは，まぎれもなく身分間，階層間の差別という意味を含んでいる。平等への意志*や同情*道徳，隣人愛*などと対極にあるものが，このパトスにほかならない。何よりもまず強さ者，高貴*な者，高い階層に属する者の最内奥に潜んだ感情こそが，距離のパトスというものである。「倫理的感情なるものは最初は人間に関して（なによりもさきに階層に関してであるが）作り上げられ，後になって行為や性格にも適用されるようになった。距離のパトスこそは，この感情の最内奥に潜むものである」。「高等な階層に属しているという気持ちこそは，倫理的感情において中心的なものである」［遺稿Ⅱ.9.19］。

しかしたんに強者の差別感情につきるならば，「距離のパトス」などというレトリックを弄する必要はなかっただろう。ニーチェは，差別感情を誇張するために距離というメ

タファーを用いたのではなく、逆に距離という言葉のニュアンスの（たしかに重要な）一つに差別という意を含めさせたのだと取れないこともない。たとえば『偶像の黄昏』*の一節には、そうしたニュアンスのいくらかを感じさせるものが出ている。

「〈平等〉や〈同権〉の理論に表現されているにすぎない事実上の類同化なるものは、本質的に衰退の部類に属する。人間と人間との、身分と身分との裂け目、類型の多様性、自己であろうとし、かつ自己を際立たせようとする意志──ようするに私が距離のパトスと呼ぶものは、どの強い時代にも特有のものだ」[『偶像』IX.37*]。

ニーチェはここで平等や同権を「事実上の類同化（Anähnlichung）」、同一化を語ったものと見ている。個人のあいだの平等化や同権化を求める主張が、ここでは人間の個性を殺して、低レベルで平準化してしまう傾向、たとえばキルケゴール*的な「水平化」を肯定することとさして違わないようである。距離のパトスがかような意味での平等主義の対極にあるとすれば、それは同一化に刃向かう感性、差別というより差異化の感性にもとづくものだと言うことができよう。あるいは差異や差別というのが面倒ならば、いっそのこと〈差〉こそが距離なのだといってもよい。距離とは、あるものと他のものとの関係を語った言葉である。しかもこの関係のなかの絆ではなく切れ目、同一性ではなく差異性、このような意味での異なりや切れ目から生じてくるのが距離なのである。もちろんニーチェの視点からは、〈平等化〉と〈水平化〉を弁別して、平等な者、同等の権利をもった者同士のあいだの相違・距離の感覚を論じようとする道は開かれてこよう。差異は平等の外にある。差異が差別と区別されない理由の一つはここにある。平等・同権と〈同一化〉に対抗する差別と〈差異化〉──距離のパトスは、まずこうした位置にある。

もちろんこのような意味の差異化にもいくつかの面がある。第一に、距離のパトスからは、人間同士の距離を尊重する意識が生じてくる。ニーチェの思想には、身近なもの同士の睦まじさを嫌う傾向があるが、こうした傾向と結びついているのが距離のパトスである。「私はあなたがたに、隣人への愛を勧めるだろうか？　むしろ、私は隣人から逃げること、遠人への愛、を勧める！／隣人への愛よりも、遠くにいる未来の人への愛のほうが高い」[『ツァラトゥストラ』I-16]。この遠い来るべき者への愛は、ニーチェの場合、超人*への愛にいたるが、むしろわれわれはここに関係のなかの裂け目に意義をおく視点があることに注目したい。人間相互の関係について語るとき、ひとはまず人間を結合させる絆や連関、構造を先取して考えがちである。しかし関係というものには、分裂や断絶の可能性が存在し、〈裂開〉や〈間化〉といった作用が働いている。そしてこれこそが「類型の多様性」という道に通じるものである。

距離をとろうとする姿勢は、第二に、他人から完全に距離をとった状態、すなわち孤独*を重視する考えに通じている。むろん孤独といってもいろいろある。「ある者の孤独は病める者の逃走である。他の者の孤独は病める者たちからの逃走である」[『ツァラトゥストラ』III-6]。後者の孤独、認識のための生*における「自由で気ままで軽快な孤独」[『善悪』25]が、多数者にたいする距離のパトスから生まれる。若きニーチェは、タレス、ヘラクレイトス*などソクラテス以前の哲学者たちに触れて「彼らは当時ひたすら認識にのみ生きていた唯一の人間として、こぞって崇高なまでに孤独である」といっている[『悲劇時代の哲学』1]。

さらに距離のパトスは、第三に、自己の内部で自己自身から距離をとる姿勢にも通じている。「自己であろうとする」意志とは、己れの「魂そのものの内部にますます新しい距

離の拡大をもたらそうとする要求」である。「それは, ますます高く……いっそう遥かな緊張をはらむ, いっそう広範な状態をつくりだすこと, ……持続的な〈自己克服〉」のことにほかならない[『善悪』257]。ニーチェは, 距離のパトスを「不断の服従と命令……の訓練から生じてくる」ものだと言っているが, これはたんに社会的な身分間における習慣を語っただけではない。「意欲する人間」は「自己のうちにあって服従するあるもの……に命令する。……われわれは与えられた場合において同時に命令者であり, また服従者」である[同 19]。自己の内部に, 命令と服従を分化させ, 自己自身に向けて法を立て, 法の命令に服従し, そして実行する——「自己を際立たせようとする意志」は, 意志内での命令と服従の分化, その距離の拡大にもとづいて, 自己克服にいたるのである。

ところで, 距離のパトスは, 平等や同権の近代思想に対立する以上, そうした思想を唱える者から距離をとることでもある。距離のパトスは, だから二つの相を持つ。一つは, 個人と個人との間には差異・差別があるという相, そしてもう一つは差異・差別を認めようとしない人間たちとの差異を立てなければならないという相である。後者の相は, いってみれば距離のパトスを認めようとしないものから距離をとることである。たんに〈同一化〉に対立する〈差異化〉ではなく,〈同一化〉と〈差異化〉とのあいだの〈相違〉にたいする感覚というべきもので, これもまた距離のパトスに含まれる。そしてこの〈相違〉感が, 差異と差別を区別しないもう一つの理由になる。

ニーチェの見方では, 距離のパトスを否認し平等を主張する者（たとえば「平等を説く者」）は劣悪な者である。「平等を説く者たちよ！ ……権力にありつかない独裁者の狂気が, 諸君のなかから〈平等〉を求めて叫んでいるのだ。傷つけられた自負, 抑圧された嫉妬……が, 諸君のなかから復讐の炎となって……迸り出てくるのだ」[『ツァラトゥストラ』II-7]。悪質で素性の劣った人間と高貴*で力溢れる人間とのあいだには距離がある。ここでは二者の違いが, 復讐心から平等を説く者と不平等のなかで自己克服へ向けて戦う者の違いとなって現れる。こうして距離のパトスは「上位の支配的種族が下位の種族……に対してもつ持続的・支配的な全体感情と根本感情」[『系譜』I.2]となって出てくる。

『道徳の系譜』*でニーチェは, 善悪という「価値判断そのものはいかなる価値をもつのか。……それは生の困窮……の兆候であるのか。それとも逆に, 生の充実……の現れであるのか」[序言 3]という問いを立てていた。道徳判断では〈善か悪か〉（gut-böse）という価値の評価が行われる。ニーチェが問題にしたのは, この善悪という価値判断の価値を問うことである。〈善か悪か〉という価値の区別の内部にとどまるのではなく, この価値基準の外部に身をおきこの価値判断の価値を問うこと,〈善 - 悪〉の区別そのものから距離をとること——この距離のパトスによって, ニーチェは善悪の彼岸に身を移したこととなる。もっともこうした距離のパトスは, ニーチェが初めて身にそなえたものではない。

「〈良い〉（gut）という判断は,〈善意〉を示された人々の側から出てくるのではない！ むしろそれは〈良き人々〉自身なのだ。すなわち, 高貴な人……が, ……賎民的なものとの対照において, 自己自身ならびに自己の行為を,〈良い〉……と感じ, またそう評価したのである。このような距離のパトスから, 彼ら高貴な人々は, 価値を創造し, 諸価値の名を刻印する権利を先ず獲得したのだ」[『系譜』I.2]

ここでいう価値の創造とは, 道徳的価値評価そのものの価値を創造すること, その意味で系譜上の起源にある価値の創造である。距

離のパトスがそうした価値の創造に導くとすれば、それはこの起源にある差異の境位だということになる。それも価値を創造する差異的な境位である。ただし距離のパトスが価値の起源におかれるといっても、ニーチェはこれを失われた過去の遺物と見たわけではない。むしろ逆に距離のパトスは「あらゆる強い時代に固有のもので」[『偶像』IX.37]、「来たるべき強者」の時代にも生じうる。

「人間のますます進展してゆく卑小化こそが、より強い種族の育成（飼育*）に思いを致すための原動力にほかならない。……こうした種族を育成するための手段は、歴史が教えているそれだと言ってよい。すなわち、今日平均的にみられるのとは逆の保存意図による孤立化、逆の価値評価の訓練、パトスとしての距離、今日最も過小評価され最も禁じられているものにおいてすら囚われない良心を持つことである」[遺稿 II.10.121]。

こうした強者の時代が訪れるなら、その時「パトスとしての距離」は、〈善‐悪〉という道徳的価値を成立させた価値の逆転にかわって、いっさいの価値の価値を転換*させることになる。距離のパトスとは、この意味で、価値の起源における差異的な境位であるのみならず、価値の転換における差異的な境位でもある。ただしニーチェは、この差異を一貫して高貴な者の卑俗な者にたいする差別と等置している。ニーチェの思想の可能性と限界を吟味する上でも、距離のパトスという概念は、興味深い素材である。→『道徳の系譜』、平等への意志, 孤独　　　　　　　　　　（木前利秋）

キリスト　　⇨イエス

キリスト教

ギムナジウム最上級生のときに書いた自伝的小文のなかでニーチェは、「私は、植物としては教会墓地の近くに、人間としては牧師館に生まれた」と述べている[SA 3.108]。自らをあからさまに「アンチクリスト」と呼んだニーチェが、そもそもは自らの出自を並々ならず自覚していたことは銘記されなければならない。キリスト教に対するニーチェの烈しい批判は、いわば自らの素性に対する厳しい自己批判でもあった。もちろん彼の批判は、単なる感情的批判や反発ではなく、どこまでも彼の構想した思想と歴史観にもとづいたものである。ここではまず、(1)ニーチェの思想全体のなかで、キリスト教の問題はそもそもどのような位置をしめるものであったのか、そして(2)ニーチェがキリスト教そのものを、どのような宗教として性格づけているか、さらに(3)キリスト教とその教会*がヨーロッパの歴史において果たした役割を、ニーチェはいかに解釈し、またいかに批判しているか、の3点に分けて述べる。

【I】　位置づけ　　『悲劇の誕生』*は、ギリシア悲劇を中心に広く芸術の問題を論じたものであるが、この書でニーチェは「ディオニュソス*的なもの」という概念を提起している。これは、アポロ*的な仮象*の原理の扶けを借りつつも無限に生成*の世界に回帰し、無限の自己拡大を意志する生*の根源的原理そのものの呼び名であった。美しい仮象の世界を繰り広げる芸術*も、その根底に健全な生命原理たるディオニュソス的なものがあってこそ真の芸術でありうるのであって、それが失われたときにはもはや本来の機能を果たしえない。ギリシア悲劇、ひいてはギリシア文化を衰退させたのは、このディオニュソス的なものに取って代わったソクラテス主義、つまり知と論理の優先であり、さらには現実の生成世界よりも永遠のイデアの世界を「真なる世界」と考えたプラトン*の思想であった。現実の生成世界と永遠に「存在」する超越世界という対立が案出されたときギリシア精神は決定的に変質したのであり、価値の逆転がなされたのである。ニーチェが「ディオニュソス的なもの」を生の根源と考え、かつ

いっさいの人間的営為を「生の光学」から見ようとするかぎり、超越的・彼岸的存在を価値の根本に据える世界観は、すべて生の堕落であり、デカダンス*である。『悲劇』においては、キリスト教についての言及はまったくない。しかしやがてニーチェがキリスト教を「大衆向けのプラトン主義」と呼び、「ディオニュソス対キリスト」という公式をもって徹底的にキリスト教を批判し、攻撃してゆく筋道は、すでにここで明確に読み取ることができる。生成してやまない現実世界の彼岸に妄想されたこの「永遠の」「存在世界」は、ひとつの「別の世界」とも、また「背後の世界」とも呼ばれる。この「背後の世界」に価値の中心を置く点で、プラトン以来の形而上学*とキリスト教は同質であり、ともに力への意志の歪められた形態である。

【Ⅱ】 性格づけ 『悦ばしき智恵』*第125節に登場する狂人が「神は死んだ」と叫んだとき、この神はまだ端的にキリスト教の神を指したものではなく、むしろ一般的に超越的な存在者、超越的な価値の基準が意味されていた。中期の著作にももちろんキリスト教に対する批判は随所に洩らされているが、それが正面きっての批判となるのは、やはり『ツァラトゥストラ』*以後である。『ツァラトゥストラ』には作中いたるところで聖書*の言葉がパロディー化され、そこからもすでに反キリスト教的な姿勢は明らかである。「大地の意義*に忠実であれ」と説き、いわば強者による弱者の淘汰を掲げる「超人*」と「力への意志*」の思想から、まずは「同情*」、つまり「苦悩を共にする」というキリスト教的美徳は、むしろ「喜びを共にする」美徳に転換されるべきことが説かれ、いじましい「隣人愛*」が、遠く未来を望む「遠人愛」にとって変わられねばならないとされる。一神教と多神教の対比がなされ、「神々はあっても、ひとりの神など存在しない。それが神というものではないか」[Ⅲ-8, 2]といわれる

が、これは競技の精神にもとづくギリシア的世界の立場から、価値の絶対化によって柔軟な生命力を失ってしまったキリスト教世界を皮肉ったものである。この書のいくつかの章、マリアの「処女懐胎」を皮肉った箇所や、第4部の「退職」「驢馬祭り」の章などには、瀆神的とさえ言える表現が見られる。

『道徳の系譜』*は、ニーチェ自身がいう通り「キリスト教についての心理学」、つまりキリスト教の本質とその諸理念を徹底的に心理学*的に分析したものである。ここでキリスト教は、「聖霊」からではなく、弱者の強者に対する「ルサンチマン」（怨恨感情）の精神から生まれたと言われる。それは高貴*な諸価値の支配に対して、弱者が価値の基準を彼岸に置き換えようとした巨大な蜂起であり、そもそもが「反動的な」(reaktiv)ものであるとされる。また「良心」と「罪」の意識も、自己をもはや外部に向けて発散することのできなくなった精神が、その矛先を内部に向けた「残虐性の本能」にほかならない。最後に禁欲の理想が、「人は何も欲しないよりはむしろ無を欲する」*という「終末への意志」、歪められた力への意志であることが暴露される。こうしてキリスト教的道徳は、一言で言えば「奴隷の道徳」と特徴づけられ、ニーチェの掲げる支配者と創造者の道徳に対置されるのである。『アンチクリスト』*や80年代の遺稿にも見られるこうした激しいキリスト教批判が、その徹底性と表現の過激さはともかく、姿勢としては近世以来キリスト教内部に興った批判運動を受け継ぐものであり、用語のうえでも多くを借用している、としばしば指摘されている。しかしこれらの批判がキリスト教の精神を救おうとして、もっぱらキリスト教会の堕落を攻撃したものであるのに対して（もっともニーチェでも、【Ⅲ】に述べられるように、キリスト教とイエス*・キリストは明確に区別されるのであるが）、ニーチェの批判があくまでも現実の

生と肉体の立場に立ち、キリスト教の本質そのものを批判している点で、およそ次元を異にしていることは言うまでもない。

【Ⅲ】**批判**　ニーチェによれば、キリスト教はそれがキリスト教として成立した瞬間に、イエス・キリストの教えとはまったく別のものになる。イエスの愛と受苦の生涯は、教えと実践、真理と生の完全な一体性を示すものであり、神の愛をそのまま体現した愛の生活こそが、神の国の具現であった。だが、パウロ*を中心とした初代の教父たちによって、イエスの教えと生涯はまったく異なった意味づけをされてしまう。純粋な愛と受苦の背後に「罪」とか「償い」の意味が差し込まれ、愛の完成であった受苦が、救いの約束の出発点となる。パウロによって、イエスの教えがユダヤ*化されてしまったのだ、とニーチェは言う。さらにアウグスティヌスによってプラトン主義が持ち込まれ、さらに神秘主義によって十字架が象徴化され、また禁欲の理想が加わった。キリスト教会は、その教線拡大のためにひたすら「神の国」を壮麗に描きあげ、同時に現世の生と肉体の価値をおとしめることに専念してきたのである。もっとも、人間性の理念が復活したルネサンス*の時代には、生命欲と支配欲に満ちあふれたチェーザレ・ボルジア*のような人物が、すんでのことで法王の座に着くところであった。もし彼が法王になっていたら、キリスト教はまさにその中心部から、変革されていたであろう。ところが、おりしもマルティン・ルター*が現れて、その改革運動によってようやく崩壊しかけていたキリスト教会を若返らせてしまった。ルターのお陰で、あの壮大なルネサンスの運動も台無しになってしまった、とニーチェは考える。せっかくの努力を台無しにするのはいつもドイツ人であり、キリスト教の歴史に関してもそうであった。

キリスト教に対するニーチェの姿勢を、晩年のニーチェは「ディオニュソス対十字架に架けられた者」という公式に要約している。この両者にとって共通のことは、受苦であった。ただ、キリスト教にとって現世の苦悩は浄福の国で癒されるべきものであるのに対して、ディオニュソスにとってはこの苦悩の現世、永遠に生成と消滅を繰り返す生のみが、聖なる世界である。キリスト教の問題がニーチェにとって最後の最後までいかに深刻なものであったかは、自己自身を「十字架に架けられた者に対するディオニュソス」*と呼んでいる『この人を見よ』*の結びの言葉が、最も端的に示している。→『アンチクリスト』、神の死、イエス、プロテスタンティズム、宗教改革、形而上学、ルサンチマン、プラトン、ルター、「十字架に架けられた者対ディオニュソス」

(薗田宗人)

キルケゴール　[Søren Aabye Kierkegaard 1813-55]

ニーチェは1888年2月19日、G. ブランデス*宛の手紙に次のドイツ旅行に出る時にはキルケゴールにおける心理学的問題と取り組んでみるつもりだと記している。だがそれについての言及は残念ながらない。ただ手紙の前半にはブランデスから「近代性」(モデルニテート)の考えかたについて大いに学んだとあり、おそらくキルケゴールにもそうした関心から取り組んでみる必要を感じていたのかもしれない。ニーチェとキルケゴールの思想には確かに共通の構造がみられるが、それは直接の受容によるのではなく、思考パターンのある種の類似性による。ヤスパース*は『理性と実存』(1935)で「キルケゴールとニーチェの歴史的意義」について言及し、例外者としての生き方、伝統的理性への懐疑のあり方などを両者の共通項として挙げている。またレーヴィット*は『キルケゴールとニーチェ』(1933)のなかで、19世紀の精神史の帰結としてのニヒリズム*の問題でこの二人が「ちょうど交差点においてのように出会

い」、そこからの「逃げ道」においてまた分かれるとしている。レーヴィットは二人の「逃げ道」をニヒリズムの「神学的ならびに哲学的超克」と名づけている。つまりキルケゴールの場合には「反復による信仰のパラドックス」という形での神学的超克であり、ニーチェの場合には「等しいものの永遠回帰*」による哲学的超克である。

たしかに二人の間には多くの交差点がある。まずキリスト教批判である。だがニヒリズムの原因をキルケゴールはキリスト教*の堕落と信仰への飛躍の欠如に求め、ニーチェは人間がいまだ神から抜けていないことに求める。前者は原始キリスト教と現代との間をへだてる「1800年をあたかも存在しなかったかのように取り去り」、無を前にした絶望的飛躍によって原始キリスト教の啓示を現代に反復的に甦らせることでニヒリズムの克服をはかろうとする。後者は逆に「2000年の間キリスト教徒であったことに対して代価を支払うべき時がきた」とし、神の死*を宣告するツァラトゥストラを登場させる。キルケゴールは「神のみが無から存在を再び生じせしめる」とし、ニーチェは「なぜ一体、存在者があるのか、むしろ無があるのではないか」と問う。キルケゴールでは実存的決断による真の信仰の回復、ニーチェではニヒリズムを神の死にまで徹底させることによる生の価値の肯定、というように方向性はまったく逆であるが、ともに人間の意志を強調しているという点では共通する。そこに両者が実存主義*の系譜の中で解釈されてきた理由がある。

だが社会史的にみればその共通性は、マルクス*が疎外と呼んだ社会状況——自立した個人が現実を主体的に動かしうるという初期市民社会の幻想が崩れ去った時代——に対する共通の反応だといえる。キルケゴールが「解体の時代」と感じた1840年代のデンマークでは急進的な社会運動が発足し、ニーチェが畜群*による大衆民主主義を嫌悪した1871年以降のドイツでは労働運動が市民階級にとって脅威となっていた。二人がともに「大衆」「ジャーナリズム*」「平均化」「社会主義*」を嫌い、逆に「例外者」(キルケゴール)、「超人*」(ニーチェ)に時代批判の望みを託したことは偶然ではない。ともに、ニヒリズムの克服という問題設定自体が、時代状況との政治的対決を回避した思考へと向かい反民主主義的になる。

だがこの二人に共通するもうひとつの要素は、芸術*に依拠した理性批判の立場である。キルケゴールはヘーゲル*における理性信仰に不信を表して「ひとり理性だけが洗礼を受けていて、情熱は異教徒なのか」という E. ヤングの言葉を『あれか、これか』の冒頭に置いている。そしてエロス的感性から沸き出る生への憧れを、理性の専制を越えるものとして正当化している。彼にとってエロス的感性の典型がモーツァルト*の「ドン・ジョヴァンニ」であるとすれば、ニーチェは自分を「認識のドン・ファンである」と言う。ここには理性と感性の二分化こそが近代の陥った隘路であるという共通の思考前提が見られる。両者ともに倫理的な規範を理性によってではなく、エロスと美*という範疇によって導こうとする。キルケゴールがキリスト教の歴史を超越して原始キリスト教に立ち返り、理性を越えた決断としての「跳躍」を本来的な生の取り戻しと考えたように、少なくとも初期ニーチェは古代ギリシア悲劇の世界への「虎のひと跳び」(ベンヤミン*)によって理性と感性の一体化を現代に実現しようとした。もっとも超人思想が強まってからのニーチェには、未来を過去の反復として美的に構築しようとする姿勢は薄れる。このように未来を、過去の再来であると同時に更新として捉える思想の構図は、モダニズム芸術に受け継がれていく。

しかしこの共通点にもかかわらず両者を分けるのは、キルケゴールの美的経験があくま

でも内面性にとどまるのに対して、ニーチェはロマン派に発するこの内面性を嫌った点である。それをもっともよく表しているのが「航海*」の比喩*である。キルケゴールは『あれか、これか』の「誘惑者の日記」でエロス的体験の極みともいえる愛人との出会いの部屋を船室に喩えている。だが未知の世界に通じるはずの彼の船室はいわば凪の海にある。それは厚いカーテンで外界と遮断されたきわめてビーダーマイアー的な、外の世界を窓に取付けた鏡でそっと覗いているにすぎない心な――冒険を夢には描きながら実際にはその勇気のない――市民的内面性に閉じこもっている。それに対してニーチェの航海の比喩は実験的思考の冒険性を表している。自由な精神は「古い神の死」を知り、新たな認識の航海に乗り出す。「われわれの船はついに再び出帆することができる。あらゆる危険を冒して出帆することができるのだ。認識者の冒険*のすべては、再び許された」[『智恵』343]。この認識の実験*がニーチェにおいてどの程度成功したかは問題であるが、ニーチェとキルケゴールを実存主義のカテゴリーでひとつに括りえない理由がここにある。→ニヒリズム、キリスト教、実存主義　　（大貫敦子）

金髪の野獣　[die blonde Bestie]

家畜のように飼い馴らされ、矮小化し、生々しい本能*や衝動*は抑圧され、畜群道徳に支配される時代、こうした時代の頽落した精神的状況にニーチェは劇薬を処方しようとした。『善悪の彼岸』*では、「凶暴で残忍な野獣」に恐怖を抱くのは迷信だとし、残忍さとは他人の苦痛を眺めるところに生ずるものとしか教えない従来の心理学は愚劣なものとされていた[『善悪』229]。この「凶暴で残忍な野獣」がやがて『道徳の系譜』*において「獲物と勝利を渇望して彷徨する壮麗な金髪の野獣」という具象的な形で持ち出される[『系譜』I.11]。それは古い価値にしがみついているな無害で愚かな畜群*に対する猛々しい「野蛮人」、飼い馴らされてもはや嚙みつかない「猿」に対する勇猛な「獅子」、黒髪の被征服種族に対する高貴*な支配者種族のメタファーであった。ニーチェが金髪の野獣という貴族的種族で念頭に置いていたのは、「ローマ、アラビア、ゲルマン、日本の貴族、ホメロス*の英雄*、スカンジナヴィアのヴァイキング」などすべての高貴な貴族*、あるいはルネサンス期のチェーザレ・ボルジア*のイメージであって[『系譜』I.11]、けっしてゲルマン人を指すのではなく、いかなる当代風人種論とも国粋主義とも関係なく、「政治的育成などという目標に人間を貶めるところからははるかに離れた」[レーヴィット『ヘーゲルからニーチェへ』]文学的次元のメタファーだったはずである。

しかし当時広く読まれていたフェーリックス・ダーンの『ローマをめぐる戦い』（1876）においても、ゲルマン人が登場するところにはつねに「金色に輝く髪」、「金色に輝く髭のそよぎ」、「金髪の若者」という表現が現れていたように、古代ローマでは、「金髪の野獣」(flava bestia) とは「獅子」(leo) を紋章にした「野蛮人」(barbarus) の傭兵、つまりゲルマンの傭兵の勇敢な攻撃のシンボルであった。ローマ皇帝カラカラも獅子軍団と呼ばれるゲルマンの金髪の超人たちをボディーガードにしていたという。それに「幾世紀にも渡ってヨーロッパがゲルマンの金髪の野獣の荒れ狂うさまを目撃し……」[『系譜』I.11]などのニーチェ自身の発言から、金髪の野獣がやがてもっぱらゲルマン性と結びつけられるようになったとしても不思議ではない。「金髪のヘルマン、汝はいつまで眠っているのか」といった国粋主義的な叫びが跋扈する中で、この「金髪の野獣」というきわめて強くゲルマン性を連想させるメタファーを持ち出せば、ドイツ人の耳にこれがどんな響きをもつのか、これをニーチェは考えなかったの

であろうか。「獅子」や「野蛮人」などの概念が流れ込む「金髪の野獣」を彼の超人*のための標語として選んだために、これは真意を理解しない愚かな国粋主義者に利用され、ニーチェの超人そのものももっぱらドイツ人だけのものと見なされもした。ナチズムの思想財の精神的正当化のために利用されたニーチェの用語の中でも、これほど不幸な運命を辿るものもあるまい。自由に漂う空中ブランコ的な比喩のゆえにこそ、あれほどポピュラーになったのだとはいえ、ニーチェが金髪の野獣でもってドイツの国粋主義者たちを意識的に軍旗の下に招集したという非難もあながち否定し去ることはできない。

ルカーチ*は、金髪の野獣を繊細な文化批判の内部での無害なメタファーにすぎないとする意見に反論し、「ニーチェがここで与えているのは、帝国主義の階級闘争にたずさわるブルジョワジー、ブルジョワ知識人のための論理」だとして、猛獣の悪意は邪悪な本能を帝国主義的に賛美する神話に至り着くという［『理性の破壊』］。金髪の野獣はニーチェの挑発的な、しかし軽率で誤解を招く用語選択の典型でもある。今なお、たとえばカッセルの独英辞典の "blond" の項には "the blond beast (Nietzsche's Germanic superman)" とあり、小説や映画で獰猛非情な悪役には、金髪のドイツ人が扮するのが常であり、「マーヴェル・コミックス」のスーパーマンでも、金髪がゲルマン的ドイツの象徴、ニーチェの名は金髪の野獣の告知者という奇妙な形で普及していて、フレミングのジェームズ・ボンドもニーチェ流の超人である。そうした大衆レヴェルではなくとも、金髪の野獣に泡沫会社乱立時代の「背広を着た金髪の野獣」(J. ヘルマント／R. ハーマン)、「プロイセンの将校の不埒な生命力」(G. マン)、「資本主義的殺戮者、帝国主義的簒奪者」(W. イェンス) を見るものがおり、「ドイツではプチブル的俗物が金髪の野獣の真価

を発揮した」(Th. アドルノ) ともいわれる。

トーマス・マン*は「私にとって彼(ニーチェ)の権力哲学と〈金髪の野獣〉は何だったのか」との問いを立て、精神を犠牲にして生命を賛美したニーチェをドイツの思考にとって不都合な結果をもたらした抒情詩だとして「これを受け入れる唯一の可能性は、イロニーとしてだけ。〈金髪の野獣〉は、たしかに私の若いときの作品の中に徘徊していた。しかしその野獣的性格は取り除かれていて、あとに残っているのは、気の抜けたものと一緒になった金髪性だけである」という［『略伝』］。『トニオ・クレーガー』の中の金髪のインゲ、金髪のハンスは、単純で愚かな、しかしまた肉欲の愛すべきシンボルでもある。ニーチェのメタファーをマン一流のイロニーによってエローティッシュに、しかし保守的に肯定したものである。しかしイロニー抜きでこれが保守的に肯定され、ナチズムまがいのコンテクストの中でこの言葉が引用されるときは、これからも暴威を振るいかねない。
⇨超人、ナチス　　　　　　　　　(山本 尤)

禁欲道徳 [die asketische Moral; das asketische Ideal]

キリスト教的禁欲の合理的性格について M. ウェーバー*はこう述べている。「それは、自然の地位を克服し、人間の非合理的な衝動の力と現世および自然への依存から引き離して計画的意志に服させ、彼の行為を不断の自己審査と倫理的意義の熟慮のもとにおくことを目的とする、そうした合理的生活態度の組織的に完成された方法として、すでにできあがっていた」［『プロテスタンティズムの倫理と資本主義の精神』］。この禁欲倫理は何よりも修道士の徳行の目標であり、世俗外禁欲の理想的あり方であった。ピューリタニズムもこの理想をうけつぐが、同時に禁欲倫理の方向転換をも行う。合理的禁欲を世俗外から世

俗内の実践に移しかえ、日常生活を生きるすべての人々をあたかも修道士のように生きるようにさせるのが、ピューリタニズムの重要な役割である。世俗外禁欲から世俗内禁欲への転換を促したものは、「いっさいの被造物は神から完全に隔絶し無価値である」という「被造物神化」の拒否の態度である。感覚や感情はこの世の事物への執着を示すから、被造物神化に容易に通じる。被造物神化に結びつくあらゆる欲望は絶対的に否定される。とりわけ奢侈や贅沢は被造物神化として排斥される。

この世のものがすべて無価値であるならば、この世で生きる人間もまた無価値である。人間は身体をもつかぎり、感覚と感情なしにすますことはできない。にもかかわらず「被造物神化」の否認の教義は、人々に対してあたかも身体なき存在であることを要求する。一定の欲望が圧殺されるとき、人間は荒涼とした心的風景しかもつことはできない。これに耐える道は、徹底した自己規律をもって、神に託された財産を管理する営利機械に徹することである。被造物神化の罪を犯していないかどうか、消費欲望に流されて感覚や感情と妥協しなかったかどうか、を日常的に自己審査しなくてはならない。宗教的な自己審査の努力のなかから、自己規律の精神が鍛えあげられるし、この自己規律がひとつの職業倫理になっていく。自分の生活全体を、被造物神化の拒否とそれから流れ出る世俗内禁欲の規範に照らして、方法的に組織化していくところに、近代の禁欲主義的倫理の最大の特徴がある。近代は、日常の生産活動のなかで方法の精神を生み、生活の方法化を生みだした。方法的生活は、自己自身の生活、自己・物・他者との関係を合理的に「経営」する精神、一言でいえば経済合理性を結果として生みだした。ウェーバーによれば、世俗内禁欲にもとづく方法的・合理的経営の精神が近代の産業資本主義の軌道を設定したのである。近代労働は、世俗内禁欲の道徳意識と不可分である。

市民経済のなかで形成される生活の方法主義とともに、近代は理性の方法主義をも生んだ。フランシス・ベーコンが認識の確実性を求めて、「精神を最初から放任するのではなく、たえず指導して、いわば機械によるかのように仕事を行わせるほかはない」[『ノーヴム・オルガヌム』序言]と言ったとき、知の組織化と方法主義の芽がまかれた。「制作によって自然を征服する」[同]というベーコンの言葉は、少なくとも二つの方向を暗示している。ひとつは、知性の活動を技術的生産労働と同質のものとすることである。もうひとつは、技術者のふるまいと同様に、知性を指導と訓練に服させ、知的活動とその成果を組織的に組み立てることである。この二つの方向は、デカルト*によっていっそう精密にされる。『精神指導の規則』は「機械技術」と知性の操作を同一視し、訓練を積んだ「職人たち」の身ぶりから学ぶべきことを強調している。機械を作る技術は事実上つねに方法的である。デカルトは近代の方法的精神を『方法序説』のなかで、明証性、要素への分解、秩序に従う総合、完全な枚挙という四つの原則にまとめあげる。対象の製作を学問の方法として強調したホッブズもまた方法的精神の主張者であった。いかなる対象の知識も、それの生成と製作様式をあらかじめ認識していることから生ずる。自然や神によってではなく、人間が生産し製作しうるものは、人間によって認識可能である。この認識可能性の根拠は、ホッブズの場合にしても、ベーコンやデカルトと同様に、機械技術の中に求められる。「技術は、コモンウェルスあるいは国家（キウィタス）とよばれる偉大なリヴァイアサンを創造するが、それは人工の人間にほかならない」[『リヴァイアサン』序説]。

近代理性は、それが生産主義的活動であるがゆえに、方法的精神になる。自然界や人間

界についての理論的対象を生産し，それを理論的問題に練り上げつつ，その問題に解答を知識として提供する。問いは製作され，解答も製作される。問いと解答の関係を秩序正しく組織化する方法は，近代精神の根本的特質になる。この方法が，真理への意志＊を不断に産出する。真理を意識しつつ，精神の営みを方法的に制御する態度は，理性の領域における禁欲主義とよばれてよい。この禁欲主義的方法は，経験的な自然にかえて機械論的自然を製作し，そうすることで自然を操作の対象にする。同様に，禁欲主義的方法は，経験的人間ではなくて人工的人間を製作し，そうすることで人間の世界を操作と管理の対象に作りかえる。知的に作りかえられた自然像も人間像も，自然的なものは含まない。世界のすべてが「作られる」という意味で人工的（人為的）になる。生産主義的理性と禁欲的方法主義は，「自然的なもの」を追放する。人間に関しては，感覚や感情は「真理への意志」によって格下げされるか，抑圧される。

知の方法主義は，あからさまに禁欲道徳を公言しない。しかし理性の秩序に従う知識の方法の整序の身ぶりは，日常的な生産活動の中で生まれた。ピューリタン的禁欲道徳と方法主義は共鳴しあう。近代知は生誕の初めから人間を自然から脱出させようとしていた。世俗内禁欲もまた自然（すなわち，感覚，感情，欲望＊）をのりこえることを強く要請していた。「自然の地位を打ち越えると考えられるものは，不断の反省によって導かれる生活以外にはない。デカルトの〈われ思う，ゆえにわれあり〉の語は，こうした新たな倫理的な意味合いで，当時のピューリタンたちの受け容れるところとなった」［ウェーバー，前掲書］。だからこそニーチェは言う――「科学と禁欲主義的理想と，この両者は実に同一の地盤の上に立っている」［『系譜』Ⅲ.25］。知への意志，真理への意志，方法主義などが禁欲主義の理想であるとすれば，方法的生活と方法的知に対する障害物は断乎として斥けられなくてはならない。障害物は，何よりも自然的なもの，肉体の快楽である。「職業労働や信仰を忘れさせるような衝動的な快楽は，ずばり合理的禁欲の敵とされたのだった」［ウェーバー，前掲書］。他方，精神の領域では，方法的知性に対立する敵とは，芸術である。「芸術においては虚偽そのものが神聖化され，欺瞞への意志が良心の咎めを受けることなしに許されるから，芸術は科学よりは遙かに根本的に禁欲主義的理想と対立する」［『系譜』Ⅲ.25］。

禁欲道徳に内面から駆動される生産者たちは，おのれの専門職に専念していくことになるが，それは世界を全体的に認識し，万能の人間たらんとするルネサンス的全体人としてのファウスト的人間の全面性を断念することである。天職としての職業において「業績」をあげることとファウスト的人間像の「断念」は近代人の生活スタイルとなる。まさにこの断念こそが，ルサンチマン＊の源泉になる。ルサンチマンは，禁欲主義の産物である。ここから「非有機的・機械的生産の技術的・経済的条件に結びつけられた近代的経済秩序の，あの強力な秩序界（コスモス）」が成立する。この機構に入りこむあらゆる個人（生産者だけでなくすべての近代人）を閉じこめる「鋼鉄のように堅い檻」が確立する［ウェーバー，前掲書］。

生活の面でも知性の面でも同じ程度に強力に成立した禁欲主義と方法主義が鉄の腕力で造型する「近代的人間」とは，何者であるか。真理への意志，知への意志，方法への意志とはいかなる意志であるか。それは「無への意志＊であり，生に対する嫌悪であり，生の最も根本的な前提に対する反逆である」［『系譜』Ⅲ.28］。近代人とは，ニヒリズム＊によって全面的に浸透された人間類型である。この人間類型をニーチェは「おしまいの人間＊＝末人」(die letzten Menschen) とよ

ぶ。「悲しいかな。やがてその時が来るだろう、人間がもはやどんな星をも産み出さなくなる時が。悲しいかな。最も軽蔑すべき人間の時代が来るだろう、もはや自分自身を軽蔑することのできない人間の時代が来るだろう。……そのとき大地は小さくなっている。そしてその上にいっさいのものを小さくする末人が飛びはねているのだ。……末人は最も長く生きつづける」[『ツァラトゥストラ』序説5]。事実「末人」の時代が到来したし、現在も依然として「末人」の時代である。マクス・ウェーバーの仕事は、「末人」の成立史の解明と言いうる。資本主義の精神とは、「末人」の精神である。近代の二重の意味での（生活と精神の両面での）「方法主義的人間」とは、「最後の人」である。「こうした文化発展の最後に現れる〈末人〉にとっては、次の言葉が真理となるのではなかろうか。〈精神のない専門人、心情のない享楽人。この無のものは、人間性のかつて達したことのない段階にまですでに登りつめた、と自惚れるだろう〉と」[ウェーバー、前掲書]。→ウェーバー², フーリエ, おしまいの人間, 労働, ルサンチマン　　　　　　　　　　　　（今村仁司）

ク

偶然と必然 [Zufall/Notwendigkeit]

「意志することとは自由にすることだ。しかしこの解放者をなおも鎖につないでいるものがある。それは何か。意志は、さかのぼって意志することができない。意志は時間を打ち破ることができない。……時間は逆行しないということ、それが意志の痛憤である。〈すでにあったこと〉——意志が転がすことのできない石はそう呼ばれる」[『ツァラトゥストラ』II-20]。ニヒリズム*を意志によって克服しようとする『ツァラトゥストラ』*での最大の問題は、意志の自由*と必然の関係であった。しかしこの問題は『ツァラトゥストラ』に始まるものではなく、ニーチェにとっていわば生涯一貫した問いであった。すでにプフォルタ校*時代に文学サークル「ゲルマニア」での二つの発表「運命と歴史」と「意志の自由と運命」(1862)には、この問題が扱われている。世界の歴史が、12時を過ぎたらまた始めに戻るゼンマイ仕掛けの時計のようなものなのか、あるいはある高次の計画が続いているのか、といった疑問文を羅列した後に、運命という必然性がなければ世界は夢の妄想にすぎないと述べている。この問いは言い替えれば、「神の意志」を否定した後に人間の営みの総体としての歴史はどのような意味を持ちうるのかという疑問であった。「もしかしたら自由意志*は、運命のもっとも次元の高いものかも知れない」という予感が、後の永遠回帰*に結実しているという見方（レーヴィット*）もある。つまり永遠回帰は、ニーチェが青年時代から抱いていた、意志の自由と必然という解きえない矛盾を解消する試みとなっている、ということである。また「もしも強い意志がすべての世界の過去を覆すことになったら、われわれは自立した神々の列に加わることになり……人間は自らを再び見いだし、子ども*のように世界と戯れるだろう」という、この初期論文の表現 [BAW 2.58f.] も、『ツァラトゥストラ』の子どもを思わせる。

永遠回帰の思考に至る以前には、運命と自由、必然と偶然という対立関係を解消するのではなく、既成の捉え方の盲点をつくことで逆転させようとする試みが見られる。『曙光』*[10]では、因果関係は必然ではなく、その時々の事後的な理由づけによって、つまり偶然によって「空想」されたものにすぎないと言われている。さらには、理性も偶然の産み

出したものであり[『曙光』123]，合理性さえ偶然性のたび重なる結果であるという。「おそらく意志も目的もない。われわれはそれを空想したのだ。偶然のさいころつぼを振るあの必然の鉄の手は，その遊戯を無限の時間にわたって続ける。ここにあらゆる合目的性と合理性に完全に似て見える投擲が生じるに違いない。あるいはわれわれの意志作用，われわれの目的はつまりはそうした投擲にほかならないのかも知れない」[同 130]。これらのアフォリズム*では，運命と意志の自由を対立と捉える思考自体が，習慣のなかで作られてきたものであり，けっして形而上学*的な永遠の問題ではないことが暗示されている。ところが『ツァラトゥストラ』における永遠回帰の思考によってニーチェは，そうした形而上学的虚構の暴露にはとどまらず，レーヴィットの指摘するように「倫理的命題と自然科学的理論」を一挙に解決しようとする野望へと向かった。

ニーチェはツァラトゥストラにこう語らせる。「私は，人間にとって断片であり，謎であり，残酷な偶然であるものを，ひとつのものに凝縮し，総合することを教えた。私は彼らに創作者として，謎の解明者として，偶然の救済者として，未来の創造にたずさわり，〈そうあった〉ところの過去のいっさいを，創造しつつ救済することを教えた。人間における過去を救済し，すべての〈そうあった〉ものを作りなおし，ついには意志をして〈私が，そうあることを意志したのだ。私はこれからもそうあることを意志するだろう〉と言わせるように教えた」[『ツァラトゥストラ』Ⅲ-12. 3]，「おお，私の意志よ。おまえはあらゆる困難(Not)を転回(wenden)するものだ。おまえこそ，私の必然(Notwendigkeit)だ」[同 Ⅲ-12. 30]。意志はさかのぼって意志しなおすことのできない過去に怨念を持ち，それが復讐として現在の生*を罪あるものと考えさせるのだとニーチェは捉える。

だがそこからショーペンハウアー*のように意志の滅却による救済*でなく，逆に存在の必然性を意志されたものと考えることによって生の肯定へと向かう。そして「およそ万物を支配し，動かしている神的な〈永遠の意志〉などありえない」[同 Ⅲ-4]，「創造のいぶきが私を訪れた。偶然を強制して星の輪舞を踊らせる，あの天上の必然のいぶきが」[同 Ⅲ-16. 3]とツァラトゥストラに語らせる。これによってニーチェは，青年時代からの問い，つまり神なき時代における人間存在の意味づけに，永遠回帰による超越性なき救済という形でひとつの回答を出したのだと言える。レーヴィットはこれを，生の新たな可能性を発見するために「反キリスト教的近代性の先端に立って，古代的世界観を復活しようとした」試みであると解釈している。興味深いことにベンヤミン*は「運命と性格」という初期のエッセイで同じように意志の自由と運命の問題を扱っている。そこでは罪が単なる偶然のもたらす不幸にすぎないとして，「運命が自由になる」契機を喜劇のうちに見ている。ベンヤミンがニーチェの永遠回帰を引用し[『パサージュ論』]，また永遠回帰とブランキ*の『天体による永遠』との類似性を暗示しながら，過去の救済という思考に至っているのは，両者の思考パターンの近さを物語っている。☞永遠回帰，自由意志〔意志の自由〕

(大貫敦子)

『偶像の黄昏』　[*Götzen-Dämmerung.* 1889]

【Ⅰ】　成立の背景　1888年のニーチェは，迫りくる自己の精神崩壊を予感してか，本書をはじめ，計4冊の著作を矢つぎばやに執筆していった。『ヴァーグナーの場合』につづく第2冊目をなすのが，本書である。ニーチェ自身の言によれば，本書は「日数をかぞえることも憚るほどの短時日」[『この人』Ⅻ.1]で出来あがったという。グロイター版の編者たちは，こうした成立状況を詳細な文

献学的研究によってあとづけ、本書執筆期の1888年8月下旬から9月上旬にかけて、ある大きな心境の変化がニーチェを見舞ったにちがいないという推測を引き出している。このわずかの期間に「主著」となるべく予定された『力への意志』執筆計画は最終的に断念され、以後「主著」には、断念された著作では副題にあたるべきはずの『あらゆる価値の価値転換』という名が冠せられることになった、というのである。この計画変更によりニーチェは、それまですでに書きためられていた原稿を急いでまとめあげ、さしあたり自分の思想の「要約」[ペーター・ガスト宛1888.9.12.]をつくることにした。こうして生まれたのが『偶像の黄昏』である。ちなみに編者たちは、エリーザベトらによって作りあげられた『力への意志（権力への意志）』神話を、上述のような考証にもとづいて打破しうると主張している。たしかに、現在、グロイター版がニーチェ研究の出発点となることは確実である。しかし、はたして文献学的実証だけでニーチェを十分に読解しうるのかどうか、議論の余地の残るところではなかろうか。

さて標題は、ニーチェ自身の語るところでは、「神々の黄昏」(Götter-Dämmerung)を作曲した「ヴァーグナー*に対するあてこすり」[ガスト宛1888.9.27.]であるという。はじめは『一心理学者の怠惰な暮らし』が予定されていたが、「もっときらびやかで、輝かしいタイトルをつけて」[ニーチェ宛1888.9.20.]欲しいとのガスト*からの要望に応じ、現在の標題に改められた。とはいえ、攻撃されるのはひとりヴァーグナーにとどまらない。というのも本書の「扉にいわれる偶像とは、何のことはない、これまで真理と名づけられて来たもののことである」[『この人』XII.1]のだから。なお、ニーチェは本書の各国語訳者を捜し、イポリット・テーヌに仏訳の依頼を考えていたようである。

【II】 主題と内容　はじめに『偶像の黄昏』の主題を概観してみよう。ニーチェによれば、「理想主義」(Idea-lismus)、すなわちイデア的なもの一般を「最高価値」とする位階づけのシステムが、西洋精神史を貫いて流れているという。こうした理想主義は、ソクラテス*／プラトン*哲学に典型的な萌芽を見て以来、キリスト教*を通じてニーチェの時代にまで（おそらくは今日にいたるまで？）連綿と受け継がれ、支配的な役割を果たしてきた。本書のテーマは、このような理想主義が実は偶像にすぎず、空虚な虚偽にすぎないことを暴露し批判することにある。けれども、こうした暴露や批判をつうじて、ニーチェ流の新たな「理想主義」が生まれると考えてはならない。むしろニーチェの意図は、こうした虚偽そのものの姿こそが、とりもなおさず「現実*」であり、「真理*」であることを提示し、ひいてはこれを「肯定する」ことにある。この意味での肯定された真理とは「力への意志*」にほかならない。ニーチェの攻撃はそれゆえ、こうした力への意志の暴露を禁止せんとする理想主義の「道徳」を相手に繰り広げられる戦いであり、彼のテクストにおける激烈な批判の言葉は、かかる絶え間ない戦いの戯れを体現しているのである。かくして本書の「序言」の語るように、「偶像聴診」としての虚偽の暴露は、同時に「大いなる宣戦布告」である。以上が、「あらゆる価値の価値転換*」という戦略のあらましであり、本書をつらぬくテーマである。各章では、この主題がさまざまな形で変奏され、「永遠の偶像」にとどまらず、「近代的理念」といった「最も若い偶像」、[『この人』XII.2]さえもが、諧謔と諷刺に富んだ仕方で聴診・攻撃されていく。『偶像の黄昏』はまことに「笑う一個のデーモン」である[同 XII.1]。

44のモラリスト風の文章からなる、ユーモアとエスプリのきいた「箴言と矢」による導入のあとで、「ソクラテスの問題」はカリカチュア風にソクラテスの容姿のあの醜さを描

き（カリカチュアなどのこうした「文学」的手法は、「哲学」に対して形式の上でも価値転換が行われていることを示している）、この醜さはデカダンスの現れにすぎないと語る。ソクラテスの理性主義・道徳主義（「理性＝徳＝幸福」）は、賢者の知恵どころではなく、逆に力への意志、すなわち生に対するルサンチマン*であり、デカダンス*の典型にほかならない。つづく「哲学における〈理性〉」は、哲学者たちの「特異体質」を暴く。このような特異体質はすでに、ヘラクレイトス*に対立するエレア学派の哲学者たちに見られる。エレア学派を典型とする歴代の哲学者たちは、「生成*」という現実に対する憎悪によって「存在」という「概念のミイラ」を生みだし、ひいては「神」を捏造した「概念の偶像崇拝者」であり、そうしたものであるかぎり彼らは、「言葉の形而上学*」に惑わされているにすぎない。

「いかにして〈真の世界〉は寓話になったか」は、プラトンからツァラトゥストラ／ニーチェへの歴史の歩みを6段階に分けて総括的に描く。ブロンデルも指摘するように、この歴史の歩みが太陽の運行に託して語られているのは、神や真理を太陽ないし光の比喩を通じて表現してきた伝統（プラトン哲学、キリスト教など）に対して、ニーチェがパロディによる攻撃を意図しているからにほかならない。「反自然としての道徳」では、「情熱を殺さねばならぬ」と教えるキリスト教道徳が自然としての生に「敵対的」であるとして攻撃される。「四つの大きな錯誤」でニーチェは、「原因と結果を取り違える誤謬」、「偽りの原因性の誤謬」、「想像的原因の誤謬」そして「自由意志の誤謬」という哲学的概念装置における四つの根本的誤謬を批判し、さらにこれらの誤謬が道徳や宗教の領域とも共犯関係にあったことを暴露する。これらの誤謬に、ニーチェは「生成の無垢*」を対峙させ、価値転換を遂行する。また「人類の〈改良者〉」では、ユダヤ＝キリスト教道徳のタイプと古代インド*の『マヌの法典』に見られる道徳のタイプとの比較をつうじて僧侶の心理学が企てられる。道徳は、それが力への意志という現実を隠蔽するかぎり「誤謬」である。われわれは、道徳の、すなわち「善悪の彼岸」に立たねばならないのである。

「ドイツ人に欠けているもの」においてニーチェは、ビスマルク*政権下のドイツ帝国における文化の欠如を痛烈に批判する。その意図するところは普墺戦争と普仏戦争*の勝利に過剰なほどの自信をつけたドイツ帝国という典型をつうじて、デカダンスの蔓延する当時のヨーロッパの時代徴候学を行うことにあると言えよう。ちなみにエリーザベトはその著『孤独なニーチェ』において、ニーチェのドイツ人批判が実は祖国ドイツへの「愛」に根ざしたものにほかならないとしている。しかし肝要なことはあくまでも、ニーチェの言う愛ひいては運命への愛*、生の肯定といったモティーフが何を意味し、あるいは意味しないのかを問いの渦中に投じることにあるはずである。さて、くだんの時代徴候学は次章「ある反時代的人間の逍遥」にひきつがれ、ドイツのみならず、ヨーロッパがさまざまな角度から俎上にのせられていく（カーライル*、ルナン*らの同時代の文士たち、「芸術のための芸術」といった当時の芸術の諸動向、台頭し始めた社会主義*運動、政治問題など）。「私が古代人に負うもの」でニーチェは、プラトンとトゥキュディデスとを対峙させ、この対立をつうじて象徴的に古代ギリシア世界がデカダンスへと陥っていく様を描きつつ、ふたたびギリシア悲劇とディオニュソス*の問題をとりあげる。かつてニーチェは古代ギリシアのこれらの現象に、ほかならぬ「生への意志」を、つまり力への意志の問題を見た。これがニーチェ思想のアルファーであり、オメガである。かくして——とニーチェは締めくくる——『悲劇の誕生*』は「最初

の、あらゆる価値の価値転換」であった、と。

【Ⅲ】影響 すでに表現主義*の時代に、"Menschheitsdämmerung"(『人類の黄昏／曙』)というタイトルをもった詩のアンソロジーが出版されている。とくに「いかにして〈真の世界〉は寓話になったか」の章は有名であり、さまざまな思想家たちに影響を及ぼしている。たとえばハイデガー*はその著『ニーチェ』で、この章に詳細なコメントをほどこし、ニーチェの価値転換はプラトン主義の転倒であるかぎりでなお、プラトン主義すなわち「現前性」の形而上学*にとどまる、という結論をくだしている。またデリダ*は『尖筆とエクリチュール』で、この章をとりあげつつ、とくにニーチェの用いる女性の比喩とのかかわりにおいて、ハイデガー型のニーチェ読解を検討し直し、ニーチェに現前性の形而上学の「脱構築*」の先駆者を見ている。著者自身によって要約とみなされた『偶像の黄昏』は、ニーチェ思想解明のかなめのひとつとして今後も重要性を増していくであろう。→価値の転換,形而上学,ソクラテス,プラトン　　　　　　　　　　　　　(高橋 透)

文献 ▷ Eric Blondel, *Fr. Nietzsche, Crépuscule des idoles*, Paris 1983. ▷Peter Pütz, *Friedrich Nietzsche*, Stuttgart 1975. ▷Kurt Pinthus (Hrsg.), *Menschheitsdämmerung*, Berlin 1920.

苦痛

ニーチェにとって苦痛とは、単に忌避・防止の対象ではない。彼は「負い目*と苦痛こそが求められるべきなのだ」と語り[『ツァラトゥストラ』Ⅲ-12.5]、「苦痛の中には、快楽の中にあると同じだけの叡知がある。苦痛も快楽と同様、種族を保持しようとする最高級の力の一つである」[『智恵』318]と評価していた。「大いなる苦痛こそ精神の究極の解放者なのだ。……大いなる苦痛こそが、われわれ哲学者をして、その最後の深みにまで無理やり降りてゆかしめるところのものである」[同 序言3]。「苦痛なしには人類の指導者や教育者になることはできない」[『人間的』I.109]のに、精神的苦痛も肉体的苦痛もほとんど経験せず、苦悩する者の姿を目にする機会も少なくなった現代人は「昔の人よりもはるかに多く苦痛を嫌がり、これまでよりもずっとそれを悪く言う」ようになってしまった[『智恵』48]。さらに「禁欲主義的理想」は苦しむ者の関心を苦しみからそらせるために、ある種の「機械的活動」をひとびとに叩き込み、その催眠作用で彼らの苦痛に対する感受性を麻痺させてきた[『系譜』Ⅲ.18]。だから「苦痛は神聖なり」という古代ギリシアの密儀の教えに立ち戻り、「いっさいの生成と成長、いっさいの未来を保証するものが苦痛の前提となっている」ことをしっかりと理解しなければならない[『偶像』X.4]。こうしたニーチェによる苦痛の把握は、他者との分離がもたらす苦痛が再合一の前提だと考えたヘーゲル*[『キリスト教の精神とその運命』(1798)]に通じる側面を有しているし、ニーチェを意識しながら「苦痛を苦しむことがその激しさを和らげる」と説いた作品に、シェーラー*の「苦痛の意味について」[(1916),『社会学および世界観学論集』(1923)に再録]がある。また抑制を失った安楽への隷属・苦痛の回避が会社や組織への過剰忠誠、国家への依存感覚の蔓延をもたらしたとする藤田省三の診断(「安楽への全体主義」[『思想の科学』1985.8])を、ニーチェの時代批判(「生存の洗練化と安易化のため、精神と肉体の不可避的な痛み、蚊の刺し傷ほどの痛みがひどく残虐悪辣なものと感じられる時代」[『智恵』48])の延長線上において読むことも不可能ではなかろう。

(川本隆史)

クラーゲス [Ludwig Klages 1872-1956]

いわゆるミュンヘン宇宙論サークルの中心

的存在。ムージル*の『特性のない男』のマインガイストのモデルとされている。ニーチェに宇宙的なエロスの流れを読み取った彼の『ニーチェの心理学的業績』(1926) は、力への意志*の解釈として最も整合的なもののひとつである。結論的に言えば、ニーチェは自我の概念を解体したのに対して、クラーゲスは、自我を純粋に精神的な存在として形而上学的に捉え、力への意志と同一視した。

クラーゲスは精神と生を峻別する。精神は世界外的な力として個人的な自我を形成し、それに対して生は魂と肉体に分かたれるが、魂は観得（Schauung）の、肉体は感覚（Empfinden）の能力を持ち、相互に補い合っている。この精神は、あるとき宇宙外のどこからか生のなかに侵入して自己主張をはじめたもので、魂の敵対者とされる。人間が時間と空間を乗り越えて、つまり過去の自分についても、異郷にいたときの自分についても「私」と言いうるアイデンティティは、精神による、とされる。この精神は、自己主張欲に溢れ、他人の前で自己を承認させたい意欲に捕われている。そのために設定するのが価値である。この精神的な力への意志による価値設定の構造を暴露したのがニーチェの心理学的業績であるとされる。ニーチェにその暴露が可能になったのは、「彼の精神が生と肉体に依存している」ためである。この点をクラーゲスは、ニーチェにおける「近きもの」、たとえば料理や風土への敏感さから論証する。ところが、彼によればニーチェはたまさにこの「肉体依存性」のゆえに、力への意志を生もしくは肉体と同一視するという致命的な誤りを犯した。彼において、ルサンチマン*としての精神的な力への意志と戦士の征服欲に潜む力への意志という両面性があるのは、そのためとされる。そうすることによって、結局ニーチェの暴露はソクラテス*的暴露となり、精神から距離を取れず、エレア学派からドイツ観念論*を経てショーペンハウアー*にいたる西欧の主観主義的形而上学に片足をつっこんでいる――こうクラーゲスは分析する [『ニーチェの心理学的業績』S. 70]。彼に言わせれば、ニーチェが「肉体や生命を否定する価値の説明を肉体の中に求めようとするのは、……炎に水を注いで消すときに、炎は俺がかけてやっている水に一部転換することによっておのずから消えたのだと立証しようとするよりも、幾百倍も愚劣なことである」[『性格学の基礎』邦訳144頁]。

もっとも、こうした議論をするクラーゲスの精神概念にも批判が可能である。精神の楔が打ち込まれて以来、人間は生き延びる手段を得たが、それによって「死にいたる不治の病」がはじまったとする彼の人間観は、精神概念が一方で形而上学的でありながら、実は経験主義的かつプラグマティックな理性理解、つまり道具的理解でしかない。その精神には「技術的知性の伝達可能な思惟だけしか含まれていない」ことを、シェーラー*は当時激しく攻撃している。それによって彼のニーチェ理解にも批判を加えている。→ムージル

(三島憲一)

文献 ▷ Ludwig Klages, *Die psychologischen Errungenschaften Nietzsches*, Leipzig 1926. ▷ Max Scheler, *Mensch und Geschichte*, Zürich 1929.

クロイツァー [Georg Friedrich Creuzer 1771-1858]

ドイツ・ロマン主義の神話学者。マールブルク、イェーナ大学に学び、1802年にマールブルク大学の文献学の教授、1804年にハイデルベルク大学の文献学・古代史の教授になる。彼の主著は『古代諸民族、とくに古代ギリシア人の象徴と神話学』である。彼は古代ギリシア宗教は一神教から始まるが、それがインド*から放浪する僧侶によってもたらされたと主張した。この高度な一神教が粗野な上着の多神教と習合したために秘儀化され

た。クロイツァーはこの秘儀的伝統こそがエレウシスの秘儀, サラトラ人の秘儀, オルフェウス, ピュタゴラス*主義, ネオプラトニズムを形づくったとする。この本は文献学・宗教史の中での, 批判的合理主義派とロマン主義派との論争の渦に巻き込まれた。彼は真の宗教の発祥地をインドとみるドイツ・ロマン主義に力を与えた。彼の使った資料と方法は種々な方向から批判を受けた。カール・O. ミュラー, クリスティアン・ローベックらの合理主義的文献学者からは, 神話*を生きた宗教的力とするロマン主義の情熱と思索は軽蔑された。

クロイツァーの神話観は, 神話と象徴を区別し, 聖なる意味は象徴で表されるとした。それが民衆にとって通俗的になるために, さらに象徴は神話によって解釈される。象徴は一神教を具体的に表現しており, 神話は多神教の伝道の媒体になったとする。神話は象徴の解釈であり, 神話以前に象徴があるという見解は,『母権制』を書いたバッハオーフェン*に引き継がれた。またニーチェにとって, クロイツァーとショーペンハウアー*が歴史の知識源になっている。そのさい, 批判的文献学者と違って, ギリシアの神々の宗教観念をオリエントに求めようとするクロイツァーの傾向は, ゲーテ*から受け継いだものであるが, その後の文献学・宗教史に影響を与えている。ニーチェもディオニュソス*の祭りに関してバビロン起源と見ている。

(上山安敏)

クロソウスキー [Pierre Klossowski 1905-]

ピエール・クロソウスキーは第二次大戦後のフランスに独自の地歩を築いた作家・思想家で, サドやニーチェについての重要な評論活動や, エロティシズムと哲学的思考とが交叉する魅惑的な小説のかずかずで知られている。彼の独自性は「シミュラークル」(模像)の概念である程度は要約することができるのだが, それは「人格」の同一性が成立する以前, 主体も客体もまだ確固たるかたちを持たず, 一瞬ごとに変化する衝動とその反動としてしか存在していないような状態のときの, その一瞬ごとの衝動＝反動の姿をあらわす概念であり, したがってその「シミュラークル」の世界では, たとえば小説の登場人物たちが次々に身分や役割を取り替えながら欲望の波に身をまかせるといった, きわめて幻惑的な光景が成立する。彼の評論の分野での主著である『ニーチェと悪循環』(1969) も, 最終的に主体の自己同一性の解体にまで (思想の上でも実生活でも) つき進んだニーチェの歩みを辿りなおそうとする試みで, 頻発する頭痛を通して身体のくらがりに目を向けるニーチェ, そこに蠢く人格「ニーチェ」以前の力に恐れおののきながら, それらに次第に言葉を与えていくニーチェ, やがて永遠回帰*という時間の方向性の否定のなかでそれぞれの瞬間の「力」を絶対的に肯定するようになるニーチェ, そして最後には, みずからがその無名の「力」となって, 人格「ニーチェ」をこなごなに破壊してしまうニーチェ——そうしたニーチェの各段階がそこでは見事に記述されている。ニーチェを「人間」という水準においてではなく, むしろ「人間」や「主体*」の概念が破壊されるような次元において解釈するのは, 1960年代フランスではじまったあたらしいニーチェ解釈の傾向だが, クロソウスキーの『ニーチェと悪循環』は, ドゥルーズ*の『ニーチェと哲学』とならんでその傾向を代表する著作であると考えられる。

(兼子正勝)

訓育　　⇨飼育〔育成, 訓育〕

軍隊　　⇨戦争と軍隊

グンドルフ [Friedrich Gundolf 1880-1931]

ドイツの文芸学者・ハイデルベルク大学教

授。『ニーチェ』の著者ベルトラム*らとともにゲオルゲ*・クライスの有力メンバーの一人だった。文芸学者としてのグンドルフは、ディルタイ*からの影響にもとづく精神史的方法を文学史に応用し、個々の作家・作品の精神を時代の統一的力の象徴的現れとして捉えようとした仕事によって知られている。『シェイクスピアとドイツ精神』(1911)はその代表的な業績である。だがこうした文芸学者としての仕事に留まらずグンドルフは、ゲオルゲ・クライスのメンバーとして積極的な時代への発言を試みる。その舞台となったのはヴォルタースとともに創刊した『精神運動のための年鑑』であった。そこに見られる論調は、精神の位階性の強調、ゲルマン精神と古代ギリシア精神の結合、「支配と奉仕」を旨とする盟約集団の賛美などである。こうした精神の貴族主義ともいうべき志向にニーチェが一定の影響を与えていることは容易に見てとることができる。そしてこうした傾向は当時の青年運動*の流れなどとともにニーチェがドイツのプレ・ナチズム的精神土壌の生成に果たした役割を示している。グンドルフがナチス*の指導者の一人であるゲッペルスの師であったことはその意味で象徴的である。ただしグンドルフ自身はユダヤ人であった。→ゲオルゲ、青年運動とニーチェ、ベルトラム

(高橋順一)

文献 ▷ F. Gundolf, *Shakespeare und der deutsche Geist*, 1911 (竹内敏雄訳『シェイクスピアと独逸精神』岩波文庫、1940).

ケ

形而上学

西洋哲学はプラトン*以来、理想的な存在からいっさいを思惟しようとしてきた。すなわち、移ろいやすく、矛盾や破壊や創造を伴い、苦悩と喜びに満ちた、感性的なものの生成の下に、「自然」の下に——あるいは上に、背後に——、自己に同一で不動の、恒常的ないし永遠の、安寧に満ちた超-感性的な存在(ソクラテス*／プラトン以前の哲学者パルメニデスの「一者」に始まり「イデア」「ウーシア」〈res〉「物自体*」「精神」「意志」などの実体)を設定してきたのである。ニーチェはそれを「背後世界」(Hinterwelt)と呼ぶ。そして哲学的思惟が感性的な「現実」の「自然」の生成から、それによって汚染を蒙らない超越的な存在への乗り越えの運動を示す限り、それは本質的に超-自然学〔=形而上学〕(Meta-physik)、形而上学的存在論あるいは理想主義=観念論 (Idealismus) となる。もとより形而上学は、感性的な「現実」を端的に離れて超-感性的な存在に没頭するわけではない。そこには、超-感性的なものから出発して感性的なものに秩序を与えるべきだという価値判断が働いている。前者と後者との間にはすでにヒエラルキーがあるのだ。したがってまた、形而上学は二元論*によって組織される。実体が感性を超越しているのであれば、それは本質的に、感性を超えた思惟あるいは理性によってしか到達しえないし、その存在が自己に同一である限りで、同一性を原理として構成される概念にもとづく論理によってのみ思惟しうることになる。それは、思惟の真理性を最終的に保証する。ニーチェは、すでに『悲劇の誕生』*において、ソクラテス-エウリピデスによるギリシアの悲劇的文化の転倒を、ディオニュソス*的なものの追放とアポロ*的なものの論理画一主義への囲い込みだと性格づけている。また、『パイドロス』の末尾で死を迎えつつあるソクラテスは、ロゴスにしたがって歩む哲学によって身を浄め、徳と知恵を求める者の魂の安寧と幸福とを説いている。

157

同一性から出発し、あるいは同一性を回復しつつ論理的に存在の概念を展開し構築してゆく形而上学的存在論はしかし、中立的な論理のための論理ではない。ニーチェによれば形而上学は道徳的かつ神学的な意味をもっている。一方で哲学者たちは道徳の誘惑のもとに概念構築をしてきたのであり、プラトン以来、哲学は道徳の支配下にある〔『遺稿』Ⅱ.9.332；また『曙光』序言、『偶像』Ⅱ、同Ⅲ参照〕。その一方で「形而上学的欲求」は、宗教的な妄想の消滅の後に残る空虚を埋めるため、新たな「背後世界」を造り出す〔『智恵』151、『人間的』Ⅰ.110 参照〕。こうして、「神」と「善」、および安寧ないし幸福の約束こそが、形而上学の保証せんとするところである。

この西洋形而上学の伝統全体に挑戦するニーチェの戦略が系譜学*（Genealogie）である。それは「力への意志*」の仮説にもとづいて、生の一定のタイプに形而上学の由来を探る。ただしニーチェの「力への意志」を新たな実体だと言うことはできない。また「生の一定のタイプ」は実体から論理的な分類を介して導きだされるものではない。系譜学はしたがって、超越的な存在を別の超越的存在を根拠に否定するような、形而上学の形而上学的批判ではない。また、生の一定のタイプとは、哲学者の事実的な生活状況の謂いではないとすれば、系譜学が形而上学の事実上の社会的・歴史的な起源を暴きだし、それを根拠にする批判でもないことがわかる。そうした批判は再び、秘かに理想主義的な要請を導き入れるからである。「感性的現実」や「自然」という用語に訴えざるをえないとしても、系譜学的批判は、伝統のなかで貶められてきた「感性的現実」こそ唯一不動の現実だとして、形而上学の伝統全体を転倒＝反復する試み（たとえばフォイエルバッハを参照せよ）とは異なると言うべきである。

この世界に対して「真の世界」を、制約されたものに対して無制約なものを、矛盾に対して無矛盾を対立させ、前者があるならば、その反対概念の後者もあるはずだとの推論をもって、ひとはこの世界より価値の高い世界を空想し捏造*する。そこには推論する理性と論理学への無条件の信頼がある。ニーチェによれば、思惟は元来、二項対立を産み出す論理法則や数・形態といった自らの規準に合わせて世界を解釈する。この解釈そのものは不当ではない。理性的思惟が強い信頼を勝ちえてきたとすれば、それは、生にとって実践的な「有用性」をもっており、理性にもとづいた推論なくしては種族が没落するからである。しかし、それによって思惟が感性に優るということを、そして存在それ自体を思惟が捉えうるということを証明できるわけではない。理性的思惟を偏愛する形而上学の態勢はしたがって、問い直すに値する。

「力への意志」を仮定するニーチェにとっては、生*にはより強力な生の可能性と没落の危険とが、喜びと苦悩とが必然的に伴う。生にはしたがって創造的な方向性とデカダンス*とが必ずあるのだ。創造的な生は没落*の危険と、それに伴う不快と苦悩を賭けてまで、というより肯定してまでこの世界を創造しようとする。何を如何に創造しようとするかという自らの意志に相関的に、苦悩と喜び、快と不快の両者を意志せざるをえないのである。ところが、同じ生が両方を意志せず、不快と苦悩を避けて自己保存*を意志することもつねに可能である。つまりデカダンスに徹することが。形而上学は、この世界の苦悩に対する復讐として、流動と変化に対する安定した不変の存在の反動として成立する。「感性」と「肉体」とにもとづいた——ただし理性的思惟や精神を排除しない——この世界の闘争に満ちた生成に耐えられない非‐生産的なデカダンスの契機が、苦痛を伴う創造に疲れ、それに背を向けた生へのルサンチマン*が、普遍の論理法則を、したがっ

て理性的思惟を絶対視して創造的になったものが形而上学——「無への意志*」の「生の意志」に対する支配——にほかならない。
↬ソクラテス,プラトン,解釈と系譜学,差異,二元論,キリスト教　　　　　　　（港道　隆）

芸術

ニーチェにとって芸術は，芸術家形而上学に浸っていた初期においてはもちろんのこと，終生重大な問題であった。芸術の意味と可能性に批判的となった中期であれ，芸術を無視するかのような発言の多い最晩年であれ，その批判の仕方やことさらな無視の身振りからも彼にとっての重大性がわかろうというものである。その背景には歴史的に見て三つの要因があろう。

第一は，プラトン*の芸術論，アリストテレスの詩学以来の芸術の社会的位置をめぐる，西欧における自覚的な反省の歴史である。芸術をめぐるディスクルスこそが芸術の製作を規定してきたのが西欧である。たとえば『人間的*』では，「恐怖と同情」をめぐる古代の悲劇論に疑念がはさまれているが〔I. 212〕，これなどはレッシング*の『ハンブルク演劇論』（もしくは「最近の文学についての第17書簡」）のことは言うまでもなく，長い受容の背景に依拠したものである。

背景の第二は，18世紀啓蒙とフランス革命*以降のドイツ市民社会において芸術の位置がひときわ高まり，芸術をめぐるディスクルスが哲学を席捲したかのような事態である。「現在ではあちこちでうごめいているという点で美学がなんといっても目立つ」とジャン・パウルは『美学入門』（1804）の冒頭で書いた。王侯貴族の宮廷においてもオペラや演劇，音楽演奏や古代風の柱像はつねに公的な機能を持っていた。それらは貴族の権力と富を顕示するものであったが，その手段が芸術であったということが重要である（顕示的公共性）。そうした芸術の位置であったからこそ18世紀後半に力と富を得た市民階級においても彼らの意識を表現するものとなったのである。「純粋な人間性」「人格の完成」「清純」「純粋な恋愛」などが，貴族*から継承し貴族に対抗する手段である芸術に織り込まれた。ニーチェから見れば，ここには啓蒙による宗教の解体が働いている。「芸術は宗教が衰弱するところで首をもたげる。……啓蒙が伸びることで宗教のドグマが揺さぶられ，根本的な不信が吹き込まれた。そのため啓蒙によって宗教的領域から追い出された感情は，芸術に身を委ねるのである」〔『人間的』I. 150〕。この事情はヨーロッパ各国で現れ方が相当に異なるが，とくにドイツにおいてはさまざまな理由から顕著であった。

これと関連するのが第三の，ドイツ固有の歴史的背景である。ディルタイ*は，いわゆるゲーテ時代を，宗教的儀礼から解放され，世界体験へと変じた深い宗教感情が「精神生活の最も幸福な表現」を生み，「芸術的想像力が不滅の創造を成し遂げた」時期と形容しながら，「このような進歩の本性をドイツにおいて究めようとしたときの媒体は芸術であった。……こうして成立した〔進歩と芸術の〕シェーマはヘーゲル*の精神において文化的発展の普遍的な考察へと拡大された」〔『精神科学入門』全集 I. 382〕と断言する。つまり，当時のドイツの知識人にとって芸術の問題は単なる余暇の楽しみではなく，社会的生活世界における相互主観性の維持と拡大——普遍的な相互主観性への拡大——の可能性を告げるものであった。その頂点を示すのがシラー*の『美的教育に関する書簡』であり，ロマン派の芸術論であり，そして政治のなかに芸術の一定の役割を追認したヘーゲルの〈芸術宗教〉の考え方である。彼らにとって悲劇の上演によって成立する古代ギリシアの祝祭共同体こそは——その意義についての解釈は少しずつ異なるにせよ，そしてなかには，第九交響曲の「歓喜の歌」にもあるエリ

ュージウム（供犠の秘密儀礼によって結ばれたギリシアの神秘的教団）の秘儀を重視する立場もあったにせよ——政治と経済の原理だけでは実現しない社会的連帯のモデルであった。およそこうした背景を見ずには、なぜあれほどにまでニーチェが芸術のあり方と人生の意味とを重ねあわせて議論したかは理解不可能である。

だが、ニーチェが直面したのは、こうした芸術による普遍的連帯への通路が閉じられ、いわゆる「芸術時代の終焉」（ハイネ*）が明らかになったポスト観念論の状況であった。「思想と反省は芸術を飛び越えてしまった。……芸術は精神の最高の規定からしてすでに過去に属する」と『美学講義』のヘーゲルの醒めた発言どおりの事態であり、そこでは、過去の芸術や詩文はもっぱら〈教養*〉のために楽しまれ、階層帰属証明として身につけられるだけで、社会とは無縁になりつつあった。『人間的』*第1部の「芸術家と著作家の魂から」と題した一連のアフォリズム*は、その痛切な表現である。彼は論じる。三統一の法則などのかたちでかつて芸術に課されていた厳しい軛はすべて投げ捨てられてしまった。現在あるのはただの実験だけである。ヴォルテール*の偉大さはルソー*の芸術上の〈自然主義〉によって消失してしまった。ゲーテ*は実験を好んだが最後には形式の抑制力をよく理解し、過去の遺跡からそこにあったはずの完璧さを思い描き偲ぶ術を身につけた。それに対してわれわれは「たしかにあの軛を捨てることによってあらゆる民族のポエジーを、隠れたところで育ったいっさいを、根源的な活力をもったもの、荒々しく咲いているすべてを……楽しむことができる。……だが、すべての民族のすべての様式のポエジーの大洪水は次第に、静かでひそやかに芸術が生い育つことができたはずの大地を押し流してしまうにちがいない」[『人間的』I. 221]。形式の崩壊→すべての時代と文化の遺産の受容（歴史主義*）→意義の喪失という連関が手を変え品を変え変奏されている。あるいは芸術と宗教的真理は深く結びついていた以上、もうラファエロ*の絵、ダンテの『神曲』、ミケランジェロのフレスコ画、そして中世ゴシックの大伽藍に匹敵するものは、作られることはないだろう[同 1.220]などは、「中世の美しき日々は過ぎ去った」という『美学講義』のヘーゲルを思い起こさせる。この点で最も美しいアフォリズムは「芸術の夕映え」と題した同223番である。1年に1日だけ遥か先祖のギリシアの祭を祝う南イタリアの町を例にとって、滅びた芸術の運命に思いを馳せたこのアフォリズムは、「太陽はすでに沈んでしまった。しかしわれわれの生の天空は今なお沈んだ太陽の残照で輝いている——もう太陽は見えないにもかかわらず」と結ばれている（ついでに言えば、森鷗外*はこのアフォリズムが気にいったようで短篇「追儺」[明治42年]末尾で触れている）。それゆえ教養主義の偶像と化した芸術の破壊が一貫してニーチェの立場となる。たとえば、芸術の敵を自称する連中の方がまだましで、彼らが敵視する芸術は、現在の芸術愛好家が理解する芸術である以上、芸術の敵こそわれわれの友である。劇場、記念碑、有名歌手の投入、無駄な芸術学校、各家庭で芸術教育に投じられる無駄金などを考えてもみようといった発言はラディカルである[『反時代的』III.5]。

それゆえ芸術による救済の夢を追うニーチェがまず考えるのは、このように文化事業になった芸術の救済である[『反時代的』III.6]。そしてヴァーグナー*のバイロイト・プロジェクトこそはそれを可能にするものと考えられていた。バイロイト*こそはギリシア精神の、その祝祭共同体の復活となるはずであった。『悲劇の誕生』*はそのために書かれた。だが、ギリシアの世界もゴシックの大伽藍ももはや戻ってこないように、「ゲーテの揺り

籠とともに始まりゲーテの棺とともに終わった」とハイネが述べた〈芸術時代〉に夢見られた救済、つまり、普遍性へ向けての社会的生活世界における相互主観性の維持と拡大の夢も、わずか数十年後とはいえもはや戻って来るすべがなかった。それゆえ、ニーチェの夢は、奇妙にも現世離脱、社会的生活世界からの逃亡の色彩を帯びている。つまり、彼と初期のヘーゲルやシェリングとの間にはショーペンハウアー*がいる。『悲劇の誕生』では一方で生存と世界を狭窄とし是認する媒体として悲劇が思い描かれ、芸術こそは生*の刺激剤であると断言されているかと思うと、他方では、そうした生存、つまり日常生活からの解脱の手段とも芸術は見なされている。「芸術の最高の、本当に真剣と呼んでいい課題は、夜の恐ろしさから眼を救い、仮象*という膏薬の治療によって主体を、意志の興奮による痙攣から救済することである」[『悲劇』19]。逃避と解脱による生の喜びと肯定というのはなんとも内部矛盾を宿した考えではなかろうか。個体化*の原理に支配され、利害葛藤が渦巻き、汚辱にまみれたこの現世からの離脱が、真に生きることであるというのでは、その真なる生は抽象的でとらえどころがない。ヴァーグナーが上演されている時間だけ続くようなものならば、ニーチェが最も嫌う余暇の慰みとしての芸術であろう。ニーチェ、とくに初期のニーチェのなかでショーペンハウアー思想を手がかりにして現世からの解脱と快楽*の肯定という両者が一応整合的に縫い合わされていることはたしかだが、後のわれわれの眼からは、矛盾でしかない。いわゆる中期に多い、芸術の意義への深い懐疑*、芸術の虚妄性への揶揄的発言は、この矛盾が吹き出した証左として捉えうる。

芸術の制度化を批判するニーチェだが、近代において芸術が自律性を獲得し、道徳問題や科学的認識とは別個の価値を認められるようになった基本的経験は共有されている。「道徳的狭隘化や狭い観点からの解放」[遺稿Ⅱ.10.172]として芸術が捉えられ、歴史主義の結果としてプリミティヴなもの、原初的なものに芸術が戻ることが随所で強調されているのは、その後の芸術の動向を先取りしてもいる。実際ハーバーマス*の言うとおり、ニーチェは「マラルメの同時代人」であり、美的モダニズムの先駆であったには違いない。ただ、それが実らなかったのは、「美的モダニズムに固有の非歴史的見方」(ハーバーマス)のゆえのみではない。むしろ芸術の制度化と自律性のあいだにある微妙なずれを、そして両者が必ずしも完全に排除しあうものではない事態を捉えきれなかったためもあろう。ニーチェにとっては、制度化による限界性と自律した芸術の全面的可能性とはまったく相反するものとして捉えられている。その結果として晩年になるにつれ、生が力のための手段になったのみでなく、芸術も力の条件に適合しているかどうかといった観点からのみ見られるようになる。芸術作品を芸術作品たらしめている制度的なディスクルスとはなにか、という問いは立てられないし、芸術のもつ表層の美が世界を輝かせ、開示する機能(たとえばハイデガー*)にも眼が向けられない。「芸術が存在するためにはある生理学的な条件が不可欠である。その条件とは陶酔*である」[『偶像』Ⅸ.8]とか、「生の上昇下降の手段」としての芸術といった表現が増し、「芸術においては虚偽がみずからを祝聖する」[『系譜』Ⅲ.25]、あるいは「虚偽においてみずからを楽しむのは芸術である」といった発言にまでなる。「力が恩寵をたれ、可視の世界に下りてくるとき、それを美と呼ぶ」[『ツァラトゥストラ』Ⅱ-13]などもそうした方向に属するが、いずれにせよ芸術が生や力の、そして最終的には力への意志*の関数として理解され、美の自律性、芸術の独立性が生理学へと解体されていく。だが、プレスナーの『遅れてきた国民』以降われわれは、生

理学*への解体が怪しい回路を経てショーヴィニズムへと発展する傾きをもったことを知っている。

とはいえ、制度のなかで市場取引きされる芸術作品とそれを紹介し、論じる芸術批評に芸術の問題を限定することを断固として拒否した意義は大きい。宗教や道徳から自律したがゆえに制度化の隙間から日常生活へと全面化する可能性を芸術に認めたことは今でもアクチュアルである。過去に眼を向けた彼のロマン主義——つまり「1850年のペシミズムの仮面の下での1830年のロマン主義者の信仰告白」[『悲劇』「自己批判」7]——が、現代のアクチュアリティと結びつく可能性はいまだ十分にテクストから汲み尽くされているとは、言いがたい。→ニーチェとヴァーグナー——ロマン主義の問題, 『悲劇の誕生』, 美と快楽

(三島憲一)

刑罰

『道徳の系譜』第 2 論文の冒頭は言う——「約束をなしうる動物を育てあげること……これこそ人間についての本来的な問題ではあるまいか？」[『系譜』Ⅱ.1]。約束をなし守ることは責任*をもつことであるが、責任という道徳意識が形成されるためには、独自の人間が構成されなくてはならない。「そのためには人間自体がまず算定しうる、規則的な、必然的な存在になっている必要がある」し、この人間は「一般に計算し算定する能力」をそなえていなくてはならない[同]。この計算能力が培養される場所は、商業である。契約・交換・取引という根本形式が枠構造をなしている商業においては、債権者と債務者の関係がすべてである。罪の観念は負債の観念に起因する。約束と責任、債務と罪の連関を通して形成される計算的人間の歴史は長い。この長い歴史の最後の段階に、近代的人間が位置する。

ニーチェによれば、約束を守る人間を制作するには、約束の記憶を身体に刻むことが一番よい。刑罰は、約束したことを忘れないように覚えさせ、想起させることである。債権者は負債を物で受けとるとは限らない。負債の返済を快楽という形で支払うことも可能であり、しばしば大抵は、債権者は債務者に苦痛*を味わわせて快楽を味わうことで満足する。刑罰は、他人が苦しむのを見て楽しむ快楽を生む。したがって、刑罰は残酷であり、残酷さの快楽に充ちた祝祭である。最初の国家もまたこうした祝祭的刑罰を実行する。国家は契約から生まれはしないが、契約を守る人間を刑罰をもって制作する。「怖るべき暴政、押しくじき、仮借するところのない機構」としての国家によって、「民衆と半獣のそのような原料は、ついに、こねあげられ、御しやすくなったばかりか、形までもあたえられた」[『系譜』Ⅱ.17]。要するに、政治権力は、暴力*的征圧から生まれるし、この暴力状態においては正と不正は語りえない。ベンヤミン*の言葉を借りて言うと[『暴力批判論』]、「法措定暴力」のあとに、正と不正の切断線が走るのである。正と不正を判断する道徳意識は、正と不正の彼岸である暴力的な行為、ニーチェの言葉でいえば、約束を守る道徳以前に約束を守りうる計算能力を身につけた人間を刑罰によって構成することから生ずる。

ニーチェの系譜学的分析を近代の道徳意識の分析に利用することができる。ニーチェの議論が提供する重要な論点は、法(掟)をめぐる苦痛と快楽の関係、つまり約束を守れなかったものに苦痛を与えることで快楽を享受するという人間の欲望の力学である。苦痛と快楽の視点から近代の道徳意識を眺めてみよう。アダム・スミスは『道徳感情論』[第 6 部第 3 篇]の中で「自己規制」(Self-command)に言及している。同感能力と適宜性感覚によって、正義の観念を体現する「公平なる観察者」に相談して行為することが「自

己規制」である。自己規制こそ近代人のモラルになる。またカント*は『道徳形而上学原論』のなかで、理性的存在者が自分で自分に法を与え、その法に自ら服するとともに、理念としての「目的の国」が実現されると言う。ニーチェにおいて、古代の債務者の道徳意識であったもの（刑罰によって肉体に刻みこまれたもの）が、スミスやカントでは、自分で自分に法＝掟（刑罰が純化したもの）を与えることへと変化している。近代人においては、刑罰者は消失し、個人的主体が自己にとっての刑罰者になる。ここには良心*が介在している。自己規律や自己立法は良心の仕事である。ニーチェ風に言えば、良心の疚しさが自己規律や自己立法を生むのである。この経緯をニーチェにならっていえば、近代では権力意志としての「自由の本能」が、他人に向かうのではなく自分に向かうのである。「苦しめることに対する快感から自己自身を苦しめるたましいのこの不気味な、恐ろしいほどのたのしい仕事、この活動的な〈良心の呵責〉の全体」『系譜』Ⅱ.18］が、芸術では美という形式を生み、道徳においては法という形式を生む。自己規制や自己立法は、理性の仕事というよりも、内面性という牢獄に封じこめられた「本能」が内部に向かった結果なのである。自己規律も自己立法も、法による自己の刑罰である。そこには、自己否定と自己犠牲がある。近代人は、法という形式によって自己に苦痛を与え、同時に自分が苦しむのを見て快楽を得る。苦痛が快楽を生むという欲望の力学がなければ、自己犠牲も自己否定もありえない。ニーチェは言う――「無私の人・自己自身を否定する人・自己自身を犠牲にする人が感じている快感というもの……それは残虐につきものの快感なのだ。……良心の呵責があってはじめて、自己虐待の意志があってはじめて、非利己的なものの価値の前提となるのである」『系譜』Ⅱ.18］。

近代においては、他律ではなく自律が価値となる。自律は、自分で自分を律すること、すなわち自分で自分に正義の理念を与えたり道徳法を課すること、である。だがこの自律性は、欲望*の力学からみるならば、新しい型の他律を生んでいる。「自分が自分に与える」点を強調すれば自律であるが、定立された法・理念・形式が自己を縛るという点では他律である。自律の他律へのたえざる変換を可能にしているのは、ニーチェが指摘した「苦痛の自己享受」なのである。法の形式は自立運動する。自立した法は、苦痛の提供者である。形式は空虚で一般的であればあるほど、厳格に法の執行を要求する。苦痛の提供は、法の形式合理性のゆえに、論理主義的ラディカリズムを示す。この側面をサドが体現する。形式としての法の空虚性と一般性は、まさに空虚な一般性のゆえに、あらゆる欲望を吸収し内容とすることができる。欲望は形式としての法の中に凝固する。欲望は、苦痛を求めて法を要求する。罰する法への欲望、法によって苦痛を与えることこそを期待する欲望を体現するのは、マゾッホの世界である。サドの抽象的・合理的な論理主義（計算合理性）とマゾッホの神話的想像力とは互いに異質ではある。けれども、近代の自己立法の自律性の理念の中には、互いにベクトルを異にするサディズムとマゾヒズムが内在している。一方は、法による身体の拷問を、他方は拷問による受苦を、追求する。近代世界の中で、サディズム的欲望とマゾヒズム的欲望が同時に共存するのは、自己規律や自己立法の理念が成立しているからである。

法、道徳、正義、自律といった理念は、それ自体の根拠をもつことはできない。欲望の働きの痕跡が、正義の法や自律の理念として現れる。欲望が暴力的であると言ったニーチェは正当である。暴力的な欲望の動きが、法その他の制度の源泉である。法や正義は、正／不正の道徳意識以前から発生するのであって、法の成立を道徳意識から語るのは本末

転倒である。このことをニーチェは見抜いていたし、後にベンヤミンも気づく。そうだとすれば、法その他の制度が純化したとしても、その背景には暴力がひかえていることを無視することはできない。法を措定する暴力は、法を維持する暴力を通してどこまでも貫徹する。それは国家的な制度においてのみならず、個人の道徳意識においても、確認できる。苦痛を与えることと苦痛を快感として感ずることは、欲望の暴力性の証拠である。人間が作った制度（実定法であれ道徳法であれ）に自発的に服従することの理由は、身体とひとつになった欲望の働きなしには理解できない。

ところで、太古以来、人類はさまざまな仕方で自己を犠牲にする行為を反復してきた。その理由をニーチェは「約束をなしうる人間」を強制的に作りあげることに求めた。かつては残酷な刑罰による身体記憶を案出し、近代では理性的な形での自己訓練を案出した。すべては、人間身体を犠牲*にすることに尽きる。犠牲づくりを供犠とよぶならば、人類がかくも久しきにわたって身体供犠をつづけてきたことは驚くに値する。ニーチェはそのことに驚きを感じているし、現在でもニーチェとともに驚きつづけなくてはならない。おそらく、何ものかに向けて己れの身体を犠牲にすることに人類は魅惑されているのであろう。この「犠牲の魅惑」の秘密はまだ明らかでない。「約束をなしうる動物」に人間を作りかえるというニーチェの解答もまだ暫定的かもしれない。けれども、ニーチェの刑罰論は、道徳意識の契約的基盤について鋭い考察を与え、犠牲の魅惑力の根源に迫ろうとしていた。今後の課題は、ニーチェの考察をふまえて、犠牲の暴力が人類にふるいつづける魅惑の理由を、契約的文脈の向こう側に求めていくことであろう。そのとき、刑罰論は新しい角度から光をあてられることであろう。➪良心，苦痛，暴力，犠牲　　　（今村仁司）

系譜学　　➪解釈と系譜学

啓蒙主義

ここでいう啓蒙主義とは、ドイツ語のAufklärung、さらに英語の enlightenment からの訳語であり、本来暗闇に光がさして明るくなることを意味する。そこから、中世の暗黒を打破して、政治的には専制の、宗教的には教会の、圧制からの解放をなしとげた18世紀フランスを中心とする思想運動をさすタームとして使われるようになった。それは無知蒙昧、迷信と狂信からの解放であり、理性の普遍性と知性の進歩を信じる市民層の明るいオプティミズムに支えられていた。しかし後進国ドイツから見れば、それは外来思想であり、ドイツ固有の文化は、むしろ啓蒙主義と対立するロマン主義の方向に形成されていった。少なくとも19世紀の前半においては。そこでニーチェは「啓蒙主義に対するドイツ人の敵意」について語っている。哲学においては、ドイツ人は科学以前の思弁的段階に立ち戻った。歴史研究においては、キリスト教、民族精神や民間伝承、民族言語、中世的なもの、東洋文化などについての認識が広められた。自然研究においては、ニュートンやヴォルテール*に対してゲーテ*やショーペンハウアー*のように、神的な自然とその象徴的な意味などの思想が恢復された。「ドイツ人の全体的な大きな傾向は啓蒙主義に反対であり、社会の革命に反対だった」。理想の崇拝に代る感情の崇拝、こういうドイツ・ロマン主義の功を認めるのにニーチェはやぶさかではない。しかし彼はなお、ドイツ人が伝統的な「敬虔」の念にもとづいて「認識を一般に感情の下に押さえつけること」、カント*の言葉で言えば「知識にその限界を示すことによって、信仰に再び道をひらく」ことに危惧の念を感じる。ここには「少なからぬ一般的危険がある」。しかし1880年代の初頭に立ってニーチェが感じるのは、「この危険の時は

過ぎ去った」という驚きである。大革命とそれに続く大反動は、じつは小さな波にすぎない。そういう波のうねりを超えて、啓蒙主義は、ロマン主義を否定的媒介にしながら、それを吸収しつつ、さらに大きな潮流となって流れて行く。それに乗り、それを継続することこそ「われわれの課題なのだ」[『曙光』197]。「啓蒙」(Aufklärung)の原義が、暗闇に光がさしそめること、知るよろこびの蘇生だとすれば、ニーチェの『曙光』*や『悦ばしき智恵』*に響いているのは、まさしく「啓蒙主義」の復活、再発見と参加へのよろこびの歌だと言えよう。

しかしニーチェは最初からこういう境地に達していたわけではなかった。ふつう彼の思想的展開は、初期・中期・後期の三つ（ないし四つ）に分けられている。たとえばフィンクは、『悲劇の誕生』*に代表される初期を「芸術*と形而上学*」の時期として、中期を「啓蒙主義」の時期として特徴づけている。この場合中期とは、1876年から82年ぐらいまで、著作で言えば、『人間的』* (1878-80)、『曙光』(1881)、『悦ばしき智恵』(1882)によって代表される時期である。この初期と中期の間には、単に変化や飛躍というだけでなく、場合によっては対立、反転とさえ言える転回が認められる。それは一般的には、ヴァーグナー*とショーペンハウアー、つまり芸術と形而上学への心酔から、自己自身へ、認識と学へ、理想の底にある「あまりに人間的なもの」への還帰と特徴づけられているが、啓蒙主義への評価においても際立った転回が認められる。啓蒙期という時代については、初期においても、自由と人間性の進展というかぎりで一定の評価が与えられているが、啓蒙主義は、基本的に浅薄な主知主義ないし民衆への煽動という意味で用いられており、その代表者は、ソクラテス*ないしアレクサンドリア的*精神に求められている。悲劇の中に「アポロ*的なもの」だけを認めて「ディオニュソス*的なもの」を見ようとしない文献学者たちは、浅薄な啓蒙主義の中心であり、真の「ヘラス的精神」を知らないのである。こういう初期のニーチェにおけるロマン主義的ヒロイズムの立場からの啓蒙主義非難は、むしろ前出の「啓蒙主義」に対するドイツ人の敵意の典型をなすとさえ言えよう。

70年代の後半、ニーチェ自身がこういうロマン主義的陶酔から醒めていくにつれて、啓蒙主義は、別の光の下で見直されるようになる。「天才*と英雄*に対するロマン主義的屈従とは無縁な啓蒙主義の精神」[『曙光』298]の意義は、「ルソー*に対してヴォルテールを」というスローガンに結実する。『人間的』の初版は、ちなみにヴォルテールに捧げられていた。今やニーチェにとって啓蒙主義とは、革命への熱狂や理性の普遍性への楽観的な信仰ではない。それはペトラルカ、エラスムス、ヴォルテールと受け継がれてきた、冷静な人間認識と偶像崇拝否定の運動、ゆるやかな改変の過程である。「革命の楽天的精神を呼びさましたのは、ヴォルテールの整頓、純化、改築に向けられた天性ではなく、ルソーの情熱的な愚行や嘘っ八だった。この精神に対し、私は〈その恥知らずをおしつぶせ〉と叫ぶ。この精神によって啓蒙や進歩的発展などの精神は長い間追放されてきた。これをふたたび呼び戻すことができるかどうかを、われわれは――それぞれ自己自身のもとで――よく見てみようではないか！」[『人間的』I. 463]。こうして啓蒙主義の蘇生の可能性の自己点検がニーチェの課題となる。注意すべきは、それはけっしてロマン主義側から見られた啓蒙主義、つまり理性の普遍性への熱狂、盲信そのものの肯定ではない、ということである。啓蒙と進歩の過程はけっして直線的ではない。とくにドイツにおいては、それはさまざまの要因によって反動と阻害と歪曲を経験した。しかしショーペンハウアーが、キリスト教*やアジアの宗教を捉えた「公正

という成果の後にはじめて、啓蒙期のもたらした歴史的考察方法をかくも本質的な点で訂正してはじめて、われわれは啓蒙の旗を、新たにさらに遠くまで進めていいのである。反動から進歩をつくり出す」[『人間的』I.26]ことが課題なのだ。

こう見てくれば、ニーチェの中期における啓蒙主義の肯定は、多くの条件つきで、多重的、こう言ってよければ弁証法的に行われていたことがわかる。それはたしかに初期のロマン主義的な芸術と形而上学への陶酔と謳歌からの離脱であり、芸術に対しては学問・科学が、人間を超えた形而上学的なものに対しては、「あまりにも人間的なもの」が対置されている。しかしその啓蒙主義を単純に実証主義と等置したり、またその偶像否定に単に冒瀆的な卑俗な暴露だけを見るのは誤りであろう。ここで静かに歌われているのは、灰色の実証主義や冷たい合理主義の謳歌ではなく、ロマン主義の夢から醒めた「自由精神*」の蘇生のよろこびであり、「認識を生の手段として生きる」自己肯定の歌であろう。したがってここで言われているヴィッセンシャフトにしても、実証科学的な対象認識、「暴露心理学」的なソフィスト主義ではなく、むしろ無制約的な批判への意志、自己自身をも果敢な実験*に供しようとする実存的態度に支えられている。啓蒙主義は、ニーチェにとって固定した立場なのではなく、啓蒙主義そのものが啓蒙されていく。「自由精神」は「ミストラル」に乗って、コロンブス*のように未知の大海に船出する。しかし彼が宗教や形而上学や道徳という「仮象」の霧を破って発見したのは、海の彼方の新大陸ではなく、「存在の全体に対して根本的に新しい」態度をとる「超人*」であり、「運命への愛*」、「同一なるものの永遠回帰*」としての自己肯定であった。

こういうニーチェの根本思想は、「力への意志*」にどの程度の比重を置いてそれを捉えるにせよ、80年代の初めに熟していき、『ツァラトゥストラ』*において決定的な表現に到達するのは周知のとおりである。その到達点を「正午の思想」「真昼の歓喜」だとすれば、中期の思想は、後年彼が振返って言っているように、なお「午前の思想」であり、曙のおぼろな光に止まっているかもしれない。その意味では彼の中期の啓蒙主義的な立場は本質的に移行期、一つの通過点であり、初期の美的形而上学を後期の「力への意志」の形而上学へ橋渡しする「否定的媒介」の一契機にすぎないかもしれない。しかしそのことは、ニーチェの中期の啓蒙主義が、後期の成熟した思想のうちに吸収され、消失することを意味するのだろうか。あるいはむしろ中期の啓蒙主義は、後期思想に吸収しきれない独自の自立性、場合によっては後期思想に対してさえ批判的な働きを果たす一契機を保持しているとは言えまいか。たしかにニーチェの啓蒙主義は、アフォリズム的な表現形式、実証主義と見紛うような擬装と相まって、さだかには捉えがたい。しかしニーチェの啓蒙主義が「啓蒙された啓蒙主義」であるとすれば、そこで確保された「知」の立場は、単に美的形而上学に対立するだけのものでなく、その持つ活力に裏打ちされた知、こう言ってよければ、「ディオニュソス的な知」とでも言えるものではなかろうか。そういう知が「力への意志」と言うより「現実への意志」によって限定されるとき、つまり「存在」ではなくて「存在者」の世界に、永遠ではなくて歴史の世界で発揮されるとき、そこには後期における形而上学への逸脱を是正し、現実へ引き戻すという批判的契機を見いだすことができるのではなかろうか。中期のニーチェが受けとめた「啓蒙主義の継続」という課題を、われわれは、そういう形で、さらに受け継ぐことができると考える。ニーチェにおける「啓蒙の弁証法*」は、初期が中期へ、中期が後期へ「止揚」されていく「発展」の中

だけではなく、むしろ中期の啓蒙主義が後期には止揚し尽くせないという断面のうちに垣間見られるのではなかろうか。→自由精神と理性批判, 啓蒙の弁証法, ヴォルテール, ルソー

(徳永 恂)

啓蒙の弁証法

　この語を普通名詞として、進歩と退歩が、文化と野蛮*が相争い、相拮抗しながら運動していく文明化の歴史のダイナミックな過程と解すれば、ほとんど人類史というに等しい最広義の使用法になり、やや視野をしぼりこむと、ヨーロッパ近代に成立した文明のタイプが全地球をまきこんで作りあげた合理化ないし近代化というどぎつい明暗をもったドラマを名指しているともいえよう。しかし、こうした使用法がそもそも可能になったのは、これを書名とする著作が存在し、ひろく受容されたからにほかならない。なぜなら、従来啓蒙とは、思想史的にはヨーロッパ近代のある特定の思想運動の名称であり、ひろく人類の文明化の過程全体をさすものではなかったからである。ところが、『啓蒙の弁証法』というタイトルを冠した、1947年に公刊されたホルクハイマー*とアドルノ*による共著では、啓蒙は、M. ウェーバー*の「脱呪術化」(Entzauberung)という概念の助けを借りながら、人間から恐怖をとりのぞき、人間を支配者の地位につけようとする進歩的思想一般へと、当初の含みを残しつつ拡張されたのである。フォルクスヴァーゲンを考察するためには、アニミズムの根絶にまで遡る必要があるというわけである。しかもこの人類史をつらぬく啓蒙という動力が、いまやその意図したところとは逆に、野蛮への動力となって地球上に災厄を、たとえばホロコースト（ユダヤ人大量虐殺）をくりひろげているという基本認識にたって、啓蒙それ自体に反省をさしむけようとするのが本書である。そしてこの書物には、啓蒙批判の先達ニーチェが濃い影をおとしてもいる。したがってここでは、まず『啓蒙の弁証法』という著作のなかでニーチェがどのような役割をつとめているかを述べ（【Ⅰ】）、つぎに普通名詞化された〈啓蒙の弁証法〉とニーチェとのかかわりをハーバーマス*の議論によってさぐってみたい（【Ⅱ】）。

　【Ⅰ】『啓蒙の弁証法』とニーチェ　『啓蒙の弁証法』の第2補論「ジュリエットあるいは啓蒙と道徳」は、カント*、サド、そしてニーチェを扱っている。この三者を「啓蒙の仮借なき完成者」と位置づけ、かれらの思想をつうじて、あらゆる自然的なものを支配下におこうとする試みが、結局自然的なものによる支配へと逆転していくことを著者たちはここで示そうとするのである。一見対立するかに見えるカントの道徳的厳格さとサドの背徳は、啓蒙という公分母にてらせば、そこから生まれたよく似た双子にすぎない。やがてニーチェがこの双子を絵解きする鍵を提供することになる。「諸事実をもっともうまく処理し、自然支配にあたってもっとも有効に主体を支持するような認識の形態」であり、自己保存*を原理とする啓蒙は、カントの批判の作業をつうじて明瞭な顔立ちを見せることになる。カントは科学的体系こそ真理の形態であることを確認するという成果をおさめたが、これは著者たちに言わせれば、思考の無効性を証明したことになるのである。「なぜなら科学とは技術的訓練であり、……自己自身の目的を反省することから遠く隔てられているからである」。この科学と真理の同一視は、理性の道具化という事態を促進する。理性は計画とか計算と言ったほうがふさわしいようなものになり、そうした科学的理性の前では倫理も反倫理もニュートラルなエネルギー量のごときものになってしまう（善悪の彼岸！）。「上なる天空」が物理学的自然事実になったように、「内なる道徳律」も「理性の事実」に、つまりはそれがないところでは

妥当しない、はかないものとなる。また計画し計算する理性の立場からすれば、情念のごときものは認識から駆逐され、単なる自然とみなされる。それは理性によって処理され、支配される対象でしかなくなる。その支配が厳格な徳の観点からなされようが、快楽の追求という背徳の観点からなされようが、そうした目的を理性はもはや問いえないのである。サドは急進化したカントである。

しかし、世に道具しか存在しないというのも不条理な話である。したがって、脱神話化され、客観的秩序を失って物質の集積となった自然に直面して、なお残された生の法則がみとめられるとするならば、それはサドおよびニーチェにとっては自己保存から導かれる〈強者の法則〉以外にはなかった。これはもちろん市民的世界の現実を反映してもいる。サドはその小説の登場人物に「自然は弱者を奴隷として、貧しい者として造った。弱者が屈従しようとしないのは、弱者の不正なのだ」と語らせる。ニーチェも「病める者たちこそ人間の大いなる危険である」とルサンチマン*の心理学をこれにつけ加えてわれわれにつきつける。ニーチェにあっては、真理性すら強者の法則に還元され、〈力への意志*〉として暴露される。道具化した理性が真偽と善悪の尺度を無化したあとに、その空白を埋めるものとして野蛮化した自己保存が、つまり強さの崇拝がそれに同伴することになったのである。理性が槍や斧と等価な道具になったとすれば、それは牙の延長として自然になったということである。強者の支配（優勝劣敗）もまた疑似自然であるとすれば、人間社会は完璧に自然化したことになる。自然からの解放は自然への頹落である、これが『啓蒙の弁証法』のリフレインであるが、この事態を認識することにかすかな希望をつないでもいる。『啓蒙の弁証法』の著者たちはサドとニーチェにファシズムとの親和性を指摘しつつも、彼らが市民的世界の予定調和的な虚偽意識を攻撃し、啓蒙の帰結（「支配と理性の同一性」）を冷徹に凝視しつづけたことを擁護し、高く評価するのである。この補論の末尾の引用はニーチェの言葉「汝の最大の危険はどこにあるか。同情*の中に」である。そしてこの同情拒否のうちにこそユートピアの胎動が聴こえる、そう著者たちは語りかけるのである。

【Ⅱ】〈啓蒙の弁証法〉とニーチェ　ハーバーマス*は『啓蒙の弁証法』の視野をある意味ではふたたびしぼりこみ、人類史をつらぬく逃れがたい力学という印象を与えかねない、彼の師であるホルクハイマーとアドルノの歴史哲学的構想をしりぞけ、近代の企図とその歴史的経験に焦点をあてる。また彼は別の意味ではその視野を拡張しもする。というのは、理性が道具と化したことを告発する師たちの〈道具的理性批判〉は近代の企図を全体にわたって考察するには、あまりにも一面的だからである。自由で民主的な社会をどう造っていくのか、理性の社会的実現をどうはかるべきなのか、人間はお互いにどう行為を理性的に調整していくのか、といった間主体的レヴェルで働く論理は、けっして道具を用いて客体に働きかける論理に吸収同化されることはないのであり、だからこそ後者による前者の抑圧を問題にすることも可能になる。近代の企図には、主体間に成立する、道具的理性とは別の理性が含まれていたのである。ハーバーマスの設定したこうした視野に立つと、ニーチェの位置づけもその師たちとはおおいに異なったものにならざるをえない。

ハーバーマスはその『近代の哲学的ディスクルス』のいくつかの箇所で〈啓蒙の弁証法〉を普通名詞化して使用している。彼は、ヘーゲル*が「近代の批判的自己確認」という近代論のテーマを決め、またそのテーマの変奏規則を「啓蒙の弁証法」として設定した、という言い方をする。これは「啓蒙の弁

証法」の下に,近代社会の成果と矛盾がそこから生じてきたその同じ原理にもとづいて,この近代社会を説き明かし,批判し,場合によっては変革していこうとする立場を考えようとするものである。じっさい左右のヘーゲル学派はこの変奏規則から逸脱しはしなかったし,マルクス*もまた革命の構想にあたって「啓蒙の弁証法の推進力」に依拠した。ところが「ニーチェは,革命の希望とそれへの反動という二つの役がそれぞれ登場するこの芝居全体のドラマトゥルギーを暴露しようとする」。もはや,理性的であるのはいかなる社会か,という問いは失効し,理性一般が力への意志として,しかもその見事な隠蔽として暴露されるにいたる。啓蒙の弁証法にのっとって理性の一定の実現形態を,なおもその理性に潜在する力(他なる理性!)で批判するのではなく,理性からもっとも遠いとみなされる場所(理性の他者!)から,すなわちソクラテス*以前のギリシア悲劇の精神あるいは当時最新の前衛芸術の経験から批判するのである。この意味でハーバーマスは,ニーチェは〈啓蒙の弁証法〉から「決別」したと断じる。

ここからニーチェに生じる困難は,彼の批判的言説の妥当性をはかる尺度である真理性が,彼の批判によって破壊されてしまっていることである。これではすべては〈力の戯れ〉ということになってしまい(この線上にあるのがフーコー*),残るのは彼の美的断片のめくるめくレトリックの魅力のみになりかねない。真と善の請求が倒錯した力への意志として暴露されてしまえば,残るのは「趣味判断」のみである。それもカント的な普遍妥当性を要請するようなものでなく,ただ主体の力の発現を称揚するような。この領域では反論にはじまる討論がそもそも稼働しない。せいぜい「おまえとは好みがちがう」でおしまいである。真理性を道具性に同化させ,モラルに懐疑的な傾向は,ニーチェと『啓蒙の弁証法』が共有する性格である。道具的理性が理性の全体を覆ってしまうと,もはや妥当性を要請する事柄と自己保存に役立つ事柄との区別が消え,権力*と妥当性との間の障壁が吹き飛んでしまう。だが,この区別こそ神話*を克服した近代的世界理解の成果であることをハーバーマスは強調する。マルクス主義をくぐりぬけ,その社会批判の精神を継承する『啓蒙の弁証法』は,「啓蒙の自己反省」という危うい足場をなんとか保持し,なしくずしの現状肯定には陥らなかった。著者たちは批判の自己言及的構造を意識しつつ,そこに踏みとどまった。「他なる理性のあり方」の希求は論証的連関を形成していないものの,この書物のなかにちりぢりにこめられている。他方ニーチェはその力の理論をもって世界を「すべては力への意志である」として再度神話化したのである。ここに急進化した批判が,なぜ現状是認に逆転するかの答えがあるだろう。現に力強いもの,生*を高揚させるもの,ぞっとするほど美しいものが,帝国主義的侵略であれ,独裁政治を後見としたスポーツ大会であれ,ニーチェ的言説では賛美されかねないのである。やはり近代の企図は,批判の言説がそこを越えて逆行してはならない地点を定めているように思える。世界史は近代社会で完成するという昨今の「歴史の終焉」論は法螺吹きであるにせよ,これを契機に〈啓蒙の弁証法〉へいま一度たち帰れ,という提言としてそれを聞くならば,あながち無意味な議論でもないであろう。→自己保存,アドルノ,ホルクハイマー,ハーバーマス (中尾健二)

ゲオルゲ [Stefan George 1868-1933]

ゲオルゲがニーチェに接したのは,パリからマラルメの象徴主義を引っ提げてドイツへ帰って来て,詩誌『芸術叢紙』を刊行し,自律的な芸術の美によって新しい現実を創造する運動を始めた1892年だといわれる。ゲオル

ゲの歌う善悪の彼岸にある専制君主アルガバール（1892）にはツァラトゥストラの影が強烈で、ゲオルゲはホーフマンスタール*と並んで「ツァラトゥストラの美しい子ども」ともいわれた。詩誌『芸術叢紙』に載せられ（1900/01）、後に詩集『第七輪』（1907）に収録された詩「ニーチェ」は、ゲオルゲのニーチェ観を端的に表している。そこではニーチェは荒涼たる氷の山の上に、キリストさながらに「血の冠を戴いて」立つ。世の運命の重荷を背負わされ、神々を倒さんためだけに神々を創造したニーチェには、憧れの国が微笑むこともない。もしニーチェに「愛が結ぶ同胞の圏内に入る」ことができたなら、つまり詩の絆で結ばれるサークルに身を置いて、詩でもってその思想を表現していたなら、あのような深い孤独に苦しむことはなかったとして、「この新しい魂、そは歌うべきであった。語るべきではなかった」と、『悲劇の誕生』*の後に付けた序文からの一句を引用して詩を締めくくる。ツァラトゥストラの「汝自身になれ」という要請を熱狂的なまでの真面目さで詩の世界に様式化しようとするゲオルゲは、ニーチェのこの言葉をあまりにもまともに悲嘆の叫びと受け取っている。

しかし価値転換*の茨の道を歩む中で深甚な実存の危機に陥っていたニーチェがこの言葉に含ませた一時的な感慨をニーチェ全体に適用するのは、トーマス・マン*もいうように、詩では——単なる詩では——深い認識を表出できないことを心底では知っていたニーチェを誤解し、最高級の散文家、見事な文体をもつ批評家としてのニーチェの文化的使命を矮小化するものでもあろう。ゲオルゲは自らの理想の権威ある証人ないし典拠として恣意的かつ自己中心的にニーチェを利用する。彼の回りにできた男性愛的精神で結ばれた心酔者たちの教団風のサークルのニーチェ理解も当然師に倣う。二人の弟子ベルトラム*とヒルデブラントは、ニーチェを師ゲオルゲの理想の予言者に、師ゲオルゲをニーチェの予告した幻想の完成者に仕立て上げ、ニーチェという個人の悲劇的運命を神話化する。ゲオルゲにとってニーチェの悲劇は、ニーチェが「具象的な神」をもたなかったことであった。ゲオルゲがマクシミンとともに成功したもの、これをニーチェは神をもたなかったがゆえに作り出すことができなかったという。ニーチェは彼の神々、ショーペンハウアー*、とくにヴァーグナー*に生涯憧れながら、それを自らの中で殺してしまったがゆえに孤独の烙印を押されざるをえなかった。

しかしゲオルゲが告知する新しい神は、ニーチェとはまったく次元を異にするもので、コメルルはニーチェとゲオルゲの相違をこの点に見て、ゲオルゲの宗教的オプティミズム、自己自身の宗教的ペルソナへの様式化を批判的に取り上げている。ツァラトゥストラが追随者、心酔者をもつことを望まなかったのに対し、ゲオルゲは様式化された自己を表現することでもって教団まがいの追随者たちを自分の周囲に集め、弟子たちを呪縛し続けたからである。第一次大戦の勃発した年に出た『盟約の星』でゲオルゲは新しい指導者の出現を要請する。それは「雷と鋼鉄のごとく鋭く深淵を切り開き」、「人々の狂気を激しく責め立て、ついにはその咽喉も張り裂けた」人物、それと名指されてはいないが、明らかにニーチェであって、そこにゲオルゲは帝国の実現を目指す「行為者」を見ようとする。ナチス*がゲオルゲをニーチェと並べてそのイデオロギーの精神的先駆者と見なしたのも当然で、第三帝国創設記念日にはベルリン大学の第一次大戦戦没学生記念碑の前でゲオルゲの詩集『新しい国』（1928）の中の詩「死者たちへ」が朗唱されている。

1944年7月20日のヒトラー暗殺事件の首謀者シェンク・フォン・シュタウフェンベルク大佐がゲオルゲ心酔者であったことをゲオルゲの反ナチの論拠とするものがいるが、少な

くとも33年の秋まではゲオルゲはヒトラーの政権獲得によって新しい国民的可能性が生まれると考えていた。結局ゲオルゲはそのエリート的貴族的理想がナチの卑俗な賤民的要素とは合わないのを悟って、ナチの新しい詩人アカデミーの会長就任の申し出を断るが、ゲオルゲ信奉者はほとんど例外なくナチ体制の腕に身を投げ出しているし、信奉者の中のユダヤ人たち（ヴォルフスケール、グンドルフ*、ザーリン、カーラーリ）も、レーヴィットの言うように、もし人種的な障壁がなければ、確実にナチ運動に加担していただろう［『ニーチェの哲学』］。ナチの宣伝相ゲッベルスは、ハイデルベルク大学でドイツ文学専攻の学生としてグンドルフに師事していて、ニーチェやゲオルゲについて、聖なるドイツの神話、偉大な英雄、カリスマ的指導者について熱のこもったその講義を拝聴していた。ゲオルゲとニーチェにおいてそのテーマ、言語、考え方に共通性があることはさまざまに指摘される。しかしゲオルゲはなるほどニーチェの跡を継いだとはいえ、ニーチェという人間の表現形態とのみ集中的に対決し、その哲学とは対決することはなく、ニーチェを利用して、ニーチェを歪めたものといわざるをえない。ゲオルゲの保守的感覚は、ニーチェのいっさいの価値の転倒*という思考過程とは本質的に矛盾するからである。→ナチス

(山本 尤)

結婚 ⇨女性と結婚

ゲーテ ［Johann Wolfgang von Goethe 1749-1832］

ニーチェの時代はなんといってもゲーテ崇拝の時代であった。彼にとってもゲーテは最も偉大なドイツ人*のひとりであり、『エッカーマンとの対話』は「およそ存在する最良のドイツの本」［『人間的』Ⅱ-2.109］であり、プフォルタ校*時代以来ゲーテへの賛嘆の念は最晩年の遺稿を除けばほぼ一貫している。ただし、同時代の教養俗物*たちのゲーテ崇拝とは意識的に一線を画していた。ニーチェによれば、ドイツ人を越えたところで［『人間的』Ⅱ-1.170］『タッソー』や『イフィゲーニエ』を書いたゲーテなのに、ロマン主義者がゲーテを祭り上げ、彼らのちょっとだけ味わうような芸術態度がヘーゲル*の弟子たちに感染してしまった。そして「19世紀のドイツ人の本当の教育者たち」と形容される彼らを通じて、真の喜びへの感覚が「ナショナルな名誉心」に席を譲るようになった［『人間的』Ⅱ-1.170］。その意味で世間のゲーテ崇拝はまさに「趣味*の堕落」でしかなく、芸術を見て「喜ばなければいけない」と思う時代の産物であるとニーチェは嘆く。

ワイマール*のゲーテ・シラー・アルヒーフの建物ができたのが、普仏戦争*の直後であったのは、象徴的である。様式もまさに泡沫会社乱立時代のそれである。そして1860年代初頭のプロイセン憲法闘争を機にビスマルク*国家に自分を重ねあわせていったディルタイ*が自身の方法論に最もふさわしい手段としてゲーテについてのエッセイを教養階級用の雑誌（『ヴェスターマン月報』）に書きはじめていた。実は、制度と癒着したゲーテ像は、ゲーテの死とともにはじまっていた。「政治的影響欲とは無縁」であり、「国家の安寧と秩序」を重視し、「自己抑制こそ最高の義務」であるとしたゲーテこそは、「運命の祝福が祖国と祖国の伝来の支配者たちの冠に与えてくれた貴重な宝石」である——こう述べたのは、ゲーテの公式葬儀にあたっての僚友ミュラー宰相であった。60年後の1890年代、ゲーテ協会は、皇帝ヴィルヘルム2世を名誉会長とし、日本在住のドイツ人としてただ一人加入していたのが、当時の横浜総領事（国家を担う階層としての外交官）であったことは、こうみるとごく自然である。ワイマールに立つ有名なゲーテ、シラー像は、こう

したナショナリズムの大きな階梯である。ドイツ統一の遥か前の50年代に建てられたこの像の背面には「詩人のベアに。祖国より」と刻まれている。

これに対してニーチェは、教養俗物の書斎で金文字の背表紙の全集に閉じ込められるか、ナショナリズムに悪用されているゲーテを救いだし、歴史病に悩む現代に、生きることの輝きを取り戻そうとする。『生に対する歴史の利と害』の序文が「私に知識を与えるだけで、私の活動を増大させもせず、また直接に活力を与えてくれもしないものほど、私の嫌いなものはない」というゲーテの言葉で始められているのは、行為の直接性を獲得するためにこそゲーテとの直接的な関係を結ぼうとするためである。実際には歴史的に媒介されていても、そうした媒介性を越えたゲーテとの直接的関係への意志は、ニーチェがライプツィヒ大学に転じた1865年10月18日の入学式のちょうど100年前にゲーテがやはり同大に入ったことを、特別な僥倖のように感じていたことにも認められる。

行為の人としてのゲーテの捉え方は、初期に顕著である。ナポレオン*を論じて「行為の生産性というのもあるのだ」［『悲劇』18］と語るゲーテが言及され、『生に対する歴史の利と害』では「学問はより高きプラクシスを通じてのみ外界に働きかけるべきである」［7節］と述べたゲーテが特記されているのも、この連関においてである。ただし、「行為」とか「より高きプラクシス」でニーチェがなにを考えていたのかは今ひとつはっきりしない。ワイマールの閣僚としてのゲーテの行政や調査の活動のことか、華やかな恋愛遍歴のことか、あるいは、古典主義の運動によって時代の色合いを変えてしまった諸々の活動をさすのか、おそらくはそれらのすべてを曖昧に想念していたのではなかろうか。そしてニーチェにとってなによりも重要なのは、知的操作によって歪められない生きた過去としてのゲーテとの直接的触れ合いであろう。それゆえ『生に対する歴史の利と害』では、ブルクハルト*を想定している第二の歴史、つまり、尚古的歴史の部分において、シュトラースブルクの大聖堂の前で建築家のエルヴィン・フォン・シュタインバッハへの思いを記した、あの有名な論文「ドイツ的建築様式について」のゲーテが例として引かれる。ブルクハルトとゲーテ——このまったく違う資質が「より高きプラクシス」という共通の側面で見られている。

『教育者としてのショーペンハウアー』のなかには、これと一見逆のゲーテ観が認められる。そこでは近代の三つの人間像として、ルソー*、ゲーテ、ショーペンハウアー*が挙げられ、ルソーは、不満に駆られ、自然を理想として革命的行動へ走るタイプの代表であり、ゲーテは、飛躍をはらんだ乱暴な思考を嫌い、「高度な様式における観想的な人間」であったとされる。そうした彼は保存と維持をめざし、その点では、俗物と紙一重に違いないが、ルソー的人間よりずっと好意がもてるとされている。してみると、先のプラクシスも実際の活動を指すよりも、知識偏重の文化を越えたところでの、静かで統合的な生活のあり方を考えていた面もあることになる。その事情は『偶像の黄昏』*の「ゲーテ」と題したアフォリズムに窺える。「彼は歴史でも自然科学でも古代でも、また同じくスピノザ*でも助けとして使った。とくに実践的活動を助けにした。彼は自己の回りを閉じた地平で包み、生から自己を切り離さなかった。むしろ生のなかへと自分を置き入れていった。……彼が求めたのは全体性である。彼は理性、感性、感情、意志の分裂（これこそは、ゲーテの対極に位置するカント*が恐るべきやり方で説教したことである）と闘った。自己を律してひとつの全体を作ったのである」［『偶像』Ⅸ.49］。

いずれにせよ、そうした存在として「ゲー

テはいかなる意味でもドイツ人を越えた存在である」[『人間的』Ⅱ-1.170]。あるいは「ゲーテはドイツ人の歴史において偶発的なできごとであり，なんの影響も残っていないほどの存在である。最近の70年間のドイツの政治において一片のゲーテでも示すことのできる者がいるだろうか」[同 Ⅱ-2.125]。ゲーテは「ドイツの事件ではなく，ヨーロッパ的事件」である[『偶像』Ⅸ.49]。彼は「良き趣味を持った最後のドイツ人」であり，「良き趣味」の体現であるロココ的文体を書き，それゆえに啓蒙の「18世紀克服の試み」なのである。したがって，ドイツ人こそは18世紀の精神に最も毒され，19世紀の進歩に夢中になった人種であるとする自己のドイツ批判に，ニーチェはゲーテのドイツ人批判に投影することもできた。ドイツ的として有名な「ゲミュート」（感情）を「他人と自分の弱さに対するいたわり」としたゲーテの定義などをおもしろがって引用する[『善悪』244]のはそのためである。

ゲーテがこのように偉大な存在になったのは，ギリシアのゆえであり，その点が今と異なるとニーチェは見る。「ドイツ精神はギリシア精神から学ぶ努力をどの時代に，どういう人々のもとでもっとも力強く行ってきたか，ということを……熟慮してみるがよい。そしてわれわれが，ゲーテ，シラー*，およびヴィンケルマン*の最も高貴な文化闘争にのみこの誉れを与えるべきであると……考えるならば，その際いずれにせよ，次のことをつけ加えねばならない。それは，あの時代以来……同じ道を通って教養に達しよう，ギリシア人に達しようという努力が不可解にも弱まる一方だということである」[『悲劇』20]。古典古代の精神を近代ドイツで本当に生きていたのはゲーテであると，初期から中期にかけてのニーチェは，思っていた。ただし，その頃でも，ゲーテのギリシア観，つまり自己自身のうちに安らう静かで完成した美の世界

というアポロ*的な見方からは距離をとっていた。そして，晩年になるとこの点ではゲーテとの距離がより激しく表現される。「ゲーテはギリシア人を理解しなかった」[『偶像』Ⅹ.4]。ところがそれと同時に，全体を重視したという点ではゲーテこそディオニュソス*の名前を与えてしかるべきだ[同 Ⅸ.49]といった見解もあるとなっては，晩年はゲーテなどはどうでもよく，自分の文化理解にゲーテを合わせて利用しただけかもしれない。

それゆえ80年代も半ば以降になると，ゲーテの擬古典キ義に対して批判的な見解も増大する。ゲーテ的な生活態度が現実順応以外のなにものでもないと暴露しはじめる。観想的な生活が俗物と紙一重であることは，先にも指摘されているが，その俗物性が強調される。「ゲーテには一種の陽気な，信頼しきった運命論がある。この運命論は革命のための反抗をすることもなければ，気がめいることもなく，自らのうちから全体を作り出そうとする。この全体性においてこそすべてが救済され，良きもの，承認された正当なものとして現れるという信仰がここにはある」[遺稿 Ⅱ.10.142]。そしてこのような運命論と全体性信仰は「現実に服属する哲学者」ヘーゲル[Ⅱ.8.334]と同じであるとされる。当然のことながらゲーテの文体も「固さと優美さの混合」[『善悪』28]とされ，多少とも批判の対象となる。たしかに今から考えてみれば，ゲーテはその文学も文体もかなり自覚的に無理をして作り上げたのである。古代熱にしても，ニーチェも言うとおり[『人間的』221]，伝統を破壊した現代文学の可能性を楽しみつくしたのちに，そこで獲得したファンタジーの力で，古代の遺跡からもはや存在しない完璧なる美を思い描く能力のゆえであったし，もともと画家を志したのに，その道に痛切な「別離を告げ」[『人間的』Ⅱ-1.227]文学に向かったのである。欠如を補充し，無理とファンタジーによって完成に向かう能力——ここ

にニーチェは，単なる古代的な自己充足としての完成以上のものを，完成への前進という意味での近代性を見ていた。そうした見解を下敷きにして見ると，ゲーテはロココを出発点としたロマン主義者ということになろう。『ファウスト』を作曲できるのはモーツァルト*（ニーチェはモーツァルトを最良のロココと見ていた）だけだったろう，とゲーテがエッカーマンに語りながら，ロマン主義者ドラクロワ*の描いた17枚のファウスト挿絵（リトグラフィー）を評価していること——ニーチェが挙げている例ではないが——が思いあわせられる。

　生き生きしたプラクシスの人，ギリシアを現代に蘇らせた人としてのゲーテから，現実順応とファンタジーのあいだを揺れ動くゲーテ。思いだされるのはアドルノ*の講演「ゲーテのイフィゲーニエ」である。市民社会のカノンとして冷凍されたゲーテの「古典性」を流動化させ，時代への抵抗のモメントを読み取りながらアドルノは同時に，イフィゲーニエの「純粋なる人間性」そのものがトーアス王に対する策略であったことを指摘する。人間性による野蛮の克服。「どうぞそのうちギリシアにお遊びにいらしてください」という別れぎわのイフィゲーニエの招待に，純粋な魂の純粋性によって裏切られたトーアス王は応じることはないであろう，というアドルノの指摘が鋭い。晩年のニーチェもゲーテのなかにあるこうした啓蒙の悲哀に目を向けていた。ちなみに，アドルノの講演は，ドイツの教養体系がゲーテに最終的に別れを告げた1968年になされている。ライプツィヒ*時代のニーチェのほぼ100年後，さらなる時代の変化をわれわれは感じざるをえない。⇒シラー，ヴィンケルマン，ルソー，ショーペンハウアー，ドイツ/ドイツ人，ニーチェと文学史，ワイマール　　　　　　　　　　　（三島憲一）

ケーベル　[Raphael von Koeber 1848-1923]
　明治26年（1893）から大正3年（1914）まで，21年間にわたって東京帝国大学哲学科で哲学史と古典語を講じ，日本における西洋哲学・思想の受容に大きな影響を与えた御雇い外国人教師。帝政ロシアに住むドイツ系の家庭に生まれ，モスクワ音楽院を卒業後，ドイツに留学してイェーナとハイデルベルクで哲学・文学を専攻した。シュヴェーグラー編の『哲学史』に，敬愛するショーペンハウアー*に関する章を執筆したのがエードゥアルト・フォン・ハルトマン*の目にとまり，その推薦により日本に渡った。彼は人文主義的教養*の理念に則ってギリシア・ラテンの古典を尊重したが，神秘主義的傾向を持つ敬虔なキリスト教徒でもあり，そうした姿勢は，日本のアカデミックな哲学研究が新カント派*の影響のもとで確立した時期に，味気ない認識論にはなじめず，むしろ哲学に人生観を求めた学生たち——波多野精一，深田康算，久保勉，安倍能成，阿部次郎*，和辻哲郎*といったのちの教養知識人たち——の敬愛を集めた。表向きは学生たちにニーチェの説は排斥すべき「極端な利己主義」であると説き，放縦なニーチェ主義の徒に堕してはならないと戒めたケーベルであったが，無人島に持っていくとしたらどのような書物を選びますかという問いには，ホメロス*，聖書*，ゲーテ*の『ファウスト』と並んで，「ニーチェのもの2，3冊」を挙げている。技術「文明」に対する精神「文化」の優位を説いたケーベルの美的教養は，人格崇拝とも結びついて，彼の弟子たちが理想とする「教養」のモデルを提供することになり，大正期の教養主義に大きな影響を与えた。⇒日本における受容
　　　　　　　　　　　　　（大石紀一郎）

文献　▷久保勉編訳『ケーベル博士随想集』岩波文庫，1928，²1957．

ケラー [Gottfried Keller 1819-90]

ケラーはニーチェにとって「尊敬すべき唯一の生存しているドイツ語作家」であって,『漂泊者とその影』ではシュティフター*の『晩夏』などと並べて,ケラーの『ゼルトヴィラの人々』がゲーテ*以後の「ドイツ散文の宝」とされ,『悦ばしき智恵』*,『ツァラトゥストラ』*,『善悪の彼岸』*がケラー宛に書簡を添えて献本されている。友人への手紙でも『緑のハインリヒ』が苦しい仕事の後の清涼剤であるという。ところがケラーの方はウィーンのドイツ文学者, E. クー宛の手紙 [1873.11.18.]で, ニーチェのD. シュトラウス*論について,「積極的な内容ないしオアシスがいっさい無い, あまりに単調な誹謗文であるために最後まで読めなかった」とし,「26歳になるかならぬかのこの若い教授は……ある種の偉ぶる癖に捉えられ, 学問以外の領域でセンセーションを巻き起こそうとしているきわめつきの俗物」と考えており, 1884年10月にニーチェが自ら乞うてケラーに会ったときのことを伝えるニーチェの友人 R. フロイントのメモによると, ニーチェの方は親切に遇されたといっているのに, ケラーは「あの男は狂っているのじゃないかと思った」という。ニーチェの側の尊敬の念とは違って, ケラーの方はニーチェの才能は認めながらも, その思考はいっさい取り入れようとはしなかったし, またできなかった。ケラーにとってはニーチェは本質的に異質だったからである。それにしても現実主義や自然主義*にはけっして好意的ではなく反時代的であったニーチェが, 時代に好意の目を向ける穏健で誠実なスイス庶民派の物語作家に対してかくも高い評価を払ったのはきわめて不可解。ニーチェの音楽体験とでも言える詩的幻想と, シュティフターと同様に天職は風景画家と感じていたケラーとは, 本質的に違っていた。世紀末*の若者たちにとっては, ケラーはハイネの俗物と写っていて, ゲーテとニーチェの間の文学史には大きな空白があったという。ニーチェの文学への取組みがゲーテ以後ではケラーとシュティフター以上には出なかったのもいたしかたないのかもしれない。末期の断想で[Ⅲ.9.230]マンツォーニ, シュティフターと並べてケラーの名が書かれているのに, ケラーだけにカッコが付いているのは何を意味するのだろうか。→シュティフター

(山本 尤)

ゲルスドルフ [Carl Freiherr von Gersdorff 1844-1904]

東プロイセン, シレジア地方のユンカーの出身で, ニーチェとはプフォルタ校*で知り合って以来, 固い友情*で結ばれた。芸術家肌で音楽を愛好し, 趣味で絵を描いたゲルスドルフは, 家族の求めではじめた法律の勉強を早々に投げ出して, ニーチェと示し合わせてライプツィヒ大学に移り, ドイツ文学を専攻した。ローデ*と親しくなる以前のニーチェにとって, ゲルスドルフは何でも語り合える数少ない友人の一人であり, 文通のなかでもさまざまな計画や感想を打ち明けている。ゲルスドルフにとってもニーチェは読書や芸術の趣味に関する指南役であり, ヴァーグナー*の芸術やショーペンハウアー*の哲学への熱狂に彼を巻き込んだのもニーチェであった。彼といっしょにバイロイト*の祝祭劇場の起工式に参列し, ミュンヘンでの「トリスタンとイゾルデ」*の上演に駆けつけている。ニーチェがバーゼル大学に赴任すると, ゲルスドルフはたびたび彼を訪問して長期にわたって滞在し, ニーチェの講義を聴講したり, ともにスイス・アルプスを旅行したりしている。また, ペーター・ガスト*が現れる以前には, 頭痛に悩まされるニーチェのために口述筆記や清書を手伝っている。1877年にゲルスドルフは, 彼とイタリアの伯爵夫人との婚約問題をめぐってニーチェと仲たがいし, 前年バイロイトで会ったのが両者の最後の出会

いとなったが，1881年になって文通を再開した。ニーチェは彼に著書を贈り続け，ゲルスドルフの方でもニーチェの意見を容れてヴァーグナーから離れていった。ニーチェの葬儀に際しては，棺を前にして簡潔な告別の辞を述べている。⇨プフォルタ校，友情

(大石紀一郎)

ゲルツェン [Aleksandr Ivanovich Gertsen 1812-70]

ロシアの作家・革命家（ドイツ語ではヘルツェン Herzen，ニーチェの書簡にもこの綴りで出てくる）。1847年にロシアを亡命。50年代中頃，ロンドンで男やもめをかこっていたゲルツェンの家に，二人の娘の家庭教師として同居していたのが，マルヴィーダ・フォン・マイゼンブーク*である。ニーチェは，1872年夏，ゲルツェンの『回想』をマイゼンブークの翻訳（*Aus den Memoiren eines Russen*, 1855/56）で読み，彼女の自叙伝『ある理想主義者の回想』とともに，深い感銘を受ける[ゲルスドルフ宛1872.8.2.]。同年8月末には，マルヴィーダが，ゲルツェンの娘オルガとその婚約者を伴って，バーゼル*を来訪している。彼女らとの付き合いは，ニーチェには快かったらしく，彼はオルガの結婚のためにピアノ曲を作り贈っている。1877年夏には，マイゼンブークたちがニーチェの結婚計画を持ち出したさい，ゲルツェンのもう一人の娘ナターリエをニーチェに薦めたという。「だが彼女は30にもなっている。もう12年若かったらよかったと思う。その他の点では行儀も頭も僕には申し分ない」[妹宛1877.3.31.]。「精神的な資質からすれば，ナターリエ・ゲルツェンがいちばん適当なひとだと僕はいつも考えている」[妹宛1877.4.25.]──ニーチェの心の動揺が伺える。⇨マイゼンブーク

(木前利秋)

ケレーニー [Karl Kerényi (Kerényi Károly) 1897-1973]

ハンガリー生まれの古典文献学，宗教学，神話学の権威。カソリックの小農の出身で，ブダペスト大学で古典文献学の学位をとった後，ギリシア，イタリアに旅し，ドイツ諸大学で研究を積み重ね，ヴァルター・フォン・オットー*の宗教史的アプローチに共鳴し，ニーチェやブルクハルト*の思想に影響を受け，大学の正統派の文献学の枠を越えて，歴史的方法と神学的方法を結びつけた境地を開く。彼は新しい方向での作品として『アポロン』(1937) と『古代宗教』(1940) を著す。1930年代にトーマス・マン*や C. G. ユングと親交をもった。トーマス・マンとの間に往復書簡が交わされ，バッハオーフェン*の母権制について論じ合っている。ユングとは1941年に共同で『神話学』を公刊した。1942年にユングのすすめでスイスに移住し，ドイツのハンガリー占領後故郷を棄ててスイスに永久に亡命している。彼はユング研究所の共同設立者になり，そこで研究と講義をした。ユングの分析心理学をとり入れて，ギリシアの神々についての一連のシリーズを企画した。ユングの分析心理学とは一定の距離を保っているが，神話学のあらゆる視点は人間の文化の視点であり，したがって神学は同時に人間学（Anthropologie）でなければならないというのが彼の持論であった。そのため亡命中には，神話学者としての評価が学識者の間に広がっただけでなく，ポピュラーな神話解釈学者としじ知られるようになった。ユングに対してと同様ニーチェにも深い感心を寄せたケレーニーは，ニーチェが原体験として懐いた太陽神話学が彼の永遠回帰*の説の中に立ち現れたとみている。ノルウェーの王立科学アカデミー会員，ウプサラ大学の名誉学位，フンボルト協会金メダルなど数々の名誉称号を与えられている。彼は1941年から62年までの間毎年開かれた「エラノス」会議で講演

し、現在日本でも翻訳されている。彼の著作はごく初期の一部をのぞきドイツ語で書かれ、世界に翻訳され読まれているが、日本でも『神話学』や『ギリシアの神話』シリーズ、そして『ディオニューソス』が邦訳されている。　　　　　　　　　　　　（上山安敏）

言語

ニーチェにおいて言語を主題とするとき、そこには自ずとふたつの異なった視点からのアプローチが必要となるであろう。ひとつは、ニーチェがそもそも言語というものをどう考えていたかという、つまりニーチェの言語観を探る視点である。おおまかに言ってニーチェは、真理認識とその伝達の手段としての言語には、根深い不信を抱いていた。言語は生成する現実の真相を表現することも伝達することもできないと考えるのである。だが、そうした言語不信を抱きながらも、ニーチェは言語を通して思考し表現するほかはないのであるが、この営みのなかでニーチェは、今度は言葉を操ることの楽しさに没頭し、はては自らを言葉の天才、根っからの詩人とさえ感じるのである。ニーチェ自身の語る姿勢、語ることへの情熱を見定めるのが、第一の視点である。もちろん、これらふたつの視点は単純に切り離して論じうるものではなく、むしろこの両者の相交わるところから、ニーチェの言語不信も言語への情熱も発していると考えなければならない。

文献学という、いわば言語そのものを対象とする学問から出発したにしては、正面きって言語を論じたニーチェの発言は意外に少ないが、この問題が絶えず意識されていたことは、彼のすべての時期にわたる著作から読みとれる。まず『悲劇の誕生』*では、それは「音楽と言語」という連関で論じられる。音楽こそが根源的意志の言葉であり、その直接の表現であるという思想を、ニーチェはショーペンハウアー*から引き継いでいるが、

彼はそこからさらに、音楽に比して言語はどこまでも「現象世界の器官であり象徴」であって、「いついかなるところでも、音楽の最深の内奥を裏返しにして見せることはできない」[『悲劇』6]と考える。すでにここで、言語は音楽という言語や身振り言語との対比のなかで限られた悟性的な役割しか与えられていない。わずかに叙情詩人の言葉のなかに、ニーチェは限りなく音楽に近い、自己連関（Ich-Bezogenheit）を脱却した根源的な言語の可能性を認めている。ニーチェの言語観を知るうえで重要な手がかりを与えてくれるものに、遺稿論文「道徳外の意味における真理と虚偽」(1873) があるが、ここでもニーチェは言語、とりわけ概念というものが、けっして現実をそのままに表現するものではないことを強調する。人間は知性の働きによって混沌*たる生成*世界に一定の秩序を与え、こうして設定された関係を拠り所として自己保存*の目的を果たす。言語は、この認識*のための道具である。しかもそのさい言語は、生成するものを、あたかもそれが不変の存在を有しているかのごとく固定化し、無限に多様な事物や状況に同じひとつの言葉をおしかぶせて単一化してしまう。こうして言語の体系、そして概念で構築された真理*の体系は、現実の生成世界とは別の次元に、ひとつの存在の世界を捏造*してしまう。しかもこの虚構された存在と真理の世界が、現実の世界を裁く尺度、規準となる。まさに言語の暴力、暴力としての言語である。

だが、この同じ論文の他の箇所で、ニーチェは少し違ったニュアンスで言語について述べている。それは概念として硬直した言語、認識の道具としての言語てはなく、実際に言葉を語るという行為そのものを述べた箇所である。ニーチェによれば、生成の世界は人間にまず神経への刺激として与えられる。この刺激が内面的形象へと移され固定される。ニーチェはこれを第一の転移と呼ぶ。さらにこ

の形象が音へと移され、こうして語が生まれる。つまり言葉というものは、きわめて大胆な飛躍、まったく異なった次元への大胆な転移（Metapher）を通して生まれてくるのであり、言葉を語るという営みのなかには、人間に潜む根源的な創造の快楽が端的に表れている。転移ないし比喩*という根源的な衝動を無視することは、すなわち「人間そのものを無視すること」だ、とさえニーチェは言う。ある事象を摑みとり言葉として語り表現する行為において、人は生*の根源的な営みに、そして素晴らしい幻想の力、造形の力に携わるのである。しかしこの創造としての言語は、『ツァラトゥストラ』*をはじめとするニーチェの作品において実践されはするが、彼の言語懐疑は『人間的』*から80年代の遺稿断片にいたるまで、認識、真理、形而上学*などに対する鋭い批判の底流をなしている。

『人間的』[I.11]では、「言語が文化の発展に対してもつ意義は、人間が言語のなかにひとつの独自の世界、もうひとつの世界を併置したということ、彼がそこに立って他の世界を釣り上げ、その世界を支配するに充分堅固であると信じるに足る、ひとつの世界を築いたという点にある」と述べられているが、この「言語への信仰」をニーチェは「ひとつの恐るべき誤謬」と呼ぶ。80年代の遺稿でも認識行為における言語の役割が繰り返し吟味されるが、ここでも「私たちは、私たちの無知が始まるところ、その先が私たちに見えないところに、ひとつの語を置く。……語は、私たちの認識の地平を区切る境界線ではあれ、けっして〈真理〉ではない」［遺稿Ⅱ.9.241］と言われる。このような言語を用いての認識とは、それゆえ「ある未知のものを、何らかの既知のもの、慣れ親しまれたものに還元すること」[Ⅱ.9.244]に過ぎないのであり、事の真相に近づくどころか、かえって覆いを被せてしまうことになるのである。

こうした根深い言語不信がいたるところに表明されているなかで、作品『ツァラトゥストラ』においてはあの創造としての言語、語ることの快楽が甦っているように見える。第3部「帰郷」の章で、ふたたび山中の洞穴に帰り着いたツァラトゥストラは、彼を取り巻く優しい静寂と孤独*のなかで、「ここではすべての存在を示す言葉と、言葉の箱が私の前に開かれる。すべての存在が、ここでは言葉になろうとする。すべての生成が、ここでは私から語ることを学ぼうとする」と叫ぶ。この言葉をニーチェは、『この人を見よ』*のなかで、彼が『ツァラトゥストラ』を書いたときの異常な興奮状態を回顧する箇所にも引用しているが、おそらくこの言葉は、ニーチェの言語観を表しているというよりも、彼の言語体験そのものを述べたものと考えなければならない。もう一箇所この作品で言葉というものが話題にされる「快癒に向かう者」の章では、「言葉があり、その響きがあるということは何といいことだろう。言葉と響きは、まったくかけ離れたものをむすぶ虹であり、幻のかけ橋ではなかろうか」と言われている。つまり言葉とは、すべて虚偽であり嘘である。だがツァラトゥストラは、「語ることは、ひとつの結構な痴れごとだ。語ることによって、われわれは万物の上を舞っていく」と続ける。そもそもツァラトゥストラには、「永遠回帰*思想」の告知という使命が課されているのであるが、彼はそれを果たすことができない。概念的な言葉として語られたとき、その真理はもはや生きた真理ではなくなることを恐れるからである。そこで最後に、彼はこの思想を思想として語り伝達するのではなく、むしろ歌として、自ら詩人として歌おうと決意するのである。

だが、自らの言語体験をふたたび突き離し、詩人としての在り方に潜む虚偽性をも冷たい認識者の目で吟味しなければ治まらないのが、ニーチェというひとの宿命であった。語ることの快楽をつぶさに体験した詩人ニー

チェが、次の瞬間にはふたたび認識者ニーチェに返らなければならず、そこでまた認識の道具としての言語に絶望せねばならないのである。ニーチェの言葉との交わりは、つねにこうした緊張関係の上に成り立っている。ニーチェの言語観、つまり彼が言語について述べた言葉は、いつもこの緊張関係を念頭に置いて吟味されねばならない。それは極端な懐疑と語る快楽とのあいだに揺れ動いている。極端な懐疑のなかで、ニーチェは、偉大な事柄を語るには偉大な言葉、事の核心を「ずばりと語る」言葉だけがふさわしいのであり、さもなければむしろ沈黙*こそが真の表現であり、伝達である〔遺稿 II.10.535〕とも考える。しかしニーチェは、この偉大な沈黙の世界を予感しながら、結局最後まで表現の世界に、「語ること」「歌うこと」の快楽に誘われるのである。

ニーチェの言語観と言語体験は、プラトン*の『クラチュロス』以来、キリスト教*の言語観をも含めてさまざまに展開された西洋言語思想の単なる延長線上に位置づけられるものではない。それらの思想を支えている形而上学的基盤そのもののなかに含まれた矛盾が、ニーチェにおいて言語の問題となって集約され体験されているのであって、その意味で今日フランスを中心にさかんに行われている言語をめぐる議論、形而上学と知の解体ののちに言語が持ちうる意味についての議論にとって、その出発点となる原体験であったとも言える。→ニーチェと言語哲学、真理と認識

(薗田宗人)

文献 ▷ Josef Simon, Grammatik und Wahrheit, in: *Nietzsche-Studien*, Bd. 1, Berlin/New York 1972.

現実

〈現実〉とは現に事実として眼の前にあるもの、〈現実性〉とはそのようにある在り方、つまり存在のある様態を言い、いずれもきわめて単純明快な事態を意味するように思われるが、必ずしもそうではない。事実として眼前にあるというその事態の捉え方が実に多様なのである。ここでは、西洋哲学におけるこの概念の変遷を跡づけてみたい。

〈現実〉ないし〈現実性〉を意味するドイツ語 Wirklichkeit は、ラテン語の actualitas を経て、ギリシア語の $\overset{エネルゲイア}{ἐνέργεια}$ にまで遡る。そのいずれにおいても、〈働きかける〉という意味の動詞 wirken, agere(その過去分詞が actum)、$\overset{エネルゲイン}{ἐνεργεῖν}$ が語根になっており、したがって〈現実〉がなんらかの働きによって成立すると考える点では一貫しているのであるが、その〈働き〉の捉え方が多様であり、それに応じて〈現にある〉という事態の受けとり方も変わってくるのである。

通常〈現実態〉と訳される ἐνέργεια は、アリストテレスによって造語された言葉であり、〈$\overset{エン}{ἐν}$(において)＋$\overset{エルゴン}{ἔργον}$(作品)＋抽象名詞語尾〉という構成をもつ。つまり、〈ἐνέργεια とは ἔργον(作品)となって現れ出ている状態〉を言うのである。たとえば、彫刻家の仕事場にある大理石の塊が、制作過程の終結とともにヴィーナスの像となって現れ出るとき、それはエネルゲイアにおいてある存在者(ἐνέργεια ὄν)なのである。やはりアリストテレスによって造語され、ἐνέργεια と同義に使われる $\overset{エンテレケイア}{ἐντελέχεια}$ が〈ἐν ＋ τέλος(終局点)＋ ἔχειν(身を置く)〉という構成をもち、制作過程の終局点に身を置いている状態を意味するのと同様である。ここでは、現実を成立させる〈働き〉が人間の制作行為として、あるいは少なくともそれをモデルにして考えられているのである。

この ἐνέργεια が中世のスコラ哲学者によって actualitas と訳されたのであり、ここでも現実はある〈働き〉(agere)によって成立すると考えられているのであるが、ここではこの〈働き〉が神の創造作用として捉えられる。つまり、神によって創造されたもの

だけが actualitas（現実性）をもちうるのである。神によって単に構想されただけの事物の〈本質存在〉と、神の創造作用によって現実化されたその〈現実存在〉つまり actualitas の区別をどう考えるか、その区別の原理に関しては、スコラの内部でも、たとえばトマス、ドゥンス・スコートゥス、スアーレスがそれぞれ異なった考え方をしているが、現実を成立させる〈働き〉を神の創造作用と見る点では、彼らは一致している。

この、actualitas の忠実な訳語として造られたのが Wirklichkeit であるが、近代哲学においても、現実を成立させるその wirken の捉え方はけっして一様ではない。近代哲学においては、通常この wirken は、物そのものの他の物に対する働き、ひいては、物が主観の認識能力（感覚器官）に及ぼす働きと解されている。そのような wirken の力をもつものだけが wirklich に存在する、というわけである。

だが、近代の哲学者のうちでもカント*だけはこの〈働き〉を違ったふうに捉えている。『純粋理性批判』のカテゴリー表では、現実性は可能性・必然性とともに様相のカテゴリーに数え入れられているが、「様相のカテゴリーは、それが述語として添えられる概念を、客観の規定としては少しもふやすものではなく、〔その客観の〕認識能力に対する関係を表現するにすぎない」[B266]のであり、そのうち現実性は「経験の質料的条件（感覚）」[同265]にかかわるものであって、「概念の材料を与える知覚こそが現実性の唯一の特性」[同273]だとされている。つまり、カントにあっては、現実性を成立させる〈働き〉は主観の知覚作用——あるいは、もう少し広く考えて主観の表象作用（Vorstellung）——だと考えられているのである。その〈働き〉を事物の属性としてではなく、人間の働きと見る点で、彼の現実性概念はアリストテレスのそれに近いと言えよう。

フィヒテが〈事実〉（Tatsache）に代えて提唱した〈事行〉（Tathandlung）の概念も、むろんその継承であるし、ヘーゲル*が「理性的なものは現実的であり、現実的なものは理性的である」と主張する際のその現実性もまた、それを成立せしめるのが精神（＝理性）の自己外化の運動である以上、カントの現実性概念の延長線上にあることになる。

『人間的自由の本質』（1809）以降の後期シェリングの〈現実性〉ないし〈現実存在〉（existentia）の概念、そしてある意味でそれを継承したキルケゴール*の〈実存〉（Existenz）の概念も、たしかにカントやヘーゲルにおいてのように理性にではないが、その根底にひそむ非合理な〈意欲〉〈意志〉の働きに依存するものと考えられている以上、やはりカント以後の現実性概念の系譜に属するものと見てよさそうである。

19世紀の実証主義*の時代には、古典物理学的世界像のうちに定位されうるものだけが現実に存在するとみなされる通俗的な〈現実性〉の概念が成立する。ニーチェはとくに〈現実性〉の概念を主題的に論じてはいないが、彼の「力への意志*」の哲学においては、おそらく力への意志を本質とするそれぞれの存在者の遠近法*的構図のうちに現れるもの、つまりそれぞれの存在者の力の圏域に入りこむものだけがその存在者にとって現実的だということになるのであろう。しかし、彼の思想の強い影響下に成立した〈ドイツ表現主義*〉においては、この概念は重要な意味をもち、そこでは卑俗な日常的現実を打ち破って、〈真の現実性〉〈現実的な現実性〉を追求することが課題となった。「現実性、これこそヨーロッパのデモーニッシュな概念である。……400年ものあいだそれこそが〈現実〉だとされてきた自然科学的な現実性が崩壊するに及んで、1900年以降現在にいたるまで現実性の基本的な動揺が続いている」[ゴットフリート・ベン『表現主義的な十年間の叙情詩』]。

→表現主義　　　　　　　　　　（木田　元）

賢者

「賢者」という言葉には，世を知悉した生の達人でありながら，しかもその行末を案ずる憂愁の人というイメージがある。ニーチェもその初期においては，「われわれの教育施設の将来について」に登場する老哲学者や『教育者としてのショーペンハウアー』（『反時代的』Ⅲ）のショーペンハウアー*（レーヴィット*はそこに，当時親交のあったブルクハルト*の姿が投影されているという）などに——ややアグレッシヴで雄々しい面も目立つにせよ——賢者の役割を振りあてていたと言えるだろう。しかし『ツァラトゥストラ』*にいたると，世の賢者たちへ仮借ない批判が浴びせられるようになる。とくに，日々を大過なく穏便に暮らしていくための「眠る」徳を説教する賢者と，民衆*のオピニオン・リーダーを自負しながら結局は民衆にへつらい隷属するしかない賢者については，それぞれ一章を設けて（「徳の講壇」「名声高い賢者たち」）俎上に載せている。その一方，ツァラトゥストラ自身，賢者の側面を有するし，また他の著述で「賢者」が肯定的意味合いで用いられることもある。してみると，「賢者」は両義的であるが，しかしニーチェの真意は比較的単純である。批判の的にされるのは，従来「賢者」と呼ばれてきた者たちであって，彼の考えるそれではない，というにすぎない。ただしその批判は，「賢者」の実態がその称号に合致しないなどといった，内幕暴露的なところにその主眼があるのではなく，あくまで「あらゆる価値の価値転換*」を目指した彼の基本構想の一環としてあったことには留意する必要があろう。だからこそニーチェは「偉大な賢者たちは衰弱の典型である」『『偶像』Ⅱ.2］とか，孤独へと帰り行くツァラトゥストラが語ることは「およそ〈賢者〉とか〈聖者〉とか〈世界の救済者〉と

か，その他のデカダンの徒がそうした場合に口にするようなこととは正反対のこと」［『この人』序言4］だ，と——単なるはったりとしてではなく——断言しえたのである。→民衆
　　　　　　　　　　　　　　（須藤訓任）

現象学　[Phänomenologie]

ニーチェの前にも，カント*やヘーゲル*が〈現象学〉の言葉を用いていたが，今日でいう現象学は，ニーチェが死んだちょうどその年，1900年に刊行されたフッサールの『論理学研究』とともに作業が開始されている。したがってニーチェは，遺稿のなかで現象論(Phänomenalismus)については論じてはいるが，現象学にはまったく言及していない。一方，フッサールもニーチェの思想の影響はまったく受けていない。とすれば，ニーチェと現象学の関係は，思想史的な解釈のなかでしか問題とならないと言える。ニーチェと現象学は，学説史的には，実体主義や実証主義*（客観主義），法則科学などへの強い批判的意識という面で重なりあう。ニーチェには，G. ベームも言うように [cf. Einleitung, in: *Seminar: Die Hermeneutik und die Wissenschaften*, hrsg. mit H.-G. Gadamer, 1978]，先駆的な，そして徹底した「解釈学者」という面があり，そういう視点からすれば，両者のあいだにいくつか並行的な論点を指摘することができる。ニーチェは「存在するのは事実だけだ」という客観主義も，「すべては主観的だ」とする主観主義もともに斥け，「存在するのは解釈だ」という立場に立つ［遺稿Ⅱ.9.397］。世界も主体もともに解釈過程のなかで生成するものとされ，主観と客観の媒介関係そのものを問題にする。（自我や主観性ではなく）〈生〉そのものの力動的な自己生成の過程と，その具体態としての〈解釈〉のパースペクティヴ性に，現象学の側で対応するのは，志向的な〈生〉の目的論的な生成運動であり，写真技術の用語を採り入れて「態

度」(Einstellung＝焦点調節，アングル)とか「射映」(Abschattung＝陰影，ぼかし)という術語で表現される認識の視点的性格である。フッサールにおいても，現象は，何かが何かとして（als）現れてくるという，その解釈性（Interpretiertheit）と過程性（Prozessualität）において捉えられたのであった。生成*という視点からすれば，現象学にはまた，あらかじめ完結した知の体系としてあるのではなくて探究の無限に開かれた地平をもち，つねに新たに現出してくる事象によってその方法もまた深化してゆくという，そういう〈作業哲学〉（Arbeitsphilosophie）という面があるが，こうした「作業哲学」の理念と，「あるがままの世界に対して，差し引いたり，除外したり，選択したりすることなしに，ディオニュソス的に然りと断言する」［遺稿 Ⅱ.11.359］ところにまで探究を徹底するニーチェの〈実験哲学〉の理念とのあいだにも，類似性を見いだすことができるかもしれない。→メルロ＝ポンティ　　（鷲田清一）

倦怠

「——そして私は，大きな悲哀が人類の上に来るのを見た。最もすぐれた人たちさえ彼らの仕事に倦み疲れた。ひとつの教えがあらわれた。ひとつの信仰がそれと並んでひろまった。〈いっさいは空しい。いっさいは同じことだ。いっさいはすでにあったことだ！〉と。すべての丘はこれにこだまして言った。〈いっさいは空しい。いっさいは同じことだ。いっさいはすでにあったことだ！〉。われわれは収穫を忘れはしなかった。しかし，どうしてすべての果実は腐り，茶色になってしまったのだろう？　邪悪な月から，昨夜何が降ってきたのか？　すべての労働はむだであった。われわれの葡萄酒は毒物に変わった」［『ツァラトゥストラ』Ⅱ-19］。予言者がこう語るのを聞いて，ツァラトゥストラは深い悲哀に沈む。19世紀を貫く倦怠の気分がここにある。教養*の世紀が生みだしたすべてのものは，せいぜい気散じでしかない。「芸術作品という形で通用している芸術」が今日において存在しているのは，「余暇のある大多数の者たちが……音楽や劇場や美術館行きなしには，また小説や詩を読まずには，自分たちの暇な時間が片づかないと信じていることによってである」［『人間的』Ⅱ-1.175］。

ニーチェに少し遅れてウェーバー*も，文化や教養をどんなに身につけても，いや身につければつけるほど文化人（新カント派*の用語であるが，自己の文化を反省的に捉える教養人集団に属する者たちのこと）を襲う無力感とニヒリズム*について語っている。「ひたすら現世内的に自己完成をとげていくことの無意味化」とウェーバーは形容しながら，こう述べている。「もちろん彼らも〈生きることに倦怠する〉ことはありうるが，一循環が完結したという意味で〈生きることに飽満する〉ことはありえない」［「世界宗教の経済倫理」の「中間考察」］（ここにはツァラトゥストラの倦怠のモティーフの隠れた引用がある）。当初のニーチェはヴァーグナー*に倦怠の克服の希望をつないだ。彼だけは，「満たされぬ倦怠と気散じの退屈の大あくびの口に自分の芸術が吸い込まれること」に抵抗する［『反時代的』Ⅳ.8］と思っていた。だが，そのヴァーグナーのショーも『ツァラトゥストラ』*の「魔術師」の章にあるように，ただの自己演出，おそらくは倦怠の中での自己演出でしかなかった。

その背景にあるのは，批判による価値の破壊である。さらには「影」の章でツァラトゥストラの影は言う。「あなたとともに，私は自分の心がかつて尊敬していたものを破壊した。あらゆる境界石と偶像を倒し，最も危険な願望を実行しようとした。……あまりにも多くのことが私にはあきらかになった。そのため今は，何事も私の関心を引かなくなった」［『ツァラトゥストラ』Ⅳ-9］。「今は，何事

も私の関心を引かなくなった」——この19世紀の倦怠への戦いをニーチェはさまざまに試みたのである。だが、倦怠を覚えるのは、なおも未練がある証拠である。「この世に倦きた者！　そのくせあなたがたはこの世から遠ざかりもしなかった！　私はあなたがたがあいもかわらず地上に恋々としているところを見た。おのれの地上への倦厭に、かえって惚れ込んでいるところさえ見た」。倦怠もナルシシズムの一形式なのである。

ベンヤミン*は倦怠を定義して、「われわれが倦怠を感じるのは、われわれがなにを待っているのかわからないときである。われわれがなにを待っているかをわかっているとしたら、あるいはわかっていると思っていたら、それは、ほとんどの場合、われわれの浅薄さか散漫さの表現である。倦怠は大いなる行動への敷居である」[『パサージュ論』D2,7]と述べている。倦怠は行動への欲望、いや行動に伴う苦悩への欲望ですらあることはニーチェも指摘している。「自分自身と倦怠に耐えられない何百万もの若いヨーロッパ人がなにかをしたいという欲望にたえずくすぐられている」のは、苦悩への欲望があるからであり、その苦悩が行為を生みだすことへの期待のゆえであるとする[『智恵』56]。『パサージュ論』のなかでベンヤミンは、こうした倦怠の気分が1840年代に疫病のように広がっていったと指摘しつつ、その経済的下部構造には、エンゲルスの描く、分業の中で同じ作業を来る日も来る日も繰り返す工場労働があるとしているが、正しい指摘である。あるいは、「人生が行政管理の規範にあてはめられればられるほど、人々は待つことを学ばねばならなくなる」[D10a,2]とも彼は言っている。面白いのは、「倦怠と永遠回帰」と題した章をベンヤミンが設けていることである。1870年代以降の資本主義における、資本と商品のたえざる回転のなかで、もはや自分たちが作り出した社会の結末から目をそむけざるをえな

くなったブルジョワジーが束の間の夢に耽りうるのが永遠回帰*である。目的もなく意味もない世界のヴィジョンは、読む者に束の間の幸福の夢を紡ぎだす、と彼は論じている。その点では、永遠を放棄して瞬間の幸福に賭けたボードレール*の英雄性とそこに潜むモダニズムと、永遠回帰の思想はたぐいまれな対照性において好一対をなすとされている。発展しながらも、日常生活においては単調な繰り返ししか、そして価値の相対主義としての教養しか生みださない19世紀の資本主義における倦怠感が永遠回帰の思想の奥に潜んでいるとされる。

こうした倦怠感に対してニーチェは、古典的な閑暇（otium）を持ちだすことが個々のアフォリズムにおいては多いが、最終的にはそうしたエピクロス*的プログラムを放棄して、壮大な宇宙論に走らざるをえなかった。同じくベンヤミンの指摘するとおり、『天体による永遠』のブランキ*も自分の戦いの敵である市民社会に敗北したことを、一種の永遠回帰の思想にからめて認めている。ブランキの描く宇宙像も、永遠の、そして同時の無数の繰返しのなかで新しいことはなにもおこらない社会として読むことが可能である。かつてヘーゲル*は、「自然は退屈であり、歴史こそ重要である」、そして旧約聖書の有名な一節をもじって、自然の太陽の下では新しいことはなにも起きないと述べたが、その発言から半世紀をへた時点では、もはや市民社会の太陽の下では新しいことはなにも起きない、という倦怠の思想が、19世紀の倦怠を越えようとしたはずのニーチェやブランキにおいてすら説かれていることになる。☞永遠回帰, 19世紀とニーチェ, ブランキ, ベンヤミン

（三島憲一）

現代神学

キリスト教*は無力な大衆の強者に対するルサンチマン*の所産であり、そして今や神

は死にわれわれは超人*が生きることを欲するというニーチェの宣言は、現代プロテスタント神学にもさまざまな波紋を投じた。シュヴァイツァーは（ただし神学者としてより以上に「生への畏敬」を唱える哲学者として）、超人における生肯定の倫理を評価しながらも、それが他の生のために自己否定してまでも献身する世界肯定にはなりえていないと批判した。K. バルトは、同胞（Mitmenschen）をもたない人間性を極限まで展開したことに、つまりディオニュソス*-ツァラトゥストラを十字架にかけられたイエス*に対置したところに、最もラディカルなキリスト教攻撃を見いだし、その上で、イエスはディオニュソスを高貴ならぬ者、貧しい者、病人の間に引きずり下ろし、孤独に生きるよりむしろ他者へと召し出だすと指摘した。一方、現代はキリスト教がもはや自明ではなくなった時代であるがゆえに、ニーチェに対してもっとポジティヴな態度を取る神学者も少なくない。「存在への勇気」を訴えるティリッヒは、自己を克服する生としての「力への意志*」が市民的凡庸と退廃の時代と格闘して、まったき孤独のなかで無の深淵*をのぞきこむ勇気をもったこと、キリスト教の愛を憐憫に還元する傾向をルサンチマン理論によって暴いたことに偉大さを認めた。「神の死*」は相対的な真理にとどまり神はなお生きていると言いつつも、伝統的な意味での究極的なものの意識が死に、社会の土台をなす倫理的価値体系が崩壊したことをニーチェが示した点に、神学は多くを学ぶべきだと考えた。さらに積極的なのは60年代アメリカの「神の死の神学」である。ハミルトンやアルタイザーを中心とする同派は、無宗教の時代であることを引き受けつつ神なくして神の前で神と共に生きようとした後期ボーンヘッファー神学をニーチェに引き寄せるとともに、世俗的で無神論的なキリスト者であろうとする。たとえばハミルトンによれば、不在の神が再び到来するのを待ちながら生きるべき場所は聖壇の前ではなく、この世、この都市のなか、苦しめる隣人の間であり、神に背を向ける運動はこの世の生へ向かうというより重要な運動と表裏をなす。

(後藤嘉也)

権力

「力への意志*」はしばしば権力意志などと訳されることがあるが、ニーチェの力の概念を、通常われわれが用いる権力という言葉に帰してしまうわけにはいかない。むしろ力への意志の思想は、低俗な権勢欲のごときものを批判し、それから距離をとる姿勢に通じてもいる。とはいえ力への意志の思想に権力意志と表現できるような側面が存在したことは否定できない。初期のギリシア国家を論じた一節に、「われわれが文化の本質のなかに見いだしたのと同じ残酷さは、あらゆる強力な宗教の本質のなかにも、また一般に、つねに邪悪であるところの権力の本質のなかにも存在する」［「五つの序文」Ⅲ］と述べるくだりがあるが、生死をかけた戦闘において強い者同士が権力を誇示しあう世界の凄惨さを見据え、それを美的仮象のうちで救済しようとしたニーチェの思想には、すでに歴史、社会、政治、文化、総じて人間の生のなかに潜む権力への欲求を事実として、運命として受け止めようとする姿勢が見える。「〈自然らしさ〉への進歩。あらゆる政治的問題において、また党派間の関係においても（商人の、もしくは労働者の、もしくは企業家の党派間においてさえも）、中心となっているのは力〔権力〕の問題にほかならない——まず〈何をなしうるか？〉であり、それからようやく〈何をなすべきか？〉となる」［遺稿Ⅱ.10.98］。ニーチェには権力の働きを無化しようという考えはない。彼の深層意識にはすぐれた意味での強者や権力者にたいする畏敬の念が存在していると言い換えてもよい。ニーチェの思想は、この意味でも強者の思想である。

もちろん権力の現れ方はさまざまである。人間の歴史に現れる権力の姿も一様ではない。ニーチェにしても権力をもつ者ならば誰でもよいというわけではない。ニーチェにとってすぐれた意味での強者が実際の権力から遠退くこともある。「最も強く、最も幸福な者たちも、組織化された畜群*本能を、……敵にまわすときは、弱いのである」[同 II.11.128]。いやむしろ彼の見るところでは、時代が下るにつれ、権力は悪しき様相を呈するようになっているのが現実である。たとえば民主主義*政治の現実を前にして、ニーチェは次のように言う。「政府と人民のあいだに区別を立てて、……より強く高い権力領域とより弱く低い権力領域とが商議・妥協したかのように思うのは、先祖伝来の政治的感情」に属する。「これに反して政府は人民の一機関以外の何物でもなく、謙遜に慣れた〈下〉に対する用意周到で尊敬すべき〈上〉ではない、などといったことをわれわれは今、学ばなければならないのである」[『人間的』I.450]。「神学者が王侯（もしくは民衆）の〈良心*〉に付け込んで権力に手を伸ばすというような事態がひとたび起こると、そのつど発生するものが究極において何であるかは、疑いの余地がない。すなわち、終末への意志、ニヒリズム的な意志が権力を欲するのだ」[『アンチクリスト』9]。ここには、かつて残虐と破壊をほしいままにした強者の権力が、生の柔弱化とともに自己保存*をこととする弱者の権力に転じたとする考えが隠れている。ニーチェが生を高揚させるものとしての力への意志を語るとき、それはこのような権力のあり方に対して、むしろ反権力として働くだろう。

　ニーチェの権力にかんする見解を踏襲しながら権力論に新たな視点を導入したものといえば、まずミシェル・フーコー*の名が浮かぶ。「権力という語によってまず理解すべきだと思われるのは、無数の力関係であり、それらが行使される領域に内在的で、かつそれらの組織の構成要素であるようなものだ。絶えざる闘争と衝突によって、それらを変形し、強化し、逆転させる勝負＝ゲームである。これらの力関係が互いの中に見いだす支えであって、連鎖ないしシステムを形成するもの、あるいは逆に、そのような力関係を相互に切り離す働きをするズレや矛盾である」[『性の歴史』]。権力の遍在性を唱えるフーコーの主張が、ニーチェに負っていることは明らかである。また、かつての君主がもっていた生殺与奪の権、「死に対する途方もない権利」が近代にいたって「生命にたいして厳密な管理統制と全体的な調整をおよぼそうとする権力」すなわち「生‐権力」に変貌したとする見解も、ニーチェと平行した面を見いだせる。しかし同時に、残虐な「死に対する途方もない権利」を歴史的に相対化するフーコーの視点には、力への意志の破壊的性格から少しく距離をとる姿勢がかいまみえるのも見逃せない。→力への意志、支配と服従、フーコー

（木前利秋）

権力（への）意志　　　⇨力への意志

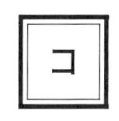

コ

航海

　「あなたがたは大胆な探求者だ、すすんで試みる人たちだ。帆を巧妙にあやつって恐怖の海*をのりまわす腕におぼえのある人たちだ」[『ツァラトゥストラ』III-2.1]。「私は海が好きだ。海の性質を持つすべてのものが好きだ。……未知のものにむかって帆をあげる、あの探求するよろこびが私の中にある。私のよろこびの中には、航海者のよろこびがあ

る」[同 Ⅲ-16.5]。ニーチェは現在とはまったく違ったなにか別のものへの船出，いままで見られたことのない，そしておそらくは今後も見ることのない土地（terra incognita）へ向かっての出発のイメージが好きで，とくに『悦ばしき智恵』*以降，このイメージはさまざまに変奏される。他方で，大海原の船は認識の冒険*のメタファーであるとともに，板子一枚下は地獄であり，いつ無に帰するかわからぬわれわれの人生を表してもいる。しかし，その人生といえども存在の奥底の〈いのち〉とつながるとき，肯定される。「おお生よ，さきごろ，私はおまえの目のなかをのぞきこんだ。夜のように暗いおまえの目のなかに，黄金がきらめくのを，私は見た。——おもわず恍惚として，私の心臓の鼓動がとまった。——金色の舟が一隻，まっくらな水面にきらめくのを，私は見た。沈みかけ，水にひたり，ふたたびさしまねく金色にゆれる小舟！」[『ツァラトゥストラ』Ⅲ-15.1]。ここには，荒れ狂う海の上の隻舟にありながら静かに個体化*の原理を信頼して生きるアポロ*的なものがある。これはニーチェのいわば原体験である[『悲劇』1参照]。ショーペンハウアー*から受け継いだペシミズム*が生の肯定へと変じる。「太陽は，その無尽蔵の富を傾けて，黄金を海にふりまく，——そのときは，最も貧しい漁夫までが，黄金のかいで漕ぐことになる！」[『ツァラトゥストラ』Ⅲ-12.3]。太陽はアポロである。

荒れ狂う海に滑り出るヨットはまた女性のイメージでもある。デリダ*は，『悦ばしき智恵』の60番「女たちとその遠方への力」のなかで岩蔭から荒れる海へ滑り出るヨットに男から見た女性のイメージを表象したニーチェの議論から，波を砕く岸辺の岸壁を男根に，また舟の竜骨の先をファルスに，そして帆を女性のヴェール，処女膜にたとえる怪しげな議論をしながら，西欧形而上学の問題を考えている。だが，ニーチェの航海のイメージは形而上学*の問題に翻訳するにはあまりに形而上学の外にあるとは言えないだろうか。
⇨海，美と快楽　　　　　　　　　　　　　　（三島憲一）

光学〔オプティク〕　　⇨遠近法／遠近法主義

高貴

『善悪の彼岸』*の最終（第9）章には「高貴とは何か」という表題がつけられており，中でも287番は「高貴とは何か？」の問いで始まっている。また遺稿にも同様に題された断想がいくつか見られる。しかしそれらのどれにも，「高貴」という概念の明確な規定がなされているとは言いがたい。われわれは，唐突に出くわす「高貴」という言葉のさまざまな用法の全体から，その意味を理解しなければならない。

「高貴な」（vornehm）は，総じて価値の高い人間につけられる形容詞であり，あえて言えば「できのよい」で置き換えることができる。したがって，人間類型のニーチェ流二分法である「主人と奴隷」「支配者と被支配者」「強者と弱者」「健康者と病者」等々の対立においては，それぞれ前者のみを表示する。それでは，高貴な人間，できのよい人間とは，もう少し詳しく言えばいかなるものか。「高貴」は「貴族的」（edel, adelig, aristokratisch）とほとんど区別なく用いられるが，ここで問題となるのは必ずしも出自や血統ではない。ニーチェはある局面では確かに出自や血統の重要性を強調することもあったが，それは本質的なことではなかった。その証拠に，たとえば彼が歴史上最も偉大で最も高貴な人間として評価したナポレオン*は，コルシカ島の小地主の家の生まれである。前述の『善悪の彼岸』287番は「高貴とは何か？」の問いに対して次のように答えている。「ここで決定を下し，ここで序列*を確定するのは，古い宗教的慣用語を新しいいっそ

う深い意味において再び取り上げて言うならば、それは業績ではなくて信仰である。すなわち、高貴な魂が自己自身について持っているある根本的確信であり、求められもせず、見いだされもせず、おそらくはまた失われもしない何ものかである。——高貴な魂は自己に対して畏敬の念を抱く」。すなわち、おのずとそなわる自己確信と自己畏敬が高貴さの要件というわけである。

一方で同書265番は、そのような高貴な人間が他者に対したときの行動原理について、それは「利己主義*」であると述べる。「私が言う利己主義とは、〈われわれがそれである〉ような存在には、他の存在はその本性上隷従し犠牲にならねばならないという、あの揺るがしがたい信念のことである」。さらに272番では、他者に対する特権の行使を自己の義務のうちに数え入れることこそ「高貴さのしるし」だと言われている。しかし、他者にももちろんさまざまな序列がある。「彼はいろいろな事情で初め躊躇するにしても、自分と同等の権利を持つ者が存在することを認める。この序列の問題に決着がつくやいなや、彼は自己自身に接すると同じ確かな羞恥心と繊細な畏敬の念をもって、これら同格者や同権者と交際する。……彼はおのれの同格者たちの中に自己自身を尊敬するのだ」[『善悪』265]。以上のことから高貴な人間の行動原理としての利己主義は、「義務を負わねばならないのは自己と同等の者に対してのみであり、序列の低い存在やあらゆる異質なものに対しては随意に、〈心の欲するままに〉、とにかく〈善悪の彼岸で〉行動してかまわないという原則」[同 260]とまとめることができる。要するに、高貴な人間はおのれの欲するところを「善」としてはばからない自主的権力の主体であり、その意味では次に示されるように道徳的価値の創造者でもある。「高貴な種類の人間は自己を価値決定者と感じている。彼は他人から是認されることなど必要と

しない。〈私にとって有害なものはそれ自体有害である〉と彼は判断する。……彼は自己の身に認めるすべてのものを尊重する。このような道徳は自己賛美にほかならない。前面に出ているのは充実の感情、溢れるばかりの力の感情であり、高い緊張の幸福感、贈り与え譲り与えたがる富の意識である。——高貴な人間も不幸な人間を助けるが、それはほとんどまったく同情からではなくて、むしろ力の過剰が産み出すある衝動からなのだ」[同 260]。

したがって、ニーチェ流価値評価のキーワードである「力の過剰」や「生の充実」が、結局のところ高貴さの源なのである。高貴な人間は自発的、積極的、能動的に生きる。他人の視線や思惑など気にしないがゆえに、嘘をつくことも、虚栄心*やルサンチマン*に駆られることもない。ただ、最後に付け加えねばならないことは、ニーチェの言う高貴な人間には、きわめて残虐で冷酷な側面も厳然とあるということである。『道徳の系譜』*第1論文11節によれば、歴史上高貴な種族は、仲間同士では配慮や自制や信義や友情を示し合ったものの、いったん外の世界に出ればその野性的闘争本能を存分に発揮し、殺人・放火・凌辱・拷問など蛮行のかぎりを尽くした。侵略の足跡の及んだすべての地域に「蛮人」という概念を残したのは、この高貴な種族にほかならないという。ニーチェはこの野性的闘争本能を「金髪の野獣*」という言葉で肯定的に表現したのであり、ナチス*がニーチェのテクストのこの箇所をとくに好んで利用したことは、つとに知られるところである。→貴族、『善悪の彼岸』、序列、金髪の野獣、利己主義、ナポレオン　　　　　　　（清水本裕）

功利主義 [Utilitarismus]

ドイツではとりわけ19世紀半ば以降に J. S. ミル*やハーバート・スペンサー*、コント*が受容され、デューリング*や E. v. ハ

コウリシュギ

ルトマン*にも影響を及ぼしたが、同時にディルタイ*などに典型的に見られたように、ドイツの精神科学は功利主義や実証主義*に対する拒絶と方法論的対決を通じて発展した。ニーチェはパウル・レー*の『道徳的感情の起源』を通して功利主義に注目したが、それは道徳の起源を説明するには「系譜学的仮説としてはさかさまで倒錯したあり方、本来的にイギリス流のあり方」であると批判している［『系譜』序文4］。また『道徳の系譜*』では、イギリス*の心理学者たちは、非利己的行為によって利益を得た者がそれを「善」と呼び、やがてそれが習慣的に善であるとされるようになって、その起源が忘却されたとしているが、この説は非歴史的であるとされる。そして、スペンサーは「善」を「有益」や「合目的的」という概念と同一視したが、これも誤りであるという。「現に、とりわけイギリスで大いに好評を博している徹底的に誤った道徳説がある。それによれば〈善〉と〈悪〉の判断は、〈合目的的〉と〈非合目的的〉についての諸経験の集積である。さらにまた〈善〉と呼ばれるものは、種を保持するものであり、一方〈悪〉と呼ばれるものは、種を損なうものである」［『系譜』1.1-3］。ところが、じつは「悪の諸衝動は善の諸衝動と同じように高度に合目的的であり、種を保持するものであり、不可欠なのである」と彼は主張する［『智恵』4］。ニーチェは、高貴*な者が卑賤な者に対する「距離のパトス*」から自らを〈よし〉(gut) として〈劣る〉(schlecht) との差異を立てたところに善の起源を見いだし、それは功利的な打算のような生ぬるいものではないとするのである［『系譜』1.2］。それに対して、賤民*は自分に害をもたらす行為を〈悪〉(böse) として、「有用で快適」であることを〈善〉であるとするので、あらゆる道徳上の功利主義は「賤民」の道徳であるとされる［『善悪』190］。賤民は、自分たちの共同体の存続だけをめざす

「畜群*の功利性」から団結するが、強力な強い隣人、畜群に順応することをよしとしない個人に対しては恐れを抱く。そこで、強者を〈悪〉とし、控えめで順応し、平等化する心性、欲求の凡庸さを〈道徳的〉であるとして、凡庸さの増大を「進歩」と呼ぶというのである［『善悪』201］。このような見方からすれば、平等を求める民主主義*や社会主義も、強者に対する恐れから成立したキリスト教*の「隣人愛*の道徳」と本質的には同じものであって、今日のヨーロッパにおける「畜群の道徳」［『善悪』202］を定式化したのが功利主義であるということになる。さらに、功利主義的な「価値評価」自体、イギリスの道徳的風土を反映した産物であるともいう。すなわち、ベンサムの驥尾に付すイギリスの功利主義者たちは「一般の利益」や「最大多数の幸福」を掲げているが、利己主義を「一般の福祉」の問題として片付けようとするのは「畜群」の思考であり、しかも、そうした考え方はそもそも「安逸 (comfort) と流行 (fashion)」を求める「イギリス流の幸福」にほかならない。功利主義的なイギリス人は、本当は英国議会に議席を持つことが目的なのに、それを押し隠して道徳的偽善に科学的な装いをほどこしているにすぎず、「根本的に凡庸な種類の人間」であるとされる［『善悪』228］。

後期の遺稿においては、道徳の哲学的基礎づけの批判という観点からも、功利主義の道徳が批判される。その一つは、功利主義の議論自体が含む難点に向けられる。「有用であるということは、まったく完全に意図に、つまり〈何のために？〉に依存しており、意図というのはまた、まったく完全に力の度合いに依存している。それゆえ功利主義は物事の根柢にはなりえないし、たんなる結果説でしかありえない。それが万人にとって拘束力を持つことなど絶対にありえない」［遺稿Ⅱ.10.57］。「行為の価値はその結果によって

測られなければならない——と功利主義者は言うが、——行為をその由来にしたがって測るということは、一つの不可能なこと、つまりその由来を知っているということを含意する。ところが、行為の由来も結果もわからないのであり、行為の価値を測ることはできないのだから、功利主義者の議論は素朴にすぎるというのである〔同Ⅱ.11.209f.〕。もう一つは、功利主義の前提に対する根本的な疑問である。すなわち、「功利主義（社会主義、民主主義）は道徳的価値評価の由来を批判するが、しかしその価値評価そのものは信じている」。「これは制裁する神がいなくなっても、道徳は残っているというような素朴な考えである。道徳への信仰が維持されなければならないとすれば、〈彼岸〉は絶対不可欠であるのに」。それに対して、こうした信仰の由来を問うのがニーチェの立場である。彼は道徳的判断を生あるものの自己保存*と増大の「徴候」として理解し、あらゆる価値評価の背後に道徳的価値評価の存在を暴き出そうとする。そして、同じ断片の末尾で次のような命題を主張している。「道徳的現象というものは存在しない。存在するのは、これらの現象の道徳的解釈のみである。この解釈そのものは道徳外にその起源を持つものである」〔同Ⅱ.9.198f.〕。こうした考え方からすれば、功利主義は、享楽主義やペシミズム*、幸福主義とともに、表面的な快と苦によって物事をはかる「前景の考え方」であり、偉大な苦悩の薫淘が人間を高めることを無視しているとして斥けられるのである〔『善悪』225〕。
→イギリス／イギリス人、ミル、スペンサー、コント 　　　　　　　　　　　　　（大石紀一郎）

克服

「克服」は『ツァラトゥストラ』*という作品の基本テーマである。ニーチェの形而上学的世界観によれば、世界は無数の個別の「力への意志*」から成る一つの巨大な「力への意志」であり、世界のありようは、この巨大な力への意志の自動運動、言いかえれば、個別の力への意志の永遠に続く相互克服および自己克服の運動にほかならないが、『ツァラトゥストラ』にはそうした世界観にもとづく彼の倫理思想が展開されている。神の死*という事態、すなわち2000年近くヨーロッパを支配してきたキリスト教*の世界観や価値観の崩壊という事態に直面している今、人間はいかに生きるべきであるか。ツァラトゥストラは10年間の山ごもりの成果である超人*思想をたずさえて下山し、説教活動を始める。人間は克服されねばならない存在であり、人間の本質である力への意志の最高の具現者たる超人こそが実現されねばならないと彼は言う。そして未来における超人産出のためにはその母胎である人類が全体として力を高めることが必要ゆえ、彼は現在の人間の一人ひとりに、没落*の危険と背中合わせの絶えざる自己克服による生き方を求める。けれどもやがて、世界のいっさいは同じことの永遠のくり返しにすぎないという永遠回帰*思想を予感して、ツァラトゥストラは恐怖と嘔吐に襲われざるをえない。なぜなら、吐き気を催すほど卑小な人間さえも永遠に回帰するならば、未来における超人産出のための説教活動に身を捧げてきた彼の人生には何の意味もなかったことになるからである。しかし彼は勇気と主体的な気持の転換とによって結局この恐怖と嘔吐を克服し、「永遠回帰の教師」としてのおのれの運命とその永遠回帰とを絶対的に肯定するに至る。これが『ツァラトゥストラ』のあらすじであるが、超人思想説教者としての自己を克服して永遠回帰思想を血肉化するという主人公の生き方は、没落の危険と背中合わせの絶えざる自己克服によって力を高めよという超人思想の逆説的実践となっているのである。→『ツァラトゥストラはこう語った』、「人間とは克服されるべきなにものかである」、超人、没落 　　　　　　　　（清水本裕）

コージマ・ヴァーグナー　⇨ヴァーグナー[1]
（コージマ・ヴァーグナー）

個体化 [Individuation]

　普遍的本質が個々の特殊な本質もしくは存在として展開（現象）するには、いかなる原理が働いているかは、すでに古代哲学でも論じられ、スコラ哲学において精緻な議論を生み出したが、ニーチェはもっぱらショーペンハウアー*によって個体化を理解している。そのショーペンハウアーにおいては、個体化とは、多様性をその特性とする現象の世界のことである。つまり、カント*の現象界を彼なりに踏襲している。個体化をもたらす原理（principium individuationis 個体化の原理）はしたがって、カントにおいて直観の形式とされた時間と空間である。世界の根底の原‐意志が時間と空間において個体化され、われわれ一人一人の欲望となり、その欲望は、原‐意志の表象が現象界であるのと同じに、さまざまな幻影を表象する。したがってわれわれはそうした虚しい欲望の苦しみから、それだけが唯一浄化をもたらす芸術の表象によって、つまり「利害関心をいっさい知らぬ芸術の太陽のまなざし」によって解脱しなければならない、とされる。『悲劇の誕生』*では、こうしたショーペンハウアーの思想構成がギリシア悲劇の構造説明に用いられている。

（三島憲一）

古代ローマ人

　古典文献学*から出発した初期のニーチェにとって、古代ローマ人はギリシア人と並んで人類の模範となる民族であったが、ギリシア人が悲劇において生*の深淵*に臨み、哲学を発展させたこととは対照的に、哲学なしでも健康に生きられたローマ人は、曖昧さはないけれども一面的な民族であった［「ディオニュソス的世界観」2；「悲劇時代の哲学」1］。ローマ人から彼が学んだのは、何よりもその文体であったという。人文主義的教育で名高かったプフォルタ校*在学中、コルセン先生のもとでラテン語を習って良い成績をもらったニーチェは、自分はサルスティウス*にふれて一挙に文体の真髄を会得したと回想している。彼の野心は、ホラティウス*のように、簡潔で厳格ながらいっさいの美辞麗句なしに多くの実質を表現しうる「ローマ的な文体」に達することにあった［『偶像』X.1］。ローマ人についてのこのような理解は、彼の同時代人たちが共有していた古典的教養と大差のないところであろうが、後期になるとニーチェは、高貴*で残忍な強者としてのローマ人を賞賛するようになる。「ローマ人はまさに強く高貴な者であった。いまだかつて地上において彼ら以上に強く高貴である者が存在したことはなかったし、夢見られたことすらなかった」［『系譜』I.16］。征服戦争によって地中海世界の覇権を握ったローマ帝国は、「これまで達成されたうちで最も壮大な組織の形態」であり、「大いなる様式の、最も驚嘆に値する芸術作品」にも比すべきものであった。ところが、狡猾なキリスト教*が賤民*のルサンチマン*を煽り立てて、「大いなる文化のための土壌を獲得するというローマ人の巨大な事績」を徒労に終わらせてしまった。そのために、「本能の高貴さ、趣味*、方法的研究、組織と行政の天才、信念、人類の未来への意志、ローマ帝国としてあらゆる感覚に対して見えるものになっていた、あらゆる事物に対する大いなる肯定*、そして、もはやたんなる技法ではなく、現実、真理、生となった大いなる様式」が失われ、古代文化の意味が奪われてしまったとされる［『アンチクリスト』58, 59］。ここでも、文献学者ニーチェが抱いた古代文化の栄光への愛惜と、〈力への意志*〉の哲学者ニーチェの近代的な力への礼賛が、微妙に色合いを変えながら相互に地と図をなして現れていたようである。

（大石紀一郎）

国家

ニーチェは初期の草案の中で、現今の哲学の特性として「国家や社会などの考察の浅薄さ」をあげている。たしかに彼にはまとまった形で定式づけられた国家論は見当たらない。しかし彼は抽象や内面性の領域に身を引くことなく、終始国家や社会への関心を持ち続けた。それはほとんど彼の全著作の中に断片的な形で表現されている。ただそれは、素人風の時局談義でも、いわゆる科学的な観察報告でもないし、またマキャヴェリ風の君主の実践道徳論でも、ヘーゲルのような法という形での理性の実現形態の叙述でもない。彼独得の遠近法*の下で、後に「力への意志*」として主題化される形而上学的な問題圏に引き込まれ、そこからしばしば過激な、場合によっては逆説的な表現形式でもって放射されてくる。そういうニーチェの国家観を、単にイデオロギー論レベルでの、左右両翼からの歪曲や非難を超えて解釈しつつ捉えることが求められているように思われる。「民主主義*とは国家の堕落形態である」とか、「社会が奴隷を必要とするように国家は戦争を必要とする」といった表現を、ただちに「帝国主義の間接的護教論者」(ルカーチ)とか「ナチズムの先駆」へ結びつけるのは、短絡に過ぎると言えよう。彼の「大いなる政治論」はいわばメタ国家論のレベルで展開されているのだから。

ニーチェの著作活動が展開されたのは、1870年、80年代の約20年の間である。それは普仏戦争*の勝利とプロイセン主導下のドイツ帝国の統一(1871)、ドイツ資本主義の急激な発展とそれに伴う労働運動の激化、社会主義鎮圧法(1878)からビスマルク*の失脚(1890)へと続く激動の時期。フランスではパリ・コミューンから、日本では明治維新から、ほぼ20年にわたる時期にあたる。こういう時代の動きに、もちろんニーチェも無縁ではありえなかった。彼はそれに敏感に、しかし微妙に屈折した形で反応する。普仏戦争にあたって彼は進んで志願兵として参加すると同時に、他方ルーヴル炎上の誤報には、ブルクハルト*と手を取りあって歎き、また独仏両国が、その勝敗にかかわらず、戦争によって精神的に何を失ったかを冷静に考量する。彼は一方で「政治的事件によって、生存の問題が片づけられたり解決されたりすると思ういっさいの哲学」を偽哲学として攻撃すると同時に、他方プラトン*的二元論*にもとづいて現実世界を逃れ静観の境地に隠遁したりはしない。そこから彼の強烈な現状否定、同時代批判がほとばしり出る。

すでに初期の講演「われわれの教育施設の将来について」の中で、ニーチェは同時代の教育制度とその理念——明治日本がモデルとしたもの——を激しく攻撃している。そこでは、国家のために忠良な公僕や兵士を育成することが教養*の目的とされている。教育目標は国家目的に従属させられている。教養の導きの星としての国家！ ここでは国家は「文化の秘教司祭」として現れる。これは「ヘーゲル哲学に見られる国家の神化の頂点」でなくて何だろうか。文化は国家から自由でなければならない。しかしこういう批判をニーチェは単純に教養主義、文化主義の立場から行っているわけではない。国家に対する文化や教養の優位を一般的に主張しているわけではない。彼はむしろ「ギムナジウムを通じて画一化された国家文化」を、国家目的に従属させられた同時代の文化そのものを批判しているのである。文化国家の欺瞞性への告発は、同時に国家文化への告発に連なっている。彼が初期の草稿の中で「国家は手段にすぎない」と言うとき、目的と考えられている「真の教養」とは、当代の教養主義的な文化概念ではなく、さしあたり「精神的貴族制」という形と結びついたギリシア文化の復活であり、「文明」に対する闘争であった。たしかにギリシア人は国家に対して強烈な歎美と

感謝の情を感じてはいた。しかしそれは国家が文化に対する統制者や監視者ではなく，比類なく高貴*な歎美すべき文化が「荒々しい現実を通り抜けるときの護衛の役を務める」かぎりで，謝辞を受けたにすぎない。文化との関連でギリシア国家がニーチェによって美化されたわけではない。人間の一面的能力をきびしい規律によって育成し国家に仕えさせようとしたスパルタはもちろん，「秩序と統制についてのすぐれた感覚」を持ち，対立し合う自由な個人の調和をはかろうとしたアテネでさえ，「天才の育成とポリスの民主制」は矛盾するし，「教養はポリスにさからって発展した」とされている〔『人間的』I.474〕。だからギリシアにおいてさえ，「文化国家」ということが言われうるとすれば，それはプラトンの哲人王の理念に秘められた「国家と天才とをつなぐ秘教」においてのみなのである。近代においては文化国家も国家文化も成り立ちえない。両者は本質的に矛盾し対立し合う。なぜなら「国家にとってはけっして真理なぞは問題でなく，いつも国家に有用な真理だけが，真理であれ半真理であれ非真理であれ，一般に国家に有用なすべてのものだけが大切だった。だから国家と哲学の同盟が意味を持つのは，哲学が国家に無条件に有用であること，つまり真理よりも国家の利益を上位に置くことを約束しうるときだけである」〔『反時代的』Ⅲ.8〕。国家がこういう「すべてをお国のために」という功利主義を本質とする以上，哲学は，真の文化・教養は，それに対して距離をとり，対立するほかはない。「できるかぎり国家（の役割）をなくせ！」という有名なスローガンがそこから生まれてくる〔『人間的』I.473；『曙光』179など〕。高貴な精神にとっては，国家の問題，政治や経済にかかずらうことは，単なる浪費でしかない。

ニーチェにとって国家が唾棄すべき存在であるのは，それが軍隊という粗暴な手段と学校という洗練された手段をつうじて，人間に「同化」を要求し，人間を「馴致」し，人間を弱小化し卑小にするからであった。すでに「われら文献学者」の草案の中で，彼は「国家がよりよく組織化されるにつれて，人間性はますます気の抜けたものになっていく」と記しているが，それは『人間的』第1部などに見られる「完全な国家」の考えに受け継がれる。そこではただ「疲れきった個人」だけが席を占め，本来個人を護るためだった国家によって，逆に個人が弱められ，解体されるという顛倒が生じる〔『人間的』I.235〕。民主主義・社会主義*・ナショナリズムなどの近代の諸潮流は，その結果であり徴候であるとともに，それに拍車をかける動因でもある。こういう疲弊した畜群*，「馴致さるべく国家の中に閉じこめられた動物人間の自己呵責の意志」のうちに，ニーチェは教会*の禁欲，ルサンチマン*と並ぶ「道徳の系譜」を読みとっている〔『系譜』Ⅱ.22〕。こういう形で国家へ同化することによって，生*の衰弱は愛国道徳によってさらに歪められ美化される。国家は教会と並んで，──精神性においてそれより劣る──「偽善の犬」になり下がる。

こういう国家の中に閉じ込められた動物人間の衰弱し倒錯した意志に対して，ニーチェは若々しく荒々しい自由の本能としての「力への意志*」を対置する〔『系譜』Ⅱ.18〕。そしてこの「力への意志」の発現として，「最古の国家」を，「金髪の野獣*」「支配種族」，本来の「征服者」による「国家の創建」を夢みる。こういう「力への意志」の思考圏の中では，「至高の人間，強者という類型に関しては」，軍国主義的国家の護持も「最後の手段」として許容される〔遺稿Ⅱ.10.533〕。こういう考えは，後にナチス*への先駆として利用され，糾弾された一面を持っているが，はたしてニーチェが，どこまでこれを現実的なものとして想い描いていたかどうか。彼が文化に対して「野蛮*」を単に否定的なものとし

て対置するだけでなく，衰弱した文化を活性化する衝撃として，逆説的に肯定したように，この場合にも，衰弱した意志に対する「ショック療法」として，逆説的に国家の現状に対する対立像を呈示してみせたのではなかったか。「治療法としての戦争」を讃美するときと同じ誇張された逆説が，幻視的に描かれているように思える。

ニーチェは同時期の思考圏においても，「人間が国家に奉仕して行うすべては人間の本性に背いている」ことを，国家が「組織化された非道徳性」にほかならないことを充分にわきまえていた。国家が，真の教養と対立し，生命を衰弱させ，人間を卑小化し，それでいて愛国道徳によって美化され，征服欲や復讐欲によって駆りたてられるものである以上，ニーチェが「善人にも悪人にも自己を見失わせる」ナショナリズムという「偶像」の破壊者になるのは当然である。だから彼はツァラトゥストラに「新しい偶像」という章の中で叫ばせている。「国家が終わるところ，そこに初めて，余計ものでない人間が，必然的な者の歌が，独自のかけがえのないあり方が，始まる」。「国家が終わるところ，……わが兄弟たちよ！ 君たちにはあれが見えないか。虹が，超人への橋が？」[『ツァラトゥストラ』I-11]。彼は「超人*によって指導された国家」を現実に想定しているのではなく，国家が終わった時に，はじめて超人を，現在の人間を超克する可能性の地平を想い描くことができる，と言っているのである。

現実の国家状勢に関しては，ニーチェは英米には高い評価は与えず，むしろロシアの将来に期待を寄せ，またドイツ*にはきびしい自己批判をしながらも国民国家の対立を超えた「良きヨーロッパ」の仲介役を期待していたようである。ただこの「最後の非政治的ドイツ人」の「大いなる政治*」論は，政治の領域と美的領域，現実と形而上学的視点とが重なり合ったメタ・レベルの言説を含み，そこに独自の魅力があるとともにさまざまの解釈の余地，場合によっては誤解の余地があることも，もちろん否定はできない。→民主主義, 大いなる政治, ビスマルク　　（徳永 恂）

古典文献学　[klassische Philologie]

ヴァルター・イェンスはギリシア学から出発した戦後ドイツの代表的な批判的知識人のひとりであるが，その彼は，19世紀以降の古典文献学の空洞化を論じた「古色蒼然たる古典古代」という文章のなかで，マルクス*とニーチェが出会っていたら，ラテン語でエウリピデスについて議論できたであろうと述べている。そしてかつては，カメンツであれ，トリーアであれ，プフォルタ校*であれ，ギリシアの息吹きこそがギムナジウムの精神的活動の共同の基盤であり，原動力であった。テュービンゲンとボンとライプツィヒ*のあいだでこそドイツのヘラスが夢見られていたのだ，といった趣旨のことを書いている。レッシング*，マルクス，ニーチェ，そして若き日のヘーゲル*，ヘルダーリン*，シェリングのことであろう。レッシングの論文「いかにして古代人は死を表象せりや」には，ギリシア人にとって死は幽明境を分かつものではなく，ただの眠りでしかなかったこと，そして死後の魂は蝶となって美しい大気のなかを飛翔していたことが，彼らの墓を飾る像の分析によって明らかにされている。この意見はそのままキリスト教*的世界像への挑発であった。つまり，ギリシア理解は啓蒙による精神の世俗化の起爆剤であった。またヴィンケルマン*がラオコーン像に見た「高貴な単純と静かな偉大」は，そして『古代芸術模倣論』で展開する，美しい自然を模倣するギリシア芸術のあり方は，「ゆがんだ腰をした」貴族*の子弟たちの放埒な生活への批判を意味し，それはそのまま市民社会の新たな自己意識を，政治的な自己意識を告知するものだった。また，このヴィンケルマンがドイツ中

を探しても，不完全な写本が3点つかっただけのホメロス*を，20年後のゲーテ*の小説の主人公ヴェルテルは泉のほとりに腰かけて読んでいる。わずか20年でホメロスはもう常識となり，満たされぬ内面の衝動を発散させる場になっていた。ギリシアは市民社会の地下トンネルとしての芸術経験の媒体ともなったのである。そうした時代であるからこそ，ヘーゲルも『ニーベルンゲンの歌』を読むとき，登場人物の粗野な固有名詞をなんとか文学的に楽しむためにギリシア神話の名前に置きかえながら読んだというエピソードが生まれたのだ（これはブレンターノが1809年にヘーゲルを訪問したときの逸話である）。そして，レッシング，ヴィンケルマン，ゲーテはニーチェが一貫して尊敬していた偉大な先達であった。

とりわけ大きかったのは，ゲーテの存在である。ドイツにおける古典文献学の祖とされるフリードリヒ・アウグスト・ヴォルフが論文「古代学概論」をゲーテに捧げていることにもそれははっきり示されている。ヴォルフは古典文献学の講座をハレ大学に開設した人物で，やがてナポレオン戦争でハレ大学が閉鎖された後，1810年に新設のベルリン大学に招かれ，プロイセン文部大臣フンボルトとともに，古代の人間性の理想に即した純粋に理論的な学問，フンボルトのいう「主観的教養と客観的学問の一致」の理想を実現しようとした。自由に議論をしあうゼミナール制度を教育に取り入れたのもヴォルフであると言われている。ニーチェは，バーゼル大学教授時代に，古典文献学のあり方を考えるにあたって，ヴォルフの書いたいくつかの論文を熟読している。だが，フンボルトの大学改革は，知による社会的選別の恒常化でもあった。元来は貧困家庭で大学進学の能力があるものへの奨学金を意味したアビトゥーアが1830年頃にプロイセンで高校卒業試験＝大学入学資格試験として制度化された時点ではその事態ははっきりしていた。ベンヤミン*が言うように古代の共和制への夢と現代の革命的爆発が等価であった時代は終わってしまった。牧師の道を放棄したニーチェが，古典文献学に進んだのは，まさにこの学問の夢が見果てぬ夢でしかないことが明らかになった，こうした時代である。

ライプツィヒ*の学生時代から彼は，文献学が男子一生の仕事となりうるかという疑念を漏らしているし，バーゼル大学赴任の頃に書いた自伝的文章にも，「私がいかにして芸術から哲学へ，哲学から学問へ，さらに学問のなかでもますます狭い領域へと入りこんで行ったかを顧みると，それはほとんど意識的な諦めの道であったようにも思われる」とはっきり書いている。就任講演の「ホメロスと古典文献学」でも，「古典文献学については今日，統一的に明確にそれと識別できるおおやけの見解は存在していない」とニーチェは，聴衆の前で宣言する。ばらばらになった研究状況をみるにつけ，学の名称だけ共有しているだけではなかろうか，歴史学，自然科学，そして美学の混合でしかないのではなかろうか，と。そう前置きをしながら，彼はホメロスを実在した一人の芸術詩人とするか，さまざまな民衆詩人の集団の総称と見るか，という古くからの論争についての自分の見解を展開する。彼の論旨は文献学の精密な作業の現場から，一方に民衆詩人，他方に偉大な個性をもった芸術家という，ロマン主義的な歴史的思考の欺瞞性を鋭くつく。国民精神とか民族*の魂と深く結びついたいにしえの民衆詩人といった考え方が，いかにナンセンスであるかを容赦なく暴く。なぜなら，近代の偉大な詩人でも民族の魂に根を降ろしているからこそ，偉大なのであって，そうしたものからはなれた根なし草ではないからである，と議論される。結論的には，ホメロスの実在は信じないが，ホメロスのものとされている作品は民衆詩人たちの集団的成果ではなく，

ある一個の偉大な詩人の個性の現れであることを信じるとされている。つまり、イリアスとオデッセイの作者をひとりの人間とする美的判断を信じるのである。そして、こうした叙事詩とは似ても似つかないさまざまな詩がすでにギリシアにおいてホメロスのものとされていた伝説が存在することや、歌合戦がホメロスとヘシオドスとのあいだでなされたと語り伝えられているが、もちろんフィクションであることなどから、ホメロスという名前の詩人の実在そのものを疑っている。すでにこの論理構成には、ロマン主義の虚構を打ち破るさめた批判精神があると同時に、偉大な個性と民族の魂の——太古の時代に限定してはならない——結合という新しい神話*の要素も認められる。ロマン主義的短絡に対する批判精神にもとづいた暴露、現場の分析的作業の経験に依拠した反論が、その土俵をとびだして、美的判断への信仰に、そして一種の芸術形而上学に落ちこみかねないところまできている。ニーチェの文献学批判には、つねにこの両面がある。

だが、この新しい神話の起爆力、いや爆風はニーチェの問題を考えるときにひとたびは身を曝さねばならないものだろう。一方で訓古注釈や厳密なテクスト校訂の背後にあるイデオロギーが暴かれる。たとえばギリシア精神とヒューマニズムの一体性といったイデオロギー、また、そうしたギリシアから近代ヨーロッパへと理性の道がつながっているというイデオロギー、ギリシア古代の他の古代に対して特権的位置を持つという無根拠の前提、そうしたものを暴きながら、他方でギリシア、それもソクラテス*以前のギリシアが近代ヨーロッパにとって絶対的な他者として、咀嚼・吸収・統合の不可能な他者としてぶつけられる。そうした世界としてホメロスの世界を設定するゆえに、ホメロス問題はニーチェにとって、そして古典文献学にとって単に一学問内部の個別問題ではなく、「学問*と文化の全生活とにかかわる」ものなのである。それゆえに講演の最後では、もはや知的生産力の限界に来たこの学問はかりにすたれても、真の哲学が栄えることを願うのであった。「かつて文献学であったものは今や哲学になった」と。「ホメロスの冠を引き裂く」とすでにシラー*が形容した学者*たちには、手厳しい批判が繰り返されている。

だが、それなら哲学に仕える文献学の役割は、いや哲学となった文献学の役割はどこにあるのだろうか。それは、歴史の埃に埋もれていたソクラテス以前の世界を発掘したこと、そしてその世界を今や近代ヨーロッパにとっての完全な他者として提示するところにある。就任講演でのこうした議論はやがて、『悲劇の誕生』*で文献学界から葬られた経験を踏まえて19世紀の歴史主義*との対決を試みた『生に対する歴史の利と害』でより深化される。その前書きの有名な一節には、「時代のただなかで反時代的に働くこと——すなわち時代に抗して働き、また、それによって時代に向かって働きかけること、そして望むらくはきたるべき時代のために働くこと——これ以外に、われわれの時代の古典文献学にどんな意味があるのか、私にはわからない」[『反時代的』Ⅱ序文]と記されている。つまり、時代の人勢に逆らって古代を異質件と見、そのなかに反解釈学的に分かいること、その緊張関係のなかから現代が真に揺さぶられ、相対化されることのうちに文献学の使命をニーチェは見ている。

だが、こうした起爆力が批判的な精密さに裏打ちされていることを見逃すと、ニーチェと文献学の関係の半分しか見ないことになる。後年になっても彼は言う。「文献学者であったことは無駄ではない。ひょっとしたら今でも文献学者なのだ。それは、ゆっくり読むことの教師ということである。……文献学とは、その崇拝者たちから何よりもひとつのことを要求するあの尊重すべき技術である。

それは脇によること，時間をかけること，そして静寂に，緩慢になることである」[『曙光』序言5]。異質な他者は，つまり近代的理性にとっての他者は——もしくは他者として設定されたものは——膨大な辛苦の末に見えてくるのだ。すでに先の就任講演でも，「山のごとく高い先入見の数々に埋もれた」ホメロスの世界を発掘するためには「われわれの学問の無数の弟子たちの血と汗と労苦に溢れた思想の労働」が必要だったと言われているとおりである。

だが，いつしかニーチェはそれを放棄してしまう。そして「学者たちの家を出たこと」[『ツァラトゥストラ』Ⅱ-16]を自慢し始める。「彼らの食卓に，あまりにも長くお相伴をしていて，私の魂はすっかり飢えてしまった。彼らのやる，くるみ割りのような認識の作業には，私は向いていなかった」[同]。これ以降ペンの言うとおり，学問と芸術は決定的に分離してしまい，芸術についての学問的論議は少なくともドイツでは低迷する。とくにギリシア文化についてのそれは，ハイデガー*的な狭隘に陥りやすくなった。また古典文献学の娘の一人であるゲルマニスティクはドイツの野蛮に手を貸すことになった。その野蛮と比べるならば，「ニーベルンゲンの話よりはトロヤ戦争の方がわれわれにはずっと現在的である。ニーベルンゲンは国民意識にとってはもう過ぎ去った歴史でしかない」と『美学講義』に書いたヘーゲルの方にこそ，ニーチェが近いこともはっきりしてきた時代となる。そうした不幸な1930年代以降の時代のなかで，枠組みは抜け出ていないものの多少なりとも自由なギリシア理解を試みたのは，文献学者のカール・ラインハルト*やヴォルター・オットー*ぐらいであろうし，ギリシア理解と自由を連結させえたのはハンナ・アーレントぐらいであろう。ちなみに，前者はワイマール*のニーチェ・アルヒーフの仕事のずさんさと欺瞞性を発見するのに大いに寄与したこともつけ加えたい。「山のごとく高い先入見の数々に埋もれた」ニーチェを発掘するのに，文献学が実際に役立ったのである。→学問，学者，『悲劇の誕生』，ホメロス，リッチュル　　　　　　　　（三島憲一）

[文献] ▷ Walter Jens, *Antiquierte Antike*? Münsterdorf 1971.

孤独 [Einsamkeit]

ニーチェの晩年が，少なくとも知的には孤独であったことは今さら言う必要がない。そして孤独な人間として声高に孤独について語る傾向があったことも。代表は『ツァラトゥストラ』*である。同書第1部「市場の蠅」では，「わが友よ，のがれなさい，あなたの孤独のなかへ」がリフレインのように繰り返される。「孤独が終わるところに市場がはじまる」とも言われ，大衆から距離を取る孤独な創造者（アドルノ*の言う〈市民的文化批判〉の典型的な思考形象でもある）である自分が強調される。「創造者の道」ではこう言われている。「あなたの愛をたずさえ，あなたの創造をたずさえて，あなたの孤独のなかへ行きなさい」。そこには「自由精神*，新しい哲学者」として「深夜と真昼の孤独」に強い自負を抱き，自信を持っている面[『善悪』44も参照]と同時に，バイロイト*の仲間たちからの距離も表現されている。かつての仲間が皆保守的に小さくなっているのは，「孤独の巨大な鯨の腹中に私が呑みこまれてしまったせいだろうか」[『ツァラトゥストラ』Ⅲ-8.1]。頂点は，「不滅の嘆きの歌」[『この人』Ⅸ.7]と形容され，同時にディテュランボス*の歌とされている「夜の歌」である。かつては集団的祭儀における歓喜の歌であったディテュランボスが孤独と結びつくところが面白い。今ひとつの頂点は，人間たちの諸国を放浪した後で母なる「孤独」の歓迎を受け，孤独の良さを歌った第3部の「帰郷」であろう。そのなかでは「おお，孤独よ！　あなたは私の

ふるさとだ！ 孤独よ！」という有名な一句が繰り返される。ちなみに漱石*の『行人』の最後の方でこの言葉が出て来る。神経を病んだ「兄さん」の詰問に対してH氏なる人物が、「Keine Brücke führt von Mensch zu Mensch（人から人へ掛け渡す橋はない）」と逃げると、「兄さん」は「Einsamkeit, du meine Heimat Einsamkeit（孤独なるものよ、汝はわが住居なり）」といって走り去る。当時の漱石が孤独であったことはたしかだが、どんなに孤独のなかでも、ディテュランボスの歌と言い張るニーチェの孤独とはやはり異なる日本的な人生論の雰囲気が、漱石にはある。⇒ディテュランボス，夏目漱石

(三島憲一)

子ども〔幼児〕 [Kind]

『ツァラトゥストラ』*第1部では、「駱駝」から「獅子」を経て「幼児」へという「三段の変化*」が語られる。「駱駝」は既成の価値観が命ずる「汝なすべし」に服従するのに対して、「獅子」は「われ欲す」と叫んで既成観念を打破するが、新しい価値を創造するには至らない。それをなしうるのは「無垢であり、忘却であり、一つの新たな始まり、一つの戯れ、一つの自ずから回転する車輪、一つの第一運動、一つの聖なる肯定」である「幼児」のみである［I-1］。また第3部では、過去にとらわれて生きる人間をその重荷から救済する存在として、ルサンチマン*から解放された新しい世代を描く際に、「子ども」のイメージが現れる。「あなたがたの子どもたちの国をあなたがたは愛さなければならない。この愛をあなたがたの新しい貴族*の資格とせよ、──それは海のはるか彼方にある未発見の国なのだ！ 私はあなたがたの帆に命ずる、この国をめざして探せ、探せと！／あなたがたの子どもたちによって、あなたがたはあなたがたの父祖の子どもであることをつぐなわなければならない。すべての過去を

こうして救済しなければならない！」［III-12. 12］。そして第4部は、ツァラトゥストラが〈大いなる正午*〉の到来を予感し、「私の子どもたちが近づいた」と語るところで終わっている［IV-20］。このようにニーチェにおける「子ども」は、過去の重荷を知らず、無邪気に創造にかかわることのできる存在として、特権的な比喩となっている。

その痕跡は初期の著作にまで遡ることができる。『生に対する歴史の利と害』では、「いかなる否定すべき過去も持たず、過去と未来とを分かつ垣根のはざまで至福の盲目のなかに戯れる子ども」を見ると、人間は「失われた楽園」を想起させられるとして［『反時代的』II.1］、子どもは永遠の現在に生きる存在、記憶を持たないがゆえに過去を思い煩うこともない者として描かれている。この無垢なる存在の比喩は、幼な子のようでなければ天国に入れないというキリスト教*的観念も連想させるが、その源泉はむしろニーチェがソクラテス以前のギリシア哲学*に見いだした美的な世界構想にある。「ギリシア人の悲劇時代の哲学」では、ヘラクレイトス*の哲学について次のような比喩が語られている。「生成と消滅、建設と破壊を、いかなる道徳的責任も負うことなく、永遠に同一の無垢のうちに営むのは、この世界では、芸術家と子どもの戯れ（Spiel）だけである。そして、子どもや芸術家が戯れるように、永遠に生きている火も、無垢のうちに建設し、破壊する──そしてこの戯れを永劫の時は自らを相手にして戯れる。子どもが海辺に砂山を築いては壊すように、水や土に変じながら、この永劫は築いては壊し、ときとしてこの戯れをはじめからやり直すこともある。一瞬の間満足しても、欲求が芸術家を創造に駆り立てるように、永劫はまた新たに欲求に襲われる。傲慢な心ではなく、つねに新たに目覚める遊戯衝動（Spieltrieb）がさまざまな異なる世界を生み出すのである」。ここにはすでに〈永

遠回帰*〉のテーマが予示され，道徳という不純物の混ざらない，純粋に美的な世界構想が示されている。ヘラクレイトスには「汝なすべし」の倫理学はなく，「なぜ火があるときは水になったり土になったりするのか」という問いにも彼は，「それは戯れであり，あまり悲壮に取ってはいけない。しかもとりわけ道徳的に考えてはならない」と答えるであろうとされる。「世界が永劫の時の美しく無邪気な戯れであるというだけで彼には十分なのである」。「ヘラクレイトスは現存する世界をただ描いただけであり，その世界に，芸術家が自分の制作する作品を見て得るのと同じ観照的な適意を抱いたのだ」というのである［『悲劇時代の哲学』7］。

ここで用いられている「戯れ」や「遊戯衝動」という語は，18世紀末におけるモダンな芸術をめぐる言説，たとえばシラー*の『人間の美的教育についての書簡』でも重要な概念として現れる。またフリードリヒ・シュレーゲルは，「芸術のあらゆる聖なる戯れは，世界の無限の戯れの，永遠に自己自身を形成する芸術作品の，遠い模倣にすぎない」と述べている［『文芸についての対話』］。とはいえ，これらがまだ近代と古代とを対比する新旧論争の枠組みに沿って展開された議論であったのに対して，ニーチェの「世界の戯れという美的な根本概念」は，古代ギリシアの存在論を一挙に現代の美的経験へともたらそうとするものであり，両者の間には時代の差異のみに還元されない断絶がある。ただ，芸術家は無邪気な子どものように本能的な「戯れ」のうちに創造するものであり，そこで天才*の能力が発揮されるという考え方は，19世紀の芸術観の底流となり，「芸術家」=「子ども」という発想はニーチェの後期の遺稿にも現れている。1885/86年の遺稿には，「〈芸術家〉という現象はなお最も容易に見通すことのできるものである。——そこから出発して，力や自然などの根本本能へと眼を向けること！

また宗教や道徳の根本本能にも！／〈戯れ〉，有用ならざるものは，力に満ち溢れるものの理想であり，〈子どものよう〉である。神の〈幼児性〉，戯れる子どもたち（παῖς παίζων）」という断片がある［Ⅱ.9.174］。もっとも，ここではすでに美が〈力への意志〉とも結びつけられており，ニーチェの関心は仮象*の「戯れ」の原動力に移行しつつあった。
⇀三段の変化（駱駝・獅子・幼子），ヘラクレイトス　　　　　　　　　　　　　　　（大石紀一郎）

『この人を見よ』［*Ecce homo*. 1908］

『この人を見よ』は，『アンチクリスト』*の原稿が完成した（1888年9月30日）直後から書き始められ，同年11月中頃には一応終了している。序言と本文の間の，執筆宣言とも言える短い文章では，誕生日である10月15日に仕事が開始されたことになっている。「この完璧な日，葡萄だけが褐色に色づくのではなく，すべてのものが熟れかかっているこの良き日に，まさに一筋の陽の光が私の人生に射し込んで来た」。こう述べながら，過去を振り返り，将来を考えるその思いを，つまりは自分の生涯を「自分自身に語り聞かせる」ことにしたと書かれている。しかし，大抵の著作家の場合と同じに本人の言うこうした日付はあまり信じない方がいい。事実，ニーチェの場合もそれ以前の草稿が存在しており［Ⅱ.12.144-163］，その一部は『偶像の黄昏』*の「私が古人に負うているもの」に組み込まれたりもしている。

だが，印刷用原稿をナウマン書店に送付した後も，追加・修正がなんども行われている。12月6日までには一度は原稿全部を返送させ，たとえば「目次」を付加し，また現在は存在しない「宣戦布告」「鉄鎚は語る」などをつけ加えている。「なぜ私はかくも怜悧なのか」の7なども最後のこの段階で挿入されている。その後も，錯乱直前の精神状態に相応してか，なんども郵便で加筆訂正，削

除，入れ替えなどがなされた。しかし，同年12月27日までには再校まで終了した。だが，おそらく12月29日にナウマン書店宛に最後の修正をめぐる数葉の紙片を発送した。——そしてこの状態のまま本書の出版は，著者の当事者能力の喪失に伴い中止され，ラウル・リヒターの校訂によって一応の日の目を見たのは，1908年になってからのことである。そこには，この紙片に記された文章は入っていない。この謎の紙片は，しばらくナウマン書店に保管されていた後，ペーター・ガスト*の手を経て，母と妹の手に落ち，彼らの証言によれば，破棄された。明らかに具合の悪い内容があったからである。だが，これらの紙片の一枚のペーター・ガストによる書き写しが1969年に発見され，コリ*およびモンティナーリ*による批判的‐歴史的全集の『この人を見よ』はそれにもとづいて「なぜ私はかくも賢明なのか」の第3節をこれまでの版に対して全面的に入れ替えている。既存の版であると，そこでは，自分にはポーランドの貴族の血が流れているという有名な自慢話とともに，父のことが触れられていたが，入れ替えた新版では，もちろん父のことやポーランド貴族の話も出てはくるが（ポーランド貴族*の末裔であるとの話は，すでに1882年の遺稿にもある [I.12.323]），母と妹を「手に負えないほどの本能の俗悪さ」と形容するなど，彼らに対する憎しみを爆発させている。また，「ジュリアス・シーザー*は私の父に当たるかもしれない」などという，永遠回帰*の思想のなかで「世界史を通覧する」「分裂者ニーチェ」［ドゥルーズ／ガタリ『アンチ・オイディプス』］が最後に友人たちに発送したいくつかの狂気の手紙の徴候も窺える。破棄されたのは，母と妹への罵詈讒謗のゆえであろう。また，ニーチェ自身が12月29日に「取消し」を要請している「宣戦布告」も破棄されたようであるが，これは草稿のひとつが存在している［II.12.168 以降の数ページ］。そこには小

ーエンツォレルン家やビスマルク*やヴィルヘルム2世皇帝への同じく罵詈讒謗が散りばめられ，ニーチェのいわゆる「大いなる政治*」の思想圏が窺える。自分の思想とヨーロッパの現実との関連が彼にしてみればようやく見えてきたかのようである。母や妹は不敬罪をこわがって破棄したのであろう。なおこうしたテクストの異同に関して日本語で読めるものとしては白水社版全集第II期第4巻に西尾幹二氏の懇切丁寧な解説があり，この項も大幅にそれによっている。

このように複雑なテクスト成立史をもった作品であるが，途中でのニーチェ自身の改稿や順序の入れ替えはまた，『この人を見よ』がアフォリズム*という彼の思考のパフォーマンスに沿った作品であることを示している。とはいえ，そうした順序の解体による断片性と，生涯を連続的発展の相で語ろうとする本書の自伝的性格とは緊張関係を宿さざるをえない。この入れ替えとそれに伴う断片性の増大には，古典的な人格のアイデンティティの解体がよく示されている。それはほとんどニーチェの方法となっていた。その点では，本書のための遺稿として残ったり，全集編者の註として引用されているものはすべて——正しく解読されているという前提に立てば——こうした連続性としての生涯を解体の方法によって語るニーチェの筆によっているのであり，決定版『この人を見よ』のどこがこれまでのものと異なるかをめぐって真正のテクストとか著者の最後の選択などといったことを詮索する文献学上の論争はそれほど意味を持たないであろう。

安定した連続的発展の相で自己を語ることへの挑発をその成立史に宿したこのテクストの標題は，処刑を求めて叫ぶユダヤ人の前に引き出されたイエス*についてピラトの言った言葉であり，またイバラの冠をかぶったイエスの磔像を意味している。それは，本書の末尾の文「私の言うことがお分かりだったろ

うか?——十字架にかけられた者対ディオニュソス」とつながっている(また, 持っていたエマーソン*の『随想集』のなかで自我について論じられている箇所の欄外に, ニーチェが「この人を見よ」と書き込んでいる事実も E. バウムガルテン [Eduard Baumgarten, *Das Vorbild im Werk und Leben Nietzsches*, Heidelberg 1957] によって報告されている)。また「人はいかにして自分自身であるところのものになるか」(ニーチェはこの言葉をプフォルタ校*の卒業時以来, さまざまな機会に用いている)という副題も, どことなく偉人伝のようで, 連続的発展の解体にはそぐわない。おそらく本書の異様な熱は, テクスト成立史や実際の書記の方法と, 意識の上では(少なくとも標題の目論見においては)なおもニーチェがとらわれている古典的人格像との齟齬に発生しているのであろう。分散的理性と教養小説との亀裂と言ってもいい。

こうした齟齬を逃れようとするニーチェの語り口は, (1)自慢話であり, (2)他人への罵倒であり, (3)ある種の悪ふざけである。自慢話であることは, 目次を見れば歴然である。「なぜ私はかくも賢明であるのか」「なぜ私はかくも怜悧であるのか」と続いた後, 「なぜ私はかくも良い本を書くのか」では, 自分の文体をほめたて, 次にこれまでの著書の紹介がいとも賑やかな自己満足ぶりとともになされていく。その間に振りまかれているエピソードも自分に都合のいいものか, 都合よく解釈されたものばかりである。そして「なぜ私は運命であるのか」と題された最後の章では, 全人類と自分との相違 (キリスト教*の本質を見破っているかどうかが, その「運命」を分けている) が声高に語られる。「およそ書物のうちで, これ以上に誇り高い, 同時に洗練されたものは絶対にない」[『この人』Ⅲ.3]。あるいは, 「ことによったら, 私は〈永遠の女性〉の本質に通じた最初の心理学者なのかもしれない。女という女は私を愛する——いまさらのことではない。もっとも, かたわになった女たち, 子どもを産む器官を失った例の〈解放された女性たち〉は別だ」[Ⅲ.5] などという発言は夜郎自大もいいところで, とりあう必要もないであろう。他人への罵倒も全編にわたっている。私の攻撃は個人攻撃ではないといいながら, やはり D. シュトラウス*やヴァーグナー*をはじめとして鋭い皮肉と揶揄が浴びせられる。「私がヴァーグナーを攻撃したのも, ……抜け目のない, すれっからしの人間を豊かな人間と混同し, 末期的な人間を偉大な人間と混同しているわれわれの〈文化〉の虚偽, その本能の雑種性を攻撃したのである」[Ⅰ.7]。こうした攻撃は最終的にはヴァーグナー好きに代表されるドイツ*への罵倒となる。「ドイツの影響力のおよぶところ, 文化はだめになる」[Ⅱ.3]。また, 悪ふざけも相当なものである。「実際私は, 壮年になるまで, いつも粗悪な食事ばかりしてきた。……私はたとえばライプツィヒ料理によって, あたかも私のショーペンハウアー*研究の開始 (1865年) と歩調を合わせて, 本気で私の〈生への意志〉を否定したものだ。栄養不良の状態をめざして胃までもこわしてしまうこと——この研究課題を, ライプツィヒ*の料理は, ものの見事に解いたように私には思われた」[Ⅱ.1]。「ある医者は私をかなり長いあいだ神経病患者扱いにしていたが, しまいにはこう言った。〈いや, あなたの神経はなんともない。私の神経が心配症だったのです〉」[Ⅰ.1]。「笑いながら真剣なことを語る」というホラティウス*の言葉をモットーとしながら [XII.1], たとえば, 「ドイツ人を相手にするのは, 女を相手にするのと同じで, けっして底に行きつかない [niemals auf den Grund kommen. 本当のところどんな人だかわからないの意]。つまり, ドイツ人には底というものがないのだ」[XII.3] などと駄洒落まがいのことも平気で述べている。「女は男よりもはるかに邪悪であ

る，またはるかに利口だ。女に善意が認められるなら，それはすでに，女としての退化の現れの一つである。……すべての，いわゆる〈美しき魂〉の所有者には，生理的欠陥がその根底にある——これ以上は言うまい。話が医学的に（なかば露骨に）なってしまうから」[Ⅲ.5]。こうなると駄洒落も下半身がらみの冗談となってしまう。「おそらく私は一個の道化なのだ」[XIV.1]と本人自らはっきり述べているとおり，晩年のニーチェを読み解くのに重要な道化*を自ら実践している。

他方で，たとえば病気*と生*の関連について，デカダンス*と健康との相互内属性について，生きることに必要な毒についての折々の考察，それまでの集大成以上の切れ味を見せる。「本質的に健康な人間にとっては，逆に，病気であることが，生きること，より多く生きることへの強力な刺激にさえなりうる」[Ⅰ.2，また Ⅵ.4 なども参照]。

さらには運命主義によるルサンチマン*からの解放をめぐる考察（「自分自身を一個の運命のように受け取ること，自分が〈別のあり方〉であれと望まぬこと」[Ⅰ.6]）なども，永遠回帰*の内面化として重要である。本書には永遠回帰を体現（体現の語については「永遠回帰」の項参照）した者の態度に即して述べた箇所がいくつもあり，やはり重要である。たとえば「人間の偉大さを言い現すための私の慣用の言葉は運命への愛*である。何事も，それがまあるあり方とは違ったあり方であれと思わぬこと，未来に対しても，過去に対しても，永遠全体にわたって決して。必然的なことを耐え忍ぶだけではない，それを隠蔽もしないのだ」[Ⅱ.10]。また，これまでの著作についての自慢話や連続的発展を示すための回顧（たとえば『悲劇の誕生』*はヴァーグナーによるまやかしの部分を除けばその後に自分が述べているすべての問題が潜んでいるといった発言）が多く，そのかぎりでは86年に書かれたそれまでの著作を正当化する各種の前書きに沿っているが，それらの隙間から，ニーチェのこの段階での知のありようが見えてくる。たとえば『人間的』*については，「天才*」「英雄*」「信仰」といった謬見が「冷静に氷の上に置かれて」ひとつひとつ「凍え死んでゆく」[Ⅵ.1]といった表現がなされている。理想主義はハンマーで打ち砕くのではなく，凍え死んでゆくというのは，すでに本書のなかの他の表現とも矛盾しているが，そうしたメタファーの闘争こそがニーチェを今後考えていくひとつのよすがとなろう。

また，本書には「いつかは私の名にある巨大なことへの思い出が結びつけられるであろう」とか「私は人間ではない。私はダイナマイトである」[Ⅵ.1]などのよく引用される言葉が多い。引用されるのは，アフォリズム集よりも結局のところは読みやすい本だからというだけでもあるまい。やはり，先に述べたアフォリズム的要素と自伝の強制とのあいだの緊張関係がこうした鋭い文章を増やしたのだ，と考えたい。→アフォリズムと思考のパフォーマンス，永遠回帰，コリ／モンティナーリ，「人はいかにそれであるところのものになるのか」

(三島憲一)

小林秀雄 [こばやし・ひでお 1902 03]

小林秀雄は，近代の裡にデカダンス*の相を自覚的に見ようとした日本で最初の批評家であった。この点で小林は，ドイツにおける近代への時代診断において文明批判者としてのニーチェが占めていたのとよく似た位置を，日本において占めていたと言えるだろう。ボードレール*に始まるフランス象徴主義との出会いから文学に入っていった小林はそこで，近代の核にある自我‐意識の内閉劇の帰結としてのデカダンスに遭遇する。デカダンスとは小林にとって自我‐意識の生み出す精緻な内閉空間にがんじがらめにされて手も足も出なくなった近代人の生の脆弱の形式

を意味する。この衰弱を自らの内面において生々しく点検しうるほどに近代の爛熟を一身に引受けたのは、当時小林だけであった。これは同時代の私小説を支えていた素朴な自我礼讃とは無縁な、むしろ近代日本における最初のモデルネ意識の体験であったといってよい。このモデルネ意識はニーチェの出発点にもなっている。ところで小林は近代が自我-意識の内閉劇の帰結において示したデカダンスの相貌を点検し尽くすと、ランボーという「途方もない歩行者」とともにこの内閉空間の破砕と自らの「救助」を企てる。それはある意味で小林の「力への意志*」の宣告である。なぜなら小林はそれを、自我-意識に根ざす観念・表象の世界を「意匠」に過ぎぬと否定し去る心理主義批判によって行おうとするからである。「凡そあらゆる観念学は人間の意識に決してその基礎を置くものではない。マルクスが言った様に、〈意識とは意識された存在以外の何物でもあり得ない〉のである」[「マルクスの悟達」]。小林が目指したのは歴史の相対性をかいくぐってたじろがぬ「美のかたち」の経験の絶対性であった。こうした小林の軌跡は、確かに「大いなる正午*」における美的救済のイデーに到りついたニーチェとの類似を示している。しかし小林は美の実体を伝統に求め、モデルネの問題圏から離脱する。伝統の支えの上で無私と常識の優位を語る晩年の小林には、道学者のにおいは感じられてもニーチェとの類縁は感じられない。なお小林がニーチェに直接ふれた文章として「ニイチェ雑感」(昭和25年)がある。

(高橋順一)

誤謬 ⇨真理と認識

コリ／モンティナーリ [Giorgio Colli 1917-79; Mazzino Montinari 1928-86]

ともにイタリア*のニーチェ研究者。二人の出会いは第二次大戦末期、ルッカのギムナジウムの若い哲学教師と生徒として反ファシズム抵抗運動に関わり、読書会でニーチェを読んだことにさかのぼる。モンティナーリは、「ニーチェ＝ファシズムという悪しき(というのはイデオロギー的だからであるが)等式は、われわれ反ファシズム運動に加わったイタリアの高校生には当時妥当しなかった」、それゆえ「戦争が終わってドイツでニーチェが非ナチ化の犠牲になっても、ニーチェに対するわれわれの関係は本質的に重荷を負うことはなかった」と回想している。コリは戦後ピサ大学教授となり、ゲーテ*、ショーペンハウアー*、ブルクハルト*、フロイト*、そしてニーチェとローデ*やブルクハルトとの書簡集を精力的に編集・翻訳した。モンティナーリはイタリア共産党に入党したが、教条的な思考とは無縁で、コリが計画したニーチェの翻訳出版計画に加わった(のちにフィレンツェ大学、ピサ大学の教授を歴任)。彼らはナチス*によるイデオロギー的利用にも教条的左翼による断罪にも一線を画して、信頼に足るニーチェ全集を刊行しようとしたが、シュレヒタ*の全集も遺稿の扱いに問題があることに気づいて、ゲーテ・シラー・アルヒーフに保管されているニーチェの遺稿の精密な再検討にもとづいて新たな全集を編纂することを決意した。モンティナーリは1961年以降、当時は東ドイツにあったワイマール*に何回も足を運んでついには定住し、非常な労力を費やしたすえに遺稿を解読して、ニーチェが『力への意志』という著作を放棄した経緯をくわしく明らかにした。また、コリたちはペーター・ガスト*の遺稿から発見された『この人を見よ』*の草稿の写しを検討して、そのうち母と妹を中傷する内容を含む一節を最終稿と認定して従来のテクストを差し替えている。コリとモンティナーリの批判版全集および書簡集は、イタリアでは1964年から刊行が始まり、ドイツでは1967年以降、彼らがロワヨモンのニーチェ会議*で

知り合ったカール・レーヴィト*の斡旋によってグロイター書店から刊行されており、同時にフランス語訳もガリマール書店から刊行された。コリにとってニーチェは、ブルクハルトと並んでギリシア人の智恵について最も重要な貢献をした反時代的哲学者であり、また「積極的なニヒリズム*」の哲学者であった。彼はまた、ニーチェとギリシアをめぐる省察を1冊のアフォリズム集にまとめている（ドイツ語訳の題名 „Nach Nietzsche" が示唆するように，その内容は「ニーチェにしたがって」とも「ニーチェのあとで」とも取ることができるものである）。他方，モンティナーリは「認識の情熱」をニーチェの思想の焦点と捉えて、『ツァラトゥストラ』*よりもアフォリズム集を高く評価する立場を取っているが，哲学的思索の基礎としての文献学的作業を重視し，ニーチェ全集の註釈のためにニーチェの蔵書を大々的に調査した。彼はやはりグロイター書店から刊行されている『ニーチェ研究——ニーチェ研究のための国際年鑑』とニーチェ研究のモノグラフィー・シリーズの創刊・編集にもあたった。この両者の長期にわたるねばり強い共同作業のうえに成立した新しいニーチェ全集は、恣意的な編纂やイデオロギー的な歪曲という障害を取り除き、現代におけるニーチェ研究の最善の基礎となっている。▷付録・さまざまなニーチェ全集について　　（大石紀一郎）

文献　▷ Giorgio Colli, *Nach Nietzsche*, Frankfurt a. M. 1980. ▷ ders., *Distanz und Pathos*, Frankfurt a. M. 1982 (Milano 1974). ▷ Mazzino Montinari, *Nietzsche lesen*, Berlin 1982. ▷ ders., *Friedrich Nietzsche. Eine Einführung*, Berlin 1991 (Roma 1975). ▷ Giuliano Campioni, Mazzino Montinari in den Jahren von 1943 bis 1963, in: *Nietzsche-Studien*, Bd.17, 1988. ▷ ders., ‚Die Kunst, gut zu lesen.' Mazzino Montinari und das Handwerk des Philologen, in: *Nietzsche-Studien*, Bd.18, 1989. ▷ Wolfgang Müller-Lauter, Ständige Herausforderung. Über Mazzino Montinaris Verhältnis zu Nietzsche, in: a.a.O. ▷ Sandro Barbera, Der ‚griechische' Nietzsche des Giorgio Colli, in: a.a.O.

コロンブス　[Christoph Columbus (Christoforo Colombo) ca.1446-1506]

ニーチェは自らの認識の冒険*の比喩*としてコロンブスを使うことが晩年に多かった。またコロンブスの出身の町、山が海に迫り遥か沖合への誘惑に襲われるようなジェノヴァ*にも好んで滞在した（もっとも、コロンブスのジェノヴァ出身説は今なお確実ではない。ただ、ニーチェの時代は、コロンブス出生の謎をさらに不透明にしたヴァチカン文書の発見以前であり、少なくともドイツ語圏では一般にはジェノヴァ説が流布していた）。そうした脱出の気分を彼は遺稿で次のように書いている。「いまや私は、自分がどんな風でも帆走できることを学んだ人間のような気がする。そして自分の航路を！　今日私は私のジェノヴァ的大胆さに浸っており、自分でもどこに向かって進んでいったらいいのかわからないほどである。生活があまりにも狭く感じられ、新しい生活を発見するか創造せざるをえないような気がする。私は広がりを必要とする。遥か遠くの未知で未発見の広く大いなる世界を必要とする。それ以外はもう吐き気がする」［遺稿 I .12.252f.］。遥かなる大いなる世界への旅は、ニーチェの場合は認識の根拠を掘り下げ、深く主体の奥底へと降りて行く旅であった。内面にこそ遥か遠くの未知で未発見の広く大いなる世界があるのである。目標は既成の価値の破壊であり、おそらくは自己自身の没落*、つまり沈没であった。そうした気分を彼は「新しき海へ」と題した詩［『悦ばしき智恵』の付録である「プリンツ・フォーゲルフライの歌」に収められている］に託している。「かなたへ——と、おれは意志した。これからは／このおれとおれの腕前だけがた

よりだ。／海は茫々と青く／わがジェノヴァの船の軸にひろがる。／燐然として新しきもの，刻々とおれを包む。／時間も空間も死に絶えた真昼どき，／ただおまえの眼だけが──すさまじく／おれを見つめる──無限よ！」。四大が静けさに包まれ，パンの神が静かに通り過ぎるという古代的な正午の経験と，認識による没落という近代的な冒険欲とが合体している。それは地中海世界の経験を象徴するジェノヴァの地名と地の涯の岬ジブラルタルを越えるコロンブスとの共存にも現れている。この詩は遺稿のなかに数種類のヴァリエーションがある。なかには「女友達にコロンブスは語った」という書きだしのものもあり［遺稿 II.5.19f.］，ニーチェはコロンブスの伝記などを読んでいたのかもしれない。「新しきコロンブス (Columbus novus)」と題された，内容はほぼ等しいものもある［同 II.5.48.］。また，古代の正午の経験の部分が別の表現を取って事実上消去されていることを除けば，ほとんど同じ内容の，そして「はるかな沖合で」と題された詩がそのまま『悦ばしき智恵』*の表紙を飾り，本のタイトルも「はるかな沖合で」とする予定があったことが1882年夏から秋にかけてのメモを見るとわかる［同 II.5.72, 145］。→大いなる正午，航海，ジェノヴァ，冒険　　　　　　　　（三島憲一）

ゴンクール兄弟　[Edmond Huot de Goncourt 1822-96; Jules Huot de Goncourt 1830-70]

ゴンクール兄弟の『日記』は19世紀フランス*の文壇と社会に関する重要な記録として知られ，彼らが提唱した「記録文学」はゾラなどの自然主義*の先駆となった。ニーチェは1880年代後半，とりわけ1888年に『日記』を熟読し，そこからさまざまな知識を仕入れたり，表現を借りたりしているが，些末な事実にこだわる傾向には批判的だった。『偶像の黄昏』*では，それを「行商人の心理学」と呼んで，「小さな事実」ばかり追いかけて全体を見ないのは芸術家にふさわしくないとしている。そこから生ずるのはがらくたの寄せ集めであって，ゴンクール兄弟はその点で最悪のところまで達しているというのである［『偶像』IX.7］。ニーチェはまたゴンクール兄弟を「デカダン」と呼んでいるが，この評言はブールジェ*がゴンクール兄弟について，彼らは細部を崇拝することによって「自ら選んだデカダン」となっていると述べたことによるものである。

（大石紀一郎）

根源的一者　[das Ur-Eine]

ショーペンハウアー*がカント*の物自体*とのアナロジーで考えた世界の究極的な根拠。それを彼は自己自身に苦しむ意志のモデルでとらえている。この根源的一者が，時間と空間という個体化の原理によって仮象*でしかない日常生活の多様な現象となって展開する。この現象こそわれわれの苦悩＝煩悩の源泉である。したがって，この仮象からわれわれは芸術の「太陽の目」によって救済されねばならないし，またそれによって，根源的一者も救われるというのが，ショーペンハウアーの考え方である。ここには，意志は意志であることに苦しむという，欲望充足の不可能な近代社会の経験が潜んでいる。この思想は『悲劇の誕生』*におけるニーチェのギリシア文化解釈の基盤となるとともに，ディオニュソス*の名をつけられることになる。だが，ディオニュソスが西欧の隠れた伝統の内に保ち続けてきた祝祭の性格，永遠に続く生命の賛美の思想とショーペンハウアーのペシミズム*とは長く共存できるものではなく，ニーチェはやがて，ショーペンハウアーから離れていく。→物自体　　　　　　　　（三島憲一）

コント　[Auguste Comte 1798-1857]

ニーチェのノートには，J. S. ミル*の『コントと実証主義』をドイツ語版で読んだ跡がある。ニーチェがコント自身に当たった

様子はなく，コントに関する知識はこの書に拠ったらしい。コントはニーチェにとって対蹠点に位置する存在で，ニーチェはいくつかの面にわたってそれを描いている。「コントは18世紀の続きである」と語った晩年の断想の一節には，「頭にたいする心の支配，認識論における感覚論，利他主義的狂信」とその内容を補足した文句が記されているが［Ⅱ.10.140］，コントをめぐるニーチェの発言は，この三つのどれかに関連するものが多い。女性的な香気を発散させる「心情の宗教」に共鳴するフランス人コント［『偶像』Ⅸ.4］，科学的方法をあやうく哲学にまで仕立て上げようとしたコント，そしてショーペンハウアー*，J. S. ミルと並んで利他主義*的道徳の代表者としてのコント［『曙光』132］がそれである。『曙光』*にはまた，自らの思考をもはや吟味しようとはせずただ出来合いの果実を味わって余生を送ろうとする老哲学者の一人に「厳密科学の集大成者」コントの名がみえる［542］。総じて「科学が……主権を握るようになった」［遺稿 Ⅱ.10.140］時代にあって，意志の弱さと断念，衰退を象徴する人格としてコントが描かれている。→ミル

（木前利秋）

混沌　［Chaos］

「〈キリスト教の信仰がなければ，君たち自身が，自然や歴史と同じように，怪物と混沌になってしまう〉とパスカルは言った。この予言をわれわれは成就した」［遺稿 Ⅱ.10.144］。1887年秋の覚書にニーチェはこう書きとめている。キリスト教*的世界観のなかで，人間は自然を統べる支配者として君臨し，終末における救済を信じていたが，信仰の喪失は人間のそのような自己理解に根本的な変更を迫ることになる——こうした事態の到来を恐れたパスカル*があえて信仰に賭けようとしたのに対して，啓蒙の世紀を経て，社会生活の世俗化も進んだ19世紀において，パスカルの予言はすでに実現しているというのがニーチェの時代診断である。彼の言葉によれば，あらゆる過去を理解し享受する普遍性を誇る歴史主義*と，事実を尊重する大胆なリアリズムにもとづく実証主義*を生んだ19世紀が，混沌とニヒリズム*に陥ったこと，つまり，かつての意味を失った世界における生存の無意味さに対する嘆息しか生み出さなかったところに，この世紀のデカダンス*があるという［『偶像』Ⅸ.50］。だが，生存の意味が失われたように思われるのは，これまで人間が〈神〉という自分に都合のよい虚構によって世界に意味を付与することに慣れていたからにすぎない。むしろ，「世界の全体としての性格は永遠に混沌である。必然性の欠如という意味ではなく，秩序・組織・形式・美・叡智，その他われわれの美的人間性と称されるものなどいっさいないという意味で混沌である」とすれば，自然法則を見いだしたと称して世界の目的を解明した気になっている自然科学も，いまだに「神の影」を引きずっているということになる。これに対してニーチェが求めるのは，混沌と化した世界に何らかの狭隘なパースペクティヴからの解釈によって意味を付与することなく，混沌をあるがままに認めることであり，「人間を，純粋な，新たに見いだされ，新たに救済された自然によって自然化しはじめること」である［『智恵』109］。とはいえ，同時に彼は，迷宮と化した近代人の魂のなかに思いもよらぬ生*の可能性を探ろうともしている。「自己の内部をそれが巨大な宇宙であるかのようにのぞき込み，自己のうちに銀河を抱く者は，あらゆる銀河がいかに不規則なものであるかということも知っている。彼らは生存の混沌と迷宮のなかへ人を導く」というのである［同322］。そして，ツァラトゥストラは，「舞踏する星を生むことができるためには，自己のうちに混沌を宿していなければならない」と説いて［『ツァラトゥストラ』序説5］，混沌の

彼方に超人*の到来を待望するのである。

(大石紀一郎)

サ

差異

　ニーチェは同一性と同一のものの存在への信仰を，生成*のなかで限界づける。それが系譜学*になるときには，「誰が同一性を望むのか？」と定式化できるであろう問いによって導かれる。矛盾律にもとづく論理学的な同一性についても同様である。一般に論理学の公理は，「現実性」の概念を作り上げるための基準と手段である。論理的思考は，それ以前にすでに現実なるものを知らないのだから，その公理が現実に適合すると言うことはできない。物自体*のいかんを別にすれば，ここまではカント*の批判と道を同じくする。しかしニーチェは先験的 - 超越論的主体の同一性をも突破する。生の文脈のなかで論理学は，われわれにとっての現実の世界なるものを概念化・図式化し，つまり定式化しやすく計算しやすいものにする試みにすぎない。矛盾律は避けがたい有用性をもつとはいえ，それが表しているのは必然性ではなく，むしろ「ある無能力」なのである。

　ニーチェが論理学的解釈まで含めた解釈の底に仮定する「力への意志*」にも同一性を求めることはできない（それゆえ「力への意志」は根底ではない）。そこにあるのは力と力の間の量と質の差異であり，意志の類型の違いである。より高くを望む能動的なる力への意志が差異を肯定するのに対し，反動的な力に依拠する「無への意志*」は差異を否定し，最終的には不動の安寧へと到り着こうとする。タイプとしての強者（主人）は，強者 - 弱者の差異と作用関係（ヒエラルキー）を肯定する。タイプとしての従僕を特徴づけるのは否定と対立である。従僕は主人に対立し，ヒエラルキーを否定しその転覆を図り，差異を平準化しようとする（ヘーゲル*の主奴弁証法を参照）。弱者の勝利は，「真の世界」「背後世界」を定立する「僧侶の理想」や「形而上学*」として築かれるが，「神の死*」以後，無際限の現世肯定としてのニヒリズム*をも帰結する。

　「おしまいの人間*」を超えて新たな感受性において肯定する「超人*」の境位である「永遠回帰*」も，存在する同一物の回帰ではなく，選別を含んだ差異の回帰という差異の問題系のなかで理解すべきであろう。そのためには，ニーチェをヘーゲル弁証法*との対決として読むことが必要である。→形而上学*
 ドゥルーズ　　　　　　　　　　　　（港道　隆）

文献　▷Gilles Deleuze, *Nietzsche et la philosophie*, PUF, 1962（足立和浩訳『ニーチェと哲学』国文社，1974）.

錯覚　⇨捏造

サテュロス　[Satyr (Satyros)]

　ギリシア神話にディオニュソス*の従者として出てくる半人半獣の山野の精。山羊のような耳，馬のような尾，巨大な男根を持ち，毛深く，酒と女を好み，陽気に跳びはねる。しばしば同じディオニュソスの従者であるシレノス (Silen) と同一視されるが，ニーチェにおいては，シレノスは深い英知から生の実相を厭世的に語る年老いた森の精として区別されている。アテナイの大ディオニュシア祭では劇の競演が行われ，三人の作家が一日交替でそれぞれ三つの悲劇と一つのサテュロス劇を上演した。ギリシノ劇では劇の内容に応じた扮装の合唱隊（コロス）が劇場中心部の円形歌舞場（オルケストラ）で歌い踊ることによって劇の進行に関与するのであるが，狂言的な軽い内容のサテュロス劇は，サテュロスに扮した者だけの合唱隊を伴うという制約のゆえにこの名を得てい

る。しかしながら『悲劇の誕生』*7～8節で、ギリシア悲劇の起源はサテュロス合唱隊であると言われるとき、ニーチェの念頭にあったのは、このサテュロス劇の合唱隊というよりも、むしろ必ずしもサテュロスの扮装をしないディテュランボス*の合唱隊であったと思われる。言いかえれば、彼は悲劇の起源を悲劇の合唱隊に、その起源をサテュロス合唱隊に、さらにその起源をディテュランボス合唱隊に見ており、そうした合唱隊の発生史的過程を「サテュロス合唱隊」の一語で象徴的に表現したのである。ニーチェによれば、世界史の恐るべき破壊行為や自然の残虐性を深く洞察して生否定の危機に瀕していたギリシア人は、サテュロスを自然の根源的な生命力と生殖力をそなえた原初の人間とみなし、ディオニュソスを讃えて狂酔乱舞するサテュロスの群れの姿から、「現象のあらゆる有為転変にもかかわらず、事物の根底にある生は不滅の力を持ち、歓喜に満ちているという形而上学的な慰め」を獲得した。サテュロス合唱隊はそうしたギリシア人の幻視の具象化であり、さらに悲劇は観客が一体化したサテュロス合唱隊の幻視の具象化であるというのが、『悲劇の誕生』の理論の道筋である。
⇒ディテュランボス、『悲劇の誕生』　（清水本裕）

「砂漠の娘たちのもとで」　[„Unter Töchtern der Wüste"]

『ツァラトゥストラ』*第4部[Ⅳ-16]でツァラトゥストラの影*である漂泊者は、ツァラトゥストラが彼の洞窟に集った「ましな人間*たち」の憂鬱なペシミスティックな雰囲気に耐えかねて出て行こうとするのを引き止めて戯れ歌を歌う。影／漂泊者はその歌を、かつて砂漠の娘たちのもとで作ったのだという。

漂泊者は旧約聖書のなかでヨナが鯨に呑み込まれたように、砂漠のなかで「オアシス」が口を開けていたところにすっぽり落ちこんで、可愛らしい娘たちと出会う。この娘たちのもとで漂泊者は、「東洋の空気」「明るく、軽く、金色の縞のついた空気」を味わい、「雲の多い、陰湿な、憂鬱な、古いヨーロッパからこのうえもなく遠ざかることができた」という。砂漠のなかの娘たちは、ヨーロッパ的ニヒリズムに対置された非ヨーロッパ的世界を象徴する。「砂漠」の比喩*は『ツァラトゥストラ』にはたびたび登場する。「重荷に耐えかねた精神は、駱駝のように自分の砂漠へと急ぐ」[Ⅰ-1]のであり、また「多くの徳をもった者たちは、砂漠に出かけていって自殺した」[Ⅰ-5]という。砂漠はキリスト教*道徳の価値観を否定するニヒリズム*の第一段階の比喩*であるが、そこで精神は重荷を背負う駱駝から自由を獲得する獅子への変化を遂げる。だからこそ自由精神*の徒たちは砂漠に住まうのである。漂泊者は歌の冒頭で「わざわいなるかな、心に砂漠を抱く者は！」という文句には「道徳家どもにふさわしい重々しさ」があるとして嘲笑し、砂漠に象徴されるニヒリズムを逆に肯定している。だが砂漠はニヒリズム*を積極的に選び取る段階ではあるが、まだ克服ではない。

漂泊者は砂漠の娘たちのもとへ「ヨーロッパ人で初めて」やって来たという。つまりニヒリズムの克服の今までに知られていない段階にいたったということである。砂漠の娘はキリスト教的道徳世界を超出した善悪の彼岸にある官能性の象徴である。歌の中で彼女たちをバイロン*の『ドン・ジュアン』に登場するドゥドゥ、ゲーテ*の『西東詩集』で歌われているズライカといった官能的な女性の名で呼び掛けていることにもそれをうかがえる。だが、「ヨーロッパから来た」がゆえに「懐疑的」な漂泊者は、このオアシスの楽園にも懐疑*をむけ、やがてこの娘たちが足を一本、つまり理性と感性という二本の足のうち、理性の方をなくしてしまっていることに気づく。その足は「獅子」にもう嚙み砕かれ

てしまったのかも知れないという。つまり既成の真理観や道徳観を否定する獅子は、理性という足を喰いつくしたのだ。足のなくなったことに泣きだす娘たちに「ズライカよ、元気を出して！――それとも、何か強壮ならしめるものが必要なのか」と漂泊者は問う。この表現は、ペシミズムに落ちこんだ意志が求めたがる「心を強壮ならしめるもの」について語っているショーペンハウアー*の言葉[『倫理学の二つの根本問題』]を踏まえている。

一本足の娘の比喩は、キリスト教道徳の価値世界からの完全な脱却と官能性への没入が、ヨーロッパ的理性との決別なしには不可能なことを物語っている。しかし漂泊者は一本足の娘の官能性に溺れることはできない。彼は「ヨーロッパ人」であるほかない。つまりヨーロッパ精神からの脱出はできないということである。とすれば「道徳の獅子」として「吼える」ことしかできない。「道徳の唸り声こそ、何にもまさってヨーロッパ人の熱情、ヨーロッパ人の渇望だからだ」。「道徳の唸り声」はしかし従来通りにキリスト教道徳を唱えることとは違う。獅子として、つまり否定精神として道徳の領域の内部から通念的な道徳観を告発することである。歌の最後にある「そしてここに私は、やはりヨーロッパ人として立っている。私は、ほかにどうすることもできない。神よ、助けたまえ」という言葉は、ルター*がヴォルムスの帝国議会で教会批判を公言した時の言葉「われはここに立つ。われは他なることあたわず。神よ助けたまえ」を踏まえている。ルターの教会批判がキリスト教の内在的批判であったように、ヨーロッパ的ニヒリズムもヨーロッパ世界からの脱出によってではなく、ヨーロッパ精神の内部からこそ超出すべきであることが暗示されている。

非ヨーロッパ世界と対照させてヨーロッパ的理性やキリスト教道徳を批判するのはニーチェの常套手段だが、その際にニーチェはヨーロッパ的理性にとっての「他者」を絶対化することはない。彼は、この漂泊者の歌にも見られるように、批判の自己回帰的な構造に気付いていた。つまり自己の世界からいったんは出ることによって、自己を相対化する視点を外部にもとめるが、外部には留まらずにふたたび自己の世界に戻り、その内側からの超越を行うという構造である。結局はヨーロッパ人であることに戻らざるをえない漂泊者の歌は、こうした自己回帰性を戯画化している。しかし同時にまた、ヨーロッパ的理性の批判は理性の放棄であってはならないこと、そして理性批判の自己回帰性は不可避であることを暗示している。

ちなみに、「砂漠の娘たちのもとで」は同じ標題で多少の変更を加えた形で後に「ディオニュソス・ディテュランブス」の詩集に収められている。そこでは『ツァラトゥストラ』にはない最後の数行で、永遠回帰*を思わせる部分がある。「石はたがいにきしみあい、砂漠はのみこみ、首を締める。恐ろしい死が燃えるような褐色の眼差しでみつめ、咀嚼する。その死の生はこの咀嚼なのだ」。この「咀嚼」はもはやヨーロッパ精神自身の自己循環ではなく、死と生の間の循環となり、ニヒリズムの克服がその循環のなかでの生の肯定へとつながっている。

「砂漠の娘たちのもとで」は一種の戯れ歌であるが、以上に示したように過去の文学作品や聖書の物語やルターの言葉など、さまざまな下敷きがある。こうした「ふざけ」はニーチェの破壊的批判の方法のひとつであるが、それが支離滅裂ではなく、特定の文化的伝統を前提とするものであり、そのコンテクストをずらすことによって伝統のなかに形成されてきた位置や価値を転換する試みであることがわかる。→漂泊　　　　　（大貫敦子）

ザーリス [Meta von Salis-Marschlins 1855-1926]

スイスのグラウビュンデン地方の領主の末裔。各地で家庭教師をした後に，領地を継ぐが，その間に女性解放運動に傾倒し，マルヴィーダ・フォン・マイゼンブーク*のサークルに入る。女性も学位が必要との認識から1883年にはチューリヒ大学に入学し，哲学，歴史，法学を学び1887年にはグラウビュンデン地方の女性として初めて博士号を得る。戦闘的な女権論者であったことは，1894年に知り合いの女性が巻き込まれた裁判に関して，裁判官侮辱罪で短期であるが刑に服したことからもわかる。フォン・ザーリスはすでに1879年に，ナウムブルク*在住のロシア系ドイツ人貴族の家庭教師をしており，そのときにこの貴族と交際のあったニーチェ家の人々を知っていた。しかし，ニーチェとは1884年7月チューリヒで初めて知り合う。その後毎年のように，ジルス＝マリーア*のニーチェを彼女は訪問し，とくに1887年は一夏滞在し，散歩やボート遊びにつきあいながら，文学や思想についての議論の相手になっていた。テクストでは女性侮蔑的な発言の多いニーチェであるが，実際には，とくにジルス＝マリーアでは多くの女権論者と交際があり，また彼女たちにしたわれていた。さまざまな人々がそれぞれの分野で新しい生の形式を渇望し，模索したこの時代の特徴である。後に彼女の書いたニーチェの思い出『哲学者と貴人』(1897) には，彼のスタンダール*やエマーソン*への好意をはじめとして，当時の読書傾向などが詳しく記されている。ドイツ文化の歪みへの憤慨や批判は，ふたりに共通していたため，最後まで深い友情に結ばれる関係となった。 →フェミニズム〔女性解放〕　　　(三島憲一)

サルスティウス [Gaius Sallustius Crispus 86-34 B.C.]

古代ローマの政治家かつ歴史家。シーザー*と親交が深く，再三の危機を彼に救われる。シーザーとともにアフリカに行き総督を勤めたこともある。5巻の『歴史』(残っているのは断片のみ) や『カティリーナの反乱』などの歴史書で後世に名を残す。古めかしい文体は，ニーチェの好みにあっていた。「エピグラムとしての文体」への感覚を彼に学んだという[『偶像』X.1]。高校時代にはラテン語作文の模範としてサルスティウスの凝縮度の高い，簡潔な文体を模倣したことが『この人を見よ』*のなかに記されている[「この人」II.1]。もちろん，ニーチェは高校時代から教室や同級生との読書会でサルスティウスを読んでいた[たとえば1861年11月末の妹宛の手紙]。だが，晩年にサルスティウスを尊重したのは，全体としてギリシアよりもローマの規律や戦闘性の評価へと重点を移したことと関係があろう。単なる教養市民の知識として学んだ古代ローマのテクストがやがて，教養主義から脱出するために必要な文体の簡潔性のための模範となっていったようである。 →古代ローマ人　　　(三島憲一)

サルトル [Jean-Paul Sartre 1905-80]

一時期までの思想史において実存主義者という点でサルトルは，キルケゴール*に遡って語られることも多く，その関連でやはり実存主義*の祖とされていたニーチェやハイデガー*にも触れられるというのが図式であった。しかし，構造主義へのパラダイム・チェンジ以降は，こうした物語は好まれなくなり，むしろニーチェの知的影響はポスト構造主義*の流れ，つまりフーコー*やデリダ*に認められるようになり，そのさきがけである一世代前のバタイユ*に，またクロソウスキー*にフランスでのニーチェの影響の元祖が見られるようになった。1970年に出始めたバタイユ全集の前書きでフーコーが「今日ではだれでも知っている。バタイユは，彼の世紀の最も重要な著作家のひとりである」と書い

たのはこの転換を象徴している。ついでに言えばサルトルはいまだに全集が出ていないことも、時代の変化を物語っている。ポスト構造主義者たちが反ヒューマニズムを掲げ、ニーチェに依拠するのに対して、実存主義はヒューマニズムであると豪語するサルトルとニーチェにそれほどの重要な関係がない、いやそれどころか両者は無縁であると現在では思われがちなのも無理はない。

しかし、30年代半ばにあっては、後にまったく相反する流れはまだ一緒であった。コジェーヴのヘーゲル講義を聞いていたバタイユ、クロソウスキー、ラカン、メルロ＝ポンティ*らとの交流もさることながら、「聖社会学」として知られることになる「コレージュ・ド・ソシオロジー」のメンバー（多くはコジェーヴの講義の聴講者であったが）との交流の中から、当時のフランス思想の中で重要なキーワードであった「犠牲」について、つまり儀礼化された犠牲の社会的意義について、ファシズム前夜にあってなされていた議論を、サルトルはよく知っていた。まだドイツ占領下のパリで1944年3月に行われた「罪」についての研究会でバタイユの発表を聞いているサルトルは、当然彼とニーチェのつながりも理解していた。ただし、この発表には不快感を隠さなかったと伝えられているのは、象徴的である。このバタイユが書いた『内的経験』に対してサルトルはすでに1943年に「新しき神秘主義者」と題した書評のなかで、過剰*による自己破壊の経験という点で、著者とニーチェとの共通性を指摘している。また「解決なき葛藤」に身を委せ、そのなかで砕け散っていくという点で、バタイユは、キルケゴール、ヤスパース*、そしてニーチェとつながっているとされている。だが、ここには悲壮な内的経験が実存主義的に理解されているだけで、バタイユがニーチェから学び、その後の現代思想で前面に出てきた、自己の文化への「エスノロジー的まなざし」は欠如している。

おそらくサルトルがニーチェから最も多くを受けているのは、ジャン・ジュネ*の擁護のために書かれた『聖ジュネ』であろう。思い出されるのは、ニーチェ自身がストリンドベリ*宛の手紙 [1888.12.8.] で、パリの殺人犯プラドに触れ、犯罪人の強烈な心理に関心を寄せていることである。サルトルによれば、ジュネにあっては、自分を犯罪人にした世界を呪うのではなく、まさに自己がそのような存在であることのゆえにもたらされる苦悩を、そして世界が無残な出来であることに伴う苦悩を快楽の源泉にしているという逆説がある。『ツァラトゥストラ』*の「すべての快楽は永遠を欲する」*をもじって「すべての苦悩は永遠を欲する」とサルトルは付け加える。また地獄と遊戯性というシンボルがパスカル*、ニーチェ、カフカ*、そしてジュネに共通することも指摘される。禁欲道徳*には自己へ暴力を加える快楽のなにがしかがあることを論じた『人間的』Ⅰ.137 が引かれたりする。要は、善と悪の深い相互依存性（「悪なき善はパルメニデスの存在、つまり死でしかない。善なき悪は純粋の否定存在である」）を、そして悪の極限の経験がもちうる聖性の構造をニーチェを使ってなんとか正当化することであった。こうした議論の頂点は『ジュネ論』のなかで永遠回帰*を論じたくだりである。数ページにわたって論じられている内容を要約すれば、存在するものの全体は、望むとか、意志するとかの対象でもなんでもないのに、これは「私が望んでいるのだ、意志した結果なのだ」と力みかえっている滑稽さこそ、ニーチェの重要な特徴とされる。それによって、普通は可能性である未来を現実性へと読み換えてしまうことで、ニーチェは現在を非現実化してしまった。そして、「私はそういうように信じようと意志している」あるいは「私は（回帰を）信じていると信じている」という構造から独特の滑稽

さが発生する。だが、この滑稽な喜劇は、ジュネの世界経験と通底するとされる。

たしかにマーク・ポスター(『ポストモダンの哲学』)のように、ニーチェとサルトルは真理の主観的性格や実践依存性という点で意外と近い(ちなみに K.-O. アーペルもプラグマティズム、マルクシズム、実存主義をこのメルクマールで纏めている)という見方も可能かもしれない。だが以上のようなサルトルのニーチェ観は、レジスタンスから戦後の政治的アンガージュマンの時代のモダニズム理解の枠にとどまっていると見るのが現在では正当であろう。→実存主義、メルロ=ポンティ、カミュ、ジュネ、バタイユ　　(三島憲一)

ザロメ [Lou Andreas-Salomé 1861-1937]

女流作家。ユグノー出自のロシア将軍の娘として、ペテルブルクに生まれる。チューリヒ大学に留学、神学を専攻するが、健康を害し、1882年1月、母とともにローマ*へ赴き、3月その地のマイゼンブーク*夫人のサロンで、若き哲学者パウル・レー*と出会う。マイゼンブーク夫人もレーもこの若い女性の高い知性に驚き、ともども親交のあったニーチェに宛て、それぞれが是非引き合わせたい人として手紙を記す。これより3年前病気のためバーゼル大学を退職していたニーチェは、各地を転々とするだけでなく、社会的名声とはひきかえに、自分を認める人もないという思いにとらわれ、真に自分を知る弟子の存在を求めていた。4月この出会いは実現するが、レー、ニーチェともルーに対する思いはつのり、それぞれ求婚してはねつけられる。そのかわりに彼女の出した提案は、いわゆる「三位一体」の関係、つまり学問的追求としての共同生活であった。この不安定な関係は、二人の男性側のそれぞれの思惑とニーチェの妹エリーザベトの介入とにより、まぎれもない三角関係となり、8月にはニーチェとルーの交際が絶たれる。わずか数カ月の、いわゆる「ザロメ体験」であるが、その間二人が与え、得た、相互の影響は大きく、ルーにあっては、その詩作、さらには小説『神をめぐる闘い』(1885)を生み出すことになる。ニーチェにあっては、その間ルーに対する共感と愛とを友人宛てに記し、ルーの詩作に作曲を行うということのみでなく、『ツァラトゥストラ』*執筆中のニーチェにとり、その精神の高揚と屈折とにおいて見過ごせぬ影響を与える。レーとの関係は、ニーチェと別れた後もしばらく続くが、1887年ルーは突然のように15歳年上の東洋語学者アンドレアスと結婚する。この結婚もルーを束縛することなく、評論の仕事にいそしむだけでなく、ベルリンをはじめ各地を転々とする。この期間ルーは、ハムズン、アルテンベルク、シュニッツラー、ホルツ、ヴェーデキント、ザルテン、ヴァッサーマン、ホーフマンスタール*、カイザーリング伯等々著名な文筆家をはじめとするベルリン、ウィーン、ミュンヘンなどの大都市における新しい文化を代表する知性に触れ、親しくつきあい、時には華々しい浮き名を流す。1897年ルーは、ミュンヘンで15歳年下の若き詩人リルケ*と出会い、熱烈な恋におちる。二人はミュンヘンの南郊ヴォルフラーツハウゼンに農家を借り同棲し、また、2回、初回はルーの夫ともども、二度めは二人でロシアを旅行し、トルストイとも会った。この旅は、詩人リルケにとり深く強いロシア体験となるが、ルーにあってもロシアの再発見となり、ここからいくつかの短篇小説が生まれる。二人の関係は、二度めのロシア旅行の後おわり、リルケはこの後、ヴォルプスヴェーデの時代を迎えることになる。この別れは、もっぱらルーの方から行われ、彼女がリルケの一人立ちを念じたためと言われる。ルーの興味は、この時代の新しい学問領域である精神分析学にも早くから向けられ、また、その交友関係あるいは恋愛の対象にもこの方面の人たちがいたから、精神分析学を

学びたいという思いは次第につのり，1911年フロイト*に会い，その弟子となりたい旨を述べる。はじめフロイトはこれを問題としなかったが，ウィーンでその弟子アードラーと共同研究を計画していることを知ると，これを嫌い，直接指導することを申し出る。こうしてルーは，その生涯にこの時代を代表する三人の人物と親しくすることとなる。そしてその結果，ニーチェについては『その作品におけるニーチェ』(1894)，リルケについては『R. M. リルケ』(1928)他，フロイトについては『フロイトへのわが感謝』(1931)，そしてその回想録『生涯の回顧』(1952)をも合わせ，その三者を対象とする研究にとり貴重な参考文献ともなり，またその時代についてのすぐれた批評書ともなる著作が生まれることとなる。ルー自身の著作としては，上記の他，評論『イブセンの女性像』(1892)，短篇『ルート』(1895)以下，いくつかの短長篇小説，評論，子どものための読み物，人物素描記，回想記などが残されている。→レー，リルケ，フロイト　　　　　　　　(村田経和)

三段の変化 (駱駝・獅子・幼子)　[Drei Verwandlungen (Kamel, Löwe, Kind)]

ツァラトゥストラの教説は「精神の三段の変化」を説くことから始まる[『ツァラトゥストラ』Ⅰ-1]。三段の変化とは，精神の段階を駱駝・獅子・幼子に譬え，精神が駱駝となり獅子となり幼子となる変化を綴ったもの。自己を克服しゆく人間の精神の道程が暗喩されている——駱駝の精神は，重い荷を背負うように神聖な義務を担う逞しい精神である。「畏敬の念」にみちたこの精神は，「汝なすべし」という義務の観念を神聖なものとして愛しつつ，駱駝のごとく砂漠へと急ぐ。だが荒涼たる砂漠に踏み入ると，駱駝の〈忍耐づよい精神〉は獅子の〈自由なる精神〉に変じる。獅子は，「汝なすべし」という義務の観念に向かって「聖なる否定」を突きつけ，「我は欲する」と叫ぶ。だがこの自由の精神は「新しい価値を築くための権利」を得るがそれを創造するだけの力はない。自由を得た獅子は，さらに創造に遊ぶ幼子とならねばならない。「幼子は無垢，忘却，そしてひとつの新たな始まりである。自ずから回る車輪，始源の運動，そして聖なる肯定である。／……創造の戯れには，……聖なる肯定が必要だ。……世界を喪失した者がおのれの世界を獲得するのだ」。「英知への道」と題した遺稿には，三段の変化と重なる「道徳克服のための指針」が描かれている。第一歩は，尊敬に値するいっさいの重みに耐える「共同体の時代」ならば，そのいっさいを打ち砕く自由な精神の「砂漠の時期」が第二歩である。そして第三歩では，頭上にいかなる神も戴かない創造者の本能，「大いなる責任と無垢」の時が訪れる[遺稿Ⅱ.7.211]。三段の変化が興味深いのは，この変転がさながらニーチェ自身の思想的歩みを暗喩したように読めるからだろう。レーヴィット*は，ニーチェの著作の時期区分をこれに対応させ，『悲劇の誕生』*と『反時代的考察』*の初期をヴァーグナー*，ショーペンハウアー*を尊崇した敬虔な精神の時代，『人間的』*から『悦ばしき智恵』*の中期を自由精神*にもとづく「午前の哲学」の時代，そして『ツァラトゥストラ』*に始まり『この人を見よ』*で終わる後期を永遠回帰*の教師となる「正午の哲学」の時代としている。
(木前利秋)

サンド　[George Sand (Aurore Dupin, baronne Dudevant) 1804-76]

フランス革命*によって没落した貴族階級に生まれ，繊細な感受性を発揮したロマン主義の色濃い多くの文学作品を著し，ミュッセ，ブールジェ*，リスト*，ドラクロワ*，フローベール*，ルナン*といった男性知識人との交友を持った。とくにショパンとは濃密な恋愛関係を結び，華やかな恋の遍歴を奔放

に生きた女性であるが、1848年のフランス二月革命を機に臨時革命政府に積極的に協力した。それゆえにサンドについては女性の天分と男性的気質をかね備えた女性という評価がある。ジョルジュ・サンドという名は、彼女の執筆活動の開始を助け共著を著した恋人ジュール・サンドウとの共通のペン・ネーム「ジュール・サンド」のヴァリエーションである。ニーチェは、彼女の男まさりを嫌ったようで、「男らしさをもった女の媚び」、「生殖力のある物書きの雌牛」[『偶像』IX.6]と侮蔑的に表現している。革命運動に参加したために、ニーチェにとってサンドは、ルソー*の思想や女性解放など彼の嫌うセンチメンタルなロマン主義に位置する人物だった。ただし、ヴェニス*に魅了されていたサンドに対しては、ローマ*に傾倒したヴァーグナー*よりはどこか親しみを感じていたようである。彼女に対するニーチェの評価には、ルソー、フェミニズム*、ロマン主義に対する彼の一貫した批判が反映している。→フェミニズム〔女性解放〕　　　　　　　　　　　（大貫敦子）

サント・ブーヴ [Charles-Augustin de Sainte-Beuve 1804-69]

ニーチェは『偶像の黄昏』*のなかで、サント・ブーヴはあらゆる手段を用いて誹謗中傷を行う女性的な人物であるとして、卑しくて賤民*的な点ではルソー*のルサンチマン*と血縁関係にある「ロマン主義者」であり、「革命的」ではあるが、世論やアカデミー、宮廷、ポール・ロワイヤルといった権威のあるものには弱いと、手厳しい評価を下している[『偶像』IX.3]。だが、これらの評言はかなりの部分がゴンクール兄弟*の『日記』からの借用であり、どこからがニーチェ自身による評価なのかはっきりしない。ただし、ニーチェが『ポール・ロワイヤル』その他のサント・ブーヴの評論を読んでいたことはたしかで、オーヴァーベック*の妻イーダの翻訳した『18世紀の人びと』(『月曜評論』からの抜粋)の出版をシュマイツナー書店に斡旋している（1880年刊）。フランス文学史上、サント・ブーヴは印象批評と科学的批評の性格を兼ね備えた近代批評の確立者として評価され、客観的な背景のもとでさまざまな人間精神の肖像を描き分ける「精神の博物学」をめざして、テーヌ*やルナン*の先駆者になったと位置づけられている。しかし、モンテーニュ*、ラ・ロシュフコー*、スタンダール*といった決然たるモラリスト*たちを高く評価したニーチェは、サント・ブーヴには批評家として自分なりの基準となる確固たる趣味*が欠けており、自信がないからこそ「客観性」という「仮面」を被って安全な中立地帯に逃げ込んでいるのだという見方をしていた。とはいえ、それが、古典主義の弱体化とともに確固たる美的基準が失われ、芸術批評が独自の基準を模索する過程で生じた必然的な事態であったと考えれば、その不安定さを美的モダニズムの到来の予兆と見ることもできる。その点では、繊細な趣味の判断においてサント・ブーヴは名人であり、ボードレール*の先駆であるというニーチェの指摘も正鵠を射ていた[『偶像』IX.3;遺稿 II.8.415f.]。

（大石紀一郎）

シ

飼育〔育成，訓育〕[Züchtung; Zucht; züchten]

初期の文化批判はのちに『ツァラトゥストラ』*において新しい人間の出現への期待という形でひとつの頂点に達する。それ以降の後期の著作では「超人*」という表現が影を潜めると同時に、生物学的な意味あいをこめて

新しい種の育成の必要性が「飼育」という言葉で示されることが多くなる。『善悪の彼岸』*では、近代の人間の歪小化と平均化に抗して歴史を人間の意志によって形成するために卓越した人間の飼育が必要であるとされ[203]、またそうした人間のタイプを育成する上で有利な条件を生んだ貴族*社会やギリシアのポリスを模範的と見ている[262]。とくにキリスト教と市民社会の道徳では人間の粗野な部分を飼い馴らすことが人類の改善だとされて、病的な弱々しい野獣としての人間が作られてきたことにニーチェは反発し、むしろ「動物学的なターム」で言う「改良」、つまり「強い種の飼育」をすべきだとする[『偶像』Ⅶ.2]。またキリスト教的博愛精神やヒューマニズムの対極にあるインド*のカーストにおける「飼育」を評価し［同 Ⅶ.3]、また強き者が強くあることを許す「アーリア的」な種族の特性を正当化している［同 Ⅶ.4]。こうした脈絡でのニーチェの発言は、飼育という表現が生物学的な意味での人種*の優劣順序として解釈されてもやむをえないところがある。

ハイデガー*は『ニーチェ』で「大地の支配」のための条件としての「人間の飼育」の必要性をニーチェから読み取って次のように記している。「人間の飼育とは、感性を抑圧し麻痺させることとしての飼い馴らしではなく、むしろ規律（Zucht）とは、諸能力を蓄積浄化し、いっさいの行動を厳密に統御されうる一義的〈自動性〉にもたらすことである。力への意志*の無制約的主体性が存在者全体の真理となるところでのみ、種族育成を……組織づける原理は可能であり、つまり形而上学的に必然である」。ニーチェも飼育された人間を「堅固さ、単一性、明瞭さ」[『善悪』262]と表現しているが、ほぼ同じ言葉を使って力への意志へと飼育された人間を語るハイデガーの文章に、人種虐殺さえ「自動性」によって冷淡に実行できるナチス*のS

S将校たちの規律的統御につながる姿勢を見ることができよう。「飼育」という言葉がニーチェの思想として時流のなかで特別な位置付けがなされたのは、遺稿が『権力への意志』として出版された時に「訓育と飼育」（Zucht und Züchtung）という項を設けてしまったことに大きな原因がある。

(大貫敦子)

シェイクスピア ［William Shakespeare 1564-1616]

ドイツにおいてシェイクスピアは、ヴィーラントによる翻訳（1762-66）以後、繰り返し翻訳され、とりわけゲーテ*やロマン派による受容によって、近代詩人の代表としてドイツ文学史においても重要な存在となった。とくにA. W. シュレーゲルやティークによる全集（1818-29）は大きな影響を及ぼし、ニーチェも15歳のときにこの全集の新版を手に入れ、熱中して読み耽った。ギリシア悲劇の解明に取り組んでいた当時のニーチェは、運命悲劇としての古代悲劇と対比して、シェイクスピアの性格悲劇の構成にアッティカの新喜劇との系譜上の親縁性を指摘したり[「ギリシアの音楽劇」]、ディオニュソス*的陶酔*のさなかで事物の恐るべき本質を認識するがゆえに行為する意欲を喪失する人間をハムレットに喩えたりしている［『悲劇』7]。ただ、ニーチェはシェイクスピアの劇に教訓や理念を読みとろうとはしない。『マクベス』から野望を抱いてはならないという教訓を引き出すのは誤りであり、自らの情熱に駆られて犯罪を重ねた主人公が破滅するありさまは「悪魔的な」魅力を放ち、むしろ観客を危険な冒険*に駆り立てるとされる[『曙光』240]。また、シェイクスピアの偉大さは、ブルータスという不羈の魂が、大いなる魂の自由を愛するがゆえに、それを危うくする者はたとえシーザー*のような偉大な友人であっても犠牲にするという美徳を描いたところにあり、

そこでブルータスが守ろうとしたのが政治的自由の理念であったかどうかということはどうでもよいとしている[『智恵』98]。ニーチェが最も重視したのは、さまざまな情熱を知悉した「モラリスト*としてのシェイクスピア」であった。モンテーニュ*のように自ら情熱について語るかわりに、シェイクスピアは彼が激情について得た認識を作中の激情に駆られた人物に語らせることによって、その他のドラマがおよそ空疎なものにしか思えないほどに豊かな思想にあふれるドラマを創作した。「シェイクスピアの簡素な台詞は彼が模範としたモンテーニュの名誉を高め、洗練された形式のうちにまったく真剣な思想を含んでいる」というのである[『人間的な』I.176]。激しい感情表現の背後に人間シェイクスピアの苦悩を見るがゆえに、ニーチェはシェイクスピアを高く評価したのであった。それどころか、『この人を見よ』*では、これほどに不気味で胸を引き裂くような文学を創作しうるには、深淵であり哲学者でなければならないとして、シェイクスピアをベーコンと同一人物とみなしてさえいる[『この人』II.4]。そして、『ツァラトゥストラ』*の巨大な情熱と高揚にはゲーテ*やシェイクスピアもかなうまいと自慢しているが、これも彼にとってシェイクスピアがゲーテと並ぶ至高の存在であったことの証左であろう[『同』IX.6]。

(大石紀一郎)

ジェノヴァ [Genua (Genova)]

ニーチェはイタリア*の町々のなかでもジェノヴァを愛した。1880年冬の最初の滞在は、暖房もない屋根裏の孤独のなかで過ごしたが、翌年の冬にビゼー*の「カルメン」を初めてこの町で聞いている。また、「聖なる1月」と題された『悦ばしき智恵』*第4章の大部分が書かれたのもこの町である。『ツァラトゥストラ』*の着想も郊外のポルトフィーノ*ということになっている。この町での思考が彼の孤独*な破壊の思想の形成に寄与したことはたしかで、後年ローデ*宛[1884年8月22日]の手紙に自分の孤独*を宣伝しながら、それを航海の孤独に喩え、「私はコロンブス*の町で何年も無駄に過ごしたわけではありません」と述べているのもゆえないことではないようだ。また、晴天の日の夕暮れ、ジェノヴァ湾に鳴り響く晩鐘は、美の瞬間の衝撃的経験となったようで、『曙光』*423にその見事な証言がある。「われわれに突然襲いかかるこの沈黙*は、まさしく美であり、戦慄*だ」。『人間的』*[I.628]ではそのときにプラトン*の次の言葉を思いだしたと記されている。「すべて人間的なものは大まじめに取るにはあたいしない。にもかかわらず……」。→コロンブス、イタリア、ポルトフィーノ

(三島憲一)

シェーラー [Max Scheler 1874-1928]

フッサールの提唱する現象学*的方法に依拠しつつ人間の多様な体験の諸相を解明することを通して、哲学的人間学の構築へと向かったドイツの哲学者。主著『倫理学における形式主義と実質的価値倫理学』(1913-16)において、カント*倫理学の道徳法則に代表される極端な形式主義を批判し、実質的な諸価値のあいだのアプリオリな位階秩序を主張するシェーラーにとっては、逆にまたそこから、この理念的な価値を価値感得の作用によって把捉し具体的な行為において実現することのできる人格としての人間存在やそうした人格相互の連帯的な存在様式といった実在的な世界の構造連関こそが、哲学的な議論の中心課題として導かれることになる。彼の主題化する領域は倫理・社会・知識・文化など多岐にわたっているのみならず、また時期によって論点のあいだに著しい変化も認められるために、一概には言えない面もたしかにあるが、しかし彼の哲学には、自体的に存在する理念的な世界をあくまで前提としながら、そ

の世界を理性的のみならず情緒的にも直観することのできる現実の人間の在り方を，歴史的・社会的文脈のなかでさまざまな角度から洞察していこうとする思考的な構えの一貫性を看て取ることができる。このようなシェーラーからすれば，ニーチェの議論は，そもそも客観的であるべき価値世界の拒絶のうえに構想されているがゆえに，なるほど人間観察としては傑出しているものの，時空を超えた理念への途を拓きうる精神の根源的な役割を無視し，価値の存在一般を時空に拘束された生*の権力衝動という観点からのみ説明しようとする生命主義的なものとみなされる。精神と生との，理念的要因と実在的要因との二項的な相互関係を堅持しつつ，価値実現の可能性を懐胎する人間存在の本質論を具体的な場面に即して展開するシェーラーの哲学的人間学は，近代哲学の伝統的な主観‐客観図式をその極限にまで押し進めることによって，図らずもその問題性をはっきりと暴露することになった。⇒ルサンチマン　　　　（忽那敬三）

自己

『ツァラトゥストラ』*には，自我（われ）Ich と自己（おのれ）Selbst とを区別して語った「身体*の軽蔑者」という一節がある。ニーチェがこのような区別で批判するのは，精神と身体を対立させ，身体よりも精神を優位させる二元論的思考である。「〈われ〉と，君は語り，この言葉を誇りとしている。だが，……君の身体とその大いなる理性の方が，はるかに偉大である。／感覚が感じ，精神が認識するものは，どこまで行ってもけじめがつかない。だが感覚と精神は，おのれがいっさいのけじめであると君に信じ込ませようとする。……／感覚と精神など，実は道具……である。これらの背後に，さらに本来の〈おのれ〉がある」［『ツァラトゥストラ』Ⅰ-4］。自我とは，身体を軽蔑して，身体から分離・自立し，身体を支配したつもりでいる精神

（および感覚）のこと。ニーチェは，逆に，精神と身体を一体と捉え，精神と感情を身体の道具と見る。このように捉え返された身体が，自己（おのれ）なのである。ニーチェは，自我を小さな理性，自己を大いなる理性*とも形容している。「〈おのれ〉は支配する。それはまた，〈われ〉の支配者でもあるのだ」。自我を支配し，自我に命令する自己は，たんなる身体にとどまらず，意識にたいする無意識といった含みで解釈できる面もないではない。ニーチェの心理学*ないし生理学*的な思考がよく現れた例である。「大地」や身体性に根ざした自己の概念は，しばしばデカルト*的自我を批判するための戦略的な橋頭堡のように考えられているが，この種の概念には危険な落し穴がないわけではない。たとえばハイデガー*の「自己」概念を批判したアーレントの次の一節は，ニーチェの一節の慎重な読解のための貴重な注解でもある。「ハイデガーは，……民族や大地のような神話化された非‐概念によって，彼の孤立した自己に，一つの共同的な基底を，あとからもう一度つけ加えようとした。そのような考え方は，哲学から離れて自然主義的な迷信へと人を導くだけだということは明らかである」［「実存哲学とは何か」］。　　　（木前利秋）

自己保存 ［Selbsterhaltung］

後期のニーチェの思想の核をなしているのは，「力への意志*」の問題である。そこで問われているのは，「力を求める衝動」と，それを抑制するものとしての「教育本能や飼育本能」——「畜群*の権力本能」——の間の先鋭な対立・葛藤である。「力を求める衝動」についてニーチェは晩年の遺稿でこういっている。「——われわれの思考も価値評価も，その背後に潜む欲求の表現にすぎない。——この欲求はますます細分化を強めていく。それらの統一が力への意志である。(衝動*のうちも，いっさいの生命上の発展をこれまで

ジコホゾン

司ってきた最も強力な衝動からこの名称を借用してみるが)——生命上の基本機能をすべて力への意志に還元すること」[遺稿 Ⅱ.9.25-6]。「力を求める衝動」とはかくて「力への意志」にほかならないことになる。

【Ⅰ】 抑圧としての自己保存　では「畜群の権力本能を支持」する「教育本能と飼育本能」の方はどうか。「道徳の克服。人間はこれまでどうにかこうにか自己保存を行って来た。つまり, 自分にとって危険な衝動は邪険に扱い, 辱め, 自分を守ってくれる衝動の前では, 三下根性のお追従を使いながらである」[遺稿 Ⅱ.9.45]。

ニーチェはここで自己保存という語を用いて, 衝動に対する抑圧のありようを示している。このことから明らかなように自己保存は,「力を求める衝動」を抑制する「教育本能と飼育本能」の核心をなすものである。ニーチェはかかる自己保存を, 人間の本然的なエゴイズムの証左としての「力への意志」からのかぎりない疎隔・離脱の過程——人間の劣弱化の過程——である道徳の産出メカニズム, すなわち「道徳の系譜」の中核に据えるのである。「自己に対して充分目を閉じることを望む」[遺稿 Ⅱ.11.38]ような自己保存のメカニズムは, そのまま「道徳的価値の起源」へと繋がっていく。自分自身に対する無関心という否定的姿勢と自己保存の間の一見矛盾めいた関係の中に,「畜群本能」を代弁する弱者の道徳の起源が隠されている。「言行一致した〈愛〉の, 自己肯定の抑制の, 受難の, 忍耐の, 救助の, 相身互いの教説と宗教は, そのような層 (頽落し, 萎縮した民衆層) の中では最高の価値を占めることになろう。……そうした教説と宗教は, 敵対意識, ルサンチマン*, 嫉妬*といった感情, つまり出来のわるい人たちのあまりに自然的な感情を抑制するからである。——それは彼ら自身に謙遜と従順という理想のもとに, 奴隷たること, 支配され, 貧困で, 病んで, 下層にあるということを神聖化する」[遺稿 Ⅱ.11.39-40]。

【Ⅱ】 ソクラテスとキリスト教　さてニーチェにとってこうした自己保存の在り方を歴史の中で代表していたのが, ソクラテス*の思想とキリスト教*であった。この二つの思想によって表されているのは, 弱者の道徳とその倒錯性, そしてその倒錯性をあえて傲岸不遜に正当化する構えとそれを支えるメカニズムのグロテスクな絡み合いである。このとき自己保存はソクラテスの思想においては「デカダンス*」という姿を取り, キリスト教では「ルサンチマン」という姿を取る。ソクラテスにおいては, 理性と道徳と幸福の等価性が悟性的な賢明さを通じて称揚される。それに対して本能は「粗暴とアナーキー」として, しかも「デカダンス」の始まりとして断罪される。だがここで注目しなければならないのはニーチェが, ソクラテスにおける論理・理性の始まりをその反対物である「本能の粗暴とアナーキー」と不可離な因果関係にあると言っていることである。

「力」というそれ自身はニュートラルな存在の発現が, 道徳＝自己保存とその目的因としての幸福という文脈の中で, 論理・理性によって統御される「善き」生存形式を脅かす「悪しき」ものに置き換えられる。だがそれは,「自己否定としての自己肯定」にすぎない自己保存が真の自己肯定の根拠としての「力」を封じ込めるための倒錯的戦略である。ここでは後から派生的に持ち込まれた善／悪の価値位階だけが自己保存を支えている。このような意味でソクラテス的理性は倒錯であり, 生*の劣弱化の形態にほかならない。しかも本能の「粗暴とアナーキー」は, こうした自己保存に囚われている弱者の権力意志, すなわち「畜群の権力本能」の現れとしての意味をも持つにいたる。理性はかかる邪悪な意志の仮面にすぎなくなる。

ではキリスト教はどうか。ニーチェにと

218

り、「キリスト教的運動は、あらゆる種類の落ちこぼれ的、廃棄物的要素による退化運動である。……それはいたるところの無産者どもに手をさしのべる。それはその根にすべての出来のいい者、支配する者に対する怨恨（ルサンチマン）の念を持っている。それは出来のいい者と支配する者への呪詛を表現する象徴を必要とする……」［遺稿Ⅱ.11.84］。

ニーチェにとって自己保存は、ソクラテス以来の啓蒙伝統の枠の中では、力の自律に根ざす自己肯定（実現）能力を奪われた弱者の生存形式、すなわち生存にあたって本来最もかけがえのない要素であるはずの自己肯定（実現）を犠牲にする形ではじめて可能になるきわめて倒錯的な生存形式を意味した。しかも自己保存は、そうした倒錯のただ中から自らの転倒した「力への意志」を正当化しようとさえした。それが「デカダンス」と「ルサンチマン」であった。ニーチェの「力への意志」は、そうした自己保存と対決する最もラディカルな思想というべきである。

【Ⅲ】 近代思想史の中の自己保存概念

さてこうした自己保存をめぐるニーチェの問題意識を歴史のコンテクストに置いてみるとき、自己保存概念を軸とする一個の思想史的構図が浮かび上がる。さしあたりニーチェの思想的先行者として問題にされねばならないのはホッブズとヘーゲル*であり、ニーチェの自己保存概念の継承者として挙げられねばならないのがホルクハイマー*/アドルノ*の『啓蒙の弁証法*』である。この、ホッブズ、ヘーゲルからニーチェを経て、ホルクハイマー/アドルノへ至る系譜は、同時にほとんど近代市民社会の思想史的振幅と重なり合う。自己保存概念とは、近代市民社会の全歴史過程がそこに収斂する思想的凝集点の謂である。ここに自己保存概念の歴史的意義がある。

ホッブズにおいて自己保存に照応するのは「コナトゥス」の概念である。『リヴァイアサン』の中で彼はこの概念に、人間の欲望実現の初発的駆動因となる内的情念という定義を与えている。このコナトゥスは自らの欲望実現を目指して、欲望実現に適合した「快」の状態としての「欲求」と、それを阻害する「不快」の状態としての「嫌悪」を交互にへめぐりながら、無限の運動過程へ入っていく。ホッブズのコナトゥス概念は、近代における脱神話化された人間の新たな存立原理としての、そして市民（＝市場）社会の基本的構成単位としての欲望*の定立にちょうど見合っている。

欲望はきわめて両義的である。一方でそれは、超越的価値のヒエラルヒーから解放された人間の自律的な自己実現の原理となる。だが他方で欲望は、ホッブズのいう「万人の万人に対する戦争状態」としての「力の過剰」に繋がる。ホッブズはこの両義性を、自己保存の実現の手段としての社会契約を通して止揚しようとした。ホッブズには近代黎明期における、欲望と自己保存（コナトゥス）の含む肯定性の契機がまだ残されている。だがそれ以降の近代社会思想の流れの中では、欲望は単純な功利主義をのぞけば主として負の観点からのみ扱われ、その抑制とそれを通じた社会的均衡の実現が目指されることになる。その帰結かヘーゲルの『法哲学』における「欲望の体系」としての市民社会とその止揚体としての国家という図式にほかならない。そしてこうした認識の出発点に、あの『精神現象学』における「主と僕の弁証法」、すなわち「主への服従・死への畏れ・労働への従事」という自己保存原理に従属する僕の、自己意識の定立過程における勝利という事態があることに留意しなければならない。このことによってヘーゲルは市民社会の欲望が自己保存に従属せざるをえない必然性を示したといえよう。

だがこうした自己保存へと至る欲望の抑制の論理は、欲望の肯定的意味、すなわち「自

己実現」という肯定的意味をも抑制の対象としてしまう。このことは、ホッブズとヘーゲルの思想のもうひとつの側面である国家の根拠づけの論理、欲望の抑制を支配連関の正当性へと敷衍する論理に繋がっていく。「欲望の自己実現の無限延期・断念の論理」[ヘーゲル『イェーナ実在哲学』参照]は、そのまま支配連関内部での欲望断念を代償とする生存維持＝自己保存の根拠づけになるのである。

ニーチェは自己保存をまずこうしたホッブズとヘーゲルの文脈を前提としつつ捉えると同時に、自己保存へと自らの存在の正当性を縮減せざるをえなかった近代市民社会の現実に真向から対決しようとする。その背後には、1848年革命以降の資本主義社会の肥大化とそれに対するさまざまな民主主義的・社会主義的抵抗の発生という時代状況を、奴隷道徳の虜になった弱者たちの自己保存欲求のみが跋扈するアレクサンドリア的*状況として見ようとするニーチェの時代診断が存在する。そしてかかるニーチェの自己保存の論理は、ホルクハイマーとアドルノによって「啓蒙の弁証法」のメカニズムとして捉え返される。「啓蒙の弁証法」とは、主体の自己確立・保存をめざす「主体性の根源史」としての啓蒙＝進歩のプロセスが、そのための戦略であった自己犠牲と断念——自己保存のメカニズムの内実——によってパラドクシカルに主体の自己否定・破壊のプロセスへと反転せざるをえない、という事態を意味する。「自己を根拠づける人間の自分自身に対する支配は潜在的にはいつも、当の支配の誕生に奉仕した主体の否定である。なぜなら支配され、抑圧され、そして自己保存によって解体される実体とは、自己保存の営みを唯一の機能として与えられているはずのあの生けるものにほかならないからである。本来保存されるべきなのはこの生けるものなのである」[『啓蒙の弁証法』]。だがニーチェの自己保存概念はこうした近代市民社会の歴史的実定性のレヴェルにおける否定的性格とのみ結びついているわけではない。

【Ⅳ】 スピノザの自己保存概念　私たちはこれまで「力への意志」を自己保存と単純に対立させてきたが、別なところでニーチェは「強者の自己保存」という言葉を挙げ、それをほぼ「力への意志」と同義に用いている。明らかにニーチェには今までみてきた自己保存のコンテクストとは異なる視座が存在する。この異なる視座を検証するために、同じように自己保存に関して異質な視座を示している一人の思想家を挙げておきたい。それはスピノザ*である。「自己自身を保持しようとする努力（コナトゥス）は、徳の最初にして、しかも唯一の基礎である」[『エティカ』第4部、定理22系、邦訳「世界の名著」版286ページ]。ここでスピノザの言うコナトゥスは、ホッブズ、ヘーゲル以来の自己保存の文脈とは結びつかない。「この努力（コナトゥス）は、ただ精神とかかわることによって、意志とよばれる。しかし精神と身体と同時に関係させられることによって衝動と呼ばれる。その結果、衝動とは人間の本質そのものにほかならず、その本性から自己保持に役立つような多くのことが導かれる。……次に、衝動と欲望とのあいだには、もっぱら欲望が自分の衝動を意識している人に関してのみ妥当する点を除けば、両者を区別するものは何もない。すなわち、欲望とはみずからの衝動を意識している衝動である、と。そこで以上のことを検討してみると……、あるものを善と判断するのは、そもそもわれわれがわれわれにむかって努力し、意識し、衝動を感じ、あるいは欲求するからである」[同 第2部、定理9注解、邦訳196-7ページ]。

ここでスピノザが示している「意志＝衝動（欲望）＝徳」という図式、そしてそれが「善」として肯定されるべきであるとするスピノザの視点は、明らかに近代市民社会が顧みようとしなかった欲望の自己実現としての

性格に照応している。スピノザの自己保存 (ce koncervale) は、衝動＝欲望を近代市民社会が強制する「自己保存という名の自己否定」の文脈から解き放ち、それが抑圧・隠蔽してきた肯定性の文脈へと置き直すための示唆を与えてくれる。こうしたスピノザの自己保存をめぐる認識は、ニーチェのスピノザに対する幾多の留保にもかかわらず彼の「力を求める衝動」、すなわち「力への意志」——「強者の自己保存」——の先駆をなしていると思われる。⇨力への意志, 欲望, ソクラテス, スピノザ　　　　　　　　　　　　　　　　(髙橋順一)

シーザー　[Cäsar (Gaius Julius Caesar) 100-44B.C.]

ニーチェにとってシーザーはつねに称賛されるべき英雄*であり、その名は初期の『反時代的考察』*から晩年の遺稿に至るまで何度か現れる。ニーチェはシーザーの中に、「安息への願望を抱いている虚弱なタイプ」[『善悪』200] とは対照的な「戦士」としての「自由人」[『偶像』Ⅸ.38] を見る。中期以降明確になってきたニーチェにおける二つの人間類型のあいだの対立、すなわち強者と弱者のあいだの力の不均衡によってかたち造られる位階秩序の中で、シーザーはナポレオン*やアレクサンダー大王とともに強者の人間類型の典型としての意味を持っていた。それは、誠実さや良心*といった小人の道徳の埒を超える「狡智」[遺稿Ⅱ.10.267] にあふれた人間であり、「行動の衝動」によって「自己」という枠組みから逸脱してしまう人間であり [『曙光』549]、「戦いと勝利を欣ぶ本能」が他の本能を圧倒してしまうような「暴虐」と「隷属」の危険すれすれのところに位置する人間であった [『偶像』Ⅸ.38]。⇨英雄, 古代ローマ人, ナポレオン　　　　　　(髙橋順一)

司祭〔僧侶〕

日本語では「僧侶」「僧職」「祭司」などさまざまに訳されている言葉であるが、ニーチェの "Priester" という用語には、一方で、それによりキリスト教*のヒエラルヒーを強く意識させながら、他方では、古代インドの「賤」なる民であるチャンダーラ*をその対極に置くなどして、これを「聖」なる「聖職者」一般の意味にまで拡張して考えさせようという志向が含まれている。それゆえ、彼のキリスト教批判が「あらゆる価値の価値転換*」という射程の広がりをもつに応じて、司祭への批判も深まりその射程も広がる。

ニーチェの司祭への批判は、彼自身が「はじめての司祭心理学」[『この人を見よ』] と位置づける『道徳の系譜』*第3論文において、本格的に展開される。司祭が、俗人から離れた高みに存在すると自負する権利は、その禁欲主義の生活態度と主張によっている。司祭は、禁欲主義の理想に自己の信仰と意志と力と利害を見いだすのである。ところが、この司祭の禁欲主義の理想とは、肉体的なものを迷妄として貶め、苦痛や生の多様性など本来の生命本能が真理を捉えるその場所を誤謬であると斥け、それをもって各人の自我に対する信念を放棄させようというものだ。これは、力の源泉を塞ぐために力を利用するということにほかならず、それゆえ、われわれの生*の否定でありこれへの敵視にほかならない、とニーチェは見るのである。

それでは、このような禁欲主義的司祭が発生するのは、どうしてなのか？ それは、人間が病的な動物であるからにほかならない。人間は、他のいかなる動物よりもいっそう不安定でいっそう不確定である。というのも人間は、革新的であり挑戦的であるがゆえに、未来に向けて休むことを知らず、またそれだけ、この生への倦怠や疲弊と戦わねばならないからである。禁欲主義的司祭は、この「病める畜群*」の救い主であり牧者なのだ。しかし、この「救い」は、同時に「苦しんでいる者に対する支配」であり、「傷の痛みを鎮

めながら、同時に傷口に毒を塗る」という類のものにほかならない。なぜなら、司祭は、苦しんでいる者が抱くようになるルサンチマン*を方向転換させ、自分自身にそれを向けるようにさせるからである。そもそも司祭が、感情を高ぶらせず愛さず憎まず気持ちを変えないように人々の生活感情を抑圧して、その代わりに恩恵を施すなど小さな喜びを彼らに処方するという限りでは、それはまだ罪はなかろう。しかし、人々の苦しみの原因を自分自身のうちに求めさせ、そこに「負い目*」とか「良心*の疚しさ」とかを作り出すとき、病人は「罪人」に仕立てあげられる。ここで作り出された「良心」とは、ルサンチマンの内向であり、後ろ向きになった残忍さにほかならないのだ。だがそれによって、禁欲主義的司祭は明らかに勝利するのである。そこでニーチェは言う、「健康と人種的力強さに対して、とくにヨーロッパ人のそれに対して、この〔司祭の〕理想ほど破壊的な作用を及ぼしたものを提示することは、私にはまったくできない」[『系譜』Ⅲ.21] と。

しかしどうして、このような司祭の理想が力を持ち、支配するようになってしまったのか？ それは、それが「唯一の目標」であり「唯一の理想」であり「唯一の価値」であると主張するからにほかならない。すなわち、そうした「真理*」が存在すると主張するからである。逆に言えば、それに対抗して張り合うような理想などないからである。人は、「何も欲しないよりはむしろ無を欲する」*。それゆえ、自分だけが真理へと到達する道だという司祭の言説に直面すると、これに拝跪せざるをえないというわけだ。こうした事情は、今日、なお「唯一の真理」を唱えて自己自身をのみ信じている近代科学が、同様の支配的地位を占めるようになったことにも通底している。「科学に対するわれわれの信念の基礎になっているものは、なおひとつの形而上学的信仰だ」[『智恵』344]。それなのに、確かにこの「唯一の真理」は、われわれの生に対して強大な支配的力をふるっている。してみると、今日の科学者もまたひとりの司祭である、ということになるはずなのだ。ニーチェの司祭批判は、このような近代科学批判につながる射程をもっている。

さて、このように、「司祭のみが真理へと到達する道だ」ということがまかり通ってきたのなら、「あらゆる価値の価値転換」は、司祭を頂点とする序列*の逆転を伴わねばならない。「序列の逆転。──敬虔な贋造家、司祭たちは、われわれのもとではチャンダーラとなる、──彼らは、ほら吹きの、やぶ医者の、贋造家の、手品師の地位を占める。われわれは彼らを、意志の破壊者、生の大誹謗家や復讐家、出来そこないの者どもの間の反逆者とみなすのである。これに対して、以前のチャンダーラが上位を占める。すなわち、瀆神家、背徳者、あらゆる種類の放浪者、芸人、ユダヤ人、遊び人を先頭として、──つまり、悪評高い階級の人々すべてが──」[遺稿 Ⅱ.11.290]。→禁欲道徳, 良心, ルサンチマン, チャンダーラ　　　　　　　　　　(中野敏男)

自死

ニーチェにおいて自死の問題は、病者にたいする見方とつねに関連している。『曙光』*の中のいくつかの章に自死への言及が見られるが、そこでは自死は病者が苦痛のあまりに自らの生を否定するペシミスティックな行為としてネガティヴに捉えられている。中期のニーチェの重要な概念の一つである「病者の光学」はこうした自死への誘惑が断ち切られたところで初めて成立する。「苦痛に抵抗しようとする知性の凄まじい緊張が、知性の見ているものすべてに新しい光を投げかける。そしてあらゆる新たな照明が与える言いがたい魅惑はしばしば、すべての自死への誘惑に反抗し、病者に生き延びるのがもっとも望ましいことであると思わせるほどに強力である

のだ」[『曙光』114]。こうした認識の背景には、『曙光』が書かれる前年（1879年）の冬から翌年にかけてのニーチェの病気の決定的な悪化があったと思われる。この時期の書簡の中でニーチェは、認識を求めるよろこびだけが自分に自死を思い止まらせたと言っている。だがこうした病いの時期を過ぎ、思想的にも『ツァラトゥストラ』*における生の大いなる肯定*の地平を経た後期のニーチェにあっては、自死の位置価は大きく変化する。『ツァラトゥストラ』第1部の「自由な死」には、時宜に適う死こそ生の本当の意味での肯定を可能にするという認識が示されているが、こうした死をニーチェは「死に向かって自由（frei zum Tode）であり、死において自由（frei im Tode）」[『ツァラトゥストラ』I -21]と形容する。こうした「自由な死」は肯定されるべきものとしての自死という認識へとつながっていく。「自死について思考することは大きな慰めの手段となる。こうした思考によって数多くのいやな夜をうまくやり過ごせるのだ」[『善悪』157]。こうした自死にたいする肯定的な評価への転換は、ニーチェの視座が病者の側から健康な生を享受し肯定する者の側へ移行したことと結びついている。この移行の結果自死には、健康な生*の持ち主が自らの生に対する誇りを守りぬくための手段としての意味が与えられる。逆に言えば生の大いなる肯定に耐ええない病者となったとき、唯一自死によってのみ自らの生への誇りを守ることができるのである。ここで自死は、生の肯定的決算としての死の最良の形態を意味することとなる。「自発的に選び取られた死、明るさと喜ばしさをもって、子どもたちや証人たちの只中で実行される時宜を得た死は、結果として別れを告げる者がまだそこにいるという真の別れを可能にしてくれる。同じように達成されたものや意志されたものの真の評価、生の総決算も可能になる」[『偶像』IX.36]。ただニーチェが別なところで社会的な「衛生学」という視点から、治癒不能な精神病者というレッテルを貼られた犯罪者に最後の救済手段として残されているのは自死だけであると言っているのを見ると、時代的制約はあるとはいえある種のおぞましさを感じざるをえない[『曙光』202参照]。

(高橋順一)

自然主義　（文学史上の）

　文学史上の自然主義は、ヨーロッパでは19世紀の最後の30年間、ニーチェの活動の時期とほぼ並行して強力な思潮となった。当時産業社会の進展によってもたらされた、都市民衆の経済的道徳的に悲惨な生活実態が差し迫った社会問題となっていた。これに無関心と偽善的な理想主義で対応するブルジョワ階級への批判から出発しつつ、自然主義は自然科学的認識にもとづいて人間を遺伝・環境・歴史的状況などの要素によって決定される存在とみる立場（テーヌ*）をとり、悲惨な境遇にあえぐ人々への共感とこの現状の改革とを動機としつつ現実を全体として描き出すべく、低俗なもの、醜いものをその素材として積極的に取り上げた。その頭目のゾラとならんでフランスではモーパッサン*、北欧ではブランデス*の時代傾向の厳密な分析の要請とむすびついて社会批判的戯曲を書いたイプセン*とストリンドベリ*、ロシアではドストエフスキー*とトルストイ、ドイツでは A. ホルツとハウプトマンの名を挙げることができよう。ニーチェが辛辣な時代批判、とくに市民的モラルの欺瞞性の批判を展開した点で、この思潮と一脈通じるのはたしかである。その中でもドストエフスキーはニーチェにとって別格だったようで、『偶像の黄昏』*で「学ぶところのあった唯一の心理学者」「スタンダール*の発見にさえ勝る幸運」と賛辞を呈している。この評言は、ニーチェが犯罪者を「強い人間が不利な条件下におかれた場合の典型」ととらえ、飼い馴らされ、去勢

された社会全般への批判の梃子とする議論の中にあらわれる。さらにこの議論の背景をなしているのは、従来の道徳は反自然的であり、したがって下降し、衰弱し、疲れたものであるのに対し、「道徳における自然主義」は生*の諸本能の肯定にもとづく健康な道徳だとする、ニーチェの基本構想である。文学史上の自然主義が科学とヒューマニズムという19世紀の精神との結びつきを失わなかった一方、ニーチェの生*の称揚、自然への上昇*としての急進化した自然主義は、その精神を突き抜けて、ポストモダンの精神(たとえばバタイユ*)の中にその嫡子を見いだしている。→ドストエフスキー　　　　(中尾健二)

自然との和解

「ディオニュソス*的なるものの魔力のもとでは、たんに人間と人間とのあいだの盟約が再び結ばれるだけではない。疎外され、敵視され、あるいは隷属していた自然もその家出息子たる人間との和解の祭りを再び祝う」[『悲劇』1]。ニーチェが人間と自然との和解について直截に叙した文章といえば、まず『悲劇の誕生』*のこの一節が浮かぶ。ディオニュソス的芸術衝動が、ギリシア悲劇においてどのように現れるのかを語った一節である。

ニーチェは、自然との和解の原イメージを、古代ギリシアのディオニュソス祭にみている。そこでは「大地はみずから進んでその賜物を提供し、岩山や砂漠に住む猛獣たちはおとなしく近寄って来て、豹や虎が花輪で飾られたディオニュソス*の車を引いて行く。ベートーヴェン*の〈歓び〉を讃える歌を一枚の絵に変えてみて、幾百万の人々が慄然として塵の中に沈むさまを想像してみるがいい。そうすればディオニュソス的なものに近づくことができる。いまや奴隷は自由な人間となり、必要と恣意あるいは〈厚かましいしきたり〉が人間たちのあいだに確立したすべての硬直的で敵意に満ちた差別が消失する。いまや〈世界調和〉という福音に接して、あらゆる人は隣人と一致し、宥和し、融合したと感じるにとどまらず、まるでマヤのヴェールが裂けて神秘に満ちた根源的一者*の前でただ布切れとしてはためくにすぎないかのように、彼は隣人と一体となったと感じるのである。歌いつ踊りつ、人間は高次の理想的な共同体の一員として出現する」[同]。自然との和解がどのようなイメージで構想されたのかを伝える一節だが、ニーチェはここで、自然との和解の下に、まず自然そのものが脱野蛮化され非暴力化されて人間と戯れ、さらに人間同士の間に祝祭共同体が出現することを語っている。だが話はそれだけではない。「人間は自分が魔法にかかったと感じ、実際に何かほかのものになっているのである。動物たちが語り、大地が乳と蜜を与えるのと同様に、彼の口からはある超自然的なものが鳴り出る。……ここでは、もはや一人の人間の芸術の威力ではなく、自然の芸術の威力が啓示される」[「ディオニュソス的世界観」1]。自然との和解のもとで起こっているのは、さらに「魔法にかかった」忘我のなかで人間自身が自然と融合しつつ変身をとげている陶酔状態である。ニーチェによれば、ギリシア民族による「ディオニュソス祭の精神化」は、野獣的な性的放縦の戯れにみちた自然祭祀を「世界救済の祭、浄化の祭」に転化させた。自然と人間との和解は、人間と人間との間の祝祭共同体と表裏をなしながら、自然そのものの脱野蛮化・非暴力化と、陶酔*状態での人間の自己変容に導いたのである。

人間と自然との和解の逆が人間と自然の分裂であることはいうまでもない。「ホメロスの技競べ」[「五つの序文」V]の冒頭で、ニーチェは、人間を自然から分離してしまう考えは、「人間性という近代の柔軟な概念」によるものだと批判している。この分裂を前提にして、疎外された状態に自然をおくものは、

たとえば科学である。「〈科学〉……とは，自然をより容易に算定可能なもの，ひいては統御可能なものにしようという目的で，いっさいの現象に共通の記号言語を創ろうとする試みである。」「諸科学は自然制服への意志に奉仕する」[遺稿Ⅱ.7.273]。とすれば，古代芸術における自然との和解について語ることは，科学による自然の支配を克服し，自然の科学的な客観化から脱する道を探ろうとすることに通じているだろう。自然の野蛮化からも自然の客観化からも，自然を救済するのは芸術である。自然の非暴力化とともに，自然との和解に暗示されたもう一つのモティーフがここにある。

「芸術への欲求」に服する少数者と「生存闘争への渇望」に従う多数者という古代ギリシアの人間類型についてニーチェが語ったことも，この美的な自然との和解のこうした布置に照応している。「芸術発展のための……土壌が存在するためには，少数者に奉仕するとてつもない多数の者が，その個人的な必要の度を越えて，生活の艱苦に奴隷的に服していなければならないのだ」。ニーチェによれば，労働も奴隷制度もギリシア人には必然的な恥辱とみなされた。この恥辱の感情には次のような認識が隠されている。「本当の目標は，前提というものを必要とする。だが，この必要性のなかに自然というスフィンクスの凄絶さと猛獣性が横たわっているのであって，芸術的に自由な文化生活を讃えているときには，あれほど美しく処女の肉体を差し出している自然が，である」[「五つの序文」Ⅲ]。ここでは，生存への渇望のために労働する多数者と芸術への欲求を満たすことのできる特権的な少数者との対立が，必然性のもとでの野獣的な自然の暴力性と，芸術のもとでの自由な文化と美的自然との和解の対立に照応させられている。そして奴隷的な生存への飽くなき渇望の先に予想されているのは，その堕落した形態が社会を支配するにいたった近代の労働の時代である。ニーチェによれば，ギリシア的な文化概念は，「新しく改革された自然（physis）としての文化概念」とでもいうべきもので，そこでは「生と思惟と仮幻と意欲」が一致している［『反時代的』Ⅱ.10］。文化の概念は人間性と不可分である。自然との和解に隠されたモティーフの一つには，近代的人間性を超えた新たな人間像の模索がある。

もちろんこうした近代批判の含みは，19世紀半ば以降のヨーロッパの時代経験と密接に絡み合っていることはいうまでもない。社会的分裂と文化的危機を前にした精神の苦悩と憂悶から脱しようとする努力は，ロマン派このかた若い世代にみられた美的な自然経験への逃避の道に通じていた。ギリシア的自然を詠ったヘルダーリン*との遭遇が，ニーチェ自身の自然経験に何か大きな影を投げただろうことは想像にかたくない。ただし『悲劇』との関連でここで触れておきたいのは，シラー*の自然概念である。

すでにシラーは「ギリシア人の社会生活の全構造は，……自然の感覚にもとづいていた」［『素朴文学と情感文学について』］と，古代ギリシア人の「素朴な感情」のなかに自然と融和した姿をみていた。シラーのいう〈情感性〉に対する〈素朴さ〉である。ここで指摘しておきたいのは，『悲劇』のニーチェは，芸術における素朴さに「アポロ的な文化の最高の作用力」［『悲劇』3］がある点を指摘しながらも，自然との和解はディオニュソス的な魔力の下で現れると考えていることである。ニーチェは，シラーの素朴なものをアポロ*的な相として認めながら，自然との融和をこの素朴さの次元に限定していない。また『悲劇』には素朴という言葉が，シラー的な自然との調和の意味で用いられているのに，情感的という語は見当たらない。遺稿には「〈素朴なもの〉のうちに最高の芸術種をあらわす永遠の属性が認められていることはたし

かだが、〈情感的〉という概念では非素朴的芸術のすべての属性を包括しきれないこともたしかである」[Ⅰ.3.248]と批判した一節がある。ニーチェは、素朴と情感の対立をアポロとディオニュソスに取って代え、自然と人間との和解を、アポロ的な相から別の相にまで広げ、ないしはアポロ的なものとディオニュソス的なものとの宥和が成ったところに置いた格好になる。「ディオニュソス的なものの魔力のもとでの」自然との和解は、アポロ的な素朴さとの融和を背景にしているのである。

もっとも〈自然との和解〉といっても、自然が回復するなら何でもよいわけではない。とくにニーチェが気にかけていたのは、ルソー*的な自然への回帰との違いである。「近代人が憧憬の念をもって見つめた、この人間と自然との調和、いや一体性……が、あらゆる文化の門口で人類の一種の楽園として出会わざるをえないような、単純で、おのずから生ずる、いわば不可避の状態では断じてないことを、強調しておかなければならない。そんなことを信ずることができたのは、ルソーのエミールなどまでを芸術家だと考えようと努め、ホメロス*のなかに、そのように自然の懐に抱かれて養育された芸術家エミールを見いだしうると妄想した、ある一時代だけのことだった」[『悲劇』3]。ルソーとの違いを明言する姿勢は後年も続き、『偶像の黄昏』*には次の一節がある。ルソーと同様に「私もまた〈自然への回帰〉を語るが、それは帰るというより、高まることである。——高い、自由な、恐怖をさえたたえている自然と自然性へと高まること、大いなる使命と戯れ、戯れることが許されているような自然へと高まることだ」[『偶像』Ⅸ.48]。

ただし自然に帰るのではなく自然に高まることだという表現の強調は、たんにルソーとの違いのみならず、初期のニーチェとの違いも語っている。「恐怖をさえたたえている自然」という言葉が暗示するように、自然は〈力〉と同一化されている。そしてニーチェはもはやたんなるギリシア的自然の再生を口にしない。「いまだかつて自然な人間性なるものは一度も存在しなかった。……人間が自然に到達するのは長い闘争の後である——人間はけっして〈帰る〉のではない。……自然とは、要するに自然のように敢えて非道徳的であることだ」[遺稿 Ⅱ.10.188]。ニーチェは、1881年の覚え書きに、「私の課題。自然の脱人間化、それから人間の自然化。その前に人間が〈自然〉の純粋概念を獲得すること」[同 Ⅰ.12.118f.]と記していたが、道徳の反自然的な性格を批判し、道徳の自然化を唱えるようになるのもこの線に沿っている。「私は一つの原理を定式化しておく。道徳におけるすべての自然主義、すなわちすべての健康な道徳の中心の座を占めているのは、生*の諸本能。——生の掟は、〈すべし〉〈すべからず〉という一定の規範で満たされていて、生の途上における何らかの阻害や敵意もこの規範によって取り除かれてしまう」[『偶像』Ⅴ.4]。もちろんこうした道徳の自然化が、力への意志*の教説と切り離せないことも見逃してはならない。ここには初期ニーチェにおける自然との和解にあった自然そのものの変容、非暴力化と脱野蛮化というモティーフは響いていない。自然は、本能に、ひいては力に帰される。それは、暴力*を称揚するわけではないが、暴力から脱することを求めていない。

もちろん「人間の自然化」がただちに「金髪の野獣*」たちの世界に行き着くというほど単純ではあるまい。ニーチェには道徳的な価値評価をめぐって、次のように語った一節がある。「美しいとか、穢らしいなどという判断のほうが、より古いのである。ところが、そうした美学的判断は、それが絶対的真理として主張され始めると、たちどころに道徳的要請になり変わってしまう。／もしわれ

われが，絶対的真理を否定するなら，同時に，あらゆる絶対的要請を捨て去り，美学的判断へと立ち帰らねばならない」［遺稿 I.12.51f.］。人間の自然化がこうした美学的な価値評価の創造と結びついているのなら，自然化とは美学化のことにほかならない。それは可能性としての過去の再生とも，根源的自然への回帰とも違った路に通じているかもしれない。

自然をめぐるニーチェの考えは，今日にいたるまで，いくつもの思想的影響の跡を残してきた。たとえば後期ハイデガー*が〈自然〉(ピュシス)の概念をソクラテス以前の哲学のなかに探っていくときにも，ニーチェの考えが濃く影を落としている。またアドルノ*／ホルクハイマー*が『啓蒙の弁証法*』で語った「和解の理念」も，ニーチェの批判的摂取にもとづいていた。だがどの立場につこうとも，自然との和解にかんするニーチェの議論に対しては，安易な称揚も非難も禁物である。→『悲劇の誕生』，ルソー，啓蒙の弁証法　　（木前利秋）

実験

ニーチェは彼の思考のスタイルを実験と表現するのを好んだ。「実験を許さないようなすべての事柄や問題についてはなにも聞きたくない。これは私の〈真埋感覚〉の限界である。なぜなら，そこでは勇気の権利が失われてしまうからだ」『智恵』51。既成の習慣，定着した物の考え方を破壊して，その跡地に自分の積極的な哲学を打ち立てうると思うほどニーチェは，講壇哲学的な単細胞の思考はしなかった。それがいかに困難であるか，いやそれが実は不可能であることを知りつくしていた。むしろ，「理性の強さ（Verbindlichkeit）が減らないかぎり，道徳的感情と判断の強さ（Verbindlichkeit）は日毎に減っていく」『曙光』453］近代にあっては，既成の道徳は自ずから解体し，それを「修理」しなければならないことは誰もが知っているし，

またわれわれは生理学*，医学，社会論，孤独論のすべてを挙げて生*の再建をすべく召されているが，おそらくその基礎づけはできないであろう。この中間状態にあっては「われわれそのものが実験である」［同］ことを確認する必要がある，とする。となると，実験は通常の人生からの一時の離脱であったり，人生設計のためのシミュレーションであったりするのではなく，実験そのものが生となり，生そのものが実験となる。それは認識*を通じての解放ではなく，認識のために生きることが解放となる。「生は……いっそう神秘に満ちたものとなった——生が，認識者のひとつの実験であってもよい，というあの思想，あの偉大な解放者が私を襲ったその日以来——」『智恵』324。だが，このような生は，認識者の軽やかな冒険というイメージから次第に滅亡と死を覚悟した倒錯のエロス(ヒュブリス)の感覚に近くなっていく。「高慢こそはわれわれ自身に対するわれわれの態度である。というのもわれわれは自分自身を実験台にしており，しかもその仕方はいかなる動物を実験台にするときにも許さないほどのものである。われわれは快感をいだきながら好奇心に満ち満ちて生きたまま自分自身の魂を切り裂いているのだ」『系譜』Ⅲ.9。この快楽*を追求する「認識のドン・ファン」は，色事師のドン・ファンがいかなる女性にも満足しなかったように，いかなる認識にも満足しない。「こうしてついには，彼の手に入るのは，認識によって絶対の苦痛を与えるものでしかなくなる。……たぶん，地獄も彼を幻滅させるであろう」『曙光』327。実験は，事故によるのでない滅亡を，すなわち倒錯の快楽による滅亡をめざしている。　　（三島憲一）

実証主義　[Positivismus]

実証主義という言葉をニーチェはさほど頻繁には用いていない。実証主義とよばれるものにたいするニーチェ自身の姿勢は，否定的

なケースの方が多い。ただし内容を別にすれば、ニーチェ解釈にあたって、実証主義という言葉には多少の注意がいる。ニーチェの思想を三つの時期に分けて論じることは定説になっているが、この区分けを定着させるのに大きく与ったものはルー・ザロメ*の『作品におけるニーチェ』だと言われている。そのなかでザロメは、中期のニーチェを「実証主義」と呼んだ。ザロメは、パウル・レー*の『道徳的感情の起源』(1877)にニーチェが影響された点を捉えて、「イギリス*の実証主義学派が、……道徳的価値判断や現象を、有用、習慣、および有用性という元来の根拠の忘却へと還元するという点で、ニーチェはこの学派とこのうえなく緊密に結びついたのだ」とみている。しかしかりにこの点でニーチェが実証主義と似た見解をもったとしても、それを理由にこの時期全体を「実証主義」と呼ぶのが妥当かどうかは疑問である。

19世紀のドイツで実証主義といえば、何よりもコント*の学説を指すのに用いられたというが、あまり良い意味では使用されなかったようである。ニーチェはミル*の『コントと実証主義』でコントを知ったらしい。ニーチェが名を上げて実証主義を批判するのは、後期になってからである。後期思想に属する『悦ばしき智恵』*第5書でニーチェは、実証主義に「意志の病弱化」、「弱さの本能」の現れを見ている。キリスト教*にしても仏教にしても、ニーチェに言わせれば、「広大な意志の病弱化」の結果である。それは何か確固としたものを信仰し、弱い意志をかくまいたいと願う点で変わりはないからだ。今日、この「弱さの本能」が広範な大衆のなかに「確実性への願望、どこまでもある物を確固として所持したいという願望」を起こしている。その現れが実証主義的体系である［『智恵』347］。

弱い意志が弱さゆえにかえって確固としたものへの信仰を求めるという構図、一方での「弱さの本能」と他方での「確実性への願望」との奇妙な結びつきが、実証主義の特徴となる。『道徳の系譜』*では、弱さの本能が「知のストア主義*」と呼ばれ、確実性への願望が「〈ちゃちな事実〉の宿命主義」「ちゃちな事実=宿命論（ce petit faitalisme）」と名づけられ、批判がいっそう具体的になっている［Ⅲ.24］。確実なものを求めようとする願いが、実証主義では事実信仰となって現れている。いかに非情な事実であっても事実は確固として存在するものだといった、事実の宿命論である。しかし「〈存在するのは事実だけだ〉として現象のところで立ちどまってしまう実証主義に対して私は言いたい。違う、まさに事実なるものこそ存在しないのであり、存在するのは解釈だけなのだ、と。われわれは事実〈それ自体〉は認識できないのだ」。「世界を解釈するのは、われわれの持っているもろもろの欲求なのである」［遺稿Ⅱ.9.397］。自在な、ときに暴力的な解釈には強い意志がいる。解釈とは力への意志*である。しかし「事実としてあるもの、〈非情な事実〉の前に立ち止まろうとする意欲」は、こうした解釈への欲求そのものを禁じる。弱さの本能が知の禁欲主義となって、強い意志が求める遠近法*的で自在な解釈の豊かさを断念してしまうのである。それはキリスト教以来の「禁欲主義そのものにたいする信仰」の一亜種にすぎない［『系譜』Ⅲ.24］。

「〈ちゃちな事実〉の宿命主義」を知の禁欲主義と捉えたところに、ニーチェの独自な視点がうかがえるが、ただ彼は、実証主義をたんに禁欲主義的理想の一亜種とみただけではない。それは近代の一時代を象徴するものでもあった。たとえば『偶像の黄昏』*には、「真の世界」をめぐる歴史のなかに「実証主義」を位置づけた箇所がある。かつて「真の世界」は有徳なる者に到達できるものとみなされた（プラトン*）。その後それは、到達はできないが有徳なる者のために約束されてい

るものとみなされ(キリスト教*)，続いて，到達も約束もできないが，思考のなかでの一つの慰め，義務とされる(カント*)。しかしやがてそれは，知ることができない以上，慰めにもならず，義務づけることもなくなる。「真の世界」にたいするこうした動揺の時代が「実証主義の鶏鳴」の時代である[『偶像』IV.1～4]。これは実証主義の登場にある積極的な意味が存在することを暗示している。また『善悪の彼岸』*には，科学が哲学から独立し，科学が「まったく傲慢で無分別になって，哲学が服すべき法をつくることを，そして自らいつか〈主人〉の役を……つまり哲学者の役をねらうようになっている」という科学主義万能の時代状況のなかで，「哲学に対する畏敬をもっとも徹底的にぶちこわし，賤民的本能に門戸を開いた」近代哲学者の例に，「現実哲学者」を自称する実証主義者が挙げられている[『善悪』204]。現実哲学とは，コントを高く評価していたデューリング*が自らの哲学を呼んだものである。弱い本能に由来する知の禁欲主義が，確固たるものへの願望を事実への信仰に見いだすようになった時は，「真なる世界」の動揺とともに「哲学のもつ支配者的課題と支配的性質に対する不信」が頂点に達した時代にほかならない。実証主義はこうした時代そのものを象徴している。→コント，ミル　　　　(木前利秋)

実存主義 [existentialisme]
【I】　実存主義の多義性　厳密には，第二次大戦終結直後，サルトル*，メルロ＝ポンティ*，ボーヴォワールらによって提唱され，1940年代後半から50年代前半にかけて展開されたフランスの思想運動を指すと見るべきであろうが，一般にはもっと広く，1930年代のドイツでハイデガー*やヤスパース*の名前と結びつけて展開された〈実存哲学〉(Existenzphilosophie) や，1920年前後の一時期フランスのマルセルによって提唱された〈実存の哲学〉(philosophie de l'existence)，さらに遡ってこれらの思想家の思想的源泉とみなされた19世紀中葉のキルケゴール*の思想をまでもふくめて実存主義と呼ぶのが通例である。一時期，ニーチェをもキルケゴールと並べてこの実存主義の父祖の一人に数えたことがあるが，その当否は実存主義をどのようなものと見るかにかかっている。それにまた，これらの思想家を一つの系譜に連ね，実存主義の名のもとに包摂することが妥当かどうかも，検討に価する問題であろう。たとえばハイデガーのような思想家は，おのれの思想が実存哲学と呼ばれることを，終始強く拒否しているからである。もともとこれらの思想家が一つの系譜に連ねられるのは，彼らが——ニーチェを除いて——すべてキルケゴールの〈実存〉という用語を継承し，それをその思索の基軸に据えているからであるが，よく見るとその概念内容はけっして一義的ではない。そこで，まずこの概念の由来から考えていきたい。

【II】　シェリングの〈実存哲学〉　キルケゴールが〈実存〉の概念を継承したのはシェリングからである。シェリングは，ヘーゲル*によって完成された近代哲学の総体を〈消極哲学〉(negative Philosophie) と呼び，それに対しておのれの後期思想を〈積極哲学〉(positive Philosophie) と呼ぶ[『近世哲学史講義』(1827)]。それは次のような意味である。つまり，近代哲学がすべて理性によって認識し処理しうる事物の〈本質存在〉(essentia) しか問おうとしなかったのに対して，彼の後期哲学は理性の介入を拒む事物の〈事実存在〉(existentia) をあえて問おうとする。シェリングは，この事実存在を〈現実性〉(Wirklichkeit) とか〈実定的なもの〉(das Positive) とも言い換えている。後者はラテン語では positum，つまり pono (定立) されたものという意味である。この言葉には次のような由来がある。キリスト教的世

界創造論からすれば,この世界は大いなる理性とも言うべき神によって創造されたものであり,当然合理的に出来ているはずである。しかるに,この世界にはわれわれの理性の到底受け容れがたいような悪業や悲惨が現実に存在する。この事態をどう理解すべきかが,ライプニッツの弁神論以来の大問題であったが,結局のところ,われわれのちっぽけな理性が容認しえようがしえまいが,そうした悪業や悲惨も神によって定立された事実,つまり positum として受け容れるしかないことになる。そこから,われわれの理性の認識を拒み,それを撥ねつける不合理な事実を positum と呼ぶようになった。通常〈既成性〉と訳される若きヘーゲルの Positivität という概念も,positum のこの意味につながる。シェリングは,このような意味での positum, つまり existentia を問うおのれの後期思想を〈積極哲学〉(positive Philosophie)と呼んだのであるが,〈事実的・実定的〉という意味での positiv と〈積極的・肯定的〉という意味での positiv は明らかに意味論的に異なる系列に属する(後者は〈消極的・否定的〉という意味での negativ と対をなし,そこで pono し nego するのは人間であるが,前者には対になる項がなく,pono するのは神である)のであるから,彼はここで一種の言葉遊びをしているわけであろう。彼はこの後期思想を〈実存哲学〉(Existentialphilosophie) とも呼んでいたという[ローゼンクランツ『ヘーゲル伝』序言]。彼はこの不合理な事実存在の根拠を神にではなく,〈神の内なる自然〉(Natur in Gott)にもとめ,神(理性)の根底にひそむ暗い自然を究極の存在と見る。おのれを現勢化しようと意欲し生成する自然こそが〈根源的存在〉(Ur-Sein)だと主張するのである。こうしてシェリングは,『人間的自由の本質について』(1809) 以後,主として講義のなかで展開された後期思想において,生きた根源的自然の概念を復権することによって,自然を制作のための無機的素材つまり物質(materia)と見てきた近代哲学を総体として批判するとともに,こうした物質的自然観と連動してつねに〈本質存在〉を〈事実存在〉に優越させてきた近代理性主義の見方を根底からくつがえし,〈事実存在〉を〈本質存在〉に優越させようと企てたのである。シェリングの〈実存哲学〉とは,この企てを意味している。

【Ⅲ】 キルケゴールの〈実存〉の概念

シェリングのこうした後期思想は,ヘーゲル歿後の1830年代に若い世代の大きな共感を喚んだ。というのも,マルクス*やエンゲルスらをふくむこの世代の青年たちは,〈理性的なものは現実的であり,現実的なものは理性的である〉というヘーゲルのテーゼを信じて,いまだに領邦体制をとっていたドイツで社会革命を志しながら,そのつど官憲の強い弾圧を受けて挫折を味わい,いわば現実の壁の厚さを実感していたが,その青年たちにとって,現実の非合理性を説くシェリングの思想には強く惹かれるものがあったからである。ヘーゲル歿後10年目の1841年,ベルリン大学に招かれたシェリングの就任講義には,エンゲルスやバクーニン,ブルクハルト*らヨーロッパ中の俊秀が集ったが,そのなかにデンマークのコペンハーゲンからやってきたキルケゴールもまじっていた。彼は講義のなかでシェリングが〈現実*〉(Wirklichkeit)という言葉を発するのを聴いた瞬間,感激のために自分のなかで思想の胎児が躍りあがるのを感じた,と日記に記している。キルケゴールがシェリングの講義から,この〈現実〉と同義の〈事実存在〉の概念を学んで帰ったのは確かである。しかし彼は,この概念を狭隘化して,自分にとっての自分自身の事実存在を指すためだけに使おうとする。それは次のような理由からである。今日ではかなり確かなこととされているが,キルケゴールは肉

体に障害をもっていた。彼自身〈肉体の刺〉と呼んでいるが、おそらく北欧に特有のクル病によるものであろう。人並みはずれて小柄で、おまけに背中にコブを背負わされていたという。このように人と違った肉体を与えられ、その上憂鬱症の父親に子どもの頃から、それは昔自分が神を呪ったその報いだと言い聞かされてきたキルケゴールにとって、なぜそんなものが存在するのか理性によって納得しがたい事実存在のなかでもその最たるものが自分の事実存在であったにちがいない。こうして彼は、シェリングから学んだ〈事実存在〉の概念を自分にとっての自分の事実存在に限定して使う。（このようなキルケゴール的意味での Existenz の概念に、日本では九鬼周造以来〈実存〉という訳語を当てている。）神の絶対的超越性を信ずるキルケゴールにとって、神がなぜこうした実存を自分に与えたのかを忖度することは許されない。それは、神を人間の域まで引きおろすことになるからである。したがって、人間にとってはこの実存をみずからの責任において主体的に引き受け、眼をつぶって神に身をゆだねるべく跳躍するしか道はないのである。彼はこうした主体的な実存の概念をおのれの思索の基軸に据え、ヘーゲル流の抽象的・客観的・体系的な思索に終生対抗しつづけた。たしかに彼はシェリングの〈事実存在〉の概念を狭隘化することによって、いわば問題を矮小化もしたが、しかしそうすることによって問題をいっそう尖鋭化したと見ることもできる。

【Ⅳ】 二つの実存主義　こうしてみると、二つの〈実存〉の概念と、したがってまた二つの〈実存主義〉が考えられることになろう。一つは、キルケゴールの〈主体的実存〉の概念に端を発し、マルセル、ヤスパース、サルトルらによって継承された〈倫理的ないし主体的実存主義〉とでも呼ぶべきものである。たとえば、おのれの世界存在を自己へ向かって超越し、そこに自覚的に了解される実存を探索し、さらにその主体的な自己存在をも絶対者へ向かって超越すべきだと説くヤスパースの実存哲学や、神を否定することによっておのれの事実存在に先立つ本質存在をいっさい否定し、人間にとってはおのれの事実存在を自己の責任において主体的に引受け、それをまったく自由に企投してゆくしか道はないのだと説くサルトルの実存主義などがこの系譜に属する。たしかにニーチェもおのれについて語ることの多い思想家ではあるが、彼の思想はこのような倫理的企てに終わるものではない。彼をこのような意味での実存主義の系譜に数え入れることは不当であろう。

だが、もう一つ、シェリングの実存概念とその実存哲学にはじまる系譜、いわば〈形而上学的実存主義〉とでも呼ぶべき系譜が考えられる。これは、生きた自然の概念を復権することによって、近代ヨーロッパ文化形成の基底となった物質的自然観と本質存在の優位をくつがえし、文化形成のまったく新たな方向を切り拓こうとするものである。この意味での実存主義の系譜になら、〈力への意志*〉の概念のもとに古代ギリシアのプュシスの概念を復権し、それを基軸に文化の転回をはかろうとしたニーチェも、そのニーチェにならって伝統的存在論の歴史を解体し、新たな存在の生起を待望したハイデガーも、さらには本質存在と事実存在の区別を越えて〈現成する〉（wesen）野生の存在、つまりは生きた自然の存在論を構想した後期のメルロ＝ポンティも座を占めることができるであろう。もっとも、後者の系譜を実存主義と呼ぶにはかなり無理がある。これまで、本来異質な二つの思想系譜を無理に実存主義の名のもとに整序してきたきらいがある。そろそろ思想の実質に即して見なおすべき時であろう。→現実, キルケゴール, サルトル, メルロ＝ポンティ

(木田　元)

嫉妬 ⇨アゴーンと嫉妬

ジッド [André Gide 1869-1951]

ジッドの初期作品は，作家自身の否認にもかかわらず，ニーチェの影響が深い。たとえば厳格な清教徒的道徳からの遁走を試みた『地の糧』(1897) は，生，官能，快楽の大胆な肯定により一切価値の転倒を企てたもので，『善悪の彼岸*』と対句をなす金言(アフォリズム)が鏤められている。また『背徳者』(1902) はまさに『アンチクリスト*』の自由な意訳と評されるほどのニーチェ的小説だった。その対をなす，あの純愛小説『狭き門』(1909) すら『力への意志*』の逆説的表現とみなされている。

とはいえドイツ思想との関連でいえばゲーテ*の影響の方が強かった。ディオニュソス*的激情から市民(ブルジョワ)社会，植民地支配を鋭く攻撃し，ソ連邦に個と全体の融合を夢想したが，スターリン主義的現実に直面して失望し，晩年には再びアポロ*的静謐を憧憬したからである。　　　　　　　　　　　　(山内 昶)

文献 ▷ H. Drain, *Nietzsche et Gide*, Ed. de la Madeleine, 1932. ▷ R. Lang, *André Gide*, L. U. F., 1949.

シニシズム [Cynismus; Zynismus]

いっさいの既成観念を軽蔑し，裸足で歩き，樽を住まいとしたディオゲネスの反社会的生き方，つむじ曲がりのひねくれた冷笑主義，これがシニシズムだが，反時代的で，恭しさを欠き，意図的に背理を持ち込み，皮肉，洒落，誇張，飛躍，当て擦りを駆使するニーチェは，まさにこのシニシズムの徒である。患者と医者を一身に兼ねて，時代を病み，時代を癒そうとし，いっさいの硬直した価値に敵意を抱き，精神を遠く高く飛翔させて未知の魂の風土へ漂泊するニーチェは，シニシズムを外的な不利の中で自立するための一種の養生法と見なし，自らを「樽」の中に棲むディオゲネスにも擬する。シニシズムの洗練された愚行，隠れた熱狂こそが「やがて大いなる精神の強壮化，健康の喜びと充溢を生み出してくれる」からであり [『人間的』II 序言 5]，「道化により，高雅な生き方への軽蔑により，つまりシニカルな哲学によって，自分の欠点に仮面をかぶせる」ことで，自らをひとかどの個性に仕立て上げてきた [『曙光』266]。老いた魔術師（ヴァーグナー*）に誘惑されないためには噛み付くことができねばならないと，「老いたる誘惑者よ，犬に用心せよ (cave canem)」ともいう [『場合』エピローグ]。犬を持ち出しているのは，シニシズム（キニク学派）が犬儒派とも訳されるように，ディオゲネスの「犬のような生活」(kynikos bios) をもじったものである。しかし一方でニーチェは，他者のシニカルな態度については，激しい言葉を投げかける。イロニー*に耐えられなかった者だけがシニシズムの快感に逃避するのであって，シニシズムの利己主義的な実践は，生の諸力を萎縮させる危険なものであり [『反時代的』II.5]，現代は俗物のシニカルな信仰告白の時代だとして，シニカルな F. フィッシャーや D. シュトラウス*を弾劾する [『反時代的』I.2]。「シニシズムは卑劣な魂が誠実さときわどく触れ合う唯一の形式」だからである [『善悪』26]。シニシズムの徒にして，他者のシニシズムを断罪するところにこそ，ニーチェの真骨頂があるというべきであろうか。⇨スロータータイク　　　　　　　　　　(山本 尤)

支配と服従

ニーチェは社会主義*や民主主義*など人間の平等を唱える主義主張に概して批判的である。「平等への意志*」には賤民*たちの復讐本能が隠れている。支配からの解放よりも善き支配の方がニーチェには望ましい。支配と服従をめぐるこの貴族主義的な見解は終生変わることがなかったようだ。もっとも支配と

服従を口にしたとき，彼はもっぱら政治や社会を話題にしたわけではない。ニーチェは，民主主義に「政治機構の衰亡形式」のみならず「人間の全般的退化」をもみたが，支配と服従の行為を問題にした場合も，政治のあり方にとどまらず，広く道徳，文化，人間の存在いかんに関わっていた。

古代ギリシア国家を扱った小論「五つの序文」III］は，支配と服従をめぐる初期の見解を語った代表的な一編だが，そのなかでニーチェは「奴隷制度は文化の本質に属する」こと，古代ギリシア国家での奴隷制が，キリシア人にとって恥辱ではあったが，国家*の「本来の目標」にとって必要なものでもあったことを認めている。では国家の目標とは何か。遺稿断片［I.3.449-469］から推すと，ディオニュソス*的，アポロ*的な芸術衝動が「天才*の誕生」という形で顕現してくることに，ニーチェは国家の目標を置いたらしい［I.3.450］。労働*と奴隷制度が，人間を「生存闘争への渇望」の囚われの身にしている証左だとすれば，国家とその支配者は，それを超えて「芸術への欲求への渇望」を目標にしなければならない。「文化の凱旋行列は，……選ばれた少数者にしか役に立たないということ，それに対し，実際に芸術の真の生成の喜びを得ようというのなら，大衆の奴隷奉仕がぜひとも必要であるということ，これは自然の……本質による」［I.3.453］。生存闘争を越えた芸術衝動にもとづきつつ，「天才共和国」［『反時代的』II.9］を築く少数者の支配と大衆の奴隷奉仕――まずこれがニーチェが古代ギリシアにみた支配と服従である。ただしニーチェは国家のレゾンデートルを芸術的衝動に帰趨させるだけではなく，そうした芸術的衝動に対応した政治的衝動と，それにもとづく支配・服従の関係に触れてもいた。「奴隷が社会にとって必要欠くべからざるものであるのと同様に」，国家にとって必要欠くべからざるものは戦争*である。現実政治の次元ではこの戦争の天才，すなわち「軍事的天才」こそ求められ，その産出を願う軍人階級を頂点に，奴隷的な最下層を基盤にした「軍事社会」が国家の原像として考えられていた。

ニーチェが古代ギリシアの支配と服従をかつてありえた可能性としてかように描く反面には，奴隷に代わる近代の労働者*の現実や労働*の尊厳を謳う近代の理念にたいする批判意識がある。近代社会は「無力な民衆をいっそう下等な隷従的な存在に貶め，本来の民衆らしさを奪って近代風の〈労働者〉を仕立ててしまった」［『反時代的』IV.8］。「由緒ある血筋の男女が他に優る点は……命令しうる技術と，誇り高い服従の技術である」。しかし今日の商工業の世界は「服従における高貴な態度を欠いている」［『人間的』I.440］。ニーチェはここで服従者のあるべき姿とあるべきでない姿を区別している。近代の労働者は後者の代表格である。同じことは支配者にも言える。『悦ばしき智恵』*では，「軍事的基礎をもつ文化」における兵士‐指揮官の関係と「産業文化」における労働者‐雇い主の関係を対比したくだりで次のように言っている。軍事文化においては脅威と戦慄を与えるような強い人格への服従が通例をなすのに較べ，産業文化では，面識もなく興味もおぼえない人物への服従が横行する。後者には「高級な種族のそなえていた格好や特色」，たとえば世襲貴族の高貴さがない［『智恵』40］。――ニーチェは，一方で，生来，命令しうる資質をもった者について（たとえば強者，征服者，立法者，新しい貴族*，高級種，例外的人間，少数者，偉大な人間など），また服従すべき者について（たとえば奴隷，労働者，平均的人間，畜群*，善人，多数者，凡庸な者，出来損ない，弱者，大衆など），多様なイメージを散乱させながら高貴*と卑賤について語っている。だが彼は支配をとり服従をす*しるといった単純な選択はしない。「誇り

高い服従の技術」もあれば，高貴さを欠いた人物による支配というものもある。高貴と卑賤という特性を軸に，支配と服従におけるあるべき姿とそうでない姿が問われているのである。

支配と服従は，社会的・政治的な構造を解剖するための概念的装置というより，むしろ文化や人間の類型の違いを浮彫りにするための比喩的表現に近い。だが支配と服従をそのように解するなら，一個人が両者を一身に兼ねそなえることもあるだろう。ニーチェは，この支配と服従をとももども備えたところに「意志（意欲）」の特徴の一つを見ている。「意欲する人間は，自己のうちにあって服従するあるもの……に命令する。……意欲する者はこのようにして，命令者としての快感に加えて，……奉仕する〈下部意志〉……の快感を味わう」［『善悪』19］。だが意志自身が支配と服従の二つの特性をもつならば，一方で，「服従して仕えるものの意志のなかにさえ，支配者となろうとする意志」があることになる。「弱者が強者に仕えるのは，より弱い者に対して支配者になろうとする弱者の意志が，彼を説き伏せるのだ」。「犠牲と，奉仕と，愛のまなざしのあるところ，そこにもまた支配者になろうとする意志がある。つまりそのとき，弱者は，隠れた道を通って，強者の城内へ忍びこみ，さらには主人の心臓の中にまでもぐりこみ，——力を盗むのである」［『ツァラトゥストラ』Ⅱ-12］。もちろんこれとちょうど逆に，他方では，優れた意味での「支配の意志」にも服従の契機がある。「およそ生あるものが見いだされるかぎり，私が聞いたことばは，きまって服従であった。……／それから第二に聞いたことは，自己に従順であることができないものは，他から命令されるということである。……／私が聞いた第三のことは，命令するのは服従するよりむずかしい，ということだ」［同］。ニーチェはこの命令に自己自身を賭した「ひとつの試みと冒険」を見る。「自分自身に命令するとき，そのときでもなお，彼はみずからの命令をば贖わなければならない。自分自身のくだした律法に対して，みずからその裁きにあたり，処罰し，また裁かれる犠牲者ともならなければならない」［同］。このように生に対して，服従し，命令し，自己に命令することによって自己に服従することを促すもの——これが優れた意味での力への意志*にほかならない。

しかしニーチェは，たんに命令と服従のあるべき姿とそうでない姿を描き出すだけではない。そこにはまた独特の社会的・政治的な含意もある。たとえば民主主義や社会主義の動きのなかに，ニーチェは弱い権力しか持ちえない人民，多数者を，支配者に仕立てあげようとする魂胆が隠されているのをみる。服従すべき者が高貴さを欠くというだけではない。卑俗な存在に堕した服従すべき者が，そのくせ数をたのみとして支配的な地位に成り上がることこそが問題なのである。「最も強い……者たちも，組織化された畜群本能を，……敵にまわすときは，弱いのである」［遺稿 Ⅱ.11.128］。「下降の本能が上昇の本能を支配するものとなった……」［同 Ⅱ.11.151］。ニーチェは民主主義のなかに賤民*たちの支配をみた。こうしてニーチェの課題は，一つには，このような逆転した事態に立ち至ったのはなぜいかにしてかを系譜学*的に問い，もう一つには，その逆転はさらにどう転換さるべきかを来るべき明日の思想として告げることに置かれる。

「人間が存在するかぎり，あらゆる時代に人間畜群もまた存在した……。そしてつねに少数の命令者に対して，非常に多数の服従者がいた」［『善悪』199］。もし服従すべき者が支配者の地位に成り上がったとしたら，服従の畜群本能が道徳的な価値づけを左右する事態が生じる。「主人の道徳」に代わって「奴隷の道徳」が支配的となる道徳上の奴隷の反

乱*とはこうした事態にほかならない。ニーチェによれば人類の発展の紆余曲折は、「命令の技術を犠牲にして、服従の本能がもっとよく遺伝されていることにもとづく」。原始キリスト教、宗教改革*、フランス革命*の歴史、道徳上の奴隷の反乱、道徳上の価値づけの逆転を起こした事件そのものである。そしてヨーロッパにおける民主主義運動の時代にいたって、服従の畜群本能は放埒の極みに達する。ここにいたると「命令する者……がまさにいなくなってしまうか、あるいは、これらの者が内心、良心*の疚しさに悩んでいて、……自分たちもまたただ服従しているにすぎないかのように見せ掛ける必要がある、という状況にたちいたるのだ」[『善悪』199]。

ニーチェは奴隷一揆による逆転の構図をほぼこのように描いている。ただしヨーロッパの民主主義運動がニーチェにとってまったくネガティヴなものとだけ映ったかといえば、そうではない。支配者と奴隷の関係の歴史にはもう一幕が残っている。「この新しい条件のもとでは、概して人間の平均化と凡庸化がうみだされ……畜群的人間が作り出されるが、これらの同じ条件はまた、……例外的人間を産みだす源となるのに最適である」[『善悪』242]。民主化が服従の本能に慣れた畜群的人間を大量に生み出すとなれば、それは「もっとも精密な意味での奴隷制度におあつらえむきなタイプの人間を生み出すだろう。だがその反面、個々の例外的な場合において、強い人間は、おそらくかつてなかったほどに強く、豊かなものに出来上がらざるをえないだろう。……ヨーロッパの民主化は同時に、僭主たち……の育成を不本意ながら用意することでもあるのだ」[同 242]。ニーチェがナポレオン*に見たのは、この僭主の先駆であった。

晩年のニーチェは、旧来の社会学に代わる「支配形態の理論」を構想している。『アンチクリスト』*の次の一節はその片鱗をうかがわせる。「高級な文化というものは、一つのピラミッドである。それはひとえに広い地盤の上にのみ聳えることができる。それは何といっても、強く、健康に固められた中庸を前提としているのである」[57]。中庸さとは、カースト的な序列*のなかで「優れて精神的な人々」「すぐれて筋肉および気性の強い人々」の下位に置かれた「中庸な人々」で、奴隷や労働者に取って代わるものなのだろう。それはニーチェにとって「例外者が存在することを許されるための第一の要件」である[同]。たしかに「例外者」はたんなる政治的支配者とは考えられていない。しかし「中庸な人々」がそうした存在のためのたんなる手段とみなされていることは間違いない。このあたりニーチェがどこまで政治的・社会的な意味で文字通りに考察しようとしていたのか、今すこしはっきりしないものが残る。ただ、支配と服従をめぐるこの最後の言説が、(おそらく半ば以上) 狂気のなかでニーチェが口走ることとなった「大いなる政治*」の「宣戦布告」[遺稿 Ⅱ.12.168f.]とほぼ踵を接していたことはたしかである。→権力、国家、奴隷の反乱、民主主義、社会主義、平等への意志、戦争と軍隊　　　　　(木前利秋)

社会主義 [Sozialismus]

ニーチェは、社会主義にも、自由主義*にも、国家主義にも反対したが、それは彼の非政治的態度からきている。もともと本能的に社会主義に軽蔑感をもっていたのは、ショーペンハウアー*の、社会主義者の楽観論への拒絶や、貴族的意識をもったヘレニズム文化への親和性によるものであった。しかしニーチェを取り巻く知的環境は社会主義に対する態度決定を要求するようになる。彼が社会問題に関心をもったのは、ラサールやバクーニンらのようなデマゴーグ的急進的指導者が出てそれに物珍しさを感じたことや、ヴァーグ

ナー*が49年のドレスデン革命で見せた社会主義への共鳴を知ったからである。さらに71年にパリ・コミューンが成立して、下層階級の野蛮な行動への恐怖を感じとったからでもある。しかし彼は、自由主義とビスマルク*との蜜月を崩そうとして社会主義の恐怖を煽るような反動家たちとはかけ離れた立場にあって、資本主義の経済的危機の中で知識人の間で高まった社会主義に新しい評価を与えようとする動きに同調し、かつての若い時代の反社会主義の感情を整理するようにもなっている。彼はマルクス*よりもジョン・スチュアート・ミル*の『社会主義』論やデューリング*の社会主義に関心を示して読んでいる。しかしミルの社会主義的自由主義も、デューリングの人種論の入った国家的社会主義も受け入れなかった。

ニーチェが社会主義運動と身近に接したのは、ちょうど彼がバーゼル大学に招聘された1869年に、バーゼル*で第4回目のインターナショナル会議が開催されたときである。この都市はアメリカ南北戦争の影響で織物産業が急激に発展し、家父長的な資本家と労働者が衝突し、大規模な労働争議に発展した。これを背景に開かれた会議は世界の注視するところとなった。バッハオーフェン*は泥棒の会議だと中傷するほど興奮していたが、ニーチェは静観している。この会議でマルクスとバクーニンとが決定的に対立するに至った。バーゼルと付近一帯の労働者の見せた一時的な革命ムードがバクーニンのアナーキスト綱領と一体になっていることを見たニーチェは、かつてヴァーグナーがドレスデン革命のさいにバクーニンの黙示録的アナーキズムの魔力にとりつかれた体験と重ね合わせ、さらに恐るべきアジア起源のディオニュソス*の狂乱ともイメージをダブらせている。

(上山安敏)

社交

後年、孤独な漂泊者・隠遁者として語ることの多かったニーチェははじめから非社交的な人間であったかのような印象もあるが、バーゼル*時代までは人並みに友人や知人、同僚とつきあっていたし、その後もジルス＝マーリア*などの保養地での社交にはつとめていた。ただ、彼がごくわずかな親友や自分が認めた人間にしか気を許さず、にぎやかな社交の席よりも才能ある者同士の静かな語らいを好んだのはたしかである。ラ・ロシュフコー*などのモラリスト*にならって「心理学的観察」に目覚めたニーチェにとって、あれこれの人のうわさ話はしても、人間の本性についての分析には欠ける社交の席での会話は、退屈きわまりないものであった[『人間的』I.35]。そして、自らも『人間的、あまりに人間的な』*以降の著作において、うわべの社交辞令や慇懃さの背後に隠れた底意とたくらみを距離を置いて観察し、鋭い警句で抉り出した。「交際における人間」と題する章では、自分の意見を相手に先に言われてしまうとむきになってそれに反対する人間の滑稽さ[同 I.345]や、たがいに才智を示そうとして機会を与え合う談話の空しさ[同 I.369]、僭越という評判を取らないために慇懃に嘘をつく欺瞞[同 I.373]などが描かれている。そうした人間観察を通して際立つのは、一つには他者に対する優越をめぐる駆け引きである。隣人よりも優れた者になって自らの「力の感情」を味わおうとする努力が人間の文化を作ってきたという考察[『曙光』113]は、のちの「力への意志*」の問題圏へと導くものである。もう一つ繰り返し現れるのは、才智ある人間は凡庸な人間の集まりでは自らのエスプリを隠蔽した方がよいという、処世術としての「仮装」や「仮面*」に関する発言である[『人間的』I.324；II-1.240；同 II-1.246；『智恵』82；『善悪』40など]。卑俗さや誤解に満ちた社交は、高級な人間がむしろ

「隠遁者」として生きるべき原因となる。それでも交際しなければならない隠遁者は、勇気をふるって嫌悪を抑え、相手のよい点を強調し、自己催眠によって我慢するしかない［『智恵』364］。それゆえ、慇懃さで自分の真意を覆い隠し、社交によって卑俗になるのを避けるためにふたたび孤独を必要とするようになるという［『善悪』284］。かつて18世紀の啓蒙においては、サロンにおける社交に普遍化可能な談論が期待され、カント*は人間の「非社交的社交性」に市民社会の道徳性の発展の可能性を見いだした。しかし、ニーチェにとって、たいがいの教養市民の社交は機知やユーモアを競うだけのおしゃべりに堕したものであり、空疎な形式と内面性との分裂を証明するぎこちない実験にほかならなかった。それゆえに彼は、デリカシーを欠いたおしゃべりにうつつをぬかすよりも［『人間的』Ⅰ.374］、冥界に下って永遠に生きる思想家たちとじっくり語り合うことを好んだのであった［同 Ⅱ-1.408］。　　　　　　　　（大石紀一郎）

ジャーナリズム──公共性の問題

　ニーチェが生きた頃のドイツ*は、すでにジャーナリズムが隆盛の時を迎えている。三月革命以後の政治新聞の登場に始まり、1880年代には、報道新聞がドイツ各地に簇生した。イギリスの報道主義とアメリカの大衆紙の影響は、ニーチェの眼にもとまったはずである。鷗外*は、『舞姫』の主人公の口を借りて、ちょうど同じ頃のドイツ・ジャーナリズムの隆々たる勢いを伝えている。「凡そ民間学の流布したることは、欧洲諸国の間にて独逸に若くはなからん。幾百種の新聞雑誌に散見する議論には頗る高尚なるも多き」──鷗外は、大学アカデミーでの「一筋の道をのみ走りし知識」とジャーナリズム（民間学）での「総括的」教養を比較し、前者の衰退と後者の盛況とを対照している。当時のドイツの知的状況はすでに一留学生の眼にも鮮やかに写ったらしい。ただし同じドイツにおける「民間学の流布」が、ニーチェには「ドイツ人の精神は彼らのビールと新聞で押さえこまれている」［『人間的』Ⅱ-1.324］と見え、新聞雑誌に散見する高尚な議論が「現代の教養ある野蛮」としか見えなかったことは、同時代の同じ社会に対する対照的な評価として興味深い。

　ニーチェの生涯にわたる思索が反時代性に彩られていたことは、今更いうまでもないが、その例の一つに、ジャーナリズムにたいする批判をあげても悪くはない。「現代の教養的野蛮」「刹那の従僕」「日刊新聞のその日暮らしの精神」「日々の紙の奴隷」「新聞という早朝の反吐」「近代文化の阿呆」「永遠に続く空騒ぎ」などとジャーナリズム、新聞にたいする辛辣な罵倒は数知れない。遺稿断片を見ると、「新聞」は『反時代的考察』*の続編のテーマに予定されていたふしがある［Ⅰ.5.109f.］。『悲劇の誕生』*にもジャーナリズム批判は顔を出しているが、初期のものとしては、連続講演「われわれの教育施設の将来について」のジャーナリズム批判がまず眼を引く。

　「堕落した教養人というのは重大な問題である。わがドイツの学者*社会とジャーナリズム社会の全体がこの堕落のしるしを帯びているのを観察すると、そら恐ろしい感じがしてくる。わが学者連中が飽きもせずに、ジャーナリズムにおける民衆誘惑の作品を、手をこまねいて見ていたり、あるいはこの手伝いをさえするとしたら、通例、学者連中をどの程度に評価したらよいのだろうか。ジャーナリストにとって小説を書くのは、これすなわち自分自身からの逃避、教養衝動の禁欲的殺戮、個体のやけっぱちな破壊であろうが、学者連中にとって学識を備えるというのが、どうやらこれと似たようなことなのかもしれない……」［「教育施設」Ⅴ］。

　ニーチェは、まずここでジャーナリズムと

アカデミズムをいわばセットにして批判している。しかもそれを，教養人ないし教養*そのものの命運に係わる問題とみていた。アカデミズムとジャーナリズムともどもから距離をとりながら，教養形成のあり方いかんを反省してみることが，ニーチェのここでの主眼である。

ジャーナリズムとアカデミズムを対にしたこの批判で連想されるのは，第一に，ニーチェ自身がアカデミーと手を切るにいたったこと，しかもアカデミズムから絶縁した後，ジャーナリズムに身売りするほどの節操のなさを示しはしなかった（あるいはジャーナリズムに転身するだけの処世術にたけていなかった）ことだろう。この点を想えば，ニーチェが「文筆家」としてのダーフィト・シュトラウス*をやり玉に挙げたのは，象徴的な出来事だったのかもしれない。シュトラウスを筆頭とするいわゆるヘーゲル左派の面々は，マルクス*，エンゲルスにいたるまで大方がアカデミズムからの脱落者ないし転職組である。ヘーゲル右派が講壇哲学としてアカデミーの一角を占めていたのに対し，彼らは，活動の舞台をジャーナリズムに求めるほかなかった。だがニーチェは，アカデミーを去ったのちは，むしろアカデミズムかジャーナリズムかの選択の外に立ちつづける。そしてこのスタンスの取り方が，公共圏における意見形成，世論にたいする一貫した蔑視の態度と結びついているのである。

ジャーナリズムとアカデミズムをワンセットにした批判は，第二に，ニーチェが教養俗物*たちに批判の矛先を向けていたこととも関連している。ニーチェはもはやアカデミズムとジャーナリズム，教養人と俗物，知識人と大衆を単純に対立させて一方をとることはしない。むしろ大衆と化した知識人，すなわち〈教養俗物〉たちにこそ批判の矢が向けられる。敵は大衆の無知ではない。教養人と俗物を対立させること自身がすでに欺瞞であ

る。こうした教養俗物のあいだには，等しい欲求や似たような見解しか存在しない。彼らの周辺を取り囲んでいるのは，あれこれの事柄にかんする暗黙の協定の輪である。教養俗物を支配する「この非常に印象的な同一性」［『反時代的』I.2］こそ，ニーチェにとって世論のかたちをとって現れる公共圏の特徴をなしていたのである。

アカデミズムとジャーナリズム双方の外部に立つことは，俗物と化した教養人から距離をとることであり，彼らが形成する教養や公共性を異化することでもあった。ジャーナリズムのなかにニーチェが見たのはこの「教養の衰退と拡散」にほかならない［「教育施設」I］。

教養俗物が跋扈する時代ともなると，「ドイツの教養の救済のために飽くことなくギリシアの河床から水を汲み取る仕事に品位を見いだすはずの仲間——ほかならぬ高等教育施設の教員仲間」において「ギリシア的理想の懐疑的な放棄と，——いっさいの古代研究の真の意志の曲解」におちいるのも稀ではない。「高等教育施設の本来の教化力が現代におけるほど低く弱くなった」こともない［『悲劇』20］。このような教養の衰弱を前に，ジャーナリズムが高等教育の教員連に対して勝利を収める。のみならず当の教授連中にしてからが，しばしば転身を決め込んでジャーナリズムの「軽やかな優雅さ」に身をくるみ，軽やかな知に酔いしれたりもするのが現状なのである。

もっとも教養を衰退に追込んだ責任がジャーナリズムの軽薄や浅薄さだけにあるとは言えない。かつての「十全な教養」を不可能にしているのは，学問における分業，専門化そのものにほかならない。「われわれの学校は，もっとはるかに大規模な分業の方向をしめしている。十全な教養を得ようとの努力がなされることは，それゆえいよいよ稀になる。……／それゆえ，連絡役である一般的な人

間，すなわちジャーナリストの権力が当分のあいだなおいっそう大きくなるかもしれない。つまり彼らはさまざまな領域を一つにまとめあげるわけである」〔遺稿 I.3.512〕。しかしニーチェにしてみれば，かような「総括的」教養が，「一筋の道をのみ走りし知識」を乗り越え，かつての「十全な教養」に肩を並べるだけの高さに達するとは到底考えられない。「〈一般〉教養は，もともと例外的な〈教養〉の位階を下げてしまう。ジャーナリストはひとつの必然的な結果である。いわゆる一般教養のひとつの誕生である」〔同 I.3.402〕。

「新聞雑誌上のいわゆる〈文化的関心〉とかいう非文化のひどく破廉恥な兆しの賤民的公共性 (die plebejische Öffentlichkeit) が，完全に新しい最高度の成熟した教養形成の基礎であるとして吹聴されている」〔「教育施設」Ⅲ〕。教養の衰退と拡散——教養俗物や平凡人の一般教養の現実，ジャーナリズムが生み出した現実はこうしたものである。

初期のニーチェにみる教養の概念には，ギリシア的理想に加えて，「ドイツ精神」や「真の文化」によせるニーチェの熱い思いが感じられる。だが中期になると，この側面は後景に退き，それにともなって新聞や世論への批判も力点の置き所が変わる。中期のジャーナリズム批判で見逃せないのは，アカデミズムとジャーナリズム，教養俗物と「十全な教養」という補完と対立の構図とは違った視点から，ジャーナリズムや公共性の問題を語るようになったことだろう。

たとえば新聞を代表としたジャーナリズムの現状は，文化の危機という視点からアカデミズムの実情とワンセットに批判されることはもはやない。問題となるのは，むしろジャーナリズムや世論が発揮するさまざまな政治的・心理的効果である。「大きな政治的事件のすべてが……その深い影響をしめして地をあとまで震わせるのはそれが生じてからずっとたってからのことであるのをよく考えてみれば，わめきたててほかの何も聞こえなくし，ひとを興奮させ驚かせるのに日々を費やしている今日のような新聞界に，どんな意義を認めてやれよう」〔『人間的』Ⅱ-1.321〕。「大多数の人間は世間一般の信念や世論を，……身にまとうまでは無であり，無力である」〔Ⅱ-1.325〕。

また世論（公的意見 Öffentliche Meinung）は，その「非常に印象的な同一性」が問題にされるより，「公的意見」という名のもとで犯される「私的怠慢」〔『人間的』Ⅰ.482〕，多数者たちの「不誠実な犯罪」として告発される。「新聞の威力は，それに働く各個人がほんのわずかしか義務と責任を感じないというところに成り立つ。彼らは通例自分の意見を言うが，自分の党派や，自国の政治や，また自分自身の利益のためにはそれを言わないこともある。このような不誠実のささやかな犯罪……が，多数の人々によって同時に行われるのであるから，その結果は途方もない」〔同 Ⅰ.447〕。

ニーチェはすでに，公論（世論）の現実を，公的なものの展開としてではなく，多数をしめた私的なものの支配として捉えている。その意味で公共性の喪失ないし構造転換の現実をある程度見据えていたともとれる。
↗教養，教養俗物　　　　　　　　　（木前利秋）

シャンフォール [Nicolas Sébastien Roch de Chamfort 1741-94]

フランスのモラリスト*。大革命に際しミラボーに協力したが，ジャコバン党の恐怖政治下で逮捕され，自殺をはかってその傷がもとで没した。死後刊行された『省察・箴言・逸話・対談』(1795)の新版が1856年頃に出て，ニーチェはこれを編者スタール (P. J. Stahl) の序文「シャンフォール物語——その生涯と仕事」を含めておそくとも79年には読んでいたようである。鋭い観察眼と懐疑精

神で旧体制末期の上流社会を風刺したシャンフォールを，ニーチェはモンテーニュ*，ラ・ロシュフコー*，パスカル*らの偉大な先輩モラリストと同列に置いて高く評価しているが，その生涯については，人間や大衆を知り尽くしていながらも，私生児として生まれたことからくる社会への復讐心のゆえに道を誤った悲劇と捉えていた。『人間的』*Ⅱ-2.214や1881年秋以降の遺稿にその名が現れるが，最も包括的なコメントは『悦ばしき智恵』*95である。⇨モラリスト　　（清水本裕）

シュヴァイツァー　[Albert Schweitzer]
⇨現代神学

自由意志〔意志の自由〕　[der freie Wille; die Freiheit des Willens]

意志の自由は存在するか，また存在するとすればそれはどのような自由かという問題は，古代以来，とりわけキリスト教*神学との関連で論じられ，人間に「無差別の恣意の自由」(liberum arbitrium indifferentiae) を認める立場と，神のみに超越的な自由を認めて被造物については決定論ないしは予定説をとる立場を両極として，スピノザ*やライプニッツ，シェリングに至るまでさまざまな議論が展開されてきた。ニーチェもこの問題に早くから関心を抱き，すでにプフォルタ校*時代の作文「運命と歴史」や「自由意志と運命」（ともに1862年春）でも自由意志と運命の必然性との二律背反を扱っている。ただ，彼の場合，当初から弁神論的な発想とは無縁で，『人間的』*以降において彼が論じているのは，カント*やショーペンハウアー*の主張した道徳的な自由の可否という問題である。カントは，現象の世界では自然法則の必然性が支配するとしたが，叡智的世界 (die intelligible Welt) における意志の自律には超越論的自由を認めていた〔『実践理性批判』〕。またショーペンハウアーは，『意志と表象としての世界』や「道徳の基礎」についての懸賞論文で，「物自体*」としての「意志」は時間の外部にあって自由であるが，「現象」の世界では因果的必然性が支配しており，「意志」の一つの現象にすぎない人間も必然によって規定されると主張する。したがって，現象の領域に属する行為に自由を想定することは錯覚であるとされるが，人間がどのような者になろうとするかという意欲については自由が認められる。そして，現象界においては「生きんとする意志*」を否定することのみが唯一の自由な行為であると強調して，ショーペンハウアーは独特の道徳説を展開している。

こうした議論に対してニーチェは，感性的な世界以外に何らかの超感性的な世界を立てる形而上学*的な前提そのものを否定する。それゆえ，「叡智的自由」などというものを想定する余地などそもそも存在せず，自由意志なるものがあるというのは幻想にすぎない，すべては必然であるとされる。そして，世界の運行が停止した瞬間にあらゆる運動を計算しうる（あたかもラプラスの魔のような）全知の悟性があるとしたら，あらゆる行為を，自由意志に関する誤った観念も含めて，あらかじめ計算しうるにちがいないとする〔『人間的』I.106〕。それにもかかわらず意志の自由の想定から行為に対する責任が問われるに至った事情について，ニーチェは次のような「道徳的感情の歴史」を推論している。すなわち，最初は行為の結果によって善悪が判断され，次に行為自体に善悪があると考えられるようになった。それに続いて，善悪の区別はすでに行為の動機にあるとされ，ついにはその行為をなした人間の本質が善いとか悪いとか言われて，その人間の責任が問われるようになったというのである。しかし，すべてが必然の結果であるとすれば，人間に自分の行為や本質についての責任を問うことはできないはずである。結局人びとは，

「道徳的感情の歴史は一つの誤謬の歴史、責任についての誤謬の歴史、つまり意志の自由についての誤謬にもとづく誤謬の歴史であるという認識」に達するとされる［同 I.39］。後年の系譜学*の思想を先取りするかのような議論である。こうしてニーチェは、「人間の行為の厳密な必然性」から「絶対的な、意志の不自由と無責任という命題」を導く［同Ⅱ-1.33］。「一切は必然性である──そのように新しい認識は語る。そして、この認識そのものが必然性である。一切は無垢である。そして、認識はこの無垢を洞察するに至る道である」というのである［同 I.107］。

彼はまた、この「人間の意志の完全な不自由」という「最強の認識」には虚栄心*という「最強の敵」があるとして［同 Ⅱ-1.50］、自由な意志があるという錯覚が人間という虚栄に満ちた動物においてどのように現れるかということをさまざまに描いている。人間は、自分の生*の感情が最大限になるところに意志の自由を想定し、そうした社会的・政治的支配の経験を誤って形而上学に適用する［同 Ⅱ-2.9］。また、実際には鎖につながれていても、それ以上鎖が増えなければその重みを感じないように、人間は従属の事実に慣れてしまうと、それでも自分には意志の自由があると信じてしまう［同Ⅱ-2.10］。そして、自分は「不自由な世界における自由な者」であって、「驚嘆すべき例外、超獣（Übertier）、ほとんど神」にも等しい「自然の偉大なる支配者」であると思い込む［同Ⅱ-2.12］。つまり、意志自由の説は人間の誇りと「力の感情」から生まれるというのである［『曙光』128］。また後期においては、ルサンチマン*との関連で、司祭*たちが復讐の権利を作り出そうとしてスケープゴートを必要としたところから、自由意志にもとづく行為というものを案出し、誰かに責任を帰するようにしたという議論もなされる［遺稿Ⅱ.11.272ff.］。それに対して、人間を復讐の本能から解放することをめざすニーチェ＝ツァラトゥストラは、意志の「救済*」を説き、すべてが必然*であるという思想を〈永遠回帰*〉の観念と結びつける。「意志することは自由にすること」であるが、これまで意志は過去へとさかのぼって意志することができなかった。しかし、「過ぎ去った人間たちを救済し、すべての〈そうあった〉を〈私がそのように欲した〉につくりかえること」こそ「救済」であり、「創造する意志」は「私がそうあることを欲した」と言うようにならなければならないというのである［『ツァラトゥストラ』Ⅱ-20］。

このように道徳的行為と自由とが切り離されたところで、ニーチェは意志の理論、すなわち〈力への意志*〉の思想を展開する。そこでは、現代に至るまで道徳的価値評価が妥当してきたということ、そしていまだに信じられているということの事実性から出発して、それが人間の誤った自己解釈の一つであったにもかかわらず、そうした誤謬を次々と「体現」してきたことの必然性も認めなければならないという議論が展開される。他方、意志の自由というものは、抵抗や抑圧の感情にもとづく虚構にすぎず、「自由意志も不自由意志も、そもそもいかなる意志も存在しない」とされる［遺稿Ⅱ.7.367, 359］。これは、「意志」という存在を実体として表象するのではなく、それを多様な意欲の相互作用として考察しようという考え方である。身体*を導きの糸としてみると、人間はさまざまな生命ある本質の複合体であり、さまざまな衝動*の間の闘争と支配・被支配が見えてくるとされる［Ⅱ.7.368］。ショーペンハウアーが「意志」を「根源的一者*」として実体化して考えたのは誤りで、「意欲」（Wollen）は複合的なものであり、たんに言葉として統一体をなすにすぎない。それは多数の感情・思考・情動の複合体であり、その間における支配と服従の遊戯が「意志の自由」と呼ばれる

快感を生み出すにすぎないというのである[『善悪』19]。

とはいえ、ニーチェにおいても、「自由な意志への意志」[『人間的』I序言3]というものはあるとされる。それは自らの自由についても自由な考え方をする「自由精神*」の意志であり、「精神が、そのあるがままに、軽やかな綱と可能性の上に身を持しえて、深淵*に臨んでもなお舞踏することに長け、あらゆる信仰、あらゆる確実性への願望に別れを告げる」という意志の自由を持つ者こそ「選り抜きの自由精神」であるという[『智恵』347]。これが、自由意志を相対化し、実体的な意志の概念を衝動の多様性のなかへと解体していくという視点を可能にしたものでもあろう。→偶然と必然　　　　　　（大石紀一郎）

[文献] ▷ Wolfgang Müller-Lauter, Nietzsches Auf-lösung des Problems der Willensfreiheit, in: Sigrid Bauschinger/Susan L. Cocalis/Sara Lennox (Hrsg.), *Nietzsche heute. Die Rezeption seines Werkes nach 1968*, Bern/Stuttgart 1988.

19世紀とニーチェ

【I】 19世紀と青春　　1930年代以降ハイデガー*によって怪しげな形而上学化を蒙ったために霞んでしまったが、それまでのニーチェの受容は大筋では、19世紀の生活形式への闘争と結びついていた。1890年代半ば以降、若い哲学者、芸術家、文学者だけでなく一般社会でも、左右を問わずニーチェが広く読まれたのには、彼の文章に、19世紀のヨーロッパで固定化した後期市民社会の因襲、価値観、社会的ヒエラルキー、そこにおける教養*や文化のあり方に対する全面的な拒否が感じられたからである。彼がソクラテス*、プラトン*、そしてキリスト教*という西洋の二千年の伝統にまで立ち向かったのも、19世紀において作られたそれらとの連続性の神話があったからである。遺稿のなかの次の文章はその事情をよく窺わせてくれる。「友人たち、われわれは若い時につらい思いをしたものだ。われわれは青春に苦しんだ。重たい病気*にかかったように苦しんだ。それは、われわれが投げ出された時代のせいである。大いなる内面的頽廃と解体の時代のせいである。……われわれの歩く道のすべてはすべりやすく危険である。しかも、われわれをなおもかろうじて支えてくれている氷は、あまりにも薄くなってしまった。なま暖かい雪解けの風の不気味な息吹きをわれわれの誰もが感じている。われわれがまだこれから歩いていく道は、まもなく誰も歩けなくなるだろう」[Ⅱ.7.19]。

解体と不確実性の時代の意識、時代の苦悩と自らの青春の苦悩が緊密に絡んでいるという神経のあり方——まことに19世紀こそは、青春の世紀である。希望としての青春ではなく、多くの文学が示すように青春の不安と将来への漠とした不気味な期待を基調音とする100年である。ニーチェを最初に受容した時代は、芸術の面でユーゲントシュティール*（青春様式）と称する新しい様式が、曲線のなかに頽廃と希望とを、軽やかな妖艶さのなかに重たい快楽と滅亡を告知していた。時代の弱さと強さが切り離せないものとしてあるという二重性の感覚、弱点がそのまま新しい時代の培養液でもあるという予感も特徴的である（その点では啄木や透谷の詩文も藤村の希望や告発も明治の時代の分裂を表すだけでなく、やはり確実かつ急速に西洋の19世紀のコピーになったあの時代の青春の表現であり、遠いように見えてもけっしてニーチェの時代経験と無縁ではない）。この時代経験を克服することこそニーチェが自らの課題としたところである。「哲学者は自分に対してまず第一に、そして最終的になにを要求するであろうか。それは、自己のうちなる自分の時代を克服することである。……哲学者は自分の時代の疚しい良心でなければならない*。そのためには、彼は、自分の時代についての

最良の知を持っていなければならない」[『場合』序文]。そしてこの「最良の知」によれば、「自分の時代」とはなによりも「デカダンス*の時代」であった。

19世紀に対する闘いがそうたやすいものでないことは、20世紀がだいぶたってからホーフマンスタール*のような人でも、「19世紀の教養*の克服」を叫んでいることにも示されている[「国民の精神的空間としての文学」]。だが、またこの19世紀は20世紀が、少なくとも20世紀のなかば1967/68年までの知的議論と文学的教養が、その源泉を求め続けていた時代でもある。19世紀と対決し続けたカール・レーヴィット*は、みずからニーチェ色の濃い青年運動*を出発点としているが、大著『ヘーゲルからニーチェへ』の前書きで19世紀を人物名の列挙によってなかば象徴的に特徴づけている。「19世紀、それはヘーゲル*とゲーテ*、シェリングとロマン派、ショーペンハウアー*とニーチェ、マルクス*とキルケゴール*であり、またフォイエルバッハとルーゲ、バウアーとシュティルナー、ハルトマン*とデューリング*である。それはまたハイネ*とベルネ、ヘッベルとビュヒナー、インマーマンとケラー、シュティフター*とストリンドベリ、ドストエフスキー*とトルストイ、スタンダールとバルザック*、ディッケンズとサッカレー、フローベール*とボードレール*、メルヴィルとハーディ、バイロン*とランボー、レオパルディ*とダヌンツィオ*、ゲオルゲ*とリルケ*であり、ベートーヴェン*とヴァーグナー*、ルノアールとドラクロワ*、ムンクとマネー、ゴッホとセザンヌである。それはランケとモムゼン、ドロイゼンとトライチュケ*、テーヌとブルクハルト*の大きな歴史書の時代であり、自然科学の圧倒的な発展の時代でもある。それらに優るとも劣らずナポレオン*とメテルニヒ、マッチーニとカブール、ラサールとビスマルク、ルーデンドルフとクレマンソーの時代である」。

【Ⅱ】 社会的矛盾と教養による選別　最近では、1815年から1914年までは比較的安定した時代と思われ、「平和の100年」などとも形容されているが、実際には19世紀ほど社会的な流動性と分裂を大きく宿した時代はそれまでなかった。ブルクハルトのような文化保守主義的な人物でも「83年間も続いているこの革命時代のような動乱期」[『世界史的考察』11節]といった表現を繰り返さざるをえなかった。世紀の前半にはすでにゲーテがこの世紀が「混乱と不条理」の時代であることを予言していた[W. フォン・フンボルト宛1832年3月]。「中心が喪失し」(ゲーテ)、時代の進歩が加速度的に早くなる(『共産党宣言』のなかの鉄道の記述)ことが予感されていた。鉄道の完成を知ってパリのハイネは「わが戸口の前に北海の波が逆巻いている」と、空間の克服を歌った。ニーチェの放浪生活は鉄道の存在抜きには語れない。

こうした激動の要因としてまず特記すべきは、マルクスの仕事に反映している社会的矛盾である。資本主義の発展のなかでごく少数の市民階級と膨大な量の無産階級とが対峙していた。世紀末*になってからの重工業の発展を除けば全体としては現在から見れば軽量商品経済であったには違いないが、それでも(それだからこそ？) 労働力を交換可能な唯一の商品とする階級と生産手段を所有する資本家層の対立という生産関係は歴然としていた。そうした階級対立のなかで、ハーバーマス*が描きだしたような18世紀的な公共圏は、ビーダーマイアー期から1870年代までに私的な領域にほぼ完全に撤退し終わっており、やがては大メディアを通じた国家と社会の癒着の手段となっていった。市民階級は18世紀末の変革に光沢を与えた「純粋なる人間性」の理想の実現を放棄し、それを内面の教養世界に求めるだけであった。ニーチェが批判し、その克服の課題がホーフマンスタールにまで

継承されている歴史的教養なるものは、こうした背景に依拠している。

他方で、労働者*の世界には、これまで過小に評価されていたが、独自の文化と生活形式が生まれつつあった。核家族を越えた交際形式や相互扶助のあり方などは、社会民主党の強固な組織にも反映していく。国際的ネットワークも生まれつつあった。19世紀ドイツの政治生活のいわば総決算である第一次世界大戦前の帝国議会において第一党は社会民主党であったことを忘れてはならない。労働者の世界にはカウンター公共圏が形成されていたのであり、やがてこれは労働運動の成果として現在にまでつながる実を結ぶことになる。だが、その結果としてニーチェが生きた19世紀の後半には、レイモンド・ウィリアムズのいう「二つの文化」が相互になんの関連もなく併存することになった。

二つの文化は、教育による選別と裏腹であった。ギムナジウムという針の穴を抜けて大学に進学し、「国家を支える階層」となるのは、数パーセントであった。代表的な数字を挙げるならば、1885年の時点のドイツ帝国全体の人口4700万人に対して、ギムナジウムの生徒はわずか84,000人強であった。大学生の数は1871年で13,000人、85年で23,000人でしかない。とくにニーチェの出身国であるプロイセンにおいては牧師、軍人、教職、そして官僚がそうした階層である。ギムナジウムを終えて、志願兵という名目で1年間の兵役につくことは、社会的上昇の絶対的条件であり、ニーチェも1867年秋には当然のことのように軍務に服していた。また、そうした階層がいちどは通過する学生組合*も、かつては自由と統一を志向した「危険分子」の集団であり、強い批判性を少なくとも1830年代まではもっていたのが、世紀後半においては飲酒、放歌・高吟をこととし、決闘に明け暮れていた（ニーチェもボン大学でフランコーニアというそういった学生組合に入ったが、じきに退会している）。決闘に象徴される名誉の規範こそがドイツ的人間の守るべきものであった。

そうした社会に納得できない女性たちの不倫が19世紀文学の通奏低音になったのも理解できる。ニーチェの同時代者のフォンターネの作品『エフィ・ブリースト』では、有能で落ち着いた年上の官僚の妻となった主人公の女性エフィの不倫が何年もたってから発覚すると、夫は不倫の相手を決闘で倒す。社会への強い批判を宿した作品であるが、フォンターネ自身も「プロイセン式生活はかつて世に存在したもっとも低級な文化形態である」と述べ、さらに「ほぼトラファルガー（1805年）の百年記念日か、それよりあまり遅くない時期に、われわれは大きな破局に遭遇するはずである」とも書いている。多少とも批判的に見る者には19世紀市民社会の滑稽さとその没落の近さは見えていた。フォンターネの書簡［1895.8.30.］でニーチェの価値の転換*論が肯定的に論じられているのもわかろうというものである。政治経済への批判がマルクスによるとすれば、文化や生活スタイルへの批判はニーチェを代表者としている。だが、この世紀の問題性を見抜き、闘いを始めていたものは、少ない。小説に出て来る少数の「変わり者」たちに矛盾が現れ、意識されるのみであった。

【Ⅲ】　**ロマンチック・ペシミズムと19世紀の襞**　ニーチェとの関連でこの世紀の市民階層の気分を一言で言うならばロマンチック・ペシミズムとでもいうことになろうか。後期のハイネやフォンターネ、ボードレール、そしてロシアの作家たちを考えてもわかるとおり、ペシミズム*と倦怠*に彩られた世紀であった。世界の変革の希望は感じられない。かりに変革があるとすれば、それは自分たちの教養や文化による支配の基盤を掘り崩すことでしかない——『理性の破壊』でルカーチ*が描いた、社会的役割を喪失した教養

人の内面の危機は，彼の決定論的単純化を除けばそのとおりであろう。「新しい世界も古い世界と同じに悪質であり，——無でしかない。……もともとの意図では，自由なる愛を賛える歌で舞台を去るはずだったブリュンヒルデ，世界を〈すべてはこれからよくなる〉という社会主義的なユートピアの展望で慰めつつ舞台を去るはずだったブリュンヒルデであるが，彼女はショーペンハウアーを勉強せねばならなくなったのだ」［「場合」手紙4］。「ニーベルングの指環」*についてこのような皮肉と揶揄を連発するニーチェが泳ぎ切ろうとしたのは，新しい世界も古い世界と同じに悪質でしかないとする，このペシミズムの暗くよどんだ海であった。すでにゲーテは，ナポレオンとの戦いに興奮する仲間たちを横目に「空しい，空しい，空しい」(Vanitas, Vanitas, Vanitas——人生無駄だから徹底的に飲もうの意)という詩を作っていたと自ら述べている。このゲーテを，サン＝シモンを読んで「絶望の文学」と形容していた。

だが，この世紀は，そうした生活形式の閉塞状況からの脱出と社会的矛盾の克服を思い描いたユートピアがいくつも生み出された100年でもある。フーリエ*やサン＝シモンは言うに及ばず，空想を越えようとしたはずのマルクスもこれに含められる。だが，ニーチェとの連関で重要なのは，理想社会の具体的な設計図を描いた「思想」よりも，一見そうしたものと無縁の，たとえばロマン主義的芸術に見られる屈折したユートピア志向，ときには後向きのユートピアと政治や社会との微妙な関係である。脱政治，脱社会，脱利害による救済の芸術*が宿すユートピアのポテンシャルである。彼自身の『悲劇の誕生』*も古代に投影された，そして「青春の憂愁」［『悲劇』「自己批判」2］に満たされた芸術ユートピアであった。「1850年のペシミズムの仮面に隠れた1830年のロマン主義者の告白」［同7］と彼自ら『悲劇の誕生』について認めて

いるとおりである。だが，後のヴァーグナーのうちにニーチェはそうしたユートピアのポテンシャルすら認めなかった。いやそれ以上に，19世紀の現実に甘い香水をふりかけて，それを固定化するものでしかないことを見破っていた。

19世紀はまた批判的なユートピア思想や，芸術による救済の夢を生み出しただけでなく，とくに世紀後半になると，暗い，ときとしては夜郎自大としか形容のしようのない，きわめて非合理主義的なユートピアが問題解決策として提示されるようにもなる。反ユダヤ主義*はその代表であるし，世紀半ば以降のデューラー*崇拝，世紀転換期のレンブラント崇拝などとも関連のあるゲルマン文化の夢を追った思想が輩出する。ラングベーン*はその代表的な存在であるが，ニーチェに拒絶されている。フロイト*が重視したシュレーバーの回想録は，ドレスデンの高等裁判所の副所長までした彼が，自分の精神の病について書き綴った文書であるが，そのなかでも抑圧された性の記録と同時にユダヤ人排斥やゲルマン民族と神の結合などに関する言辞が多い。その事実は，こうした暗く，非合理主義的なユートピアが蔓延していたことを物語る。こういった「19世紀の襞」(ハーバーマス)がほぼ消滅したのは，ようやく最近のことである。

【Ⅳ】 ニーチェの見る19世紀の特徴　それでは，ニーチェ自身は，自分の青春の苦悩の原因となったこの世紀を，晩年，つまり自分の中の時代を克服した晩年にどのように見ていたのだろうか。まず第一に，底の浅い歴史的教養の世紀という点は若い頃から一貫して変わっていない。それは，過去の意匠や様式を模倣して偉大さの影に満足する教養の世紀である。どの意匠や様式も基本的にはそぐわないから，なんの必然性もなく取り替える。「19世紀というものを，様式の仮装行列という観点から見てみるがいい。きたどれも

〈似合わない〉ことへの絶望という観点からも見てみるがいい。ロマンチックに，またクラシックに，そしてキリスト教的に，もしくはフィレンツェ的に，いやバロック的や〈ナショナル〉に仮装してもなんの役にもたっていないではないか」[『善悪』223]。歴史的衣装を着た仮装パーティなどが流行し，初期の工業家たち（たとえばジーメンス，クルップ）が，中世の王侯貴族の服装で肖像画を描かせていた。部屋の中をごてごてに世界各地やさまざまな時代の物産で飾り立てるインテリアの空所恐怖症は，よく指摘される（ベンヤミン*，シュテルンベルガー）。当時の建築様式に今でも読み取れるそうした教養俗物*への批判は，ニーチェにあっては一貫して変わらない。「われわれの学者たちを近くから見てみるがいい。彼らはもう反応的に考えるのみである。つまり，彼らは考えるためには，まずは読まなければならないのだ」[遺稿 Ⅱ.10.270f.; あるいは『ツァラトゥストラ』Ⅱ-16,Ⅱ-14 参照]。

第二に，事実的なものへの崇拝である。これは歴史的教養と内在的につながっている。というのも，すでに起きた過去の文化を現在の理性の保証と見る点は，基本的に実証主義*だからである。「19世紀は，事実的なものへの運命的従属を正統化する理論を本能的に求めている。すでに〈感傷主義〉とロマン主義的観念論に対するヘーゲルの勝利は，彼の思考が運命肯定にあるところに，つまりは，勝った者の側により大いなる理性*があるという信仰に，そして現実の〈国家*〉が正統化されているところにある」[遺稿 Ⅱ.10.141]。「あなたがたはこんなふうに言う。〈われわれはまったく現実的な人間だ。信仰も持たない。迷信も持たない〉。そう言って胸を張る」[『ツァラトゥストラ』Ⅱ-14]。こうした事実の崇拝は学問性の名においてなされる。「19世紀をきわだたせているのは，学問*の勝利ではなく，学問に対する学問性の勝利である」[遺稿 Ⅱ.11.295]。ここには，ロマンチック・ペシミズムの姿を変えた形態がある。「〈確実なる事実〉への要求。——認識論。ここには，いかに多くのペシミズムがあることか」[同 298]。

第三は，近代国家という匿名の支配と管理の装置である。「国家とは，あらゆる冷やかな怪物のなかで，最も冷やかなものである。それはまた冷やかに嘘をつく。……あまりにも多数の者が生まれてくる。余計な人間たちのために国家は発明されたのだ！」[『ツァラトゥストラ』Ⅰ-11]。それは同時に大衆の支配の時代である。民主主義*とヨーロッパのナショナリズムが密接な関係を持っていることを彼は見逃さなかった。「国民皆兵は，結局は愚民の武装である」[遺稿 Ⅱ.7.94]。ここでは，統一前のいまなお牧歌的生活から中欧の覇権国家となったドイツに，そして国家相互のバランスから成り立つ19世紀のヨーロッパの秩序にもはやついていけない教養人の嘆きが保守的文化批判の形態をとっている。

空疎な教養，事実への冷静なる拝跪，国家と民衆による支配——そのなかで政治と無縁な生活をしながら，ペシミズムにほろ苦く酔いつつロマン主義の末裔に甘んじる，ウェーバー*の言う〈文化人〉。こういったところがニーチェの見る19世紀の基本的特徴であろう。それらの背後にある平等や人間性の理想にニーチェは彼が批判した18世紀の延長を，そして彼が好んだ17世紀の貴族*文化の没落を見ていた。19世紀の結末は彼に言わせれば，「ニヒリスティックな溜め息であり，疲労の本能であり，実際には，たえず18世紀にたち戻ろうとする傾向があるのではなかろうか？（たとえば，感情のロマン主義，利他主義*，ハイパー・センチメンタリティ，趣味におけるフェミニズム，政治における社会主義*といった面で）。19世紀は，とくにその終末において，単に18世紀が強化されただけのもの，18世紀が粗野になっただけのもの，つ

まり，デカダンスの世紀ではなかろうか？」[『偶像』IX．50］．

【V】 **19世紀の両義性**　だが，こうした19世紀の否定的特徴にもニーチェは，その両義性を見ている．啓蒙の結果は扱いやすい大衆を産み，結果として新しい指導者を必要とするようになるとされる．「精神的啓蒙こそは，人間を不安定に，意志薄弱に，よりかかりと支えを必要とする存在にするための確実な手段である．……人間が卑小になり支配しやすくなることが，〈進歩〉として追求されている」［遺稿 II.8.383］．19世紀は，単に18世紀の延長であるだけではなく，延長であるがゆえに18世紀を克服する契機を宿していることになる．「18世紀に対する19世紀の進歩（結局のところわれわれ良きヨーロッパ人*は，18世紀に対する戦いを戦っているのだ）．1.自然への回帰はルソー*の意味とは反対の方向でますます決定的になっている．──牧歌とオペラからの決別！　2.ますます決定的に反観念論の立場になり，ますます対象重視になる……．3.〈魂〉の健康よりも肉体の健康をますます決定的に重視するようになっている」［同 II.10.99］．貴族文化の没落（牧歌とオペラの消滅），対象的現実の重視，肉体の尊重こそ啓蒙の結果であり，それによってこそ啓蒙を乗り越えるということであろう．人間が自分の本能を恥ずかしがらなくなったこの「19世紀における人間の自然化」［同 II.11.254］は，自然支配の結果でもあり，それこそは新たな指導者の誕生をもたらす．

時代の克服*という哲学者の課題が，おのずから果たされる仕組みになっているようである．その意味でニーチェは自分のことを「来たるべき世紀の初児であり早産児である」［『智恵』343］と考えていた．だが，啓蒙による神の殺戮の後に到来する「破壊，没落，転覆」の規模と恐怖の度合いは，測り知れないと述べて［同］，実際に20世紀は恐ろしい世紀になるであろうことを予感していた．社会主義に関しては，パリ・コミューンも児戯にひとしいほどの激動を20世紀は経験するであろうとも述べている．社会主義が無意味な目論見であり，生の否定でしかないことを証明するのに，どんなにたくさんの人命が犠牲になっても，地球は広く大きいし，人類の可能性はまだ汲みつくされていないのだからかまわないではないかと述べて，その証明のための実験を望んだりもしている［遺稿 II.8.401］．19世紀は「父の国，母の国」であり，彼はそこから追われたのである．「私が愛するただひとつのものは，私の子どもたちの国だ．それはまだ発見されず，はるかに遠い海の上にある．私は私の帆に命じる．この国を捜せ，捜せと」［『ツァラトゥストラ』III-12.12］．それゆえに，19世紀の克服は，まずはなによりも新しい生活形式の探究であった．あるところで，彼はほぼ次のように述べている．現在の風俗，習慣，道徳に違和感を抱いている者たちが，ときには誤った旗印のもとであれ，結集しつつある．これまでは悪者や犯罪人扱いされてきた彼らが自分たちの権利を求めつつある．これは基本的にいいことである．ただし，それによって20世紀は危険な世紀になることはたしかだが．いずれにせよ，「自己を排他的に正しいとする習俗慣習［道徳］は，あまりにも多くの良い力を殺すことになる」．異常で外れた人間たちこそ次の実りをもたらすのであり，彼らを犠牲にしてはならない．「生と共同体の新たな試みが数多くなされなければならない」［『曙光』164］．ニーチェを19世紀への戦いとして最初に受容した人々は，まさにこの「生と共同体の新たな試み」をめざしていた．ドイツにおける19世紀末の精神運動である青年運動がそれである．今世紀後半の種々の文化革新運動（1967/68年の学生反乱，70年代後半以降のオルターナティヴ運動など）でも，ニーチェのこうした見通しは，かたちを変えてであれ，生きている．戦争と殺戮の世紀になるという

ニーチェの予言は正しかったが、他方で、新しい多様な生活形式の追求という彼の希望も、19世紀克服の委託として継承されている。→ドイツ／ドイツ人、歴史主義、ペシミズム、ユーゲントシュティール、世紀末とニーチェ

(三島憲一)

宗教改革　[Reformation]

全体として言えばニーチェは、宗教改革に対して好意的でなかった。なるほど、1875年に友人のローメントがカトリックに改宗して司祭*になる決意をしたときには、そのことを深く悲しみ、自分がいかにルター*の子であり、「プロテスタントの純粋な空気」を愛しているか［ローデ宛1875.2.28.］を述べている。しかし、それは、啓蒙によるキリスト教*の解体と自由の拡大という時代経験から出た発言であった。

たしかに晩年のニーチェは、ルターのなしたことがキリスト教の廃止という自身の目標に無縁でないことを認めるのにやぶさかでなかった。そして、宗教改革が本来めざしていたのは、「リベルティナージュ」、つまり自由奔放な生活であったとすら述べている。だが、宗教改革の実際の現れ方は、結局はキリスト教の再建であり、ルネサンス*という高貴*な文化の破壊であったというのが、中心的な見解である。「ルネサンスの〈ましな人間*〉に対して精神の農民戦争をしかけたルター」こそは「一種の煽動的な農民と説教者の精神」の代表者であった［遺稿Ⅱ.8.539］。ルターとの比較では、カトリックにすら一定の意義を認めている。つまり、ルターは、南ヨーロッパの文化的コンテクストのなかでのカトリック教会を理解していない、というのだ。ルターの生真面目さは南ヨーロッパの精神の「自由と勝手さ」を理解できなかった。彼の教会*批判は、複雑さに対する単純な人間の怒りであり、懐疑と寛容という南ヨーロッパの「贅沢」を理解できない「精神の農民反乱」である、と手厳しい［『智恵』358］。

また、ニーチェに言わせれば、ルターがキリスト教の真髄を守ろうとして行ったことは、すべてその破壊につながっていた。司祭の独身制を廃止し、「女性と性行為を」司祭たちに返してやったことは、彼らから宗教的神秘性を奪い、告白制度の廃止につながったし、聖書*を万人のものにしたことは、文献学による聖書批判を可能にしてしまった［同］。それらいっさいには、高貴な人間を嫌う「農民の狡猾さ」が現れている。だが、それはまた偽りの精神的深さを生み、キリスト教を崩壊させながら巧妙に維持するドイツ精神、彼の言う「ライプニッツ、カント、その他のドイツ哲学、解放戦争、ドイツ帝国」［『アンチクリスト』61］を醸成し、それによる歴史の遅延をもたらした。しかも、それはルターだけの罪ではなく、ドイツ人の責任とされる。「ドイツ人はキリスト教が存続していることに責任がある」［同］。→ルター

(三島憲一)

修辞学と文体　[Rhetorik; Stil]

【Ⅰ】　ニーチェの修辞学講義　アドルノ*は、「ニーチェのあらゆる総合文（Periode）には、ローマの元老院から1000年の時を隔てて響く雄弁家たちの声がこだましている」と述べている［『ミニマ・モラリア』99］。モダニズム*を先取りしたと思われるニーチェの文体が古代の伝統に棹さしていたというのは意外の感があるかもしれないが、ニーチェ自身も、自分の文体に対する感覚はプフォルタ校*時代にサルスティウス*に接してめざめたものであり、美辞麗句を排して簡潔で厳密な表現を心がける「ローマ的な文体」への野望は『ツァラトゥストラ』*にも見いだされると語っている［『偶像』Ⅹ.1］。古典文献学者として彼は古代の修辞学（弁論術）に通じており、バーゼル大学で1872/73年冬学期には「ギリシアとローマの修辞学」について、18

74/75年冬学期および75年夏学期には「アリストテレスの修辞学」について講義を行い、72/73年の講義では伝統的修辞学の基本概念やその公的機能を詳しく扱っている。この講義においては、「真理への感覚」に長けた現代人は修辞学をそれほど重んじていないが、それは「神話的形象」の中に生きる民衆から成長して「本質的に共和制的な技法（Kunst）」となったものであり、古代人の教養の頂点をなしていたとされている。その後の思想との関連で興味深いのは、そこで彼が言語*の修辞学的な本性について考察しているという点と、古代の修辞学は何よりもまず「良く話す」ための技法であったと指摘している点である。

第一の点についてニーチェは、プラトン*が真理の言説と神話の言説を区別して、神話の領域でのみ修辞的手段としての嘘を認めたことに触れたうえで、そもそも言語は修辞的技巧の結果として発達したのであって、真理を表現するためのものではないと主張する。「言語とはレトリックである。なぜなら、言語はある憶見のみを伝達しようとするのであり、認識を伝達しようとするのではないからである」。言語は感覚からイメージを通じて発音へと至る不正確な転換にもとづくので、事物そのものを捉えるのではなく、われわれと事物との関係を意識させるものにすぎない。あらゆる語は比喩*でしかないのである。同じ時期に成立した「道徳外の意味における真理と虚偽について」（1873）でも同様の主張がなされており、また講義で換喩を扱ったところでは、プラトンは感覚から生じた概念が事物の本性であるとして、根源と現象、原因と結果を取り違えていると論じていることからも、のちの認識批判に通じる思考が修辞学をめぐる考察と関連して芽生えていたことがわかる。他方、ニーチェが強調する第二の点は、修辞的技巧の発達を通じて言語が形成されたのは、古代においては読むこと

よりも話すことが優先されたためであるということである。そして、競争心に駆られた古代の演説家たちは自由な造形力*を発揮して個性的な文体を生み出したが、現代では過度に新聞を読むことの影響があるので、文体が卑俗にならないように注意しなければいけないと戒めている。

【Ⅱ】現代ドイツ語の文体への批判　ニーチェが『反時代的考察』*や講演「われわれの教育施設の将来について」以降、繰り返し同時代のドイツ語を批判した背景にあるのは、現代における文体の頽廃は修辞学的伝統との断絶から生じたものだという見方である。デモステネスやキケロ*にとって総合文は二度の上昇と下降を一息で語ることのできる全体をなすものであったが、息の短い近代人には大きな総合文を作る権利すらない。そもそもドイツでは公けの場でなされる技巧的な演説といえば教会の説教しかなかったので、最大の説教者たるルター*の傑作、つまり聖書*がドイツで最良の書物であるということになってしまった。そのために、古代の公共的な世界では文体の規則と演説の規則が同一であったのに、ドイツ語の文体は目で読むためだけのものになってしまったというのである［『善悪』247］。また、フランス*ではヴォルテール*に代表される宮廷文化が「よき話し方の規則」と「あらゆる書き手に対するよき文体の規則」を与えたが、ドイツではお役所言葉や宮廷風を気どった話し方が文体の標準になって、現代の冷酷で嘲笑的な「将校のドイツ語」ができたという発言もある［『智恵』101, 104］。『反時代的考察』第1篇でニーチェは、ダーフィト・シュトラウス*を現代のエセ教養*の代表者として告発し、とくに彼の文体を執拗に攻撃している。現代の文体の特徴は、何でもいいからモダンな比喩を使おうとする傾向にあり、学者の文章は長くて抽象的であるし、説得的な文章は短くて扇情的な書き方をして文章に生命があるかの

ように見せかけている。カント*やショーペンハウアー*の文章がまだラテン語に翻訳できたのに、ヘーゲル*派の末裔としてはましな方に属するシュトラウスの文章が翻訳できないのは、後者が純粋にドイツ風に書いているからではなくて、前の二人の文体が簡素にして偉大だったからであるとされる（「高貴なる簡素と静謐なる偉大」とはヴィンケルマン*がギリシア芸術の本質を定式化した言葉である）。そして、現代のドイツ人の文体や修辞学に対する観念が歪んでしまったのは、フランス文学の知識とラテン語の作文練習が中途半端なせいであるとしている［『反時代的』I.11］。つまり、形式を軽視してフランス流のしきたりをいい加減にしか受け取らなかったために、ドイツ人はうわべの形式と内容空疎な内面性との深刻な乖離に悩むことになり［同 II.4］、普仏戦争*に勝ってからあわててフランス流のエレガンスも身につけようとして「富と洗練と見せかけの礼儀作法の文化」を取り繕っている始末である［同 III.6］。最近ではフランス人までドイツ流の学問言語のまねをはじめたと、ニーチェは嘆いている。「最近100年のドイツとフランスの文学の不幸は、ドイツ人があまりに早くフランス人の学校から逃げ出したことであり、――そして、フランス人がその後あまりに早くドイツ人の学校へと入学したことである」［『人間的』II-2.94］。また、ドイツ語には公的な弁論から成長した模範的な文体がないので、良く書く術を学ぶ練習としてはギムナジウムにおけるラテン語作文に価値があったのだが［同 I.203］、いまではそれも十分にはなされていない。その結果、「話し言葉を芸術的に評価し、扱い、訓練する」機会がなくなり、公けの発言（サロンの談話、教会の説教、議会の演説）は国民的様式を欠いて、文筆家たちが統一的な規範もなく「素朴きわまる実験」に走っているという［『反時代的』I.11］。

ところで、1870年代前半の遺稿には、演説家を俳優や詐欺師と比較したり、「誠実」な芸術と「不誠実」な芸術を分けて、「修辞学は欺くことを目的として承認するものだから、いっそう誠実である」とする考察も見られる［遺稿 I.4.420-422, 451f.］。しかしその直後には、効果ばかりを狙う「俳優」ヴァーグナー*に対する批判的な発言もあり、修辞的な嘘と芸術家の誠実さとの関係についてのニーチェの姿勢には多少の揺らぎが見られる。ニーチェは、「哲学者というものはきわめて誠実でなければならず、詩的あるいは修辞的な補助手段を用いてはならない」というショーペンハウアーの言葉を引用して、彼は「深遠なことを簡潔に、人の心を打つことを修辞なしに、厳密に学問的なことを知ったかぶらずに言うすべ」を心得ていたので、その文体には「真似のできないような屈託のなさや自然さ」があるとしているが［『反時代的』III.2］、古代の修辞学がめざしたのはむしろ、修辞的技巧を用いてもわざとらしくならずに「自然」な印象を与えることであった。「美的仮象*を用いてひとを欺く」修辞的欺瞞に対する軽蔑は、どちらかといえばニーチェの嫌うドイツ的伝統に属するものであったが、彼もこの伝統から完全に自由であったわけではなかったのである。冒頭で引いたアドルノは、ニーチェが真理を批判しながら、純粋性（Echtheit）の前では立ち止まってしまったとして、ヴァーグナーが「俳優」であることを断罪するのではなく、「俳優」であることを自分では否認していることを非難すべきであったとしている。

【III】 話す技術から文体の技法へ　　ニーチェは『読むことと書くこと』と題する『反時代的考察』で文体論を展開することも計画していたが、それは実現しなかった。とはいえ、そこで展開されたはずの思想をその後の著作のなかに窺うことはできる。『人間的』*以降、ニーチェのアフォリズム*集にはかならずと言ってよいほど著作家と読者の関係や

文体についての箴言が含まれている。そこではギリシアやローマ（とその後継者としてのフランス文化）が達成した文体が賞讃され、とりわけギリシアの修辞家が優れていたのは、豊かで力強い表現手段があっても濫用せず、わずかな日常的な言葉を用いて、けっして装飾過剰にならなかったからであるとされる［『人間的』Ⅱ-1.112; Ⅱ-2.127］。「美が法外なものに対して勝利を収めるとき、大いなる様式が成立する」という発言［同 Ⅱ-2.96］も、このような文体意識との関連において受け取ることができよう。その対極にあるとされるのが、規則も自己抑制もなしに、さまざまな表現手段や意図を詰め込んで全体の構成をおろそかにする「アジアニズムのバロック」である。あらゆる偉大な芸術の衰退期になると、自分の力に自信のない者が「修辞的なものやドラマチックなもの」に手をのばすために、こうした「バロック的様式（文体）」が生ずるとされる［同 Ⅱ-1.117, 131, 144］。デカダンス*芸術の位置づけにつながる視点であり、悪しきモダニティに対して新たな古典性を模索する立場である。そして、古代と近代を対比する場合に彼がつねに問題にするのは、とりわけ話す文体と書く文体の違いである。デモステネスもキケロも書き言葉にするためには自分の演説を書き直さなければならなかったが、そこではアクセントや声の調子、身振りや眼差しを用いることができず、それに代わる表現手段が必要になるために、書く文体の方が困難であるという［同 Ⅱ-2.110］。ただ、初期の著作ではドイツ人には公けの場での話し方の訓練が欠けていると批判していたニーチェが、ここでは「都市文化の時代が過ぎ去ったために、良き演説の時代も過ぎ去った」ことを認めて、われわれ「良きヨーロッパ人*」は民族*の壁を超えて理解されることを求めるのだから、そのためにけ良い書き方を学ばなければならないし、それは良い考え方をするということでもある

としている。彼は別のところで、「良く読むこと」と「良く書くこと」という二つの徳は盛衰をともにするとも述べているから［同 Ⅱ-2.87, 131］、アフォリズムの技法を研いていた当時のニーチェは、文献学（ないしは解釈学*）と修辞学を表裏一体の関係において捉えていたと言える。

タウテンブルクでルー・ザロメ*のために書かれた「文体論のために」と題する断片でニーチェは、彼自身が「選り抜きの文体」で書くために実践したことがらの要点をまとめている。ここでも古代的な文体を模範として新たな「良き書き方」を追求する意識がはたらいている。すなわち、生きいきとした文体で書くためには、伝達しようとする特定の人物にふさわしい文体を選ばなければならない。書くときにも話したり、演説したりする場合を想定して、それを模倣しなければならないが、話すときに用いる手段を使えないので、文の長短や語の選択、休止の取り方、論の順序といった別の「身振り」を用いなければならない。それゆえ、総合文が書けるのは息の長い話し方ができる人だけであるとされる。また、抽象的な真理を教えるためには感覚にも訴えなければならないから、文体は著者が自分の思想をたんに考えるだけでなく感じてもいることを証明しなければならない。ただし、詩に近づいても散文を去ってはならない。そして、読者に軽度の異議を先取りさせたり、帰結を自分で言わせるようにするのが上品で賢いやり方であるという［遺稿 Ⅱ.5.53ff.］。これが、「あらゆる気分を読む者や聴く者に伝達しうる表現」、「ある人間の最も望ましい気分、それを伝達することもやはり最も望ましい気分にふさわしい表現」を見いだすことこそ、最良の文体についての教えであるという要請［『人間的』Ⅱ-2.88］に対するニーチェ自身の答えであったと言えよう。彼は『この人を見よ』*で、「ある文体が良いというのは、それがある内的状態を真に伝達

する文体，記号や記号のテンポ，身振り——総合文のあらゆる規則は身振りの技巧である——について取り違えをしない文体であるようなすべての場合である」と述べて，自分は多様な文体を駆使して言語の可能性を尽くし，『ツァラトゥストラ』*においては「繊細で超人的な情熱の途方もない上昇と下降を表現するための，大いなるリズムの技巧，総合文の大いなる文体」を発見したと自慢している［『この人』Ⅲ.4］。彼がライバルとして認めるのは，「不滅の文体」を創造したトゥキュディデスやタキトゥスであり［『人間的』Ⅱ-2.144］，ドイツ人ではゲーテ*とハイネ*のみである（「いつの日か，ハイネと私はドイツ語を操る超一流の技巧家であったと言われるようになるであろう」［『この人』Ⅱ.4］)。「〈永遠性〉の形式」であるアフォリズムにおいて自分は「ドイツ人のうちの第一人者」であり，「私の野心は，他の誰もが一冊の書物の中で言うこと，—— 他の誰もが一冊の書物を書いても言わないことを，10の文章で言うことである」と述べている［『偶像』Ⅸ.51］。たしかに，ニーチェが次の世代に大きな影響を及ぼすにあたって，彼の文体が重要な役割を果たしたことは否めない。それというのも，古代の「良く話す」技術をモデルとしていたにもかかわらず，あるいはむしろそうした意図をもって「良く書く」ための新たな文体を模索したがゆえに，彼の文体は変幻自在なニュアンスの表現とともに独特のモダニティを獲得していたからであり，それはやがてモデルの文学や芸術に強烈な刺戟を与えることになったのである。→アフォリズムと思考のパフォーマンス　　　　　　　　　　　（大石紀一郎）

文献 ▷ Nietzsche, Darstellung der antiken Rhetorik (WS1872/73), in: Sander L. Gilman/Carole Blair/David J. Parent (eds.), *Friedrich Nietzsche on Rhetoric and Language*, Oxford 1989. ▷ Anton Bierl/William M. Calder Ⅲ, Friedrich Nietzsche: „Abriss der Geschichte der Beredsamkeit". New Edition, in: *Nietzsche-Studien*, Bd.21, Berlin/New York 1992, S. 363-389. ▷ Joachim Goth, *Nietzsche und die Rhetorik*, Tübingen 1970. ▷ Josef Kopperschmidt/Helmut Schanze (Hrsg.), Nietzsche oder „Die Sprache ist Rhetorik", München 1994.

「十字架に架けられた者対ディオニュソス」
[„Dionysos gegen den Gekreuzigten"]

『この人を見よ』*でニーチェは，自分は人類の歴史を転換する運命にほかならないと宣言し，「——私を理解していただけただろうか？—— 十字架に架けられた者に対するディオニュソスを……」と述べてこの書を閉じている［ⅩⅣ.9］。この二つのタイプは，彼にとって生*の肯定と否定という決定的な対立を示すものであった［遺稿 Ⅱ.11.82f.］。すなわち，引き裂かれたのちに再生する神ディオニュソス*は，生を苦難や破壊も含めて全面的に肯定してその永遠回帰*を教える神であり，ニーチェはその「最後の使徒」を自認していた［『善悪』295］。それに対して，罪なくして十字架上で死んだイエス*の苦難ゆえに生を呪詛するキリスト教*はデカダンス*の宗教であり，この「デカダンスの勝利」をもたらしたものこそ，十字架に架けられた者を神として崇拝するという，使徒パウロ*による「古代的な価値の価値転換」であったとされる［『アンチクリスト』51, 58；『善悪』46］。ニーチェの「あらゆる価値の価値転換*」は，この生を誹謗する価値への転換を撤回して，生を肯定する価値への転換を企てるものであり，それを彼は「十字架に架けられた者に対するディオニュソス」と定式化したのであった。ところが，1889年初頭のいわゆる狂気の手紙で彼は「ディオニュソス」を名乗っただけでなく，「十字架に架けられた者」とも署名している。コージマ・ヴァーグナー*宛の手紙では，自分はかつて仏陀*やディオニュソス，アレクサンダーやシーザー*，ヴォル

テール*やナポレオン*, そしてヴァーグナー*でもあったばかりでなく「十字架にも架かった」が, いまや「勝利に満ちたディオニュソスとして」来臨するのだと述べている[1889.1.3.]。これについてクロソウスキー*は, 「ニーチェ」という人格の同一性からの解放がかつての対立を緩和した結果, ヴァーグナーに対する（コージマ・ヴァーグナー＝アリアドネ*をめぐるものでもある）闘争を継続し, 道化*として創造神のパロディーを演ずる「〈ディオニュソス〉の遠近法*」と, 自らを「犠牲者」の立場において敵を懲罰しようとする「〈十字架に架けられた者〉の陰謀の遠近法」という二つのパースペクティヴの均衡がもたらされたと解釈している[『ニーチェと悪循環』「トリノの陶酔」]。→アポロ／ディオニュソス, イエス, パウロ, ブロッホ

(大石紀一郎)

自由主義 [Liberalismus]

ニーチェが病に倒れた90年代に青年運動*を中心にニーチェ熱が高まったとき, 彼らはほとんど反自由主義, 反社会主義, 反資本主義の雰囲気につつまれていた。彼らは, 自由主義的合理主義, 批判的歴史主義*, 文化的俗物に対して徹底して批判するニーチェの思想に共鳴した。ニーチェは当時の政治的自由主義や社会主義*に反発した非政治的立場をとっていた。ニーチェは, 三月革命後のプロイセンの憲法闘争, ビスマルク*の鉄血政策, 普墺戦争（1866）, 普仏戦争*によって, 三月革命の政治意識を支えた自由主義勢力がその力を失い, ビスマルクに対して対決から妥協の姿勢に移った時代に青年期を過ごした。最初はビスマルクと妥協した国民自由党になじんでいた。

しかし, 彼がバーゼル*にきて, 『悲劇の誕生』*を書き上げた時期から少し変わってきている。ビスマルク, ヴィルヘルム体制を通じて, 体制化した自由主義派はプロイセンの首都ベルリンの大学を拠点にした。それに対して周縁に位置づけられたスイスのバーゼル大学には, 自由主義派が優位を占めたベルリン大学に対抗しようとする空気があった。ニーチェはバーゼル大学を拠点にして, ベルリンの自由主義者がビスマルクの文化闘争を支援するのを阻止しようとする。ニーチェがバーゼルで発表した『悲劇の誕生』は自由主義者のトライチュケ*からも非難され, 自由派の雑誌からも閉め出された。この書に対する最大の敵となったヴィラモーヴィッツ＝メレンドルフ*はベルリン大学の古典学の頂点に立っていた。バーゼルのニーチェの友人になったローデ*とオーヴァーベック*は, ベルリン大学の自由主義者たちからはニーチェとともに三悪人と目された。ブルクハルト*はベルリン大学への招聘を断った。そういう中でベルリンを中心にした政治的自由主義の支配した知的体制をニーチェは現代のソクラテス主義ととらえていたと考えられる。この自由主義の中からトライチュケのように反ユダヤ主義*を煽動したり, ヴィラモーヴィッツのように自由帝国主義者として戦争への指導的役割を果たす者が出ている。バーゼルにいたニーチェが, 若い頃の反ユダヤ主義をまったく捨て去り, ドイツ帝国のナショナリズムに反発したのは, ベルリンを中心にした政治的自由主義と対決したからであった。したがって90年代のニーチェ熱にうかれた青年たちのニーチェ像とはずれていることを知る必要がある。

(上山安敏)

自由精神と理性批判

【Ⅰ】 **理性と非理性の間**　「快活で心の自由な者たちよ, この非理性の書に, 耳と心と宿を貸したまえ！ 信じてくれ, 友よ, 私の非理性（Unvernunft）のせいで私に罰が当たったためしなどないのだ！／（中略）この道化*の書物から学びたまえ, いかにして理性が〈理性に〉至るかを（Wie Vernunft kommt—„zur Vernunft")！」——「自由精神のための書」(Ein Buch für freie Geister) を副題とする『人間的な、あまりに人間的な』*の第1部にのちに加えられた詩「友たちの間で」において、ニーチェは来るべき「自由精神」にこのように呼びかけている。「理性に至る」(zur Vernunft kommen) という表現は「理性を取り戻す」ことを意味するから、最後の行は〈理性はこれまで自分を失っていた。だから、いかにして正気を取り戻すかを学ばなければならない〉ということであろうか。だが、理性が正気を取り戻すために、なぜ「道化の書物」から、つまり非理性的なものから学ばなければならないのであろうか。

ニーチェにおける理性批判への問いは、理性が啓蒙の中心概念としてヨーロッパ近代の自己理解の根幹をなす事柄であるだけに、彼の近代批判の帰趨を決する問いとしてこれまでにも何度となく問われてきた。その過程でニーチェは、理性や精神に対して生*や魂の根源性を説く者として、啓蒙の流れを汲む西欧「文明」に対するドイツ「文化」の闘争の代表者に仕立て上げられたこともあれば（クラーゲス*、ベルトラム*など）、帝国主義の時代におけるブルジョワ文化の退廃を示す非合理主義者という烙印を押されたこともある（ルカーチ*）。そして、ナチス*によるニーチェの道具化は、理性を踏みにじる非合理主義というイメージを普及させることになった。しかし、微妙なイロニー*で彩られ、しばしば意図的に相反する解釈の可能性が織り込まれた彼のテクストには、理性の味方か敵かといった単純な決めつけ方に抵抗するところがある。ニーチェにおいて特徴的なのは、むしろ理性と非理性、啓蒙と反啓蒙の関連を問い、その対立の起源を探る視線であり、また（理性が非理性において「理性を取り戻す」という先の表現からも連想されるように）、彼の理性批判はときとして「啓蒙の弁証法*」——自然支配をめざした理性の発展の果てにもたらされた神話*への回帰と新たなる野蛮*からの脱出路を探る思考——に接近することもある。これに関しては、理性に倒錯した「力への意志*」しか見ないニーチェは、「理性の他者」に訴えることによって啓蒙の弁証法と訣別したという批判（ハーバーマス*）もある。だが、非合理主義というイメージも、啓蒙の弁証法との訣別という批判も、「理性」という言葉にとらわれるあまり、ニーチェがそれ以外の言葉によって表現した近代に対する態度を見逃してはいないだろうか。ニーチェの理性批判の境位を見定めるためには、彼が用いたもう一つの比喩に目を向けなければならないであろう。すなわち、最初に引用した詩句で彼が呼びかけていた「自由精神」という比喩*に。

【Ⅱ】 自由精神　　「自由精神」(der freie Geist) という表現がニーチェの著作に現れるのは、1878年に出版された『人間的な、あまりに人間的な』からである。当時ニーチェは、精神生活においても実生活においても大きな変化を経験していた。バイロイト*におけるヴァーグナー*の企てに幻滅した彼は、かつての理想を問い直し、ドイツ文化に対して抱いていた改革者的なこだわりを脱して、さまざまな事物について気ままな思索を繰り広げるようになった。1879年にバーゼル大学を退職した彼は、イタリア*や南フランス*とスイスを往き来する漂泊*の生活に入る。とはいえ、孤独な彷徨はかなりこたえたようで、後年の遺稿では、「私の存在のアンチノミーは、私がラディカルな哲学者としてラディカルに必要とする一切のもの——職業、女、子ども、友人、社会、祖国、故郷、信仰からの自由、ほとんど愛や憎しみとも関わりを持たない自由——を、さいわいにも私が生きた存在であって、たんなる抽象化装置ではないがゆえに、それがないとやはり不自由だと感じるところにある」と弱音を吐いて

いる［遺稿 II.9.257］。それにもかかわらず、息苦しい束縛からの脱出願望は彼の生涯を通じて変わらなかった。別の遺稿には、「逃げ出そう、友よ、退屈なことから、雲に覆われた空から、よちよちと歩く鷲鳥から、固苦しい女から、物を書き、本を〈産む〉老嬢たちから――退屈していられるには、人生はあまりに短くないか？」という一節がある［II.9.62］。このような自ら求めた「自由で気ままで軽やかな孤独*」［『善悪』25］のなかで、必要なときに喋ったり、笑ったりする仲間、「隠遁者の影芝居」として彼が「捏造*」したのが「自由精神」であった。『人間的』第１部に付された序言（1886）でニーチェは、「そのような〈自由精神〉は存在しないし、存在したこともない」が、すでに到来しつつあるとして、自らの体験を振り返りながら、「自由精神」の誕生と変貌のプロセスを描いている。「大いなる解放」は突然、地震のようにやってきて魂を震撼する。青春期において畏敬や崇拝や感謝の対象であったもの（ニーチェの場合は、古典文献学*、ショーペンハウアー*、ヴァグナーであろう）に縛られていた者は、未知の世界への好奇心に駆られ、これまで崇拝し愛してきたものに懐疑*の視線を投げかけ、自分が信じていた価値を疑い、ためしに反転させてみるようになる。この病的な懐疑の孤独から「大いなる健康*」に至る快癒*の過程で「自由精神」は成熟するというのである。

そこで「自由精神」はたんなる「フライガイスト」（Freigeist）ではなくなり、「きわめて自由な精神」として「善悪の彼岸」に立つに至る。「フライガイスト」という表現をニーチェは多くの場合、理性の名において宗教を批判する古典的なタイプの自由思想家を指して用いており、ヴォルテール*ばかりか、ダーフィト・シュトラウス*も「フライガイスト」と呼ばれている［『人間的』II-1.4;『偶像』VIII.2］。「束縛された精神」（der gebundene Geist）が信仰に凝り固まっているのに対して、「自由精神」と「フライガイスト」はいずれも因襲にとらわれず、信仰ではなく根拠を求める点では共通している［『人間的』I.225, 226, 229］。しかし、宗教や伝統を批判しても、一つの信念に固執したり、理性信仰のもとに立ち止まってしまう「フライガイスト」は、まだ「自由精神」であるとは言えない。民主主義*と平等を説いて性急な社会改革を叫ぶルソー*とその末裔の「自由思想家」（Freidenker）を「自由精神」と呼ぶのは誤りであるという［『善悪』44］。「自由精神」はさまざまな古き価値の「氷」を融解させる「熱風」であり、「故郷なき者」として、保守であろうと革新であろといかなる政治的党派にも与せず、人類愛のお説教やナショナリズムにも魅力を感じない［『智恵』377］。精神の自由はむしろさまざまな欲望を精神化して行動における「節度*」をもたらすものであり、「洗練されたヒロイズム」をもって認識のために生きる「自由精神」は、外的生活や政治秩序の変化には頓着せず、大衆の崇拝の的になることも用心深く避ける。そして、せわしない労働*と専門化した学問*の時代にあってゆったりとした観照的な生活を送り、「孤独なところに置かれた立場から、学問的で学識ある人間たちの徴兵全体を指揮し、彼らに文化の道筋と目的とを示すという、まったく別の高級な任務」を持つとされる［『人間的』I.464, 291, 282］。そのためには信仰や社会、故郷からの自由だけでなく、女性からの自由も必要だというのであろう。母親のように世話を焼く女たちは「自由精神」の自立を妨げ、権威や社会通念に弱い女は「自由精神」の反抗の邪魔になるとか、結婚は習慣の蜘蛛の巣で「自由精神」をがんじがらめにするから独身を通すべきだという発言もある［同 I.426-437］。

「自由精神」はまたニーチェが自己の思想を述べくる際につける「仮面*」でもあり、そ

の変貌の軌跡には『人間的』から『善悪の彼岸』*に至るまでの知的遍歴が反映している。これらの著作で彼は「われわれ自由精神」を自称して語り、まだ見ぬ友である「きみたち自由精神」に呼びかけている。そこに現れる「隠遁者」「漂泊者」「故郷なき者」「鳥」「冒険者」「航海者」といった比喩も、「自由精神」の分身と見ることができる。「ほんのいくらかでも理性の自由に到達したものは、地上において自己を漂泊者としてしか感じられない、──一つの最終目的をめざす旅行者としてではないとしても。なぜなら、最終的な目標なるものは存在しないからだ。とはいえ、彼は世界でいったいどんなことが起こっているかを見つめ、それに眼を見開いていようとするであろう。それゆえ、彼はあまりに強くあらゆる個々の事物に心を傾けてはならない。彼自身のなかには、変化と無常に喜びを感ずる何か漂泊的なものがあるにちがいない」[同 I.638]。けっして一つの意見や確信にとどまることなく、次々と自らのものの見方（遠近法*）をずらしていく「精神の遊牧生活」[同 II-1.211]こそ「自由精神」の身上とするところである。「脱皮のできない蛇は破滅する。自分の見解を変えることを妨げられた精神も同様である。彼らは精神たることをやめてしまう」[『曙光』573]という箴言もこうした知のあり方の表現であり、万華鏡的なアフォリズム*の世界はその多彩な抜け殻であるとも言えよう。「自由精神」の冒険を語るニーチェの言葉には、奔放でどぎついイメージが乱舞する『ツァラトゥストラ』*の言語とは異なった明澄な美しさ、独特の軽やかさがある。認識のヒロイズムに生きても、道化の身振りをもって仮象*と軽やかに戯れる「悦ばしき智恵」こそ「自由精神」が楽しむ知であり、それは、客体を把捉・操作可能にする機能を肥大させた近代の主観中心的理性とはまったく異質な、自らを相対化しうる脱中心的な認識主体のイメージである。そし

て、「神の死*」の知らせに接した「自由精神」は新たな曙光を浴びたかのように感じ、ついにふたたび開かれた地平線をめざして認識者の冒険*へと船出する[『智恵』343]。「選り抜きの自由精神」は「あらゆる信仰、あらゆる確実性への願望に別れを告げて」、「軽やかな綱と可能性の上で身を持しえて、深淵*に臨んでもなお舞踏することに長けている」というのである[同 347]。道徳の支配と訣別した漂泊者が呼吸する透明な大気、高く飛翔して何ものにも煩わされずに眼下の事物を見渡す鳥の自由、冬の陽だまりにじっと横たわる蜥蜴のように快癒の経過を振り返る幸福など、「自由精神」の近代からの遁走はじつに多彩な美的経験を伴っている。『人間的』第1部の最後でニーチェは、「あるときは快活で、あるときは物思わしげな漂泊者にして哲学者」である「自由精神」は、「朝まだきの秘密から生まれて、どうして日が10時と12時の鐘の音の間に、あれほど純粋で透明で晴やかで快活な顔を見せることができるのかと思いをめぐらす。──彼らが求めるのは午前の哲学である」と語っている[『人間的』I.638]。この「午前の哲学」はやがて決定的な価値転換の時である「大いなる正午*」を迎える準備として位置づけられ、ニーチェは「価値の転換」以後の価値を求めて理性批判を展開することになる。「精神において真に自由な者は精神そのものについても自由に考えるであろうし、精神の源泉と行方に関するいくばくかの恐るべきことも隠しだてしないであろう」というのである[同 II-1.11]。

【III】 理性批判と啓蒙の弁証法　　ただし、理性批判といっても、ニーチェは理性を全面的に否定したわけではない。合理的な推論にもとづく批判的思考を訓練する「学校における理性」を彼は認めていたし[『人間的』I.265]、彼が最も尊重する「知的誠実*」は、この批判的思考による懐疑の貫徹を求めるものである。ニーチェの理性批判において問わ

れたのは，むしろ認識の「道具」としての理性の限界であり，「真理」への信仰の根底にあるものへの問いであった。すなわち，理性は危険や不安を克服するために人類が発展させた能力であり，未知の多様な事物を既成の概念や図式に当てはめて把握し，それによって支配するための装置であるとされる。したがって，そこで真理性の基準をなすのは，事物と認識の一致や認識主体間のコンセンサスではなく，生に対する有用性である。「真理とは，それなくしてはある特定の種類の生物が生きられないような誤謬の一種である」[遺稿 Ⅱ.8.306]。真理と虚偽との差異は仮象性の程度の差にすぎないとして相対化され[『善悪』34]，むしろ生における欺瞞の必然性が強調される。意識的な理性は，身体*という「大いなる理性*」が必要とする「欺瞞」をそれとは知らずに紡ぎ出しているだけであり，そのはたらきもじつはその根底にある多数の衝動*のせめぎあいがもたらす結果にすぎないというのである。ニーチェはさらに，それにもかかわらず虚偽よりも真理を求める「真理への意志*」はどこから生ずるのかを問い，理性的認識の規範的な根拠を問題にして，そこに「神は真理である」という形而上学的信仰の名残りを嗅ぎつけている[『智恵』344]。こうして彼の理性批判は，理性による認識の可能性の条件や真理の妥当性の条件を問うのではなく，認識を導く関心についての反省という形式を取るのであるが，同時に，道具にすぎない理性が自己の能力を反省することは不可能であるとして，理性の反省能力を否認する。しかも，理性の認識能力を画定しようとするカント*的な意味における理性批判は，道徳の領分を守るために知識に限界を設定しようとした企てであり，理性への信頼も「道徳的現象」にほかならないという[『曙光』序言4]。結局，理性のはたらきを道具的自然支配をモデルとして捉えて，その根拠への問いを規範的正当化の問題へと切り詰めるニーチェの理性批判は，自然に対して支配以外の関係を持ちうる反省的な理性の概念を構想するのではなく，理性に対する信頼を形而上学*の残滓として破壊することになる。真理の本質とは「〈私はこれこれはこうであるということを信じる〉という価値評価」であるとされ[遺稿 Ⅱ.10.32]，「真理への意志」は「力への意志」の倒錯した現象形態の一つにほかならないとされる[Ⅱ.8.536]。こうして「力への意志」の高揚と下降のみがあらゆる価値の基準であるとされることになる。

『善悪の彼岸』の序言でニーチェは，「真理（ドイツ語では女性名詞）を「女*」に喩えて，あんなに生真面目でぎこちないやり方では従来の独断的な哲学者たちが「女」をものにできたわけがないとからかっている。この著作では，「われわれ自由精神」はやがて到来する「未来の哲学者」の伝令にして先駆けであるとされているが，この「未来の哲学者」も「きわめて自由な精神」であり，真理の友であって，人間的価値のさまざまな領域を遍歴したのちに新しい価値を創造し，新たな序列*を決定する立法者であるとして，「力への意志」こそ彼らの意志であるとされている[『善悪』44, 43, 211]。そこにはすでに「価値の転換」を準備し，「未来の大地の支配者」を育成しようとするニーチェの「新しい啓蒙」のプログラムが響いている。啓蒙主義*からほぼ100年後の時代に生きたニーチェは，古典的な啓蒙が掲げていた理念とそれが実現した形態との相違や，進歩的知性の思いもかけぬ後退に批判的な眼差しを向けていた。理性の道具的機能の肥大や公共性の機能不全，文化の現状肯定的性格の増大といった状況に対して精神貴族的な嫌悪を抱いたという点では，ニーチェもその後の市民的文化批判と同様のスタンスを占めていたが，それでも啓蒙の企図を完全に放棄したというわけではなかった。啓蒙の理念を，平等な市民による民主的な社会秩序の構築という側面と，宗

教批判による精神的自由の獲得という側面に分けて考えると，ニーチェはこの二つの側面に対してまったく異なる態度を取っていた。彼にとって，フランス革命*を導いたルソー的な啓蒙は「最後の大きな奴隷の反乱*」であり，本来の啓蒙と進歩の精神に反するものであった［『善悪』46：『人間的』Ⅰ.463］。彼は，民主主義*とジャーナリズム*が人間を凡庸化・画一化して弱者の支配をもたらしたと慨嘆する。だが，この凡庸化がいつかは例外的な人間，命令を下す強大な指導者を必要とするようになると，弁証法的逆転の発想も持ち出している［『善悪』242］。それに対してニーチェは，キリスト教*を批判するヴォルテール的な啓蒙を評価している。ただ，この理性にもとづく宗教批判も，神に代わって理性を信仰の対象としたという点ではいまだにキリスト教に依存しており，啓蒙的な批判によって宗教から駆逐された宗教的感情は，芸術や科学，あるいは理性を信頼する哲学に新たな隠れ家を見いだしたとされる［『人間的』Ⅰ.150］。しかも，なかにはカントのように懐疑を手段として信仰への道を開く「蒙昧主義者」もいるから用心しなければならないともいわれている［同 Ⅱ-1.27］。

それに対してニーチェは，ロマン主義という啓蒙への反動に学んでそれを進歩の契機となし，無反省に無時間的な理性への信仰に陥ることなく歴史意識をもって懐疑を貫くことによって，啓蒙の課題を弁証法的に継承することを求めている［『曙光』197］。言い換えれば，これは「自由精神」による価値破壊のあとでいかにしてヨーロッパの知的伝統を継承するかという課題であり，その担い手をニーチェは別のところで「良きヨーロッパ人*」と呼んでいる。この比喩によって表現される「キリスト教的道徳性」の「自己止揚」［『系譜』Ⅲ.27］には，ある種の「啓蒙の弁証法」が見られる。つまり，「良きヨーロッパ人」はもはやキリスト教の神を信じないが，それは「ヨーロッパ的良心」が「2000年にわたる真理への訓練の最も影響の大きな行為として，ついには自らに対して神への信仰における嘘を禁ずる」に至った結果であり，キリスト教の神を打倒したのは「知的誠実」へと昇華された「キリスト教の道徳性」そのものにほかならない。その意味で「良きヨーロッパ人」は「ヨーロッパの最も長期にわたる，最も勇敢な自己克服の相続者」であるが，同時に，彼らが新たな価値を求めるのも，無条件の信仰に生きたキリスト教徒の末裔として「真理への意志」という最後の信仰にしたがっているからであるという［『智恵』357，377］。しかし，真理への信仰にとどまる「自由精神」も，「何ものも真ではない，すべては許されている．*という東方的な「精神の自由」にはまだ到達していないとされる［『系譜』Ⅲ.24］。そして，ヨーロッパ的な道徳的価値を評価するためには，ヨーロッパの外部に立たなければならないとされ，それゆえに「自由精神」は，「漂泊者」としてキリスト教的ヨーロッパからの脱出を企てなければならないといわれるのである［『智恵』380］。

【Ⅳ】 もう一つの近代批判の可能性　新たな，そしてこれまでとは異質な生の可能性を求めて旅立つニーチェの「自由精神」は，たしかに伝統からのモデルネの精神的解放の先端に立っている。しかし，理性に対する信頼を破棄し，キリスト教的起源の残滓を暴露して古き啓蒙に訣別するのは，本当にヨーロッパ精神を継承することになるのだろうか。ニーチェが自分の理想をつねに主体の「タイプ」，新しい「種」としてしか構想しえなかったという点は割り引いて考えるとしても，「自由精神」に表現された知的スタンスは，「啓蒙の弁証法」と「ポストモダン」という二つの時代診断の間で，もう一つの近代批判のモデルたりうるのであろうか。内的・外的自然の支配の進展による理性の自己破壊の過程として「啓蒙の弁証法」のプロセスを構想

する歴史哲学において、ヨーロッパ近代からの脱出はニーチェが考えたほど容易ではないし、理性の自然との和解*はますます困難になっている。技術による自然支配が貫徹されればするほど、反省による理性の自己修正への不信は募り、主観的動機の干渉を排除して自己を制御するようになったシステムは、その正当性に対する多少の懐疑ではびくともしない。ただ、「自由精神」にもチャンスがないわけではない。現状を追認せず、美的なセンシビリティをはたらかせて訣別する姿勢や、多数者の意識を曇らせている前提を問い直し、凝固した確信を破壊する批判は、この異議申し立てのプロセスを通して理性の多様な可能性が現れることを認める社会の感性に結びつきうる。他方、ニーチェから「啓蒙」による解放という「大いなる物語」の終焉を説く「ポストモダンの条件」へと、一直線の道筋が通じているとは限らない。理性の自己当化のからくりを暴露する系譜学の戦略だけがニーチェの本領ではない。「真理への意志」に対する疑惑を理性に対する信頼の全面的な破棄にまでエスカレートさせないで、むしろ生真面目な真理探求を距離をおいて振り返るところに、「自由精神」の可能性を見ることができるのではないか。

そのように軽やかなスタンスを可能にするのは、「悦ばしき智恵」が教える、認識との遊戯的な関わりである。それは一方では、「最も醜い現実であろうと、その認識は美しい」として、「認識者の幸福は世界の美を増加し、存在するものすべてにいっそう陽光をあてる」と説き[『曙光』550]、他方では、「真理は醜い。真理のために破滅しないために、われわれは芸術を持っている」と芸術*に救いを求める視点である[遺稿 Ⅱ.11.369]。真理性の要求を美的反省のなかで相対化するイロニー*は、主観の脱中心化の一つのあり方であり、嘘をつかないことよりも、嘘だとわかっていて遊ぶことに知性の楽しみがある。真理を象徴的に破棄して、一時的に必然性や目的合理性、事実性の強制から解放されることには、無意味なものに対する喜びが伴う[『人間的』Ⅰ.213]。こうして理性から一時的に休息を取る道化の視線は、理性に自分を見つめ直す機会を与え、それによって理性はたんなる道具ではない「理性へ至る」のである。「自由精神」の美的訣別のポーズはこのような反省を導くものであり、それは散乱する理性の破片を閃かせながら、近代社会の「鋼鉄の檻」を巧みにすり抜けて、「懐疑的で南方的　自由精神的な世界」[『善悪』46]から外洋をめざして飛び立っていく鳥に喩えられている。この渡り鳥たちは、「生成の大洋」のまっただなかに浮かぶ「小島」にしばし休らって会話を交わす。「ここで、この小さな空間で、われわれは他の渡り鳥たちとめぐり会い、またかつての鳥たちのことを聞く、——こうしてわれわれは認識と推察の貴重な瞬間を、悦ばしい羽ばたきとさえずりを交わしあいながら過ごし、大洋を越えて精神の冒険*に旅立つ」というのである[『曙光』314]。他律的な情報の大海のなかで、いかにして精神的自由にもとづく対話を創り出し、その「島」を広範なネットワークにしていくかは、まさに現代の「自由精神」たちの課題であろう。→真理と認識, 仮面と戯れ　　（大石紀一郎）

羞恥　[Scham]

心理学者でもあるニーチェは、羞恥ないし羞恥心についてきわめて繊細な、二面的な考察をしている。ある現場を目撃してしまった者が抱く羞恥と、それを目撃された者の羞恥である。『ツァラトゥストラ』*第4部で、「最も醜悪な人間」を見たツァラトゥストラは、見てはならないものを見てしまったような、えも言えぬ羞恥心に襲われる。高貴な精神は、醜悪なもの、名状しがたいものに直面すると羞恥を覚える。それは、そうしたものに対する敬意の表明でもあろう、だが、「同情*は

押し付けがましい」。同情は，下賤な好奇心をもって恥じらいもなく他人の傷口をじろじろと眺めまわす。「神のであれ，人間のであれ，同情は羞恥を知らない」。人間のいっさいを見，いっさいを知った神とは，もっとも恥知らずな存在ということになろう。他方，見られた者の抱く羞恥についてはどうであろうか。この面でもニーチェは心理分析的な考察をさまざまにめぐらせ，たとえば過大な評価を与えられたものの羞恥心，深く偉大なものが自らの深部を見られたときの羞恥などについて述べ，いずれも精神の高貴さの表れと考えている。だが病的な羞恥心は，復讐と怨恨（ルサンチマン*）につながるものである。自らを「神の殺害者」と称するあの「最も醜悪な人間」の場合がそうであった。その意味では，やはりすべての羞恥の対極には，いっさいの羞恥心から解放されて，あるがままに戯れる小児のような純真さが考えられているといえよう。→同情［同苦］　　　　　　（薗田宗人）

重力の精 [der Geist der Schwere]

三段の変化*を経て超人*へといたる道を示す『ツァラトゥストラ』*の展開は，生*という「耐えがたい重荷」を克服*して軽さへと超出する過程として捉えられる。そうした上昇*を妨げるものが重力の精である。すでに第1部「読むことと書くこと」では「私の悪魔」である「重力の精」を「笑いによって殺そう」と言われ，これが『ツァラトゥストラ』全体を貫くひとつのモティーフであることが暗に示される。「半ば小人，半ばモグラ」と形容される重力の精は，既成の善悪の価値観にしがみつき，「万人にとっての善や悪」に驢馬*のようにただ追従し，健全な自己愛を忘れた卑小な生に人間を繋ぎとめておく力である。生が重荷であるのは，この重力の精を振り切ることができないためである。ちなみに，『千夜一夜物語』にはシンドバッドが第五の航海で，背中に乗った男をなかなか振り払うことができずに背負っていく話がある。これがツァラトゥストラの背にのった小人の挿話の下地になっているともいわれる。

第3部「幻影と謎」になると小人＝重力の精とツァラトゥストラとの対決が描かれる。上方へと登ろうとするツァラトゥストラの足を下方の深淵*へと引く重力の精は，「鉛の雫のような思想」を脳のなかにしたたらせ，「投げられた石は必然的に落下する」（エマーソン*のエッセイが下地にある）とツァラトゥストラの上昇を嘲笑する。「鉛の雫のような思想」をニヒリズム*と解釈すれば，重力の精＝小人はその克服を妨げるものである。その小人に対してツァラトゥストラは，いかなる落胆も同情*も深淵に臨むときのめまいも殺害する「攻撃的勇気」をもって，「私のほうが，より強い者である。おまえは私の深遠な思想を知らないのだ」とたちむかう。すると小人はツァラトゥストラの肩から降りてしまう。その後でツァラトゥストラは，「瞬間*」と書かれた門のまえで「永遠回帰*」を語る。小人も「いっさいの真理は曲線的であり，時間自体がひとつの円環である」ことを知ってはいるが，ツァラトゥストラの言う永遠回帰を理解することはできない者として描かれている。

ハイデガー*はこの違いを，小人が永遠回帰の思想の帰結を引き受けない傍観者にとどまり，瞬間のなかに立ってはいないからであると説明する［ニーチェ「永遠回帰」］。つまり「瞬間性」における「決断」のみが，重力の精として永遠回帰的思考のなかにも入りこんでいるニヒリズム*を最終的に克服できるというわけである。ちなみにハイデガーによれば，重力の精とツァラトゥストラの力関係の逆転は，「幻影と謎」第2節冒頭で起きている。ここでは勇気を得たツァラトゥストラが小人に対して再び呼び掛けるが，それは第1節での表現と異なり「私か，それとも，おまえかだ」と「私」が先になっている。この

時点で重力の精は克服されるという。ハイデガーの解釈は、本来的実存への決意性の意味を重視した視点からの読み方であるが、そうした解釈へと誘う要素はたしかにニーチェ自身の文章にもある。『ツァラトゥストラ』前半では、すでに引用したように重力の精を「笑いによって殺す」、あるいは「わが最高最強の悪魔、重力の精に対する嘲弄の舞踏歌」[Ⅱ-10] を歌うといった表現で、戯れ*の軽やかさによって重力の精を越えようとする意向が示されていたにもかかわらず、「幻影と謎」の章で「勇気」という要素を持ち込んだために、実存主義*的な解読へと道を開いているといえる。またそのために戯れの軽やかさを失っているともいえよう。

チェコの亡命作家ミラン・クンデラは小説『存在の耐えられない軽さ』(1984) で、ニーチェの引用を随所に織りあわせながらプラハの春以降のチェコの世界を描いているが、題名がすでに暗示するように、そこに描かれるのは反体制的運動をになう主体をことごとく抹殺していく体制権力に対する個人の生の軽さである。みずからの意志による超出など無意味にしてしまう構造的権力の重圧のほうが、むしろ現代社会の問題であろう。→上昇

(大貫敦子)

主体

主体は、ニーチェにとり一個の倒錯形態にほかならない。そしてこの「倒錯形態としての主体」というニーチェの認識には、後期ニーチェの二つの思想的主題である「道徳の系譜学」の問題意識と「力への意志*」の問題意識がより合わされている。1885-86年の遺稿の中でニーチェはこういっている。「結果を原因にさかのぼらせるのは、主体なるものにさかのぼることである。いっさいの変化は、主体によって生み出されたとされてしまうのだ」[Ⅱ.9.28]。ここでニーチェは主体の起源を、「結果を原因にさかのぼらせること」であるとする。それが「結果と原因の取り違え」という錯誤を意味することはいうまでもなかろう。「結果と原因の取り違え」——これは、『人間的』*から『道徳の系譜』*へと至るニーチェの道徳の起源をめぐる議論の中で重要な位置を占めていた問題である。「系譜学」が道徳の確立過程に潜む「先」と「後」の遠近法*の錯誤と欺瞞を暴きたてる方法的戦略であるとすれば、「原因と結果の取り違え」の暴露はその核心をなすものである。したがって主体の倒錯としてのありようを暴露することも、かかる因果論的思考の解体という思想課題の文脈の中で扱われねばならない。

この問題に関しては、1888年の遺稿の一断章にきわめて本質的な考察が残されている。この断章はまず、「力への意志 原理的に／〈原因〉という概念の批判」[Ⅱ.11.92-94] という言葉ではじまる。すでにニーチェの意図は明らかである。ニーチェは原因概念そのものを批判の俎上に乗せようとしているのである。そしてこの「系譜学*」的な批判戦略は、「力への意志」の「原理的」な究明の文脈に結びついている。ニーチェは続ける。「私は運動の起源として〈力への意志〉という出発点を必要とする。したがって運動は外から発生せしめられたものではない。——原因によって生じたものではありえない……」[同]。注目しなければならないのは、「運動は外から発生せしめられたのではない」ということと「原因によって生じたものではない」ということが等置されていることである。裏返していえば、原因とは当該する存在に対して外から働く力であり、「力への意志」はかかる外から働く力の対極にあるものだということである。

ここで私たちは、「外から働く力」(= 超越) としての原因の最も究極的な存在が、いっさいの被造世界の彼方にある「神」であることをすぐに想起することができる。そして

この「神」に代表されるすべての超越的・形而上的「第一原因」(causa prima) がそこに含まれうることを。したがってこうした原因の対極にある「力への意志」は、なによりも内在的・非超越的な「自己発現」、「力の直接的な発現」にほかならない。それは運動の具体的な始まりに位置するかぎりでは「出発点」だが、「外から働く」原因ではない。「力への意志」は、その中に原因とともに結果をも含みこむような、つまり働きとその効果を一身に糾合する「現れ」にほかならない。「動力因と目的因とは基本的に一つのもの」[同]であり、それゆえに「〈原因〉なるものはけっして存在しない」のである。主体は、意志や意図とともにこうした「現れ」を原因から分節化しようとするところから生じたのである。

ところでニーチェのかかる批判は、主体概念とそれを可能にしたギリシア古典期以来のヨーロッパ形而上学*の伝統概念にまでとどいているはずである。たとえばアリストテレスにおいて主体はほぼ、「基体=底に横たわるもの」(hypokeimenon) と同義であった。それは、移りゆく世界の底にある「不動の一者」であり、結果=運動が帰属する移りゆく世界とは本質的に断絶している「テオリア」の領域に属する。こうした「基体」の不動性・一者性に、中世スコラ哲学以降人格概念や魂の概念がつけ加わっていって、いわゆる主体概念が形成されていったのであるが、こうした形で捉えられる主体が、まず自己同一性を強く帯び、自らの外の世界との関わりをこの自己同一性を通して持とうとすることは明らかであろう。それはあらゆる「超越的・形而上的原因」が自らの外にある、移ろいゆく世界に関わろうとするとき必ず現れる関係形式である「本質／現象」（概念／個物・原因／結果）の二元論の性格でもある。主体はこうした形而上学的シェーマの歴史的必然とともに現出したのである。

ニーチェはこうした形而上学的な「同一性の論理」に対して、「力への意志」の発現する場における「力の関係」の複数性と、そこに孕まれている無限ともいえる差異*の多様性を対置する。世界とはかかる力の多様性の解釈にほかならない。そこではもはや基体-主体の単一性・同一性は成立しない。こうしたニーチェの思考は、近代的主体概念のゆらぎを自覚的に究明しようとした一群の思想家たちに大きな影響を与えた。ハイデガー*はもとよりいわゆるポスト構造主義*とよばれるドゥルーズ*、デリダ*、フーコー*たちの思考はかかるニーチェの、形而上学批判に裏打ちされた主体のラディカルな解体作業ぬきにはありえなかったろう。→形而上学, ポスト構造主義　　　　　　　　　　（高橋順一）

シュタイン [Heinrich von Stein 1857-87]

マイゼンブーク*の世話で1879/80年の冬以来、ジークフリート・ヴァーグナーの家庭教師となり、ヴァーグナー家と親しく交際した哲学者。最後はベルリン大学私講師。才能豊かであったが、ニーチェも言うとおり「許しがたいほど早く死んでしまった」[『この人』I.5]。1882年著作をニーチェに送ったことから文通が始まり、1884年8月26-28日には、ジルス=マリーア*にニーチェを訪れた。宿で、「私はスイスの景色を見るためにきたのではない」と言ったのが、ニーチェにはよほどうれしかったらしく、ガスト*宛の手紙にもそのことを記すとともに、『この人を見よ』*でも触れている。バイロイト*で会いたいというシュタインに対して、ニーチェは手紙で、自分のヴァーグナー*嫌いをはっきり述べていたのに [1884.5.21.]、前年には『ヴァーグナー事典』まで出しているこの若い学者と哲学や美学に関して話がはずんだようである。彼は、私のところの3日間で自由の風に吹かれたように変身したと『この人を見よ』[I.5] にある。同時にガスト宛の手紙では

[1884.9.2.]，シュタインに『ツァラトゥストラ』*の文章は12ほどしか理解できないと言われてしまった（同じようなことが『この人』Ⅲ.1 に記されている），と書いているところを見ると，朗らかに（猛烈に笑いあったことが，シュタインの死を知らせるガスト宛[1887.6.27.]の手紙にある）言いたいことを述べあったようである。ただ，シュタインの書いたものには，保守革命の萌しが読み取れることもたしかである。ニーチェにディルタイ*のことを教えたという説もある。→ディルタイ

(三島憲一)

シュティフター [Adalbert Stifter 1805-68]

シュティフターの名は，80年代初めにニーチェがケラー*と並べて好んで挙げるもので，『漂泊者とその影』の中では，シュティフターの『晩夏』が，ゲーテ*の『エッカーマンとの対話』とともに，再三読むに値する数少ない「ドイツ散文の宝」とされ，ガスト*への手紙では，ゲーテの「獅子のノヴェレ」のように「爽快で治癒力があり，愛情細かく，明るく晴れやか」といわれ，オーヴァーベック*らにも再三これを読むよう奨めている。ベルトラム*はニーチェのシュティフターへの共感を，秋の全個への思いやこの中の教育的情熱からのものとしている [『ニーチェ——一つの神話の試み』] が，それにしてもニーチェとは本質的に異質なシュティフターをこのように高く評価するのはいかにも不可解。当時のニーチェのすべての文学評価を支配していたのは，ゲーテとヴァーグナー*という二項対立的芸術家類型で，ピトレスク風で大仰なデカダンス*のヴァーグナーに対する失望の間接的な表現として，その対極のゲーテとの近親性でシュティフターが持ち上げられたのではなかろうか。ビゼー*の評価とも通じるものがある。

(山本 尤)

シュトラウス[1]（ダーフィト・シュトラウス）[David Friedrich Strauß 1808-74]

ドイツのプロテスタント神学者。ルートヴィヒスブルクに生まれ，テュービンゲン大学に学ぶ。1831年，ヘーゲルとシュライエルマッハーのいたベルリンに赴くが，直後に前者は急死し，後者からは得るところがなかった。翌年，テュービンゲン神学校の哲学の助教師となる。主著『イエスの生涯』2巻第1版（1835）の出版によって保守派の激しい攻撃を受けて職を辞し，以後ほとんど野で過ごした。著作はほかに『信仰のキリストと歴史のイエス』（1864），『古い信仰と新しい信仰』（1872）など。

イエス論の系譜をさかのぼれば，「われわれはキリストをもはや肉によって知ろうとはしない」とパウロ*が記したように，原始キリスト教は歴史的なイエス*の生涯には無関心であったし，ルター*も同様であった。イエスの生涯を歴史的に把握しようとしたのはライマールスが最初であり（1778年にレッシングがその遺稿を出版），彼はありのままのイエスと弟子たちの案出したキリストの相違を指摘した。以後，イエスの生涯の歴史的研究は，福音書とりわけそれが含む奇跡を史的事実としてそのまま受け入れる超自然主義に反対して，しかもドグマからの解放を目指すてだてとして行われた。ヘルダーはユダヤ的な共観福音書とギリシア的なヨハネ福音書を峻別したうえで，前者のなかにも純粋な史実を認めず，イエスのメシア性を語る聖なる叙事詩を見いだしたが，根本的には奇跡問題の歴史的解明を回避した。パウルスは徹底した合理主義の立場をとり，奇跡をすべて否定した。奇跡は目撃者たちがその第二原因を知らずに報告した自然的な出来事にすぎず，たとえばイエスの「復活」は仮死状態からの蘇生であると説明した。

こうしたなかで，宗教的表象を概念にまで高めるヘーゲル哲学によってドグマから解放

された内的自由をもつと自認していたシュトラウスは、神学における超自然主義と合理主義の双方に反対し、新約聖書を神話として説明した。「復活」は死んだあとで甦ったのでも仮死状態からもどったのでもなく、非史実であり物語なのである。この説明は、キリスト教*を神話に還元したものとも見られたが、シュトラウス自身の意識ではキリスト教を放棄したわけではない。理念と現実、無限性と有限性、神と人間の対立を思弁的に止揚するヘーゲル*に倣い、神人性という理念はイエスの歴史的人格において具現した精神と自然の統一であって、本来は人類という類こそが神人の統一であり個人もこれに参与しうると考えて、キリスト教を真の人類宗教たらしめようとしたのである。そこではイエスの死と復活は、精神が自らの自然性を否定することによってつねにより高次の精神的生へ自己止揚することを表す神話となる。この『イエスの生涯』はイエス伝の非奇跡的考察の時代の幕を切って落とした（A. シュヴァイツァー）。一方、神学においてのみならず、哲学におけるヘーゲル学派内部でも同書は激しい論争を捲き起こし、ヘーゲル学派は右派、中央派、シュトラウスを含む左派（これらは彼の命名による）に分裂した。

晩年の『古い信仰と新しい信仰』では、ダーウィンの進化論の強い影響を受け、自然科学的な実証主義の立場からヘーゲル哲学にも「古い信仰」たるキリスト教にも背を向けるにいたる。しかしそれは無神論*ではなく、世界の因果連関たる必然性を理性とも呼んで信仰の対象とした。神－宇宙－理性を崇拝する汎神論的な「新しい信仰」だったのである。

ニーチェは20歳の頃、精緻な文献学者として『イエスの生涯』を丹念に読み、イエス伝承の矛盾を暴くその聡明さ、比類なさに感動して、のちの言葉によれば「われわれ初のドイツの自由精神」を見た。ところが後年、18 70-71年の普仏戦争*の勝利に沸き、文化の面でもフランスに勝利したと歓呼するドイツ世論の現状に業を煮やした彼は、1873年に『反時代的考察』*第1篇『ダーフィト・シュトラウス――信仰告白者と著作家』を出版して、『古い信仰と新しい信仰』がベスト・セラーになりシュトラウスを一級のドイツ精神として迎えるドイツ的教養*を手厳しく叩いた。ニーチェによれば、シュトラウスおよび彼を礼賛するひとびとは「教養俗物*」であり、自らをミューズの寵児、文化人と妄想し、市民的幸福に浸りきっているが、その実は逆に真の文化、真のドイツ精神を危機に追いやっているのである。「新しい信仰」の告白者たるシュトラウスは、近代的理念を素朴に信奉するかぎりでは科学と信仰を混同した非宗教者であり、宇宙万有への感覚という敬虔さを持ち出す宗教者としては貧弱きわまりなく、その「楽園」は彼らの通俗的で「文化的な」日常生活そのままだと嘲笑された。神学者も含め誰もが激賞した著作家としてのシュトラウスは、古典作家を演じる大根役者でありドイツ語の退廃を象徴しているとされ、文章が逐一揶揄された。シュトラウスは俗物文化の信仰告白者であり著作家としても自ら俗物文化を証明しているというニーチェのこの痛烈な論難は、非凡な批判家が老いて変質したことへの批判である以上に、当時のドイツ文化へのそれである。→教養俗物,『反時代的考察』

(後藤嘉也)

シュトラウス² （リヒャルト・シュトラウス） [Richard Strauß 1864-1949]

ドイツ、ミュンヘン生まれの作曲家。シュトラウスの音楽にはヴァーグナー*の強い影響も含む当時の世紀末*デカダンス*芸術やドイツにおけるアヴァンギャルド芸術運動というべき表現主義*へのつながりがうかがえる。しかしアヴァンギャルド性を徹底して追求することによってヨーロッパ音楽の語法を変え

てしまったマーラー*やシェーンベルクとは異なり，シュトラウスは伝統との和解という方向に転じ，一般聴衆により受け入れられやすい音楽をめざした。その結果シュトラウスはたちまち時代の寵児となった。ニーチェとの関連では交響詩「ツァラトゥストラはこう語った」を挙げることができるが，ツァラトゥストラの思想を音楽化しようとしたと称するこの作品はこけおどしの外面的効果によるニーチェのパロディ化に過ぎず評価することはできない。むしろニーチェの影響をうけた詩人デーメル*の詩に作曲した「デーメル歌曲集」の濃密なエロティシズムやホーフマンスタール*の台本による歌劇『エレクトラ』のエキセントリックな表現などに，ニーチェ熱に象徴される時代思潮とシュトラウスのつながりが感じられる。ただいずれにせよシュトラウスの音楽はニーチェとは本質的に無縁である。

(高橋順一)

ジュネ [Jean Genet 1910-86]

作家として世に知られる以前ジュネがニーチェについてどのような知識を持っていたかは不明だが，おそらくジッド*的な道徳的関心から出発したものと推察される。その場合ニーチェは道徳否定者とみなされ，それに対し『花のノートルダム』(1942)の主人公ディヴィーヌが「彼女は聖人の生きる善悪の彼岸にはいない」とされるように，ジュネは既成道徳の転倒による逆立した道徳を追求していたといえる。ジュネが集中的にニーチェを読んだのは50年代初頭であり小説期を経て演劇へと進む過渡期であった。ここで彼はニーチェの超人*思想が単なる道徳否定ではなく，芸術を原理とするいっそう高次の道徳の探求であることを発見し衝撃を受ける。それ以後『悲劇の誕生』*が彼の必携書の一つとなり，また晩年にはデリダ*などのニーチェ論にも触れたことから，『恋する虜』(1986)など彼の後期作品にはニーチェとの対話の跡がはっきり認められる。

(鵜飼 哲)

シュピッテラー [Carl Spitteler 1845-1924]

スイスの作家。ニーチェの『ツァラトゥストラ』*よりも2年早く『プロメートイスとエピメートイス』(1881-82)で世紀後半の指導者待望の気分を作品化している。後に『ツァラトゥストラ』の模倣と間違って評価され，1902年には自分で雑誌記事で訂正するほどであった。1888年彼は，雑誌『盟約』に「作品から見たニーチェ」という評論を書き，それまでの作品毎に評価を下している。『ツァラトゥストラ』は高級な文体練習にすぎず，内容のことは今後次第といったことを書かれたのが気にいらなかったニーチェは『この人を見よ』で怒りをぶちまけている。友人オーヴァーベック*の弟子であったためか，シュピッテラーもやがて態度を変え［ガスト宛1888.2.26.］，『ヴァーグナーの場合』は絶賛している。書評をきっかけに始まった文通では，ニーチェが彼にライプツィヒ*の出版社を紹介しており，これについては後年，シュピッテラー自身が，私信のニーチェは気をつかう，細やかな，人助けの好きな性格であったことを感謝を込めて強調している。ニーチェは，有名な雑誌『芸術展望台（クンストヴァルト）』の執筆者になれるように彼を推薦したことをオーヴァーベックに［1888.7.20.］述べているが，シュピッテラーの回想では，ニーチェは気を使って，彼が紹介したとは自分にはひとこともほのめかさない，それほどやさしい人であったと述べられている。→オーヴァーベック

(三島憲一)

シュペングラー [Oswald Spengler 1880-1936]

1906年の学位論文「ヘラクレイトス論」以来，シュペングラーは意識してニーチェの影に身を置き，その影で書く。主著『西欧の没落』(1918-22)は『権力への意志』という遺稿の寄せ集めの書に対する歴史的アトラスで

あり、ヨーロッパの没落の予言はニーチェの文化ペシミズムから導き出されたものであった。「ニーチェを真似る賢明な猿」(トーマス・マン)は、巨人の肩の上に乗った小人というべきか、ニーチェの思想世界の遺産相続者としてニーチェの鋤が届かない文化圏の形態学という領域を耕したものではあったが、そこではニーチェのテーゼは自己の構想に合わせて変更され、危険な仕方で誤解されていた。たとえばルネサンス*は古代の再来ではなく、ゴシックとバロックの間の深みを欠いた短命の運動とされ、「権力への意志」は北欧神話エッダと十字軍の初期ゴシック大教会堂から来た北方魂のあり方と捉えられ、西欧のモラルは奴隷道徳ではなく「権力への意志」をその本質とする支配者の道徳、キリスト教*も支配者宗教、宗教改革*もニーチェの言うように道徳の偽りの形式ではなく「ゴシックの遺産であり完成」、社会主義*もファウスト的権力意志の倫理的政治的現実だという。「永遠回帰*」には当然のことに懐疑的であった。そしてヨーロッパの没落を救うために、ルター主義の残るプロイセン王家ホーエンツォレルン家による新しい形の武断政治に期待がかけられ、古代の終焉の後にローマ帝国があったように、西欧の終焉の後のゲルマニア帝国が予言されていた。『西欧の没落』は第一次大戦の敗北と時を同じくして出ただけに、イギリス、アメリカの文明化、合理化、功利化の勝利の終焉を告げる慰めの書として、とくに保守革命陣営にきわめて大きな影響を及ぼした。そこにはナチズムのニーチェ曲解の原形が含まれてもいる。シュペングラーは1919年にはニーチェ・アルヒーフの名誉賞を受け、1923年以来アルヒーフの最もお気に入りの助言者として指導的役割を果たすが、ナチの大衆と種族の偶像化にはついて行けず、1935年、アルヒーフとも手を切り、自らが予言した第三帝国では、「永遠の過去の人間」として無視され、孤立した。→不安、

ミラー (山本 尤)

シューマン [Robert Schumann 1810-56]

「ゲーテ*とモーツァルト*の時代」からの訣別を意識し、バッハの対位法とジャン・パウルの文学の幻想性を作曲の源泉としたロマン主義の作曲家。彼は日常性を詩的ファンタジーで見ようとするロマン派の「ポエジー」概念に共感し、題名にもロマン主義の特性を反映した詩情性豊かな作品を残している。ニーチェはプフォルタ校*時代にはかなりシューマンを高く評価し、自分で弾きよく聞いてもいたようである。エリーザベトに宛てた手紙で、シューマンの歌曲「女の愛と生涯」の譜を買うように奨め [1861年11月末]、また「生活必需品」としてどうしてもシューマンの「幻想小曲集」と「子供の情景」の楽譜を送ってほしいと頼んでいる [1863.9.6.]。またボン時代でもその趣味は変わらなかったようで、ある音楽会で「私の一番好きな曲目、シューマンの『ファウストの情景』とベートーヴェン*の『第7交響曲』が聞けた」と喜んでいる [妹宛1865.6.11.]。バイロン*の作品をテーマとした「マンフレッド」にも感動している。ナウムブルク*に休暇に戻ったニーチェはゲルスドルフ*宛に「私の三つの休養」として「ショーペンハウアー*とシューマンの音楽、それに孤独の散歩」[1866.4.7.] と書いてもいる。しかし、ヴァーグナー*とそのロマン主義からの訣別以後は大のシューマン嫌いに転じている。『善悪の彼岸』* [245] ではウェーバーの「魔弾の射手」やヴァーグナーの「タンホイザー」とならんでシューマンの「マンフレッド」は、ドイツ音楽を「ヨーロッパの心のための声ではなくして、単なる祖国万歳主義に貶めてしまう危険性」を持ったものだという。ちなみに『この人を見よ』* [Ⅱ. 4] ではシューマンに対抗してマンフレッド序曲を作曲したと豪語している。シューマンはちょうど「私に触らないで」と言う少

女のような「ちっぽけな趣味」の人間で，「静かな叙情性や感情の酩酊」に傾く彼の趣味は「ドイツでは二重の意味で危険」であり，その「シューマン的ロマン主義が克服されたのは，今日のわれわれにとっては幸福」であり，「解放」だとさえ言う [『善悪』245]。自分の育った家庭環境のなかで自らも引き込まれていったシューマンの作品の魅力が，片隅の幸福に安住する小市民的趣味の反映であり，それが偏狭な愛国主義に直結する危険を，ニーチェはドイツ帝国の成金趣味と国家主義の台頭のなかで敏感に感じ取ったのであろう。→ニーチェと作曲，ニーチェと音楽

(大貫敦子)

趣味

「歌うべきであった，この〈新しい魂〉は。語るべきではなかったのだ」。『悲劇の誕生』*を振り返って，ニーチェは後に「自己批判の試み」[3] でこう語っている。「歌うこと」と「語ること」と比喩的に表現されている二つの態度は，実は近代批判の二つの型を示している。前者は近代的理性の範疇から排除された感性経験を批判の源泉とする立場であり，後者はあくまでもロゴスのディスクールに依拠しようとする立場である。ニーチェは往々にして前者の思想家に数え上げられ，それゆえにたとえばハーバーマス*から「道徳判断を趣味判断にすり替えた」[『近代の哲学的ディスクルス』]とされ，反近代への逆行の兆候だと非難される。だが，「語るべきではなかった」という彼の態度が，そのまま退行的な理性放棄とは言えない。『悲劇の誕生』刊行直後，ニーチェはこう記している。「哲学は芸術*であるのか，それとも学問*であるのか，という大きな当惑。その目的と産物からすれば一種の芸術である。しかし概念による叙述という手段は，学問と共通している。それは詩の一形式である。哲学はどこにもうまく収まらない。──それゆえ一つの新しい類概念を考えだし，性格づけねばならないだろう」[遺稿 I.4.41]。この背後にはニーチェが学生時代に愛読した『唯物論の歴史』の著者ランゲの影響が見られる。ランゲは哲学を空想の産物であるとみなし「概念詩」という表現で哲学概念の虚構性を指摘した。また芸術を哲学的真理より上位に位置づけるショーペンハウアー*の影も無視できない。学問でも芸術でもない，あるいはその既成の区分を越えた哲学がその後のニーチェのさまざまな思考実験のめざすところであるとすれば，その通奏低音として響いているのが「趣味」の概念である。

「趣味」という概念がテーマ化され始めたのは17世紀末のフランス*である。それまではスコラ哲学の影響のもとに，趣味はもっぱら理論的考察に値しない恣意的なものと考えられていた。「趣味については争えない」，つまり理論的論争には値しないという見方が定着していた。趣味を単なる主観的な恣意性を越えて，事柄の正しさの判断 (jugement) の能力に近い関係で捉えたのはラ・ロシュフコー*だった。洗練された人 (honnêtte homme) の兼ね備えているべき「良き趣味」(bon goût)は，フランスのモラリスト*の間では道徳判断と密接な関係におかれていた。それゆえにニーチェはラ・ロシュフコーやサン・テヴルモンに高い評価を与えている。趣味が重要な役割を果たしたのは，とくに芸術における美*の評価であり，美的判断と道徳判断とは連続性を持っていた。フランス古典主義演劇に精華を見ることになるこの時期の「良き趣味」は，アリストテレス詩学を規範とし，古典古代の美学に則った「規則性」を重視したという意味では，たしかに啓蒙の意図に沿ったものであった。だが社会的に見ればこの「良き趣味」はルイ14世のもとに華咲いた宮廷文化を背景として，上流社会が共有した趣味である。やがて17世紀末には「良き趣味」を規定している階級的制約に対

して、フランスの文学界を二分したいわゆる「新旧論争」が巻き起こった。近代人の意識を反映した新らしい美的感性を正当化しようとするいわゆる「近代派」の代表者であるペローは、趣味は階級とは関係なく人間として自然に感じる価値判断であるべきであり、古典の権威は自然な人間の感性からすれば遵守する必要のないものだと主張するにいたる。こうした論争を背景に、他者と判断基準を共有することを前提とした趣味より、個人的な感性に由来する判断力が次第に重視され、18世紀に入ると「趣味」より「感情」(sentiment) が重視されるようになる。ディドロの『百科全書』では、強烈な個人の感情・感性に創造力の源をもつ「天才*」が、「趣味」と対立する概念として登場することも、こうした変化を物語っている。

個人の自然な感性の発露である「天才」と、社会的に共有される価値判断としての「趣味」をめぐる対立にひとつの決着をつけたのはカント*だった。カントは、いかなる強制力もなくおのずと社会のなかに形成される共通な価値判断力を「趣味」とみなし、これを美的共通感覚(sensus communis aestheticus) と呼んだ。人倫性の象徴たる美を創造するのが天才であるとすれば、その美に接してゆり動かされる道徳性の感情を、概念の助けなしに他者に伝達可能にするものが趣味である。趣味は超越論的に根拠づけられる定言命法*を、個々人の内的・感性的偶発性と媒介する役割を果たす。天才の独創的な芸術も、趣味という共通の判断によって美と認められて初めて芸術たるに値するものとなる。つまりカントは、普遍的に妥当する道徳的価値の表現である趣味を優先し、それに従う限りで個人的な美的感性を認めていることになる。

カントに見られるような啓蒙的理性への楽観的信頼に、ニーチェは不信の目を向ける[『曙光』2, 142]。道徳的理念を万人に共有のものとすることを目指す趣味は、「比較や矛盾の感覚、新しいもの、冒険的なもの、未実験なものに味わう快楽の感覚」[『智恵』4]を麻痺させ、種の保存に資する奴隷道徳への付和雷同を促すだけである、とニーチェは言う。そしてカントの意味での趣味概念を「自己防衛本能を表すのによく使われる言葉、それが趣味である」[『この人』Ⅱ.8]と批判している。つまり社会に蔓延している趣味とは、「殻を持つこと、すなわち美しい外観をそなえて、わが目を閉じる賢明さを身につけること」[『ツァラトゥストラ』Ⅲ-11.2]、つまり自己抑制し他者に同調することにほかならない。ニーチェが求めるのはこうした共通感覚としての趣味ではなく、道徳の欺瞞に「否」を突きつける自発的感情であり、他者と共約不可能な感覚的判断である。ツァラトゥストラは言う。「〈精神〉が〈心〉について嘘をつくことがしばしばある。……だが次のように言う者は自分を発見した者といえる。──〈これは私の善だ。これは私の悪だ〉と。彼はこう言って〈万人に共通する善、万人に共通する悪〉などというモグラと小人を沈黙させたのだ」[同]。そして「〈この私〉と言い、〈然り〉と〈否〉を言うことのできる、依怙地で選り好みの強い舌と胃」[同]を尊重する。これがニーチェの言う意味での「良き趣味」、「高貴*な者の趣味」である。この趣味こそが道徳判断の基準とされる。

「良き趣味」というときに、ニーチェの念頭にあるのは既述のように17世紀のフランス・モラリストたちの趣味である。それはまさに貴族的趣味であり、貴族的であるがゆえに何ものにも媚びない自負心に裏づけられた趣味である。こうした社会と、そこに生まれる文化のスタイルに、ニーチェは羨望を寄せていた。成金趣味のドイツ帝国の文化にニーチェが嫌悪を感じ、「趣味の喪失」を歎くときに、その比較の基準となっているのはこの趣味である。だがここでニーチェは「趣味の

喪失」が近代の帰結であるとあまりにも性急に結論づけてしまう。「歴史感覚」が喪失し、ヨーロッパが「半野蛮」に陥ったのは、「身分や人種*が民主主義*によってごちゃまぜになってしまった」[『善悪』224]からだ、とニーチェは言うが、この歴史感覚は「すべてのものに対する趣味と味覚」を意味する。つまりニーチェが求める「私の趣味」とは、生理学的な次元にまで還元された判断であり、そうした趣味があることが、平準化に染まらない強い個人の唯一性の証左なのである。しかしその趣味判断は同時に、近代が獲得した諸成果とことごとく対立する関係におかれ、理性に依拠する普遍性、民主主義*、平等を否定的に見下す根拠となっている。こうした趣味の絶対化が、反啓蒙的と非難されるのにも一理ある。しかしニーチェが性急すぎるあまり犯している短絡の面からだけ、反啓蒙と非難するわけにいかない。

ニーチェは「私の趣味」に依拠することによって、すべての道徳学の根拠を疑問に付した。これまでの道徳学はすでにある道徳価値を自明のこととし、そもそも一般に道徳と言われるもの自体が捏造された普遍性にすぎないことを忘れているとニーチェは指摘する。むしろ道徳学に必要なのは、「生命を宿し、成長し、生殖し死んでいく繊細な価値感覚や価値の差異からなる巨大な王国を概念で把握し、整理すること」だという。ここからニーチェは一種の「道徳の類型学」が出来上がると考えていた[『善悪』186]。しかしこの試みには、始めから矛盾が含まれている。つまり概念化を行うかぎり、「この私」で表現される個別性・差異は抹殺されざるをえないからである[『曙光』115]。たしかにこの矛盾にニーチェも気づいてはいる。そもそもニーチェが既成の道徳概念を掘り崩すために使う趣味判断は、概念による固定化と体系化を拒むものであり、それゆえにそのつど拠点を変えて既存の価値に批判を加えることが可能とな

る。「趣味」による批判は、それなりに理性の専制に対し有効ではあるが、それは趣味判断の普遍化を行わない限りにおいてである。ニーチェの場合、ハーバーマスが危惧するようにけっして個人の趣味を普遍妥当なものとして道徳学の根底に据えているわけではない。いやそれが不可能であることを、そして「歌うこと」、つまりロゴスのディスクールを戯れによって覆し続けることしかできないことを認識していた。とすれば「道徳の類型学」といった趣味判断の一般化の構想を掲げるべきではなかったろう。ここにニーチェが誤解される原因が潜んでいる。→モラリスト

(大貫敦子)

シュミット [Carl Schmitt 1888-1985]

20世紀の、もっとも問題的な、ドイツ国法学者の一人。1930年代のはじめ、議会制民主主義が機能不全に陥った時に登場した大統領の人格的権威にもとづく危機政府のイデオローグ。ナチス*政府が成立すると、ただちにナチスに入党し、「ナチスの桂冠法学者」となる。しかし、1936年末、親衛隊SSにより非難され、以後、「空には自殺という疾病の接近を告げる死の鳥の囀りが聞こえた」と、みずからも回顧するような境地にあった。

彼の、「非常事態に決断を下す者こそ主権者」「法はすべて状況の法」「例外はすべてを証明する」[『政治神学』(1922)]という一回性的なものへのこだわり、政治における「神話」の重視[『現代議会主義の精神的地位』(1923)]、さらには、ヨーロッパ公法の没落意識[『海と陸と』(1942)、『大地のノモス』(1950)]、自己をヨーロッパ法学の最後の代表とする自意識[『ヨーロッパ法学の状況』(1950)]、「神は死んだ」[『権力と権力者についての対話』(1954)]などの発言に色濃く現れるニヒリズム*・諦観は、ニーチェと彼との親近性を感じさせ、実存的な印象をもたせる。とりわけ、彼の名前を著名なものとした、「政治と

は，死を賭けて闘う敵と味方の関係」[『政治的なるものの概念』(1928)]という，統合の契機の存在しない，はてしない闘争観は，一見したところニーチェ流の永遠回帰*の思想に近く，そう解釈する研究者もいる (P. P. パトロッホ)。さらには，彼をもって「ニーチェの遺言執行者」とまで言う研究者 (F. A. ハイテ；H. ラウファ) もいる。

彼が，時代批判の先駆者としてのニーチェの影響を受けていたことは，間違いないにしても，ニーチェについて纏まった形で発言することは少ない。「私的な司祭ということのなかにロマン主義の究極の根底がある」とした，その『政治的ロマン主義』(1919) の第2版 (1925) への序文で「私的司祭制の司祭長であると同時に犠牲でもあったニーチェ」としているのが目につく。彼は，青年期に，キリスト教的高踏派の詩人 Th. ドイブラーや K. ヴァイスの影響を強くうけ，ワイマール期には，カトリック的な権威国家の樹立を目指した保守革命運動の法・国家論の専門家として活躍した。また戦後，みずからを，ボダンやホッブズを「兄弟」とする，「キリスト教的エピメテウス」[『救いは獄中から』(1950)]と規定する。このように，おそらく，彼の思考の中心は，一貫してカソリック的秩序主義，法学的には，あくまで国家（その内容を問わないことに問題があるにしても）主義にあった。彼は，書いている。「ニーチェは，ドイツ人があからさまな無神論*にまで進むのを中途で食い止めているのが，この[ニーチェが第六感と呼んだ]歴史的感覚であると考え，それをもつサヴィニーやヘーゲル*を罵った」[『ヨーロッパ法学の状況』「補論」(1958)]。このように書くことにより，彼は，むしろ後者たちこそを，無神論に対する「阻めおる者」(Katechon) とし，ニーチェを「滅亡の子」として描きだそうとしている。これらのことからしても，彼と，無神論の「プロメテウス」ニーチェとの距離は，兄弟という以上に遠いのかも知れない。

(山下威士)

シュルレアリスム　[surréalisme]

第一次世界大戦後にアンドレ・ブルトンを中心に実験的芸術をめざす集団が形成され始めた。初期はダダのグループと密接な関係にあり，ダダと区別するのは難しい。しかし「現代精神の擁護のための国際会議」の招集をめぐってダダと対立。1924年，ブルトンは「シュルレアリスム第一宣言」を発表し，パリに研究所を開設し機関誌『シュルレアリスム革命』を発行。ブルトンのほか，ルイ・アラゴン，フィリップ・スポー，ポール・エリュアール，ピカビアらを中心として，強い集団意識を持ったグループが形成された。彼らは自らの「教父母」としてサド，ネルヴァル，ロートレアモンをあげ，彼らを想像力の大胆な解放によって常識的な現実を打ち破った想像力の冒険者とみなしている。小市民的な日常性にショックを与える美的経験によって，旧来の芸術概念を覆し，芸術による精神と生活の革命をめざすシュルレアリストたちに共通するのは，「美は痙攣的なもの」（ブルトン）であるという思考である。アラゴンは「あらゆるものが私からすべり落ち，世界という宮殿に巨大な亀裂が現れる瞬間，私はこういう瞬間のために生命を犠牲にしてもいい」と述べているが，この発言にはニーチェが『悲劇の誕生』*で記している「マヤのヴェールが切り落される瞬間」，世界の深淵*がかいま見られる時の恐怖と美的震撼を思わせるところがある。こうした類似を示す所が非常に多いにもかかわらず，奇妙なことに彼らがニーチェに直接言及していることはほとんどない。ブルトンの「第一・第二宣言」に見られるシュルレアリスムの構想は，ドイツ初期ロマン派（とくにノヴァーリス），フロイト*の精神分析と無意識の理論，そしてヘーゲル*の弁証法*に対する徹底した批判という三

つの柱に支えられている。『ナジャ』における狂気の扱いや理性批判、「宣言」における「最大の自由は、精神の自由である」という表現など、ニーチェとの近さをうかがわせるにもかかわらず、ニーチェにはほとんど言及されていない。

はっきりニーチェが名指されている少ない例のひとつはブルトンの『黒いユーモア選集』(1939)である。そこでは1889年1月6日にブルクハルト*宛にニーチェが記した書簡が引用され、この手紙が「最も高度な叙情的爆発」の現れであるとしている。「かつてユーモアがこれほどの強烈さに達したこともなかったし、またこれほどひどい限界にぶつかったこともなかった。それというのもニーチェの企て全体は、自我の増大と拡張によって〈超自我〉を強化することをめざしているからである」。ニーチェが精神錯乱のなかで自らをイタリアの王やローマ教皇やフランスの犯罪者であると述べている狂気の発言を、ブルトンは「人間が神という名の上におくことのできたすべての力を人間に返す」というとてつもない企てにおいて、自我が融解してしまうさまを顕著に表しているとみなす。ニーチェへの言及が少ないのは、シュルレアリストたちがさほどニーチェと直接に取り組んだわけではないためであろう。にもかかわらずニーチェの思考との類似性があるのは、フロイトを介した間接的な影響関係のゆえである。

ニーチェとシュルレアリスムとの連関を明確に見ていたのは、むしろブルトンと反目していたバタイユ*である。ブルトンが『第二宣言』で徹底したバタイユ批判を行った直後に、バタイユは「老練なモグラと、超人*および超現実主義者なる言葉に含まれる〈超〉という接辞について」(1931)という長い題の論文で、シュルレアリスムをニーチェの超人思想とひとまとめにして「ブルジョワ階級の自己満足」とこきおろしている。確かにニーチェはブルジョワ的生活の欺瞞や追従的性格への嫌悪感を露わにし、自己の階級を裏切る抵抗をみせた。だが、彼の反抗は「階級的優越と結びついたあらゆる価値の断念」であり、「ブルジョワ階級の個人が天の火の奪取を希うのは、アセチレンガスの炎に焼かれる羽虫のようなものであって、結局はただおのれを焼き滅ぼすことにしかならない」。そしてシュルレアリストたちの「超」という言葉には、彼らの思考がニーチェと同じようにブルジョワ文化を超えると自称しながら、結局その内部にとどまる小児病的な反抗にすぎないことが表れている、とバタイユは批判している。

ニーチェの影響は狭義のブルトン派には入らない絵画の面でも強く表れている。キリコは1906-09年のミュンヘン滞在の間にニーチェの著作と深く関わり、アポリネールが「形而上学的風景」と評した彼の一連の作品(1912-18)には、『この人を見よ』*にあるトリノ*のイメージが表れているといわれる。またキリコの影響を強く受けているマックス・エルンストの作品には『喜劇の誕生』と題して、仮面を描いたものがある。絵画におけるニーチェ受容においては、ブルトンらのサークルに見られるような、芸術による現実変革の夢を政治的な行動に直接結びつけることはなかった。

(大貫敦子)

シュレヒタ [Karl Schlechta 1904-85]

ウィーンで生まれ、大学で最初は化学と物理学を専攻したが、まもなく哲学と心理学に転じた。人文主義的教養を背景とする実証的な文献学者で、ゲーテ*やライプニッツ、エラスムスに関する著作もある。また、カール・ラインハルト*やヴァルター・F. オットー*と早くから親交を結んだ。彼のニーチェとの密接な関わりは、1934年からニーチェの『歴史的・批判的全集』の編集作業に携わったことにはじまる。1030年代にヒトラーが何

度かニーチェ・アルヒーフを訪問した際には、エリーザベト・ニーチェの様子はあたかも「息子の帰還を迎える母のようであった」と感動の言葉をもらしてもいるが、エリーザベト死後の1937年に、彼女がニーチェの書簡を偽造していたことや、彼女らによって「主著」として刊行された『権力への意志』が恣意的な編集にもとづく捏造であったことを発見した。ただし、この事実は当時全集の編集に関わっていた一部の人びと(そのなかにはハイデガー*やW. F. オットーがいた)にしか知られていなかった。1954年以降、シュレヒタは自らの編集によるニーチェ全集を刊行し(全3巻、のちに索引も刊行)、「編者あとがき」で妹たちによる歪曲と捏造の事実を公表した。そして第3巻では、『権力への意志』に使用された80年代の断片を可能なかぎり成立の順に配列して掲載するとした。この全集は、こうした実証的なやり方による『権力への意志』の非神話化に関しての賛否も含めて大きな反響を呼んだが、コリ*とモンティナーリ*の全集が刊行されるまで、最も信頼できる版として利用された。シュレヒタは、『若きニーチェと古典古代』(1948)、『ニーチェの大いなる正午』(1954)、『ニーチェの場合』(1958)など、綿密なテクスト内在的解釈にもとづく研究を発表したほか、『フリードリヒ・ニーチェ、その哲学の隠された始まり』(Anni Andersと共著, 1962)では、ニーチェとボスコヴィッチ*の自然哲学やA. シュピーアの認識論との関係など、それまであまり知られていなかった初期ニーチェの自然科学・自然哲学との取り組みを明らかにした。 〔大石紀一郎〕

瞬間

『ツァラトゥストラ』*第3部「幻影と謎」には「瞬間」についての謎めいた挿話がある。重力の精*をふりほどいたツァラトゥストラは、小人の姿をしたこの重力の精とともにある門の前に佇む。その門の上には「瞬間」という名が掲げられている。その門は二つの永遠に矛盾しあう道が出会う場である。どちらの道を行っても永遠に果てしがない。ツァラトゥストラは言う。「見るがいい。この〈瞬間〉を！ この瞬間の門から、ひとつの長い永遠が後の方へはるばると続いている。われわれの背後にはひとつの永遠がある。およそ走りうるすべてのものは、すでにこの道を走ったことがあるのではなかろうか。およそ起こりうるすべてのことは、すでに一度起こり、行われ、この道を走ったことがあるのではなかろうか」[『ツァラトゥストラ』III-2.2]。永遠回帰*の予感として解釈できるこのくだりは、黒い蛇の頭を嚙み切って光に包まれた者に変容する牧人の哄笑で終わる。二つの矛盾が交差しあう「瞬間」は、永遠回帰が達成される「大いなる正午*」の瞬間であり、偶然と必然*、自由と運命という矛盾が解かれ、快楽*が永遠となる瞬間である。こうした瞬間の思考は、中期までの作品ではおもに美的経験と結びあわせて繰り返し登場している。たとえば『悲劇の誕生*』で、残酷な生*の本当の有様をかいま見る瞬間の美的陶酔*、『曙光』*[423]に記されている、目前に展開する自然美に感じる戦慄的な美の経験の瞬間性などである。これに対して『ツァラトゥストラ』においては、瞬間的でしかありえない美的救済を永遠のカテゴリーに結びつけようとする姿勢が強くみられる。重力の精から解き放たれた「大いなる正午」の時は、「いっさいの時間が、瞬間に対する楽しい嘲笑」[『ツァラトゥストラ』III-12.2]に思える時である。「これが生きるということであったのか。よし、もう一度！」[同III-2.1]と言い、生のすべてを肯定することで永遠回帰を引き受ける姿勢は、瞬間における瞬間の克服*の試みである。とはいえ、それによって矛盾が実際に解消するわけではない。永遠と瞬間とを結びつけようとする永遠

回帰の思想は，ニーチェ自身がツァラトゥストラに語らせているように，あくまでも「未来の予見」であり，実現されることのない救済*の夢であったといえるだろう。→永遠回帰，重力の精，大いなる正午，戦慄と恐怖

(大貫敦子)

ジョイス [James Joyce 1882-1941]

アイルランド作家ジェイムズ・ジョイスがニーチェを初めて読んだのは1903年のこと。ジョイスはイェズス会系の学校で初等および中等教育を受けて一時は聖職者になることを夢見たが，しかし次第にカトリックから遠ざかり，芸術家として自由に生きるためカトリックと訣別するにいたる。そんな時期にニーチェと出会ったのである。カトリックから離脱後に取り憑かれたニヒリズム*を克服しようと苦闘していたから，ジョイスがニーチェに自分の先駆者を見いだしたのは自然の成りゆきであった。だが，ニーチェの「新異教主義」に多大な興味をかきたてられたとはいえ，ジョイスは必ずしもニーチェの熱烈な讃美者にはならなかった。それは一つには，平凡な日常生活が大きな意味をもっていたジョイスにとって，つねに現実からの飛翔を企てるニーチェは魅力的であると同時に時にはうとましい異質な存在であったからに違いない。絵葉書にふざけて「ジェイムズ・超人」と署名することもあったし，『ユリシーズ』(1922)ではスティーヴンが「歯ぬけの超人キンチ」とからかわれる。また，『ユリシーズ』第18挿話のなかで，「最後の言葉(人間的な，あまりに人間的な)はペーネロペーに残されている」と述べ，モリーについて，「ぼくにとってはまったく正気の，道徳を超越した，受胎可能の，信用できない，魅力ある，鋭い，慎重で，無頓着な女だ。私は，いつも肯定する肉体です」と語るジョイスに，ニーチェへの皮肉を聞きとることは容易だろう。ジョイスは自ら文学的超人

となることによって自己を超克していったが，それは作品中で，徹底した自己戯画化となってあらわれる。自己を含めてすべてを対象化し，素材化してしまうことで逆説的に自己を救済していったのである。「気持ちよく自分まで一緒にからかうこと」——そうしたジョイスの「超人の眼」は「笑うことによって真剣なことを語る」ニーチェの笑い*の精神とどこか重なり合っているような趣きさえ感じさせる。

(富士川義之)

ショウ [George Bernard Shaw 1856-1950]

バーナード・ショウはイギリスにおける熱狂的なヴァーグナー*崇拝者であった。その熱狂ぶりは『完璧なヴァーグナー主義者』(1898)などから知られるが，ショウのニーチェ理解も，したがって，ヴァーグナーとニーチェの複雑きわまる愛憎関係への関心と密接にかかわっていると言ってよい。若きショウにとって，ヴァーグナーが何よりも「生命力」の芸術家であったのは，その生命主義に支えられた魔術的な音楽が個人の救済を果たすかのように受取られたからである。ジークフリートをニーチェ的な「超人*」と見なして讃美したのもそのためだが，そうした「生命力」と「超人」を見事に具現化したヴァーグナーの忠実な継承者としてまずニーチェを把握する。その一端はたとえば代表的戯曲の一つ『人と超人』(1903)において，ニーチェは「筋金入りの〈生命力〉崇拝者」であるとか，晩年のヴァーグナーが「生命力」崇拝を捨て去ったために，ニーチェがヴァーグナーを変節漢として厳しく弾劾したいきさつを簡潔に紹介しつつ，ヴァーグナーよりもむしろニーチェの肩をもつような台詞を挿入した箇所からもうかがえる。さらにニーチェの超人思想が20世紀の新しい文化の展開にきわめて重要な役割を果たすであろうと預言する。だが，ショウは必ずしも良きニーチェ理解者ではなかった。音楽評論家でもあったショウ

は1876年から世紀末にかけて、ヴァーグナー紹介を中心に、厖大な音楽評論を書き残したが、20世紀に入ると演劇活動と社会改革運動に専念するようになり、さしものヴァーグナー熱も急速に衰えてゆく。そしてニーチェへの関心もヴァーグナー熱の冷却化とともにほとんど失われてしまう。それゆえニーチェ思想の直接的な影響の痕跡は見いだしがたいのである。しかし従来のキリスト教的ドグマにとらわれることなく、精神の自由を実現することが現代人の重要な課題であり、そのためには超人的な「意思」の働きが不可欠とするショウの思想は、根本のところでニーチェ思想とも共通するところがあると言えよう。
→超人、ニーチェとヴァーグナー——ロマン主義の問題　　　　　　　　　　　　　（富士川義之）

上昇

『ツァラトゥストラ』*についてニーチェは、『この人を見よ』*の中で次のように言っている。「ツァラトゥストラが昇り降りする梯子は巨大である。彼はどんな人間よりも遠くを見、遠くを意志し、遠くへ行くことができた。あらゆる精神の中で最も強く肯定を語る精神である彼は、その語る言葉すべてと衝突する。彼の中であらゆる対立が新たな統一性へと結びつけられてゆく」[Ⅸ.6]。ここでニーチェが『ツァラトゥストラ』から引き出している主題とは、「各々の瞬間において人間が超克される」[同] 過程としてのツァラトゥストラの歩みの性格と意味である。周知のように『ツァラトゥストラ』の冒頭でツァラトゥストラは「没落*」を語る[序説1]。この「没落」は一方でツァラトゥストラが孤独*の中で到達した高みを自ら否定することを意味する。しかしこの否定が同時により高い段階の肯定への転回のための一旅程でもあったことを、先の『この人』の引用文は語っている。それは『曙光』*の最終章における行方さだめえぬ飛翔の先にあるものと言ってもよいだろう[575]。言い換えれば「没落」はそのまま一個の飛翔としての、すなわちより高みにあるものへの上昇としての意味を持つのである。そしてこの没落と上昇の両義的な結びつきをはらむツァラトゥストラの歩みの総体は、ニーチェのいう「対立が新たな統一性へと結びつけられてゆく」過程として、言い換えれば絶えざる自己超克とそれを通じたより高いもの、より肯定的なものへの上昇の過程として理解されうる。この自己超克としての上昇の過程をニーチェは、『ツァラトゥストラ』の中でしばしば「山へ登る」という比喩*によって語っている。「おお、しかしおまえ、ツァラトゥストラよ、おまえがあらゆる事物の基底と背景を眺めようと欲したとするなら、おまえは是非ともおまえ自身を超えて昇りゆかねばならないのだ、——おまえがおまえの星々を眼下にしうるまで！／そうだ！　自分自身を、そして自分の星々を眼下に見下ろすまで、それが私の山頂なのであり、それが私の最後の頂きとしてなお私に残されてあるのだ」[Ⅲ-1]。このことは「生は登ることを欲し、登りつつ自らを超克する」[Ⅱ-7] というような言い方とも対応しながら生の絶えざる自己超克の過程としての上昇の意味を私たちに語っている。→『ツァラトゥストラはこう語った』、没落　　（高橋順一）

衝動

ニーチェは、人間の営みから生まれるさまざまな価値や事象に、衝動という言葉を付加して使用している。芸術衝動、真理衝動、認識衝動、正義衝動など、その多種多様な用語法が、まず眼を引く。初期以来の用語のなかでも、彼のある一貫した思想の特性を示唆した言葉だといってもよい。衝動といえばフロイト*の衝動概念がすぐ浮かぶが、フロイトの概念と結びつけて考えるのは短絡的である。フロイトの衝動論が何より性欲をモデルにして二元的な構図をもつのに対して、ニー

チェの衝動概念はアモルフで，多元的である。むしろシラー*の衝動概念に近い用法が初期ニーチェに見受けられる。たとえば，ニーチェは，アッティカ悲劇にアポロ*的・ディオニュソス*的な芸術衝動を見ながら，他方，ソクラテス以前のギリシア哲学*者のなかに認識衝動が制御される姿をみている。「われわれが今後いつか一つの文化をかちとらなければならないとすれば，無制限の認識衝動を破砕して再び統一性をつくり出すために，未曾有の芸術諸力が必要である。哲学者の最高の尊厳は，無制限の認識衝動を集中化しこれを制御して統一性へもたらすところに現れる」［遺稿 I.4.22］。ニーチェはここで，無制限の認識衝動を制御する力を哲学にもとめている。しかもその力は芸術的力である。無制限の認識衝動は「生*が老化してしまったことのしるし」である。哲学によるこうした統一こそ，「生のより高次の形式」を，したがって真の文化を可能にする。「一民族の文化はこの民族のもつ諸衝動を制御して統一するところに顕現する」［同 I.4.32］。諸々の衝動を芸術家形而上学の下で統一するという構想は，その後のニーチェにはなくなるが，ここに現れた見方には，衝動一般をめぐる以後の考察の萌芽が見受けられる。

ニーチェは，まず衝動というものが複数存在することを前提している。「生理学的に，細胞と細胞とが並びあっているように，衝動と衝動とは並びあっている。われわれの存在の最も一般的なイメージは，相互のたえざる敵対と結合を伴った，諸衝動の社会化である」［遺稿 II.5.364］。われわれの思想，感情，意志といったものは，何か特定の衝動から出てくるというより，「われわれを構成しているいっさいの衝動相互の当座の力関係の帰結にすぎない」［同 II.9.37］。初期に用いた認識衝動という語が使用されなくなるのは，認識も「衝動相互のある種の関係」の結果とみなされるようになるからだ［『智恵』333］。「私は，〈認識への衝動〉なるものが哲学の父であるとは信じない。むしろ他の場合と同様に，ここでも，ある別の衝動が認識を（また誤てる認識を！）ただ道具のように用いただけのことなのだ」［『善悪』6］。むしろ「衝動というものはすべて非知性的である」［遺稿 II.6.34］。求めるべきものは認識衝動ではなく「さまざまな衝動に奉仕する知性」［同 I.12.336］である。

また「いっさいの衝動は，活動することを通じて力を犠牲に供し，他の諸衝動を犠牲に供する」［同 II.6.34］。とすれば生の本来の根本衝動は「力の拡大を求め，この意志によってしばしば自己保存*に疑いを持ち，これを犠牲にする」［『智恵』349］。スピノザ*のように自己保存の本能を有機体の根本衝動とみることは妥当でない［『善悪』13］。「衝動はいずれも支配欲に燃えて」［同 6］おり，そのために支配的な衝動とそれに服従ないし抵抗する衝動との力関係が生じる。「一人の哲学者の完結した全体系が証明しているのは，彼のなかではひとつの衝動が主催者であること，確固とした位階の秩序（序列*）が存在することである。そのときそれは〈真理〉と称せられる」［遺稿 II.5.351］。「われわれのもっとも強い衝動，われわれのうちなるこの暴君には，われわれの理性ばかりか良心も屈服する。しかし，衝動のなかにこのような暴君がいない場合には，個々の衝動は理性や良心の加護を得ようとする——そして理性と良心がほぼ支配権を得るにいたる」［遺稿 II.5.101；『善悪』158参照］。

またさらに「いっさいの衝動は快感および不快感と結びついている。……充足する際に快感が予想されないような衝動は存在しない」［遺稿 I.4.290］。衝動は快適な事物に手を伸ばす。「行為の喜ばしい有益な結果を想像することは，喜ばしく刺激的な作用を及ぼし，血液はより活発に流れる。この点で，行為の目的は，行動している間もなお刺激的で

喜びをおこす力を持っている。／ゆえに衝動の活動は，快感と結合している」[同 II.5.422]。

こうした衝動はしばしばわれわれにコントロールできないもののように考えられるが，ニーチェにとって衝動とは，制御不能のものでも，抑圧すべき何物かでもない。「われわれは植木屋のように自分の衝動を存分に取り扱うことができる」。われわれはそれをまた自然のなすがままにまかせることも，あれこれの手入れを施すこともできる。われわれにとってそれは思うがままなのである。ただニーチェは，対立し合う衝動の一方をとり，他方を捨てることは望まない。「もろもろの衝動を邪性視し，その対立項を強調すること」は，「プラトンの素朴さ」である。むしろ「もろもろの対立項やさまざまに対立し合う衝動を統合していることこそは，その人間の全体的力の証左である」[遺稿 II.9.17]。「仕事の分野が大量に開発され，食量，場所，時間をめぐってさまざまの衝動が幾度となく闘いあう。自動調節はすぐに行われるわけではない。全体として見るなら人間とはまさに，この自動調節を達成しえないために，必然的に没落せざるをえない生物である。……最高度に自由な人間は，自分自身に対する力の感情をもっとも強く持っている。また自分自身についてもっとも多く知識を持ち，自分の内部で必然的に争う諸勢力の闘いに最大の秩序を維持し，またこの諸勢力の独立度が相対的にもっとも大きく，自分の内部に相対的にもっとも大きな闘争を持っている。彼はもっとも矛盾した存在であり，もっとも変化に富み，もっとも長生きする存在，豊穣の中で欲求し，自己を養う存在，代謝量のもっとも大きな，そしてもっとも大きく自己を革新していく存在である」[同 I.12.73f.]。

ニーチェの衝動概念には，力への意志*や生の概念がそうであるように，さまざまな人間の活動を衝動に一元的に還元してしまう発想がつきまといやすい。しかし衝動の多数性を認めながら，その相互の葛藤と調整のあり方を探ろうとする視点には，未完ながら豊かな思索への途が開かれている。→力への意志，真理への意志，フロイト　　　　　　　　（木前利秋）

情熱

『曙光』*には「新しい情熱」との題目で，「認識の情熱」について語ったアフォリズムがある。野蛮の時代が過去のものとなった今では，「認識のない幸福」はわれわれに苦痛を与える。「われわれにおいては，認識*はどんな犠牲をも恐れない情熱，行き着くところ自己消滅以外のなにものも恐れない情熱に変わった」。この情熱のために人類は滅びるかもしない。でなければ，「人類は衰弱のために滅亡するだろう。どちらが好ましいか？　これが根本問題だ」[『曙光』429]。とりあえず認識の情熱に限った話だが，同時に情熱そのものの持つ特性をなかなかよく暗示している。

情熱（Leidenschaft）は，まず苦悩（Leiden）をも引きうける積極的な態度，状態とでもいうもので，冷たいロゴスならぬ熱いパトスに駆られた姿勢，病みつきになった状態ともいうべきものである。「どんな犠牲をも恐れない情熱」とは，そうした強い，「苦悩への意志」を語っている。「苦悩から逃れたい」という消極的感情とは違い，創造するものとして「危うく破滅するところまで」行くこと[遺稿 II.2.291]，言ってみれば最高の生のためにあえて「苦悩を生み出すこと」をも厭わない強い意志である。だから苦悩は小さな苦悩ではなく大きな苦悩でなければならない。「小さな苦悩は人を小さくする。大きな苦悩は人を大きくする」[同 II.5.135]。大いなる苦悩への意志こそ情熱の求めるものである。

こうした意味で「苦悩する神」，それがニーチェにとってディオニュソス*にほかならない。「ギリシア人は彼らの理想とする衝動

を……この情熱に向け，情熱を愛し，高め，……神化した。あきらかに彼らは情熱にひたるとき，平常にまさって自己を幸福に感じたばかりでなく，いっそう純粋な，神的なものとして感じた」。使徒パウロ*のような人間は，情熱をただ汚らわしいものとばかりみるが［『智恵』139］，「苦悩する神」ディオニュソスは〈情熱の神化〉である。情熱の滅却ならぬ情熱の神化こそニーチェは望む。

もちろん苦悩としての情熱は，大きな苦しみが，別のものに変わりうることを否定しない。情熱の神化とは，ある意味でそうした苦悩としての情熱の変容にも通じている。「かつてあなたは，あなたを苦しめるさまざまな情熱を持ち，それを悪と呼んだ。しかしいまはそれがすべての徳なのだ。／あなたはあなたの最高の目的を，これらの苦しめる情熱 Leidenschaft にふかく植えつけた。そこでそれらは徳とかわり，よろこびの情熱 Freudenschaft となった」［『ツァラトゥストラ』Ⅰ.5］。ここで「苦しめる情熱」と訳したのは，通常，「情熱」と訳される言葉 Leidenschaft である。大いなる苦悩において満ち足りることは，満ち足りた歓喜を誘い出す。徳としての情熱は，苦悩から歓喜に通じていなければならない。

情熱のこうしたありようは，情熱とは別のもの・対立するものとの違いを浮き彫りにしている。ニーチェは，「情熱というものは，われわれが身体に帰していないところのある身体的状態を表示するための感情である」［遺稿 Ⅱ.6.54］と言っているが，こうした身体の状態は，たんなる肉体的な興奮状態を意味しない。「興奮しやすく，騒々しい，落ち着きのない，神経質な人間は，大いなる情熱の反対である。大いなる情熱は静かな暗い炎のように内部にひそみ，そこにすべての熱気を集めることによって，人間を外面的には冷たく無頓着に装わせ，顔つきに一種の無感覚を刻印する」［『曙光』471］。ニーチェは，神経だけを興奮させている時代の精神状態を前にして言う。「われわれの時代は興奮の時代である。それゆえ情熱の時代ではない」。たんなる興奮を求めるのは，「暖かくないと感じて」いるからで，「本当は凍えているのだ」［遺稿 Ⅱ.5.112］。外に冷たく装いながら内に熱気を秘めた情熱とは対照的で，何か大きな事件が起こるたびに興奮はするが，単にそれだけである。「われわれは最大の興奮を前にしている——だがその背後にあるのは退化だ！ 無への憧れだ！」［同 Ⅱ.5.147］。情熱とは，背後に退化をひそませた興奮（Erregung）とは別のものである。

冒頭に引いた認識の情熱で見たように，ニーチェは，情熱によって人類が滅亡するかそれとも衰弱によって滅びるかを対立させていた。この対立がより鮮明な形をとるのは，『アンチクリスト』*にみえる「大いなる情熱」と「信仰への欲求」との対抗だろう。ニーチェは，懐疑家の意義を「大いなる情熱」に求めて次のように述べる。「大いなる情熱，これが懐疑家という存在の根拠である……。情熱は懐疑家その人よりもいっそう啓発的で，同時にいっそう専制的である。大いなる情熱は知性の全部を己れの雇い人にする。それは懐疑家を決断的にする」。それは必要とあらば信念のたぐいでも手段にする勇気を与える。「大いなる情熱は信念を使用し，信念を使い捨てる。情熱は信念などに屈伏しない。——自分が主権者であることを知っている」［『アンチクリスト』54］。これに対し「信仰への欲求は，然りと否とに関して何らかの絶対的なものを求めようとする」「弱さの欲求」である。信仰に頼る者は「依存的な人間である」。それは外から拘束してくれるものを渇望する。そのため価値を測る上で融通のきかない尺度をとり，多くを見ようとはしない。だがこのため「信仰の人間」は「誠実な人間」の敵となる［同］。真理への意志*と認識の情熱との対立も，この対立の一変種だろ

う。大いなる情熱は、信仰への欲求に対立している。
(木前利秋)

少年愛

古代ギリシア、とくにアテネでは男性同士の間で年下の美青年への情愛的な関係が認められていた。青年たちの誘惑者として咎められたソクラテス*とその若い弟子たちの関係にもそうした要素があった。とくにペリクレスに育てられ、ソクラテスの門下に入り、その美しい容姿をプルタルコスも称賛したというアルキビアデスは、ソクラテスの寵愛の的だったという。プラトン*は『饗宴』でアルキビアデスの挿話を含めて、こうした少年愛を哲学的にいわば浄化して「エロス」として観念化し、その危険性を減じようとしている。ニーチェがプラトンによって哲学化される以前の少年愛に注目していたことは、ローデ*の著書『ギリシアの小説とその前身』(1876)の読後感を記した書簡[ローデ宛 1876.5.23.]にうかがえる。そこでニーチェはローデの著書を褒めつつも、「エロスがイデア化される基盤として少年愛があったことをもっと考慮すべきだった」と意見をもらしている。また後に『人間的』[Ⅰ.259]ではギリシアの文化が長いこと若さを保ちえたのは、男性の教育にあるとして、「青年たちに対する成年男子のエロティックな関係」によってこそ「男らしさ」が育まれたのだとしている。こうした「男性文化」への思い入れは、数少ない友人たちとの関係にも反映している。バーゼル大学に赴任してまもなく大学の実情に失望したニーチェはローデに宛てて、真に学問する場として「僕たちの修道院」を、「ギリシア風のアカデミー」を作ろうと提案している。また男性同士の友情*の方が、「おぞましくて貪欲な」異性関係より重要だという発言[ローデ宛 1869.10.7.]には、生殖に結びついているがゆえに異性関係を蔑視したショーペンハウアー*の影響もかいまみられる。しかしギリシア的少年愛を全面的に肯定しているわけではなく、『アンチクリスト』[23]ではキリスト教*が「アフロディテとアドニス崇拝」のある地で支配的な力を得るためには、「若い男性」としての神とマリアが必要だったと皮肉な見方でヨーロッパ的伝統の連続性を指摘してもいる。

好悪の激しいニーチェの人間観と不幸な女性関係から、ニーチェの病気は同性愛によるのではないかと邪推されることもあった。とくにヴァーグナー*はニーチェの主治医の発言からニーチェが同性愛であると確信し、コージマ*とともに盛んにニーチェに結婚を勧めた。同性愛者が厳しい社会的制裁を受けた時代でもあり、ニーチェはヴァーグナーから「少年愛」の疑いをかけられたことを、自分の名声を貶めるための中傷だと感じてP. ガスト*(ケーゼリッツ)に憤慨をもらしている[1883.4.21.付]。だが、19世紀末から今世紀初頭にかけて少年愛は芸術家が特権的に享受できる美的世界の事象として文学的テーマとなってきた。ウォルター・ペイターの『享楽主義者マリウス』(1885)、オスカー・ワイルドの『ドリアン・グレイの肖像』(1890)、トーマス・マン*の『ヴェニスに死す』(1912)などがこれに挙げられる。三島由紀夫*の『仮面の告白』におけるセバスティアン体験や、『禁色』における同性愛のテーマもこうした文学的伝統を受け継いでいる。また近年では、ニーチェがバーゼル*時代に学生や、ギムナジウムの生徒に少年愛を感じ、またローデとは同性愛的関係だったという論を展開し、ニーチェの思想を禁じられた性関係から読み解こうとするJ. ケーラーの試みもあるが、文献で検証できる域を越えて文献の任意な組合せを行い、解釈の妥当性に問題がある。⇒友情
(大貫敦子)

文献 ▷ Joachim Köhler, *Zarathustras Geheimnis*, Hamburg 1992.

『**曙光**』 [Morgenröte. Gedanken über die moralischen Vorurteile. 1881]

【Ⅰ】 成立の背景　　『人間的な』*に続く中期のアフォリズム集（出版は1881年）。病気の悪化のためにバーゼル大学を辞職し，激しい発作に憔悴する「わが生涯の最も暗い冬」をナウムブルク*で過こしたニーチェは，1880年2月にイタリア*へ向かう。ペーター・ガスト*の勧めで3月からヴェニス（ヴェネツィア)*に滞在したニーチェは，次第に健康と精神的落ち着きを取り戻し，『曙光』の萌芽が見られる断想集『ヴェネツィアの影』をガストに口述筆記させている。だがこの落ち着きもつかの間で，7月には暑気を避けてマリーエンバートへ，さらに10月にはナウムブルクを訪問，そこからバーゼル*，カルノを経て風光明媚なラーゴ・マジョーレ湖畔のストレーザに到着。この途上病状の悪化に苦しみ，思想上の孤独感を友人に訴えている。

11月にジェノヴァ*に到着したニーチェは，この地の明るい陽光，大海原を望む景観，南国風の朗らかな人々の生活に魅了された。ジェノヴァはコロンブス*が未知の世界に向かって出航した港でもある。それがまた彼の気分を昂揚させたようだ。丘の上にある家の屋根裏部屋に居をかまえ，毎日数冊の本とノートを鞄にいれて何時間も散歩に出かける彼を，人々は「小さな聖者」と呼んだと言われる。ジェノヴァの自然に包まれ，時には陽のあたる海辺の岩に「岩礁のあいだで日なたぼっこをしている海獣のように」[『この人』Ⅶ.1] 幸福そうに寝ころんで思索しメモを書き留めた。そうした静かな自然に圧倒される美を感じた経験が『曙光』[423] に見られる。書き留めた手稿はヴェニスにいたガストに送って清書してもらい，1881年3月頃までには原稿がまとまった。ガストが清書して送り返してきた原稿の扉に書き添えられていた「いまだ光を放たさる，いとあまたの曙光あり」というインドのバラモン*教の教典リグ・ヴェーダの一句に着想を得て，書名を『曙光』とした。『この人を見よ』*には次のようにある。「著者はどこにあの新しい朝を求めるのか。これまでに発見されなかったあの優しい曙光を。それはいっさいの価値の転換*のなかに，いっさいの道徳的な価値からの脱却の中にだ。これまで禁じられ，軽蔑され，呪詛されてきたいっさいのものに対する肯定と信頼の中にである。この肯定の書は，その光を，その愛を，その優しさを，もっぱら悪と呼ばれるものにそそぐ。この書はそれらのものに〈魂〉を，疚しくない良心*を，存在に対する大きな権利と特権を取り戻してやるのだ」[『この人』Ⅶ.1]。

【Ⅱ】 思考の姿勢　　「この書によって，私の道徳への征戦が始まる」[『この人』Ⅶ.1] という言葉からも察することができるように，『曙光』はたしかにキリスト教*を源泉とするヨーロッパ市民社会道徳への攻撃の書ではある。しかしそこには彼自身も認めるとおり「精神の完璧な明るさ，晴れやかさ，その豊饒さ」が，精神の軽快な弾みと穏和さがある。こうした心境を「病者の認識」と題された断片[114]がよく語っている。「重い病気*に悩む者は彼の状態から，恐るべき冷酷さをもって外部の事物をみわたす。……苦痛に抵抗しようとする知性の異常な緊張の結果，知性がいま眺めるいっさいは，一つの新しい光のなかに輝くことになる」。この新しい照明が与える言い知れぬ魅惑が，健康者の住まう世界の軽蔑に向かわせ，その優越感によって自分の肉体的苦痛をも越えようとする。そしていっさいのものを裁く裁判官であるかのような傲りに酔う。しかし「快癒*の最初の曙光」が訪れる瞬間に，それまでの傲慢な誇りが病であったことに気づき，「再び人生の穏やかな光」を見て「われわれは人間が変わったように，柔和に，まだ疲れが癒えずに，眺める」。

「眺める」という言葉は、あたかも「古代の午後の幸福」（エピクロス*）を味わうように、ジェノヴァの海にさす陽光のおりなす微妙な陰影のひとつひとつを眺めるニーチェを想像させる。まさにこの「眺める」態度が『曙光』においては認識のあり方でもある。「認識と美」という断章［550］には次のようにある。「いつも現実からの離脱、幻想の深遠への飛躍にのみ歓喜を覚えている人々は言う、現実は醜いと。しかしこれらの人々は考えない、どんなに醜い現実でもその認識は美しいことを。……認識する者の幸福は世界の美を増加し、存在するいっさいをいっそう陽光のなかに置く」。認識者の幸福——それはちょうど海面に映る光の襞を眺めるように、心理学者の目を持って現実の多層な局面を眺め、実験し、今まで見えなかったものを発見する「自由思想家」の喜びである。それが、読む者をして思わず苦笑させ、痛烈な皮肉に一種の快感を覚えさせる理由でもある。

そうした認識は、今まで「言葉」の網から、つまり概念からこぼれ落ちたものを捉えようとする。「われわれは言葉がない場合には、もはや精密に観察しないようになっている。……怒り、憎しみ、愛、同情、欲望、認識、歓喜、苦痛——これらは極限の状態に対する名前である。もっと穏やかな中位の程度、絶え間なくそれとなく作用している低い程度にいたっては、われわれの注意から逸脱してしまう。しかし、これらのものこそまさにわれわれの性格と運命の織物を織っているのだ」［115］。道徳的価値を脱出し覆すために「生と共同体の無数の新しい試みがなされなければならない」［164］というニーチェは、「逆説と逆説を対決させる」思考の実験を繰り返していく。アフォリズム*という形式も、それまで真理と思い込まれてきたもののヴェールを剝ぎ、その虚構性を暴く思考戦略といえる。この傾向は『悦ばしき智恵』*で「表面に踏み止まること」「仮象*を崇めること」という形でさらに強調されることになる。

【Ⅲ】 批判のスタンス 『曙光』のアフォリズムの中心テーマは、その副題「道徳的偏見についての考察」が示すように、キリスト教に発する道徳的価値が服従に値するものではなく、偏見と誤謬にもとづくことを暴露しようとするものだが、その手法はそれらの偏見や誤謬の発生に遡ってそこに彼なりの心理学*的照明を当ててみることである。ここには系譜学*的視点の萌芽がある。たとえば、「すべての行動は遡ると価値評価に帰着する。およそ価値評価は自分本来のものであるか、他人のものを受け入れたものかである。後者の方がはるかに多い。なぜわれわれは受け入れるのだろうか。臆病だからだ。つまりわれわれが他人の価値評価が同様に自分自身のものであるような振りをするのが得策だと思うのだ。そしてこの虚構に自分を馴らすので、ついにそれがわれわれの本性となるのだ」［104］。ここに誤謬や偏見が「習慣」として定着する原因がある。同情*の徳も、本来の感情を無意識に隠蔽するこうした誤謬から出来上がる［80］。自己を罪人として呵責し、エゴイズムと自己愛を否定する道徳からは、本来ならば同情など生まれるはずがない。「穏和な道徳主義に転化したキリスト教」は「キリスト教の安楽死」なのである［92］。

また自己犠牲や禁欲の道徳の根底にあるのは「残酷さの悦び」であるという。かつて残酷な犠牲の捧げもので神々を悦ばせた共同体の風習の名残として、民衆の精神的指導者たらんとする者は自ら苦痛を負ったが、それは「力の感情がこの上なくくすぐられるから」である。「こうして〈もっとも道徳的な人間〉の概念に、苦悩、欠乏、苛酷な生活、残酷な難行苦行といった徳が入り込む」［18］ことになる。高き徳と言われるものも、実は無力感と恐怖感の裏返しであり、その自己防衛衝動から力の感情を求めざるをえない弱さが道

徳の出発点にある。のちに「力への意志*」として結晶してくる思想の基本的な思考パターンが、『曙光』のなかでは「力の感情」という表現ですでに表れている。またルサンチマン*や超人*といった表現には、のちに結実することになる思考の萌芽も見られる。

たしかに『曙光』は、道徳的価値の偏見の由来を遡行的に掘り起こそうとはしている。だが、すべての批判の源泉となるようなある一つの起源を求めているのではない。「起源と意味」という断章［44］にはこう記されている。「かつては学者*が事物の起源を窮めようとするときには、およそ行為や判断にとって限りなく貴重な意味がそこに見いだされると思った。いやわれわれは人間の救済*が事物の起源の洞察に依存しているにちがいないとつねに前提としていた……ところが今はこれに反して、起源を辿っていけばいくほど、われわれの関心が薄くなること、そればかりか、われわれの認識が元の事物に近寄れば近寄るほど、事物にわれわれが付加した価値評価や興味がその意味を失いうること——起源への洞察とともに、起源の無意味性が増すわけである」。つまり究極的な真理が誤謬にもとづいている以上、キリスト教道徳を反駁するために、無神論*をもってしても、同様の謬見を対置させるだけであるということである。

そうした起源への懐疑からきわめて多様に拠点を変える、いわば思考のゲリラ戦ともいうべき批判のスタンスが生まれてくる。『曙光』のさまざまなアフォリズムをひとつの思考図式に纏めること、またある言葉の意味を明確に確定することが難しいのもそのためである。序文（1886年に増補）は、文献学が教える「よき読み方」、つまり金細工師のような繊細な指と眼をもって「ゆっくりと」読むことを要求している。巧みに言葉の彩と配置を変えることで、大いなる体系*的構築物を突き崩していこうとする彼の手法は、たしかに速読では見落としかねない部分にこそ批判の鋭い棘を潜ませている。また対象とコンテクスト次第で批判の方向性がまったく異なる言明が見られる。たとえば序文でカント*の「荘厳な道徳的建築物」とドイツ社会の抑圧的な性質との繋がりを批判しておきながら、後にはカントについて「この啓蒙主義*をわれわれはいまこそ続けなければならない」［197］と言う。この言葉はニーチェを啓蒙的理性の放棄につながるポストモダンの出発点と見るハーバーマス*からすれば、啓蒙の擁護のための意外な援護射撃であろう。その一方で「どのようにして理性は生まれてきたか？　当然、非理性的な仕方で。つまり偶然*によって」［123］という言葉に、理性の大いなる物語を疑問に付すリオタール*ならば喜々として賛同するだろう。しかし『曙光』の批判のスタンスは、そのどちらにも与することを許さない。その意味では、一定の確たる根拠にもとづいた批判の不可能になった現代における批判の戦略の手がかりを『曙光』から取り出すことも可能ではないだろうか。☞アフォリズムと思考のパフォーマンス、病気と快癒、ジェノヴァ、エピクロス　　　（大貫敦子）

女性と結婚

女性や結婚について考察したアフォリズム*は多い。その皮肉と辛味のきいた箴言は、ニーチェを読む面白さの一つである。「母親は、自分の息子の友人たちが特別の成功を収めた場合、彼らに嫉妬しがちである。母親というものは通例自分の息子のなかで、息子そのものよりも自分自身をよけいに愛するものである」。「もし夫婦がいっしょに住んでいなかったら、良い結婚はもっと数多いだろう」［『人間的』I．385,393］。人間の心理の機微にふれた観察はフランス・モラリスト*の得意とするところだが、ニーチェがこの類を愛読したことはよく知られている。女性や結婚をめぐるニーチェの省察は、その手法を巧みに

使いこなしている。大仰な哲学からは程遠いが、かといって、機智*ともエスプリとも言えない。一見すると思いつきの一句を好き放題に羅列したようにも読めるが、ニーチェの草稿から辿れば、文章を練ったあとがよく分かる。誇張法、緩叙法、対句、アレゴリー、黙説、中断、暗示引用、逆説などのレトリック技法を駆使した文章が、市民的な社交*の見栄や虚飾にまみれた男女の姿を活写し、思わぬ洞察を得た喜びを味わわせてくれる。

初期のニーチェは、ギリシア精神にかんする大きな書を構想したさいに、古代ギリシアの女性について一章を当てようとしたことがあった［遺稿 I.3.186］。その考察が後に口にした女性観を左右した点は見逃せない。『悲劇の誕生』*の構想を練ったノートには、プラトン*の女性観に触れながら、女性と結婚の理想像が描かれている。ニーチェにいわせば、プラトンにおけるソクラテス的な哲人国家の概念は認めがたいが、その理想国家は女性には正しい地位を与えている［遺稿 I.3.194］。プラトンは「完璧な国家においては家族は廃棄されなばならないという要求」［同 I.3.234］を掲げる。家族の廃棄とは、既存の結婚を廃棄し、「国家の命で整えられる最も勇敢な男性と最も高貴な女性との厳粛な結婚」を構想することである。しかもこの厳粛な結婚は「りっぱな後継者を生むことを目的とする」ものである。

ニーチェはここで、第一に、女性を産む性と見ている。「ギリシア人の女性は、母として、闇のうちで生きなければならなかった。なぜなら政治的衝動が、その最高目的と相俟ってそうあることを要求した」［遺稿 I.3.235］。今日からみれば、女性を母の役割に固定してみる見方には疑問もあるが、それはともかく産む性としての女性という視点は後の女性観にも通じている。第二に、結婚も、男女の愛情ゆえにではなく、あくまで子を設けるためであり、その子も家族を形成するためではなく、子どもを供することで国家*を援助するためである。それゆえ第三に、女性と結婚は、いずれも家族ではなく国家という枠で捉えられる。肝心なのは家族のなかの女性ではなく、国家のための女性である。ニーチェにとって、それは「消耗したものを再び蘇らせる治癒力、節度*を欠いたものを抑制する有益な静謐、逸脱や過剰を調整する基準となる永遠の均質さだ。女性のうちで来るべき世代は夢みる。女性は男性よりもより自然に近く、あらゆる本質的な点において不変性を保つ」［同 I.3.234］。

上の引用で、ニーチェは国家にとっての女性の意義を、治癒力、節度、夢、不変性といった言葉で表しているが、これはどれもアポロ的なものの徴表をおびている。ニーチェはこのアポロ*的なものを体現した女性を、預言者ピュティアに求めた（アポロは予言の神でもある）。女性の予知・予言の能力は未開社会では広く知られていたことだが、ニーチェもこのシャーマニスティックな能力を見過ごさない。男の気まぐれが部族を無秩序にさらすと「即座に女性が警告を発する預言者として立ち現れる」［同 I.3.237］。この預言者に対するディオニュソス*的な象徴が英雄*である。「オイディプスは象徴として意志のために苦悩する。つまりすべての英雄はディオニュソスの象徴だ」［同 I.3.216］。ディオニュソスとアポロ、預言者ピュティアと英雄オイディプス——『悲劇』の冒頭でディオニュソスとアポロとの相克のプロセスを、男女両性の葛藤と和解のドラマに譬えたのも、これと無縁ではなかったのかもしれない。

こうした女性・結婚観は、近代的な女性・結婚像にたいするニーチェなりの批判の帰結である。近代的家族を精神の直接的実体性と規定し、国家の位相とははっきり区別することの積極的意義をみたヘーゲル*などからすれば、ギリシアの家族・結婚像を肯定的に引き合いに出すことは驚くべきことだろうが、

ニーチェは，プラトンによる家族と結婚の廃棄を，近代的な家族と結婚への批判の武器に使う。女性たちのアポロ的な特性に代わって出てきたのは，近代的女性の「教養性」(Gebildetheit)である。「国家が掲げる芸術の目的も家庭〔家族〕的芸術に下落しなければならなくなった。それゆえに，女性が唯一自家薬籠中のものとする恋愛の情熱が，しだいに近代芸術の核心までをも規定するようになった」［同 I.3.235］。ニーチェは，アポロ的なものがソクラテス*的な理論的人間*に，悲劇芸術がオペラ文化に堕落した論理とほぼ照応したプロセスを女性と結婚にも見ている。古代ギリシア研究は別にして，近代的な女性や結婚にかんするニーチェのこうした見方が何に由来するのかは，かならずしも定かではない。ニーチェが一時，心酔したショーペンハウアー*には次のような言がある。「女たちは，いわゆる〈セクス・セクイオール〉〔価値の劣る性〕で，どの点から見ても，男性の後に立つ第二級の性である。それゆえ，男性は女性の弱さをいたわってやらねばならぬ」。「女性を全体として見るならば，一夫多妻制のほうが，実際には幸福をもたらすことになる」［『女について』］。露骨な性差別が幅をきかせている点はべつにして，これが近代的な性道徳から距離をとった考察になっていることは事実である。そしてニーチェがこうした考えに触れていたことはまちがいない。

古代ギリシアの女性と結婚に立ち入ることは，初期以降はあまりないが，近代的な女性と結婚を一方に見やりながら，あるべき女性と結婚を語ろうとする姿勢は，そのまま残る。「結婚は，偉人な愛の能力も偉大な友情の能力もない平均的な人間のために，それゆえ大多数の者のために考え出された。しかし愛と友情の双方の能力を持つあのきわめて少数の者の〈ために〉も考え出された」［遺稿 II.5.263］。一見トートロジーのように読めるが，ここでニーチェが，平均的人間に必要な結婚が現に存在する一方で，愛と友情*の能力にめぐまれた少数の男女だけに許される結婚があることを語っているのは明らかだろう。

ニーチェは，多数者のための結婚を「近代的結婚」と呼び，この結婚で重要なのは，愛情ではなく，互いの性欲を満足させるための社会的認可が得られることだと言う。「そこではおよそ約束しえないことが，すなわち〈永遠の愛〉が約束される」［遺稿 II.10.216］。こうした結婚像は，婚姻を契約概念の下に包摂し「性を異にする二人の人格がたがいに性的諸特性を生涯永続的に相互に占有するための結合」（『人倫の形而上学』）と定義したカント*を思わせる。社会的認可が問題になるのは，結婚が制度として捉えられるからである。制度としての結婚は家族という永続的な組織を保証する。ニーチェは，結婚と家族を，労働*とともに「あたかも道徳性から産みおとされたものであるかのごとく，すべての市民的秩序が塗り立てられている偽善的外観」だと断じ，それらは「最も凡庸な種類の人間を目ざして基礎づけられている」と決めつけている［遺稿 II.10.214］。衰退や終末を速めるもの，それが近代的結婚である。かような結婚制度にたいする批判は，ニーチェにとって「近代性」にたいする批判に通じている［『偶像』IX.39］。結婚と同様，女性が批判の対象にされる場合も容赦がない。〈産む性〉としての女性がニーチェにとって格別の意味をもったのとちょうど逆の位置を占めるのが，〈弱き性〉としての女性である。「女は，自分の中の弱さを信じる程度に，自分の外にある力を信じる。弱さの感情が極端なまでに感じられると，この感情はまさにいたるところに強さを見いだし，自分が接触する外部のものすべてのなかに力を虚構する」。弱い女が強い男によりかかりたいと願うのは，そこに力を虚構するからである。「最も弱い女は，あらゆる男から一人の神を作り出すであろ

う。……宗教の発生において，弱き性が強き性より重要であることは明らかである」［遺稿Ⅱ.5.57f.］。男によりかかりたいという弱さは，女性の恋愛や性愛にたいする過剰な期待を産む。そうした期待は，「女性の眼から，より広いすべての視野を奪ってしまう」［同Ⅱ.5.45］。また同じ弱さは，「結婚のためだけに自分は宿命づけられているのだ」と女性に信じさせる。「結婚は発育不全の半端人間の上に築かれている」［同Ⅱ.5.43］。そしてそのような弱い女性は，愛情だけをしか知らず，友情を結ぶ能力がない。

もちろんこのような容赦ない攻撃は，あるべき結婚とその意味，そしてあるべき男女像を求めることと表裏をなしている。「真の男性は二つのものを，すなわち危険と遊戯を求める。だから彼は女性を最も危険な玩具として求める。／男性は戦いのために教育されなければならない。そして女性は戦士の休養のために教育されなければならない。／……真の男性ならば，彼のなかには子どもが隠れている。それは遊戯をしたがる。／……女性は玩具であれ」［『ツァラトゥストラ』Ⅰ-18］。このメタファーでは男性は，生にたいして攻撃的・創造的にのぞむ姿で描かれるのに対し，女性はいわばそれを受けとめる存在として描かれている。女性は包容力ある愛情をもった存在である。ニーチェは，女性が男性に服すべき存在であることを自明の前提にしている。男女同権などではなく，男性への良き服従とはいかなるものかが問題なのである。「女性は服従することによって，みずからの表面に対する深みを見いださなければならない」［同］。

あるべき男女間で結ばれる婚姻には，その真の目的というものがある。ニーチェにおける結婚の真理とは，ここでも子を産むことである。ただしそれはたんなる生殖ではない。「たんに生み殖やしていくのではなく，生み高めていかなければならない。結婚の園をそのために役立たせるがよい！／ひとつのより高い身体*をあなたは創造すべきである」［『ツァラトゥストラ』Ⅰ-20］。すなわち「超人を産みたい」という希望こそ，女性と結婚に望まれるものだ。「結婚，と私が呼ぶのは，当の創造者よりもさらにまさる一つのものを創造しようとする二人がかりの意志である」［同］。

こうした結婚像からすれば，いわゆる恋愛結婚はニーチェの推奨するところではない。「恋愛から結ばれる結婚（いわゆる恋愛結婚）は誤謬を父とし，逼迫（欲求）を母としている」［『人間的』Ⅰ.389］。恋愛とは性欲に振り回される情愛にすぎないとでもいいたげな様子である。男女の性愛をもとめる恋愛結婚ではなく，子どもを産むための友情結婚が，どうやらニーチェの求めるところだったらしい。「子どもを持つために，友情結婚をなさるのがよいでしょう。男女の愛からは何も生まれてきません。このジョルジュ・サンド*の書簡の一節を，ニーチェはノートに抜き書きしている［遺稿Ⅱ.5.33f.］。「最良の友人はおそらく最良の妻を得るであろう。良い結婚は友情を結ぶ才能にもとづいているからである」［『人間的』Ⅰ.378］。

ニーチェの女性観と結婚観は，ある面では，19世紀半ば以降における西欧の男性市民の常識をそのまま体現したような面がないでもない。しかし彼の議論が当初から近代的な結婚観や女性像から距離をとっていることは興味深い。しばしば自明のように語られる事柄を根本から問い直していくニーチェの懐疑精神の長短を吟味する上でも，結婚と女性をめぐる論は，良い材料である。　　（木前利秋）

ショーペンハウアー　[Arthur Schopenhauer 1788-1860]

ライプツィヒ*での学生生活最初の2年間を回顧した若いニーチェの自伝的小文のなかで彼は，この町のある古本屋でふと（1865年

秋)ショーペンハウアーの主著『意志と表象としての世界』(1819) に目を惹かれ、「あるデーモンの囁き」に従ってこれを購入したこと、下宿に帰って読み始めるやたちまちこの書に引き込まれ、2週間寝食も忘れるばかりに読み耽ったことを記している [BAW 3.298]。若き日々の悩みと夢を持ち回り、心の支えとなるべき「真正の哲学者」を求めて鬱々と過ごしていた当時のニーチェにとって、ショーペンハウアーとの出会いはまさに電撃的な作用を及ぼした。この書のなかに彼は、「世界と人生と自らの心情を驚くばかりに拡大して映し出した鏡」を、そして「病気と快癒*、追放と避難所、地獄と天国」を見たのであった。『反時代的考察』*の第3篇『教育者としてのショーペンハウアー』のなかでは、「最初のページを読んだ瞬間に、この著者なら最後のページまで通読し、著者の語る片言隻語にも耳を傾けることになるであろうと思い知る」ような読者であったとも、「私は、あたかも著者が私のために書いてくれたかのように彼を理解した」とも回顧している。ニーチェがはじめてヴァーグナー*と出会ったのも、やはりライプツィヒの学生時代 (1868年11月)、H. ブロックハウス教授宅の客間においてであったが、このとき両者のあいだで交わされた会話はもっぱらショーペンハウアーの哲学についてであったという。「ショーペンハウアーこそ、音楽の本質を認識した唯一の哲学者」と礼賛したヴァーグナーの言葉を、ニーチェは感動した口調で友人ローデ*に書き送っている。

ショーペンハウアーの哲学は、今日では厭世主義的な俗流哲学と片づけられ、またカント哲学の単なる焼き直しとも呼ばれている。確かに彼の主著にいう「意志と表象」の概念は、カント*の「物自体*と現象」の言い換えにすぎないとも見え、この点で彼の哲学は強くカントの影響下にある。しかしショーペンハウアーが「物自体」に代えて「意志」を唱

えたことは、存在の本質を知覚 (perceptio) と意欲 (appetitus) の根源的統一と規定したライプニッツの哲学や、フィヒテ、シェリング、ヘーゲル*など、ドイツ観念論*における意志説との連関で吟味されねばならない。シェリングは、「最終かつ最高の法廷においては、意志以外のいかなる存在もない、意志が根源存在である」[『人間的自由の本質』(1809)] と述べ、ヘーゲルは『精神現象学』(1807) のなかで存在の本質を知として把握し、しかしこの知を、本質的に意志と等しいものとしているのである。ショーペンハウアーの意志の哲学は、明らかにこの流れに連なるものであり、これなしには考えられない。ただ、彼の意志説がそれ以前の意志説と決定的に異なるのは、彼のいう意志が、意志するということ以外の何ものも意志しない無意識的な生存への意志であり、絶対的に非理性的な盲目的意志である点に存する。ライプニッツでも、またフィヒテやシェリングでも、表象作用、思惟、知といったものが、意志に本質的に属するとされていた。そこから、実践理性や自由や自己浄化が説かれえたのである。ところがショーペンハウアーは、存在の本質たる意志を暗黒の衝動とのみ考えるがゆえに、こうした意志に際限なく駆り立てられている現象世界にはどこまでけっきょく満足は得られる筈がなく、したがって世界と人生はひとえに厭うべきものとなる。生の苦悩から逃れるには、芸術を通してこの人生の苦悩を一幕の芝居として観照すること、さらには宗教を通してすべての欲望から脱却し、涅槃 (ニルヴァーナ) の境地に到ることしかない。こうしてショーペンハウアーの哲学は、それ自身が存在の本質とみなすまさにそのものを否定するところに救いを求める、という奇妙な哲学となるのである。

この奇妙さの副産物として生まれたのが、しかし彼の壮大な芸術論、とりわけその音楽論 [『意志と表象』第3巻52章] であった。芸術

を通して苦悩の世界の本質が達観されるというショーペンハウアーの論は、美を「関心なき適意」と定義したカント美学〔『判断力批判』〕の俗流解釈ないし誤解（ハイデガー*）であるが、そもそもすべての芸術が、現象世界の素材に制約され、かつ表象の世界のみを対象として描くのに対し、音楽芸術のみは表象世界ではなく意志の世界そのものを表すことができるとして、音楽に特別の地位を与える彼の論述はいつ読んでも面白く、これがまたヴァーグナーを魅了し、ニーチェの『悲劇の誕生』の論旨に深い影響を与えたものでもあった。

ショーペンハウアーの主著を熟読して、しかしまもなくニーチェは、ショーペンハウアー哲学のもつ基本的矛盾に薄々気づいていたようである。これに連関して、当時の若いニーチェが熱心に読んだもう一冊の書物に触れておかねばならない。それはランゲの『唯物論の歴史』（1866）である。新カント派*の先駆者とされているランゲはこの書において、ダーウィンの進化論やヘルムホルツのエネルギー保存の法則など、当時多面的に展開されていた自然科学研究を、カント哲学の基礎の上に立っていくつかの単純な原理に還元し、明快に整理しているが、さらにカント的「物自体」の認識不可能性と自然科学の限界を指摘して、すべての哲学が結局は「概念詩」であってもいい、と述べている。「物自体」の概念が、感性でも悟性でもとらえられないものを呼ぶ「限界概念」であるなら、ショーペンハウアーがこの「物自体」を意志と呼び、これに経験の領域から得られた概念を属性として付与しているのはおかしいわけである。ニーチェはこのことを承知しながら、ショーペンハウアーの哲学をひとつの「概念詩」として、つまり芸術として、力として肯定的に評価しようとする。

『悲劇の誕生』*のなかでニーチェは、夢におけるアポロ*的衝動の作用や、叙情詩人が忘我的陶酔*のなかから言葉と形象を生み出す過程を描写する箇所で、また音楽の普遍的表現能力を述べるところなど数箇所で、長々とショーペンハウアーを引用し、さらにドイツ文化における古代ギリシア精神の再生を念じる第20章では、デューラー*の版画「詩と悪魔に付き添われた騎士」の姿をこの再生の担い手、先導者として描き出し、「われわれのショーペンハウアーこそが、かかるデューラー的な騎士であった」と述べている。さらに、「美的現象としてのみ生は義とされる」*というショーペンハウアー的命題が、何度も繰り返されている。ただし十分注意しなければならないのは、言葉は似通っていても、ニーチェがこの命題で言おうとしているのはショーペンハウアーとはまるで逆のことであるということ、つまりショーペンハウアーでは、生*を美的に「一幕の芝居」として見るときにのみ生は耐えうるものとなることが意味されていたのに対し、ニーチェは、自らがディオニュソス*的陶酔のなかで根源的一者*と合体し、自ら芸術*を生きるときにこそ生*は完成されるというのである。苦悩の生からの逃避としての芸術と、そうした生の肯定としての芸術では、方向が逆転している。これと軌を一にして、ショーペンハウアーでは芸術が「意志の鎮静剤」と呼ばれていたのに対し、『悲劇の誕生』では「生の刺激剤」とされるのである。

本質的にはすでにショーペンハウアーの哲学を乗り越えていたにもかかわらず、ニーチェはもう一度『反時代的考察』第3篇で、ショーペンハウアーに熱烈なオマージュを捧げる。『教育者としてのショーペンハウアー』（1874）である。しかしこの書でニーチェはもっぱら、哲学を志すものの師としてのショーペンハウアーの人間性を讃えるのであり、その思想に立ち入った言及はほとんどない。人間としての「誠実さ、明朗さ、終始変わらないこと」の3点を取り出して、「教育者と

しての」ショーペンハウアー像を熱っぽく描き上げている。『反時代的』第4篇のヴァーグナー像と同じく、この第3篇もショーペンハウアーへのオマージュであると同時に、内心での訣別の書であったとも言える。この書の出版後、「おまえは、おまえの考えているショーペンハウアーに似ているだけだ、おれには似ていない。ショーペンハウアー」と、ゲーテ*『ファウスト』の地霊の言葉をもじった発信人不明の「神秘な」電文が届けられたという逸話（フェルスター＝ニーチェ）が残されている。

中期、後期のニーチェの著作には、もはやショーペンハウアーについての立ち入った、それも肯定的な方向での言及はなく、彼の哲学はもっぱら「悲観論」、「同情の哲学」と片づけられ、はては「贋金造り」とさえ呼ばれている。たとえば『善悪の彼岸*』19番でニーチェは、「感じること、しかも多種類な感じることが、意志の構成要素として承認されねばならないように、第二には、思惟もまた意志の構成要素なのである。すべての意志行為のなかには命令しつつある思想がある。——この思想を〈意欲〉から分離することができると、そして分離したのちにもなお意志が剰余として残されるなどと、けっして考えてはならない」と書いているが、ここには名指されずとも、ショーペンハウアーの意志説への明瞭な反論が読みとれる。結局ショーペンハウアーの哲学は、デカダンス*の一類型とされるのである。→『反時代的考察』　（薗田宗人）

序列〔位階秩序〕 [Rangordnung]

「力への意志*」、つまり不断の自己拡大と自己向上を存在の本質と考えるニーチェの思想にとって、序列（ランク）ないし序列づけという概念は当然基本的なものである。さまざまな次元の序列、すなわち階級序列、強さの序列、高貴*さの序列、道徳的序列、価値の序列などが考えられるが、どの場合にもニーチェにとって本質的なことは、ひとが既成の序列づけに甘んじ、それに服従して生きる者であるか、それとも自ら新しい価値原理を掲げ、新しい序列づけを創造する者であるかの区別である。これがそのまま弱者と強者、群衆と創造者の区別でもある。ドゥルーズ*に従って、それぞれを「反動的」(reaktiv)および「能動的」(aktiv)な精神と呼ぶこともできよう。また序列づけを避け、すべてを同等であると考えるいわゆる平等主義も、弱さの表れにほかならない。「力への意志」は序列の上に成り立ち、まずは断固とした序列づけとして発動される、とニーチェは考えるのである。→力への意志　（薗田宗人）

シラー [Johann Christoph Friedrich von Schiller 1759-1805]

1859年にシラーの生誕100周年の行事がドイツ各地で行われた。疾風怒濤時代の自由の旗手シラーは、北ドイツ関税同盟以降、次第に力をつけ1870/71年の統一に向かうドイツ*の国民意識をくすぐったようである。彼が苦痛の学校時代を過ごしたシュトゥットガルトにはシラー像が建立された。またワイマール*にゲーテ*、シラーの像が「二人の詩人に。祖国より」の献辞とともに立てられたのが、少し前の1855年である。当時ギムナジウムの上級生であったニーチェのいたプフォルタ校*でも2日にわたって盛大にシラー生誕100年祭が催された。『ヴァレンシュタイン』からピッコロミーニの朗読、「鐘の歌」——その後ギムナジウムの生徒を悩ませることになる詩——のロムベルク作曲による演奏。翌日は「歓喜の歌」と「さあ、出発だ、仲間よ」のコーラス。初期のドイツ文学研究者として有名なコーバーシュタイン教授の講演。彼は「この国民的祝祭が再び目覚めたドイツ国民意識のよき前兆とならんことを。この祝祭に未来への良き希望がつながらんことを」と述べて講演を結んだ。夜は最上級生のダン

スパーティが深更に及んだ。社会史的にも重要なこの報告は、ニーチェ自身が2日間の印象を記した作文（1859年12月8日、シラーの誕生日は11月10日）による。作文の最後には「参加者すべてに高貴で偉大なる思いが残った。シラーという人間にふさわしい記念祭を催したという思いが」と記されている[BAW 1.186-188]。どこか田舎臭い単純な国民思想と教養生活に高校生ニーチェも巻き込まれていた。このような出発のせいか、彼とシラーとの関係は、教養主義の変質とともに屈折し、不幸なものになっていく。

『生に対する歴史の利と害』で展開される記念碑的歴史のモデルのひとつはシラーである。ここでのシラー像はまだポジティヴである。みじめな時代にあってかつての偉大な所業に発奮して、「かつて可能だったのだから、よしわれわれも」と決断する英雄*たちのあり方が、歴史主義*や教養主義に埋没していない歴史的態度とされる。『群盗』のなかで高潔なカール・モールは叫ぶ。「プルタルコスの中で、偉大な人々についての話を読むと、このインキのしみまみれの今世紀が、俺には胸糞悪くなってくる」。このあたりを受けてであろう、ニーチェも書いている。「英雄的な力の息吹を持つ書物が現代にはなんと欠けていることだろうか。プルタルコス*すらももはや読まれない」[遺稿 I.4.25]。

だが、この時期を境にニーチェはシラーを、典型的にドイツで武骨でくそまじめな、それゆえに真の文化に遠い存在として見るようになる。『人間的』* II-1.170 では、ニーチェの嫌いなコッツェブーと並べて皮肉な調子で「戯曲の天才」と呼んでいる。というのも、シラーはドイツの若者や娘にぼんやりした、なんとなく高貴で道徳的な感情を、この「30にもなれば消える」感情をかきたててきたからである、と決めつけている。さらに『人間的』II-2.123 になると、芸術家は学問*について書くとからきし駄目で幼稚で

あり、その典型的な例がシラーの美学論文である、とはいえ、やはり芸術家であるから、彼の論文は結果として学問のパロディーとして成功していると、皮肉を飛ばしている。また、シラーはドイツの若者や娘たちの手からついに、坊やたちの手に落ちてしまった。著書がしだいに未熟な年齢層に読まれるようになるのは、もうアクチュアリティを失った証拠であるといった文章もある[『人間的』II-2.125]。また『曙光』*190番の「かつてのドイツの教養*」と題したアフォリズムではおおよそ次のように言われている。ドイツの教養は今ではドイツ人自らかなぐり棄てて政治と軍事という妄想と取り換えてしまったのに、外国の人々には興味があるらしい。シラー、フンボルト、ヘーゲル*、シュライエルマッハーらは、なんとかして道徳的感情の昂ぶった様子をし、輝かしい普遍性のみかけを纏って、ギリシアとはなんの関係もないのに、ギリシア的美しさを備えているかのようにしている。しかし、「彼らはだいたい、自分たちでよく知っていたのだ。天空に棲んでいるのではなく、雲のなかにいただけなのを」。ドイツ語では、「雲」はぼんやりと内容のない夢想のこと、意味のないことによく使われる。日本語なら「雲をつかむような」とでもいうところだろうか。メタファーを駆使した名文でシラーを始めとする新人文主義者たちが一刀両断されている。さらに、『偶像の黄昏』*になると、シラーは「耐えがたい連中」に入れられる。「私の耐えがたい連中、セネカあるいは美徳の闘士士。ルソーあるいは不潔な本性による自然への回帰。シラーあるいはゼッキンゲンの道徳トランペット吹き……」[IX.1]。ルソー*は若いころから嫌いである。セネカを晩年の道徳批判のニーチェが好きなわけはない。シラーも彼らと一緒に、黴臭い、もっともらしい顔をした道徳主義者の中に数え入れられてしまう。『ゼッキンゲンのトランペット吹き』は19世紀半ばのシェ

ッフェルの作品。自由主義的-国民主義的内容が受けて160版を重ねたというベストセラー。ニーチェがこれとシラーを一緒にしたことで、シラーのイメージは決定的な打撃を後世に受けた。マルクーゼ*が指摘するように、本来はシラーのなかにも美と快楽*の融合、芸術*と生活の統合という理想があるのに、そのことは、教養が変質してしまった19世紀末のニーチェには聞こえてこなかったことがわかる。だが、シラーの『人間の美的教育に関する書簡』にあるこの理想は、シュレーゲルらのロマン派の思想ともつながり、マルクーゼだけではなく、ルカーチ*やベンヤミン*の問題にもつながっている。ハーバーマス*の『近代の哲学的ディスクルス』には、その問題が論じられているが、ニーチェの『悲劇の誕生』*もその問題圏の産物と見ることもできよう。→教養, 美と快楽, ニーチェと文学史

(三島憲一)

ジルス=マリーア [Sils-Maria]

スイス東南部グラウビュンデン州のオーバーエンガディーン峡谷にあるジルス湖に近い小村。1879年夏に『漂泊者とその影』の草稿が書かれた観光地サン・モリッツから南西へさらに12km入った所に位置する保養地。ニーチェは1881年7月初めにたまたま止宿して以来、その翌年を除いて毎夏——82年夏はルー・ザロメ*を招待するためにタウテンブルクに滞在した——思想家としての最晩年である88年に至るまで計7回ここに滞在した。海抜1800mの乾いた涼しい気候と静かで鄙びた雰囲気が彼の体質と気質に合ったのであろう。けれどもニーチェがジルス=マリーアを偏愛した最大の理由は、それが永遠回帰*の着想の地であったことに求められねばならない。『この人を見よ』*の「ツァラトゥストラ」第1節によれば、81年8月に近くのジルヴァプラーナ湖畔を散歩の途中、「ピラミッド型に聳えた巨岩」(ただし現物は人の背丈の2倍程度)の前で立ち止まった彼に突然永遠回帰の思想が到来したという。同じく第4節ではこの地が「『ツァラトゥストラ』*の思想の最初の稲妻が私にひらめいた聖地」と呼ばれている。その意味でジルス=マリーアは、イタリアのラパロからポルトフィーノ*岬に至る散歩道と並んで「ツァラトゥストラの生誕地」とも意識されていた[ガスト宛書簡1883.9.3. 参照]。そのことは、87年に増補再刊された『悦ばしき智恵』*の付録「プリンツ・フォーゲルフライの歌」の中の「ジルス=マリーア」と題された短詩からもうかがえる。さらにまた、ニーチェは後期の著作の大部分をこの地で執筆し、とりわけそれらの序文を好んでこの地で完成させた。86~87年に再刊された『悲劇の誕生』*や『人間的』*Ⅱも含めて、彼の著作の序文の執筆地としてジルス=マリーアの名が最も多く見られるのはそのためである。結果的に最後となった88年の滞在を振り返って彼は書いている。「9月20日にようやく私はジルス=マリーアを離れた。……私の感謝の気持はこの村に不滅の名をプレゼントしたいと願う」[『この人』Ⅻ.3]。→永遠回帰, ポルトフィーノ, 『ツァラトゥストラはこう語った』

(清水本裕)

深淵

深淵(Abgrund)とは、元来「下方へ向かって落ち込んだ地面」の意であろうが、また「底のないこと」とも解され、神秘主義では好んで「無底の底」と訳されている。ニーチェにとってこの語は、彼の愛用する「深み」、「深い世界」などという語とつながっている。「神」、「永遠の真理」などという虚像が取り払われるとき、その奥に底知れぬ不気味な生成の世界が見えてくる。この無限に生成し、無意味に回帰する「深い世界」を直視し、それに向かって「大いなる肯定*」を発する者には、この底なしの世界は「光の深淵」[『ツァラトゥストラ』Ⅲ-4]となり、し

かしその虚無性に怯む弱者には「ニヒリズム*の深淵」となる。『善悪の彼岸』*の有名なアフォリズム[146]には、「君が長いこと深淵をのぞきこんでいると、深淵もまた君をのぞきこむ」と言われているが、ニーチェの哲学は、いっさいの従来の価値体系や概念規定を取り去ったところに口を開いた不気味な深淵の際に立ってそれをのぞきこんでいる者の、そして同時にこの深淵に逆に見入られた者の思想であると言えよう。『ツァラトゥストラ』*第3部の「幻影と謎」2節や「快癒に向かう者」の章などは、この深淵に呑み込まれようとする者が、この「大いなる危急」を転じて究極的な肯定に到る、文字通り起死回生の瞬間*の緊張とその気合いを表現しようとしたものである。

(薗田宗人)

新カント派

「カントに帰れ」をモットーに、前世紀70年代から今世紀10年代にかけてのドイツの思想界に一大勢力を築き上げた学派。また第二次大戦以前の日本の哲学界にも多大な影響を及ぼした。ヴィンデルバント、リッケルト*らのバーデン学派(南西ドイツ学派ともいう)とコーエン、ナトルプ、カッシーラーらのマールブルク学派とに大別される。自然科学における実証的な研究や文化科学における歴史的な研究の進展・拡大にともない、前世紀中頃から時代の思潮として次第に顕著になっていく実証主義*的・歴史主義*的な対象把握の傾向に対し、根底的な批判を展開しようと意図していた点では、なるほどニーチェとも問題関心のうえで、ある種の共通性が認められないわけではない。とはいえ、ニーチェによる時代批判においては、まさに理性的なものそれ自身がディオニュソス*的な生*の運動との関係から〈力への意志*〉として捉え返されたのに対して、それとはまったく逆に新カント派では、実際に実現されているかどうかはともかく理念上は普遍的な妥当性を要求することのできる学的認識への全面的な信頼のもとで、そうした認識の権拠根拠はあくまで叡知的なもののうちにこそ求められたのであった。文化的な対象そのものを産出する純粋な思惟の多様な働きに着目する場合(マールブルク学派)であれ、あるいは認識主観にとっては当為として現前している超越的な諸価値の体系を展開する場合(バーデン学派)であれ、文化的な所産としての認識がそもそもどのようにして可能となるのかが、認識内部の構造上の問題として問われたのである。具体的な生の経験がわれわれ(の認識)にもたらす衝撃・動揺・不安などがもともと視野に入らない問題設定のゆえに、第一次大戦後の時代状況のなかでは学派としての影響力を急速に喪失することになった。しかし、自己批判をも含む批判一般の可能性を認識の営みそのものに対して承認しようとするのであれば、その相対的に自律する位相をあらためて問い直すことも一概に無意味であるとは言えないであろう。→リッケルト (忽那敬三)

人種

クンナス[『精神の売春としての政治』]も指摘するように、ニーチェは人種主義者であったことはない。確かに初期には民族主義の色彩があったし、後期にもその激烈な口調やメタフォリックな語法などからして人種主義の誤解を与えかねない文章が見られないことはないが、しかし人種の差異を人間の価値差別の基準としているようには思われない。ニーチェ、少なくとも中・後期のニーチェは、いまや「ヨーロッパが一つになろうとして」[『善悪』256]おり、そのなかで人種の交配が進んでいる[『人間的』I.475]と、時代の趨勢を読んでいた。しかも「人種が混合されるところに、偉大な文化の源泉がある」[遺稿II.9.63]と、その趨勢に対して好意的な態度で臨んでいた。したがって、それぞれの民族*や種族の独自性を認めつつも、一民族の

人種的優等性や劣等性を独断的に主張するなど、彼の思いも及ばぬことであった。逆に、そうした人種的差別意識や偏見、また排外主義こそ彼にとっては粉砕さるべきものだったのである。「格率。まやかしの人種詐欺にかかわっている人間とは付き合わないこと。(今日のごた混ぜ状態のヨーロッパで人種問題を蒸し返すなどとは、なんたるまやかし、なんたる泥沼か!)」[同 II.9.267-8]。こうしたニーチェの姿勢を次の一文は雄弁に物語っている。「われわれ故郷を失った者、われわれは〈近代人〉として、種族や血統といった点ではあまりに雑多であり混淆している。したがって、今日ドイツにおいてドイツ的心意気のしるしとして誇示され、この〈歴史感覚〉の国民にあっては、二重に誤謬でもあり下品とも思わせるあのまやかしの人種的自己賛美とふしだらにかかわるよう気を唆されることはたいしてないのだ。われわれは、一言でいって——これはまたわれわれの誓いの言葉たるべきだ!——良きヨーロッパ人*なのだ。ヨーロッパの相続者なのだ。幾千年来のヨーロッパ精神のおびただしい蓄財に富んだ相続者であり、しかしまたおびただしい義務を負った相続者なのだ」[『智恵』377]。→ナチス、民族　　　　　　　　　　　(須藤訓任)

身体〔肉体〕

【1】「大いなる理性」としての身体

「身体は一個の大いなる理性*であり、一つの意味を持った多数性であり、戦争であり、平和であり、畜群*であり、牧人である」[『ツァラトゥストラ』I-4]。ニーチェの思考の独自性の重要な要素として、身体をめぐる思考を挙げることができよう。そしてニーチェの身体をめぐる思考には、生*の遠近法*のあるべきかたちに関わる認識論的課題と存在論的課題がふたつながらに縒りあわされている。その際に興味深いのは、ニーチェの生をめぐる問題意識の核にある理性概念の転換への志向である。今引用した一節にある「身体は大いなる理性 (eine große Vernunft) である」という認識は、明らかに伝統的な理性概念にもとづくそれとは異なっている。こうしたニーチェの理性概念がどのようなモティーフに支えられているのかを確認するために、『悦ばしき智恵』*の冒頭の一節をみてみよう。ここでニーチェは、「種の保存」の本能を正面に押し出し、通常の道徳観からすれば「悪」でしかない「憎悪、悪意の悦び、略奪欲、支配欲」[序言1]といった要素が帰属する「高価で、浪費的で、全体としてきわめて愚劣な経済」[同]こそ「種の保存」の本能であるという。それは、「〈種が全てであり、個人はつねに何者でもない〉」という、「自己保存*」の論理とはまっこうから対立する「非理性的」な志向、「哄笑と知恵の結合」としての「悦ばしき智恵」[同]の発現にほかならない。この、「非理性的」なものとしての「悦ばしき智恵」は、端的な生の意志の肯定としての「生存の喜劇」に属しており、「悲劇の時代」、すなわち「道徳と宗教の時代」と鋭い対比をなしている。

ところでこの「喜劇」、「悦ばしき智恵」と「悲劇」、「道徳と宗教」の対比の意味を捉えようとするとき、次のような認識はきわめて示唆的であろう。『〈この生は何らかの意味をもつ、生は自分の背後に、自分の下に何かを持つ、注意をはらってみたまえ!〉。最高の人間も最低の人間も同様に支配しているあの衝動、種の保存の衝動は、時として精神の理性および情熱として現れる。そしてこの衝動は、輝かしい根拠の連なりを自らの囲りに配置し、全膂力を傾けて、自分が結局は衝動であり本能であり愚かしさであり無根拠であることを忘れさせようとする」[『智恵』序言1]。あの『ツァラトゥストラ』*の「身体の軽蔑者」のごとく、「悲劇」への志向を支えているのは生の背面世界としての「意味」であり「根拠」である。「精神の理性」とけかかる背

面世界の「意味」、「根拠」への遡行に依拠する思考態度をさし示している。そしてこうした「精神の理性」は、生の直截的な発現としての「衝動」の根源、その「非理性的」な無根拠性の否認へと——衰弱への意志——帰着するのである。

ここで同時に私たちが注目しなければならないのは、この「精神の理性」の思考スタイルが「なぜなら」(denn)と「べき」(soll)に規定されるとニーチェが言っている点である。このことは、「精神の理性」が一個の目的論的構図とそれにもとづく「原因-結果」の因果連関に支えられていることを、そして「精神の理性」が理性的でありうる基準はこの目的連関にあることを示している。逆にいえば「悦ばしき智恵」における生の無根拠な衝動の直截的な発現は、まさにその無根拠性——因果連関の否認——ゆえに非理性的となるのである。「精神の理性」の基底をなす目的連関(因果性)の理性的性格に対して、ニーチェは生の、衝動の無根拠性、非理性的性格を対置することによって理性概念の根底的な転倒が行われるのである。「大いなる理性」としての「身体」とは、生の、衝動の無根拠性をあるがままに肯定する非理性としての理性、すなわち「悦ばしき智恵」のかたちにほかならない。比喩的にいえば、「大いなる理性」としての「身体」とは『系譜』*第1論文11節にある、いっさいの自己保存を顧みない衝動の魔としての「金髪の野獣*」ともいえよう。

【Ⅱ】 **身体と系譜学**　この身体をめぐる認識論的課題を解明しているのは「系譜学*」の概念であるが、これについて生の遠近法との関連で『偶像の黄昏』*にきわめて本質的な考察が残されている。「四つの大きな錯誤」と題された章の3「偽りの原因性の錯誤」においてニーチェは、行為の原因を意識ないしは意志、あるいは自我といった「内的世界」に帰結させる「心理学」の錯誤を指摘する。

この錯誤の淵源をなしているのは、かかる「内的世界」の形而上学的意味における本質性としての把握であるが、それは同時に「系譜学」的意味における「先」と「後」の関係、すなわち遠近法の関係の取り違えをも意味している。「——人間は、まず存在という概念を自我という概念から取り出し、自らの像に則して〈物〉を存在するものとして設定した。すなわち原因としての自らの自我概念に則して、である。人間が後になって、自らが物にはめこんだものだけしかいつも見いだせなかったとしても何の不思議があろうか」[『偶像』Ⅵ.3]。

「本質=先なるもの」と「現象=後なるもの」の遠近法を転倒させること、それによって内的世界の心理学が持っている錯誤の是正を求めることは、そのまま意識と身体の遠近法の転倒・是正を求めることにほかならなかった。そこで示されようとしているのは、生の内部に因果連関にもとづく距離を作り出し、それによって生の端的かつ直截的な肯定としての衝動を隠蔽し、封印しようとする形而上学的思考の解体であり、いっさいの距離を持たない生の発現とその発現の器としての身体——そこでは意識すらも身体になる——の絶対的な定立である。「身体と大地を軽蔑し、天上的なものと救済の血の滴を発明したのは病める者、瀕死の者であった。しかしこの甘美で陰鬱な毒ですらも彼らは身体と大地から受け取っているのだ！」[『ツァラトゥストラ』Ⅰ-3]。こうした身体の意味は、ニーチェの思考の中で「情動」(Affekt)、「器官的なもの」(Das Organische)、「官能」(Sinn)、「性」(Geschlecht)などの用語群とともに大きな思想的コンテクストを形づくっている。たとえば『善悪*』の中でニーチェは、従来の哲学の中心的主題の一つである「意志」(Wille)の問題を、「意欲」(Wollen)というより生理学*的な角度から非哲学化しつつ次のように言っている。「第三に、意志は感

情と思考の複合体であるだけではなく，何よりもまずなお一つの情動である。しかもそれはあの司令部としての情動である。〈意志の自由*〉と呼ばれるものは，本質的には服従しなければならぬ者に関する〈私は自由だ，彼は服従しなければならない〉という優越‐情動なのである」[『善悪』19]。

【Ⅲ】**身体と力への意志**　ニーチェは，意識の蒼ざめた「形而上学*」がもたらす貧困を徹底して憎悪した。彼が求めるのは生の過剰*であり，充溢である。それは同時に，生を正しい遠近法のもとに置き直そうとする志向でもあった。生を「過剰」な豊かさのもとに置こうとすること——，それは生を構成する精神と身体の二つの領域の関係を，形而上学の強いる転倒した遠近法から解放し，「力の関係」としての遠近法へと編成しなおそうとすることを意味する。ニーチェは，生を力の関係の場として，より正確にいうならば能動的な力と受動的な力のせめぎあう不均衡な関係の発現の場として見ようとした。こうしたニーチェの観点の基底をなしているのは，意識という受動的な力——力の否定——を第一原因として設定し，それを起点とするあるべき生の説明原理を組立てようとする「形而上学」の倒錯に対して，身体に根ざす能動的・創造的な力——力の肯定——，すなわち「自己*」(das Selbst) の端的な発現としての生の力を起源とする「生成の無垢*」の倫理を対置しようとする志向である。

ニーチェのまなざしは，ソクラテス*およびキリスト教*に淵源を持ち，先に言及した意識の「形而上学」の基底となるヨーロッパの基盤的な思考論理としての「観想の論理」にそそがれる。そしてそこに含まれている，肉体を厭い，「生と大地」を厭う衰弱した思考論理，言い換えれば「デカダンス*」の論理を容赦なく抉り出す。もちろんニーチェが欲しているのは単純な肉体賛美の思想でも，強者の肯定でもない。すでに触れたようにこうしたデカダンスから生まれたヨーロッパ的な生の遠近法の構図，すなわち「道徳」や「因果性*」や「目的論」などの多様な現れに共通する根底を形づくっている「形而上学」の論理の根本的な転倒を，ニーチェはデカダンス打破のための認識論的課題として引き受ける。そしてこの認識論的課題——ニーチェの「系譜学」の基本モティーフ——はさらに，「力への意志*」の直截的な発現を自らの使命として引き受ける「生成の無垢」の存在論的境位とも結びつく。

この，『ツァラトゥストラ』とともに全面的な開花を見たニーチェの生をめぐる思考は，一面からいえばヨーロッパ的思考の歴史においてつねに裏面へと追いやられてきた身体論的思考の地平を明るみに引き出すことを意味していた。ニーチェによる形而上学的理性のもっとも根源的な他者としての身体の発見，——それは，ヘーゲル*，フォイエルバッハ，マルクス*の系譜における「労働主体」としての身体というカテゴリーの思想的発見，あるいはフロイト*による「無意識」のカテゴリー——意識にねざす主体身体によって隠蔽されてきた深層的身体のカテゴリー——の発見とともに，デカルト*以来の近代ヨーロッパにおける意識中心主義的な思考パラダイムの根底的な転換を意味していたといってよいだろう。と同時に生理学的用語の偏愛に見られるように，ニーチェ自身も少なからず影響を受けた19世紀の時代思潮としての科学主義や唯物論的傾向もまた，ニーチェの身体をめぐる思考に影を落としていることを見逃してはならない。→大いなる理性，主体，自己保存，解釈と系譜学　　　　　（高橋順一）

人智学　[Anthroposophie]

ギリシア語の anthrōpos（人間）と sophia（叡智）の合成語。ルドルフ・シュタイナーによって創められた。人智学は世紀

末*に知識人の心をとらえた神智学 (Theosophie) から派生している。神智学は神や天使の啓示を内的直観によって認識する神秘主義的潮流であって中世以来続いていたが、1875年ブラバツキー夫人によって神智学協会が設立された。これはキリスト教にこだわらない汎宗教性をもち、それに東洋思想から多くの霊感を得た。シュタイナーは、この神智学協会のドイツ支部設立にあたって書記長に選ばれている。神の叡智と人間の叡智を結合させることを重視した人智学は、とくにドイツの世紀末の思想を土壌にして生まれている。1913年に人智学協会がつくられ、スイスのドルナッハに大規模な人智学センターが設立され、ゲーテアヌムと命名された。この建物は一度ナチス*により放火されたが再建され、第二次大戦後も最も有力な拠点として神秘学運動を展開し、その影響は宗教、芸術、教育、医療、農法の分野に及んでいる。新しい運動芸術であるオイリュトミーやシュタイナー学校が有名である。

シュタイナーはクラリェベックに生まれ、初期にゲーテ*の有機体思想、とくに形態学に深い関心をもち、ゲーテの著作の編集を委ねられ、それが動機でゲーテ復興の立役者になった。形態学とダーウィンの進化論を一体化させ、生物の系統樹をつくりあげた E. ヘッケルの一元論にも共鳴し、ヘッケル理論にはらまれた神秘主義的要素を最大限に生かした。ヘッケルが反教会運動を起こし、教会から攻撃を受けたさいシュタイナーは彼の擁護に廻っている。シュタイナーはまたニーチェ主義者でもあって、1895年には『ニーチェ――時代に抗する闘争者』を書き、ニーチェの立場を守っている。しかし、ゲーテ主義者であったニーチェは、ヘッケルと異なってゲーテの形態学とダーウィンの進化論とは対立すると見て、反ダーウィン説を採っている。したがってダーウィン説の受容については、シュタイナーとニーチェとの間に差違があ

る。→モルゲンシュテルン　　　　　　（上山安敏）

ジンメル　[Georg Simmel 1858-1918]

ベルリン生まれのユダヤ系ドイツ人の哲学者・社会学者。19世紀から20世紀にかけての「世紀転換期」のドイツにおいて多彩な分野にユニークな業績を残したが、当時の学界に強かった人種的偏見とアカデミズムにそぐわない学問スタイルのために長くベルリン大学私講師の地位に甘んじざるをえず、晩年になって初めて新設のシュトラースブルク大学正教授になることができた。

ジンメルの思想の核心をなしているのは、独特の二元論である。そしてこの二元論の中にジンメルのいわゆる「生の哲学」の構図は透視される。ジンメルの二元論的な思考を理解しようとするとき、最も好適なテクストとして『哲学的文化』(1911) に収められた「文化の概念と文化の悲劇」を挙げることができよう。ここでジンメルは文化に内在する宿命的ともいえる分裂、対立を「悲劇」(Tragödie) という概念で示そうとする。それは生における主観的内容と客観的形式のあいだの相剋と言い換えてもよいだろう。「主観は、精神として精神にきわめて内面的にむすびつけられているが、まさにそれゆえにこそこの深い形式上の対立において数知れない悲劇を体験するのである。すなわち倦むことはないが時間的には有限な主観的生と、ひとたび生み出されるや不動にして無時間的に妥当する生の内容とのあいだで」。こうした対立、相剋の中に文化の理念が住み着いているとするならば、文化それ自体もまた二元的対立、相剋をかかえ持っていることになる。つまり「魂の全体性」としての自らの内的な律動を純粋な実現へともたらそうとする生の衝動と、それを固定化した凝固した客観性へと枠づけようとする「形成」作用のせめぎ合いをである。しかしそれはけっして否定的な意味で「悲劇」なのではない。むしろそれは文化

がその形成・存立過程において不可避的にかかえこまざるをえない宿命にほかならない。「われわれがその持続的な流れを感じとり、自分自身の中から内的な完成へと向かう主観的生は、文化の理念から見れば、自分自身ではけっして内的な完成を達成することはできないのである。それは、この生にとって今では完全に疎遠となった、自己充足的な完結性にまで結晶したあの形成物を通じてのみ完成を達成できるのであり、それが文化の逆説となるのである」。

こうした二元的対立の必然性を出発点としつつ、ジンメルは文化や社会の諸現象をそれぞれの細部の中に刻印された生の多様な客体化作用の分析を通じて捉えようとする。一方において人格的内面性の完成をめざす教養主義の伝統を含みつつ、客体化された文化の物象性にも単なる否定ではない繊細なまなざしを向けえたところにジンメルの思考のユニークさを見てとることができる。

こうしたジンメルの思考はニーチェの思考との微妙な吸引と反発の両義性を示すことになる。ジンメルのニーチェ解釈が集大成されているのは1907年に発刊された『ショーペンハウアーとニーチェ』である。この著作のはじめでジンメルは、ショーペンハウアー*とニーチェの思考の前提となっている問題場がきわめて「現代的」であるゆえんを明らかにしようとする。それは、キリスト教*が衰退したために、キリスト教が残した内面的な「目的意識」だけが形式的に残りながら肝心の「目的」そのものが否定されてしまっている事態から彼らの思考が始まっているという点である。この現代性は、たとえばジンメル自身の『貨幣の哲学』においても出発点となっている。だがジンメルがニーチェに「〈生きること〉というただ一つの価値しか知らない」というとき、ジンメルとニーチェのずれもまたあらわになる。

ジンメルはニーチェの思考の中に、主観的生の徹底的な解放をダーウィニズム*的歴史観と結びつけ、「社会」という媒介項ぬきの個々人の権力意志の全き成就をめざそうとする「歴史哲学的原理」を見ようとする。こうしたニーチェの生*の一元論とそこから導かれる「高貴*性」の理想について、ジンメルはそこに真の意味における超越性が欠けていると指摘する。「ニーチェの道徳はいわば下からの道徳であって、それには、プラトン*、スピノザ*、カント*とショーペンハウアーが超越的存在を人間的な意志の流動性のなかに導入した、あの形而上学的尖端が完全に欠けている」。ここでジンメルが言おうとしていることは、ある面ではきわめて平凡な伝統哲学の立場にたつニーチェ批判に聞こえる。しかしジンメルの考え方に立てば、この超越性とは、単純に伝統哲学の意味での形而上学的原理を意味するだけではなく、ジンメルが生の一元的進化への無理な押しこめと見たニーチェの「生への意志」の思考過程からこぼれおちてしまう要素——たとえばニーチェ自身における静謐なモラリスト*としての側面——、あるいは生に対する否定の要素(ショーペンハウアー)をも含むような生の多様性の振幅を可能にするものをも含んでいると考えることができる。この点でジンメルのニーチェ解釈には、ジンメルの文化認識の分節性が結びつけられるべきである。

だが一方でジンメルのニーチェ観にはこの時代に特有な倫理的なトーンが存在していることも事実である。また『生の直観』(1918)においてはジンメル自身が生の一元論の立場を取ろうとしている。こうしたことを考えあわせるとき、こうしたジンメルのニーチェ解釈には、過ぎ去りゆくヨーロッパの「良き」教養伝統と高まりゆく文化の物象化のはざまにあって、「よりよき生」(ヴェンデプンクト)への統合を希求しようとする転換期の「ヨーロッパ人」ジンメルの姿勢が投影されているように思われる。

(高橋順一)

文献 ▷ G. Simmel, *Schopenhauer und Nietzsche, ein Vortragszyklus*, Berlin 1907 (吉村博次訳『ショーペンハウアーとニーチェ』ジンメル著作集5, 白水社, 1975).

心理学 [Psychologie]

「私の著書からは比類のない心理学者が語っている」[『この人』Ⅲ. 5]。ニーチェは, その省察のさまざまを心理学的観察と呼ぶのを好んだ。『悲劇』は, ディオニュソス*的現象の「最初の心理学」であり,『道徳の系譜』*の三論文は, それぞれ「キリスト教の心理学」「良心の心理学」「僧侶心理学」である。ニーチェははじめ『偶像の黄昏』*を『一心理学者の怠惰』と題することを考えていた。これはペーター・ガスト*からの要望もあって断念するが, その際, 候補にあがった副題にも「一心理学者の笑い」や「心理学者はいかに問うか」など, 心理学者という言葉を繰り返している。心理学者なる自己規定をニーチェはこよなく愛していたともとれそうだ。心理学といっても文字通りの心理学ではない。ハイデガー*が指摘するように,「心的事象の自然科学的実験的な研究」でもなければ,「〈より高級な心的生命〉とその諸現象の研究」でも,「さまざまな人間類型についての学としての〈性格学〉」でもない。ヤスパース*は,「それは経験的＝因果的な科学的心理学ではなく, 了解的・社会学的＝歴史学的心理学である」といい, ハイデガーは, 彼一流の解釈に従ってそれは「人間の〈形而上学〉」, いや「端的に形而上学と同義」だともいう。その当否は別にして, 心理学という言葉の含みは, やはりニーチェ独特のものである。

心理学という言葉をニーチェが口にするようになったのは, 中期からである。初期の「芸術家形而上学」が後景に退くにつれ, この心理学の名で呼ばれる学問的態度が顔を出しはじめる。『人間的』*には心理学的考察を論じたアフォリズム [Ⅰ.35-38] がある。文字通り彼の心理学的立場の宣言となった文章である。ニーチェ自身の内的な動機は別にして, こうした転換に与ったものでは, まずパウル・レー*との交友を指摘しておかねばならない。レーの処女作は『心理学的観察』と題したアフォリズム集で, ニーチェのアフォリズム*という形式も『人間的』にある「心理学的観察の利得」というアフォリズムの題名も, レーとの親交の跡をうかがわせる。ルー・ザロメ*が中期のニーチェを「実証主義期」と呼んだのはこの影響を大きくみたからだろうが, ただニーチェがそのために「イギリス*の実証主義者たちへと導かれた」と言うのは, レーにたいする思い入れがいささか強すぎたというべきか。むしろレーとの関係では, ラ・ロシュフコー*ら, いわゆるモラリスト*たちの作品に導かれたと言ったほうがよい。ニーチェは彼らを「心理学的箴言の巨匠たち」と呼び, その心理学的観察の豊かさと鋭さを賞賛している。

しかしながら注目すべきことに, レーと袂を分かち自らをインモラリストと称するようになった後期にも, ニーチェは心理学という言葉を捨てていない。『人間的』では, 心理学的考察を「人間的なあまりにも人間的なものに関する思索」と呼んでいたが,『善悪の彼岸』* [23] では, 心理学を「力への意志の発展論ないし形態学」と名づけるようになる。以後, レーは, ニーチェにとって批判の対象とされるようになった。なるほど時期の違いを強調しすぎるのは禁物だろう。ニーチェがこの言葉にこめた一貫した姿勢がみえにくくなるからである。しかし「力への意志*」を軸にした考察が前面に出てきた場合とそうでない場合とは, やはり分けてみなければならない。

中期ニーチェの心理学的考察としてまず眼にとまるのは, ラ・ロシュフコーの次の箴言に表れた見方である。「われわれが徳とみな

すところのものは，しばしば，運命か，さもなければ，われわれ人間の術策がしかるべく切り盛りするさまざまな行為と，さまざまな利害関係との集まりにすぎない」。われわれ人間は，美徳，理想，真理などのなかに人間をも超えた神的で高遠なるものを見ようとする。だが果たしてそうだろうか。それはもっと人間的な，あまりに人間的なものから生じたものにすぎないのではあるまいか。ニーチェは，心理学的考察によって，永遠の真理・理想・神など何よりも人間の「形而上学的欲求」に向けて懐疑*の矢を放つ。「これまで形而上学的仮定を人間にとって価値あり，怖るべく，興味あるようにしたいっさいのもの，あの仮定を生み出したいっさいのものは，情熱*と誤謬と自己欺瞞である」〔『人間的』I.9〕。

懐疑と批判を徹底させることでニーチェは，まず形而上学的な「永遠の真理」の背後に「小さな目立たぬ真理」を見いだしていくことになる。「厳密な方法で見いだされた小さな目立たぬ真理を，形而上学的・芸術的な時代や人間に由来するような，たのしげなまばゆい誤謬よりも高く評価するということは，高級文化の目じるしである」〔『人間的』I.3〕。日常の世界をとりまいているさまざまな人間のドラマ，男女の関係から民族*・国家*の問題，文化のさまざまな相を個々にわたって描きだす手法が，ニーチェのアフォリズムの大きな部分を占めるようになったのは，こうした姿勢に貫かれているといえよう。それはまた，ニーチェの思索の対象と観察の方法に，形而上学*や哲学の歴史には還元できない多様な幅と豊かさを与えることにもなった。「道徳的・宗教的・美的な表象と感情の化学*」「われわれが文化や社会との大小の交渉のなかで，のみならず孤独のなかで，われわれの身に体験するあらゆる諸情動の化学」——ニーチェがこう呼んだものが，中期の心理学の特性をよく表現している。

中期の心理学の課題が，真理・道徳・神など一般に高い価値を与えられていたものの正体を暴き，「人間的なあまりに人間的なもの」から作為された真実を白日のもとにさらし，「永遠の真理」の背後に「小さな目立たぬ真理」を探り出すことにあったとすれば，後期は，むしろ善と悪・真と偽といった価値の対立自身の条件を問い，そうした価値評価の仕方そのものを問いただすところに心理学的考察の力点がおかれる。たとえば，利他主義*的な道徳感情への批判的考察を行ったレーに対して，後年，ニーチェは，利他的な行動と利己的な行動を対立させる考えそのものが，一種の信仰にすぎないと批判している。「形而上学者たちの根本信仰は対立しあう諸価値への信仰である」〔『善悪』2〕。現実にあるのは，二つの価値の対立ではなく多様な価値の程度の差でしかない。そこに対立があるとみなすこと自身，心理学的にはたわごとなのだ。

こうした心理学的考察と結びついているものに，歴史的・系譜学*的な視点がある。すでに中期の場合でも，永遠の真理や不滅の「根源」をもはや信じない立場は，事物の根底に生成*の偶然の「由来」を探る方法に通じていた。「いっさいは生成したのであって，永遠なる事実というものは存在しない。絶対的な真理が存在しないのと同様に。——したがって，今後は歴史的に哲学することが必要である」〔『人間的』I.2〕。「奇跡的起源（Ursprung）」を容認する「形而上学的な哲学」に代わって，「由来（Herkunft）……にかんする疑問」を忘却しない「歴史的な哲学」こそ，もっとも新しい方法である。道徳感情は民族・時代の文化状況によって変転すると考えたレーの見解が，ここにある程度，反映していたのかもしれない。しかしこの歴史的な生成の視点が後期にいたって「道徳の系譜学」として洗練されると，それは『道徳的感情の起源』の著者レーの見解を「逆立もした

系譜学的仮説」として批判する武器になる。ニーチェはもはや「われわれの善悪は本来どのような起源をもつか」という問いにとどまることはない。彼はむしろ「人間が善悪という例の価値判断を編みだした条件は何か。この価値判断そのものはいかなる価値をもつのか」、それは生を充実させるのか衰退させるのか、と問う。中期から後期の心理学における変化と平行しているのが、この系譜学的方法の確立である。

心理学的考察には、こうした歴史的視点に加えて、ニーチェの言う「病者の光学」が大きく与っている。病人は、健康者の快適な日常生活から距離をとって観察し、「怖るべき冷酷さをもって事物を見わたす」。そのため「健康者が見る場合に通常事物を蔽っているあのすべての小さな欺瞞の魔術沙汰が、病人の眼には消えてしまう」[『曙光』114]。ニーチェの病気*が、彼に人間観察のための「透視力」を与えたわけだが、彼はこの「病者の認識」をメタレベルから捉え返して次のように言う。「心理学者にとって、健康と哲学の関係の問題ほどに魅力のある問題はあまりない。……客観的なもの・観念的なもの・純粋精神的なものという外套をひっ被った生理的要求の無意識的の仮装は、驚くばかり広範囲に及んでいる……。総じて哲学はこれまで一般にたんに肉体の解釈、それも肉体の誤解ではなかったのか」[『智恵』序言2]。心理学はここで生理学*と交差している。力への意志の教説が前面に出てくるにつれ、心理学はこの生理学的視点との結合の度を深めていく。「道徳的・宗教的・美的な表象と感情の化学」、「あらゆる諸情動の化学」としての中期の心理学が、「力への意志の進化論ないし形態論」としての心理学に展開していくのは、系譜学的視点と生理学的視点が、ニーチェの心理学における方法上の不可欠の契機となった時である。

ニーチェの「心理学的観察」の意義に注目したものと言えば、まずクラーゲス*の名を挙げておかねばなるまい。「力への意志」がたんなる心理学的概念を超えて形而上学的側面にまで拡大されている点を批判する彼の解釈は、ある面での狭さを感じさせるが、ニーチェの暴露心理学に注意を促した点は今でも評価できる。→アフォリズムと思考のパフォーマンス、『道徳の系譜』、生理学、クラーゲス、レー

(木前利秋)

文献 ▷ Ludwig Klages, *Die Psychologischen Errungenschaften Friedrich Nietzsches*, in: L. Klages, Werke, Bd. 5, Bonn 1979.

「真理が女性であると仮定すれば……」

[„Vorausgestzt, daß die Wahrheit ein Weib ist—"]

『善悪の彼岸』*序言の冒頭である。ニーチェには強力な「女性*蔑視」の契機があるとの指摘がしばしばなされてきた。確かに、「子どもを産む者」としての女性規定や当時のフェミニズムに対する批判には、それなりの歴史的限界があるとも言える[アドルノ『ミニマ・モラリア』59節参照]。そして今日、同じようなトーンで性の問いを論じる人は少ないはずである。しかしニーチェの「女性蔑視」を結論するには、彼が超歴史的な女性「自体」について言表しているとの前提が必要である。ところが、ニーチェの女性についての言表にはいくつかのタイプがある。(1)女性を真理*のアレゴリーとするタイプ。反自然たる道徳の勝利を導く狡智を女性の誘惑とみなし女性の非真理を暴くにしろ、真理としての女性への接近のし方を知らぬ「独断的」哲学 - 神学者を嘲笑うにしろ、それらの言表は去勢と(非)真理が結びつく男性中心主義の空間で生起する。(2)だが、それと存在論的に決定不可能な形で、女性は生として、生を肯定し産む力として男性の内でも自らを肯定する。そこでは誘惑や擬装や羞恥も価値転換*を蒙らざるをえない。

「いかにして〈真の世界〉がついに作り話になったか──一つの誤謬の歴史」[『偶像』Ⅳ]でニーチェは、女性と真理の結びつき((1)の空間)の歴史的有限性を「真の世界」のキリスト教化＝女性化として描き、別のテクストでは、ほとんどの文明において当初支配権を握っていた女性が弱い性としてのタイプに陥ったのは、歴史的な出来事であるとも書いている[『この人』Ⅲ.5の第1稿＝KSA 14.485]。「産む者」としての女性規定はしたがって、歴史的に「弱い性」に身を置いた女性、そこから男性に対して戦術的に魅惑的に、狡智にたけた、男の興味を惹く存在になった女性にとっての唯一の救済措置にほかならない。子どもを「産む」のを拒否し本を産もうとし、男性と同じになることを欲し、実は子どもを産む他の女性たちを卑下するという(当時の)フェミニスト非難も、ニーチェのテクストにあっては、女性と真理が結びついた男性中心主義の歴史空間の中で、女性が男性の欲望に呼応する形で示す反動に対する批判と読んでよい。ニーチェ自身が本を産むことによって女性(母親)に同一化しているのであれば、すべては価値転換し、産む子どもと本とが性的に決定不可能になり、本(子ども)を産む男性において生を肯定する女性が本(子ども)を産んで悪いはずがない(ただし、ニーチェがそう言うわけではない)。この歴史性の端的な外はないとしてもニーチェは、「物自体*」と同じく性の「自体」は存在せず、「永遠に女性的なるもの」に対しては「私の真理(複数)」という形で、私性と複数性を書き標している[『この人』Ⅲ.4～6]。ニーチェのテクストはしたがって、大勢の問題系を介した女性の(と)真理の存在論的な決定不可能性において、デリダ*が試みるように、存在の真理(ハイデガー*)とさえ異なる次元を開いたのだと読むことができる。

⟶女性と結婚、女、『善悪の彼岸』　　(港道 隆)

文献　▷ Jacques Derrida, *Eperons: Les styles de Nietzsche*, Flammarion, 1978 (白井健三郎訳『尖筆とエクリチュール』朝日出版社, 1979). ▷ Sarah Kofman, *Nietzsche et la scène philosophique* Galilée, 1986; *Explosion I*, Galilée, 1992.

真理と認識

真理と認識をめぐるアフォリズム*や断想は、ニーチェの生涯を貫いて書き続けられた。そのおびただしい数のなかで、ニーチェは、真理と認識のさまざまな面、関連した事柄のあれこれを省察の火で焼いている。彼は、形而上学*的な真理概念にメスを入れもし、カント*の認識機関説や先天的綜合判断を難じたりもしたが、哲学の慣行に則った認識論や真理論を意図したことはない。そこに哲学の古来からの真理観・認識観を疑ってかかったニーチェを見てとり、ヨーロッパ形而上学の歴史に彼を位置づけてみることはあながち不可能ではない。しかしわれわれはその前に、生涯にわたる思索のなかで幾度となく試された真理と認識をめぐる「認識者の実験*」の反復に、その豊穣な発想と連想、多彩な比喩*と文体に注目すべきだろう。そこにはニーチェ自身の生に根ざした何かが響いているからだ。

【Ⅰ】　初期ニーチェにおける真理と認識

「真理とはある種の誤謬である」[遺稿Ⅱ.8.306]。「認識は力の道具として働く」[同Ⅱ.11.126]。晩年のニーチェが書き遺した断片のなかでも印象を残さずにはおかない一句だが、これは、かならずしも後期ニーチェだけの思想ではない。「道徳外の意味における真理と虚偽」や「五つの序文」Ⅰには、初期特有の脈絡のなかで、これと似た考えが顔をのぞかせている。「無数の太陽系をなして……いる大宇宙の……片隅に、かつて一つの天体が存在した。その天体の上で、怜悧な動物たちが認識というものを発明した」[「真理と虚偽」1、「五つの序文」Ⅰ]──いささか誇張ぎみの表現が気になるが、認識は発明された、も

のだという指摘は、ニーチェの真理・認識観の一貫した特性を知る上で示唆的である。「人間は……、生来、知ることを欲する」と言ったのはアリストテレスだが、ニーチェにしてみれば、認識は人間の生得的本性ではなく偶発的状況のなかで生じたものだ。「人間は偶然に認識する生きものとなった……。いつかは人間であることをやめるときが来るだろう……」［遺稿 I.4.88］。知性を作為し所有した者は「世界の軸が人間知性を中心に回転しているかのように」［「真理と虚偽」1］錯覚する。いわば偶然、錯誤といったものが人間の認識、真理にまとわりついている。

では知性は何のために発明されたか。個体保存のための偽装手段としてである。「偽装こそ、比較的弱い、それほど頑健ではない個体が自己を保存するための手段である……。人間においてこの偽装の技術は頂点に達する」。この偽装において力を発揮するものこそ知性である。もし人間が「社会的に群をなして生存しよう」と望むなら、「万人の万人に対する戦い」をやめて平和条約を締結しなければならない。この締結の結果、誰にでも「一律に通用し拘束力をもつ事物の表示」、たとえば言葉が考案され、個体同士に共有される。そしてこの「言葉の立法が真理の最初の諸法則をも布告する」［「真理と虚偽」1］。

ここには第一に、認識とは欺瞞・虚構を捏造*するという見地がある。第二に、真理とは一律に通用する記号表現の同一性として拘束力を有するとみなす見識がある。そして第三に、真理と認識をともども人間特有の自己保存*の手段と捉える知見がある。これらと似た考えは後期のニーチェで再び眼にするようになるが、ここでわれわれの眼をひくのは、真理と認識を問題にするときにつねに両者から一定の距離を取ろうとしたニーチェの構えである。真理と認識をめぐっては、これがすくなくともニーチェの重要な一面をなしていた。ただし重要だがあくまで一面にすぎない。というのもニーチェは、真理や認識への批判を口にしながら、口にした側からその別の姿を求めようともするからである。

「道徳外の意味における真理と虚偽」に独特の見解として、真理の創作を隠喩［メタファー］形成の衝動と結びつけた主張がある。真理とは「隠喩、換喩、擬人観などの動的な一群」で、それが詩的・修辞的に転用され、永く慣用されて拘束力を持つにいたったものである。人間は、事物の人間に対する関係を表現するために、隠喩を援用する。ある事物にかんする「一回限りの、まったく個性化された根源的経験」における「一つの神経刺激がまず形象に移される」。これが原初の直観的隠喩である。しかし「直観の隠喩はどれもみな個性的で……いつもあらゆる分類の網からもれてしまう」。そこで「これらの個性的な多くの差異を任意に棄て去り、相違を忘却*することによって」、「直観的隠喩を一つの図式へと揮発させ」「形象を一つの概念へと解消させる」ことが行われる。いわば「等しからざるものの等置によって」、概念というものが成立するわけだ。概念とは、その原初の姿を忘却し慣習化した隠喩である。「この慣習的な隠喩を用いるようにという義務」が、社会を存続させるための義務として拘束力を得たときに、「真理の感情」が生じるのである［「真理と虚偽」1］。概念による真理捏造以前の直観的隠喩の創造について、ここでニーチェは否定的な見方をしていない。彼はこの「隠喩形成の衝動」が概念によって忘却されたとしても消滅してしまうわけではないと見ていた。むしろそれは自らの新しい活動領域を「神話*のうちに、総じて芸術*のうちに発見する」。なるほどこれとて幻影を産むことに変わりはない。だがそこでは「人間の知性は害を与えずに人を欺くことができる」。知性がこの時ほど豊穣になることもない。「知性は創造者にふさわしい快感を抱きながら、さまざまな隠喩を縦横に投げつけ、抽象作用の境界石の位

置をずらす」[同 2]のである。

ニーチェは、ここで真理はいかにして形成されるかという問題視角から、真理というものを捉えている。これは真理と認識をめぐる終生変わらぬ視点である。真なるものは作られたものである。ただしこの創作は両義的である。原初の直観的隠喩と慣習化された隠喩にみるように、それは、一方で創造にも繋がれば、他方で捏造にも導く。これに比べて、真理はいかにして妥当するかという視角からの接近には、ニーチェは概して否定的である。ニーチェにとって真理が妥当する過程は、慣習的な拘束力が強いられ、認識の創造性が抑圧される過程でしかない。真理の形成が創造にも捏造にもなるのは、この真理の妥当性の条件にかんする否定的な見解と無縁ではない。真理と認識をめぐるニーチェの思索は、この創造と捏造の力点の置き所の違いをめぐって展開することになる。

初期には、真理の捏造と創造、およびそれぞれに応じた認識に名を与えようとした試みが散見する。「ギリシア人の悲劇時代の哲学」で、ヘラクレイトス*に「直観的表象の最高の能力」を見てとり、その言説に「論理の縄梯子によじ登って得た真理」ではなく「直観で捉えられた真理」をみてとったのも[「悲劇時代の哲学」5,9]、『悲劇の誕生』*で、楽天主義的認識に対して悲劇的認識を、論理的ソクラテス主義に対してディオニュソス*的英知を唱えたのも、真理と認識をめぐるこうした対立図式を背景にしている。そしてここで真理が創造的な形をとりうる不可欠の条件として考えられていることは、「真理らしさ」というカテゴリーに象徴されるように、芸術による認識の制御である。

「ディオニュソス的世界観」でニーチェは言う。ギリシア人は現存在というものが怖るべきものと愚かしいものからなっているという真理を認識していた。この怖るべきものと愚かしいものをともに生きていけるようにするには、それらを崇高さと滑稽さという美的現象に昇華しなければならない。ところで崇高さと滑稽さとは、たんに真理でもなければ美でもない。「美と真理とのあいだの中間世界」にあるものだ。同様に「[ディオニュソス的人間としての俳優は]美を越えて進むのだが、真理を求めるわけではない。彼は両者の中間に漂ったままである。彼は美しい仮象*を求めるわけではないが、ともかく仮象を求めるのであり、真理を求めるのではないが、真理らしさ(象徴、真理の徴)を求めるのである」[「ディオニュソス的世界観」3]。ディオニュソス的英知がアポロ*的芸術手段によってはじめて形象化され、悲劇的認識が芸術を必要とするとは、真理(Wahrheit)が仮象(Schein)をまとった真理らしさ(Wahrscheinlichkeit)においてこそ可能となることを告げてもいる。

【II】 中期ニーチェにおける真理と認識

初期ニーチェが求めた真理と認識は、悲劇的認識と真理らしさにもっともよく現れているだろう。もっともこの「真理らしさ」は、新しい真理概念というより真理とは別のものとも取れる。悲劇的認識も、新しい認識概念というより認識とは別のものとの結びつきを求めているようにとれる。「認識衝動の制御——宗教のためになされねばならないのか? それとも芸術的文化のためかを明らかにしなければならない。私は後者の側に立つ」[遺稿 I.4.26]。ニーチェがここで峻拒するのは、純粋な認識を独走させてしまう企てである。「いつの時代にも無制限な知識欲はそれだけでは……人間を野蛮にするものだ」[「悲劇時代の哲学」1]。そしてそれは認識と生との関係にも言える。「いったい生が認識と学問を支配すべきなのか、認識が生を支配すべきなのか?……何人も疑うまい、生こそより高い支配する威力だ」[『反時代的』II.10]。認識衝動を芸術的力の制御の下に置き、認識を生の支配下に置くことが、初期ニーチェにおける

301

認識のあるべき姿だったということができよう。

これに対して、中期になると認識や科学について、これらとはすこし違った発言が顔を出す。肝心なのは、認識衝動を制御するのではなく、それを「認識の情熱」にまで高めることである。「われわれにおいては、認識は……自己消滅以外のなにものも恐れない情熱に変わった。全人類がこうした情熱の衝迫と苦悩のもとで、これまでの、野蛮につきものの粗暴な快楽に対して嫉妬を捨てきれなかった時代よりも、いっそう気高くいっそう安んじて自己を信じるようになるだろうと、われわれは率直に信じている」[『曙光』429]。「真理への生気あふれる熱中があるならば、われわれは、軽やかに生きる神々のように生きることができる」[遺稿 I.8.50]。ここでは一見すると認識を生の支配下に置こうとするより「認識のみに生きる」態度が求められている。

けれどもこうした違いにも関わらず、ここには初期と中期に共通した姿勢が隠れている。ニーチェはいずれにしても、認識と生を分離して、認識なき生をとるべきか生なき認識をとるべきかの選択を迫っているのではない。「生*が認識と学問*を支配すべき」といい「認識のみに生きる」といい、どちらも目指しているのは、認識と生が分裂せず両者が統一されている状態である。問題は認識と生を一致させるのはいかにしてかであって、初期と中期はただこの一致のさせ方において、力点の置き所が変わっているにすぎない。

中期のニーチェが、閑暇と孤独からなる「静観的生活」(vita contemplativa) を口にしたのも認識と生の統一を求めた結果だとみた方がよい[『人間的』I.282, 284]。ただしニーチェ個人の場合、それは「病気*によって強いられた閑暇」[同 I.289]である。「病気は、私の習慣のすべてを完全にひっくりかえしてしまう権利を私に与えた。病気からいやでも無為でいることという贈り物を受け

た。「だがそれはつまり〈考える〉ということなのだ」[『この人』VI.4]。病人は健康者の日常生活から距離をとって観察し「怖るべき冷酷さをもって外部の事物を見わたす」。そのため「健康者が見る場合に通常事物を蔽っているあのすべての小さな欺瞞的な魔術沙汰が、病人の眼には消えてしまう」[『曙光』114]。暴露心理学の生理学*的条件とでもいうものが「病者の光学」に存在している。

だから「静観的生活」(ヴィタ・コンテンプラティヴァ)とはいっても神的真理を求めるアリストテレス流の「観照的生活」(オンティコス)とはおよそ縁がない。むしろ中期のニーチェで見逃せないのは、「永遠の真理」を希求する形而上学的思惟に正面から批判の矢が向けられたことだろう。「いっさいは生成したのであって、永遠なる事実というものは存在しない。絶対的な真理が存在しないのと同様に」[『人間的』I.2]。形而上学的真理こそ優れて捏造された真理なのである。この「形而上学的な哲学」に代わってニーチェが対置するのは、もはや別の形而上学(芸術家形而上学)ではなく、「自然科学と区別して考えることの全然できない歴史的な哲学」[同 I.1]、近代的な自然科学と歴史を経験したのちの自由精神*であって、ニーチェは近代的啓蒙を徹底させた地点に身を置いた格好になる。病者の認識と釣り合っていたのは、啓蒙の光のもとで躍動する批判精神にほかならない。

なるほど認識のための生といっても、他の衝動を抑圧するわけではない。「ある人が認識において純粋・厳密であると同時に、他の瞬間にはまた詩・宗教・形而上学にいわば百歩の先発を許して、その威力と美を追感することのできるような力と柔軟さを所有しているならば、現在ではそれを偉大な文化の決定的な徴候とみなすことができる」[『人間的』I.278]。しかし生と認識と美との調和を求めることに矛盾しはしないものの、それは芸術家形而上学の下ででもなければ、芸術的文化

のためでもない。芸術の優位は後景に退いている。同じことは，真理の（捏造ならぬ）創造のありように関してもいえる。

「私は，次のような応答を許すすべての懐疑＊を讃える。──〈ではためしてみよう〉。私は実験を許さないすべての事物，すべての問いについては，もはや何も聞きたくない。これが私の〈真理感覚〉の限界だ」［『智恵』51］。肯定的な意味で真理が創造される時，かつてのように芸術による認識の制御という形をとらず，思考の自在な実験性に主眼がおかれる。固定した習慣や法則を憎む実験的思考にしてみれば，何かの信念や信仰に固執するものは敵である。「信念の闘争」ではなく「意見の闘争」［『人間的』Ⅰ.630］が，実験的思考の場である。とすれば，確固たる信念にもとづいた真理ではなく，多様な意見の闘いから簇生し生成してくるものこそ，真理の名に値するということになろう。もっともニーチェは，意見の闘いにもとづいて生み出された合意形成こそが真理を可能にするとはいわない。上に指摘したように彼には真理の妥当性の条件に特別の眼を向ける意志はない。ニーチェにとってみれば，合意形成など所詮は多数者との一致にすぎない。「これら来たるべき哲学者たちは，〈真理〉の友なのであろうか？……〈私の判断は私の判断だ。他者はそれを簡単に手に入れる権利をもたない〉と──おそらくそのような未来の哲学者は言うだろう。多数者と一致したいという，悪い趣味は捨てなくてはならない」［『善悪』43］。ニーチェの力点は，真理創造の過程であらわれる意見の個性と多数性にある。また実験的思考を旨とする者にとって，真理は，けっして不変・不動ではありえない。「現在ではわれわれはなお科学の青春時代のなかに生きており，美しい乙女を追うように真実を追うのをつねとする。しかしそんな若々しい真理も固定してしまうと，老いさらばえて「灰色で退屈になった誤謬」とさして違わなくなるか もしれない〔『人間的』Ⅰ.257］。真理はむしろ不断の流動的な生成のなかにある。

【Ⅲ】 後期ニーチェにおける真理と認識

しかしこうした真理創造のプロセスにおける流動性や意見の多数性を強調するなら，この過程で創造されるものが本当に真かどうかはどうでもよいことになろう。「長期にわたる新しい〈事物〉を創造するためには，新しい名称と評価ともっともらしさを創造すれば，それで足りるということだ」［『智恵』58］。ここで「もっともらしさ」と訳したのは Wahrscheinlichkeit で，前に「真理らしさ」と訳した語と同じである。ただしここでは「美と真理とのあいだの中間世界」という意味はない。文字通り真理らしくみえるものといった程度で，端的に誤謬であってもよい。だがそうなると真理形成において創造と捏造とを弁別することはさして意味がなくなる。こうして中期から後期にいたるにつれて，ニーチェにおける真理創造説は，捏造という語義に力点がかかる形に推移していく。

「真理とは誤謬の一種であり，それなしにはある種の生物が生存しえないものなのである。生にとっての価値が最終的には事を決めるのである」［遺稿 Ⅱ.8.306］。後期ニーチェを象徴する一節だが，真理が誤謬であるとのこの言を文字通りに取るならば，これは一種のパラドクス，いや語義矛盾である。〈真理とは誤謬だ〉という命題が真なら，真理は誤謬でもあるのだから，この真なる命題は偽となる。ニーチェの発言の意を汲もうとするならば，こうした論理的な見方を括弧に入れたところから解釈を始めなければならない。

ニーチェが「真理とは誤謬の一種である」と主張するとき，彼は第一に，真理と仮象を対立させ，前者を後者より価値ありとみる二項対立の図式を拒否している。「いけないのは〈仮象の〉と〈真の〉という古来の対立とともに，〈価値に乏しい〉と絶対的に〈価値あり〉という相関的価値判断がひろまったこ

とである」[遺稿 Ⅱ.11.100]。二項対立を拒否するために、ニーチェは真理と誤謬とを価値に還元する。価値評価とは「ある種の生を保存するための生理的要求」[『善悪』3]である。こうした生の条件としての価値評価は、生成流転する現実では、多種多様なかたちをとりうる。程度の差しかない多元的な価値のなかに、価値あるものと価値に乏しいものとの対立を作為するところに、真理と仮象の二世界が捏造される。形而上学的な永遠の真理も、こうした対立の信仰の産物にほかならない。「形而上学者たちの根本信仰は対立しあう諸価値への信仰なのだ」[同2]。

こうした真理への意志*にあるのは、生成・変転するものへの憎悪と存在・持続するものへの願望にすぎない。真理のこうした確実性と恒常性への信仰に照応しているのは、認識の次のようなあり方である。「〈認識する〉とはどういうことか？ 未知のものを既知のもの、慣れ親しんでいるものへと還元することである」。それはまず「規則の探究」を認識に励む者の第一の本能とみるものであり、それによって変転つねなき世界にたいする「恐怖心を鎮静させる」ことを目的としている。「彼らが規則を求めるのは、その規則によって世界の恐ろしさが取り払われるからである」。何かを「説明」するとはこうした事象の規則を取り出すことなのである[遺稿 Ⅱ.9.244f.]。「認識は存在への信仰にもとづいてのみ可能となる」[同 Ⅱ.9.146]。

もちろんニーチェは、「説明」としての認識が、認識のすべてだとは見ていない。「認識とは結局何でありうるだろうか？──〈解釈〉であって〈説明〉ではない」[遺稿 Ⅱ.9.144]。「すべては流動しており、捉えられず、捉えようとしても遠ざかってしまう。どんなに恒常的とされるものでも、やはりわれわれの持ち込んだ臆見にすぎない。解釈によって意味を置き入れる──大多数の場合には、古い解釈が理解不可能なものとなり、も

はや単なる記号にすぎなくなった時に、新しい解釈をかぶせただけだ」[同 Ⅱ.9.138]。「〈認識〉という言葉に意味がある程度に応じて、世界は認識しうるものとなる。だが世界は他にも解釈しうるのだ。世界は背後にひとつの意味を携えているのではなく、無数の意味を従えているのだ」[同 Ⅱ.9.397]。真理を一種の誤謬と解するのは、真理と仮象の二項対立を拒否すると同時に、第二に、このような複数の解釈に開かれた多様な「誤謬」の形成、いやむしろ仮構の形成の相から真理というものを捉え返す道に通じている。これは真理創造の流動的性格や意見の多数性、そして「真理らしさ」（Wahrscheinlichkeit）というかつての概念に通じる面である。ただしニーチェはそれを別の真理の姿とは捉えない。むしろそれは作為の産物、誤謬・欺瞞である。

とすればニーチェは、「誤謬」というものを作為されたものとして二つの意義で捉えたことになる。一つは、ニーチェが未知のものを既知のものに還元する認識にもとづくとした真理である。「既知のものは信頼感を引き起こす。〈真〉とは、安定感を与えてくれるもののことをいう」[遺稿 Ⅱ.9.329]。安定感のなかにあるのは、未知の新しいものに分け入ろうとする意欲よりも、既知のものによる解釈ですまそうとする一種の怠惰である。「怠惰（inertia）は、どんな印象に際してもまずは同一視を試みる。つまり新しい印象と記憶とを同一化するのである。繰り返しであることを望むのだ」。それはまた、ある根拠や根源を思考の基盤に据えようとする欲求にもつながる。「根源的活動は比較ではなく、同一化である！」[同]。「真理の捏造」には、既知への還元、安定感、怠惰、繰り返し、根源への回帰、同一化思考といった一連の心理的な操作が働いている。

しかし他方で、未知の新しいものに触れる瞬間は、既知のものに還元できないものを経験する瞬間にほかならない。「新しいものは

恐怖を呼びさます。他方で，新しいものを新しいとして捉えるためにはもともと恐怖が存在していなければならない」。それは，既知のものに還元できず，同一化思考の暴力を行使できないために感じる恐怖である。「恐怖は区別すること，比較することを教え込む」［同］。それは同時に人間が万物の生成・流転に投げ込まれたことを知る瞬間でもある。そこには「第一原因」や根拠のようなものは何一つない。「何人ももはや責任を負わせられないということ，存在のあり方がある一つの第一原因に還元されることなど許されないということ，世界は感覚器官としてであれ〈精神〉としてであれ，ある統一性ではないということ，これこそ初めて偉大な解放である，——それによって初めて生成の無垢*が回復されるのである……」［『偶像』VI.8］。

既知への還元，安定感，怠惰，繰り返し，根源への回帰，同一化する思考といった一連の心理的な操作が「真理の捏造」にいたる〈説明〉としての認識の回路を一方にすえながら，未知の新しい経験，恐怖，驚き，戦慄*，神の死*，差異化する思考，変化・流転，創造の戯れにつらなる認識の回路，ニーチェには，こうした「生成の無垢」にいたる〈解釈〉としての認識の回路が存在したはずである。もっともこうした回路を，ニーチェは，かつてのように新しい真理という次元では捉えず，むしろ芸術という別の価値に求める。言い換えれば，真理の別の姿ではなく，虚偽・欺瞞の多様な生成と創造の可能性に身を転じていくのである。→仮象，捏造，形而上学，学問，真理への意志，価値の転換　（木前利秋）

真理への意志　[der Wille zur Wahrheit]

『善悪の彼岸』*第1章「哲学者たちの先入見について」をニーチェは，「真理への意志」に対する疑問をもって始めている。「われわれが真理を意志するとすれば，何故にむしろ非真理を意志しないのか。また不確実を意志しないのか。——無知をすら意志しないのか」［『善悪』1］。問題は，「真理*」を求める動きをア・プリオリの事柄として承認するのではなく，それを生*のコンテクストに置き直し，評価し直すことである。

ニーチェにとっては，「真理への意志」とは生を貫く力への意志*の様態の一つである。力への意志こそが解釈し評価する。ところが，論理と理性のカテゴリーは，生が自らのために世界を解釈し，世界に「原理的に有用な偽造」［遺稿 Ⅲ.11.166］を施すための手段である。その有用性を示す標識が「真理」にほかならない。しかし，この系譜学的起源を見落とし，コンテクストを超越した真理，この世界と断絶した「真なる世界」をさらに偽造するとき，力への意志は「真理への意志」となる。ここでひとは，恒常的な真実在の世界を信じ，認識しようとする。この「あるものがこれこれであるとの認識」はしかし，「仮象*の世界」へと貶められたこの世界における創造を放棄した否定的で無力な意志の様態を，「真理への意志」の性格を表している（存在に対する信仰，生成への不信）。だが，「仮象」は，過てる判断は，そして（論理的なものも含めて）虚構は，生の不可欠の条件をなす。したがって，肯定的で創造的な力への意志を，「あるものがこれこれとなるための行為」を「真理への意志」から解放するためには，「真の世界を除去することが決定的に重要である」［同 Ⅲ.11.101］。哲学（「未来の哲学」）が「非真理を生の条件として容認すること，これはもとより危険な仕方で通常の価値感情に反抗することである。それでこれをあえてする哲学は，それだけですでに善悪の彼岸に立つことになる」［『善悪』4］。→仮象，真理と認識，力への意志　（港道 隆）

神話

神話，正確にはギリシア神話は『悲劇の誕生』*においては当然のことながら，さしあた

り，悲劇として上演される物語として，悲劇のなかで果たす役割に焦点を当てて考察される。そして，悲劇それ自体同様，アポロ*的とディオニュソス*的との二重の側面をもつものとみなされる。しかもその二重性は，神話物語のもつ意味内容（神話の教え）およびその本質的生成構造という，これまた二重の観点から考察されており，その意味でその二重性は二重の二重性とでもいうべきものとなっている。まず，前者の意味内容の二重性は主として『悲劇』9で明らかにされる。そこでは，オイディプス神話とプロメテウス神話が取りあげられるが，そのうちたとえばプロメテウス神話（『縛られたプロメテウス』）において際立っているのは，「正義を求めるアイスキュロスの深い傾向」である，という。それは，人間と神々に対する節度への訴えかけであり，アポロ的な傾向である。しかしその反面，その神話でいわれる文化の守護神としての火の獲得は神的自然に対する冒瀆であって，そのかぎり人間はその帰結をひきうけねばならない。だが，その冒瀆は尊厳にみちた「能動的な罪」であり，そのことによって人間の禍い・責め・苦悩は是認されうるものとなる。そこに働いているものこそ，人間と神々とのそれぞれ分限された節度ある世界の垣根を廃棄するディオニュソス的衝動にほかならない。

このようにニーチェは神話の意味内容に，アポロとディオニュソス双方の教えを確認する。しかしそればかりでなく，神話はそもそもその成り立ちからしてアポロ的であるとともにディオニュソス的な構造となっている，とニーチェは主張する。一定の筋をもった物語として劇のうちで可視的形象と化す神話がアポロの性格を有するということはみやすいことだろうが，他方，「古代の神話はたいてい音楽から生まれた」[遺稿 I.3.432] のであるかぎり，それはまたディオニュソス的起源のものたらざるをえない。ニーチェは神話と音楽の関係を，『悲劇』5に述べられた叙情詩人の詩作過程——詩人の「音楽的気分」から詩的形象が放射される——とパラレルに考えているのである。神話を，「ひとつの物語，〈教訓〉なしの出来事の連鎖であるが，全体として音楽の解釈である」[同上] と規定していることからも，そのことは窺えよう。むろん，アポロ的形象でもあるかぎり，神話はディオニュソス的音楽の破壊的な効果が直接的に作用することを妨げ，そのゆえに，悲劇作品のもつ芸術的昇華を可能ならしめる。神話とは「アポロ的芸術手段による，ディオニュソス的知恵の形象化」[『悲劇』21] としてまさに，悲劇芸術の凝縮された姿なのである。ここで注意しなければならないのは，たとえ一定の物語として言語作品化されることがあるとしても，神話の神髄をニーチェはあくまで舞台上での形象化にみていることである。この形象化によって神話は，言語的抽象概念の一般性とは別の，いわば音楽的な普遍性と真実性に到達するのであり，「神話は語られた言葉のうちにその完全な客体化を見いだすことはけっしてない。場面の構成や直観的形象の方が，詩人自身が言葉や概念によって捉えうる以上に深い知恵を啓示するのだ」[同 17]。この時期のニーチェは，言語*の媒介を経ることのない，視覚形象や聴覚音声といった感覚感情による直接的な事象理解の可能性，いや現実性を認めていたのである。したがってまた，音楽的母胎から引き離され言語的な意味に還元されてしまうと，神話は「童話」となり，女子どもの慰みものでしかなくなるか[『反時代的』IV.8]，あるいは，歴史的な一回限りの出来事とみなされ，もっぱらその事実としての信憑性に関心が向けられ，神話のさらなる発展・成長は不可能なことになる[『悲劇』10]。それは神話の死である。

大略以上のように，ニーチェは悲劇における神話の役割について規定する。しかし話は

そこに尽きず，他方面に及んでゆく。そのなかでも重要なものは，民族*や民族の文化との関係においてみられた神話である。「神話なしではあらゆる文化はその健全な創造的自然力を失うのであり，神話によって取り囲まれた地平によってはじめてひとつの文化の運動全体は統一のあるものにまとまるのだ。……神話の形象は，それと気づかれることなく遍在するダイモンのごとき守護者なのであって，それに庇護されて若い魂は成長し，それを徴表として男はおのが人生と戦いとを解き明かす。国家*すら，神話の基礎以上に強力な不文律を知らないのだ。神話の基礎は，国家と宗教との連関を，国家が神話的表象から成長してくるのだということを，保証するのである」『悲劇』23。この文面にある種の危険性を察知する人も多いであろう。そのことはそれとして認められねばなるまい。しかしある遺稿［Ⅰ.3.333］が明らかにしているように，そうした神話による民族や国家の統一は，ギリシア人に本質的な競争心や我欲が剥き出しになることを制御するものとして評価されていることも，おさえておかねばならない。そして，「ギリシア人は，あらゆる体験をすぐさま自分らの神話に連結するよう，いやそれどころか，この連結によってのみ体験を理解するよう，思わず知らずのうちに余儀なくされていた。そのことによって，かれらにはすぐ目の前のこともただちに永遠の相の下に，ある意味では無時間的なものとして現れざるをえなかったのだ。……そして，ひとつの民族は――ひとりの人間にしてもそうだが――まさに，おのれの体験に永遠の刻印を押しうるかぎりにおいて，価値をもつのである」『悲劇』23 と述べ，返す刀で，神話を喪失した近代を，芸術的空想が無規律に彷徨し，文化は借り物の外国文化によってかろうじて身を養い，いっさいを学問としての歴史に還元しつつ歴史的認識への欲求に苛まれて過去をあさっている時代として，厳しく批判するとき，そこには間違いなくひとつの問題が提起されているのだということは，けっして「抑圧」されてはならないだろう。(そこには明らかに，変転する歴史の中に「繰り返すもの，恒常的なもの，類型的なもの」を求め，ギリシア神話をも，歴史的事実か否かという次元を越えたところで，ギリシア精神の本質を体現したものとして捉えようとするブルクハルト*の基本姿勢と通ずるものがある。「太古の時代について本来なにを知らせてくれるのかということについてはいかに疑わしいものがあろうとも，神話は強烈な力としてギリシア人の生を支配し，そのうえ，身近ですばらしい現象として漂っていた。神話の光は，神話がまだ遠い過去とはまったくなっていないかのように，いたるところで，そして後代にいたるまで，ギリシア人の現在の隅々にまでさしこんでいたのだし，またその一方で，神話は国民自身のものの見方や行動を，より高次の像に写し出して根本的に描いていたのである」『ギリシア文化史』])。なぜなら，言うまでもないことだが，その「抑圧」によっては神話の危険性が取り除かれるどころか，かえって不可視のままに温存され，ときならぬ暴発の機を窺い続けるのだし，また，「抑圧」自体が一つの神話となりはてる可能性も払拭されえないのだからである。

中期以降ニーチェは，神話を主題的に取り上げることはほとんどなくなる。それは，彼がいわば実証主義的「脱神話化」の時期に入ったからである。のちの「系譜学*」にも繋がる「思考の発生史」に携わることになったニーチェは，事象の形而上学的永遠の本質を信奉することはもはやない。むしろ，そのように自称されるものの由来を問い尋ね，そこにいかなる欺瞞や虚偽が働いているかを「心理学的」に暴露することに専念する。したがって神話についても，現代人が睡眠の最中健全な記憶能力を失い妄想じみた夢を見るよう

に，覚醒中も記憶が不完全であった古代人が恣意的にまた混乱状態でつくりあげたもの，と規定されたりするようになる［『人間的』I.12］。

後期のニーチェは，こうした偶像破壊的傾向を受け継ぎつつ，他方でまた「神話的思考」に回帰してゆく。そのことは主著『ツァラトゥストラ』*が一篇の壮大な神話物語の性格を有していることからも察せられよう。神話化と脱神話化というこの両面は，ニーチェには矛盾と受け取られていたわけではない。それどころか，「呪術にかけること（Zaubern）としての創造は，存在するものすべてに関する脱呪術化（Entzauberung）を伴う」［遺稿 II.6.255］という遺稿などからすると，両者は互いに他を要請する，緊密に一体をなすものと考えられていた可能性の方が強いだろう。けれども，神話化に励めば励むほど，必然的に脱神話化を呼び込むとしたら，逆に脱神話化の作業もそのまま神話化を惹き起こすとは言えないだろうか。それはすなわち，完全な意味での脱神話化は不可能ということにほかならない。この不可能性を意識させるところに，ニーチェの魅力や危険性の一端も潜むのであろうし，また後代彼自身「神話の試み」（ベルトラム*）に晒される，あるいは，そうした試みを挑発することになる遠因ともなっているのであろう。そして，この脱神話化の不可能性の意識，換言すれば，神話の普遍的可能性の意識のもと，狂気直前（あるいは直後?）のニーチェはみずから神話の登場人物と化すことになる。クロソウスキー*は『ニーチェと悪循環』において，トリノ*での多幸症状態のさなかニーチェが彼自身の手でみずからの生を神話的ドラマに仕立てあげてゆくその模様を活写した。「自分はもはやニーチェではない，自分はなにものでもない」というこれまでになく明晰な意識に達したニーチェは，みずからディオニュソス等と化し，コージマ・ヴァーグナー*に

「魔法をかけ（zaubern）」［1889年1月6日付（消印は1月5日!）のブルクハルト宛書簡］てアリアドネ*に見立て，いわば「ナクソスのアリアドネ」というサテュロス劇を自身の生の現場で上演しようと，もくろんだというのである。狂気の沙汰と片づけることはたやすい。けれども，ニーチェはその知的生涯の最後において，神話的思考の深淵を再度——ただし今度は文字通り身をもって——示したのであって，そのかぎり，神話のもつ射程を考察するにあたって，そこから汲み出しうるものには尽きせぬものがある，といわねばならないだろう。➡オットー，クロイツァー，ケレーニー，啓蒙の弁証法，民族　　　　　　（須藤訓任）

ス

スタイナー　［George Steiner 1929-］

オーストリア系ユダヤ人としてパリに生まれ，戦時中アメリカに亡命。戦後は文芸批評家として多彩な活動を展開する。スタイナーの思考の原点にあるのは，彼がユダヤ人としてこうむらねばならなかった運命を近代ヨーロッパ文明の行方の問題として普遍化することであった。この主題を論じた著作『青髭の城にて』(1971) の中でスタイナーは，19世紀ヨーロッパの文明の基調を「倦怠*」（アンニュイ）と規定する。それは革命の挫折と産業革命による生活の加速度化がもたらした社会や文化のニヒリスティックな気分を意味する。この「倦怠」はその反動として「破壊」衝動を生み出す。スタイナーが「地獄の季節」と呼ぶこの「破壊」衝動の時代を貫いているのは，ユダヤ思想に凝縮された理想主義的規範の追求への志向に対する深い憎悪であった。スタイナーは，ニーチェが「奴隷の反乱*」と呼んだ

「ルサンチマン*」の噴出をこうした憎悪の現れとしての反ユダヤ主義*の中に見ようとするのである。本書におけるスタイナーの近代ヨーロッパ文明観には明らかにニーチェの近代認識のパースペクティヴの影響がうかがえる。ただしスタイナーはこうした「破壊」衝動の流れの中にニーチェ自身も数え入れ、ニーチェをこうした「倦怠」と「破壊」衝動の時代の基調を最も深いところで体現した人物として批判的に見ている。なお『ハイデガー』の新版に付された「ハイデガー 1991」という序文の中で、こうした近代の文脈についてのスタイナーの見方がより精緻に展開されているが、そこにもニーチェへの言及が見られる。

(高橋順一)

スタンダール [Stendhal 1783-1842]

本名はアンリ・ベイル (Henri Beyle)。生涯にわたって幾度か名前を替え、スタンダールは敬愛したヴィンケルマン*の生地シュテンダール (Stendal) にちなんだ筆名。ニーチェは『赤と黒』を読んで「自分の血縁に出会った気がした」と記している。スタンダールは生地グルノーブルからパリに到着した日にブリュメール18日のクーデターに遭遇。そのままナポレオン*のイタリア遠征軍に加わるほどのナポレオン崇拝者であり、またイタリアの芸術と奔放な生活を愛した。『パルムの僧院』などの作品には、陰謀や残忍さも辞さずに強烈な個性を貫徹するルネサンス*期の人間に魅了された彼の性向がうかがえる。こうした点にニーチェが親近感を持ったことは想像に難くない。しかし何よりもニーチェが関心をよせたのは、その心理描写の方法である。スタンダールは自己の強烈な欲情や感動をさらけ出すことが「幸福の追求」であるとして、それを「エゴティズム」と名づけた。ミラノでの自らの恋愛経験を分析した『恋愛論』や、『赤と黒』、『エゴティズムの回想』などはその典型である。ニーチェはスタンダールを「最後の偉大な心理学者」と呼んでいる（ドストエフスキー*との出会いの後は、その評価は相対化される）。感情の襞をえぐるようなスタンダールの心理分析の手法に、自らの暴露心理学と同じものを感じとったのだろう。また「美とは幸福の約束である」というスタンダールの言葉を、カント*の美の定義を否定する根拠としている。つまりニーチェにとって美*は、カントにおけるように「関心なき」ものではなく、「美の領域でなされる強烈な体験、欲望、驚き、震えに満ちた……偉大なる個人的事実であり経験である」。そうした美を知っていたスタンダールと比べてカントは「非個人的で普遍的である認識」を尊重するがあまり、幸福の美を考えていないと批判する [『系譜』Ⅲ.6]。同様にショーペンハウアー*も、情念からの解脱が美的状態と考えている点で、スタンダールと対比させて批判している。幸福を約束する美とは、「意志の興奮」であり、禁欲とは逆である。無神論*に立ち、旧弊な道徳を覆し、偽善を暴くスタンダールに、ニーチェは羨望さえ感じるほどであった [『この人』Ⅱ.3]。

(大貫敦子)

ストア派／ストア主義 [Stoa; Stoizismus]

ストア派についてニーチェは、その禁欲的な態度の意義をある程度までは評価しながら、同時にその限界を指摘するという距離をおいた見方をしていた。『ギリシア人の悲劇時代の哲学』では、現代の浮薄な哲学と比べると抑制の徳を自らに課しているストア派は男らしくて立派であると持ち上げているが、ヘラクレイトス*の「世界の遊戯」という「美的な根本概念」を合目的性や人間の利益という観点から平板に解釈してしまったと非難している [「悲劇時代の哲学」2, 7]。（なお、『この人を見よ』* [Ⅳ.3] でニーチェはヘラクレイトスに永遠回帰*説の先蹤を探り、すべての根本観念をヘラクレイトスから受け継い

だストアにもその痕跡があると述べている。)倫理説については, 何ものにも心を動かされない平静(アタラクシア)を幸福と捉える考え方は, 針鼠のように硬い無関心の皮をかぶって「生存の偶然」がもたらすものすべてに対して不感症になることにほかならず, 精神的な仕事をする人間にはむしろエピクロス*派の繊細な感受性の方がふさわしいとしている[『智恵』306]。そもそも,「自然に従って生きる」というストアの理想自体が,「途方もなく永遠なる賛美や一般化」によって自然に自らの解釈を押しつけ, 自然が「ストアに従って」自然であるように強いることによってなりたっている。あらゆる哲学は「専制的な衝動, 精神的な力への意志*」として世界を自らの姿にしたがって創造するのであり,「自己に対する専制」にもとづくストア主義は, 自然も専制的に支配できると期待しているのだというのである[『善悪』9]。それゆえ, ストア的な態度はせいぜいのところ, デカダンス*に対する健全な本能の自己防衛となり,「歯止めのモラル」としてはたらくにすぎないという[遺稿 II.11.272]。その「厳格さ・戒律としての〈尊厳〉, 偉大さ・自己責任・権威としての, 最高の人格的卓越性としての徳——これらはセム的である」とされ, ストア主義者のいかにも無理をした厳格さは「ギリシアのおむつと概念にくるまったアラビアの族長」に喩えられている[同 II.10.439]。とはいえ, そのような自己に対する専制支配にも積極的なものに転換する可能性が認められていないわけではない。禁欲主義の極限形態として, あくまで真理を求めて知的誠実*を貫こうとする「自由精神*」をニーチェは「最後のストア派」と呼ぶ[『善悪』227]。そして, この「知性のストア主義」が, 感性を否定する「禁欲主義の理想」を貫くことによって, かえって禁欲主義の根柢を暴露し, 破局に導くことを期待するのである[『系譜』III.24]。　　　　　　(大石紀一郎)

ストリンドベリ [August Strindberg 1849-1912]

19世紀末から20世紀初頭にかけて活躍したスウェーデンの代表的な劇作家・思想家。1870年の戯曲『自由思想家』に始まる彼の文学活動は, 自然主義*から自己分析的な世紀末文学, 象徴主義, 表現主義*, さらには幻想的な作風に至るまで多彩な展開を見せた。とりわけ世紀末*において個人の自立や女性*の解放を求めた社会批判的作品はドイツ語やフランス語でもほぼ同時に刊行され, ヨーロッパ中で反響を呼んだが, 1883年からの6年間にわたるヨーロッパ遍歴の間に深刻な精神的な危機を体験したストリンドベリは, 反イプセン*的な女性憎悪の立場(『父』1887, 『令嬢ジュリー』1888)へと移行した。ニーチェがゲオルク・ブランデス*の仲介によってストリンドベリと文通を始めたのは, 1888年11月になってからのことである。『ツァラトゥストラ*を読んで感激したストリンドベリが友人宛の手紙ではかならず「ニーチェを読みたまえ」と勧めていると聞いて, 彼は大いに心を動かされた。ブランデスがストリンドベリのことを「スウェーデン最大の作家で〈真の天才〉」と紹介したのも, ニーチェの関心を惹いたらしい。さっそく『結婚』や『父』のフランス語版を読んで, ストリンドベリは女性観については奇妙なことに自分と完全に一致しており, 女性に関しては「最大の心理学者」であるという感想をもらしている[ガスト宛1888.11.18.; オーヴァーベック宛同年11.29.]。また, 『父』のフランス語版がストリンドベリ自身による翻訳であることに驚嘆したニーチェは, 『この人を見よ』*の仏訳を彼に依頼しようとした[ストリンドベリ宛1888.12.8.]。この依頼状はビスマルク*やドイツ皇帝に対する「宣戦布告」などという表現も出てくるかなり不穏な手紙であるが, ストリンドベリはニーチェが費用を負担するならば喜んで引き受けると応じている[ニーチェ宛1888.12.

27.]。ところが，すでに狂気の領域に踏み入ろうとしていたニーチェは，翻訳の話を進める代わりに，フランス語で「離婚しましょう」と書いて「ニーチェ シーザー」と署名した奇矯な手紙を送り［1888.12.31.]，ストリンドベリの方でも「至高にして至善なる神」と署名した手紙［1889.1.1.]で答えたが，それに対してニーチェから返ってきたのは，「離婚しましょうはもうなしですか？」に続いて「十字架に架けられた者」*と署名された手紙［1889.1月初め]。ニーチェの影響のもとで精神貴族的な個人主義に移行したストリンドベリは，やがて力強い個人をテーマとする小説『大海のほとり』(1890) を発表したが，その後はオカルト的な神秘主義思想に没入していった。 (大石紀一郎)

スピノザ ［Baruch de Spinoza 1632-77］

17世紀オランダのユダヤ系哲学者スピノザに対してニーチェは一貫して強い関心を抱いていた。「犠牲を捧げる者である私を拒絶しなかった四組の人々がいる。エピクロス*とモンテーニュ*，ゲーテとスピノザ，プラトン*とルソー*，パスカル*とショーペンハウアー*である」［『人間的』II-2.408]。ルソーの名があることからも明らかなように，ここに名が挙がっているのはニーチェがその思想に賛意を呈した人々だけではない。にもかかわらず彼らの名が挙がっているのは，ニーチェが肯定的評価と否定的評価のはざまの中で彼らの思想に強い関心と吸引力を感じているからである。スピノザもまたこうした両義的評価の対象であった。ニーチェはスピノザの中にまず認識者としての性格を見ようとする。そして認識者としてのスピノザが求めているものが「神的なもの，永遠に自らの中で安らっているもの」［『智恵』333］であるとする。そうしたスピノザの志向はニーチェの見るところでは，認識に含まれる「多様で，相互に矛盾する，嘲笑，嘆き，罵りの衝動」［同］を覆い隠し，葛藤が消去された非情動的で観想的な「意識」に映じる「最終的な和解のシーン」［同］だけを際立たせようとするものである。この「神への知的愛」(amor intellectualis dei)［同372］をニーチェは「イデアリスムス」［同］と断じる。そしてスピノザにこうした認識と情動の切断，そしてその結果生じる蒼ざめた観念論への帰着を見るニーチェのスピノザ観の背後にあるのは，世界の様態(アフェクチオ)をすべてコナトゥス（力能）の発現として捉えようとするスピノザの視点が，結局は病いとしての自己保存*の擁護に終わっているという認識であった。「たとえば結核を病むスピノザがまさにいわゆる自己保存の衝動の中に決定的なものを見，見ざるをえなかったとき，それは症候的に受けとられるべきである。つまり困窮の中にある人間なのである」［同 349］。だがこうした批判にもかかわらずスピノザは，ニーチェが自らの思考との親近性を感じえた数少ない思想家であったことは疑いのないところである。「善と悪が人間の空想に過ぎないことを示し，憤然とあの瀆神者たちから彼の〈自由な神〉の名誉を守ったスピノザ」『系譜』II.15]。ニーチェのスピノザ観のねじれには，レッシング以来ゲーテ，フィヒテ，シェリング，ヘーゲル*と続いたドイツにおけるスピノザ崇拝の系譜の文脈の中にある「神に酔える哲学者」としてのスピノザと無神論者としてのスピノザという相反する見方，そしてそれぞれの見方からスピノザを自らの思考体系に取り込んだ思想家たちへのニーチェ自身の評価の分岐が影を落としていると思われる。→自己保存

(高橋順一)

「すべての快楽は永遠を欲する」 ［„Alle Lust will Ewigkeit."]

『ツァラトゥストラ』第4部「酔歌」の12節および第3部「第二の舞踏の歌」の3節にある詩篇の中の言葉。この後に続く詩行「深

い，深い永遠を欲する」とともに各々の章の結尾をなしている。この二つの章はいずれも『ツァラトゥストラ』の根本思想である永遠回帰*が中心的に論じられている箇所である。そしてこの「すべての快楽は……」という言葉は，ツァラトゥストラの語る永遠回帰の核心を示している。快楽*は永遠回帰における世界肯定の中心的契機である。なぜならそれは自らの対極にある苦痛*さえも肯定の対象としようとするからである。快楽が欲する「深い永遠」とは，こうした苦痛という負の契機も中に含む世界の深さを，その中に含まれるいっさいの対立や相剋を超えてまるごと肯定しうる境地を意味する。いいかえれば永遠を欲する快楽とは，自らの対立物としての苦痛を繰り延べも回避もせずに，「あらゆる〈ここ〉」[『ツァラトゥストラ』Ⅲ-13.2]において引き受けることができるだけの十分な強さを持った生*の証しである。快楽も苦痛もともに肯定されつついっさいが一つの反復の糸により合わされることこそ永遠回帰の核心的意義である。「第二の舞踏の歌」において愛らしい女のかたちをした生がツァラトゥストラに向かって，彼が真夜中を告げる鐘の音とともに生にたいして訣れを告げるだろうと予言するのにたいして，ツァラトゥストラは時の刻みに合わせてこの詩篇を語る。そしてちょうど真夜中を告げる12時において「深い永遠」という言葉が語られる。それは，永遠回帰が生に対する否定性の極みにおいて，そうした否定性をもまるごとすくい取りつつ告知する肯定の境地であることをさし示している。なおマルクーゼ*の『エロスと文明』にこの主題についての優れた考察がある。
⇒「世界は深い，昼が考えたよりも深い」，マルクーゼ
（高橋順一）

[文献] ▷ Herbert Marcuse, *Eros and Civilization: A Philosophical Inquiry into Freud*, Boston 1955（南博訳『エロス的文明』紀伊国屋書店，1958）.

「**すべて深いものは仮面を愛する**」　[„Alles, was tief ist, liebt die Maske"]

『善悪の彼岸』*40番冒頭の言葉で，ニーチェの思想のスタイルをよく表現したものと受け取られることが多い。実際ニーチェは，自分の発言や社交はすべてみせかけであって，その奥には深い，人が聞いたらとても耐えられない思想を隠しているのだ，ということをほのめかす文章を多く書いている。「正しく沈黙するためには語ることを学ばねばならない。奥をもっている人間は前面を必要とする。それは他人のためでもあれば，自分のためでもある。というのは，自分自身から休息を取るためには前面が必要なのだ。また，他人がわれわれとともに生きていけるためにも」[遺稿 Ⅱ.8.296]。あるいは，「隠棲者は，およそいままでに哲学者が……自分の本来の最終的な見解を書物のかたちで表明したとは信じていない」[『善悪』289]。仮面*と類似した比喩としてはハンスヴルスト（道化*）や演技なども用いられるが，そこには貴族的誇りが潜んでいることは言うまでもない。他方で，演技や仮面をほのめかすことで，演技や仮面であることを無意味にしてしまっていることも重要である。嘘つきが自分は嘘をついていると言ってしまったらおしまいである。だが，それらと別に仮面と本質，前面と奥，演技と本音といった区別そのものが流動化されている面も見逃すことができない。そうした二項対立を守っている人間を快活に嘲る文章はいたるところにある。これはニーチェの固有の哲学的経験に属することであろう。
⇒仮面と戯れ　　　　　　　　　　　（三島憲一）

スペンサー　[Herbert Spencer 1820-1903]

スペンサーは今日でこそほとんど忘れられているが，19世紀後半においては，英米文化圏はもちろん，日本を含めて，国際的な影響力を持った市民社会の思想家だった。ニーチェのスペンサーへの言及は，後年の『この人

を見よ』*をのぞき、主として80年代前半に集中しているが、その基調は、凡庸な英国思想家の典型に対する蔑視と罵倒に尽きると言っていい。中期のニーチェの立場からすれば、一般に「道徳主義」は、その発生にさかのぼって解体されるが、スペンサーの説く「利他主義と利己主義の和合」といった道徳説は、いわば「小商人根性」という点で、そのもっとも低劣な形態であり、さらに「科学性という偽善」によって飾り立てられていることで、ますます許しがたいものと見なされる。高貴なもの、偉大なものを求めるなら、「尊敬すべきスペンサー氏」の説く、小商人的な、天使のような道徳や幸福は、多数者にまかせておけばいいし、真理論に至っては論外ということになる。→イギリス／イギリス人

(德永 恂)

スローターダイク [Peter Sloterdijk 1947-]

現代ドイツの批評家。1983年、長大な時代批判的エッセー『シニカル理性批判』によって批評界での地歩を固めた。啓蒙を経ながら啓蒙を実行することのない現代の精神的特質たるシニシズム*を、真理に対する一種の屈折した関係と捉える一方、現実や実社会に対する排雑的な姿勢としてのキニシズム（キニク派的な態度）にシニシズム克服の可能性を求める。ディオゲネスを始祖とするキニク学派のキニシズムが近代語のシニシズムに転じる過程に啓蒙の屈折を見、キニシズムの再興に啓蒙の可能性を求めるのだが、これに関連して、ニーチェが自らをシニカル＝キニカルな存在 (Cyniker) と見ていた点に注目する。86年に刊行された『舞台の上の思想家、ニーチェの唯物論』では、近代の教養人の理想としてのギリシア像を覆し主体の自律性という近代の理念を疑った『悲劇の誕生』*をあらためて啓蒙の系譜に位置づけ、同書が、そのつどに即興で演じられるべき啓蒙の劇的展開のための舞台を用意したとしている。→シ

ニシズム

(高田珠樹)

セ

生 [Leben]

かつてトーマス・マン*は、生という言葉にわれわれの時代に合った深い内容を与えてくれたのは、ニーチェであると述べたことがある。それほど〈生〉はニーチェのテクスト全体における最も中心的な概念である。だが、「その深い内容」となると、あるひとつの気分以上にはなかなか捉えにくい。たとえば、『ブッデンブローク家の人々』のなかで、生から脱落しそうな主人公ハンノーの父で市参事会員のトーマスは、かつてはショーペンハウアー*的ペシミズム*にも取り憑かれたが、ニーチェを読むことによって、力強い生に復帰する。だが、またその子ハンノーのデカダンス*も紛れもなく、世紀末*のニーチェ熱の所産である。この幅はまさにニーチェの〈生〉概念そのものに潜んでいる。

生とはまずは、恐ろしく残酷なもの、没道徳的で力強いもの、一種の混沌である。『悲劇の誕生』*の一文「美的仮象としてのみ、この人生と世界は正当化される」*[5節] が前提としているのは、人間の生は無目的で盲目な自然の活力に根ざし、本質的にはそれと同一である、ということである。自然の暴力が人間の世界にも深く食い込んでいるからこそ、祝祭共同体は悲劇の舞台上の仮象*としてこの生を祝い、讃えることによって、自然からの分離と自然への回帰の弁証法的緊張関係を文化として創出するのである。生には生を越える仮象への運動があるが、この仮象はまた生の本然の姿をそのまま映したものでなければならない、ということである。だが、

この仮象はソクラテス*以来の認識*や学問*としても展開する。このアポリアはニーチェのテクスト全体を貫いている。後年の『悲劇の誕生』の序文で，この作品の目的は「学問を芸術の光学の下に見ること，だがまたこの芸術を生の光学の下に見ること」であったとされているのは，このアポリアの先鋭化である。

同時にまた生を，地上にうごめき，ちっぽけな欲望*や虚栄心*に弄ばれている人間の生活として見るとき，それはきわめてはかなく，脆いものとして捉えられる。初期の論文「道徳外の意味における真理と虚偽」では，宇宙の無限の広がりと永劫の時間のなかで，人間の存在が一瞬の挿話でしかないさまが描かれている。晩年の遺稿にはこうもある。「人間，動物のこの小さな突拍子もない種類——幸いなことに今は栄えているが。そもそも地上のこの生活はまばたきの間でしかない。つかの間のできごと，いかなる結果ももたらさない例外，全体としての地球の性格にとってはどうでもいいものでしかない。この地球ですらすべての星と同じにふたつの無のあいだの切れ目でしかない」［Ⅱ.11.354］。あるいは『悦ばしき智恵』*278番では，イタリア*を思わせる「町の雑踏，欲望や声」が渦巻く中で人々が生きることへの渇望をいかに強くもっているかを感じるときの「メランコリックな幸福感」について語られている。こうした楽しい人生にも死は影のごとく伴っている。死の大海へ漕ぎだす船の出発は近い。移民船が出るときの別れの大騒ぎにもこの人生は似ているではないか。港を出れば，待っているのは死の大海であるのに。「死こそは誰にも共通の未来なのだ」。

だが，また，そうであるからこそ仮象と化した生は美しく，それとして生きるに値するのだ。『ツァラトゥストラ』*第3部の「第二の舞踏の歌」の冒頭にはこうある。「近頃私は貴女の眼のなかをのぞいた。おお生よ。貴女の夜のまなざしの奥で私は黄金がきらめくのを見た。——私の心臓は官能の喜びに止まった。——暗黒の水面で金色の小舟がきらめくのを私は見た。沈みゆく，飲みほす，そしてまた揺れ漂う金色のブランコのような舟を」。大海を漂う舟は『悲劇の誕生』以来，ニーチェが生をイメージするときの原型である。

こうして見ると，力強い生とはかなく空しい生とが美において，仮象において緊張関係のなかにも共存する消息が感じられよう。「花崗岩のように強力で動かしがたい偶発性」（ハーバーマス*）のなかで，それにもかかわらず生きる意味と快楽*がニーチェの志向するところであった。先の『智恵』278番はこう終わっている。「人間たちが死への思いを思おうとしないことは私を幸福にしてくれる！ 彼らが生への思いを今よりも何百倍も思うに値するものとするために，なにほどかのことを私はしてみたいのだ」。「生は快楽の泉である」『ツァラトゥストラ』Ⅲ-12.16］とか，「生の全体的様相は苦痛や飢餓の状態にあることではない。むしろ豊かさであり，豊饒であり，不条理な浪費ですらある」『偶像』Ⅸ.14］といった，ナチス*がらみもあってとかく誤解されがちな表現は，もともとこうした志向に由来している。

美のなかで生きるに値するものとなったこのような生は，真理*や認識とはきわめて両義的で微妙な関係にある。まずは認識によって得られる「真理」なるものは，生の豊かな可能性を破壊し，生を貧困にするとされる［たとえば『悲劇の誕生』「自己批判」5］。認識の目標は支配である，というのだ。「認識の手段はすべて抽象化と単純化の手段である。認識のために作られているのではない。事物を支配するためである」［遺稿 Ⅱ.7.216］。生と学問，生と真理，生と認識はとりあえず対立的に捉えられている。この関連では，「真理とはそれなくしては特定の種類の生物が生

きていけない誤謬でしかない」[同 Ⅱ.8.306] というプラグマティックなテーゼも出てくる。個々の社会集団、文化単位は生きていくためには、それぞれに見合った事物の捉え方をし、価値を設定する。つまりは虚偽と自己欺瞞の上に自分たちの生を建設する、というのである。「力への意志*」を扱った『ツァラトゥストラ』の「自己克服」の章では、先の小舟のモティーフを使いながら、この事情が「おまえたちは、おまえたちの意志と価値を生成*の大河の上に浮かべる。民衆*が善としてまた悪として信じているものは、私に古き力への意志があることを問わず語りに示してくれる。……大河はこのおまえたちの小舟を先へ先へと運んでいく。運んでいかざるをえない。波が砕け散り、泡だちながら、キールにぶつかり反抗しようと」と表現されている[Ⅱ-12]。とすると、生はこうした価値と価値の、認識の仕方と認識の仕方の永遠のぶつかりあいであり、衝突と闘いでしかない。価値設定や認識の仕方は「遠近法*」とか「光学」と呼ばれ、そうした価値を設定し、認識を行う当のものは「力への意志」となる。「生の本質は力への意志である」[『善悪』12]し、「真理への意志*は……力への意志の一形式」「遺稿 Ⅱ.11.102」でしかない。ついには、生のみでなく、「世界は力への意志であり、それ以外のなにものでもない」[同 Ⅱ.8.428]ということになる。

ところが、自己保存*のための虚偽を生み出す生は、このように力への意志と定義されることで、実は力への意志が自己保存を越えたものとなり、それとともに「上昇*」のカテゴリーが導入されることも重要である。「生は上昇しようとする。上昇することによって自己を克服*しようとする」[『ツァラトゥストラ』Ⅱ-7]。「成長こそは生なのである」[遺稿 Ⅱ.8.401]。ついには、「生そのものは何か他のもののための手段ではない。それは単に力の成長形式でしかない」[同 Ⅱ.11.351]

となれば、生自身は目的ではなくなり、力のためには生自身を犠牲にするという自己破壊にまでいたるものとなる。

こうして見ると生と認識(自己保存)、認識と力への意志に関するニーチェの一定の理論化は晩年になるにつれて、トーマス・マンが言うような豊かさや深さを生の概念から奪い、単なる征服と略奪の、そして自己破壊のメタファーになる傾向を見せていることになる(「生とは何か?……われわれのうちの弱いもの、古いものに対して残虐で苛酷であること。……生とは死にゆく者たち、悲惨な者たち、老人たちに対して畏敬の念をもたないことなのか? つねに殺人犯であることなのか?」[『智恵』26])。

だが、複雑な織物であるニーチェのテクストは、今引用した文章にすら丁寧に解釈すれば、必ずしも、そうした一面的な征服と(自己)破壊への意志だけが称揚されているのでないことが見える信号が組み込まれている。それに気がつくためには、疑問符の使い方の二義性を考えるだけで十分であろう。「生は真理にとって敵対的ではなかろうか?……人間の生活の全体は、深く非‐真理のうちに埋め込まれている」と、暴露心理学を宣言する『人間的』*34でも、真のテーマは、そうした事態を認識する者の静かな喜び――欲望の渦巻く実人生から距離をとり、「他の人間において価値をもっている多くのものを嫉妬も怨みもなく諦める」者が感じる、心に滲みいるような喜びである。あるいは、ハイデガー*がその講義録『ニーチェ』の冒頭に引く、「生が認識者の実験*であってもよいというあの考え、あの偉大なる解放者が私を襲った日以来、生はより真実に、より欲求すべきものに、より秘密に満ちたものになった」[『智恵』324]などもその連関に属する。生と精神の関係は、力への意志とルサンチマン*の関係と同じであると言えるような、簡単なものではない。「精神とは自ら生のうちに切り込

む生である」という『ツァラトゥストラ』[Ⅱ-8]の一文の含みは複雑なものがある。

その辺の消息を伝えてくれるのが，同じ『ツァラトゥストラ』の「舞踏の歌」(第2部)と「第二の舞踏の歌」(第3部)である。そこでは生は女性に喩えられている。男たちから見れば移り気で，秘密に満ちた女性*(生)たちも，女性(生)から見ればそれは男たちの美徳を投影したものでしかない，と彼女は言う。ところがツァラトゥストラには今ひとりの女性がいる。知恵もしくは真理という名の女性である。その女性に生のことを話すと，「あなたは意志し，渇望し，愛している。ただその理由だけで，あなたは生をほめるのだわ」と言われてしまう。「このふたりが似ているのは，仕方ない」とツァラトゥストラはつぶやかざるをえない。「私が知恵に好意を抱いているのは，ときとしてあまりに好意を抱いているのは，知恵が生を思いださせるからだ」。知恵ってどんな女性と尋ねる生に，知恵が気分屋で反抗的で，しかも自分自身について否定的なことを言うときほど魅力的である，と答えるツァラトゥストラに生は，「それはみんな私のことじゃないの？」と答える。同じように「第二の舞踏の歌」でも微妙な三角関係の対話が繰り返される。今度は生がツァラトゥストラに対してこう言う。「私が貴方に好意を抱いているのは，ときとしてあまりに好意を抱いているのは，貴方も知っているでしょう。でもその理由は，私が貴方の知恵という女に嫉妬しているからです。この老いた馬鹿女に。もしも貴方の知恵という女が貴方から逃げ出したら，ああ，そのときは，貴方に対する私の愛も消えてしまうのです」。——謎めいた，わかるようなわからないような関係である。

しかし，おそらくは，生と認識が敵対的でない瞬間の一瞬のきらめきこそニーチェの生の概念が，その最良の内実を示すときであろう。「私は言いたい。世界は美しいことどもに満ち溢れている。とはいえ，美しい瞬間，こうしたことどもがそのヴェールを脱いで美しさを見せることは少ない。あまりにも少ない。しかしだからこそ生の最も強い魅惑は，生の上に美しい可能性の金色の糸の入ったヴェールがかかっているところにひょっとするとあるのではなかろうか。生の上に，約束を宿しつつ，抗いながら，恥じらいをおびて，また嘲りを漂わせつつ，同情しつつ，誘惑しながらかかっているところに。そうだ，生とは女なのだ！」[『智恵』339]。あるいは，「永遠に同一のものという価値に対抗して最も短いもの，最も過ぎ去りやすいものの価値を，生という蛇の腹の一瞬の，誘惑的な金色の光を」[遺稿 Ⅱ.10.27]。この蛇*はまたツァラトゥストラの知恵を象徴し，ハイデガーも指摘するとおり永遠回帰*の円環をも意味している。認識と生の一致は，永遠回帰の思想に吸収される仕組になっているのだろうか。⇒仮象，力への意志，真理と認識，自己保存

(三島憲一)

正義　　⇨法と正義

世紀末とニーチェ

ニーチェの著作は，アカデミズムの枠を破る挑発的な思考と文体のゆえに，すでに『悲劇の誕生』*でも論争の的となり，1880年代に相継いで著作が刊行されるなかで注目はされたが，ごく少数の人々の関心を集めたにすぎない。ところが，1890年代からはニーチェ崇拝ともいえる熱狂的なニーチェ受容が始まる。トーマス・マン*は，この間のニーチェ受容の変化について，70年代生まれの人々にとっての「ニーチェ体験」は叙情的・心理学的側面に限られていたのに対して，自分より若い80年代半ば生まれの人々にとってニーチェは新しき生の「預言者」であったと記している[『精神と芸術』(1909)]。ニーチェ受容の変化は，一種の地震計のように，時代の変異

を映し出している。

【Ⅰ】 **ニーチェ熱のはじまり**　文学評論家レオ・ベルクは、1889年にニーチェ受容に関する初めての資料を残しているが[„Friedrich Nietzsche. Studie."]、そのなかで彼はニーチェの著作が理解されるにはまだ時期尚早であると述べていた。しかしその8年後にはそのベルクが『現代文学における超人』という著作を記すことができるほどまでに、ニーチェの影響を受けた作品が大量に出版されるようになっていた。また新ロマン主義の作家マクス・ダウテンダイが、1891年にヴュルツブルク大学の近くの書店でニーチェの本を買おうとしたところ、ニーチェという名の哲学者などいないと怪訝な顔をされたというエピソードも残っている。それが世紀末までには、小さな図書館でさえ、ほとんどニーチェの著作を揃えていたという。ワイマール*のニーチェ・アルヒーフに残されているナウマン書店のニーチェ全集第6巻（『ツァラトゥストラ』が収録されている）の印刷冊数の記録は、この間の変化を裏付けている。1883年から1890年までは、総計で2500冊程度にすぎなかったのに対して、1892年からは毎年ほぼ恒常的に1000冊ずつ、1900年以降は2000～4000、1905年には10,000冊に上っている。また1894年には初めてブロックハウスの百科事典にニーチェの項目が設けられている。

【Ⅱ】 **時代批判者としてのニーチェ**　初期のニーチェ受容においては、教養俗物*、奴隷道徳、超人*など辛辣な時代批判をこめた大胆な表現とリズムに富んだ文体の新鮮さが大きな魅力となっていた。哲学的な問題提示にはほとんど関心がむけられなかったのに対して、文学・芸術の領域ではニーチェは多大な影響を与えた。すでに『悲劇の誕生』の発表直後に、後に自然主義*の文学雑誌『社会』を発刊することになる作家 M. G. コンラートは、『悲劇の誕生』に向けられた文献学的批判に対して「作家」としてのニーチェを擁護している。ラサールやベーベルの社会主義*に影響を受けた自然主義作家ハルト兄弟を中心とする「最も若きドイツ」派の作家にとっても、文学の革新と社会批判とを結びつける接点のひとつはニーチェであった。ドイツでまだほとんどニーチェが読まれていない頃、デンマークでニーチェを紹介した G. ブランデス*が、逆にイプセン*をドイツに紹介し、ドイツ自然主義の台頭の一端をになったのも偶然ではない。しかし一般的に自然主義の作家においてはニーチェに対して距離を置いた見方が強い（これはニーチェの自然主義に対する距離と対応している）。確かに生*を肯定するニーチェのメッセージは、現実の生の貧困なありさまに目を向けさせるきっかけとはなった。しかし社会的不正の告発と新しい文学のあり方を求めた自然主義者にとって、ニーチェの「超人」はあまりにも貴族主義的な思考であった。ハウプトマンは一時は『善悪の彼岸』*や『道徳の系譜』*を熱中して読んだにもかかわらず、後にはニーチェが批判した「同情*」こそが、『織工たち』のテーマであり、「社会的公平を考えずにはいられない」限り、「ニーチェはわれわれの求める人間ではなかった」と述べている[『わが青春の冒険』(1937)]。

【Ⅲ】 **人物崇拝**　熱狂的なニーチェ受容は、自然主義以降の文学・芸術の潮流のなかで起こるが、この時代に特徴的なのは、ニーチェの人物崇拝である。これには、自然主義の機関誌『自由舞台（フライエ・ビューネ）』(1891)に掲載されたルー・ザロメ*のニーチェ論も、ニーチェの著作を彼の人物像を背景として紹介した点で、一役買っていると思われる。また狂気の闇に閉ざされ、病の床にあるニーチェのイメージが、その著作の与える破格の印象とあいまって、ニーチェに対する異常な神格化がなされたとも指摘される。実際にニーチェをモティーフとした肖像画や

彫刻が数多く作られたのも90年代である。たとえば，フリッツ・シューマッハーのニーチェ記念碑構想「勝利と英雄の碑」(1898)は，そのタイトルからしてすでに悲劇的英雄としてのニーチェ像を思わせる。また人物の偉大さをその苦悩と結びつけ，病めるニーチェを描くことも流行した。ハンス・オルデの「落日をみつめるニーチェ」という題のエッチングに描かれた病床のニーチェ像(これはエリーザベトが描かせたものである)は，後のニーチェ像として定着しているし，またキリストの受難とニーチェを同一化したニーチェ像も「茨の冠のニーチェ」という題で無名の画家によって残されている。またアルノルト・クラーマーの「病床のフリードリヒ・ニーチェ」という小さな影像が，ニーチェ・アルヒーフに置かれていた。これらの作品にも，人物的偉大さを狂気という異常さに重ね合わせたニーチェ解釈がうかがえる。

この人物崇拝の傾向は，1911年からニーチェの愛読者であり，また妹エリーザベトとも緊密な親交のあったケスラーによって始められたニーチェ記念碑設立の動きに引き継がれていく。記念碑の設立委員会のメンバーには，当時の知識人・芸術家・政治家・財界人の著名な人物50名余りが思想の左右を問わず名を連ねている。たとえば，作家デーメル*，ハウプトマン，ホーフマンスタール*，ジュール・ド・ゴティエ，アンドレ・ジッド*，画家ムンク，彫刻家マクス・クリンガー，作曲家グスタフ・マーラー*，リヒャルト・シュトラウス*，インド哲学研究者ドイッセン*，哲学者ディルタイ*，ファイヒンガー*，政治家・実業家ラーテナウである。この記念碑の構想にあたって，ケスラーはユーゲントシュティール*からバウハウス機能主義への移行期に位置する芸術家であり，またニーチェ・アルヒーフの改装(ユーゲントシュティールの内装)を手がけたヴァン・デ・ヴェルデにその設計を依頼した。ケスラーはギリシアの神殿を彷彿させるような記念碑となることを望んでいたが，機能主義への一歩を踏みだしていたヴェルデにとって，記念碑的建築はすでに過去のものであった。結局，ヴェルデの構想は，ケスラーの期待にかなうことなく，またケスラーとエリーザベトとのいざこざや第一次大戦の勃発もあって，このニーチェ記念碑の構想は実現されることはなかった。

【Ⅳ】 生と芸術　ヴェルデをはじめとして，ユーゲントシュティールの芸術家にとって，ニーチェは彼らの芸術観に大きな影響を与えたことは確かである。ヴェルデは1897年に初めてケスラーからの以来をうけ『ツァラトゥストラ*の豪華本の装幀を手掛けている。1908年に完成した装幀では表紙とそれぞれのページのデザインにユーゲントシュティールに特有の植物的な曲線模様を使っている。ヴェルデはニーチェの生の思想にもっともよく対応するのは，この曲線模様であると考えていた。ヴェルデと同様にユーゲントシュティールから機能主義へと向かいつつあったP. ベーレンスも1902年にツァラトゥストラの豪華本を装幀しているが，こちらの方は中央に太陽と光線を表現する直線，両脇に上へと登る波を示す曲線のデザインの組み合わせである。このデザインはツァラトゥストラの言葉「偉大なる天体よ！　もしあなたの光を浴びる者たちがいなかったら，はたして幸福といえるだろうか」[『ツァラトゥストラ』序説1]，および「汚れなき認識」のなかの「すべての深みは高められねばならない——私の高みまで！　これこそ私が認識と呼ぶものなのだ」[同 Ⅱ-15]という言葉を下敷きにしているといわれる。ちなみにこの頃までにはニーチェの著作，とくにもっともよく読まれたツァラトゥストラは豪華版出版の対象となっていたのである。1899年にはフィッシャー出版社がツァラトゥストラの豪華本500部の出版を予定していたという［1899.11.

15. P. ガストからオーヴァーベック宛書簡]。またユーゲントシュティールを代表する雑誌『パン』の創刊号にも、ツァラトゥストラが引用されていたことなど、ニーチェ受容の素地の広がりをうかがわせる。

生の表出として装飾を捉えたユーゲントシュティールの芸術家は、ツァラトゥストラの次の言葉に彼らの創作意図と通じるものを見た。「友人たちよ、あなたがたは私に言うだろう。趣味*や嗜好のことは争うべきでない、と。だが、およそ生きることは、趣味と嗜好をめぐっての争いである」[『ツァラトゥストラ』II-13]。だがユーゲントシュティールの芸術家を集めたダルムシュタットのコロニーも、1900年頃までにはユーゲントシュティールから脱皮を始めていた。象徴的なのは1901年に芸術のパロディーとして催された「ドイツ芸術のドキュメント」展である。興味深いのは、ここでは彼らが一時は深い影響を受け真剣に受け止めたニーチェも、すでにパロディーの対象となっていることである。超人をもじって、展覧会は「超ドキュメント」、そのカタログは「超メイン・カタログ」(Über-Haupt-Katalog)と呼ばれ、彫刻家パウル・ハービヒはヴェルデを意識して滑稽な姿の等身大人形を作りその片手には"F.Nietzsche"と書かれた本を握らせている。この展覧会で皮肉られたのは、ユーゲントシュティールから距離を取り始めていたベーレンスとヴァン・デ・ヴェルデであるが、新しい芸術をめざす使命感に満ちた彼ら二人の態度が、コロニーの他のメンバーにはニーチェのツァラトゥストラの伝道師的口調と同じように受け止められ、揶揄されているわけである。この事件は、美的世界の構築のうちに生を取り戻そうとする世紀末の芸術観が大きく変化しつつあったことを物語っている。

【V】 ニーチェ崇拝からの距離　一般に初期のニーチェ受容は、『ツァラトゥストラ』と『悲劇の誕生』の二つに集約されていたといってよい。ムージル*は後に『特性のない男』(1930/33)でクラリッセをそうした典型的なニーチェ愛読者として描いている。表層的な受容の傾向はドイツ語圏ばかりでなかったことは、バーナード・ショウ*の『人と超人』の中で揶揄されている熱狂的ニーチェ主義者の描写からもうかがえる。とくに90年代におけるニーチェ熱は『ツァラトゥストラ』によるところが大きい。ニーチェ／ツァラトゥストラ／超人がいわば一体となって捉えられ、これを直接の題材とした著作や作品が数多く書かれた。たとえばヘルマン・コンラディ「超人の勝利」(1887)、クリスティアン・モルゲンシュテルン*「教育者ニーチェ」(1896)、ミヒャエル・ゲオルク・コンラート「ツァラトゥストラ」(1899)、シュテファン・ゲオルゲ*の詩「ニーチェ」(1900)などである。人間ニーチェと彼のツァラトゥストラ思想のいわば神格化に対して、ハインリヒ・マン*は1896年に警告し、「もし超人思想のなかに形而上学的な夢を見るようなことになると、再び擬人化した神の概念を作り替える、あるいは書き換えるだけである」と述べている[「ニーチェ理解のために」]。しかしニーチェから「生を力づけるものを得た」と感動を記したデーメル、またニーチェに捧げた詩で陶酔的憧れを歌ったゲオルゲばかりでなく、一般には90年代後半からはニーチェ熱は醒めだしていく。世紀初頭に青年時代を過ごした次の世代にとっても(たとえば表現主義*の芸術家)、ニーチェは重要な滋養源となり、没落の後に来るべき「新しき人間」のイメージは、確かにツァラトゥストラのそれを受け継いでいるが、90年代の熱狂からは距離をおいた、またより多面的なニーチェ受容である。→『ツァラトゥストラはこう語った』、ワイマール、ユーゲントシュティール、ショウ、ムージル

(大貫敦子)

文献 ▷ Bruno Hillebrand (Hrsg.), *Nietzsche und die deutsche Literatur* 2Bde., München/Tübingen 1978.

聖書

ニーチェの知的生涯は聖書との闘いであった。それは聖書の中の神＝キリストとの闘いであると同時に、聖書なるものを作り上げたイスラエルの司祭*たちや、キリストの弟子たちとの闘いであった。『ツァラトゥストラ』*の説教には、「まことに我れ汝らに告げん」をはじめとして、聖書の特徴的な表現が逆手に使われているのも、多少とも悪趣味とはいえ、この闘いの戦略のひとつである。「神は物書きになろうと思ってギリシア語を学んだが、あまり上手になれなかったのは、微妙な問題である」［『善悪』121］という2行のアフォリズム*では、七十人訳と言われる聖書のギリシア語訳があまり上等なギリシア語ではない（初期キリスト教の性格からいって教養層の参加が少ないからであるが）ことを揶揄しながら（イエス*の弟子たちへの宣戦布告）、聖霊の導きなどがいかに嘘の話であるかを暗示している（神への宣戦布告）。また、新約聖書のような不潔な書物は手袋をしてでなければ触われないといった激越な発言もある［『アンチクリスト』46］。ただ、旧約聖書には、一定の評価を与え、これを新約聖書と纏めてひとつの本にしたことこそ「精神に対する罪」であるといった発言もある［『善悪』52］ことは注目すべきである。遺稿にもこう記されている。「新約聖書の第一印象を白状すればこうである。悪趣味ゆえの吐き気を催すような不快な要素、偽善者的感傷性……さらには片隅の、秘密集会の濁った空気。——こんなものに共感など持てない」［ⅠⅠ.10.286］。
(三島憲一)

生殖への意志 [der Wille zur Zeugung]

ニーチェは作品創造の営みを「妊娠」で譬えたことがある。「私を生にとどめているものは何か？ 妊娠である。作品が生まれるご

とに、生は一本の細い糸にかかった」［遺稿ⅠⅠ.5.269］。「思想であれ行為であれ——われわれはすべての本質的な成就に対して、妊娠のそれより他の関係をもたず、〈欲する〉とか〈創造する〉とかの思い上がった言葉をやめるべきなのだ！ これは真に理想的な我執(Selbstsucht)である。たえず気を使い、警戒し、心を静かに保って、われわれの実りに有終の美をなさしめる」［『曙光』552］。妊娠は創造者のエゴイズムの理想である。女性*の意義を産む性に見、超人*を産むことに結婚*のあるべき姿を捉えようとした考えにも通じるものだが、生殖という言葉をニーチェは創造や生成*の隠喩に用い、この隠喩の方から創造・生成の意味を捉え直している。生殖への意志は、やがて来るべき者への模糊とした予感に満ちている。「それがどのようにやってくるのか、われわれは何も知らない。ただわれわれは待っているだけだ」［同］。しかしまたそれは激痛を伴う。「生殖、受胎、誕生の営みにおけるすべての個々のものが、もっとも崇高でもっとも荘厳な感情を呼び起こした。……〈産婦の陣痛〉が苦痛一般を神聖にする、——あらゆる生成と成長、あらゆる未来を保証するものが、苦痛の条件なのである……創造の永遠の快感が存し、生きんとする意志*が永遠に自分自身を肯定するためには、〈産婦の苦痛〉もまた永遠に存しなければならない……以上すべてのことを、ディオニュソス*という言葉が意味している」［『偶像』Ⅹ.4］。もちろん創造の行為ならば何でも良いというのではない。生殖への意志は、むしろ「自分自身を超えて創造しようとする」生*の自己拡大を隠喩したものでもある。「生は私に、みずからつぎのような秘密を語ってくれた。……〈つねに自分で自分を克服しなければならないもの、私はそれなのだ。〉／……あなたがたはそうしたものを、生殖への意志……と呼んでいる」［『ツァラトゥストラ』Ⅱ-12］。子どもを産むといっても、

生まれた子は「両親より高いひとつの類型をあらわしている」[遺稿 II.5.241]ものでなければならない。「〈ここに生まれてくるものはわれわれより大いなるもの〉——というのが、われわれのもっともひそかな希望である」『曙光』552]。「より高いもの、より遠いもの、より複雑なものへの衝動」[『ツァラトゥストラ』II-12]がそこに働いているのである。→女性と結婚　　　　　　　　　（木前利秋）

生成

〈生成〉は、ニーチェの後期の思索の基軸的概念の一つであるが、これと深い関連をもつ〈存在〉の概念とともに、考察のレベルが変わるにつれて、さまざまに使い分けられている。

【I】〈生成〉の概念は、まず第一に〈永遠に変わることなく存続する〉という意味での〈存在〉の概念に対置される。たとえば「ニヒリズム批判」という表題をもつ断章[II.10.353ff.]において、「心理的状態としてのニヒリズム」が出現する第三の条件として、「この生成の世界の全体を迷妄と断じ、生成の世界の彼岸にある世界を真の世界として虚構する」立場が問題にされているが、このばあいの〈真の世界〉とは、〈生成の世界〉つまり移ろい変化する感性界の彼方に想定される、永遠に変わることのない真に存在する超感性界のことである。そこでの論旨に従えば、こうした〈真の世界〉は実は人間の心理的欲求の投射されたもの、人間が世界に押しつけたカテゴリーにほかならないのであり、これが明らかになるとき、心理的状態としてのニヒリズム*が生ずるということなのであるが、ニーチェはこの同じ断章のなかで、人間の押しつけるその第三のカテゴリーを、次々に〈真の世界〉〈真理*〉〈存在〉と言い換えてゆく。〈生成〉はまず、このような意味での〈真の存在〉に対置されて、〈変化・移ろい〉を意味する。

【II】ところで、こうした永遠にとどまる〈真の存在〉が実は仮象*にすぎないということが暴露されれば、「〈生成しつつあるもの〉〈現象的なもの〉こそが唯一の存在の仕方だ」[遺稿 II.9.323]ということになろう。このばあいの〈存在〉は、【I】の意味での〈生成-存在〉の対立を超えた存在でなければならない。それとともに〈生成〉の意味も変わる。〈生成しつつあるもの〉とは、このばあい〈生きているもの〉にほかならない。「〈存在〉——これについてわれわれは〈生きている〉(leben)という以外のイメージをもつことはない。死せるものがどうして〈存在する〉ことなどできようか」[同 II.9.203]という断章を思い合わせてみればよい。そして、この生の本質が〈力への意志*〉にほかならない。「……〈生〉の概念を新たに力への意志として確定すること」[同 II.9.395]。考察のこのレベルでは、〈生成〉は〈生〉〈力への意志〉と同義であり、これだけが唯一ありうる存在の仕方なのである。そして、【I】の意味での〈真の存在〉とは、実は絶えず「強化と力の拡大」をはかっているこの力の意志、つまり不断に生成しつつあるこの生がおのれの現状を確保するために設定した〈価値〉の変質したものにすぎないのである。「〈価値〉という目安は、生成のうちにあって相対的に存続している生の複雑な機構に関わる確保と上昇の条件となる目安である」[同 II.10.341]。生*は不断に生成し上昇してゆくものであるが、そのためには、まずそのつど到達した現段階を確保し、そこで相対的に存続しつづけねばならない。したがって生には、到達した現段階を見つもるための目安と、これから上昇してゆく可能的段階を見つもるための目安と、二重の目安をつける働きが属する。この働きが〈価値定立作用〉であり、それによって定立される目安が〈価値〉なのである。現状確保のための価値定立作用が〈認識〉と呼ばれ、それによって定立される価値が〈真

理〉と呼ばれる。また、上昇のための価値定立作用が〈芸術〉と呼ばれ、それによって定立される価値が〈美〉と呼ばれる。〈真理〉ないし〈真の存在〉とは、生成する生が設定する価値の一つにすぎない。しかるにそれが、生との連関を見失われ、即自的なものとして立てられることになったのである。

【Ⅲ】 しかし、さらにニーチェには、「生成に存在の性格を刻印する*こと——これこそが最高の力への意志である」、「すべてが回帰するということは、生成の世界の存在の世界への極度の接近である。考察の頂点」[遺稿 Ⅱ.9.394] という謎めいた断章がある。明らかにここでは回帰思想と力への意志の哲学が緊密に結びつけて考えられているのであるが、ハイデガー*の加えている注解 [GA. Bd. 44. S. 228] を参考にしながら考えると、これは次のような意味になろう。「生成に存在の性格を刻印する」というのは、けっして移り変わるものとしての生成を排除し、その代わりに永遠にとどまる存在を立てるという意味ではなく、生成するものがあくまで生成するものとして保持され、つまりは存在しうるようにしむけるという意味である。回帰思想を発想した1881-82年頃の断章の一つに「われわれの生に永遠性の似姿を捺しつけよう」[Ⅰ.12.91] というのがあるが、ハイデガーは上の命題をこれと同じ意味に、つまり生成するわれわれの生をそのまま肯定するという意味に解している。ところで、いかなる到達点をももたない生のこの生成は、等しきものの永遠回帰*という形をとらざるをえないが、そうした生を肯定することは生成の世界を存在の世界へ極度に接近させること、つまり生成に存在の性格を刻印することになる。これが第二の命題の意味であり、考察のこのレベルにおいては〈生成〉は〈永遠回帰〉と同義ということになろう。→力への意志、永遠回帰、「生成に存在の性格を刻印する」、プラトン

(木田 元)

「生成に存在の性格を刻印する」

1887年春のものと推定される遺稿に見られる言葉で、「生成に存在の性格を刻印すること (Dem Werden den Charakter des Seins aufzuprägen) ——これが最高の力への意志*である」[Ⅱ.9.394] と続けられている。ニーチェの思想の核心に触れるきわめて重要な言葉で、さまざまな解釈が可能であろうが、いずれにせよここで言う「存在の性格を刻印する」とは、生成*を排除し、永続的な存在者をもって対置することではない。生成するものが、まさに生成するものとして維持され存立を得るように、つまり「生成するものとして存在することを欲する」の意味であり、これが「最高の力への意志」と呼ばれるのである。不断の生成と創造への意志は、瞬間*ごとの決断から成り立ち、この決断の瞬間が永遠性に通じる。永遠の単位は時間ではなく、瞬間だからである。この遺稿断片の続く部分には、「いっさいが回帰することにおいて、生成の世界は存在の世界へ極度に接近する。考察の頂点」と書かれており、「力への意志」の思想と「永遠回帰*」の思想との関係を探るには、この断片が決定的な意味を含むと考えられている。他方ハイデガー*は、すべてを生成と「力への意志」であるとしたニーチェが、それにもかかわらず最後のところでこの「力への意志」を存在的に捉えようとした点にニーチェの限界を指摘し、そこからニーチェを「形而上学*の克服者」であるよりは、まさに「形而上学の完成者」であるとしている。→生成

(薗田宗人)

生成の無垢 [Unschuld des Werdens]

「万物は流転する」と言ったヘラクレイトス*は、無限に生成して止まない世界の姿を「遊ぶ小児」にも例えている。小児の遊びには何の目的も意図もなく、無垢にあるがままの世界と戯れるのである。生成*の世界全体は、元来そうした無垢な、あるがままのもの

であるのに、そこに何らかの目的や意図を持ち込むとき、後悔や罪の意識が生じる。ニーチェにとって西洋2000年の形而上学*とキリスト教*の歴史は、虚構された原因や目的や善悪によって世界が無理に意味づけられ、生成の無垢が直視されなかった歴史である。それゆえニーチェの哲学の第一の課題は、世界を神や永遠なる真理や善悪から解放し、「生成の無垢をふたたび現れしめること」[『偶像』IV. 8]にある。「生成の無垢」という語は、ニーチェ思想の基盤をなすもののひとつで、その上に立ってはじめて「意志の浄化」「自由と必然」「運命への愛*」などの問題が深い意味合いを帯びてくる。→生成、ヘラクレイトス

(薗田宗人)

青年運動とニーチェ

ドイツの青年運動は、19世紀の世紀末*からワンダーフォーゲル(渡り鳥)運動として起こっている。都市化現象が進んだ世紀末の頃、青年たちは群れをつくって山野を渡り歩いた。彼らは大都会の生んだ西欧的機械文明とキリスト教*の宗教教育を母体にした管理型の教育体制を批判し、中世以来の民族伝承に憧憬を懐くようになる。ベルリンの西部郊外のシュテーグリッツという新興住宅地に住む中産階級の子弟の間で起こったワンダーフォーゲルはたちまちドイツ全土に拡がった。さらにオーストリアにも連帯を見いだした。彼らは大都市の郊外から古い街並みや奥深い森の中へ、湖や川に沿って農家のある村々へ、古い民謡を歌いながら歩いた。膝の出た半ズボン、開いたカラー、重いリュックサックの上に乗せた煤けた集団鍋、肩にかけたギター、独特の反時代的風俗が人々の注目をあびた。彼らは個々の両親たちから離反したのではないが、西欧文明に順応し、それへの拝跪に流されていく大人たちの社会に対して拒否を誇示していた。それだけに大人以上に愛国主義者であった。

ところが、ワンダーフォーゲルは1910年代に入り、会員が増大し、組織化が進むとともに青年運動として政治的に成長していった。第一次大戦勃発前の1913年にホーエ・マイスナーの丘で全ドイツの青年運動を糾合した大会が開かれた。ワンダーフォーゲル出身の大学生が中心になったものであり、政府主導の対ナポレオン戦争戦勝記念行事に対抗したものであった。ロマン主義の出版社社主 E. ディーデリヒスと「自由学校共同体」をつくった教育家の G. ヴィーネケン、民族主義的思想の持主である F. アヴェナリウスらを思想的指導者とした「自由ドイツ青年」が運動体として結成された。この運動を支持するメッセージを A. ウェーバー*、F. ナウマンも寄せている。

青年運動が、キリスト教会と連携した教育体制に不満をもっていたかぎり、ニーチェの『アンチクリスト』*などの本が彼らの間で読まれてもおかしくない。ニーチェの書が80年代後半にギムナジウムの学生にひそかに読まれ、学校長から危険な書としてリストアップされている。だがワンダーフォーゲルに影響を与えた、ラディカルな教育改革派の L. グルリットは学校の圧力に屈せずニーチェ思想の伝道者になっている。ワンダーフォーゲルも後期になると、自分たちの呼び名を「悦ばしい智恵」とつけたグループのあることは彼らの間にニーチェ熱が高まったことを示している。

「自由ドイツ青年」の理論的支柱になったのが、ヴィーネケンであったが、彼は P. ラガルド*、J. ラングベーン*、ニーチェ、L. クラーゲス*らの思想をとり入れて、「青年文化」を提唱した。彼のいう「青年文化」は、とくにニーチェの反歴史主義の洗礼を受けている。歴史と生*との対立をニーチェに学び、歴史的批判主義によるキリスト教解釈学に造反する。反市民的英雄主義のイデオロギー、キリスト教に対する闘争、歴史主義*からの

転換，俗物(フィリスター)の断罪，文献学的教養への批判，真理の源としての芸術の解釈というニーチェの思考がそのまま彼の中に受胎されている。

しかし，ヴィーネケンはその主張のラディカルさから内紛に巻き込まれ，一時離れなければならなかった。第一次大戦後勇軍組織やブントの青年運動がとくに20年代盛んとなり，自由ドイツ青年も左翼と右翼に分かれ，その対立は激化した。強力な右翼のグループは民族主義的傾向を強めるまでは貴族的精神エリート主義のゲオルゲ*の影響が大きかったが，やがて33年以後ヒトラー・ユーゲントのもとに強制的に糾合されていった。しかし全体がこの流れに巻き込まれたわけではない。ブントの残党は第三帝国の中で非合法組織を維持し続けたし，彼らの中からも抵抗運動が起こっている。→世紀末とニーチェ，ナチス，ゲオルゲ　　　　　　　　　（上山安敏）

生理学　［Physiologie］

後期のニーチェは，自らの方法上の姿勢を表すのに，心理学*とともに生理学という表現を頻繁に用いている。生理学とはいっても，ニーチェが文字通りの生理学的研究を志したわけではないし，いわゆる科学主義の立場を採ったわけでもない。「心理学」という言葉と同様，その方法論的戦略を語ろうとしたニーチェの巧みなメタファーである。しかしそこには生理学的な還元主義とでも呼びたい単純化がつきまとう恐れもないではない。

生理学的な現象に譬えながらさまざまな事柄を考察していくニーチェの論法は，すでに初期にある。『悲劇の誕生』*では，アポロ*的・ディオニュソス*的な芸術衝動へ接近するために，まず夢と陶酔*という二つの生理学的現象から語りはじめていた。また真理衝動を語ろうとしたときにも引き合いに出されていたのは「神経刺激」という生理的現象である。われわれはある事物について何かを語る場合「そうした事物そのものについてになごとかを知っていると信じているが，しかしわれわれが所有しているのは，根源的本質とは徹頭徹尾一致しないところの，事物の隠喩以外のなにものでもないのだ」［「真理と虚偽」1］。「一つの神経刺激がまず形象に移される！　これが第一の隠喩。その形象が再び音において模造される。これが第二の隠喩。そしてそのたびごとに，まったく別種の，新しい領域の真っ只中への，各領域の完全な跳び越しが行われる」［同］。

ニーチェの考察は生理学的比喩*がそのまま生理学的還元とも見えかねない危ういところで動いているが，ともかくもここにあるのは，精神と肉体，自然と文化（芸術・学問）を分離，対立させて考える立場そのものの拒否である。夢の形象世界と陶酔の現実は，芸術*とは無縁の自然ではなく，「自然そのもののもつ芸術衝動」にほかならない。精神や魂，理性などを口にしたがるものは，それらを身体*，欲望*，感性などと分離し，後者よりも前者を優位に置こうとしがちである。しかし「身体はひとつの大いなる理性*」であって，〈精神〉などと呼ばれている「小さな理性」は身体の道具にすぎない［『ツァラトゥストラ』I-4］。自然と文化，身体と精神などを分離・対立させることを拒否し，身体という「大いなる理性」，自然の過剰性，生命の豊饒さの側から，そうした分離や優位を批判し，価値の転換*を図っていく方法的戦略が，生理学という言葉でニーチェが狙ったものである。「客観的なもの・観念的なもの・純粋精神的なものという外套を引っ被った生理的要求の無意識的な仮装は，驚くばかり広い範囲に及んでいる……総じて哲学はこれまで一般にたんに身体の解釈，それも身体の誤解ではなかったか」［『智恵』序言2］と，旧来の哲学を論難する場合も，また美と官能を対立させて考えない「美学の生理学」を，次のように語る場合も，この姿勢で一貫している。「官能〔感性〕は，……美的状態があらわれ

るとともに止揚されるものではなく、ただ形を変えるにとどまって、性的刺激としてはもはや意識されないだけのことなのだ」[『系譜』III.8]。こうした立場は、また人間の意識的な活動や思考を、本能に対立するのではなくむしろ本能に導かれたものとみる見方に通じる。「すべての論理とその運動の見せかけの独裁の背後にさえ、価値評価が、もっとはっきり言うならば、ある種の生を保持するための生理的要求が、ひそんでいる」[『善悪』3]。

こうした立場を選択すると、「老衰」「病気*」「疲労」「退化」「虚弱体質」など、生理学上のネガティヴな現象を語るさまざまな言い回しが、負の価値評価を語るものとして頻出するようになる。「〈人間の善良化〉、全体的に見た場合であるが、たとえばこの1000年間におけるヨーロッパ人の否定しようもない温和化、人間化、寛容化──これらはひょっとすると、長期にわたる密かで不気味な疾病、不具、欠乏、憔悴の結果ではなかろうか? はたして〈病気〉はヨーロッパ人を〈善導〉したのであろうか? あるいは別の問い方をするなら、われわれの道徳は……生理学的退化の表現ではなかろうか?」[遺稿II.9.236]。ニーチェが、「力への意志*」を有機体をモデルにした生*の力の増大として捉えるのは、これとちょうど対比する生理学的な価値評価にもとづくのである。「力の生理学」それは「自己の最も強力な衝動と自己の理想(そして潔白な良心)は同一のものであると人間が感じるような物の見方」[同II.9.138]である。

生理学という比喩で呼ばれた方法戦略は、身体や衝動*、自然、生命のもつ豊かさ、多様性を発掘していく手がかりでもありえただろう。しかしニーチェの場合に見掛けるのは、しばしば価値の転換という試みを、生理学的な比喩に還元して単純化してしまう危うさでもある。→価値の転換, 心理学, 身体, 病気と快癒 (木前利秋)

「世界は深い、昼が考えたよりも深い」
[„Die Welt ist tief,/Und tiefer als der Tag gedacht."]

『ツァラトゥストラ』*第4部「酔歌」の12節にある詩の中の言葉。なお同書の第3部「第二の舞踏の歌」の3節にも同じ詩が登場する。大いなる正午*の訪れとともに永遠回帰*の思想のもとでの真の肯定の境地が現れる。それは昼の、明るさの、快楽*の対極にあるものとしての夜や、暗さや、苦痛*でさえも肯定しようとする意志、すなわちあらゆる相反するものをその対立の様相のままにまるごと肯定しようとする意志にほかならない。こうした肯定においてこそ快楽はより深いものになりうる。なぜなら永遠回帰において経験される快楽は、むしろ上記のような否定的なものにおいてこそ生じる世界の深さの肯定からのみ生まれるからである。だからこそ世界の苦痛の深さに対しても「去れ、だが帰ってこい!」[『ツァラトゥストラ』IV-19.10]という呼びかけがなされるのである。この詩は、マーラー*が「交響曲第三番」の第四楽章で歌詞に用いていることからも明らかなように、『ツァラトゥストラ』の中でも広く人口に膾炙した表現の一つである。→「すべての快楽は永遠を欲する」 (高橋順一)

責任

「責任」(responsibility) は、二列に向かい合った聖歌隊が交互に歌うという「応答性」に由来し、18世紀後半の産業革命と契約の盛行に伴って生じた道徳用語で、お互いに相手と交わす言葉に応じて約束どおりに動くという態度を指していた[今道友信『エコエティカ』(1990)]。「これこそ責任 (Verantwortlichkeit) の由来の長い歴史である。約束することを許されている動物を育てあげるという例の課題は……の条件および準備と」

て，人間をまずもってある程度まで必然的な，画一的な，どんぐりの背比べ的な，規則的な，したがってまた算定可能な存在に仕立てるという，より差し迫った課題を含んでいる」［『系譜』Ⅱ.2］と書いたニーチェは，責任概念の新しさ（出現にいたるまでの長い歴史）と，しかもそれが大規模な交易・市場経済の成立を「条件・準備」として生じてきたものだという点を把握している。彼は一方で，責任の追及がつねに「罰しそして裁こうとする本能」に駆動されている点を暴き出し［『偶像』Ⅵ.7］，「誰も自分の行動……自分の本質に対して責任がない」［『人間的』Ⅰ.39］と言い切りながらも，他方でそうした「責任のなさ」，無垢を自覚した先に（「負い目」とは区別された）積極的な責任概念を樹立しようとしている。こうした新たな責任の担い手こそ，「真に約束をすることを許されている，この自由になった人間」であり，彼にあっては「責任という異常な特権に通じているという誇り，この希有な自由の意識，自己ならびに運命に対する力の意識」が「支配的本能」になっている［『系譜』Ⅱ.2］。「責任の由来の長い歴史」の頂点に位置する者が，「われら自由精神が理解するような哲学者——すなわち，最も広大な責任の持ち主である人間として，人間の発展全体に対する良心を有する者である」［『善悪』61］。したがってニーチェは「人間自身の歴史に対する人間の責任」を考察した最初の哲学者であり［G. ピヒト『ニーチェ』(1988)］，現在彼の問題意識は，テクノロジーの専制を阻止し，未来の世代のために環境の保全を要求する H. ヨナスの「遠隔責任の倫理」という構想にかたちを変えて引き継がれている［『責任の原理』(1979)］。

(川本隆史)

セクシュアリティ

「男女両性間の永遠の戦い」だとか，女*は「永遠に近づきがたいもの」だとか，「男子は女にとって一つの手段である」というふうに，ニーチェにおいて男女の性的差異は強烈なコントラストのもとで描きだされる。たとえば，「〈男と女〉という根本問題を考え誤って，これら両者の深刻な対立とその永遠に敵対的な緊張の必然性とを否定すること，かくておそらくは両者の平等の権利，平等の教育，平等の要求と義務といったものを夢想すること。これは皮相浅薄な頭脳のほどを示す典型的な一徴候である」［『善悪』238; cf.『この人』Ⅲ.5］と言われる。また「愛と二元性」と題した断章では，「じっさい愛とは，もうひとりの人がわれわれと違った仕方で，また反対の仕方で生き，働き，感じていることを理解し，また，それを喜ぶこと以外の何であろうか？ 愛がこうした対立のあいだを喜びの感情によって架橋せんがためには，愛はこの対立を除去しても，また否定してもならない」［『人間的』Ⅱ-1.75］というふうにも言われる。

とりわけ女性*に関する命題は多彩であり，論調もさまざまに揺れ動く。それらの命題を，ジャック・デリダ*は異なる三つの類型に分割している。(1)女性は虚偽の形象ないしは力として非難され，卑しめられ，軽蔑される（男根中心主義的なテクスト）。(2)女性は真理*の形象ないしは力として非難され，軽蔑されているが，依然として詭計とナイーヴさによって，真理の体系とエコノミーのなかに，つまり男根中心主義的な空間のなかにとどまっている（女性は真理であるとともに非真理である）。(3)女性はこれら二重の否定を超えて，肯定的・隠蔽的・芸術的・ディオニュソス*的な力として認められている。この第三の類型は反フェミニズムをさらに転倒する立場であって，ここから反フェミニズムが女性を非難していたのは，女性が二つの反動的な立場から男性に属し男性に答えていたかぎりにおいてであることが明らかになる。

ところで，ここで(1)と(2)は，いわばたがい

セクシュアリティ

に折り畳まれた関係にある。それは、女性において真理は宙づりにされるからである。ニーチェによれば、女性は真理から遠く隔たっており、その隔たり、つまり非真理がその真理なのである。真理とは、ほんとうは、女性がその働きそのものであるような〈覆い(ヴェール)の効果〉でしかない。言いかえると、女性は、彼女自身がそれであるところの真理を信じないかぎりでまさに女性なのだということになる。こういう効果を生みだすヴェールを宙づりにすること、つまり真理と非真理の差異を弄ぶこと、あるいは覆いをかけられたものと覆いを取り除かれたものとの対立を無効にすること、それが女性の存在だというのである。そのかぎりで、女性的なるものはつねに「見せかけ」(=表面*、外観)のなかでみずからをくりひろげる。女性の究極の関心事は、「見かけ(Schein＝仮象*)と美しさ」であり、つまり、いつも「ふりをする」(sich geben)、あるいは「身を飾る」ことに身を費やす[cf.『善悪』232]。女性とは、「どこを探しても中身がないような、純然たる仮面*にすぎないような」そういう存在なのである。男性は、女性がけっして「浅瀬に乗りあげることがない」がゆえに、女性の深さに翻弄され、それに呆然とする。が、「女性はまた浅くさえない」し「底もない」というわけである[cf.『偶像』I.27]。同じことは次のようにも言われる。「すべての徳や深みは彼女らにとっては単に《真理》の被いにすぎない、つまり《恥部》を覆うにはあつらえむきの粉飾物なのである——要するにそれは体裁と羞恥の事柄であって、それ以上のものではない！」[『智恵』64]、と。

したがって、女性が〈女性的なるもの〉について男性に「啓蒙」しようとする試みほど無意味なものはない。「女性が科学的になろうなどとくわだてるのは、最悪の趣味に属する」[『善悪』232]。それはデリダも指摘するように、ニーチェにおいて、性的差異そのものの真理、男性そのものの、あるいは女性そのものの真理などといったものは存在しないからである。言い換えると、女性は「女性とは何か？」という問いをも宙づりにしてしまうのであって、したがって「女性の女性性を、あるいは女性のセクシュアリティを探究することはできない」のだ。ニーチェの言葉で言えば、「女は女について黙っていよ！」[同 232]ということなのである。

認識者の意志とは反対に、「精神はみずからの仮面の扮装の多様性と老獪さを享楽し、同時にそこに自分の安全感をも享受する。——みずからのこのプロテウス的技巧によってこそ、精神はもっともよく防御され隠蔽されるのだ！ 仮象への、単一化への、仮面への、外套への、要するに表面への意志……」[『善悪』230]、この意志が女性においては天真爛漫で無邪気で繊細で無意識的な羞恥心として蠢きだしているというのだ。「真実への吐き気。——女性は、本性上、あらゆる真実(男、愛、子ども、社会、人生の目的についての)に吐き気を催す」[『人間的』II-1.286]という断章も、「女は真理を欲しない、女にとって真理など問題ではない！ 女にとってははじめから真理ほど疎ましい、厭わしい、憎らしいものは一つとしてない」[『善悪』232]という文章も、反真理というよりはむしろ、真理と非真理の境界の解体という、先に指摘したような視点から読むべきであろう。

最後に、デリダのいう(3)のタイプ、反フェミニズムの転倒と呼ばれた立場は、たとえば次のように表現されている。「完全な女は完全な男よりも高級な人間類型であり、またずっとまれなものである」[『人間的』I.377]。あるいは、「男子は女にとって一つの手段である。……真の男は二つの違ったことを欲する。すなわち危険と遊戯だ。それゆえ、真の男は女を最も危険な玩具として欲する。……女は、まだ現存しない一つの世界の諸徳に照

明されて、宝石のように清純で優雅な、一個の玩具であれ。一つの星の光線がそなたたちの愛のうちに輝いてあれ！　そなたたちの希望は、つまりこうであれ、《わたしは超人*を産みたい！》」[『ツァラトゥストラ』I-18]。
 ↪女、「真理が女性であると仮定すれば……」

(鷲田清一)

文献 ▷ Jacques Derrida, *ÉPERONS: Les styles de Nietzsche*, Flammarion, 1978 (白井健三郎訳『尖筆とエクリチュール』朝日出版社, 1979).

節度〔中庸〕　[Maß]

ニーチェは, 高級な人間における最も高貴*な徳として, 古代ギリシアのポリス市民にとっての四つの主たる徳, 勇気, 正義, 節度, 知恵を挙げているが[『人間的』II-2.64], そのなかでもとりわけ節度を重視した。そして,「二つのまったく高級な事柄, 節度(Maß)と中庸(Mitte)については, けっして語らないのが最善である。ごくわずかな者だけが内的体験と回心からなる秘教の小径を通り抜けて, これらの力と徴しを知るのである」[同 II-1.230]と言いながら, しばしばこの徳について語っている。たとえば,「思考と探求におけるまったく断固とした態度, つまり自由精神*が性格の特徴となった場合, 行動における節度が現れる」[同 I.464]が, ルター*の教会*に対する反抗は, 無作法で良き趣味*の欠如を示し, 節度を欠いていたとされている[『系譜』III.22]。これらの発言で言われている「節度」は貴族社会のモラルにも通じるものであるが, ニーチェにおける「節度」は本来は美的なカテゴリーとして導入されていた。『悲劇の誕生』*では, アポロ*的なものは, 夢の仮象*が粗暴な興奮を呼ばないように「節度ある制限」を設け, 個体の限界を守らせるために「汝自身を知れ」と要求して「ギリシア的な意味における節度」を悟らせるものであるとされる。それに対し
て, ディオニュソス*的なものは人間の生*における美と節度の根柢に隠された苦悩をあらわにする。「仮象と節度の上に築かれ, 人為的に抑制された世界」のなかに「ディオニュソスの祭の恍惚とした響き」がはたらきかけると, それまで節度を保っていた個体はアポロ的規定を忘れ去って「ディオニュソス的な忘我の状態」に陥る。そして,「過剰*(Übermaß ＝節度を超えるもの)が自らを真理として開示し, 矛盾が, 苦痛から生まれた至福が自然の心から語り出す」というのである[『悲劇』1, 4]。後期になると, 中期のアフォリズム集において保たれていた文体の節度が緩み, この点でも過剰が横溢するようになるが, それとともに, 美的節度を達成するのは「力」の過剰であるとする思考が現れる。芸術における「ニュアンスに対する感覚と歓び(本来のモダニティ), 一般的ではないものに対する感覚と歓びは, 典型的なものを捉えることに歓びと力を見いだす衝動, つまり最盛期におけるギリシア的な趣味に等しいものに対立する。後者にあるのは, 生あるものの充溢を制圧することであり, 節度が支配している」。それゆえ,「確固たるもの, 力強いもの, 堅固なもの, 広大かつ力強く休らい, その力を隠している生——それが〈意にかなう〉のである」とされる[遺稿 II.9.367]。とはいえ, 芸術において節度ある古典性への「力」による回帰を図り, その他の場面でも「最も節度のある者」こそニヒリズム*を克服すべき「最も強い者」であると主張して[II.9.283], 言説の上では「力」を賛美しても, ニーチェがモダニティの「ニュアンスに対する感覚と歓び」にそれなりの魅力を見いだし, そこに節度と過剰には還元できない新たな感性を察知していたこともまたたしかなのである。

(大石紀一郎)

『善悪の彼岸』　[Jenseits von Gut und Böse. Vorspiel einer Philosophie der Zukunft. 1886]

【Ⅰ】　本書の成立と背景　　『善悪の彼岸』は、1884年から85年にかけて執筆され、翌86年ライプツィヒ*のナウマン書店から出版された。この『善悪の彼岸』が執筆、公刊された時期は、ニーチェの最後期の思想段階にあたる。具体的に見ていくならば、82年から84年にかけての『ツァラトゥストラ』*第1部から第3部の完成、さらに85年の『ツァラトゥストラ』第4部執筆に続くのが『善悪の彼岸』の執筆期ということになる。この時期にはさらに『悦ばしき智恵』*の第5書が平行して書かれ、また『善悪の彼岸』と対をなす最後期の重要な著作『道徳の系譜』*が引き続き87年に完成、出版されている。『善悪』はニーチェの著作の中で最初に幅広く受け入れられた著作である。この本のタイトル「善悪の彼岸」はニーチェの思想を形容するポピュラーなキャッチフレーズとなった。

『善悪』は『系譜』とともに『ツァラトゥストラ』に続く著作である。ふつう『ツァラトゥストラ』はニーチェの主著と見なされている。しかしニーチェ自身は『ツァラトゥストラ』を自らの思想の最終表現という意味での主著とは考えていなかった。84年に書かれたいくつかの書簡の中でニーチェは『ツァラトゥストラ』を「玄関」とするような「主著」の構想を語っている。85年から87年にかけて書かれた遺稿群は、あきらかにこの「主著」のための予備作業であったと言えよう。そこには晩年のニーチェの思想的転回が見てとれる。だが周知のようにこの主著はついに書かれずに終わった。そしてこの幻に終わった主著のいわば影として残されたのが『善悪』と『系譜』であった。

【Ⅱ】　本書の主題　　『ツァラトゥストラ』以降に生じた思想的転回がいかなるものであったのかを考える際に、ニーチェ自身の証言として示唆的なのは、『この人を見よ』*の中の「善悪の彼岸」の章の冒頭にある次のような言葉である。「つづく数年間〔『ツァラトゥストラ』に続く時期〕にとっての課題はあらかじめあたうるかぎり厳密に指示されていた。私の課題のうちの肯定的に語られるべき部分が解決した後では、もう半分の、否定的に語られるべき、否定的に為されるべき課題が順番としてまわって来たのである」。ここでニーチェははっきりと『ツァラトゥストラ』以降の自らの課題が「否定」にあると言っている。ではこの「否定」とは何か。続けてニーチェは言う。「従来の価値そのものの価値転換、偉大な闘争──決断の日を呼び起こすこと」。ニーチェにとって「否定」とは「価値の転換*」のための闘いにほかならなかった。『ツァラトゥストラ』の詩的散文を通して語られてきた「肯定」の思想的境位は後ろにしりぞき、「暴露心理学」の鋭利なメスによる既存の価値体系への戦闘的な挑戦が再び前面に出てくる。このことはさらに、『善悪』の「序言」を見ればいっそう明らかになる。この「序言」の冒頭でニーチェは次のように言っている。「真理が女性であると仮定すれば*──、どうだろうか？　すべての哲学者たちが独断論者であるかぎり、彼らが女というものをちゃんと理解していなかったという疑いには根拠があるのではないだろうか？　これまで彼らの真理へと近づくときのやり方につねにつきまとっていた恐るべき真面目さと不器用なあつかましさは、女の心を捉えるためにはまずい不適切なやり方だったのではないだろうか？」ここでは真理へ接近しようとする哲学者の手段としての「独断論(ドグマティク)」に対するニーチェの批判に着目したい。ニーチェはこれまでの哲学の構築物がこの独断論を土台として築かれてきたという。そしてこうした独断論が、インドのヴェーダーンタ哲学からプラトン主義、その大衆化された形態としてのキリスト教*というかたちで綿々と受けつがれてきたことを指摘する。で

は独断論の核心にあるものは何か？「プラトン*が行ったように精神と善について語ることが、真理を逆立ちさせ、あらゆる生の根本条件である遠近法*を自ら否定することを意味した」。ニーチェは、自らが立つ歴史的位置をこうした独断論に対する「闘い」に置く。それはヨーロッパが今かかる闘いに目覚めつつあるという認識と結びついている。こうした闘いが生み出す「精神の華麗な緊張」——それこそが『善悪』においてニーチェの提示しようとするものである。それが、『この人』において「近代性の批判」という言葉でニーチェが総括したこの著作の主題の内実——「否定＝価値転換」の闘い——をかたちづくっている。

ところで『善悪』の「序言」のしめくくりでニーチェは「良きヨーロッパ人*であり、自由な、きわめて自由な精神である私たち」と言っている。この「自由精神*」という言葉は『人間的*』に由来する。このことにも象徴されるように『善悪』は、『人間的』で論じられた諸主題の再論——哲学・宗教・道徳に対する批判——としての性格を持っている。『善悪』を構成する諸章のうち、たとえば「哲学者の先入観について」は、『人間的』第1部の『最初と最後の事物について』に、「宗教的なもの」は「宗教的生活」に、「道徳の自然史について」は「道徳的感覚の歴史のために」に、「民族と祖国」は「国家への一瞥」にそれぞれ内容的に対応している。また『人間的』第2部の『漂泊者とその影』とも、断章の主題やスタイルの上で深い関連を持っている。そしてなによりも『善悪』全体を貫く「否定＝価値転換」のトーンが、『人間的』においてニーチェが到り着いた「自由精神」の核にある「破壊」としての、「病い」としての「大いなる解放」を受けつぐものであることを確認しておく必要があるだろう。「私、老獪な非道徳者にして鳥刺しは——、非道徳的に、道徳の外で、〈善悪の彼岸〉において語るのだ」[『人間的』Ⅰ 序言1（傍点筆者）]。

【Ⅲ】 **価値転換の認識** 『善悪』を構成するアフォリズム*の内容は多岐にわたっており、その全体についてここで触れることは不可能である。そこで問題を大きく三つに、すなわち（A）価値転換の認識、（B）歴史の遠近法、（C）暴力の根源性にまとめ、それにそってこの著作の具体的内容を整理してゆきたい。まず（A）価値転換の認識であるが、これはすでにふれた独断論への批判に示されているニーチェの哲学批判の核心をなすものであり、さらに宗教および道徳に対する批判の契機ともなるものである。ニーチェがここで問おうとするのは、従来の哲学が自明視してきた「真理への意志*」である。「私たちが真理を意志するとして、なぜむしろ非真理ではないのか？ 不確かさではないのか？ 無知でさえないのか？」[『善悪』1]。このような問いの地平にたってニーチェは、自明視されてきた真理の成立構造に潜む転倒を暴露しようとする。そこでは真理を真理たらしめるメカニズムに対する暴露＝批判と、真理によって排除され、隠蔽されてきたものの復権——しかるべき価値評価の遠近法の中に位置づけること——が戦略的に表裏一体となっておし進められる。

前者に関しては、すでに『人間的』においても示されていた「根源」（Ursprung）の虚構性の認識がとりわけ核心をなす。哲学はこれまで反対物の中に起源を求めることを拒否してきた。そして「固有の根源」[『善悪』2]をつねに求めようとしてきた。「〈……存在の胎内に、不易なものの中に、隠れた神の中に、〈物自体*〉の中に——そこにその〔最高の価値を持つ事物〕根拠が存在せねばならず、それ以外のところにはないのだ！〉」[同]。こうした「根源」の認識に哲学を伝統的に支配してきた形而上学的思考のメカニズムが現れている。すなわち「根源」のアプリオリな同一性にねざした真とそこから排除さ

れるものとしての偽のあいだの価値対立への「信仰」であり，たとえば「原因」と「結果」の因果論的把握に現れているようなある単一の絶対的な意味による個々の現象の拘束・支配である。それに対してニーチェは昂然と言い放つ。「真なるもの，誠実なもの，無私なものにどれだけ価値が与えられようと，仮象*に，欺きへの意志に，我欲や欲望に，あらゆる生にとってより高くより根本的な価値が帰せられねばならぬということはありうることである」[同]。

こうしたニーチェの認識にはすでに価値の転換を通じて見通されるべき，より根源的な生*の境位が示唆されている。それは次のようなものである。「すべてが力強い統一の中に抱合される情動の世界の，より原初的な形態としての生，全有機的機能が自己規制や同化や栄養，排泄，新陳代謝によって相互に綜合的に結びついている，一種の衝動生活としての生──生の先行形態としての生」[『善悪』36]。形而上学*のヴェールをはぎとった後に露わになるこうした生の境位，そしてそれを肯定することが「力への意志*」の立場にほかならない。それはすべてを力の不均衡な関係とそうした関係の遠近法としての解釈の偶有性に委ねようとする多様性への，異質性への意志と言いかえてもよいだろう。そしてこうした新たな遠近法を問うもっとも枢要な舞台となるのが「道徳」の問題である。ニーチェは哲学における独断論の道徳認識におけるヴァリエーションとしての「道徳の功利主義」[同 190]──善の有用性をもたらすがゆえの同情*や無私や勤勉，謙遜などに対する高い評価──を「奴隷の道徳」[同 260]として斥け，徹底した自己肯定の境位にねざす「主人の道徳」[同]を対置する。このことを通じて『善悪の彼岸』という著作全体の帰結ともいうべき「高貴*」(vornehm) が導出されるのである。「高貴な魂は自らに対して畏敬をいだいている」[同 287]。

【Ⅳ】 歴史の遠近法　こうした否定を媒介して肯定へといたる価値転換のプロセスはどのように可能となるのか？　このとき(B)歴史の遠近法が問題とされねばならない。たしかにここの著作におけるニーチェの課題は「近代性の批判」であった。そしてニーチェにとって近代とは「畜群道徳」の時代として批判，否定の的とされねばならなかった。このことは別な角度からいえば，近代ヨーロッパが辿りつつあった広義の意味における啓蒙の流れに対してニーチェがアンチの立場に立っていたことを意味する。したがって否定から肯定へといたるプロセスは反啓蒙の立場のストレートな表明と受け取られがちである。しかしニーチェの近代啓蒙に対する関わりはけっして単純なものではない。たしかに「文明」や「進歩」を求める「ヨーロッパの民主主義運動」[『善悪』242]は「畜群的人間」を生み出す条件となる。しかし一方でそれは「例外的人間」を生み出す条件ともなるのである。それは民族や身分の拘束を離脱する「良きヨーロッパ人」の生成の条件とどこかで重なり合っている。もちろん啓蒙のプロセスの側から見た場合，「例外的人間」の生成はけっして本意ではない。むしろ啓蒙のプロセスが強要する「平均化」や「画一化」(畜群化)の力への反発──力の不均衡的な関係──がそれを可能にするのである[同 189参照]。しかし啓蒙がその内部から自らに対抗する要素を生み出すプロセスもまた近代啓蒙の必然的本性であるという認識がニーチェの中にはあったと思われる。こうした「啓蒙の弁証法*」とも言うべき認識がニーチェの歴史の遠近法の中に内在していることを見落としてはならないだろうし，それをニーチェの近代性への関わりの複眼的性格として捉えることもできる。

【Ⅴ】 暴力の根源性　ところでこうした歴史の遠近法の認識は，一方において歴史の「ある巨大な生理学的過程」[『善悪』242]と

しての認識に裏打ちされている。それはニーチェと同じ世紀を生きたマルクス*が『資本論』第1版序文で述べている「自然史的過程への経済社会過程の還元」という概念とどこかで照応するものである［『善悪』230参照］。ニーチェにおいてこの「自然史的過程への還元」の概念は、最後期のもう一方の著作『道徳の系譜』において展開される「系譜学」的認識にもっとも集中して現れている。マルクスなら近代市民社会のイデオロギーに内在する物象化的錯視の剔抉に向けられるまなざしが、ニーチェにおいては道徳に内在する転倒に向けられる。そしてマルクスにおいてこうした剔抉作業の結果として見えてくるものが階級対立（闘争）であり、ニーチェにおいて見えてきたものが力の不均衡的関係であったことからも明らかなように、「自然史的過程への還元」の結果として見えてくるのは人類史に内在する複数の力の対立関係であり、それが社会や歴史を形成する上で持っている根源的性格である。

ここで（C）暴力*の根源性という主題が浮かび上がる。ニーチェは、「傷つけること」や「暴力」や「搾取」の相互抑制を「社会の根本原理」とすることが——それこそが啓蒙の目標である——「生の否定の意志」に、「解体と衰退の原理」にほかならないという。「生それ自体は本質的に他者や弱者をわがものとすること、傷つけること、抑圧すること、過酷さ、自分の形式を強制すること、併呑することであり、少なくとも、穏やかにいっても搾取である」［『善悪』259］。「搾取は、まさしく生の意志にほかならない本来の力への意志の帰結である」［同］。こうした「自然史的過程への還元」の涯に見えてくる暴力の根源性の認識——「精神」の虚構に対する鋭い反措定としての認識者の「残忍さ」［同229］——を、『系譜』や80年代後半の遺稿群の思考内容と考えあわせるとき、ニーチェの最後期の思想地平が浮かび上がってくる。そ

れは大いなる肯定*への意志が、たえざる否定の更新としての認識のラディカリズムと表裏一体となるような境位である。『この人』の「善悪の彼岸」の章の最後でニーチェはこう言っている。「その日の自分の仕事を終えて蛇となって認識の木の下に身を横たえた、あれは神自身であったのだ」。この後に続く抹消された文章から推測するならば、この神とは、否定と肯定のあわいに立つ者としての「認識の影に潜むディオニュソス*」なのかも知れない。

最後に『善悪』という著作の最も本質的な魅力が、これまで見てきたような概念的整理をはみ出すニーチェのアフォリズム的思考の煌くような先鋭さ、多様な主題に対する切り口の鮮明さ、そして思考を加速させる文体のリズムの鋭敏さにこそあるということをつけ加えておこう。→価値の転換、「真理が女性であると仮定すれば……」、自由精神と理性批判、遠近法／遠近法主義、暴力　　　　　（髙橋順一）

戦争と軍隊

「攻撃することは私の本能に属する」［『この人』I.7］と語るニーチェの著作には、戦争や軍隊に関する表現が数多く現れる。もっとも、規律や勇敢さが男らしさの理想とされた時代において、軍事的な比喩*の多用はどんな学者や文学者の文章にも共通していた。また社会的にも、ユンカーの行動様式を範として公的規範が形成されたプロイセンでは、市民でも兵役を終えて予備役士官となってようやく一人前と見なされるという風潮が強かったし、学生たちは決闘によって勇気を示す機会を逃さなかった。牧師の子として生まれたニーチェも、少年時代にはクリミア戦争をまねて鉛の兵隊で戦争ごっこをして育っており、学生時代には決闘で傷を負っている。そして、プロイセンが何度も戦争を行った時期に成人した彼は、近視のため二度までは召集を免れたが、1867年秋の徴兵検査で合格とさ

れ，ナウムブルク*の野戦砲兵騎馬連隊で訓練を受けた。ただ，軍隊の生活にはなじめず，落馬して怪我をしたあとはそのまま除隊して，予備役少尉の地位には熱意を示さなかった。普仏戦争*に際しては志願して看護兵として従軍したが，その後は戦勝に湧く世論に対して，ドイツの勝利はドイツ文化の勝利ではなく，ドイツ軍の規律や勇敢さ，指揮官の有能さや戦術の優秀さなど，「文化とは何の関係もない要素」によるものだと論じている［『反時代的』I.1］。このように近代国家の軍隊と文化を対立させる一方で，古代ギリシアの国家についてニーチェは，「戦士からなる社会」に立脚する軍事国家とすぐれた文化の成立との間には本質的な関連があると主張している［「五つの序文」III］。すぐれた文化の基礎となる闘争を肯定する思考はその後も一貫しており，「軍事的に基礎づけられた文化」の方が「産業文化」よりも高貴*であるとしている［『智恵』40］。また，自由とは「男性的な，戦争と勝利を喜ぶ本能」の支配であり，近代において自由を保証するための制度が畜群*的人間を増殖させているのに対して，自由の獲得をめざす戦いのなかにこそ本源的な自由があるのであり，そうした自由な人間の最高の典型がシーザー*である［『偶像』IX.38］，といった発言もある。

とはいえ，中期以降の軍事的な表現の大半は，認識や創作に臨む態度についての比喩として用いられている。「戦争はすべてのよきものの父である」というヘラクレイトス*の言葉は，詩に対する散文の「優雅な戦争」に関連して引かれている［『智恵』92］。『ツァラトゥストラ』の「戦争と戦いの民」［I-10］でも，「よい戦争はいかなる事柄も神聖にする」「あなたがたは憎むことのできる敵のみを持つべきである，軽蔑すべき敵を持ってはならない」という箴言に続いて，「認識の戦士」として自分の思想のために戦い，思想の敗北に際しても誠実さを貫けとして，「よき戦士」が服従すべき命令とは「人間とは克服されるべきなにものかである」*という思想であると述べている。「血をもって書け」［同 I-7］，「倒れるものをさらに突くべし」［同 III-12.20］といった表現もこの部類に入るであろう。さらにニーチェは，個々の比喩のレヴェルにとどまらず，自らの著作活動そのものも現代文化に対する「戦争」として理解していた。自分の著作は現代の文化やキリスト教*に対する「宣戦布告」であり［『偶像』序言］，「戦闘的な哲学者は人間だけでなく，問題に対しても決闘を挑む」というのである。そして，「誠実な決闘」の心得として，(1) 勝ち誇っている事柄だけを攻撃する，(2) ただ一人で危険を顧みずに戦う，(3) 個人攻撃をしない（ダーフィト・シュトラウス*やヴァーグナー*はある問題の典型として取り上げたにすぎないとしている），(4) 個人的感情に左右されない，という4カ条を挙げている［『この人』I.7］。勇気と名誉を重んずる決闘の作法を批評言語のなかに持ち込もうとしているかのようであるが，勝ち誇る多数派にただ一人果敢に挑戦する戦士を気取ったヒロイズムは，ドン・キホーテ的な滑稽さと紙一重でもある。

第一次世界大戦の開始とともに，総動員体制によって社会が機能的に編成され，軍事化が貫徹されていくと，こうした戦闘的な言説はむしろ政治的反動と結びついて受け取られるようになった。ドイツ軍国主義の代表格としてトライチュケ*とならんでニーチェの名が挙げられたこともある。だがその原因は，ニーチェ自身の戦争の比喩が後期において現実との境界を乗り越えようとするようになっていたところにもあった。「いまや歴史にその比を見ないような戦争の数世紀が相次ぐであろうこと，つまりわれわれが古典的な戦争の時代，すなわち（手段や才能や規律の点で）最大規模の，学識にもとづくと同時に大衆的な戦争の時代に踏み入ったこと」を，ニ

ーチェはナポレオン*の遺産として評価し,ヨーロッパの一元的な支配の達成という課題について語っている[『智恵』362]。そして,「いまだかつて地上になかったような戦争が起こるだろう。私から始まって地上には大いなる政治*が行われるであろう」と予言するのである[『この人』XIV.1]。20世紀初頭の芸術革命についても「アヴァンギャルド」という軍事的比喩が用いられるが,たとえば未来主義においては,「世界の唯一の衛生学としての戦争」という戦争賛美がやがてファシスト的行動主義に転化していった。ニーチェの「大いなる政治」の言語もその微妙な境界線上にさしかかっていた。→大いなる政治,国家,シーザー,ナポレオン　　　　（大石紀一郎）

先入見〔偏見〕 [Vorurteil]

他者や対象に対するわれわれの関わり方をあらかじめ規定している解釈の枠組としての先入見は,単なる個人的な偏見にすぎないわけではなく,むしろ歴史的・文化的に形成されてきた共通の行為規則と基本的に連繋しており,われわれの日常生活の円滑な展開にとって必要不可欠な社会的前提のひとつである。とはいえ,個々の社会はそれぞれに固有な先入見に囚われており,普遍的な真理を求めようとする学的な営為からすれば,このような社会的先入見でさえも特殊であり排除されるべきである,とみなされよう。かくてすでに過去となっている社会に属するテクストを研究対象とする古典文献学*においては,理性にのみもとづき個々の研究者のいかなる先入見にも侵されない客観的な解釈によってこそ,テクストの本来の意味が理解されると考えられた。ところがニーチェにとっては,この古典文献学に典型的に見られる客観主義的な真理観やその背後にある理性的認識への信頼それ自身が,当時の社会の先入見として徹底的に批判されるべきであった。客観的な真理*は捏造*された虚偽とけっして無縁であるわけではなく,両者の対立そのものがもともとわれわれの生*の力への意志*に由来している,というのである。理性的認識をその発生の次元において,もはや理性的ではないひとつの価値的な選択として暴露しようとするニーチェの試みには,しかし先入見排除の傾向が基本的に維持されている。これに対し,むしろテクスト解釈における先入見の不可避性を積極的に承認したのはガーダマー*の哲学的解釈学であった。けれどもガーダマーにおいては,先入見を必然的にともなっている解釈の妥当性を保証するために,テクスト解釈において,著者と解釈者とのあいだで地平の融合が可能となる基盤としての伝統の連続性が前提されざるをえず,伝統そのものに対する批判の可能性が原理的に閉ざされることになった。他方,ニーチェの先入見批判には,解釈の正当性を著者と解釈者とのあいだの天才的な同質性に求めるなど問題がないわけではないが,解釈の営みの背後にある伝統そのものを批判する可能性と志向性は充分に認められよう。
（忽那敬三）

賤民

後期のニーチェが多用した〈品性卑しき徒輩〉に対する呼称。『ツァラトゥストラ』*第4部「ましな人間*」の章で繰り返し「この今日は賤民のものである」と言われるように,この呼称には時代に対するニーチェの告発がこめられている。思想家としてのニーチェが民衆蔑視者であることは疑いえないところだが,「賤民」は必ずしも一般民衆を指すのではなく,当時の成金趣味に対する反発が底流にあったようである。このことは,同書の次の箇所から明らかである。「まことに,隠者や山羊飼いたちの間で暮らすほうがましだ。私たちの金めっきした,まやかしの,厚化粧した賤民と一緒に暮らすよりは。——賤民はおのれを〈上流社会〉と称したり,——〈貴族*〉と称したりしているけれども」[『ツ

ァラトゥストラ』Ⅳ-13.1]。「冷たい目で情欲をうずうずさせてあらゆるごみの中から自分の利益を拾い集める富の囚人たち，天に向かって悪臭を放つこういう賤民に対する吐き気，――金めっきして偽装したこういう賤民に対する吐き気」[同 Ⅳ-8]。次に，賤民の属性として，不純さ，ないし不統一が挙げられる。「ところで賤民とは，ごった混ぜ（Mischmasch）のことである。ごった混ぜの賤民。そこでは一切合財が入り乱れている。聖者とごろつき，貴公子とユダヤ人，ノアの方舟から出てきたあらゆる畜類が」[同 Ⅳ-3.1]。そして，ニーチェはこうした賤民性を遺伝や血統の産物とも考えていた。「ある種の厭わしい不節制，ある種の陰険な嫉妬，ある見苦しい自己正当化――これら三つが一緒になっていつの時代にも本来の賤民タイプを作り上げてきたのだが――，こうしたものは腐敗した血と同様に，必ずその子どもに伝わらずにはおかない。……われわれのはなはだ民衆的な，言うなれば賤民的な時代においては，〈教育〉や〈教養*〉は本質的にごまかすための，――すなわち体と心に遺伝された賤民という素姓をごまかし去るための，技術であらざるをえない」[『善悪』264]。　　　（清水本裕）

戦慄と恐怖

理性秩序の明朗な世界が「マヤのヴェール」のように一挙に落とされて，その裏に隠された生の深淵*がかいま見られる瞬間*を，ニーチェは戦慄と恐怖の経験と捉える。『悲劇の誕生』*ではディオニュソス*的陶酔*がまさにこの戦慄の経験である。因果律や道徳律など現実認識を規定している「根拠の原理」が「どこかで例外を許すように見える場合，人間はとつぜん現象界の認識形式に惑いを覚え，途方もない戦慄的恐怖（Grausen）にとらわれる」[『悲劇』1]のである。自己保存*をめざす近代の認識図式は，生の醜悪さや喜びを忘却させてきた。この知的禁欲主義が排除し，見ることを禁じた生の本来のありかたを覗き見ることは，生の最も奥底からわきあがる「歓喜あふれる恍惚感を感じる瞬間」である。だが，理性秩序の確たる地盤を離れ日常性を脱するこの経験は，ちょうど断崖の縁に立って足下に広がる深淵を覗きこむような恐怖とおののきを伴う。ニーチェは『悲劇の誕生』で，シラー*の詩によるベートーヴェン*の「歓喜の歌」の光景を思い浮かべてみよと言う。幾百万もの人々が「慄いて」（schauervoll）創造主のまえに額づくさまは，ディオニュソス的な魔力につかれ踊り歌い狂う祭の陶酔のように，人間同士が再びきずなを取り戻し，疎外されていた自然と和解する光景である。ニーチェがこうした宥和を求めていたにしても，それはけっしてサテュロス*の合唱がありえた社会の再現ではありえない。理性認識が排除したものを見る瞬間のおののきは，あくまでも近代的な美的経験である。『悲劇の誕生』ではこの美的体験は，彼が一時はヴァーグナー*に期待をかけたことにうかがえるように，まだ具体的な芸術と結びつけられているが，ヴァーグナーとの決裂以後は既成の芸術の枠を越えた感性経験に広がっていく。『曙光』*[423]には，暮れゆく薄明の中でいっさいが「大きな沈黙」に吸い込まれるジェノヴァ湾での自然体験について，「われわれに突然襲いかかるこの巨大な沈黙*は，まさしく美であり，戦慄だ」と記されているが，それは認識対象としてではない自然との出会いからくる感性の震えである。さらに『悦ばしき智恵』[341]に記された永遠回帰*の予感も戦慄的な経験である。

戦慄や恐怖は，近代的主体の存立のために排除されてきたものに触れる恐れであると同時に，禁じられているがゆえに魅惑的な引力を伴った経験である。それはかつて宗教が宿していた超越者との交流による脱自的な陶酔経験に等しいものであり，バタイユ*の言う「至高性」に触れる瞬間と比べられる。バタ

イユの場合、狂乱の宴や性行為の禁止の侵犯におけるエロティシズムは、拒まれ呪われた自然が自然そのものとして回帰するのではなく、感性によって変容され「聖なるもの」として求められることである。ここにニーチェとの共通点を見ることができる。

日常性を脱する美的経験としての戦慄と恐怖は、モダニズム芸術に共通する美的経験である。すでにドイツ・ロマン派は、日常的な世界の裏に潜む不気味なものの戦慄的魅惑を文学化し、正常と異常、意識と無意識の境界を掘り崩すことによって啓蒙的理性の限界をつこうとした。この美的経験はボードレール*において先鋭化される。彼がゴヤの絵の不気味な誘惑のなかに感じとった「漠たる、無限なものの戦慄」は、『パリの憂鬱』や『悪の華』の根底に流れるモティーフとなっている。さらに、日常感覚を震撼させるシュルレアリスム*のショックや、ドイツ表現主義*における病的なものや腐敗のテーマ化、死の偏愛や言語秩序の破壊などは、近代的自我の基盤としての論理法則や法秩序から排除されたものに文学形式のなかで言葉を与える試みである。だが戦慄的経験は美的領域においてこそ、そして美的領域を越えないかぎりでのみ日常性の暴露としての機能を持ちうることはニーチェ自身にも明らかであった。つまり戦慄の瞬間における脱日常性の経験は、合理的認識の限界を震撼するものではあるが、その経験が美的領域にとどまっているかぎりにおいては非合理主義に陥るものではない。しかしそれが美的領域を逸脱した場合に、反近代的退行となりうることを、露骨な反ユダヤ主義者でファシストであったセリーヌやユンガー*という具体例が示している。ここにモダニズム芸術のきわめて微妙な側面をみることができる。とはいえ、戦慄の美的経験を共有するニーチェや表現主義芸術に対して、ドイツではたとえばルカーチ*に代表されるように、「反啓蒙」のレッテルを貼る傾向があるのは、ナチズムを生んだドイツの不幸である。ニーチェにおいて近代からの訣別の兆候を強く読み取るハーバーマス*の反応にも、このドイツの過去が大きく影を落としている。

戦後ふたたび戦慄や恐怖のテーマをモダニズム芸術の投げかけた未解決の問題として積極的に取り上げているのが、むしろドイツ以外の文化圏であることは偶然ではない。みずからユダヤ人でありながらクリステヴァは『恐怖の権力』(1980)で、セリーヌの『夜の果ての旅』の解読を通じて「セリーヌには越えられなかったアヴァンギャルドの賭」に取り組んでいる。クリステヴァによれば、モダニズム芸術こそは、社会秩序の形成のために「廃棄すべきもの」(アブジェクト)、つまり「おぞましく汚らわしいもの」とされてきた自然の欲動が言葉を得る場である。彼女によれば、モダニズム文学は、主体の自己同一性を破壊する危険のある「アブジェクト」を昇華する役割を負ってきた。セリーヌにとっては、禁忌されると同時に魅惑されるものの間近で「情動を炸裂させる」手段が、通常の統辞法の破壊や変形させる文体であったとクリステヴァは言う。だが、セリーヌは近代的自我の破産を文学で昇華しきれずに、文体において破壊された主体の同一性の回復をファシズムに求めたことが誤りであったと指摘する。彼女は、ニーチェの『善悪の彼岸』*から「文章のリズムを取り違えることは、文章の意味そのものを取り違えることだ」という言葉を引いているが、モダニズム芸術が近代の全面否定に陥らない近代批判をどのように展開してきたかを探るために、ニーチェにおける「文章のリズム」に秘められた批判の力を明らかにすることが必要であろう。→アフォリズムと思考のパフォーマンス，美と快楽，表現主義　　　　　　　　　　　　　　(大貫敦子)

ソ

造形力 [plastische Kraft]

ニーチェがこの表現を自覚的に用いているのはたった一箇所であるが、その意味するところはきわめて重要である。第二の『反時代的考察』*、『生に対する歴史の利と害』の冒頭部でニーチェは、幸福なる生にとって忘却*が持つ意味を論じる。「ほとんど記憶なしで幸福に生きることは可能だが、まったく忘却を知らないではそもそも生きることすら不可能である」と。そして、問題は忘却と記憶の釣合関係であるといった趣旨の発言がなされる。「歴史的感覚はある度合いを越えると、生けるものが傷つき、ひとりの人間であれ、ひとつの民族*であれ、はたまたひとつの文化であれ、最終的には滅びてしまう」。そうした限界線を定め、過去が現在の墓掘人にならないためには、当該の人間や民族や文化の「造形力」がどの程度の大きさであるかを正確に知らなければならないとニーチェは述べながら、この造形力を次のように定義する。造形力とは「自分自身の中から独特に生い育つ力、過去ったものや異質なものを造りかえ、自己のうちに血肉化する力、傷を癒し、失ったものの代償を見いだす力、壊れた形態を自己の中から元どおりに造りなおす力」[『反時代的』Ⅱ. 1]である。「生い育つ」(wachsen)、「造りかえる」(umbilden)、「血肉化する」(einverleiben)などの語はゲーテ*、シラー*、フンボルトの新人文主義を思わせるし、bilden は、その先に言われる「過去の獲得」(aneignen)などとともに、ヘーゲル*を中心とするドイツ観念論*の教養*の概念をも思わせる。いずれにせよ、異質な他者を精神の労働によって自己の発展の資とする有機的な人格発展の思想が生きている。

他方で、「傷を癒し、失ったものの代償を見いだし、壊れた形態を自己の中から元どおりに造りなおす」という表現は、負傷、喪失、破壊を前提にしており、ここには、歴史の世紀である19世紀の悲哀感が先行している。コロセウムの廃墟に立って壮大な過去を哀切の想いでしのぶニーブールの逸話がニーチェの敬愛するブルクハルト*の『イタリアにおけるルネサンスの文化』に出てくるが、そうしたニュアンスが宿っている。だが、そうした悲哀感は実はすでにヘーゲルにもあった。『美学講義』には、「ギリシアの晴朗な世界も、中世の美しき日々も過ぎ去ってしまった」と記されている。新人文主義とドイツ観念論では、まだ一緒に纏められていた要素、つまり、未来に向けての過去の吸収（人格的発展）と失われた過去への悲哀感とが、ニーチェでは分裂し始めていることがわかる。なんとか、両者を統合しようとしたのが、この造形力の探求であろう。

しかし、それが無理であることは、その先の文章で、極端な可能性が引かれていることからもわかる。ニーチェはほぼ次のように論を続ける。人間によっては、この造形力がほとんどないために、ちょっとした強い体験や苦痛、ちょっとした不当な扱いを受けただけで出血多量で駄目になってしまう者もいれば、「荒々しく恐ろしい生命の力に満ち満ちて」いるために、どんなつらいことにあっても、それどころか自分の悪行に対してもなにも感じずに元気にしていられる者がいる。「ある人間の最内奥の本性〔自然〕が強ければ強いほど、そうした人間は過去から自分に多くを吸収獲得 (aneignen) し、また過去を自分にあわせてしまうだろう。そして、最も強力で、最も恐ろしい本性の持ち主を想像してみるならば、そういう本性は、彼にとっては歴史的感覚が繁茂しすぎて有害になって

しまうような限界がないことでわかる。そういう人は、いっさいの過去を、自分自身のそれであれ、最も異質な人間のそれであれ、自分の中に引き入れ、いわば血液へと変形してしまうであろう。彼が自分の思うとおりにできないものがあれば、それは忘れるだけのことである」。最も弱い場合と最も強い場合が仮説的な例として引かれている。そして、最も強い人間、つまり、思いどおりにできないときにはいかなる過去も忘れて現在の行為に埋没できるような人間こそは、どんなに強い歴史意識でも、耐えられるのである。ここでは、新人文主義のなかにあった二つの要素、ニーチェの造形力の定義にも残っている二つの要素が崩壊しはじめており、後の超人*や力への意志*をも思わせる表現となっている。力への意志の真理観に近づくにつれて、過去を捏造*する (erfinden)、価値をひねりだす (erdichten)、あるいはそれによって人を騙す (täuschen) といった表現が増えてくるが、造形力の定義で使われていた表現から、次第にゆっくりとこうした一種のプラグマティズムへと移行していくそのプロセスを把握するのは、ニーチェの内在的研究としては、最も困難だが重要なテーマのひとつである。

最後に、まだ新人文主義の雰囲気を宿している造形力の plastisch の語には、ヴィンケルマン*からゲーテの古典主義の精神が生き残っていることも指摘しておきたい。「学問はより高いプラクシスによって、外の世界に働きかけるべきである」とゲーテが要求したのだ、とニーチェも書いているとおりである〔『反時代的』Ⅱ.7〕。古典主義におけるような過去との建設的な関係が不可能になってしまった段階では、この概念をさらに発展させることは、ニーチェといえどもできなかった。
→ドイツ観念論, ゲーテ, 歴史主義　　(三島憲一)

僧侶　⇨司祭〔僧侶〕

ソクラテス　[Sokrates 470-399 B.C.]
「ギリシア人の本来の哲学者は、ソクラテス以前の哲学者である。ソクラテスとともに、なにかが変わった」〔遺稿Ⅱ.11.97〕。この言葉が示すように、ニーチェにとって〈ソクラテス以前の思想家たち〉という表現は、単に便宜的な歴史的区分ではなく、今日では失われてしまったある真正な哲学的伝統を示すものであり、ソクラテスはこの哲学的伝統を変質させ、破壊した人物である。ニーチェは「学問と智恵の闘争」と題された1875年の草案において、ソクラテスが古代初期の哲学に及ぼした影響を次のように要約している。「1. 彼は倫理学的判断の天真爛漫さを破壊した。／2. 彼は学問を絶滅した。／3. 彼は芸術に対する感覚をもっていなかった。／4. 彼は歴史的結合から個人を引き抜いた。／5. 彼は弁証法的な空談や饒舌を促進した」〔同Ⅰ.5.251〕。ニーチェがソクラテスを主題的に論じているのは、『悲劇の誕生』*と『偶像の黄昏』*のとくに「ソクラテスの問題」においてだが、その論述の力点の置き方にはいくらかの違いがある。ソクラテスは、前者においては理論的人間*の典型として扱われ、後者においてはデカダンの徒として扱われるのである。

【Ⅰ】理論的人間の典型としてのソクラテス　『悲劇の誕生』は、ギリシア芸術の運命を「アポロ*的なもの」と「ディオニュソス*的なもの」という二つの芸術衝動によって解明しようとする試みである。ニーチェによれば、ギリシア芸術は、造形芸術を生み出すアポロ的芸術衝動と、音楽のような非造形芸術を支配するディオニュソス的芸術衝動がたがいに対立しあいながらも、たがいを刺激しあうことによって発展してきた。そして、ニーチェは、この発展がアッティカ悲劇においてその頂点に達したと見る。というのも、ここでは二つの芸術衝動が奇跡的なかたちで結合し、ディオニュソス的であると同時にア

ボロ的な芸術作品が生み出されるからである。悲劇においては、ディオニュソス的恍惚が一定のアポロ的形式を得て、そのはかなさから救いあげられるのである。ソフォクレスのオイディプス王もアイスキュロスのプロメテウスも、ディオニュソス的生の表現にほかならない。だが、ギリシア悲劇は絶頂に達した瞬間に、同時にその最大の敵に出会うことになる。エウリピデスがディオニュソス的でもアポロ的でもない芸術観、つまり、「すべてのものは、美しくあるためには知的でなければならない」という芸術観をたずさえて登場するのである。しかしニーチェによれば、この芸術観は「徳は知なり」というソクラテスの合理的精神の芸術への適用にすぎない。つまり、「美的ソクラテス主義」こそが悲劇の最大の敵なのである。「エウリピデスの口を借りて語った神は、ディオニュソスでもアポロでもなく、ソクラテスと呼ばれるまったく新来の鬼神であった。そこに生じた新しい対立、それはディオニュソス的なものとソクラテス的なものという対立であり、ギリシア悲劇の芸術作品はこの対立によって没落していった」[『悲劇』13]。

ニーチェにとってソクラテスは、「理論的人間」の典型である [『悲劇』15]。理論的人間は、思惟は因果律を導きの糸として存在の深淵を捉えうるし、それを修正することさえできるという楽観的な確信にもとづいて、認識に万能の力を認める。この理論的楽観主義は、近代を支配する「科学の精神」の本質をなすものでもある。というのも、科学の使命もまた、「存在があたかも理解しうるものであり、したがって是認されたものであるかのような外観を存在に与えること」[同] にあるからである。ソクラテスは、この知と科学の楽観主義によって悲劇の破壊者となる。いまや存在の深淵をわれわれに垣間みせてくれるのは、悲劇の本質たるディオニュソス的陶酔ではなく、認識という万能薬だからである。

とはいえ、ニーチェは、この悲劇の破壊者としてのソクラテス主義を頭から否定するわけではない。むしろそれは、「高貴*な天性をそなえた人々だけのもの」[『悲劇』18] である。高貴な人は生存の重圧に常人以上の深い嫌悪を感じるので、選り抜きの刺激剤によってこの嫌悪を紛らわせねばならないのであり、ソクラテス主義もこうした刺激剤の一つなのである。ニーチェは三つの刺激剤を挙げる。「ある人はソクラテス的な認識の快感と、この認識が生存の永遠の傷を癒してくれるという妄想とに束縛される。他の人は眼前にはためく芸術の美の誘惑的なヴェールに巻き込まれるし、また別の人は、諸現象の紛糾のもとでも永遠なる生は不断に流れ続けるという形而上学的慰藉に捉えられる」[同]。そして、ニーチェによれば、この刺激剤から、文化と呼ばれるいっさいのものが発生するのである。「薬剤混合の比率に従ってわれわれはそれらを、とくにソクラテス的文化とか、とくに芸術的文化とか、とくに悲劇的文化とかとしてもつことになる。あるいはまた、もしも歴史的な例証をあげることが許されるならば、アレクサンドリア的*文化やギリシア文化や仏教文化が存在することになる」。してみると、「われわれの生近代世界はアレクサンドリア的文化の網に捉えられており、ソクラテスを原像および元祖とする、最高度の認識能力をそなえ、科学への奉仕を仕事とする理論的人間を理想としているのである」[同]。だが他方でニーチェは、このソクラテス的・アレクサンドリア的文化がいまややせ細り、その生を終えつつあると言う。ニーチェは、ドイツ哲学(カント*とショーペンハウアー*)とドイツ音楽(ヴァーグナー*)とのうちに一つの新たな生存形式を、つまりは悲劇的文化の再生を見て取るのである。『悲劇の誕生』はこう呼びかける。「ソクラテス的人間の時代は終わった。……いまこそ敢然

と悲劇的人間たれ」[20]。

【Ⅱ】デカダンの徒としてのソクラテス

『偶像の黄昏』におけるソクラテスは、高貴の人であるどころか、「賤民*」[Ⅲ.3]であり、「デカダンの徒」[同]である。ソクラテスのデカダンス*は、「あの理性と徳と幸福の同一視」に示されている。「これはおよそ世界に存在するもっとも奇怪きわまりない同一視であり、とくに古代ギリシア人のいっさいの本能を敵に廻してさえいる」[同Ⅲ.4]。そこでニーチェは、この同一視がどのような異常体質から生じたかを理解しようとする。ニーチェによれば、「理性」を信奉する哲学者の異常体質はまず生成の観念を憎むことにある。彼はある事柄を「永遠の形態のもとに」非歴史化してしまう[同Ⅳ.1]。そしてその第二の異常体質は、いわゆる「最高概念」、もっとも一般的で空っぽな概念を「もっとも実在的なもの」として据えることにある[同Ⅳ.4]。そうだとすると、理性と徳を同一視することは、徳をそれが生まれた地盤から切り離して「永遠の形態のもとに」見ること、そして、そうした「理念」化された徳を実在とみなすということである。実際ニーチェは、ある遺稿においてこう語っている。つまり、理性と徳の同一視が意味するのは、「道徳的判断がその発生地域、またそこでのみ意味をもつことのできる条件、すなわちそのギリシアの、およびギリシア的ポリスの基礎や地盤から引き離され、昇華という外見のもとで、非自然化された」ということである。〈善〉とか〈正義〉といった偉大な概念は、それらがする前提から引きはなされ、足が地につかぬ〈理念〉として弁証法の対象となった。人びとはそうした理念の背後に一つの真理を探究する。それらの理念を実在あるいは実在の記号とみなす。人びとはそうしたものが住みつき、そこから出てくるところの一つの世界を創作するのである……要するに道徳価値の非自然化は、その帰結として、退化した人間タイプ——〈善人〉〈幸福者〉〈賢者〉——をつくりだすことになった。ソクラテスは人間の歴史におけるもっとも深い倒錯の瞬間である」[遺稿Ⅱ.11.110f.]。

だが、ニーチェは、ソクラテスのこの倒錯が彼の異常体質のせいだけでなく、それにはある必然性があったとも考える。つまり、ソクラテスには理性を暴君に仕立てあげる必要があったのである。というのも、ギリシアの深い思索の全体がこぞって理性的であることに飛びついたのは、ギリシア人自身が危険に瀕していて、「滅亡するか、ばかばかしいまでに理性的になるかしかなかった」[『偶像』Ⅲ.10]からである。つまり、「ソクラテス主義はソクラテスよりも古いのである」[「ソクラテスと悲劇」]。してみると、ソクラテスの真の誤謬は「デカダンスに戦いを挑むだけでデカダンスから抜け出せると思った」[『偶像』Ⅲ.11]ところにある。というのも、彼が手段として、救済として選ぶものが、それ自身またデカダンスの一つの表現にすぎないからである。彼はデカダンスの表現を変えるだけであって、デカダンス自身を除去するのではないのだ。だからこそニーチェはこう結論する。「ソクラテスは一つの誤解であった。すべての改良道徳は、キリスト教道徳も含めて、一つの誤解であった」[同]と。→ソクラテス以前のギリシア哲学、デカダンス、『悲劇の誕生』、悲劇作家　　　　　　　(村岡晋一)

ソクラテス以前のギリシア哲学

紀元前5世紀後半から4世紀後半まで、ギリシア本土のアテナイを舞台に、ソクラテス*、プラトン*、アリストテレスと三代の師弟によっていわゆる〈ギリシア古典哲学〉が展開されるに先立ち、紀元前6世紀初頭から5世紀半ばまでのおよそ1世紀半にわたって、いわば海外の植民地(実際にはギリシア文化の先進地帯)であるイオニア地方(小アジアの西海岸)とマグナ・グレキア(=大ギ

リシア，南イタリアとシシリー島）に数多くの思想家が輩出し，それぞれに個性的な思想を形成した。6世紀初頭に活躍したタレースにはじまり，アナクシマンドロス，ヘラクレイトス*，ピュタゴラス*，パルメニデス，エンペドクレース，アナクサゴラスらを経て，5世紀前半のデモクリトスにいたるこれらの思想家が通常一括して〈ソクラテス以前の人たち〉(Vorsokratiker) と呼ばれる。彼らがこのように一括して扱われるのは，彼らの活躍期がギリシア史を分かつペルシア戦争以前に属すること，つまりギリシア民族の政治・経済・文化の中心がギリシア本土に移る以前の時期に属すること，またプラトンやアリストテレスと違って，彼らの著作がすべて散逸し，そのわずかな断片が伝えられるだけで，その思想の全容がとらえられないことにもよるが，それだけではなく，彼らの思想に，ギリシア古典哲学とは区別される明確な特質が認められることにもよる。すでにアリストテレスが『形而上学』第1巻において，これらソクラテス以前の思想を考察し，いわば最初の哲学史を描いているが，そこでアリストテレスは彼らを一括して〈自然を論ずる人たち〉(physiologoi) と呼んだ。このアリストテレスの規定が元になって，以後彼らは，自然の基本的構成要素（アルケー）を探し求め，いわば素朴な自然科学的研究を行ったと見る俗説が生じた。こうした俗説に逆らって，ソクラテス以前の思想に新たな光を当て，最初にその復権をはかったのがニーチェである。

ソクラテス以前ないしプラトン以前のギリシア哲学に寄せるニーチェの関心はかなり早くから芽生えており，すでにバーゼル大学に赴任したその年の冬学期（1869-70年冬）の講義題目予告表に「プラトン以前の哲学者たち」(Die vorplatonischen Philosophen) という題目が掲げられている。もっとも，この題目の講義が実際に行われたのは，『悲劇の誕生』*出版後の72年夏学期からであり，その後も73年，76年のそれぞれ夏学期に同じ題目で講義が行われている。この間，73年4月までには，未完の遺稿「ギリシア人の悲劇時代の哲学」も書かれているし，同じ時期の「遺された断想」[遺稿 I.4] のうちにも，上述の講義のための覚え書と思われる断章や，悲劇時代の哲学にふれた断章が数多く見られる。〈悲劇時代〉とは，〈悲劇〉という芸術様式の成立した時代という意味でもあるが，それよりもむしろ，ギリシア人が生存を苦悩と見る暗いペシミズムのうちに生きていた時代という意味であり，そのペシミズムから治癒するための「薬」として生まれたのがアイスキュロスやソフォクレスの「悲劇的芸術作品」とプラトン以前の思想家たちの「悲劇的思想」だったのである［「ディオニュソス的世界観」3；「悲劇的思想の誕生」］。したがって，当時のニーチェの構想では，「ギリシア人の悲劇時代の哲学」は，『悲劇の誕生』*と対をなす本になるはずのものだったようである［同 I.4.232］。

ところで，この悲劇時代の哲学は，ニーチェによって「ソクラテス以前」と考えられていたのか「プラトン以前」と考えられていたのか。まずこの問題から考えていこう。72年の講義では，意識的に「ソクラテス以前 (vorsokratisch) ではなく，プラトン以前 (vorplatonisch) の哲学者たち」が問題にされている [MusA 4.250]。「悲劇時代の哲学」でもこう言われている。「プラトンとともに，なにかまったく新しいことが始まっている。あるいはこう言い換えても同様に正しいであろうが，タレースからソクラテスまでの天才共和国と較べてみると，プラトン以後の哲学者たちにはなにか本質的なものが欠けているのだ」［「悲劇時代の哲学」2］。「天才共和国」というのは，「学者共和国」と対比させたショーペンハウアー*の用語である［同 1］。そこではまた，こうも言われている。「初期ギ

リシアの巨匠たち、タレース、アナクシマンドロス、ヘラクレイトス、パルメニデス、アナクサゴラス、エンペドクレス、デモクリトスおよびソクラテスの作り成したような、あれほど絶妙に理想化されている哲人共同体を見せられれば、どんな民族も慚愧（ざんき）に堪えないであろう。これら一群の哲人たちは一つの全体をなし、一つの石から刻まれているのだ」［同］。ところが、1888年春のある断章では、言いまわしはほとんど同じだが、プラトンがソクラテスに置き換えられている。「ギリシア人の真の哲学者は、ソクラテス以前の哲学者である。ソクラテスとともになにかが変わってしまったのだ」［遺稿 Ⅱ.11.97］。この間にニーチェのソクラテス観が一変したことは確かである。70年代初頭のニーチェが、したがって「悲劇時代の哲学」もまた、ショーペンハウアーの強い影響下にあったことは明らかであるが、80年代に入ってその影響を脱したことと、このソクラテス観の変化とになにか関連があるのであろうか。いまはこの問題には立ち入らない。80年代後半のニーチェのソクラテス観が『偶像の黄昏』*の「ソクラテスの問題」の章に要約されていることを指摘するにとどめる。そして、ここでは「ソクラテス以前」と「プラトン以前」とをあまりうるさく区別せず、いわゆる Vorsokratiker の哲学を問題にしたい。

ニーチェは、ギリシア文化が、したがって当然ギリシア早期の哲学思想も、エジプトやペルシア、さらにはインド*といった東方の異国から多くを学んだことを否定しない。「ギリシア人のばあい、土着文化を云々するほど馬鹿げたことはあるまい。彼らはむしろ多民族のもとで生命を得ていたあらゆる文化を吸収同化したのである。他民族が投げどめとした地点からさらに先へ槍を投げる術をわきまえていたからこそ、ギリシア人はあれほど遠くへゆけたのである」［「悲劇時代の哲学」1］。彼はまた、ソクラテス以前の思想家たちが物質的自然の基本的構成要素を探究したと見るアリストテレス以来の俗見を一笑に付す。「万物のアルケーは水である」と言ったと伝えられるタレースについてさえ彼は、タレースの言いたかったのは「万物は一つだ」ということなのであったのだが、「いざこれを伝達しようとしたときについ、水、などと口走ってしまったのだ」と述べている。ソクラテス以前の思想家たちは単なる物質的自然などではなく、「万物（タ・パンタ）」つまり神々や人間をもふくむすべての存在者が何であり、いかにあるかを形而上学的に問おうとしたのだ、とニーチェは見るのである。「人間はこのとき、個別科学の蛆虫（うじむし）のような模索や匍伏から、びっくびっくっと身震いしつつ頭を擡げているのだ」［同 3］。事実、ソクラテス以前の思想家たちは一様に「自然（ブュシス）について」という同じ表題で本を書いたという伝承があるが、そのばあいの「自然（ブュシス）」は「万物（タ・パンタ）」、つまり存在者の全体を意味しており、存在者の特定領域である物質的自然を意味するものではないことが言語学的に確かめられている。「自然（ブュシス）」が「人為（ノモス）」「技術（テクネー）」と対にされ、存在者の特定領域を意味するようになるのは、ソフィストの時代以降なのである。

ところでニーチェは、「事物はそれが発生した場所へ向かって、必然の理に従って、滅び去らなければならない。なぜなら事物は償いを果たし、自分の犯した不正の数々に対して、時の秩序に従って、裁きを受けなければならないからだ」と説いたアナクシマンドロス［「悲劇時代の哲学」4］、そして「万物は流れる」、あるのは永遠の生成だけだと説いたヘラクレイトスの思想に、悲劇時代の哲学の前期の特色を見る。これを切断して、まったく対極的な後期の思索に道を開いたのは、「存在するものは存在する、存在しないものは存在しない」、したがって生成もなければ消滅もないと説いたパルメニデスである。「パルメニデスはおそらくかなり高齢になっ

てから，はじめてあの抽象の瞬間，どんな現実にも濁らされない最も純粋で完全に血の気の失せた抽象の瞬間をもったのであろう。彼のいわゆる存在の教説を生んだ抽象の瞬間——これは悲劇時代の2世紀を通じて他に類例のないほど非ギリシア的であった瞬間だが——は，彼自身の生涯をも二つの時期に二分する境界石の役割を果した。しかしまた，ソクラテス以前の思索を前期と後期に分けているのもこの瞬間にほかならない。前期をアナクシマンドロス的，後期をまさにパルメニデス的と呼んでもいっこうに構わないだろう」[同 9]。これが，ソクラテス以前のギリシア哲学の展開を見るニーチェの基本的な図式である。

しかし，72年の講義録も，パルメニデス，ツェノン，アナクサゴラスを論じた章は表題だけで本文が欠けているし，遺稿「ギリシア人の悲劇時代の哲学」もアナクサゴラスまで中断されている。したがって，ソクラテス以前のギリシア哲学についてのニーチェの十分にまとまった見解を知る望みは断たれている。たとえば彼は，この系譜のうちにソフィストたち，とくにプロタゴラスをも入れて考えている。「ソフィストたちのギリシア文化はいっさいのギリシア的本能から生いたったものであった。それがペリクレス時代の文化に属することは，プラトンがそれに属さないことと同様に必然的であった。ソフィストたちの文化はその先駆者をヘラクレイトスに，デモクリトスに，古代哲学の学問的タイプの人たちにもっていた。それはたとえばトゥキュディデスの高い文化に，その表現を見たのである」[遺稿Ⅱ．11.115]とか，「われわれの今日の思考方法は，高度にヘラクレイトス的であり，デモクリトス的であり，プロタゴラス的である……。単にプロタゴラス的だと言うだけでも十分である。なぜなら，プロタゴラスはヘラクレイトスとデモクリトスの両者をあわせもっていたからである」[同]とい

った断章が残されているが，その真意は十分なほど敷衍されてはいないのである。しかし，それにしても，ニーチェがこのようにソクラテス以前の思想にまったく新たな光を当て，その視界のうちにプラトンやアリストテレスの哲学を据えてそれを相対化してみせてくれたことによって，西洋哲学史を見る見方が一変したことは確かである。ニーチェのこの発想はハイデガー*によって承け継がれ，展開された。『存在と時間』第2部に予定されていた，そして1920年代・30年代の講義で細部にわたって論じられたハイデガーの哲学史観も，また彼のいわゆる〈存在史〉の構想も，ニーチェによって開かれたこの視界に立ってはじめて可能になったのである。⇨ソクラテス，プラトン，ピュタゴラス，ヘラクレイトス

(木田 元)

ソフォクレス [Sophokles] ⇨悲劇作家

ソレル [Georges Sorel 1847-1922]

フランス，シェルブール生まれの社会主義者。長年，土木技師を勤めたのち文筆活動に入る。社会主義*運動に加わったことはなく一独学者を自任，20世紀初頭のフランスとイタリアの労働運動，ことに後者のサンディカリズム運動に与えた理論的影響は大きい。その思想には，マルクス，プルードンなどの影響に加え，ベルクソン，ヴィーコ，ジェームズ，クローチェ，パレート，そしてニーチェなどが混在している。よく言えば異種交配のはしり，わるく言えば「悪名高き無定見」(レーニン)である。1912年ごろ右旋回してアクシオン・フランセーズ*に接近したかと思えば，ロシア革命後には「レーニンのために」を書くといった無節操ぶりで，「サンディカリズムの形而上学者」と皮肉られる一方，ムッソリーニからは「ファシズムの精神的父」と讃えられもした。ソレルといえば『暴力論』。権力* (force) と暴力* (violence）とを使い分け，権力が「ある社会秩序の組織をおしつけるのを目的とする」のに「暴力はこの秩序の破壊を目指すもの」と対比している。近代の初頭以来，ブルジョワジーが使用してきた権力に，プロレタリアートは，暴力で反撃しつつあるとして，その武器にプロレタリアートのゼネストを見た。このゼネストにおいて肝心なのは，党前衛の指導力でも議会主義的な手続きでもなく，闘争において重要な任務をなすべき一個の兵士，英雄的個人であると主張，このため暴力の倫理性とプロレタリアートの道徳的教化を説く。「生産者の道徳」と題した終章の一節にニーチェが顔を出すのはこうした脈絡においてである。ソレルがそこでニーチェの思想に加えているコメントはなかなかユニークである。革命的サンディカリストのあるべき姿を英雄戦士に求めるソレルにとって，ニーチェの「英雄*」が格別の意義をもつことは想像にかたくない。ソレルによれば，ニーチェは古代ギリシアという過去の追想によって支配者のあるべき型を描いたが，今日それは西部開拓のヤンキーたちに同種の型を見ることができる。ホメロス的な英雄は過去のものとなったのではなく，今もなお生き続けているというのである。またニーチェは被支配者たちのなかに僧侶の禁欲主義的理想を見るが，これは二重の意味で間違っている。現代の世界が重要視する徳としての価値は，僧院ではなく家族の中で実現されている。僧侶の禁欲ではなく家族愛こそが，われわれの文明の全道徳を支配しているものである。それにニーチェは僧侶の禁欲に否定的な評価を下したが，ソレルにとって家族愛は肯定的に価値評価すべきものである。ソレルはこう指摘した後に，アリストテレス流の「消費者の道徳」に対して「生産者の道徳」のあるべき姿を描いている。「もし労働者の世界が……弱者の道徳をもっているとすれば，革命的サンディカリズムは，不可能となるであろう。国家社会主義が完全にそれに適合するだろう」［『暴力論』］。ソレルは，ここで，ニーチェ的な強者の道徳をプルードン的な家族愛と結びつけるかたちで，革命的サンディカリストの戦士の道徳を構想しているわけである。→暴力　（木前利秋）

ソンタグ ［Susan Sontag 1933-2004］

ニューヨークのユダヤ系家庭に生まれ，シカゴ，ハーヴァード，パリの大学に学び，コロンビア大学などで教壇に立つかたわら，60年代から映画，文学，音楽など多岐にわたる芸術批評に携わり，アメリカ前衛芸術の感性を代表する評論家となる。評論の他に小説も発表，みずからの脚本・監督で作成した映画『双子たち』はカンヌ映画祭で批評家賞を受賞している。芸術を意味内容に還元してしまう解釈を否定し，感受性を解き放とうとする彼女の批評にとってニーチェは重要な滋養源となっている。「解釈とは世界に対する知性の復讐」であり，芸術を飼い馴らし感受性を抑圧しようとする「俗物根性」にほかならない，［『反解釈』(1966)］とする立場から彼女が批判の標的としているのは，ブルジョア的な芸術観ばかりでなく，マルクス主義*およびフロイト*主義的な批評も含めて，芸術を真理や道徳性に従属させてしまう見方である。作品の隠された意味を求める「解釈学」(hermeneutics) に代わって彼女が要求するのは，「官能美学」(erotics) である。それは一般化・概念化を行う行為ではなく，官能性による把握の行為であるという。感性と趣味*の復権をはかる彼女の芸術批評は，理性の正当性に懐疑をさしむける。「世界は究極的には美的な現象なのである」と言う彼女は，『悲劇の誕生』*のニーチェを下敷きにしているが，そこからニーチェとは逆に「世界は究極的には正当化されないものだ」と結論づける。アヴァンギャルド芸術が作品形式において行う実験は，理性によって捏造*された意味を解体する試みである。「芸術作品が

内容を持たないということは、世界が内容を持たないということと同じ」なのであり、批評はそうした作品の形式性という表層に留まりつづけることによって、解釈意志を脱出することができる。一般的に批評についてのソンタグの姿勢には、中期ニーチェの影響が強い。さらに彼女の著作のスタイルにも、ニーチェとの類似性を認めることができる。体系*性を拒否するアフォリズム*やエッセイなどの形式への親近感を彼女自身も表明しているが、それ以上に批判の俎上に載せたものを一刀のもとに切り捨てるような、鋭く端的で凝縮した表現は、ニーチェの毒のある批判の言葉を彷彿とさせる。ソンタグは、ニーチェの美的批評の姿勢を豊かに発展させている一人であるといえよう。

(大貫敦子)

タ

体系

『偶像の黄昏』*[Ⅰ.26]でニーチェは「私はすべての体系家を疑い,彼らを避けて通る。体系への意志は,誠実さの欠如である」と述べている。体系的な哲学への懐疑はニーチェの思考に通底するものであり,そこにアフォリズム*形式をとった著作が生まれた理由もある。『曙光』*[318]には「体系家に用心!」というアフォリズムがある。「体系家のお芝居だがある。彼らは一つの体系を充実させようと思って,そのまわりの地平線を円くするので,彼らの弱みを彼らの強みの形式で表さざるをえない——彼らは完璧でひたすら強い性格を表現しようとする」。つまり体系化への意志は,必然性の概念で把捉しきれない偶然性——肉体や感情といった偶発的な要素——への恐れから生じるという。同じ『曙光』[86]にはそうした体系家として,意外にもパスカル*が挙げられている。「胃や内臓や心臓の鼓動や神経や胆汁や精液に由来するにすぎないもの——われわれにとってこれほど未知な機械の偶然全体——こうしたことのいっさいを,パスカルのようなキリスト教徒はどうしても道徳的・宗教的な現象と考える。……ああ,なんと不幸な解釈者,なんと彼はその体系を苦労してねじまげざるをえないことか。主張を押し通すために,なんと彼は自己自身まで苦しんでねじまげざるをえないことか」。もっとも,体系的思考はドイツ的であるとみなしていることが多い。『善悪の彼岸』*[20]では,どのような哲学の概念も,それ自身として生まれてきたものではなく,関係性と類似性にもとづいてある事象を既成の体系に収めるにすぎないと言われる。こうした思考は,すでに既知のものの再認識でしかなく,なかでも哲学は「先祖回帰の最たるもの」である。それは「世界の解釈のさまざまな可能性」への道を閉じるものである。類似性や関係性に認識の帰着点を求めるのは,そこに共通の言葉,文法があるからであるが,その背後には無意識のうちに共通の文法を持つものの支配力が働いているからであるという。体系と権力構造との密接な関係を暴露している。こうした体系への批判を,アドルノ*は高く評価している。→アフォリズムと思考のパフォーマンス,パスカル (大貫敦子)

大地の意義 [der Sinn der Erde]

「見よ,私はあなたがたに超人*を教えよう!/超人とは大地の意義である。あなたがたの意志が,超人こそ大地の意義である,と言わんことを!/私はあなたがたに切望する,わが兄弟たちよ,大地に忠実であれ,そして,天上の希望について語る者たちを信ずることなかれ!」[『ツァラトゥストラ』序説3]——このように超人への憧れを説く『ツァラトゥストラ』*の序説は,あたかも新約聖書における山上の垂訓のパロディーであるかのごとく聞こえる。そこでは超人が「海*」や「稲妻」にも喩えられているが,ニーチェが自然に託して表現したのは,むしろ地上の生*における直接的な感覚の喜びであり,そしてまた,身体*と大地を誹謗し,天上における救いを説くキリスト教*に対する軽蔑である。そこにはたしかに,アルベール・カミュ*が描くような,まだ言葉によって汚されていない地中海の光に照らされた自然に通じるところもある。ただ,同じように天上の浄福などいらない,いますぐ地上に楽園を実現しようと歌っても,人間の解放を素朴で具体的な食欲に託して描いた『ドイツ冬物語』のハイネ*に比べると,ニーチェの表現はいささか抽象的で,彼にとっては不本意なことで

あろうが、「大地」にあやしげな意味を読み込んで非合理的な根源や民族の神話の賛美に走るイデオロギー的な利用に対しての歯止めも欠いていた。　　　　　　　　（大石紀一郎）

ダーウィニズム　[Darwinismus (Darwinism)]
　1859年にダーウィンの『種の起源』が公刊されたとき、ニーチェは15歳であった。すなわち、ダーウィンの進化論がヨーロッパ中を瞬く間に席巻していった時期は、そのままニーチェの精神形成期に重なっている。しかも、ニーチェが旺盛な執筆活動を続けていた1870年代から80年代にかけては、社会ダーウィニズム、すなわち人間は遺伝と環境に支配されつつ生存闘争を行いながら、優勝劣敗の鉄則に従って不適応者は次第に淘汰されて行く、という宿命論的ペシミズムの思想が世界的流行を見せていた時代であった。それゆえ、ニーチェがこうした時代思潮から影響を受けなかったわけはない。事実、彼はダーウィンの『種の起源』と『人間の由来』とを丹念に読んでおり、またランゲの『唯物論の歴史』を通じて進化論の思想的意味を把握していた。しかし、ダーウィニズムに対するニーチェの態度は、いわば両義的と言わざるをえない。つまり、一方でニーチェの世界像は進化論の影響を色濃く反映しながらも、他方で彼の残した文章に徴する限り、ダーウィニズムの思想に対してはきわめて批判的なのである。彼が描き出した世界像とは、例えば次のようなものである。「われわれが生存しているこの星辰の秩序は、一箇の例外である。この秩序と、それに制約されたかなりの期間の継続とが、さらに例外中の例外をも、つまり有機体の形成をも可能にしたのだ。それに反し、世界の総体性格は、永遠にいつまでも混沌*である、それも必然性を欠くという意味ではなく、秩序・組織・形式・美・知恵およびわれわれの美的人間性の形容詞となるようなもののいっさいが欠けているという意味である。……われわれは、自然には法則があるなどと言わぬようにしよう。あるのはもろもろの必然性だけだ。つまり自然には命令する何物もなく、服従する何物もなく、違背する何物もない」[『智恵』109]。
　宇宙を意味も目的も欠いた混沌と見なすニーチェの基本思想は、明らかに彼のダーウィンに対する親炙の一つの帰結であった。ニーチェにとって、偶然的変異にもとづく自然淘汰の過程は、形而上学的意味をはぎ取られた自然過程を象徴するものにほかならなかった。それゆえ、生*の概念や超人*思想をも含めてニーチェの哲学全体を進化論の文脈の中で解釈することも不可能ではない。R.リヒターが生の概念に生物学的意味を与え、ニーチェの哲学を「生物学的進化論」という観点から特徴づけたことはよく知られている。またジンメル*は、「ニーチェは人類の進化という事実において、生をして再び自己を肯定させるような、ある目的の可能性を見いだす」あるいは「ニーチェはショーペンハウアー*とは反対に、進化の思想からまったく新しい生の概念を取り出してきた」として、ニーチェ哲学の核心を「ダーウィンの進化論の理念の詩的・哲学的絶対化」と規定している[『ショーペンハウアーとニーチェ』]。すでにニーチェ自身がゲルスドルフ*宛の書簡 [1873.4.5.] の中で「最近のある新聞で〈音楽的なものに翻訳されたダーウィン進化論と物質主義〉と僕のことを呼んでいた。不純なものを〈ダーウィンの原細胞〉と比較したりしていた」と述べていることから見ても、ニーチェの思想を進化論と結びつけることは、当時からかなり広く行き渡っていた解釈と思われる。
　しかしながら、ニーチェ自身はこのような解釈を拒絶し、自ら「反ダーウィン」を標榜する。彼は「生存闘争」の概念を批判して次のように述べている。「しかし、この闘争が起こるとすれば、遺憾ながらそれは、ダーウ

ィン学派が願っているのとは,おそらくは人がこの学派とともに願って差し支えないと思うのとは逆の結果となる。すなわち,強者,特権者,幸福な例外者には不利となる。種族は完全性という状態の内で成長するのではない。弱者が繰り返し強者を支配するからであり,それは弱者が多数者であり,弱者がより怜悧でもあるためである」[『偶像』IX.14]。

同じような批判は遺稿の中にもしばしば現れている。しかし,ここでニーチェが標的としているのは,「優勝劣敗」を掲げて社会現象を説明する社会ダーウィニストたちであろう。ダーウィン自身はそうした言葉を使ったこともなければ,生存闘争という概念そのものが一種の比喩的形象であることを断っている。したがって,ニーチェの矛先はダーウィン理論というよりは,むしろ通俗化されたダーウィニズムに向けられているのである。だが,ここで弱者が強者を凌駕する「逆淘汰」という概念が提起されていることに注目せねばならない。この思想はヘッケルらの社会ダーウィニズムを介してナチス*の人種政策や優生思想へと結びついて行くものだからである。それゆえ,ニーチェの思想がこの段階に留まるものならば,それは裏返された社会ダーウィニズムでしかない。しかし,ニーチェはそれを「永遠回帰*」の思想を通じて克服することによって,新たな哲学的視界を開くのである。その意味で,ダーウィニズムはニーチェの思想的展開の中で,正負両面において重要な導きの糸の役割を果たしているといえよう。

(野家啓一)

高山樗牛 [たかやま・ちょぎゅう 1871-1902]

高山樗牛が明治34年8月雑誌『太陽』に発表した「美的生活を論ず」は,ニーチェの名前は一度も挙げられていないにもかかわらず,ニーチェ色の濃いもので,日本における本格的なニーチェ受容を告げるものであった。樗牛はすでに同年1月に同じ雑誌に発表した「文明批評家としての文学者」のなかで,ニーチェを論の枕ともし,また中心人物の一人ともしていた。そこで彼は,ニーチェの偉大さは,「大いなる文明批評家 (Kulturkritiker) たる所に存す」とし,ニーチェが19世紀の進歩信仰,「民主平等主義」そして「歴史発達説(ヒストリスムス)」を批判し,最終的には個人の「我」のみとする「個人主義」の徳を説いたとしてしきりに称揚している。「彼れは青年の友としてあらゆる理想の敵と戦へり,彼れは今のあらゆる学術の訓へ得るよりも更に更に大いなる実在の宇宙に充満せるを認めたり」。そして「文明批評家としての彼が偉大なる品性と高邁なる識見とは予が特に我邦文学者の注意を乞はむと欲する所也」と議論を発展させている。樗牛に言わせれば,ホイットマン,トルストイ,イプセン*,ゾラ,彼らすべて時代の文明を「抱擁して自家の理想中に化育せむとしたる文明批評家」である。そうした西洋の批評家に較べて日本の批評家がいかにスケールが小さく,「気節なく,徳操なく,飄々片々として時好に投ぜざらむことを是れ怖るるの弱志薄行」の徒であるかを嘆く。ニーチェによって,迫力のない文筆家たちに活を入れようとしたのであろう。ニーチェについての樗牛の知識は,原典からというよりは,友人の姉崎嘲風*などによるところが多かったようであるし,杉田弘子の研究 [杉田弘子「ニーチェ移入の資料的研究」『国語国文学』昭和41年5月] によれば,当時の通俗解説者のツィーグラーの書の孫引きが中心であった。

この時期までの樗牛は日本主義者であり,国家主義者であった。それは,日清戦争後の三国干渉に激昂する国民意識を反映するものであった。橋川文三の指摘するとおり,当時は名古屋幼年学校の生徒であった後の無政府主義者の大杉栄*でも対露復讐戦争を願っていたほどである。他方で,近代国家としての体裁を一応整えた日本社会のなかには,文学

や芸術に最もよく表れるような種類の個人主義も知識層を中心に広まりつつあった。相反する思潮のそうした微妙な共存を敏感に感じとったのが、「美的生活を論ず」である。その意味で日本主義からの転向というより、それと相補的なものであったと受け取りたい。このエッセーで樗牛は、古来から道徳の理想とされていたものが、いかに相対的なものであり、道徳とは似ても似つかないものであるかを論じる。どんな道徳もそれを守る人間にとって満足を与えるならば、それは道徳と言えるものではなく、自分の本能に従っているにすぎない。またそうした道徳を本当に自然に身につけているなら、これは野の花が咲き、「雲が岬より出ずる」ようなもので、自然現象と変わるところがない。さらに論を進めて彼は、道徳はほとんどの場合、人間本性を抑圧するものであると断定する。抑圧するのは、「道学者先生」の説くところばかりではない。知識や真理を求める心も抑圧的である。どんなに道徳を守ろうと、どんなに真理の認識に没頭しようと、真の「幸福」は得られない。「幸福とは何ぞや。吾人の信ずる所を以て見れば、本能の満足、即ち是れのみ。……人性本然の要求を満足せしむるもの、茲に是を美的生活と云ふ」。道学者のいうところにしたがってどんなに謹厳に暮らしたところで、心中の本音は「人生の至楽は畢竟性欲の満足に存することを認むるならむ」。どんなにまじめに知識を求めたところで、そうした生活も「一盞の美酒を捧げて清風江月に対する時」と較べれば、いかほどの意味もないことは皆知っている。それゆえ、本然の欲求を満足させる美的生活こそ、それを支える個人主義こそ絶対であるとされる。彼に言わせれば、絶対の価値に生きることが美的生活であり、その絶対の価値は本能*にあるというのだ。ただし、このように議論すれば、忠君の徳も、操を守る烈婦も、彼らにとっては主君か、そして夫が絶対の価値であるならば、それはそれで美的生活であることになってしまう。したがって道徳的価値としては否定されたさまざまな理想が、ひとつの美的スタイルとしてはまた戻って来る議論が最後にされる。こうした方向はニーチェにもたしかにある。重要なのは、価値ではなく、高貴さだというのである。ただし、樗牛になると、それ以上に、心性になんらかの強さを宿していれば、内容は問わない、といった日本的な判断基準を醸成する方向に傾いている。「胸に王国を」持っていれば結構ということになる。

この「美的生活を論ず」は、長谷川天渓をはじめとして種々の反論を呼び、友人の登張竹風などが、弁護の論陣を張った。そうした弁護論ではっきりとニーチェが論拠にされている。鷗外*が「続心頭語」で、樗牛の議論を「爪なく牙なきニイチェ」と評した話は有名であるが、鷗外の直感はそれなりに正しいと言わざるをえない。というのも、この頃から樗牛はまたまたアクセントを移動させ、日蓮へと向かって行ったからである。日蓮を評価しない姉崎の反論も聞かず、宗教的超人(「彼の性格の偉大は殆ど人界の規矩を超越しぬ」)としての日蓮へのめり込んでいった。結核により洋行を断念した彼は早世することになるが、啄木も後にこうした樗牛の発展を批判する[「時代閉塞の現状」]。樗牛のニーチェ受容はこうして見ると、ずいぶんと浅薄皮相なようにも見えるが、ロマン主義的な時代批判や悲憤慷慨、偉大なるものへの、美辞麗句を弄した根拠の薄い陶酔は、ヨーロッパでのニーチェ受容にもあり、それはである種の必然であったのではないか、そしてニーチェのテクストにそれを促進する要素があったのではないかという疑念を生じさせるところがある。➡日本における受容, 姉崎正治(嘲風), 森鷗外　　　　　　　　　　(三島憲一)

脱構築

脱構築 (déconstruction) の名称は、ジャ

ック・デリダ*が自らの哲学的営為をそう名づけたことに由来するが,彼はその系譜——影響関係でも継承でもない——の結節点をハイデガー*とニーチェに遡っている。だがハイデガーをも脱構築するデリダによって,ニーチェの道徳の系譜学を,ハイデガーが規定した「プラトン主義の転倒」とは異なるものとして評価することが可能になった。

ニーチェは,道徳を形而上学によって根拠づけるデカルト*も,批判の果てに道徳の超越論的な必然性を定立するカント*も,道徳の発生を生物学的ないし功利主義*的に追求する経験主義をも斥ける[『系譜』]。いずれも道徳を一度は相対化しながら,最終的にはそれを不動のものにするからだ。それに対してニーチェは,道徳の——なかでもキリスト教*という最強の道徳の——発生を,生の本能の,あるいは力の類型学に訴えることによって辿り,近代哲学ばかりでなくソクラテス*/プラトン*にまで遡って,道徳と哲学との共犯関係を暴き出す。しかもその背後に,生に諦念し,生*を否定する力の動きを看て取る一方で,自らは否定性から身を引き離し生を肯定する(芸術的)空間を開くのである。その企ては,プラトン以来の伝統的哲学言語では果たしえず,「プラトン主義の転倒」によってもなしえない。系譜学*はしたがって,つねにすでにこの伝統の空間のなかに引き込まれてしまっているような"第三の"根拠にもとづく"第三の"道ではない。一見したところ矛盾に満ちた,ニーチェの言語上の模索とスタイルの鍛錬の意義はここにあったと言ってよい。その意味で道徳の系譜学は今日,西洋形而上学の全体との対決を続けながらも,そこから端的に跳び出すことの不可能性をも否定せずに,形而上学-神学とはまったく別の可能性を開拓しつつある肯定的思想としての(さまざまな)脱構築の試みとして,しかも目的論に陥らずに,読むことができる。→デリダとニーチェ　　　　　(港道 隆)

[文献] ▷ Sarah Kofman, *Nietzsche et la métaphore*, Galilée, 1983(宇田川博訳『ニーチェとメタファー』朝日出版社, 1986). ▷ id., *Nietzsche et la scène de la philosophie*, Galilée, 1986; *Explosion I*, Galilée, 1992. ▷ Jacques Derrida, *Posiions*, Minuit, 1972(高橋允昭訳『ポジシオン』青土社, 1981). ▷ id., *Eperons: Les styles de Nietzsche*, Flammarion, 1978(白井健三郎訳『尖筆とエクリチュール』朝日出版社, 1979). ▷ id., *Otobiographie. L'enseignement de Nietzsche et la politique du nom propre*, Galilée, 1984; *L'Oreille de l'autre*, VLB, 1982(浜名優美ほか訳『他者の耳』産業図書, 1988). ▷ id., *De la grammatologie*, Minuit, 1967(足立和浩訳『グラマトロジーについて——根源の彼方に』上・下, 現代思潮社, 1984). ▷ id., *Marges: de la philosophie*, Minuit, 1972.

ダヌンツィオ [Gabriele D'Annunzio 1863-1938]

16歳にして処女詩集『早春』を出し,陶酔的感激と極度に彫琢された神経症的感受性によってホーフマンスタール*と並ぶ天才詩人としてもてはやされたダヌンツィオは,早くからニーチェに親しんでいて,ニーチェの死を悼む詩「ニーチェを偲んで」で,「おおイタリア*よ,汝の太陽,汝の太陽は/彼の額を褐色に焦がし,/彼の強靱な知恵を成熟させ,/彼の放つ矢の鏃を黄金に変えた。/かの聖地詣でをする野蛮人……」と歌う。ギリシアの息子を自称し,古代の偉大さから新しい生命を甦らそうとするダヌンツィオは,ニーチェを「野蛮人」と呼びながら,その思想,その生き方に強烈な影響を受けていた。代表作『死の勝利』(1894)の主人公クラウディオは肉欲に燃える情熱的な空想と超ロマン主義的感受性をもった超人であり,それがエロスと死の混淆と受け取られているヴァーグナー*の世界と奇妙に共存する。創造力と感情の内的生命の永続的発展という形に変形された超人*は,遠い古代を回想する病的で

憧憬的なポエジー，月光に照らされた女性美を賛美するロマンティックな感性にくるんで，三角関係や近親相姦など肉欲の猥雑さという精神的な毒を振り撒き，世紀転換期を挟んで西欧の文壇に強烈な印象を与えたものであった．イタリアの詩人の中では，ダヌンツィオと並んでマリネッティもニーチェの影を濃く刻んでいるが，マリネッティの超人は飛行機，自動車，武器などの近代技術の危険の中に入って死への挑発によって鍛えられる人物であり，ダヌンツィオの自己暴露的，肉欲的実験とはまったく異なり，そのためもあってマリネッティはダヌンツィオを激しく攻撃している．両者の間にはニーチェのヴァーグナー批判にも似た相克がある．ダヌンツィオ自身は第一次大戦に進んで参戦し，戦後は，義勇軍を指揮してフィウーメを占拠するという「超人的行動」に打って出ている．戦争も愛国主義も美学化の充填剤，超人の実践する芸術行為であり，それがファシズムの先駆現象であったところからしても，また三島由紀夫*がダヌンツィオを愛読していたところからも，耽美主義*的詩人とファシズムの関係の背後でのニーチェの影についてさまざまに考えさせられる． 　　　　　　　　（山本 尤）

旅

【I】 近代社会における旅の位置の変化

英国貴族の子弟たちが大陸の貴族の知り合いを訪ねながら南欧まで旅するいわゆる「大旅行」（grand tour）が18世紀の旅の特徴であるとするならば，いやそもそも旅が独自の生活上の存在になったはじめての形式であるとするならば，それに続くのはゲーテ*の『イタリア紀行』（旅行そのものは1786-88年．出版は1816/17年）に代表されるような，体験と教養*のための旅行であろう．どちらの場合も古代世界の残る南欧が目的地であった．だが，ロマン派においては，孤独のなかの逍遥としての旅，自己自身との対話の旅，いまだ見ざる遥かな故郷への道を歩む旅，そして自己の内面に深く降りていく旅——こうした言ってみれば旅のための旅が開花する．「なにか故郷に向かって旅しているような気がする」というノヴァーリスの『青い花』の一文は象徴的である．19世紀以降の青春と不可分の旅の形式がここで成立する．著しく感傷的な場合もあるこうした旅は，すでにハイネ*が皮肉っているが，他方で大衆化しはじめた市民社会のなかで，センチメンタリズムとゲーテ的な教養追求が結びついて，パッケージ旅行的な要素も生まれた．トーマス・クックにならって，1863年にはベルリンにドイツ最初の旅行会社シュタンゲンが創立されたのはその徴候である．一方で南欧へ，他方でドイツの興隆しつつあるナショナリズムもあってライン川やニュルンベルクへの旅が増大し始めた．1840年に蒸気船でライン下りを楽しんだ旅行者の数は50万人に達している．

【II】 ニーチェの旅

ニーチェにおける旅は，彼が行った旅に関しても，また旅が比喩的に適用されているさまざまな場合（たとえば人生）に関しても，こうした18世紀以降のさまざまな旅の概念とは異なっている．あえて見ればロマン派のそれに近いかもしれないが，帰郷，郷愁，異郷への憧憬といった「ロマンチック」なところはいっさい認められない．唯一共通しているのは，孤独*だけである．むしろ，安定した秩序から自ら選んで外部へとさまよい出ていく人間像ホモ・ヴィアトール（homo viator）の独歩行と行き倒れのイメージが一番合っているかもしれない．「ツァラトゥストラは山をのぼりながら，みちみち，若き日以来の孤独な旅路のあれこれを回想し，いままでにどれほど多くの山々や尾根や峰にのぼったことかと思った．私は漂泊*の旅びとだ，登山者だ，と彼は自分の心に向かって言った．私は平地がすきでない．私は長いこと腰をおちつけてはいられないらしい」［『ツァラトゥストラ』III-1］．もちろ

ん，このホモ・ヴィアートルの旅も，近代人のそれである以上，自己規定への，自己発見への旅には違いない。だが，それはロマン派のような甘い帰郷とは異なり，最高の孤独への旅であり，ともに歩まない者には理解不可能な認識への旅，その意味では自己破壊への旅である。「これからさきも，いろんな運命や体験がこの身をおとずれるだろう，——だが，それもきっと漂泊と登攀というかたちになるだろう。われわれは結局，自分自身を体験するだけなのだ」[同]。漂泊の帰結は，漂泊する自分，ホモ・ヴィアートルとしての自分を体験するだけのことでしかない。「偶然が私を見舞うという時期は，もう過ぎた。いまから私が出会うのは，何もかもすでに私自身のものであったものばかりだ！ ただ戻って来るだけだ。ついにわが家に戻ってくるだけだ。——私自身の〈おのれ〉が。ながいこと異郷にあって，いろんな物事と偶然のなかに撒き散らされていたこの〈おのれ〉が。……ああ，私は私の最も孤独な漂泊をはじめることになった！」[同]。ノヴァーリスの帰郷との違いは明らかであろう。どこに行っても，戻って来るのは孤独な自分の孤独への回帰でしかない。

【Ⅲ】 内面への旅から現在の生へ　こうした旅の予感はすでに『人間的』Ⅱ-1.223の「どこに旅をしようとも」と題したアフォリズムでも表現されている。そこではおよそ次のように言われている。自己を知るためには過去のさまざまな時代を知る必要があろうし，また過去が残っているさまざまな地方を旅する必要があろう。しかし，それよりももっと「繊細な」やり方，何千マイルも旅をしないですむような旅の仕方がある。多くの家族や個人のなかには，過去の数世紀がそのさまざまなニュアンスや側面とともに生きているはずである。それを見る「何百もの目」をもった探索船アルゴー号となるならば，自分の自我をエジプトであれ，ギリシアであれ，ビザンチンやローマ*であれ，ルネサンス*であれ，宗教改革*であれ，ありとあらゆるところに滑り込ませ，自我の生成と変貌を詳細に見て来られるであろう，と。要するに内面の中に歴史の全体を読み取ることが旅に喩えられている。そしてこうした旅は「過去の全体の認識」であり，その延長上には，特定の個人の自己規定や自己教育の仕方から「未来の人類に関する全体認識」も可能となるとされている。だが，こうした旅に必要なのは，他のところでは造形力*とも言われている産出と創造の力，過去にとらわれない力でもある。「旅行者とそのいくつかの程度」と題した『人間的』Ⅱ-1.228では，人に見られるために旅行する最低の連中から始まって，なにを見ても変わらない人々，見ることが体験となる人々，見たものを自己の中にとりこむ人と区分された後，最高の段階として，見たり，経験したことを，家に帰ってから，自分の外に出してしまう人，その意味では過去にとらわれず行動し，現在を極限まで生きぬく人が挙げられている。こうして見ると，内面への旅も，ホモ・ヴィアートルが次の冒険*へと生き生きと出ていく力の源泉であり，それはとりもなおさず，「未来の人類」への希望とも結びついていることがわかる。今ある人類は駄目であるという直感とともに。→孤独，漂泊，造形力

(三島憲一)

タランチュラ　[Tarantel]

ドクグモ科に属する体長3〜4cm程度の褐色のクモ。イタリア，スペインなど南欧諸国に分布し，その名は南イタリアの町タラント(Taranto)に由来する。昼間は地中に垂直に掘った管状住居にひそみ，夜その周辺を徘徊する。中世以来，このクモに噛まれた者は長時間狂ったように踊り続け，大量の汗とともに毒を体外へ出すことによってようやく命をとりとめるという伝説があるが，実際には毒はそれほど強くない。ちなみに南イタリア

の激しい旋回を伴う速いテンポの民俗舞踊「タランテラ」(Tarantella) の由来も，この伝説で説明されている。ニーチェは『ツァラトゥストラ』*第2部の「タランチュラ」の章で，伝説上のこのクモの姿を「平等の説教者」の比喩*として用いた。その際彼の念頭にあったのは，唯物論的な実証主義の立場から社会主義*を説いたデューリング*であろう。ツァラトゥストラはタランチュラに向かって，「おまえの魂の中にあるのは復讐の一念なのだ。おまえが嚙みつく所には黒いかさぶたができる。おまえの毒は人の魂を復讐の念で踊り狂わせる」と言う。すなわち社会主義的平等論の動機を嫉妬や怨恨であるとし，それは，強者を無力化してやりたい，高みにいる者を引きずりおろしてやりたいという弱者の欲望を煽り立てる危険な毒だと言うのである。後に『道徳の系譜』*で展開される，弱者のルサンチマン*から奴隷道徳や禁欲主義的理想が生じたという理論が，ここでは生き生きとしたヴィジョンで先取りされている。けれども，人間は平等ではないし平等になるべきでもないと語るツァラトゥストラは，けっして権力者に媚びる保守反動のイデオローグではない。力への意志*を生*の本質と確信する彼は，あらゆる人間がこの本質に即して競い合い，戦い合い，さらには滅ぼし合うことを望む。このようなニーチェの思考を規定していたのは，力への意志の大海で個別の力への意志の波がダイナミックに戯れ合うイメージを美しいと見る，彼独自の美意識であった。⇨力への意志，ルサンチマン，社会主義，デューリング　　　　　　　　　　(清水本裕)

戯れ　⇨仮面と戯れ

耽美主義とニーチェ受容
　19世紀後半にイギリスのスウィンバーンの詩や W. ペーターの評論に端を発し，とくにフランスにおいて自然主義*のアンチ・テーゼとして美を唯一最高の目的とする芸術思想が耽美主義，あるいは唯美主義 (Ästhetizismus) と呼ばれる。ユイスマンスの『さかしま』(1884) で卑俗な日常世界に背を向けて人工庭園の中で破滅に向かって生きる主人公デ・ゼサントの生き方に耽美主義の極致があるとされ，これにあやかる若きダンディーの自称芸術家たちが一つの風俗を形成してもいた。そうしたフランスにニーチェが本格的に紹介されたのは，1896-1909年に刊行された H. アルベール訳の作品集からといわれるが，それ以前にも1878年に『人間的な』*が，1888年に『偶像の黄昏』*が本国ドイツで刊行された同じ年にさっそくに仏訳されていて，すでに1903年，E. ジャルーは，今日筆をとる若いフランスの作家たちでニーチェの影響を免れているものは一人もいないといい，ダヌンツィオ*，メーテルランク，ジッド*など十数人の名を挙げている。
　美的プロセスのもつ社会経済的諸条件を軽蔑して芸術の絶対的自律的価値を主張し，それを何よりも道徳的価値と対決させる若き作家たちは，自然主義の社会的悲惨文学，大衆説教師の説く灰色の貧血症道徳，時代を主導している合理主義，いじましい政治主義に飽き飽きしていて，反道徳，反社会主義，反合理主義を説くニーチェの生の喜び，生の自己消尽に行き詰まりに来ていた市民社会とその文化からの突破口を見たのであった。しかし当時のヒステリックなニーチェへの傾倒は，誤って理解された生のロマン主義にもとづいていた。日本でも高山樗牛*のニーチェ論（明治34年）以来，美的生活＝ニーチェ主義＝本能主義の公式ができて，ニーチェイズムは反キリスト，反道徳の本能主義，享楽主義のシノニムとして流行したが，フランスでの当初の受容もそれとさして変わったものではない。ニーチェの道徳批判の中に自分たちの非道徳的生き方への体のいい哲学的跡づけを見るだけで，ニーチェがあらゆる病的なも

の，腐敗したものに対して向けた毒々しいまなざしが，実は彼ら自身にも向けられていたことには気づいていない。耽美主義における美と醜，善と悪の関係がこれまでの伝統的形式からラディカルに離反したものであるという限りで，存在がただ美的にのみ正当化されるというニーチェの美学は，伝統的な形而上学的解釈からの断絶，ドイツ観念論*，たとえば芸術美を理念の感性的表れと見るヘーゲル*の構想からの離反として受け取られていた。耽美主義者たちはモダニティーと美とを統合する可能性をここに見ようとしたのだが，そこでは感性と知性は無関係なものとして切り離されていて，そうした意識こそニーチェが神の死*＝ニヒリズム*と解釈していたものであるとは理解されてはいなかった。ニーチェ自身は耽美主義を〈芸術のための芸術〉として，「実在性を誹謗し，醜きものを理想化」する「危険な原理」と考えていて，こうした〈美のための美〉を，〈真のための真〉，〈善のための善〉と並べて，現実を眺める悪しきまなざしの三形式という［遺稿Ⅱ.10.294］。芸術のための芸術は，価値をすら狂わす「生の最大の刺激剤」という腸疾患的熱病の暗示を忘れて「沼の中で破れかぶれの声をあげているつめたい蛙の，あの名人芸」なのである［同 Ⅱ.11.123f.］。

耽美主義の美的感受性は，産業化した資本主義社会の道徳的，社会的価値秩序の彼岸に立つという限りにおいて，作品の芸術価値と市場価値の矛盾を突き，楽天的な進歩思想に抗するという意味で社会批判の側面ももつが，逆に芸術の社会的使命を放棄して真理内容や現実内容とは切り離された観念的な美の世界に逃避し，病的倒錯的な官能美に惑溺し，頽落と繊細さという芸術的誘惑，醜悪なもののもつある種の居心地の良さに安住する。こうしたデカダンス*が一面的なニーチェ理解のもとで生肯定的立場に鋳直されるとき，さまざまな歪な形が現れて来る。たとえばダヌンツィオの『死の勝利』などでは，ボヘミアンの没落意識を「超人*」のエリート意識へ反転させ，「超人」を自己流に死と頽廃と美に結び付け，現実の次元に適用しようとして，ファシズムの狂気に近づいていく。「ツァラトゥストラの若き種族」といわれたゲオルゲ*にも，後の30年代のベン*にも同様なことが言える。逆にトーマス・マン*の初期の唯美主義的な散文『トニオ・クレーガー』(1903)にあっては，ニーチェの散文の輝きもイロニーのフィルターを通して見られ，「金髪の野獣*」からは野獣性が取り除かれ，肉欲の愛すべきシンボルである金髪性だけが取り上げられる。ニーチェの語ったものはトーマス・マンにとっては修辞であり，あらゆる悪しきロマン主義的刺激に対する抵抗力をつけてくれるものであった。しかし唯美主義者に一般に言えるのは，ニーチェを哲学者としてではなく，新しい美的な生命感情の告知者としてのみ見る姿勢である。芸術の衣装を纏って哲学するほかなかったニーチェなのに，とくにホーフマンスタール*や後期のベンの場合は，哲学者ニーチェは表現芸術家ニーチェの影に隠れてしまっていて，そこにあるのは，効果に対する本能，穏やかで微妙な音調から耳をつんざくようなファンファーレに至るまですべての音域を使いこなす巧妙な文筆家，言葉の自然の旋律に対するきわだった感受性であって，その背後に微妙に揺れている知性は見逃されていた。→デカダンス

(山本 尤)

力への意志 [der Wille zur Macht]

【Ⅰ】〈力への意志〉の多面性　　ニーチ

ェが公刊した著作のなかで「力への意志」という言葉が最初に現れるのは、『ツァラトゥストラ』*第1部（1883）の「千の目標と一つの目標」で、諸民族における善悪は「その民族の力への意志が発した声」であるという一節においてである［Ⅰ-15］。その後は『善悪の彼岸』*（1886）や『悦ばしき智恵』*の第5書（1887）でしばしば言及され、『道徳の系譜』*（1887）の第三論文では、『力への意志，あらゆる価値の価値転換の試み』という題名の著作が予告されている［Ⅲ.27］。のちに妹エリーザベトらは遺稿を編集して同名の書物をニーチェの「主著」として刊行したが、シュレヒタ*やコリ*／モンティナーリ*が明らかにしたように、ニーチェ自身は〈力への意志〉に関する体系的な著作のプランを最終的には放棄しており、この思想に関する発言の多くは1880年代後半の遺稿のなかに断片として残されることになった。しかし、これらの遺稿では、自然，生，社会，認識，宗教，道徳，芸術など、じつに多様な領域にわたって「力への意志」のさまざまな形態が扱われている［遺稿Ⅱ.11.67f. など］。〈力への意志〉が後期ニーチェの中心思想の一つであったことは疑いえないが、テクストの状況からしても、そこで論じられている内容からしても、これを統一的な思想として捉えるのは容易なことではない。ニーチェが体系的な著作の完成を断念したのも、彼が捉えようとしたものが、それ自体として多面的で、従来の形而上学*と同じように統一的な思想へとはもたらしえない事柄であったためではないだろうか。

その多面性はすでに『ツァラトゥストラ』第2部（1883）の「自己克服」における記述にも見られる。まず、これまで「真理への意志*」であるとされてきたものが、「一切の存在者を思考可能にしようとする意志」であり、それは事物を思考に服従させようとする「力への意志」にほかならないとされる。同様に、善や悪といった価値も「力への意志」にもとづいているとされて、あらゆる価値が「力への意志」へと還元される。さらに、あらゆる生あるものには命令と服従があり、そこに見いだされるのが「力への意志」であると言われる。つまり、強者に服従する弱者にも、自分より弱い者を支配する快楽を求めようとする意志があり、また強者は危険をものともせず、自らを賭してさらなる力を求めるとされる。というのも、「生*」の根本にあるのは、たんなる自己保存*を図る「生きんとする意志*」ではなく「力への意志」であるからであり、それは「尽きることなく生み出す生の意志」として、自らが生み出したものを破壊して新たな価値を創造しようとする、というのである［Ⅱ-12］。こうしてみると、〈力への意志〉について、次のような特徴を指摘することができよう。すなわち、「真理への意志」も、善や悪といった道徳的価値も、「力への意志」の発現形態にほかならない【Ⅱ】。そして、いっさいの生あるものは力の増大と支配を求めるものであるから、存在者全体の本質は「力への意志」として規定され、そこに新たな形而上学の可能性が見いだされる【Ⅲ】。しかも同時に、「力への意志」は新たな価値設定の原理であり【Ⅳ】、それはまた創造的な生産（言い換えれば「芸術」）に関わるものである【Ⅴ】、ということである。

【Ⅱ】〈力への意志〉の偽装と支配　〈力への意志〉の思想的起源を考えるうえで重要な視点の一つは、「力への意志の形態論・発展説」としての「心理学*」という構想である［『善悪』23］。「力への意志」という概念を語ろうとするようになる以前においても、ニーチェはすでにそこで論じられることになる事柄を考察しており、『人間的』*第1部（1878）では、同情*に関するラ・ロシュフコー*の発言に関連して、弱い人間でも他人に同情されることで自分が人に痛みを与える力

(Macht)を持っていたことを意識し,そのわずかな優越感のなかに一種の「力の感情」を覚えると述べている［Ⅰ.50］。また,現世的な支配欲を超越しているかのように見える禁欲的な「聖者」も,自分の内部に「敵」を見いだして,それに打ち克つことに残忍な「力の感情」を覚えるとしている［同Ⅰ.141］。「力への意志」という表現は,明らかにパウル・レー*の『心理学的観察』(1875)の影響を受けて書かれた1876年末から77年夏にかけての断片［Ⅰ.8.218］で（「力の感情」という表現とともに）初めて用いられている。他者や「内面の敵」に対する優越から生ずる「力の感情」は『曙光』*(1881)でも論じられ,それを得るために人間が見いだした手段は「ほとんど文化の歴史そのもの」に匹敵するとされている［『曙光』23, 113］。そこにはすでに後年の「系譜学*」に通ずる発想も見られ,「人間は力の感情のなかにあるときは,自身を善と感じ善と呼ぶ。そして同じときに彼の力を味あわされる他の者は彼を指して悪と呼ぶ」という一節がある［同189］。こうした考察をニーチェは,ラ・ロシュフコーなどのモラリスト*の「自己愛」や「虚栄心*」についての洞察に負っている。人間の心理にひそむ微妙な権力*感情を抉り出す視点である。これがやがて,あらゆる道徳的価値評価は弱者がルサンチマン*から強者の支配を制約しようとして設けたものであり,偽装した「力への意志」の表現にほかならないとする思考へと発展する。

他方,ニーチェは「真理への意志」も「力への意志」の偽装にすぎないとして,認識を力の問題へと還元しようとしている。この企ても,初期の学問*批判以来ニーチェが問い続けてきた,真理*を求める衝動の起源という問題の延長上にあるものである。「道徳外の意味における真理と虚偽について」(1873)で彼は,真理と虚偽の区別は人間社会における便宜的な慣習にほかならないとして,「あらゆる概念は同一ではないものを同一化することによって成立する」と述べていた。そして,言語*はせいぜいのところ人間の事物に対する関係を示すメタファーにすぎないのに,その事情を忘却してしまった人間はあくまで真理の認識*が可能であると信じている。ところが,認識もじつは生存の維持という目的のための偽装として機能しているにすぎないとしている。この考え方をニーチェは後期においてあらためて取り上げ,世界が流動してやまない〈生成*〉であるのに対して,認識は事物を同一性を持った概念やカテゴリーに当てはめることによって思考可能な〈存在〉として捉え,それによって自然を支配しようとすると主張する。そして,「真理への意志」なるものは,本来捉えられないものを捉えられるものとして捏造*する「欺瞞への意志」にほかならないとして,真理と虚偽のカテゴリーの差異を解消してしまう。ある遺稿でニーチェは,「真理とは,それなくしてはある特定の種の生物が生きられないような種類の誤謬である」と述べている［遺稿Ⅱ.8.306］。結局,認識とは「自然を自然の支配を目的として概念へと転換すること」であり［Ⅱ.7.253］,「認識は力の道具としてはたらく」とされる［Ⅱ.11.126］。つまり,問題になるのは真理ではなく,力の増大による支配と征服であるということになる。

こうして心理学的・認識論的還元によって,あらゆる活動の根底に飽くことなく力の増大を求める傾向が見いだされ,支配と服従*は生の根本事実であって,「力への意志」こそ「存在の最も内なる本質」であると規定される［Ⅱ.11.75］。「力への意志」は「原初的な情動の形態（Affekt-Form）」であり,「その他の情動はたんにその発展にすぎない」,「すべての駆り立てる力は力への意志であり,それ以外には,いかなる物理的,力学的,心理的力もない」というのである［Ⅱ.11.124］。しかも,それはたんなる「自己

保存」を求めるものではなく、むしろ自らを危険にさらしてでも、自己の優越、成長、拡大をめざしてやまないとされる。そしてニーチェは、さまざまな「偽装」を暴露して従来の価値評価の破壊を遂行する一方で、道徳にとらわれない「無垢」の強者の力による支配に純粋な「力への意志」の発動を見て、それを大胆に肯定する。そこから彼は、「金髪の野獣*」や「支配者道徳」といった言葉によって強者による弱者の搾取を正当化し、出来損ないの賤民*を淘汰せよという主張まで導き出すのである。のちにボイムラー*は、こうした側面を強調して、露骨な強者の崇拝こそ、教養*市民の柔弱な内面性を打破し、その道徳を乗り越える「行為の哲学」をもたらすものだとして、ニーチェをナチス*・イデオロギーに取り込もうとした。ニーチェにもそのような解釈を許容するところがあったことは否めないが、以下で見るように、そうした解釈が〈力への意志〉の不当な一面化であることもまたたしかである。

【Ⅲ】〈力への意志〉の形而上学　〈力への意志〉によってニーチェは、超感性的なものに真の実在性を認めて感性的な現実を貶めるという、プラトン*以来の伝統的な形而上学*を否定し、感性的な生の肯定にもとづいて世界を内在的に解釈する新しい形而上学を立てようとしている。これに関して、〈力への意志〉のもう一つの思想的起源となっているのは、ライプニッツ、シェリング、ショーペンハウアー*などの意志の形而上学の伝統である。ただし、ニーチェは存在者の根本的性格を「意志」として解釈するという発想は受け継いでも、それを存在の唯一の本質として実体化しようとするのではない。「身体*という導きの糸」に従って考えるならば、自我の根底にはさまざまな衝動*のせめぎあいが見いだされ、多様な「力への意志」の複合体である人間の「意志」について単数形で語ることはできないとされる［遺稿Ⅱ.7.368, 377;

Ⅱ.9.36 など］。そして、ショーペンハウアーのいう「意志」は、「欲望や本能、衝動」を意志の本質とする根本的誤解にもとづいており、本来は個々の具体的な「力の中心」としてしか存在しえないものを、意志一般へと抽象化して空虚な言葉にしたものだと批判される［Ⅱ.10.133; 11.125］。「意志」自体について語ることは「誤った物象化」だというのである［Ⅱ.9.38］。

それに対してニーチェは、作用するあらゆる力を「力への意志」として解釈し、多数の力の相互作用を想定して、ライプニッツのモナドロジーとも類似する構想を展開する。世界は多数の「力の中心」の対立と干渉、吸収と同化のプロセスとして考えられ、それぞれの中心は自らの遠近法*にもとづく価値評価によって自分にとっての世界を表象しつつ、互いに自己の力の維持と拡大を飽くことなく欲して他の存在者を支配しようとするというのである［Ⅱ.11.208, 211］。とはいえ、ここでも一定不変のモナドのような実体的存在が前提とされているわけではなく、それぞれの力の存在様態はさまざまに変動して増減し、相互に作用を及ぼしあう差異の関係として考えられている。他方、ニーチェは世界の本来的な存在様態を不断の〈生成〉として捉えており、この点で〈力への意志〉の形而上学の構想は〈永遠回帰*〉と結びついている。すなわち、世界が一定の「力の中心」の相互作用から成り立っているのであれば、無限の時間のなかではあらゆる組み合わせが実現するはずであるし、またすでに実現しているはずである［Ⅱ.11.214］。そこで彼は、「一切が回帰するということが生成の世界の存在の世界への極限的な接近であり、考察の頂点である」と述べて、「生成に存在の性格を刻みつけること*——これこそ最高の力への意志である」としている［Ⅱ.9.394］。〈永遠回帰〉こそ〈生成〉としての世界を恒常的な〈存在〉として捉える唯一の思想であるというのであろう。しか

し、「力への意志は存在でも生成でもなく、パトスであるということは、最も基本的な事実であり、そこからはじめて生成や作用が生ずるのである」という発言［Ⅱ.11.74］は、ニーチェがあらゆる実体の存在の措定を排除する企図を追求して、力の差異という相互関係から生ずる作用以外に何も認めない立場に至っていたことを示している。

ヤスパース*は『ニーチェ』(1935)の「世界解釈」と題する章で〈力への意志〉をくわしく紹介し、それが徹底的に内在的な形而上学として「存在の暗号(Chiffre)」を超越者なしに読み取ろうとする企てであることを指摘すると同時に、それに対して、権力闘争とは相容れない「交わり」(Kommunikation)の意味を強調している。またハイデガー*はナチス支配下の時代に行った『ニーチェ』講義(1961年刊行)において、ニーチェ解釈の課題は、存在者の基本性格としての〈力への意志〉と存在様態としての〈永遠回帰〉の同一性を思惟することにあるとしている。そこで彼は、ライプニッツからヘーゲル*、シェリング、さらにはアリストテレスに至るまで、哲学史における「意志」の思想の展開を振り返ったうえで、ニーチェはデカルト*の「われ思う」を「われ欲す」に還元したが、基体(subiectum)として「自我」の代わりに「身体」を置いたにすぎず、まだ「主観性の形而上学」の枠内にとどまっているとする。つまり、ニーチェの〈力への意志〉の形而上学は、デカルト以来の近代哲学の完成であり、無制約的な「主観性の形而上学」として西洋の形而上学一般の終末をなすものでもあるというのである。さらに、ドゥルーズ*は『ニーチェの哲学』(1962)で、差異*の境位において作用する「力への意志」を、能動的と反動的、肯定的と否定的という対立概念のなかで捉えようとしている。

【Ⅳ】 解釈としての〈力への意志〉　ヤスパースやドゥルーズ、それに最近の解釈者たちも指摘しているのは、内在的な形而上学としての〈力への意志〉において、そこで「力への意志」が、力の差異による支配や征服としてのみならず、「解釈」の原理としても捉えられ、いわば〈力への意志〉の解釈学*ともいうべき思想が展開されているということである。「〈いったいだれが解釈するのか〉と問うてはならない。そうではなくて、解釈すること自体が、力への意志の一つの形態として存在している（しかし一つの〈存在〉としてではなく、一つの過程として、一つの生成として）情動として存在するのである」[遺稿Ⅱ.9.188]。この解釈としての〈力への意志〉は、従来の「道徳的・宗教的世界解釈」(キリスト教*とプラトン主義における形而上学的世界像)が崩壊し、人間にとって世界に何の意味もなくなった状況(ニヒリズム*)に直面して、それを克服*するための「新しい価値設定の原理」として導入される。〈神の死*〉によって、かつての神を中心とする世界観のなかで人間に与えられていた生の意味は失われてしまったが、それはまた世界というテクストにふたたび無限の解釈の可能性がもたらされたということでもある[『智恵』374]。ここにおいて〈力への意志〉は、それ自体としては無意味な混沌*にほかならない世界に意味を付与する原理として考えられている。あらゆる解釈は、それぞれの「力の中心」が力の増大を図るために自らの遠近法にもとづいて下す価値評価であり、それによって必然的にさまざまな「遠近法的仮象」が生ずるとされる。あらゆる認識は「力への意志」が自らの目的に従って「意味を読み込むこと(Sinn-hineinlegen)」であり[Ⅱ.9.138]、「われわれの価値は事物に解釈によって付与された(hineininterpretiert) ものである。／いったいそれ自体における意味というものがあるのだろうか？／必然的に意味とはまさに関係の意味でありパースペクティヴではないか？／あらゆる意味は力への意志で

ある」というのである［Ⅱ.9.134］。ここでは解釈の真理性や客観性は問題とされず，解釈の妥当性は，もろもろの解釈の間の闘争においてより広いパースペクティヴに立ち，他者の遠近法を自己の遠近法に同化・吸収して，生を増進する仮象*を生み出しうるということにのみもとづいている。「あらゆる解釈は成長の徴候ないしは下降の徴候である。（中略）解釈の多さは力の徴しである」［Ⅱ.9.163］。

さらにニーチェは，「解釈」としての「力への意志」を生物学的進化とも結びつけて，「力への意志」の「自然史」ともいうべきものを構想している。すなわち，人間の身体器官も，自己の生にとっての有用性にもとづいてなされた「解釈」によって形成され，さまざまな遠近法的評価を「体現」して発達してきたものであるという考え方である。「あらゆる目的，あらゆる有用性は，ある力への意志がそれほど強くないものを支配下に置いて，それに自分なりにある機能を意味として押しつけたことの徴候にすぎない。そして，ある〈物〉の歴史，ある器官やある習慣の歴史はこのようにつねに新たになされる解釈とこじつけが続けられた結果としての記号の連鎖なのかもしれない」というのである［『系譜』Ⅱ.12］。こうして，認識や道徳あるいは宗教も，有機体の諸器官と同様に，人間という生物を維持し，自然に対する支配力を高めるために必要な条件として〈力への意志〉にもとづいて発展してきたものであるとされ，奇妙な実体化が生じている。

ところで，ヤスパースが指摘するように，〈力への意志〉は「解釈」による価値設定の原理であるとされるとともに，もしすべてが遠近法的解釈にすぎないのであれば，〈力への意志〉という思想も「解釈の解釈」として仮説的な性格しか持たないことになるはずである。ニーチェは『善悪の彼岸』において，「老練な文献学者」として物理学者たちの「へたくそな解釈の技術」を指摘し，彼らが唱える「自然の合法則性」は「解釈」であって「テクスト」そのものではないと主張している。そして，現代の平等思想によって堕落させられた物理学者たちとは「まったく逆の意図と解釈の技術を持って，同じ自然から同じ現象についてまさに暴虐に仮借なく，情け容赦ない力の要求の貫徹を読み取るすべを心得た」解釈者，すなわち〈力への意志〉による自然の解明をめざす哲学者の到来を暗示して，しかも「これまた解釈にすぎないとしたら，どうであろうか」と挑発的に問いかけている［『善悪』22］。別のところでも，あらゆる衝動，あらゆる有機体の機能が一つの意志の根本形式に還元されると仮定するならば，作用する力はすべて「力への意志」として規定されることになるとして，〈力への意志〉の形而上学の構想に仮説的なステイタスしか認めていない［同 36］。実現されなかった著作『力への意志』の副題として考えられた表現の一つが示唆しているように，〈力への意志〉も世界に関する「一つの新たな解釈の試み」にすぎないということになる。とはいえ，それゆえにこそそこには，学問的な仮説とは異なって，仮象を思考し，また自らの思考の仮象性の意識によって貫かれた思想としての〈力への意志〉の特殊な性格が現れているといえるのではないだろうか。

【Ⅴ】 芸術としての〈力への意志〉 ハイデガーはニーチェについての最初の講義を「芸術としての力への意志」と題して，〈力への意志〉において仮象と芸術*の問題が核心をなすことを指摘しているが，その後の思索においてはニーチェの哲学を西洋の形而上学の完成として位置づけることに腐心して，自然支配の道具としての理性や技術という問題へと論考の重心を移し，「仮象への意志」としての〈力への意志〉という側面をほとんど取り上げていない。しかしながら，「真理への意志」における偽装の暴露と同時に「仮

象」の必然性を問題にする視点は、ニーチェにおいては一貫してはたらいているものである。すでに「道徳外の意味における真理と虚偽について」においても、人間の根本衝動をメタファー（＝仮象）の形成に見て、その二つの現れを学問と芸術であるとすると、自らが生み出すのが仮象であることをわきまえて仮象の産出を行う芸術の方が、それがあたかも仮象とはまったく対立する別の物であるかのようにして真理を追求する学問*よりも根源的であるとする議論を行っているが、これは芸術こそ人間の「本来的に形而上学的な活動」であるとして、仮象における生の救済を説く『悲劇の誕生』*の思想とも深く関わっている。後期の〈力への意志〉の思想においては、芸術における陶酔*の体験を「高揚した力の感情」と結びつけて［遺稿Ⅱ.11.191］、美において「力の最高の徴候」を発現させる「芸術家の力への意志」について語られるが［Ⅱ.9.331］、そこでも、芸術は本来虚構によって成立するものであるから、「虚偽と偽装の衝動が芸術家において噴き出してくる」という指摘がなされている［Ⅱ.9.409］。すなわち、芸術においては、「真理」という偽装によらずして「力への意志」が純粋に現れてくるというのである。「〈芸術家〉という現象はなお最も容易に見通すことのできるものである。――そこから出発して、力や自然などの根本本能へと眼を向けること！　また宗教や道徳の根本本能にも！」［Ⅱ.9.174］。しかも、ここで重要なのは、芸術表現においては、むきだしの暴力的支配に直結してしまわない「力への意志」の発現の可能性が示されているということである。「美においてはもろもろの対立が抑制されており」、「それは力の最高の徴し、つまり、対立するものに対する力の最高の徴しである。そこにはまた緊張もない。――もはやいかなる暴力も必要ではなく、すべてが軽やかに従い、服する。しかも服従するためにきわめて愛らしい仕草をする――こ

れが芸術家の権力意志を喜ばせる」［Ⅱ.9.331］。こうしてニーチェは、芸術に「生への大いなる誘惑者、大いなる刺戟剤」を見いだして［Ⅱ.12.18］、ニヒリズムに対する「対抗運動」の展望を開こうとする。仮象による生の救済という初期のテーマが、ここでは〈力への意志〉と結びつき、形而上学の克服と芸術による世界の意味づけ、生の価値の全面的な肯定といった事柄が一体の課題として捉えられている。この文脈においては、永遠に回帰して自らを意欲する世界という〈永遠回帰〉の思想も、世界を「自己自身を産出する芸術作品」として解釈するものとみなされる［Ⅱ.9.161］。〈力への意志〉を原理とする世界は、永遠に自己創造と自己破壊を繰り返し、その破壊と創造の陶酔のなかで美的現象として、つまり感性的に経験される、多様で偶発的な仮象としてのみ、世界と生とは正当化されるということになる。仮象への意志としての〈力への意志〉には、かつての「芸術家形而上学」における〈ディオニュソス*的なもの〉が息づいているのである。→仮象、永遠回帰、虚栄心、権力、支配と服従、真理への意志、無への意志、ルサンチマン　　　　　　（大石紀一郎）

畜群

同時代のヨーロッパ人全般に対して後期のニーチェが多用した呼称。「畜群」とは温順な群居性動物、たとえば羊・山羊・牛などの群れのことであるが、彼の目には同時代人がそのような姿に見えていた。『善悪の彼岸』*［44, 62, 199, 201, 202 参照］によれば、〈神の前での平等〉を標榜するキリスト教*は、もともと多数派である弱者たちが自己保存*の戦略として考案したものであり、その道徳は、公共心・親切・勤勉・節度*・謙虚・寛容・同情*など、集団の存続にとって有用な弱者自身の諸性質を美徳として称賛し、例外者たらんとする意欲や突出した権力欲などを、集団の存続を脅かす悪徳として誹謗し

た。そうした道徳の根底にあるのは、「いつの日か恐怖すべき何ものも存在しなくなることをわれわれは欲する！」という「畜群的臆病さ」にほかならない。また、キリスト教精神を汲んで〈権利の平等〉や〈あらゆる苦悩者への同情〉をスローガンに掲げる民主主義者は、万人のための生活の保障・平安・快適・安楽の実現をめざしているが、そうしたものは畜群の「緑の牧場の幸福」と呼ばれるべきである。そして、社会主義者や革命家、それどころか無政府主義者さえも、実際にはみな同じ穴のむじなであって、畜群が自治権を握る社会形態以外のいかなる社会形態に対しても本能的敵意を抱いている点では変わりはない。以上のようにニーチェは、キリスト教道徳や民主主義*を、人間の卑小化・病弱化・凡庸化・均質化、要するに畜群化をもたらすものとして批判する。なぜなら、彼の関心はひたすら「超人*」ないし「高級類型」を産出するための人間の「訓育と育成」にあり、人間が従来どのような条件の下で最も力強く成長してきたかを顧みるならば、恐怖や苦悩はもちろんのこと、奴隷制や悪魔的所業すら必要不可欠だと考えていたからである。けっして万人に権利を認める個人主義者ではなかった彼の姿を、見誤ってはならない。
→キリスト教, 民主主義　　　　　　　（清水本裕）

知的誠実

　誠実性、知的誠実、正直といった言葉はニーチェにあっては、微妙に揺れる位置価をもっている。まずはキリスト教*とその神自身が不誠実な存在として告発される。「キリスト教が誠実さと公平さの感覚をいかに育てて来なかったか」はたとえば聖書解釈学者たちのやり方を見ればすぐわかる。旧約聖書を都合のいいように教会の自己正当化に利用しているさまにも現れている。七十人訳の聖書の誤訳部分をキリスト到来の予言として解釈する始末である。当時は教会*の設立をめぐって「闘争の最中にあった。敵のことだけが念頭にあって誠実さのことは考えていなかったのだ」[『曙光』84]。つまり、キリスト教はその歴史的発端において非誠実であったということである。虚偽の歴史は哲学においても同じことである。「虚偽と贋金作りが哲学の全歴史を貫いている。ほんの少数の尊重に価する懐疑主義者を別にすれば、知的誠実さの本能はどこにも見られない」[遺稿Ⅱ.11.271]。こうした議論では誠実そのものはプラスの符号を帯びているが、他方では、キリスト教やソクラテス*、プラトン*以来の伝統のなかで誠実とされてきたものへの容赦ない批判も浴びせられる。そこでは、ありもしない価値を捏造*し、天国や救済*を宣伝し、自らもそれに応じた謙虚で温和な、そしてなによりも「誠実な」人間になることが目標とされてきたとニーチェは見る。とくにキリスト教が市民社会の自己保存*の手段になってしまった19世紀後半ではいっそうである。「諦念と謙虚こそが神性になってしまった。……これによってキリスト教は穏やかなモラリズムと化してしまった」[『曙光』92]。

　こうした誠実が「欺瞞」であることを暴くことは、そのための文彩は変わっても、『反時代的考察』*の第1論文から『アンチクリスト』*まで一貫した課題であった。「誠実」とされているものは、実は「聖書*が手袋をせずには読めない」[『アンチクリスト』46]のと同じに「不潔」であるということである。「僧侶と教会のあの薄気味悪い発明品──〈彼岸〉〈最後の審判〉〈霊魂の不滅〉〈霊魂〉そのもの、これらの諸概念によって、見るからに胸糞が悪くなるあの人類の自己汚辱の状態が達成された……普段には非常に囚われのない種類の人間であり、行動の上では徹底的な反キリスト者である現代の政治家諸公でさえもが、今日なおキリスト者を名乗り、聖餐式に列席している有様では、そもそも礼節品位という、自己自身への尊敬という、あの最

後の感情はどこへ行ってしまったといえるのか」[同 38]。市民社会的な「誠実」なるものが二重道徳を宿していることへの批判である。

そうであるだけに、ニーチェにとって、真率からの正直もしくは誠実はほとんど生理的に不可欠の要請となる。「自己自身への誠実さがそれだけで絶対的に高級で純粋なものであると言ったりするつもりはない。しかし、これは私にとっては清潔さの要求と似たようなものなのである。どのような人間であろうとご自由だ。天才であろうと俳優であろうとご自由だ。しかし、清潔であってだけは欲しいのだ」[遺稿 I.11.421]。こうした真の意味での「自己自身への誠実さ」が育つようにとの希望も表明される。「誠実さは、最も若い徳のひとつである。まだいくらも熟してはいないし、しばしば取り違えられたり、見損なわれたりするし、また自分自身のことをほとんど自覚もしていない。──いまなお成長の途上にあるものである」[『曙光』456]。「誠実さ──これがわれわれの徳であると仮定しよう。自由精神*であるわれわれがけっして手離すことのできない徳であると。さあそれならば、われわれはありとあらゆる意地悪と愛情を込めてこの徳を磨こうではないか。そして、われわれに残された唯一のものであるこの自分たちの徳に関して〈完璧な存在となる〉ことに倦まないようにしようではないか。仮に、いつの日かこの徳の輝きが、こうした老いゆく文化の、そしてその鈍く陰鬱な生真面目さの上に、金色に縁取られた薄蒼い夕暮れの、嘲るような光となってたゆたうことがあろうとも」[『善悪』227]。

この最後の多少とも抒情的な表現にはまた、知的誠実さの両義性が光っている。つまり、「あらゆる誠実を魂の卑劣さへと変じさせてきた」[『アンチクリスト』62]キリスト教であるが、実は、このキリスト教のなかで知的誠実さが生い育ち、それが結果としてキリスト教自身に刃向かい、キリスト教を滅亡させていくという逆説が、ニーチェにとってことのほか重要となる。「すべて偉大なものはそれ自身によって滅びる。自己止揚のはたらきによって滅びる。これが生の法則の求めるところである。それは生の本質にひそむ必然的な〈自己超克〉の法則が求めるところなのだ、──〈ナンジ自ラ制定シタル法律ヲ守レ〉という声は、最後にはいつでも立法者自身にさしむけられるのだ」[『系譜』Ⅲ.27]。告解に見られるような自己自身の罪のたえざる検証、さらには自己自身の信仰の正当性をめぐるたえざる論議──こうした信仰の涵養と訓練が結局はこの信仰が空虚であり、無であることを暴露していくという論理が指摘される。「無条件に誠実な無神論*こそは、……ヨーロッパの良心が艱難辛苦の末にようやく手に入れた勝利であり、2000年にわたってなされた真理への訓練──これが最後には神信仰にひそむ虚偽を禁止するのだ──の影響きわめて多きなる所為である。……そもそもキリスト教の神に打ち勝ったのはなにによるのかがわれわれには明らかである。それは、キリスト教的道徳そのもの、次第に厳しく解された誠実性の概念、科学的良心にまで、いや、なにがあっても知的清潔さを重視することへと変形され、昇華されたキリスト教的良心の聴罪師的鋭さであった」[『智恵』357]。またこうも言われる。たしかに科学信仰は形而上学的信仰であり、形而上学*の残滓であるが、ここでも逆にそうした「科学信仰が誠実な人間を必要とする」のであり、やがてはキリスト教の崩壊をもたらすのである[『系譜』Ⅲ.24]。

自らが重視し、生い育てた知的誠実さによるキリスト教の自己崩壊──神自身が犠牲になることによって成立した宗教にふさわしく、今度は、知の祭壇に宗教自身が自己を犠牲にささげるという壮大な逆説がここにある。この自己崩壊の論理は、しかし、さらに

またこうした知的誠実さ自身にも向かうことになる。「このようにして，教義としてのキリスト教は，それ自身のモラルによって滅びた。このようにしてモラルとしてのキリスト教もまた滅びゆかざるをえないのである，——われわれはこの出来事の関門に立っているのだ。キリスト教的誠実さが次から次と結論をだしたあげく，最後にはその最も強力な結論を引き出す。それはおのれ自身に刃向かう結論である。しかしこのことが起こるのは，キリスト教的誠実さが〈すべての真理への意志*はなにを意味するか〉という問いを提出するときなのだ」『系譜』Ⅲ.24］。知的誠実さがかつての神と同じく，自己を犠牲にささげるのだ。おそらくは無のために犠牲にささげるのだ。

こうして，キリスト教の崩壊によって宙に浮いた誠実さそのものが真理への意志を懐疑*の対象とする，つまり誠実さが自己自身の正当性を検証するという徹底した懐疑主義とイロニー*が生じる。この問題は，すでにソクラテス自身が獄中で「なぜ人は本能*から解放されねばならないのか」という問いに自ら答えられなかった［『善悪』191］とされるニーチェの推定に象徴される自己懐疑の極致とも対応している。行き着く先は誠実さよりは不信の尊重となる。いや誠実であることは絶対的な不信に帰着することになる。「いまだかつてなかった不信の教師」としてピュロンは「不信だけが真実への唯一の道」であると述べ，最後は「沈黙と笑い」によって答えない方途を選ぶ［『人間的』Ⅱ-2.213］。また誠実さよりは偽装の重視ともなる。いや誠実であることは絶対的な偽装に帰着することになる。「正直さ（Ehrlichkeit）に対して正直な——公の場で自分に対して正直である者は，最後にはこの正直さを自慢するようになる。なぜなら彼は自分がなぜ正直であるか，その理由を知りすぎるくらい知っているからである。つまり，別の者ならみせかけと偽装のほうをえらぶその同じ理由から正直であるだけなのである」［『人間的』Ⅱ-1.56］といった正直さの心理学がやがて不正直，不誠実を自覚しつつ実行することこそ正直と誠実であるという，アイロニカルな人生態度へのシンパシーを呼び起こす。「意図的な偽装は……自己自身に対する誠実さの感覚に依拠している」［遺稿Ⅰ.11.336］。あるいは「私が誠実さという贅沢を繰り返しなすためには，どれほどの虚偽がなおも必要であるか，そのことをお前たちはどの程度理解しているのだろうか」『人間的』序言１］。誠実であることは，また自己自身の力の増大のためにさらに巨大な虚偽を創造することにもつながる。それは「虚偽性のより高度なポテンツへの手段」［遺稿Ⅱ.10.363］である。なぜならば，「本質において偽りである世界においては，誠実さというのは，自然に反する傾向であろう」［同］からである。初期のホルクハイマー*の論稿を思わせるこの最後の文章は，しかし虚偽の告発であるよりも，キリスト教と形而上学の崩壊の後で芸術*に救済を願望し，かつ果せなかった世代のアイロニカルな自己逃避かもしれない。→キリスト教　　　　（三島憲一）

チャンダーラ　［Tschandala］

チャンダーラはサンスクリット語で，インドにおける四つのカーストのさらに外にいる最下層の賤民*を表す言葉である。ニーチェは最後期の著作『偶像の黄昏』*の「人類の〈改良家〉たち」という章の中で，人間を飼い馴らす手段としての道徳と人間を鍛え上げる道徳を区別し，異種のカースト同士のあいだに生まれた「雑種人間」（Mischmasch-Mensch）としてのチャンダーラを徹底的に差別し排除することを命じるインドの『マヌ法典』のアーリア的道徳を，後者の典型例として挙げている。それは，前者の典型例としてのキリスト教道徳の対極にあるものである。すなわちチャンダーラは「〈金髪の野獣*〉と

いう美しい模範」とは対照的な「虐げられた者、悲惨な者、出来損ないの者、道を誤った者」を意味するのであり、キリスト教*はこうしたチャンダーラのルサンチマン*に根ざす「一斉蜂起」としての意味を持つのである［『偶像』Ⅶ.2～4］。『アンチクリスト』45節では『新約聖書』の諸節が引かれ、そこで述べられている愛や赦しの教義が「チャンダーラ道徳の心理学」と断じられている。さらに同書の58節では「ローマに敵対し、〈世界〉に敵対するチャンダーラ的憎悪の権化であり天才」となった人物としてパウロ*の名が挙げられている。→ルサンチマン，畜群，パウロ，バラモン　　　　　　　　　　　（高橋順一）

中国／中国人

中国についてニーチェが抱いていたイメージは、同時代の一般的な偏見とそれほど異なるものではなかった。つまり、かつては偉大な文化民族であったかもしれないが、自らの現状に対する不満をダイナミックな変化に結びつけていったヨーロッパとは対照的に、「中国は大規模な不満と変化の能力が何世紀も前から死滅している国の例である」というものである［『智恵』24］。近代資本主義を発展させえなかった「アジア的停滞」という見方にも通ずるところがある。ただ、ニーチェの関心は、当時列強の植民地化政策によって侵略されていった中国の状況にではなく、もっぱらヨーロッパの（比喩的な意味における）〈中国化〉の防止という点に向けられていた。彼にとって「中国人根性」とは、奴隷的な状態のもとにあっても慎み深さを失わず、自己を抑制してねばり強く勤勉に働く精神であり、そこでは社会の平和と安定は保たれるかもしれないが、いかなる文化的発展ももたらされないというものである。そうした〈中国化〉の帰結として、彼はカント*の哲学や、平等や進歩を説く近代の思想、そしてとりわけ社会主義*を挙げている。すなわち、カントは、「義務」の倫理学を立てて非人格的で普遍妥当的な「善」を追求することによって、価値の転換*を抑え込み、生*の下降を正当化した「ケーニヒスベルクの偉大な中国人」であるとされる［『善悪』210；『アンチクリスト』11］。また、「進歩」を賛美し、「権利の平等」や「自由な社会」を謳う社会主義は、「正義と一致団結の国」を理想としているが、それが実現したら「最も深刻な凡庸化と中国的状態の国」となるであろうという［『智恵』24, 377］。20世紀には「一種のヨーロッパ的な中国人根性」が出来上がって、「温和な仏教的・キリスト教的信仰を持ちながら、実践においては中国人のように賢くてエピクロス的」な「縮小された人間」（言い換えれば、「おしまいの人間*」）ばかりになることを彼は危惧する［遺稿 Ⅱ.7.95］。これらの低劣だが生存能力だけはあるタイプが力を合わせれば、高貴な種族を支配しうると見るがゆえに［Ⅱ.8.319］、そのような事態はニーチェにとっては悪夢であった。だが他方では、中国蔑視の裏返しとも言えるような発言もある。解放を叫ぶヨーロッパの労働者はいっそのこと植民させて追い払い、労働力不足は本当に中国人を連れて来て解消した方がいいかもしれない。彼らは「よく働く蟻にふさわしい思考と生活の様式」をもたらして、不穏なヨーロッパに「アジア的な落ち着きと静観」や「アジア的な持久力」を注入してくれるだろうなどという乱暴な提案もしている［『曙光』206］。キリスト教*や革命によって退化しているヨーロッパ人よりも「中国人の方が出来のいいタイプである。つまり、ヨーロッパ人よりも持久力がある」というのである［遺稿 Ⅱ.11.255］。いずれにしろ、ニーチェの中国イメージは、美的な中国趣味でもなく、帝国主義的収奪の対象でもなく、ヨーロッパとは異質だがあまり魅力を感じない文化という程度のものであった。

（大石紀一郎）

中庸　⇨節度〔中庸〕

超人　[der Übermensch]

1890年代にはいって流行病のように広がったニーチェ熱はもっぱら『ツァラトゥストラ』*によるところが大きい。時代の空気に漂うニーチェ熱のなかで、「永遠回帰*」や「神の死*」とならんで、「超人」という言葉はニーチェ思想の代名詞ともなった。ニーチェ自身は超人の何たるかを明確に規定しているわけでもなく、その受容も多分に『ツァラトゥストラ』の文体が醸し出す独特の雰囲気に浸った陶酔的な共鳴であった。彼らは超人の思想に、まだ明確には表現しえない新しい可能性を読み取っていた。その後の超人思想の受容においてもこの無規定性のゆえに多様な解釈がなされてきた。

【I】『ツァラトゥストラ』以前における「超人」思想の萌芽　「超人」という言葉そのものは、けっしてニーチェの発明ではない。すでにルキアノスに hyperantropos という表現で見られ、ニーチェはそれを読んでいたと推測されている。またヘルダー、ジャン・パウル、なかでもゲーテ*の『ファウスト』における用例も知っていたに間違いない。ニーチェが初めて「超人」という言葉を使っているのは、彼が若い頃愛読したバイロン*の戯曲『マンフレッド』に関してであり、マンフレッドを「霊を思いのままに制御できる超人」と形容している [BAW 2.10]。超人には、マンフレッドやファウストのように通常の人間を越えた能力を持つ者という意味と、「人間とは克服されるべきなにものかである*」という『ツァラトゥストラ』の表現に見られるような、人間自身の自己克服という意味とが混じりあっている。すべての限界や束縛を越えて自由へと向かう人間として「超人」が考えられている点では、超人思想の萌芽はすでに初期にあると見てよい。

「超人」を、惰性で慣習に従うだけの現在の生を「越えて」(über) ゆく者と解釈した場合、英語訳の「スーパーマン」は誤訳だという指摘もある (W. カウフマン)。『反時代的考察』* [III.1] には、そうした「越えて上にある」(über) の用例がある。ニーチェは「汝自身であれ。汝がいま行い、考え、欲しているもの、それはすべて汝ではない。……汝の真の本質は汝のうちに深く隠されているのではなく、汝の上に (über dir)、すくなくとも普通自分の自我と考えているものの上に、測りがたく高いところにあるのだ」と記している。だがこの「上に」という表現は、けっして形而上学的な根拠を求めるものでも、ましてや神を求めるものでもない。自分自身が自己の決定者であるような解放された存在へと、いままでの他律的で卑小な生を自分の力で越え出ることである。それを通常の人間がしないのは、因襲を破る恐さからである。だからこそ「汝自身であれ」という呼び掛けを聞き「真の魂の解放」を想う若者は、恐れおののくのである。

『ツァラトゥストラ』以前の著作には、「超人」という用語例は少なく、意味も一様ではない。『曙光』* [27] の「超人的熱情への信仰が持つ価値」というアフォリズムはわずかな例のひとつである。そこでは結婚制度が、一時的な情熱が持続しうるという信仰にほかならないとされた後に次のように言われている。「瞬間的な熱烈な献身から永遠の貞操を、憤怒の激情から永遠の復讐を、絶望から永遠の悲哀を、突如な一回的な言葉から永遠の義務を生みだした制度や風習を思うがよい。そのたびごとにきわめて多くの偽善と嘘が生じた。またそのたびごとに、埋め合わせとして、新しい超人的な、人間を高める想念が生じた」。ここでの「超人的」とは、瞬間的な情熱の去った後にもなお制度に身を縛りつけて貞操を守る禁欲的な人間であり、弱者の作りだした偶像的な存在としてむしろマイナスの評価を与えられている。

これとは逆に『悦ばしき智恵』*[297]で言われる「解放された精神」には、『ツァラトゥストラ』で展開される超人思想の萌芽がある。解放された精神とは「異議申し立てができる力」であり、「伝統で伝えられてきたもの、神聖なものと崇められてきたもの、そうしたものに敵対感を持つこと」から生まれる。この解放された精神のあり方をニーチェは、ある時にはシーザー*やナポレオン*に、またある時はゲーテに見ている。シーザーやナポレオンの場合には、自己の意志の貫徹のために破壊も辞さない戦闘的な行動性として捉えられているのに対して、ゲーテについては内面的で静かな自己完成へと向かう自己超越の精神の創造性として捉えられている。このようにまったく対極的なイメージで捉えられた「解放された精神」の二つの側面は、後の超人思想にも受け継がれている。

解放の瞬間としての「超人」の意味するものを探る一つの手がかりは、『悦ばしき智恵』[382]にある。それは未知の真理を探求する認識者を、金羊紙を求めてつねに新たなる航海*へと乗り出す古代伝説のアルゴ号の乗組員にたとえた一節である。航海のすえに見えてくる未知の土地、それは「これ以上の飽満は与えられないくらいに、美しいもの、見慣れぬもの、問うに値するもの、恐ろしいもの、神々しいものに満ちあふれている豊かなひとつの世界なのだ。……それは、神聖かつ善であり侵しがたく、神々しいと呼ばれてきたあらゆるものと、意欲せず素朴に溢れ出る充実と力から遊び戯れる精神の理想なのである」。ニーチェは未知の世界が開示される時の、美と恐怖と神々しさの入り混じった瞬間を「人間的かつ超人的幸福」と呼んでいる。それは超越的存在者なき世界における解放の瞬間を意味している。引用文中の「満ち溢れている」(überreich)、「溢れ出る充実」(überströmende Fülle) など、過剰 (über) を意味する接頭辞の多い表現は、超人的経験がディオニュソス*的な生*の充溢と等しいことを暗示している。そこにはかつて『悲劇の誕生』*で言われたディオニュソス的陶酔*のモティーフが響いている。『ツァラトゥストラ』で「ディオニュソス的」という概念が「最高の行為となった」[『この人』Ⅸ.6]というニーチェの言葉を念頭におけば、超人思想は『ツァラトゥストラ』で突如登場したものではなく、むしろ『悲劇の誕生』における「ディオニュソス的なもの」のモティーフが、「芸術による救済」のプログラムの挫折後に、別の次元で変奏されたものと見ることもできる。だが、そこには大きな変化がある。

【Ⅱ】『ツァラトゥストラ』における「超人」　『ツァラトゥストラ』に関して『この人を見よ』*では、「ここではあらゆる瞬間に人間が克服されている」と言われている。芸術におけるディオニュソス的陶酔が、ありきたりの日常を超えた、溢れる生の充実感であっても、それは瞬間*の経験である。そうである以上『悲劇の誕生』では、芸術*が生と美を一致させる瞬間だけ、倦怠*した生は救済されえた。だがそこでは「世界は正当化」されるにすぎず、生のすべての瞬間に対する「大いなる肯定*」にはならない。ショーペンハウアー*的ペシミズム*のたどる内面への撤退にも、また芸術による生の救済というロマン主義的態度にも満足できず、ニヒリズム*の積極的な克服へと向かおうとするニーチェは、生を肯定する至福の瞬間を永遠化しようとする。すべての瞬間における生の肯定を構想するためには、「尽きることなく生みだす生の意志」[『ツァラトゥストラ』Ⅱ-12] という意味での「力への意志*」と、意志と時間の矛盾を解く「永遠回帰」の思想が必要であった。この二つの思想と密接に結び付くことによって、『ツァラトゥストラ』の「超人」思想はニヒリズムを転回させ、人間の全面的否定を通過して生の大いなる肯定へと向かう。

だが「超人」がほとんどの場合，彼自身の意図とは逆に理解されてしまったことをニーチェは嘆いている[『この人』Ⅲ-1]。カーライル*におけるような英雄*崇拝を嫌ったニーチェにとっては，超人が「より高い種類の人間の〈理想的な〉典型として，なかば〈聖人〉であり，なかば〈天才*〉として」理解されるのは本意ではなかった。だがこうした誤解が生じるのも不思議ではない。『ツァラトゥストラ』は「超人」について何ら明確な輪郭を与えてはいないからである。来たるべき人間として「超人」の代わりに「新しい民族*」「新しい貴族*」「命令者」という表現が使われていることにも，後に超人思想がナチス*に利用されたような誤解を招く要因がある。

「超人は大地の意義*である」「人間は動物と超人との間に張りわたらされた一本の綱なのだ——深淵*のうえにかかる綱なのだ」「超人は稲妻であり，狂気である」「超人は，あなたがたの大いなる軽蔑*が没することのできる大海である」など，「超人」について語るツァラトゥストラの言葉は，つねに比喩的で詩的である。ツァラトゥストラの口からは，超人への道は語られるが，没落*の後に来たるべき超人が何者かはいっさい語られない。「超人」はアポロ*との繋がりを断ち切って荒々しい破壊と陶酔が強調されたディオニュソスと読める部分も，また「認識の正午」におとずれる，あの古代の牧神パンの午後を思わせる静けさと読める部分もある。あるいは三段の変化*の最後に現れる幼児，つまり「ひとつの新しい始まり，ひとつの遊戯，ひとつの自力で回転する車輪，ひとつの第一運動，聖なる肯定」[『ツァラトゥストラ』Ⅰ-1]とされる幼児と共通する面を持ちながら，幼児と同一ではない。むしろ何者かとして同定されることをあえて拒否するかのように，多くの矛盾を抱えた言葉である。それは来たるべき，まったく新しいものへの予感でしかない。来たるべきものを具体的に知ろうとすること自体，「ましな人間*」のすることなのだ。「認識するために生きる者，いつの日か超人が現れるために認識しようとする者」というツァラトゥストラの言葉は，「超人」が新たな認識を求める思考実験のための比喩*であることを暗に示している。

「超人」はその意味で，いっさいの既成の価値の重力をのがれた思考実験のあげくに現れてくるであろう認識の新たな地平であるとしか，さしあたって言いようのないものである。ツァラトゥストラは言う。「……私はおののきながらも，一本の矢になり，太陽に酔いしれた恍惚を貫いて飛んだ。——どんな夢もまだ及んだことのない遠い未来へ，どんな芸術家が夢想したよりももっと熱い南国へ，神々が舞踏し，衣をまとうことを恥とするかなたへ。……そこでは，いっさいの生成が神々の舞踏であり，神々の気紛れであると思われた。そして世界はいっさいの繋縛から解き放たれて，本来のおのれのすがたに立ち返る」[Ⅲ-12.2]。こうした未知の地平をツァラトゥストラは「比喩で語り，詩人たちと同じように舌たらずなことを言うほかはない」[同]と言う。未知の認識の地平を求める超人はまた「創造する者」(der Schaffende)とも言い替えられている。「創造する者とは，人間の目標を創造し，大地にその意味と未来を与える者のことだ」[同]。こうした連関では，超人に与えられた特性は芸術の創造と近い。

批判と破壊によって新たな世界を開示しようとする点で，ニーチェの思考実験にはモダニズム芸術に共通する面がある。だがニーチェの場合に，モダニズムへの離陸が中途半端に終わっているのは，認識問題・価値問題をも同時に比喩的な詩人の言葉で解こうとしているためである。現実とは別の可能性の予感——これこそがモダニズム芸術の核である——は，近代的な認識の構図を批判することはできても，それにとって代わることはでき

367

ない。にもかかわらず、ニーチェはそれをあえて行おうとした。レーヴィト*は「なぜツァラトゥストラの教説が、心情を説得することも、悟性を説得することもできないのか」と問い、次のように答えている。「それは彼の教説が、批判的に磨き澄まされたアフォリズム*において強みを持つ著作家の形成物であるのに反して、彼の告知が、新約聖書およびヴァーグナー*の楽劇とニーチェ自身の偉大な言語芸術のあまりにも綿密な混合物になっているからである。ニーチェが直接に説得的に語るのは、第五福音書の告知者として語る時ではなく、彼が〈氷雪を溶かす風の言葉〉を話す場合である」[『ニーチェの哲学』]。だがこう言うレーヴィトさえ、哲学問題としてのニーチェ解釈を重視している。実際にその後の受容を見ると、哲学の領域では比喩的語り口の問題は排除されて認識問題に還元されて読まれてきたことが多かったことは事実であり、文体に着目しているサラ・コフマンやポール・ド・マンが研究対象としているのも主に『ツァラトゥストラ』以外の著作である。ツァラトゥストラに「比喩で語り、詩人たちと同じように舌たらずなことを言うほかはない」と言わしめているニーチェは、「超人」の構想が実験的性質のものであり、既成の哲学的ディスクールを逸脱せざるをえないことを予見していたのだろう。

【Ⅲ】「超人」の受容　1890年代に急速に広まったニーチェ熱は、「超人」をテーマとした文学作品の多さによく現れている。その多くはニーチェ自身が批判した、「なかば〈聖人〉であり、なかば〈天才〉」として「超人」を解釈している。そうした表面的な受容による風潮を揶揄して、当時の文芸批評家レオ・ベルクは「ニーチェが彼の魔術的言辞をはいて以来、ドイツでは突然、だれも彼もが超人になってしまった。……平気で借金をし、娘を誘惑し、大酒を飲むようになった」と記している。またムージル*は『ツァラトゥストラ』と『悲劇の誕生』しか読んでいない浅薄なニーチェ熱狂者を『特性のない男』の主人公の妹クラリッセのなかに描き出している。だがこうした一面的であれ熱狂的な受容は、世紀末*の鬱屈した時代状況に「超人」が与えたインパクトの強さを如実に物語っている。

「超人」が喚起するイメージは、受容では二つの側面で捉えられている。ひとつは現実に対するラディカルな批判と未知なるものの実験的先取というきわめてモダニズム的な側面が強調される方向であり、もうひとつは反近代的な英雄性が強調される方向である。この二面性は政治的にも180度異なった方向での解釈をもたらした。トラーやミューザムら行動主義的な表現主義*の作家の間では、「新しき人間」を求める生の変革思想が政治的革命の思想につながった。また、ナチスにとって「超人」は、「新たなる種族」や「支配する貴族」としてナチス支配を正当化する格好の素材となった。このように「超人」が革命的アナーキズム*にも、またナチス・イデオロギーにも解釈されたという事態は、『ツァラトゥストラ』の文体に起因する。『ツァラトゥストラ』が聖書*の文体を模しているために、その漠然とした言辞が、なんらかの実践的行動を促すような語勢を持っているためである。「超人」の教説から倫理的価値づけの手がかりを得ようとしたジンメル*の解釈、あるいは動物と超人の間にある人間という表現から、本来的実存に向かう超越へと決意を促すヤスパース*の実存主義*的な解釈も、ツァラトゥストラのこうした文体に影響を受けている。

文学における『ツァラトゥストラ』の影響については、枚挙にいとまのないほどである。ジッド*、D. H. ロレンス*、ホーフマンスタール*やベン*、ゲオルゲ*、マン兄弟*の作品もその影響なしにはありえなかったであろう。そのなかで直接超人をタイトルとし

ているのがバーナード・ショウ*の『人と超人』である。「力への意志」を思わせる「生命の意志」という言葉をはじめ、ニーチェの思想を下敷きにしながら、揶揄と皮肉でイギリスの上流社会の滑稽さを描くこの作品は、超人思想に依拠しながらも、超人思想の魔力に陶酔的に嵌まりこんでしまうような人間を笑いとばす軽妙さがある。

　思想面での受容において超人が中心テーマとなっているのはハイデガー*の場合である。ハイデガーは講義録『ニーチェ』のなかでニーチェを形而上学*の歴史を完成させ、かつ終焉させるものとみなし、「永遠回帰」をニーチェの「唯一の思想」とした上で、「超人」について次のように語っている。「力への意志の無制約的主体性自身によって樹立された主体、その主体性そのものの最高の主体として、まさに超人が存在せねばならないのである」。「超人」は近代的主観性の典型とみなされている。「ニヒリズム的に反転された人間が、はじめて典型としての人間なのである。〈典型〉こそが問題である。……それは、大地の支配のために力の本質を無制約に機能づけるということである」。「典型」という言葉はすでに E. ユンガー*が『労働者——支配と形姿』(1932)のなかで、市民階級にかわって世界を創造（gestalten）する階級たる人間のタイプを形容した言葉であるが、ハイデガー自身ユンガーの「典型」という概念に大きな刺激を受けたと記してもいる。ハイデガーとユンガーにおいて「典型」という概念は、近代と市民社会文化の頂点かつ終焉を示す兆候とみなされている。確かにニーチェ自身も「〈超人〉という言葉は、もっとも出来のよい人間のひとつの典型を表すものである」[『この人』Ⅲ.1]と述べているが、ここにおける「典型」（Typus）という表現は、具体的にまだ内容規定はできないが、とりあえず新しき人間のイメージを一定の「タイプ」として提示しようとする試みであると解釈すべきであって、ハイデガーのように大地の支配に収束する近代的主観性と結びつけて解釈することは必ずしもできない。さらにハイデガーの場合、典型としての超人はナチス的人間とあまりにも同一化される。「超人とは、はじめて自己自身を鋳型として意志し、自らをこの鋳型へと練り上げる人間の鋳型である」[『ニーチェ』]というハイデガーの表現に、ハーバーマス*はナチス突撃隊の人間像との近似性を指摘し、問題なのはハイデガーがナチスという形で出現した「超人」による全面的な支配を「ヨーロッパ的ニヒリズムの最終段階」における「運命的な破局」として容認していることだと強調している。

　レーヴィットはハイデガーの「超人」解釈がニーチェのテクストからあまりにも逸脱していることに対して「ニーチェが近代技術、回転する発動機の本質は〈等しいものの永遠回帰の形態化〉であるかもしれないなどと、いつ考えたことがあるだろうか」と異議を申したている。そしてさらに続けて、ハイデガーが超人と永遠回帰と力への意志の教説の統一を主張しているのは誤りであるとし、まさにその統一性にもとづく解釈こそが、ニーチェを再び形而上学の圏内に引き込んだのだと批判している。この再形而上学化されたニーチェ解釈が、ハイデガーの場合にはナチスを近代の克服と本来性の到来として見るという錯誤に陥った原因である。

　ハイデガーとは逆にバタイユ*はドイツ軍の砲火を間近にしながらニーチェをナチスの影から救う試みを書き記している。「彼が〈世界の支配者〉という表現を口にしていたことを根拠にして、彼に選挙政治の用語で測りうる何らかの意図があったとみなすのはむなしいことなのだ。……ニーチェはこの至高の人間に対して、すべてに耐える精神力を要求していた、と同時に規範を侵犯する権利を認めていた。しかし原則として、この至高の人間を権力の座についている者とは区別して

いた。ニーチェは何一つ限定せず，ただ可能性の領野をできるだけ自由に描きだすだけにとどめておいたのである」[『ニーチェと国家社会主義』]。

確かに「超人」はハイデガーの解釈におけるように近代的主観性の隘路からの脱出の試みではある。しかしニーチェの超人思考はけっして近代そのものの否定ではない。バタイユの解釈は，認識主体と対象世界の分離にもとづく近代的認識の構図を批判する点ではハイデガーのそれと同じ出発点を持つが，バタイユにおいては近代性全体の廃棄には至らない。彼の「至高性」の概念の記述には「超人」の言葉は使われていないが，「至高性」は超人思想に内在するディオニュソス的契機と同質の要素を持つ。バタイユにおける「至高性」が反近代思考に陥らないのは，あくまでも美的な瞬間的経験として「ディオニュソス的なもの」を捉え，いかなる実体的存在とも同一化を行っていないからである。「超人」を実体的な権力と同一視する解釈に陥らないためには，戦後まもなくトーマス・マンが述べた次の言葉を念頭に置いておく必要があるだろう。「ニーチェをそのまま言葉通りに受取り，彼を信じる者は，救いようがない」[『我々の経験から見たニーチェの哲学』(1947)]。

戦後の受容では「超人」は中心的な位置を占めなくなった。「超人」が拡大視された受容のありかたは，時代背景抜きに考えられないだろう。→『ツァラトゥストラはこう語った』，世紀末とニーチェ，大地の意義，ナチス，金髪の野獣　　　　　　　　　　　　　　(大貫敦子)

文献 ▷ Walther Kaufmann, *Nietzsche. Philosopher, Psychologist, Antichrist.* Princeton, NJ. 1974.

沈黙

ニーチェは最終的な真理*を預言者のように断言する形而上学*の欺瞞性を見抜いていた。その意味で「時として沈黙すること。本当に沈黙するために語り方を学ばねばならない」と述べている。沈黙は，すでに常套化した言葉では表現できない思考の現れである。ニーチェはたびたび P. ガスト*や妹に，自分の思考を伝達し理解者を得たいという欲求と，思考は基本的に伝達不可能ではないかという疑念との相克について悩みを明かしている。「伝達するには，何かが確定され，単純化され，はっきりしていなくてはならない」とすれば，思考の表現はひとつの解釈であり，「確定され，単純化される」ことによって解釈の多様性は削減される。だからこそ「世界が無限の解釈を秘めている可能性を否定できないとすれば，われわれは恐怖*に襲われる」のである。沈黙と恐怖とは，既成の思考図式や言語表現では捉えがたいものとの出会いに共通の反応である。『曙光』*[423]におけるジェノヴァ*湾での夕暮の自然経験が「大きな沈黙のなかで」と題されているのも偶然ではない。「今はいっさいが沈黙する。海はなにごとも語ることができない。大空は赤や黄や緑の色を駆使して，その永遠に暮れゆく無言劇を演ずる。……われわれに襲いかかるこの巨大な沈黙は，まさしく美*であり戦慄*だ」。この自然経験は，近代の合理主義的な自然観では把握できない，まったく別の経験であるがゆえに，自然は沈黙の世界として描かれ，戦慄を呼び起こす。

興味深いことに，これとほぼ同時期にヴァーグナー*は彼の自負する「未来音楽」を，「響き渡る沈黙」と表現した。理性に支配された「昼の会話」が饒舌にすぎないのに対し，彼の言う「無限旋律」の「響き渡る沈黙」は言語化しえないものの表現を求めるものであった。常套に堕落しない表現の模索が沈黙という概念に至る点で，ニーチェとの共通性がある。沈黙を破って語るときのニーチェの比喩*の駆使や「仮面*」の思考は，真理概念の固定化に陥らないための策略でもある。この点ではヤスパース*が指摘するよう

に、キルケゴール*の「間接的伝達」の手法との類似性を見ることができよう。→戦慄と恐怖　　　　　　　　　　　（大貫敦子）

ツ

『ツァラトゥストラはこう語った』 [Also sprach Zarathustra. 1883-85]

『ツァラトゥストラはこう語った』については、ニーチェ自身が自らの著作中の一種特別な位置を認めている。その構想の段階をも含めると、第4部が完成するまでに要した期間は3年半に及び、これがすでにニーチェの他の著作には見られないことである。だが何よりもニーチェがここで、直接自分の口からではなく、ツァラトゥストラ（ゾロアスター）という代弁者を立て、この仮面を通して自らの思想を語り、またそれを劇的な構成によって展開しようとした点が特殊である。全体はツァラトゥストラがさまざまな聞き手を前にして語る説教が主になっているが、同時に彼はまた詩人であり、彼の歌った「歌」と題されたものが数章、作中に配置されている。ニーチェ自身は、この作品の高揚した文体の隅々にまで満ち溢れている音楽性を自賛し、また4部からなる全体の構成をベートーヴェン*のシンフォニーにたとえている。たしかに『ツァラトゥストラ』の文体がもつ形象の豊かさと力動感は圧倒的なものであり、これがまず1900年前後の若い人々の心を捉えたのであった。ただし、あまりにも大仰で歌舞伎的なこの文体は、今から見ればやや滑稽であり、たとえばガーダマー*は、「ヴァーグナー*の楽劇に似た、そしてあまりにも仰々しく旧・新約聖書をまねた」この文体は、すでに30年代の青年たちには空々しいものであった、と回顧している。だが文体の評価は別として、ニーチェがこの作品において、自らの最も核心的な思想を詩的に表現しようとしたこと、言い換えれば詩的にしか表現できないと考えたことは重要である。この作品がニーチェの著作活動の絶頂期に位置すること、「永遠回帰*」の思想を中心に彼の思想のほとんどが、それもきわめて形象的に語られていること、そしてこの作品の及ぼした影響の大きさなどから言って、『ツァラトゥストラ』がニーチェの主著と見なされてきたことはもっともである。ただしニーチェ自身は、完成されなかった著作『力への意志』にとりかかったころには、これを自らの主著と考え、『ツァラトゥストラ』はこの主建築から見れば「玄関口」にしかすぎないとも言っている。

【I】成立　『この人を見よ』*のなかで『ツァラトゥストラ』について述べた箇所でニーチェは、「この作品の根本構想、すなわち永遠回帰の思想、このおよそ到達されうる最高の肯定方式は――1881年8月のものである。それは〈人間と時間の彼方6000フィートの高みにて〉と付記された一枚の紙片に走り書きされている」と書いている。この夏はじめて訪れた南スイスのオーバーエンガディーンで、ニーチェは「同一物の永遠回帰」という謎めいた思想を「懐妊」し、さらにこの思想をツァラトゥストラという聖人の口を通して語らせようとの着想に到ったようである。上述の草稿紙片が書かれてからせいぜい半月ばかり後のものと推定される、もうひとつの草稿［遺稿 I.12.111］は「正午と永遠」と題され、はっきりと作品『ツァラトゥストラ』の萌芽を示している。だがニーチェは、この「今までかつて私の見たこともないような思想」［ペーター・ガスト宛 1881.8.14.］を、しばらくは誰にも洩らすまいと心に決める。そして秋には『悦ばしき智恵』*の執筆にとりかかり、それが1882年初夏には早くも脱稿出版さ

371

れる。ところがこの本の第4書末尾のふたつのアフォリズム［341，342節］で，永遠回帰思想とツァラトゥストラの没落＊が並んで語られているのである。つまりニーチェは，わずか10カ月しか沈黙を守りえなかったわけである。

以上はまだ，『ツァラトゥストラ』成立の前史である。あの1881年夏の着想から18カ月してようやく，ニーチェが『この人を見よ』のなかで「ツァラトゥストラが私を襲った」と語るあの出産の10日間が来る。1882年2月のこと，場所はジェノヴァ＊に近いラパロの町からポルトフィーノ＊岬を越えて行く散歩道においてであった。「誰か19世紀の末期に，強力な時代の詩人がインスピレーションと呼んだものについて，明瞭な概念をもった者があろうか」とニーチェが自負する一種興奮状態のなか，こうして10日間で一気に『ツァラトゥストラ』第1部が書き上げられる。最終章を書き終えた日（2月13日）が，奇しくもヴァーグナーがヴェニス＊で死んだ「聖なる日」であったとも，ニーチェは因縁めかして述べている。続く第2部が書かれたのは，ほぼ1年半おいた1883年6月26日から，7月6日にかけて，ふたたびエンガディーンのジルス＝マリーア＊においてであった。断片的な部分はそれ以前から書き溜められていたようで，たとえばニーチェが「かつて作られたもののなかで最も孤独な歌」と呼んだあの「夜の歌」［Ⅱ-9］は，この年の春ローマ＊に滞在中の夜，宿の窓下にバルベリーニ広場の噴水のざわめきを聞きながら作詩されたものであった。次いで翌1884年1月，これまた10日間で第3部が書き下ろされる。場所はニース＊。そしてニーチェは，この第3部をもって一応『ツァラトゥストラ』は完結と考え，ついで新しい題名で続編を書く計画を立てている。現存する『ツァラトゥストラ』第4部は，元来は予定された別の（やはりツァラトゥストラを主人公とする）著作の第1部として構想

されたもので，主に1884年秋，チューリヒおよびマントーネで書き進められた。病気による中断もあって，脱稿したのは翌1885年2月であった。結局『ツァラトゥストラ』第4部として，4月にこれまでの出版社シュマイツナーとは別の出版社ナウマンから，ニーチェの自費出版で40部だけ印刷され，実際にはごく身近な友人に計7部だけ贈られている。

【Ⅱ】構成　第1部に先立つ「序説」は，10年間山中の孤独＊で英知を蓄えたツァラトゥストラが，その溢れる英知を人間に頒かち与えるために没落，つまり下山することを決意するところから始まる。麓の森で隠遁の老聖者と出会い言葉を交わして，彼はこの老聖者が「神の死＊」を知らないことに驚く。最初に着いた町では，おりしも軽業師の興行があって，広場に群衆が集まっていた。ツァラトゥストラは早速この群衆に向かって説法を始め，まずは「超人＊」について，さらにその対局者である「おしまいの人間＊（末人）」について語る。だが群衆は理解せず，ただ大笑いするばかりであった。聞く耳を持たぬ群衆には語るべきでないと悟った彼は，綱渡りに失敗した軽業師の死体を背負って町を去る。真理の伝達には，まずそれを受け取るにふさわしい聞き手が育成しなければならないのである。第1部は，「まだら牛」という名の町に滞在するツァラトゥストラが，彼を慕って次第に集まった弟子たちを相手に話す22の説話からなっている。彼岸的，形而上学＊的な世界に向けられたのではない，現実の生＊と肉体と大地の意義＊にこそ根ざした創造的生の理想が，さまざまなテーマに即して説かれている。しかし彼は，究極的な真理を明かすには，弟子たちがまだ十分成長していないことを悟り，いったん別れを告げて山の孤独に帰る。第1部は，いわば種蒔きである。第2部冒頭で，山中のツァラトゥストラは自分の残してきた弟子たちと教えが，早くも邪教に冒されていることを知り，再度下山

を決意する。そして今度は「至福の島々」に滞在して布教に専念する。彼は詩人でもあり，第2部には「詩」(Lied) と題された章が三つあるが［Ⅱ-9～11］，同時に彼は詩人の虚偽性を鋭く批判する。キリスト教*的「同情*の美徳」や「純粋な真理」という妄想が暴露され，「意志の解放」が説かれる。だが最終章で，「最も静かなる時」が声なき声で彼に究極の真理を語れと命じたとき，彼にはまだその決意ができない。究極の真理とは，いうまでもなく「永遠回帰」の思想である。第3部においてようやくこの究極の思想が，ただし「幻影と謎」という形で語られる。帰山途上のツァラトゥストラが，船のなかで「大胆に求める者たち，あえて試みる者たち」である船乗りたちに物語るのである。「最高の肯定の方式」と呼ばれるこの思想は，しかしそれが単に図式的に受け取られたときには，たちまち逆に無気力なニヒリズムに変じてしまう。この思想は，抽象的概念的に理解されたときにはもう死んでいるので，それが立ち現れてくるときの力が同時に体験されなければならない。ニーチェは『ツァラトゥストラ』という作品全体を通して，こうした独特な伝達の場を構築しようとしたのだとも言える。山に帰ったツァラトゥストラは，もう一度この思想と対決し，この思想には語ることではなく，歌うことこそがふさわしいと悟るのである。

第4部は，舞台が終始ツァラトゥストラの洞のある山中である。ふたりの王，魔術師，最も醜悪な人間など，高級な人間（ましな人間*）たちと呼ばれるいわば並み外れた者たちが，ツァラトゥストラを求めて山に登ってくる。洞のなかで彼らはツァラトゥストラの目を盗んで，驢馬*を神に仕立てたグロテスクな「驢馬祭り」をしてツァラトゥストラを驚かせるが，気を取り直した彼は，真夜中に谷から響いてくる鐘に合わせて，「永遠回帰」の精髄をこめた「夜にさすらう者の歌」を歌

う。だが翌朝，「笑う獅子」の徴を見た彼は，この高級な人間たちへの同情こそが彼にかけられた最後の誘惑であったことを悟り，三たび決然と，洞を後に下山する。作品全体が没落で始まり没落で終わるという一種の循環形式をなしているわけである。悪ふざけが過ぎている観もあるこの第4部は，成立の事情からも第3部までとは異なり，内容的にも作品全体の統一性を壊している趣きが見られ，これを「見るも痛ましい脱線」であり，新しい悲劇的世界観を開示しているこの書にぶざまにくっつけられた「不道徳で悪意に満ちた茶番劇」とさえ評する学者（E. フィンク）もいる。

【Ⅲ】 影響　出版当初はほとんど何の反響も聞かれなかったこの作品も，ニーチェの死に先立つ1895年ごろから始まるニーチェ・ブームのなかで，その代表作として幅広い読者を得ることになる。「超人」「永遠回帰」などの思想が今世紀の精神史に及ぼした影響の大きさと深さはここで論じうるものではないが，世紀末*の暗い雰囲気を拭い去ろうとしていた世紀初頭の若い知識層に，この作品にみなぎる生命の躍動感がもたらした影響は圧倒的であった。わが国でも，ニーチェの作品中最初に翻訳されたのはこれであった（生田長江*訳『ツァラトゥストラ』明治44年）。大正期に入ると，『光炎菩薩大獅子吼経』と題された登張竹風の仏典風翻訳が試みられたり，阿部次郎*の『ニーチェのツァラツストラ 解釈並びに批評』が愛読され，当時の知識層に強い影響を与えた。→永遠回帰，超人，大いなる正午，大いなる理性，贈り与える徳，「砂漠の娘たちのもとで」，三段の変化，重力の精，大地の意義，背後世界論者，ましな人間，没落，おしまいの人間，タランチュラ，驢馬，鷲と蛇，「鳩の足で歩いてくる思想」，「人間とは克服されるべきなにものかである」，「すべての快楽は永遠を欲する」，「世界は深い，昼が考えたよりも深い」，ポルトフィーノ，シルス＝マリーア，ニース，生田

長江,阿部次郎　　　　　　　　（薗田宗人）

ツヴァイク　[Stefan Zweig 1881-1942]

　ウィーン生まれのユダヤ系詩人・小説家・エッセイスト・劇作家。世紀末*ウィーンの詩・演劇・音楽・フロイト*心理学,そしてニーチェの教えが直接育んだ早熟の才能により,さまざまな人生の決定的瞬間をとらえ,繊細な心理あるいは激情の発作をえぐり,馥郁たる表現によって人の心をつかむ諸作品を著した。とくに数多くの生き生きとした伝記作品,時代回顧により多くの読者を得ている。「昨日の世界」となったヨーロッパ市民社会への深いつながりと汎ヨーロッパ的教養から徹底的な平和主義を貫き,第二次世界大戦中ブラジルに亡命,シンガポール陥落の報に絶望して,自ら死をえらぶ。1925年の文学的伝記集『デーモンとの闘争』の中で,ヘルダーリン*,クライストと並べニーチェをとりあげ,その生を,相手役も観衆も持たない独演の悲劇ととらえ,その病苦と苦悩,認識の渉猟,誠実の激情にとらわれ,絶えず逃れ,超克しようとする姿を描いている。

（村田経和）

筒井康隆　[つつい・やすたか　1934-]

　筒井の小説に「火星のツァラトゥストラ」(昭和41年)と題した未来小説がある。日本のニーチェ受容は,筒井の世代にとって大正教養主義の匂いが鼻について離れないのだろう。いわば教養主義の権化を昨今のマスコミ現象のなかに持ち込んでのブラック・ユーモア小説である。ちなみに「ブラック・ユーモアというのは,人種差別をし,身体障害者に悪辣ないたずらをしかけ,死体を弄び,精神異常者を嘲り笑い,人肉を食べ,老人を嬲り殺すといった内容を笑いで表現することによって読者の中の制度的な良識を笑い,仮面を剝いで悪や非合理性や差別感情を触発して反制度的な精神に訴えかけようとするもの」というのが筒井の言。パロディ物としても逸品で,たとえば『ツァラトゥストラ』*の「夜の歌」の一節「鎮まることのない……ものが,わたしのなかにあって,声をあげようとする。愛したい,とはげしく求める念がわたしのなかにあって,それ自身が愛のことばとなる。わたしは光なのだ。夜であればいいのに……」は,歌謡曲風のアレンジで,「鎮められないこの願い,鎮められないこの愛よ,それだから,それだから,夜になりたいこのわたし,光になりたいこのわたし,ああ,ツァラトゥストラの夜はふけて」。『ツァラトゥストラ』がルター*訳聖書*の文体を模したとはつとに知られているが,「汝の敵を愛せよ」とのイエス*の言葉を暗示引用したツァラトゥストラの次の説教の意訳はかなり笑える――「わたしの言いたいのはこうだ。あなたがたに敵があるとする。その敵があなたがたに加えた悪に対して,善をもって報いるな。なぜなら,それは敵に恥ずかしい思いをさせるだろうから。むしろ,敵があなたがたに何か善いことをしてくれたのだと,立証してやるべきなのだ。／恥ずかしい思いをさせるより,むしろ怒ったほうがいい！　あなたがたが呪詛を浴びせられたときに,相手に祝福を祈るのは,わたしには気にいらない。」――「わいの言いたいことはでんな,どつかれたら,どつき返せいうことですねん。悪いことされて,黙っていたり,そいつのこと褒めたり,そんなことしたら,あきまへん。敵に,恥をかかしたらあかん言うことですわ。敵に恥かかすよりは,怒りなはれ。自分ひとりええ子になってでっせ,どつかれて我慢してる奴,こんな奴わい嫌いです」。

（木前利秋）

罪　⇨負い目〔罪〕

テ

ディオゲネス・ラエルティオス [Diogenes Laertios]

著者については3世紀後半の人ということしかわからないが、ソクラテス*以前からヘレニズム期までのギリシアの哲学者たちの生涯と発言を叙述した『著名な哲学者たちの生活と意見』10巻は、多くの原典が失われているために古代哲学史の貴重な資料となっている。19世紀の文献学研究においては、この哲学者伝の典拠がさかんに論じられ、文献学徒ニーチェがメガラのテオグニスやスイダスに次いで取り組んだのもこの問題であった。自分の弟子の研究動向を知っていたリッチュル*は、1866年のライプツィヒ大学の懸賞論文として「ディオゲネス・ラエルティオスの典拠について」という課題を出題した。ニーチェが翌年の夏に仕上げた応募論文は当選し、リッチュルが主宰する『ライン文献学誌』に掲載された (1868-69年)。この論文はまた、バーゼル大学招聘に際して、ニーチェの学問的能力を証明する業績として注目された。このなかでニーチェは、ディオゲネス・ラエルティオスが挙げている文献のうち、直接の典拠はディオクレスとパボリノスだけであると主張し、「ラエルティオスはディオクレスの要約である」という仮説を実証しようとしている。これに対してはヴィラモーヴィッツ=メレンドルフ*やディールスらの反論もあるが、現代の研究者によれば、細かな誤りはあるものの、ディオゲネス・ラエルティオス研究に新たな展開をもたらした独創的な論文であるという。ただ、ニーチェがこの哲学者伝を読んだのは、文献学研究のためだけではなく、自らの哲学的欲求にもとづいて古代の哲学者たちと対話を交わそうとしたからでもあった。のちに彼は、大学における哲学が過去の思想家に関する研究になっていることを批判して、ディオゲネス・ラエルティオスには「古代の哲学者の精神が生きている」が、ツェラーのギリシア哲学史には生きた精神がないと述べている [『反時代的』Ⅲ.8]。「ギリシア人の悲劇時代の哲学」序文で、哲学者たちの体系よりも人格に重きを置き、それぞれの人物について三つの逸話を語ればよいとしているのも、ディオゲネス・ラエルティオスを意識した語り口であろう。『悲劇の誕生』*でギリシア悲劇の没落の原因としてエウリピデスの美的ソクラテス主義への従属を論じて、アテネにはソクラテスがエウリピデスの詩作を手伝っているという風説があったと述べているのは [『悲劇』13]、明らかにディオゲネス・ラエルティオス [『哲学者伝』Ⅱ.5] にもとづいている。→リッチュル (大石紀一郎)

文献 ▷ Jonathan Barnes, Nietzsche and Diogenes Laertius, in: *Nietzsche-Studien*, Bd. 15, 1986.

ディオニュソス ⇨アポロ/ディオニュソス

定言命法 [kategorischer Imperativ]

カント*の道徳立法として知られているもの。「汝自身の意志の格率が、つねに同時に普遍的立法として妥当するように行為せよ」[『実践理性批判』] という命題で表される。ニーチェには、この命法の内容より、その価値や性格・効果のほうが気になっていたようである。そのため「定言命法」ないし「命法」という言葉が、カントを念頭におかずに比喩として用いられる場合がある。定言命法に象徴されるカントの道徳観は、ショーペンハウアー*が同情*の道徳を展開した際に、その抽

象性ゆえに非難の対象としたもので，その同情道徳に批判的となった中期以降のニーチェにしてみれば，単に批判するだけで終わらせるわけにはいかなかったかもしれない。「同情など無価値だという点においてこそ，哲学者たちの意見はこれまで一致してきたのである。私はプラトン*、スピノザ*、ラ・ロシュフコー*、カントの四人だけをあげる」[『系譜』序言 5] というあたり，同情道徳と比べたときの評価の高さがうかがえる。「道徳的世界の始まりは，この世のすべて偉大なものの始まりと同様，……血で洗われている……。(老カントにおいてそうだ，定言命法は残虐の臭いがする……)」[同 II.6] という発言にも，残虐さに強さや偉大なものの象徴を見る点で，否定的とは言えない微妙なニュアンスがうかがえる。とはいえニーチェがこの命法を積極的に肯定した様子はない。『アンチクリスト』*では，端的に「カントの命法」は生*にとって危険なものであると言われている。ニーチェにいわせれば，徳なるものは，われわれ各個人の発明でなければならない。それ以外は生に有害なもので，たとえばカントは，「徳」という概念にたいする尊敬から出た徳を考えるが，これなどは有害の最たるものである。なぜならそれは個人的なものではなく，普遍妥当的にして私心なき性格をもつからだ。「徳」「義務」「善それ自体」これらが表現しているのは，生の衰退であり，無力化である。「保存と成長のための，最も意味深い掟が命ずるものは，まさしくその正反対，なんびとも自分の徳，自分の定言命法を発明せよ，ということだ」。「内的な必然性もなく，深い個人的な選択もなく，快感なしで，つまり〈義務〉の自動機械として働いたり，考えたり，感じたりすること以上に，性急に自己破壊を招くものがほかにあるだろうか」。ニーチェは，定言命法にあらわれている「立法」的で「命令」的な性格を継受しながら，他方，普遍妥当的な性格を峻拒

している。個々人の手による自己にたいする立法，自己にたいする命令，その意味での自己の定言命法こそが，生を肯定する強さの道徳なのである。→カント，同情〔同苦〕

(木前利秋)

ディコンストラクション　⇨脱構築

ディテュランボス　[Dithyrambus (Dithyrambos)]

　ディテュランボスとは，古代ギリシアでディオニュソス神にたいする熱狂的な崇拝者たちによって酒宴で半ば即興に歌われ，この神の出生や事跡に触れた讃歌だったという。それを芸術的な詩型にまで洗練したのは，前7世紀，コリントの音楽家アリオンである。ヘロドトスはアリオンを「ディテュランボスの創始者で命名者」[『歴史』I.23] だと伝えている。のちにこれがアテナイに輸入され，大ディオニュシア祭制定の時期に，悲劇とともに競演の制が定められた。アリストテレスの『詩学』には「悲劇はディテュランボスの指揮者であった人々にはじまる」[1449 a10] と記されているが，悲劇の起源をめぐってはこの叙述をどうとるかが議論の一つとなってきた。ニーチェはアリストテレスの見解に与するものでないが，ニーチェが「悲劇は悲劇のコーラスから発生したものだ」[『悲劇』7] と語ったとき，コーラスとはあくまでもディテュランボスを歌うコーラスのことで，ニーチェはこれにディオニュソス*と音楽との結びつき，あるいはディオニュソスの音楽的性格を見ている。「初期のディテュランボスは純粋にディオニュソス的なものであり，それが実際に音楽へと変容していった」[遺稿 I.3.93]。ディオニュソスのディテュランボスでは，人間のいっさいの象徴能力が最高度に発揮され，一種の陶酔*的な忘我のうちに自然との融合が達せられたという。ニーチェにとって，ディオニュソス的なものの鮮やか

な姿が、ここに現れていたわけだ。こうしたディテュランボスに、ニーチェはまた「音楽ドラマのもっとも幸せな時期」をみる。音楽ドラマとはもちろんヴァーグナー*の楽劇を念頭においたもの。ニーチェはヴァーグナーをアイスキュロスとならぶディテュランボス劇作家だと言っている[『反時代的』IV.7]。ヴァーグナーと決別したのちもニーチェはディテュランボスという詩型に特別の思いを持ち続けたようで、狂気に落ちる直前の詩集に付けた名は『ディオニュソス・ディテュランブス』である。

(木前利秋)

ディルタイ [Wilhelm Dilthey 1833-1911]

『悲劇の誕生』*について「このようなことを書いた者は学問的に死んだも同然だ」と言ったと伝えられているのは、ニーチェのボン時代の古典文献学の教授ウーゼナー*であるが、このウーゼナーの妻はディルタイの姉であった。また、学生時代にニーチェはメガラのテオグニスについて論文を書いたが、テオグニスのある断簡のことで、すでに考古学者として一家をなしていたベルリンのカール・ディルタイ、つまり哲学者ヴィルヘルム・ディルタイの兄に問いあわせをしている。また、一時期バーゼル大学にいたディルタイがキールに招聘され、ドイツに戻れるといさんでバーゼル*を離れたのは、後に大のドイツ嫌いになったニーチェがバーゼルに着任する一学期前であった。このようにいくつかのニアミスのあった二人であるが、辿った知的航路は大きく乖離していった。

ニーチェは歴史的学問である古典文献学*から出発しながら、やがてそこからの、いや学問*そのものからの脱出をはかった。「私は学者*たちの家を出たのだ。出がけに激しくそのドアをしめてやったのだ」[『ツァラトゥストラ』II-16]。それに対してディルタイは、歴史的学問として捉えられた精神科学の基礎づけに生涯を賭ける。それはいかなる懐疑にもかかわらず歴史と学問への信頼でもあった。「人間に関する諸学問が、人間の自己反省という遥かな目標に向かって恒常的に接近していることは歴史が示している」[『精神科学における歴史的世界の構成』、全集 VII.83]。同僚のジンメル*に比べれば、聴講生の数はそれほど多くなかったとはいえ、押しも押されもせぬ碩学であった。プロイセン学士院では、若き日に『悲劇の誕生』のことでニーチェとわたりあったヴィラモーヴィッツ゠メレンドルフ*と並んで会員であった。そのヴィラモーヴィッツ゠メレンドルフが第一次世界大戦勃発にあたって教授団の戦争支持の音頭をとったことはよく知られている。

ニーチェはあらゆるドイツ的なものから、その小市民性からの脱出を企てる。「友よ、逃げ出そうではないか。退屈なことどもから、雲に覆われた空の下から、不格好に歩むガチョウから、堅苦しい女から、物を書き、本を産み落す老嬢たちから──退屈していられるには、人生はあまりに短くはないか？」[遺稿 II.9.62]。

彼は近代社会が陥りがちな共同幻想が大嫌いだった。ヴァーグナー*嫌いもそのゆえである。「私がけっしてヴァーグナーを許せないのは、彼がドイツ人どもの意を迎えたことだ──彼がドイツ帝国的 (reichsdeutsch) になったことだ」[『この人』II.5]。それに対してディルタイは、1862-66年のプロイセンの憲法闘争で市民層からなる自由主義諸党派が敗北してからは、ビスマルク*の外交的‐軍事的成功に賭ける。普仏戦争*勃発の直前に「現在の情熱的瞬間」について語り、「ローエングリーンの白鳥からプロイセンの鷲の紋章へ」という展開に希望を抱いていた。

ニーチェは、牧師の家の出でありながら、キリスト教*をルサンチマン*の徒の力への意志*の現れであると暴露する。それに対してディルタイは、啓蒙以降の内面化されたプロテスタント的宗教性に深く根をおろしてい

た。「私の使命は、宗教的生活の最内奥にあるものを歴史の中で捉えることである」と1860年には日記に記している。ハイデガー*が取り上げて有名になったヨルク・フォン・ヴァルテンブルクとの往復書簡でも宗教的経験を背景にした歴史性、時間性が問題にされていた。つまり、精神科学に関しても、ドイツのあり方に関しても、そして宗教的伝統の評価に関しても、ニーチェとのコントラストははっきりしている。マクス・シェーラー*の「生の哲学の試論」(1913)このかたニーチェとディルタイを生の哲学の項に整理するのが、哲学史の常識になっているが、これは覆す必要があろう。

ところで、ディルタイの名はニーチェの書いたものに出てこないが、彼はディルタイの書物をかなりの確率で知っていた形跡がある。というのも、晩年のニーチェをジルス＝マリーア*に訪ねたハインリヒ・フォン・シュタイン*は当時ベルリン大学哲学科に出入りしていた。多いに将来を嘱望されていたが、不幸にして夭折した美学者の彼が、長い会話の中で1883年に出た『精神科学入門』のことを話題にしなかったとは考えられないからである。おそらく『悦ばしき智恵』*355番は暗黙のディルタイ批判ではなかろうか（同書の第5巻にあるこのアフォリズムはシュタインと知りあってから書かれている）。およそ次のような内容である。われわれが認識*と言っているのは、未知で異質なものを既知のもの、慣れ親しんだものへと引き戻すこと、前者のうちに少しでも後者を見つけることである。それによってわれわれは未知のものが与える不安を免れようとしているだけだ。「われわれをして認識と言わしめているのは、〔未知のものに遭遇したときの〕恐怖の本能ではなかろうか？　なにかを認識した人間が小踊りして喜ぶのは、ふたたび安全が戻ったことの感情のゆえに小踊りしているだけなのではなかろうか？……この哲学者は世界を〈理念〉に還元することで世界を〈認識〉したと思い込んでいる。それは、彼にとって〈理念〉が既知のもの、慣れ親しんだものだからなのではなかろうか。おお認識する者の自己満足ぶりよ！」。世界を理念に還元して認識を主張するこの哲学者。これはたしかにディルタイ晩年の――ニーチェ自身は知る由もない――〈世界観の研究〉を思い起こさせるし、『精神科学入門』にもこうしたあてこすりがあたりそうな箇所はいくらでもある。「この哲学者」とはディルタイかもしれない。さらにニーチェは続ける。「認識する者たちのなかで最も慎重な人々ですらも、既知のものは少なくとも未知のものよりも認識するのが容易であると考えている。たとえば、〈内的世界〉とか〈意識の事実〉から出発するのは、それらがわれわれにとって最も知られている世界なのだから、方法的にも要請されていることだと彼らは考えている。おお、これこそ誤謬のなかの誤謬だ！」。〈内的世界〉とか〈意識の事実〉というのは、ディルタイにもあった用語である。この二つの用語を根拠に、ニーチェはシュタイン経由でディルタイを知り、そして読んだはずだとするのは、カマーベークという研究者である。なお、ディルタイの娘婿のミッシュも、この推測にはかなりの確度があるとしている〔J. Kamerbeek, Dilthey versus Nietzsche, in: *Studia philosophica,* vol.X,1950,S.52-82;G.Misch, Dilthey versus Nietzsche. Eine Stimme aus Niederlanden. Randbemerkungen von Georg Misch, aus der Festgabe für Max Pohlenz zu seinem 80. Geburtstag, abgedruckt in: *Die Sammlung, Zeitschrift für Kultur und Erziehung,* 7. Jg. 1952, S. 378-394.〕。

ディルタイ自身は狂気に陥る前のニーチェのことは知らなかったろうが、90年代後半にニーチェが有名になってからは、さまざまなかたちで論評している。彼のニーチェ批判はただ一点につきる。それはニーチェが心理

学*を中心に据えたこと，しかもその心理学が経験的なものでなく，自己観察，つまり内観（Introspektion）にもとづいていることである。「ニーチェはひとりの精神が自分自身について思いわずらうとどういうことになるかを示している恐るべき例である。……このようにたえず自己観察を繰り返すこと，それがなにをもたらしたというのだろうか。……〈危険に生きる〉，自己の力の容赦ない発展といったことではないか」［全集 IV. 528f.］。それに対してディルタイは，生*の遂行がそのまま生の自覚（Innewerden）であり，必ずや表現にもたらされるとする。そして内観ではなく，外的表現の解釈こそが生の理解の基本である，とする。体験表現から始まって芸術，文学，法，国家，宗教，そして都市や村落，すべて表現である。彼はそれを生の客観化もしくは客観精神と呼んでいる。ヘーゲル*では絶対精神の形姿に属する芸術や宗教や哲学も，客観精神であるところが，歴史意識にもとづく相対性の点で興味深いが，それらを理解（もしくは追‐理解）することによって，それらを生みだした生の力動性に立ち戻る，その意味では主観精神に戻ることが精神科学の課題とされる。これは言ってみれば，ヘーゲルの精神の発展とは逆向きの道を辿ることであろう。その立場から見れば，ニーチェが歴史上の多様な表現を無視して，ルサンチマン*や「力への意志のモルフォロギー」（『善悪』213）としての心理学を駆使し，直感的な発言をしていることが耐えられないことは充分想像がつく。「人間がなんであるかは，歴史のみが語ってくれる」［全集 IV. 529］と彼は，明確に述べている。この発言は後にディルタイ学派の哲学的人間学（シュプランガー，ノール，ボルノウ，一部はプレスナー）のなかで「開かれた問い」として定式化される。つまり，歴史は進行する以上，そして過去の歴史であっても未知のことがいくらでもある以上，人間について最終的な発言は不可能であるということである。解釈学*には終わりがない。だが，解釈学は解釈学である以上，スーザン・ソンタグ*も言うように，なんらかの意味に還元する欲望を持つ［『反解釈』］。なんらかの既知のものにひきつける傾きをのがれることができない。まさにその点こそニーチェが批判したことである。彼から見れば，たえざる意味への還元，感覚の犠牲の上に既知の意味の網を紡ぎだすこと，これが人間とはなんであるかについて精神科学的な解答を試みさせる理由なのである。この解答が所詮は教養主義，つまり，人間とは精神文化を求めて上昇するという思想にしかならない。ディオニュソス*的なもの，文明によって取り込むことのできないものは，存在しないかのように無視される。ニーチェにとって人間とは未来へ向けた存在，つまり「克服されるべきなにものか」なのであって，過去の歴史に関する知識の集大成から導きだされるなんらかの命題の主語となるものではない。

ディルタイは，こうした歴史的教養が人間に自由を可能にすると思っていた。「人生の現実によって制限されている人間は芸術によってのみでなく，歴史の理解によって自由の境地にもたらされる」［全集 VII.291］。「歴史は，われわれをして，自分たちの生の推移の中で成立した意味視点の限定性を越えさせることによって，われわれを自由にしてくれる」［同 VII.223］。だが，この自由は，モダニズム芸術運動の中で夢見られた，市民社会の日常からの脱出ではない。むしろ，リベラルな教養伝統にもとづいて歴史的連続性を構築し，結果として国家の機能に奉仕することが，ディルタイでは自由の名で言い替えられている。憲法闘争で温和な立憲君主制をよしとしたジャーマン・マンダリーンの自由でしかない。それに対して，民主主義*を罵倒したニーチェであるが，南ヨーロッパを放浪する自由精神*が生きた自由は，近代的悟性が

設定した日常の時間空間の枠を越えた美的破局の瞬間を志向していた。「過ぎ去ったものを歴史的に分節化することは、それがいかにあったかを認識することではない。それがすべきことは、危機の瞬間にひらめく追想を獲得することである」[「歴史の概念」、全集Ⅰ-2.695]というベンヤミン*の意図は、『悲劇の誕生』のギリシア解釈に、少なくとも方向性としては生きているのに対して、ディルタイのゲーテ*論とは無縁である。

だがまた、ニーチェが美の名において行った批判と破壊が、ナチス*を準備するプレファシズムのなかで、ベンヤミンの恐れた〈政治の美学化〉という反近代主義的な退行に寄与したこともたしかである。それに対してディルタイのリベラルな教養はドイツの悲惨の責任を直接負わずにすんだ。その点はディルタイの良さにもよるが、やはり、精神科学とその教養主義が完全に過去のものとなった現代において、ニーチェとディルタイでは、そのアクチュアリティはまるで異なる、と言わざるをえない。なお、1911年頃にニーチェの記念堂をワイマール*に作ろうとする運動があったが、その出資呼び掛け人にディルタイが名を連ねていることをつけ加えておく。

（三島憲一）

デカダンス　[décadence]

ニーチェは『アンチクリスト』*の中で「私は人間の頽落性を覆い隠す垂れ幕を引き下ろした」という。これまできわめて意識的に努力目標とされてきた〈徳〉とか〈神性〉、至高の願望が込められているすべての価値、まさしくここにニーチェは頽落性を、つまりデカダンスを強烈に感取する。そこには力への意志*の衰退があるからである。精神の弛緩、文化の堕落現象の生に対する利害については、すでに『悲劇の誕生』*や『反時代的考察』*でもたとえばソクラテス主義における知性と本能の役割の逆転などで触れられている

が、80年代の後半になってから生*を保持し強めるのではなく、生を破壊する方向に働くすべてのものを、フランス*の「呪われた詩人」たちの自称するデカダンスという言葉を使って、激しく弾劾するようになる。ペーター・ガスト*やブランデス*宛の手紙によると、1888年までの5年間がデカダンスの問題に集中して取り組んだ時期であった。生の必然的結果としてのデカダンスは、世紀末*のヨーロッパのニヒリズム*の問題の中に凝縮していて、すべてのデカダンスの価値はニヒリスティックな価値と理解される。

19世紀後半のフランスでは、普仏戦争*の敗戦で第二帝政以来の没落傾向が現実となり政治的将来に対する悲観主義が蔓延し、強烈な没落感情のもとに「世紀末」(ファン・ド・シエクル)が合言葉になり、それが「世界の終末」(ファン・デュ・グローブ)をも連想させて、芸術の領域ではデカダンスの風潮が支配的になっていた。ところが普仏戦争に勝って帝国の統一という政治的悲願を達成し、戦勝気分に湧き立つ泡沫会社乱立時代のドイツ*では、合理主義、実証主義*をもとに経済的、国民的偉大さの建設に躍起となって、フランスにおけるような世紀末意識は一部を除いてはほとんど見られず、デカダンスもずっと後にヘルマン・バールによってドイツ語圏に輸入されるまではこれを意識するものはなく、早くから自らデカダンを自認していたのは、ただ一人ニーチェだけであった。「落ちこぼれ、堕落、屑は、それ自体では断罪さるべきではない。それは生の必然的論理である。デカダンスの現象は生の上昇や前進が必然的であるのと同じように必然的である。それを防止することはできない。逆にそれにはそれの権利を認めるのが理性」[遺稿Ⅱ.11.69]であって、「デカダンスにはまた最も魅力あるもの、最も価値あるもの、最も新しいもの、最も尊敬に値するものがたっぷりと含まれている」[カール・フックス宛1884/85年冬の手紙]とさえ考えてもいた。ボードレール*にしても

ニーチェにとっては最初にドラクロワ*を理解した人物，当時の芸術家全体を一身に宿した人物，典型的なデカダンス，デカダンスの芸術家の最後の一人として好意的に見られていた時期もあり，デカダンスでペシミスティックなフランスやロシアの詩もニーチェは高く評価していた。

しかしニーチェはデカダンを自称しながら，また同時にデカダンスの反対者を口にするようになる［『この人』I.2］。これは「ヴァーグナー*と同様に時代の子」としてデカダンスの傾向から逃れることのできないことの正直な告白であるとともに，その時代の根本的動向に潜む矛盾を生き抜こうとする意志の表白でもある。ニーチェは自らがデカダンであることをわきまえているからこそ，彼の内なる哲学者がこれに反抗していた［『場合』序文］。そしてかつては高尚な芸術の革新であり，デカダンスの反対運動と理解していたヴァーグナー音楽，これが今，まさにデカダンスの典型と見られるようになる。ヴァーグナー芸術の強烈な効果の積み重ね，萎えた感覚を刺激する病的で空疎な抽象と野獣性は，創造的全体の喪失，主観のアナーキー，自己満足的な憂愁，俳優的な大仰さ，虚偽傾向，自律的な形式美への逃避，生の衰弱，技巧性，人工物であり，そこでは時代の軽蔑すべき特質は何一つ克服されず，特殊ドイツ的遅鈍さは何一つ明晰にはされず，ドイツの俗物どもの神秘的，愛国主義的な装飾欲を満たすだけのものでしかない。それは「残忍で，技巧的で，同時に無邪気で，これによって近代の魂の感官に一挙に語りかけ……触れるものいっさいを病気にする」［『場合』手紙5］からである。ヴァーグナーのオペラと現代の心理主義の中に芸術的デカダンスを見たニーチェは「本能*と戦わざるをえないというデカダンスの定式」をあらゆる領域に広げてゆき，社会主義*と現代文明の中に社会的政治的デカダンスを，ソクラテス*の理性と本能の関係の誤解や，カント*の無人格的で普遍妥当性をもつ「徳」「義務」「善」や，ショーペンハウアー*の生きんとする意志を否定するペシミスティックな同情*の道徳の中に道徳的哲学的デカダンスを，キリスト教*の同情と彼岸のモラルの中に宗教的デカダンスを指摘する。こうしてデカダンスはニヒリズムとともに時代の文化のほとんどすべての現象を捉える二つの概念となる。ニヒリズムが近代の啓蒙理性の自己崩壊の結果，ヨーロッパの歴史の内在的原理であるとすれば，デカダンスはヨーロッパの歴史の必然的な結果の顕在化であった。しかもニーチェにとってはニヒリズムはデカダンスの原因ではなく，デカダンスの論理であり，デカダンスの結果であり［遺稿 II.11.81］，このことを悟ったことで，ニーチェの道徳の問題の全遠近法*が変わる。己れ自身を傷つける弱者こそがデカダンスの典型となれば，こうしたニヒリズムとデカダンスに抗する生の高揚の暗号としてこれに対置されるのが超人*でなければならない。

サドからボードレールやヴェルレーヌに至るデカダンスは，有用性には無用の美を，自然には人工物を，正常には倒錯を，健康には病気を，生の活力には死への憧憬を，オプティミズムにはペシミズム*を，意志の疎通だけを目指す陳腐な言語には意味の多層的な美的アンチ言語を対置したわけだが，そこに含まれるブルジョワ世界とその俗物主義や功利主義，その堕落した二重モラルに対する美的反世界のもつ反逆の側面は，今やニーチェには，その生否定的な姿勢のゆえに受け入れられないものになる。デカダンスの芸術家は「生に対してニヒリスティックで，生から逃避して陶酔*の中へ，あるいは形式の美の中へ逃げ込む」からである［遺稿 II.10.275］。もちろん道徳的治療法ではデカダンスの進行を止めることはできない。道徳とはデカダンスの本能であって，道徳の全歴史における手段が絶対的な非道徳性だからである。デカダ

ンスの詩人たちがこの非道徳性を逆手にとって現代に立ち向かおうとしても、彼らが生の没落形式としてのデカダンスにどっぷり浸っているかぎり、それはデカダンスを促進するものでしかない。デカダンスの芸術家をニーチェが選り抜きの「近代的芸術家」というとき、それは「下降する生」のうちにほかならぬ「近代的なもの」を見ているからであった。もっともこれには背景があって、1887年に出版されたボードレールの日記でニーチェはボードレールがヴァーグナーに心酔していたことを知るのだが、この時期は、ヴァーグナー批判の最も尖鋭なときであり、ニーチェはボードレールがヴァーグナーに感激していたということだけで、ボードレールを含めパリのデカダンス詩人一般を攻撃の的にしているふしがある。「『悪の華』の奇怪な詩人、4分の3は狂っていたボードレール……、半ば狂い、ゆっくりと死に近づきつつあった晩年の彼にはヴァーグナーの音楽が薬として使用された」[ガスト宛1988.2.26.]というところには、ヴァーグナー憎しがボードレールにまで八つ当りが及んでいる。ボードレールのヴァーグナーへの心酔が象徴主義的共感覚的知覚の源泉に対するものであったことをヴァーグナー自身はまったく理解していなかったといわれるが、ニーチェがボードレールのヴァーグナー心酔に「全身発疹、神経衰弱的装置のこの末期性と過敏性」のみを見て、「人はパリでもヴァーグナーに騙されている」[『場合』手紙5]とするのは、いささか一面的に過ぎるともいえる。それにフランスのデカダンスの詩人たちには、ニーチェが攻撃する「ドイツ人どもに降伏し……、ドイツ帝国的になった」ヴァーグナー[『この人』Ⅱ.5]、古代の神話を現代に再生するドイツ的、国粋主義的ヴァーグナーは無縁であった。

もちろんデカダンスに戦いを挑むだけでは、デカダンスから抜け出られるものではない。そう思うのは、「哲学者や道徳家たちの自己欺瞞である。抜け出ることは彼らの力には及ばない。彼らが……救済として選ぶものが、それ自体またデカダンスの一表現にすぎない。彼らはデカダンスの表現を変えているだけで、デカダンスそのものを片づけているのではない」[『偶像』Ⅱ.11]からである。デカダンス本能の秘められた動きを洞察し、現代世界におけるデカダンスの本質をこのように見抜きえたのは、彼自身がデカダンスの内部にいてそれを熟知していたからである。ニーチェはデカダンスの中にもう一つ別の生の痕跡をあたかも拡大鏡をもってのように探る。健康と病気*が本質的に異なるものでないように、しかし病気と治癒の循環への単なる反応に耽るのではなく、病気の危険を知るからこそ、声を大にして危険を訴え、病気から、つまりデカダンスから逃れることはできないにしても、病気を、つまりデカダンスそのものを生の肯定の中に再び引き入れようとした。

ヴィルヘルム帝国の中でも後期市民社会の社会的心理的解体現象、一般的文化ペシミズムが遅まきながら徐々に頭をもたげてきて、ヘルマン・バールがフランスのデカダンスの概念をドイツ語圏に紹介して以来、ホーフマンスタール*、アンドリアーン、ベール＝ホフマンら、「世紀末」の雰囲気とともに「若きウィーン」に代表される「芸術のための芸術」のいわゆる新ロマン派の運動か、憂愁と美的洗練、倦怠*とダンディズムで、いわば選り抜きの主観性で、美へ献身することになる。そこにはニーチェの影響がさまざまに影を落としていて、生の倦怠の中にも生への渇望が奇妙に混成するが、デカダンスそのものに対するニーチェの深い洞察はまともに考えられた形跡はない。デカダンス文学といわれるもの、たとえばホーフマンスタールの初期の詩劇や散文、リルケ*の初期の詩や『マルテの手記』、トーマス・マン*の『ブッデンブローク家』や『ヴェニスに死す』など、ある

いはその後のドイツの現代文学のさまざまな試みも，ヨーロッパに広がっていた没落現象への対決なのであろうが，それらは主観的にも客観的にもニーチェが診断を下した後期市民社会のデカダンス現象内部の諸経験に結び付いている。→ニヒリズム，世紀末とニーチェ，耽美主義とニーチェ受容，ニーチェとヴァーグナー———ロマン主義の問題，ボードレール

(山本 尤)

デカルト　[René Descartes 1596-1650]

ニーチェにとりデカルトはスピノザ*とともに「認識を楽しんだ」[『曙光』550]哲学者であった。その点でニーチェはデカルトへのある種の共感を隠していない。だがデカルトへの疑問もまた表明されている。ニーチェはデカルトの方法的懐疑「すべてについて疑う」に疑問を呈する。なぜならこうしたデカルトの懐疑は，ヨーロッパ形而上学*とともに「対立する諸価値への信仰」[『善悪』2]を疑っておらず，ある「善き」価値がその反対物から生じているかもしれないという認識の可能性を排除してしまっているからである。つまりあらゆる懐疑の涯にデカルトが至り着いた「われ思う」の「疑いのなさ」こそ懐疑にさらされねばならない，とニーチェは考えるのである。それによってニーチェはデカルトが方法的懐疑を通じて確証しようとした「われ思う」を起点とする「原因と結果」の因果系列（「われ」の「直接的確実性」から出発する「真理*」の体系）を否認する[同16, 17]。「合理主義の父」デカルトはこの「真理」の体系に対してあまりにも誠実でありすぎたがゆえに，「真理」の無根拠性を本能的に知っていた「神学者や哲学者」の，「非合理的なもの」への「自己欺瞞」的屈伏のうちに潜む逆説的真実を見落としてしまったのである[同191参照]。

(高橋順一)

「哲学者は自分の時代の疚しい良心でなければならない」　[„(Der Philosoph) hat das schlechte Gewissen seiner Zeit zu sein"]

『人間的な，あまりに人間的な』*第2部の『さまざまな意見と箴言』には「疚しくない良心 (gutes Gewissen) は疚しい良心 (böses Gewissen) を前段階として持つ」という逆説を語った一節がある。すべて良いものは，それが新しく現れたときには，新奇ゆえに「慣習に反する不道徳なもの」であり，発案者の心を蛆虫のようにむしばむものだった。学問*という良きもの (das Gute) も，「少なくとも密売人の感情を抱きつつ」，つまり疚しい良心をいだきながら，世に現れたのである[90]。新たな良きものが疚しいもののように感じられるという逆説は，『ヴァーグナーの場合』の序文にみる「哲学者は自分の時代の疚しい良心たるべきであり——そのためには，自分の時代について最も良き知識を持たなければならない」という一節にも当てはまるだろう。ただしここでは，疚しい良心 (das schlechte Gewissen) たるには，もっとも良き知識 (bestes Wissen) がいるというもう一つの逆説が重なる。『善悪の彼岸』*にはこの一句を解く鍵となるアフォリズム*がある[212]。哲学者は，その時代の美徳にメスをあてて，時代の偉大なるものとは何かを知ろうとする。しかし彼らがあばき出したもの，その時代にかんする「最も良き知識」とは，時代の徳なるものに，多くの偽善が隠されていることだった。だから哲学者たちは，時代を超克する方向に「偉大さ」を求めざるをえない。「明日および明後日の必然的な人間として」，時代にたいして「不道徳なもの」であらねばならない。明日の良きもののために，今日の疚しい良心でなければならないというのである[同]。「個人にかんしていえば，だれでももともとその時代の息子であるが，哲学もまたその時代を思想のうちにとらえたものである」といったのは，ヘー

383

ゲル*だが、ニーチェにとって哲学者たるものは、むしろ「自分のなかにある自分の時代を超克して、〈無時代的〉となるものである」[『場合』序文]。哲学者は自らを「不愉快な馬鹿者や危険な疑問符」と感じることはあっても[『善悪』212]、ミネルヴァの梟ではない。
→ヘーゲル、良心　　　　　　　　　（木前利秋）

テニエス　[Ferdinand Tönnies 1855-1936]

ドイツの社会学者。『ゲマインシャフトとゲゼルシャフト』でつとに知られるが、その基礎におかれている意志論（本質意志と選択意志）は、若き日に、ホッブズ、スピノザ*、ショーペンハウアー*、そしてニーチェから受けた影響が背景をなしているともいわれる。古典文献学*が学問上の経歴の出発点だったこともあってか、ニーチェがあまり知られていなかった頃から、ニーチェに熱中していたらしい。『自己記述における現代の哲学』叢書に掲載された彼の自伝には、この熱中のほどを知らせる逸話が出てくる。1883年の夏、彼はスイスに赴き、ルー・ザロメ*とパウル・レー*に会い、ニーチェとの個人的な面識を得ようとするが、当時両人はすでにニーチェと絶交状態。その後、ジルス＝マリーア*に数日滞在し、個人的な面識は得られないがニーチェと何度か遭遇、そのとき弱視のニーチェの「刺すようなまなざしが自分に向けられるのを感じた」と記している（ちなみに彼はニーチェと同じようにルー・ザロメに求婚したとも言われている）。テニエスには『ニーチェ崇拝』（1897）と題したニーチェ批判の小冊子がある。世紀末*のニーチェ・ブームとともにニーチェ自身への批判を意図したものだが、社会学的視点からするニーチェ論としてはかなり早い時期のものである。

（木前利秋）

[文献] ▷ Ferdinand Tönnies, *Der Nietzsche-Kultus. Eine Kritik*, Leipzig 1897, Neudruck: Berlin 1990.

テーヌ　[Hippolyte Adolphe Taine 1828-93]

フランスの哲学者、批評家、歴史家。ルナン*と並ぶ19世紀フランス実証主義*の代表的思想家。その主著『イギリス文学史』（全3巻、1864）と『近代フランスの起源』（全6巻、1875-93）のドイツ語訳が1877年から刊行開始されたのをきっかけに、ニーチェは78年からテーヌを読み始めた。遺稿には、上記の訳書のほか『批評および歴史論集』（全3巻、1858-94）の原書からの引用も見いだされる。公刊著書におけるテーヌの名は『善悪の彼岸』*254が初出で、ニーチェはこの書を贈呈するにあたって86年9月20日頃はじめて彼に手紙を出し、10月17日付の好意的な礼状を受け取った。その後、再刊された『曙光』*と『悦ばしき智恵』*の贈呈に際して87年7月4日に書かれた手紙には7月12日付の礼状が、『偶像の黄昏』*の贈呈に際して88年12月8日に書かれた手紙には12月14日付の礼状が返された。一般にニーチェ伝では、ニーチェの尊敬するテーヌを酷評したことをきっかけとしてローデ*との友情が破綻したと言われている。確かに87年5月19日、5月23日、11月11日付のローデ宛手紙はそのような文面である。しかしニーチェは、スタンダール*評価における共感をのぞけば、テーヌを尊敬してはいなかった。彼は総じて「小さな丸い事実の前に這いつくばる」実証主義者を嘲笑していたし、遺稿におけるテーヌへのコメントも否定的だった。『この人を見よ』*には次のような箇所もある。「たとえばテーヌ氏はヘーゲル*によって毒され、ヘーゲルのおかげで偉大な時代や偉大な人間を誤解してしまっている。ドイツの息がかかると文化は駄目になるのだ」[『この人』Ⅱ.3]。テーヌの方もニーチェの気持は見抜いていたであろう。彼の礼状は3通とも慇懃ながらも儀礼的な短いものにすぎなかった。それにもかかわらず晩年のニーチェが深く感謝したのは、テーヌがともかくも著書を読んで返事をくれる数少ない

有名人の一人だったからであろう。その意味でテーヌは、ニーチェにとってブルクハルト*と同列の存在であった。→実証主義、ローデ、スタンダール　　　　　　　　（清水本裕）

デーメル　[Richard Dehmel 1863-1920]

19世紀末より20世紀初頭のドイツの代表的な抒情詩人。初めしばらく実務についた後、処女詩集『解脱』（1891）をリーリエンクローンに認められる。詩人モンベルト、画家ベックリーン、クリンガー、劇作家ストリンドベリ*らと親交を結び、独特の詩作によりその地歩を築いた。1894年には芸術誌『パン』を創刊する。早くから自然主義的・社会主義的傾向を見せ、労働者階級への共感も顕著で、ホルツの提唱による抒情詩人カルテルの成立にもつとめ、トーマス・マン*をはじめとする若き詩人・作家の発見と育成に力を注いでいる。「ニーチェとリーリエンクローンなかりせばデーメルおよびモンベルト世にならん」とは、デーメル自身の言葉である。その作品は、小説、戯曲、童話など多岐にわたるが、その本領は抒情詩にある。デーメルは、自然を何よりも性的衝動・情欲と捉え、その衝動を解放するところにこそ自由があるとした。芸術は、そのような人間を混乱に引き込む自然の模倣ではなく、その錯綜の中から計画にもとづいた宇宙を創り出す業にある。そのため彼の詩には、しばしば、抑えがたいエロスの力、人間の肉体の、生命の力が謳歌され、分裂する自我、自我と世界の対立、自己解脱・浄化、世界との合一が歌われる。その底にはニーチェ哲学があると言い、『ツァラトゥストラ』*の影響をしばしば口にしているが、形式面ではむしろ、ゲーテ*、シラー*、ハイネ*、レーナウらの伝統的な抒情性を伝え、そこになお表現主義*を先取りする形象性を示したところに、新印象主義の詩人デーメルの意義がある。　　　　　　（村田経和）

デューラー　[Albrecht Dürer 1471-1528]

『悲劇の誕生』*でニーチェは、現代の荒廃のなかで古代の再生による「ドイツ精神の革新と浄化」を信じて孤独に闘う者を、デューラーの有名な版画「騎士と死と悪魔」に描かれた騎士に喩えている。それは「甲冑に身を固め、青銅のごとく固くきびしい眼差しをして、怖るべき道連れに惑わされることもなく、しかし希望もなく、ただ馬と犬を連れて自らの戦慄の道を進む術を心得た騎士」であり、真理を求めて孤独な道を歩んだショーペンハウアー*もそのような人物の一人であったとされる［『悲劇』20］。フッサールのデューラー好きとも通ずるところがあるが、若きニーチェもそうした悲壮なヒロイズムが気に入っていたらしい。当時の遺稿のなかでは、義務を果たしつつ生存の重荷に耐えていくという「ゲルマン的ペシミズム」について語って、「デューラーの騎士と死と悪魔の版画」は「われわれの生のあり方の象徴」であるとしており［Ⅰ.3.412］、また、この版画の複製を1870年にコージマ・ヴァーグナー*に贈ったりしている。ニーチェ自身は、デューラー風の衣装にドイツ*国民文化の精髄を見るような文化ナショナリズムには距離を取っていたが［『人間的』Ⅱ-2.215］、ベルトラム*やトーマス・マン*において見られたように、ドイツ市民文化の伝統の始祖をデューラーに求めてニーチェをその末裔に位置づけるような受容が、ニーチェを文化保守主義に取り込む企てに貢献したことはたしかである。ベルトラムは『ニーチェ──ある神話の試み』の一章を「騎士と死と悪魔」と題して、ニーチェをルター*以来の北方的キリスト教の精神的血統のなかに位置づけている。トーマス・マンは、「ニーチェを媒介としてはじめて、私はデューラーの世界を体験し、予感し、凝視した」と述べて、「十字架と死と墓穴」の気分を漂わせるデューラーの騎士にドイツ人のファウスト的苦悩の象徴を見いだしている

[『非政治的人間の考察』]。そして、ナチス・ドイツの崩壊を目の当たりにしながらドイツ的内面性の歴史を形象化した『ファウストゥス博士』では、主人公の運命にニーチェの伝記的要素を織り込み、デューラーの版画を道具立てとして物語を展開している。つい最近までドイツ連邦共和国の紙幣にデューラー風の人物画が用いられていたことを思うと、ニーチェを巻き込んで展開した権力と内面性との密接なつながりには根深いものがあると言わざるをえない。
(大石紀一郎)

デューリング [Karl Eugen Dühring 1833-1921]

ニーチェの同時代に流行したドイツの哲学者。著作は、哲学、経済学、社会主義、自然科学と多方面に及ぶ。若き日のニーチェの書簡 [ゲルスドルフ宛1868年] には、「ショーペンハウアー*、バイロン*、ペシミズム*などについていつもすばらしい講義をしていた」と賞讃されたが、『善悪の彼岸』*では、「今日流行のおかげで、得意の絶頂にありながら見かぎられているといった哲学の代表者」の一人と揶揄される。ニーチェは1875年にデューリングの『生の価値』(1865)、『哲学教程』(1875) を読み、前者について詳細なノートを残し [遺稿 I.5.282-340]、後者は1881年に再読している。『人間的』*第1部には「生の価値」という言葉がみえる文章で始まったアフォリズムがあるが [32, 33]、これは『生の価値』に関するノートの一部をほぼそのまま利用したもの [遺稿 I.5.287f.]。デューリングの『生の価値』が要所要所でショーペンハウアーに対立する見解を主張していたことは、ニーチェのノートからも読み取れるが、ニーチェは、ショーペンハウアーから距離をとりだした頃に同書を手にした。断想には「デューリングを、ショーペンハウアーを葬ってしまう試みをもった書として詳しく研究」すると記されている [遺稿 I.5.279]。『系譜』*には、デューリングの正義論を批判した一節がみえるが、正義の起源をルサンチマン*に求めるデューリングの見解は、すでに上のノートに記されており、ショーペンハウアーの「永遠の正義」も復讐感情に由来するにすぎないと批判されている [同 I.5.334f.]。デューリングは、自らの哲学を「現実哲学」と称し、外国の哲学者としてはコント*を買っていた。『善悪』での実証主義*批判の脈絡で、「現実哲学」[204]、「えせ現実哲学者」[10] といった言葉が見えるのも、これと無縁ではあるまい。ニーチェがデューリングを読んだ1875年といえば、いわゆるゴータ綱領が採択され、ドイツ社会主義労働者党 (のち社会民主党と改称) が誕生、デューリングは講壇社会主義者として名を馳せ、ベルンシュタイン、モストらを筆頭に社会主義者のあいだでもデューリング熱が沸騰していた。驚いたエンゲルスが『反デューリング論』執筆を決意したのは、翌76年春のことだから、たぶん同時期にニーチェとエンゲルスはデューリングを読んでいる。→ショーペンハウアー
(木前利秋)

デリダとニーチェ [Jacques Derrida 1930-2004]

ジャック・デリダのニーチェ読解は、そして一般に彼の思惟と行為とは、いたるところでそれが蒙っている同じような誹謗中傷にもかかわらず、いたるところできわめて厳密なものである。ニーチェという場所に限れば、それが読解においても思想においても、デリダの「脱構築*」とハイデガー*の「存在の思惟」との「対決」の、きわめて重要な結節の一つをなすことを忘れることはできない。デリダのニーチェに対する関係を考えるときにはしたがって、ハイデガーを経由する必要がある。

ハイデガーがとりわけ1936年以来の講義で試みた壮大なニーチェ読解はいかなるものであったのか？ それは何よりも、ニーチェを心理主義的・生物学主義的な解釈から切り離

して純粋に「形而上学的な」思惟の伝統の中に位置づけ直し，ナチス*による利用からニーチェを救出することにあった。それは自己救出の身振りでもあった。しかし，その綿密さ，その細心さにもかかわらず，ハイデガーの読解は重大な前提をもち，また重大な帰結を生む。たとえばそれは，ニーチェが「生*」と呼ぶもののいっさいを捨象してニーチェを純粋な「思惟」に還元する。また，ニーチェをプラトン主義の転倒として形而上学*の歴史の内に明確な位置を与える。さらにこの読解は，偉大な思索者によって唯一「思惟されたもの」は唯一の「思惟されざるもの」(das Ungedachte) を贈与するという，思惟（されざるもの）の唯一性を前提する［『思惟とは何の謂いか』］。ニーチェを読むデリダは一方で，こうしたハイデガーの解釈の地平を，したがってその思惟そのものを問い直すことになる。たとえば『エプロン――ニーチェのさまざまなスタイル』（邦訳『尖筆とエクリチュール』）でデリダは，ニーチェにおける真理あるいは生のアレゴリーとしての女性*を読解のポイントにしながら，ニーチェのテクストにあっては，女性の問いが真理の問いの枠内に収まらないこと，したがって女性一般に関する――そして一般に――ニーチェのテクストを真理の問いに従属させることはできない旨を証明する。「ハイデガーの読解は性の問いを立てずにいた。あるいは少なくとも，この問いを存在の真理の問い一般に従属させていた」のだとすればデリダの読解は，存在の真理の問いに導かれるハイデガーの解釈を根本から揺るがすと同時に，ハイデガーとはまったく別の問題系をニーチェのテクストから引き出すことになる。

Otobiographie（邦訳『他者の耳』）でのデリダは，哲学的テーゼの体系と，伝記〔生-記〕的なもの (le biographique) および署名との関係を，さらには「自伝」における「伝記的なもの」と autos〔自己〕との理解を問い質すことによって，ニーチェの「自伝」『この人を見よ』*において，「生-死」の問題系，固有名詞そして署名の問題系がニーチェの「思惟」から還元不可能であることを証明する。幾多の哲学素の体系（とその「内在的」読解）と，固有名詞の下で同定しうる「著者」の生（とその経験的な読解）との間，そして「作品」と「生-死」との間の縁取り (bordure) は議論の余地なき不動の分割線ではない。ニーチェこそそれを，エクリチュールにおいて問い直した稀有な哲学者である。しかもニーチェ（なる者）が名のった数々の名前と彼に遺贈された数々の生，そしてこのことが孕む政治的未来にとっての危険を考慮せずにニーチェのテクストを読むことはできない。

デリダが注目するのは，「自伝的」作品『この人を見よ』（副題「人はいかにして自らがそうあるものになるか」）の中の，「フリードリッヒ・ニーチェ」の署名をもつ序文と第1章との間に挿入された1ページの碑銘＝作品外 (exergue) である。そこでこそ署名は場所をもつ。この短いテクストには日付がある。ニーチェが記入する「今日」，1888年10月15日，44歳の誕生日である。「この完璧な日，葡萄だけが褐色に色づくのではなく，すべてのものが熟れかかっているこの良き日に，まさに一筋の光が私の人生に射し込んできた」。この日，あたかも人生の正午，大いなる一日，翳りなき真昼に「私は来し方を顧み，行く末を慮った」。「私」はこの一年間を「埋葬し」たが，同時に「この一年間において生命であったもの」は「救出され」「不滅となっている」。すなわち，『アンチクリスト』，『ディオニュソス・ディテュランブス』，『偶像の黄昏』は「この一年の，しかもその最後の3カ月に私に与えられた贈り物であった！ どうして私は私の全生涯に感謝しないでおられよう！」。過ぎ去った「この一年」を埋葬し，生からの不滅となった贈与に感謝

デリダとニーチェ

し、そこから「この一年」を良きものとして肯定することによって「私」は、第一の宛先として他者である「私」に自らの生と著作とを語り聞かせることにする。「自己」の差異において「私」が「私」に向けてなす選択的な肯定は、「今日」一度限りではなく、もう一度、何度でも「私の生」が回帰するのを望み意志する肯定である。しかもこの「私」は、「人類の最高の自覚の瞬間を準備すること、すなわち人類が過ぎ来し方を振り返り、行くべき先を見通す……大いなる正午*を準備すること」を使命とする。ここでは署名は「私」(＝他者)に対する「私」のこの使命の受諾、この負債の同意、すなわち契約の署名として生起する。「私」は永遠回帰*の約束‐信用の中でのみ日付を打ち、署名することができるのだ。署名はしたがってあらかじめ「私」の自己同一性を前提にはしない。むしろ回帰する「然り、然り」の方が署名するのだと言ってよい。とすれば永遠回帰の思想と、永遠回帰の内で生起する(数々の名前を名のる)ニーチェの署名とを、そして「私が私に物語る」という自伝的性格とを切り離すことはできない。ところが署名とは、思想を伝えて消え去るテクストの外に添えられた一固有名詞ではない。それは思想に還元できないテクスト作用の全体であり、その遺言構造によってテクストのテクスト性をなす。署名‐テクストの力は、宛先となる読者の連署によってのみ反復的・回帰的に保証され、力の新たな肯定の可能性を開かれるのである。

ハイデガーの耳は「〈ニーチェ〉——思想家の名前が、彼の思惟の事柄(Sache)を示す標題として置かれている」ものと聴き取っている[『ニーチェ講義』序文]。「事柄」とは「係争問題」であり、思惟の「対決」である。このような固有名詞の力の縮減は、ハイデガー独自のニーチェ資料体への介入によって可能になっている。資料を網羅しようとする歴史的・批判的全集は19世紀の企図に由来し、生涯や同時代人の意見について全資料を究明せんとする方法は、当代の心理学的・伝記主義的熱病から生まれた奇形児にすぎない。ハイデガーにとっては、ニーチェの「本来的な著作(1881-89年)の真の姿」を復元するための規準となる「本来的な事柄」は、「われわれが問うことのうちにニーチェを西洋形而上学の終結として把握し」「存在の真理を問う問いへと向かうことなしには、けっして成就されない」。ニーチェの固有名詞と署名とはしたがって、思惟の事柄の名前以外の何ものでもなく、「生」や「欲望」、自らのテクストへの関わりを始めとする「伝記的な」事態とテクスト、さらには思惟に還元不可能な「文学的」テクストから切り離すべきものである。ここに、ハイデガーが遺稿『力への意志』に付与する特権が由来する。それに対してデリダは、署名とテクストをパフォーマティヴな力の次元で読むことによって、なぜニーチェの名前を戴くことのできた政治なるものが唯一ナチズムであったのかという、(ハイデガーも含めて)哲学的言説の政治的効果へのアプローチの新たな可能性を追求する。その一方では、そう読まれたニーチェこそが、ナチスの読み方にもハイデガーの読解にも収まらない可能性を開いたとするデリダの読解は、ニーチェのテクストにまったく別の連署をするのである。

デリダのハイデガーとの「対決」は、しばしばニーチェを経由する。『ポジシオン』で彼は、自らの思想的営為が「ハイデガーによってあのいくつかの問いが開かれなかったら」可能ではなかったと言う。またハイデガーのニーチェ読解の必然性をつねに強調する。しかしだからこそ、差異の問題系を「存在的‐存在論的差異」に収斂させるハイデガーの(ニーチェや他の場合と同じく均質でも連続的でもない)テクストのなかに、ハイデガー自身が「存在‐神学」と呼んだものに繋

ぎ留められている地点を認めざるをえない。とすれば「ハイデガー的であるよりはむしろニーチェ的なある身振りによって」、差異を「差延」(différance)へと開くべきであろう。

『グラマトロジーについて』で早くもデリダは、存在を現前と規定する西洋形而上学の伝統を支えてきた「音声(および音声記号)中心主義」と「ロゴス中心主義」との結びつきを分析し、「声と存在との、声と存在の意味との、声と意味の理念性との絶対的な近接性」を指摘した上で、この伝統に対するハイデガーの両義性を問題にしている。彼にあっては「存在の声」「存在の呼びかけ」と語や分節言語音との間に断絶があるという事実は、言語を迂回しない十全な現前の形而上学への逆戻りとも、未曾有の存在の思惟による形而上学の脱構築とも読むことができる。超越論的審級を認めず存在が徹底して歴史的であるとするハイデガーの「道」を辿るなら、脱‐形而上学的な力は否定すべくもない。にもかかわらず「存在それ自体の唯一性」を固持し、存在の本質現成のための「唯一の語」を見いだすべきだとし、「存在の意味」の、「存在の真理」の、ロゴスの集約性を繰り返し主張するハイデガーは、いぜん形而上学の虜になっていると言える(何も書かなかったがゆえに「西洋の最も純粋な思想家」であるソクラテス*と、その後の思想への文献＝エクリチュールの介入に対する『思惟とは何の謂いか』の価値評価を参照)。集約を可能にするのは、それを不可能にする差異の残留としての書かれたものに対する音声の優位の主張である。ハイデガーの思惟は、人間、現前、家、故郷、近接性、庇護、光、声、精神などのテーマ系ないし比喩系をもって、西洋形而上学をかつてないほどに脱構築しながら、形而上学が思惟してきた諸価値をかつてないほとに強化する危険をもつ。ここにニーチェが介入する。「ニーチェは、彼が書いたものを書いた。エクリチュールが――そしてまずは彼のそれが――ロゴスと真理に根源的には従属しないということを書いたのだ」。ハイデガーの必然的な読解の果てにニーチェのテクストの「絶対的な奇怪さ」が現れるのであり、そのエクリチュールのタイプにより忠実な読み方が求められるのである。

1968年の論文「人間の諸々の終焉＝目的」以来デリダは、ハイデガーの「人間中心主義」を分析している。存在の思惟が哲学的人間主義を近代形而上学として斥け、「人間」の終焉を告げるのは理解しやすい。しかしそれは存在と人間の近接性にもとづく人間固有なるものの思惟であり、かつてないほどに微細で隠れた最強の〈人間の救出〉になっているのではないか？　ハイデガーにおける人間の特権は、「人間の思惟」としての存在の意味の(後には真理の)問い自体に由来する。『存在と時間』では、問いの形式的構造からして現存在(ダーザイン)は存在の意味を問うための特権的テクストをなす。それは範例的な、「われわれ自身がそれである存在者」である。ただし「それは人間なのではないとしても、それでも現存在(ダーザイン)は人間以外の何ものでもない」(デリダ)。その後も存在の思惟にとっては、形而上学と技術の拡大の中で脅かされているものこそ人間の本質であり、それは人間と存在との共属の尊厳と両者の近接性を再興することによって救出されるべきものである。「人間主義に抗って思惟するのは、人間主義がhumanitasを十分に高く評価しないからである」(『ヒューマニズム書簡』)。伝統的な「戦場」を替えないこうした思惟の徹底化の必然性と危険を指摘し、その一方ではフランス構造主義のように「戦場を替える」必然性と一面性をも強調してデリダは、脱構築には少なくともこの二つのモティーフを絡み合わせることが必要だと言う――「同時に複数の言語を話し、複数のテクストを作り出すこと」。再びニーチェが介入する。「われわれがおそ

らく必要としているのは、ニーチェが言っていたように〈スタイル〉の変更だからであり、かつ、ニーチェがわれわれに想起させることだが、スタイルがあるなら、それは複数であるはずだからである」。

デリダは（ハイデガーと同様）ニーチェの後継者を自任することはない。それでも、ニーチェが決定的な重要性をもっていると言ってよい。力の差異の思想家ニーチェにおいては力一般なるものは諸々の力の量と差異の戯れ以外のものではなく、力そのものが現前することはない。現前の場である意識は諸力の効果でしかない。ニーチェは、差異に対する反動的な無関心＝無差別 (indifférence) たる哲学の批判として読んでよい。事物それ自体の、その現前における現前化としての真理の開示に、絶えざる解読を置き換える能動的な解釈のテーマ系と実践とが有する（脱構築の）力——書く思想家ニーチェ。同一物の回帰という形而上学学説としてではなく、永遠回帰における選択的な差異と反復の同性を差延から思惟するデリダ。回帰するのは「然り、然り」である。世界を何らかの〈最終審級〉から秩序づけるのではなく、そのつど秩序があるのは当然としても、つねにその系譜学的な由来を問い、むしろテロスなき「世界の戯れ」をノスタルジーなく肯定する。ニーチェの超人*は「目覚めて立ち去る。背後に残したものに振り返ることなく。自分のテクストを燃やし、自らの歩みの跡を消す。彼、超人の笑いはその時、ある回帰に向けて炸裂することになろう。もはや人間主義の形而上学的反復という形式を帯びていない回帰に。おそらくはさらに、形而上学を〈超えて〉、存在の意味の備忘＝記念 (mémorial) あるいはその庇護という形式、存在の棲み家と真理という形式を帯びていない回帰に。彼、超人は家の外で『道徳の系譜』*が語るあの aktive Vergeßlichkeit、あの〈能動的忘却〉と残忍なる (grausam) 祝祭とを踊るであろう。疑いもなくニーチェは、存在の能動的な忘却に訴えているのだ。ハイデガーが彼に責めを負わせる形而上学の形式を、彼はもっていなかったことになるのではないか」。脱構築——そうしたものがあるとすれば——とは、〈最終審級〉もそのつど戯れの中に記入され組み込まれているということを書き慄し、世界という戯れと、そこにおける責任とを肯定する思想にほかならない。

→ハイデガー、形而上学、ポスト構造主義、脱構築 (港道 隆)

文献 ▷ Jacques Derrida, *Eperons: Les styles de Nietzsche*, Flammarion, 1978（白井健三郎訳『尖筆とエクリチュール』朝日出版社、1979）。▷ id., *Otobiographie. L'enseignement de Nietzsche et la politique du nom propre*, Galilée, 1984; *L'Oreille de l'autre*, VLB, 1982（浜名優美ほか訳『他者の耳』産業図書、1988）。▷ id., *De la grammatologie*, Minuit, 1967（足立和浩訳『グラマトロジーについて——根源の彼方に』上・下、現代思潮社、1984）。▷ id., *L'écriture et la différence*, Seuil, 1967（若桑毅ほか訳『エクリチュールと差異』上・下、法政大学出版局、1977, 1983）。▷ id., *Marges: de la philosophie*, Minuit, 1972. ▷ id., *Positions*, Minuit, 1972（高橋允昭訳『ポジシオン』青土社、1981）。▷ id., *De l'esprit*, Galilée, 1987（港道隆訳『精神について』人文書院、1990）。▷ M. Heidegger, *Nietzsche*, 2Bde., Neske, 1961（薗田宗人訳『ニーチェ』I-III、白水社、1976, 1977）。▷ ders., *Was heißt Denken?*, Niemeyer, 1954（四日谷敬子ほか訳『思惟とは何の謂いか』ハイデッガー全集別巻 3、創文社、1987）。▷ ders., *Brief über den „Humanismus"*, Klostermann, 1947（佐々木一義訳『ヒューマニズムについて』ハイデッガー選集23、理想社、1974）。▷ Philippe Forget (Hrsg.), *Text und Interpretation*, W. Fink, 1984（デリダ、ガーダマーほか著、轡田収ほか訳『テクストと解釈』産業図書、1990）。▷ Sarah Kofman, *Nietzsche et la scène philosophique*, Galilée, 1986; *Explosion I. de l'Ecce Homo de Nietzsche*, Galilée, 1992. ▷ Philippe Lacoue-Labarthe, *Le sujet de la philosophie*, Aubier-Flammarion, 1979.

天才 [Genie]

ヴァーグナー*にまだ心酔していた頃のニーチェはゲルスドルフ*に「私はショーペンハウアー*が〈天才〉と呼んだもののイメージを誰よりもはっきりと表している人間を見つけた。それはほかでもなくリヒャルト・ヴァーグナーだ」[1869.8.4.]とヴァーグナーとの出会いの興奮を伝えている。ショーペンハウアーの強い影響のもとにあり、彼を「第一級の天才」[ドイッセン宛1868.10月下旬]とも呼んでいるニーチェが、ヴァーグナーにショーペンハウアーの思想の具現を見ていたことは明らかである。初期における「天才」の概念はショーペンハウアーの強い影響下にあるにもかかわらず、すでに『悲劇の誕生』*でもショーペンハウアーとの微妙な差異が見られる。ショーペンハウアーは『意志と表象としての世界』[「プラトン的イデア——芸術の対象」の章]で、「天才性とは純粋に観照的な態度をとり、観照のなかに自己を失わしめ、本来は意志に仕える役目を負う認識からこの役目をなくし、つまり意志の関心や要求や目的をまったく度外視した認識をするような能力」であるとしている。意志に捕われた現実世界から純化されて表象世界のイデア的本質を捉える知的直観が天才であり、その現れが真の芸術である。「天才性とは最も完全な客観性である」という規定が示しているように、彼の天才概念は主観的直観能力に理性より高い価値を与えることによってカント*の認識論の逆転にかかっている。

だがニーチェはそうした主観性と客観性との対立を美学に持ち込むことは不適当であると言う[『悲劇』5]。なぜならそうした対立の図式に立つかぎり、芸術家のような主観性のあり方、つまり「仮象*においてみずからの救済*を祝う媒体となる」ような主観性のあり方を掴むことはできないからである。「天才が芸術的な創造の行為において、世界のあの根源的芸術家と一体に溶け合う場合にのみ、天才は芸術*の永遠の本質を幾許か知るようになる。こうした状態にある天才は……主観であると同時に客観であり、詩人であると同時に俳優でも、観客でもある」。ショーペンハウアーの天才概念が芸術を見る者の立場からの規定であるとすれば、ニーチェがここで述べている天才概念は芸術の創造的側面に着目したものである。その意味では若きゲーテ*やヘルダーらによって天才という言葉が半ば神格化されさかんに使われた18世紀末ドイツのシュトゥルム・ウント・ドラング期の天才概念の流れを汲んでいる。

1770年代はドイツ文学史上では「天才時代」とも言われる。天才は自然と同じように権威や外在的な規則に捕われずに自らのうちに発展する力を秘めた創造力とみなされた。これは貴族階級の趣味を踏襲せずに新しい美の基準を求めようとした市民階級の意識の現れであると同時に、機械論的な啓蒙の自然把握への批判だった。この有機的自然観はイギリスでシャフツベリーに始まり、やがて18世紀中盤にE．ヤングらの作家やアディソンのような批評家によって天才賛美につながった。その影響を受けたドイツでは理性的思考の限界を越えた天才の芸術に、より高い真理性を認める傾向が強まった。「天才時代」をもっともよく反映しているのはゲーテの『若きウェルテルの悩み』である。ここでは「天才」は規則ずくめの市民社会の対極に置かれ、人間本来の自由を無限に拡大する創造性として描かれている。さらに天才の芸術的創造力は神の創造と等しいとみなされ、ゼウスに逆らって自分の似姿として人間を作るプロメテウスが天才の象徴となる。ギリシア神話のプロメテウスは、キリスト教*批判の意味をになった。『悲劇の誕生』でも引用されているゲーテの頌歌『プロメテウス』やヘルダーの詩『創造』はそれをよく示している。ニーチェがプフォルタ校*時代に残した「プロメテウス」という詩も、こうした文学作品か

らの影響を物語っている。また『悲劇の誕生』初版の扉に「解放されたプロメテウス」の絵を載せていることも象徴的である。『悲劇の誕生』の中でアイスキュロスの「プロメテウス」が「偉大な天才のすばらしい技」だと述べている箇所には、規範や権威を打ち破る大胆不敵な反抗的個人の創造性を称揚するシュトルム・ウント・ドラングのモティーフが息づいている。

しかしショーペンハウアーの天才概念との共通点も見逃すことはできない。それは天才が、工場労働者や大衆民主主義や公論などの世界を軽蔑的に見下ろす高みに位置づけられている点である。「人夫たちはお互いの間で労働協約を結んで、天才を余計なものにしてしまった。そしてどの人夫も天才というスタンプを押されるようになってしまう」[『反時代的考察』II. 7]。民主主義*社会を「俗物」(Philister) の世界であるとして距離を取るショーペンハウアーの視点は、ニーチェの場合と同様に天才の称揚の裏面である。

こうした天才概念はその後にも形を変えて変奏されているが、そのひとつは「自由精神*」である。たとえば反抗的囚人のウィットを「神話的・宗教的な臭いを取り去った天才」と言い、「天才とは解放への欲求である。ここに天才が生まれ、自由精神が生まれる」[『人間的』I.231]と記している。それゆえに反逆者の「能動的な罪」が肯定される。「ほとんどあらゆる天才が、自分の発展のひとつとしてカティリーナ*的な存在を知っている。すでに存在し、もはや生成しないいっさいのものに対する憎悪と復讐と反逆の感情を知っている」[『偶像』IX.45]。ここでは天才は本能の強い自然児であり、「飼い馴らされた、凡庸な去勢されたわれわれの社会」と対置されている。あるいは80年代の遺稿に次のような表現がある。「道徳判断から自由になること、それは天才に典型的な非道徳性であるが、それをショーペンハウアーは見ようとしなかっ

た。天才と、道徳・非道徳という意志の世界とを対立させるようなばからしいことを私はしない。……私が人間をはかる基準は、力の量と意志の充実の度であり、意志の弱化やその消滅の度ではない」[遺稿II.10.236]。この意志は、自己保存*をはかる意志ではない。「天才というものは——作品においても、行為においても——必然的に浪費家である。自分を出しつくすことが彼の偉大さにほかならない……自己保存の本能がいわば取り外されてしまっているのだ」[『偶像』IX.44]。こう解釈された天才は、自己保存のための目的達成に使われる認識を超えて、無限な自由を獲得しようとする創造性であり、自由精神や超人*はそのヴァリエーションであると見なすことができる。→超人, 自由精神と理性批判

(大貫敦子)

ト

ドイツ観念論

【Ⅰ】　ドイツ観念論との近さと遠さ

1844年ニーチェが生まれたときには、いわゆる「ドイツ観念論の崩壊」はほぼ完了していた。たとえば、ルーゲは1842年に『ハレ年鑑』に「ヘーゲル*の国家はプラトン*の国家以上に実在性に乏しい」と、その観念論を批判している。その前年にルーゲはヘーゲル哲学の革命的内実を正確に捉える論文を発表してはいるが、この哲学に現実への通路がないことは彼にとって明白であった。同じくバウアーも、ヘーゲルの歴史哲学的な現実肯定を、いっさいの同一化を拒む哲学的イロニーによって乗り越えようとしていた。

ヘーゲルの死後、青年ヘーゲル派の革命的気分を抑え込むために、シェリングをベルリ

ン大学に招聘したのは、国王フリードリヒ・ヴィルヘルム4世である。そしてニーチェの父はこの国王の知己を得たのが機縁で、レッケンの牧師館を委されることになる。そのシェリングも1841年でベルリン大学の講義をやめている。後期シェリングをドイツ観念論の「完成」（ヴァルター・シュルツ）と見るか否かは意見の別れるところだが、本質よりは実在に思想が届くことをめざし、自然哲学に向かったシェリングも、観念論の解体を目論んでいたことはまちがいない。すでに若き日に「悪の弁神論」とでもいえる思想を展開していた彼にとって、「偶発的に必然的なもの」を弁証法の媒介に取り込めないことは自明であった。いやそもそも、およそ概念から実在をひねり出すことはできないというのは、時代の経験に属していた。

ちなみに、このシェリングの講義は、キルケゴール*、バクーニン、エンゲルス、そしてブルクハルト*が聴講している。そしてニーチェは、「成功の歴史」を非難するブルクハルトのヘーゲル批判（ヘーゲルと論争した歴史学派を、過去を現在という頂点に向かって描く者たちとして彼は十把ひとからげに批判する）を彼から語り聞かされたこともあって、それを共有することになる。また同時に、レーヴィット*の指摘によればバウアーの『発見されたキリスト教』における観念論批判から、ニーチェは多くの示唆を得たふしがある［『ヘーゲルからニーチェへ』］。とくに『アンチクリスト*』にはバウアーのこの著作との著しい対応関係があることを指摘しつつ、この関連をレーヴィットは「19世紀の地下道」という表現で形容している。また、『反時代的考察』*第1論文で徹底的に批判されたD.シュトラウス*は、青年ヘーゲル派として、キリスト教*の歴史主義的解体を企図していた。その自由思想の不徹底さこそ批判されたが、歴史神学*による観念論の蝶番はずしは、ニーチェの青年時代の大きな経験である（すでにギムナジウム時代にシュトラウスを読み、母や妹の憤激を買っている）。その意味では、ドイツ観念論から発生し、観念論を越えて行こうとした歴史主義*は、ニーチェとドイツ観念論のあいだの大きな橋渡しである。また、バウアーはニーチェのシュトラウス論の良き読者であり、『この人を見よ』*によれば、老境にあって、最後までニーチェの発展を見守っていたとされている。ルーゲの妻アグネス（旧姓ニーチェ）がニーチェと曽祖父を同じくしているといった血縁のエピソードはさておくとして、こうしたもろもろの関係と事情から、ニーチェと観念論との地下道を通じた近さの一方で、ドイツ哲学が現実に追い越されてしまった「50年代の沼地の瘴気」を挟んで、観念論とニーチェのあいだは、相当に距離も開いていた。ニーチェの観念論との関係を考えるときはこの両面を見る必要がある。

【Ⅱ】 政治学としてのドイツ観念論とエスノセントリズム　他方でドイツ観念論は一個の政治学もしくは政治哲学であった。その点は、ハイネ*が『ドイツ古典哲学の本質』（邦訳タイトル。原題は『ドイツにおける宗教と哲学の歴史について』）で見事に描きだしている。「思想は行動になろうとし、言葉は肉体になろうとする」――ドイツこそ哲学革命の地である。背景にドイツの後進性があったことはハイネの見るとおりである。ハイネは無神論のかどで告発されたフィヒテの手紙を引用する。「あの人々は私のいわゆる無神論を迫害しているのではない。……不評判な民主主義者として私を迫害しているのだ」［1799年］。ニーチェもこうした政治的情熱と観念論との関係を見ていたが、その政治思想としての民主主義的内実にはあまり共感を示さなかった。あの時代に「ヨーロッパが自由の樹の回りで踊った」［『善悪』245］ことには、つねに懐疑的であった。

だが、それ以上にはっきり批判的であった

のは，フランスに由来する自由の運動がドイツで，ナショナルな思想と結びついた事実に対してである。先のフィヒテ自身がやがて，人間の自己規定を説きつつ，ドイツ至上論者に転向した。ニーチェに言わせれば，神話化されたルソー*とフランス*における古代ローマの蘇生という偉大な潮流が「より弱い隣人」であるドイツに入り，「ドイツの若者」に受け入れられると，「ドイツ的」という言葉には「美徳に富む」というニュアンスが生じる。とくにそれはシラー*，フィヒテ，シュライエルマッハーにおいて顕著であり，起源としてはカント*も無縁ではない。これがドイツ観念論の道徳を支える心情であり，それはそのまま唯物論と快楽を説いたエルヴェシウスの忘却につながる［『人間的』Ⅱ-2.216］。あるいは，ドイツにおいて教養*がナショナルで政治的な狂気にとって変わられるその契機を，シラー，W.フォン・フンボルト，シュライエルマッハー，ヘーゲル，シェリングらにおける「なんとしても道徳的であろうとした渇望。中身なき普遍性への欲望」にすでに潜んでいたとされる［『曙光』190］。

こうしたかたちの観念論批判，つまり観念論のなかにある空虚な普遍性が政治学としての自文化中心主義に転換したことへの批判は，ヴァーグナー*への嫌悪から読み解かれた精神史的コンテクストの抉出でもあった。「ヘーゲルとシェリングが人心をまどわしていた頃，ヴァーグナーが若かったということを，思いだそう。ドイツ人でなければまじめに取らないようなことを，彼らが推しあって，手でつかんだということを，思いだそう。イデーとは，不明瞭な，不確実な，予感に満てるあるものを意味する」［『場合』手紙10］。この点で，思いだされるのは，「ドイツ人はイデーは信じているが，現象は見ない」というゲーテ*の有名な言葉である［『エッカーマンとの対話』］。観念論の政治学を時代のコンテク

ストとして歴史的に見るニーチェも，時にはゲーテと同じく，「国民性」のうちにその原因を見る。ドイツ人であることは観念論への傾斜を宿している，というのである。「われわれドイツ人は，(すべてのラテン民族と反対に) 現にあるものよりも生成とか発展とかに対して本能的により深い意義とより多くの価値を与えるかぎり，たとえひとりのヘーゲルも存在しなかったとしてもみなヘーゲリアンである」［『智慧』357］。

【Ⅲ】　弁証法的な全体性への批判　ドイツ観念論はしかし，こうした側面とは別に，政治哲学，芸術論，そして神学的な歴史哲学という，現在ではまったく異質になってしまったものを，ともに考えぬこうとする思想運動でもあった。相対立するものをともに考えることこそ弁証法*の特性である。芸術*と政治の，あるいは芸術と歴史の関係，それらについてのディスクールの新たな布置を求める巨大な知的努力であった。「芸術とは先験的観点を公共の観点とすることである」とフィヒテが述べているのは［『倫理学体系』第3部31節］その意味においてであるし，テュービンゲンの神学校における若きヘルダーリン*，シェリング，ヘーゲルたちを鼓舞していたのも，この問題意識であった。そこには古代の祝祭共同体が不可能な時代に，新しき神話をどのように構築するかという問題があった。当然，封建的支配体制への批判だけではなく，それ以上に，登場しつつあった近代市民社会的人間への深い懐疑があり，また芸術を歴史の原理とすることを拒む啓蒙的理性に対抗して啓蒙の根拠を掘り崩そうとする意志があった。ヴァーグナーが1848/49年，ドレスデンの革命騒ぎにおいて追求したのもこの同じ問題であった。『悲劇の誕生』*におけるシラーの「素朴文学と感情文学」との論争的対決，シュレーゲル兄弟による観客論の克服の試みなどは，こうしたドイツ観念論の問題のニーチェ的変奏である。いや，『悲劇の

『誕生』全体が古代の祝祭共同体の再生というテーマにおいて見れば、芸術と公共性と歴史的運命の関連というドイツ観念論初期の問題を追求したものである。

だが、ニーチェの嗅覚は、こうした問題設定の背後に、現実糊塗、高尚さへの小市民的な憧れ、そしてとくにセクシュアリティ*に関する旧来のキリスト教道徳の墨守などを感じ取らざるをえなかった。その意味で観念論に特徴づけられるいっさいのドイツ哲学は、まさに弁証法的な問いを維持し続けることによって、「覆面した神学」であるとしか見えなかった。当時のドイツ人は「道徳的であり、まだ現実政治的ではなかった」から、カントの道徳律を喜び、テュービンゲン神学校の若い神学者たちも、喜んで哲学に馳せ参じたのだ、と彼は述べている［『善悪』11］。この神学の行きつく先は、怪しげな自己肯定である。とくに全体性の名における自己肯定である。たとえば、ヘーゲルは「精神の名誉のためと称しながら現実に屈服する哲学者」［遺稿 Ⅱ.8.334］の典型であり、その点では、ゲーテも同類とされる。「ヘーゲルの物の考え方はゲーテのそれとそれほど離れていない。……宇宙全体と生を神的なものとみなし、それを直観し、探求することのうちに平静と幸福を見いだそうとする意志だ。ヘーゲルはいたるところに理性を求めている。理性の前では人は恭順の意を表し、静かにしてよい、というわけだ。ゲーテには一種の陽気な、信頼しきった運命論がある。この運命論は革命的反抗をすることもなければ、気がめいることもなく、自らのうちから全体性を作り出そうとする。この全体性においてこそすべてが救済され、良きもの、承認された正当なものとして現れるという信仰がここにはある」［Ⅱ.10.142］。ゲーテとヘーゲルに共通する自己の宇宙への自足性。全体性の名における現実への迎合。これは、政治と神学と芸術を相互に異質になってしまったものとしなが

らも、それでも一緒にそれらについて考えぬくのではもはやなく、媒介と称してすべてを調和の中に溶かしこむことと化している。概念にとりこまれないものの側についたニーチェである以上、ドイツ観念論の、すべてを媒介に溶かしこむ発想に批判的であった。そして、それはそのまま概念にとりこまれない生*と性の偶発性への賛歌となる。偶発性の神ディオニュソス*の名を呼んだ『悲劇の誕生』とともに、プフォルタ校*の卒業にあたって書いた詩「知られざる神へ」にはまだあったキリスト教的かつドイツ観念論的思考に訣別がなされたのである。だからこそ、シュトラウスが批判されたのであり、だからこそバウアーとニーチェのあいだに密かな地下道を通じての理解が成り立ったのであろう。

⇒ヘーゲル, ゲーテ, ハイネ, シラー, シュトラウス¹, 体系, 弁証法〔ディアレクティク〕, 歴史主義　　　　　　　　　　　　　　　　　（三島憲一）

ドイッセン　[Paul Jakob Deussen 1845-1919]

1859年にプフォルタ校*で知り合って以来、ドイッセンはニーチェの生涯を通じて忠実な友人となった。もっとも二人の交友は1歳年上のニーチェがドイッセンに対してつねにお説教してあれこれ指図するという関係で、ドイッセンにとっては、それがときとして苦痛と感じられることはあっても、「ニーチェの手紙はいつも一つの出来事」であり、ニーチェは彼の「厳格な先生」であった。しかも、ニーチェには自分が熱狂する対象をひとにも強制しないと気が済まないところがあった。ボン大学でともに古典文献学*の勉強を始めたドイッセンが神学への関心を強めてテュービンゲンに移ると、ニーチェは「君がかぶっている神学の熊の毛皮を脱ぎ捨てて、文献学の若き獅子として振舞い給え」［1866.9.］と書いてボンに呼び戻してしまったし、ベルリンで文献学の勉強を続けるドイッセンにショーペンハウアー*を読めと命令し、ヴァーグ

ナー*こそ本当の文献学者だと書き送ったのもニーチェであった。こうしてニーチェによってショーペンハウアーの哲学に導かれたドイッセンはその熱心な信奉者となり、そこに彼の学問的・宗教的な立場を見いだすに至る。博士論文の試験を目前にしてさっそく「意志の否定」を実践しようとしたドイッセンはニーチェの嘲笑に遭うことになる。のちに『形而上学の基礎』(*Die Elemente der Metaphysik*, 1877) を贈ったドイッセンにニーチェは、君の本は「ぼくがもはや真理だとは思わないことをうまく寄せ集めたもの」だ、教育者としてのショーペンハウアーがショーペンハウアー哲学へと教育するものであるとは思わないと答えている [1877.8.]。混乱したドイッセンは、なぜ君がそんなことを言うのかわけがわからないという返事を出して「昔ながらに忠実なドイッセン」と署名している [1877.10.14.]。ショーペンハウアーの哲学を自分の世界観として受け入れ、後年ショーペンハウアー協会を設立したドイッセンと、ショーペンハウアーを乗り越えて独自の哲学的思索を展開したニーチェが歩んだ道は、すでにここで決定的に分かれていた。とはいえ、実直なドイッセンはその後も相変わらずニーチェに教えを乞いながら、大学教授になって自分の哲学を講ずるという夢の実現に向けて着実な努力を重ねていった。ギムナジウム教師や家庭教師をしながら、ニーチェの励ましもあってサンスクリットを学んだ彼はインド*哲学の研究に邁進し、1881年に教授資格を得て、1809年以降はキール大学教授としてインド哲学や哲学史を講ずるとともに、ギリシア、スペイン、エジプト、そしてインドへと数多くの調査旅行を行った。ライフワークとなった『一般哲学史』(*Allgemeine Geschichte der Philosophie*, 1894-1914) では、インド哲学と西洋哲学にそれぞれ3巻をあてて、インド思想とキリスト教*の教え、それにカント*の定言命法*をショーペンハウアーを頂点として調和させようとするはなはだ折衷的な試みを行っている。ニーチェは『道徳の系譜』* [Ⅲ.17] で「ヨーロッパで最初のインド哲学の本当の通」とドイッセンをたたえて、彼の『ヴェーダーンタの体系』(*Das System der Vedânta*, 1883) やサンスクリットを翻訳した『ヴェーダーンタ・スートラ』(*Die Sûtra's des Vedânta*, 1887) から「知者は善悪を乗り越える」、「徳を積むことで解脱は得られない」といった自分に必要な箇所だけ引用しているが、ドイッセンに対しては「君の本が否！と言うところでぼくのマニフェスト〔『ツァラトゥストラ』のこと〕は同じくらい雄弁に諾！と言うのだ」と書き送っていた [1883.3.16.]。ドイッセン宛の最後の書簡で狂気のニーチェは、天地を創造したのはじつは自分で、その世界のなかで君は「サテュロス*」であり「祝祭の獣」だと書いているが [1889.1.4.]、彼にとってドイッセンは、結局のところ自分が主宰するディオニュソス祭の山車を引く従順な獣にすぎなかったのであろうか。

たしかに、彼の忠実さを証明する例には事欠かない。1886年に新婚旅行の帰途、妻とともにジルス＝マリーア*にニーチェを訪問したドイッセンは、彼がはなはだ慎ましい生活を送っていることに驚く。翌々年、ニーチェを尊敬する学生から資金援助の申し出があると、喜んでそれをニーチェに取り次ぎ、その資金は『偶像の黄昏』*と『この人を見よ』*の出版費用に充てられた。ニーチェの死後出版した『フリードリヒ・ニーチェの思い出』(1901) でドイッセンは、自分宛のニーチェの書簡を紹介しながら自分たちの交友の軌跡を描いて、亡き友の面影を偲んでいる。発狂後のニーチェを見舞ったドイッセンがスペインの話をすると、ニーチェは「あそこはドイッセンが行ったところだ」と言いながら、本人が目の前にいるのに気づかなかったという。『ニーチェの思い出』の巻末に付録とし

て付した「ニーチェの哲学についてのいくつかの覚書」で彼は、ニーチェの「力への意志*」の哲学は「意志の肯定」を主張してショーペンハウアーの「意志の否定」と矛盾するように見えるが、それはむしろ個別の意志を否定して個別を超えた意志を肯定するものであって、やはりショーペンハウアーの思想に沿うものだと主張している。自分の敬愛する哲学者と自分を教導した友人との両者に忠実であった彼は、ここでも無理をして両者の折り合いをつけようとしたのであろうか。だが、この宥和策は奇妙にも、やがてやはりドイッセン的な忠実さでニーチェを移入した極東の国において実を結ぶことになる。留学中キールでドイッセンに親しく指導を受けた姉崎正治(嘲風)*はショーペンハウアーから出発したニーチェの説はヴァーグナーにおいて調和に至ると説き、桑木厳翼も『ニーチェ氏倫理説一斑』(1902)に収録された「ニーチェとドイッセン」で『ニーチェの思い出』の概要を紹介して、ニーチェの「力への意志」はかならずしもショーペンハウアーの「意志の否定」に反するものではないというドイッセンの「覚書」を引用している。そして、和辻哲郎*は『ニイチェ研究』(1913)の序文でやはり「覚書」に言及し、ニーチェは極端なエゴイズムとして非難されるような説を唱えたのではなく、むしろ意識的な自我からの解脱を求めたのだという弁解的な解釈を正当化する根拠のひとつとした。⇨友情、インド、プフォルタ校　　　　　　　　　　（大石紀一郎）

文献 ▷ Paul Deussen, *Erinnerungen an Friedrich Nietzsche*, Leipzig 1901.

ドイツ/ドイツ人

【I】 ドイツ観の変遷と遠近法　　1871年、まだ『悲劇の誕生』*の執筆中だったニーチェは、「ヘレニズム的世界のドイツ的再生」[遺稿 I.3.474]を期待していた。しかし1888年12月8日のストリンドベリ*宛の手紙では、『この人を見よ』*の著作が「破滅的なほどまでに反ドイツ的である」と述べるまでにいたっている。ニーチェの主要著作のほとんどが成立しているこの約18年間に、「ドイツ」という言葉に込められた意味はこれほど変化している。そこには確かに個人的な理由もある。たとえば、バーゼル*時代に新しいドイツの教育と教養*のために絶えず心を注いだにもかかわらず、当のドイツで彼の著作にほとんど反響がなかったことは、彼を深く傷つけた。もっともそのことをニーチェは彼特有の「貴族的急進主義」[ブランデス宛 1887.12.2.]のゆえに打ち明けることはできなかった。それゆえにニーチェが自分の著作は文明世界のいたるところで読まれている、読まれていないのはドイツすなわち「ヨーロッパの平坦地」[『この人』III.2]だけであると豪語している発言は、孤立状態を逆手にとって優越性を獲得しようとする孤独者の、時には滑稽な様相さえ示す躍起の試みのひとつであるといえよう。しかしこうした個人的事情は、ニーチェのドイツ観の変化を説明するひとつの動機であるが、後期におけるドイツ観を納得させる説明にはならない。

ニーチェは彼自身の試みが「偏狭な解釈の克服」であるとしている。それは彼の「著作に一貫している」[遺稿 II.9.156]傾向だという。もし彼のドイツ観の変化をこの枠で考えれば、『悲劇の誕生』時代にはまだ高く評価されていたドイツやドイツ人についての評価の転換が、一貫した思考に従ったものであることがわかる。そのつど「自己のもの」を「他者」の観点から「問いただす」(hinterfragen)[『曙光』523]ことは、ニーチェの批判的・解釈学*的な方法である。たとえば、プロテスタンティズムをカトリックの観点から、あるいはドイツ文化を他の国々、とくにフランス*の視点から、またキリスト教*世界をギリシアから、さらにヨーロッパ文化全体をその他の文化全体（ユダヤ*、イスラム、

仏教)の観点から問いただしていく。この遠近法主義*は一定の構造をもっており、初めは高く評価したものが、次に部分的に評価を下げられ、あるいは逆の評価が下され、やがては完全に非難される。その遠近法でつねに扱われているテーマは、ルター主義、ベートーヴェン*の音楽、ワイマール古典主義、ヴァーグナー*、ビスマルク*による帝国によって特徴づけられるドイツ近代の文化である。

【Ⅱ】初期のドイツ観　ニーチェはプフォルタ校*時代や学生時代には、ルター主義やプロイセン気質や古典的教養などの自らの伝統に違和感を覚えることはなかった。しかしヴァーグナーと知り合い、またバーゼル大学に招聘を受けた頃から、次第に自分の時代の文化を、同じドイツ文化でありながらすでに異質なものとなっているゲーテ時代や新人文主義時代といった過去の文化と対比し、私的・公的な発言で「真の」ドイツ文化の再生を要求するようになる。『音楽の精神からの悲劇の誕生』とバーゼルにおける講演「われわれの教育施設の将来について」(1872) で、しばしばヴァーグナーの論文「ドイツ的とは何か」に言及しているのも偶然ではない。ニーチェはこの論文に、「ディオニュソス*的な鳥」の「幸福そうで魅惑的な鳴き声」が、ドイツ人に「とうの昔にすっかり忘れてしまった」「神話的な故郷」[『悲劇』23]を示しているのを見たのだった。

「第二帝政期ドイツ」の文化に対するニーチェの批判は、何よりも時代批判だった。普仏戦争*でドイツの文化も勝利したという考えは誤りであり、「勝利を完全な敗北へと変容」させてしまうものだと彼はいう。つまりこの勝利は「帝国を大事にするあまりにドイツ精神を切り取ってしまう」[『反時代的』I.1]という。この批判は、ニーチェの考える「真の」ドイツ文化の観点からなされている。真のドイツ文化とは、二つの改革、つまりルター*の宗教改革*と、ゲーテ*およびシラー*による改革であるが、彼らの「高貴*なる精神」をドイツ人は「すっかり失ってしまった」[遺稿 I.8.32]という。つまり、新興のドイツ帝国に対する初期ニーチェの批判は、まだその反動的な政治に対してではなく、ドイツはその国家の統一と独立性の獲得とともに「ドイツ独自の文化」も授けられたとする「教養俗物*」の愚かしい自己過信に対して向けられていた。独自の文化どころか、相変わらず西側の諸隣国を真似しているばかりである[『反時代的』I.1]とみなすニーチェは、ヴァーグナーの精神において「真のドイツ芸術」の再獲得につとめるべきだと説いている[「ドイツ人への警鐘」遺稿 I.2.496]。『悲劇の誕生』ではギリシア精神とドイツ精神とは類似していると述べられているが、まさにその意味で、「われわれドイツの古典的著作家」を思い起こし、またその著作家によって媒介されたギリシア文化を思い起こすことによって、「古典的教養」の革新がなされねばならない、とニーチェは主張する[「教育施設」Ⅱ]。

ブランデス*宛の書簡では、ダーフィト・シュトラウス*批判の書は、「フランスに対する勝利をもたらしたのだと人々が褒め称えていたドイツの教養に対する最初の暗殺だった」[1888.2.19.]と記している。このころの著作で、ことに教養俗物を風刺している数々の例からすると、ニーチェが新人文主義の教養の概念そのものではなく、むしろその倒錯したありさまを攻撃しているのだということが分かる。それどころか彼が同時代のドイツの教養を非難する場合、ゲーテやシラーやヴィルヘルム・フォン・フンボルトの時代の「全人格的人間」という理想が前提とされている。かつて教養のめざすものが「人間」の形成であったとすれば、現在のそれは国家*のなかで出世する(「もはや認識せずに、うまく生きること」)ために教養財を巧みに扱う術を心得ている「教養俗物」の育成に成り

下がっている，つまり「通用する人間」［遺稿 I.3.348］になることが教養になってしまっているという。

【Ⅲ】 **ドイツ固有の文化の希求**　ニーチェにとって重要だったのは、「新しき造形」である。このヘルダーリン*の表現を彼が1875年5月24日のヴァーグナーへの書簡で使っているのは、偶然ではない。ニーチェは1871年に、ヴァーグナーは「シラーやゲーテが始めたことを、ただ単に継続しただけではなく、それを完成させたのだ。しかもドイツの地で」と記している［遺稿 I.3.377］。つまり、ニーチェが自分の同時代に欠けていると感じていた「ドイツ固有の文化」は、古典主義時代の知識人ゲーテやシラーももたらすことはできなかったということである。シラーは「民族に対してではなく、人間に対して」、つまり「未来の人間たちに対して」語りかけたのだ、とニーチェは言う。しかし、いまや最大の目標は「ドイツ的教養ではなく、ドイツ人を形成することである」［遺稿 I.4.135］。シラーの言う〈人間の美的教育〉ではなく、〈ドイツ人の美的教育〉なのである［同 I.3.157］。

レッシング*やゲーテやシラーは、彼らの著作のテーマや素材の選択においてすでに「超ドイツ的」［『反時代的』Ⅳ.10］だった、つまり一国の文化に捕われていなかった。それに対していまや「ドイツの過去の諸要素」を問題とすべきであるとニーチェは述べる。彼はこの諸要素のいくつかを列挙し、その後に作品のタイトルを記しているが、『ファウスト』を除けばすべてヴァーグナーの楽劇のタイトルである。「宗教改革時代の民衆芸術——ファウスト、マイスタージンガー。禁欲と純愛、ローマ——タンホイザー。忠誠と騎士、オリエント——ローエングリーン。最古の神話、人間——ニーベルンゲンの指輪。愛の形而上学——トリスタン」［遺稿 I.4.135］。

これこそが、「ドイツの神話の世界」であるという。この世界は、「宗教改革まで」生きつづけていたものであり、「この世界への信仰は、ギリシア人が彼らの神話に対して抱いた信仰ときわめてよく似ている」［遺稿 I.4.135］という。ニーチェはヴァーグナーの作品のうちに「悲劇の真の再生」をみとめ、それが「古代の再覚醒の、すなわち〔宗教〕改革運動の再開」であるとして弁護している［同 I.3.554］。そこから三つのことが明らかとなってくる。第一に、後にニーチェが厳格に区別している宗教改革とルネサンス*は、まだ1871/72年の段階では同一のものと考えられていたということである。第二に、ニーチェが古代という場合に、それは「ドイツの古代」を意味しているということである。その際にもちろんドイツの古代とギリシアのそれとの類似性をニーチェは強調している。そして第三に、「ヘレニズム世界のドイツ的再生」という表現は、ギリシア人たちが自分たちの神話を信じたように、みずからの神話を信じる世界を再生するということを意味する［同 I.4.135］。つまり「ディオニュソス的」なるものの「ドイツ的」再生である。さらに、すでにゲルマン人の神話は、「ディオニュソス的」であったという［同 I.3.323］。「ゲルマン的」と「ドイツ的」をよく同一の意味でとらえていた当時のニーチェは、1871年にはディオニュソス的なものは、「ゲルマン的素質」に対応していると述べている。それゆえに「音楽の精神」からのディオニュソス的なものの再生は、「音楽によってゲルマン的なものを形成しなおし、形成しつづけること」［同 I.3.127］なのである。「ゲルマン的な素質」は「ルターにおいて」、そしてその後「ドイツの音楽において現れてきた」［同 I.3.370］のであり、そうした素質がもたらした「ディオニュソス的熱狂者たち」に、「ドイツの神話の再生」がかなったあかつきには「感謝する」ことになろう、とニーチェは言う［『悲劇』23］。

ニーチェはルターの賛美歌を「最初のディオニュソス的な誘惑の鳴き声」[同]であると表現し、またヴァーグナーの音楽にも、「ディオニュソス的な鳥の魅惑的な鳴き声」[同]を聴き取っている。そしてなによりも、ヴァーグナーの音楽をギリシア悲劇とならんで、ルターの宗教改革と関係づけた。宗教改革は内面性の解放者であり、その普遍的な表現を初めて音楽のなかに、つまりルター自身の作曲に、さらにはバッハとヘンデルの作品のなかに見いだしたという。そしてバッハとヘンデルの作品には「ルターおよび彼と類似した魂の最良のものが響いている」[『人間的』Ⅱ-1.171]としている。またルターの宗教改革とシラーとヴァーグナーは、なによりも「ロマニズム」に対抗して登場してきたのだという。そして将来は、まさにこのロマニズムから完全に解放されねばならないと述べている[遺稿Ⅰ.3.444]。ここでロマニズムといわれているものには、さまざまな意味がある。ルターの宗教改革の場合には、明らかにローマ教会のことであり、シラーに関して言われている場合には、ローマ古典古代の影響を指し、そこからの乖離とギリシアへの傾倒というヴィンケルマン*以来のドイツ教養の方向転換が念頭にある。これに対して、ニーチェが彼自身の時代においてロマニズムからドイツ人を解放すると言う場合には、ドイツ文化からロマニズム的要素を、より正確にはフランスの影響を取り去ることを考えている。この場合に彼はこれからなされるべき解放と、1870/71年の普仏戦争の軍事的勝利とをパラレルに捉えている[『悲劇』23]。フランス的という意味でロマニズムという言葉が使われているケースは、シラーに関しては（フランス古典主義悲劇をもはや範型としないという点で）おそらくそうであろうし、またヴァーグナーに関して言われている場合には、確実にそうである。

　以上のことから明らかなように、ニーチェがバーゼル時代に「独自の」ドイツ国民的文化という表現で考えているのは、フランス人たちのロマニズムに対抗する「ゲルマン的」文化である。この段階でニーチェはディオニュソス的なものを、アポロ*的なものよりはるかに基本的で「より深淵」なものとみなしている。この点では、ニーチェは驚くほど初期ロマン主義と近い考え方をしている。それゆえに70年代初頭のニーチェにはアポロ的なものを「なかなか理解できない」[遺稿Ⅰ.3.370]自国のドイツ文化の方が、異質な「ロマニズム的なもの」よりもはるかに優っていると思えたのである。

【Ⅳ】　文化と国家　　こうした発言は今日のわれわれにはまさにナショナリズム的に聞こえる。しかしニーチェの思考は、それが「ゲルマン的深淵」や「真のドイツ的芸術の高貴なる魔法と恐怖」[「ドイツ人への警鐘」遺稿Ⅰ.2.496]といった表現で大げさに誇張された場合でさえ、いかがわしいナチス*的な取り込みには抵抗するものである。なぜなら、彼はつねに「ドイツの精神」と「ドイツ帝国」とは別のものであるという点を強調していたからである。

　『偶像の黄昏』*（1889）においては、「帝国を大事にするあまり、ドイツ精神を切り取ってしまう」ということをもはや警告するにはとどまらない。「権力をつかむためには高い代償を必要とする。権力は人間を愚劣にする」[『偶像』Ⅷ.1]という見解はこの時期のニーチェにとってはすでに確固たるテーゼとなっていた。ヴァーグナーもまた1878年以来、ビスマルクやホーエンツォレルン家やプロイセン・ドイツの軍国主義には次第に嫌気を感じていた。だがヴァーグナーも若きニーチェも、いくら国家と文化とを区別したとはいえ、二つの意味でナショナリズム的な傾向を強めるのに手を貸したことになる。そのひとつは、ドイツの「文化」（Kultur）と西欧諸国の「文明」（Zivilisation）を対置したこと

であり、もうひとつは、ドイツはまだ若く、生成の途上にあり、動的なものであるという見解、つまり未来はドイツのものであるという見解である。この二つの傾向は、のちにいわゆる「ドイツの特殊な道」(deutscher Sonderweg) として一つになっていく。こうした思考から滋養を得たのは、メラー・ファン・デン・ブルック*〔『第三の帝国』(1923)〕ばかりではない。トーマス・マン*〔『非政治的人間の考察』〕もホーフマンスタール*〔『国民の精神的空間としての著作』〕も、一時的であったとはいえ、こうした考えに賛同していた。

ヘルダーやシラーの時代には、文化国民 (Kulturnation) としてのドイツという思想は、政治的にはまだ罪のないものだった。なぜなら「文化」とは、価値を低く見積もられた外国の「文明」と対置されたのではなく、「政治的帝国」に対置されるものであったからである。神聖ローマ帝国の解体の時代を生きたシラーは、「ドイツの偉大さ」という断片 (1797) のなかで、「ドイツ帝国とドイツ国民」とは別ものであると強調し、「帝国が滅びようとも、ドイツ人の尊厳はゆるぎない」と述べている。シラーはドイツ人の偉大さをなによりも、すべての民族の幸福のために精神的自由を得ようと戦う点にあると見ている。ここでルターが考えられていることは明らかである。そしておそらくカントのことも念頭にあるのだろう。この思想を継続することになるのはハイネ*である。

以上述べたような思想は、ニーチェにも、またヴァーグナーにも見られる。とはいえその場合に、シラーの世界市民的で人文主義的な傾向は、ナショナリズムの色濃い偏狭なものに歪曲させられてしまってはいる。芸術が文化を代表するものとして高く評価されることは、シラー、ロマン主義、そしてシェリングを経て、後の時代にはあまりにも自明のこととなっていた。それゆえニーチェが彼の時代について語る場合、「芸術」「文化」「教養」という概念がつねに互換的に使われているのも不思議ではない。しかしこれらの一見非政治的な領域においてさえ、ナショナリズムを思わせる調子が聞こえてくるのを無視することはできない。「神聖ローマ帝国が滅びようとも、神聖なるドイツの芸術は残るべし」という言葉がヴァーグナーの「マイスタージンガー」*にはある。そしてニーチェもこの歌詞の意味に同意していた。「マイスタージンガー——文明と対立するもの、フランス的なものと対立するドイツ的なもの」〔遺稿 I.5.451〕。ドイツ人は「若く、生成しつつあるもの」〔同 II.8.240〕であり、「生成しつつある文化への希望」を与えてくれる〔同 I.4.143〕、とニーチェは1872年に述べている。

【V】脱ドイツ化　　しかし周知のように、ニーチェはドイツ人に抱いたこの期待を間もなく失ってしまった。次第にニーチェは同時代のドイツを、過去のよりよきドイツと比べるのではなく、ドイツ文化のすべてをヨーロッパを基準として測るようになっていく。そして一般的にルネサンスと啓蒙期へと傾倒しはじめ、また「自由精神*」(『人間的』*、『曙光』*、『悦ばしき智恵』*以来) を考えるにいたって、ゲルマン的神話やルター主義から乖離していく。かつては栄光の光に包まれて見えたものが、いまやドイツとドイツ人について嫌疑を起こさせる要因となっているのである。また特定の文化現象を、それぞれの「民族の特性」に還元するようになる。この点でニーチェはまさに時代の子なのである。さらにかつてはあれほど高く評価していた「ドイツの内面性」に厳しい裁定を下すようになる。この内面性については、まだ『生に対する歴史の利と害』では許容しているところがある。たとえばもし外国人がドイツ人に対してその内面性について「外部に対して働きかけ、自らに形態を与えるにはあまりにも

弱く混乱している」と非難したとしても、それには「一理ある」[『反時代的』Ⅱ.4]という程度の疑義を抱いていたにすぎない。ところがいまや、よく一般に言われる「ドイツ的深遠さ」は「自己に敵対する、本能の不潔さ」[『この人』ⅩⅢ.3]にほかならないという。

この時期のニーチェはルターの「光学」のうちに、熱狂者の「病的な視野狭窄」を認め、またルター自身のうちに——サヴォナローラやルソー*やロベスピエールやサン・シモンらと同様に——「自由になった、強い精神とは逆のタイプ」[『アンチクリスト』54]を見ている。そして何よりも、ルネサンスを基準とする観点から見て、ルターの宗教改革(かつてはルネサンスと同一視していたのだが)を、ドイツの後進性の原因であるとしている。またルターの宗教改革をドイツ特有の現象とみなすがゆえに、みずからの宗派であるプロテスタントを、少なくともより都会的で超国家的なカトリックよりも激しく攻撃しているのである。『アンチクリスト』*になると、ドイツ人が「ルネサンスと、ルネサンスによるキリスト教的価値の転換という最後の偉大なる文化的成果」をヨーロッパから奪い取ってしまうことになったのは、おもにルターのせいであるとまで言われている[同 61]。ハイネもマルクス*も進歩の時代とみなしたルターの宗教改革のうちに、ニーチェはドイツの後進性の主原因を見て取ったばかりではない。宗教改革は、全ヨーロッパにとって悲運となってしまったという。なぜならルターの宗教改革がなければ、ローマ教会がさらに世俗化されることによって、やがてはキリスト教が「廃止」されていただろう[同]、とニーチェは考えるのである。

「北方の深遠さ」「ドイツ的な学識のある徹底性と内面性」をニーチェが評価するとしても、それが「南方の美、心の優美さ」と結びついた場合に限られるようになる[エルンスト・シュッフ宛 1885.10.初旬]。『人間的』以来、ニーチェは彼がより高い文化とみなすものによって「脱ドイツ化した」[『人間的』Ⅱ-1.323]ドイツ人を好むようになる。たとえば神聖ローマ帝国皇帝となりシチリアの王としても君臨しアラビア文化を積極的に受け入れたホーエンシュタウフェン朝のフリードリヒ2世(1194-1250)とフランスの啓蒙思想家を宮廷に招き文化に造詣の深かったプロイセンのフリードリヒ2世(1712-86)である。前者は、ニーチェが自分にもっとも近い類縁と考えている皇帝であるが[『この人』Ⅸ.4]、彼は「ムーア人的・オリエント的啓蒙」を、後者のフリードリヒ2世は「フランス」を「熱情的に求めた」からであるという[遺稿 Ⅱ.8.344, 238]。またかつてはきわめてドイツ的と評価していたヴァーグナーについては、パリにいるのが相応しい人間であり、自分がヴァーグナーを尊敬していたのは「外国」としてなのだ[『この人』Ⅱ.5]と述べている。さらにニーチェ自身、自分がポーランドの血統であることを強調してもいる[同 Ⅱ.7]。こうした例では、「よい意味で」ドイツ的であるということは、ほかでもなく、「みずからのドイツ的特性を克服すること」[『人間的』Ⅱ-1.323]なのである。そして自らの文化や特性を「よい」と言うことができるのは、それが異質になった場合だけである。この段階でニーチェがドイツについてまだ認めるのは、宗教改革以前のドイツ[遺稿 Ⅱ.8.240f.]であり、また「ハインリヒ・シュッツやバッハやベートーヴェンなど、すでに死に絶えてしまったドイツ人たち」[『この人』Ⅱ.7]である。ゲーテやベートーヴェンやショーペンハウアー*に対する評価は、変わっていない。なかでもゲーテはニーチェにとって「ドイツ的出来事ではなく、ヨーロッパ的な出来事」[『偶像』Ⅸ.49]なのである。アポロ的人間であるゲーテは、それどころかしまいには「自由になった、ディオニュソス的人間」[同]だとさえ言われている。

【Ⅵ】 遠近法による文化比較　ニーチェは自分固有のものを測るために引き合いに出してくる異質なものを、自分固有のものより高く評価している。それがはっきり分かるのは、彼がドイツの文化を他のヨーロッパの文化と比較している場合である。極端な言い方をすれば、ニーチェがある国を高く評価するとすれば、その国がドイツとどれだけはっきりと区別できるかという観点からである。もっとも評価が悪いのはイギリス人*[『善悪』253;遺稿Ⅱ.7.47f.]であり、もっともよいのはフランス人である。その中間に、ポーランド人、イタリア人、ユダヤ人が位置する。「遠近法を変えてみる」[『この人』Ⅰ.1]というニーチェ特有の見方がもっともはっきりとみられるのは、フランスとフランス人についての見方である。つまりかつては「ロマニズム的要素を取り去ること」が「ドイツ独自の文化」の形成のための前提であったが、いまやフランス人のロマニズム的要素は、ドイツ的なものすべてについて判断し、裁断を下すための視点となっている。たとえばニーチェはヴァーグナーの提示した「ドイツ的とは何か」という問いに次のように答えている。「不明瞭な象徴性、不明瞭に思考されたことに対する悦び、まやかしの〈深淵〉さ、恣意性、炎やウィットや優雅さに欠けること、偉大なる方針が持てず、必然性を扱うことができないこと」[遺稿Ⅱ.10.467]。もちろんニーチェはフランスの文明を無条件で崇拝しているわけではない。道徳という観点からは、フランスのロマン主義とモダニズム*を「デカダンス*」と非難している一方で、趣味*という観点からはデカダンスさえ許している[『この人』Ⅱ.5]。

フランス人の次にニーチェが共感を示しているのは、ユダヤ人に対してである。それもニーチェがドイツ人に対して違和感を強めるに従って、その共感は強まっている。初期においてはあきらかに反ユダヤ的な発言がなされたが、間もなく敬意を示す発言に変わっていく。もちろんソクラテス以前の「ヘレニズム」というより古い観点からなされたキリスト教への否定的発言は、キリスト教がユダヤ教から発している以上、ユダヤ*にも当てはまるものである。しかし後期の著作と遺稿では民族としてのユダヤへの敬意が現れている。ニーチェがユダヤ人を高く評価する点は、「厳しさに完全に慣れきり、自らに反する勇気があること」であり、また「美に対する深い感情」を持っていることである。これらはドイツを振り返って見た場合に、ドイツ人にはない特性である、ことに「反ユダヤ主義*のお歴々」[遺稿Ⅱ.12.104]には欠ける特性であるとニーチェは見ている。ヨーロッパは多くのことをユダヤ人に負っているという[『善悪』250]。宗教的な観点から見てまったく逆のものとして特徴づけられているものが、ヨーロッパの将来という観点からはひとつに結びつけられる。つまりキリスト教が西洋の「オリエンタル化」にもっとも責任があるとすれば、ユダヤ教は、西洋を「ますます西洋化すること」、つまり「ヨーロッパの課題と歴史を、ギリシアのそれの継続とすること」に決定的な助力をした、というわけである[『人間的』Ⅰ.475]。

【Ⅶ】 ニーチェ解釈の歪み　かつて賞賛していたものに低い評価を与える、それどころかその価値転換*をはかることは、けっして恣意的になされているわけではなく、「偏狭な解釈を克服する」という彼の遠近法主義の傾向に従ってなされている。そうした偏狭な解釈のひとつとして次第に彼の目に写ってくるようになったのは、ナショナリズムだった。ドイツ民族は「ナショナリズム的な神経熱と政治的栄誉心に病んでいる」、あるいは「反フランス主義の愚劣さ」、また「反ユダヤ的」「反ポーランド的」「キリスト教的・ロマン主義的」「ヴァーグナー的」「チュートン的」「プロイセン的」な愚劣さを、ニーチェ

は「ドイツの精神と良心が朦朧と霧に閉ざされている状態」と形容している［『善悪』251］。諸民族が「ナショナリズムの狂気によって……病的に相互に疎遠となっているおかげで……ヨーロッパがひとつになろうとしている明確な兆候が見逃され、あるいは恣意的かつ欺瞞的に曲解されている」［同 256］とニーチェは言う。

ルカーチ*の有名なテーゼ［『理性の破壊』］によれば、ニーチェはドイツの帝国主義の代弁者、いやそれどころかファシズムの前兆であったといわれる。ところがニーチェは以上に述べてきたように、自分の民族と文化をきわめて批判的に、他に前例のないほど自己批判的に「問いただした」のである。しかも帝国主義の最盛期にである。ところがナチス的ニーチェ解釈は、フランスを情熱的に愛したニーチェを、よりにもよって「本来的」ドイツ人であると曲解し、反ユダヤ主義*を明確に敵視したニーチェを、ユダヤ嫌いの人間にしたてあげ、1933年以降再び「ドイツ的」とみなされるようになったものをあれほど軽蔑したニーチェを、まさに熱狂的ゲルマン主義者にしたてあげた。この歪んだニーチェ解釈の試みは今日ではなんともばかげたことに思える。

ニーチェの後期の著作においてドイツ的なものすべてについて下されている厳しい裁定には不当であると思われるふしもあるかもしれないが、かつてドイツの新たなる教養のために戦ったニーチェはこうした発言をけっして軽率に、あるいは無知から語ってはいないことを承知しておかねばならない。ニーチェは、彼の「問いただす」解釈学の意味で、彼自身の伝統連関から距離をとり、批判的に判断するためにそこから抜けだしたのであり、それによって自らの文化的伝統のなかにいてはふつうは気づかないもの、あるいはまさに長所であるとみなしてしまうものの欠点と弱点を認識することができたのである。→教養、ニーチェとヴァーグナー――ロマン主義の問題、ゲーテ、フランス、普仏戦争、宗教改革、ルター、ルネサンス、ユダヤ

（E. シャイフェレ〔大貫敦子訳〕）

道化　［Narr; Hanswurst; Possenreißer］

『ツァラトゥストラ』序説の中で、山を下りたツァラトゥストラが群衆に超人*と没落*の意義を語る。しかしその言葉は受け入れられない。そのとき突然二つの塔の間に張りめぐらされた綱の上に綱渡り師が現れ、綱の上を歩み始める。だが歩み始めた綱渡り師の後から今度は「道化（Possenreißer）のような男」が現れ、綱渡り師を飛び越える。綱渡り師は綱から墜落し、地面に叩きつけられる。死んだ綱渡り師の遺骸を抱いて歩み始めたツァラトゥストラの前に再び道化が現れ、町を去るよう警告する。超人の意義に耐ええない人間たちが、自らの卑小な存在に居直り超人を拒否する道化と飛躍を望みつつもそれに耐えられず自らの生命を滅ぼす綱渡り師の両極の間にしかいないことを悟ったツァラトゥストラは、こうした人間たちのもとから離れることを決意するのであった［序説6，7］。再び道化という言葉が『ツァラトゥストラ』に登場するのは、第3部の「快癒に向かう者」においてである。この章で永遠回帰*の思想が告知されるが、そのツァラトゥストラの傍らに控えて永遠回帰の思想をむしろツァラトゥストラ以上に巧みに概念化して見せるのが「鷲と蛇*」であった。永遠回帰の思想が語られるよりも歌われるべきものだと認識の言語でツァラトゥストラに向かって語る鷲と蛇に、ツァラトゥストラは苦笑して「おお道化（Narr）よ、手回し風琴よ！　おまえたちは何とよく知っていることか、達成するのに7日をかけねばならなかったことを」と答える。この Narr という言葉でニーチェはツァラトゥストラの影*としての認識者を想定していると思われる。この認識者はツァラト

ゥストラの思想は理解しているが真の意味で自らのものにはしていないという意味では一人の「阿呆」(Narr) である。このことはもう一カ所同じ Narr という言葉が出てくる第4部の「憂鬱の歌」を見るとよりいっそう明らかになる。この章の中の歌で老魔術師は，真理（認識）を求めることに倦み疲れた自分を「道化にすぎぬ！　詩人にすぎぬ！」と自嘲する。だがニーチェはこの認識者としての道化の中に潜む自己との距離を反転させて，自分自身への笑い*，生真面目なアイデンティティへの嘲笑へとさらに向かってゆく。こうした軽やかに自己を笑い飛ばす生のあり方を象徴するのが第4部の「挨拶」に出てくる道化 (Hanswurst) である。「まず一人の者が来なくてはいけない。——それはおまえたちを再び笑わせる者，陽気な道化 (Hanswurst)，踊り手にしてほらふき，腕白坊主，老いた阿呆 (Narr) だ。——おまえたちはどう思うか？」もともと宮廷において王を慰める道化役のことを表すこの言葉によって，ニーチェはふざけ散らし笑い飛ばすことによって逆説的に自己を肯定する生の態度を示そうとした。こうした態度は「もしかしたら私は一人の道化 (Hanswurst) かもしれない」〔『この人』XIV.1〕という表現に示されるような，自己の探求が自己の戯画化と一体化するニーチェの最後の思考境位につながってゆく。このような道化という言葉の逆説的意味には，ヤスパース*が言っているような，自己と対照的であると同時に自己と同一化されるものとしての「仮面*」の意義が投影されていると考えられる。⇒仮面と戯れ

（高橋順一）

文献　▷ Karl Jaspers, *Nietzsche: Einführung in das Verständnis seines Philosophierens*, Berlin/Leipzig 1936（草薙正夫訳『ニーチェ』創元社，上・下，1966）．

同情〔同苦〕　[Mitleid]

ニーチェは同情にたいする嫌悪や軽蔑をしばしば口にしている。ニーチェにとって同情道徳の問題は，「いっさいの道徳に対する信仰が動揺し」，「道徳的諸価値の批判を必要とする」〔『系譜』序言6〕ほどに重大だと思われたようである。

同情概念への批判は初期の著作にはみえない。『悲劇の誕生』*には，「トリスタンとイゾルデ」*との関連で，「同情はある意味ではわれわれを世界の根源苦から救い出す」〔21節〕と肯定的に触れた一節さえある。同情概念にたいするはっきりしたかたちの批判が登場するのは中期からだろう。『人間的』*や『曙光』*などの省察で眼につくのは，同情 Mitleiden を「同-苦 Mit-leiden」と解して行った批判である。同情に同苦の意をあてたものにはショーペンハウアー*がいる。同情道徳批判が中期あたりに顔を出すようになるのは，おそらくニーチェがその頃，ショーペンハウアーから距離をとりはじめたことと無縁ではあるまい。生*の本質を苦悩に見ながら，「個体化*の原理」にまどわされたエゴイズムの立場を超えんとするショーペンハウアーにしてみれば，他人の苦悩を認識し，おのが苦悩と同一視する愛の行為は，生きんとする意志*のまったき否定へといたる道の一つにほかならない。そして愛が他者の苦悩を自己の苦悩と同一視するものならば，「あらゆる愛は同情である」。愛をかなえてくれる同情とは，ショーペンハウアーにとって道徳の極致ともいうべきもので，しかもそれは抽象的反省から出てくるカント*流の定言命法*とまっこうから対立するとみなされた。したがってニーチェが同情を批判的に考察することは，間接ながらカント的な道徳概念にたいする何らかの態度を採ることにもなったはずである。同情道徳の価値にたいする批判はいっさいの道徳的価値にたいする批判を要すると，いささか誇張ぎみにニーチェにいわせたの

も，こうした事情によるのかもしれない。

同情にかんする中期の発言は，心理学*的考察の典型例ともいえるもので，この「あまりに人間的な」現象を解剖してみせるメスは鋭い。これに与っていたのは，おそらくラ・ロシュフコー*などいわゆるモラリスト*たちの人間観察だったろう。『人間的』には，ラ・ロシュフコーの同情批判に触れた一節があり，なかば批判的ながら，同情道徳にたいする距離の取り方はかなり近い。たとえば同情という現象を分析する手法では，同情道徳を道徳命題の理論的演繹のなかに体系づける通例の道徳学とはおよそ異なり，日常の人間関係で渦巻いているさまざまな感情のもつれや矛盾，衝動の葛藤，錯綜のなかで同情と呼ばれる徳の諸相を暴き出してみせる。「ラ・ロシュフコー流の鋭敏な懐疑」[『曙光』103]から学ぶところ大であったといって過言ではない。

同情道徳論者にとって，同情とは他者の苦悩を認識する善き徳として，道徳の源泉におかれる。ニーチェの論駁は，多方面から，こうした同情観にたいする懐疑*を徹底させるところにある。たとえば同情とは人間の優れた徳だという価値観は疑わしい。同情の説は，個人が何らかの共同体に帰属・適合するのを善いこととみて，かえって「個体の弱化」を招く[『曙光』132]。また同情がかりに同苦だとしても，「最下等の動物といえども他のものの苦痛を想像しうる」ので，むしろ「他のものの苦痛を想像し」て苦しむ（同苦）よりも「他のものの喜びを想像して喜ぶ」（同喜）ほうが「最高等の動物たちの最高の特権である」[『人間的』Ⅱ-1.62]。「同情（Mitleiden）は，そのために実際に苦悩（Leiden）が生みだされるかぎり，……一個の弱点」[『曙光』134]である。だからニーチェにいわせれば「高貴な道徳において同情は弱さ」であり[『アンチクリスト』7]，同情は人間生来の道徳源泉などではない。ニーチェは同情道徳よりも，彼のいう慣習道徳*のほうがはるかに古く根源的なものだとみなしている。同情から行為する人間を道徳的人間と認知するようになったのは，「キリスト教*がヨーロッパに招来したもっとも普遍的な影響」とみるべきものなのである。この同情道徳とキリスト教を結びつける見解は，『曙光』で初めて口にされてから強まり，『ツァラトゥストラ』*[Ⅱ-3]では「人間への同情が因で神は死んだ」と断じられるようになる。『ツァラトゥストラ』第4部が同情批判を重要なモティーフにしていること，『アンチクリスト』*[7]でキリスト教を「同情の宗教」と呼んでいることなどを想えば，この結びつきへの注目の度がうかがわれよう。

同情道徳は，従来の道徳の源泉となりえなかったように，将来の人類にもよい兆しを示すものとは言えない。同情は徳であるどころか害である。終末の始まりであり，生に反抗する意志である。それは「発展の法則を，つまり淘汰の法則を妨げる」。そして「同情とはニヒリズム*の実践である」[『アンチクリスト』7]。もっともニーチェが「同情」と呼ぶものすべてを否定したのかと言えばそうではない。『ツァラトゥストラ』ではツァラトゥストラ自身の「大いなる愛」が同情に代わるものとされていたが，『善悪の彼岸』*には，二種の同情を区別した考察がある。「奴隷階層にたいする同情」とそのような「同情にたいする同情」[『善悪』225]がそれで，前者の「苦悩を取り除こう」とする同情に代わって，「偉大な苦悩の訓練」となる同情を来るべき可能性として描いている。→キリスト教，慣習道徳，ショーペンハウアー，定言法 （木前利秋）

陶酔 [Rausch]

『悲劇の誕生』*においてはディオニュソス*的陶酔は，アポロ*的芸術を補完すべきものであり，マヤのヴェールが剥がされて生*の根源的苦悩がかいま見え「個体化*の原理」

が越えられる救済*の一瞬と捉えられている。この時期においては、ディオニュソス的陶酔は主に芸術における美的経験と解されている。後に『曙光』*には、こうした陶酔が気休めにすぎず、一時的な治癒の錯覚をもたらす麻酔のようなもので、かえって後にはその禁断症状に悩むことになるという醒めた見方がある［52］。同じく『曙光』では「各種の憂愁や意気消沈に対して……人々はとかく陶酔の手段を求めようとする。たとえば芸術に」［269］とも言われている。こうした発言の背後にはウァーグナー*の芸術に対する失望が読み取れるが、このような見方はやがて陶酔感にともなう権力*志向についての「心理学*的」考察に発展していく。たとえば、「犠牲*の道徳」は自分より力強いものと合一するという「思想の陶酔」であり、「犠牲を通じて再証明された力の感情に酔う」［215］ことであるとされる。また「陶酔と言われる快楽の状態は、まさに高い次元の権力を有していると感じることだ」［遺稿 Ⅱ.11.116］と言われる。ここに「力への意志*」の源泉が認められていることは看過できない。確かに陶酔の源泉を見つめるこうした醒めた眼があるとは言え、『ツァラトゥストラ』*や『この人を見よ』*などでは、ニーチェ自身が自己陶酔に陥っているふしがあることも否めない。これに対して、『悲劇の誕生』に述べられているような脱日常性の経験としての陶酔は、ニーチェの後の時代にも反体制的な批判力の源泉となっている点を見逃すことはできないだろう。たとえばシュルレアリスム*やベンヤミン*に見られるような麻薬経験と革命的パトスの密接な連関、そして1960年代後半における学生運動と歩を共にするサブカルチャーでの LSD の流行などに、その例を見ることができる。　　　　　　　　　　　　　　（大貫敦子）

『道徳の系譜』　　　［Zur Genealogie der Moral. 1887］

【Ⅰ】　『道徳の系譜』成立の背景　　後期ニーチェを代表する著作の一つ。書簡には「1887年の7月10日から30日のあいだに執筆を決め、書き上げ、印刷できるかたちにしてライプツィヒ*の印刷所に送りつけた」［ブランデス宛1888.4.10.］との証言があるが、『ツァラトゥストラ』*の執筆期間と同様、どこまで信用してよいか怪しい。タイトル・ページの裏に「最近公にした『善悪の彼岸』*の補説ならびに解説のために」と記されていることからもわかるように（ただしグロイター版全集では削除）、『善悪』（1886）の姉妹篇とでもいうべき位置を占める著作である。妹の伝では、ジルス＝マリーア*で受け取った数通の手紙から、「今を支配する道徳の由来をもっと詳らかに論じ、『善悪の彼岸』で呼んださまざまな誤解を解く必要がある」［『ニーチェの生涯』］と感じたのが、執筆の動機だといわれている。『この人を見よ』*では、『善悪』に加えられた「犯罪的批評」が、自分の著書にたいする批評には常日頃「何の好奇心ももたない」ニーチェの眼に止まったと述べている。『ツァラトゥストラ』を書き上げた後、『力への意志』と題する著作を準備しつつあった（とニーチェが公言した）時期のものとして、『善悪』ともども円熟した思想と文体の結晶した作品である。続いて、『ヴァーグナーの場合』『偶像の黄昏』*『アンチクリスト』*『この人』の作品群が脱稿された翌1888年は、すでに、ニーチェが狂気に落ちる前年に当たる。

『系譜』にはまた「一つの論争の書」という傍題が付いている。反論の対象が何にあったか断言しにくいが、序での自伝的な回顧や本論での論駁の内容から推して、パウル・レー*の『道徳的感情の起源』（1877）の内容にあったとみて大過ないだろう。道徳の起源を「同情道徳」に求め、道徳の価値づけを利他

的価値づけに見た「純イギリス流の逆立ちした系譜学的仮説」に対する批判である（もっともレー自身の書はもともとこの種の道徳に対する批判を目論んだもの）。たしかに同書の章名を拾ってみただけでも、「Ⅰ．善悪概念の起源、Ⅱ．良心の起源……」に始まり、さらに「Ⅳ．正義感と処罰の起源」「Ⅵ．道徳の進歩」など、ニーチェがこの本を意識したと思わせる節がある。ただし、対象が単にレーの個人的見解にあったと考えるなら、本書の射程をあまりに狭く取ることになろう。道徳の起源に関する仮説などよりはるかに重大なこととしてニーチェが気にしていたのは、「道徳の価値」の問題であった［序言5］。同情道徳や利他的な価値づけをもってニーチェが批判の対象としたのは、ヨーロッパを支配していた「近代の感情柔弱化」の傾向や、そこに表れた「畜群道徳」[『善悪』201] の価値をめぐる問題にほかならない。

【Ⅱ】 『系譜』の主題と内容　本書の全体は少し長い「序言」と三つの論文からなる。各論文は、ほぼ各段落ごとに番号が振られていて、アフォリズムを収録したもののようにも読めるが、ニーチェの著作では珍しく、筋をもった文字通りの論文形式で成っている。本論の主題を手際よくまとめたものとしてしばしば引かれるものに、『この人』での『系譜』に触れた箇所がある。第一論文「〈善と悪 Gut u. Böse〉・〈良いと悪い Gut u. Schlecht〉」は「キリスト教*の心理学*」、第二論文「〈罪〉・〈良心の呵責〉・その類」は「良心の心理学」、そして第三論文「禁欲主義的理想は何を意味するか」は「僧侶の心理学」である——簡潔で要領を得たニーチェ自身の整理として、これに過ぎるものはないが、しかし『道徳の系譜』という書は、この整理に従って読めばすむ程度に出来上がってはいない。

本書の全体を通底しているのは、何よりもまず、〈力への意志*〉をめぐるいくつかの変奏、ことに柔弱で劣悪な者の力への渇望が引き起こすさまざまな主題の変奏である。ルサンチマン*、良心*の呵責、禁欲主義的理想は、そうした展開の諸相をあらわす。もちろんこれらの考察には、それと反対の極にある権力*をもった高貴*なる者における価値評価の如何がつねに平行して問われてくる。劣悪な者、高貴な者とはいっても、ここで取り上げられている力の論理を、ごく皮相な〈権力意志〉、権勢欲にひとしなみに還元してしまおうとするわけではない。おそらく話は逆で、むしろそこに表れた対立の系譜学*的な由来を、権勢欲などとはいささか異なった力の論理から解きほぐしてみることが肝心なのである。

第一論文での「良い」という言葉の二つの語義も、その例の一つである。「良い」という判断は、もともと高貴な人々が、賤民*的なものとの対照、「距離のパトス*」によって、自らとその行為を「良い」と感じ評価したときに出てきたもので、上位の「良き」人にとって、下位の卑賤なものは「悪い」ものである。「ローマ」的な支配種族と「ユダヤ*」的な賤民とのこの対立に、〈良いと悪い Gut u. Schlecht〉の対立の由来がある。高貴な道徳がこのように自己を「良き」者と肯定することから生まれ出てくるのに反して、奴隷道徳は、力なき劣悪なものが、権勢あるものに向かって「否」を言うことから始まる。ルサンチマンのきっかけをなすのがこれである。力なき者は、「行動による反発ができないところから、単に想像上の復讐によって、自己のうけた損害の埋め合わせをつけよう」とする。ルサンチマンが「創造的となって、価値を生みだす」。こうして自己の救済*を願う〈大きな物語〉が捏造*される。虐げられた者にとって憎悪の対象となるものは〈悪なる〉者で、その反対物が〈善なる〉者である。〈善と悪 Gut u. Böse〉の対立がここに生じてくる。「キリスト教の心理学」は、

この後半部分の脈絡に入る。彼が貴族的な価値評価と司祭的な価値評価と呼んだこの対立は、自己を肯定する能動的な力が自発的な行動によって反動的な力を支配する場合と、他者を否定する反動的な力が想像上の復讐によって能動的な力を憎悪する場合との対抗にほかならない。

第二論文でも、似たような対抗の構図が、位相を変えながら生きている。高貴なる者、君主然たる民は、能動的な記憶力にもとづいた「責任という異常な特権に通じているとの誇り」、この自由と力の意識を支配的な本能にまで高めたとき、それを良心と呼ぶ。そうした能動的な力が、外へ向けて自由に発露する機会を失い、野蛮な残虐の本能が、反動的に「回れ右をして、人間自身に刃向かってきた」とき、「良心の呵責」が生じるのである。人間はこうして内面の世界を虚構する。ここには、力の残虐性が、外へ解き放たれて〈自由の意識〉を生み出していく場合と、内へ閉じ込められて〈負い目*の感情〉を作り出していく場合との対抗が表れている。ニーチェは、刑罰*、祝祭、そして正義、法の真の系譜を前者の脈絡、罪、良心の呵責を、後者の脈絡で考察している。もっとも良心の呵責は、単に外にたいする内の意識という次元に終わらない。ニーチェは、良心の呵責という負債感情の成熟を、キリスト教の神観念の生長と関連させて語っている。良心の呵責をもった人間は、自己の疾しさを駆り立てるために、その宗教的前提として、神に負債があるという思想を作為し、己れの動物的本能に対立するいっさいを神のなかに想定する。こうして、残虐な力の反動化によって、人間の内なる獣と外なる神、内面の意識と神の観念との分断、対立が生じる。ニーチェにとって、この〈キリスト教の神聖な神〉は、「人間のうちなる獣が自らを神と感じ、自己自身を引き裂くことのなかった」〈ギリシアの神々〉の対極に位置するものである。能動的な力が、自己を引き裂くことなく外へと発露する、獣的で神的な自由の意識と、反動的な力が、自己を引き裂いて、動物的本性と神聖な神を対立させる内面の意識との対抗——これが「良心の心理学」を可能にしているコンテクストである。

上のいずれにおいても、能動的な力と反動的な力の対抗が前提にあるが、第三論文で批判のメスを入れられている種類の人間（僧侶・哲学者・学者）も、この対立を軸に考察されている。彼らはニーチェが観想的生活を送る人々と規定したものに属する『曙光』42]。禁欲主義的理想は、観想的人間の最古の種族たる宗教的人間の信念、意志となるものである。司祭たちは、ルサンチマンの方向を他人から自己の方に切り換え、弱者の自己保存*本能の育成に利用する。禁欲主義的理想は、この自己保存本能のために戦っている退廃した生命の防衛本能と治癒本能から生じたものである。宗教に発するこの理想は、しかし、科学への信頼が高まり神への信仰が衰えたとしてもなくなるものではない。それどころか、ニーチェにとっては、科学における真理への意志こそ禁欲主義的理想そのものにほかならない。科学よりはるかに禁欲主義的理想に対立するものをあげるとすれば、むしろ芸術である。「プラトン*対ホメロス*、これこそ全面的な本当の敵対関係である——前者は自発的な〈彼岸の人〉であり生の大誹謗者であるのに対して、後者は生を無意識に神化した人、黄金の自然である」[『系譜』Ⅲ.25]。芸術が、道徳の価値のみならず真理の価値に対抗する位置に置かれているが、もちろんこれは芸術なら何でもよいわけではない。ヴァーグナー*のように芸術家が禁欲主義的理想に奉仕することもないわけではない。ここでニーチェが試みたのは、「行為の野獣」たることを妨げられた者の「観念の野獣性」を暴き、真理の信仰のために自由の精神を実行できない者を告発することである。

科学における「真理への意志*」と芸術における「欺瞞への意志」との対立の根底にあるのは、真理を偽造する力の自己保存と生を確信する力の自己拡大との対抗にほかならない。

【Ⅲ】 『道徳の系譜』の影響 『道徳の系譜』は、後年に与えた影響力の点で、ニーチェの著作のなかでも特異な地位を占めてきた。とりわけルサンチマンの分析は、マクス・シェーラー*の『道徳の形成におけるルサンチマン』を通じて広く知られるようになったが、マクス・ウェーバー*が、『宗教社会学論集』における「世界宗教の経済倫理・序論」で批判の対象にしているのも、ニーチェのルサンチマン論である。またミシェル・フーコー*が、みずからの歴史記述の手法を、「系譜学」と呼ぶのも、一つには『道徳の系譜』に由来している。影響力が、特定の分野に限らず、哲学・歴史学・社会科学など幅広い分野に及んでいるのも、本書の特徴だろう。おそらく、ニーチェ自身が、『善悪の彼岸』とともに自分の著作のなかでもっとも重要なものと語った以上に、その重要度を増し続けているのが、この『道徳の系譜』である。→解釈と系譜学, 心理学, ルサンチマン, 良心, レー　　　　　　　　　　　（木前利秋）

ドゥルーズ [Gilles Deleuze 1925-95]

第二次大戦後のフランスの思想界ほど、各種の思想の乱舞が見られたところはない。マルクス主義*, 実存主義*, 構造主義*, 現象学*が次々と複雑に重なりあいながら登場し、論戦する。ヘーゲル*, マルクス*, ニーチェ, フロイト*, フッサールといったドイツの巨匠たちがどこにでも顔を出す、このような展開は戦後フランスをヨーロッパ思想の先端に立たせたことは疑いない。この光景は華やかではあるが、他方では少々首をかしげたくなるところもある。フランスの当事者たちはこの光景をどう見ていたか。ドゥルーズはいう――「現代哲学はごたまぜ状態にある。これは哲学の活気と精力の証しではあるが、また精神にとっての危険をも含む」[『ニーチェと哲学』邦訳277ページ]。これは的確な判断である。だがここで言われている「精神にとっての危険」とは何であるか。この危険の本質を正確に見抜き、その危険から脱出することが、少なくともドゥルーズの哲学的課題であったと思われる。西欧哲学における危険の所在をいち早く気づき、正確な診断をした人、それがニーチェだとドゥルーズはいう。したがってニーチェはドゥルーズにとって不可欠の人物であり、ドゥルーズ哲学はニーチェ哲学の現代的再建である。

何よりもまず、「哲学のイマージュ」を変えなくてはならない。「ニーチェが哲学の最も一般的な諸前提を吟味したとき、彼はそれらが本質的に道徳的であると言う」[G. Deleuze, *Différence et répétition*, p. 172]。なぜなら、思考が良き本性をもち、思考者が良き意志をもつとわれわれに説得するのは、道徳だけであり、善のみが思考と真理の親和性を基礎づけることができるからである。思考の道徳的イマージュは伝統的哲学のイマージュである。したがって新しき思考は、このイマージュとそれが含む公準に対するラディカルな批判から出発しなくてはならない。イマージュは表象である。イマージュの批判は表象の批判であり、同時に道徳の批判でもある。道徳的イマージュ（表象）と手を切ったところから、思考は開始する。イマージュなき思考とは差異*の思考である。これがニーチェのメッセージである。

哲学の道徳的イマージュは、差異を圧殺する。「把握された同一性、判断された類比（アナロジー）、想像された対立、知覚された類似（シミリチュード）と関わらされることで、差異は表象の対象となってしまう」[同 p. 180]。表象の世界は差異をそれ自体として考えることができないし、差異を差異たらしめる反復をも考えることができな

い。

ニーチェは表象の世界と表象の哲学の解体者であった。力への意志*と永遠回帰*の思考は差異と反復の思考である。現代哲学が形而上学*とよばれる表象の哲学と手を切り、再出発をとげる使命をもつのだとしたら、ニーチェこそ現代哲学の最初の告知者であったと、ドゥルーズは考える。「思惟の新しいイマージュをつくりあげること、押しつぶさんとのしかかる重荷から思考を解放すること」[『ニーチェと哲学』邦訳278ページ]。ところがこの切迫した課題の実現をはばむ最大の敵が今も生きのびている。表象の哲学の最大の代表者は弁証法*である。ニーチェの表象批判は、同時にヘーゲル弁証法批判である。ニーチェとヘーゲルの間に妥協はありえない。弁証法を構成する三つの要素がある——(1)否定の力、対立と矛盾の原理。(2)苦痛と悲惨の価値、受難と分裂の実践的原理、不幸の意識。(3)肯定性の観念、否定の否定としての肯定性。ニーチェはこれら三系列の観念を全面的に拒否する。なぜなら、弁証法は、否定の力によって差異を同一性に回収することで差異自体を圧殺し、禁欲主義の理想とニヒリズム*を合体させる僧侶の思想であるからだ。弁証法は最後のキリスト教的イデオロギーであり、奴隷の思想である。生の断念（たとえば労働*）の中に否定の生産力を見いだし、否定力を媒介にした肯定性を称揚したところで、その肯定性はまやかしの肯定性でしかない。受難や苦悩によって肯定性を測定するものは、獅子の皮をかぶった驢馬*であり、その驢馬とは「おしまいの人間」＝「末人」（「最後の人」、現代人）である。末人は「われわれは幸福を発明した」という［『ツァラトゥストラ』序説5］。弁証法は、末人の哲学である。末人がのりこえられ、末人哲学（表象の哲学）としての弁証法がのりこえられるべきだとすれば、ニーチェの思想はわれわれが頼るべき唯一の思想だと言えよう。末人（形而上学、弁証法）は「〜とは何か」を問う。ニーチェは「誰か」を問う。ニーチェの問いの原理は、力への意志である。それは「差異的境位」[『ニーチェと哲学』邦訳280ページ]である。差異の境位においてこそ、力への意志は、創造的な肯定の力になり、贈与の原理になる。禁欲と節約と苦悩の思想およびそれの思弁的理論としての弁証法はかくして遠ざけられる。→弁証法　　　　　　　（今村仁司）

ドストエフスキー　[Fyodor Michailowitsch Dostojewskii 1821-81]

ニーチェがドストエフスキーの著作に出会ったのは、彼が精神に異常をきたす数年前であったとされており、時間的余裕という面からも十分な理解に達することができたかどうかは疑わしいところがある。とはいえ、ニーチェは1886年から87年にかけての冬のニース滞在の折に、数週間前までは名前すら知らなかったドストエフスキーの仏語訳『地下的精神』を本屋で偶然に見つけ、かつてのショーペンハウアー*やスタンダール*との出会いに比すべき「親縁性の本能」がただちに働いて異常な喜びを感じたことを、オーヴァーベック*宛の書簡[1887.2.23.]に記しているのである。それ以降ニーチェはドストエフスキーの小説『虐げられた人々』『死の家の記録』『悪霊』などを仏語訳で精力的に読むことになる。のちに『偶像の黄昏』*[Ⅸ.45]でドストエフスキーは「私が学ぶべきものをもった唯一の心理学者」であり、「私の人生のもっともすばらしい僥倖の一つ」と評価され、またブランデス*宛の書簡[1888.11.20.]では「私の知るもっとも価値ある心理学的素材として彼を評価しています　　たとえ彼がどれほど私のもっとも下層の本能に反するにしても、奇妙なことに私は彼に感謝しています。これは私がほとんど愛好しているパスカル*との関係にほぼあたります。というのは、パスカルはかぎりなく学ぶところのあった、

唯一の論理的キリスト者だからです」と書いている。この二つの評言から推測するかぎり、ドストエフスキーはニーチェにとってまずはおおいに精神の共鳴を感じる人物であり、人間心理の酷薄な分析者としての側面が評価されているが、後者の発言からすると、キリストおよびキリスト教解釈を軸に強い結びつきと同時に基本的な差異もまた意識されていたと考えられるのである。

ところで『地下的精神』(*L'esprit souterrain*)と題された書物は、いったい何だったのだろうか。従来は『地下室の手記』と同一視されてきたこの書物は、1973年にミラーというアメリカの研究者が明らかにしたところによると、ドストエフスキーが25歳のときに書いた短篇『主婦』と『地下室の手記』の後半部分を主とした翻訳というより翻案に近いものであったとのことである。もう一つ発見らしきこととといえば、1970年から刊行されているグロイター版ニーチェ全集にはじめて『悪霊』からの抜書が掲載されたことである。当時ニーチェが使用していたノート13ページにわたり、ストーリーにかかわるものはなく、スタヴローギン、キリーロフ、ピョートル、シャートフといった登場人物の自己分析と世界解釈ばかりが抜書されていて、「素材」という言い方にみあっているといえようか。もちろん、文献上の証拠と両者の思想全体の比較はレヴェルの違う問題である。まずキリストおよびキリスト教*をめぐる問題が、両者の比較検討の第一の軸となるであろう。これは従来さまざまに議論されてきた論点である。日本では、キルケゴール*やニーチェとの関連でドストエフスキーをとらえるシェストフの『悲劇の哲学』が、昭和10年前後に「シェストフ的不安」という流行語とともに文壇・思想界を席捲したことがある。このニヒリズム*、実存主義*の線上でドストエフスキーをとらえる、たとえば『地下室の手記』を作者自身の思想的宣言と読むような傾向が受けいれられた前提にあったのは、権力の弾圧と自発的転向によるマルクス主義*の崩壊であった。この一種の「普遍主義」の解体が思想的空白を招き、その後に大家の復活(「文芸復興」)や伝統への回帰(日本浪曼派)が生じたのである。この「空白」という一点に対応したのがシェストフだったといえよう。それは無限定の否定、観念の上だけの急進性に養分を与えるものであった。シェストフが読まれたことは、ニーチェもまたそのように読まれてしまうということでもある。しかし、ドストエフスキーの作品がシクロフスキーのいうように「絶望の分析であって思想の拒絶ではなかった」としたら、シェストフはあまりに一面的というほかない。

ドストエフスキーは、〈近代〉とりわけ〈社会主義*〉の内在的批判を、伝統と普遍主義がつくりだす緊張した磁場のなかで企てたのだし、ニーチェもまたそうなのだ、と考えたい。ルカーチ*はニーチェに「社会主義の敵」というレッテルを貼ったが、今日なおもニーチェに思想的活力があるとすれば、彼がどれほど立派な社会主義の敵であったかにかかっていよう。つまり、その批判の射程が既存の社会主義をつらぬいて、どこまで行っているかが問題なのである。なぜなら、従来の左翼的党派性は、この間の世界史的変動もあってほとんど無効になってしまい、そこで敵とか味方とかいっても、そういう言説自体が無意味になってしまったからである。かといって「永遠回帰*」や「力への意志*」が「歴史の終焉」という自足的雰囲気のなかで読まれてしまっては、ニーチェに未来はあるまい。問題を隠蔽する道具立てに利用されるだけだからである。普遍主義への、とりわけ自称普遍主義への批判の棘としてニーチェは読まれねばならない。西欧の先進的思想と土着的伝統、革命と反動という対抗軸が、ドストエフスキーという拡大鏡をあてることで、ニーチェのなかによりはっきりと読みとれるこ

とになれば，両者の比較はさらに生産的なものになるだろう。　　　　　　　（中尾健二）

[文献] ▷ C. A. Miller, Nietzsche's 'Discovery' of Dostoevsky, in: *Nietzsche-Studien*, Bd.2 (1973) Berlin/New York.

トライチュケ [Heinrich von Treitschke 1834-96]

ベルリン大学教授をつとめ，ランケの死後はプロイセン国家の歴史記述官となったトライチュケは，晩年のニーチェにとっては，狭隘なドイツ・ナショナリズムの代表者であり，小市民性と俗流キリスト教道徳とホーエンツォレルン家賛美のいわば三位一体を体現した，最も憎むべき，文化には最も無縁な存在であった。その点では，ヴァーグナー*と軌を一にするとされていた。『この人を見よ』*でもヴァーグナーを論じた箇所で槍玉に挙げられるのは，偶然ではない。「ドイツで〈深い〉と言われているのは，まさに本能の不潔さである。……プロイセンの宮廷ではトライチュケを深いとみなしているのではないかと私は恐れる」[『この人』 XIII.3]。あるいは「プロイセン的愚鈍」[『善悪』 251] の代表者ともされている。実際にトライチュケはザクセン王国出身であるにもかかわらず，ビスマルク*の成功を眼にすると，プロイセン主導のドイツ統一に賛成し，故郷の両親との完全な決裂を見るほどであった。また，1871年以降は十数年にわたって帝国議会に席を占め，社会主義*に対して舌鋒鋭い論陣を張り，反ユダヤ主義*的著作をも物している。1887年ヴィルヘルム1世 (1797-1888) の誕生日にあたって，「フリードリヒ大王 (1712-86) の棺とヴィルヘルム1世皇帝の揺り籠のあいだにはわずか11年の時間的距離しかない」と始まる祝辞のなかで，フリードリヒの国家とドイツ帝国の連続性を強調し，ドイツの歴史意識は空虚な自然法や世界市民意識を乗り越えると断定し，「自由なる王の下の自由な国民──これこそわれわれがプロイセンの自由と呼ぶところのものである。……われわれは，外国で自由な気質として自慢の対象であるあの不信の教えを無視するのだ」と豪語する。そして，「ドイツの玉座のためには最強で最も優れた優秀な人間が最も適切であると謙虚に思う」とする発言には，反フランス論，反ユダヤ主義につながるものが十分にある。そして，この偽りの連続性の吹聴，反フランス論，反ユダヤ主義をニーチェは大嫌いであった。だが，20世紀のゲルマン神話のなかでは，ニーチェとトライチュケのあいだのこうした重要な差異は無視され，ニーチェにもある強者絶対の思想とトライチュケ的歴史イデオロギーとが癒着して受容されたことも忘れてはならない。　　　　　　　　（三島憲一）

ドラクロワ [Eugène Delacroix 1798-1863]

フランス・ロマン主義絵画の先導者であったドラクロワにニーチェが言及する場合，ほとんどがヴァーグナー*との連関においてであることは特徴的である。彼にとってドラクロワは「ヴァーグナーにもっとも似通った」芸術家であった。両者に共通するのは，「崇高なるもの，それどころか醜さや残忍さの王国における偉大なる発見者」であり，「諸芸術と感性を媒介し混合し」，他のいっさいを犠牲にしても表現を熱狂的に求める芸術家である点だという。その意味ではドラクロワはまさにロマン主義の特性をすべて兼ね備えている。さらに「生まれつき論理と直線の敵対者であり，未知のもの，異国的なもの，不気味なもの，いびつなもの，自己に刃向かうことを渇望し，意志のタンタルスたる人間であり，人生でも創作でもレント（ゆっくりと）という高貴*なテンポを知らない成り上がりの賤民*」だとしている [『善悪』 256]。「レントを知らない賤民」という表現には，ニーチェがこよなく愛したロレン*やプーサンらの英雄的風景画の静けさとはまったく異なった

413

傾向に対する拒否的反応をうかがわせるが、そうした形容がかならずしも否定的な評価につながっているわけではない。ニーチェはドラクロワとヴァーグナーをボードレール*という共通項でつないでいる。ドラクロワの価値を最初に認めその代弁者となったボードレールがまだ生存していたなら「現在パリで第一のヴァーグナー崇拝者であろう」[遺稿Ⅱ.8.416]というニーチェの言葉には——ヴァーグナーとの決裂にもかかわらず——後期ロマン主義的デカダンス*を時代状況の表現として認め、それになおも魅了されている感性がうかがえる。ドラクロワの芸術は、「われわれの時代の情念であり、神経であり、弱さ」の表現、つまりは「近代（モデルン）の苦悩」そのものであり、またそれらすべてを貫く「崇高なる稲妻」だという［Ⅱ.7.68］。デカダンスの表現としての後期ロマン主義芸術を、ニーチェは1830年代の時代の雰囲気によるものと見ている［Ⅱ.8.405］。つまり「ナポレオンの時代のあの悲劇的動乱の遺産であり、さらにそれ以上に犠牲者」である世代に共通の時代状況のなかで生まれるべくして生まれた芸術だというわけである。逆にいえばヴァーグナー的ロマン主義は、デカダン的パリそのものなのである。「パリっ子を不可避的にヴァーグナーに転向させてしまう魔力」が、このデカダンスの雰囲気にはある。ただヴァーグナーの場合には「帝国ドイツ」の俗悪趣味に迎合したのに対し、ドラクロワにはそのドイツ性がなかったことが、辛辣な批判ではなくむしろ共感を寄せている理由である。しかしニーチェには1830年7月革命を素材とし共和主義者としての心情を表現したドラクロワを見る視点はない。あの三色旗を掲げる「自由の女神」に革命の灼熱の炎を読み取ったハイネ*とは逆に、ニーチェはドラクロワのなかに「太陽の陽光を知らない」芸術家を見ている。その意味ではボードレールが描く憂愁と倦怠の世界に、ドラクロワを位置

づけているといえる。ニーチェのドラクロワ観には、ヴァーグナーも共有していたロマン主義的デカダンスが、「ドイツ的」に変質しないような別の可能性が投影されている。
↪ニーチェとヴァーグナー——ロマン主義の問題, ボードレール　　　　　　　　　　　　　（大貫敦子）

「トリスタンとイゾルデ」　　[Tristan und Isolde. 1859成立；1865初演]

　1861年，16歳のニーチェが初めて出会ったヴァーグナー*の作品が、ピアノ抜粋版の「トリスタン」であった。その後ニーチェは1868年にライプツィヒ*で初めてヴァーグナーに会うが、その10日前に聴いたヴァーグナーの作品がやはり「トリスタン」であった。ニーチェとヴァーグナーの邂逅には、「トリスタン」をめぐる縁がはたらいているように思える。それが推測でない根拠として『悲劇の誕生』*の21章に出てくる「トリスタン」へのオマージュを挙げることができる。周知のように本書でニーチェは、芸術*における二つの相対立する原理としての「アポロ*的なもの」と「ディオニュソス*的なもの」を提示する。そして彼の志向する悲劇芸術においては「ディオニュソス的なもの」と「アポロ的なもの」の共働が求められる。それは、「ディオニュソス的なもの」の発現が「美的仮象」に媒介されねばならないことと同義である。ニーチェはこのことを、「ディオニュソス的なもの」としての音楽が、悲劇において自らと観衆の間に「比喩*」を定立することと捉えている。この比喩において音楽は逆に「ディオニュソス的なもの」の自由を得るのである。ではこの比喩とはなにか。ニーチェはそれを「神話*」と規定する。「神話」としての比喩において、音楽のディオニュソス的喚起力と美的仮象の比類ない融合が可能になる。こうした悲劇芸術の現代における例証をニーチェは「トリスタン」に見たのである。運命の糸に誘われつつ禁断の愛の法悦に

堕ちていく英雄トリスタンと王女イゾルデの物語は、「死へのエロス」というディオニュソス的衝動を神話という枠組みを通して、きわめて純粋な芸術表現へと昇華しえたという点でヴァーグナーの全作品中でも冠絶しているとともに、ニーチェの悲劇概念の範例となっている。後年ヴァーグナー批判に転じ、他の作品に対しては仮借ない批判を展開したニーチェだが、「トリスタン」についてだけは批判的言辞を残していない。ニーチェのこの作品に対する想いの深さを証明しているといえよう。

(高橋順一)

トリノ [Turin; Torino]

1888年4月に初めてトリノを訪れたニーチェはたちまちのうちに、人口30万近い都市でありながら落ち着いたたたずまいを見せ、宏壮な宮殿や華やいだ広場を持つこの都市に好感を抱いた。乾燥した大気は彼の健康に適していたし、アーケードの下を歩いて独特の「カフェ・ハウス文化」を楽しみ、ポー川沿いの風景を眺めながら散策できるこの街は、「歩くにしても見るにしても古典的」な「楽園」であった [ガスト宛1888.4.7.；オーヴァーベック宛同4.10.；母宛同4.20.]。劇場ではビゼー*「カルメン」が上演されており、ここで彼は『ヴァーグナーの場合』を書き上げている。6月から9月中旬までをジルス=マリーア*で過ごした彼はふたたびトリノに戻り、春と同じく街の中心にあるカルロ・アルベルト広場が見わたせる一室に下宿した。充ち溢れる陽光、黄色に色づく木々、淡いブルーの空と川、清澄な大気——トリノの秋の完璧な美しさ、彼は無限に広がるクロード・ロレン*の色彩の世界に喩えている [『この人』XII.3；ガスト宛1888.10.30.；オーヴァーベック宛同年11.13.]。のちに画家キリコはその回想録で、自分はニーチェに、「空が澄みわたり、陽が低くなって夏よりも影が長くなる秋の午後に気分」を感じるが、それはとりわけ「選り抜きのイタリアの都市トリノ」に見いだされると述べている。ニーチェ自身がオーヴァーベック*宛の手紙で、「ぼくはいま世界中でいちばん感謝している人間だ——言葉のあらゆる良き意味において秋にふさわしい心情だ。つまりぼくの大いなる収穫期というわけだ」と書いているように [1888.10.18.]、トリノではジルス=マリーアで始めた「あらゆる価値の価値転換」の書である『アンチクリスト』*が仕上げられ、さらに『偶像の黄昏』*『この人を見よ』*『ニーチェ対ヴァーグナー』といった著作が相次いで完成された。しかし、1889年1月初めにニーチェは知人・友人に宛てていわゆる「狂気の手紙」を書き送り、ブルクハルト*の警告を受けてトリノに急行したオーヴァーベックは、部屋のなかで裸で踊り狂うニーチェの姿を発見したという。狂気の発作を起こしたとき、ニーチェはトリノの街頭で馭者に鞭打たれる馬を見て、通りを横切って馬の首に抱きつき、声を上げて泣いたという話が伝わっているが、ドストエフスキー*の『罪と罰』の一場面を思わせるこの挿話の真偽のほどはたしかではない。

(大石紀一郎)

[文献] ▷ Anacleto Verrecchia, *Zarathustras Ende. Nietzsches Katastrophe in Turin*, Köln/Weimar/Wien 1986 (Torino 1978).

奴隷の反乱

「道徳における奴隷の反乱」とは、それまでは高貴*で偉大で強いことを善としていた支配者の道徳に対比して、この世界において弱いこと、品格の低いことこそ善であるとする価値の逆転が生じたことをさす。つまり、支配者に対する逆恨みに発するものである。『道徳の系譜』*第一論文では「ルサンチマン*自身が創造的になる」[10節] ことが奴隷の反乱とされている。「創造的」とは、新たな価値を捏造*するという意味である。ニーチェに言わせればこの反乱は勝利をおさめた。

だからこそそれが起きたことすらわれわれには見えなくなっているというのだ。反乱を起こしたのは，他でもないユダヤ人*である。「ユダヤ人は奴隷になるように生まれついている。……ユダヤ人は価値の転換*というあの奇跡的事業を成し遂げた。その事業のおかげでこの地上の生は何千年かにわたって新たで危険な魅力を帯びるようになったのだ。……この民族とともに道徳における奴隷の反乱が始まった」[『善悪』195]。ニーチェの歴史構成は，この文章からもわかるように，必ずしも「奴隷の反乱」を諸悪の根源扱いしているわけではない。なぜなら，地上の生が「新たで危険な魅力」を帯びるようになったことにそれは寄与しているからである。この魅力こそはまたニーチェをしてさらに新たな未来の生のあり方へ，人間を越える超人*への夢を生み出す基盤でもあったからである。こうした歴史の綾への視線こそニーチェの思想と文体を支えるものである。

とはいえ、「奴隷の反乱」という表現そのものが軽蔑的であることはまちがいない。『善悪の彼岸』*以降，最晩年にかけての文章には，綾を見る眼と，軽蔑的言辞とのあいだの揺れが激しくなっていく。反ユダヤ主義*とも無縁でない表現が次第に多くなる。たとえば「初期キリスト教徒との交わりはポーランド系のユダヤ人とのつきあいと同じように願い下げにしたいところだ。彼らに対してなにか異議があるというわけではまったくない。両者ともにいやな臭いがするのだ」[『アンチクリスト』46]。反ユダヤ主義にはたえず批判的であったニーチェであるが，なにかを軽蔑するときの言語には，意図せざるかたちで問題的表現がしのびこんでくるところには，当時のドイツ語圏で反ユダヤ主義が強くなってきたことがやはりひびいている。「奴隷の反乱」といったどぎつい表現にもそうした事情が働いていよう。→反ユダヤ主義，ルサンチマン

(三島憲一)

ナ

ナウムブルク [Naumburg]

父親の死後、ニーチェの家族が1850年に移り住んだザクセン=アンハルト地方の小都市。教会美術の点で有名な大聖堂がある以外にはまったく退屈な田舎町で、保守的で頑迷な敬虔さの残る土地柄でもあった。ニーチェは、1858年に郊外のプフォルタ校*に転校するまで、この町の小学校と大聖堂付属のギムナジウムに通ったが、妹の伝えるところによれば、当時のニーチェはどしゃぶりの雨が降っても広場を走ってわたることなど絶対にしないお行儀のよい子どもで、「小さい牧師」というあだ名を頂戴するほどであった。後年彼は、母や妹には骨の髄まで染み込んでいた、偏狭でしみったれた小市民的道徳を「ナウムブルクの美徳」と呼んで嫌悪した。また、帰郷して家族を訪れるたびに、この地方の気候が彼の健康に良くないことを嘆いている。ナウムブルク産の辛口ワインはもともと酒に弱いニーチェの口には合わなかったが、ロースハムだけは例外で、1888年になっても母親に何度も手紙を書いて送ってくれるようにとねだっている。ニーチェは発狂後、1890年に母親のもとに引き取られ、1897年に妹によってワイマール*に移されるまでの期間をこの町で過ごした。その後もナウムブルクは旧態依然としたもので、1930年にはナチス*の擡頭前夜という政治状況をよそに、「第三の人文主義」を唱えたヴェルナー・イェーガー*の主催によるナウムブルク古典学会議の開催地となった。　　　　　　（大石紀一郎）

ナショナリズム　　⇨国家，民族，ドイツ／ドイツ人，19世紀とニーチェ，ナチス

ナチス

1889年1月、ニーチェは狂気の闇の中に去るが、この年の4月20日にヒトラーが生まれていることは、ヒトラーを「ニーチェの遺言執行者」に仕立てようとしたものたちにとっては意味深いことであっただろう。超人*、金髪の野獣*、陶冶と育成、好戦主義、反道徳主義、反知性主義、反民主主義、反社会主義などナチズムの道具立てはニーチェにおいて一通り用意されていたからである。そしてニーチェの遺稿管理人で、ワイマール*の「ニーチェ・アルヒーフ」をとりしきる妹のエリーザベトは、ヒトラーの中に兄ニーチェが夢見たツァラトゥストラの高貴な弟子、兄が考えていた貴族的な価値の天来の再興者を見たのかどうか、彼女の兄へのヒトラーの関心を増大させることによって、兄とともに彼女自身の名声を高めようと、ニーチェをヒトラーに精力的に売り込んでいる。当然ヒトラーはこれを政治的に利用しようとして幾度かニーチェ・アルヒーフに足を運び、個人的に25万マルクをニーチェ記念基金に拠出し、1934年には、ドイツ民族が巡礼する聖所とすべくニーチェ神殿を建築、1935年にエリーザベトが没したときには、盛大な国葬をもって遇し、自ら葬儀に参列して花輪を捧げている。エリーザベトは生前、ヒトラーにニーチェ愛用のステッキを贈っているが、いかにも象徴的な贈りものである。ヒトラーはこのステッキをもって畜群の勝利と啓蒙の終焉を祝おうとする。タンネンベルクに建てられた第一次大戦でのロシア軍に対する戦捷記念碑のアーチ天井には、ヒトラーの『わが闘争』、ローゼンベルク*の『20世紀の神話』とともにニーチェの『ツァラトゥストラ』*が聖典として納められ、ムッソリーニの50歳の誕生日には鋼鉄の金具で縁取られ羊皮紙に手書きされた

豪華本の『ツァラトゥストラ』がヒトラーから贈られている。

こうしてナチ時代には、ニーチェの作品や未完の原稿からナチズムに都合のいいものだけを選んだ選集が幾つも出版され、また『権力への意志』として編集された遺稿には、ナチ・イデオローグたちによって血生臭い註釈がつけられた。ニーチェ学者たちもナチの人種主義や民族共同体のプロパガンダに卑屈なまでの熱心さで順応し、ニーチェの言葉を恐るべき単純化でもって「画一化」していった。ニーチェのダンス・シューズはプロイセンの長靴に、ニーチェの皮肉なウィットとユーモアは北方ゲルマンの生真面目さに置き換えられたのである。ここにはニーチェのアフォリズム*の文体のもつ問題性も指摘される。ヒトラーがニーチェ神殿を公式に訪問してニーチェの胸像の前で畏まっている写真が残されているが、その写真ではニーチェの顔が半分切れている。ナチがニーチェの思想の半分にしか興味を抱いていないことを写真家は示そうとしたのだろうか。政治の渦に巻き込まれまいとする哲学者は、当時ニーチェから距離を取っており、ヤスパース*にしても、ニーチェを語る場合、政治的に利用されるからだろうが、後期のニーチェを避けて通っている。戦後、亡命から帰ってきた哲学者たち、たとえばレーヴィット*、ジャン・ヴァールら、また外国に留まったたとえばヴァルター・カウフマンらが、ナチによって歪められたニーチェ像の修正に果敢に取り組むことになる。

ニーチェのナチ化に貢献したのは、ボイムラー*やローゼンベルクらナチ御用学者たちの誤った解釈や贋造によるだけではない。反ナチの陣営からの貢献度もこれに劣らない。左翼マルクシズムの最も先鋭な代表者ルカーチ*にとってニーチェは「帝国主義時代の非合理主義の創設者」、ヒトラーのファシズムをこの上なく具体的に先取りした哲学者、「ヒトラーへの道」を辿る悪の権化であり、「ファシズム美学のモティーフのうちで、ニーチェに由来しないものは、直接的であれ間接的であれ、何一つない」、「ヒトラー、ヒムラー、ゲッベルス、ゲーリングは、鎖を解かれた本能の血生臭い道徳を説くニーチェの中に精神的＝道徳的同盟者を見いだしていた」とする〔『ファシズム美学の先駆者としてのニーチェ』〕。メーリングもニーチェの哲学を「搾取的な資本主義の哲学」、「資本主義の階級モラル」とし、資本主義的「超人」の「支配者道徳」を善悪の区別を知らない「爬虫類」、「投機家」(Börsenjobber) と呼ぶ〔『社会主義に反対するニーチェ』〕。今日でこそ、こうしたニーチェ観はマルクス主義*の側でも戦争の時代とスターリン主義の産物と見なされ修正されるようになってはいるが、それでも「帝国主義的独占資本主義」と「地上の支配者」の道徳の基礎を築くためにニーチェの果たした指導的役割を強調しているものは少なくない。ニーチェとナチズムの結び付きの指摘はまた第二次世界大戦中のアメリカ、イギリスからもさまざまに出されていた。ロマン主義*からショーペンハウアー*を経てニーチェへ、そしてニーチェから生の哲学を経てファシズムに至る特殊ドイツ的な筋道、ニーチェをスーパー・ナチとする宣伝は、W. M. マックゴーヴァンの『ルターからヒトラーへ』(1941) や P. ヴィーレックの『ロマン派からヒトラーへ』(1941) などによって行われていた。

ところがヒトラーはニーチェの文章を一行も読んだことはなかったといわれる。ラウシュニングの必ずしも信憑の置けない言い伝えも含めてヒトラーは三度ニーチェについて言及したことがあるというが、『わが闘争』にも『食卓での談話』にもニーチェの名は一度も出て来ない。ヒトラーはただニーチェの名声を文化政策的に利用しようとしただけであった。ニーチェはナチ流の人種主義者ではな

く,初期のある時期を除くと,国粋主義者でもなく,ナチにとっては残念なことながら,反ユダヤ主義*者でもなく,ニーチェの貴族*道徳もナチの指導者原理のような軍国主義的ヒエラルヒーとは無縁であり,孤独な思想家ニーチェと大衆の動員を必要とするナチスとは相容れるものはない。ヒトラー,ゲッペルス,ゲーリングらの人物をニーチェがその目で見たならば,自らの思想のあまりの変貌に一驚し,彼らの俗物性を嫌悪し,彼らの中に「地上の新しい支配者」「超人」を見ることなどけっしてなかったであろう。たしかにナチの出現とニーチェの夢を混同するのは,あらゆる誤解の中でも最もぶざまな誤解であろう。しかしトーマス・マン*もいうように,「ニーチェが道徳,人間性,同情*,キリスト教*に敵対したすべてのこと,そして麗しい放埒,戦争*,邪悪に与して口にしたすべては,ファシズムのいかさまイデオロギーに所を得さしめ,病めるものを殺し,劣悪なものを去勢せよと処方したニーチェの〈医者のためのモラル〉,奴隷制の必然性を印象づけた教説,種族衛生上の選択淘汰……の世迷いごとはナチスの実践に取り入れられた」[『われわれの経験から見たニーチェの哲学』]という事実は変わらない。

それにしてもナチ時代のニーチェ論は批評に値しない低レヴェルのものであった。ナチ陣営のニーチェ解釈で唯一ボイムラーのものが哲学的レヴェルを保っていたとされるが,そこでは啓蒙を徹底的に考えつめたニーチェはなく,ただ反啓蒙のニーチェのみが,良きヨーロッパ人*でフランス*の友のニーチェはなく,ただ北方のゲルマン的ニーチェのみが取り出され,「力への意志」は「永遠回帰*」との体系的な結び付きからは引き離されて伝説化され,ニーチェの超人はただ西欧の都会性に抗して剣を振り回すジークフリートである。「北方ドイツ,ヘルダーリン*とニーチェのドイツのみが……ヨーロッパの創造者たりうる。……将来のドイツはビスマルク*の創造の継続ではなく,ニーチェの精神から,偉大なる戦争の精神から作り出される」[『哲学者かつ政治家ニーチェ』]とされ,「われわれが若者たちに〈ハイル・ヒトラー〉と呼び掛けるとき,われわれはこの叫びでもって同時にフリードリヒ・ニーチェに挨拶を送っているのである」[『ニーチェとナチズム』]ともいう。ニーチェの思考の矢は非ゲルマン諸国を征服するためのゲルマンの爆弾に変形される。ローゼンベルクが第三帝国におけるニーチェ運動のパトロンを自称したのも,自分たちの運動に哲学的正当性を与えんがためだけであった。

もちろんナチ・イデオローグの中にも,たとえば E. クリークや Chr. シューティングのようにニーチェの中にはナチズムに不十分な,あるいは矛盾する要素があるとしてこれを批判するものもいたが,「ニーチェの中に見いだされる意志的,本質的にわれわれと同質の力は推挙するが,ニーチェ全体がわれわれの観点から容認されはしない」というナチ文化担当官の言葉にも現れているように,ニーチェとの哲学的な対決は最小限度のまま,極度に党機構の評価が優先された。1930年以来ニーチェ全集の編集に当たっていたホイムラーは,ニーチェの著作の公認の序文書きとなり,ナチ政権獲得後はベルリン大学の政治教育学の正教授に就任,ローゼンベルクとともにナチ党の全精神的世界観的教育の監督に当たっている。ローゼンベルクがワイマールのニーチェ・アルヒーフでのニーチェ生誕百年記念式典で行った演説では,ニーチェの運命と1944年のドイツのそれとが直接の並行関係に置かれ,ドイツ民族に戦争の継続を煽動するために「精神的な兄弟」としてのニーチェが持ち上げられた。ワイマール市内ジルバーブリックのニーチェ・アルヒーフと谷間を隔てた対面には1937年以来ブーヘンヴァルトの強制収容所があったのは,何とも象

徴的である。ニーチェは今形成されつつあるナチ文化との関係からのみ読まれ，ニーチェ生存中にニーチェが批判し，ニーチェを拒否した文化の関係で読まれることはなかった。

わが国でもナチ・イデオローグのヘルトレの『ニーチェとナチズム』が昭和15年に，ボイムラーの『ニーチェ——その哲学観と政治観』も昭和19年に邦訳され，日本のドイツ文学者も「ヒトラーが現実にナチス・ドイツを築いたとすれば，その他の一切，精神意志，指示，構成のすべてがニーチェによって用意された」と書く［芳賀檀「ニーチェの君臨」『民族と友情』実業之日本社，昭和17年2月］。そして今日なおニーチェを良く読まない読者層にはニーチェをナチズムと同一視する傾向は残っていて，過去50年に書かれたニーチェ解説書は，陰に陽にニーチェをナチ運動の主流哲学者ないし創造者ではないにしても，その先導者と見なす偏見から抜け出てはいない。O. E. ハルトレーベンはニーチェが発狂した年の1890年の日記に「ニーチェというこの典雅な〈踊り手〉がそのうちにがさつな手で摑まれ，大真面目な哲学の，残忍極な体系作り趣味の，プロクルステスの寝台に縛り付けられてしまう時代がいずれかやって来るだろう……誰もが情け容赦なくニーチェを自分の都合のいい形に切り整えてしまうことだろう。可哀想な人だ」と書いたが，詩人の予感は見事に当たっていた。→ドイツ／ドイツ人，ボイムラー，ローゼンベルク，ゲオルゲ，日本ファシズムとニーチェ，金髪の野獣，反ユダヤ主義，ワイマール　　　　　　　　　　　(山本　尤)

文献　▷ E. Sandvoss, *Hitler und Nietzsche*, Göttingen 1969. ▷ H. Langreder, *Die Auseinandersetzung mit Nietzsche im Dritten Reich*, Diss. Kiel 1971（これには16ページの文献表がついている）. ▷ I. Seidler, War Nietzsche ein Vorläufer der faschistischen Ästhetik?, in: *Akten des XIV. Internationalen Kongresses für Philosophie*, Bd. VI, Wien 1971.

夏目漱石［なつめ・そうせき 1867-1916］

小説家。東京生まれ。中学時代二松学舎で漢学を学んだのち英学に転じ，明治26年7月東京帝国大学英文科を卒業。松山中学，熊本の第五高等学校などで教鞭をとったのち，文部省の派遣で明治33年10月から36年1月までロンドンへ留学。帰国後一高および小泉八雲の後任として東大講師を兼任。明治40年朝日新聞に入社し，以後創作に専念した。

日本にニーチェが移入され，高山樗牛*や登張竹風を中心とするニーチェ論議が文壇の耳目を集めたのは明治34年から35年にかけてのことで，これはちょうど漱石の留学中にあたる。漱石はもちろんこの論戦に参加はしていないが，明治36年9月から38年6月まで2年間にわたって東大で行った講義をまとめた『文学論』にはニーチェの名が出てくる。キリスト教*の道徳を奴隷道徳とし，君主道徳を賞揚したニーチェの説を紹介した上で，これは何も珍しい説ではない，この二つの道徳は相並んで進んで来たのだが自己のためにする君主道徳は人々が日々実践しているので唱道する必要がなかったまでだと漱石はいう。強者の道徳とでもいうべき武士道がまだ生きていた明治の子らしい反応である。『文学論』は神経衰弱になるほど猛勉強したロンドン時代の成果の集大成であり，ニーチェの説の紹介は5篇から成るこの著作の第1篇に出てくる。つまりかなり早い部分に出てくるわけだが，奴隷道徳や君主道徳が論じられているニーチェの著作は『道徳の系譜』*であり，この作品は漱石の蔵書のなかにはない。したがってこのニーチェ紹介のソースは明らかではないが，いずれにせよこの頃までの漱石のニーチェに対する関心はまだ当時の常識の範囲を超えるものではなかったであろう。

漱石の書いたものでユニークなニーチェへの言及が見られるのは明治38年1月から39年8月にかけて雑誌『ホトトギス』に連載した処女作『吾輩は猫である』においてである。

第7章の銭湯の場面でぬっくと立ちあがった大巨漢を評して猫が「超人*だ！ ニーチェの所謂超人だ！」と叫び、平等になろうといくら裸になってもまた豪傑が出てきて他の群小を圧倒してしまうという感慨を述べるところ。さらに最終の第11章で独仙が個性を伸ばせば伸ばすほどお互いに窮屈になる、個性の発達した19世紀には英雄*の出る余地はなく、ニーチェの超人なども理想というより、怨恨痛憤の音だというところである。猫流の諧謔と飄逸味を交えた論評だが、明治38年11月頃から39年夏頃までの断片（創作メモ）をみるとしきりにニーチェのことが出てくる。漱石の蔵書中ニーチェの著作は A. Tille 訳の *Thus spake Zarathustra*（1899年刊）の一冊だけであるが、この書を異常な関心をもって熟読玩味したあとがあり、他の書物と較べて群を抜いて多量の漱石自身による英文の書きこみがある。この読書が契機となり、断片が書かれ、『猫』への言及に発展したのであろう。したがってこの読書は『猫』執筆中、もっといえば超人の出てくる第7章を書く直前の38年11月あたりを中心とするものであろう。第8章には例の哲学者独仙君が登場し、その影響を受けて気のふれた天道公平の手紙なども9章に出てくる。独仙は不平だらけで爛瘍もちの苦沙弥に心の修養を説き、西洋の積極主義を批判して消極の極に心の自由を得る禅家風の東洋哲学を述べる。この文脈で最後の超人論も出てくるのである。ところで例の英文書きこみをみると『ツァラトゥストラ』第3部救済の章に独仙の意見とほぼ同じ内容の漱石の書きこみがある。独仙はツァラトゥストラ読書に触発されて造型された人物とも考えられる。近代的自我の確立は当時の知識人の重要課題であった。自己本位の立場を確立しようとしていた当時の漱石にとって、自己を神となすほど自我の絶対の主張者と漱石がとらえていたニーチェは、その意味で共感の対象でもあった。しかし自己追求の結果、生の目標としてニーチェの説く理想が超人であるとすれば、それは自ら極度の神経病に悩まされていた漱石の救いとはならず、むしろ自己滅却の東洋哲学にこそ救いがあると考える。ここから一転、西洋近代批判が始まり、個性尊重の西洋の悲劇、ひいては西洋追随の日本の将来の悲劇をみることになる。漱石はきわめて主体的批判的にこの書物を読んでおり、あの書き込みにはそうした共感と反発が異様な熱気で交錯している。いずれにせよ『ツァラトゥストラ』読書が漱石の思索の大きな刺激となり、『猫』後半の人物造型やテーマ、文明批評に大きな影を落としていると言える。以後漱石がニーチェを深く研究することはなかったようだが、ずっとのちの『行人』などにもニーチェへのこだわりがみられる。ニーチェが漱石の実存の根本にふれる思想家であったからであろう。漱石門下から生田長江*のようなニーチェ訳者、和辻哲郎*、阿部次郎*、安倍能成のようなニーチェ研究者、またニーチェへの関心をもち続けた芥川龍之介*のような文学者が輩出するのも、漱石とニーチェのこうした係わり方に関連があるのかもしれない。　　　　　（杉田弘子）

[文献] ▷平川祐弘「夏目漱石の『ツァラトゥストラ』読書」氷上英広教授還暦記念論文集刊行委員会編『ニーチェとその周辺』所収、朝日出版社、1972. ▷杉田弘子「漱石の『猫』とニーチェ」『武蔵大学人文学部紀要』第26巻2号、1994.

「何ものも真ではない、すべては許されている」 [„Nichts ist wahr, Alles ist erlaubt"]

『道徳の系譜』*第三論文では、さまざまな形態の禁欲主義的思想への批判が展開していく。最後におかれるのが、一見キリスト教*の禁欲主義的理想に刃むかうように見える「最後の理想論者たち」すなわち「蒼白な無神論者、アンチクリスト、無道徳者、ニヒリストたち」である。彼らは、神や彼岸を必要とすることなく、自己自身のみを根拠として

きたことに自負を持って「自由精神*」たることを標榜するが、ニーチェにとっては「彼らはまだまだ自由な精神にはほど遠い。なぜなら彼らはまだ真理を信じているからである」。十字軍が遭遇したという「自由精神からなる不敵な軍団」の秘伝が、「何ものも真ではない。すべては許されている」[『系譜』Ⅲ.24]であったという逸話に、ニーチェは精神の自由のモットーを見つけた。無神論*も反形而上学も、真理への意志*にもとづいている以上、禁欲主義思想を継承していることになり、精神の完全な自由には達していない。たとえばフランス実証主義のように事実のまえに解釈を断念する知性のストア主義*は、真理という形而上学的価値のために官能的生の世界を否定する点で禁欲主義的理想を共有するがゆえに、自由ではない。つまり真理への意志の破棄なしには、ほんとうの精神の自由はありえないということである。プラトン*から実証主義科学にいたるまでその根底に、真理なしには生きることのできない弱者の自己保存*本能の反映を見るニーチェのこの思想は、「力への意志*」の思想へと展開していく。→自由精神と理性批判　（大貫敦子）

ナポレオン　[Napoléon Bonaparte 1769-1821]

ニーチェにとってフランス革命*の勝利は、ユダヤ*的なものに凝縮された「民衆*のルサンチマン本能」[『系譜』Ⅰ.12]の勝利を意味した。「ヨーロッパに存在した最後の政治的高貴さ」が終焉したのである。「しかし、そのただなかで、実に法外きわまること」が起こったとニーチェはいう。それは、ナポレオンの出現である。「ルサンチマン*」によって体現される「多数者の特権」に対して「少数者の特権」を対置する「高貴*な理想」の「肉化」としてのナポレオンの出現——それは、チェーザレ・ボルジア*と同様に畜群*道徳によって支配された世界に対して「一人の無条件に命令する者の出現」[『善悪』199]が

もたらす恩恵を証だてるものである。たとえば「ナポレオン、人非人と超人のこの総合」というような言い方にはニーチェがナポレオンに対して感じた魅力の一端が現れている。「解放戦争」においてナポレオンが打ち破られたことは、ニーチェにとって近代最大の不幸であった[『この人』ⅩⅢ.2 参照]。→フランス革命、英雄　（高橋順一）

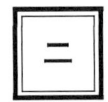

二

ニーキッシュ　[Ernst Niekisch 1889-1967]

ドイツの政治家、政治評論家。プロイセンの国家急進社会主義の代表者でもある。シュペングラー*の『西洋の没落』のファンであった彼は、その意味でもニーチェの思想と無縁ではなかった。ミュンヘン革命にはクルト・アイスナーやエルンスト・トラーらの「文筆家政権」に参加し、レーテの議長になる。1919年に一度逮捕・拘禁される。バイエルン・ラント議会、ベルリンの織物労働者同盟で活躍後、1926年から34年まで雑誌『抵抗』の編集に力を入れ、ナショナル・ボルシェヴィキ的方向を代表していた。警戒していたヒトラーの政権掌握後は、左翼の抵抗を結集させようと努力したが、ナチス*政権下の1937年に叛逆罪で逮捕、投獄され、不当な取扱いで病気になった。戦後自由の身になって、東ベルリンのフンボルト大学の教授職に就き、帝国主義研究の研究所所長となる。ドイツ社会主義統一党（SED）の構成員として人民議会の議員に選ばれたが、1953年の群集蜂起に関係したため、職も党を離れた。主著に『ヒトラー　ある運命』(1932)、『ドイツ革命の憶い出』(1958-74)がある。→ミュンヘン・レーテ共和国　（上山安敏）

肉体　⇨身体〔肉体〕

二元論

　西洋の形而上学*に対するニーチェの執拗な批判は当然、多くの場合その組織原理をなす二項対立にまで及ぶ。「哲学の諸問題は今日再び2000年前とほとんど同じ疑問の形式をとっている。すなわち、どうしてあるものがその対立物から生じうるか？　たとえば、理性のないものから理性的なものが、死んだものから知覚あるものが、非論理から論理が、貧寒な意欲から利害関心のない観照が、利己主義から他人のための生活が、もろもろの誤謬から真理が生じうるか？」〔『人間的』I.1、『善悪』2〕。形而上学はこうした発生を躍起になって否定し、価値の高いものにはそれ固有の奇蹟的な起源——たとえば「物自体*」——を捏造*することで難点を回避してきた。そうすることによって理性的なものを非-理性的なものから、論理を非論理から、観照を貪欲から、真理を誤謬から切り離し、対立を固定し、前者による後者の支配を確立しようとする。形而上学の根本信仰とは「諸価値のアンチノミーの信仰」である。「すべてを疑う」決意をしたときでさえ、「歴史感覚の欠如」という「世襲的欠陥」をもつ哲学者たちは、この信仰を手付かずのままに放置した。これに対し歴史的あるいは系譜学的な哲学は「通俗的あるいは形而上学的な見解の習慣的な誇張のなか以外には世になんらの対立物も存在しないということ、この対置は理性の誤謬にもとづいているということ」察知する。そればかりではなく、形而上学のパースペクティヴは数あるパースペクティヴのひとつにすぎず、しかも下から上を眺めやる「蛙」のものなのだ。真実、誠実、無私などの最も華麗な色彩は、下級と軽蔑されるものから形成され、本質的にはそれと同じものだと判明したらどうであろうか？「おそらくはそうだ！」。ニーチェはこの「おそらく」は危険だと言う。二元論にしがみつくことなく、今までの哲学者とは逆の趣味をもつ、この危険な「おそらく」に関わることのできる新しい種類の哲学者の出現をニーチェは呼び求めるのである。⇨形而上学　　　　（港道　隆）

ニース　[Nizza (Nice)]

　リヴィエラ海岸のフランス*側の都市ニースを、ニーチェは1883年から84年にかけての冬に初めて訪れ、それ以来毎年秋から春にかけて定宿のパンション・ド・ジュネーヴに逗留して冬を過ごした。ニーチェ自身が調べたところでは、ニースは年間220日も晴れる温暖なところで、フランスの町でありながらイタリア*的な雰囲気もあるところが気に入ったらしい。この地域では大きい都市であるため、賑やかすぎて騒音が耐えがたいとも訴えているが、スイスのエンガディーン地方と同様、乾燥した空気と天候が彼の体調にはよかったらしい〔オーヴァーベック宛1884.12.22.; 母・妹宛85.1月初旬〕。1884年から85年にかけてのメモでは、「ニースに負っているのはツァラトゥストラを完成したこと」であり、「ニースはコスモポリタンで、ジルス*は高山的」なので自分の課題にふさわしいとして、「原則として——ドイツには住まないこと。ヨーロッパ的使命があるのだから」と記している〔遺稿 II.8.78f.〕。『この人を見よ』*でも、84年の冬にここで『ツァラトゥストラ』*第3部が書かれたことについて、「ニースの風景のなかの多くの隠された地点や丘が、忘れがたい瞬間によって、私にとって清められたものとなった。〈古い石板と新しい石板〉と題されたあの決定的な部分は、駅からムーア人の素晴らしい城塞であるエッツァに難儀しながら登る際に作られた」と回想している〔『この人』IX.4〕。町の中に暮らしていながら、それほど広い交際もなく、訪ねて来る知人もわずかで、文通に励む以外はほとんど隠遁者のように生活していたニーチェは、ひたすら

読書と執筆にいそしんだ。1885-86年には『善悪の彼岸』*が、86-87年には『悦ばしき智恵』*の第5書がニースで成立し、87-88年には『あらゆる価値の価値転換』として計画された書物のための膨大な草稿もここで書かれた。しかし、88年春に以前からペーター・ガスト*に勧められていたトリノ*を訪れると、ニーチェはトリノに魅惑され、それまで賞讃していたニースを貶すようになった。

(大石紀一郎)

ニーチェ(エリーザベト) [Elisabeth Förster-Nietzsche] ⇨ニーチェの家系

ニーチェ会議 (ロワヨモンの) [Le colloque philosophique international de Royaumont, «Nietzsche»]

1964年7月4日から8日にかけ、フランス北部のロワヨモンでニーチェをめぐる討論会が開かれた(13世紀に建てられたロワヨモンの僧院には「ロワヨモン財団」が設けられ、討論会など各種の文化活動が組織されている)。ロワヨモン第7回国際哲学討論会「ニーチェ」である。まず全パネラー、および発表表題を掲げておけば以下のとおりである。序言、マルシアル・ゲルー。第1部、アンリ・ビロー(ニーチェの至福について)、カール・レーヴィット*(ニーチェと世界の回復の試み)、ジャン・ヴァール(ニーチェの思想における秩序と無秩序)、ガブリエル・マルセル(われわれの疑問符)、第2部、G.コリ*、M.モンティナーリ*(ニーチェのテクストの諸状態)、エドゥアール・ガエード(ニーチェと文学)、H. W. ライヒェルト(ニーチェとヘルマン・ヘッセ)、ボリス・ド・シュレゼール(ニーチェとドストエフスキー)、ダンコ・グルリック(ニーチェの反審美主義)、ミッシェル・フーコー*(ニーチェ、フロイト、マルクス)、第3部、ジャンニ・ヴァッティモ(ニーチェと存在論的訓練

としての哲学)、ピエール・クロソウスキー*(同一なるものの永遠回帰の生きられた体験における忘却と回想)、ジャン・ボーフレ(ハイデガーとニーチェ――価値の概念)、ジル・ドゥルーズ*(結論――力への意志と永遠回帰について)。いずれはポスト構造主義*を導くことになる30歳台のフーコー、ドゥルーズから、75歳のマルセルまで、錚々たるメンバーが世代を越えて参集していることは見られるとおりである。

ニーチェ研究史上、1964年という年がどのような時代背景を持っているのか、それをある意味で最もよく物語っているのは、今日流布している新版ニーチェ全集の編者コリとモンティナーリがこの討議に参加し、旧来のグロース・オクターフ版の欠陥を実例に即して報告していることであろう。いわゆる「権力への意志」なるものがニーチェ哲学の根幹と結びつけられていたような長い誤解の歴史と照らしあわせてみれば、これをニーチェ研究に射し始めた新たな「曙光」と捉えることは許されよう。また、ハイデガー*の『ニーチェ』が刊行されてまだ時が経っていなかったことの影響も見逃すことができない。5名の発表者、および少なからぬ討議参加者が、大なり小なり、また賛否はともかくとして彼の名に言及しているのはそのためと考えられる(後述)。第三に特筆すべきは、ドゥルーズの画期的な著作『ニーチェと哲学』が刊行されて2年後だったということである。彼は翌年にも、要を得た著作『ニーチェ』を発表することになるが、この時期にドゥルーズが果していた指導的な役割は、この会議を締めくくる「結論」部での発表が彼に託されていることからも窺うことができる(ただし彼のニーチェ解釈の詳細に渡ることは別項に譲ることとする)。さてその「結論」においてドゥルーズは会議の諸論点を以下の五つの「テーマ」にまとめ上げている。(1)仮面*と複数主義、(2)力への意志*、(3)肯定と否定、(4)永遠

回帰*，(5)比較研究。しかもドゥルーズの加えた操作によれば，これらのテーマは散逸的に羅列されているのではなく，循環的に配列されているのである。つまり（主要なものを列記すれば），神の死*に由来する自己同一性の解体（クロソウスキー），ニーチェの複数主義（ヴァール）→意味と解釈の複数性（フーコー）→諸解釈の価値の問題（ボーフレ），価値転換の最終審級としての存在論問題（ヴァッティモ），最終審級としての「力への意志」の解釈，すなわち否定から肯定への遠近法の転換（ビロー）→ニヒリズム*の超克と「世界の回復」（レーヴィット，マルセル）→ディオニュソス*的肯定の根本意味としての永遠回帰（多数の発表者）……討論会全体の潮流はこれによって明らかであるが，ドゥルーズの加えた操作が諸論点を等質化してしまっている印象が否めないでもない。ここでは逆に論争を呼び起こした係争点に注目することで，この会議の性格を浮かび上がらせてみたい。

(1) 肯定と否定，およびニーチェの哲学における矛盾について。これはビローのきわめて興味深い冒頭発表以来つとに繰り返し討議された係争点である。ビローは（ドゥルーズからの示唆を断った上で），ニーチェの思想に不連続性や距離のテーマは存在するが矛盾・対立の観念は存在せず，また，あらゆる否定は肯定から，肯定を関数としてなされていると主張する。討論部でドゥルーズがそれに呼応した発言をしているのは当然のこととして，5名の討論参加者から否定や矛盾の契機を軽視しているという反論があり，両見解け真向から対立している。ニーチェが孕む矛盾こそがすぐれて古典的な係争点であった歴史を思えばその延長線と捉えることもできようが，「弁証法*との闘い」をニーチェの一つの根幹と見なすドゥルーズが係争点をさらに先鋭化させた点も見逃すことができない。この会議以降，ニーチェの矛盾をではなく，矛盾そのものを，より根底的に言えば否定性をどう捉えるかという方向に問題は深められてゆくことであろうが，その広汎な問題圏は，この討論会では深められずに終わったヘーゲル*／マルクス／ニーチェをめぐる問題も含め，将来の課題として残されたと言える（ヴァールはニーチェにおける矛盾を主題的に論じた発表を行っているが，残念ながら説得力を欠いている）。

(2) マルセルが提起する問題はニーチェの矛盾いかんではなく（矛盾はないと表明している）．『悦ばしき智恵』*346番から帰結する積極的ニヒリズムをニーチェの弟子として選択することの不可能性，さらにはニーチェ主義者一般の不可能性と要約することができよう。それに対してレーヴィットは，同じテクストを取り上げながら，マルセルが到達点と見なしたことを「宙吊り状態」，すなわち『偶像の黄昏』*によって解答を与えられる問いと解釈することによって一つの係争点を形成している。つまりレーヴィットがニーチェの哲学の根底と見る「世界の回復の試み」とは，たんに神に抗うことではなく，寓話となって永遠に回帰する世界と与することでもあって，そのような可能性を秘めた自我と世界の問題，あるいは「世界と人間」（これは討論会第1部の総題そのものである）という問題は，レーヴィットによれば依然として立てられたままなのである。かたやマルセルと，かたやニーチェの批判対象を最も広い意味でのキリスト教*（プラトニズム，およびその近代的な形態）に集約させるレーヴィットとの間に生じた係争点は古典的とも言えようが，自我の問題が（たとえばニーチェと精神分析の問題をも含んだ），今日的問題に発展しうることもまた事実である。

(3) レーヴィット，ヴァッティモ，ボーフレはいずれも広汎な哲学史の内にニーチェを捉え直そうとしているが，この中で最もポレミック的なのは疑いもなくボーフレであった

ろう。彼は明示的にハイデガーを援用した上で，力への意志や永遠回帰と並んでニーチェの哲学の中枢を占める価値の観念（への依拠）こそが，「存在の歴運」において「ニーチェの形而上学そのもの」を露呈しているのではないかと問う。これに対し，価値の転換*・超越，「存在の歴運」と「最も長い錯誤の歴史」との相違，カント*的ではない意味での価値の「可能性の条件」の探究，といった観点からの反批判が相次いでいるが，ボーフレのいささか強引な立論の根底を反批判者たちが痛撃しえているか否か，やや疑問が残る。また，「脱神話化」としてのニーチェ哲学という解釈を脱臼させた上で，ボーフレとは逆にニーチェの非形而上学性を論証しようとしたヴァッティモの刺激的な発表にしても，ニーチェの哲学が「超歴史的」探究をめざすゆえに「存在論的」であるという結論から見れば，諸対立のメタレベルとして存在論を安易に設定した上でニーチェ／ハイデガーの和解を試みるに急であった印象が拭えない。こうした論争はハイデガー自体の評価を巻きこんだ長期にわたる係争点を予測させるものであるが，少なくともこの時点において欠如していたのは，彼の強力なニーチェ解釈からの距離であったのかもしれない。

(4) 一方フーコーは，解釈の技術の系譜の内にフロイト*，マルクス*と並んでニーチェを位置づけ，彼らが等しくもたらした「近代の解釈学*」——終わりない務めとしての解釈，つねに解釈の解釈としてしか存在しえない解釈——を明快に跡づけている。このような解釈学成立の決定的な根拠を，すでに解釈である記号に対する解釈の優位性に求める彼の所説の新しさは，ニーチェ解釈に記号学を導入した点にあると見なされてはならない。逆にフーコーは「われわれが今なお属している解釈のシステム」に則って，記号（学）のいわば神学性をニーチェとともに暴いているのである。こうした観点からすればクロソウスキーもまた，記号学的ではない観点から「強度の波動の痕跡」としての記号を論じることでニーチェに接近していると言える。彼の問題意識は，「生きられた体験」（としての永遠回帰）が，いかにして思考・思想となるのか，意味を持たない強度がいかにして意味作用＝記号作用を行うに到るかということである。先の係争点にも通底する自我の問題（日常的コードの一つの記号にすぎない自我の解体）など，クロソウスキーが導き出した諸論点を詳述する余裕はないが，ドゥルーズの要約によればクロソウスキーの功績は，神の死，永遠回帰，力への意志という「三つのニーチェ的なテーマをまったく新しいやり方で結合」した点にあるとされ，それはドゥルーズ自身の「結論」部の発表にみごとに反映されている。つまり，神の死から帰結する力への意志とは「差異*，戯れ，贈与の肯定」であり，永遠回帰の世界とは「強度における世界，諸差異の世界」なのである。これは討論会全体の結論と呼ばれるにはドゥルーズ的で切り捨てがありすぎようし，別の面から言えば包括的でもありすぎるとも言えよう。だが問題は別のところにある。確かに（まぎれもなく60年代の潮流を示したフーコーとクロソウスキーを並列させることが許されるとして），前者は根源的所記としての神の死，解釈の永遠回帰を，そして後者は自我の同一性を保証する神の死，強度の波動の永遠回帰を語っている。だがそれはテーマの取り集めをめざしてではなく，テーマの統一性としてのニーチェを解体するような方向になされていたのではないだろうか。ニーチェ的な「テーマ」をめぐる論争は終わりなき論争であろうし，とりわけ討論会のような形式は時代性と反時代性（たとえば記号を記号学的にではなく語ること）とが刻印されてゆくことであろう。だが少なくともこの討論会を通して明示されたのは，「権力への意志」というような形でテーマ主義的に簒奪することからニーチ

ェを解放する方向であったのではないか。そしてこのことは、最初に触れたテクスト批判の曙光によっても暗示されていたはずなのである。→ポスト構造主義、ドゥルーズ、クロソウスキー、フーコー、レーヴィット　　　（宇田川博）

文献　▷ *Cahiers de Royaumont, Philosophie N° VI Nietzsche*, Les Éditions de Minuit, 1967.

ニーチェとヴァーグナー──ロマン主義の問題　[Richard Wagner 1813-83]

1869年5月17日、ニーチェはヴァーグナーをスイスのトリープシェンに訪ねた。このときから二つの巨大な19世紀精神の間でくりひろげられる運命劇が始まる。ニーチェはヴァーグナーの『オペラとドラマ』を読み、大きな感銘を得ていた。それは、伝統的オペラ形式にまだ呪縛されていた初期の「ロマン主義的オペラ」と訣別し「楽劇」(Musikdrama)とよばれる表現形式を創造すること、しかもこうした表現形式の創造が意味するところを単に芸術ジャンル内部での問題としてのみではなく、芸術と社会の関係の根源的な変革(革命)の実践として捉え返すことを目指していた。では「楽劇」、あるいは「総合芸術作品」(Gesamtkunstwerk)と呼ばれたこの表現形式にヴァーグナーが盛ろうとした理念は、どのようなものだったのだろう。

【Ｉ】　ヴァーグナーの「総合芸術作品」の理念　まずヴァーグナーが依拠しようとしたのは「全体性」の概念であった。理念的にはそれが、肉体、感情、悟性の三要素の有機的結合として捉えられる人間の全体性にもとづいている。この「全体性」の概念に芸術ジャンルにおいて対応するのが、舞踏、音響、詩作である。この三者は、とくに音響を通じて内在的に連関しあい、全体として一個の総合芸術を構成する。こうした総合芸術のありようを具体化する表現形式としてヴァーグナーが挙げるのが、「ドラマ」である。「ドラマ」は、音楽と詩作の真の融合を、もう少し正確にいうならば、詩作の内的欲求に則った音楽表現の成就をその本性とする。そしてヴァーグナーの中で「ドラマ」は、始源としての全体性の再生が、そのまま未来のありうべき生の全体性(本源性)の創造でありうるような芸術＝革命の場を形づくるのである。こうした認識からヴァーグナー芸術の持ついくつかの歴史的意味、とりわけ同時代としての19世紀近代に対してヴァーグナーの持っていた意味を抽き出すことができる。

まず第一点に、彼の全体性の概念が、基本的には人間の情動的・感性的側面に依存しているということである。ヴァーグナーの具体的な創作活動の中で、こうした情動的・感性的側面の重視は、さまざまなかたちをとって現れている。その中で最も重要なのが、Th. マン*が「心理学」と「神話」とよんだ要素である。「心理学」とは、ヴァーグナーにおける人間の深層意識への着目を示す概念である。ヴァーグナーは、音楽と詩の融合を通して、悟性の閾下で胎動する深層意識の領域に光をあてた。そこに浮かび上がるのは、死への衝動であり、それと表裏一体となっている性愛(エロス)の欲動である。この要素は、ショーペンハウアー*との出会いによってさらに強められ、ヴァーグナーにとってほとんど宿命的な「世界性愛」(Welterotik)の理念、すなわち根源的救済のありようとしての「愛死」(Liebestod)の理念(「トリスタンとイゾルデ」の項参照)へと昇華される。ヴァーグナーのこうした深層意識のレヴェルにおける死と性愛への志向には、世界を主観的生の根源からの無限拡張として見ようとするロマン主義の志向との同質性が見てとれる。そしてロマン主義のこのような志向から生じる生の内面性と外部世界の間の鋭い対立の意識が、そのままヴァーグナーの世界性愛の持つ世俗的世界の否定の意志の基底につながってゆく。

さて「神話*」の方はどうか。ここでも問題となるのは深層意識のレヴェルである。神話において深層意識は、死や性愛の次元と相関しつつ「集合的無意識」の領域へと向かう。この「集合的無意識」への志向において働いているのは、歴史の深層に元型的な性格を帯びて潜在している原初の共同体の記憶や、それにまつわるさまざまな伝承形態への傾倒である。それは歴史の集合的かつ匿名的な深層構造に、神話の持っている象徴的・比喩的表現形態を通じて光をあてたいという欲求である。こうした志向もまた、生の根源に宗教的・共同体的聖性を与えようとするロマン主義の志向と重なりあう。そこにさらに世界と生の芸術*＝美による是認というイデーの問題をつけ加えれば、ヴァーグナーとロマン主義の共通性はより大きなものになるであろう。ヴァーグナーもまた、個々の生と社会の全体性を普遍的に架橋しようとした18世紀啓蒙の解体とともに生じたロマン主義の問題圏から出発している。

ところで今述べたようなヴァーグナー受容の傾向とも関連しつつ、ヴァーグナーの持っている二点目の歴史的意味に言及せねばならない。それは、ヴァーグナーが全体性の概念を現実化する媒体として選択した神話、あるいはその具体的表現形式としての「ドラマ」の表現上の特性と効果の問題である。ヴァーグナーが神話を自らの芸術の媒体として選択した時代は、いうまでもなくすでに脱神話化された近代市民社会の時代である。したがってヴァーグナーの企てた神話は、いかなる社会的・歴史的基盤も持たない人為的な創作神話たらざるをえない。言い換えればヴァーグナーは、自らの芸術表現の持つ効果だけを通じて、近代市民社会の内部における神話作用（ファンタスマゴリー）を生み出さねばならなかったのである。

それは一面からいえば、ロマン主義を超えて19世紀モデルネの問題圏、すなわち近代市民社会を通底する合理主義イデオロギーに対する美的モデルネの批判的対抗性という問題圏へとヴァーグナーが入っていったことの証明でもある。しかし同時にこのとき「ドラマ」に凝集する総合芸術の構想がもう一つ別な意味を帯びてくる。すなわち総合芸術としての「ドラマ」は、その器としての「劇場」という特権的な表現空間に市民社会の群衆を蝟集させ、そこで、その深層意識のレヴェルにおける情動的・感性的要素に働きかけつつ、疑似的な「神話」体験を作り出す。それは、ヴァーグナーが芸術＝革命の根幹においた「芸術宗教」の理念を、市民社会における新たな文化祭壇としての劇場を通じて具体化することにほかならない。バイロイト*祝祭劇場の建設は、こうした市民社会内部における神話作用の発動の場としての文化祭壇の創出のこころみといえして。

ところで私たちが見ておかねばならないのは、こうしたヴァーグナーの神話の持つ性格が、すでに成熟をむかえつつあった資本主義システムのもとで、商品物神の代償であると同時にその相関物でもある「文化産業（文化の商品化）」の先駆としての意味を持つということである。すなわち芸術宗教を言祝ぐ文化祭壇としての劇場＝ドラマを作り出そうとするヴァーグナーの努力が、そしてそこでのヴァーグナーの、理念的側面のみならず実務面も含めた意味での総合芸術のプロデュースの努力が、結果的に見るならば、資本主義下における新たな文化の物神性の現れとしての「文化産業」の形成過程と見事に重なりあってしまうのである。——ヴァーグナーのこうした側面に関しては、アドルノ*の『ヴァーグナー試論』がもっとも先鋭な分析を行っている。「ヴァーグナーのオペラは、ショーペンハウアーが〈悪しき商品の外見〉と呼んだ、眩暈をもたらす作品への傾向、すなわちファンタスマゴリーへの傾向を有している」［同 Ⅵ］。

【Ⅱ】 ニーチェのヴァーグナー観　さてこうしたヴァーグナーの歴史的意味に対してニーチェはどのような認識を持っていたのか。ここでは、無数に存在するニーチェのヴァーグナーへの言及のうち、一番典型的と思われる三つのテクスト、すなわちヴァーグナー擁護の立場からの転換を微妙な形で予告する『反時代的考察』*第4篇『バイロイトにおけるリヒャルト・ヴァーグナー』と、激越なヴァーグナー批判の書『ヴァーグナーの場合』『ニーチェ対ヴァーグナー』を主な素材としながら、ニーチェのヴァーグナー観を振り返ってみたい。

(1) 『バイロイトにおけるリヒャルト・ヴァーグナー』　ニーチェのヴァーグナーへの傾倒は、1876年のバイロイト祝祭劇場開設まで続く。そしてこのヴァーグナーの自作上演のための理想的な劇場建設を側面から援護するべく書かれたのが、『バイロイトにおけるリヒャルト・ヴァーグナー』であった。したがって本書から表面的に読み取れるのは、『悲劇の誕生』*以来のヴァーグナー賛美のトーンである。しかしニーチェの内面には、実はすでに1872年のバイロイト定礎式あたりを境にしてヴァーグナーに対する疑念と幻滅の念が兆していた。そのことは『人間的』*第2部の序文にある「そして実際には、離別と訣れであった」というこの書についての言葉からも明らかである。それは、ヴァーグナーが掲げる理念とその受容のされ方の間のギャップから生じたものであるといってよいだろう。言い換えればニーチェにとって、バイロイト建設が具体化して以降のヴァーグナーは純粋な傾倒の対象から、同時代の一個の問題現象となっていったのである。たとえば同書の次のような記述にはそうした消息がうかがえる。「〈教養人〉は、彼が完璧にこの現代の産物であるかぎり、ヴァーグナーがなし遂げたすべてのことにパロディを通してしか近づけないのであり——実際ほとんどすべてがパロディの対象になってきた——、バイロイトの出来事を、茶化し屋のジャーナリストの掲げるしらけた明かりでのみ照らし出そうとしているのである」[『反時代的』Ⅳ.1]。

バイロイト以降のヴァーグナーは、好むと好まざるとにかかわらず同時代の教養市民文化や第二帝国の時代思潮への応接を余儀なくされていった。バイロイトはそうした同時代性に対する「反時代的」な砦であったはずにもかかわらず、それ自体が同時代的現象へと微妙に変貌していったのである。ここでニーチェが「教養人」のヴァーグナーへの接近の仕方を揶揄している内容こそ、そうしたヴァーグナーの受容のされ方にほかならなかった。そしてここでのニーチェの記述は、ヴァーグナー擁護の立場からとはいえ、なんと後のヴァーグナー批判の内容と似通っていることだろうか。「教養人」の、と限定付きで示された「パロディ」というかたちでのヴァーグナーへのアプローチは、実はすでにこの時点でのニーチェのヴァーグナー理解の本音であったというべきであろう。

ここでニーチェのヴァーグナー観の核心ともいうべき「二重性」の認識を取り上げておきたい。「彼（ヴァーグナー）の本性の一面、すなわち汚れを知らない創造的な明るい側面が、他の一面、すなわち暴君的で手に負えない暗い側面に忠実であり続け、自由で無私な愛にもとづいてその忠実を保持し続けたという、おどろくべき経験と認識である」[『反時代的』Ⅳ.2]。なるほどニーチェはここでヴァーグナーを擁護している。しかしここでニーチェが言っている「忠実」には複雑な意味がこめられている。ニーチェは、ヴァーグナーの「おどろくべき」独創がヴァーグナーの内にある「暗い側面」への「忠実」に根ざしているということによって、ヴァーグナーの精神とそれが生み出す芸術の「邪悪な」性格を浮き彫りにしているのである。この「邪悪さ」とは具体的にどのようなかたちで捉えら

ニーチェがヴァーグナーの「総合芸術作品」の理念と志向の中に見いだしたのは、「ドラマ」の持つ表現機能を通した公衆に対する強烈な支配意志の発現であった。こうした支配意志の根源にあるものこそヴァーグナーにひそむ「邪悪さ」であったといってよいだろう。たしかにニーチェはここで、そうした「邪悪な」支配意志がヴァーグナーの芸術家としての使命意識に根ざすものであると言っている。そしてそれはニーチェ自身の「力への意志*」の思考にも投影されている。だがそうした支配意志に由来するヴァーグナーの、とりわけバイロイトにおける受容の在り方にはあらたなデカダンス*の精神スタイルが忍び込んでいることを、ニーチェはすでに嗅ぎつけていた。たとえばヴァーグナーにおける「ドラマ」の総合芸術としての表現効果がもたらしたものを、ニーチェは次のように言っている。「彼にはおそらく俳優としての素質が備わっていて、それが手っとり早くとるに足らない道を断念せざるをえなかったために、あらゆる芸術を総動員した大掛かりな演技の世界の開示に逃げ道と救いを見いだしたということになるかもしれない」[『反時代的』Ⅳ.7]。

ここでニーチェが使っている「俳優」という言葉は明らかに否定的なニュアンスを帯びている。ヴァーグナーの「邪悪な」支配意志に根ざす芸術は、すでに「俳優」という言葉がふさわしいようなあるものへと、言い換えれば「パロディ」とよぶべきようなあるものへと変容してしまっているのである。とするならば表面的な文脈においていかにヴァーグナー芸術と対照的なものとして語られていようと、次のような同時代芸術の規定がむしろヴァーグナーにこそ――俳優性、パロディ性において――ふさわしいものであることは明らかであろう。「現代芸術は人びとに感覚の鈍磨か、でなければ陶酔*をもたらさなければならない。人びとを眠り込ませるか、でなければ意識を麻痺させなければならない。あれこれの手段に訴えて良心*(Gewissen)を無意識状態(Nichtwissen)に近づけなければならない。罪の感情にひしがれている現代人の心を――元の罪のない境地に連れ戻すのはとうてい不可能なので――せめてその場凌ぎになんとか切り抜けさせてやらなければならない。当人の内面を啞や聾のような状態にすることによって、内面の攻撃から当人を守ってやらなければならない」[『反時代的』Ⅳ.6]。ヴァーグナーの「邪悪な」支配意志は、公衆のもつ感覚世界にファンタスマゴリーを通じて物神的支配・操作をもたらす。それは、救済ではなく麻痺であり、瞞着である。ここから「ヴァーグナーはデカダンスである」「ヴァーグナーは俳優である」「ヴァーグナーはディレッタントである」というニーチェのヴァーグナー批判の核心が生じる。

(2) ニーチェのロマン主義批判　ここで『悦ばしき智恵』*370番にあるニーチェのロマン主義に対する総括的な検証の内容を取り上げておきたい。ニーチェは、芸術および哲学の根本衝動が「病いおよび病いに苦しむ者」であると言っている。そしてこの苦しむ者には二通りあるという。「第一には、生の過剰に苦しんでいる者」であり、「第二には、生の貧困化に苦しんでいる者」である。前者は、「ディオニュソス*的芸術を求め、同様に生に対する悲劇的な観方および洞察を求める」。それに対して後者は、「安息・静けさ・平らかな海・芸術と認識による自己からの救済を求めるか、もしくは陶酔・痙攣・麻痺・狂気を求める」。ここに後期のニーチェの思考を規定づけている明確な二項対立が見てとれるであろう。すなわち前者に対応する「強者の道徳」としての「力への意志」と、後者に対応する「弱者＝小人の道徳」としての「ルサンチマン*」の対立である。前者、すなわち「ディオニュソス的な神と人間」には、

「どのような砂漠も豊かな土地にかえることができる……力の過剰のために、悪・無意味・醜悪がいわば許されるものとして現れるのである」。後者が求めているのは、「神、……病人のための神、〈救い主〉である神」である。そしてそれを通じて現れてくるものは「硬直化・永遠化への願望、存在への願望」であり、それが「創造の原因」となるのである。こうした願望は前者における「破壊への、変化への、新しさへの、未来への、生成*への願望」とはっきり対照される。「過剰*」と「飢え」の対照というかたちで。ここではまだ明確には述べていないものの、ニーチェがこの「飢え」の系譜——エピクロス*、キリスト教徒、ロマン主義——を「貧しさ」として否定しようとしていることは明らかである。

ところで先に引いたように後者の芸術的志向には「安息・静けさ」への志向と「陶酔・痙攣」への志向の二方向がある。ニーチェは初めの方の志向を「神化の芸術」(Apotheosenkunst) と呼んだうえで、そこにある「感謝」「愛」「善意」に対し一定の肯定を与える。それに対して後の方の志向は「大いに病いに苦しむ者、闘う者、虐げられている者の暴君的な意志」であるという。この「暴君的な意志」という言い方は『バイロイトにおけるリヒャルト・ヴァーグナー』におけるヴァーグナーの「暗い側面」の指摘に対応している。事実ここで名のあがっているのはショーペンハウアーとヴァーグナーであり、ニーチェは両者に「ロマン的ペシミズム」という名を付与するのである。それが求めるのは「破壊・否定」の力の直截な発現ではなく、自らの特異的嗜好を対象におしつけようとする「ルサンチマン」の発現である。すなわち「すべての事物に彼の像を、彼の苦責の像を押しつけ、割りこませ、焼きつけることによって、いわばこれらに復讐をする」のである。こうした「ルサンチマン」が芸術表現の効果としての「陶酔・痙攣・麻痺・狂気」への志向につながっていく。それはヴァーグナーにおける「公衆への支配意志」の核にあるもの、ヴァーグナーにおけるデカダンス*の核心である。ニーチェは、こうしたショーペンハウアー／ヴァーグナー的なものとして現れるロマン主義の、批判的対抗性にではなく自己否定(融解)的ペシミズムと表裏一体をなす夜郎自大な支配意志へと逸脱してしまう性格に、はっきりと背を向けるのである。

(3) ヴァーグナーのデカダンス　こうしたヴァーグナー芸術の特性にはどのような消息が隠されているのか。『ヴァーグナーの場合』の中で、ニーチェは「ニーベルングの指環」*をとりあげて次のように言う。「——〈世界のすべての禍いは何に由来するのか？〉とヴァーグナーは自問した。そしてすべての革命イデオローグと同様に、〈古い契約〉から、と答えた。ドイツ風に言えば、慣習・法・道徳・制度など、旧世界、旧社会が依存するすべてのものからである。〈禍いを世界から追い払うにはどうしたらいいか？〉〈旧社会を廃絶するにはどうしたらいいか？〉〈契約〉(因習・道徳)に戦いを宣告することによってだけである。これをジークフリートが実行するのである」[『場合』手紙4]。

ニーチェは「指環」の主人公ジークフリートに「道徳への宣戦布告」を見る。そこにあるのは「最初の衝動だけに従い、いっさいの伝統、いっさいの畏敬、いっさいの怖れを打倒する」[同] 純粋な「力への意志」の発現である。しかしこうしたヴァーグナーのジークフリートによせた志向は変質してしまう。それはショーペンハウアー哲学という「暗礁」に乗りあげてしまった結果である。「ヴァーグナーは正反対の世界観に座礁してしまった」[同]。彼はジークフリートの持っている「楽天主義」的性格を恥じ、『指環』をショーペンハウアー的なものに翻訳したのである」[同]。それはヴァーグナーに何をもたら

したのか。

ここでニーチェの決定的ともいうべき認識が示される。「デカダンスの哲学者にして初めて、デカダンスの芸術家に自己自身を付与したのである——」[同]。ジークフリートの「無垢」な「力への意志」は、ショーペンハウアー流のペシミズムにおいてデカダンスへと転成したのである。

ヴァーグナーのデカダンスについて、ニーチェはこう言っている。「自分の堕落した趣味のうちにある自己を必然的だと感じ、その趣味をより高い趣味だと称する権利を要求し、自分の堕落を法則として、進歩として、成就として通用させることを知っている典型的なデカダン」[『場合』手紙5]。こうしたヴァーグナーのデカダンスは音楽に「神経症」をもたらす。それは真の救済からは程遠い一種の痛覚麻痺のごとき麻薬的効果、すなわちファンタスマゴリーの効果の所産にほかならない。「ヴァーグナーは音楽にとって大いなる堕落である。彼は音楽のなかに、疲れた神経を刺激する手段を見いだした、——彼はそれによって音楽を病気にした。ひどく消耗した者を刺激によって再び元気づけ、瀕死の者を蘇らせるという点では、彼はけっしてとるに足らぬものではない」[同]。

(4)「俳優」ヴァーグナー　ヴァーグナーのファンタスマゴリー効果として現れるデカダンスは当然にも彼の「俳優」としての性格につながる。俳優とは、劇場＝ドラマをつうじて公衆を支配する術にたけた者である。「すなわち類いまれなる役者であり、ドイツ人が持ちえた最も偉大な俳優、最も驚くべき劇場の天才、われらの選り抜きの舞台人であった」[『場合』手紙8]。そして彼は「音楽から彼の必要としたもの、つまり劇場の修辞法、表現と身振り強化と暗示と心理的＝絵画的なものを作り出すために、音楽の持っているすべての様式を犠牲にしてしまった」[同]のである。音楽芸術に内在するディオニュソス的要素はヴァーグナーの中でデカダンスに、そしてデカダンスの媒体としての「効果」に——「彼は効果を欲する、効果以外の何物も欲しない」[同]——置き換わっているのである。それを促しているのが、ヴァーグナーの存在的本性としての「俳優」性にほかならない。

「デカダン」にして「俳優」であるヴァーグナー、「悲劇」との訣別を「最高の、最も悪ふざけのパロディの放埒」[『系譜』Ⅲ.3]である「サテュロス劇」によって表現したヴァーグナーは、ニーチェによれば「ディレッタント」＝素人でもあった。ヴァーグナーの「ディレッタント」性は「デカダンス」と「俳優」という性格とも結びつきつつ、ヴァーグナーを受容した第二帝国建設期のドイツ教養市民文化に内在する一つの傾向、すなわちニーチェを激しい憤怒へとかりたてた傾向につながっていく。「ヴァーグナーの味方になることは高くつく。……そもそもこの運動を前面に押し出したのは誰なのか？　この運動をますます大きなものに育てたのは何か？——何よりもまず素人、芸術白痴の思い上がりである。……第二には、芸術への奉仕におけるあらゆる厳格で、高級で、良心に富んだ学習に対する無関心の増大である。その代わりに天才信仰が押し出されて来る。ドイツ語で言えば、尊大なディレッタンティスムス……である。第三の、そして最も悪いものが、劇場独裁制である——、すなわち、劇場の優位性への、諸芸術に対する劇場の支配権への妄信である……。それ（劇場）はいつでも芸術の下層部にすぎないし、単に第二義的なもの、ある粗雑なもの、大衆用に歪曲され、ごまかされたあるものなのだ！……バイロイトはグランドオペラである——そしてけっして良いオペラではない——劇場は趣味に関していえば大衆への奉仕の一形式であり、劇場は良い趣味に反対する大衆の叛乱であり、賤民投票なのだ……このことを立証する

のは、ほかならぬヴァーグナーの場合である。彼は大衆を獲得した、——彼は趣味を堕落させた、彼がみずから、オペラを受け容れるわれわれの趣味を堕落させたのだ！」〔『場合』エピローグ〕。

【Ⅲ】 「もう一人のヴァーグナー」としてのニーチェ　こうした激越ともいうべきヴァーグナーに対する批判によってニーチェはヴァーグナー芸術の呪縛圏から完全に脱したのであろうか。いやそもそも脱しようと欲していたのだろうか。『ニーチェ対ヴァーグナー』の中の「私はいかにしてヴァーグナーから解放されたか」でニーチェは、ヴァーグナーに対する猜疑、疑惑が彼に深い「疲労」をもたらしたといっている。それは「今までよりいっそう深くひとりぼっちになるように宣告されているのだ、という疑惑」に由来する「心痛のあまりの疲労であった。なぜなら私にはリヒャルト・ヴァーグナーのほかには誰もいなかったからだ……」。ここでのニーチェの語り口は悲しげであり、感傷的なにおいすらする。先にふれたようにニーチェのヴァーグナー批判はつねに彼の中にあるもの、それも彼の存在の根幹にかかわるものに対する痛切な自己批判としての性格を帯びている。そこから私たちが読み取るべき問題性とは何か。

ヴァーグナーとニーチェが共通の基盤としていたのは、対抗的近代（モデルネ）としての美的モデルネの問題性であった。資本主義的生産様式の拡大・発展とそれにともなう商品の支配力の全社会領域への浸透は、芸術をも例外にはしておかなかった。商品支配がもたらす近代市民社会の物象化状況のもとで芸術は、物象化された社会的現実とそこに宿された分裂・相剋（アンタゴニズム）を自らの表現そのものにおいて引き受けようとする——そこでは当然にも「快＝美」の自足する同一性・永遠性にかわって「不快＝醜」の非同一性・「新しさ」の一過性が基準となる——アヴァンギャルド芸術化への傾向と、芸術の商品化と商品化された芸術を受容する「群衆」の存在に相関するマス・カルチュア化の傾向を生み出していく。「文化産業」はその現れにほかならない。そこでは商品の物神性と美的判断の融合に根ざす諸現象、すなわち「モード」や「キッチュ」などが現れる。それらは本質的には商品物神の隠蔽と代償の機能を果たしている。

そしてここで私たちが確認しておかなければならないのは、こうした美的モデルネにおけるアヴァンギャルド化とマス・カルチュア化が、一見対照的に見えながら一方においてきわめて相補的であるということ、そしてロマン主義以来の「美的救済」の志向がこうしたアヴァンギャルド化とサブ・カルチュア化の相補的分裂関係とそれを強いている近代市民社会の物象化された現実との相関においてしか存在しえないということである。ヴァーグナーの芸術はおそらくそのことの最初にしてかつ最も本質的な証左であったといってよかろう。ニーチェのヴァーグナー批判は、むしろヴァーグナーが美的モデルネに内在する上記のような問題性を提示しながら中途半端な芸術信仰——ロマン主義の残滓としての——にとどまってしまって、問題の真の意味での徹底化を図らなかったことに向けられているといえよう。とするならニーチェはヴァーグナーよりはるかに先を行こうとした「もう一人のヴァーグナー」と考えることもできるのではないだろうか。→バイロイト、「トリスタンとイゾルデ」、「ニーベルングの指環」、「パルジファル」、「ニュルンベルクのマイスタージンガー」　　　　　　　　　　　　　　　　（高橋順一）

文献　▷ R. Wagner, *Das Kunstwerk der Zukunft*, Zürich 1849（奥津彦重訳『未来の芸術作品』桜井書店、1948）. ▷ ders., *Oper und Drama*, Leipzig 1852（杉谷恭一ほか訳『オペラとドラマ』第三文明社、1993）. ▷ Th. W. Adorno, *Versuch über Wagner*, München/Zürich 1964.

ニーチェと音楽

ニーチェは年少時から音楽に対して異常なほど強い関心を抱いていた。すでに9歳頃から作曲を始め、プフォルタ校*時代には弦楽四重奏曲やオラトリオなどの作品を残している。またピアノ演奏の腕もかなりのもので、友人のゲルスドルフ*によれば即興演奏がとくに得意であったようだ。専門家になるための正式な音楽教育を受けたことはなかったが、ニーチェにとって音楽はたんなる趣味や余技の域を超えた、彼の生の霊感の源泉そのものでありもっとも重要な人生の課題であった。文献学者としての道を歩み始めてからも、ニーチェは自分が本来は音楽家であるという自己認識をひそかに持ち続けていた。このことがヴァーグナー*との出会いにつながり、さらに処女作『悲劇の誕生』*を生むことになる。

【I】 ディオニュソス的音楽 『悲劇の誕生』においてニーチェは芸術を「アポロ*的なもの」と「ディオニュソス*的なもの」に分けた。「アポロ的なもの」は「仮象*」(Schein) の充足と英知をつかさどる「夢」の世界に属しているのに対して、「ディオニュソス的なもの」は、「アポロ的なもの」の基礎としての「個体化*の原理」(ショーペンハウアー*)、すなわち盲目的な意志に明瞭な表象を与える形式原理が打ち破られたとき現れる「陶酔*」の世界に帰属する。この「陶酔」の世界においては、「個人が破棄され、かつ神秘的な合一感情によって救済されることが求められる」[『悲劇』2]。こうした陶酔の境位を体現するのが「ディオニュソス的音楽」、すなわち「ディオニュソス讚歌」である。それは「野蛮」と「誇大」の世界であり、個人の否定である「自己放棄」(Selbstentäußerung) を前提としている。こうした見方は、一面ではショーペンハウアーのペシミスティックな世界観に由来している。とりわけギリシア人の精神を体現する「アポロ的世界」の壮麗な形象の底に、ディオニュソスの従者シレノスによる「生の否定」の暗冥な呼び掛けを見ようとするニーチェの姿勢には、それが感じられる。しかしニーチェの「ディオニュソス的音楽」によせる志向が、微妙にショーペンハウアーとずれているのも事実である。というのも、ニーチェの「ディオニュソス的音楽」をめぐる認識には、生の盲目的意志が最終的にはあるがままに肯定されるべきであるとする志向が含まれており、その肯定においてショーペンハウアー流の「個体化の原理」とは異なる道、すなわち生の盲目的意志の「否定」としての芸術ではなく「肯定」としての芸術*による生と世界の表現と救済が予兆されているからである。「なぜなら美的現象としてのみ、人間存在と世界は永遠に是認される*からである」[『悲劇』5]は、このようなコンテクストにおいて理解されるべきである。

ニーチェの音楽に対する認識がより明確になるのは次のような記述においてであろう。「ディオニュソス讚歌において、人間はその象徴能力のすべてを最高度にかきたてられ、これまで感じられなかったなにものかが表現を衝迫する。……いまや自然の本質が象徴的に表現されることになる」[『悲劇』2]。ここでニーチェが「ディオニュソス的音楽」の中核に、「象徴能力」を据えた点に注目する必要がある。この「象徴能力」についてニーチェは、それが「全身的象徴法」である「舞踏」と、「音楽の諸力」、「リズム」「デュナーミク」「和声」の二つの要素を含んでいるといっている。こうした認識には明らかにヴァーグナーの『未来の芸術作品』と『オペラとドラマ』の影響がみてとれる。ヴァーグナーはこれらの著作において非造形芸術(舞踏、音楽、詩)を芸術の本質とした上で、さらに悟性にねざした言語芸術である詩と身体＝身振り芸術である舞踏が最終的には音響芸術としての音楽において統合されねばならないと

する。こうしたヴァーグナーの観点が、先に引いたニーチェの「象徴能力」という概念の基礎をなしている。こうした理念を含むヴァーグナーの音楽は、ニーチェにとって「ディオニュソス的音楽」の現代における再生であった。そしてヴァーグナーの音楽を通じてニーチェは、もっとも根源的なものとしての自然の表現衝動（芸術衝動）の純粋な発現が音楽であるという認識を得たのである。それは、後年のニーチェの思想の核となる「力」の認識の先駆けとしての意義を持つ。音楽が「力への意志」と世界の美的・芸術的救済の原型的な場としての性格を有すること——、この点に、ニーチェにおける音楽の意味の核心がある。それをニーチェに教えたのがヴァーグナーの音楽であったとすれば、ニーチェの音楽への関わりのほとんどすべてがヴァーグナーとの関わりに尽きているといっても過言ではなかろう。

【Ⅱ】 **ヴァーグナーからビゼーへ**　しかしヴァーグナーとの訣別は、その後のニーチェの音楽との関わりをきわめて屈折したものにした。もちろんこの訣別はきわめて両義的なものである。いや本当にそれを訣別と呼んでよいのかさえ疑わしい。「ありうべき」ヴァーグナーを現実のヴァーグナーが裏切っていくことへの、無垢なヴァグネリアンの立場からする怨嗟——、そんなトーンさえニーチェのヴァーグナー批判からは聴き取れる。「なぜなら、私にはリヒャルト・ヴァーグナーしかいなかったからだ……」[『ニーチェ対ヴァーグナー』Ⅸ.1]。こうしたヴァーグナー批判のもたらしたニーチェの音楽観上の屈折の最大のポイントが、「音楽における南方的なものへの憧憬」にほかならない。「ドイツ音楽に対して私は多くの注意をはらう必要があると思っている。ある人間が、私のように南方を、もっとも精神的なものともっとも感覚的なものにおける快癒*の学校として、独断的で己れを怖守する存在者の上力に拡がる奔放

な太陽の充溢と浄化として愛するように定められたとするなら、彼は、ドイツの音楽に何らかの形で注意をはらうことを学ぶであろう。というのも、ドイツの音楽は、彼の趣味を駄目にすることで、彼の健康まで駄目にしてしまうからである」[『善悪』255]。ここで述べられている「南方」に対する評価は明らかに、『人間的』*で宣告された「自由精神*」への道の延長上に現れたものである。それは「大いなる解放」としての、「自己決定の力と意志の最初の爆発、自由な意志への意志」としての、「大いなる健康*のしるし」としての、「力の過剰*」[『人間的』Ⅰ序言]の象徴である。こうしたものとしての「南方的なもの」に対置される「ドイツ音楽」（ドイツ的なもの）とは、「ニーベルングの指環」*から「パルジファル」*への歩みにおいて決定的なものとなったヴァーグナーの芸術的性格である「病い」「デカダンス*」の表象にほかならない。そしてニーチェは、かかるヴァーグナーとの訣別と「南方的なもの」への憧憬を、ビゼー*の音楽への偏愛に託すことになる。——ちなみにニーチェの弟子であったペーター・ガスト*はほとんど無名に近い作曲家だったが、ニーチェは彼までも「南方的」巨匠のひとりに挙げている——。

だがそれにしてもなぜビゼーなのか。たとえばなぜモーツァルト*、あるいはヴェルディではいけなかったのか——じっさい別のところでニーチェはモーツァルトへの賛美を表明している。たしかにビゼーの音楽は優れたものである。しかしヴァーグナーに対するにビゼー、というのはどうしても不可解なところが残る。問題はビゼーの「軽さ」である。カール・フックスにあてた書簡の中でニーチェは、別段ビゼーでなくてもヴァーグナーに対抗できるなら誰でもよかった、という意味のことを書き残しているが [1888.12.27.]、そうだとすれば次のような言葉はどのように解されるべきなのか。「私はきのう、貴君は信

じるだろうか，ビゼーの傑作を聴いた，20度目である。私は柔和な傾聴でもって再び最後まで耐え通した。私は再び逃げ出さなかった。私のうちにある焦燥に対するこの勝利は私を驚かす。こうした作品はなんと完全にしてくれることだろう！ こうした作品を聴くうちに人は自分自身〈傑作〉になる」[『場合』手紙1]。このニーチェの言葉には，内面に大きな苦痛を負ったまま無理に陽気に振る舞おうとする人間に対して感じるようなある痛々しさがある。浩瀚なヴァーグナー伝の著者として知られるアーネスト・ニューマンは，ニーチェのもともとの音楽的好みは「軽い音楽」にあったと言っている。そして事実今引用した直後の箇所で，「良いものは軽く，あらゆる神的なものはきゃしゃな脚で走る」[同]とニーチェも書いている。こうした好みはニーチェのベートーヴェン*やシューマン*の音楽に対する嫌悪の根拠になっている。だがそれでもニーチェのビゼー評価には，ヴァーグナーについて語っていたニーチェには窺えなかった無理な姿勢が感じられる。ましてビゼーの他に，ロッシーニやショパン，はてはオッフェンバックまで評価の対象として引っ張り出してくるにいたっては，ただニーチェの内面におけるヴァーグナーを失ったことの欠損の大きさ──「焦慮」──だけが逆照射的にうかびあがってくるだけである。

【Ⅲ】 **ブラームスの場合**　ニーチェのヴァーグナー批判がけっして反ヴァーグナー陣営へのくらがえを意味するものでなかったもう一つの証拠として，ニーチェのブラームス評価を見ておきたい。はじめニーチェはブラームスを評価していたらしいが，後に全否定に転じる。「今日有名であるものが，ヴァーグナーと比較して〈よりよい〉音楽を生み出しているわけではない。ただ不決断で，どうでもいい音楽を生み出しているだけである。──どうでもいいというのは，半端者が，ここに全体があるといって済ましているからで

ある。しかしヴァーグナーは全的であった。しかし全的な堕落であった。しかしヴァーグナーは堕落の中の勇気，意志，確信であった。──ヨハンネス・ブラームスの如き何者であろう！」[『場合』第二の追記]。ニーチェがヴァーグナーの中にみた「デカダンス」は，ニーチェの「健康への意志」とけっして無縁ではなかった。ちょうど「病者の光学」と「健康」の相補関係と同質なものが，「デカダンス」と「健康への意志」──「力への意志*」──との関係に感じられる。それはとりもなおさずニーチェとヴァーグナーの宿命的ともいえる相補関係の性格でもある。それは同時に19世紀の美的モデルネの最先端に位置する問題圏の所在をさし示している。この地点からみればブラームスの音楽は教養市民文化の擬古典趣味に迎合する退行以外のなにものでもなかったはずである。→ニーチェとヴァーグナー──ロマン主義の問題，ビゼー，ベートーヴェン，シューマン　　　　（高橋順一）

文献　▷ F. Nietzsche, *Der musikalische Nachlaß*, hrsg. von Curt P. Janz, Basel 1976. ▷M. Eger, *Wenn ich Wagnern den Krieg mache*, Wien 1988（武石みどり訳『ニーチェとヴァーグナー』音楽之友社，1992）．

ニーチェと言語哲学

ニーチェは彼自身が言葉の魔術師ともいうべき哲学者であり，また言語*に対する鋭利な洞察を著書や遺稿の随所にちりばめているものの，体系的な言語哲学あるいは言語論と呼べる論考は残していない。言語に関して唯一まとまった考察を展開しているのは，1873年夏に書かれ，1903年にようやく公表された「道徳外の意味における真理と虚偽について」という標題をもつ論文である。彼はこの論考の中で，言語とそれが表示する概念に対する破壊的な批判を敢行し，言葉によっては真理*に到達できないこと，そして真理そのものが「錯覚であることを忘れてしまったよう

な錯覚」にほかならないことを徹底して暴き出す。この論文をはじめ,『ツァラトゥストラ』*以前の諸著作においては,言語の機能と役割は総じて否定的に捉えられている。しかし,『ツァラトゥストラ』第3部においては,一転して「言葉との和解」とも呼ぶべき肯定的言辞が現れる。この否定から肯定への転換の中に,ニーチェの言語論の秘密は隠されているというべきであろう。

ニーチェの言語に対する違和感と不信感は,すでに青年期に兆し始めていたようである。18歳の彼が母と妹に宛てて書いた1863年9月6日付の手紙では,その違和感はすでに「宿命」という象徴的な言葉で表現されている。「なんなりと勝手気ままに考えてもいいような一時があります。そんなとき僕は自分のメロディーのために言葉を探し,自分の言葉のためにメロディーを探したりするのです。しかし,この自分のものになった言葉とメロディーが,それが一緒になると,僕の一つの魂から出てきたものでありながら,しっくりいかないのです。でも,これが僕の宿命なのでしょう!」

彼が作曲においても年少の頃から非凡な才能を示したことはよく知られているが,溢れる曲想に言葉が追いつかない,すなわち言葉とメロディーとが「しっくりいかない」という原体験をもったことは,彼のその後の言語観に微妙な影響を与えたであろうと推測される。音楽と言語との齟齬と対立というこのモティーフは,やがて処女作『悲劇の誕生』*の中で明確な主題となって現れる。「音楽の世界象徴法に対しては,言語をもってしてはいかにしても太刀打ちできない。……音楽と比較すれば,どんな現象もどのみち比喩*にすぎない。したがって言語とは,現象の器官であり象徴である以上,音楽の最も深い内奥を露呈させることは絶対にできない。言語は音楽の模倣に関わる一瞬があるにせよ,そういう時でも,言語はもっぱら音楽と外面的な接触を保っているにすぎない」[『悲劇』6]。

このような音楽への讃仰と言語への不信というモティーフは,ギリシア悲劇を論じる際にも形を変えながら変奏される。言葉のドラマとしてしかギリシア悲劇に接しようがない現代人は,悲劇を実際に上演されたものよりも皮相浅薄なものと理解しがちである。しかしニーチェによれば,「神話*というものは語られた言葉の中に,決してその適当な客体化を見いだすことがない」のであり,忘れてならないのは「当時,神話の最高の精神化と理想性とに到達することは,言語の詩人には不可能であったが,創造的な音楽家としての詩人には,いついかなる瞬間でも,成功が可能であった」[『悲劇』17]ということである。

『悲劇の誕生』出版の1年後に書かれた「道徳外の意味における真理と虚偽について」は,言語に対するニーチェのこうした根源的違和感を明示的な「言語批判」という形で展開したものである。そこで彼は「言葉のあの慣習というものは,どんな事情になっているのであろうか? それはおそらく,認識の,真理感覚の産物なのであろうか? 表示と事物とは相覆うものなのであろうか? 言葉は,あらゆる実在の適正なる表現なのであろうか?」という問いを立てている。これらの問いは,まさに後の分析哲学者によって立てられたものであった。奇妙なことではあるが,彼らもまたニーチェと同じ「言語への不信」から出発したのである。

例えば G. フレーゲは日常言語における意義(Sinn)の変動について論じながら,そのような変動は「論証科学の理論構成においては避けるべきであり,完全な言語においてはまったく許すことはできない」と述べている。また「あらゆる哲学は〈言語批判〉である」と喝破したウィトゲンシュタインは,『論理哲学論考』の中で,「日常言語から言語の論理を直接に読み取ることは人間には不可能である。言語は思想に変装を施す」とし

て，哲学的問題が言語使用の混乱に由来することを指摘する。彼らはこうした「言語への不信」を論理的に完全な理想言語を構築することによって解消し，いわゆる「言語論的転回」への道を突き進むことを選んだ。しかし，「論理学がそれであるような記号の約束がそもそもいかなる価値をもっているのかという疑問」[『偶像』Ⅲ.3]を抱いていたニーチェにとって，それは論外の解決法であった。彼はむしろ，芸術体験の根源性に定位することによって，言語への不信を克服する道を選んだのである。

ニーチェは先の問いに対して同じ論文「真理と虚偽」の中で，「語というものにあっては決して真理が問題なのではなく，また適正なる表現が問題なのでもない」と答えている。すなわち，言葉の成立に際しては，「一つの神経刺戟が，まず一つの形象の中へと転移される」という形で第一の隠喩が，そして「その形象が再び音において模写される」という形で第二の隠喩が働いているのである。それゆえ，言葉は神経刺戟，形象，音という異質の領域を飛び越える隠喩なのであり，事物の本質を表示する名前ではない。ニーチェによれば，われわれが「樹木とか，色とか，雪とか，花とかについて語るとき，そうした事物そのものについて何か知っているように思い込んでいるが，しかし実際には，根源的な本質には全然対応していないような，事物の諸々の隠喩以外には，われわれは何も所有していない」のである。そこから彼は，語が表示する概念は「等しからざるものを等置することによって発生する」ものであり，「個体と類というわれわれの立てた対立物も，擬人的なものであって，事物の本質に由来したものではない」と考える。例えば，木の葉という概念は「木の葉の個性的な差異性を任意に脱落させ，種々の相違点を忘却することによって形成されたもの」であり，木の葉そのものとでも呼びうるような本質を指すものではないのである。

このようなニーチェの反本質主義的ないし唯名論的言語観は，言葉を事物の名前であるとする「言語名称目録説」に対する根本的な批判を含んでいることにおいて，20世紀の言語哲学の問題意識をすでに先取りしていたと言うことができる。しかし，同じ名称目録説批判から出発したソシュールが，言語を社会的制度として捉え返し，それを「体系」あるいは「構造」という観点から分析したのに対し，ニーチェにはそうした問題関心は存在しない。むしろ彼は，そこから一挙に真理論へと跳躍する。すなわち，言葉が「大胆な隠喩」にほかならないことを指摘した上で，ニーチェは「それでは，真理とは何なのであろうか？」と問い，それに次のように答えている。「それは隠喩，換喩，擬人観*などの動的な一群であり，要するに人間的諸関係の総体であって，それが詩的，修辞的に高揚され，転用され，飾られ，そして永い間の使用の後に，一民族にとって，確固たる，規準的な，拘束力のあるものと思われるに到ったものである。……それは，使い古されて感覚的に力がなくなってしまったような隠喩なのである」[「真理と虚偽」1]。

それゆえ，真実を語れという格率は「慣用の隠喩を用いよ」という義務にすぎない。道徳的に表現すれば，それは「ある確固とした慣習に従って嘘を言えという，万人にとって拘束的なものになっている様式でもって群居して嘘を言えという義務」にほかならない。こうした言語観は，表現こそ違え，言語活動を「慣習的規則に従ったゲーム」として捉え，言葉の意味を「使用」に求めた後期ウィトゲンシュタインの言語哲学に相通じる面をもっている。しかし，むろんニーチェは「言語批判」によって哲学的問題を解明しようという方向へは向かわなかった。彼の「言語批判」は，むしろ「言語はいかなる正しい世界像をも与えることはできない」と語った F.

マウトナーのそれと軌を一にしているのである。その意味で、ニーチェの言語論は、20世紀の言語哲学と交差しながらも、それと切り結ぶことはなかったと言ってよい。

ところが、このような言語の機能への徹底した不信と懐疑の念は、『ツァラトゥストラ』第3部においては霧を払うように解消され、言葉に親炙し、それと遊び戯れるニーチェの姿が浮かび上がってくる。「ここでは万物が、あなたの言葉にやさしく慕い寄ってきて、あなたに媚びる。それらはあなたの背中に乗って、走りたがっているのだ。あなたは、ここでは、どんな比喩*の背にもまたがって、どんな真理にでも到達することができる」[『ツァラトゥストラ』Ⅲ-9]。「言葉があり、その響きがあるということは、なんといいことだろう。言葉と響きとは、まったくかけ離れたものを結ぶ虹であり、幻の橋ではなかろうか？……およそ語ること、言葉の響きが醸し出すあらゆる嘘、なんといいことだろう！ 言葉の響きによって、われわれの愛情が、七色の虹のうえで踊る」[同 Ⅲ-13.2]。

かつて「隠喩」や「嘘」として否定的に捉えられていた言葉の働きは、ここでは「まったくかけ離れたものを結ぶ虹」あるいは「幻の橋」という美しい形象によって肯定的に語られている。この激越な転換は、何に由来するものなのか。その謎を解く鍵を西尾幹二は『ツァラトゥストラ』執筆中にニーチェを襲ったインスピレーション体験に求めているが、正確な指摘と言うべきであろう[『ニーチェとの対話』]。ニーチェはその体験を『この人を見よ』*の中で「もろもろの事物が自らやってきて、比喩として使ってくれと頼むのかのようである」と描写している[Ⅳ.3]。いわば彼は、そのとき「言葉に襲われた」のであり、それを通じて「言葉との和解」を果たしたのである。その和解のありさまは、『ツァラトゥストラ』第3部では次のように語られている。「ここでは、いっさいの存在の言葉と、その言葉のつまった匣が、私に向かって開かれる。ここでは、いっさいの存在が言葉になろうとする。ここでは、いっさいの生成が、私から語ることを学ぼうとする」[Ⅲ-9]。この文章には、ハイデガー*が「言葉は存在の家である」と述べた意味における一種の存在論的言語観への萌芽が秘められている。しかし、それを具体的に展開する時間はニーチェには残されてはいなかった。ニーチェの言語論は、いまだ未発掘の鉱脈にとどまっているのである。➡言語, 比喩, 真理と認識

（野家啓一）

ニーチェと作曲

ニーチェは9歳からピアノを習いはじめたが、かなり達者に演奏したと伝えられており、ことに即興演奏を得意にしていたという。シューマン*とベートーヴェン*を尊敬していた彼は、独学で作曲を行うようになった。残されているスケッチなどによって、彼が1854年から82年頃まで作曲していたことが分かっているが、なかでもペテーフィやシャミッソー、バイロン*卿の詩に作曲した16曲ほどの歌曲には、シューベルトやシューマンの影響のもとに、趣味の良い歌謡性が示されており、ピアノの伴奏パートも素朴ながら洒脱な味わいを秘めている。創作の最後を飾るのが、ルー・ザロメ*の詩による歌曲「生への祈り」であったことも興味深い。そのほか、アイヒェンドルフのテクストによるメロドラマ、そしてピアノ独奏曲や連弾曲、ヴァイオリン曲なども残されているが、エルマナリヒの英雄伝説を標題に持つピアノ独奏作品「交響詩エルマナリヒ」は、規模の大きさと豊かな音楽的創意、劇的な構成力によって、代表作と言えるであろう。ニーチェはこの曲の管弦楽化をも構想していた。また、バイロン*卿の『マンフレッド』に心酔していた若きニーチェは、シューマンのマンフレッド理解（付随音楽「マンフレッド」）に反発して、

連弾曲「マンフレッド――瞑想」を作曲した。ヴァーグナー*の楽劇のいくつかの場面を彷彿とさせるような楽句など、魅力的な箇所も多い作品であるが、全体の荒唐無稽な作りが災いしていくぶん冗長な印象は拭えない。指揮者ハンス・フォン・ビューロー*に一蹴されたくだりは、『この人を見よ』*の一節で述べられている。ニーチェの作曲は有名な事実であり、その音楽作品の出版は生前から単発的に行われていたが、まとまったものとしては、1924年にゲーラーが編集した『音楽作品集第1巻』の歌曲集が最初である。これは第2巻以降は出版されず、また1939年以来レンツェフスキが行っていた音楽遺稿集の編集も、戦火で挫折した。スケッチを含めた包括的な遺稿集は、ようやく1976年になって、ヤンツの編集により、ニーチェゆかりのバーゼル*の、ベーレンライター社から出版されている。→ニーチェと音楽, ニーチェの詩, シューマン, ベートーヴェン, ビューロー

(長木誠司)

ニーチェと同時代の自然科学

ニーチェが生き、かつ執筆活動を行った19世紀後半は、「第二の科学革命」とも呼ばれる「科学の制度化」が完成し、科学の成果が生活世界の隅々にまで根を下ろし始めた時代であった。事実、「科学者 (scientist)」という新たな職業人を指す言葉が W. ヒューエルによって造語されたのは、ニーチェが生まれた1840年代半ばのことである。科学的知識が技術的応用と結びつく可能性が自覚されるとともに、大学には理工系の学部が、大企業には企業内研究所が新設されて産業社会の基盤を形作り、科学万能主義のイデオロギーが大衆的規模で浸透して行ったのもこの時代であった。こうした「科学と実証の世紀」あるいは「鉄と蒸気機関の時代」を象徴するものこそ、ヨーロッパにおける工業社会の実現を自己確認する一大イベントともいうべき万国博覧会にほかならない。1851年にロンドンで開催された第1回万国博では、ハイド・パークに建造された鉄骨とガラスから成るクリスタル・パレスが人々の耳目を驚かせ、同時にクルップ社を中心とするドイツの鉄鋼業製品はイギリス人の目を奪ってさまざまなクルップ神話を生み出した。やがて1873年にはウィーンで第6回の万国博が開かれることになる。ニーチェが生きたのは、まさにこのような勃興期の産業社会であった。それは、ドイツでは「泡沫会社氾濫時代 (Gründerzeit)」とも「ビスマルクの時代」とも呼ばれる時代であり、後にニーチェは『反時代的考察』*を書くことによって、この時代の「教養俗物*」に対する根本的批判を展開したのである。

それゆえニーチェが、この時代を領導していた自然科学の動向に無関心でいられたはずはない。実際、ニーチェの蔵書の中には当時の自然科学の解説書が相当数含まれており、1870年代始めにはボスコヴィッチ*などの自然科学書と熱心に取り組んでいた跡が見られることについては、シュレヒタ*らの研究が明らかにしているところである。むろん、ニーチェは自然科学研究については、あくまでも素人にすぎなかった。だが、ニーチェの文章の中に頻出する「概念と感覚との化学」、「価値の光学」、「美学の生理学」、「生の衛生学」、「魂の天文学者」、「実験哲学」といった表現を見ても、彼がその当時個別諸科学に専門化しつつあった自然科学の動きに少なからぬ関心をもっていた様子が窺われる。

ニーチェの自然科学への関心を最初にかき立てたのは F. A. ランゲの『唯物論の歴史』との出会いであった。1865年に21歳のニーチェは古本屋の店先でショーペンハウアー*の『意志と表象としての世界』を手に入れ、その形而上学的世界から深甚な衝撃を受けるが、すぐ次の年の夏に、彼は刊行されたばかりの『唯物論の歴史』を読み、その感動をゲルスドルフ*に宛てて次のように書き送

っている。「僕たちがショーペンハウアーに何を負うているか、最近やっとある人の別の著書で僕には極めてはっきりした。その著書はそれなりに優れたもので、大いに教わるところがある。その著書とは、F. A. ランゲが1866年に著した『唯物論の歴史と現代におけるその意義の批判』だ。ここに僕たちはきっぱりと偏見を脱したカント学者にして自然科学者の姿を見たわけだ」[1866年8月末]。

この後に続くランゲの学説の紹介は、感官生理学の知見を援用して素朴実在論を批判し、さらに「物自体*」の概念の否定にいたる彼の見解をかなり的確に要約したものと言うことができる。ニーチェはこのランゲの急進的なカント解釈に触れることによって、いわばショーペンハウアー流の形而上学*から離脱するきっかけを摑んだのである。さらにその1年後に、ニーチェは再びランゲについて熱烈な賞賛の手紙を書いている。「もし君に今日の唯物論的な動きについて、ダーウィンの理論や宇宙体系や命の通っている暗箱などを応用した自然科学について完全に知りたいという気があるなら、また同時に倫理的な唯物論やマンチェスター理論などについても知り尽くしたいなら、一番素晴らしいものを紹介することができる。つまり、F. A. ランゲの『唯物論の歴史』だ。その本は、表題から期待する以上のものを教えてくれるし、本当の貴重品として何度も熟読通読されるだろう」[1868.2.16.]。

この言葉通り、ニーチェは1887年に『唯物論の歴史』の新版が出ると、さっそく購入して再読を果たしている。また、文面から明らかなように、ダーウィンの進化論や当時の天体理論についての彼の知識はこの著作から得たものであろうし、ボスコヴィッチの名前などもランゲを通じて知ったものと思われる。

このようにしてランゲによって呼び覚まされた自然科学への肯定的関心が、著作の上でも鮮明に現れてくるのは、ショーペンハウアーとヴァーグナー*の呪縛から自らを解き放った彼の「実証主義時代」と呼ばれる時期である。彼は自叙伝の中で、文献学者として過ごしたそれ以前の10年間を「私は何一つ用いるに足ることを学び加えず、埃まみれの博識のがらくたに没頭して、あきれるほど多くのことを忘れてしまっていた」[『この人』VI.3]と回顧しながら、「現実性というものがまさに私の中には欠けていたのだ。そして〈理想性というもの〉があったとしても、それが何の役に立ったろう！ 焼けつかんばかりの渇望が私を摑んだ。そのとき以来、私は実際、生理学、医学、自然科学のほかはもう何もやらなかった」[同]と述べている。この実証主義の時期には、科学の冷徹な分析力に対する信頼が、芸術および芸術家と対比されて次のように語られている。「きびしい冷気――山の中でと同様、科学の世界において最も良いもの、最も健康的なものは、そこに吹き渡るきびしい冷気である。――精神的に柔弱な者たち（たとえば芸術家）は、この冷気のために科学を恐れはばかって中傷する」[『人間的』II-1.205]。「形象と比喩*に反対して。――形象〔象徴〕と比喩を以てすれば、人を納得はさせられるが、証明することはできない。したがって、科学の領域では形象や比喩があれほど憚られるのだ」[同 II.? 145]。

こうして、『悲劇の誕生*』において「芸術*」が占めていた位置を、今度は「科学」が占めることになる。この時期のニーチェは、科学を批判の武器として、芸術や宗教や形而上学*を相対化し、その欺瞞性を暴き出すのである。

しかし、科学に対するこうした肯定的態度も、やがてはニーチェ自身によって乗り越えられて行く。彼は、近代科学が新たな価値を創造する力をもたない限り、それが「ニヒリズム*の帰結」にほかならないことを過たず洞察している。ニーチェは「あらゆる問題の中でも一番面倒な問題」として「科学が行動

の目標を奪い去り根絶し去ることができるのを証明した後で、果して科学には行動目標を与える力があるだろうか」[『智恵』7] と問うのである。そして、「こんにち広範囲の大衆層を科学的・実証主義的に席巻しているあの激烈な確実性への渇望、是非とも確固たる何物かを所有したいという渇望」[同 347] を、ニーチェは「弱さの本能」と決めつける。さらに、彼の遠近法主義*の立場からすれば、科学の提示する世界像もまた一つの世界解釈、しかも「ありとあらゆる世界解釈のうちで最も愚劣なものの一つ」[同 373] にすぎない。それゆえ、科学を真理の占有者と考える科学主義を、ニーチェは次のように罵倒する。「それによって貴方がたの存在が正当化され、貴方がたの言う意味で科学的(本当は機械論的と言いたいところだろう)に研究され仕上げられうる世界解釈だけが正しいのだと考えること——数えたり、計算したり、秤ったり、見たり、攫んだりするもの以外は何も認めないような世界解釈だけが正しいと考えること、こうしたことは気違い沙汰か阿呆沙汰でないとしたら拙劣とか児戯というのほかはない」[同 373]。

このような見地からすれば、伝統的世界像を破壊したかに見える近代科学は、プラトニズムやキリスト教*の説く禁欲主義的理想の敵対者ではない。それどころか、「科学は禁欲主義的理想と同一の地盤の上に立っている。すなわち、両者のいずれにあっても一種の生の貧化が前提となっている」[『系譜』Ⅲ.25] のである。それゆえニーチェは、17世紀以来の近代科学の進歩の中に、明敏にも抜き難いニヒリズムへの傾斜を嗅ぎつける。すなわち、「コペルニクス以来人間はある斜面に落ち込んだようだ——いまや人間は、いよいよ速力を増して中心点から転落して行く——どこへ? 虚無の中へ? 〈渾身にしみる自己の虚無感〉の中へ? ……いかにも!」[同]。この、科学のもたらすニヒリズムという問題意識は、すでに処女作『悲劇の誕生』において、ニーチェのソクラテス*批判を見え隠れに貫いていたモティーフであった。彼は「思惟は因果律という導きの糸を頼りに、存在の最も奥深い深淵にまで行き着く」という科学主義的信念をソクラテスの妄想と断じ、「例の強力な妄想の拍車を受けて、まっしぐらに先を急ぐ科学は、科学なりの限界に行き着き、そこで論理の本質に隠されていた科学の楽天主義は挫折する」[『悲劇』15] と結論する。この時期には、科学主義克服の方途は、「この限界において科学は芸術に転ぜざるをえない」[同] として、芸術の中に求められていた。だが、後期においては、その方途は「永遠回帰*」の観念を軸とする宇宙論的形而上学の構想の中に求められるのである。

しかしながら、後期のニーチェが自然科学の成果を無視あるいは放擲したと考えるのは正しくない。彼が批判したのは、あくまでも「科学主義」であって、「科学」そのものではない。事実、ニーチェは『悦ばしき智恵』*を完成し、『ツァラトゥストラ』*第1部の構想が熟しかけていた時期に、「僕はローベルト・マイヤーを読んだ」とガスト*に宛てて報告し、いまだ「物質」を信じているマイヤーを批判するとともに、ボスコヴィッチに依拠しながら「動力学理論は原子に運動エネルギーの他に、少なくともなお凝集力と重力という二つの力を認めねばならない」[1882.3.20.] と論じている。マイヤーのエネルギー恒存の原理をめぐるこうした考察は、やがて「永遠回帰」の科学的説明とでも言うべきものへと発展して行く。ニーチェは「エネルギー恒存の原理は永遠回帰を要請する」[遺稿Ⅱ.9.268] というテーゼを立て、それを次のように証明する。「世界を一定量の力として、また一定数の力の中心として考えることが許されるとすれば、……このことから結論されるのは、世界はその生存の大々的なさいころ

遊びを続けながらも、算定しうる一定数の結合関係を通過しなければならないということである。無限の時間のうちではあらゆる可能な結合関係がいつかは一度は達成されていたはずである。それのみではない、それらは無限回達成されていたはずである。……すなわちそれは、すでに無限にしばしば反復された、また無限にその戯れを戯れる円環運動としての世界にほかならない」[同 Ⅱ.11.214]。

むろん、ニーチェが時代的制約から熱力学の第二法則に通じていなかったことはやむをえないとしても、これが果して永遠回帰の「証明」になっているかどうかは問題であろう。しかし、彼が同時代の自然科学の成果を吸収しつつ、それに鋭敏に反応しながら最後の思想的境地へと歩みを進めて行ったことは忘れられるべきではない。ニーチェは一方では、科学の知見が精神にもたらす「自由」と「解放」の契機を正しく摑み取っていた。その限りで、彼は西欧近代の啓蒙の遺産を受け継ぐ哲学者であった。しかし他方で、ニーチェは科学主義がもたらす「ニヒリズムの帰結」をたじろがずに見つめ、その害悪を徹底的に批判した。その点において、彼の破壊的考察は、たとえばフッサールの『危機』に代表される20世紀における近代科学批判の先駆けをなすものであった。バーゼル大学に就職した翌年、ニーチェはローデ*に宛てて「科学と芸術と哲学とが結びあって、いま僕の体内にあるが、おそらく僕はいつかケンタウルスを産み落とすだろう」[1870.1月末と2.15.]と書き送っているが、まさにこの意味において、彼自身が一個の「ケンタウルス」にほかならなかったのである。→ダーウィニズム、化学、ボスコヴィッチ　　　　　　　　（野家啓一）

文献　▷ Karl Schlechta und Anni Anders, *Friedrich Nietzsche. Von den verborgenen Anfängen seines Philosophierens*, Stuttgart-Bad Cannstatt 1962.

ニーチェと非ヨーロッパ

ニーチェが非ヨーロッパ世界の思想、文化に関心を持つきっかけの一つとなったのは、1865年ライプツィヒ*でのショーペンハウアー*の『意志と表象としての世界』との出会いである。一読して本書の虜となったニーチェは、ショーペンハウアーが本書で示しているインド*のヴェーダーンタ学派の思想および仏教思想への傾倒から大きな影響を受けた。ちなみにニーチェはショーペンハウアーのことをプフォルタ校*以来の友人であるドイッセン*に教示し、それがきっかけとなってドイッセンは後に優れたインド学者になる──『ウパニシャッド』の原典からのドイツ語訳を最初に行ったのはドイッセンだった。

ところでニーチェのこうしたインドへの関心はもう少し巨視的に見れば、19世紀初頭以来のドイツにおけるインドおよび東洋への関心の深まりの文脈において捉えることができるだろう。このとき重要な存在となるのがゲーテ*である。ゲーテは友人のハーマンやヘルダーの影響もあって東洋の思想・文学に早くから親しんでいた。ゲーテの東洋への深い関心は『コーラン』研究に手を染めたシュトラースブルク大学の学生時代から、晩年におけるペルシャの詩人ハーフィスの詩的世界への没入に至るまで一貫して変わらなかった。そうしたゲーテの東洋への関心の結晶が1819年に出版された『西東詩集』である。愛の官能を抒情的に謳いあげた「ズライカの書」によって名高いこの詩集は、ニーチェの愛読書の一つであった。ニーチェがショーペンハウアーに邂逅したのとほぼ同時期に『西東詩集』の中の一章である「観察の書」を読んでいたことが、自伝的文章に記されている[BAW3.313]。ゲーテに発した東洋への関心の源流はロマン派に引き継がれ、サンスクリット語を中心とする印欧語研究の潮流を生み出したが、ショーペンハウアーとニーチェも大きく見れば19世紀ドイツにおけるこうした

時代風潮の中に位置づけて考えることができよう。

【Ⅰ】非ヨーロッパ世界の意味　非ヨーロッパ世界が地理的にヨーロッパの外部であること、それゆえ非ヨーロッパ世界に定位することによってヨーロッパを外側から相対化できることがニーチェの非ヨーロッパ世界への関心を促した。それは、古代インドのバラモン*聖典および仏教に盛られた非ヨーロッパ的な知恵がヨーロッパ文明の伝統としてのキリスト教*道徳と形而上学*の軛からの解放のための手がかりとなることと並行している。この意味からすれば、ニーチェがギリシア研究においてそれまでの伝統的ギリシア観に逆らってソクラテス*・プラトン*以前のギリシアへと遡行しようとしたことも、もともとオリエントの神格であるディオニュソス*にギリシア的なものの本性を見定めようとしたことも非ヨーロッパ世界への関心の文脈の中で捉えることができよう。さらに言えばニーチェの古代および神話*・悲劇への関心も空間的なかたちでの非ヨーロッパ世界への関心を時間軸に沿って置き換えたものと考えてよいだろう。そしてこれらのことは、ニーチェの非ヨーロッパ世界への関心がニーチェ固有の思想的立場、コンテクストの形成過程と深く結びついていることを示している。ニーチェの核心的な認識としての「神の死*」は、ニーチェの非ヨーロッパ世界への関わりから生じたヨーロッパの文明伝統の相対化の所産であるとともに、そうした相対化にニーチェが与えた思想的意味でもある。

同時にそれは牧師の息子として育ったニーチェにとって、キリスト教道徳に骨がらみになっていた過去の自己からの脱却としての意味も持っていた。「神の死」の時代における「伝統の解体」という否定的契機と「より自由な視野の獲得」という肯定的契機が交差する地点に、世界認識の更新としての性格と自己克服としての性格を二重に負うかたちでニーチェの非ヨーロッパ世界への関心が定位されるのである。「ここで注意していいのは、ニーチェの意識の生長に密着して考えれば、神の死 - 道徳感の動揺 - 西欧文化の価値体系への不信とその相対化 - 視圏の拡大といった図式は、必ずしもそのままでは妥当しないということである。つまりニーチェの精神的展開のあとを地道にたどれば、彼は若いときからヨーロッパ文化というものに対して、かなり広大な視圏（古代ギリシアへの沈潜とそのオリエント的性格への注目、ショーペンハウアーによるインド思想への開眼）を持っていたのであり、その相対化は当初から予感的に遂行されていたともいえる。むしろそうした相対化が前提になってはじめて〈神は死んだ〉という断定が可能になったとも考えられる」。「ニーチェの脱ヨーロッパの思想をさぐることは、地理的なひろがりと同時に歴史的であり、内面的でもある自己超出をあとづけることとなるだろう」［氷上英広］。

【Ⅱ】「砂漠の娘たちのもとで」　ここでニーチェの非ヨーロッパ世界へのアプローチをテクストに沿って具体的に見ていってみよう。まず基本的にニーチェがヨーロッパと非ヨーロッパの関係をどのように見ていたのかを検証してみたい。たとえば『智恵』に次のような言葉がある。「南ヨーロッパは深遠なオリエントや太古の神秘なアジアとその瞑想の遺産を継承した」［350］。この言い方には明らかにオリエントや太古のアジアをヨーロッパより優位に置く発想が窺える。「南ヨーロッパ」という言葉にはヴァグナー*に対するビゼー*の対置やイタリア*への偏愛が象徴しているニーチェの南方礼讚の思考が投影されているが、そうした南方的なものの根にあるものをニーチェはオリエントとインドへの連なりに求めるのである。そうしたニーチェの視座は、旧約聖書を称揚する『善悪の彼岸』の中の次のような文章にも見てとれる。「人は驚愕と畏敬を抱いて、人間がかつてそ

れであったところのものの巨大な遺物の前に立ち、そしてその際に、古いアジアとその前面にせり出した半島であるヨーロッパ、アジアに対してどうしても〈人間の進歩〉を意味していると考えたがっているヨーロッパを思って、悲哀の念を覚えることだろう」[52]。

ところでこうしたオリエントやインドの継承者としての南方的なものについてニーチェは、「空気の乾燥、空気中の透明さ」を備えた「別種の感覚性、別種の敏感さ、別種の明朗さ」がそこには存在すると指摘した上で「その明朗さはアフリカ的だ」(『場合』手紙2)と言っている。この「アフリカ的」という言葉は『ツァラトゥストラ』*第4部にある「砂漠の娘たちのもとで」*をただちに想起させる。ツァラトゥストラという名もまたオリエント(ペルシャ)の預言者に由来しておりニーチェのオリエント志向を裏づけているが、その中でもこの章はニーチェにおける非ヨーロッパの意味をもっとも明瞭に語っている。この詩の歌い手は「ツァラトゥストラの影」を自認する漂泊者である。この漂泊者には『人間的』*以降のニーチェの思考の歩み、すなわち「自由精神*」による徹底した懐疑*の遂行過程が投影されている。こうした懐疑はついにはあらゆる価値の破壊としてのニヒリズム*へと行き着く。それは道徳や形而上学的言語にもたれかかることでニヒリズムを隠蔽しようとする劣弱さに比べればたしかに強さを持っているが、積極的な肯定性としてのツァラトゥストラの境地には達しえない。こうした漂泊者のニヒリズムを象徴するのが「砂漠」である。詩の第一行に次のような表現がある。「砂漠は育つ。かなしいかな、砂漠を内に蔵する者は」。漂泊者は自らの内部にあるニヒリズムを悲哀の感情において捉える。しかしこのニヒリズムは自らが「道徳を咆えたてる猿」であるヨーロッパ人であるかぎり逃れられぬものなのだ。この漂泊者の内に蔵されたニヒリズムとそれへの悲哀の対極にあるのが、「砂漠」の「彼岸」である「オアシス」に憩う「可憐な娘たち」である。この娘たちへの呼びかけに「ズライカ」という名がしばしば使われているのはゲーテの『西東詩集』へのニーチェの傾倒を証立てていて興味深い。そして娘たちとともに漂泊者が歌うのは次のような世界である。「——ここに私は坐っている、もっとも良き空気を吸いながら/まことにそれは楽園の空気/光が軽快な空気に金色の縞を走らせる、/まるでこの空気がいつの頃か/月から降ってきたかのように——/たとえそれが偶然にせよ、」まさにそれはヨーロッパ人として否定的な懐疑から自由になれない漂泊者の「彼岸」の世界であった。

【Ⅲ】 ニーチェと仏教世界　「彼岸」という言葉は仏教を連想させる。仏教に対してニーチェはいうまでもなくキリスト教より高い評価を与えている。「私と同じように、……一度は本当に、アジア的な、また超アジア的な眼でもって、ありうべきすべての考え方のうちのこの世界否定的なものを見つめ、また見おろしたことのある者——仏陀*やショーペンハウアーのように、もはや道徳の呪縛や迷妄にとらわれてでなく、善悪の彼岸においてそれをしたことのある者——、この者はおそらくまさにそのことによって、……もっとも世界肯定的な人間がもつ理想に対する眼を、開いたことだろう」(『善悪』56)。こうした「善悪の彼岸」に立つ思想としての仏教は、それゆえに「神」なき世界の受容においてヨーロッパの遙か先を行くのである。「一歩進むと——彼ら(古代バラモンたち)は神々を放り出してしまった。——ヨーロッパがいつかやらねばならないことである!さらに一歩進むと、——人々は僧侶や仲介者をもはや必要としなくなった、——そして自己済度の宗教の師、仏陀が登場した。——ヨーロッパはこの文化の段階にいまなおなんと遼遠なことだろう!」(『曙光』96)。

だが仏教が世界宗教として教義化され、そこにキリスト教と同様に世界否定の禁欲倫理を忍び込ませるとき、ニーチェは仏教をも否定する。「おそらくここから推定されることは二つの世界宗教、仏教とキリスト教が、その成立原因、とりわけその急速な伝播を、広大な意志の病弱化に負っていたかもしれないということである。両宗教とも、意志の病弱化によって荒唐無稽にいたるほどの、絶望とすれすれになった〈汝かく為すべし〉への願望を見いだしたのだった」[『智恵』347]。この〈汝かく為すべし〉の願望とは「禁欲主義的理想」を意味している[『系譜』Ⅲ. 27参照]。そうした理想の窮極点としての「涅槃」を否定することと「彼岸」への志向はニーチェの仏教理解の中でけっして矛盾しない[氷上英広参照]。

なおニーチェが同じアジアでも中国には否定的な評価しか与えていないことと、「日本*」についても『善悪の彼岸』の229番などで言及していることを付け加えておこう。

→インド、中国/中国人、バラモン、仏陀、「砂漠の娘たちのもとで」、日本　　　　（高橋順一）

文献　▷氷上英広「ニーチェにおける脱ヨーロッパの思想」『ニーチェの顔』所収、岩波新書、1976.

ニーチェと文学史

【Ⅰ】国民文学史の時代　ニーチェが少年期を送った時期は、ドイツ*の統一を求めてその文化的アイデンティティーの拠り所を「国民文学」に見いだす文学史の叙述がさかんに企てられた時代であった。1830年代から40年代にかけてゲルヴィーヌスは、ゲーテ*とシラー*のワイマール古典主義を頂点として、その周辺にレッシング*などを配するドイツ国民文学史の構想を打ち出したが、1848年のリベラルな市民革命の企てが挫折して50年代に入ると、ユリアーン・シュミット、ゴットシャル、ヘットナーらは、やはりゲーテとシラーを中心としながら、ロマン派も組み込んで伝統の連続性を強調し、こうしてドイツ文学のカノンが確立されていった。ブフォルタ校*では、コーバーシュタインが自ら著した『ドイツ国民文学史綱要』(1827, ⁴1847-66)を用いて文学史を教授した。グリム兄弟に師事した彼は中世の叙事詩や伝説も重視したが、ゲーテとレッシングを崇拝し、ティークやクライストを評価して、クロプシュトックは好まず、ハイネ*を軽蔑したという。1859年にはシラーの生誕100年を記念する催しがドイツ各地で行われ、ブフォルタ校でも記念祭が営まれたが、ニーチェの伝えるところによればコーバーシュタインは、「この国民的祝祭は、ドイツの国民感情がふたたび覚醒したことを示す意義深い徴候であり、この祝典に美しい未来への希望を結びつけることができましょう」と演説して、政治的に分裂したドイツを統合する文化への期待を語ったという[「ブフォルタにおけるシラー祭」、BAW 1. 188; 母宛1859.11月中旬]。ニーチェ自身、ブフォルタ校在学中にゲルヴィーヌスやゴットシャルを読み、ヘットナーの『18世紀ドイツ文学史』の抜き書きを作って、文学史の勉強に打ち込んだ時期もあった[母宛 1863.5.2.]。ただ、彼はドイツ文学史のカノンに属する作家ばかりを読んだわけではなく、シェイクスピア*やバイロン*、それに当時はまだほとんど評価されていなかったヘルダーリン*に熱中した。彼が遺した蔵書には、1850年代にライプツィヒ*の「現代の古典作家書店」から刊行された『略伝と作品抜粋』叢書のうち、アイヒェンドルフ、インマーマン、ウーラント、ガイベル、ユスティヌス・ケルナー、ヘルダーリン、ホフマン・フォン・ファラースレーベンの巻があるが、後年彼が肯定的に言及しているのはヘルダーリンだけである。また、ゲーテ、シラー、クライスト、レッシングについては、学生時代の末頃までに刊行された全集・選集を所持しており、リヒテンベ

ルク*のアフォリズム*やハイネの詩集、E. T. A. ホフマンの小説も含まれている。

普仏戦争*の勝利によるドイツ統一後、それまで政治的分裂を補償する役割を担っていた文学史は、新たな政治的現実を反映して、ドイツ帝国の文化統合に奉仕するようになった。それに対してニーチェは、『反時代的考察』*第1篇で自己満足にひたる「教養俗物*」を批判し、彼らは「古典作家」の銅像を立てたり、記念祭を催して協会を作ったりしているが、実際には自力たちの水準に引きずり下ろして享受しているにすぎず、ヘルダーリンやクライストはこのような俗物の文化に耐えきれずに破滅したのだと述べている[『反時代的』I.1, 2]。そこではダーフィト・シュトラウス*が自ら古典作家を気どり、アウアーバッハやグツコーのような「ジャーナリスト」まで古典作家であるとされて、「古典作家」が群れをなして現れる一方で、ゲルヴィーヌスやJ. シュミット、ゴットシャルといった文学史家は、「古典」の時代はすでに過ぎ去って現代は「エピゴーネン」の時代であるとして平然としているとして、ニーチェはジャーナリズム*と学問*の野蛮な結託を糾弾する[同 I.10, 11;「教養施設」II]。そして、彼はこの状況を、前から見るとダーフィト・シュトラウスで後ろ姿はゲルヴィーヌスなのに「レッシング」と銘打たれている不気味な「古典作家」の像が鎮座する蠟人形館の悪夢として描いている[『反時代的』I.4]。このような「ドイツ的教養の欺瞞と不純」が生じたのは、ニーチェの見方によれば、ロマン派がゲーテを崇拝し、ヘーゲル学派が教育に影響を及ぼし、ナショナリズムが詩人の名声を利用した結果であった[『人間的』II-1.170]。〈教養*〉はシラー＝ゲーテ的基盤の上に、まるで寝椅子にでもかけるようにして、腰を下ろそうとしてきた」として[遺稿 I.4.131]、国民文学史が促進するワイマール古典主義の崇拝が、文学を余暇における娯楽に貶める美的教養に結びついたことを非難している。

【II】「ドイツ古典文学」とニーチェ

「〈ドイツの古典作家〉は存在するか？」と題するアフォリズムでニーチェは、ドイツの出版業者はどんな著者でも没後30年経てば「古典作家」であるかのように扱っているが、ゲーテ、クロプシュトック、ヘルダー、ヴィーラント、レッシング、シラーのうち、古びていないのはゲーテだけであり、しかも彼は「国民文学」の枠組みには収まらない存在であるとしている[『人間的』II-2.125]。クロプシュトックは「国民の道徳的覚醒者」になろうとして芸術家としての限界を踏み越えてしまったし[同 II-1.150]、ヴィーラントは「誰よりもよいドイツ語を書いた」が、その思想はいまでは古くさくなっている[同 II-2.107]。ヘルダーは新しいものを嗅ぎつける能力を持っていたが偉大な創造者ではなく、彼が発見したものを完成したのはカント*やゲーテ、それにドイツの歴史家や文献学者たちであったという[同 II-2.118]。また、シラーは芸術家が美学や道徳哲学に口出しすべきではないということを示す例であり[同 II-2.123]、高潔な言葉に単純に感激する少年少女向きの「道徳のラッパ吹き」にすぎないとされる[同 II-1.170, II-2.125;『偶像』IX.1]。レッシングは同時代の文学史によってしばしばワイマール古典主義を準備した存在として位置づけられたが、ここでもニーチェは違った見方をしている。つまり、ゲーテといえども冗長で退屈なドイツ的文体の伝統から自由ではなかったのに対して、レッシングはフランス人に学んで才気に溢れた魅力的な散文を編み出し、自由精神*にふさわしいプレストのテンポで書いたというのである[『反時代的』III.2;『人間的』II-2.103;『善悪』28]。ところが、レッシングがあまりにも早くフランス*の形式を捨ててシェイクスピアに走ったために、ドイツ文学は形式の強制から徐々に解放されるのではなく、いきなり無

制約な野蛮状態に戻ってしまった。そのため、ゲーテとシラーはさまざまな形式の実験を試みなければならなくなり、こうしてゲーテは、彼が過去の伝統に見いだしたさまざまな手段を用いて、「真の芸術への回想としての芸術のなかに生きた。彼の詩作は、昔のずっと以前に過ぎ去った芸術時代を回想し理解するための補助手段となった」という〔『人間的』I.221〕。このようにドイツ文学史を描いたうえでニーチェは、落日のあとなおも生の天空を輝かせる「芸術の夕映え」について語っている〔同 I.223〕。

彼はワイマール古典主義を、同時代の文学史がヘーゲル*的な〈芸術の終焉〉の意識を抱きつつそれを国民文学の頂点として崇拝したのとも、またハイネが政治的進歩と相携えて進む新しい芸術を求めてゲーテが代表した〈芸術時代〉の終焉を告げたのとも違う意味で、過去の芸術の残照のもとにおいて見ていた。彼にとって古典文学とは、古代ギリシアという真の教養の故郷に導くものであり、その点で彼は古代に到達しようとしたゲーテ、シラー、ヴィンケルマン*を讃えるが、彼らには真のギリシア精神を捉えることができなかったし、現代では彼らの努力すらないがしろにされているという〔『悲劇』20;「教育施設」II〕。『悲劇の誕生』*で、芸術*は〈アポロ*的なもの〉と〈ディオニュソス*的なもの〉の結びつきから生まれると説いたニーチェはその後も、感情や装飾が過多な「アジア的」野蛮*を抑制し、明晰で節度*ある表現にもたらしたギリシア人の芸術センスを理想とした〔『人間的』II-1.219〕。彼が認めたのは、「ホメロス*、ソフォクレス、テオクリトス、カルデロン、ラシーヌ、ゲーテから流れ出してくるような芸術、賢明で調和的な生き方から溢れ出す過剰*としての芸術」だけであり〔同 II-1.173〕、それゆえに彼は、「芸術家の至難にして究極の課題は、恒常不変のもの、自らのうちに休らうもの、高尚なもの、簡素な

もの、個別的な魅力をまったく度外視したものの表現である」として、それを「詩作するクロード・ロレン*への願望」と表現したのであった〔同 II-1.177〕。

【III】 読者としてのニーチェ　ニーチェは、正当化であれ批判であれ、文学に何らかの政治的機能を負わせたり、芸術を「ナショナル・アイデンティティー」の創出といった芸術以外の目的に従属させることに一貫して抵抗した。それゆえ、読者としてのニーチェが関心を寄せるのは、当時の文学史が好んで取り上げた、作品と作者の人格との関係やその国民文化に対する意義ではなく、作品そのものである。「芸術家は結局、その作品の前提条件にすぎず、母胎、土壌、場合によっては肥料や堆肥であって、その上に、あるいはそのなかから作品が成長してくるのであり、——たいていの場合、作品自体を楽しもうとするならば、忘れなければならないものである」として、芸術家をその作品から切り離し、芸術家よりも作品を重視すべきであると説いている〔『系譜』III.4〕。ニーチェはまた、読者の役割に注目する〈受容美学〉的な視点も示している。彼は過去の芸術を「それがかつてあったとおりに」再現しようとする歴史主義*的態度の「不毛な畏怖」を批判して、後世の読者には現代の魂によって過去の作品を活かす権利があると主張する。「なぜなら、われわれがかつての作品にわれわれの魂を与えることによってのみ、それらの作品は生き続けることができるのであり、われわれがわれわれの血を通わせてはじめてそれらは*われわれに*語りかけるからである」〔『人間的』II-1.126〕。80年代後半になると、ニーチェは「生への刺戟剤」として作用する芸術を生み出す芸術家の「力への意志*」を問題にして、受容者の美学に代わる芸術家の美学を求めるようになるが〔遺稿 II.11.191ff.〕、彼が読者として文学作品に接する態度は、基本的には変わることがなかった。

個々の文学傾向に対するニーチェの評価を見ると，ロマン主義の文学についてはあまり発言がなく，「ロマン主義とは何か？」というアフォリズムが扱っているのは，ヴァーグナー*とショーペンハウアー*である[『智恵』370]。諧謔的なフモール*の文学を創造したジャン・パウル*は，当時の文学史家の間でも評価が分かれたが，ニーチェにとっては「シラーとゲーテの繊細で肥沃な耕地に一夜にしてはびこった，多彩な花を咲かせて強烈に匂う雑草」にすぎなかった[『人間的』II -2.99]。コッツェブーのような通俗作家は，センチメンタルでお上に対しては卑屈だが内心では自己満足しているドイツ人にはお似合いであるとされる[同 II -1.170]。ニーチェは，政治的解放の要求を掲げた「若きドイツ」を嫌悪し，グツコーを「むかつく文体の化け物」と罵倒しているが[『反時代的』I.11]，ハイネだけは例外であった。初期においては多彩な文体をあやつる名人芸を認めながらも，それが文体の統一性を破壊していると批判しているが[遺稿 I.4.246]，『この人を見よ*』では最高の抒情詩人として賞讃し，自分はハイネとならんで「ドイツ語における第一級の名人」であるとしている[『この人』II.4]。他方，J. シュミットやフライターク，アウアーバッハの写実主義は「美と崇高」に反対する勢力であるとして斥け[遺稿 I.3.358]，さらに「大都市の詩人たち」は下水の悪臭がするとして[『人間的』II -1.111]，シュピールハーゲンのように都会風俗を描いた作家を嫌っていた。同時代のドイツ語圏の作家でニーチェが好んだのは，ケラー*，シュティフター*，シュピッテラー*など，ごくわずかの人びとであった。『漂泊者とその影』の「ドイツ散文の宝」で彼は，ゲーテの著作と「最良のドイツ語の書物」である『エッカーマンとの対話』以外に読むに値するドイツ語の散文文学として，リヒテンベルクのアフォリズム，ユング=シュティリングの『自叙伝』，シュティフターの『晩夏』，ケラーの『ゼルトヴィラの人びと』を挙げている[同 II -2.109]。1888年秋の遺稿でニーチェは，ゲーテの「短編」（Novelle）から得た印象について，「澄みわたって曇るところのない秋を味わい，熟成させ，——待ち望んで，至上の霊的なものにまで透徹する10月の陽光。金色で甘美で，何だか柔和なもの，けっして大理石ではないもの——それを私はゲーテ的と呼ぶ」と述べて，シュティフターの『晩夏』に好意を抱いたのもこのゲーテ的な「趣味*」のためであるとしている[遺稿 II.12.166f.]。

【Ⅳ】「良きヨーロッパ人」の文化

　ゲーテはニーチェが畏敬を抱いた最後のドイツ人*であり[『偶像』IX.51]，未来の文学への道を指し示す人物でもあったが[『人間的』II -1.99]，「国民文学」よりも高級な文学ジャンルに属する存在であった[同 II -2.125]。「ベートーヴェン*がドイツ人を超越して作曲し，ショーペンハウアーがドイツ人を超越して哲学したように，ゲーテは『タッソー』や『イフィゲーニエ』をドイツ人を超越して創作した。彼に従ったのは最高に教養のあるごく少数の一群，古代と生と旅*によって教育され，ドイツ的な本質を乗り越えて成長した者たちであった」というのである[同 II -1.170]。「よい意味でドイツ的であるとは，自らを脱ドイツ的にすることである」と述べた際に[同 II -1.323]，彼がお手本として念頭に置いていたのはゲーテであったにちがいない。ゲーテは「ドイツ的な出来事ではなく，ヨーロッパ的な出来事」であり，「自然への復帰によって，ルネサンス*の自然性への上昇によって，18世紀を克服しようとする壮大な試みであった」として，ニーチェはこの「自由になった精神」にいっさいを肯定するディオニュソス的信念の持ち主を見いだしている[『偶像』IX.49]。

　ニーチェが評価したそれ以外の著作家も，ナショナリズムにとらわれることなくヨーロ

ッパ的な文化の発展に貢献したと見なされる人びとであった。彼が散文の名匠として挙げるのは、レオパルディ*、メリメ*、エマーソン*、ウォルター・サヴェジ・ランダーであり[『智恵』92]、箴言とイロニー*を含んで浮遊する「曖昧さの巨匠」ローレンス・スターンの自由精神的な「超ユーモア」も称揚している[『人間的』II-1.113]。もちろん、アフォリズムによって自らの思想を述べたモンテーニュ*やラ・ロシュフコー*といったモラリスト*たち、ドイツではリヒテンベルクやショーペンハウアー*も、ニーチェが好んで読んだ著作家であった。また、冥府における対話の相手として彼は、エピクロス*、モンテーニュ、ゲーテ、スピノザ*、プラトン*、ルソー*、パスカル*、ショーペンハウアーの名を挙げている[同 II-1.408]。そして、ヨーロッパ文化の発展をもたらした人びととして、ナポレオン*、ゲーテ、ベートーヴェン、ハイネ、ショーペンハウアー、ヴァーグナーを挙げたり[『善悪』256]、「ヨーロッパ的な出来事」としてショーペンハウアー、ゲーテ、ヘーゲル、ハイネを挙げたりしている[『偶像』IX.21]。とはいえ、ニーチェが「ヨーロッパ的な書物」として考えるのは、とりわけモンテーニュ、ラ・ロシュフコー、ラ・ブリュイエール、フォントネル*、ヴォーヴナルグ、シャンフォール*といったフランスのモラリストたちであり、ルネサンスの一環をなして国民文化の枠を超越していた彼らの著作から古代の息吹が感じられるとして、ゲーテやショーペンハウアーのようなドイツ最良の思想家といえども、彼らほどギリシア的な文体で書くことはできなかったと述べている[『人間的』II-2.214]。

80年代のニーチェは、「ドイツ語で著述するフランスの著作家」(モンティナーリ*)と言ってよいほどフランス文化への傾斜を深めていった。こうしてニーチェは、「趣味のフランス」に「良きヨーロッパ人*」の文化の模範を見いだすことになる[『善悪』254]。「結局私は、少数のかつてのフランス人のもとへくりかえし立ち戻っていく。私はフランス的教養しか信じない。ふつうヨーロッパで〈教養〉と呼ばれているいっさいは誤解であると思うし、ドイツ的教養に関しては言うまでもない」、「ドイツの息がかかると、文化は台なしになってしまう」というのである[『この人』II.3]。スタンダール*、バルザック*、モーパッサン*、フローベール*、ボードレール*、サント・ブーヴ*、ルナン*、ブールジェ*、ロティ、ゴンクール兄弟*、アナトール・フランス、ルメートル、テーヌ*、ブリュンティエールなど、彼はじつに広い範囲にわたって19世紀フランスの文学や評論を読み、それらを通じて同時代の文化の指標を見いだしていた。芸術は「生への刺戟剤」でなければならないと主張しても、彼が世紀末*のデカダンス*の文学にそれなりの魅力を覚えていたことはたしかであり、言説のうえでは古典性を志向しながらも、ニーチェは美的モダニズムの心性を先取りしていたと言えよう。→ドイツ／ドイツ人 　　(大石紀一郎)

文献 ▷園田宗人「ニーチェと「文学史」の問題」『理想』557号、1979年10月。▷ Peter Uwe Hohendahl, *Literarische Kultur im Zeitalter des Liberalismus 1830-1870*, München 1985. ▷ Ralph-Rainer Wuthenow, Nietzsche als Leser, in: Hans Joachim Piechotta/R.-R. Wuthenow/Sabine Rothemann (hrsg.), *Die literarische Moderne in Europa*, Bd. 1, Oplanden 1994.

ニーチェ熱　⇨世紀末とニーチェ

ニーチェの家系

ニーチェは1844年10月15日に、ライプツィヒ*西南20キロの町リュッツェンの、そのまた郊外の小村レッケンの牧師館に誕生し、1900年8月25日にワイマール*で永眠した。ニーチェ家にはポーランドの貴族ニエツキー

(Niëtzky) 伯爵が祖先であるという言い伝えがあり、ニーチェ自身この説を折にふれて吹聴していたが、父方母方 8 代前までさかのぼった実証的な調査によれば、概して富裕な市民や知識人の家系ではあっても、貴族の先祖はいなかったようである。

父カール・ルートヴィヒ (Carl Ludwig Nietzsche 1813-49) は、神学博士として著書もある高位の牧師であった父親と、同じく高位の牧師の娘であった母親との間に、2 人の姉の下の末子として生まれた。両親ともに再婚で、父方にはさらに腹違いの兄姉が 9 人いた。プロテスタンティズムが領邦国家と密着していた時代に育った彼は、プロイセン国王に忠誠を誓う保守的な牧師となった。ハレ大学の神学部を出たあと、一時アルテンブルクの公爵家で 3 人の令嬢の家庭教師をしていたが、この公爵を通じて面識を得た国王フリードリヒ・ヴィルヘルム 4 世自身の配慮によってレッケンの牧師職を得たのである。深く感謝していた彼は、長男が偶然にもこの国王の誕生日に生まれたとき、感激してフリードリヒ・ヴィルヘルムと命名したという。その後長女と次男の誕生を見たほか社会的にはとくに業績を残すこともなく、彼は 35 歳の若さで死亡した。死因は脳軟化症と診断されている。息子ニーチェは後年アンチクリストを名乗り、父とは似ても似つかぬ生き方をしたにもかかわらず、生涯この父親を敬愛し続けたが、それは喪失感を埋め合わせるための理想化だったと言わねばならない。4 歳で父と死別した彼には、父が几帳面な人でありピアノの名手であったという事実ぐらいしか具体的な記憶はなかったと思われる。

母フランツィスカ (Franziska Nietzsche 1826-97) は、レッケンから遠くない小村ポーブレスの牧師館でエーラー* (Oehler) 家の四女として、11 人きょうだいの 6 番目に生まれた。父親は手織職人の息子から牧師になった人であり、母親もザクセンの富裕な荘園領主の娘であったため、彼女が育ったのは同じ牧師館とはいえ、ニーチェ家と違って狩猟などを楽しむ開放的な家庭であった。1843 年、17 歳のとき彼女は求婚されてレッケンの牧師館に嫁ぎ、13 歳年上の夫、夫の母、および夫の 2 人の姉と一緒に暮らすようになった。翌年には長男フリードリヒ、46 年には長女エリーザベト、48 年には次男ヨーゼフが生まれた。しかし幸福な結婚生活は 49 年の夫の死によって短くも破綻する。翌 50 年には次男のヨーゼフまでが生歯痙攣で急死した。相次ぐ肉親の死は幼いニーチェにも深刻な衝撃を与えたと思われる。牧師館は後任者に明け渡すことになり、一家は近隣の町ナウムブルク*への引越しを余儀なくされた。フランツィスカは未亡人年金を受け、夫のかつての教え子である公爵令嬢たちからの援助も得たが、自立できるだけの経済力には足りなかったため、財産を持つ姑や小姑たちとの同居を続けざるをえなかった。この同居は夫の母が死んで財産分与を受けた 56 年まで続いた。したがって幼年時代のニーチェは、女中も含めて女 6 人男 1 人の家庭でほぼ 6 年間育てられたわけで、こうした事情が彼の早熟や情緒不安定に関係していることは否定できないであろう。以後フランツィスカは 71 歳で世を去るまでナウムブルクにとどまり、子どもたちを見守り続けた。息子の背教と病気、娘の海外移住、さらには息子の発狂と、楽しみよりも苦しみの方がはるかに目立つその生涯を支えたものは、親ゆずりの生命力と素朴な信仰の力であったと思われる。

ニーチェの妹エリーザベト (Elisabeth Förster-Nietzsche 1846-1935) は、家族からリースヒェンと呼ばれ、同じくフリッツと呼ばれた兄を全面的に信頼し尊敬していた。ニーチェは彼女を南米の動物にちなんで「ラーマ」とも呼んだが、ともかく「フリッツがそう言った」は、彼女にとってすべての議論の決着を意味したという。彼女はドレスデン

の花嫁学校を出た後，バーゼル大学に単身赴任していた兄と同居して一時期主婦の役割さえ果たしたが，82年のルー・ザロメ*事件で兄妹の仲に亀裂が生じてから，85年5月22日（ヴァーグナー*の誕生日）に反ユダヤ主義*者ベルンハルト・フェルスター（Bernhard Förster 1843-89）と結婚式を挙げ，翌年夫と共に南米パラグアイの植民地へ移住した。兄の嫌悪する信条を持つこの男との結婚によって彼女の運命は兄から離れたかに見えたが，事業が失敗して夫が自殺した結果，彼女はドイツに帰国して再び兄とかかわることになる。時あたかも発狂したニーチェが有名になり始めていた頃で，エリーザベトは94年にニーチェ資料館(アルヒーフ)を創設し，ニーチェ全集・書簡集の編集と出版を精力的に推進した。そして89歳で死亡するまで大冊の伝記や解説書を書いてニーチェの紹介につとめた。彼女が個人的な名誉欲や嫉妬心から多くの書簡を改竄した事実，浅薄な理解から糊と鋏で『権力への意志』を作りあげニーチェの「主著」として刊行した事実，晩年ナチス*に協力してヒトラーとも親交があった事実等々から，今日彼女の評判はすこぶる悪いが，ニーチェの書いたものを断簡零墨に至るまで網羅的に収集保存した功績だけは認めねばならないであろう。→ナウムブルク，貴族，エーラー　（清水本裕）

ニーチェの詩

　辞書的な記述をするに当たって，ニーチェをまず第一に抒情詩人として規定する人はないに違いない。しかし，それは，思想家としての名が大きすぎるためであって，もし，その方面での仕事がまったくなかったとしても，その詩作は，その量その質において，ドイツ近代詩史に占めるその地位において，その影響力の大きさにおいて，ドイツ文学史よりニーチェの名を省くわけにはいかない力を持つ。ニーチェの詩は，その生存中，独自の詩集として出版される機会は少なく，多くは他の著作中に含まれて発表されているが，まとまったものとしては，1908年妹エリーザベトの編による『詩と箴言』*Gedichte und Sprüche*. C. G. Naumann, Leipzig とムザリオン版全集第20巻 *Nietzsches Gesammelte Werke*, Musarion-Verlag, München 1920-29, Bd. 20: Dichtungen.（日本語版，秋山英夫・富岡近雄訳『ニーチェ全詩集』人文書院，1968）などがあるが，これに従えば，前者では誤証を含め325篇，後者では，ほぼ340篇が収められている。これに加え，14歳当時のニーチェが，その時期をすでに自分の詩作の第3期と称し，それ以前数年の詩作50篇以上のタイトルを挙げていることを考慮に入れるなら，しめて400篇ほどの作品がみこまれることになる。いずれにせよ，これらの詩集には1858年ニーチェ13歳の折の詩から1888年までの詩が収められている。このような「詩人」ニーチェに，詩作上，影響を与えた抒情詩人，あるいはその素養となった詩人の数は少ない。思想家たちの数と比べれば驚くほど少ない。本事典にみられる項目からしても，そこには，ゲーテ*，シラー*，ヘルダーリン*，ハイネ*，外国の詩人として，バイロン*，レオパルディ*があるが，これにメーリケの名を加えることができよう。ここに挙げた抒情詩人たちは，ドイツ詩人に関する限り，いずれもその音楽性により歌われることの多い，また，歌曲として作曲されることの多い人たちである。当然のことながら，ニーチェは的確に自分に合った詩人をのみ選びとった。ニーチェは，何よりも歌うことを欲した。詩に音楽性を求めた。ニーチェが音楽に造詣の深いことは，述べるまでもない（「ニーチェと音楽」の項ほか参照）。自身作曲も行い，マーラー*からも，その作曲家としての才能を高く評価されている。ヴァーグナー*のみでなく，影響を受けた，あるいは影響を与えた音楽家の数は多い。19世紀ドイツにおいては，市民階級の生活がようやく安定

を見せ，文化の中枢的担い手としての地位を占めるにつれ，芸術諸層に視覚的イメージが強く現れて来る。これは，啓蒙思想の普及と，この階級本来の実利追及・周囲の小さな世界の安定追求のモラル，生活環境の科学技術的向上などの基盤の上にたつものだが，絵画における写実性はもとより音楽にすら視覚的要素がさまざまな形でくりこまれる。文芸においても，本来写実的なジャンルである小説が発達し，抒情詩においても観想的心情の吐露から情景の描写の勝つものへの移行が見られる。この傾向は，市民社会が世代を経て文化的爛熟に達すると，再び求心力を失い基盤は多様化し，「神が死に」，「中心が喪失」するのである。ニーチェの詩は，この過程を着実に感じとって行ったものと言いうる。ニーチェの抒情詩も，この影響下から逃れえない。初期の抒情詩は保守的な定型詩に始まり，視覚的イメージが比較的強いが，写実的要素は次第に形象化され，同時に，男性韻が多用されるようになる。とくに，後期の「デュオニュソス・ディテュランブス」に至り，男性脚韻のみならず，詩行中の男性韻切れによる，力強い叫びが響くようになる。新しい音楽性のうねりであり，これが，続く世代，また，表現主義*の若い世代に熱狂的に受け入れられることとなる。これをその内容から見れば，初期の別れ，旅立ち，おそれ，死といった19世紀ドイツ詩の伝統にのっとるものから，まだ見ぬ神への思い，同時代の市民社会への厳しい批判，神を捨て神を求める苦悩と歓喜。ニーチェの抒情詩は，その思想と並行し，その思想の詩的吐露となる。 ⇨ニーチェと音楽，ニーチェと作曲　　　　（村田経和）

ニーチェの嗜好

『この人を見よ』*でニーチェは，「できのよい人間」は「自分のためになるものだけをおいしいと思う。ためになる限度を超えると嗜好も食欲もなくなる」という「選択の原理」について語っている［『この人』 I.2］。自分の趣味*に反するものには「嘔吐感」を抱き，嚙み砕くことのできる思想のみを歓迎するニーチェにとって，飲食における嗜好もまた精神の健康に直結する重大問題であった。学生時代のライプツィヒ*の料理はわざわざ栄養不良になるために胃をこわそうとするような代物だった。とにかくドイツ料理そのものがよろしくない。「煮込みすぎの肉，油っぽくて粉だらけの野菜，まるで文鎮と化した小麦粉のかたまり」に加えて食後の飲酒――ドイツ精神の基本は消化不良にあるという。またイギリス*の食事も「人肉嗜食」への回帰で精神の足取りを重くするとされ，「最高の料理はピエモンテ料理だ」という。飲物については，ビールやワインはたとえ１杯でも耐えがたいので，「ミュンヘンには自分とは正反対の人間が住んでいる」とし，水（とくにニース*やトリノ*，ジルス＝マリーア*の湧水）だけでよいとしている。そして，自分のモラルとして，たくさん食べて胃を活性化する，長く食べ続けたり間食したりしない，コーヒーは気を滅入らせるが，濃い紅茶は朝だけならよい，偏見は胃のもたれから生ずるから腰をおろさずに外を歩き回って得た思想だけが信頼できる，ということを挙げている［同 II.1］。その他にもニーチェの嗜好として，喫煙を嫌ったことや菜食主義が挙げられるが，後者はヴァーグナー*に嗤われて放棄した。

実際の食生活はどのような様子であったのだろうか。1888年の夏をジルスで過ごすにあたって彼は母親に，去年の「丸くて太いロースハム」はとてもよかった，４カ月間毎晩食べるには６キロ必要になると手紙で催促して，何度も送ってもらっている。そのハムのほかにラスクや紅茶も入った小包が届くと，「ハムは極上で立派に見えます。ぼくは新たな信頼をもって未来を見つめています」と報告している［母宛 1888.6.16.；6.25.］。ジルス

における1日の食生活は次のようなものである。「5時に（ベッドの中で）ココア1杯，6時半頃ぼくの紅茶を飲みます。12時に一人で，ホテルの食事よりも半時間前に食べます。いつもビーフステーキとオムレツです。晩は7時に自分の部屋でハムを一切れ，生卵の黄身二つに白パンを二切れ取ります」〔同7.17.〕。その秋のトリノにおける食生活もなかなか健啖なものである。レストランでちょっと心づけをやるとミネストローネ・スープがたっぷり出てきて，野菜もパスタも一級品がいっぱいある。柔らかい子牛の肉にほうれん草などの野菜がついて，小さなパン三つかグリッシーニ（棒状のパン）があるという食事はこれまで食べたことがないほどおいしい〔ガスト宛10.30.〕。「何としっかりとしていて清潔で，しかも洗練された料理でしょう！これまでぼくはよい食欲とは何かということを知りませんでした。正直言って，ニースにいたときの4倍食べてもそれより安くて，いまだに胃がもたれたことがありません」〔母宛11.17.〕と，おいしいイタリア料理に舌鼓を打っている。胃弱というイメージが強いニーチェといえども，食べたものをつねにもどしてばかりいたわけではないのである。

(大石紀一郎)

ニヒリズム [Nihilismus]

ニヒリズムについて考えようとするとき，トゥルゲーネフの『父と子』(1862)にある「権威に屈伏せず，原理が人々からどんなに高く尊敬されていようとも，けっしていかなる原理をも信条としない」態度という定義がまず思い起こされる。このトゥルゲーネフのニヒリズム定義は，バクーニンやドストエフスキー*らの思想とも共鳴しながらロシア・ニヒリズム*の中核をなしている。このロシア・ニヒリズムの運動は，ツァーリズム体制に対する政治的な抵抗という側面を含みつつも，それにとどまらないより広範な価値否定，秩序破壊の衝動の現れであった。このときニヒリズムが否定，破壊の対象とみなした価値や秩序の中心となっていたのはいうまでもなくキリスト教*（教会)*であった。そしてこうしたキリスト教への否定，破壊の衝動は，宗教批判という枠だけにとどまらない既存世界総体へのラディカルな否定へと拡大していく。またオブローモフ主義に見られるようなデカダンス*もニヒリズムの一側面となっていく。

ロシア・ニヒリズムによって刻印されたこのような，自他を含む世界全体に対する否定，破壊の衝動の突出は，ラウシュニングも述べているように19世紀から20世紀にかけて多様なかたちで生起した政治的，思想的ニヒリズムの揺籃であった。もっともニヒリズムという語の起源はかなり古く18世紀に遡る。とくに重要なのはヤコービである。彼はフィヒテを標的にしつつ，カント*以降のドイツ観念論*が世界の主観的構成という立場を採ることによって実在性の基盤を破壊し，ひいてはキリストに受肉された神性をも否定する無神論に至り着いたと論難する。そしてヤコービはこうした事態をニヒリズムという言葉で呼んだのであった。こうしたヤコービのニヒリズムという言葉の使い方にも，近代とともに始まった世俗化とそれを通じた伝統的秩序の解体過程が投影されている。ニヒリズムは近代という歴史的経験に内在する解体と拡散の契機を先鋭化させたものであると言ってよいだろう。それはたしかに否定と破壊の衝動の現れであったが，他面において既成秩序の軛から解放された自由な自己，「自由な精神」の発現という肯定的な性格を持っていたことも見落としてはならない。そしてこうしたニヒリズムの両価性の中心に位置するのがニーチェにほかならない。

【Ⅰ】 ニーチェのニヒリズム概念の概観

ニーチェといえば「ニヒリズムの思想家」というほど，ニーチェとニヒリズムの関係は

密接であると思われているが、ニーチェとニヒリズムの関係はなかなか一筋縄ではいかない問題を含んでいる。

ニーチェの著作の中にニヒリズムという言葉が最初に登場するのは、おそらく『智恵』*の346章であろう。ここでニーチェは、「世界が絶対に神的な経過を取っていないという洞察」から出発する。それは、世界が価値を有し、尊敬に値するものであるという認識を根底から揺るがすものである。この世界の価値の揺らぎから生じる「疑惑」はこれまで、世界と対峙し、世界を否定しようとする人間の倨傲によって隠蔽されてきた。ニーチェはこの倨傲に、仏教、キリスト教に内在し近代的ペシミズム*においてその最後の表現を見ることになる「迷妄」を見てとる。なぜならこうしたペシミズムの系譜は、世界が無価値であるかもしれないという疑惑、言い換えれば世界の根源が無であるかもしれないという疑惑を直視しようとせず、もう一つの価値としての人間という尺度を立てることによってこうした疑惑にふたをしてしまうからである。しかしこうした迷妄は、それへの直接的な反発としての人間自身への、言い換えれば自己自身への嫌悪をも生み出す。それはある意味で、神的なものの消失と不在の必然的帰結であるといってよいだろう。なぜなら神的なものの消失と不在は、世界のみならずそれと対峙する人間も含めたあらゆる価値の存立そのものの崩壊へと帰著せざるをえないからである。だが人間を価値尺度として至上化する迷妄も、それへの直接的反発としての人間への嫌悪とともに、神的なものの消失と不在という事態がもたらした疑惑に対して相関的である。もう少し正確にいうならば、かかる疑惑の核にある世界の確固とした根拠の消失・不在という否定的性格がそのまま二つの態度を根底において共通に規定する要素となっている、ということである。人間の倨傲も人間に対する軽蔑も、ともに世界を否定的に見る当の態度の所産として共通性を持つ。そしてこの否定的性格こそがニヒリズムにほかならない。

「それはわれわれみずからに関する情容赦のない、徹底的な、最深の疑惑であり、われわれヨーロッパ人を時とともにますます支配し、これからやって来る世代に次のような恐るべき二者択一をつきつける疑惑である、——〈諸君の尊敬を棄てよ、さもなければ——諸君自身を！〉。後者はニヒリズムであろう。だが、前者もまた——ニヒリズムではないだろうか？——われわれの疑問符である」[『智恵』346]。

ここから私たちは、ニーチェのニヒリズム概念が、彼によってヨーロッパの歴史に内在する宿命として看取された神的なものの消失と不在へと向かう過程——「神の死*」——の所産であり、そうした事態の否定的な反映であることをはっきりと認識しうるであろう。そこで働いているのは生の衰弱であり頽廃であり、なによりも「無への意志*」にほかならない。その意味でニーチェにとりニヒリズムとは一個の病気*であった。

【Ⅱ】 ニヒリズムの三つの段階　ニーチェのニヒリズム概念の中には、すでにふれたように二つの相反する傾向がうかがえる。すなわち神の消失・不在を直視しようとせず、むしろそれを隠蔽せんがためにありもしない価値を捏造*しようとする傾向と神の消失・不在への焦慮を自己破壊衝動に転化させ、生を軽蔑の対象へと貶めてしまう傾向である（この、相反する二つの傾向がニヒリズムという概念に含まれるために、ニーチェのニヒリズムについての記述には用語上の混乱が見られ、それがニーチェのニヒリズム概念の把握を難しくしている）。

ニーチェは前者の傾向の典型をキリスト教道徳にみようとした。たとえば次のような記述にはそれがよく現れている。「……（生存からのニヒリズム的逃避、無への、またはそ

の〈反対物〉への,他の存在への,仏教およびそれに類したものへの渇望)。——こうして結局私たちは,すぐにあの逆説的な恐るべき弥縫策の前に立つ。呵責を受けた人間は,あの弥縫策によって——キリスト教のあの天才的なちょっかいによって,かりそめの安心を見いだした」[『系譜』II.21]。

それに対して,こうした消極的・逃避的傾向への直接的反発から生じる自己破壊衝動としてのニヒリズムとはいかなるものなのか。ここでニーチェのニヒリズム認識の一頂点を示すものというべき1887年6月10日の日付をもつ遺稿中の断章をとりあげておこう[遺稿II.9.276-284.以下とくに注記のない限り同断章からの引用]。「ヨーロッパのニヒリズム」という題をもつこの断章は16のパラグラフからなるかなり長いもので,ニーチェのニヒリズム認識がまとまったかたちで展開されている。とりわけキリスト教道徳にひそむ消極的・逃避的傾向からなぜ,またどのようにして自己破壊衝動としてのニヒリズムが生じるのかについて周到な分析を行っている。まずニーチェはキリスト教道徳の三つの「利点」を挙げる。それは,(1)微細で偶然的な存在にすぎない人間に対する絶対的な価値の付与[人間中心主義],(2)苦しみや災厄に溢れたこの世界に対する完璧さという性格の付与[神の摂理の弁護],(3)絶対的価値に関する知の権能の人間への付与[人間の認識の至上化]である。こうした利点によって人間は生に対する絶望や対抗という立場を取らずにすんだ。言い換えればこれらの利点によって人間は「自己保存*の手段」を手に入れたのである。ニーチェは道徳こそが「実践的および理論的ニヒリズムに対する大きな抵抗剤であった」と言っている。キリスト教道徳に象徴される消極的・逃避的ニヒリズムはしたがって「ニヒリズムの否定としてのニヒリズム」と言うこともできよう。だが,とニーチェは言う。キリスト教道徳の中には「誠実性」を育てる力

がある。そしてこの誠実性はついには道徳自身に「目的論」や「利害を含んだ物の見方」,すなわち「欺瞞」を探りあてる。この「欺瞞に対する洞察」は,道徳の要求してきたものが「非真理への欲求」にすぎなかったことをあらわにする。ここにおいて道徳の要求する自己保存への志向と,そうした志向にひそむ欺瞞への不信との「対立」が発生する。そしてこの対立が道徳の「解体過程」を生み出す。この解体過程を触発するという意味で,誠実性は「ニヒリズムへの刺激剤」としての意味をもつのである。

この,「最初のニヒリズム」としての道徳への「反抗剤」によって導かれたヨーロッパの歴史は,現在もはやそうした反抗剤をさほど必要としないほどの道徳の訓育能力の低下へと到りついている。すなわち「〈神〉はもうあまりにも極端な仮説になってしまった」のである。そうした中で道徳への反措定として「自然の絶対的な非道徳性,没目的性と無意味性への信仰」が生まれる。この神の死の時代の「必然的な情動」がもう一つのニヒリズムを生み出す。このニヒリズムは「無駄だった!」という,これまでの意味や価値への不信に輪郭づけられている。すべては「無」であり,無は永遠に回帰し続けるのだ。これは一見すればきわめて否定的な事態におもえる。

しかしニーチェはここで一個の問いを提起する。「道徳が否定されると,いっさいの事物に対するこうした(〈すべてが完璧で,神的で,永遠である〉という)汎神論的な肯定の立場も不可能になるのだろうか? 結局のところ,道徳的な神が克服されただけではないのか。〈善悪の彼岸〉に立つ神を考えることに意味があるとはいえないか?」無の永遠回帰*はたしかに道徳が構築しようとした意味と価値の世界を破壊した。そしてこの破壊の底にあるのは「不信」というかたちで示される否定的な心理の働きであった。だが一方

において道徳そのものがすでに消極的・逃避的なニヒリズムとしての性格、言い換えれば否定性の契機をはらんでいる以上、道徳の否定はただ一途に否定・破壊の深まりだけを意味するのではなく、むしろ「否定の否定」としての肯定性を、すなわち道徳が捏造した自己保存のメカニズムへの方向とは対照的な生の直截的な肯定を意味していると考えることができるのではないか。今引用した箇所の先でニーチェは次のように言う。「過程(プロセス)の中から目的という観念を取り去り、それにもかかわらずなおも過程を肯定しうるであろうか?」

ここでニーチェのニヒリズムをめぐる問いの第三の段階が浮かび上がってくる。すなわちニヒリズムを触発する神の死という事態の根源には、神を起源としつつ構成される道徳(最初のニヒリズム)が隠蔽し続けてきた肯定性が存在することを見なければならないのだ。この肯定性が「力への意志*」にほかならない。したがってニヒリズムへの問いの中には、とりわけ後期のニーチェの思索における最も根本的な主題である、いっさいの因果性*や合目的性の軛から解き放たれた「出来事」の偶発性・一回性の肯定、そしてこうした肯定の根底をなしている「すべては力と力の関係(価値関係)の現れである」という認識、すなわち「力への意志」と「系譜学*」を通じた形而上学*批判の思考地平への出発点が見てとれる。

こうしたニーチェのニヒリズム認識の特性についてハイデガー*は次のように言っている。「ニヒリズムとともに、すなわち力への意志としての存在者のただ中で同一なものの永遠回帰に直面しつつ行われるいっさいの既存価値の転換*とともに、人間の本性の新たな措定が必要になってくる。しかしながら〈神は死んだ〉のだから、人間にとって尺度と中心となりうるものはただ人間自身だけである。もちろんその人間は任意の人間ではないし、個々の、どこかそこらにいる人間たちの下にある人間でもない。それはあらゆる価値を力への意志という唯一の力へと転換させるという周知の課題を引き受け、大地圏を覆う絶対的な支配へと踏み出そうとするあの人類の〈類型〉、〈形姿〉である。力への意志としての存在者をいっさいの既存価値の転換として経験し、同一なものの永遠回帰を唯一の〈目標〉として認可することができる古典的ニヒリズムは、人間自身を——すなわちこれまでの人間を——自己を〈超えて〉高め、尺度として〈超人*〉の形姿を作り出さねばならないのである」[『ニーチェ』]。

ニヒリズムは肯定性への敵対であると同時に、ニヒリズムの中に内在する二つの相反する傾向のあいだの対立を通してそれまで隠蔽されていた肯定性の所在を浮かび上がらせる契機ともなるのである。道徳とは「支配者」、つまり強者にのみ許される態度としての「力への意志」に対する「出来の悪い連中」(弱者)のルサンチマン*を正当化する手段であった。言い換えれば道徳によって弱者は「力への意志」を「憎む権利」を手に入れ、それによって自らの生を保護しえたのである。「最初のニヒリズム」としてのニヒリズムの否定が意味していたのはかかる事態であった。神の死という事態はたしかにこうした道徳による保護(自己保存の保証)にひそむ欺瞞を明らかにした。しかし肯定性に耐ええない弱者にとって道徳という被膜が喪われることは、「絶望」への、「無」への「没落」しか意味しない。ここで第二の、自己破壊衝動としてのニヒリズムの意味が明らかになる。ニーチェはこう言っている。「ニヒリズム。その徴候は、出来の悪い連中が慰めを見いだす場がなくなったことであり、彼らが、やがては自己が破壊されるために破壊を行うことであり、道徳から切り離されてしまったために、〈卑下する〉根拠を失ったことであり——彼らが正反対の原理を基盤とするように

なり、強者が自分たちの死刑執行人になるように強要することを通じて、自分たちも力を求めることである。これは仏教のヨーロッパ的形態である。つまり、いっさいの生存がその〈意味〉を失ったあとの否定の行為である」。

こうした自己破壊衝動としてのニヒリズムには道徳の段階にはない積極的要素が含まれている。というのもこうしたニヒリズムが生まれるためには、ある程度の高さに達した「精神文明」や「学識」が必要だからである。だがこうした段階に達しつつも、根本において肯定性を受け入れることができない人間は、いっさいの目的因を喪った「過程」の永遠回帰をまのあたりにしながらそれに「呪い」しか感じない。逆にいうならばニヒリズムとはここで、こうした呪いが触発する一種の「痙攣」にほかならないのである。だがそこにはニヒリズムの段階、すなわち第一、第二の段階に共通する否定的ニヒリズムの自己克服としてのニヒリズム、肯定性としてのニヒリズムへの転回が準備されている。

【Ⅲ】 ニーチェのニヒリズム概念の多面性

ところでこれまで引用してきた断章とならんでもう一つ、ニヒリズムをめぐる重要な断章がある。そしてこの断章におけるニーチェのニヒリズム認識には、これまで見てきた断章におけるニヒリズム認識の転回の深まりが見てとれる。1887年秋に書かれたこの断章は「ニヒリズム ひとつの正常な状態」[遺稿Ⅱ-10.30-32、以下とくに注記のないかぎり同断章より引用]という言葉で始まっている。ニーチェは明らかに一歩踏み込んでニヒリズムを、「力への意志」にねざした自らの思考にとって積極的な契機として捉え返そうとしている。このことはこの断章のすぐ後の別な断章の次のような表現からも明らかであろう。「〈ニヒリズム〉は精神の最高の力強さが掲げる理想、このうえなく豊穣な生が掲げる理想である、なかば破壊的、なかば反語的（イロニッシュ）な」

[同Ⅱ-10.33]。ここでニーチェは先に見た「ヨーロッパのニヒリズム」の場合以上にはっきりとニヒリズムを、神の死という事態のもとにある人間の普遍的なありようとして示そうとしている。

ここでもまずニーチェはニヒリズムが二面的なものであることを指摘する。すなわち「能動的ニヒリズム」と「受動的ニヒリズム」の二面性である。能動的ニヒリズムは「精神の力が増大し、その結果従来の諸目標（〈確信〉、信仰箇条）が、この力と釣り合いがとれないほどになってしまうことがありうる」ことから生じる。したがってそれは「強さの徴候でありうる」。だがこの強さはいまだ肯定的な「力」になりえない。なぜか？ 「他方においてこのニヒリズムは、あらためておのれのために生産的にもう一つの目標を立てるほどには十分な強さを持たない」からである。この結果能動的ニヒリズムは「暴力的な破壊の力」として現れる。こうした能動的ニヒリズムの対極にあるのが「疲弊したニヒリズム」、すなわち「精神の力が疲労困憊し、その結果従来の諸目標や諸価値が〔この力に〕ふさわしくなくな」ることから生じる「受動的ニヒリズム」である。それは「デカダンス」や「ペシミズム」として現れる。そしてニヒリズムは能動的かたちをとるにせよ、受動的かたちをとるにせよ、「一種の病理的な中間状態を表している」。それは、ニヒリズムが欺瞞の解体過程（没落の過程）にありつつも、新たな肯定性を見いだすまでにはいたっていないからである。そこには自他に向けられる純粋な破壊の否定性しか存在しない。（この「中間状態」という表現は『ツァラトゥストラ』の序説における「人間は動物と超人の間に張りめぐらされた一本の綱である」[4]を想起させる）。だが重要なのは、ニヒリズムの二面性のそれぞれに含まれている力の不均衡が、あらゆる真理の形而上学的パースペクティヴを不可能にしてしまうこと

である。ニーチェは今まで見てきたニヒリズムの捉え方の前提を次のように言う。「真理は存在しないということ。事物の絶対的性質、〈物自体*〉など存在しないということ／――このこと自体が一種のニヒリズムであり、それも最も極端なニヒリズムにほかならない。このニヒリズムは事物の価値を次の一点に置き入れる。すなわち、実在性とは価値定立者の側の力の徴候にすぎない、生の目的のための単純化にすぎないという、まさにこの一点へ」。ここにおいてニヒリズムは「力への意志」の肯定性へ転回する。レーヴィット*が指摘するニーチェにおける思考の転回、すなわち「無への意志」としてのニヒリズムの否定性の「永遠回帰への意欲」としての肯定性への転回が生じるのである。

ニーチェのニヒリズム概念は、最も低度な〈ニヒリズムの否定としてのニヒリズム〉(道徳)から、デカダンス・ペシミズムの段階を経て、ある瞬間には「力への意志」の発現そのものとみまごうところまで、きわめて幅広い、ときには相互に矛盾するとおもわれる諸内容を含んでいる。

こうした多面性を帯びたニーチェのニヒリズム概念には、まず第一に世紀末*へと近づきつつある19世紀近代に関するニーチェの時代診断が投影されている。この時代診断をよぎってゆくのは一方において弱者のルサンチマンを正当化しようとする民主主義者や社会主義者たちであり、また社会変革への志向を絶望的なペシミズムの袋小路の中で破壊衝動へと昇華したロシア・ニヒリスト(テロリスト)たちであり、他方ではペシミズムをデカダンスへと転化するショーペンハウアー*やヴァーグナー*たちであった。これらの同時代現象に対するニーチェの時代診断のありようは、たとえば次のような断章から窺える。「ペシミズムの主要徴候。／マニー亭での晩餐会[サント・ブーヴ*やゴンクール兄弟*の会合を指す]。／ロシア的ペシミズム。トルストイ ドストエフスキー／美的ペシミズム 芸術のための芸術〈記述〉ロマン主義的および反ロマン主義的ペシミズム／認識論的ペシミズム。／ショーペンハウアー。〈現象主義〉。／アナーキズム的ペシミズム。／〈同情の宗教〉、仏教による先行運動。／文化のペシミズム(外国かぶれ。世界市民主義)／道徳上のペシミズム、すなわち私自身／気晴らし、ペシミズムからの一時的な救済。／大戦争、強力な軍隊組織、民族主義／産業競争／学問／娯楽／……」[遺稿 Ⅱ.10.102]。

ちなみにここでペシミズムの徴候として挙げられているようなニヒリズム的時代傾向に対するニーチェの認識に、大きな影響を与えたのがポール・ブールジェ*の『現代心理学論集』であった。科学技術文明の爆発的進歩とともに生じた精神的欲求と世界の現状との不調和(その結果としての世界嫌悪と否認)をブールジェはニヒリズムとよんだが、ニーチェのニヒリズム概念にも明らかにこうしたブールジェ的な、時代の機能不全の諸様相に関する認識が孕まれている。だがすでにふれたようにニーチェのニヒリズム概念はこうした時代診断の地平にはとどまらない。今引用した断章に続く別の断章でニーチェはこう言っている。「ニヒリズムの到来。／ニヒリズムの論理／ニヒリズムの自己克服／克服する者たちと克服される者たち」[遺稿 Ⅱ.10.103]。ニーチェはニヒリズムの中に、時代を神の死によってもたらされる否定性の極限にまで追い詰めていく歴史の過程的論理――神の死によって導かれる没落の必然性――と、そうした否定性の極限においてのみ生じうる肯定性への反転力――否定性の自己克服――を見ようとするのである。それは、レーヴィットが次のように指摘している事態である。「ニーチェの実験哲学は、試みに、原理的なニヒリズムの可能性を先取りする――それも、その逆たる、存在の永遠の循環[永遠回帰の肯定性――筆者]に到達せんが

ために」[『ニーチェの哲学』]。

ニーチェのニヒリズム概念は、一方において近代の否定性に対する時代診断の性格を持つと同時に、他方ではそうした近代を克服するための原理的指標としての意味をも持つのであった。この両価性がニーチェのニヒリズム概念の捉え方を難しくしているといえよう。→価値の転換，神の死，デカダンス，ペシミズム，ロシア・ニヒリズムとニーチェ　(高橋順一)

「ニーベルングの指環」 [Der Ring des Niebelungen. 完成 1874; 初演 1876]

ヴァーグナー*の楽劇「ニーベルングの指環」は，1848年に構想が開始されて以来，完成まで26年が費やされた文字通りヴァーグナーのライフワークというべき作品である。全体は序夜劇「ラインの黄金」とそれに続く楽劇「ヴァルキューレ」「ジークフリート」「神々の黄昏」の4部からなり，上演にはほぼ14時間かかる。

この大作の構想は，ヴァーグナーがドレスデンにおける革命的蜂起へと参加したのとほぼ同時期に書かれたドラマ草案「ジークフリートの死」に由来する。同じ頃ヴァーグナーは論文「ヴィーベルンゲン」を執筆するがそこで彼は，ゲルマン諸族の抗争の歴史とニーベルング族＝ジークフリートから発する神話伝承を結びつけ「伝説世界史」(神話としての歴史)を構想する。この「伝説世界史」によって方向づけられる神話への志向がヴァーグナーにとっての未来芸術の受け皿となるのである。こうした神話への志向を具体化するものとして「ジークフリートの死」の構想が膨らんでゆく。ヴァーグナーは主にエッダ，サガと呼ばれる北欧古伝承に素材をとりながら，後に「神々の黄昏」の台本となる「ジークフリートの死」を52年までに完成する。その後この英雄ジークフリートの死へと至るドラマの伏線を明らかにするために，ヴァーグナーは「若きジークフリート」(「ジークフリート」に改名)，「ヴァルキューレ」「ラインの黄金」と，ちょうどドラマの時間的順序と逆の順に台本を書き進めていった。音楽の方は「ラインの黄金」から作曲が始められたが，途中57年から64年にかけて長い中断期間があり，最終的に全4部作の音楽が完成するのは74年になる。そして全体は，76年の第一回バイロイト*祝祭で初演された。

この長大な作品にヴァーグナーは彼の世界観，芸術観，革命観のすべてを注ぎ込んでいる。ドラマの骨格となっているのは，古い神々の世界であるヴァルハラを舞台としながら権力を巡って抗争する神々，巨人族，ニーベルング族たちが没落し，英雄ジークフリートと神々の娘ブリュンヒルデによって代表される新しい世界の誕生が告知されるという世界救済の理念であるが，そこにはさらにフォイエルバッハの愛の思想，ショーペンハウア*の意志否定のペシミズム，あるいはプルードンの貨幣批判やバクーニンのアナーキズム*などヴァーグナーが影響を受けたさまざまな思想的要素が複雑に絡み合ってきわめて錯綜した世界が現出している。そして注目しなければならないのは，古ゲルマン・ケルト神話に題材を求めたこの神話劇のドラマトゥルギーおよび音楽語法の中に，神話というファンタスマゴリーのヴェールを通して19世紀近代の根源史ともいうべき諸要素——たとえば黄金＝貨幣の問題——が生々しく表現されていることである。このことによってこの作品はヴァーグナーの芸術が有する複雑な近代性を最も雄弁に表現している。

こうした「指環」という作品についてニーチェは『反時代的』*第4篇『バイロイトにおけるリヒャルト・ヴァーグナー』において次のように言っている。「ヴァーグナーの詩人性が示されるのは，彼が概念によってではなく目に見えるもの，感覚しうるものによって思考している点においてである。すなわち民衆がいつもそうなように神話的に思考してい

る点である。人工的に歪められた文化の下にある人々が考えがちなように神話は思想を基礎として成り立つものではなく，神話それ自体が思想なのである。つまり神話は出来事や行為や苦悩の連続の中で，一個の世界表象を伝えるのだ。『ニーベルングの指環』は概念形式による思想を持たない巨大な思想体系である」[IV. 9]。ここでニーチェはヴァーグナーの論文「未来の芸術作品」「オペラとドラマ」にある五感の全体性に根ざした総合芸術作品の構想，あるいはその担い手としての民衆という考え方に依拠しながら，「指環」における神話*の意味を規定づけている。この神話規定は後に Th. マン*のヴァーグナー観の核心にも引き継がれる。

ところでニーチェのこうした「指環」の見方がヴァーグナーへの共感にもとづいているとすれば，ニーチェがヴァーグナー批判に転じた後の「指環」観は『ヴァーグナーの場合』に表明されている。ここでニーチェは「指環」の主人公ジークフリートに託されたヴァーグナーの基本理念が「革命」にあったこと，つまりいっさいの「道徳への宣戦布告」としての意義を持った古い世界のアナーキスティックな破壊と「自由恋愛の秘蹟」にもとづく被抑圧者としての女性（ブリュンヒルデ）の解放にこそジークフリートの意味があったことを指摘した上で，そうした「革命」の理念がショーペンハウアー哲学という「暗礁」に乗り上げてしまった結果，「指環」全体がデカダンス*に転落してしまったと言う。「デカダンスの哲学者が初めてデカダンスの芸術家に自己自身を与えたのだ――」[手紙4]。このニーチェの指摘は具体的には，「神々の黄昏」の最終場面「ブリュンヒルデの自己犠牲」の台詞をヴァーグナーが当初はフォイエルバッハの愛の思想にもとづいて書き上げたにもかかわらず，後にショーペンハウアー哲学に影響されてよりペシミスティックなヴァージョンへ変更したことにもとづく。ニーチェはこうしたフォイエルバッハ・ヴァージョンからショーペンハウアー・ヴァージョンへの変更を「指環」におけるヴァーグナーのデカダンスとしての自己覚醒過程として捉えているのである。もっとも皮肉なことにニーチェにとってのヴァーグナーの最高傑作は，ヴァーグナーがもっともショーペンハウアーから強い影響を受けて書いた作品「トリスタンとイゾルデ」*であったのだが，それはおそらく「トリスタン」における神話の美的仮象への昇華の純度の高さと，「指環」における神話の不透明で錯綜した性格，そしてそこから現出する逆説的な近代性との間の差によるのだろう。最後にニーチェの最後期の著作の題である『偶像の黄昏』* (*Götzen-dämmerung*) が「神々の黄昏」(Götterdämmerung) のパロディであることを指摘しておこう。→ニーチェとヴァーグナー――ロマン主義の問題，バイロイト　　　　　　（高橋順一）

文献　▷ Th. Mann, Leiden und Größe Richard Wagners, in: *Die Neue Rundschau*, Berlin 1933（小塚敏夫訳「リヒァルト・ワーグナーの苦悩と偉大さ」『ワーグナーと現代』所収，みすず書房，1971）．▷ ders., Richard Wagner und ⟩Der Ring des Niebelungen⟨, in: *Maß und Wert*, Zürich 1938（小塚敏夫訳「リヒァルト・ワーグナーと『ニーベルングの指環』」『ワーグナーと現代』所収，みすず書房，1971）．

日本　[Japan]

ニーチェが活動した時期のヨーロッパにおいて，鎖国を解いたばかりの日本は，浮世絵や万国博覧会に出品された産物を通して，おもに独特な工芸文化のある国として知られていた。そして，異質な表現形式やエキゾチックな魅力への好奇心から，一部の芸術家や蒐集家の間では熱狂的な「日本趣味」(japonisme) が流行した。ニーチェが1875年にヴァーグナー*をめぐる論議に関連して，「日本」であれ「アメリカの大草原」であれ，芸術について何らかのことが話題にされると

き，そこで実際に問題になっているのはヴァーグナーの芸術に対してどのような態度を取るかということだと述べているのは，日本が同時代の芸術をめぐる論議のなかで受け取られていたという状況を示すものであろう［遺稿 I.5.378］。ニーチェに日本に関する知識や関心をもたらしたのは，1876年にバイロイト*で知り合った画家ラインハルト・フォン・ザイトリッツであった。ザイトリッツはミュンヘンのヴァーグナー協会会長でもあったが，それほどバイロイト・サークル一辺倒でもなく，またハンガリー出身の妻イレーネにニーチェが魅力を覚えていたこともあって，彼のヴァーグナーからの離反後も夫妻との交際は続き，85年にはミュンヘンに夫妻を訪問している。その頃，夫妻は日本趣味にのめりこんでいて，ニーチェにもさかんに吹聴したらしい。日本趣味の普及について明治天皇から感謝状を受け取ったというザイトリッツについて，ニーチェはいささか面白がって友人たちに知らせている。妹エリーザベトへの書簡では，ザイトリッツは「ドイツで最初の日本人」になりきっていると伝えて，「ぼくがもっと健康で十分に豊かだったら，もっと快活さを得るというだけのために，日本へ移住するであろう」とか，「どうして君たち〔ベルンハルト・フェルスターとエリーザベト〕は〔パラグアイではなく〕日本へ行かないのか？」などと述べている。そして，自分がヴェニスを好むのもそこでは簡単に日本的な雰囲気にひたれるからで，その他のヨーロッパは「ペシミスティックで悲しげ」でいけないという［1885.12.20.］。デカダンス*のヨーロッパを脱出して南方的な美にひたりたいという願望の表現であろうか。この頃から想像上の「日本」についての言及も現れ，ニーチェのなかで日本のイメージが徐々に変化していく様子が窺われる。1885年の「新しい日本」という表題を持つ断片は内容としては日本とどのような関係があるのか不明であるが

［遺稿 II.8.544］，86年夏から87年秋にかけての遺稿では，「大いなる様式」や「総合的な人間」，「認識者」の「激情」といったニーチェにとってはポジティヴな事柄とならべて「日本のハラキリによる自殺」と記している［II.9.287］。ザイトリッツから切腹の話を聞かされたのであろうか。その印象がよほど強かったようである。『善悪の彼岸』*でニーチェは，あらゆる高級な文化は「残酷さの精神化と深化」にもとづいており，自らのうちに「野獣」を飼っている人間は好んで残酷な見世物を享受し，そこには自分自身に向けられた残酷さも混入しているとしているが，その例として彼は，剣闘場に赴く古代ローマ人*，十字架にかけられて恍惚とするキリスト教徒，火刑や闘牛に昂奮するスペイン人，血腥い革命に郷愁を覚えるパリの労働者*，「トリスタンとイゾルデ」*の陶酔に身を委ねるヴァーグナー狂の女性とともに，「悲劇へつめかける今日の日本人」を挙げている［『善悪』229］。『道徳の系譜』*でも，高貴*な種族のなかに息づく「金髪の野獣*」はときとして野蛮*に戻って現れることがあるとして，「ローマやアラビア，ゲルマン，そして日本の貴族*，ホメロスの英雄*たち，スカンディナヴィアのヴァイキング」を挙げている［I.11］。同時代の日本趣味が工芸品や美術品に対する好事家的な嗜好に向かったのに対して，ニーチェの日本人についての見方は，過酷な生*を素朴に肯定する高貴な民族*というイメージへと結晶していった点で，かなり特異なものであった。→ニーチェと非ヨーロッパ

(大石紀一郎)

日本における受容

【I】 「美的生活」論争と初期の受容

現在確認されているニーチェに関する最初の文献は，明治26(1893)年12月に雑誌『心海』に掲載された無署名の記事であるが，ニーチェとトルストイの道徳観の比較という内容

は，欧米における論説を下敷にしたことを窺わせる。明治20年代末にはニーチェの名は，留学生の見聞やお雇い外国人教師がもたらした知識によって知られるようになっていたが，実際にその著作に接しえたのは，森鷗外*のようなごく少数の人びとに限られていた。ニーチェを一躍文壇の話題としたのは，明治30年代半ばの「美的生活」論争であった。明治34(1901)年1月の『太陽』誌上に「文明の批評家としての文学者」を発表しニーチェを賛美していた高山林次郎(樗牛)*は，同年8月の「美的生活を論ず」で，「本能の満足」こそ「人生本然の要求」であり，国家への奉仕を求めて知識や道徳を偏重し，本能を抑圧するのは偽善であると主張した。これが発端となって，以後翌年にかけて新聞・雑誌を舞台に当時の論客たちが「美的生活」をめぐって華々しい論争を繰り広げた。すでにブランデス*の著作や帝国大学独文科の外国人教師カール・フローレンツの講義にもとづいてニーチェを紹介していた登張信一郎(竹風)は，樗牛の主張をニーチェに帰しつつ，当時の道徳教育を批判した。また，当時ヨーロッパに留学していた姉崎正治(嘲風)*は樗牛宛の公開書簡で，ドイツの権威主義的風潮や文献学研究の歪みを克明に報告し，日本における旧弊な道徳や模倣的文明に対する反抗を呼びかけた。これらに対して坪内逍遥は『読売新聞』紙上に「馬骨人言」を連載し，樗牛＝ニーチェの主張は社会に害悪を及ぼす「極端の個人主義即ち絶対の利己主義」であると非難した。こうしてニーチェは「極端な個人主義」であるというイメージが定着したが，論争の当事者のほとんどが聞きかじりの知識やドイツやイギリスの二次文献に頼っていたという点では，この論争はヨーロッパにおける初期の論評を反映するものであった。とはいえ，近代化とともに伝統的価値が揺らぎ，日清戦争後の国粋主義的熱狂も過ぎ去った時点で，若い知識人たちがもはや国家

を同一化の対象とは見なさなくなり，権威主義的教育に反感を募らせていた状況では，個人の優位を主張した樗牛たちの批判は大きな影響を及ぼした。

彼らよりもっと上の世代に属する森鷗外や夏目漱石*は，漢文的教養を受けて知的形成を遂げ，留学経験によって同時代のヨーロッパの文化状況に精通していたため，ニーチェの過激な言説に魅力は覚えても，距離を置いた冷静な反応を示した。「力への意志*」がニーチェにおいて中心的な概念であることを把握していた鷗外は，樗牛のニーチェなど「爪なく牙なきニーチェ」にすぎないと評したが[「続心頭語」]，直截な自己主張が利己主義として排斥される社会の現実に諦念を抱いてもいた。小説『青年』（明治44年）では登場人物の言葉に託して，日本に持ってくると何でも小さくなると評するとともに，内面的な自由のみを固守する「利他的個人主義」の立場を表明している。同じ年に発表した「妄想」は，鷗外が自らの知的遍歴をフィクションの形で回想した短篇であるが，彼はそのなかでニーチェの「超人哲学」も「自分を養ってくれる食餌ではなくて，自分を酔わせる酒であった」と記している。また，日本における近代的自我が抱える困難さを創作の主題とした漱石は，英訳で『ツァラトゥストラ』*を読んでおり，『吾輩は猫である』（明治39年）のなかでは，ニーチェの「超人」は個性尊重の時代である近代において十分に自分の個性を発揮できない人間の痛憤にすぎないと登場人物の一人に語らせている。他方，樗牛に触発されて自己意識に目覚めた世代のなかからは，権威に対する反発から国家権力との対決へと転回する者も現れた。嘲風に私淑した石川啄木はニーチェの天才賛美に共鳴し，登張竹風が紹介した『反時代的考察』*第1篇におけるドイツ文化批判を日露戦争後の日本に当てはめて，戦争ではロシアに勝っても一人のトルストイも持たない日本の文化的後進性を

批判した[「林中書」(明治40年)]。旧幕臣の無政府主義者、久津見蕨村は『ツァラトゥストラ』を下敷に日本社会を風刺するなど独自のニーチェ紹介を行い、[「人生の妙味」(明治44年)など]、また大杉栄*は、国家権力との対決を回避して内省に向かう教養知識人を批判して、「超人」に革命的行動における美の象徴を見る独特の反逆の思想を表明した。

【II】 翻訳の進行と教養主義的受容　明治44(1911)年、生田長江*は鷗外と漱石の助言を得て『ツァラトゥストラ』の最初の全訳を刊行した。大正期に入ると、安倍能成訳の『この人を見よ』*(大正2年)、金子馬治(筑水)訳の『悲劇の誕生』と『善悪の彼岸』(大正4年)に続いて、生田長江の個人訳によるニーチェ全集も大正5年の『人間的な、余りに人間的な』以降続々と翻訳された(昭和4年完結)。なかには登張竹風の『如是経序品　光炎菩薩大獅子吼経』(大正10年)のように『ツァラトゥストラ』の序説を仏教用語で訳したものまで現れた。翻訳によってニーチェは読書層の共有財産となったが、生田長江の翻訳は中期の著作から刊行され、金子訳の『悲劇の誕生』を除けば、ニーチェが古代ギリシア文化の再生を夢見た初期の著作の翻訳は比較的遅かった。また、ニーチェが哲学や独文学の分野でアカデミックな研究対象として認められたのも昭和に入ってからで、桑木厳翼の『ニーチェ氏倫理説一斑』(明治35年)以降は官立大学の教授によるニーチェ研究書はながらく刊行されず、ニーチェは哲学の正統のカノンからはずれていた。しかし、それは旧制高校生や若い知識層による受容の妨げとはならず、翻訳の普及と研究のカノンからの排除はむしろそれを促進したとも言える。白樺派の博愛主義やトルストイ的な疑似宗教、ベルクソンなどの生の哲学が次々と流行した大正初期において、哲学に「人生の意義」を求め、学究的態度に不満を抱く青年たちは、アカデミズムに対する思い入れと反発が交錯する葛藤のなかで、自らの文化批判的な心情を読み込む対象としてニーチェに読み耽った。

とりわけ阿部次郎*、和辻哲郎*、安倍能成ら、ケーベル*の薫淘を受け、夏目漱石や西田幾多郎の影響も受けた知識人たちは、西洋の思想や文学を糧として自己の精神的向上を図るという知的スタイルを成立させた。いわゆる大正教養派である。彼ら旧制高校の同級生グループは、一方では愛国心教育に反発しながら、他方では権力との直接の対決は避けて、やみくもな自己主張や欲望の発揮を「利己主義」ないし「本能主義」として否定する立場を取った。その際に大正教養派は、「美的生活」論争で定着した「極端な個人主義」というイメージを和らげる弁解的な解釈を考案して、ニーチェも彼らの内面的な教養のなかに取り込もうとした。阿部次郎の『三太郎の日記』(大正3年-7年)には、「個別的自我」への執着を捨てて「普遍的自我」に参与するために、古今東西の思想や文学にディレッタント的に関わる姿勢や、そうした自己形成の努力と結びついた精神貴族意識が表現されている。和辻哲郎の『ニイチェ研究』(大正2年)は、この見方をニーチェ解釈に当てはめて、「力への意志」に意識的な個人の「自我」を脱却して超個人的な宇宙的「自己」と合一せよとする倫理規範を読み込むものであった。のちに和辻はこの図式を自らの倫理学でも体系的に適用したが、阿部次郎も『ニイチェのツァラツストラ　解釈並びに批評』(大正8年刊)でこの解釈パターンを踏襲した。そこでは利己主義や肉欲の肯定はニーチェの真意ではなかったとされ、「超人」や「永遠回帰*」も「人格の完成」であるとか「後悔しない行為をせよ」といった道徳的お題目として捉えられている。こうして受容の第二期においては、マイナスのイメージの払拭を通り越して、極端な理想化が図られることになった。

この時期にはまた、翻訳に刺戟されて、文学的創作にもニーチェの影響が見られるようになった。萩原朔太郎*は『新しき欲情』（大正11年）、『虚妄の正義』（昭和4年）など、アフォリズム形式のみならず、生田長江の訳文の文体まで模した思想的エッセイ集を発表し、芥川龍之介*も『侏儒の言葉』や『文芸的、余りに文芸的』（昭和2年）などで明らかにニーチェを意識してアフォリズムを試みている。その他にも、ニーチェ的な生*の充溢感を短歌や俳句に表現しようとした斎藤茂吉や中村草田男のような例があった。

【Ⅲ】　**理性の危機とファシズム**　1920年前後から労働争議が頻発し、社会問題が尖鋭化するなかで、知識人たちは道徳的な心構えを説くだけでは解決できない課題を突きつけられた。無力感が広がるなかで、ニーチェをドストエフスキー*と対比して神なき生を論じたシェストフの『悲劇の哲学』が翻訳されて反響を呼び（昭和9年）、ヨーロッパにおいて「神の死*」の問題であった事柄が、1930年代の日本においては伝統的規範が弱体化したのちに人間が直面する不安の問題として問われた。大正教養派の影響下で育ち、第一次世界大戦後のドイツでハイデガー*の教えを受けた三木清*は、理性と非理性の関係の解明を自己の思想的課題として、西洋合理主義の全面否定や反動的な日本賛美に陥ることなしにニーチェの理性批判を論じた当時としてはまれな例であった。彼は「ナチス*のディオニュソス的舞踏」に対して「理性の権利」の恢復を求めて、ニーチェとの対決を現代の思想的課題であるとし、『ニーチェと現代思想』（昭和10年）ではニーチェの精神的本質を「文献学者」に見いだして、ディルタイ*、ハイデガーらの解釈学的哲学の先駆となったと指摘している。昭和13(1938)年にはナチスによる迫害を避けてカール・レーヴィット*が来日し、東北帝国大学で教鞭をとるかたわら、ヨーロッパのニヒリズム*や市民社会の思想史のなかにニーチェを位置づける論考を発表した。この時期にはまた、保田与重郎の例にも見られるように、ニーチェの言葉やイメージにことよせて自らを語る文学評論も増加した。アカデミックな分野でもニーチェはさかんに研究されるようになり、ベルトラム*の『ニーチェ』（昭和16年）やヤスパース*の『ニイチェ』（昭和18年）などのニーチェ論も相次いで翻訳された。また、ナチス・ドイツの文化政策の紹介のなかで、ニーチェはナチスの思想的先駆者として扱われ、ボイムラー*の『ニイチェ──その哲学観と政治観』も昭和19年に翻訳されたほか、方賀檀などの日本ファシズム*の心情的なニーチェ論も現れた。

【Ⅳ】　**実存主義とハイデガーの影響**　戦後の日本において、ニーチェとナチズムの問題はドイツにおけるほど深刻な問題とは意識されず、知的飢餓感のなかでニーチェは以前にもまして広く読まれるようになって、1950年の没後50周年に際しては何種類もの全集が企画・刊行された。旧制高校のロマン主義も残存し、欧米に対する文化的コンプレックスと表裏をなす自己の生の肯定や、青春の一時期を占めるニヒリズム的気分の徴表として、ニーチェは知的アクセサリーの一つとなった。また、大学組織の拡大は、アカデミズムにおけるニーチェ研究の量的増大をもたらした。そこにはまだ人生論的色彩も漂っていたが、ニーチェ内在的な文献学的研究が増大する傾向が強まり、社会の動きとの関連のなかでニーチェの思想的な意味を探ろうとする視点はかえって後退した。そのなかで新しいヨーロッパの思想として移入された実存主義*と関連づける解釈が数多く行われ、ニーチェはキルケゴール*、ハイデガー、ヤスパース、サルトル*、カミュ*と並んで論じられ、神の死、ニヒリズム、力への意志、永遠回帰、超人、運命愛*がキーワードとなった。代表的な例としては、原佑、吉沢伝三郎、信

太正三らの研究が挙げられる。やがてハイデガーの『ニーチェ』講義が刊行されると（1961年)、西洋形而上学における存在忘却の歴史というパースペクティヴのなかでニーチェを捉えて、ニーチェによるニヒリズムの克服の試みは最終的には挫折したというハイデガーのテーゼが受け容れられた。1968年のパリ五月革命でそれなりに受容された新しいニーチェ理解は、日本ではほとんど影響を持たなかった。哲学の領域では、山崎庸佑の研究、文学研究の領域では、氷上英広の比較文学的研究、西尾幹二の伝記的研究などがある。戦後文学においても戦前の教養主義を引き継いだ受容例は多く、小林秀雄*は昭和25年にエッセイ「ニイチェ雑感」を発表し三島由紀夫*は唯美主義的なニーチェ崇拝を背景とした華麗な文体を編み出した。辻邦生の『真昼の海への旅』（昭和50年）における『ツァラトゥストラ』の引用に見られるように、ニーチェを生の高揚という点で捉える例も多いが、他方では、筒井康隆*の短編ＳＦ「火星のツァラトゥストラ」（昭和41年）のように父親の世代の教養主義をパロディーの対象としている例もある。1960年代には理想社からニーチェ全集が刊行され、80年代には新しいグロイター版に依拠した白水社の全集が刊行されて、独文学や哲学の領域では引き続き多くの研究論文・研究書が発表されている。ニーチェ入門書の類も多く刊行され、ニーチェ内在的な解釈の精緻化もさることながら、モダニズムや現代哲学の諸潮流との関連においてニーチェを論じたり、19世紀末の同時代的関連のなかで捉え直して社会史的コンテクストにおいて解釈しようとする傾向も現れている。→日本ファシズムとニーチェ、日本浪曼派とニーチェ、京都学派とニーチェ、高山樗牛、森鷗外、夏目漱石、生田長江、大杉栄、阿部次郎、和辻哲郎、萩原朔太郎、芥川龍之介、三木清、小林秀雄、三島由紀夫、筒井康隆　　（大石紀一郎）

文献　▷高松敏男・西尾幹二編『日本人のニーチェ研究譜』（『ニーチェ全集』第Ⅰ期別巻）、白水社、1982.

日本ファシズムとニーチェ

昭和期の日本ファシズム運動の中で大きな潮流となったのは、陸軍皇道派や青年将校たちの「昭和維新」の企てと結びついていった天皇制超国家主義の流れであった。そこには種々雑多な思想傾向が含まれていたが、共通した要素として天皇制原理に象徴される「アジア的なもの」の西欧文明に対する優位の強調があった。この点から見るならばドイツ・イタリア型のファシズムはあくまで「外来思想」にすぎず、大きな影響力を得ることはなかった。ただ1937年の日独伊防共協定によるナチス*・ドイツおよびイタリアとの同盟関係が成立する過程で、ドイツ・ファシズムの影響がとくに文学や思想の領域で部分的ではあるが見られるようになる。具体的には保田与重郎らが中心となった『日本浪曼派』誌と『コギト』誌、そして『四季』誌の周辺にいた文学者の一部（神保光太郎、田中克己ら）と、ドイツ文学・思想研究者の一部（鹿子木員信、蓑田胸喜ら）である。その中でも当時の論壇において一定の影響力を揮ったのが芳賀檀であった。1937年に公刊された『古典の親衛隊』を見ると、彼がドイツ留学中私淑したゲオルゲ・クライスの一人であるエルンスト・ベルトラム*の影響によると思われるドイツ保守革命の歴史意識、すなわち時代の頽落の諸相の強調、英雄待望、神話と古典の擁護、そしてなによりも貴族主義的嗜好と「戦い」の姿勢といった諸要素が基調音となっている。こうした歴史意識における導きの星として芳賀があげるのが、ヘルダーリン*やゲオルゲ*、リルケ*らとともにニーチェである。「吾々は、もつと強く結合し合わねばならぬ。もしニイチェが〈偉大なる重砲隊〉である時、吾々は吾々の古典を守るべき親衛隊となることに誇りを見出してはいけないであ

らうか」[同書]。芳賀のニーチェ理解は、エリーザベト・ニーチェの捏造にかかる『権力への意志』や、ニーチェのテクストのあちこちに散見される時代批判の要素の恣意的な収集から作り出された反動的ニーチェ像の一典型といってよいだろう。→ベルトラム,日本浪曼派とニーチェ　　　　　　　　　　（高橋順一）

日本浪曼派とニーチェ

1835年に創刊された雑誌『日本浪曼派』に集った日本浪曼派のグループは、プロレタリア文学崩壊後の混迷期にあって浪漫精神の鼓舞と日本的伝統への回帰を唱え、当時の文壇において特異な位置を占めた。雑誌創刊時の中心メンバーには保田与重郎、亀井勝一郎らがおり、またこの雑誌から太宰治や檀一雄らが出ている。ところで初期の日本浪曼派の誌面を見ると意外なほどプロレタリア文学の影響が強いことに驚かされる。一面からいえば日本浪曼派はプロレタリア文学から、近代日本文学の主流であった自然主義リアリズムの伝統を批判するための理念としての理想主義を継承した。ただ日本浪曼派が活動を開始した昭和10年代は、プロレタリア文学が政府の弾圧とそれがきっかけとなった運動の担い手たちの相次ぐ転向表明によって解体へと追いやられた時期であった。またプロレタリア文学運動が強く帯びていた政治的公式主義への反発、批判から「文芸復興」が叫ばれた時期でもあった。こうした中で日本浪曼派はプロレタリア文学から理想主義の一端を受け継ぎつつも、その政治的公式主義によって抑圧された文学的自我の解放を唱えて、自らの文学理念の基盤を浪漫精神に求めたのである。こうした浪漫精神の称揚において彼らの模範となったのがゲーテ*、ドイツ・ロマン派、ナポレオン*などとともにニーチェであった。「過去の文学史上まれにみるロマンチシズムが、ニーチェの教説からあふれ出た瞬間、彼は超人的自我の確立――この抽象的なるものへの信仰を完成したのである。混迷期にある現代智識階級に、この浪曼的自我がつよく作用してくることはみのがせない事実である」[亀井勝一郎「浪漫的自我の問題」]。また保田がデカダンス*やイロニー*の概念を駆使しつつ、反時代的、反進歩的な芸術・文学観を唱えたことは、日本浪曼派がニーチェもその一端に連なる美的モデルネの志向と類似した傾向を有していたことを物語っている。だが新たに同人に加わった芳賀檀や浅野晃らが露骨な国体賛美の論調を展開するようになり、さらにもともと一方で日本回帰のイデオロギー的傾向を持っていた保田がそれに天皇制ファシズムの志向を直に重ね合わすようになるに及んで、初期の日本浪曼派に存在した芸術的ロマン主義や美的モデルネとの紐帯は失われ、日中戦争から太平洋戦争へと突入していく昭和超国家主義の流れにもっとも積極的に加担する方向へと進んでゆくことになる。芳賀などは自論の中でしばしばニーチェを援用しているが、ボイムラー*などと同様にファシズムが唱える闘争の論理や英雄主義の口実としてニーチェが利用されているに過ぎない。→日本ファシズムとニーチェ　　　　　（高橋順一）

「ニュルンベルクのマイスタージンガー」

[Die Meistersinger von Nürnberg. 1867成立；1868初演]

ヴァーグナー*のオペラ中ほとんど唯一のハッピーエンド喜劇といってよいこの作品についてニーチェは、『善悪の彼岸』*の中で次のような有名な一節を記している。「私はまたしても初めて――リヒャルト・ヴァーグナーの『マイスタージンガー』前奏曲を聞いた……こうした種類の音楽は、私がドイツ人について考えていることを最もよく表現している。彼らは一昨日と明後日の人間であり、――いまだに今日を有していない」[240]。ドイツ人が祖国や伝統といったものに対して抱いている深さと気まぐれや、恣意的な高揚

と粗野な鈍重さがいりまじった名状しがたい気分，気質のあり方をニーチェは，「マイスタージンガー」に則してこう形容したのであった。そこに投影されているのは，ヴァーグナー自身も加担した3月前期から1848年に至るドイツ市民革命の流れの挫折・頓挫と，そのパトスのナショナリズムの病理への溶me，そしてその帰結としての「ドイツ帝国」建国という19世紀後半のドイツの歴史状況に対するニーチェの苛立ちである。騎士の息子ヴァルターが職匠詩人の歌合戦に勝利することによって金細工師の娘エーファとの恋を成就させることを基本的な筋立てとするこのオペラは，一面においてはヴァーグナーの中にあった市民感覚や貴族的・宮廷的芸術に対する市民的・民衆的芸術（マイスターゲザンク）の称揚という芸術変革の要素と結びつく。だがこのオペラのクライマックスともいうべき第3幕の歌合戦の集いの場面は，そうした市民性の契機がヴァーグナーによってありうべきドイツの国民性の契機へと変質させられていくプロセスを示している。最後にザックスが歌う「ドイツのマイスター芸術の賛美」はその変質のメルクマールといってよいだろう。ニーチェはいちはやくこのオペラにそうした「ドイツ的なるもの」の無媒介な礼讃の持ついかがわしげなイデオロギー効果を見てとったのであった。ヒトラーの第三帝国においては，たとえば1938年のニュルンベルク党大会の前夜における上演や1943年のフルトヴェングラー*の指揮による戦時バイロイト祝祭での上演——このときには合唱にヒトラー・ユーゲントと親衛隊のメンバーが参加している——に象徴されるように，このオペラの上演に特別な祝典的意味が付与されていた。こうした歴史的経緯を思い起こすとき，ニーチェのこのオペラに関する認識はほとんど予言者的意義を持っているということができよう。

→フルトヴェングラー　　　　　　　（高橋順一）

『人間的な，あまりに人間的な』　[Menschliches, Allzumenschliches. I 1878, II-1 1879, II-2 1880]

【I】成立の事情　1876年8月のバイロイト祝祭劇場のこけら落しに際してヴァーグナー*が見せた態度は，すでに少しずつ熟しつつあったニーチェの思想的変化を決定的なものにした。ドイツ皇帝ヴィルヘルム1世自ら特別列車でやってきた。バイエルン国王ルートヴィヒ2世も来臨したし，ヴァーグナーは得意の絶頂で，社交と上演の成功に精根を傾けていた。そうした彼の様子はニーチェから見れば，楽劇という総合芸術によって古代ギリシア精神の再生をはかるという共通の目的を裏切るものであった。芸術*の夢が現実の社会の原理（権力と富）によりかかってその実現をはかるとき，芸術は現実に身をすり寄せ，迎合せざるをえないのは明らかであった。もともと健康もすぐれなかったニーチェはいたたまれなくなって，山奥の避暑地に逃げ出した。この頃からやがて本書に集められるアフォリズム*の草稿が書き始められていた。同年の冬学期に大学から休暇をもらい，友人のパウル・レー*やマルヴィーダ・フォン・マイゼンブーク*とともにイタリア*に滞在したニーチェは，彼らとともにソレントの郊外に館を借り，読書と執筆にはげんだ。以前から親しんでいたとはいうものの，この時期に集中的に読んだモンテーニュ*やラ・ロシュフコー*といったフランスのモラリスト*たちの思考のスタイルからあらためて強い影響を受けた。この時期の断章を集めて1878年に出版されたのが『人間的な，あまりに人間的な——自由精神*のための書』であり，引き続いてその続編『さまざまな意見と箴言』『漂泊者とその影』が出るが，後のふたつは1886年の再版で纏めて『人間的』第2部とされた。

【II】内容の変化とその秘かな準備　それまでの友人たちにいぶかしい気持を引き起

こしたのは、『悲劇の誕生』*との大きな違いである。かつては芸術による社会の救済*、新たな統合のユートピア的幻想が「芸術的に」描かれていたのに対して、むしろ認識と知性による批判精神の無限の運動が与えてくれる微細でかつ冒険的な経験が前面に出ている。天才*や理想や世界の根源のかわりに、それらの背後にあって実際にはそれらを動かしている低次元の利害・打算や衝動に容赦ない批判のメスが加えられている。芸術、宗教、哲学といった「偉大な」精神的所産の解釈ではなく、それらを生み出す人間たちのいわば楽屋裏が仮借ない「暴露」の筆で描きだされている。いわゆる「暴露心理学」の時代が告げられる。

だがもちろん、冒頭にも触れたように思考のスタイルと内容のこうした変化は徐々に準備されていた。すでにヴァーグナーへのオマージュとして書かれたはずの『反時代的考察』*第4篇『バイロイトにおけるリヒャルト・ヴァーグナー』は読みようによっては、ヴァーグナーの本性を見透かした批判の書とも読める。同書を受け取ったヴァーグナーが打った「大変な本だ。なぜ貴方は私のことをこんなによく知っているのですか？」という御礼の電報文、読みようによっては、ニーチェの複雑な気持ちと鋭い洞察力の恐ろしさをヴァーグナーが察知していたと見ることもできよう。また1886年の再版にあたって『人間的』の第2部につけた序文にもこう記されている。「私の著作は私の克服したものについてのみ語っている。著作のなかでの私は、私にとって疎ましいものとなったすべてのものとともにある。……その意味で私の書いたものはすべて——ただひとつの、しかし〔『ツァラトゥストラ』*という〕本質的な例外を除いては——成立の時期を実際よりも遡って見る必要がある」。続いて「道徳外の意味における真理と虚偽」を見るまでもなく、バイロイト*の祝祭開始以前からヴァーグナーと内的には訣別していたことが、また『人間的』にいたって、それまでの長かった「最も内面的な孤独」についてようやく気楽に語れるようになったことが語られている。またこれについてはシュレヒタ*の綿密な文献学的考証がある。とくに1873/74年頃にはダルマチアの自然科学者ボスコヴィッチ*などに親しみ熱心なメモも取っている〔Schlechta/Anders, *Nietzsche, Von den verborgenen Anfängen seines Philosophierens*, Stuttgart 1962〕。

【Ⅲ】 啓蒙の延長としての批判　「偉大な」ものを打ち壊そうとする全体の趣旨はまた「最初にして最後の物事について」(「最初にして最後の物事」とは形而上学*の諸問題のことである)、「道徳的感情の歴史について」「宗教的生活」「芸術家と著作家の魂から」「高級な文化と低級な文化の徴」「交際の場の人間」「女と子ども」「国家への一瞥」「自分自身とともにあるときの人間」などといった、第1部の各章のタイトルにも明らかである。人々の情熱や大言壮語を、価値への盲従や既成のものへの唯々諾々たる態度を、そこに潜む知的怠慢を冷やかに見る態度が、さらには、それらを嘲りを込めた文体*に表現する姿勢が特徴的である（ちなみにレーの『道徳的感情の起源』に倣ったこの章割りは、表現こそ異なれ、後の『善悪の彼岸』*にもおおむね踏襲されている)。また、副題に「自由精神のための書」という表現がついているのもこの事情を物語っている。自由精神とは、「習慣化したもの、規則化したもの、持続的なもの、既成の決まったものを憎む」〔『人間的』Ⅰ.427〕存在であり、まさにその自由なものの見方のゆえに一義的なものから距離を取り、認識に生きる態度をいう。たえず読者をかわし、逆手にとり、思わぬ方向に走り去っていく存在である。「彼は、その素性や、環境や、階層や役目や、または時代の支配的精神のゆえに、あの人ならこう考えそうだと人が思いそうなこととは違ったことを考

える人間である。彼は例外者である」[I.225]。初版にはいまひとつの副題がついていた。「ヴォルテール*の追憶に献げる。1778年5月30日の命日を記念して」というものである。ニーチェはバイロイトの幻滅の数カ月前にジュネーヴに遊んだが、そのときにヴォルテールの家を訪れ、感銘を受けていた。本書の出版も死後100年祭に間にあうように印刷を急がせた。そして、出版直後の命日5月30日にはパリの誰とも知れぬ読者からヴォルテールの胸像が届いた。この書が啓蒙の延長であることを直感的に理解した者もいた証拠である。

冒頭で告げられている解体と暴露のプログラムは有名である。ニーチェに言わせれば現在の哲学的問題は2000年前となんら変わっていない。つまり、「どうしてあるものがその反対物から生じうるのか」という問題である。理性的なものと没理性的なもの、生きた感情と死せるもの、論理と非論理、利害を超えた美的直観と激しい欲情、そして善と悪や、真理*と誤謬――これらは普通には、相互に排除しあう二項対立と考えられている。だが、彼の言う「自然科学から切り離して考えることのできない、歴史的に物を見る哲学、すべての哲学的方法のなかでも最も若いこの方法」から見れば、このような二項対立の設定そのものが形而上学であって、実際には、真理は誤謬から、理性は没理性から、善は悪から発生してきているのである。その事態を暴露するために彼は、哲学の手段として「道徳や宗教や美における概念や感情の化学*」を推奨する[I.1]。たとえば道徳についてはこうである。

「ある行為が道徳的であるか、非道徳的であるかを測るにあたって、これが成功をもたらすかどうかを基準にするのは、その行為の観察者だけがすることではない。というのも、動機や意図が明確で単純なことはめったにないことだからである。また行為が成功をもたらした場合には、記憶すらもそれによって曇らされるもので、結果として、自ら自分の行為の動機として実際とは違ったものをあてはめたり、本質的でないそれを本質的であったかのように取り扱う。成功はしばしば行為に晴れがましい良心*の輝きをそっくり与え、失敗すれば、本当は尊重に値する行為であっても良心の痛みを生み出すことになる……」[I.68]。

あるいは、「魂の皮膚――骨や肉片や内臓や血管が皮膚に覆われていて、人間の見かけを耐えられるものにしているのと同じに、魂の激動や情熱*は虚栄心*によって覆いをかけられている。虚栄心とは魂の皮膚なのである」[I.82]。宗教、もしくは宗教家については、「われわれに禍いが起きると、それをなんとか切り抜けるには、その原因を取り除くか、あるいは、それがわれわれの感情に与える影響を変えるかの二つの方法がある。後者は言ってみれば、禍を福に解釈し変えて、その実際の利点はひょっとするとずっと後になってからわかるようになるなどとするのである。宗教や芸術は……こうした感情の改変を目指すものである。それは体験についてのわれわれの判断の改変によるか（たとえば「神は愛するものに試練を与えたもう」などといって）、あるいは、苦悩に、そして感情一般に対する快楽を喚起することによっている」[I.108]。「だますにあたっては正直さがポイント――すべての偉大な詐欺師においては心のある動きが特徴的である。そして、彼らの力はそれに由来しているのだ。実際に人をだます声、表情、身振りなどに恐ろし気な調子を与えるなどの用意が必要であるが、最も重大なシーンにおいては、彼らは一様に自分自身への信仰に襲われるのだ。周囲の人々から見て奇跡ででもあるかのように……語りかけてくるのは、この自分自身への信仰である」[I.52]。

【Ⅳ】 芸術批判　　また芸術については

揶揄のかぎりがつくされる。芸術はもともと怪しげな存在である宗教に根をもっているとされる。「大河にまで生い育った豊かな宗教的感情はなんども溢れ、新たな領野を征服しようとする。しかし、啓蒙の進歩は宗教のドグマを揺り動かし、徹底した不信の念を流し込んでしまった。そこで、啓蒙によって宗教の領野を追われた感情は芸術に身を投げ込んだのだ」[Ⅰ.150]。それはある意味では宗教が整備される以前の神話時代の感性を思い起こさせる。「芸術家はいくどとなく突然の興奮を崇拝する。神々と魔神を信奉し、科学を憎む。太古の人間と同じく情緒が激変しやすく、芸術に都合の悪い状況はすべて転覆させたいと激しく思う。そのさまは子どもが興奮して言うことをきかないのと同じである。実際問題として芸術家は遅れた存在なのである」[Ⅰ.159]。19世紀*は芸術の世紀である。市民社会にとって古典主義的な建築、ウィーン古典派の音楽、そしてオペラと美術館は、不可欠の機能を果たしていた。ヘーゲル*も芸術宗教という言い方をしている。どの町にも教会*があるように、美術館と劇場とコンサートホールがあり、そこでは一種宗教的な荘厳さと静けさが支配しなければならなかった。その虚妄はニーチェには耐えがたかった。「芸術作品という形で通用している芸術は今日、結局のところ、なにによって存続しているのか。余暇のある大多数の者たちが……音楽や劇場や美術館行きなしには、……自分たちの暇な時間が片づかないと信じていることによってである」[Ⅱ-1.175]。こうして見ると道徳、宗教、芸術のどれをとっても、その奥底には表向きの顔とは別の醜悪で悪趣味な素顔が露呈されることになる。彼から見れば、そうしたものが露呈されてくるのが、この19世紀なのである。宗教は消滅し、道徳の基準は成功となり、芸術は余暇の慰みとなり、唯一残るのは、ただ速度と忙しさを競う文明だけである。「このせわしなさはあまりのもので、高級な文化はもはや実りをつける余裕がない。季節の交代が早くなったようにすら思える。落ち着きのなさのゆえにわれわれの文明は野蛮へと落ちこんでゆく」[Ⅰ.285]。こうして見ると、ブルクハルト*などと共通する近代批判がさらに分節化され、徹底されているのがわかる。ニーチェの暴露の心理学は時代への不満の表現でもあった。

【Ⅴ】 啓蒙の悲劇　　それゆえ、批判と解体の武器として一応は重視されていた科学にしても、それが情熱を解体し、生から意味を奪い、生きる「喜び」を消すことは、強く意識されている。例えばおおよそ次のように言われている。現代では人間は健康を維持するためには、脳のなかに二つの部屋を別々にもっていなければならない。一方は科学に対する、他方は非-科学に対する感性を宿した部屋を。そして両者の間に回路がつながっていてはならない。もしも、そうした高級な文化の条件が整わなければ、科学に対する反感からまたしても幻想と誤謬がはびこり、結局は科学の破壊された遺跡が残るだけで、結果はまた野蛮に陥ることになる、とも指摘されている[Ⅰ.251]。『生に対する歴史の利と害』以来の問題意識を継承したこのような議論には『啓蒙の弁証法*』に通じる危機感が潜んでいる。こうした啓蒙の悲哀は、次のようなアフォリズムにも現れている。「幸福と文化——子ども時代の環境を見るとわれわれは衝撃を受ける。庭のあずまや、教会と裏の墓地、池と森——こうしたものに再会するときのわれわれは苦しみを知っている者になっている。……いったいあの頃からいままでにいかばかりの苦悩を味わってきたことか！　ここではすべてが昔のままに静かに、永遠にたたずんでいる。われわれだけがこんなに変わってしまった。……ところがここには、時間の歯が樹の木につけた傷ほどにも変わっていない人々すら沢山いる。農夫、漁師、森の住人たち、彼らは変わっていない。低い文化を

見たときの衝撃,自己への憐憫,これこそは高等な文化のしるしである。したがって,高等な文化によって幸福が増大することは,どんな場合にもなくなってしまった。人生に幸福と気楽さを期待する者は,高等な文化をつねに避けるようにしているがいい」[Ⅰ.277]。漂泊者ニーチェの啓蒙には,しみいるような静かな悲しさ,若干の皮肉,認識の喜びが影*のようにつき纏っている。『漂泊者とその影』のはじめと最後につけられた漂泊者とその影の対話は,こうした反省的意識の分裂といった問題連関で読むこともできよう。

啓蒙の悲哀は,ニーチェの分析方法にまで高められている。「宗教やいっさいの麻酔術の支配力が落ちるにつれて,人間は禍いを実際に除去することをめざすようになる。だがこれはまた,当然のことながら悲劇作家*にとってはまずいことでもある」[Ⅰ.108]といった文章にも,それは示されている。悲劇こそはニーチェが生涯にわたって忘却不可能とした世界であった。しかし,その世界は滅びざるをえない。もちろんのこと,啓蒙の旗印のもとになされる分析方法が適切であるかどうかという問いが答えがたいことは,ニーチェに十分意識されていた。第1巻第2章「道徳的感情の歴史について」の冒頭の四つのアフォリズム[Ⅰ.35-38]では,こうした啓蒙的分析の利と害について,その功と罪についての比較考量が自己問答のかたちでなされている。皮肉で洒落た,さびのきいた文体で社交の中の人間の政治学を暴露するフランスのモラリストたちが19世紀には読まれなくなったこと,そうした繊細な文体を楽しむ教養が失われたことが確認されるが[Ⅰ.35],「反論」と題した次の36番では,むしろ,そんなモラリスト風の暴露や冷たい「心理学的観察」はやめた方がいいのではなかろうか,だいたい,この分野での愚鈍さこそが人間性の進歩にいいのではなかろうか,プルタルコス*の英雄の楽屋裏を覗かない方が,感激が守られるのではなかろうかと,仮説的に反論がなされる。しかし,次の37番では,功と罪を調べた決算がどちらに有利に傾こうと,「現在の科学の状況では,道徳的観察の覚醒が必要になったのだ」,ここでは科学がそう命令しているのだ,いいか悪いかはわからないが,そうせざるをえないのだ,「自己を押さえた勇気」が必要なのだとされ,38番では同じ内容がさらに強めた表現で繰り返される。こうした意識は,多くのアフォリズムに通奏低音のように鳴っている。問題は,この科学の命令に服した究極の果てに,悲劇の世界が別の,さらに壮烈な形態で復活しうるのかどうかである。この夢をニーチェは最後まで捨てなかった。バイロイトでは悪い夢を見たことになってしまったために,自覚的な方法が選択されたのである。

【Ⅵ】 **もっとも近くにある物事**　本書の今ひとつの大きな特徴は,このような分析と暴露による二項対立図式の克服を,「個々のケースを検討することによって」[Ⅰ.1]試みているところである。それゆえ,伝統的には哲学の問題ではないような事柄,たとえば「食事,住居,服装,交際」といった「もっとも近くにある物事 (die nächsten Dinge)」[序文の5,またⅡ-2.5およびⅡ-2の最後の対話]に目を向けている。そこでは実人生上のありとあらゆる問題が扱われる。ヤスパース*はそれについてこう言っている。「彼の哲学することは世俗的な材料のうちに,もう一つの新しい,彼に固有の源泉を見いだしている。ニーチェは一時,ラ・ロシュフコー,フォントネル,シャンフォール*,とくにモンテーニュ,パスカル*,スタンダール*らのフランス人を非常に高く評価している。心理学的分析が彼の哲学することの媒体となる。しかしそれは経験的・因果的に研究する心理学*ではなくて,了解的・社会学的-歴史学的心理学である」[Jaspers, *Nietzsche*, S. 37]。この「もっとも近くにある物事」の重

要性を指摘し，それを病気がちでたえず自分の肉体の声に耳を傾けなければならなかったニーチェの「肉体拘束性」と結び付けたのはクラーゲス*である。レーヴィット*などもクラーゲスにおけるニーチェの肉体の重要性には首をかしげつつも，ニーチェにおいて「もっとも近くにある物事」がもつ重要性には共鳴している[Löwith, *Nietzsches Philosophie der ewigen Wiederkehr des Gleichen*, S. 37f.]。また当時の社会をどこかで反映した，男女関係，家庭生活，社交*についての発言は月並みなものが比較的に多いが，それもこうした観点から見ればその位置が見えてくる。

こうしたアフォリズム群が収斂している概念のひとつが虚栄心*である。「虚栄心がなかったら人間の精神はなんと貧しいことだろう！」[Ⅰ.79]。たえず他人を上まわりたい，しかも実質的な裏づけがなくても上に見せたいという欲求が，手を変え品を変えて描かれる。それに対して誇りが対置されている。誇り高い人間は，他人が自分に施しをすることを許してあげるのだ，といった普通の感覚の逆をついたような観察も多い。これらはやがて心理学的な力への意志*へと高まっていく。その点では振り返ってみるなら，これらは「力への意志のモルフォロギーおよび発生論」[『善悪』23]であった。

【Ⅶ】　**静けさ**　本書は，第2部になるに従って，孤独*と静けさの度合いが増してくる。多少とも紋切り型の宗教批判，芸術批判が多かった第1部に比べて，身辺の現象についての落ち着いた皮肉を秘めた分析，孤独を楽しむ色調が目立つようになる。実際これらを書いた時代は，体の調子もよくなく，大学を辞めた頃である。「極小の生，あらゆる粗野な欲求からの離別」[Ⅱ序言5，1886年]を自覚的に遂行していた。「静かなニーチェ」の側面であり，後年の，とくに『ツァラトゥストラ』などの激越な表現に由来するニーチェのイメージには収まりきらない，ほとんど隠棲の趣きがある。「極小の生」からのゆるやかな快癒*に向かって忍耐の糸を紡ぐニーチェ。「まだ残る疲労のなかでの，前からの病気のなかでの，治癒しつつある者に起きるぶりかえしのなかでのなんという幸福！　苦しみながら静かに座って，忍耐の糸を紡ぎ，また陽だまりに横たわることがなんと彼にあっていることか！　彼ほどにまで冬のさ中の幸福を，壁にあたる陽の斑点を楽しむことができるものがいようか！」この心境はまた陽だまりの蜥蜴にも喩えられる。とくに『漂泊者とその影』の「我もまたアルカディアにありき」[Ⅱ-2. 295]や「自然の中の分身現象」[同338]には，この時期，つまり1879年の6月にはじめてオーバーエンガディーン地方を知り，「イタリアとフィンランドが一緒になったような，そして自然がもつ いっさいの銀色の色調のふるさとであるような」この湖畔の地域に，治癒の場を見いだしたことが反映している。また冥界での対話を望む相手としてエピクロス*とモンテーニュ，ゲーテ*とスピノザ*，プラトン*とルソー，パスカルとショーペンハウアー*の名を挙げている『さまざまな意見と箴言』の最後のアフォリズム「冥界への旅」[Ⅱ-1.408]などにもこうした静かな生の雰囲気が出ている。

【Ⅷ】　**ドイツ批判**　だが他方で，生涯にわたって続くドイツ批判も忘れてはならない。『反時代的考察』第一論文ではまだ普仏戦争*に勝利したドイツ*への批判であったのが，次第に全面化してくる。これには，『人間的』の第1巻がバイロイトの機関誌による攻撃のせいもあって1年かかっても120部しか売れなかったことも作用していよう。コッツェブー批判から，感情に酔いやすく権力に弱いドイツ人*の体質を論じたり[Ⅱ-1.170]，他の民族からみて我慢できる存在になりたかったらドイツ人はドイツ人以上の存在にならなければならないといった趣旨のゲーテの言葉を使ったりしながら[Ⅱ-1.302]，批判の全

面化が始まる。最後にその代表的なものを挙げておこう。〈思想家の民族〉について（あるいは悪しき思想家の民族について）——不明確，わけがわからない，予感に満ちている，初歩的，直感的——不明瞭なことがらにはこのように不明瞭な表現しか選べないが——，こういったドイツ人に対して言われる悪口は，もしもまだ本当にそうしたものが存在するとしたら，ドイツ人の文化が何歩も遅れていて，まだ中世のくびきと空気に取り巻かれていることの証明である。もちろん，こうした遅れているところにもいくつかの長所はある。つまり，こういう性格を持つドイツ人は——もういちどいっておくがまだそうした性格を持っているとしての話だが——いくつかの事柄，他の民族はもうそれに関するいっさいの力を失ってしまったような事柄に対する能力，とくにそうした事柄の理解の能力をもっている。そして理性の欠如——これこそさきのさまざまな性格づけに共通したものであるが——が失われるならば，それによってたしかに多くのものが失われるにちがいない。とはいえ，この点で損があってもそれを帳消しにする最高の儲けも伴っているのだ。だから嘆くことはない。子どもや食道楽の徒のように，四季のすべての果物をいちどきに楽しみたいというようなことをしないかぎりはだが」[Ⅱ-1,319]。挿入文に入っている逆説や皮肉に始まって一行一行があてこすりである。そして，ここでは啓蒙の悲哀は，啓蒙の歓喜へと転換している。⇒自由精神と理性批判，19世紀とニーチェ，虚栄心，心理学，モラリスト，レー　　　　　　（三島憲一）

「人間とは克服されるべきなにものかである」
[„Der Mensch ist etwas, das überwunden werden soll"]

『ツァラトゥストラ』*第1部の「序説」3にある，ニーチェのなかでは「神の死*」とともに最も人口に膾炙した言葉のひとつ。この文の直前には「私はあなたがたに超人*を教えよう」とあるから，人間を越えて超人なるものへと高まることを要求した文であることはたしかである。「人間は動物と超人とのあいだに張りわたされた一本の綱なのだ——深淵*の上にかかる綱なのだ」にも見られるように，超人への過程としてのみ人間は存在意義がある。だがまた，この「克服*」が，キリスト教徒に代表されるルサンチマン*の徒を実際に抹消すべきだというのか，それとも近代の人間中心主義を越えようというのか——簡潔で多少とも「詩的」な表現のゆえにはっきりしない。そのゆえに解釈の幅は社会ダーウィニズム*的なそれから，形而上学*批判の立場まで，あるいは「人間はわれわれの思考の考古学によってその日付の新しさが容易に示される発明に過ぎぬ。そしてその終焉は近い」というフーコー*の有名な言葉まであまりにも広い。⇒超人　　　（三島憲一）

認識　　⇒真理と認識

捏造　[erfinden; Erfindung]

捏造すること，またそれによって生ずる仮象*や虚構は，ニーチェにとっては生*の根本事実に属する事柄であり，むしろそれによって生が成り立っているとも言えるものであった。「われわれがそのなかで意識的に生きている〈捏造〉と〈錯誤〉がいかに本質的であるか，われわれがあらゆるわれわれの言葉のなかでいかに捏造を語っているか，いかに人類の結びつきがこれらの捏造を受け継いでおり，またさらなる虚構にもとづいているものであるか」[遺稿Ⅱ.6.475]ということは，ニ

ーチェにとっては疑うことのできない前提であり、主観と客観、原因と結果、事物、論理、自然法則など、あらゆる概念や言葉も、遠近法*的解釈によって作り出された仮象にほかならなかった。もともと、いっさいは仮象であるというこの考え方は、初期においては〈アポロ*的なもの〉の作用として、何よりもまず芸術と関連づけられるものであった。ところが、中期以降、〈ディオニュソス*的なもの〉が芸術の領域における唯一の根本概念へと拡張されるにつれて、捏造にもとづく仮象の産出という思考は、むしろ認識*の問題に関して展開されるようになる。そして、すべてが捏造の結果であるとすれば、真理*と誤謬の区別は本質的なものではなく、たんに生にとって有用であり、かつ生を促進するという観点から価値のあるものが「真理」と呼ばれるにすぎないという。そこからはまた、「当初の仮象がしまいにはほとんどつねに本質になり、本質としてはたらく」とすれば、新しい事物を創造するには、新しいネーミングと評価と本物らしさを創造しさえすれば十分であるという考え方も生じてくる[『智恵』58]。そして、生の維持・高揚に仮象の捏造は不可欠であるとされ、その原理はのちに〈力への意志*〉として規定されるに至るのである。→真理と認識、仮象　（大石紀一郎）

ノマド〔遊牧の民〕

漂泊者としてのニーチェの風貌は、彼の思想を語る上で欠かせないイメージを提供している。たぶんそうしたイメージからの連想も一役買っているのだろう、たとえば『人間的』* Ⅱ-1では、「自由精神*」を「精神的なノマド」[211]と呼び、『善悪』*では未来のヨーロッパ人に「遊牧民的な種類の人間」[242]が登場してくる可能性を予言している。もっともこうした印象深い用法は稀で、ノマドという比喩*をニーチェが多用した様子はない。ニーチェの思想と結びついてノマドという言葉が脚光を浴びるようになったのは、ドゥルーズ*とガタリが「ノマド的思考」を口にしたときからだろう。内部化、定住化、コード化する思考の暴力に抵抗する思考の運動、彼らのいう「戦争機械」を、ノマドという比喩が語っている。「ニーチェが哲学なるものに属さないとすれば、……それは何よりもまずノマド的言説」である。それは「管理的な合理的機械や純粋理性の官僚たる哲学者」によってではなく「動的な戦争機械によって生み出される。……今日の革命に関する課題は、……なんらかの国家装置を再興したりしないような戦争機械、内的な専制的統一体を再興したりせずに外部との関係を結ぶノマド的統一体を見いだすことである」[ドゥルーズ「ノマド的思考」]。「絶対的な脱コード化」、漂流、「脱属領化」の運動に身を投じ、思考を一個の戦争機械にすること、それが思考をノマドたらしめることである。→漂泊

（木前利秋）

ノルテ　[Ernst Nolte 1923-]

ドイツの歴史家。『その時代におけるファシズム』(1963)以来、20世紀における狂乱の根源を、社会経済史よりも、政治と文化、思想と精神の歴史に重点を置いて追求している。ナチス*の過去の見直しに関する1986年6月の新聞投稿をきっかけに、他の「修正主義」の歴史家とともに、ハーバーマス*に手厳しく批判され、いわゆる歴史家論争が開始された。絶滅収容所の模範はすでにスターリンが始めていたこと、ヒトラーのユダヤ人殺しはユダヤ人世界評議会からの挑発への答えであったこと、大量虐殺はカンボジアも含め

て他にもあること，などがテーゼである。その頃から，ロシア革命とナチスを相互反応的なものとして捉える試みを続けている。ということは，19世紀への反応という点でマルクス*とニーチェの共通面を重視する議論となる。1990年の『ニーチェとニーチェ主義』は，1917年から1989年までの世界市民戦争という保守派の歴史観にもとづいて，ファシズムに対する規範的批判の刃をやわらげ，ヨーロッパ近代と全体主義との関連に強調点を置いた記述になっている。特に社会主義者やアナーキスト，デカダン文学者や芸術家を捉えた1914年以前のニーチェ主義において政治的左右の区別とは別の論理が働いていたことを暗示する部分などは，雄弁である。とはいえ，その「別の論理」についてはつねに雄弁な暗示を越えようとしないのも，「修正主義者」の特徴である。また，最終章のムッソリーニ論では，第一次大戦前に生粋のマルクス主義者であったムッソリーニのニーチェ論のなかに，ソレル*などを越えて，やがてファシズムに向かう要素を取り出そうとしている。ここでもマルクス主義とファシズムの「不純な」部分には共通性がある，というわかりにくいながら，暗示に富む指摘もあるが，十分に一読に値する。→ナチス

(三島憲一)

ハ

背後世界論者 [Hinterweltler]

「背後の世界を説く者」(Hinterweltler)という語は、もともとドイツ語にある〈Hinterwäldler〉(森の向こうに住む者、つまり田舎者、野暮な人、〈(英)backwoodsman〉)をもじったニーチェの造語。「背後の世界」とは、現実の生成する世界の背後に想定された永遠なる存在の世界で、そもそもは虚構されたにすぎないこの世界に価値の基準を置き、そこから逆に現実の世界を測り裁こうとするのが「背後世界論者」である。この語が最初に現れる『人間的』*第2部では「形而上学者たちや背後世界論者たち」[Ⅱ-1.17]と並べられているように、永遠の存在と真理を説くすべての形而上学*がまさに背後世界論なのであり、その元祖は言うまでもなく、現実の世界をイデアの影ないし反映と考えたプラトン*である。ニーチェはキリスト教*を「大衆向けのプラトン主義」と考えるが、現世を「苦悩の谷」と呼び、その彼方に「至福なる神の国」を説くこの宗教、そして超越的な神と神の国を信仰するすべての宗教も背後世界論である。感覚的世界を超えたところ、ないしその背後にひとつの超越的世界を投企するこうした二元論的思考はヨーロッパの歴史全体を包む宿命的なものであり、だとすれば「背後世界論者」という言葉には、キリスト教もプラトンも、「物自体*」を考えたカント*も、「根源的意志」を説いたショーペンハウアー*も、すべて含まれることになる。

『ツァラトゥストラ』*第1部のひとつの章は「背後の世界を説く者たち」と題され、その書き出しには、「かつては、このツァラトゥストラも、背後の世界を説くすべての者たちと同様に、その妄想を人間の彼岸へ馳せた」と述べられている。ここでニーチェは、ショーペンハウアーの哲学に熱中した自らの若き日のロマンチシズムを反省している。それにしても、背後世界論者たちがその妄想を馳せたのは、本当に「人間の彼岸」であったのか、彼らの創作した神は、所詮は人間の作り物、人間の妄想にすぎなかったのではないか、とニーチェは問い進める。そして、なぜ、いかにして、そのような神々が、背後世界が創作されねばならなかったのかと、その由来を心理学*的に問いつめていくのがニーチェの本領である。「苦悩と無力――それがすべての背後の世界を創ったのだ……命がけのひと跳びで究極のものに到り着こうとする疲労感、精根尽き果てたあわれな無知な疲労感、それがすべての神々と背後の世界を創ったのだ」と、ツァラトゥストラは語る。すべての超越的世界は、敬虔や信仰心や純粋な真理への意志などによって求められたのではなく、苦悩と絶望、病み疲れた肉体、そしてこの肉体への軽蔑、復讐心、怨恨、自虐が創り出したのだというのである。それゆえこの「背後の世界」の由来をめぐる心理学的・生理学*的考察から導き出される処方箋、つまりこの妄想から目覚めるために必要なものとは、まず健康な肉体、そして「大地の意義*」への誠実さである。病んだ理性より、健康な肉体の方がはるかに理性的な純粋な声で語る。それに従うとき、はじめて生成*と仮象*への意志、芸術への意志、生の肯定と真の創造が可能になるとされるのである。「背後の」世界という言葉、そして背後世界論者たちは「世界を背後から見てきた」という表現によって、ニーチェは、価値の根拠がまったく逆転したままに展開してきたヨーロッパ2000年の形而上学とその宗教の歴史を、実に見事に要約していると言えよう。⇒形而上学

(薗田宗人)

ハイデガー [Martin Heidegger 1889-1976]

ドイツ語圏においてニーチェの及ぼした知的影響のなかで、最も強力かつ深甚なのは、ハイデガーを通じてのそれである。彼におけるニーチェの影は、大きく見て二点に分けられる。ひとつは、『存在と時間』において、ニーチェの初期の仕事が与えている刺激である。いまひとつは、ナチス*期の講義を含む著作（その多くは1950年代から60年代前半にかけて公刊された）におけるニーチェ論である。戦後のドイツは「存在史的思考」のいわば最盛期であり、1955年の講演「ニーチェのツァラトゥストラとは誰のことか？」、1961年に出版された浩瀚な2巻本『ニーチェ』で作られたニーチェ像は、70年代に入ってもなお大きな力をもっていた。いずれの場合にも、ハイデガーの思考がドイツ現代史の最も深刻な数章と深く絡んでいることを抜きには、理解しがたいところがある。

『存在と時間』で現存在の歴史性を論じるハイデガーには、ドイツ精神科学を支える歴史意識と、それが培ってきた教養*の伝統に対する深い懐疑がある。歴史的精神科学が、ヨーロッパの、いや世界中の過去の文化遺産を収集し、解釈し、現在の知と鑑賞の対象にしても、そうした教養財からは、未来への決断的行為、つまり、自らが死すべきことを先取りし、覚悟に溢れた決断によって運命を、しかも共同体（たとえば民族）の運命を引き受ける衝迫はけっして生まれて来ないと彼は皮肉な筆致で強調する。「遥かに遠い、原始の文化にまで及ぶ細かい歴史的な関心が支配しているからといって、それだけでは、その〈時代〉の本来的な歴史性の証明にはなんらなるものではない」[『存在と時間』76節]。この議論は『反時代的考察』*の第二論文『生に対する歴史の利と害』の延長上にある。〈本来的な歴史性〉とは、現存在の時間性にその根を置いたものであり、「過去の可能的なものの力（Kraft）の取り返し〔繰返し〕」であ

るとされる。「取り返し」とは、それがキルケゴール*のモティーフであることからもわかるように、自らを衝撃的に捉え、震撼するある特定の過去の、ある特定の「語りかけ」を引き受けること、ちょうどキリストとの同時性において生きようとする実存的キリスト者のように引き受けることである。それのみが未来へ向けての実践、「企投」をもたらす。だが、ハイデガーの場合には、その特定の「語りかけ」とは、幾多ある教養財のどれかを、個人がその「美的理解」に応じて選び取ることではない。なるほど彼は「現存在が自らの英雄を選び取る」という言い方をするが、そうした英雄はなんらかの存在者ではなく、つまり、過去の現実ではなく、あくまで現存在の未来に向けた可能性としての過去のことである。しかも、その可能性はただひとつ、存在が存在者についての形而上学*によって隠蔽されてきた歴史の破壊によってのみ、立ち現れてくるであろうもののことである。ハイデガー思想全体との関連で言えばそれは、ソクラテス以前の世界のことである。いやもっと正確に言えばソクラテス以前の世界においても実現していなかったが、その世界からならば実現の可能性を読み取ることのできるあるなにものか、つまり存在が姿を隠しながら、それによって自らを告げることを始めた根源の瞬間、歴史的な時間としては特定できない瞬間のことであろう。ということは、形而上学という堆積物を破壊し、掘り抜いて（フッサールのいう「沈澱」した層を掘り抜いて）、過去においても実現できなかった別の可能性、別の歴史の芽、別の生のあり方に至ろうとすることこそ、本来的な歴史性を生きる現存在の「遂行形式」ということになる。この点で『悲劇の誕生』*以来、「ギリシア人の英雄時代」を論じるニーチェの方法から多くを得ている。つまり、ニーチェにおいても、ディオニュソス*とアポロ*の緊張的な均衡関係としての真の悲劇の世界というの

は，アイスキュロスにその影が見られこそすれ，けっして完全に実現してはいないのである。せいぜいが連続的な時間を越えた瞬間のなかに読み取ることしかできない。ソクラテス*が滅ぼしたのは，その影でしかなかった。遥かな過去の絶えざる近さ〔実現の可能性〕への「想起」(Andenken)，つまり，過去への遡行とは「なんらかの歴史的に確認できる過去の再興」ではなく，「かつてあったもの(das Gewesene)への，つまり，その始まり(Anfang)がいまなお想起されることをまっているところのもの，その想起があってはじめて開始(Beginn)となるようなもの，太古に消滅させられた開始となるもの」へ遡ることであるといった発言は「ニーチェのツァラトゥストラとは誰のことか？」に至るまで繰り返される。こうした隠れつつ現れるかもしれぬ「始まり」への「憧れ」はディオニュソスを意図している。「ツァラトゥストラとはディオニュソスの代弁人である」というのが，今引いた小論の結論である。

歴史を重視する教養主義への批判から（ダヴォスの会議でハイデガーがゲーテ*を重視する教養主義者カッシーラーを睨みつけた話は有名である）「真の」歴史性に到達しようとする姿勢の点でニーチェを重視していることは，『存在と時間』の当該の節〔76節〕で『生に対する歴史の利と害』における三つの歴史，つまり，記念碑的，尚古的，批判的歴史を引合いにだし，それらの統一性を論じている件りにもあきらかである。こうした，〈歴史性の名における歴史主義*の克服〉は，また実質的にはニーチェをディルタイ*に対置することでもあった〔『存在と時間』77節以降〕。つまり，解釈学に対して理性の他者をぶつけることである。

こうした議論はまた，「頽落する公共圏からの離脱」〔『存在と時間』76節〕という表現からもわかるとおり，アドルノ*の言う市民的な文化批判(bürgerliche Kulturkritik)を下敷きにしていた。大衆の時代，メディアの時代，蓄積され，安売りされる知識の時代──そうした日常性の世界に対する，ドイツ的大学人の本能的嫌悪は大きい。やがて，1929年の大恐慌を経て，シュペングラー*やクラーゲス*，そして E. ユンガー*へのシンパシーを彼が示しはじめる素地がここにある。ところで，左翼知識人でありながら同じく青年運動*的な近代批判を共有するベンヤミン*にも，過去の可能性を現在に生かすという発想はあった〔「歴史哲学的テーゼ」〕。だが，ハイデガーには，ベンヤミンにあった過去の死者との連帯，そして文化と野蛮の相互内属的な絡み合いへの視線はなかった。その意味では，ハイデガーの教養主義批判はユンガーの『労働者──支配と形姿』などと同じ，プレファシズム的知識人のそれにかぎりなく近い。29年の就任講義「形而上学とはなにか」の出版にあたって付された長い後書きには，「存在の声を聞くべく召された人間」の払う「犠牲」について語られていた。当時のコンテクストでは「犠牲」というのは，危険な言葉である。

33年におけるナチスへの加担を経たあとのハイデガーは，頻繁にニーチェについての講義を行った。彼の擁護者たちによれば，ナチスへの抵抗の姿勢がこの講義には読み取れるとのことである。実際，ナチスの横暴な現実からの距離感が働いていることはまちがいない。この講義をまとめたのが61年の『ニーチェ』である。そこでの基本的立場は，力への意志*こそニーチェの本来の哲学であり，その意味では問題的な遺稿集『権力への意志』こそ，真に思惟する者が立ち向かうべきテクストであるというものである。力への意志とは，近代の，表象し(vorstellen)，工作し(herstellen)，力ずくで制圧する(machten)主観性の究極の名称であるとされる。その現在における現れは「惑星大の規模の技術」である。プラトン*のイデアに始まる西欧の形

而上学の歴史は，存在者とはなにかを問うてきた。デカルト*のコギトも，カント*の超越論的認識論も，世界を対象化し，表象のなかに取り込むという意味では，主観性によるこの世界の支配でしかなかった。そうした形而上学の歴史の最終的形態として力への意志を捉えねばならない。近代において現実的なるものとされているもの，真として通用しているもの，その枠組みは主観性によって作られている。物の根底にある (subjacere) ものとしての subjektum が，人間の側に移されてしまった。ニーチェを用いつつこう論じるのだが，ハイデガーに言わせれば，ニーチェはこの事態をニヒリズム*と名づけてはいるが，いったいそれがなんであるかを捉えきれていない。つまり，存在の欠如の歴史 (Geschichte des Ausbleibens des Seins) であることは見ていない。形而上学を越えていくためには，ニーチェを越えていかねばならない，というのである。それゆえ，講義の冒頭で存在者の本質として力への意志が妥当するなら，その存在者の存在とは永遠回帰*であると言われてはいるものの，永遠回帰は重要なテーマとはされない。それは，存在の別称ではなく，遥かな始源への思いでしかなくなる。

ニーチェを借りてこのように技術の本質論を展開するハイデガーには両義的な側面がある。一方で，ヘルダーリン*やリルケ*と関連しつつ，静かな思考，牧歌的な生活，大地にねざした農夫の世界への思いが次第に強くなっていくが，他方で，「惑星大の技術」の暴走による「大地の荒涼化」を，力と理性の結合を，その結末まで見届けようとする，しかもある種の必然性をそこに見ようとする姿勢である。力への意志の徹底的な暴走があってはじめて，ニーチェの言う超人*の世界が，そして形而上学の克服の条件がでてくるとするのである。ここには，隠れた技術肯定論がある。「ニーチェこそは，人間がこの大地全体の支配者の位置に就く歴史的瞬間をそれとして認識したのである。彼は，いまはじめて到来した世界史との関連で決定的な問いを提出した最初の思惟者である。その問いとは，人間はこれまでのあり方でははたして，地上の支配権を引き受ける十分な用意があるといえるのだろうか，というものである」。E. ユンガー宛の書簡のかたちをとった55年の『存在への問いについて』では，技術世界を批判しつつも，ユンガーの『労働者』の「すがた」にほとんど魅了されている。「貴方が労働する者のすがた (Gestalt) を形而上学的に見ておられることは，力への意志の形而上学内部におけるツァラトゥストラの本質形姿 (Wesensgestalt) の描き方に対応しております」。ハイデガーが理解するユンガーにおいては，単に技術に使われずに，それを真の支配のために使いこなす労働する者こそ重要である。そうした力への意志の徹底性——なぜなら意志は自分自身を意志するから——の上にはじめて，西欧の歴史からの出口が見えてくるとされる。存在の歴史は，存在の隠蔽の歴史であって，そのなかで動いているわれわれには，技術が存在をますます隠すことは反省しえても，その事態を変えることはできない。道具的理性への反省と技術への諦念のまじった肯定とが手に手を携えて，戦後復興の西ドイツを生き抜こうとする哲学者の姿勢が，ニーチェ解釈のうちによく見て取れる。しかも，それは牧歌的生活へのあこがれと同居しえた。

一世代以上にわたって，ニーチェ像を規定してきたハイデガーであるが，政治的な含みを除いても，その解釈には問題がある。実際の歴史と，存在の歴史が無関係であることをいくら強調しても，彼は，やはり経験的な歴史に触れざるをえない。実際にはプラトンやデカルトという歴史的人物を，またギリシア哲学のラテン語への翻訳という歴史的錯誤を論じるという自己撞着がある。そしてそれ

は，西欧世界の具体的で多様な文化現象に具体的で多様な批判の筆をふるったニーチェの重要な一側面をいっさい無視することである。またレーヴィット*はハイデガーに対して，西欧はギリシア以来の形而上学の歴史からのみ成り立っているのではなく，アルプス以北のキリスト教化にともなう神についての議論を忘れるわけにはいかない，その意味では，キリスト教*を「二千年の嘘」ときめつけたニーチェのキリスト教の神に対する闘いを見ていない，と批判する。また，力への意志*は，ハイデガーもなんどか言うとおり，ディオニュソスとつながるとするなら，力への意志がもつ工作的意志，ルサンチマン*道徳といった側面だけではなく，永遠に産出する春の生命力，両性の爆発的結合という，ニーチェが確実に視野においていた側面を十分に展開すべきであるが，それはハイデガーのよくするところではない。もし，それをしていたなら，力への意志の両面のあいだの矛盾を指摘し（クラーゲスはそれを1926年に『ニーチェの心理学的業績』において見事にしてみせているのだが），バタイユ*らの，30年代のもうひとつのニーチェ受容とのあいだに橋をかけることも可能であったろう。→形而上学，ニヒリズム　　　　　　　（三島憲一）

ハイネ　[Heinrich Heine 1797-1856]

ニーチェがハイネを愛したことはよく知られている。「抒情詩人というものの最高の概念を私に与えてくれたのは，ハイネである」と『この人を見よ』*[Ⅱ.4]には記されている。19世紀の50～60年代，ギムナジウムの卒業にあたって同級生同士がハイネの『歌の本』を贈りあうのは，珍しいことではなかった。その意味では世代経験でもあるが，ニーチェのハイネ好きは単に青春時代の思い出に尽きるものでなく，この論争的知識人への高い評価を内蔵していた。

もちろん，一見するとハイネとニーチェは，どの対立もないように見える。ナポレオン*支配下のデュッセルドルフに「懐疑的な18世紀の末に」生まれ，フランス革命*を支える市民的啓蒙に忠実であり，アドルノ*も言うように「水増しされぬ啓蒙の理念」「ハイネという傷」をにない続けたユダヤ人のハイネに対し，プロイセン王フリードリヒ・ヴィルヘルム4世にちなんで名をつけられたニーチェの揺り籠の周りには醜悪なナショナリズムが萌していたし，その知的生涯は，啓蒙への根源的な問いを課題としていた。ハイネはナチス*時代にはローレライの楽譜から作者名を削除されてしまったのに対して，ニーチェはナチスの聖人の一人とされていた。これほど異なった陣営に属する存在も少ないかもしれない。

とはいえ，両者の間には自由な生活への19世紀の戦いを貫く共通性もある。第一は，二人ともフランス*をこよなく愛したことである。フランスこそはふたりにとって偉大な伝統とモデルネの経験とが幸福な共生を遂げている文化の代名詞であった。七月革命の報を聞いて決然とラインを越えてパリに着いたハイネは，1831年官展でドラクロワ*を見て，芸術の上で新しい時代が始まっていることを感じとった。「芸術時代の終焉」のテーゼが唱えられる契機である。そして学生時代の最後に抱いていたパリ遊学の夢を果たせなかったニーチェに言わせれば，パリこそは「ヨーロッパのすべての芸術家の故郷」であり，「ドラクロワをはじめて理解した男」ボードレール*[『この人』Ⅱ.5]の町である。芸術時代が終焉した後の芸術は「絶えざる無垢の現在」（オクタヴィオ・パス）であらざるをえないことを感じとったニーチェにとってパリは，自らが先鞭をつけたヨーロッパのデカダンス*の町であった。またハイネにとってパリは「快楽と悦楽にあふれた町」[『ドイツ冬物語』原稿]である。ニーチェも観念的理解であったとはいえ，快楽の深さを唱える点

で，その意味で19世紀のカマトト道徳からの脱出を願う点でハイネに負けなかった。彼はその夢をむしろフランス17世紀に読み込んだが，同時代のフランスもいぜんとして「ヨーロッパにおけるもっとも精神的で洗練された文化の地」であった。「すばらしきハイネ」(l'adorable Heine) というフランス語表現はニーチェに言わせれば，ハイネが「パリの優れた詩人たちのなかにとっくに血となり肉となっている」[『善悪』254]ことを示していた。

両者に共通しているのは第二に，大学，学問*，教授たちへの遠慮なき皮肉である。『旅の絵』の「ハルツ紀行」の有名な書き出しはこうである。「ゲッティンゲンの町が有名なのは，そのソーセージと大学のためである。一般的に言ってゲッティンゲンの住民は学生，教授，俗物，そして家畜に分かれる。……最も重要なのは家畜である。すべての学生，教授，助教授の名前をここで挙げるのはあまりに場所をとりすぎるし，すべての学生の名前を私が覚えているわけでもない。それに教授たちの中には名前の全然ないものも多くいる。ゲッティンゲンの俗物の数は海辺の砂，いや海辺の糞の数ほど多いに違いない」。若い文献学者を「永遠の受容器」と形容したニーチェの学問批判と一脈も二脈も通じるところがある。重要なことは，すでにハイネにおいても，こうした揶揄を超えて歴史的精神科学そのものが，権力に奉仕するものとして懐疑の対象とされていることである。ラウマーのような御用歴史家は「学識を書きつづった反故で包まれたにしんの干物」[「さまざまな歴史観」]のような臭い存在であり，ドイツ連邦会議の決議を擁護するランケは現状擁護のために歴史を用いるだけで，権力との共犯関係しか認められない。ハイネは以上のように述べているが，ニーチェにとってもランケは，「事実的なものを重視するずる賢い連中のなかでも最もずる賢い存在」[『系譜』Ⅲ.19]であった。ランケとシュライエルマッハーの友情をハイネは揶揄しているが，ニーチェも「ヘーゲル癖とシュライエルマッハー癖にいちどかかったものは，完全に癒ることはけっしてない」[『反時代的』Ⅰ.6]と述べている。

また，「さまざまな歴史観」のなかでハイネは，いわゆる教養旅行を批判している。「イタリアのエレジーに溢れた遺跡で運命的事実への思いの中で気持がなごむ」ことをめざした大学教授の教養旅行にプロイセン政府が出張旅費を支出していることを皮肉っている。ニーチェも，そうした感慨は教養俗物*のそれであることを知っていた。南ヨーロッパを歩きながらも，古代の遺跡の前でセンチメンタルな感動に捕われた文章を，彼は一行も書いていない。

「ハイネという傷」と題した前掲の文章の中でアドルノはまた，ハイネの運命は今日の人間すべての運命になったと述べている。アドルノが言おうとしているのは，故郷を持たないという運命のことである。実際にハイネは旅の途上にあっただけではない。1831年以降は政治的亡命の生活を余儀なくされ，フランス政府の補助金でほそぼそと暮らさざるをえなかった。また，バーゼル大学のわずかの年金で夏はエンガディーン地方，冬はヴェニス*，ローマ*，ジェノヴァ*，ニース*のあいだを移り歩くニーチェの生活も，ドイツからの一種の精神的・文化的亡命であった。ここには両者の第三番目の類似点がある。安定した家庭を持った市民生活は不可能であった。その底にあるのは——第四番目に数えてもいいが——プロイセン嫌いであり，ドイツ*への嫌悪感であった。ハイネは言う。「私はこのプロイセンを信じない。敬虔ぶったふりをしながら胃袋だけはでかいこのインチキ英雄を信じない。持っている伍長用の指揮棒でなぐりかかる前に，それを教会堂の聖水に浸すこのプロイセンを信じない。……偽善的で諸

国家の中でもタルチュフそのものであるプロイセンを」。ニーチェのドイツ嫌いはいまさら言うまでもない。「ドイツ人とは私にとってはとても耐えられない存在である。私の本能のいっさいに逆らうような人間の一種を頭の中で想像してみると、できあがるのは、ドイツ人なのだ」『この人』XIII.4]。

フランス好き、精神科学批判、知的もしくは政治的亡命の不安定な生活、ドイツ批判——このような共通点が、ニーチェをしてハイネを高く評価させた理由であるが、だからといってこの共通点を完全な共通点と受け取ってはならない。むしろ、こうした背景の上に相違もはっきり見えてくる。たとえば、パリとドラクロワに関しても、政治的に興奮したハイネは、ドラクロワの絵の色彩の暗さ、押さえた調子について、それは、七月の革命の太陽に照らされ乾ききったパリを象徴していると見る。パリと太陽（革命のメタファー）の婚礼のあかしと受け止めている[『フランスの絵画』]。だが、「ドラクロワをはじめて理解した」[ニーチェ『この人』]ボードレールは、そこに「癒しがたいメランコリー」[ボードレール「ドラクロワ」]を読み取っている。どんな革命の希望も押し流してしまう憂愁。19世紀の倦怠感（アンニュイ）がすでに始まっていたのだ。ニーチェはそれをデカダンスの名で呼んだ。こうして見ると、芸術と政治のあいだに幸福な相互補完性を見ていたハイネと、政治の世界があることそのものに激烈な疑問符をつきつけることに芸術*の意味を見ていたニーチェのあいだの数十年で、近代の政治的経験と芸術的アヴァンギャルドのあいだの裂け目が拡大していることがわかる。ニーチェでは具体的な政治は興味の対象ではなくなっている。歴史的精神科学についても、マルクス*の友人であったハイネは真の歴史把握とユートピアの希望の収斂を信じていたが、ニーチェにおいては、真の歴史把握の持つ批判能力そのものへの批判が出発点

であった。したがって、教養主義批判でもハイネのような愉快なイロニー*、その「神的な悪意」[『この人』II.4]は後者にはなくなっている。またハイネは、プロイセン・ドイツを批判しながらも、ドイツの詩人や思想家が思い描いた夢が実現したあかつきの「ドイツの普遍的支配」への夢を捨てていない。まさにドイツへの「この愛のゆえにわたしは13年間も亡命生活を送ったのだ。そしてこの愛のゆえにまた私は亡命生活に戻っていく」[『ドイツ冬物語』序文]。ニーチェになると、ドイツの知的伝統が体現するこうした普遍主義の夢が実現し、支配する世界を思う気持は、もうまったくない。まさにこうした普遍的理想と権力との共犯関係の暴露こそがテーマである。

ニーチェにおいてこのように問題が先鋭化されているのは、いうまでもなく19世紀市民社会の病巣が進行しているからである。啓蒙の理念になおも固執していたハイネでも、『ドイツ古典哲学の本質』の有名な末尾が示すように、啓蒙の逆説的運命への懐疑的なまなざしは育っていた。そこには、もしもドイツ人が本当に革命を起こしたならば、そのドイツ的徹底性のゆえに、破壊は深く大規模なものとなり、それまでのヨーロッパが根こそぎ覆されるであろうことが、ほとんどナチスを予言するかのような筆致で描かれている。そして、ニーチェにいたると、啓蒙の批判というかたちでしか啓蒙が可能でなくなっていた。だが、両者になおも共通するのは、国家*、学問、教養*など、近代的理性が生みだした客観精神のいかなる形態とも同一化することを、拒否する知的姿勢である。いかなる制度や約束事をも是としない孤立志向こそ、ニーチェがハイネにおいて愛したものであろう。そして、おそらくは、そのゆえにこそ彼はハイネの文体を好んだのであろう。既成のものへの同一化の拒否は両人の文体にはっきりしている。「幸福のあるところには、どこ

でも無意味への喜びがある」[『人間的』I. 213]。われわれが従わねばならない現実の強制力を少なくとも表現のなかで笑い飛ばすことこそ，ニーチェは自分のアフォリズム*の仕事であると思っていた。それを彼は，主人が奴隷に酒食を供するサトゥルヌスの祝祭に感じる奴隷の喜びに見たてている。この意味でハイネとニーチェが試みた批判と破壊は，制度が変えられないなかでの，19世紀の文学的サトゥルヌス祭であったとも言えよう。文章の途中での突然の思考の方向転換，無関係なものの併記[「ソーセージと大学」]，テーマの予想せざる変更による自由空間の創出，皮肉や婉曲な用語による問題の先鋭化，自己の弱さを認めることによる敵の武装解除，そのための，常識人が眉をひそめるようなセクシュアルな次元——両者の文体技術上の共通点はいくつも挙げることができる。なによりも共通しているのは，啓蒙が現実承認という反啓蒙に逆転するかしないかのぎりぎりのところで均衡をとろうとするときの手段であるシニシズム*である。ニーチェはこのシニシズムについて，それはこの地上で到達しうる最高のものである[『この人』Ⅲ.3]と述べているが，おそらく，それは啓蒙の結果である現実に絶望しながら啓蒙の営みを忘れまいとする者の自己保存*の試みであろう。「無力の中で罵倒する者の力は彼の無力を上回る」というアドルノのハイネ論の一文は，まさにニーチェにもあてはまり，ふたりの祝うサトゥルヌス祭を言い当てている。だが，サトゥルヌスの祭りはしょせん奴隷の祭りである。ニーチェの，そして部分的にはハイネの文体のなかに，いわゆる「奴隷の言語」が潜んでいないという保証もない。「奴隷の言語」とは，支配を戯画化しているつもりでいながら，結局はそのなかでの生き残りをめざすことで，支配を固定化してしまう言語のことである。われわれの時代のセンシビリティはそのことも問題にせざるをえない。→教養，シニシズム，ドイツ観念論，ドイツ／ドイツ人　(三島憲一)

文献　▷ Thodor W. Adorno, Die Wunde Heine, in: ders. *Noten zur Literatur*, in: *Gesammelte Schriften*, Bd. 11, Frankfurt a. M. 1974.

俳優　⇨仮面と戯れ

バイロイト　[Bayreuth]

ドイツ南部のフランケン地方にある小都市。大作「ニーベルングの指環」*上演のための理想的劇場づくりの夢をいだいていたヴァーグナー*は，1864年バイエルン王ルードヴィヒ2世の知遇と援助を得ると，夢の実現に向けて動きだした。偶然にある百科辞典でバイロイトにロココ様式の古い辺境伯劇場があることを知ったヴァーグナーは，辺境伯の許しを得てこの劇場をそのまま自分の劇場として使うことを考えた。結局それは不可能であることが判明するが，ヴァーグナーが愛してやまなかったニュルンベルクにほど近く，大都市文明の余波を受けていないこの地方都市に対するヴァーグナーの愛着は決定的なものとなる。ところでこの時期は1868年に初めて知り合ったヴァーグナーとニーチェの交友関係が一番深まった時期でもある。ニーチェはヴァーグナーの中に，引きちぎられたギリシア文化を再び統合する「世界の単純化」の遂行者としての「反アレクサンドリア主義の一人」を見ようとした。ヴァーグナーが建設を決意したバイロイト祝祭劇場はそうしたニーチェのヴァーグナーへよせるおもいが収斂する場であった。「バイロイトは，戦いに臨む朝の清めの儀式のような意味を持つ」[『反時代的』Ⅳ.4]。しかしニーチェの想いは裏切られる。1876年の第1回祝祭に臨んだニーチェは，バイロイトがヴァーグナーの世俗権力とスノビズムへの恥ずべき屈伏の場となっていることを見いだしバイロイトから逃げ出す。「すでに1876年，最初の祝祭劇上演の真っ最

中に，私はひそかにヴァーグナーと訣別した。私はあいまいなものには我慢できない。ヴァーグナーがドイツに帰って以来，彼は一歩一歩，私の軽蔑するいっさいのものになり下がっていった——反ユダヤ主義*にさえも」[『ニーチェ対ヴァーグナー』Ⅸ.1]。ヴァーグナーは祝祭劇場近くのヴァーンフリート館に居を構え，幾多の信奉者たちを動員していかがわしい反ユダヤ主義宣伝の場としての機関紙『バイロイター・ブレッター』を発刊しつつバイロイトを芸術宗教の聖地に仕立てあげようと腐心する。その後のバイロイトが芸術スノッブ（教養俗物*）の組織動員をめざす「文化産業」の巡礼聖地となったこと，またコージマ・ヴァーグナー*，ヴァーグナーの長男ジークフリートの妻ヴィニフレートという二代の女帝のもとで反ユダヤ主義とファシズムの巣窟となったことを思い起こすとき，ニーチェのバイロイトとの訣別にはヴァーグナーの受容がその後たどった運命に対するニーチェの鋭い嗅覚と洞察力がうかがえる。
→ニーチェとヴァーグナー——ロマン主義の問題，「ニーベルングの指環」，反ユダヤ主義　（高橋順一）

バイロン　[George Gordon Byron 1788-1824]
『この人を見よ』[Ⅱ.4]でニーチェは，自分はすでに13歳でバイロンの『マンフレッド』が理解できるほど早熟だったと自慢している。またシューマン*のそれを凌ぐマンフレッド序曲を作曲したとも述べている。1861年には，ギムナジウム時代の友人たちと作った文芸グループのゲルマニアで「バイロンの劇作品について」という作文の朗読を行っていることからしても，バイロンは愛読する作家の一人だったことがうかがえる。この作文ではバイロンを「炎の精神のシュトルム・ウント・ドラング」と形容し，『ドン・ファン』『マリノ・ファリエロ』『サルダナパル』『マンフレッド』などの作品にはバイロン自身の性格が投影されていると述べている。ちなみにこの作文で登場人物マンフレッドについて「超人*」という言葉が初めて使われている。ニーチェの蔵書に1864年版のバイロン全集があることからも早くから愛読していたことがうかがえる。後になっても「偉大な作家」としてミュッセ，ポー，レオパルディ，クライストらと並んでバイロンがつねに挙げられるが，ニーチェにとってはバイロンとゲーテ*，とくにその作品『マンフレッド』と『ファウスト』が自由なる精神を象徴する作品であった。ナポレオンとともにバイロンを「誇りのある人間」と言うニーチェは，そこに自己の衝動に対しても暴君的に押さえ込むことができるほどの強さを見ている［『曙光』109］。しかしこの強さは禁欲とは逆で，いかなるものの奴隷にもならない崇高な自由の現れである。バイロンは1816年にイギリスを永遠に離れ，スイスでシェリーと知りあうが，ニーチェはこのスイス滞在でバイロンは超国民的感情を培ったとしている［遺稿Ⅰ.12.133］。後にギリシアで解放戦争に加わったバイロンの情熱的な行動については，「知的闘争」を行う人間に特有の，瞬間に燃え上がる「動脈をも突き破る欲求と炎」が，政治的行動へと駆り立てるのだとしながらも，その行動は自己からの逃避ではないかと問いかけてもいる［『曙光』549］。また「知識は嘆き」というバイロンの詩のなかに，宗教のドグマも形而上学*も信じることができず，繊細な神経を持って苦しむ者，「認識された真理に血を流す」者の姿を読み取っている。だがニーチェはこうしたバイロンのメランコリーを共有しつつも，そこに安住しきることはできなかった。

（大貫敦子）

パウロ　[Paulus (Paulos) 生没年不詳]
初期キリスト教の伝道者。小アジアのタルソでローマ市民のユダヤ人として生まれた。当初キリスト教徒を迫害したが，突然の回心を経験。以後各地を伝道したが逮捕された。

59-65年頃ローマで刑死したと伝えられる。新約聖書に書簡が収められている。信仰によって義とされること，イエス*の死は贖罪であることを主張した。後期のニーチェによれば，イエスの福音とは生*と世界を肯定し「天国」が心の一状態として現に存在することであり，イエスは人間を救うためにではなくいかに生きるべきかを示すために生き，死んだのに反し，弟子たちは非福音的にも復讐心から「報い」「審判」を説いた。とりわけパウロは，ローマと世界を憎んだがために，僧侶として卑小な大衆＝畜群*を支配する手段として「不死」「地獄」「贖罪」「審判」などの観念を案出し，弟子たちの退廃を極限にまで押し進めた最初のキリスト教徒だと評される。彼は，生の重心を生から彼岸へと移して畜群道徳としてのキリスト教*を創始した人物として位置づけられるのである。→キリスト教，教会，イエス，『アンチクリスト』

(後藤嘉也)

パウンド [Ezra Loomis Pound 1885-1972]

アメリカ詩人エズラ・パウンドは W. B. イェイツ*の秘書として1913年から16年まで，冬季にイギリスはサセックス州の小村の別荘「ストーン・コッテジ」で共同生活を営んで，主としてオカルト研究に従事した。パウンドがニーチェを知ったのは，この期間中にイェイツを通じてであろうと推測されている。当時イェイツは世紀末以来のオカルト思想への関心とニーチェ体験をいかに結びつけるかという問題に直面していた。一方パウンドは，イェイツと出会う以前からスウェーデンボリを読んでいて，イェイツが20年ぶりにスウェーデンボリを再読したのはパウンドにすすめられてであったという。イェイツに感化されてニーチェを読んだパウンドがニーチェをどのようにとらえたかについては詳らかでないが，イェイツと同様，スウェーデンボリなどのオカルティストの伝統につらなる神秘家として見ていたのではないかといわれる。しかしイェイツほどにはニーチェを高く評価しなかったようで，その一端は「ルミ・ド・グールモン論」(1915)のなかで「ニーチェがフランスでは何らの害悪も与えていないのは，そこでは思考が行動とは別個に存在しえないと理解されているためにほかならない」と述べていることからもうかがえよう。つまりパウンドにとって，ニーチェは思考と行動が分裂した不健康な観念論者であるというふうに受取られていたとも想像される。思考と行動の一致を何よりも心がけていたパウンドには，ニーチェは必ずしも嘆賞すべき存在ではなかった。興味深いのは，イェイツがパウンドをニーチェ的な人間と見ていたことである。イェイツにとって，パウンドはニーチェ的な超人*になりうる存在，新時代の到来を告げる先駆者であったからだ。そのことはパウンドの場合，大衆嫌悪と民主主義批判のかたちをとってあらわれた，と言いかえることもできよう。超人たらんと願ったパウンドがファシズム思想の支持者となっていったのはそこに由来するのである。→イェイツ

(富士川義之)

萩原朔太郎 [はぎわら・さくたろう 1886-1942]

詩集『月に吠える』(大正6年)や『青猫』(大正11年)によって近代口語詩に一新生面をきりひらいた一流の抒情詩人。病的にとがった神経や，存在の不安におののく魂を象徴的にヴィジョン化し，日常的生活次元を超えた実存の深部を造形化したことに，その独自性がある。こうした資質の朔太郎は，熱狂的なまでにニーチェを崇拝した。45歳の朔太郎は，「僕は実に驚嘆した。こんな深刻な大思想家，こんな鋭利な心理学者，こんな詩人的メタフィジアン，その上にもこんな力強い意志を高調した大精神がどこにあったろうか」[「ポォ，ニイチェ，ドストイェフスキー」昭和5

年〕と手放しの礼讃を捧げ、ニーチェという巨人を前にしては自分は虫けらのような存在だとまで言っている。朔太郎がニーチェに強く惹かれ始めたのは、大正5、6年頃、30歳をいくらか出た頃と推定される。前掲エッセイで彼は、『ツァラトゥストラ』*を20代の頃読んだが皆目わからなかったと告白し、のち生田長江*訳『人間的な、余りに人間的な』*を読んで、「完全に畏れ入って僕伏した」と言っている。『人間的』の上巻翻訳が出版されたのは大正5年10月。下巻の刊行は同6年2月。朔太郎の書いたもののうちおそらくはじめてニーチェに言及したのは、大正6年10月26日付、高橋元吉宛書簡においてである。長江はこの後つぎつぎニーチェの作品を翻訳し、個人でニーチェ全集を完訳するが、朔太郎はこの長江訳ニーチェを読み耽ったと考えられる。

この直接の影響は、『新しき欲情』以降つぎつぎ刊行された朔太郎のアフォリズム集に現れているといえよう。朔太郎はまずニーチェの文体に驚嘆し、昭和9年の「ニイチェに就いての雑感」というエッセイでは、ニーチェのアフォリズム*を理解するには詩人であると同時に哲学者であることを要すると述べている。思想するということはパン以上に自分にとって必要だという朔太郎はニーチェのアフォリズム集と同様な書物を刊行しようと試みたのではあるまいか。『新しき欲情』の序言で彼は、ここに述べる思想は論文とか評論といった堅苦しいものではなく、もっと抒情的潤いのあるものだと言っているが、これはさきのニーチェに対する朔太郎のアフォリズム評と完全に一致している。また『新しき欲情』の文体が、長江訳ニーチェの文体に酷似していることは諸家によってよく指摘されている。表現者である朔太郎は、まずアフォリズムという表現形式をニーチェに学んだのであろう。一方思想内容として学んだのは、主として心理学*と文学であって、形而上学

者、倫理学者、文明批評家としてのニーチェは追跡しえなかったと、さきの「雑感」で述べている。『新しき欲情』その他で考察された芸術論はさらに手を加えられ『詩の原理』（昭和2年）として結実するが、ここにはニーチェの『悲劇の誕生』*の二項対立、アポロ*的芸術とディオニュソス*的芸術もそのまま用いられている。形而上学的側面や文明批評的側面を追跡しえなかったというのは、ある意味で当然であろう。朔太郎は存在の根底を脅かされるほど生の無目的感に悩んだが、彼の敵は開国日本をおし進めてきた実学優位の思想であり、この現実に対して精神の領域を確立することが彼の課題であった。その範として求めたのが西洋思想であったが、彼の出会ったニーチェは、ヨーロッパ文化の根幹を揺るがす神の死*という歴史認識から、伝統的思惟との対決をはかった思想家であった。ヨーロッパの運命としてのニーチェ・ニヒリズム*の問題が、朔太郎の問題となりえなかったのも当然である。

朔太郎は次第に西洋との距離感を深め、若い頃から魂の家郷として求め続けた西洋が蜃気楼にすぎなかったことを自覚してゆくが、今一度ニーチェの新しい側面を発見してこの哲学者に親近感を強める。それは抒情詩人としてのニーチェである。昭和4年1月、長江訳でニーチェの詩*が刊行されたが、そのうち二、三のもの、とくに「秋」「寂寥」などはその孤独感の深さが朔太郎の心を深くとらえた。ニーチェの論文と詩とのコントラストに驚き、こうした悲しい詩が傲岸不遜の鉄人ニーチェの同じ作かと目を疑うと言う。かつて夜に『青猫』のユートピアを幻影し、白昼に『新しき欲情』の懺悔を書くと言った朔太郎は、自己の二面性と同じ資質をニーチェに見いだし、生理的気質的親近感を感じたのである。この影響は詩集『氷島』（昭和9年）に現れる。とくにその冒頭を飾る「漂泊者の歌」はボキャブラリー、漢語調といった表現

形式ばかりでなく、漂泊*の孤独*に挑む悲愴な意志という中心的ポエジーが長江訳ニーチェの「寂寥」に酷似している。この詩集の評価は漢語調の採用など表現面で朔太郎の後退とみなす論者とその詩境の高さを評価する論者に分かれるが、朔太郎自身はこの詩集を愛してやまなかった。朔太郎はニーチェから昂然たる貴族*精神を学んだと言い、またニーチェは自分が生きえた生活だったとも言っているが、絶望しつつも無からの創造をめざした朔太郎にとって、ニーチェは生きる意志を与え続けた存在だったのである。　生田長江、アフォリズムと思考のパフォーマンス　(杉田弘子)

文献　▷杉田弘子「萩原朔太郎とニーチェ」富士川英郎教授還暦記念論文集『東洋の詩、西洋の詩』所収、朝日出版社、1969.　▷杉田弘子「朔太郎とニヒリズム」『現代思想』1980年7月号.

パスカル　[Blaise Pascal 1623-62]

オーヴァーベック*は、ニーチェが早くからパスカルに関心を持っていたと述べているが、はじめてパスカルを丁寧に読んだ時期は特定しがたい。とはいえ、1872年の冬から翌年春にかけて、丁寧に読んだことは確実である。その影響はD. シュトラウス*批判(『反時代的考察*』の第1論文)に窺うことができる。シュトラウスの著作を歓迎する現代の講壇の住人たちが、「この人生が永遠の継続を保証されているかのように」学問*を営んでいる事態を批判するにあたって、パスカルに依拠している。「パスカルが言うには、人間が熱心に仕事や学問を行うのは、孤独*や本当の閑暇が引き起こす最重要の問い、すなわち人間はなぜ存在するのか、どこから来て、どこへ行くのかという問いからそれによって逃れるためである」[『反時代的』Ⅰ.8]。いうまでもなくパスカルの慰戯(divertissement)の思想[たとえば『パンセ』143]が下敷きになっている。だが、このパスカルの〈実存的〉姿勢にニーチェはそれほど関心を示していない。教養俗物*に対抗して、自らがヴァーグナー*のうちに見て取った文化、つまり「最高の人間典型による救済」のモティーフ、芸術*による救済のモティーフを論じるなかでは、たしかにパスカルはそぐわない感じを与える。とはいいながら、現代文明の喧騒を批判するときにパスカルを引く保守的な文化主義の常套手段が、すでに始まっていることも間違いない。「われわれは一人静かにいるとき、なにものかが自分の耳に囁くように語ることを恐れる。それゆえわれわれは静寂を憎み、交際によって自分を紛らす」[『反時代的』Ⅲ.5]といった文章には、慰戯の思想の反響が聞き取れる。またほぼ同じ頃の「道徳外の意味における真理と虚偽」でも夢の問題に論旨が移る箇所で『パンセ』386が引用されている。毎晩睡眠中に王様になる夢を見る職人と、逆に職人の生活をしている夢を毎晩見る王様とは等価であるとするパスカルである。ここには人生が一場の夢であるという17世紀のモティーフがあるが、それに対抗してニーチェは、この生*の全体を美しい仮象*によって救済したギリシア人を描こうとしている。

『曙光』*以降、ニーチェが力の感情について考察を深めるなかで、パスカルは次第に両義的な位置を占めるようになる。禁欲主義者が自己自身を手段として味わう、ほの暗い快楽に満ちた権力*、自己への残虐がもたらす倒錯的な欲望*の満足を分析することにより、ニーチェはルサンチマン*の鈍い光を眼底に宿すキリスト教徒への批判を行う。だがそれとは別個に、そうした宗教の創立者や聖人たちには、「敵ながらあっぱれ」にも似た一定の評価を下すことになる。司祭たちを黙って通り過ぎさせた後のツァラトゥストラの嗟嘆「彼らのなかにも英雄たちがいる。彼らの多くの者はあまりにも苦しんだ。……私は彼らと血縁である」[『ツァラトゥストラ』Ⅱ-4]はそれをよく示している。禁欲主義者の自己陶

酔と自己への勝利感、そして結果としての惜しむべき自己破壊、その代表的な例こそ後年のニーチェにとってのパスカルなのである。「われわれが〈高い文化〉と呼んでいるほとんどすべては、残虐の精神化と深化によっている。……自己自身に苦痛*を与え、自己自身を苦しませることにも豊かな、あまりにも豊かな享楽があるのだ。宗教的意味での自己否定、あるいはフェニキア人や禁欲主義者たちのもとにおける自己毀損、ピューリタンの痛悔の痙攣、良心*の解剖、またパスカル的な〈理知の犠牲〉などを人がやろうとするところでは、人は自己の残虐によって密かに誘われ、自己自身に対して向けられた残虐のあの危険な戦慄によって前へ推し進められている」[『善悪』229]。ここには、ニーチェが、価値設定をなし、規範へと強制する精神的なものとして力への意志*を理解し、その上ですべては力への意志であるとして肯定していたことの問題性がある。つまり、この地上の生の豊かさの肯定は、必ずしも価値設定的な意志の肯定とはならないはずであるのに、ニーチェは生がそのまま力への意志であるとしたために、キリスト教*の英雄たちの取り扱いに苦労することになったのである。しかし、同時にそれは、偉大さと倒錯との事実問題として存在する親和関係へのセンシビリティを高めることにもなった。その典型的な例がパスカルである。晩年の遺稿にはこうある。「キリスト教がパスカルのような人間を没落*に導いたことはけっして許されてはならない。……力への意志、人間という種全体の成長への意志が一歩を進めているような強い質の例外的人間、傲岸的人間がキリスト教的理想によって没落に脅かされたのである。……われわれはキリスト教においてなにを駆逐すべく闘おうとしているのだろうか。……つまり、キリスト教が高貴*な本能*に毒を盛り、病気にする術を心得ていることをである。その毒を盛られた結果、本能の力、すなわち力への意志が後向きになり、自己自身に向けられ、強者が自己軽蔑および自己への誤った対処という放埓のために没落してしまうのである。それはあの身震いするような没落であるが、その最も有名な例はパスカルが示している」[Ⅱ.10.331f.]。彼から多くのことを学び、「ほとんど愛している」とまでパスカルについて語り、「唯一の論理的キリスト教徒」と形容する[ブランデス宛1888.11.20.]ほどであるが、パスカルに対する態度の両義性は、心理学的な力への意志の思想の枠組みがもつ問題性と密接に絡み合っている。→体系、キリスト教　　　　　　　　（三島憲一）

文献　▷ Ludwig Klages, *Die psychologischen Errungenschaften Friedrich Nietzsches*, Leipzig 1926.

バーゼル　[Basel]

スイス北部、ドイツとの国境に位置するライン河畔の都市で、古くからパトリツィアと呼ばれる都市貴族が支配し、19世紀においてもその家父長制的伝統が残っていた。バーゼル大学の古典文献学*講座は1861年に創設され、リッチュル*門下の文献学者が相次いで教授職に就任したが、1868年にポストの一つが空席となった。講座創設時のスタッフで当時は市参事会員として教育行政の中心となっていたヴィルヘルム・フィッシャーは、リッチュルの推薦にもとづいてニーチェの招聘に尽力し、1869年、弱冠24歳でまだ博士号も取得していなかったニーチェは古典文献学の員外教授として赴任した（就任講演は「ホメロスと古典文献学」であった）。大学で文献学を講義し、付属のギムナジウムで古典語を教えるかたわら、彼は周辺のベルナー・オーバーラントのアルプスに遠出して峻厳な自然の美しさを満喫し、ルツェルン近郊のトリープシェンにヴァーグナー*を訪ねて芸術による社会変革の夢を語り合った。また、同僚の歴史学者ヤーコプ・ブルクハルト*の知己を得

て，この碩学の「歴史の研究」に関する講義（のちに『世界史的考察』として公刊）に出席し，講義のあと古代ギリシアについて語り合うことを楽しみにしていた。そのほかの同僚としては，『大哲学者の人生観』で知られることになるオイケンもいたが，ディルタイ*は前年キールに転出したばかりだった。翌年春に神学の教授として着任し，ニーチェと同じ家に下宿したオーヴァーベック*とは終生にわたる友情*を結ぶことになる。『母権論』で知られるバッハオーフェン*とも知り合って何度か招待を受けており，その示唆によるものか，『悲劇の誕生』*執筆当時に大学の図書館からバッハオーフェンの『古代人の墓の象徴』やクロイツァー*の『象徴論』を借り出している。1872年にニーチェは「われわれの教育施設の将来について」と題する公開の連続講演を行って，同時代のドイツの大学やギムナジウムにおける教育を容赦なく批判したが，ブルクハルトの伝えるところによれば，この公演はバーゼルの聴衆に好評をもって迎えられたという。しかし，『悲劇の誕生』は文献学界の不評を買い，一時はニーチェの授業を受講する文献学専攻の学生が一人もいなくなってしまった。哲学の教授職への配置換えの希望もかなえられず，ロームントやドイッセン*ら，自分の友人を同僚に迎えようという企ても次々と挫折した。1879年，ニーチェは病気の悪化を理由に大学を退職し，3000フランの年金を給付されることになった。その後も，ときおりオーヴァーベックを訪問したり，新著を刊行するたびにブルクハルトに献呈するなどして，ニーチェはバーゼルに好意的な感情を持ち続けた。

(大石紀一郎)

[文献] ▷ Johannes Stroux, *Nietzsches Professur in Basel*, Jena 1925.

バタイユ [Georges Bataille 1897-1962]

ジョルジュ・バタイユは第二次大戦前後のフランスのもっとも重要な作家・思想家の一人であり，西洋近代の所産である自己意識を越えるような体験と理論を，哲学的エッセーや小説や批評，さらには社会学・経済学の分野に及ぶ理論的著作まで，じつにさまざまなかたちで追求しつづけた。「自己意識を越える体験」とは，具体的にはある種の神秘主義者たちの法悦状態や，性行為のなかで到達されるエクスタシーのことだと考えていいのだが（たとえばバタイユは聖テレジアの法悦を性的エクスタシーと同一視する），バタイユの場合に特異なのは，そうした体験に安定した意味を与えることを執拗に拒んだことである。たとえば神秘主義ならばそれを「神との合一」と呼ぶだろう。あるいは哲学ならばそれを「超越」と呼ぶだろう。いずれにしても既成の思考では，「越えること」の先に何かしら超越的な価値が想定され，その価値に到達することで救済や自己実現が果たされると語られる。しかしバタイユはそうした超越的な価値を認めない。そこにはニーチェからの深い影響があるのだが，ともかく「越えること」の先に何ら実体的なものを認めようとしないバタイユの超越体験は，きわめて特殊な形態のものとなる。自己を越えようと何かが動く。しかし自己の外には何もない。あるのはただ自己が越えられるという瞬間だけ。自己の枠がおし開かれ，自己が失われるという瞬間の歓喜と苦痛だけである。バタイユが「内的体験」と呼ぶその体験は，だからあらかじめ安全を保証された自己超越の体験というよりは，むしろ自己の破壊を賭けた超越体験，自己の破壊そのものが一つの価値として追求されるような体験であり，その体験を徹底的に思考することで，バタイユは「自己」という近代的な知の枠組みそのものに解体を迫ったのだと言っていい。なお「内的体験」の思考が直接展開されるのは『無神学大全』三部作（『内的体験』1943，『有罪者』1944，『ニーチェについて』1945）においてだが，

それ以外の著作で展開される，たとえば「消費」の理論（『呪われた部分』1949）や「エロティシズム」の理論（『エロティシズム』1957）も，社会という次元において「自己」の日常的な秩序がいかに破壊されるかを考察したものだと考えることができる。

こうしたバタイユの特異な思索の背景にニーチェからの影響をみることは難しくない。敬虔なカトリック信者であったバタイユが20代半ばに信仰を捨てたのは，ニーチェを耽読した結果だと言われているが，ニーチェの「神の死*」の教えからそのときバタイユがうけたであろう衝撃は，上に述べたように，あらゆる超越的な価値を否定する姿勢となってバタイユのなかに根をはった。しかしそれだけではない。バタイユはなによりもニーチェの過激さを愛していた。「神」とキリスト教を否定する際の過激さもその一つだが，同時に，キリスト教*に支配された近代ブルジョワ社会の価値観を攻撃する際の過激さ，さらにそうした既成の価値秩序を「越えよう」とする意志の過激さ。そうしたすべての局面におけるニーチェの過激さをバタイユは自分のものとして受け入れた。「ニーチェだけが私と連帯した」とバタイユは言う［『ニーチェについて』］。つまり，教義のあれこれについての思弁的な共感ではなく，戦いを同じくするものどうしの深い連帯感。ただしバタイユは，ニーチェのそうした戦いにおける過激さを，さらにいっそう過激化して受け入れたということができるかもしれない。20年代末に批評家としてデビューしたバタイユの初期の文章は，ニーチェが試みたような近代社会の価値観の転倒を，彼なりのやり方で試みなおすものだったが，そのやり方は，通常は「けがらわしい」としりぞけられるもの（たとえば「屠殺場」や「足の親指」）に積極的な美を見いだすという，読者の感情を逆撫でにするようなものだった［『ドキュマン』所収の諸論文］。また「内的体験」の思索にしても，ニ

ーチェの「越えること」への意志には「超人*」や「力」といった概念が用意されていて，少なくとも当時のニーチェ理解では，それらがあたらしい「超越的価値」のように実体化されて受けとめられることが多かったし，ニーチェ自身の記述にもそうした誤解を招く要素がなかったといえば嘘になる。それをバタイユはあくまでも過激に「超越的価値の全面的否定」へと押しすすめたのであり，そのことによって最終的には，後期ニーチェが素描したような「自己同一性の解体」の風景を，ニーチェと同様に，あるいはニーチェよりも大胆に，描き出すことができたのである。

バタイユはニーチェを体系的に論じたことはない。しかし「自己」の解体が問われる次元までニーチェとともに思考を進めたバタイユの姿勢そのものが，すでに一種のニーチェについての批評であり，それは1960年代にフランスではじまったニーチェ解釈のあたらしい動き（フーコー*，ドゥルーズ*ら）に対しても，先駆的な役割を果たしたのではないかと思われる。→過剰，神の死　　　　（兼子正勝）

バッハオーフェン　[Johann Jakob Bachofen 1815-87]

バッハオーフェンは，バーゼル*の都市貴族の家系であり，絹織物業経営の富裕な家に生まれた。バーゼル，ベルリン，ゲッティンゲンの各大学で法律学と古典文献学を学び，とくに歴史法学派の泰斗 F. K. v. サヴィニーに師事する。フランス，イギリス旅行を経て，バーゼル大学でローマ法講座の教授となる。しかし大学の空気になじまず2年余で辞し，裁判官職に就くが，家でローマ史研究に没頭する。イタリアの古代墓碑の装飾とそこに現れる死者崇拝に興味をもち，そこに忘却されたままになっている世界の象徴遺物が秘められていることを直観した。彼は古代の美術と神話の象徴を解読して，それらが，男

性でなく女性が権力を握っていた時代の忘れさられた記憶＝観念層を表現していると思いついた。従来の学問にとって唯一の資料とされた歴史的記録の解釈からは得られない発想であった。彼は『古代墳墓象徴試論』(1859)の2年後に『母権制』(1861)を公刊した。その後『タナクィルの伝承』(1870)などを発表している。

彼は父権制以前に存在した母権制を二つの段階に分け，最初はアフロディテ神に象徴される乱婚制，娼婦制の段階であり，次にデメテル神的原理に立つ婚姻的女性支配に至る。前者は「泥土の段階」であって，無秩序，無道徳である。後者ではこれに対する激しい闘いによって初めて高度の農耕文化と定住および婚姻を伴う女性支配が確立された。これは制限と秩序を重んじ，結合と平和と平等という価値観をもった，洗練された文化段階であった。女性支配の基礎にある宗教こそ母権制の至高の形態である。女性こそあらゆる宗教の真の本質である密儀の担い手である。これに対して，父権制はウラノス的アポロに象徴され，その観念は物質的でなく，精神的である。母権制と父権制との闘いの中で父権制が勝利を得てオリュンポスの12の神々が出現する。バッハオーフェンは，父権制の最終的勝利をローマ帝国とキリスト教*とみて，母権制から父権制への移行を進歩とみている。

バッハオーフェンとニーチェとは，バーゼルの知識人の間での交際仲間であった。しかし相互にどのような学問的交流があったかは明らかでない。ショーペンハウアー*からロマン主義を受け継いだニーチェは，バッハオーフェンのようにはロマン主義の文献学が発掘した地下神，地母神に関心を示さなかった。だから，ニーチェの『悲劇の誕生』*にみるディオニュソス*やアポロ*も地母神，太母神ではない。二人は，ニーチェが『アンチクリスト』*を書くに至って離れている。バッハオーフェンは敬虔なプロテスタントであり，都市貴族であったからだ。

『母権制』は，出版当時ほとんど知られず，世に埋もれた形になっていた。ところがアメリカの民俗学者モルガンの『古代社会』(1877)に取り上げられた。このモルガンの書から借用して，母権制を世に拡めたのは，エンゲルスの『家族，私有財産，国家の起源』(1884)である。エンゲルスは，家族の形態が集団婚から一夫一婦制へ，母権制から父権制へと発展したことを認めた。この発展をモルガンからエンゲルスに伝えたのはマルクス*だった。かくて社会主義者の間では，母権制の父権制への転換は，女性の世界史的敗北と見られ，そのためバッハオーフェンの母権制は婦人解放運動にとって導きの星となった。

ところが，母権制は世紀末*から20年代にかけて，社会主義者ではなく，ミュンヘンのシュワービンク地区に住むゲオルゲ*，クラーゲス*らを中心にした宇宙論サークルによって広くヨーロッパの知識人の間に伝播させられた。しかし彼らはバッハオーフェンの母権制を，反キリスト教市民道徳と反進歩，反近代の心情で読み込んだ。女流作家レヴェントロフ伯夫人をはじめ，トーマス・マン*，G. ハウプトマン，リルケ*，ホーフマンスタール*，ヘルマン・ヘッセ*らの作家により，文学，詩，戯曲のテーマとして取り上げられている。→フェミニズム〔女性解放〕

(上山安敏)

「鳩の足で歩いてくる思想」 [„Gedanken, die mit Taubenfüssen kommen..."]

『ツァラトゥストラ』*第2部末尾の「最も静かな時」では，「偉大なことを命令せよ」と声もなくツァラトゥストラに語りかけるものがある。「命令するには私には獅子の声が欠けています」と応ずるツァラトゥストラに，声なきものは「嵐を呼ぶのは最も静かな言葉である。鳩の足で歩いてくる思想が世界を導くのだ」と語ってさらに彼を促す

［Ⅱ-22］。ここで暗示されているのが「永遠回帰*」の思想であることは，第3部に至ってようやく明かされる。「七つの封印」ではツァラトゥストラ自身が，「あらゆる重いものが軽くなり，あらゆる身体が舞踏者になり，あらゆる精神が鳥になる」という「舞踏者の徳」を讃え，この「鳥の知恵」とともに「回帰の円環」への欲情をうたう［Ⅲ-16.6, 7］。そして，第4部末尾の「徴」において，洞窟を出たツァラトゥストラのもとには無数の鳩が飛来し，笑う獅子と戯れる［Ⅳ-20］。これをツァラトゥストラは「徴」として受け止めて，軽やかにはばたく者だけに訪れる「永遠回帰」の思想が，哄笑のうちに「重力の精*」を打ち負かす「超人*」によって肯定され，人類が「大いなる正午*」を迎える準備が整ったことを示すものだとしている。この鳩と獅子についてグスタフ・ナウマンは，それぞれ「柔和さ」と「成熟した力」の象徴であるとしてヴェニス*のサン・マルコの紋章との関連を示唆しているが［『ツァラトゥストラ・コメンタール』］，明確な背景は不明である。

（大石紀一郎）

『華やぐ智慧』　⇨『悦ばしき智恵』

ハーバーマス　[Jürgen Habermas 1929-]

　フランクフルト学派*第一世代のホルクハイマー*やアドルノ*が，19世紀市民社会に対するニーチェの反抗的文章に魅了された経験をもつのに対して，ハーバーマスにとってニーチェは最初から対決の対象であった。直接にニーチェを論じたのは，19世紀における実証主義の成立を論じた『認識と関心』（1968）の最終章，ニーチェの文章のなかから認識論に関するものを集めたアンソロジーの後書き（1968），そして『近代の哲学的ディスクルス』（1985）のなかの「ポスト・モダンの開始」と題された章などであるが，それ以外にも著作の多くの場所でニーチェ批判を隠さない。彼から見れば，ニーチェは時代の病を敏感に感じとった世紀末以降の一連の知識人の先端に位置してはいるが，それと同時にアドルノが「文化批判と社会」［『プリスメン』所収］の中で〈市民的文化批判〉と呼んだ反時代的精神とその反近代主義に先鞭をつけた思想家である。また，ドイツ精神が西欧の民主主義の伝統，18世紀の普遍主義の精神と決定的にたもとを分かった地点を象徴してもいる。その意味で彼の理解する〈ポストモダン〉の始まりである。

　とはいえ，60年代後半から70年代にかけてのハーバーマスにとってニーチェはもうそれほど大きな問題ではなくなっていた。世紀末*の夢と結び付いたような受容は「もう過去であり，ほとんど理解しがたいものになった。ニーチェはもう伝染力をもっていない」とアンソロジーの後書きにも書いていた。ところが，彼の見通しは希望的観測でしかなかった。70年代に入ると，フランス思想を中心にしてドイツでもニーチェは蘇る。フーコー*を中心とする近代批判は，近代的な理性の「突然の」登場を，つまりは「人間」の登場を，日常生活のすみずみにまで浸透している権力の産物と捉え，そうした権力＝合理性によって排除されたものの側につこうとする。実際に一定の正常と異常のカテゴリー，現実と非現実の区分けが近代によって貫徹されたことによって，近代が忘れ去ったものの代価は大きい。こうした近代批判は，世紀末の文化批判以来，生の根源の力，太古の世界，芸術，聖なるもの，性的爆発，異常や辺境のもつ衝撃力を支えとしてきた。そこには抵抗のエネルギーが，反抗的な知的憤激が込められていた。ハーバーマスはそのことをモデルネの名において評価するのにはやぶさかでないが，それがニーチェ復活と結びつくことには過敏な反応を示す。近代の理性原理を葬ろうとする力が働いていると見る。講演「近代——未完のプロジェクト」では，そう

した反近代論の徒についてこう言われている。「彼らは脱中心化した主観性，認識や有用な活動の制限から解き放たれ，労働と有効性の命法から自由になった主観性を曝す経験はしております。しかし，この経験とともに彼らは，近代世界からも飛びだしてしまうのです。モダニズム風の態度を見せつつ，宥和不可能な反近代主義の礎になろうとしています。……この系統はフランスでは，ジョルジュ・バタイユ*からフーコーを経てデリダ*にまでつながっておりますが……これらいっさいの上に漂っているのは，70年代に再生されたニーチェの精神です」。

こうした問題群と対決したのが『近代の哲学的ディスクルス』である。すでに『認識と関心』で，ニーチェにおける力への意志*は認識関心の自然主義的誤解であるという議論がされていたが，それを踏まえてのニーチェ批判はおよそ三点に要約できる。第一にニーチェは，近代的な主体が自己の認識のあり方を批判しうる理性の反省能力を自ら行使しているのに，そのことを認めないばかりか，この反省能力がもつ治癒の力，すなわち実証主義*を乗り越える力を拒否している。実際にニーチェ自身が「ソクラテス*において表れる論理的な衝動はそれを自分自身に向けることは禁じられていた」[『悲劇』13]と述べていることが思いあわされる。「自己反省そのものが認識であることを否定してしまう」この逆説を「反省の自己否定というアイロニカルな矛盾」[『認識と関心』]とハーバーマスは形容する。第二は，ニーチェはそれゆえに，真-偽の区別を好悪の趣味判断にすりかえ，心理学*どころか，生理学*を規範にするまでに堕してしまった。近代において分化した妥当請求（真-偽，善-悪，芸術的な内面の純正さ）がニーチェにおいて混同され，真理表明にかかわる判断文を，真と偽のいずれをとるべきか，善と悪のいずれを好むべきかというメタ次元の趣味に関わる評価文に縮減してしまった，とされる。第三は，その帰結として力の思想に吸い込まれ，美の衝撃と陶酔*という，それ自体は批判的な抵抗の契機となりうる根本経験を一般化し，全面的な基準へと拡げるという非合理主義の陥穽にはまり込んでしまった。こうして見ると，政治の分野に美的カテゴリーが持ち込まれるというベンヤミン*がナチス*に指摘した事態の端緒はニーチェにあることになるのだろう。

ニーチェに対するハーバーマスのこうした批判は正当である。だが，問題はこの批判によってニーチェという現象をすべて乗り越えることができるか，ということである。というのもニーチェは芸術的モダニズムの先駆でもあったからである。そのことはハーバーマス自身認めるとおりである。「頽落の歴史の連続性を吹き飛ばそうというシュルレアリストたちのアナーキーな目論見はすでにニーチェのなかで働いている。美による抵抗の持つ反抗的転覆の力は，後にベンヤミンにおいて，またペーター・ヴァイスに至ってすらも，反省の原動力となったが，こうした美的抵抗の力は，すでにニーチェにあってもいっさいの規範的なものに対する反抗をみずから行った彼自身の経験に由来している」[『近代の哲学的ディスクルス』]。言い替えれば，ハーバーマスは，ニーチェが反省を実際に行っていることを自己自身に対して覆い隠したことを批判するに急なあまり，実際にそこで行われているニーチェの美的反省を一応は承認しつつも，その程度と質と射程に盲目になりすぎてはいないか，ということである。だが，またこうした美的革命の枠でのみニーチェを捉えるという誘惑にも大きな危険があることもわれわれとしては認めざるをえない。この危険は20世紀の悲劇に手を貸したものでもあるが，現在この危険に陥るならば，そこに待っているのは知的ナルシシズムと私小説化した「大いなる拒絶」であり，「排除」への繊細なる感覚を安売りすることでしかないから

である。

　他方, ドイツ統一の動きとともに, ドイツ文化のアイデンティティを語るボーラーなどが, ニーチェをドイツの「反合理主義の遺産」として称揚する場合には, ハーバーマスはニーチェの反合理主義的でない側面を強調するという微妙なスタンスを取ることになる。「われわれの最も見事な啓蒙家〔ニーチェのこと〕による啓蒙批判の伝統を継承しないなどという乱暴な考えにいったい誰が逢着するだろうか」と〔『遅ればせの革命』〕。ここには, ニーチェの美的反省力への評価がにじみでている。いずれにせよ, ニーチェに対するハーバーマスの対応の微妙な揺れは1970年代以降のドイツにおける精神の座標軸の移行に対応していることはまちがいない。→フランクフルト学派
（三島憲一）

文献　▷ Jürgen Habermas, *Erkenntnis und Interesse*, Frankfurt a. M. 1968 (奥山次良ほか訳『認識と関心』未来社, 1981). ▷ ders., *Der philosophische Diskurs der Moderne*, Frankfurt a. M. 1985 (三島憲一ほか訳『近代の哲学的ディスクルス』Ⅰ・Ⅱ, 岩波書店, 1990).

バラモン

　本来「色」を意味した「ヴァルナ」(varṇa) と呼ばれる古代インド*の4種姓のうち最上位の司祭層を指す。このバラモンを最上位に, クシャトリア（王侯・戦士層）, ヴァイシャ（庶民）, シュードラ（隷属民）と続く4ヴァルナによって構成されたのが, 古代インドの四姓制度である。そしてこれは, 植民地時代に, 中近世インドの世襲的身分制度の原型でもあると解釈され, 総じてカースト制度と呼ばれるようになった。また, バラモンを中心に信奉され, 今日のヒンドゥー教の前身としてその宗教的核を作り上げたかつての儀礼主義宗教が, 近代西欧から「バラモン教」と呼ばれたものであり, 19世紀にはドイツでも研究が進んで, しだいにその思想内容が知られるようになっていた。ニーチェ自身は, そのことを, 友人のドイッセン*のインド哲学研究から学んでいる。

　バラモン教は,「リグ・ヴェーダ」をはじめとする4ヴェーダなどを聖典にもつ, もともとは呪術的性格の強い祭式万能の宗教であった。バラモンたちは, まずは, 聖典を口伝し, 祭式を複雑なものにしてこれを独占することにより, 社会的優越性を確立したのである。しかし, 前6世紀頃から東インドを中心にジャイナ教や仏教などの非バラモン教的な宗教が現れてくるようになると, バラモンたちもこれに対抗して自らの教学を整備し, 紀元前後には, 正統派バラモンの古典的哲学体系（六派哲学）が成立してくる。ニーチェが「バラモン」と言うとき念頭においているのは, この「バラモン教」のことである。

　古典的な正統派バラモンの哲学の基礎には, 他のインド思想にも共有されることになる「輪廻」(Saṃsāra) の思想が存在する。バラモン教は, これを独特な「業」(Karman) の教説に結び付ける。すなわち, 現世の行為の倫理的質が来世の運命を因果応報的に決定するというものであり, このために各カーストごとに厳格に守られるべき儀礼的義務としての「ダルマ（＝法）」が定められた。バラモンたちは, それゆえ, とくに厳格な儀礼的義務に服し禁欲的な生活を受け入れたが, この教説は同時に, 王侯やその他のカーストにもそれぞれのダルマの遵守を要求するものであり, このことによりバラモンは,「自らは超然とその圏外に身を置きながら, 国民に対して王を任命する権力を持ち」［『善悪』61］, 社会的に最上位の地位を安定的に確保しえたのである。

　とはいえ, 正統派バラモンの救済の理想は, このような現世の地位に安んずるというものではなく, むしろ無条件にこのような現世から, そして「業と輪廻」の歯車そのものからも, 解放されることであった。バラモン

にとって現世は端的に「苦」なのであり、ここに、インド思想を特徴づける現世拒否の極端な急進主義が成立するのである。それゆえ、バラモン哲学の中心的な理論的課題とは、現世に「自我」として現れることの本質的意味とその止揚の方途であった。正統派バラモンはこの理論的課題をめぐって6学派に分かれるが、その内でもっとも重要なのが「ヴェーダーンタ派」と「サーンキヤ派」である。ヴェーダーンタ派は、世界の唯一絶対の究極的原因としての「ブラフマン」(brahman) の一元論を主張する。それによれば、個我が輪廻の中に現れるのもブラフマンの自己運動上の仮象にすぎず、個我はこのブラフマンに帰入し神秘的な再結合を遂げることによって解脱に到る（＝梵我一如）、とされる。これに対してサーンキヤ派は、純粋精神と根本物質の二元論を唱えた。これによれば、純粋精神は個我であって多数存在するが、この純粋精神が根本物質との結合によって制限を受けるとき、苦を経験し輪廻も生ずる。それゆえ、純粋精神たる個我は、自らが物質とはまったく異なるとの認識を得ることで解脱に到る、とされた。

さて、後期ニーチェのひとつの核心である「永遠回帰*」の思想が、このようなバラモンの哲学とある類縁性をもつことは明らかである。とはいえニーチェ自身は、こうしたバラモンの思想そのものを、「没落の、頽廃の、出来損ないの、疲弊弱化した本能の、徴候」[『悲劇』「自己批評」2]であると捉える。というのも、このバラモンの現世拒否のニヒリズム*は、あらゆる現世的価値への懐疑とともに、肝心の〈生*〉そのものを拒否してしまうからである。「たとえば、ヴェーダーンタ哲学の禁欲者がやったように、肉体的なものを迷妄として貶め、主観と客観などの概念的対立のすべてを誤謬だと退けてしまうことについて、ニーチェはつぎのように言う。「おのれの自我に対する信念を拒絶し、おの

れ自身の〈実在〉を否定する、――なんたる勝利であることか！――これは、もはや単なる感覚や見せかけに対する勝利なのではなく、もっとはるかに高い種類の勝利、すなわち、理性に対する暴圧と残忍である」[『系譜』Ⅲ.12]。これに対決してニーチェは、「永遠回帰」を高らかに肯定し、永遠に再生する〈生〉を選びとるのである。→永遠回帰、インド

(中野敏男)

バルザック [Honoré de Balzac 1799-1850]

『人間喜劇』をはじめ、ロマン主義から写実主義への移行期を示す作品を残しているが、ニーチェはバルザックを完全にロマン主義作家として捉えている。1840年代のフランス後期ロマン主義とヴァーグナー*の内的連関を指摘した『善悪の彼岸』*[256]では、ドラクロワ*とともに「人間としては意志のタンタロスであり、成り上がりの賤民*であって、みずからの生と創造において高貴なテンポすなわちレント（ゆっくりと）をとれないことを承知していた」人間の部類に入れられている。着想がわくと書斎に閉じこもりコーヒーを浴びるように飲みながら寝るのを惜しんで創作を続け、その合間には社交界にも出入りしたといわれるバルザックの貪欲な仕事ぶりが、ニーチェには気に入らなかったようで、「手におえないほどの働き者で、いわばその労働による自己破壊者」、「均衡も享楽も知らない野心家で貪欲家」[同上]と形容している。ただしその一方では、これらロマン主義者たちは「大衆の世紀」において「ましな人間*」というものを教え、「大胆不敵な、堂々たる才能」を持っていたとも述べている。バルザックの手法は、登場人物の特性をその環境の微々細々にわたる描写によって浮かび上がらせる点に特徴があるが、それは自然主義*を思わせる手法である。ニーチェはこの微細な描写を評価し、「複雑さや詳細を嫌悪する」ギリシア人と対照的な心理観察

の視点を持つ人間として「モンテーニュ*からバルザックにいたるすべてのフランス人」[遺稿Ⅱ.6.28]が上げられている。とはいえ，その描き方は，「記述家」のそれであって絵画的ではない[同Ⅱ.7.63]という。かと思えば「ポエジーによって絵を描こうとした」点で，芸術をだめにしてしまう作家としてユーゴーやスコットと並べられている[同Ⅱ.7.65]。毀誉褒貶入り混じった評価であるが，ロマン主義や自然主義*を感じさせる部分については一貫して否定的である。→ドラクロワ

(大貫敦子)

「パルジファル」 [Parsifal. 1882成立・初演]

ヴァーグナー*最後の楽劇——正確には「舞台神聖祝典劇」——「パルジファル」は，ヴォルフラム・フォン・エッシェンバハの「パルチヴァール」などを素材として1877年台本が作成され，さらに1882年作曲が完成して，同年の7月バイロイト*で初演された。ヴァーグナーがこの作品の台本をニーチェに献呈したのとニーチェが『人間的』*をヴァーグナーに献呈したのが同時だったという有名なエピソードがあるが，厳密には若干のずれがある。いずれにせよこの作品によってヴァーグナーとニーチェの訣れは決定的なものとなった。聖杯伝説に依るこの作品は，「無垢な愚か者」の同情*による罪の救済というきわめてキリスト教*的・宗教的な主題を扱っている。この晩年のヴァーグナーにおける宗教伝統への回帰は，すでに決定的なものとなっていたニーチェのヴァーグナーに対する嫌悪をいっそう確かなものにした。ニーチェにとって「パルジファル」は，精神や道徳の名において官能に対抗し，あらゆる過剰なもの，情熱，力の現前を「理想」や「魂」といった倒錯的な超越性の下に抑え込もうとする「禁欲主義的理想」へのヴァーグナーの回帰をもっとも鮮明に証しだてる作品であった。言い換えれば「パルジファル」はヴァーグナーのデカダンス*そのものにほかならなかったのである。『道徳の系譜』*第3論文の第3節にそうしたニーチェの「パルジファル」観が最も集中的に述べられている。まずニーチェは，「パルジファル」がはたして真面目に受けとれるのかという問いを発する。この作品はヴァーグナーが引き受けようとした「悲劇的なもの」を嗤いとばすパロディではないのか。もしそうならばこの作品には救いの余地がある。が，もしヴァーグナーがあくまで真面目であったならば。そのとき「パルジファル」は「認識と精神と感覚に対するばかげた憎悪」を，「感覚と精神への，憎悪と呼吸が一つになった罵詈」を，「芸術の最高の精神化と感覚化をめざしてきた芸術家の自己否定，自己抹殺」を意味することになる。こうした言葉には，近代の先端的な問題圏から退行しようとするヴァーグナーへのニーチェの怒りが現れている。にもかかわらず晩年の巨匠の円熟した音楽の否定しがたい魅力への苛立ちもそこには存在しているように思われる。

(高橋順一)

ハルトマン [Eduard von Hartmann 1842-1906]

プロイセンの陸軍少将となった父にならって近衛砲兵連隊に入ったが，負傷のため除隊し，ショーペンハウアー*，ヘーゲル*，シェリングの哲学を独学で学んで，『無意識の哲学』(1868-69)を執筆した。この書物は10年間に8版を重ねるほどの好評を得て各国語に翻訳され，ハルトマンは一躍「流行哲学者」(Modephilosoph)となった。彼のもとには各地の大学から教授職の提案が殺到したが公職にはつかず，『道徳意識の現象学』(1879)，『美学』(1887)，『カテゴリー論』(1896)など，多数の著作を執筆した。ハルトマンが流行した頃ドイツに留学した森鷗外*は，短編小説「妄想」(明治44年)のなかで，「その頃十九世紀は鉄道とハルトマンの哲学を齎した

と云った位、最新の大系統として賛否の声が喧しかった」と伝えており、また『審美論』(明治25-26年)や『審美綱領』(明治32年)でハルトマンの美学を日本に紹介している。『無意識の哲学』においてハルトマンは、ショーペンハウアーの「意志」に代えて「無意識」を世界の根柢に置き、ヘーゲル的な「発展」の思想を生物学的進化とも結びつけて「世界過程」(Weltprozeß)の進展を描いた。彼はこの「世界過程」を、人類が幸福を現在において達成しうると考える第一段階、死後の生に求める第二段階、そして未来に期待する第三段階に分け、それぞれを「古代 - 幼年期」、「中世 - 少年期」、「近代 - 壮年期」になぞらえるが、これらはいずれも「迷妄」であり、あらゆる幸福の追求は空しく、苦悩から救われぬまま人類は「老年期」を迎えるという。しかし、ショーペンハウアー流の「意志否定」も無意味であり、とりあえず「生きんとする意志*」の肯定を正しいものとして、「世界過程」の終結における「救済」を期待しつつ、「世界過程への人格の完全な献身」に生きるほかはないと説く。ニーチェは『反時代的考察』*第2篇で、ハルトマンはシニシズム*をもって世界史のパロディーを描く「哲学的パロディスト」であるとし攻撃している。つまり、「世界過程」の果てに救済を見る彼の思想は、ペシミズム*を装ってはいるが、じつは、自分たちこそ歴史の目的であるとして過去を占有し、自らの現代を正当化しようとする欲求にもとづいているとして、なぜ普仏戦争*の戦勝後にハルトマンが流行したのか、その背景を暴き出そうとする。そして、抜け目ない「壮年」のエゴイズムや生にしがみつく「老年」のあさましい欲望の支配に代わって、歴史的知識に毒されていない「青年の国」が到来することへの希望を語っている[『反時代的』Ⅱ.9]。ニーチェはその後の著作においても、『無意識の哲学』から得たイメージにもとづいてハルトマンを批判し、ユーリウス・バーンゼンやフィリップ・マインレンダーとならべて、これらはショーペンハウアーの真剣な哲学的探求を愚弄するものだとしたり[『智恵』357]、デューリング*と同様、たまたま時流に乗った「折衷哲学者」にすぎないと罵ったりしている[『善悪』204]。ハルトマンの方でも、90年代にニーチェが流行するようになるとニーチェを取り上げ、アフォリズムで気の利いたことを言っているようにみせかけているが、その思想は貧困であり、すでにマクス・シュティルナーが『唯一者とその所有』で述べたこと以上のものではないと酷評している。→ケーベル、森鷗外

(大石紀一郎)

文献 ▷ Eduard von Hartmann, *Philosophie des Unbewußten*, Berlin 1868-69.

『反時代的考察』 [*Unzeitgemäße Betrachtungen*. 1873-76]

【Ⅰ】反時代性 『ダーフィト・シュトラウス——信仰者・文筆家』(1873)、『生に対する歴史の利と害』(1874)、『教育者としてのショーペンハウアー』(1874)、『バイロイトにおけるリヒャルト・ヴァーグナー』(1876)の4篇からなる『反時代的考察』は、「徹底して好戦的」な文化批判の書である。これらの著作でニーチェが意図したのは、「帝国」「教養*」「キリスト教*」「ビスマルク*」「成功」という、1870年代のドイツでもてはやされたものを攻撃し、その対極にあって未来の文化を指し示す人間像として、「ショーペンハウアー*とヴァーグナー*、あるいは、一語で言うならば、ニーチェ」という「反時代的なタイプ」を描き出すことであった[『この人』V.1]。ここで「反時代的」(unzeitgemäß)というのは、「当世風の」ないしは「時代に即した」という意味の〈zeitgemäß〉の反対語であり、時流に与せず果敢に挑戦する姿勢を示している。しかも、この反時代性は、ニーチェが古典文献学

者として近代文化と対決する姿勢を取ったことに根ざしていた。『歴史の利と害』序言では,「われわれの時代のなかで反時代的に——つまり,時代に抗して,それによって時代に対して,のぞむらくは来るべき時代のためになるように——はたらきかけるという意味のほかに,どのような意味を古典文献学*がわれわれの時代のなかで持つか私にはわからない」と述べている。反対に,彼の古代との取り組みも,当時のドイツに淀んでいた時代の空気から脱出したいという願望にもとづいていた。ナショナリズムを煽り立てる風潮や一時の好況に浮かれるブルジョワの自己満足にも,かつての左派知識人のジャーナリスティックな活動にも,また硬直したアカデミズムにも嫌悪を抱いたニーチェは,古代ギリシア悲劇の再生が現代の書簡の停滞を吹き飛ばすことを夢見ていた。当時の書簡から浮かび上がってくるのは,穏健な碩学ブルクハルト*とギリシア文化について語り合うことに喜びを覚えながらも,ショーペンハウアーに倣って教養の形骸化を嘆き,友人たちとともにギリシア的なアカデミアを築く計画を立て,ヴァーグナーと同盟を結んで未来の文化の建設に携わることに感激しているニーチェの姿である。このような文化的革新への期待が渦巻くなかで,現代に息苦しさを感じながらも,まだ完全にはそのなかに呑み込まれていない者のために彼が準備した警告が『反時代的考察』であった[ローデ宛 1870.12.15.参照]。そこで彼は,自分の内部にあったいっさいの「否定的で反抗的なもの」を吐き出したという[マイゼンブーク宛 1874.10.25.]。ただ,「自由精神*」が躍動して,批判する自分のスタンスを次のステップで跳び超えていく『人間的な,あまりに人間的な』*(1878)以降の著作と比べると,攻撃の対象にこだわって饒舌をふるい,つねに自らの古代理解を基準として持ち出す『反時代的』のスタイルにはまだ闊達な自在さがない。彼は『反時代的』を13篇のシリーズとする計画も立てたが,実現したのは「教養俗物*」「歴史」「哲学者」「芸術」に関する4篇のみであった。当時の遺稿に残された計画のなかで挙げられている「古典文献学」「ギムナジウム」「宗教」「国家・戦争・国民」「読むことと書くこと」「新聞」「自然」「社会」「自由への道」といったテーマのうち,実際に草稿が練られたのは『われら文献学者』のみであるが(1875年初頭),それらにおいて展開されたであろう論評の一部は,講演「われわれの教育施設の将来について」(1872)における文化批判からも窺われる。

【Ⅱ】 ドイツ文化と公共性への批判 普仏戦争*の勝利とプロイセン主導によるドイツ*統一は,上からのナショナリズムに迎合する勢力によって歓呼の声をもって迎えられたが,ニーチェはすでに戦争中から,プロイセン「国家」の隆盛が「文化」の将来を危険にさらすことを危惧し[ゲルスドルフ宛 1870.11.7.;母・妹宛 1870.12.12.],文化を軍事的・経済的成功の飾り物に貶める傾向を憂慮していた。『ダーフィト・シュトラウス』では,ドイツの世論はドイツの軍事的勝利があたかもフランス文化に対するドイツ文化の勝利であったかのようにもてはやしているが,これは文化とは関係がなく,よく訓練されたドイツ軍が科学的な戦術で戦った結果にすぎないと指摘して,権力におもねってナショナルな自負心をくすぐるジャーナリズム*は「〈ドイツ帝国〉を贔屓にするばかりにドイツ精神の敗北,それどころか根絶」をもたらしかねないと述べている。文化とは「一民族のあらゆる生の表現における芸術的様式の統一」であるべきなのに,現代の文化は独自の様式を生み出せないまま,歴史主義*に逃げ込んで,過去からの借り物をつぎはぎして現代の醜さを隠蔽する「似而非文化」であるとされる[『反時代的』I.1]。この虚偽の文化を支える者をニーチェは「教養俗物」と呼び,彼らは

口当りのいい作品を提供する作家を「古典作家」に仕立て上げて銅像を立てたり、「ためになる」コンサートや劇場や展覧会に足を運んで入場料に見合うだけの娯楽を消費して、独りよがりの感動に身を委ねたりしていると皮肉たっぷりにそのありさまを描いている［Ⅰ.2］。表題になっているダーフィト・シュトラウス*はかつてヘーゲル*左派の論客であったが、このような知識人も国民的熱狂にとらわれて俗物の文化に迎合していると槍玉に挙げられている。シュトラウスは反ショーペンハウアーのオプティミズムに立って不安を解消してくれる形而上学*を捏造しているとされ、またその文体に至っては、鉄道、電報、蒸気機関、取引所といった比喩を使えば新しいと思っているとして、ニーチェはシュトラウスのドイツ語の表現をしつこくあげつらっている。彼の多岐にわたる批判の焦点をなすのは、批判的な機能を失った公共の議論への不信であり、形骸化した規範と摑みどころのない内面性に分裂した教養に対する疑問である。『反時代的』第3篇でも、現代の教養は「たんなる〈世論〉」にすぎず、〈Moment〉〈瞬間〉、〈Meinung〉〈意見〉、〈Mode〉〈流行〉という三つのMがジャーナリズムのなかで幅を利かせて、国家や経済におけるエゴイズムに教養人までが巻き込まれており、「現在の芸術や学問も含めて、すべてが到来しつつある野蛮に奉仕している」という批判が行われている［Ⅲ.4］。

【Ⅲ】認識と生の対立　こうした〈文化の野蛮〉をもたらす重大な要因として、ニーチェが『生に対する歴史の利と害』で取り上げたのが、〈何のために〉という反省を欠いた歴史研究であった。19世紀末のドイツにおける歴史諸科学の制度的確立は、偉大な政治的伝統を持たないドイツの市民層が、急拵えの帝国のなかで文化的アイデンティティーの拠り所となる偉大な過去を求めて「苦しまぎれの歴史主義」（プレスナー）に走った結果で

あった。この過程で、ドイツ観念論*と結びついていた教養は歴史的知識の寄せ集めとなり、忠実かつ有能な帝国臣民となるべき大学入学者の選別基準へと変質していった。これに関連してニーチェは、歴史の頂点に立つ勝利者として過去を見おろすヘーゲルの歴史哲学の帰結や、歴史の事実を跪拝して「世界過程に対する人格の完全な献身」を説く E. v. ハルトマン*の『無意識の哲学』も俎上に載せている［Ⅱ.8-9］。ただ他方では、過剰な歴史化をもたらしたのは歴史の科学化への要請であると指摘して［Ⅱ.4］、それをもっぱら〈認識〉と〈生*〉の対立の問題として捉えていた。彼はドイツの教養人が誇る「歴史的感覚」に「歴史病」という診断を下して、それに対して〈非歴史的なもの〉（忘却*）と〈超歴史的なもの〉（芸術*・宗教）を処方する。そして、「過去を生のために利用し、起こったこと（das Geschehene）からふたたび歴史（Geschichte）を作る力によってこそ、人間は人間となるのだ」として、われわれは歴史が「生に奉仕する」限りにおいて歴史に奉仕すべきであるという［Ⅱ.1］。そこで「生に奉仕する」歴史の形態として挙げられるのは、偉大な過去を顧みて現在における行為に邁進する〈記念碑的歴史〉、自らの出自を自覚して伝統を擁護する〈尚古的歴史〉、重荷となる過去を振り捨てて未来をめざす〈批判的歴史〉という三種の歴史考察である［Ⅱ.2-3］。とはいえ、「ただ現在の最高の力からのみ君たちは過去を解釈することを許されている」と彼が述べるとき［Ⅱ.6］、科学の野蛮な暴走を抑制して未来を築く「現在の最高の力」として想定されているのは、古代ギリシアの悲劇を現代によみがえらせるべき芸術である。たしかに、「知識はその棘を自分自身に向けなければならない」という、歴史的理性の自己反省への要請もあるが［Ⅱ.8］、それは「認識衝動はその限界に達すると自らに刃を向け、やがて知識そのものの批判へと突

き進む」という曖昧な弁証法的思考以上には発展せず［遺稿 I.4.27］、「認識の価値が問題であるのならば、また他方で、美しい妄想もそれが信じられさえすれば認識と等しい価値を持つとするのならば、生は幻想を、つまり真理と見なされる非真理を必要とするものだということがわかる。生には真理への信仰が必要である。だがそれならば幻想だけで十分である」という当時の遺稿も示しているように［I.4.33］、相対主義的な真理観へと傾いていった。尊敬するブルクハルトがこの著作に距離を置く姿勢を示したことはニーチェを失望させたが、のちに歴史主義の危機が問われるようになると、この『反時代的考察』第2篇はトレルチなどの専門の歴史家によっても真剣な対決の対象として論じられるようになった。

【Ⅳ】 文化の理想としての哲学者と芸術家

ニーチェは「われわれの教育施設の将来について」でショーペンハウアーをモデルとする哲学者に託して当時の教育の現状を批判していたが、『教育者としてのショーペンハウアー』における国家やジャーナリズム、教育制度やアカデミズムへの批判は、この1872年の講演と内容的に対応するところが多い。この著作で彼はショーペンハウアーを「現代を克服する」理想の哲学者として描き、「ショーペンハウアーによって現代を知り、彼の導きで現代に反した自己教育を行う」ことこそわれわれの課題であるとする［Ⅲ.4］。ところで、『悲劇の誕生』*にも見られるように、ロマン主義的自然観の影響を残していた初期のニーチェにとって、文化の目標とは哲学者や芸術家、聖者の出現を促して自然の完成に関わることであり、それは高次における自然の自己認識にほかならなかった［Ⅲ.5］。とりわけ「天才*の産出」こそ自然を完成するものであり、天才の教育という重要な課題が哲学者に期待される。これは、のちに彼が哲学者はたんなる「アカデミックな〈反芻動物〉」であってはならないとして、「価値の創造者」たるべき「新しい哲学者たち」の出現を待望したことを思わせる［『善悪』211］。のちにニーチェは、「『教育者としてのショーペンハウアー』には私の最も内的な歴史、私の生成が書き込まれている」、「ここではあらゆる言葉が体験されたものであり、深く、内的である」として、「ここでは結局のところ〈教育者としてのショーペンハウアー〉ではなく、その対極にある〈教育者としてのニーチェ〉が発言している」と述懐している［『この人』Ⅴ3］。

最後の『反時代的考察』となった『バイロイトにおけるリヒャルト・ヴァーグナー』においてニーチェは、ヴァーグナーが体現する芸術家の理想を描いている。そして、バイロイト*の祝祭をともに祝う者は芸術とは何かということを発見する「反時代的」な者であり、趣味的に芸術を愛好する「教養人」とは敵対するとして、教養人が大金をはたいて芸術に対する欲望まで買い集め、それにへつらう芸術が良心を麻痺させて現代を弁明するものになっているのに対して、現代を告発する芸術を求めている。しかし、このバイロイトの理想に忠実な者と趣味的な教養人との対立において、ヴァーグナーの取り巻きはどちらかといえば後者に分類される。たしかに、ヴァーグナーの信奉者たちは彼をドグマ化しようとしたという言い方で、バイロイト・サークルとヴァーグナー自身とは区別されているが、のちにニーチェが、人は愛している限り肖像を描かず、「観察」をしないものだと述べているとおり［『人間的な』Ⅱ.序言1］、すでにヴァーグナーとの疎隔が始まっていた徴候を示す表現も各所に見られる。「自己に対してこれほど力を振るう芸術家は、望まずして、他のすべての芸術家を支配下におく」と言われたり［『反時代的』Ⅳ.10］、その後もヴァーグナーを特徴づけるときに用いられる「俳優」という言葉が現れるし、また、ディ

テュランボス*的劇作家は「最も偉大な魔術師」であるという言い方もある［同 IV.7］。そして，ヴァーグナーに屈服することでその力に参画し，彼を通して彼に対する抵抗力をつけることが求められ，「秘密に満ちた敵対」を経て彼から「離れる」ことで自分を見いだすことまでが語られるのである。

【V】 文化批判の問題性　『反時代的考察』は歯に衣着せぬ批判に彩られているが，その批判の前提としての民族の生の表現における統一という文化の概念や，何かにつけては独特のギリシア理解を持ち出す議論はいささか説得力に欠ける。社会的変化の経済的・社会的要因についての視点の欠如は，文化現象を衝動*や生への還元によって捉えようとしたり，人間類型によって文化的理想を描こうとしたりする思考パターンと密接に関連する問題点である。現在から見ると，初期の文化批判には，反動的で非合理主義的な近代文明批判に結びつく部分や，少なくとも言葉遣いのうえではそれと一致するところがある。たとえば，ロマン主義的な起源を持つ「民族*」「精神」「生」「天才」といった表現である。ニーチェの文化批判は，行き詰まった啓蒙的近代の帰結を問い直して，世紀末以降の〈モデルネ〉の芸術運動を刺激し，またのちの社会学者たちに批判へのきっかけを与えたが，批判の究極の根拠として〈生〉を措定し，学問*と芸術*，認識と生という二項対立を立ててその一方のみに根源性を認めるという論法は，その後の反啓蒙家や批評家が主知主義的理性を弾劾する際に用いた思考図式でもある。ここには，あるものがその反対物からどのようにして生じるかという『人間的』以降の問題意識はまだ見られない。たしかに，実現されなかった『われら文献学者』のための草稿は，『悲劇の誕生』以来の新たな古代ギリシア像の探求を現代の実践に活かそうとするパトスが，文献学研究や古典教育の実態についての厳しい反省と結びついている様子を窺わせる。しかし，新たに見いだされた古代が本来的な過去として実体化されてしまうと，それを基準にした現代批判は，自らの根拠への反省を置き去りにして空廻りしかねない。『われら文献学者』が完成されなかった背景には，古代と近代の対立に批判の根拠を求める思考の問題性にニーチェ自身が気づきはじめていたということがあったのかもしれない。「古代は実際にはつねに現代から理解されてきた——そしていまや現代を古代から理解しなければならないのか？（中略）しかし，そもそも現代的なものの認識によってのみ古典的な古代への衝動を得ることができるのだ。この認識なしに——どこでこの衝動が生じてくるというのだろうか？」［遺稿 I.5.140］という，批判の動機や根拠のありかへの問いがその草稿の中にあるのは偶然ではあるまい。やがて，批判の根拠についてのこうした反省を通して，ロマン主義と形而上学的思考の克服という中期以降の課題が自覚されることになる。→学問, 19世紀とニーチェ, ドイツ／ドイツ人　（大石紀一郎）

反ニーチェ¹（左翼の）

「左翼の」ということで，いわゆる正統派すなわちソビエト・マルクス主義に近いところで，なおかつ内容があって影響力も大きいニーチェ論となると，ルカーチ*の大著『理性の破壊』(1954)の中のニーチェをめぐる一章をおいてないであろう。同書は，ヒトラーの出現にいたる近代ドイツの思想史とくにその「非合理主義」の歴史を，まさにファシズムによる破局をもたらした歴史として，理性／反理性の図式の下に批判的に叙述したものである。シェリング，キルケゴール*，ショーペンハウアー*からニーチェ，生の哲学をへて人種理論にいたる非合理主義の伝統を告発し断罪し総括するその激烈さと図式性と党派性ゆえに，ときに悪書の代名詞——「『理性の破壊』はルカーチ自身の理性の破壊

である」というアドルノ*の科白はおおいに人口に膾炙した——ともなり、あるいはまた旧東独では哲学史や文学史記述の紋切型を提供することにもなった。一連の社会主義政権の解体という歴史的現実（＝党派性の消滅）を、その図式と眼力の全体を冷静に考えてみる好機とすべきではないだろうか。

そのニーチェ論であるが、これはこれまでのニーチェの日本における受容*の支配的趨勢である人生論的、実存主義*的ニーチェを考慮すると、それに対する破壊力をもった対抗軸をなす。ここでルカーチはニーチェを反動的ブルジョワジーないし帝国主義の指導的哲学者と位置づけ、その主要な敵は運動および世界観としての社会主義*であったと断じて、それをテクストにそって詳細に論じていく。もちろんニーチェが政策としての帝国主義を先取りし賛美するとか、社会主義に立ち入って批判したわけではなく、その点では彼は無知に近かったろう。むしろ精神の深層においてそうしたものと共鳴するものを、抜群の才能と感性をもって表現にもたらしたということである。このためにルカーチは「間接的弁護論」という概念を案出しているが——文学における彼の「リアリズム」理解に対応する、これは思想家がはからずも時代の核心部にある心性を体現してしまうという意味で、直接的なものよりはるかに大きな影響力をもちうるとされる。ルカーチは1848年を境にブルジョワ・イデオロギーが下降期に入り、そこに独特な、デカダンな性格をもった思想的世界が生じたと見て、ニーチェこそこのデカダンス*を認識し、その誤った克服をくわだてた代表者だとみなす。ニーチェの「過剰革命的ジェスチャー」は、現状への反逆であると同時に帝国主義的思想内容を先取りするという二重性をもっており、洗練された文化批判と野蛮*の肯定の共存もここから説明できるとする。つまり洗練は支配階級向けであり、野蛮は抑圧された階級に向られ

ていると。「奴隷どもを欲していながらその奴隷どもを主人になるように教育するなら、そいつは馬鹿というものだ」という『偶像の黄昏』*の「労働者問題」をあつかった断片［IX.40］の言葉をとらえてルカーチは、ニーチェは経済的基礎を無視してもっぱらイデオロギーのレヴェルでしか問題を見ておらず、しかもその解決を主人の対応いかんにもとめている（ヒトラーの先駆！）と難ずる。新しいタイプの奴隷の「訓育」こそが、ニーチェの不変の社会的理想だったのであり、かくしてこの理想を妨害する社会主義者に彼の憎悪は向かう。

ニーチェがなぜ反キリスト者として登場するのかも、こうした視角からとらえられる。すなわち、キリスト教*からフランス革命*が発生するのであり、ここから民主主義*が、そして社会主義が発生する——したがって、その反キリスト教はじつは社会主義の根絶を欲するものであったと。永遠回帰*の思想も、まずはキリスト教的な彼岸信仰に向けられているが、あらゆる「超越」をはげしく攻撃することで、社会主義の革命的未来展望の道徳的地盤をもこの思想は掘り崩すことになるとされる。永遠回帰の思想が、歴史の発展は原理的になにも新しいものを生み出さないという命題の神話化でもあることは自明である。しかもこの神話が社会主義という歴史的運動への〈恐怖〉から生じたとするルカーチの見解——このあたりはほとんどフロイト*の合理化論を想わせる——これをなかば是認してもよい。しかしいまや、社会主義も別の意味で神話であったということなら、この〈恐怖〉もなかば是認されねばなるまい。とすると、ここにはファシズムとソビエト・マルクス主義の二者択一があって、なおかつそのどちらももう選択できないというダブル・バインドが生じる。だがここに、ルカーチのように党派性に依拠せずに、このダブル・バインド自体を生きた証言がある、すなわち理性と

支配の同一性の告発を,理性の反省能力によって行った『啓蒙の弁証法*』である。『理性の破壊』と『啓蒙の弁証法』はそれぞれ第二次大戦中に亡命地モスクワとカリフォルニアで構想され,ニーチェを一つの軸に,いわば対立する西欧文明の果てからその中心部への批判を敢行したのである。ニーチェ的な動機をニーチェによる神話化を排して活かす試みでもあったこの『啓蒙の弁証法』の線上に,ふたたび鮮明な反ニーチェを軸にヘーゲル*以後のドイツ思想史を叙述したハーバーマス*の『近代の哲学的ディスクルス』があらわれた。この反ニーチェから,党派性なきあとの「非共産主義的左翼」の可能性が生じるのかどうかが,いま問われているのである。→社会主義,啓蒙の弁証法,ルカーチ　　　(中尾健二)

反ニーチェ²（新保守主義の）

新保守主義の語義そのものが,それを用いる人や用いられる時代によって幅があり,一義的に確定できないが,ごくおおづかみに言えば,フランス革命*にはじまる理性による社会改造に反対しつつ,近代以前の伝統にこめられた知恵を尊重する立場が旧い保守主義であるとすれば,なんらかの意味で近代社会のおさめえた成果を認めつつ,その同じ近代社会の矛盾に対しては,左翼的克服策をしりぞけ,伝統を動員して鎮めようとする立場が新保守主義である。日本の同時代史としては,中曽根政権がおしすすめた「小さな政府」をスローガンとする市場万能主義＝民活論と「日本文化のアイデンティティ」論のセットが想起される。ハーバーマス*は新保守主義的な時代診断を規定している特徴の一つとして,社会的近代はこれを追認しつつ,同時に文化的近代（モダニズム文化）の価値はこれを否定する姿勢を挙げているが,これをもっとも鮮明に打ち出しているのがダニエル・ベルであろう。

ベルはその『資本主義の文化的矛盾』(1976)で,高度な資本主義社会にあっては社会と文化が乖離していく,つまり経済運営や技術革新のために要請される事柄と各人の価値志向とが矛盾してくることを問題にした。要するに,それなくしては社会が成り立たない「まじめ」志向（＝伝統的労働倫理）が,資本主義の発展とともに快楽主義的な「あそび」志向によって侵蝕されつつあることを憂慮するのである。彼の身近な論敵に,業績主義を排し,エロス的文明をユートピアとしてかかげたマルクーゼ*がいる。その「全身を性感帯に！」という挑発的スローガンを,ベルはいささか「まじめ」にとりすぎ,多形倒錯をあつかったポルノ映画といきなりむすびつけて,社会のポルノトピア化を嘆いたりもしている。今日の大衆文化をポルノとロックと麻薬に象徴させた上で,そこからベルが観て取るのは,人々は伝統的な宗教や日常のモラルから離反し,己れの感性のみをたよりに「ほんもの」を求めてのトリップに出かけはするものの,けっきょくそれは興醒めに終わるしかないということである。こうした快楽志向を蔓延させるのに大いに与ったのが,ベルに言わせるとモダニズム文化であり,その中心人物の一人がニーチェというわけなのである。とりわけその「人生は美的にのみ正当化される」というテーゼが問題視される。美的な基準のみが絶対化され自律的なものになると,宗教や法や道徳といった公共生活を成り立たせているものはどうでもいいものになってしまい,ほんものの自分の美的な探求だけが一人歩きしはじめる。現在を特権化するのがモダニズム一般の特徴であるが,そこに生じる過去の切り離し（伝統の軽視）は,人間を虚無におとしいれるばかりであり,ディオニュソス*的酩酊もしばしのことにすぎず,二日酔いのつらい朝がくるだけだ,とベルはニーチェに冷水をあびせるのである。文化と社会構造の分裂を憂慮するベルは,その解決策の提起については慎重であるが,背後にア

メリカ原理主義の信念があることは間違いない。

この信念をあからさまに掲げ、反ニーチェの議論を展開しているのが、『アメリカン・マインドの終焉』におけるアラン・ブルーム*である。この書物は、一種の大学論でもあり、大学ではプラトン*を中心とした古典を読むことを勧める（この意味では普遍主義を標榜する）ものであるが、この中でニーチェはプラトン的理性を犠牲にし、ひいてはアメリカ精神を閉塞させたドイツ思想の中心人物とみなされている。「われわれが言いたいのは、自由と平等というわれわれの原理とそれにもとづく権利とが理性にかなっており、あらゆる場所で適用できるということである。第二次世界大戦は、こうした原理を受け容れていない人々に、その受容を強いるために行われた、真に教育的な企てだった……しかし、ヘーゲル*以後のドイツ哲学は、こういった原理に疑いを投げかけた」。そして「われわれの国の極端な啓蒙的普遍主義を考えるとき、ニーチェとハイデガー*にとって、われわれの抱擁ほど御免蒙りたいものもないだろう」。だが、この普遍主義がじつは原理主義ではないかと疑いを投げかけること自体は正当ではないだろうか。ブルームはニーチェを価値相対主義の元凶として攻撃するのだが、彼の「理性」をニーチェ的光学から吟味することは依然として有効である。こうして「左翼のニーチェ主義化、もしくはニーチェ主義の左翼化」という章をふくむブルームの書物やベルの反ニーチェ論は、大学教育や大衆文化にニーチェは無視しえない影響をおよぼしているという意味で、ニーチェの起爆力を正当に（!）評価しているともいえる。ところがドイツでは、そして日本でも、激烈な反ニーチェの議論がないことに見合って、ニーチェは教養の一環におおむね組み込まれて、その起爆力を発揮しえていないようなのである。社会の合理化による意味の真空を埋め合わせるために伝統を想起する、そういう補完的職分から踏み出さない人文科学の対象にニーチェがされてしまうならば、ニーチェという棘はいっこうに痛くなく、その無害化という点でこれこそ新保守主義によるほんとうの反ニーチェなのかもしれない。とりわけ理性や普遍主義への信頼が弱い精神風土にあっては、ニーチェの理性批判は空をうつほかなく、伝統の優性遺伝に居直るための口実をあたえるだけに終わりかねないことを自覚すべきだろう。→ブルーム　　　　　（中尾健二）

反ニーチェ³（リベラリズムの）

現代リベラリズムは、平等の理念および「福祉への権利」を基礎として、(1)政治の領域においては個人の自由を最大限発揮させ、(2)経済の領域では政府による市場への介入・再分配を求めるという二重の特徴を有しており、ニーチェが難じた19世紀の古典的リベラリズム（自由放任主義）からは大きく変容している。こうした福祉国家型リベラリズムに理論上の裏づけを与えようとしたのが、アメリカの倫理学者ジョン・ロールズの『正義論』(1971)である。カント主義を標榜する彼は、善（望ましさ・幸福）よりも正（まともさ・正義）を優先的な主題と考え、多様な善の共存を可能にする原理を探究することから、〈義務論的リベラリズム〉という陣営に含めることができる。逆にロールズによれば、善を正から独立に定義し、それを最大化する制度が正義にかなっていると見なす「目的論」は、現代社会の正義を構想する上での適格さに欠ける。目的論の一種に、ニーチェとアリストテレスをその代表格とする「卓越主義」(perfectionism)があり、そこで「芸術、科学、文化における人間の卓越を最大限に達成しうるように、制度を取り決め、個人の義務や負担を定めるべし」という卓越性原理を唱道したニーチェが槍玉にあげられる。「人類は絶えず偉大な個人を生みだすよう努

力しなければならず……最高の価値を有する類い稀な典型に役立つことによってのみ、個人の人生は最高の価値と最深の意味を勝ちうる」[『反時代的』Ⅲ.6］。こう書いた彼が「ソクラテスやゲーテのような偉人の人生に与えている絶対的なウェイトは、異常である」とロールズは断じる。〈義務論的リベラリズム〉からすれば、卓越という善の最大化だけに人生の目的を絞り込んだニーチェの立場は余りにも偏狭で、多様な善の構想を有する諸個人から成る社会の正義の基礎を提供しえない。ただし、ロールズの目的論批判は英語圏で支配的であった功利主義*を主たる標的に定めているため、彼はニーチェ（および卓越主義）を本格的に検討するところにまでいたっていない。

同じアメリカの哲学者リチャード・ローティは、豊かな北大西洋地域の民主主義をその歴史的・経済的成功ゆえに擁護する〈ポストモダン・ブルジョワ・リベラリズム〉という旗幟を掲げている［同名論文 (1983)］。彼はロールズと異なり、ニーチェをいったん自らが依拠するプラグマティズムの伝統につなげておいてから、その不徹底さを衝くという巧妙な論法をとった［『哲学の脱構築』(1982)］。ローティによれば、ニーチェもウィリアム・ジェームズと等しく、実在への対応としての真理という観念を捨て去ってしまっており、両者はともに「実在の究極的本性」に関して何かを語ろうとする形而上学的衝動を心理学的な用語で解釈することを通じて、同じく「プラグマティックな」（あるいは「パースペクティヴ主義的な」）代案を展開している。したがって、文化を測量するためのアルキメデス的支点の探究を意識的に放棄したこの二人は「自分が真理を持っているとは信じない最初の世代だった」。しかしジェームズの場合、プラグマティズムは、苦闘する有限的な人間の証明として現れているのに、ニーチェ（およびフーコー*）におけるプラグマティズムは、人間固有の有限性への軽蔑として現れるから、結果的に「何らかの強力で非人間的な力への渇望という形」をとってしまう。ローティ流のリベラリズムからのニーチェ批判は、彼の思想に「連帯性」や「社会的希望」を指し示す語彙がないとの一点に集約されるが、この批判を確固としたものとするためには、「目的達成や自己実現を公衆道徳や正義感と連動させていく可能性についての本格的な議論」が必要だとの見通しを、ローティは記すにとどめていた。

リベラル・デモクラシーおよび自由主義経済の終局的勝利を「歴史の終焉」と性格づけたフランシス・フクヤマは、『歴史の終わりとおしまいの人間』(1992)で、ローティが出した上記の課題を引き受けようとしている。「リベラル・デモクラシーの信奉者にとって、ニーチェのたどった道〔=貴族制、弱肉強食の道徳の唱道〕にとことんついていくのは難しい」が、「われわれは彼の鋭い心理学的観察の多くをすんなりと受け入れることができる」。つまり、ある程度の「優越願望」（命を賭けてまで他人よりも優れていることを示そうとする気概）が生活そのものにとって欠かせない前提条件だとするニーチェの主張はまったく正しいのに、民主主義*はそうした願望を圧し殺し、反対に「対等願望」ばかりをのさばらせてきた。そこでフクヤマは、ニーチェの民主主義批判（とくに『ツァラトゥストラ』*第1部における「おしまいの人間*」への痛罵）の一部を受け入れ、リベラリズムの活性化・高貴化のために「相互承認」や威信を求める気概を育成すべきだと考えるのである。

マーク・ウォーレンの『ニーチェと政治思想』(1988)はさらに進んで、ニーチェの「民主主義」批判、階級社会擁護という表向きのメッセージの背後に、「積極的な平等主義」を読み取ろうとしている。ただし、国民国家や民主主義に対するニーチェのイデオロ

ギー暴露は、現代の権力関係を把握する上で必須の概念(市場および官僚制)を欠いたまま行われているため、制度上の権力を説明する際に、彼は支配への意志という形而上学的な本質を持ち出さざるをえなかった。彼の力の哲学を現代の政治理論・権力理論でもって補っていく必要がある、と。現代リベラリズムの反ニーチェの論調は、平等主義の立場からニーチェを斬り捨てるのではなく、彼の〈自由精神*〉の政治思想をリベラリズムの隘路を自覚させるカンフル剤として読み直し、「敵対しながらもその恩恵に与っているという関係」[ウィリアム・E.コノリー『政治理論とモダニティー』(1988)]を結ぼうとしている。

(川本隆史)

「ハンマーを持って哲学する」

後期のニーチェはハンマーという比喩*を愛用している。『偶像』*には「人はいかにハンマーを持って哲学するか」(Wie man mit dem Hammer philosophiert)との副題がつき、結びは「ハンマーは語る」と題して『ツァラトゥストラ』*の一節を引いている。ニーチェは同じ一節を『この人を見よ』*の末尾にも『アンチクリスト』*の結尾にも収めようとした様子がある。人はハンマーを持って、古い石板を砕き、新しい石板にのみで刻みつける。ハンマーは破壊と創造を二つながら譬えたもの、古い価値の破壊と新しい価値の創造を両々併せ持つことを暗示したメタファーである。ひとは哲学を学ぶことはできない、哲学することを学びうるのみである、といったのはカント*だが、ニーチェにしてみれば、そのカントですら真の哲学者というより単なる批評家にすぎない(『善悪』210]。真の哲学者は哲学することを学ぶのではなく、ハンマーを持って哲学するものでなければならない。「彼らは創造的な手で未来に摑みかかり、……存在するもの、存在したものすべてが……彼らにとって手段となり……ハンマーと

なる。彼らの〈認識〉は創造である。彼らの創造は立法である」[同 211]。→『偶像の黄昏』

(木前利秋)

反ユダヤ主義 [Antisemitismus]

西欧諸国のユダヤ*人をめぐる状況が変化するのは18世紀末、とりわけフランス革命*の勃発以後のことであった。1776年のアメリカ合衆国独立宣言におけるユダヤ人への市民権付与、1789年のフランスにおけるユダヤ人解放令などに見られる、市民革命のもとでのユダヤ人の平等な市民としての認知は、ユダヤ人の西欧社会への同化を促した。だがユダヤ人の西欧社会へのこうした同化にもかかわらず、一方では勃興しつつあった資本主義経済のもとでの西欧社会全体の激しい階層分化や再編に、また他方では東欧からの膨大なユダヤ人の流入に触発されながら、西欧社会における新たなユダヤ人への差別と抑圧の状況が生み出されてゆく。これが19世紀的現象としての反ユダヤ主義の始まりである。

【I】 **反ユダヤ主義の起源** 反ユダヤ主義の発生についてはさまざまな見解があるがまず注意しておかなければならないのは、反ユダヤ主義が明確な政治運動としての性格を獲得するのは1871年のドイツ帝国建国以降の時期であることである。これは、ドイツ帝国建国が西欧における国民国家体制の完成を象徴していることと関連する。たとえばハンナ・アーレントは、反ユダヤ主義がこのドイツ帝国建国によってほぼ完成を見た近代ヨーロッパの政治的秩序の基本的枠組みとしての国民国家体制への広範な攻撃の一部であると言っている。国民国家の枠組みを支えていたものが民主主義*にもとづく政党システムや近代官僚制であり、そこでの諸階層、諸階級間の矛盾や軋轢の調整であったとき、ユダヤ人はこうした国民国家の枠組みのもたらした利益の最大の受益者であるという偏見を受けやすかった。なぜなら国民国家の枠組みにお

いてこそユダヤ人は西欧社会における市民権を獲得できたからであり、さらに金融や官僚実務などの分野で具体的に国民国家の機能的担い手となっていったからである。このことは国民国家内部における諸階層、諸階級間の対立・抗争の過程において、国民国家の枠組みから疎外されている、あるいは少なくともそこに自らをアイデンティファイできないと感じている階層による「スケープゴート」としてのユダヤ人への攻撃を、国民国家の枠組みそのものへの攻撃とオーヴァーラップされるかたちで誘発した。

このことはアーレントによればもう一つの側面を持っている。それはユダヤ人の西欧社会への同化の限界という問題である。19世紀後半の西欧ユダヤ人社会の中には、キリスト教*への改宗や西欧社会への同化の進行とむしろ背反するかたちでユダヤ的アイデンティティの再確認、再確立への志向というべき動きが出てくる。シオニズムの登場はその典型である。アーレントによれば、ユダヤ人が西欧社会の中で自らのアイデンティティを求めようとするとき、完全な西欧社会への同化からはみ出す異質性の契機を不可避的にかかえこまざるをえないのである。こうしたユダヤ人の西欧社会の中における曖昧な位置から社会的・文化的側面におけるユダヤ人への評価が生まれてくる。すなわちユダヤ人の西欧社会における存在意味が、肯定的にせよ否定的にせよ、そのアウトサイダー的・逸脱者的性格に求められるということである。とくにドイツにおける反ユダヤ主義は、このようなユダヤ人の位置に19世紀の社会的、文化的モダニズム（ボヘミアン主義や頽廃趣味など）を重ねあわせながら、ユダヤ人攻撃を西欧近代文明にたいする民族主義的・反モダニズム的攻撃の中核的戦略としていったのである。

【Ⅱ】 反ユダヤ主義のイデオローグたち

こうした反ユダヤ主義イデオロギーの代表例としてゴビノー、ヴァーグナー*、オイゲン・デューリング*を挙げておきたい。ゴビノーはフランス人だがその人種理論はむしろドイツにおいて大きな影響力を発揮する。1854年に出版された『人種不平等論』でゴビノーは、各々の人種*の特性とそれにもとづくヒエラルヒーを確定し、こうした特性とヒエラルヒーにはさらに文明のヒエラルヒーが対応するとしている。こうしたヒエラルヒーの頂点に立つのがゲルマン（アーリア）人種と文明（文化）であり、その対極に立つ最劣等人種がユダヤ人であった。こうしたゴビノーの人種理論はドイツのあらゆる反ユダヤ主義の理論的根拠となる。ヴァーグナーは「音楽におけるユダヤ性」という1850年の論文で、なぜユダヤ人を前にすると「抑えがたい不快感」を感じるのかを明らかにしようとする。ヴァーグナーをユダヤ人への憎悪に駆り立てているのは、ユダヤ人と資本主義的近代を二重写しにするという詐術である。これによってヴァーグナーはユダヤ人を低劣な拝金主義者に仕立てあげ、彼らの創造する芸術はそうした拝金主義に汚染された「商品」に過ぎないとする。そしてユダヤ人がいかに本来の意味の創造性から程遠い存在であるかを、彼らの仕種や言葉のありようまで持ち出して証明しようとする。ヴァーグナーの反ユダヤ主義には、48年革命において挫折した反資本主義感情が歪んだかたちで噴出した反ユダヤ主義の典型例を見ることができる。なおヴァーグナーは1881年および82年にバイロイト*でゴビノーに直接会っている。またバイロイトで発行されたヴァーグナー派の機関紙『バイロイター・ブレッター』は毎号露骨な反ユダヤ主義プロパガンダの記事を掲載していた。デューリングのケースはヴァーグナーの場合以上に錯綜している。なぜならデューリングは唯物論*的実証主義*の立場に立つ有力な社会主義者だったからである。しかしデューリングは一方で1881年に著した『人種、風俗、文化問題としてのユダヤ人問題』において、社

会のあらゆる諸領域に浸透する「ユダヤ人支配」を激しく非難し、「寄生人種」ユダヤ人こそが社会矛盾の根源であると名ざす。デューリングのユダヤ人非難は人種論的レヴェルを超えてレッシング*やシラー*、さらにはニーチェにまで及ぶ。彼らもまた「ユダヤ人」として指弾されるのである。この錯乱的ともいえるデューリングの反ユダヤ主義には、眼前に存在する社会的矛盾や葛藤を、「仮想敵」の実体化とそれに対する情緒的対応によって補償しようとする、ドイツの近代批判イデオロギーに共通した思考方法が窺える。

【Ⅲ】 ニーチェのユダヤ人観　ではニーチェは反ユダヤ主義にたいしてどのような態度をとったのか。まず初めにニーチェのユダヤ人観から見ていこう。『善悪の彼岸』*の250番でニーチェは次のように言っている。「ヨーロッパはユダヤ人に何を負っているか？──それはさまざまであって、善いものもあれば悪いものもあるが、とりわけ、最善であると同時に最悪であるものが一つある……それは、道徳における大いなる様式であり、無限の要求、無限の意味がもつ恐怖と威厳であり、道徳的に疑わしいもののもつロマン性と崇高さのすべてであり──したがってまた実に、あの色彩の戯れや生への誘惑のもっとも魅力的で、もっとも宿命的で、もっとも選びぬかれた部分であって、これらのものの残照をうけて、今日われわれヨーロッパ文化の天空が、その夕空が燃えており、──おそらくは燃えつきようとしているのだ」。ユダヤ人にヨーロッパが負っているもの、それは道徳において無限性を思考しようとする態度である。それは超越性に人間の倫理の尺度を求めようとする理想主義的な道徳の基底をなすものである。徹底した一神教的信仰倫理を人類史上初めて生み出したユダヤ人のみが、こうした理想主義的な道徳への志向を可能にしたのである。このことをニーチェは「最善」と「最悪」の両義性において見ようとする。「最善」の側面が何を意味するかは『道徳の系譜』*にある「旧約聖書──ほんとうに、これは全然別物だ。旧約に対しては敬意のかぎりをつくそう！　そこに私は偉大な人間を、英雄的風景を、この地上で最も稀なあるもの、強き心情の比類なき素朴さを見いだすのだ」[Ⅲ.22]という記述で明らかであろう。ユダヤ人の精神的起源というべき旧約聖書の世界に、ニーチェは古代ギリシア・ローマ世界に匹敵する「強さ」を見る。それは、ニーチェが『アンチクリスト』*の中で言っている「イスラエルといえども、最初のうちは、とりわけ王国の時代にあっては、すべての事物に対し正当な関係、すなわち自然な関係にあった。かのイスラエルのエホバは権力の意識の表現であり、自己に対する悦び、自己に寄せた希望の表現であった。人々はエホバのうちに勝利と救済とを期待し、エホバとともに天地自然に信頼を寄せた」[25]という内容と相即する。だがこの「強さ」が道徳的思考に媒介されるとき、不可避的にそれは変質をこうむらざるをえない。そしてそこからユダヤ人が「世界史上もっとも奇妙な民族」として人類にもたらした事態が生じる。それは、「あらゆる自然、あらゆる自然らしさ、あらゆる現実性、内的・外的世界の全貌を、徹底的に偽造すること」[同 24]であった。「ユダヤ人は、これまでおよそ民族が生存しえた、もしくは生存することを許されたいっさいの条件に楯ついて、これとはっきり一線を画し、自然的な諸条件に対する反対概念を、自分の内部から作り出したのである」[同]。ここからニーチェが「最悪」の側面として見た新約聖書の世界が開けていく。「ところが新約では、小さな宗派のやりくりばかりだ。曲がりくねった、片隅の、変てこなものばかりだ。……見るにたえない表情のお芝居。ここには明らかによいしつけが欠けていたのだ」[『系譜』Ⅲ.22]。こうしたユダヤ人の「最悪」の側面の「はるかに規模は拡大されてはいる

ものの……そのコピーにすぎないもの」[『アンチクリスト』24]が、キリスト教道徳である。より敷衍していえば、ユダヤ人は、「この地上において生の上昇運動、出来の良さ、権力、美、自己肯定をなすものいっさいに対し否」を言う「ルサンチマン*道徳」[同]への道を準備したのである。それこそが「ユダヤ人の最後の帰結」[同]であり、「宿命」にほかならない。ただこうしたユダヤ人の「最悪」の側面についてのニーチェの見方が、ユダヤ人の「最善」の側面についての見方に対して、たんに両義性という枠にはおさまらない不整合性を含んでいることも事実である。

【IV】 反ユダヤ主義批判　ところでユダヤ人のこうした「最悪」の側面についてのニーチェの筆致に着目するとき、ニーチェもまた同時代の反ユダヤ主義の流れに竿さしているように思える。だがそうではない。ここでニーチェがヴァーグナーとデューリングについて語っている内容を引いておこう。「ヴァーグナーがドイツに帰って以来、彼は一歩一歩、私の軽蔑するいっさいのものに降下していった——反ユダヤ主義にさえも……実際に当時は、訣別すべきぎりぎりのときであった。直ちに私はその証拠を手に入れた。リヒャルト・ヴァーグナーは……真実のところは腐りかけて絶望したデカダンとして、突然に、救いようもなく打ちひしがれて、キリスト教の十字架の前にひざまずいた……」[『ニーチェ対ヴァーグナー』IX.1]。「聞く耳を持っている読者諸君に、あのベルリンの復讐の使徒オイゲン・デューリングのことをいま一度指摘しておく。彼デューリングは今日のドイツにおいて道徳的ドタンバタンを最も下品に最も嫌らしくやらかしている男であり、彼の同類である反ユダヤ主義者のうちにあってさえ、彼の右に出る者はないくらい、およそ現在第一級の道徳的ほら吹きだ」[『系譜』III.14]。ヴァーグナーに対する批判において、ヴァーグナーの反ユダヤ主義への「降下」と

キリスト教への屈伏が等価に扱われていること、またデューリングに対する批判では、デューリングに内在する「復讐」、すなわちルサンチマンの現れとしての「道徳的ほら吹き」が反ユダヤ主義と結びつけられていることに注目しなければならない。つまりニーチェにおいては、反ユダヤ主義は、ユダヤ人の帰結としての「ルサンチマン道徳」の側に、いいかえればニーチェが「弱者のニヒリズム*」の現れと見なした「デカダンス*」の側に数えいれられるのである。このことは、より同時代的文脈に近づけて見れば、ドイツにおいて反ユダヤ主義のイデオロギー的背景をなしていたゲルマン・ナショナリズムをも、ニーチェがこうした「デカダンス」現象の一環として見ていたことを意味する。「私は彼らもまた好きではない。反ユダヤ主義者という、理想主義陣営におけるこの新手の投機者どもだ。……今日のドイツで、あらゆる種類の精神的詐欺が成果をあげないわけではないことは、まさに否定しがたくすでに歴々たるものとなっているドイツ精神の荒廃と関連している」[『系譜』III.26]。ニーチェにとり反ユダヤ主義は、ユダヤ人が人類にもたらした理想主義的（反自然的）道徳の最後の帰結としての「デカダンス」状況を示す一項目にすぎなかった。反ユダヤ主義対ユダヤ人という対立関係を支えている遠近法*そのものを超克する強靭な批判的認識のまなざしこそニーチェの求めるものであった。ニーチェがベルンハルト・フェルスターと結婚した妹エリーザベトの反ユダヤ主義への傾斜を戒めていること［フェルスターおよびエリーザベト宛1885.12月末参照］は、ニーチェの死後エリーザベトが兄の原稿を改竄してゲルマン・ナショナリズムや反ユダヤ主義に都合のよいニーチェ像を捏造しようとしたことと考え併せる時きわめて象徴的である。⇨ユダヤ，ルサンチマン，人種，ナチス　　　　　　　　　　（高橋順一）

文献　▷ Hannah Arendt, *The Origins of*

Totalitarianism, Secker and Warburg, 1951 (大久保和郎ほか訳『全体主義の起源』みすず書房, 1972-75).

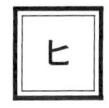

ヒ

悲劇　⇨『悲劇の誕生』

悲劇作家

　古代ギリシアの悲劇作家といえば、アイスキュロス、ソフォクレス、エウリピデス——『悲劇の誕生』*でニーチェが取り上げたのも当然ながらこの三大詩人である。彼らの伝記的資料は乏しく、生没年、作品数、上演回数など諸伝によってまちまちである。ためしに生没年をみると、アイスキュロスは前524年、アテナイの西方エレウシスに生まれたというが、享年は69、73、68歳（かつては58歳と資料を誤読）など、諸伝の記録が一致しない。ソフォクレスは前497/6年、アテナイの北方コロノスに生まれたとする説が有力だが、前500/499年、495/4年を生年とするものもある。死についても前406年3月から翌1月の間だったらしいという推定の域を出ない。エウリピデスの没年は前406年の早春らしいが、生まれた年については前484年とする説と480年とするものがある。いずれにせよギリシア悲劇の現存作品のなかで最古のアイスキュロス作『ペルシアの人々』は前472年に上演、最も新しいソフォクレス作『コロノスのオイディプス』は作者の孫の手で前401年に上演されたというから、この前5世紀前後が、アッティカ悲劇作家の全盛期だったと推してよい。いわゆるペルシア戦争（前492-480年）からペロポネソス戦争（前431-404年）にいたる古代ギリシア激動の時代である。

　サラミス、マラトンの両会戦を身をもって体験したアイスキュロスの『ペルシアの人々』は、ペルシア戦役を描いた作品。初演のさいギリシアはまだペルシアと交戦中で、そのためか迫真の描写があちこちで光る。ちなみにこの悲劇の「上演世話人」としてデビューを優勝でかざったのは弱冠20歳のペリクレスだったという。戦争と政治と悲劇の交錯が象徴的である。政治と悲劇の交錯といえば、ペリクレスに並ぶほどの政治家歴と演劇界の大御所としての作家歴とを晩年まで兼ねたのがソフォクレスである。一時期はギリシア同盟財務長官にソフォクレスの名が見える。デロス同盟の大蔵大臣というところか。所伝によればソフォクレスの『アンティゴネー』が圧倒的成功を収めたため、彼は、ペリクレスと同僚格の指揮官職に選任されたという。政治的権力に固執するクレイオンを悪役に仕立てあげ、古来からの掟に反抗するアンティゴネーに「私は愛を分かつために生まれたもの」と言わせるくだりを想えば、いささか皮肉な話である。アイスキュロス、ソフォクレスが、政界と深く関わり古代ポリスへの積極的な参与に労を惜しまなかったことを思えば、エウリピデスの非ポリス的性格が際立つ。古伝によれば、彼は群衆を避けてサラミス島の洞窟を住まいにしていた。表情は笑うこと少なく暗鬱、非社交的・思索的タイプの人物であったと伝えられる。ソクラテス*と知己の間柄だったことはよく知られた伝承である。エウリピデスが悲劇詩人として名を馳せた頃は、すでにアテナイとスパルタの争いが爆発したペロポネソス戦争の時代、古代アテナイが繁栄の絶頂から傾きはじめた時代である。前4世紀以後にはエウリピデス・ブームという圧倒的名声を博したともいう。

　『悲劇』のニーチェは、アッティカ悲劇における誕生・衰退・終末のプロセスに、この三者を配置している。配置の仕方に表れた三者にたいするニーチェの評価を一言で言え

511

ば，アイスキュロスに対してはアッティカ悲劇の頂点として高い評価が与えられているのに反し，エウリピデスはその衰退を象徴するものとしてほぼ批判の対象にすえられ，ソフォクレスについては，エウリピデスと区別される場合には，アイスキュロスと同格に置かれるが，他方，悲劇衰微の局面では，むしろエウリピデスにいたる堕落の発端ともみなされている。「ギリシアの音楽ドラマの開花と最高点は，まだソフォクレスの影響を受けぬ前の最初の偉大な時期におけるアイスキュロスである。ソフォクレスとともにきわめて徐々に衰退が始まり，ついでエウリピデスにいたっては，アイスキュロスへの彼の意識的な反動によってたちまちにして終末を招き寄せたのである」[「ソクラテスと悲劇」]。

アイスキュロスにたいする崇敬に近いニーチェの評価は，『バイロイトにおけるリヒャルト・ヴァーグナー』でアイスキュロスを「ヴァーグナー*以前の唯一の完全なディテュランボス的劇作家」と呼んでいることからも察せられる。『悲劇』のタイトルを記したページに「縛られたプロメテウス」の銅版画を載せたのも，その表れだろう。『悲劇』のニーチェは，ソフォクレスの描くオイディプスとともに，このアイスキュロスのプロメテウス像に立ち入った解釈を加えている。

プロメテウスとオイディプスはニーチェの解釈によれば悲劇の「本来の主人公たるディオニュソス*の仮面にすぎない」[『悲劇』10]。ディオニュソス的なものの働きが古代ギリシア人には「巨人的」で「野蛮人的」と思われたように，プロメテウスは「アポロ*以前の時代」すなわち「巨人族(テイタネス)の時代」を，オイディプスは「アポロ以外の世界」つまり「野蛮人(バルバロイ)の世界」を象徴するとみなされた。とはいえアイスキュロスとソフォクレスの悲劇がことごとくこのディオニュソス的なものの嵐に見舞われていただけかといえばそうではない。ニーチェが彼らの悲劇にみたものは，むしろディオニュソス的なものとアポロ的なものが和解した姿である。

このアッティカ悲劇におけるディオニュソスとアポロのあるべき関係が破壊され，悲劇の死に導いたもの，それが美的ソクラテス主義者としてのエウリピデスである。「エウリピデスの口を通して語った神は，ディオニュソスでもなければアポロでもなかった。ソクラテスと呼ばれる，まったく新しく生まれたダイモンだったのだ。ディオニュソス的とソクラテス的，これが新しい対立である。そしてギリシア悲劇という芸術作品はこの対立のために滅んだのである」[『悲劇』12]。かつての「アポロ的直観」にかわって，今では「冷たい逆説的な思想」「論理的画一主義」が登場し，「ディオニュソス的恍惚」にかわるものとして「火のような激情」「自然主義的な情熱」が燃え上がる。

もっとも悲劇の凋落は，エウリピデスになって初めて兆したわけではない。すでにソフォクレスのもとでも「悲劇のディオニュソス的な地盤が崩壊しはじめた」とニーチェは見ている。彼は合唱団(コロス)の活動領域を狭め，悲劇から音楽を追い払う最初の歩を進めた。エウリピデスは，さらに観客を舞台に登場させる。かつて舞台に登場するものは，「最古の悲劇の神々や半神たちからの血筋であることがすぐに見て取れた」が，今や「日常生活の現実のなかの人間が，舞台に侵入」する。ニーチェによれば，こうして悲劇の合唱団と悲劇の主人公双方におけるディオニュソス的なものとアポロ的なものの表現が破壊されたのである。→アポロ／ディオニュソス，『悲劇の誕生』

(木前利秋)

『悲劇の誕生』 [*Die Geburt der Tragödie*. 1872]

【Ⅰ】 **成立の経緯** 1869年4月，24歳で古典文献学*の員外教授としてバーゼル大学に赴任したニーチェは，翌5月にトリブシェ

ンのヴァーグナー*を初訪問、『悲劇の誕生』の事実上の準備となる断片を書き始めたのはその秋で、古代ギリシアにかんする講義を続けながら、ヴァーグナー、コージマ*との親交を深めていった頃になる。同年7月、普仏戦争*が始まった頃、「ディオニュソス的世界観」という論文を脱稿。86年になって付した序文「自己批判の試み」でニーチェが『悲劇』の核心をなすと指摘した論稿である。8月に入って看護兵として戦地に赴くが、赤痢と咽頭ジフテリアに感染し、9月には除隊。翌年2月、ルガーノに滞在したニーチェは、ギリシア悲劇にかんする著作に従事、これが『悲劇』の草稿となった。

構想を練る過程で書名の候補は何度か変わったが、1872年1月に刊行した初版の書名は『音楽の精神からの悲劇の誕生』である。「音楽の精神から」としたのは一つはヴァーグナーを念頭においたためだろう。(「自己批判の試み」を付して刊行された新版は『悲劇の誕生、あるいはギリシア精神とペシミズム』と改題されたが、これは逆にヴァーグナーの痕跡を消すためか。)執筆の過程では内容にも変化が見られる。注目されるのは、予定した内容にギリシアの国家*、奴隷制、女性*などに触れようとした部分がある点で、ニーチェは、当初もっと大きなギリシア精神論を狙っていたようだ。またルガーノで執筆した草稿の計画には、現行『悲劇』のように、ヴァーグナー礼賛を結びに置いた様子はない。どうやらニーチェは、ルガーノからの帰途、トリープシェンのヴァーグナーを訪れた後、ギリシアの国家、奴隷、戦争*に触れた部分を削って別の原稿で補ったらしい。

こうした経緯にヴァーグナーがどの程度口をはさんだのか推測の域を出ないが、結果からみれば、ヴァーグナーに益するところがあったのは否めない。この処女作が「ヴァーグナー崇拝に利用された」[『この人』IV.1]とのちに苦々しい思いを吐露したのもまんざら嘘ではなかったろう。ただしそこにヴァーグナーの悪意だけを見るなら公平ではない。ヴァーグナーと絶交する前のニーチェは、ヴァーグナーのバイロイト*計画に積極的に関与しようとした跡がある。70年7～8月頃の執筆とみられるヴァーグナーの論文「ベートーヴェン」は、アポロ*－ディオニュソス*の名こそないが、光と響きの世界という類似の二元論がある。ともに両者がショーペンハウアー*の意志と表象の二元論や芸術論の影響下にあったことは明らかで、これをめぐって両者が多くの会話を交わしたことは想像にかたくない。

【Ⅱ】 **主題と内容** 『悲劇』にはこれに関連した三種の草稿・講演がある。一つは「ディオニュソス的世界観」およびその第二稿にあたる「悲劇的思想の誕生」。アポロ的な芸術衝動とディオニュソス的なそれの相克・和解を、対立の兆しから説き起こし悲劇の生誕までを叙したもので、『悲劇の誕生』の第1節から第7節に当たる。二つ目は「ソクラテスと悲劇」と題した講演および「ソクラテスとギリシア悲劇」という似た題の草稿。『悲劇』の第8節から第15節の原形をなし、アイスキュロスとソフォクレスで開花したアッティカ悲劇がエウリピデスにおいて死にいたった経緯を主題にする。そして三つ目は「ギリシアの音楽ドラマ」と称した講演で、当時のオペラにたいする批判から始まり、オペラ的な絶対芸術にたいし古代ギリシアのドラマを総合芸術として称揚している。ギリシア的音楽ドラマ (Musikdrama) とはヴァーグナーの楽劇 (Musikdrama) を念頭においたらしく、ヴァーグナーの楽劇がギリシア悲劇の再生であることを暗示するかのようだ。その大方は『悲劇』の第16節以下に組み込まれている。この三つはそのまま『悲劇』の結構を語っている。悲劇がいかにして誕生し (第1～11節)、滅亡し (第11～16節)、最後にいかにして再生しうるか (第17

〜25節）——悲劇をめぐる生と死と再生が，アポロ的なものとディオニュソス的なものの相克・和解・分裂のドラマとして描かれているわけだ。ニーチェの著作としては数少ない一貫した筋立てのある作品である。

新版の序の「自己批判」でニーチェは，『悲劇』の主題は「学問*そのものの問題だった」と語っている。「学問を芸術家の光学のもとに，さらに芸術*を生の光学のもとに見る」という課題が，悲劇の生・死・再生を描くさいの基調音である。学問とはとりあえずニーチェが専攻した古典文献学*と解しうるが，広くこの学問が象徴した教養*と文化のある傾向だったといってもよい。『悲劇』の背後に控えているのは当時の古典文献学や歴史学を支配していた客観的認識への信仰に対する批判意識である。ただし『悲劇』は，この種の歴史主義*批判を正面から主題にするより，学問が前提にしていた古典主義的な古代ギリシア観に批判の矢を向ける［『悲劇』20］。「ギリシア的晴朗さ」を讃えてソクラテス*に絶頂を見るヴィンケルマン*以来のヘレニズム像がそれである。なるほどニーチェにとっても，ドイツ精神がギリシアから学ぼうと努めた最良の時代は，シラー*，ゲーテ*，ヴィンケルマンの時代であった。だがその彼らでさえ「ギリシア的本質の核心に迫り，ドイツ文化とギリシア文化との間に持続的な愛の絆を結ぶことに失敗した」のである［同］。

『悲劇』における「理論的人間」，「学問のオプティミズム」，さらに「オペラの文化」，総じてソクラテス主義の名が暗に象徴しているのは，こうした古代ギリシア観とそれを伝統にした学問である。ニーチェに言わせれば，このソクラテス的なものこそ，生*の絶頂ではなく衰退の兆候にすぎない。ギリシア的晴朗さをアポロ的現象の一位相におさめ，アポロ的なものとディオニュソス的なものという二つの芸術衝動の原理を設定し，「夢との戯れ」と「陶酔*との戯れ」，「個体化*の原理」と「根源的一者*」，「美の節度*」と「自然の過剰*」など種々の相にわたって両者を対比してみせたのも，両者の分裂にいたる芸術的展開のプロセスのうちに，生の衰退の兆候というソクラテス的なものの意味が解明できると思えたからである。ギリシア悲劇の死をエウリピデスに見てとり，彼を美的ソクラテス主義者と呼んだのは，この点と関連している。理論的人間や学問というものは，過剰なアポロ的衝動がディオニュソス的なものと分裂して芸術を踏み越えたところに出てくる。「学問を芸術家の光学のもとに」捉えようとした優れた例がここにある。

むろん芸術衝動の二つの原理としてアポロとディオニュソスを立てたのは，ソクラテス主義の真相を暴くことに尽きるわけではない。ギリシア悲劇の誕生の由来と意味を二つの芸術衝動によって描いてみせた点は，『悲劇』の打ち出したもう一つの新機軸である。ホメロス以前の巨人族の時代，アポロ的なホメロス*の時代，ディオニュソス的野蛮が侵入した時代，アポロ的なものが再び支配したドーリア式芸術の時代といった段階の後に，アポロとディオニュソスとが和解する瞬間，アッティカ悲劇の時代が訪れる。ニーチェはこの和解の意義をギリシア人における生の問題から捉えて次のように言う。「ギリシア人は生存の恐怖と驚愕の数々をよく知り，また感じていた。彼らは，およそ生きていくことができるためには，こうした恐るべきものの前に，オリュンポス神族というかがやかしい夢の所産をすえなければならなかった」［『悲劇』3］。「美的現象としてのみ，人間存在と世界とは永遠に是認される」*［同 5］という『悲劇』で何度か繰り返される「芸術家形而上学」のテーゼは，「芸術を生の光学のもとで」見た優れた証拠である。

ニーチェは，ギリシア悲劇の根底にディオニュソス的な芸術衝動が働いていることを主張して，その起源を「劇(ドラマ)」ではなく「合唱(コロ)

団」に求めている。「悲劇は悲劇合唱団から成立したのであり、元来は……合唱団(コロス)以外には何も存在しなかった」[『悲劇』7]。この合唱団こそ本来の劇(ドラマ)の母胎である。では合唱団とは何か。合唱団とは「自然の最高の表現、すなわちディオニュソス的な表現」である[同 8]。「元来悲劇は〈合唱団〉にすぎず、〈劇〉ではなかったのである。後年になってこの神〔ディオニュソス〕を現実的なものとして出現させ、浄化する状況に包まれたヴィジョンの形姿として、だれの眼にも見えるように表現する試みがなされるにいたった。こうして狭義の〈劇〉がはじまった」[同]。

合唱とはいうまでもなく音楽である。とすればギリシア悲劇は、音楽から生誕したことになる。「音楽の精神からの悲劇の誕生」とは元来、このことを意味していた。ただしニーチェは、この音楽にさらに二つの意味を含ませている。一つは、ショーペンハウアーの言う意味の音楽である。ショーペンハウアーにとって音楽は、他の芸術とは違い、現象の模写ではなく、直接に意志そのものの模写である。合唱団をディオニュソス的と捉える時、ショーペンハウアーのこの音楽論が念頭にある[『悲劇』16]。もう一つは、ヴァーグナーの音楽である。ニーチェが劇(ドラマ)は音楽としての合唱団を母胎と語った時、彼はそこにヴァーグナーの楽劇(ムジークドラマ)を伏線にしている。アッティカ悲劇がソクラテス主義による死の後に再生するのは、ヴァーグナーの楽劇においてである。

生の悲惨と苦悩を直視し、芸術*による救済を唱える思想には、たしかにショーペンハウアーからの影響が見受けられる。しかしショーペンハウアーが「生きんとする意志*」をあくまで否定的に捉え、そこからの脱却を求めたのに対し、ニーチェにとって「事物の根底にある生は、あらゆる現象の変転にもかかわらず、いかにしても破壊しえないほど力強く、歓喜に満ちている」[同7]。苦悩が充実した生の過剰に由来する限り、それを否定する道理はない。ショーペンハウアーとヴァーグナーとの強い影響の下にあったとはいえ、ニーチェ独自の思想もすでにここに顔を出している。

【Ⅲ】反響と影響　『悲劇』刊行後の評判はあまりよくない。ヴァーグナーとその周辺、親友のローデ*などを除けば、肯定的に評価する者はほとんどいない有様である。ニーチェの師リッチュル*でさえ、日記に「ニーチェの本、悲劇の誕生（＝才気走った酔っ払い）」と記したほどで、学界からしばらくは完全な黙殺状態が続く。書評もほとんど出ない。ローデは『文学中央誌』に『悲劇』の紹介めいた書評を載せようとしたが、同誌の編集部によって拒否された。ローデが書評を『北ドイツ・アルゲマイネ』紙に掲載できたのは、それから数カ月たった後である。しかしこの書評が出たのとほぼ同じ時期に、ヴィラモーヴィッツ゠メレンドルフ*の本格的な論評が『未来文献学』と題してベルリンの書店から出た。

ヴィラモーヴィッツのパンフレットは、『悲劇』に対する文字通りの全面攻撃である。彼の攻撃の背景には、彼の師ヤーンとニーチェの師リッチュルとの大学での諍いが絡んでいるとも、『悲劇』でのヤーンへの揶揄がヴィラモーヴィッツを奮起させたともいうが、論評の大半は、ホメロス、アルキロコス、エウリピデス、ソフォクレス、アイスキュロスに関するニーチェの誤謬を詳しく論駁したもので、ニーチェからの引用に事細かに難癖をつけてみた異常なまでの執拗さを別にすれば、当時の古典文献学の正統な骨法に準じたものといえる。ヴィラモーヴィックは、自らの方法的立場を「学問の共有財産となった歴史的・批判的方法」といっているが、これがニーチェにはかえって批判の対象となる歴史主義*の産物にすぎなかった。ニーチェの側からの最初の反撃を試みたのは、ヴァーグナ

一だが，実質上の反論となったのはローデの『似非文献学』と題したかなり長いパンフレットである．ヴィラモーヴィッツはこれに『未来文献学・第二篇』で応酬している．こうした論争もさることながら，学界での不評によって，ニーチェは事実上，古典文献学界から相手にされなくなる羽目になった．「こんなものを書いた人間は学問的には死んだも同然だ」というウーゼナー*のよく引かれる言葉が事態を象徴している．

しかしこうした誕生の悲劇にもかかわらず，今日『悲劇』はニーチェの代表作の一つとして，アポロ－ディオニュソスの名とともに広く人口に膾炙するようになった．古典文献学の専門書としてよりも，一個の思想書として，その後の古代ギリシア観の変貌に投げかけた影響は大きい．『悲劇』はよきにつけあしきにつけ，ニーチェの思想の，ひいては現代思想の出発点である．→ニーチェとヴァーグナー ── ロマン主義の問題，古典文献学，アポロ／ディオニュソス，悲劇作家，ヴィラモーヴィッツ＝メレンドルフ　　　　　　（木前利秋）

ビスマルク [Otto Eduard Leopold Fürst von Bismarck 1815-98]

ヴィルヘルム帝国創建の立役者，宰相ビスマルクに対するニーチェの立場はきわめて複雑で，称賛と弾劾の間を大きく揺れ動いている．ビスマルクの首相在任期間は1862年9月から1890年2月までで，ニーチェが生きかつ著作した時期とほぼ完全に一致し，ニーチェにとって政治家とはビスマルクであり，政治とはビスマルクのそれであった．「私というものはビスマルクなくば……カント*，ルター*なくば可能ではなかっただろう」とも後年に書く［遺稿 Ⅱ.12.173］．20代のニーチェは，ビスマルクを誇りにする「熱狂的なプロイセン人」で，68年のゲルスドルフ*宛の手紙［1868.2.16.］には，「ビスマルクは僕に異常なまでの満足を与えてくれる．僕は彼の演説を強いワインを飲むときのように読む．一気に飲み干すのではなく，長く楽しむようにちびちびと舌の上に転がせて……」と，ビスマルクの鋭い政治的感覚，その大胆な勇気と果敢な徹底性を賛美し，普仏戦争*のときには，スイスの教授で兵役義務はないのに，志願して従軍してさえいる．しかしやがて「ドイツ帝国のためにドイツ精神を根絶」［『反時代的』Ⅰ.1］するビスマルクの現実政治を激しく弾劾するようになる．しかし一方では，ビスマルク個人に対する賛美からは抜けきれず，ビスマルクの名は「しなやかな強さ」なるドイツ的特徴をもつものとしてヘンデル，ライプニッツ，ゲーテ*と並べられ，またハルトマン*，デューリング*，ヴァーグナー*とも並べられ，強国な意志の持ち主，命令しうるものとしてナポレオン*と，力強い未来を準備するものとしてゲーテ，ベートーヴェン*と並べられもする．それかあらぬか，その後もニーチェとビスマルクは「偉大な時代を代表する出会い，哲学と政治の，精神と国家の出会い」として結び合わせられもする．1889年に狂気に陥る前のニーチェの最後の望みは，「あらゆる政治家の中でもとびきりの白痴，ほんのわずかでもホーエンツォレルン王家以外のことを考えなかった」ビスマルクを，ヴィルヘルム2世ともども追放処罰することであったが［遺稿 Ⅱ.12.177］，これはこの人物がニーチェの生涯にあまりにも大きくのしかかっていたことの裏返しの表現ではなかろうか．ニーチェはビスマルクに嫉妬を感じていた．　　　　　　　　　　（山本　尤）

文献　▷ Th. Schieder, *Nietzsche und Bismarck*, Krefeld, 1963.

ビゼー [Georges Bizet 1838-75]

ニーチェは『ヴァーグナーの場合』の冒頭で次のように言っている．「私は昨日──信じてくれるだろうか？──ビゼーの傑作を聴いたが，これで20回目だ」［手紙1］．ニーチ

ェはヴァーグナー*の対極にあるものとしてビゼーの音楽を捉えようとしている。ニーチェがはじめてビゼーの「カルメン」を聴いたのは1881年頃だったようである。その「カルメン」についてニーチェはこう言っている。「運命としての愛、宿命としての愛であり、シニカルで無邪気で、残酷な愛であり――まさにこの点で自然なのだ!」[同 手紙2]。ニーチェがビゼーの音楽に見ようとしたのはまず第一に、ヴァーグナーの重苦しい精神性とは対照的な、感覚の軽快さ、しなやかさであった。そしてこの鈍重な精神性の要素がヴァーグナーも含めたドイツ的なるものの核心を形づくっているとするならば、ビゼーの音楽はかかるヴァーグナー的=ドイツ的要素の対極としての「地中海的なもの」の典型にほかならなかった。しかしそれは音楽の感性的なレヴェルでの印象の問題にとどまらず、ヴァーグナーが作りあげようとした「救済のドラマ」の核にある「神聖さ」の神話、すなわちゲーテ*がロマン派を揶揄して言った「倫理的および宗教的愚問の反芻による窒息」という要素に対する鋭い反措定としての意味を担っている。すなわちそうした倫理的・宗教的要素のうちにひそむ自己滅却の倒錯によって隠蔽されているエゴイズム、いいかえれば自己に対する全き肯定性をニーチェは「カルメン」に見ようとしたのである。もっとも皮肉なことにビゼー自身はヴァグネリアンだった。そしてヴァーグナー自身は1875年にウィーンで「カルメン」を聴き「ひどく悪趣味である」と評したと妻コージマ・ヴァーグナー*の『日記』にはある。ただ一方でヴァグナーはビゼーが気になっていたようで、同じ『日記』の82年の項には「〈カルメン〉が手強い競争相手になっている」というヴァーグナーの言葉が残されている。ヴェルディに対してきわめて冷淡であったのに比して、こうしたヴァーグナーの再三にわたるビゼーへの言及は興味深い。→ニーチェとヴァーグナ

──ロマン主義の問題　　　　　(高橋順一)

必然　　⇨偶然と必然

「美的現象としてのみ，人間存在と世界は永遠に是認される」　[„Nur als ästhetisches Phänomen ist das Dasein und die Welt ewig gerechtfertigt"]

『悲劇の誕生』*の中心をなす思考である美的救済を端的に表現した言葉で、第5章で初めて使われ、第24章で「美的現象としての世界の是認」という表現で繰り返されている。ニーチェはギリシア悲劇を、人間の生*の根源的な苦悩の現れと見た。生の残酷さや苦しみそのものであるディオニュソス*が見る救済*の夢が、舞台の上でアポロ*的な美として演じられることによって、その苦悩は「仮象*のなかで救済される」のである。ニーチェはこの解釈の構図を世界にあてはめ、美による世界の救済を考える。彼は感覚で捉えられる現実の世界を、形而上学*の伝統のなかで解釈されてきたように何らかの本質の現れとして――その意味で本質と比べて価値の低いものとして――捉えるのではなく、ショーペンハウアー*を下敷きとしつつ、個体化の原理のもとで意志であることに苦悩する意志がとらわれている仮象と考える。この感性界が第一の仮象であるとすれば、悲劇はそれをさらに美的仮象にもたらす。この二重の仮象である悲劇的芸術によって、人間の生は官能の喜びや過酷さ、邪悪さ、恐ろしさをすべて含めてそのまま生として肯定され、救済されるという構想が『悲劇の誕生』で展開される。つまり人間が個体化*するかぎり生は苦悩であるが、美的仮象のなかで救済されうると考えることによってのみ、その生は是認しうるものとなるということである。こうした美的仮象は調和的な均衡を保ったアポロ的仮象であってはならず、醜と不調和による美的快感を起こすものである。ここからディオニ

ュソス的苦悩の根源的な快楽と、音楽における不協和音の共通点が説かれ、無限旋律によって既存の音楽的規則の常識を破ったヴァーグナー*の楽劇に文化の再生(ドイツ神話の再生)の期待を託した。しかし、1886年に増補された「自己批判の試み」では、『悲劇の誕生』を「問題のある書」とし、「芸術による救済」という思想からの乖離を明らかにしている。特に「本文で繰りかえされる〈美的現象としてのみ世界の存在は是認される〉という暗示的な文章」が形而上学的に理解されることを警戒している[「自己批判」5]ことは、いわゆる芸術家形而上学からの訣別の現れである。その意味で、『悲劇の誕生』には克服されるべきペシミズム*が告知されているにすぎないと「自己批判」されている。とはいえ美的仮象としての世界の是認という表現は、真善美の三位一体を前提している古典主義美学と、教養主義的芸術観からの脱出をはかろうとする『悲劇の誕生』の意図を端的に表している。→仮象、美と快楽　(大貫敦子)

美と快楽

「美よ、おまえは死者を嘲り、その上を踏み越えていく／おまえを飾る宝石では、恐怖もなかなか魅力があり、最も安物の装身具では、殺人が／美の傲慢な腹の上で、色気たっぷり踊りを踊る／……天から来ようと、地獄から来ようと、一向に構わない／おお、美よ、巨大な、恐ろしい、清浄無垢な怪物よ／もしも、おまえの眼や、微笑や、おまえの足が、……／かつて認識しなかった無限の門を開くなら」。ボードレール*が『悪の華』にこう記したのは、ニーチェの処女作『悲劇の誕生』*が発表される15年前、1857年だった。道徳の侵犯にともなう美的快楽と認識の冒険がひとつに絡み合っている点で、『悪の華』はその後のモダニズム芸術の先鞭をつけたものである。ニーチェ自身はボードレールに対してロマン主義を引きずっているとして「ヴァーグナー*と似通った精神」[ペーター・ガスト宛1888.2.26.]と警戒しつつも、一種の親近感を禁じえないという複雑な距離をとっている。とは言え、そこに認められる共通性は否めない。それは道徳性と袂を分かった美と快楽が、近代合理性批判の源となり、理性への徹底した疑念が、美と快楽の名のもとに表明されている点である。だがまさにそのために、ニーチェは啓蒙そのものを捨て去ろうとしているという嫌疑をかけられもする。しかしニーチェが美と快楽によって展開しようとする理性批判は、ほんとうに近代そのものを否定し去ろうとする姿勢なのだろうか。

【Ⅰ】美と快楽をめぐるディスクールの変遷　芸術が近代において次第に、教会*や王侯貴族の権力示威や宗教的崇拝など他律的な目的から解放され、鑑賞者に与える作用に着目して考察され始めたことは、啓蒙と歩をともにした芸術の自律化を物語るものである。美学を「感性の学」と定義したバウムガルテンの考察は、その一過程を示すものだが、さらにカント*は一歩進めて、単なる娯楽芸能が感官に与える心地良さと、道徳的理念の象徴としての美が与える快感(Wohlgefallen = 適意)とを区別した。これによれば美的快感は、芸術作品を通して最高の理念である人倫性(Sittlichkeit)に接することによって崇高性を感じる感性の動きである。カントは、認識や道徳判断とならんで美にも自律した領域を認めてはいるが、最終的には美的快感を道徳的要請に下属するものとしている。カントのこうした考え方をよく示しているのが、シラー*の『道徳的施設としての劇場』である。劇場は道徳性の理念を媒介する使命を与えられていた。だが初期市民階級の教養*がすでに形骸化していたニーチェの時代には、カントやシラーのような初期啓蒙期の芸術観は、過去のものになっていた。シラーの思い描いていたような道徳性と美の一致は不可能になっていたのである。劇場につ

いてニーチェは「今ではもう時代遅れの教養と怪しげな遺物のひとつに数え挙げられるありさまだ」[『悲劇』22] と記している。

だがニーチェの時代を待つまでもなく、美と道徳の関係をめぐるカントの規定に対して疑義を表明していたのが、いわゆるドイツ初期ロマン派といわれる人々だった。初期ロマン派は、カントが理性を優先して感性や構想力の働きに限界を設けたことに批判を向けた。まさにその点にこそ、近代社会が人間を孤立させ、自然や他者との有和的な関係を引き裂いてきた原因があるとみなしたからである。「新しき神話」を生み出す芸術こそが近代的人間を分裂状態から治癒することができるという F. シュレーゲルやノヴァーリス、そして初期のヘーゲル*、ヘルダーリン*、シェリングの思想には、美による世界の創造を要請する点でニーチェの『悲劇の誕生』のモティーフと共鳴するものがある。ヴァーグナーの楽劇にドイツ神話の再生をまだ夢に描いていた頃、ニーチェはディオニュソス*的芸術についてこう語っていた。「ある形而上学的慰藉がわれわれを一瞬、移ろいゆくもののひしめく雑踏からわれわれを救いだしてくれる。われわれは、しばらくのあいだ根源的存在そのものとなり、その奔放な生の渇望と生の快楽を感じ取る。……恐怖と同情を感じながらも、われわれは幸福に生きる存在である」[『悲劇』17]。ディオニュソス*的芸術では、生の苦悩や恐怖の「凶暴なトゲに突き刺された瞬間に」、「根源的快楽」と一体となった快感が与えられる。個体化*の原理に引き裂かれた生*は、理性が自己保存*のために排除してきた生のディオニュソス的側面を取り返すことによってのみ、ふたたび全体性を獲得して「根源的存在」そのものとなる。しかもその再獲得が芸術*においてなされるという点で、ニーチェのこの構想はロマン派のそれと寸分違わない。

カント批判から出発した初期ロマン派の美の概念は、たしかに道徳の制約から美を解放しようとするものではあった。調和的美に対して醜さを、健康に対して病いを、正常に対して狂気をそれぞれ正当化し、刺激や衝動といった個人的な感性経験を普遍化不可能な主観性の証左として重視した彼らの芸術観は、ある意味ではボードレール以降のモダニズムを先取りしているかに見える。だが、初期ロマン派の場合にはまだ最終的に美は道徳の手綱から解かれているとはいえない。たとえば F. シュレーゲルの場合に「新しい神話」のヴィジョンにおける美は、新たな共同体形成の原理となるべきものとして考えられている。その限りにおいて、美的経験は普遍的な道徳的価値と結びついた規範性をまだもっているのである。ニーチェの『悲劇の誕生』でも同じことが言える。ニーチェにおいてこうした規範性をすっかり捨て去った美の概念の展開は、ヴァーグナーからの、ということはロマン主義的ペシミズム*からの訣別によって始まる。1886年に加えられた「自己批判の試み」には「形而上学的慰め」としての悲劇芸術にかつて期待を抱いた時代をみずから笑いとばしてこう記している。「君たちが、厳粛と恐怖に対してみずからを鍛えるにもかかわらず、〈慰められて〉、〈形而上学的に慰められて〉、要するにロマン派の終末のように、キリスト教的に終わるということは、いかにもありそうなことだ。しかし、そうあってはならないのだ。……若い友人たちよ、君たちがあくまでもペシミストにとどまる気なら、笑うことを学ぶべきなのだ。その結果おそらく君たちは、笑う者として、いつかは形而上学的慰めなんか悪魔にくれてやることになろう――形而上学*なんかまっ先にだ。あるいはツァラトゥストラと呼ばれるあのディオニュソス的怪物の言葉でいうなら、こうだ。わが兄弟たちよ、君たちの胸を張れ、高く、もっと高く！ そして脚のことも忘れるな！ 君たちの脚もあげろ、君たち、よい踊り手

よ。もっといいのは，逆立ちをすることだ」。踊りも笑いも，後期の著作ではたびたび繰り返される表現だが，ここではディオニュソス的なものは道徳的規範性との関係を断ちきっている。

こうしたロマン主義からの脱却によって，ニーチェは美による救済という構図から訣別し，美学を判断基準にすえた価値の逆転の戦略へと移行する。「もしわれわれが，絶対的真理を否定するなら，同時にあらゆる絶対的要請を捨て去り，美学的判断へと立ち帰らねばならない。……道徳を美学に還元すること」[遺稿 I．12.51f.]というニーチェの表現は，啓蒙以来のディスクールのなかでつねに認識と道徳との競合関係にあった美が，両者の束縛から完全に解かれたものとなった事態を示している。ちなみに，ニーチェが「ロマン主義」という用語を使う場合には，中世世界へと回帰する退行的な過去回帰や小市民的な内面逃避の傾向をもっぱら念頭に置いている。彼にとってはヴァーグナーとショパンがいわば「ロマン主義」の代名詞ともなっているが，こうした見方はロマン主義の多様性を看過している。後期ロマン派とされる E. T. A. ホフマンなどの場合には，大都会のただなかに展開する犯罪の世界を恐怖と魅惑をもって描くポーや，タブーの侵犯を美とするボードレールやワイルドのダンディズムと共通点を持ち，ヴァーグナーとはまったく逆のロマン主義の要素を含み，モダニズムの萌芽であることを見逃している。

【II】 芸術的美による救済から「美学の生理学」へ 　『悲劇の誕生』の後の著作では，ショーペンハウアー*の影響の色濃く残る思想，つまり生の苦悩からの救済としてのディオニュソス的芸術とその陶酔の快楽が再びテーマ化されることはない。むしろそうした芸術は「生の麻酔剤」と非難されることになる。「救いなど，まだわれわれに何の関係があるというのだ」[『系譜』III. 9]。だがサトゥルヌス祭的な陶酔の要素が強まる後期思想へと転回する以前のニーチェには，独特の心理学*によって形而上学的な善と美の規定をいわばなしくずしにしていくような視線がある。たとえばわれわれは一種の快楽を予感しそこに何らかの新しい欲望が生じることがある。するとその欲望の実現をはかるためにその欲望に「高貴な，善い，称賛すべき，犠牲に値する」などという感情の衣装をまとわせる。すると今度はそうした欲望を「自己のなかに取り入れ，自分が道徳的と感じてきた諸目標にそれをつけ加える。こうしてもはや快楽ではなくて，道徳に向かって努力するつもりになる」[『曙光』110]。つまり普遍的な道徳律があるわけではなく，ある行為が自己の快楽の追求であることを隠す蓑が道徳である，というわけである。ここで使われている「快楽」は，『悲劇の誕生』で規定された美的経験とは違い，生理的満足を与える快の感情である。

また芸術の引き起こす感情についても次のような分析がある。「〔他人を理解する仕方で〕もっとも普通なのは，感情が現れた結果にたよって，その感情を自分のうちに生み出す場合である。眼や声や歩みや態度の表現（あるいは言葉や絵画や音楽におけるその反映のたぐいでも）を，われわれの身体で模造することによってである。そうすると，自由に変化しうるように訓練されている運動と感覚の昔からの連合作用の結果，われわれの内部にも類似の感情が生ずる。……音楽を聞くのは，感情の模造の模造であるが，……われわれは悲哀の理由が全然ないのに，まるで完全な馬鹿者のように，単に悲しむ人々の音声や動作，さらには人々の悲しみの習慣などをどこか想い出させるような音やリズムを聞いただけで，悲しくなるのだ」[『曙光』142]。つまり共感は，「あらゆる被造物中のもっとも臆病なものである人間にとって」，その「臆病（恐怖心）」から生じるのであって，

「悦びや快さや,さらにはおかしみの感情は,……恐怖心のはるかに若い兄弟なのである」。同情や共感といった感性の動きを醒めた視線から嘲笑うようなこの発言からすると,かつて『悲劇の誕生』のなかで「トリスタンとイゾルデ」*の終幕部でのホルンのメロディーに「胸をえぐられる」思いを記し,「同情の巨大な重み」と表現したニーチェが,いかに自分自身の過去の芸術経験を相対化しているかはっきりと分かる。それとともに過去営々と行われてきたような美と快楽の道徳化――カントとシラーに代表されるように,義務と情熱とがおのずと一致することが,美であり快楽であるとするような道徳の名のもとになされる美の正当化――が,人間の脆弱な本性の隠蔽にほかならなかったことが示されている。

弱さの隠蔽であるような美の観念を否定することによって,ニーチェはいままで理性と道徳の支配のもとに美の範疇から排除されたものを意図的に肯定する形で価値の逆転を行う。現在の人間たちが誇りとする「ちっぽけな人間理性や自由の感情」とは逆の価値が,ニーチェにとってはいまや重要となる。彼が注目するのは「苦悩が徳として,残酷が徳として,偽装が徳として,復讐が徳として,理性の否認が徳として妥当し,それとは逆に幸福が危険として,知識欲が危険としぐ,平和が危険として,同情が危険として,同情を受けることが侮蔑として,勤労が侮蔑として,狂気が神聖として,革新が非道徳で滅亡に通じるものとして妥当していた時代」[『曙光』18]である。こうして真と善についての従来の価値を転覆させる新しい認識の源泉こそが,快楽(Lust)と言われるが,それはいままでの認識と道徳規範のディスクールが語ることを禁じてきた領域を侵犯する快楽なのである。『道徳の系譜』*[Ⅲ. 9]には次のように言われている。「哲学者がもし自分を意識することになったら,自分こそ〈われらは禁ぜられたものを求む〉という言葉の化身だ

と感ぜざるをえないだろう――したがって彼らは〈自己を感じ〉たり,自分を意識しないように用心したのだ。理性的認識は「自己を感じること」を禁止することによって,認識の限界を設け,脆弱な人間の自己保存*をはかってきたのである。とすれば,理性によって禁じられたものを,あえてその禁止を破って見ることが,「認識の快楽」となる。『ツァラトゥストラ』*の次の表現はそれを示している。「認識することは,獅子の意志を持つ者には,快楽である」[Ⅲ-12.16]。

もうひとつ注目すべきなのは,この認識の快楽とエロスとの連続性が強調されている点である。『道徳の系譜』[Ⅲ. 8]には一見禁欲的に官能を否定して真理の探求にすべてを賭すようにと思想家を促すものが,実は性的刺激と変わらないものだということが暴露されている。「彼(ショーペンハウアー)の場合,美しいものを見ることは,明らかに彼の本性の主力(沈思と洞察の力)を解放する刺激となった。この力は爆発して,たちまち意識の支配者となったのだ。……――したがって官能は,ショーペンハウアーが信じたように,美的状態が現れるとともに止揚されるものではなく,ただ形を変えるにとどまって,性的刺激としてはもはや意識されないだけのことなのだ」。ここにはフロイト*の「昇華理論」の前兆を見ることができよう。デリダ*がニーチェをフロイトの先駆とみなしているのは,こうした点で正鵠を射た指摘である。『道徳の系譜』の今引用した箇所では,「いままでに誰も触れたことのない,まったく解明されていない美学の生理学*」を展開してみる必要があるとニーチェは述べている。それをニーチェ自身は展開することはなかったが,この発言には真・善・美をめぐるディスクールの脱形而上学化をはかろうとするニーチェの意図を読み取ることができる。後期著作に目立つサトゥルヌス祭やディオニュソスの比喩は,近代において析出され定着した三

つの価値領域(学問的真理,道徳,芸術)の分離の正当性をもう一度問いに付す試みである。

【Ⅲ】 禁止の侵犯とモダニズム　だがこのサトゥルヌス祭やディオニュソスの比喩が,いったいハーバーマス*の批判するように,三つの価値領域を混同し,それゆえに近代を否定しさる態度だと言いきることができるだろうか。ニーチェはサトゥルヌス祭について次のように述べている。「悲劇的芸術家は自分について何を伝達するのだろうか。それはほかでもなく,彼が見せてくれる恐るべきものや,いかがわしいものを前にしての恐怖を知らぬ状態ではないか。……一人の威力ある敵,一個の崇高なる怪物,戦慄を呼ぶような課題に直面するときの感情の勇敢さ,そして自由さ——この勝利感に溢れる状態こそが,悲劇的芸術家が選びとり,誉めたたえるものにほかならない。悲劇を前にしてわれわれの魂の中にある戦士的なものは,そのサトゥルヌス祭を祝う。……この英雄的人間にのみ,悲劇詩人はあの芳醇美味なる残酷の酒を献ずるであろう」[『偶像』Ⅸ.24]。バタイユ*はここに記されているような祭儀的放縦を,有用性をめざす生産が一瞬停止して非生産的消尽が行われる祝祭であると解釈している。こうした祝祭的な爆発は,有用性に支配された世界への思考の隷属性に対する異議申し立てである。それは「人間たちの活動を,自らの諸資源の無益な消尽という目的以外の諸目的へと服従させるようなさまざまなイデーを全般的に批判することである。従属的な諸形態を基礎づけている諸々の見方を破壊することが問題となる」[『エロティシズムの歴史』]。サトゥルヌス祭は,有用性の世界で禁止されているものの全面解除であり,「侵犯の頂点」である。その根底にあるエロティシズムは,モダニズム芸術に表現の場をもってきた。こうした侵犯行為と結び付いた美的経験は,もはやカントの規定する「快感＝適意」では記述できない。たとえば,自分の肉体を自虐的に痛めつけることに美的快感を感じる自分を克明に描く初期ホーフマンスタール*の場合には,自分に苦痛を与えることが完全なる自由の証である。またムージル*の『特性のない男』は妹との近親相姦関係が主人公の思考実験と密接に絡みあっている。ムージルは自らの創作について「道徳を美の観点から作りあげる」試みであると述べているが,それを近代の歩みに逆行すると非難することはできまい。ただし,バタイユの指摘しているように,有用性原則への批判的契機を秘めたエロティシズムの契機が,文学や芸術の領域を超えて,軍隊あるいは政治的領域での一種の陶酔経験にもつながりうるという点は重要であろう。たとえばユンガー*やイタリア未来派*の描く戦争の美が,そのままファシズムの美学と同一視されたことは看過できない事実である。

禁忌の侵犯が芸術の領域を超えて現実世界での行為となった場合には,確かに反近代的な退行であり,この退行へ陥らないためにはハーバーマス*が固持しようとする諸価値領域の分離は近代の獲得した成果として守られるべきである。しかしニーチェにおける「ディオニュソス的なもの」がこの価値領域の区分を侵犯しているからといって,すぐさま「理性の他者」であると即断し,啓蒙からの訣別であるとみなすことはできない。ハーバーマス自身が述べているように,「科学と道徳と芸術という三つの領域においては,その分化の過程は反対方向の運動を伴っている。その運動はそれぞれ主となっている妥当性の観点からはじめは排除された他の二つの妥当性の観点を持ち込んでくる。それによってのみ批判的社会理論は可能となる」[『コミュニケーション的行為の理論』]。とすればニーチェがディオニュソス概念によって提示しているのは,合理性の観点からとりあえずは排除された視点であり,それを科学と道徳のディス

クールに持ち込む試みは，啓蒙的理性への内在的批判であり，啓蒙そのものの否定ではない。

その一方で，現代ではかつてモダニズム芸術が源泉としていた「禁忌の侵犯」さえ不可能になってきている。すべてがボードリヤールの診断するようにシミュラークルと化しているとすれば，禁忌の領域さえ消滅しているからである。またさらに，歴史的アヴァンギャルド芸術の運動が芸術と生活の境界の消滅を主張して以来，もはや芸術を既成の制度の枠で理解することは不可能になった。美的経験は，芸術と名指されるまでもない微細な日常的空間に拡散している。むしろこうした状況のなかで，ニーチェが展開できなかった「美の生理学」に等しい，細部における美的経験のありさまを探る視点が必要であろう。
⇒アポロ／ディオニュソス，芸術，自由精神と理性批判，『悲劇の誕生』，戦慄と恐怖　　（大貫敦子）

「人はいかにそれであるところのものになるのか」　[„Wie man wird, was man ist."]

　この言葉は『この人を見よ』*の副題である。ニーチェが狂気に陥る直前の1888年秋きわめて短期間の中に書かれたこの特異な自伝的・回顧的著作では，そのテクスト成立にまつわる複雑な事情やほとんど抑制を欠いた罵倒と悪ふざけにしか見えぬような諷刺や揶揄に満ちた文体の調子に示されている惑乱的かつ断片的な性格と，この副題の言葉が端的に象徴している本来的な自己の同一性への固着という性格が拮抗しあっている。「人はいかに……」という言葉はじつはプフォルタ校*の生徒だった時代からニーチェがしばしば使っている言葉だが，もともとはピンダロスの言葉「おまえはおまえであるところのものになれ！」(werde der, der du bist!) に由来している［『智恵』270およびルー・ザロメ宛1882.6.10.参照（ただし同宛1882年8月末の書簡ではルー自身に対して，「あなたがあなたであるところのものになって下さい！」〈werde Sie, die Sie sind!〉と呼びかけている）］。ニーチェはこのピンダロスの言葉とともに，「鉄鎖からの解放」というかたちでの自己の希求の彼方にさらに「こうした解放から自らを解放する」ことを見通すようザロメ*に勧めているが，「それ＝自己自身」になることの意味を解く鍵はそのあたりにあるようだ。⇒『この人を見よ』

（高橋順一）

「人は何も欲しないよりはむしろ無を欲する」
[„Lieber will noch Mensch *das Nichts* wollen, als *nicht* wollen..."]

『道徳の系譜』*第3論文はこの言葉で結ばれている。この書はニーチェ自身が『この人を見よ』*で述べているように，キリスト教*の本質を悪意に満ちた心理学的手法をもって分析したものであり，第1論文ではキリスト教が内攻的復讐感情から生まれたものであること，第2論文では「良心*」なるものが，内部に向けられた残虐性の本能にほかならないこと，そして第3論文では，禁欲の理想，僧侶の理想が終末への意志であることが暴露されている。ニーチェは存在者の本質を力への意志*と捉えるが，そうであるとすれば意志が何ものをも意欲しないよりはむしろ無を意欲することは理にかなったことである。だが，意志の本質が，「より多く」を求め不断の向上を目指すところにあるとすれば，禁欲の理想に見られる無への意志は，倒錯した意志である。「何も欲しないよりは無を欲する」というキリスト教的意志構造は，まさにデカダンス*の公式である。⇒ニヒリズム

（薗田宗人）

『陽に翔け昇る』（偽書）

　ニーチェがイェーナ大学病院精神科に入院中（1889.1.17-1890.5.13）に書いた自伝的作品「妹と私」の翻訳として，昭和31年5月31日付で刊行されたもの，訳者：十菱麟，監修

523

者：丸田浩三，発行者：ニーチェ遺作刊行会，序と本文合わせて348ページ。原典は "My Sister and I", Translated & Introduced by Oscar Levy, Editor of the complete works of F. Nietzsche (1951) とされている。ニューヨークの五番街160番地にある出版社とあるだけで社名は挙げられていないが，調べてみると，ジェームズ・ジョイスの『フィネガンズ・ウェイク』や『ユリシーズ』の海賊版を出したことで悪名高い編集者 Samuel Roth の Two Worlds Publishing Company である。英訳し序文を書いているオスカー・レヴィは18巻本の最初の英訳版ニーチェ全集の刊行者であるが，その序文によれば，この原典は次のような事情で成立したという。ニーチェは1889年1月3日トリノ*でたおれ，迎えにきた友人オーヴァーベック*に伴われて，1月10日にバーゼル大学病院に入院するが，一週間後母に付き添われてイェーナ大学病院に移る。最初の錯乱が収まってからは，発話能力は低下していたが，思考の流れは明晰で執筆能力もあったという。彼は妹エリーザベトが『この人を見よ』*を公表しないのに苛だち，もう一回自伝的作品を書こうと思い立った。彼に好意を寄せていた小商人の入院患者の息子に頼んで必要な紙とペンとインクを手に入れ，母や妹の眼を盗んでこの原稿を書き，その小商人が退院するとき持ち出して，出版社に届けてもらおうとした。しかし，頼まれた方は頭のおかしい教授先生の頼みだというので本気にせず，そのまま手元に置いていたのを，後年その息子がカナダに移住するとき持ってゆき，元牧師で古書好きの雇主に見せたところからこの原稿が陽の目を見ることになる。レヴィの手元に届いたのは1921年春であり，彼はそれを英訳し序文を付して，1927年にニューヨークのサミュエル・ロスに送った。エリーザベトが名誉毀損の訴訟を起こすことが予想されたので，英国での出版は望めなかったのである。

あとは，本書の末尾に付されているロスの手になる「刊行者の弁明」に拠ることになるが，彼は1928年に自分の刊行する『両世界評論』(Two Worlds Monthly) にこの「妹と私」のダイジェストを連載しようと計画し，その予告を出したところ，これも悪名高いアンソニー・コムストックの創立した〈ニューヨーク悪徳禁圧協会〉の会員が押しかけ，『ユリシーズ』の掲載誌その他とともに，ニーチェの直筆原稿を持ち出し焼き捨ててしまった。レヴィの訳稿と序文は危うく難をのがれ，かなりあとになってから発見された。それが1951年になって出版された，という話である。原文がない上，この時点でのニーチェの知識にふくまれていたとはとうてい思えないマルクス*の『資本論』への言及が見られたりするので，偽書とみなすほかないであろうが，ニーチェの伝記や思想に相当深く通じ，ヘンリー・ミラー*級のかなりの筆力のある偽作者の手になるものであろう。長短さまざまな自伝風記述やアフォリズムから成っているが，幼年期にはじまった妹エリーザベトとの近親姦，ルー・ザロメ*やコージマ・ヴァーグナーとの情事を赤裸々に告白するふうのくだりもあって，読み物としては滅法面白いものであるし，一つのニーチェ解釈としても読めるものである。　　　　　　(木田　元)

批判神学　[kritische Theologie]

キリスト教*の護教的な動機をもって神学を展開するのではなく，聖書*に対する純粋に客観的な批判的研究を基礎にして形成される神学のこと。ニーチェとの連関では，19世紀のとくに D. シュトラウス*，ブルーノ・バウアー，オーヴァーベック*らの神学を指す。

シュトラウスはその著『イエスの生涯』全2巻 (1835-36) において聖書の批判的研究を試み，福音書の史実性を否定して，聖書に記されたイエス*についての物語は，原始キ

リスト教団の内部で無意識に生み出された神話であると主張した。福音書のイエスは，神と人との合一という宗教理念の形象化された神話であり，その意味でイエス個人の存在は史的事実とは言いがたい。しかし，その神話の語る内容は，人類の中に実現されるべき信仰上の真理として妥当するものであり，したがってキリスト教に固有の真理は何も損なわれるものではないと説いた。この書が当時のドイツの神学界に与えた影響は大きく，その評価をめぐる論争は，ヘーゲル学派の内部分裂を惹き起こす結果となった。シュトラウスは晩年に『古い信仰と新しい信仰』(1872)を書いて，従来のキリスト教信仰に対する新しい科学的合理主義的信仰を披瀝するに至ったが，生を無視して知にのみ傾くシュトラウスのこの新しい信仰に，ニーチェは教養俗物*の信仰告白を読み取って，『反時代的考察』*の第1篇で徹底したシュトラウス批判を展開している。

バウアーは，シュトラウスの『イエスの生涯』が出版された当初，正統ヘーゲル学派の立場からこの書に対して批判的な論評を加えたが，やがてヘーゲル左派に転じ，『共観福音書批判』(1841-42)を著して，シュトラウスの立場よりさらに過激な見解を提示することとなった。バウアーによれば，福音書の記述が史実でないのは，シュトラウスの言うような無意識的に形成された神話であるからではなく，福音書の記者による作意的な神話だからである。シュトラウスの見解では，キリスト教の信仰を合理化してかえって正当化することになるとして，バウアーはシュトラウスを批判し，急進的な無神論*の立場から福音書批判を行った。また，バウアーは自分，キリスト教の起源をギリシアの哲学に求める研究を進めて，キリスト教は大衆化されたプラトニズムであるというニーチェのキリスト教観に近い考えを示している。バウアーの死後，ニーチェはしばしばバウアーを自分に好意を寄せてくれた人と語っており，シュトラウスに対してのようにこれを批判することはなかった。

また，生涯にわたってニーチェの親しい友であり通したオーヴァーベックは，聖書の原典批評と教会史の研究とを通して，原始キリスト教団の終末論的な信仰を掘り起こし，これを原歴史と呼んで，歴史的な文化となったキリスト教はこの原歴史を喪失していく頽落の過程にほかならないと考える。イエスが今にも再臨して世界審判が生じることを期待した原始教団の超歴史的な信仰は，その期待が実現しなかったことのゆえに，やがてギリシアの教養によって解体され，キリスト教という歴史的な宗教文化へと変身したというのである。このような，福音書の信仰と歴史的なキリスト教の信仰とを批判的に区別する態度は，シュトラウスやバウアーと同様であるが，オーヴァーベックの場合は，福音書の信仰を単に神話と考えず，むしろそこに原歴史を読み取る点で，ヘーゲル左派の批判神学とは異なるものがあった。もっとも，だからといって，オーヴァーベックは，当今のキリスト教を原歴史へと立ち帰るよう促すわけではなく，シュトラウスのように新しいあるべき信仰を説くのでもなければ，バウアーのように信仰を否定する積極的な無神論者であったわけでもない。

ニーチェの『反時代的考察』の第1篇『ダーフィト・シュトラウス』は，このオーヴァーベックに捧げられた。そして，ニーチェはその1冊を，同年に出版されたオーヴァーベックの『現今の神学のキリスト教性について』(1873)と合わせて製本し，その冒頭に「一つ家の双生児」という詩を書きつけている。オーヴァーベックのこの書は，シュトラウスの批判神学を超えて新しい批判神学の可能性を考察したものである。したがって，ニーチェ自身はオーヴァーベック流の批判神学に同調していることになり，合理的な信仰を

説いたりイエスの史実性を否定したりするような批判神学に与していたわけではなかった。ニーチェが、イエスの教説とキリスト教道徳とを厳密に区別し、イエスの教えから外れた道に踏みこんでいるキリスト教道徳を「大衆向けのプラトニズム」と呼ぶとき、その背景に、福音書のイエスとキリスト教の信仰とを批判的に区別する批判神学、ことに史的イエスを重視するオーヴァーベックの批判神学が、大きく働いていると言ってよいであろう。→キリスト教, イエス, オーヴァーベック, シュトラウス¹, 歴史神学　　　　(柏原啓一)

比喩

聖書*のイエス*はマタイの伝えるところによれば、自覚的に喩えを用いる。「天国は一粒のからし種のようなものである。ある人がそれをとって畑にまくと、それはどんな種よりも小さいが、成長すると、野菜の中で一番大きくなり、空の鳥がきて、その枝に宿るほどの木になる」[13の31-32]。「天国は、海におろして、あらゆる種類の魚を囲みいれる網のようなものである」[13の47]。「なぜ彼ら(群衆)に喩えでお話しになるのですか」と問いかける弟子たちに対してイエスは答える。「あなたがたは、天国の奥義を知ることが許されているが、彼らには許されていない。おおよそ、持っている人は与えられて、いよいよ豊かになるが、持っていない人は、持っているものまでも取り上げられるであろう。だから、彼らには喩えで語るのである。それは彼らが、見ても見ず、聞いても聞かず、また悟らないからである」[13の11-13]。群衆のために平易な文章で喩えを駆使するイエスであるが、喩え自身も、喩えを用いる理由も、さまざまな解釈を許す。ある種の組織論・集団論がここにはあるが、他方でこの喩えはキリスト教*の玄義に深く内属するものともなっている。また水、魚、漁師、麦などは、喩えを越えてキリスト教の代表的な象徴ともなっていった。

『ツァラトゥストラ』*は内容だけではなく、構成や文体においても少なくとも部分的に聖書に対抗して書かれている。それゆえニーチェも自覚的に比喩を用いることになる。「三段の変化*」における「駱駝」「獅子」「幼児」もそうならば、「タランチュラ*」「海*」「まむし」「火の犬」などもそうであろう。そのなかには、伝統の枠組みに含まれる比喩もあれば、真にニーチェの独創的な比喩もある。「海」や「太陽」は後者であろうが、「駱駝」「獅子」「幼児」などは、古い革袋に新しい葡萄酒を盛っただけのものである。その点は『ツァラトゥストラ』に出て来る蛇*と鷲*、とくに天空を飛ぶ鷲の嘴に蛇が円環を作ってぶら下がっている比喩についても同じで、この比喩は古代エジプトにも、またおそらくはそこに発したと思われる太古のディオニュソス*の儀式にも遡る。またフランス革命*の人権宣言の飾り絵の真中にも永遠性の比喩として出て来る。とはいえ、いずれの場合にもキリストの言葉と同じで、選ばれた比喩そのものが、単になにかを指し示し、代弁するというだけでなく、その言葉が持つ含みそのものが、概念言語で語りきれないある実質を暗示している。たとえば、先に例に挙げた聖書の比喩においては、麦や農耕仕事のように堅実な社会的再生産を可能にする材料やそれに伴う労働*が背景にあるが、とくに『ツァラトゥストラ』においては、そうした再生産や勤勉を遥か下方に見下すような身振りが特徴的である。ナポリ湾のイスキア島をモデルにしている「至福の島々で」には、その点がはっきり見て取れる。「見るがいい、わたしたちをとりまく何という充実の気配！　そしてこの溢れるような豊かさのなかにあって、はるかにひろがる海を眺める感動」[『ツァラトゥストラ』II-2]。この大自然の生成流転を無視するような神の思想が批判される。「すべての過ぎ行かざるもの〔神のこと〕——それこ

そ比喩にすぎない！……しかし、時間と生成については、最上の比喩をもって語らなければならない。それらの比喩は、あらゆるうつろいゆく地上のものの賛美であり、是認であらねばならない」[同]。永遠回帰*を述べるニーチェの使う比喩は、やはりこの思想を深く暗示するものとなる。

比喩という単語を問題にするときにニーチェの念頭にあるもう一つの要素は、ゲーテ*の『ファウスト』の末尾である。「すべて過ぎゆくものはただ比喩にすぎない。及び難きもの、ここに起きる。……永遠に女性的なるもの、われを引きてゆかん」を下敷きにしたパロディは先の引用も含めて各所に散見する。「身体*というものが、私によくわかるようになってから」と、ツァラトゥストラは、その弟子の一人に言った。「精神は、単に精神という比喩にすぎなくなった。すべての〈過ぎゆかざるもの〉も、またひとつの比喩にすぎないのだ」[『ツァラトゥストラ』Ⅱ-17]。象徴とアレゴリーの位置価が入れ替わり、アレゴリーが低く見られるようになるその転回点にゲーテはいるが、ガーダマー*が指摘するようにゲーテにおいては、実はその両者の意味が相互に浸透し合っている。おそらく比喩という語は、その事態を示すものであろう。ニーチェの比喩にも象徴性とアレゴリー性との融合の遠い残響が聞き取れる。「人はもはやなにが象徴か、なにが比喩かについて、なんの観念をももたなくなる。……〈お前はここではあらゆる比喩に乗ってあらゆる真理へと騎行する〉」[『この人』Ⅸ.3]。

自分の気にいらない存在を批判するときにも「比喩」が意識的に用いられる。「ああ、天と地のあいだには、詩人だけが夢見ることのできる多くの事物がある！ことに、天上にそれがある。というのは、すべての神々は、詩人の比喩であり、詩人の騙りものだからだ！」[『ツァラトゥストラ』Ⅱ-17]。「正直者の歩みは、音を立てる。しかし猫は床の上を盗み足で歩いて行く。見るがいい。月の歩みは猫のように不正直だ。──いま述べたのは比喩だ。私はこれを、あなたがた神経質な偽善者たちに与える」[同 Ⅱ-15]。「見なさい、これが毒ぐもタランチュラの穴だ！……私が諸君に話しているのは比喩だ」[同 Ⅱ-7]。最後の文章は、またしてもキリスト教を念頭に置いている。また詩人は比喩の使用者であるが、そうした詩人についてもまた比喩で語られる。「この水牛にとっては、美も海も孔雀のよそおいも何であろう！この比喩を、私は詩人たちに与える。……まことに、詩人は精神の奥底まで、孔雀のなかの孔雀だ。虚栄の海だ！」[同 Ⅱ-17]。比喩は比喩として暴く対象であると同時に、暴くという破壊行為も比喩によってなされるのが、ニーチェにおける比喩の特徴であろう。→イエス、『ツァラトゥストラはこう語った』　　　　　　　　(三島憲一)

ピュタゴラス　[Pythagoras ca.571–ca.497 B.C.]

サモス島に生まれ、オルフェウス教を改革し、南イタリアのクロトンに移っていわゆるピュタゴラス教団を組織したソクラテス以前の思想家。魂の浄化によって輪廻を免れうると信じたこの教団は、そのために禁欲生活を行い、その一環として数学の研究を重視した。「万物は数からなる」という主張もそこから生まれた。ニーチェは宗教改革者としてのピュタゴラスを重視し、彼をヘラクレイトス*にも比肩すべき賢者とみなす。1872年夏の講義「プラトン以前の哲学者たち」のノートにはこう書かれている。「ピュタゴラス、ヘラクレイトス、ソクラテス*の三人はもっとも純粋な典型と呼ばれねばならない。ピュタゴラスは宗教改革者たる賢者であり、ヘラクレイトスは傲岸孤独な真理の発見者としての賢者であり、ソクラテスは永遠の探究者としての賢者である」。ニーチェにとってピュタゴラスの偉大さは、おのれに対する一種超

人的な尊敬を抱きながらも,「魂の輪廻と生きとし生ける者は一如であるという大いなる確信に結びついた慈悲の絆によって,他の衆生のもとへ,その幸福と救済のために向かった」[『悲劇時代の哲学』8]ところにある。
→ソクラテス以前のギリシア哲学　　　(村岡晋一)

ビューロー　[Hans von Bülow 1830-94]

ドイツの指揮者・作曲家で近代的指揮法の確立者。ベルリン・フィルハーモニーの初代常任指揮者を務めたことで名高い。コジマ・ヴァーグナー*の前夫であったビューローは当初熱烈なヴァーグナー*信奉者で,ヴァーグナーがルートヴィヒ2世の招請でミュンヘンに赴いたとき妻コジマとともにミュンヘンへ移り住み,ヴァーグナーのために尽力した。皮肉なことにこのミュンヘン行きがコージマとヴァーグナーの恋愛の発端となり,結局コージマはビューローと離婚してヴァーグナーと再婚することになる。ところで1872年6月末ミュンヘンで「トリスタンとイゾルデ」*が上演された際にビューローが指揮を行っているが,この公演を聴いたニーチェはビューローにたいする深い敬愛の念を抱く。敬愛の念に駆られてニーチェは自らの作曲した管弦楽曲「マンフレッドの瞑想」を送り講評を乞うたのであった。この年『悲劇の誕生』*を読み感銘を受けたビューローがニーチェに自作のレオパルディ*の翻訳を献呈したい旨を書き送っていたこともこの企図の動機となったようだ。だが同年7月24日の手紙でビューローは,この曲が自分のこれまで出会った最も不愉快で反音楽的な作品だというにべもない評価を下した。このビューローの手紙への返書のために残された草稿を見ると,ニーチェは自分の作曲が素人の恣意的な思い入れと混乱に満ちたものであることを率直に指摘してくれたビューローに感謝しているが,さすがに衝撃と落胆の気持ちは隠せなかったようである[ビューロー宛書簡草稿 1872.10.29. 参

照]。→ニーチェと作曲, ヴァーグナー(コージマ)
(高橋順一)

文献 ▷ Manfred Eger, „Wenn ich Wagnern den Krieg mache...": Der Fall Nietzsche und das Menschliche, Allzumenschliche, Wien 1988 (武石みどり訳『ニーチェとヴァーグナー』音楽之友社, 1992).

病気と快癒　[Krankheit; Genesung]

「親愛なる友よ,まったくひどい具合いだ。(中略)体中いかれていて,胃の調子の悪さといったら睡眠薬も受けつけないほどだ——おかげで夜は眠れなくてとてもつらいうえに,完全な神経衰弱だ。——ああ,ぼくは自然から恐ろしいほど〈自虐者〉になる素質を与えられている」[オーヴァーベック宛 1883.2.22.]。「病気だ!　親愛なる友よ,そうなんだ。ジェノヴァ*に着いたとたんに始まった。発熱,悪寒,寝汗,激しい頭痛,大きくて絶え間のない疲労感,味覚も食欲もない。症状はこんなところだ。ほとんどベッドのなかで過ごして,たまに這うようにして街に出ている」[ガスト宛 1883.3.7.]。ニーチェがこのように病状を訴える言葉はめずらしいものではない。眼病の悪化,繰り返し襲ってくる頭痛や発熱,消化不良や嘔吐,ベッドに縛りつけられて過ごす日々,体調が恢復したときに訪れる幸福な気分も長続きはしない——書簡や友人たちの回想から浮かび上がってくる彼の日常である。そのために彼は神経質なほど自分の滞在地の気候や食事に気を配っていたし,蔵書のなかには,『臨床医学概説』や『神経衰弱・ヒステリー等の現代的治療』などの医学書ばかりか,『胃弱の人のための料理の本』とか『医者の勧める室内運動』といったものまで含まれている。

とはいえ,ニーチェを苦しめた病は肉体的なものばかりではない。歴史学や芸術,キリスト教*の道徳など,時代の文化を冒す「病気」に彼は苦悩し,またそれらから「快癒」

したと信ずるがゆえに，自分を時代の病理に通じた医者になぞらえた。たとえば『生に対する歴史の利と害』では，19世紀のドイツ人が誇る「歴史的感覚」を「歴史病」と診断し，人格の弱体化や偉大な過去に対する亜流意識などの諸症状を記述して，「歴史の過剰」に対する解毒剤として「非歴史的」な忘却*や「超歴史的」な芸術・宗教を処方している。ただ，ここではヴァーグナー*の芸術が歴史偏重からの恢復をもたらすことを期待しているが，のちに彼は，自分はヴァーグナーの音楽を「あらゆるドイツ的なものに対して，毒をもって毒を制するたぐいの毒の極致」として必要としたのだと語っている［『この人』Ⅱ.6］。その後彼は，「健康なものは古典的であり，病的なものはロマン的である」というゲーテ*の言葉［エッカーマン『ゲーテとの対話』1829.4.2.］に則して，「生の過剰*」ゆえに悩む者はディオニュソス*的芸術を求めるが，「生の貧困化」ゆえに悩む者はロマン主義に至るとして，ヴァーグナーの芸術を後者の代表とした［『智恵』370］。『ヴァーグナーの場合』では，「美と病気の同盟のなかで生ずる洗練」によって神経を麻痺させるヴァーグナーの音楽によって「バイロイト*の精神薄弱症」に伝染しないようにと警戒を呼びかけている［追記；第二の追記］（題名の „Der Fall Wagner" は，ヴァーグナーとの間で係争中の〈事件〉を示すとともに，ヴァーグナーという〈症例〉を扱っているという意味もある）。「ヴァーグナーの音楽に対する私の抗議は生理学的な抗議である。この抗議をさらにまた美学的な言いまわしで仮装させる必要があろうか。美学とはまさに応用生理学にほかならないのだ」として，ニーチェは文化の問題を「生理学*」の問題として扱おうとする［『ニーチェ対ヴァーグナー』Ⅱ］。こうした考え方は表現のレヴェルにも反映しており，彼の著作には，「貧血」「痛風」「糖尿病」「ヒステリー」「痙攣」「癲癇」「神経症」「痴呆症」「特異体質」「新陳代謝」「退化」「徴候」「症例」「診断」「鎮静剤」「麻酔剤*」「刺戟剤」「食餌療法」「切除」「生体解剖」など，じつに多くの医学・生理学用語が用いられている。

ニーチェが彼なりの「生理学」を展開した背景には，病気に特別な認識機能を認める「病者の光学」（Kranken-Optik）という思考がある。『人間的』や『智恵』*への序言（1886）で彼はヴァーグナーとの決裂後の衰弱からの恢復を，「健康への意志」に導かれつつ，過去と訣別し，異質で新しいものを求めてさまよい，ついには自分自身の課題を見いだすに至る「快癒」の過程として描いている。「病者の認識」は夢想からの覚醒を促し，苦痛に満ちた懐疑を強いるものでもあるが（『曙光』114番では十字架上のキリストをその例として挙げている！），「大いなる苦痛」こそ「大いなる疑惑の教師」，「精神の究極の解放者」であるという［『智恵』序言3］。自ら病気を体験することで，生に対するいままでとは異なったまなざし，いわば〈異化〉された視点が獲得されるというのである。のちに彼は「私は生涯のうちで最も病気が重く最も苦痛の大きかったあの頃ほど，自分というものに幸福を覚えたときはない」と述べて，肉体の快癒はその結果にすぎないとしている［『この人』Ⅵ.4］。しかも，ニーチェにとってこの快癒の過程は個人的体験にとどまるものではなく，「新たなる健康」を求め，人間を冒す最大の病であるキリスト教を克服しようとする「良きヨーロッパ人*」の範例となるべきものでもあった。「病者の光学」は，遠近法*の転換に習熟させることによって，「価値の転換*」を可能にするものなのである［『この人』Ⅰ.1］。というのも，ニーチェにとってキリスト教は，人間の苦悩に誤った治療を施して人間の病を悪化させた宗教にほかならなかったからである［『曙光』52］。『道徳の系譜』*では，禁欲主義的司祭が信者に，この

世の苦痛や苦悩は彼ら自身の「罪」のせいであるという解釈を吹き込んでルサンチマン*を自分自身に向けさせ，良心*の呵責で苦しめてますます「病気」にしたと主張している。これに対してニーチェは，病人に対する「大いなる嘔吐」と「大いなる同情」の危険を説き，病人の看護や救済は健康な者の使命ではない，健康な者は「距離のパトス*」をもって病んだ者から離れるべきであるとする[『系譜』Ⅲ.13-21]。この衛生学の教条的といっていいほどの潔癖さは，「聖書*を読むときには手袋をはめた方がよい」と説く『アンチクリスト』*において頂点に達する。教会*は神経症，痴呆，癲癇の患者を「聖者」として収容する「カトリックの気違い病院」を理想としており，セックスを軽蔑して生*への憎悪を教えるプロテスタンティズム*は「最も不潔なキリスト教」にほかならないとされる[『アンチクリスト』46, 51, 61]。

19世紀は，医学や生理学の発達によって多くの病が解明される，というよりも作り出され，衛生の促進による健康の維持という現世的救済（治癒）を追求する健康イデオロギーが定着した時代であった。たしかにニーチェは，「世界はいつかドイツ的な本性によって癒されるべきである」（エマヌエル・ガイベル）といったたぐいの，ナショナリズムに万能の治癒力を求める考え方は拒絶したものの，病気のメタファーを濫用し，病的なものを潔癖に拒絶した点では，この健康イデオロギーに過剰なほど同調していた。生涯を通じて病に苦しんできたはずのニーチェが，『この人を見よ』*では「どんな病的な特徴も私には欠けている。重病を患ったときでも私は病的にはならなかった」として，自分は「典型的に健康な人間」であると強調し，「私は健康への意志，生への意志から私の哲学を作り出した」と述べている[I.2; Ⅱ.10]。「病者の光学」は，それが健常者の視点を異化し，健全な常識には見いだしえないものを探求するかぎりでは生産的にはたらきうる。しかし，「病気自体が生の刺戟剤でありうる。ただし，この刺戟剤に耐えうるに十分なほど健康でなければならない」と言われ[『場合』手紙5]，新たな認識を求める者に「大いなる健康」が求められるに及んで[『智恵』382]，病気を通じた認識の快楽は，いつしか「健康」の名による「不健全」なものの排除にすりかわってしまう。「人類の退化」に抵抗するためには退化する部分を切除して，「社会の寄生虫」である病人は除去すべきであり，誇りある生が不可能ならば植物状態で生かしておくよりも安楽死させるべきだという発言[『この人』Ⅶ.2;『偶像』Ⅸ.36]は，ナチス*による優生学の利用を思えば，もはや素人「生理学者」の脱線として済ませるわけにはいかない。ニーチェは，社会学もデカダンス*の一現象であり，所詮は社会の「衰退形態」である近代社会について自らの「衰退本能」に従って判断を下すにすぎないとして切り捨てているが[『偶像』Ⅸ.37]，健康イデオロギーに同調してすべてを「生理学」に解消するよりも，もう一度視点を転換して，たとえば社会学の視点から生理学の視点を〈異化〉することによって，病気のメタファーによる認識の限界や，健康の幻想のからくりを暴くべきだったのではないだろうか。今日でもしばしば「〜体質」とか「〜症候群」のような生理学的・医学的メタファーで社会現象が語られることがあるが，まさにそのために多くの問題の所在が隠蔽されてはいないだろうか。そして，それにもかかわらず，こうしたメタファーに安易に依存することなく「病者の光学」を活性化する可能性を問うこともできるのではないだろうか。⇒病歴研究史　　　（大石紀一郎）

表現主義　[Expressionismus]

表現主義は，父親の世代に対する息子たちの反乱だと言われる。父親殺し，世界の没落，アナーキー的な破壊思考，新しいものの

到来を待ち望む期待感——表現主義に共通するこうしたモティーフは、彼らの父親の世代が体現している市民社会のモラルや価値観への反抗と憎悪の現れであった。一般に表現主義に数え挙げられる作家や芸術家の多くは、ニーチェの著作が次々と出版され始めた1880年代を中心にその前後に生まれている。彼らはニーチェの批判した第二帝政期ドイツの市民社会の堅苦しさと偏狭なモラルを、父親の権威に統括された家庭の雰囲気として呼吸し、生*との繋がりが少しも感じられない硬直化した教養*をギムナジウムの学校教育で強いられつつ育った。父の世代とその社会への反発が鬱屈していたこの若い世代は、ニーチェの著作に時代批判の代弁者を見いだし、20代前半までの青年期に、一種の崇拝に近い熱狂をもってニーチェを受容した。表現主義はニーチェの洗礼を受けてこそ新たな芸術創造への意欲を得たといっても過言ではない。そのひとりアルフレード・デーブリンは、「ヘルダーリン*とショーペンハウアー*とニーチェは、もうギムナジウムの時代から机の下に隠して読む本になっていた」と述べている。またゴットフリート・ベンは、彼らの世代にとってニーチェは時代を揺さぶる地震のようだったと回想している。また詩人カジミール・エートシュミットやゲオルク・ハイムは、ニーチェを聖人に等しい位置にまで持ち上げている。

だが、このようなニーチェ熱がどれほどニーチェの著作との直接の対決から生まれているのかという点について、直接の影響関係からは立証しがたい部分が多い。ニーチェを読まずとも、「永遠回帰*」や「超人*」といった表現は、反抗的世代の間で時代の言葉として語られていた。ニーチェはいわば時代の雰囲気となっていた。その意味で表現主義はすでに1890年代から始まっていたニーチェ受容の延長上にある。とはいえ、彼らに先立つ詩人たち——R. デーメル*、S. ゲオルゲ*、R. M. リルケ*ら——におけるニーチェ受容と表現主義が異なる点は、ニーチェの説く「生の肯定」をペシミズム*の積極的な克服と理解し、現実批判を既存の芸術形式の破壊や、K. ヒラーなどに代表される行動主義にも結びつく現状打破の行為へと結びつけたことである。彼らにとってのニーチェとは、なによりも『ツァラトゥストラ*』のニーチェであり、また1901/06年に出版された『権力への意志』のニーチェであった。もちろん『権力への意志』は、ニーチェの妹の編纂によるものであり、そこにニーチェ像の捏造が認められることは言うまでもないが、この編纂の仕方が逆に当時の読者の要求に叶うものであったことも確かである。

「生」の概念をデカダンス*克服のための跳躍台とする方向でニーチェ解釈が行われるようになったきっかけは「生の哲学」の流行であった。1908年に初めてベルクソンの著作[『物質と記憶』]のドイツ語訳が出版され、その後数年のうちに他の著作の翻訳出版があいつぎ、ニーチェが生の哲学との連関で理解される基盤となった。G. ハイムや K. ヒラーは、ジンメル*のニーチェ講義を直接聞いてもいる。ハイムは生の枯渇した市民社会の耐えがたい日常を監獄や墓に喩え、死、腐敗、暗闇、影などのイメージで表現することが多いが、その裏には力強い生の希求がある。

社会を覆う鈍重な空気に圧迫された窒息状態から生を甦えらせようとする意欲は、既成の芸術形式の打破につながる。表現主義は生を牢獄から解放する力を芸術に求めた。「なによりも形式と閉塞をやぶり、硬直化した動脈を裂いて生きた世界をほとばしらせる必要があった」とシュタッドラーは述べている。A. シュトラムに顕著である徹底的なシンタックスの破壊や、ベンにおける「形式」の絶対化につながる道がここにある。もちろんここには、マリネッティの「未来派宣言」(1909/10年に表現主義の雑誌『シュトゥルム』

に掲載された)の影響を見逃すことはできない。またクルト・ピントゥスは表現主義の詩を集めた『人類の薄明』(1919)を出版するにあたって、その序において表現主義を「ブルジョワ的因習に隷属した時代の現実に対する戦闘」と表現し、「われわれの時代の詩は、終末であり同時に始まりである」と述べている。ここに表明されている表現主義の自己理解が、この詩集の題名にある「薄明」(Dämmerung)という言葉に——ドイツ語のDämmerungの語には日没の黄昏の薄暗と、新たな曙を迎えようとする明け方の薄明の両方の意味がある——象徴的に集約されている。つまりこの題名はニーチェの『偶像の黄昏』*のパラフレーズであり、さらには『曙光』*のイメージも含んでいる。

破壊を通して新たな創造へ、没落を通して新生へといった形でのニヒリズム*の克服を示すイメージには『ツァラトゥストラ』*のモティーフが多々用いられている。没落*をみずから欲し「超人」の出現を予言するツァラトゥストラに、表現主義の芸術家たちは新しい時代を切り拓く者としての自己を重ね合わせている。「新しいものへと向かうのだ。それが、おまえたち芸術家や作家の法則だ。……古い石板を打ち砕き、おまえたちの自分の意志で、おまえたちは自分の法律を作り出せ」[『処女地』]というシュタッドラーの言葉は、ツァラトゥストラの口調そのままである。また駱駝-獅子-幼児という三段の変化*を念頭において、獅子がG.カイザーやG.ハイムらの場合に新しい創造のシンボルとなっている。カイザーには、ニーチェの三段の変化とちょうど対応する『地獄、道、大地』という劇作品がある。

旧世界の没落への期待は、黙示録的な世界の破局のイメージとして描かれる。「生気を失った人類には、最大のもっとも効果の大きな戦争が必要だ」[『人間的』I.477]というニーチェの言葉を文字通りに受け取ったように、ハイムの詩「祈り」には「戦火を、燃える国を見せてくれ／ぼくらの心が飛びゆく弓矢のように、また高なるように」とある。こうした破局への期待は多様な方向をとった。ひとつは第一次大戦の勃発に、期待した破局の実現を見たと思い、みずから進んで従軍した人々である。大戦中に多くの若者が背嚢に『ツァラトゥストラ』を入れていったということからも分かるように、若者たちにとって『ツァラトゥストラ』は鬱屈した時代を吹きとばす起爆剤だったのである。もうひとつの方向は、ニヒリズムの克服を、新たな時代の招来への期待から次第に具体的な宗教に求めるようになった作家たちである(デーブリン、ゾルゲ、バルら)。またさらにはドイツ革命に帰結した行動主義の流れがある。H.レルシュ、E.ミューザム、E.トラー、K.ヒラー、また社会民主党に入る前のベッヒャーらでは、芸術における破壊は現実社会の秩序の破壊でもあり、革命の要請と結びついていた。ハイムにも精神の革命と社会革命とが一致するユートピア的情景を描いた『10月5日』という短編がある。彼らの行動主義の源泉となったのは、彼らのニーチェ受容に大きな影響を与えた『権力への意志』に編纂されたニーチェの言葉「永遠に自己を創造しつづけ、永遠に自己を破壊しつづけるディオニュソス*的な世界」という思考である。生のダイナミズムを行為に結びつけようとする解釈が、芸術運動を社会革命につなげる橋渡しとなっているのである。こうしたアナーキーな行動主義は、のちにルカーチ*から「盲目的な、プチブル的反抗にすぎない」と批判されることになるが、ルカーチの表現主義の評価が全体としてはいかにアヴァンギャルド芸術に対する盲目性にもとづいているとはいえ、この点については認めざるをえないであろう。表現主義の運動は、芸術の枠から出て現実社会の運動となろうとしたとき、芸術としての力を失ったといえるであろう。→世紀末

とニーチェ，生，『ツァラトゥストラはこう語った』，ミュンヘン・レーテ共和国　　　（大貫敦子）

文献 ▷ Seth Taylor, *Left-Wing Nietzscheans. The Politics of German Expressionism*, Berlin/New York 1990. ▷ Gunter Martens, Im Aufbruch das Ziel. Nietzsches Wirkung im Expressionismus, in: Hans Steffen (Hrsg.), *Nietzsche. Werk und Wirkungen*, Göttingen 1974.

平等への意志

ニーチェが公にした著作に「平等への意志」という表現が頻出することはない。しかし近代の平等思想に批判的だったことは，彼の発言からはっきり読み取れる。この表現が登場するのは『ツァラトゥストラ』第2部「毒ぐもタランチュラ」と題した節である。タランチュラ*とは，社会主義*・民主主義*などの平等論者のメタファー。ニーチェは彼らの主張の背後に，ある悪意を読み取る。平等ならざる者に対する隠れた復讐心がそれだ。「平等の説教者たちよ！……権力にありつかない独裁者的狂気が，諸君のなかから〈平等〉を求めて叫んでいるのだ。……傷つけられた自負，抑圧された嫉妬*，おそらくは諸君の父祖の自負であり，嫉妬であったものが，諸君のなかから，復讐の炎となり，狂気となってほとばしり出てくるのだ」。ニーチェの正義は「人間は平等ではない」と唱える。素姓の卑しい劣悪な人間と高貴*で力溢れる人間とのあいだには，大きな違いがある。平等を説く者は前者である。これに対し後者は，人間が平等でないことを認め，力の優越を求めて闘う。ここでは二者の違いが，復讐心から平等を説く者と不平等を前提に自己克服へ向けて戦う者との対立となって現れている。ニーチェの「平等への意志」に対する批判は，生*の高みへと上昇*しようとする者の意欲をそぎ，ひとしなみに低い水準へ水平化しようとする意図に向けられており，政治的・経済的不平等の撤廃という主張そのものに向けられているわけではない。差別と平等の対立ではなく，高みへと向かう差異化と低きに甘んじるキルケゴール*的な水平化との対抗が，平等への意志で問題となる対立である。もっともニーチェは人間のあいだの差異と差別を区別していない。そのため平等化を水平化と同じものとみなしてしまう。社会的不平等の撤廃をめぐる主張そのものを否認しているわけではないが，この主張そのものを問題とする視覚がニーチェにはない。→民主主義，社会主義，タランチュラ　　　（木前利秋）

漂泊

ニーチェが自らの知的生活を漂泊者の比喩*で語ることを好んだのには，一所不住の漂泊の生涯を送ったことも働いていよう。しかし，それだけが理由ではない。定着した習慣的思考や既成の価値を打ち壊し，その外に出ようとするだけなら，漂泊というよりも，革命や突撃の比喩で語られるであろう。だが，ニーチェの場合には脱出はそのまま目的地のない漂泊であった。『人間的』*Iの最後のアフォリズム［638］は「漂泊者」と題され，こう始まる。「いくらかでも理性の自由に到達した者は，この地上においては自分が漂泊者であると感じる以外にしようがない。といっても最後の日標に向かっての旅人と思うことはない。というのも，最後の目標などは存在しないからだ」。こうした漂泊には寂寥感だけでなく，疲労感が伴っている。「もちろんそのような人間には，疲れているのに，休息を与えてくれるはずの町の門が閉じられているような夜も来るであろう」。にもかかわらず勇気をふるい起こして危険な道をあてどなく進みつづける気概は，同じく「漂泊者」と題された詩に歌われている。「〈もはや先に道はない！　まわりは断崖絶壁と死の静寂！〉／おまえが望んだとおりではないか！　道を外れようとしたのはおまえの意志だけないか！／さあ，漂泊者よ，それでいい

のだ！　冷ややかにはっきりと見るがいい！／危いと思ったら，終わりだぞ」[『智恵』「たわむれ」27]。

こうした孤独*の経験は，〈航海*〉や〈冒険*〉もしくは〈試み〉や〈誘惑〉の語で表されているが，〈漂泊〉の場合の特徴は，多くの場合ドッペルゲンガーともいうべき〈影*〉を伴っていることである。『ツァラトゥストラ』*第4部「砂漠の娘たちのもとで」*は，「ツァラトゥストラの影」と称する「漂泊者」が語るところから始まっている。彼は，かつて見た東洋の澄んだ空気のなかの愛らしい娘たちについて歌う。彼の絶望は，ヨーロッパ人として「道徳の唸り声」を知っていることである。「ここに私は，やはりヨーロッパ人として立っている。私は，ほかにどうすることもできない。神よ。助けたまえ！」。官能の世界に憧れながらも「ヨーロッパ人の熱情，ヨーロッパ人の渇望」である道徳を放棄できないこの影は自らを漂泊者として位置づける。「影」と題した章（第4部）で「影」はこう言う。「私があなたの影であるのをお許しください。……私は漂泊者だ。これまでも長いこと私はあなたのあとについてまわった。……あなたとともに，私は自分の心がかつて尊敬していたものを破壊した」。この痩せ細った影は，批判的理性として，逆説的にも理性の価値を破壊してきた。漂泊者はまさにこの影そのものであり，だからこそこの影とモノローグを繰り返す。

『人間的』第2部の第2巻『漂泊者とその影』の冒頭と終末では，文字どおり漂泊者がその影と謎めいた対話をする。影の語る言葉は漂泊者にはあたかも自分が語るかのように聞こえる。時は夕暮。日が没すれば影は消滅するが，それまでは光と影は明晰な思考にともに必要であるとされる。認識*の光が当たるときにどんな物でも影ができる。その影こそ漂泊者の影である，と影自ら述べている。認識によって，どんな価値の奥底にも潜む虚栄心*や力への意志*が，影として暴かれるのか？　あるいは，生*の裏側の影の部分を覗き込み，暴く認識と批判こそ影なのか。すべては謎めいている。とはいえ，こうした『漂泊者とその影』に始まる謎の対話が，先に引いた『ツァラトゥストラ』の箇所を経て，『善悪の彼岸』*295番の，「私」とディオニュソス*の対話で一応の完結を見ることは，レーヴィット*の言うとおりである。ディオニュソスは，「私は人間をさらに前に進めるにはどうしたらいいか，彼をより強く，より悪く，より深くするにはどうしたらいいかを考える」と述べたのち，「より強く，より悪く，より深くだって？」と問い返す「私」に，「そうだ。より強く，より悪く，より深く。だがまた，より美しく」と穏やかな冬の日のような笑いで答える。〈認識に食い入る認識〉をめぐる漂泊者とその影の対話が，やがて豪奢な悪徳を秘めた豊饒な美の世界へと消え去る消息も感じ取れる。

この悪の祝祭に向けての漂泊をリビドーの流れと読み替えつつ，継承しているのが，リオタール*の漂流の概念である。彼に言わせれば，現代資本主義の必然性原則は「世界中の高級官僚にメランコリックで尊大な思考の養分」を与え続けている。そのなかでは，かつての啓蒙の概念である「批判」は「深部において理性的であり，システムに合致していて，深いところまで改良主義的でしかない」。必要なのは「情動の強度とリビドーの出力を唯一の導き手とする」「世界中の若い世代」の群が，等価交換の原則を無視する動きにでることだと彼は言う。流れが変わり，河や海の岸辺が河や海とともに移動し，漂流を始める。これまでの統一性，同一性，ＩＤカードで武装された理性や批判が形成する岸辺を離れた漂流のうちに，われわれは現にあるのだ。船に乗っているのは，リビドーのせめぎあいであり，人間の断片であり，非統一の身体でしかない。「批判の外へ漂流しなければ

ならない。もっと遠くへ。漂流はそれ自体によって批判の終わりとなる。ある立場ともひとつの立場との間にあるものは、置き換えであって乗り越えではない。漂流であって批判ではない。できごとであって、否定性ではない」。批判をリビドーやエネルギーの祝祭に組み替えるときに「漂流」について語られるのは、ニーチェの漂泊の現代版であろう。しかし、定住型の思考に対して彼が打ち出す遊牧・放浪型（ノマド*）の思考はニーチェを継承していても、そこには確実にずれがある。自己を支えてきたものへの反抗こそ漂泊の原動力であるニーチェの思考と、文と文の連関はどのみち不連続であり、飛躍であり、強度における差異の問題であるとするリオタールの言語学的に醒めた立場の違いでもあろうか。そして、漂泊は孤独への決断を前提にしているのに対し、漂流は、どのみち起きていることとされている。→リオタール，影，孤独，旅，ノマド　　　　　　　　（三島憲一）

文献 ▷ J. F. Lyotard, *Dérive à partir de Marx et Freud*, U.G.E.,1973（今村仁司ほか訳『漂流の思想』国文社, 1987）.

表面

「ああ、これらギリシア人たち！　彼らは何と生きるすべを心得ていたことか！　それは、勇敢にも表面にとどまる決意を要求する」、『悦ばしき智恵*』の序言にニーチェはこう書いている。だが彼は「深淵*」を拒否するわけではない。ただしその「深淵」は、表面にある感性的外観のヴェールに隠された露わにすべき「真理*」から成るのではなく、表面に対立するのでもないことに注目すべきである。そうした形而上学的対立こそむしろ、苦悩に満ちた生の恐るべき深淵に対して感受性を閉ざし、認識の支配によって形の秩序たるアポロ的表面で安心するデカダンス*の機制にほかならない。この機制は表面と深淵、双方の理解を妨げる。『悲劇の誕生*』いらい変遷はあるものの［『この人』IV］、ニーチェにとってアポロ*とディオニュソス*、表面と深淵とは弁証法的にさえ対立しない。両者が闘争状態にあるとしてもそれは対立ではなく、アポロはディオニュソスの分身であり、ディオニュソスはアポロの仮面以前に実体的に存在するわけではない。アポロの仮面、その表面は、苦悩と恐怖の中で生成する生の深淵、直視することのできないディオニュソス的深淵を肯定する上で不可欠の（虚）構であり、ここから、芸術上のアポロ主義、さらに形相‐本質の概念的認識至上主義は、デカダンスという否定的なものであれ生を生きうるものにする一つの構えであることが分かる。それに対して、生を全面的に肯定する力への意志*のパースペクティヴからは、美しき表面‐仮面は積極的に求められるものとなる——もう一つ仮面を！　ヴェールの奥にあるのは真理*＝女性*ではなく、もう一つのヴェールなのである。かくしてニーチェにおいては、哲学の芸術に対する優位、概念の、その（不）可能性の条件たる比喩*に対する優位は、逆転されるのではなく、脱構築*され始めると言うべきである。→深淵　　　（港道　隆）

文献 ▷ Sarah Kofman, *Nietzsche et la scène philosophique*, Galilée, 1986.

病歴研究史

ニーチェは1844年10月15日、ライプツィヒ*近郊レッケンの牧師館において、おおむね健康な両親の間に生まれ、比較的強健な子として育った。プフォルタ校*では数学以外は優れた成績を示し、ボンとライプツィヒの大学時代には、神学から古典文献学*に転じてきわめて優秀な業績をあげ、1869年には24歳の若さでバーゼル大学の古典学教授に赴任した。これらの事実は、妹エリーザベトによる伝記などからよく知られている。しかし、1870年8月普仏戦争*に従軍して教職に復帰したあと1873年夏くらいから、眼痛・偏頭痛

の発作が嘔吐や胃痛を伴って現れはじめ，これは軽快と増悪をくり返しつつ5～6年つづく。ついに1879年には視力障害と全身衰弱も激しくなって6月バーゼル大学を辞職し（ニーチェ34歳），以後療養と著作のための，約10年にわたるヨーロッパ各地の放浪の生活がはじまる。

1880年1月ごろ最悪だった上記諸症状は，同年9月ころから快方に向かい，精神的にも高揚期に入って，1881年夏ジルス＝マリーア*においては，散歩中に永遠回帰*の想念を得て歓喜の涙にくれる。ルー・ザロメ*との出会いは1882年4月で，この関係は同年秋には早くも破綻するが，この心の痛手はむしろニーチェの創造力をいっそう刺激したようで，その冬から翌1883年早春にかけてのラパロ滞在中，異常な霊感状態のあらしの中に，『ツァラトゥストラ』*第1部が成立する。その直後はしかし，反動的に一種の虚脱と抑うつ状態に陥り，不眠・不安に対する睡眠薬の使用もこのころから始まっている。

その後はおよそ3カ月ないし半年ほどの周期で軽い高揚と抑うつの波をくり返していたが，1888年春と秋のトリノ*滞在は，たてつづけに六つの主要著作を書きあげて，ニーチェ最後の創作旺盛期となる。しかし，同年12月末から翌1889年1月にかけて（ニーチェ44歳），突如，友人・知人あてに明らかに精神異常を示す多数の断片的紙片を送りはじめる。そして1月初旬（オーヴァーベック*によると1月7日），トリノの街頭において泣きながら馬の首に抱きつくという異常行動を皮切りとして（これには異説もある）急激に発病し，支離滅裂な，誇大妄想的な独語，ピアノを弾きまくって大声で歌って眠らないという精神運動性興奮が数日にわたってつづく。とりあえず友人オーヴァーベックに伴われて，バーゼル大学精神科に1889年1月10日より8日間，ついで母親の要望によりイェーナ大学病院ビンスワンガー教授のもとに移さ

れて1890年3月24日まで約1年2カ月ほど入院したが，この間もその病床記録によると，ひきつづき方向識の喪失，まとまりのない独語，多弁・多動，不眠，誇大妄想と幻覚の被害妄想，衝動行為，糞便糊塗や尿を飲むなどの異常行動もあったようである。

1889年3月24日に至り，一応このような急性症状が寛解したところで，ニーチェは母親に引取られ，以後ナウムブルク*で自宅療養に入るが，次第に精神の鈍麻は進行して1895年以後は完全な無感情状態に陥り，1897年母親の死後はワイマール*の妹エリーザベトのもとで完全介助を受けていたが，時たま2, 3の言葉を発するくらいで，あとは黙って椅子に坐って前方を見つめているだけだったという。こうしたニーチェが肉体的な死を迎えたのは1900年8月25日（時に55歳）で，死因は1週間来の肺炎と24時間前の脳出血の発作であったという。

ニーチェの生前にも，すでにその著作の文体や内容からニーチェのある種の病的側面を指摘した一般人は少なくないが，ニーチェの精神病についての医学的専門家（すなわち精神科医）の本格的な研究が現れたのは，そのもっとも決定的な資料として上記両大学病院での病誌（病床記録）の存在が確認されてからのことである。これらがポーダッハによって医学雑誌に全文公刊されたのは1930年のことであるが，すでに1902年，ニーチェについての最初の病跡学的研究 *Über das Pathologische bei Nietzsche*（『ニーチェにおける病的なものについて』）を発表したライプツィヒの精神科医 P. J. メービウスも，もちろん，当時イェーナ大学に保存されていたこれらの病誌を参考にしているのである。

メービウスは，まずニーチェの妹エリーザベトをはじめ，その他の親戚，友人，知人，家庭医などから広く口頭および書簡での情報蒐集を行い，ニーチェの父方と母方の家系にそれぞれ精神病ないし精神病質（分裂病ない

し分裂病質)の負因の存在を確認した。しかるのち,ニーチェの精神病については,上記両大学病院の病床記録(そこにはニーチェの梅毒感染の既往歴や現症が明記されている)から,当時の担当医師たちの診断どおり,それが梅毒性の進行麻痺であることは疑いないにしても,それがこうした遺伝負因に影響されて異常に長い経過(とくに痴呆の発現がおそい)や複雑な病像を示したものであるとして,最終的には atypische progressive Paralyse(非定型進行麻痺)という診断を下している。

このメービウスの所論で注目すべき点は,ニーチェの進行麻痺の発病をすでに1881年8月,かの有名な永遠回帰の理念の着想の時点としていることで,そのあと1882年1月からの『ツァラトゥストラ』第1部の驚くべき短期間の完成は,進行麻痺による大脳皮質の一部局在的病変が他の健常部分に対してむしろ刺激的に,血流増加的に働いたために起こった創造活動の増進によるものであるという。メービウスによると,その後ひとつの寛解期を経て,第二の大きな病的興奮の時期はニーチェ最後の文筆活動の年1888年であり,このとき書かれた六つの著作のうち,『偶像の黄昏』*あたりから論理的不整合が現れはじめ,ニーチェ最後の自伝的手記『この人を見よ』*に著しく奇異な表現や誇大妄想が多く混入していることは,もはや素人目にも否定できないのである。

このメービウスの研究は,エリーザベトらニーチェの近縁者や崇拝者たちの憤激を買いはしたものの,おおむね同時代の人々(とくに医学者たち)の理解と賛同を得たのであったが,このあと約20年を経た1924年には,同じく精神科医であり,のちにキール大学の哲学教授となったヒルデブラントによる „Der Beginn von Nietzsches Geisteskrankheit" (「ニーチェ精神病のはじまり」)という小論が現れた。これはおおすじではメービ

ウスの進行麻痺説を支持しつつも,メービウスがその発病を1881～82年としているのに反論しているもので,その疑いえない徴候は早くて1888年の『偶像の黄昏』と『アンチクリスト』*の一部,そして確定的には『この人を見よ』の中の誇大妄想的表現にのみ見るべきであるというのである。ニーチェの根本思想たる超人*と永遠回帰の理念についても,それらをメービウスのいうような進行麻痺による妄想的着想の所産ではなく,ニーチェ哲学のひとつの必然的発展の結果と見なすべきであろうという。

このふたつのニーチェの根本思想を妄想の産物ではなく,むしろ人間学的立場から,ニーチェがいったん殺してしまった神に対する,一種苦しまぎれの代替物であるという見方をとっているのは,やはりはじめはハイデルベルク大学の精神科医であり,のちに哲学者として高名になったヤスパース*である。彼はその浩瀚な研究書『ニーチェ』(初版は1936年)の第1部第3項でニーチェの病気をかなり詳細に論じているが,そこにはやはり ein biologischer Faktor(ある生物学的因子,ということは分裂病のような内因性疾患ではなく,なんらかの外因性の器質的疾患,おそらくは梅毒性疾患)を想定しなければならないとしている。

これに先立つ1925年,ハイデルベルクでこのヤスパースの助手を勤め,のちボストン大学の精神科教授となったベンダも,ある医学雑誌に „Nietzsches Krankheit" (「ニーチェの病気」)という論文を発表した。これもやはりメービウスの進行麻痺説を全面的に否定するものではなく,ただ1865年前後のニーチェのリューマチや頭痛には梅毒性脳膜炎,1868年から87年までの眼痛や視力障害には基底性脳梅毒を考えるべきであるというものである。

ついで1948年,ハンブルク在住の精神科医ランゲ゠アイヒバウムは,*Nietzsches*

Krankheit u. Wirkung（『ニーチェの病気とその影響』）という書物（みすず書房より邦訳あり）を出して上記の諸学者たちの所説を統合整理した。すなわち，ニーチェの梅毒感染を1865年6月中旬ころ（ボン大学在学中）と設定して，やがて早期梅毒性脳膜炎がはじまり，1868年より73年を第3期脳梅毒，1880年より83年を進行麻痺（第4期梅毒）のはじまり，その後ひとつの寛解期を経て1888年12月末から90年3月までを進行麻痺の進展，1890年後半から1900年の死に至るまでを痴呆化の時期としてニーチェの梅毒説を決定的なものとしたのである。

その後1965年になって，ミュンヘン大学精神科教授コレは „Nietzsche. Krankheit u. Werk"（「ニーチェ。その病気と作品」）という論考を精神神経学会誌に発表しているが，これとて基本的には梅毒説を否定するものではなく，ただニーチェの病像の経過の中に躁うつの相をより強調しているにすぎないものである。また最近1990年には，ケルン大学教授ペータースがニーチェ遺稿中に含まれる断片的な自伝的テクストの精神医学的な Interpretation を試みているが，そこには分裂病の Sprachtorsion（言語歪曲）は見られず，それはあくまでも organische Krankheit des Gehirns（脳の器質的病変）に特徴的な文体であると結論している。

日本においても，古くは明治36年（1903）藪の子氏（匿名）により4月12日付読売新聞に載せられた「精神病学よりニーチェを論ず」，昭和25年1月斎藤茂吉によって『アララギ』に発表された「ニイチェの病気」，医事新報（1966）に伊東昇太による「ニーチェの病気・補遺」，内沼幸雄によって『現代思想』（1976年11月）に書かれた「ニーチェの病気」などがあるが，いずれも上記ドイツの先人たちの梅毒説を紹介しているもので，それにことさら異を立てるものではない。

以上，ニーチェ病跡学の歴史を通観しても

っとも痛感されるのは，その本格的な精神分析的アプローチの欠如ということであろう。ニーチェ末期の妄想内容の解釈によって，あたかも夢解釈のようにして，ニーチェのさまざまの隠された欲求を探り出すこともできるが，さらに神を殺すに至ったニーチェの Vatermord（父親殺し）的局面についても，このこよなく仮面*を愛したニーチェに対してこそ今後，深く掘り下げた深層心理学的研究が待望されるところである。─ヤスパース

（小林　眞）

ヒレブラント　[Karl Hillebrand 1829-84]

『この人を見よ』*でニーチェは『反時代的考察』*第1篇に対する反響を振り返って，ヒレブラントが『アウクスブルク・アルゲマイネ新聞』に寄せた批評［1873.9.22/23.］について，「そこではこの書物が事件，転換点，反省の第一歩，最善の徴候として，精神的な事柄におけるドイツ的真摯とドイツ的情熱の真の再来として描かれている」として，さらに，「文筆をふるう術を心得ていた最後の人間的なドイツ人」ヒレブラントは，自分の「著作の形式，その成熟した趣味*，人物と事柄の区別をわきまえた完璧な節度*」を高く評価して，「ドイツ語で書かれた最良の論争の書」と賞賛したと伝えている［『この人』V.2］。ヒレブラントは『反時代的考察』第2篇，第3篇も批評したが，これらの書評が収められた『時代，民族，人間』第2巻（*Zeiten, Völker, Menschen*, Bd. 2, 1875）をニーチェは折にふれて人に勧めていた。ギーセンの哲学教授の息子に生まれたヒレブラントは，1849年のバーデン蜂起に参加して投獄され，処刑寸前にフランス*へ逃亡し，短期間ハイネ*の秘書をつとめたのち，フランス国籍を取得してドゥエ大学の近代文学の教授となり，『両世界評論』や『ジュルナール・ド・デバ』にさかんに寄稿した。しかし，普仏戦争*が勃発するとフランスを去り，以後

はフィレンツェに住んで,『タイムズ』や『アウクスブルク・アルゲマイネ新聞』の通信員もつとめながら英仏独伊の雑誌・新聞に数多くのエッセーを寄稿した。ヒレブラントがかなり早くにニーチェを取り上げたのは,バイロイト*・サークルに属していたマルヴィーダ・フォン・マイゼンブーク*や(のちに彼と結婚した)ジェシー・ロソ=テイラーから教えられたためらしい。ただ実際には,ヒレブラントの書評はニーチェの表現力は賞賛しながらも,ダーフィト・シュトラウス*の言葉遣いを執拗にあげつらう節度の無さや,ショーペンハウアー*への熱狂からのヘーゲル*批判の不当さ,そして若書きゆえの未熟さを率直に指摘していた。それでもある程度は好意的な評価を受けてニーチェは嬉しかったらしい。彼は著書をヒレブラントに贈り続け,また,あなたの書物からは「ヨーロッパ的な大気が吹いてきて,けっして愛すべきナショナルな窒素は出てきません」と賛辞を送って,あなたの批評は本当に嬉しかったと書いている[ヒレブラント宛1878.4月中旬]。彼らの間には小規模な相互的影響も見られ,たとえば,ヒレブラントの『美学の異端者の十二通の書簡』(1873)には「教養俗物*」の表現が用いられており(この書物を賛美したニーチェはヴァーグナー夫妻の顰蹙を買った),他方,ヨーロッパ文化に対するヘーゲルの貢献は「発展」の概念をもたらしたことであるというニーチェの発言[『智慧』357など]もおもにヒレブラントに由来すると推測される。とはいえ,ショーペンハウアーに対してヘーゲルを擁護したり,プロイセンの軍国主義やビスマルク*を讃美したヒレブラントとニーチェとの間に大きな懸隔があったこともたしかで,自分がイタリア*で発刊する雑誌に寄稿しないかというヒレブラントの誘いをニーチェは拒絶しているし[ヒレブラントのニーチェ宛書簡1874.1.24.,ニーチェのゲルスドルフ宛書簡1874.2.11.],ヒレブラントの方でも『ツァ

ラトゥストラ』*の聖書*風の言い回しや誇大妄想狂的な思考にはついていけないともらしている[ハンス・フォン・ビューロー宛1886.9.16.]。両者が深刻な対立に至らなかったのはひとえに,彼らの交際がわずかな文通以上には発展しなかったことによるものであろう。

(大石紀一郎)

フ

ファイヒンガー [Hans Vaihinger 1852-1933]
『純粋理性批判』の詳細な注釈書(1881-92)や,雑誌『カント研究』の創刊(1897),カント協会の設立(1905)などを通して,カント哲学の再興に大きく貢献するとともに,他方では,観念論的な実証主義*の立場から『かのようにの哲学』(*Die Philosophie des Als Ob*, 1911)をスローガンにして仮構主義(Fiktionalismus)に依拠する独特のプラグマティズムを展開したドイツの哲学者。ファイヒンガーは,本来の現実を感官に直接に与えられるものにのみ限定する感覚主義的な真理観を議論の基礎に据えることによって,カント*が経験の対象をそもそも可能にするための構成的な原理として導入していた悟性の原則をも,単なる統制的ないし発見法的な原理であると解釈しなおし,理論的な判断はすべて概念による現実の偽造としての仮構において成り立つ,と主張している。とはいえ,彼にとってより重要なのは,この仮構がわれわれの生にとってはまるで真である〈かのように〉みなされる有用にして不可欠なものであり,またそれは経験科学の進歩に具体的に寄与することによって正当化されもする,という点である。したがって,生にとって有用な仮構を媒介にして獲得される思惟一般の成

果としての認識は、観想的・理論的というよりもむしろ第一次的には実践的な観点から、しかも実際の歴史過程のなかに見いだされる具体的な主体の目的活動に即してこそ、その本質が捉えられることになる。彼の哲学は、認識活動が自己目的的にではなくむしろ対象を操作・制御・支配する方向において営まれると指摘しており、産業社会が大規模に発展していくなかで時代診断的な意義を有している点については充分に評価されてよいが、しかし認識の実用的な側面をもっぱら強調することによって、人間同士のあいだの相互理解へと向かうような認識の別の在り方を等閑視するという結果をも同時に導くことになった。また彼は、ニーチェの主張する生の権力衝動を仮象*への意志という観点から捉えることで、自らの哲学をニーチェの議論の延長線上に位置づけており、『哲学者としてのニーチェ』(1902) という著書もある。→仮象

(忽那敬三)

不安

「私の人生を振り返って見ると、すべてのうちに浸み込んでいるあるひとつの感情がある。それは、不安である。将来への不安、親戚に対する不安、人間に対する不安、眠りに対する不安、役所に対して、夕立に対して、戦争に対して抱く不安。不安、不安、不安。そのことを他人に見せる勇気はいちどとして持てたことがない」。1919年に自伝風のメモにこう記したのは、シュペングラー*である。「西欧の運命的な没落というシュペングラーの筋書から影響を蒙っていたことには、ほとんど疑問の余地がない」と G. スタイナー*の言うハイデガー*も1927年の『存在と時間』の重要な一節を不安の現象学的分析に割いている。彼の存在史の構想がソクラテス以前の悲劇世界を描くニーチェの影響を受けていること、また文明の興隆と没落に関するシュペングラーの歴史観の源泉の一つが、ニーチェにあることもよく知られている。ニーチェの書いたもののなかで不安という概念はさして重要な位置を占めていないとはいえ、第一次大戦からワイマール期にかけての不安についてのディスクールの背後にニーチェがいることは間違いない。

中世末期にヤーコブ・ベーメが救いについての不安を自由との関連で論じているが、近代への自信が揺らぎ始めた19世紀冒頭からさまざまなかたちで不安が主題化されるようになった。とくにキルケゴール*においてである。彼の不安概念は、自由や人間性への絶望に発している。「われわれの時代と19世紀とを讃えるあらゆる歓呼のただなかに、人間存在を軽蔑するひそやかな響きがまじってひびいてくる」とニーチェを先取りして記している彼にとっては、キリスト教*が「教養*」になってしまい、教会*が国家*と癒着している現状と対決する「単独者」の実存の状態はイロニー*、倦怠*、憂鬱、不安、絶望によって貫かれている。ベーメの場合と同じく自己の自由のなかで人間は不安に襲われる。彼は「死に至る病」でしかない自由のなかの不安からの脱出を、キリストとの同時性へと跳躍することのうちに求める。それのみが「存在していることの悲惨」を越える方途となる。もちろん、この不安概念には、勃興する労働者階級への漠たる不安感もこもっていた。時代の解体の意識が出発点にある。ニーチェも、19世紀のキリスト教が原始キリスト教の力を失って小市民化することで生きながらえていることを批判している。しかし、彼はそのまま不安論へと向かわなかった。キルケゴールで不安と言われているものは、ニーチェから見れば、ただのペシミズム*であり、弱さのニヒリズム*であり、衰退し行く生*の徴候ということになろう。

ハイデガーにおいて、恐怖 (Furcht) は世界内の個々の事象や物から脅かされて逃げるときの情動であるが、それに対して不安

(Angst) は現存在の根本情動とされ,なにか特定の事象や物に対して抱かれるものではない。そもそも世界の中にあって,日常性に頽落している状態を忘れるべく公共性の中で日々の雑事に埋没しているのは,現存在自身からの逃避であり,それは,世界内存在としての自己のあり方そのものへの不安に由来しているとされる。ひとたび振り返って見れば,「世界は崩壊し,まったく無意味という性格を帯びている」。世界は不気味 (unheimlich) になり,現存在にとって棲むべき家 (Heim) は無いと感じられる。こうした生きることそのもののそこはかとない空虚さの感覚という意味で,不安の理由は「なにものでもなく(無であり),どこにもない」。この不安の中で現存在は自らがそのゆえに不安を感じているものへと投げ返される。自らがそのゆえに不安を感じているものとは,自己が本来的に世界内存在として存在しうる可能性のことである。不安によって現存在は自己自身の本来の可能性へと,つまり孤独へと投げ返されるのである。その意味で不安は本来性の可能性の条件といってよい。こうして見ると「実存性,事実性,頽落性」という現存在の根本性格が不安のうちに読み取れることになる。それに対して,こうした世界のなかで世界内存在として事実的に実存し頽落的に世界と関わっている現存在の構造は「憂慮」(Sorge) と呼ばれ,これは先の「実存性,事実性,頽落性」という存在規定の統一的性格を言い表す言葉とされる。このハイデガーの規定のうちには,一方ではキルケゴールの不安の概念が継承されているが,他方では,不安を克服する英雄的‐悲劇的な生というニーチェ的モティーフが奥で響いている。つまり,こうした不安の克服が自らの死を自覚した本来性への決断,「死に対して自由に開かれていること」のうちに求められているからである。

たしかにニーチェも次のように述べている。「現代のこうした危険に際して,人間性──数知れぬ世代が徐々に蓄積した侵すべからざる聖なる宝物たる人間性に誰が番人として,騎士として奉仕するであろうか。すべての人がただ利己的な毛虫のような欲望と犬のような不安のみを自分の中に感じ,かくしてかの人間の像から動物的なものへ,あるいは硬直した機械的なものへさえ頽落してしまっているのに,誰が人間の像を建立するであろうか」[『反時代的』Ⅲ.4]。ここで言われている不安はキルケゴールのそれと無縁でない。またハイデガーから見るならば「存在的‐実存的」なものに多少とも「存在論的‐実存論的」なものが混入していて[『存在と時間』S.184],哲学的に用心すべきものであるかもしれない。

むしろ,ニーチェからハイデガーにつながる線は,日常性に堕落した現存在の「不安」への文化哲学的な批判よりも,世界そのものの崩落感覚としての不安であろう。それをニーチェは不安とは呼ばなかったが,『悲劇の誕生』*では,世界と生の空しさをよく知っているギリシア人の悲劇的ペシミズムとしてなんども描かれている。悲劇の世界を描かなくなってから,ニーチェはこの崩落感覚を克服するものとして,永遠回帰*その他の思想を提示するが,その前段階として,ハイデガーと類似の「死への自由」が歌われている。「多くの者はあまりに遅く死に,少数の者はあまりに早く死ぬ。〈ふさわしいときに死ね!〉という教えはいまだに耳新しい。……全き完成をもたらす死を,私はあなたがたに教えよう。全からしめる者は,希望する者たち,誓約する者たちにとりかこまれて,勝利に輝いて,その死を死ぬのだ。……私の死を,私はあなたがたに讃えよう。自由な死を。それは私が欲するから,私のもとに来る死である」[『ツァラトゥストラ』Ⅰ-21]。不安の克服は祝祭としての死のなかに求められ,この議論のフィギュールがハイデガーに継承

されている。

それゆえ、キルケゴールもまだとらえられている。死後の世界を恐れるキリスト教的な不安はニーチェにとっては、唾棄すべきものとなる。「人間たちが死のことを考えようとしないのを見るのは、私を幸福にさせる。生のことを考える方が、何百倍も考えるに値すると人間たちに思えるように、私は喜んでいくらかでも役にたちたいのだ」[『智恵』278]。そして、死を恐れ、すこしでもこの地上にしがみついていようとするのは、地獄への恐怖に由来する「ヨーロッパ的病気」でしかないとされる。だが、ニーチェによるこうした不安の克服や無視にもかかわらず、第一次大戦に伴うヨーロッパ市民社会の崩壊とともに、不安概念は途方もなく膨らまされていった。その前兆は表現主義*にも見ることができるが、冒頭のシュペングラーの文は、その点で象徴的である。 ⇒キルケゴール、シュペングラー、ハイデガー、表現主義　　　　　　　（三島憲一）

フェミニズム〔女性解放〕

ニーチェの時代には、啓蒙以来の女性*の解放運動が盛んになっていた。同じバーゼル*に住むバッハオーフェン*は『母権制』を公けにし、男性支配以前に女性支配の時代があったことを提唱した。それがモルガンを経て、エンゲルスによって紹介され、社会主義者の間で共鳴を得た。ベーベル、バクーニンもフェミニズムの運動を援護射撃した。女性解放は社会主義者の間だけでなく、上流婦人層の文化サロンの中でも盛んに論じられた。ニーチェとルー・ザロメ*とパウル・レー*との間の、いわゆる三位一体の関係の仲立ちになったマイゼンブーク*も当時の女性解放運動の旗手であった。しかし、ニーチェのフェミニズムに対する態度は厳しく、彼のアフォリズム*には反フェミニズムが貫いている。これは彼が心酔したショーペンハウアー*の女性嫌いから来ている。ショーペンハウアーからニーチェに至るこの反フェミニズムの伝統は、『性と性格』(1906) を書き自殺したヴァイニンガー*に引き継がれている。

ニーチェは、同時代の女性は生物学的に退化し、それと連関して性格が堕落していると見立てている。同時代の女性を病的とみたのである。この退化の原因は男性にある。男性的な者が少なくなっているから女たちが男性化する。今日の女性は経済的・法律的に独立を求めようとつとめるが、これは女性の衰徴である。男と女の関係は、両者の深遠な対立とその永遠的に敵対的な緊張をもったものである。それに対して、男女の平等の権利、教育の均等、主張と義務の平等を夢想するのは虚弱な頭脳の持主のやることである、とする。

ニーチェは現代の退化した女性を復元させる理想像をギリシアの女性に求めた。健康と力と品位をもつ彼女たちは超人*に並ぶ女性である。その淵源をオリエントの女性に求めていることも注目すべきことである。ニーチェの思想には、ギリシア文化を男性文化と見るだけに男性の側から見る視覚が強く働いている。ギリシアの同性愛への共鳴もそうである。そのために、同じ反フェミニズムを共有したヴァイニンガーは、ニーチェに影響を受けたにもかかわらず、ニーチェが女性を社会と男性のために利用していると見て、批判している。 ⇒女性と結婚、ヴァイニンガー、バッハオーフェン　　　　　　　　　　（上山安敏）

復讐　⇒ルサンチマン

フーコー　[Michel Foucault 1926-84]

晩年のインタヴューでフーコーは、1950年代前半にハイデガー*とニーチェを読んだときの衝撃を語っている [L. D. Kritzman (ed.), *Michel Foucault: Politics, Philosophy, Culture*. Routledge (1988) p. 28]。その後ハイデガーの名は彼のテクストから退くものの、ニーチェ

の名はつねに重要な価値を保ち続ける。『臨床医学の誕生』においては，18世紀末から19世紀に誕生した，根本的に有限な個人を対象に，科学を自称する医学の可能性の条件をなす死の経験を語りだすものとしてヘルダーリン*の名とともに［邦訳226ページ］，『狂気の歴史』では，「創造活動の絶対的な断絶」として近代世界での狂気概念の限界を露わにすると同時に「狂気の策術と新たな勝利」を告げるものとしてヴァン・ゴッホやアルトーの名とともに［邦訳558-9ページ］挙げられており，また『言葉と物』では，19世紀以来の人間学的-歴史主義*的エピステーメーの終焉を告げる「言語の存在」を露わにするものとしてルーセルやマラルメやアルトーの名とともに［邦訳406ページ］絶えず引用されている。サドをも含めてこれらの名前の系列は G. バタイユ*, M. ブランショ*, P. クロソウスキー*［邦訳312ページ］など同時代の固有名詞に連なる。すなわち，ヘーゲル*に一度は極まった後にもさまざまな形で反復されてきた哲学的ディスクールからの，創設的主体を想定するディスクールからの脱出を可能にした作家たちである。フーコーは明らかに，そうした伝統に自らの試みを登録しようとしている。とりわけ，知の社会的-歴史的な生成を問い直す自らの「考古学」——後には「系譜学」——を「ニーチェ流のあの偉大な探求の陽光をあびつつ」と形容している［『狂気の歴史』邦訳10ページ］。さらに『知の考古学』の序文で彼は，創設的主体を起源とせず，あるいは創設的主体によって目的論的に回収しえぬ歴史空間を開いたものとして，マルクス*と同時にニーチェの名を挙げている［*L'archéologie du savoir*, Gallimard, 1969, pp. 23-24. また「ニーチェ・系譜学・歴史」（『エピステーメー』再刊準備号，朝日出版社，1984）をも参照］。知と真理の社会的生成と，その社会的（権力）効果を追跡する彼は，「真理への意志」を問うニーチェの「系譜学*」に自ら の仕事の系譜を見ていたと言ってよい。

ニーチェを論じた論文［「ニーチェ・系譜学・歴史」］でフーコーは，「起源」（Ursprung）と区別しうる「由来」（Herkunft）の概念に注目している。その解釈によれば，少なくとも上の二つが区別されて用いられるとき，ニーチェが「起源」を斥けるのは第一に，それが，あらゆる偶有的で外的な変転に先立つ，すでに在ったそのもの自体としての本質を前提にするからである。それに対し系譜学が，その本質そのものが非-本質的な葛藤から発生したことを跡づけたらどうなるのか？　第二に，起源においては事柄が完全な状態にあったとされるからだ。だが，系譜学がそのような神話的-神的起源を「不完全な」世界や時間や肉体から出発して嘲笑したら？　第三に，起源とは真理の場であり，真理の保証だとされるからである。しかし系譜学が，そうした真理の探求のし方，真理の規定のし方そのものは一つの「誤謬の歴史」なのだと解釈してみせたら何が起こるのか？

別の論文でも［「ニーチェ，フロイト，マルクス」（『エピステーメー』再刊準備号，朝日出版社，1984）］，同じ身振りでフーコーはニーチェにおける「解釈」を問題にしている。「起源」で自らを裏打ちし，またはそれを未来に投射する歴史，つまり形而上学的な「起源」を予-想する歴史と，「由来」を問う系譜学的歴史との双方が解釈であることに異論の余地はないとしても，そこには二つの解釈の解釈が賭かっている。解釈プロセスは原理的に，起源を始めとして意味（されるもの）や真理において停止すると考える「解釈の解釈」と，解釈にはそうした究極の審級はないとする「解釈の解釈」との争いである。さらには，自然的なるものには解釈を超えた真理があるとする「解釈の解釈」（形而上学的思惟）と，それはすでに解釈されたものだとする「解釈の解釈」（系譜学的思惟）との闘いである。それは，力の差異を前提にした力の関係

であるほかはない。

ニーチェは、「真理への意志*」は「力への意志*」の一つだとする。真理を権力関係のなかで問い直すことになったフーコーは、ここでも当然、権力に哲学的思惟の焦点を合わせながら、何らかの政治理論の枠内にとどまることのなかったニーチェを評価する。

このことはもちろん、フーコーがニーチェの思想的営為を、そのトポス、そのスタイルそして個々の評価や解釈において継承する「ニーチェ主義者」だという意味ではない。そもそも背後に何らかの本質を想定する「ニーチェ主義」とは形容矛盾でしかないし、ニーチェの試みの反復や「継承」にはさまざまな形が可能である。フーコーの仕事が、そうした「反復」の一つであることに疑いはない。にもかかわらず、解釈において大きな差異がないわけでもない。たとえば、『性の歴史』第2巻の末尾でフーコーはプラトンの『饗宴』と『パイドロス』を取り上げているが、そこで彼は、ニーチェにはかくも重要であったソクラテス*/プラトン*問題、つまりプラトンのテクストの問題には取り組んでいない。この問題はフーコーのそれではないとしてもなお、それはなぜかと問う余地はある。むしろ、こうした観点からの読み直しが、フーコーの試みを今後評価していくうえで重要性を帯びるであろうと思われる。→ポスト構造主義、真理への意志、解釈と系譜学

(港道 隆)

仏陀

仏陀および仏教に関するニーチェの発言は、ほとんどの場合キリスト教*批判の立場からこれと対比的に、ないしはこれへの反証としてなされているが、仏教そのものについての彼の関心はすでに若いころからのものであり、それは主としてショーペンハウアー哲学を通して呼び覚まされたものであった。ショーペンハウアー*の「意志の(ないしは意志否定の)哲学」が、個体化*の原理を「マーヤのヴェール」に譬えたり、意志を消滅して到達される境地を仏教に倣って「ニルヴァーナ」(涅槃)と呼んでいるところにも見られるように、バラモン的・仏教的世界観に強い影響を受けていることはよく知られている。その影響を受けて、すでに『悲劇の誕生』*でもニーチェはこれらの用語を受け継ぎ、また2、3の箇所で仏教にも言及しているが、この段階でのニーチェの仏教理解は、ショーペンハウアー自身のそれがけっして本格的なものではなかったこともあって、これをただ意志否定の厭世的宗教と解するにとどまっている。その後ニーチェが、友人ゲルスドルフ*から3巻本の『インド箴言集』を贈られ、また英訳の『スッタ・ニパータ』(諸経要集)を別の友人に借り、これらに読み耽った時期(1875/76)がある。『スッタ・ニパータ』というのはいわゆる南伝経典に属するものであり、このパーリ語系統の南伝経典は、ショーペンハウアーが主として接したサンスクリット系の北伝経典がどちらかといえば形而上学*的な傾向を帯びているのに対して、きわめて素朴で現実的な内容をもち、ある意味では原始仏教の面影をよりよく伝えているとされるものである。この読書の影響は『曙光』*(1881)に散見される。だが、ニーチェが仏陀と仏教についての体系的な知識を得たのはもう少し後、1884年のころと思われる。この年の秋、彼は彼のギムナジウム以来の旧友で、インド学者の道を歩みつつあったP. ドイッセン*の『ヴェーダンタの体系』(1883)とH. オルデンベルクの『仏陀、その生涯と教えと教団』(1881)を読み、いくつかのメモを残している。ことに後者は、仏陀と原始仏教の思想をはじめて本格的にドイツに紹介した著書であった。

ニーチェによれば、「仏教は老成した人間のための宗教」である。「仏教は、老成した人びとにふたたび平和と快活を与え、精神面

の摂生，肉体面のある程度の鍛練をあらためて課そうとする」[『アンチクリスト』22]。インドでは4000年の昔，今日われわれのあいだにおけるよりもずっと多くが思索され，思索の悦びが相続されていたのである。それゆえ「いかに多くの詩化と迷信が混在していたにせよ，その原則は真実である。一歩を進めると神々は棄てられた……さらに一歩を進めると，僧侶も仲介者も必要ではなくなった。そして自分で救済する宗教を説く仏陀が現れた。ヨーロッパはなお文化のこの段階から何と遠いことか！」[『曙光』96]。仏教と並べるとき，キリスト教は「野蛮*」とさえ呼ばれる。仏教は，キリスト教よりも百倍も冷静で，誠実で，客観的である。仏教は正直に「私は悩む」といい，ただこの苦を見つめてそれを超えようとする。それに対してキリスト教は，同じ事実を認めるにもまず解釈を必要とし，そこに「悪魔*」とか「罪」とかをでっちあげる，というのである。ニーチェはまた『この人を見よ』*のなかで，仏陀のことを「あの深い生理学者」と呼び，さらに続けて「仏陀の〈宗教〉は，むしろ一種の衛生学と呼んだ方が，キリスト教のようなあんな哀れむべきものとの混同を避けるためにもよいのだが，この〈宗教〉はルサンチマン*に打ち勝つことをもってその功徳としていた」と述べている。このようにニーチェの仏教に関する発言は，キリスト教を批判攻撃するための反証でしかない趣がある。仏陀および仏教についての解釈が的を射ているところもあるが，いずれにせよニーチェが触れえたのは，仏教のほんの一面であり，中国*・日本*で展開された大乗仏教とその「色即是空」の妙有の世界には予感すらなかったのであるから，公正に見てその多くがピント外れであるのも無理はない。だが他方，形而上学の次元を突破しようとしたニーチェの思想が，形而上学的伝統をまったく知らない仏教の世界と思いがけない親近性を有していることも確か

であり，たとえばニーチェの「遊戯」の思想を「自然法爾」の境地に，「永遠回帰*」の円環思考を「輪廻」や「業」の思想と関係づけて見ることもできよう。➝キリスト教，ドイッセン，バラモン (薗田宗人)

文献 ▷ Freny Mistry, *Nietzsche and Buddhism*. Berlin/New York 1981. ▷西谷啓治『根源的主体性の哲学・正』西谷啓治著作集1，創文社，1986. ▷薗田香勲『ドイツ文学における東方憧憬』創文社，1975. ▷大河内了義『ニーチェと仏教』法藏館，1982.

プフォルタ校 [Pforta]

ニーチェが1858年10月5日に入学し64年9月7日に卒業した6年制の名門中高等学校で，当時の正式名称は「王国立プフォルタ学院」(Die königliche Landesschule Pforta)。12世紀に建てられたシトー派修道院が1543年に改造されて創立されたこの学校は，ナウムブルク*近郊ザーレ河畔の緑豊かな谷間にあり，成績抜群の生徒しか受け入れない全寮制の男子校として，古典語教育の水準の高さと規律の厳しさで知られていた。ナウムブルクの大聖堂付属ギムナジウムで首席を続けていたニーチェは，クロップシュトック，A. v. フンボルト，フィヒテ，シュレーゲル兄弟，ノヴァーリス，ランケらを輩出したこの学校にかねて憧れていたため，特待生としての入学招請に喜び勇んで応じた。けれどもニーチェとプフォルタ校との関係は必ずしも幸福なものだったとは言えない。幼時に父と弟を亡くして以来女ばかりの家庭で女たちの気遣いのもとに育った彼は，入学後はげしいホームシックにかかり，日曜ごとに母や妹に会いに出かけた。ようやく寮生活に慣れてからも同級生との新しい友情はなかなか結べなかった。60年7月から63年6月まで，彼は〈ゲルマニア〉という同人会の月一度の研究発表会で論文「運命と歴史」を朗読するなどの活動を行ったのであるが，この同人会は幼な馴

染のクルークおよびピンダーとプフォルタ校の外部に結成したものであった。学校内で6年間に得た友は、ドイッセン*とゲルスドルフ*の二人にとどまる。学業面でも厳格な指導と管理のもとで前半3年間は首席を保ったが、しだいに募る息苦しさと退屈のゆえに後半は崩れた。卒業試験での数学の成績の悪さは、古典語とドイツ語の高得点でかろうじて救われたという。プフォルタ校での6年間は、アカデミズムへの傾斜と離反、集団への不適応というニーチェの人生行路を先取りしていたと言えるかもしれない。→ナウムブルク、ドイッセン、ゲルスドルフ (清水本裕)

普仏戦争

1870年7月、プロイセンを中心とするドイツ連邦の同盟軍とフランス*との戦争が始まると、ニーチェはすでにバーゼル大学に赴任してプロイセン国籍を離脱していたにもかかわらず、「祖国に対する義務」を理由として市当局に休暇を願い出て、自ら志願して看護兵としてこの戦争に従軍することになった。メッツを攻撃するドイツ軍の砲声を聞きながら、彼は『悲劇の誕生』*の構想を練ったという。しかし、まもなく彼は傷病兵の移送中に赤痢と咽頭ジフテリアに感染して送還となり、実際に戦場を目の当たりにすることはほとんどなかった。しかも、戦争の進展とともに彼の愛国的情熱も醒め、「文化」を犠牲にして「国家」としての統一を推進するプロイセンに対して危惧を抱くようになった。1871年1月、ヴェルサイユ宮殿でプロイセン国王ヴィルヘルムのドイツ皇帝戴冠式が挙行され、ビスマルク*の主導によるドイツ統一が完成すると、彼の危機意識は決定的なものとなった。『反時代的考察』*第1篇の冒頭では、ドイツ*の勝利は、有能な指揮官がよく訓練された軍隊をすぐれた戦術によって動かした結果にすぎないのに、それをフランス文化に対するドイツ文化の勝利であるかのようにもてはやすドイツのジャーナリズムや、戦勝に浮かれていい気になっている教養俗物*たちを痛罵している[『反時代的』I.1]。彼にとっては、ドイツの「政治的再統一」などよりも、形骸化した慣習と内容空疎な内面性との分裂を抱えるドイツ人*が「精神と生」を統一することの方がはるかに重要な課題であり、それこそ「最高の意味におけるドイツ統一」なのであった[同 II.4]。→ドイツ／ドイツ人、フランス (大石紀一郎)

フモール　⇨機智／フモール

プラトン　[Platon 427-347 B.C.]

ニーチェはバーゼル時代に、古典文献学者として「プラトン対話篇研究序説」(1871-72)や「プラトンの生涯と学説」(1876)など、プラトンに関する講義をたびたび行っている。そしてここでは、ニーチェはプラトンを「同時に芸術家でありえた最後のギリシア哲学者」として、また「世界全体を根本から改革しようと努め、とくにこの目的のために著述家にもなったような政治家」として評価している。ニーチェは後の著作でも、芸術家および政治改革者としてのプラトンに対してはある程度の敬意を払っている。

だが、思想家ないし哲学者としてのプラトンとなると、ニーチェの評価はきびしい。彼は『偶像の黄昏』*においてこう述べている。「プラトンは退屈である。――プラトンに対する私の不信の念はとことん深い。すなわち、プラトンはギリシア人のあらゆる根本的本能からひどく逸脱し、非常に道徳化され、明らかにキリスト教*を先取りする存在となっている――プラトンはすでに〈善〉という概念を最高概念としている――ので、私はプラトンという現象全体については、なにか他の言葉を使うくらいなら〈高等ペテン〉という手きびしい言葉、ないしはもっと聞こえがよい言葉にしてほしいというなら、理想主義

という言葉を使いたい」[X.2]。ニーチェにとってプラトンは、「ポリスから、競技から、軍事能力から、芸術と美から、宗教的秘儀から、伝統と祖先への信仰から、本能を切り離した」[遺稿II.11.90]反ギリシア的存在であり、〈純粋精神〉と〈善それ自体〉という「これまでのあらゆる誤謬のうちでもっとも悪質で、もっとも退屈で、もっとも危険な誤謬の発明者」[『善悪』序言]であり、ギリシアの神々を善という概念で無価値化するという「すでにユダヤ人流の偽善を身につけた」[遺稿II.10.303]いわばキリスト教以前のキリストなのである。

ニーチェによれば、プラトン思想のこうした有害な性格を生みだす究極の原因は、その〈二世界論〉にある。そして、この二世界論は、プラトンの基本思想である〈イデア論〉から帰結する。プラトンは、感性界の個物とその性質を越えた彼岸に、それらの理想的な原型、つまり〈イデア〉があり、生成消滅を免れない感性的なものは、永遠の存在であるイデアからその存在を与えられていると考える。たとえば、ノートに作図された三角形であれ、砂の上に描かれた三角形であれ、それらが同じ三角形として認識されるのも、すでにそれらに先立って理想的な三角形がなんらかのかたちで存在しているからなのである。こうしてプラトンは、感性界の彼岸に〈真実の世界〉を想定し、超感性的な価値を最高価値に祭り上げる。だがそうなると、感性界の方はそれ自体では存在しえない〈仮象*の世界〉に貶められてしまう。ニーチェによれば、プラトンのこうした背後世界論は、キリスト教を先取りするものである。というのも、キリスト教もまた「この世」を誹謗し、断罪して、「生*の重心を、生のうちにではなく、〈彼岸〉のうちに置き移す」[『アンチクリスト』43]からである。キリスト教は、此岸の世界は嘆きの谷であり、永遠の浄福の場所である彼岸世界への通過点でしかないと教える。「キリスト教は民衆向きのプラトニズム」[『善悪』序言]なのである。

それだけではない。西洋の歴史そのものがプラトニズムの歴史である。キリスト教だけではなく、西洋史を貫いているプラトン以後の哲学も、ストア*以後の禁欲主義的な道徳も、超感性的なものを最高価値とする点ではプラトニズムでしかない。だがそうだとすると、西洋の歴史は同時に、ニヒリズム*の歴史でもある。というのも、プラトニズムのように「生成*の世界を迷妄と断定して、このものの彼岸にある世界を真の世界として捏造*すること」こそは、「ニヒリズムの究極形態」[遺稿II.10.355]だからである。

ニーチェによれば、プラトニズムは生の自然な本能を二重の意味で阻害する。まずそれは、もともとは生の内的欲求が投影されたものでしかない価値を永遠の最高価値に祭り上げることによって、逆に生の方をそれに従属させる。そしてさらに、プラトニズムは、生の永遠なものへのこうした従属によって、たえざる自己超克を本質とするはずの生を、ひたすら自己保存*と現状維持だけを願う頽廃的な生に変えてしまう。そうだとすれば、ニヒリズムを克服するためには、プラトニズムにおける価値のこうした逆転をもう一度逆転させなければならない。だからこそ、ニーチェは「私の哲学は逆転したプラトニズムである」[遺稿I.3.267]と言うのである。だが、プラトニズムを逆転するとは、超感性界と感性界、真実の世界と仮象の世界の区別そのものを廃絶することである。「真なる世界をわれわれは廃絶した。あとにいかなる世界が残されたか。もしかすると仮象の世界でも……。断じて否。真なる世界とともに、われわれは仮象の世界をも廃絶したのだ」[『偶像』IV.6]。そして、ニーチェはこうした区別の廃絶を通して、生があらゆる価値と価値定立の唯一の担い手であり、生の本来的なあり方がより高いもの、より強いものへ向かってたえ

ずおのれを乗り越えようとする意欲にあることを示そうとする。つまり，われわれはプラトニズムの逆転によって〈力への意志*〉に導かれることになるのである。→形而上学，二元論，背後世界論者，ニヒリズム，仮象

(村岡晋一)

ブランキ [Louis-Auguste Blanqui 1805-81]

19世紀フランスの政治家・社会主義者。その革命的ラディカリズムのゆえにもっとも支配階層から恐れられ，前後33年にも及ぶ獄中生活を強いられた。その長い獄中生活のうち，1871年のトーロー要塞での拘禁生活においてブランキは『天体による永遠』と題された一冊の本を書いた。この本でブランキは，無限な宇宙が有限の100の元素によって構成されているがゆえに宇宙には数知れない回帰＝反復が生じるという思想を展開する。「化合物に変化をもたせるあらゆる種類の多様性は，100というきわめて限られた数に依存している……。したがって，異化されたまたは原型の天体は，限定された数字に還元され，天体の無限は反復の無限からしか生まれてこないのである」[『天体による永遠』]。この回帰＝反復は宇宙全体の物質量の定常性の中での天体の衰滅と復活の過程としてまず捉えられる。だがこの回帰＝反復はたんに時間的のみならず空間的なコピーの存在の無限性としても捉えられる。「誕生から死まで，そして再生まで，われわれの地球とまったく瓜二つの地球には，その一生の各瞬間に何十億というコピーが存在する」[同]。こうしたブランキの奇妙な考え方の背景には，ブランキ自身が本書でも依拠しているラプラスの決定論的宇宙観に代表されるような同時代の機械論的世界観の影響が見られる。だがそれ以上に本書を貫いている主調音は，そうした機械論的世界観に仮託されたブランキの絶望感であろう。あらゆる瞬間の行為が回帰＝反復がかたちづくる永遠の中の一要素でしかないと

き，人間の主体的意志ですらその永遠の闇の中に呑み込まれてしまうほかなくなる。進歩も幸福の約束もすべてはこの回帰＝反復の「虚無」に溶解してしまうのである。そこには明らかにペシミスティックなトーンが読み取れる。

その奇矯さゆえに同時代のほとんど誰からも省みられなかったこの書の意味を，ニーチェの永遠回帰*と関連させながら解読してみせたのがベンヤミン*であった[以下とくに注記のない限り引用はベンヤミン『パサージュ論』草稿D章から]。まずベンヤミンは，『天体による永遠』におけるブランキの絶望感が，自らの敗北した資本主義社会の現実を「地獄の光景」としての永遠回帰，すなわち資本主義の秩序を永遠化するものとしての回帰＝反復の現れと捉えたことに由来すると見る。とはいえこのことはブランキが資本主義に屈したことを意味するわけではない。なぜならブランキは資本主義社会をこのように描くことで「宇宙のこうした光景〔反復の光景〕を自己の投影として天空に描き出すような社会にたいする最も激烈な告発」を行ったからである。この点をベンヤミンは高く評価する。だがその先においてブランキの永遠回帰にたいするベンヤミンの見方は微妙に転回する。それはブランキの永遠回帰に含まれているもう一つの要素，しかもニーチェの永遠回帰と共通する要素としての進歩信仰の否定をめぐって生じる。もちろんブランキの永遠回帰とニーチェの永遠回帰のあいだには違いが存在する。それは，「過去は，われわれに瓜二つのあらゆる天体上で，最高に輝かしい文明が跡形もなく消滅するのを目撃してきているのである。……未来は，何十億という地球上で，我らが古き時代の無知や愚行や残虐に再び出会うであろう！」[『天体による永遠』]と語るブランキのペシミズムと，「私はこの同じ生に，最大のものにおいても最小のものにおいても永遠に回帰する，再びあらゆる事物の永

遠回帰を教えるために」と語ることが「至福」[『ツァラトゥストラ』III-13.2]でありうるニーチェの肯定性とのあいだの違いである。だがベンヤミンによればニーチェもブランキもともに永遠回帰の中に、進歩から解き放たれた時間の中で太古が現在へと回帰＝反復されることが可能となるという事態を、そしてその結果現在の「根源(太古)の歴史」への媒介可能性が生じるのを見ようとしている点で一致する。それはブランキにおいてもニーチェにおいても歴史が「神話の回帰」として捉えられていることを意味する。そしてこの「神話の回帰」は、資本主義社会の現在において「根源の歴史が最も現代的な装いのもとで上演される」際の「ファンタスマゴリー〔幻影〕という性格」を喚起する。その結果「永遠回帰の思想は泡沫会社乱立時代の悲惨から幸福のファンタスマゴリーを呼び出す魔術」となる。この永遠回帰のファンタスマゴリーはじつは「単純な合理主義」としての進歩信仰の補完物に過ぎない。ベンヤミンはブランキの「地獄の光景」としての永遠回帰ですらこのファンタスマゴリーを免れていないと言う。こうしてベンヤミンはブランキの永遠回帰の概念を媒体としながらニーチェの脱歴史化された永遠回帰の概念の意味を再び冷厳な資本主義社会の歴史的現実性の中へと投げ返すのである。→ベンヤミン、永遠回帰

(高橋順一)

文献 ▷ A. Blanqui, *L'eternité par les astres: hypothèse astronomique*, Paris 1872 (浜本正文訳『天体による永遠』雁思社、1985). ▷ブランキ (加藤晴康訳)『革命論集』上・下、現代思潮社、1967-68. ▷ W. Benjamin, *Das Passagen-Werk* (Gesammelte Schriften, V-1 u.2), Frankfurt a. M. 1982 (今村仁司ほか訳『パサージュ論』全5分冊、岩波書店、1993-).

フランクフルト学派

フランクフルト学派は1920年代から戦争期を経て、戦後に至る時代の中で、フランクフルト社会研究所を中心にしながら多方面にわたる活動を行ってきた社会科学者および人文科学者の集団をさす名称である。フランクフルト学派が形成されるにあたって一つの基調となったのは、第二・第三インターナショナルの系譜において著しく生命力を枯渇させられてしまったマルクス主義*の思想的、理論的見直しであった。その意味ではフランクフルト学派は、後にメルロ＝ポンティ*が「ヨーロッパ・マルクス主義」と呼んだルカーチ*やカール・コルシュ、グラムシらの非正統派マルクス主義の系譜のうちに位置づけられるであろう。しかしフランクフルト学派、とりわけその中心メンバーであるホルクハイマー*やアドルノ*の思考スタイルには、単にマルクス主義の理論的枠組みの中だけでは片づけることのできない固有の思想的モティーフが孕まれている。それは、一つには「批判理論」と呼ばれる彼らの理論スタイルに含まれている既成の伝統的な理論(思考)形態に対する批判のモティーフであり、さらにはそうした伝統的な理論形態を背後でささえてきたヨーロッパの文明総体の持っている性格の批判的な解明のモティーフである。前者においてはとりわけ実証主義的な理論形態が批判の中心的な眼目となり、後者においてはヨーロッパ文明の推進原理としての「啓蒙」が批判的解明の俎上に乗せられる。そしてこうしたフランクフルト学派の中心的なメンバーに固有な思想的モティーフと深い関わりを持っているのがニーチェである。

アドルノの『文学ノート』に収められている「形式としてのエッセー」という文章の中に次のような記述を見ることができる。「概念のすべてが持ちつ持たれつの関係において用いられ、それぞれが他の概念との配合(Konfigurationen)において明確化されるという風でなければならない。相互の差異を念入りにきわ立たされた諸要素が寄り集まり、全体として判読できるものとなる。つま

りエッセーは，足場を組んで建築にかかるような行き方はしない。ところが配列された諸要素は運動を通じて結晶化する。配列は一つの力の場である。エッセーの眼光は，精神的な形成物をことごとく力の場に変えてしまうのである」。ここでアドルノはエッセーという表現形式を，ある実定化された概念や認識の共約可能性(コンメンズラビリテート)に対して「非同一的なもの」の共約不能な差異性の契機を対置しようとする知の試みとして意義づけようとしている。アドルノにおける同一化された実定性(ポジティヴィテート)に依存する思考スタイルへのこうした批判は，ニーチェの系譜学*的思考とそこに孕まれる形而上学*批判のモティーフと驚くほど似かよっている。じっさいエッセーにおいて互いに異なる諸要素が配列関係——これにはアドルノ固有の概念である「パラタクシス（並列関係）」も対応する——にあり，それが「力の場」を形づくるというアドルノの指摘は，そうした認識が形而上学的思考を形づくる遠近法*の系譜学的転倒の意味を含むことも含めて，アドルノとニーチェの思考の同質性を示している。

さて啓蒙の批判的解明のモティーフとの関連において問題にされねばならないのがホルクハイマーとアドルノの共著『啓蒙の弁証法』である。この著作の中でニーチェは「啓蒙の仮借ない完成者」「ヘーゲル*以降に啓蒙の弁証法を認識した数少ない一人」と呼ばれている。ここでホルクハイマーとアドルノが「啓蒙の弁証法*」という概念で示そうとしているのは，「あらゆる自然的なものを自己支配的主体の下へ隷属させ」ようとする啓蒙の野心が「ついにはほかならぬ盲目の客体的なもの，自然的なものによる支配」へと反転せざるをえない事態である。その背景をなしているのは「主体性の根源史」という言葉によってさし示されている支配の歴史の内部で道具化された理性と主体への批判である。もちろん「啓蒙の弁証法」にはそうした反転の裏面として，啓蒙の自己覚醒の契機，すなわち啓蒙（理性）批判もまた啓蒙（理性）そのもののうちからしか生じないという認識の契機も含まれている。

ホルクハイマーとアドルノはこうした「啓蒙の自己破壊」と「啓蒙の自己覚醒」の両義性としての「啓蒙の弁証法」の数少ない認識者の一人としてニーチェを挙げている。とりわけ本書の第二補論「ジュリエットあるいは啓蒙と道徳」において，ニーチェはカント*，サドと並べられ，市民社会における「道徳的厳格さとまったくの無道徳性の対立」が「啓蒙の弁証法」の展開過程の中で無効化されることの証人として挙げられている。ニーチェにおける「力への意志*」や「超人*」への願望は，「自己*」を「自然的な自己にではなく，自然的なもの以上の自己」に帰属させようとするカント以来の自律(アウトノミー)への志向の窮極的な帰結とみなされる。そしてそれは「合理化されたファシズムの形態をとった古代的恐怖」へと回帰するのである。ニーチェの思考はこうした「啓蒙の弁証法」の帰結を彼の思考スタイルそのものにおいて示唆する。それはたしかに道徳や同情*にねざす市民的ヒューマニズムやリベラリズムに比べある種の「無感動」な残忍さをはらんだ思考であり，そこにニーチェがナチス*に利用される根拠もあったかもしれない。だがホルクハイマーとアドルノは言う。「［サドやニーチェの］非情な教説は，仮借なく支配と理性との同一性を告知することによって，じつはかえって市民層の道徳的従僕たちの教説よりも情け深いものを持っている。〈汝の最大の危険はどこにあるか〉とかつてニーチェは自問した。〈同情の中に〉。彼は自ら拒否することによって，あらゆる気休めの保証から日毎に裏切られている，ゆるがぬ人間への信頼を救ったのである」。

最後にニーチェと芸術モダニズムの関わりの問題について言及しておきたい。社会的近

代（啓蒙近代）の進行に対する批判的潜勢力としての位置を占める芸術モダニズム（文化的近代）は、ロマン派において初めて可能になった美＝芸術における主観的自由と自律の発見、そして社会的近代が不可避的に現出させた分裂状態に美＝芸術を通じて再び宥和をもたらそうとする「世界の美的救済」のモティーフにさしあたり起源を持っている。しかしロマン派的な美的救済への志向が後に歴史主義*的な教養市民文化の現状肯定的性格へと退行していったとき、社会的近代と教養市民文化の相補的な癒着関係に反抗するかたちで芸術モダニズムの新たな段階が始まる。そしてこの開始を告知したのがボードレール*とニーチェであった。美＝芸術は宥和や救済への志向という地点をさらに超えて、モダニズムの本来の意義である「今」のアクチュアリティをラディカルに際立たせつつ、自律的な経験へと純化されてゆく。そしてそのことによって芸術モダニズムの「近代批判としての近代」という性格が鮮明化されるのである。

この点についてはフランクフルト学派の第二（戦後）世代に属するハーバーマス*の『近代の哲学的ディスクルス』の中の「ポストモダンの開始——ニーチェによる転換」が委曲を尽くしている。この論文においてハーバーマスは、ニーチェの「ディオニュソス*」概念とロマン派の分岐点をニーチェの理性批判の契機に見定め、それが、近代の非合理主義的な超克の試みであるハイデガー*やバタイユ*、さらにはポスト構造主義*へと至る芸術モダニズム（文化的近代）の歴史の分水嶺を形づくっているという。こうしたポストモダン的なニーチェ像の起源となっているのは、ニーチェにおける芸術モダニズムの経験の質であるとハーバーマスは指摘する。「しかしニーチェはショーペンハウアー*の弟子に尽きる存在ではない。彼は同時にマラルメをはじめとする象徴主義者たちと同じ時代の人間

であり、〈芸術のための芸術〉の擁護者である」。もちろんポストモダン的潮流においても、たとえばハイデガーのように、脱中心化された主観性の自己経験において美的なるものという独特な領域を執拗に展開する芸術だけがなぜ新しい神話の主人公たりえたのかについての理解がまったく欠けているケースもある。とはいえハイデガーにせよ、ハイデガーとは対照的にニーチェにおける美的経験に深く測鉛を下ろしているバタイユにせよ、ニーチェが芸術モダニズムの経験を理性批判*のコンテクストに挿合したことを重視している点では共通している。

ハーバーマスはニーチェにおけるこうした芸術モダニズムの経験の質をあるレヴェルにおいては認めつつも、ニーチェがそれを理性批判の一元的な突出に委ね、その結果そうした理性の批判機能やさらに倫理的要請との結びつきの可能性の中に宿される芸術モダニズムの解放的契機を逸してしまったことを厳しく批判する。この批判の中に戦後世代としてのハーバーマスの、ホルクハイマーやアドルノに対抗する自己主張が窺える。ハーバーマスは「啓蒙の弁証法」という概念に含まれる文化ペシミズムを修正し、理性批判や近代批判ではなく、内側からの理性概念や近代概念の作り変えを目指す。そのモティーフによってハーバーマスのニーチェ認識がホルクハイマーやアドルノと違っていったといえるだろう。→アドルノ，ホルクハイマー，啓蒙の弁証法，ハーバーマス，マルクーゼ　　　　　（高橋順一）

ブランショ　[Maurice Blanchot 1907-2003]

現代フランスの作家・批評家。ハイデガー*の存在論的思考から大きな影響を受け、その影響にもとづいて独自な思考世界を作り上げた。『文学空間』（1955）、『来たるべき書物』（1959）などの批評作品、『アミナダブ』（1942）、『至高者』（1948）などの小説に結実したその思考世界は、これまで存在してきた

文学の見方を、「書く行為」や「作品」概念の徹底した転換を通じて根底から覆すものであった。そしてこうしたブランショの思想世界は、同時代のバタイユ*やクロソウスキー*らの仕事とともに、ヌーヴォー・ロマンから始まる新しい文学的思考、またさらにデリダ*、フーコー*、ドゥルーズ*に代表されるポスト構造主義*的思考における「同一性の解体」や「主体の死」といった新しい思考要素の誕生を促す源泉となった。

ところで今ブランショに関連するかたちで名前を挙げたフランスの思想家たちに一つ共通した要素がある。それは彼らが皆ニーチェから大きな影響を受けているということである。ということは、ブランショをめぐる思考文脈の基底にはニーチェが重要なファクターとして関わっていることが、言い換えればブランショの思考世界はニーチェの思想との内的関連を通じて解読されうる可能性を持っていることがここで示唆されているといってよいだろう。たとえばブランショの主著の一つである『文学空間』にはハイデガー、カフカ*、ヘルダーリン*、リルケ*などの名は出てくるが、ニーチェの名前はほとんど出てこない。(ただし評論集『終わりなき対話』では、「ニヒリズムに関する考察」「無神論とエクリチュール・人間主義と叫び」の２章がニーチェ論にあてられており、そこではフーコーの「人間の終末」にも触発されて神の死*・人間の消滅・超人*などの問題が、「書く行為」、とりわけ断片的なエクリチュールとの関連で論じられている。)だが『文学空間』のテクストを読んでゆくと、いたるところにニーチェ的問題の所在が感じ取れる。それは何に由来するのか。ブランショの最も良き理解者の一人であるエマニュエル・レヴィナスは次のように言っている。「現代思想は人間主義的ならざる無神論というものがありうるということを教えてわれわれを驚嘆させた。その無神論*によれば、神々は死に、あるいは世界から姿を隠してしまい、身体のうちに閉じこめられた人間は、たとえ理知のかぎりを尽くしても、宇宙を汲み尽くすことはできない。形而上学*の彼方をゆくこれらの書物において、われわれはある種の服従と忠節が高らかに謳い上げられるのに立ち会っているわけだが、それは特定のだれかに対する服従や忠節ではない。神々の不在はある種の輪郭近きならぬ現前として演じられる。奇妙な無だ」[『モーリス・ブランショ』]。ニーチェによって告知された「神の死」をレヴィナスは、「人間主義的ならざる無神論」の始まりとして性格づける。この「無神論」は、神という中心の不在が「人間」という代替物による充填の不可能な、ある絶対的な「無」の現出としての不在を意味する。この無＝不在は、なんらかの形而上学的な本性や実体の同一性の定立の不可能性に限取られた存在の現前のかたちを指し示している。ブランショの思考世界はまさしくこうした意味における無＝不在の現前から出発する。

ブランショにとってこうした無＝不在の現前がもたらされるのは、「書く行為」、そして「書く行為」の無限の反復としての「作品」(ウーヴル)によってである。「作品を書くとか読むとかして、作品に依存して生きる者は、存在するという話しか表現せぬものの持つ孤独に属する。言語は、この語を、偽装させて包みかくしているかあるいは、作品の沈黙せる空虚のなかに自ら姿を消すことによって、この語を出現させるのである。……作品は、何の証拠もなく存在し、また、何の用途もなく存在する」[『文学空間』]。ニーチェに即していえばブランショのこうした思考は、「美（芸術）による世界の救済」という芸術家形而上学のモティーフと「あらゆる存在の現前は解釈である」という遠近法*のモティーフの交差点に位置づけられうるだろう。またさらにブランショがハイデガーの影響の下に追求しようとする無＝不在の現前としての存在現前のか

たちは，どこかでニーチェの力の概念（解釈としての力の発現）とつながっているように思われる。そしてブランショが繰り返し語っている，無＝不在の現前のトポスとしての「作品」は自己自身から無限に逸脱し，自らを隠しつつ露わにさせるものであるがゆえに本質的に未完結的であり，なにものかを表現することの有用性から遙かに隔てられてしまっているという認識はおそらく，ニーチェがある時期からテクストの主要なスタイルとして断章形式を採るようになったことの本質的な意味を示している。ニーチェもまた形而上学的同一性に裏打ちされたテクスト＝「書物」の求心的完結性にかわって，「書く行為」と「解釈＝存在（力）の現前」が直に結びつくようなテクスト運動のトポスとしての「断章」の本質的な未完結性——ブランショ風に言えば「作品」の未完結性——に自らの思考の可能性を賭けようとした。つまりニーチェのテクストの中心にも中心の不在が，そしてそれゆえに無限に逸脱的反復＝反復的逸脱を繰り返す未完結性が帰属しているのである。

こうしたブランショの思考は，また一方でニーチェの「永遠回帰*」の主題とつながってゆく。「書くことは，幻惑におびやかされる孤独の断言のうちに入り込むことだ。永遠の繰り返しが君臨する，時間の不在の冒険に，身を委ねることだ」[『文学空間』]。ニーチェの永遠回帰は，こうしたブランショの認識に即せば，時間の枠組みからの脱却を意味することになる。何も始まらず，すべてが固有の実体性を失って匿名のなにかへと変貌してしまうような時間の不在の現前こそが永遠回帰の意味となる。ブランショはかかる地点から出発しながら，不可能性としての可能性，無＝不在としての現前というパラドクスが生成するトポスとしての「作品」のかたちを，カフカやリルケ，ヘルダーリンなどのテクストを通じて追求しようとする。こうしたブランショの思考特性をフーコーは「外の思考」（思考の外部性）と名づけたのであった。「言葉についての言葉は文学を通じて，だがおそらくは他のさまざまな道を通して，話す主体がそこにおいては消え失せる，あの〈外〉にわれわれを連れていくのだ」[フーコー『外の思考』]。そしてフーコーはこうしたブランショの「外の思考」をニーチェの「力」の意味と結びつけている。

最後にブランショが初めは極右だったこと，したがってハイデガーとナチズムをめぐる問題圏にブランショもまた，ポール・ド・マンとともに関わっていることを指摘しておこう。　　　　　　　　　　　　　（高橋順一）

[文献]　▷ M. Blanchot, *L'espace littéraire*, Gallimard, 1955（粟津則雄ほか訳『文学空間』現代思潮社, 1969）. ▷ id. *L'entretien infini*, Gallimard, 1969. ▷ E. Lévinas, *Sur Maurice Blanchot*, fata morgana, 1975（内田樹訳『モーリス・ブランショ』国文社, 1992）. ▷ M. Foucault, *La pensée du dehors*, Critique, 1966（豊崎光一訳『外の思考』朝日出版社, 1978）.

フランス

ニーチェは隣国フランスの文化に対してつねに好意的であった。19世紀ドイツの平均的イデオロギーであったフランスへの憎悪もしくは軽蔑を示すテクストは皆無に等しい。普仏戦争*の際でも，フランス人一般への反感は書簡にも見られない。もちろん，個別的に見れば，ルソー*のことは一貫して批判したし，ルナン*は「病気で意志の弱いフランスの兆候」[『偶像』IX.2]とされたり，またパスカル*にもアンビヴァレントな気持ちを抱いている。にもかかわらず，ドイツ*嫌いの反動からか，そして所詮は自分の文化でないせいか，その異質さをどこか気楽に愛したところがある。有名なのは，普仏戦争の勝利はけっしてフランスに対するドイツの文化の勝利ではないという『反時代的考察*』の冒頭の一節である。ニーチェは，ライプツィヒ*での文献学の勉強が一段落したときにパリ遊学を

計画していたことすらある。また晩年に冬を南仏で好んで過ごしたのもよく知られている。ただし、やはり自分の文化でないせいか、当時のカンヌやニース*で別荘地帯を売り出しはじめていた開発業者への批判は、モーパッサン*「たとえば『水の上』などと異なって見られない（世紀末*の成金趣味という点ではドイツとあまり変わらなかったのだが）。

このように現代フランスの資本主義の動きに無感覚なのは、なんといってもフランスの17世紀を愛していたことと無縁ではない。17世紀のフランスには「軽やかな仮象*をもつ生の光景の享受」があり、「自己自身への断固たる信仰」があり、「形式の力」があり、「幸福を目的として認める」用意があった。その点では、ギリシア人と似ているところがあった〔遺稿Ⅱ.7.81〕。また、プラトン*の哲学には少年愛*のエロスがあったのと同じように、「古典主義期のフランスの高級な文化と文学は性愛上の関心を土台として生い育っている」ことが肯定的に評価されている〔『偶像』Ⅸ.24〕。あるいは、『曙光』〔198〕にはこうある。「国民に位階を与える——多くの内面的経験を持つこと。そしてその経験の上面で、また、その上方で、精神のまなざしを持ちつつやすらうこと——これが自己の国民に位階を与える文化人を形成する。フランスとイタリア*でこれを行ったのは貴族であった」。ともかくヨーロッパの趣味と品格を作ったのはイギリス*ではなく、フランスである〔『善悪』253〕という判断は変わることがなかった。そのフランスを「モダンの理想」で駄目にしたのがイギリス人の勤勉と無趣味だということになる。ここでニーチェが考えているのは、モンテスキューやヴォルテール*ら18世紀フランス知識人のイギリス崇拝である。その崇拝が民主主義*のゆえであることを思い起こすならば、全体の知的分布図が見えてくるであろう。→ドイツ/ドイツ人、普仏戦争、イギリス/イギリス人　（三島憲一）

フランス革命

フランス革命にたいするニーチェの評価はあまり高くない。ルソー*、民主主義*、平等・博愛など、この近代史の事件に結びついた理念や人物が、ニーチェにとってがまんならない代物だったためだろうか、総じてフランス革命にたいする評価は否定的である。ただしナポレオン*の登場は別だが。

近代の歴史的事件のなかでニーチェが買っていたものは、フランス革命でも、宗教改革*でもなく、ルネサンス*である。『道徳の系譜』*では、ユダヤ*的な奴隷道徳とローマ*的な貴族道徳との闘争の歴史のなかに、これらの事件を位置づけている。〈ローマ対ユダヤ〉の対立の歴史では、イエス*の出現とともに後者が勝利を収めたが、ルネサンスにおいて「高貴*なローマ自身が、まるで仮死からさめた者のように動き出した」。しかしつぎに宗教改革という「賤民的な……ルサンチマン*運動」によってふたたびユダヤが勝利する。が「この時よりも、もっと決定的な、深い意味において、ユダヤはいま一度古典的理想に打ち勝った。フランス革命がそれだ」〔『系譜』Ⅰ.16〕。「ユダヤ人たちとともに道徳上の奴隷の反乱*は始まる」〔『善悪』195〕とすれば、フランス革命とともに起こったのは「最後の大きな奴隷の反乱」〔同46〕である。奴隷道徳の典型たる同情道徳は「フランス革命時代から、たくましい成長力をもって、いたるところ精粗さまざまの姿で同時に伸び出した」〔『曙光』132〕。フランス革命における民衆の勝利とは、第一に「政治的高貴さ」の敗北、「17、18世紀のフランスの貴族主義」の崩壊にほかならない〔『系譜』Ⅰ.16〕。

フランス革命は、だから「キリスト教*の娘であり、後継者である」〔遺稿Ⅱ.11.240〕。ただしキリスト教といっても、ここでは宗教改革後のプロテスタンティズム*を指す。こ

の面からみれば、フランス革命は、南方のローマ教会にたいする北方のプロテスタンティズムの闘争を継承したものである。〈ユダヤ対ローマ〉ならぬ〈北方対南方〉のこの対立では、「卑俗な、満足した、心易い、表面的な人間たちが、重い、深い、黙想的な——というのは、つまり悪意を秘めた、猜疑心の強い人間たちの支配に対して」闘争を企てる。北方は南方より人が善良なだけ浅薄である。プロテスタンティズムは、この意味で「深みのない人間たちのための民衆的反乱」であり、フランス革命は、この「善良な人間」の手に「主権の笏をゆだねた」[『智恵』350]。フランス革命における民衆の勝利とは、第二に、この意味で「教会*にたいする戦い」であり、宗教的人間の敗北である。

もっともニーチェは、フランス革命を「キリスト教の娘」とだけ考えたわけではない。フランス革命における「非理性、それはルソーの理性である」[遺稿 I.12.281]とある断想に綴られているように、「フランス革命によるキリスト教の継承。その誘惑者はルソーである」。このルソーは「女性*をふたたび解放し、女性はそれ以後ますます興味深いもの——苦悩する者——として描写されるにいたった」。しかしニーチェに言わせれば、この「女性の解放」は「女性らしい本能」の衰退でしかない。「女が新しい権利を獲得し、〈主人〉になろうと努め、女の〈進歩〉をその旗や幟に書きつけているうちに、……逆のことが実現される……女は退歩してゆくのだ。フランス革命以来、ヨーロッパにおいては女の影響力は、その権利と要求が増大したのに比例して減少してきている。そして〈女性の解放〉は、それが女性自身によって……促進されるかぎり、もっとも女性らしい本能の……弱化と鈍化の著しい兆候である」[『善悪』239]。第三に、フランス革命後に訪れた「女性の解放」は「女性らしい本能の……弱化と鈍化」にほかならない。

フランス革命は「教会に対して、貴族に対して、最後の特権に対して反抗する本能を持っている」[遺稿 II.11.240]というニーチェの走り書きは、以上の諸点の総括とも読める。だがニーチェは話をこれで終わらせない。この革命のなかからある法外なことが起こったというのである。「多数者の特権というルサンチマンの偽りの合言葉に対し」、「少数者の特権という恐ろしい、しかも魅惑的な反対の合言葉」が響き渡る。「人非人と超人*との綜合」ナポレオンの登場である[『系譜』I 16]。「ナポレオン。すなわち、より高い人間と恐ろしい人間との必然的な表裏一体性が理解されている。〈男〉の復権が果たされ、女には軽蔑と恐怖という負債が返還されている。健康および最高の活動性としての〈全体性〉がある。行動における直線性、すなわち大いなる様式が再発見されている。……生そのものの本能、つまり支配欲が肯定されている」[遺稿 II.10.158]。「フランス革命はナポレオンの出現を可能にした。それが革命を正当化している」[同 II.10.175]。晩年の遺稿でニーチェが「一種のルネサンス人への復帰」と言ったゲーテ*を補う存在とも「ゲーテの最高の体験」[同 II.10.142f.]とも評されたナポレオンだが、ナポレオン崇拝に託されたこの夢が、危険な誤解を生ぜしめる遠因とならなかったかどうか。ちなみにニーチェは先の引用をこう続けている。「フランス革命の場合と同じような代償を得るためには、われわれの全文明のアナーキズム*的崩壊を望まねばならないことであろう。ナポレオンがナショナリズムの出現を可能にした。そのことがナショナリズムを制約している」[同 II.10.175]。ルソー、ナポレオン、ルネサンス　　　　　　　　　　　　　　（木前利秋）

ブランデス　[Georg Brandes (Morris Cohen) 1842-1927]

デンマークの文学史家・批評家、コペンハ

ーゲン大学教授。テーヌ*の実証主義*の影響を受け，主著『19世紀文芸主潮』(1872-90, 独訳1882-1900) によって，19世紀末のヨーロッパを代表する文学史家と目されるようになった。英・仏・独・北欧・ロシアの文芸についての深い造詣にもとづいて個々の著作家の「人と作品」を論ずるという手法で，シーザー*，シェイクスピア*，ヴォルテール*，ゲーテ*の評伝や，同時代の文学・思想に関する評論を数多く著した。コント*やJ．S．ミル*の影響も受け，社会主義*やアナーキズム*にも関心を抱いた。1877年から83年にかけてのベルリン滞在中はパウル・レー*やルー・ザロメ*とも交際し，ニーチェも，ブランデスというデンマーク人が自分に関心を持っていると聞いて，『ツァラトゥストラ』*を贈ろうとしている［シュマイツナー宛 1883.2.13.］。『善悪の彼岸』*や『道徳の系譜』*を贈呈されたブランデスは，「あなたの本からは新しい根源的な精神の息吹が感じられます」とか，「私自身の思想や共感と一致するところが数多くあります。禁欲主義的理想の蔑視，民主主義*的凡庸さに対する深い嫌悪，あなたの貴族的急進主義です」と述べているが，同情*の軽蔑は自分には理解できないし，女性観についても一致しないとして，「あなたの普遍主義にもかかわらず，あなたの考え方や書き方はとてもドイツ的です」という感想を書き送っている［ニーチェ宛 1887.11.26.］。とはいえ，同じ手紙で「あなたは私が話をしたいと思うごく少数の人間の一人です」と述べているように，彼はニーチェに大きな関心を寄せて，別の書簡においては「私にとって最高度に関心があるのは，道徳的理想の起源に関するあなたの思想です」と記したり［同 87.12.17.］，自分の「シーザー主義，衒学に対する憎悪，スタンダール*に対する感性」はあなたと共通していますと述べたりしている［同 88.1.11.］。ニーチェにとっても，シェイクスピアやシャンフォール*，テーヌやゾラ，スタンダールやドストエフスキー*などについて縦横に論じ合える知己を得たことは大きな喜びであった。ブランデスを「良きヨーロッパ人*にして文化の伝道者」と呼んで，「〈貴族的急進主義〉という，あなたが用いている表現はとても結構です。言わせていただければ，私についてこれまで読んだうちで最も巧みな言葉です」と応じている［ブランデス宛 87.12.2.］。ブランデスはまた，キルケゴール*の存在をニーチェに知らせ，ストリンドベリ*やイプセン*に対してニーチェに注目するように示唆した。ニーチェは友人たちに，ブランデスは自分に敬服していると自慢しているが［オーヴァーベック宛 88.2.3.など］，ブランデスの方ではニーチェよりも醒めた見方をしていた。社会主義やアナーキズムについてのニーチェの性急な判断に対して，「いつもは輝かしいあなたの精神も，真理が微妙なニュアンスに存するところでは，ほんの少し物足りないように思われます」とたしなめている［ニーチェ宛 87.12.17.］。

88年4月にブランデスは，「ドイツの哲学者フリードリヒ・ニーチェ」と題して，コペンハーゲン大学で数回にわたる公開講義を行った。最初は150人ほどだった聴講者が，2回目からは300人以上つめかけ［同 88.4.29.］，講義は盛大な拍手喝采を浴びて成功裡に終了した。ブランデスは「あなたの名はいまやコペンハーゲンのあらゆる知識人のサークルにおいてきわめてポピュラーになっています。そして，全スカンディナヴィア中に少なくとも知れわたってはいます」と報告している［同 88.5.23.］。ニーチェはさっそくこのことをあらゆる友人たちに吹聴している。『この人を見よ』*でも，ドイツでは黙殺されていたのに，「一人の外国人，一デンマーク人」が自分を擁護して大学で自分の哲学について講義し，「心理学者としての真価を示した」と述べている［XIII.4］。このブランデスの講義は翌年「貴族的急進主義」と題する論文にまと

められて公刊され、1890年には『ドイッチェ・ルントシャウ』誌に独訳が掲載された（1893年刊の『人と作品』に収録）。そこでブランデスは、道徳的価値の問題がニーチェの根本問題であるとするが、教養俗物*やナショナリズムへの批判にも言及している。彼の叙述の特色は、同時代のさまざまな思想傾向と比較・対照してニーチェの位置づけを探っていることで、キルケゴールと比較してニーチェは自我の解放を可能にしたと評価したり、ベンサム流の功利主義*への攻撃にルナン*やフローベール*とも共通する貴族主義の精神を見たりしている。道徳論については、ニーチェがパウル・レーの『道徳的感情の起源』(1877)にふれながら『良心の成立』(1885)に言及しないのはおかしいと指摘し、ルサンチマン*の説もミルやデューリング*、E. v. ハルトマン*などと比較して、ニーチェの独創性は民主主義批判と奴隷道徳の軽蔑にあるとする。また、『ツァラトゥストラ』の象徴的・アレゴリー的スタイルをミキエヴィチやシュピッテラー*（『プロメテウスとエピメテウス』）と比べて、それらは聖書*的だが『ツァラトゥストラ』は自由精神*を養育しようとするものだとしたうえで、ニーチェ自身はこれを自分の最高の著書だとしているが、想像力のはたらきが不十分で単調になっているので自分は賛成しかねるとしている。「超人*」は『哲学対話』におけるルナン*の夢想の影響ではないかという推測や、「永遠回帰*」はブランキ*やギュスタヴ・ル・ボンの思想と共通するという指摘も興味深い。さらに、ニーチェは自分のことをドイツ的だとは感じていないかもしれないが、ドイツ哲学の形而上学的で直観的な伝統を継承しており、女性解放反対やビスマルク*的な傾向はハルトマンとも共通しているという。「女性についてのそれほど個性的ではない論議に関して言えば、ハルトマンの口からもニーチェの口からも古き家父長のドイツが語り出してい

る」というのである。そして、「ラ・ロシュフコー*、シャンフォール、スタンダールといったフランス*のモラリスト*や心理学者からあれほど限りなく多くを学んだ人が、彼らの形式における自制というものをあれほどわずかしか習得しなかったのは奇妙なことだ」という厳しい見方も示している。この「貴族的急進主義」論文は各国で翻訳・翻案が刊行され、日本でも登張竹風がこの論文に依拠して「フリイドリヒ、ニイチェを論ず」を『帝国文学』に連載して（明治34年）、日本における受容*を促進した。狂気に陥ったニーチェはブランデスに宛てて、「君がぼくを発見してから、ぼくを見つけるのに苦労はいらなくなった。いまや困難なのは、ぼくを失うことだ」と書いたが[89.1.4.]、実際ブランデスは初期のニーチェ熱に大きく寄与することになった。⇨世紀末とニーチェ、ストリンドベリ

(大石紀一郎)

文献 ▷Georg Brandes, Aristokratischer Radicalismus. Eine Abhandlung über Friedrich Nietzsche, in: *Deutsche Rundschau* 63, 1890. ▷ブランデス（宍戸儀一訳）『ニーチェの哲学』ナウカ社、1935.

フーリエ [Charles Fourier 1772-1837]

フーリエは「文明社会」（近代社会）を全面的に否定したが、人間の欲望（欲望から生ずる行為とその成果も含む）を全面的に肯定した。彼はニーチェ以前に世界と欲望に向かって「然り」を叫んだ最初の思想家である。人間のなかに否定されるべき欲望はひとつとしてない。彼のいう13の情念（欲望）は、複合的に、累積的に組み合わされることで、人間がもつあらゆる潜在力を解き放つ。伝統的に「悪」とよばれてきた欲望も、フーリエの「調和社会」ではことごとく「善」に反転する。善と悪の区分は、「文明社会」の道徳観念が作りだした幻影でしかない。人間にとって善も悪もない。あらゆるタイプの性欲、あ

らゆる消費欲望は肯定される。フーリエの「新世界」は，労働と愛（性行為）がひとつに融合した世界である。してみるとフーリエは，近代の世俗内禁欲が生んだ勤勉社会（産業社会）への最初のラディカルな批判者であるばかりでなく，禁欲道徳*がいかに人間を歪めるかに最初に気づいた思想家であり，問題系と事柄に即していえば，フーリエはまっすぐにニーチェにつながっている。フーリエはいわば早生れのニーチェであり，最初の「道徳の系譜」学者であった。ニーチェのユートピアなるものがあるとすれば，それはフーリエの「新世界」であるとさえ言えよう。
→禁欲道徳　　　　　　　　　（今村仁司）

ブルクハルト　[Jacob Burckhardt 1818-97]

ニーチェはブルクハルトを終生にわたって敬愛していた。最晩年の『偶像の黄昏』*でもギムナジウムの教師や大学教授たちを「学識を備えた下品な人間」ときめつけたあと，「まったく稀有な例外は私の尊敬する友人，バーゼル*のヤーコプ・ブルクハルトである」[『偶像』VIII.5]と述べているほどである。彼はブルクハルトのことを，自分と同じ，もしくは似たようなギリシア観，世界観を本当は持っているはずだと思い込もうとしていた。バーゼル大学教授の時代，とくにその前半期には二人の知的交流は相当に濃かった。二人で赤ワインを窓から道路に撒いて悪霊払いをするふざけ方をするほどでもあった[ゲルスドルフ宛1871.11.18.]。「ヤーコプ・ブルクハルトとともに楽しい数日を過ごした。いまわれわれはギリシア的なるものについていろいろと議論をしている」[ローデ宛1872.2.1]。「彼はショーペンハウアー*を〈われわれの哲学者〉と呼んでくれた」[ゲルスドルフ宛1870.11.7.]といった文章が友人たちへの手紙にしきりに出てくる。ニーチェからブルクハルトへの影響もあるようだ。両者の関係についての名著『ドイツの運命』でザリーンは『ギリシア文化史』を読んで，ディオニュソス*についての考察などにニーチェの処女作の影響があることに気がつかない者はいないはずであると述べている。『偶像の黄昏』の「私が古代人に負うもの」4でニーチェは，ブルクハルトが彼の著書で自分のためにとくに一章を割いてくれた，と強調している。実際には『悲劇の誕生』*の出版直後には，ブルクハルトが読んでいろいろと考えをめぐらしていると嬉しそうに友人に報告している。そのこともあってか，『生に対する歴史の利と害』において歴史との第二の関わり方である〈尚古的歴史〉はブルクハルトがモデルとなっている。ニーチェは「ギリシア文化史」や「歴史の研究」の講義にも出席し，帰りに議論しながらミュンスター広場を歩く二人がよく見受けられたそうであるが，『人間的』*以降は，関係は次第に疎遠になっていった。自著の献呈に添えられたニーチェの手紙は求愛に近い調子を帯びていたのに対して（「貴兄のひとことだけでも私を幸福にしてくれるでしょう」[1888年秋]），ブルクハルトの返事は時には温厚に，時には皮肉に距離を取ったものだった（「貴方がめくるめくような尾根をしっかり歩くのを下から眺めるにつけ恐怖と満足の混じった気持になります」「私は本格的な思想の神殿に奥深くはいったことは，ありません」[1874.8.18.]など）。そしてニーチェの狂気の手紙のうち2通がブルクハルト宛である。それを受け取ったブルクハルトから相談を受けたオーヴァーベック*がニーチェを連れ戻しにトリノ*に行った逸話もある。

フーコー*はまったく別の関連で「19世紀全般を通じて，サント・ブーヴ*やブルクハルトのような人々にとって重要であった16世紀人文主義のヒストリオグラフィーは，啓蒙や18世紀と異なっていたし，時にはそれに明らかに対立するものであった」と述べているが，ここにはニーチェを魅した理由がよく表れてもいる。「偉大とはわれわれがそうでな

いものである」[『世界史的考察』Werke Bd. 4. 151]と言い切るブルクハルトは,「われわれが模倣のできない存在になる唯一の方法とはギリシア人を模倣することである」と述べたヴィンケルマン*を遠く受けつつ,それよりもラディカルに現代を否定する。ニーチェの読んだ『イタリア・ルネサンスの文化』はルネサンスの国家や個人意識や宗教についての章は無視されて「古代の再発見」と題された第3章にのみ多くの下線が引かれていることが報告されていることにも,その点での両者の連関が感じとれる。同時代の歴史観が,過去から現代への絶えざる向上と進歩の枠にはまっていることへの批判をブルクハルトは「われわれの時代はあらゆる時代の成就であるとか,……すべて存在したものは,われわれに即して見られなければならないかという誤り」[同]と形容しているが,こうした「成功の歴史」への批判を両者は共有していた。彼が,成功の歴史を書いたランケに学びながらも,ベルリン大学への招聘を断ったのは,当然であろう。ニーチェはこのことをゲルスドルフ*に宛て嬉しそうに報告している[1872.5.1.]。それはまた,ゲーテ*以来のアポロ*的ギリシア観への距離をも意味している。「前世紀におけるドイツ・フマニスムスの大きな高揚以来,人々は古代ギリシア人は……幸福であると思っていた。……これはおよそ今まで歴史判断に生じた最も大きな贋造である」[Werke Bd. 6. 348]と語るブルクハルトを受けてニーチェも遺稿で,「フマニスムスの古代は誤った認識であり,贋造されたものである。よく見れば古代はフマニスムスに対する反証,楽観的人間観に対する反証である」と書いている[遺稿 I.5.178]。また,ブルクハルトは,現代においては「社会と国家が洗練されるとともに,個人が保証されなくなり,他者を奴隷化する衝動」[Werke 4. 18]が,つまり,「なにもかもが必然性に捉えられた」傾向が支配しており,そこから逃れる自由の唯一の可能性は「自由な力」が「何百もの傲岸なカテドラルとして空に向かって屹立していた危険な時代」であるとしている[同 48]。

とはいえ,このような歴史の美学化は,ニーチェとともに今世紀の保守革命の思想に無縁ではない。ただ,実際に『世界史的考察』は,ブルクハルトが好きではなかったヘーゲル*やドイツ教養主義的な考え方や用語にやはり溢れており(「精神は変化しうるが,過ぎ去ることはない。……たえず掘り進むものであり,労働し続けるものである」など),「連続性」を重んじる穏健な人文主義者の枠のなかで動いているのに対して,「連続性」を否定して古代と現代の完全なる〈対決〉を論じるニーチェは自ずから肌あいが違っていた。ニーチェがヴァーグナー*に傾倒していたあいだも,ブルクハルトはヴァーグナーを文字どおり大嫌いで,「指環*のバイロイト初演の不評に快哉を叫ぶほどであったことも象徴的である。➡バーゼル,歴史主義

(三島憲一)

文献 ▷ Alfred v. Martin, *Nietzsche und Burckhardt*, München 1941. ▷ Edgar Salin, *Vom deutschen Verhängnis. Gespräch an der Zeitenwende: Burckhardt-Nietzsche*, Hamburg 1959.

ブールジェ [Paul Bourget 1852-1935]

19世紀フランスの心理小説作家であり,かつ文芸評論家ブールジェによる『現代心理論集』(1883)を出版後じきにニーチェは読み,とくに当時のフランスで盛んに用いられていた「デカダンス*」に関する議論(とくにボードレール*を扱った第一論文で詳述されている)に感心し,ヴァーグナー*批判に使っている。「ヴァーグナーにおける頽廃の様式。個々の部分的表現が絶対になり,従属関係と配列が偶然になる。ブールジェ25ページ」[遺稿 II.6.465]と当時のメモにあるが,ブールジェの当該箇所はやがて『ヴァーグナーの

場合」[手紙 7]でデカダンスの様式の解説に大きな痕跡を残している。文学上のデカダンスとは、言葉が自立してしまい、全体が全体としての纏まりを失うこと、つまり「アトムの無政府状態、意志の分散」であり、それは個人の自由や万人の同権が叫ばれるこの時代における生命力の欠如の現れである、とする議論である。細部はすぐれていても、全体は「人為的」で生きていないということであろう。同じようなことは「細部のこの無意味な飾りすぎ、ささいな特徴のこのような強調、モザイク効果、ポール・ブールジェ」[遺稿 Ⅱ.10.465]といった1887年秋から88年春にかけてのメモにもある。ブールジェ自身は80年代後半以降はゾラやテーヌ*の実証主義*や環境決定論から離れ、保守的文化主義者となっていった。また、ブールジェには「生命力の欠如」を云々するような生命主義は薄い。デカダンスの分析に、文化生命論とでもいうものを強く込めたのはニーチェであろう。　　　　　　　　　　　（三島憲一）

文献　▷ Paul Bourget, *Essais de psychologie contenporaine*, 2vols., Paris 1883-85（平岡昇・伊藤なお訳『現代心理論集』法政大学出版局, 1987）.

プルタルコス　[Purtarch (Purtarkos) ca.46-120]

モラリスト*の伝統においてプルタルコスの著作は重要な源泉であり、モンテーニュ*はしばしば賞賛とともにその言葉を引用している。ニーチェにはプルタルコスへの直接の言及は少ないが、プルタルコスについてのモンテーニュの言葉はモンテーニュ自身にも当てはまるとして、彼を一瞥するだけで「私には足や翼が生えてくる」と述べている[『反時代的』Ⅲ.2]。ただし、ニーチェの友人でこの『反時代的考察』*を仏訳したマリー・バウムガルトナーに指摘されてニーチェも認めているとおり、これは誤訳で、モンテーニュはプルタルコスを非の打ちどころのない鳥料理に喩えて、つまみ食いはよくないがどうしてもそこから腿や翼を取ってきてしまうと述べているにすぎない[『エセー』第3巻第5章]。とはいえ、プルタルコスについて、ニーチェがモンテーニュと同じような読み方をしたことはたしかである。つまり、彼はプルタルコスをギリシア・ローマの風俗や事績を知るための参考書にしていたのである。とりわけ、ギリシアの船乗りがティベリウス帝の時代に「大いなるパンは死んだ」と告げる声を聴いたという、プルタルコスの伝える故事を、1870年から71年にかけて計画した戯曲「エムペドクレス」の草稿で引用しているほか、『悲劇の誕生』*でも、この言葉を引き合いに出しながら古代悲劇の没落を悼んでいる[『悲劇』11]。　　　　　　　　　　　（大石紀一郎）

フルトヴェングラー　[Wilhelm Furtwängler 1886-1954]

単に指揮者というだけでなく同時代を代表する知識人の一人でもあったフルトヴェングラーの精神の背景にあったのは、Th. マン*と同様に19世紀ドイツの教養市民文化の伝統であった。そしてベートーヴェン*をのぞけば、フルトヴェングラーも『非政治的人間の考察』におけるマンと同様に、そうした教養市民文化の内面性、ダイナミックスの核として「精神の三連星」、すなわちショーペンハウアー*、ヴァーグナー*、ニーチェを受けとめていた。たとえば彼の指揮する「トリスタンとイゾルデ」*では、高度な精神性と爛熟した官能性が一つになって芸術表現に昇華されている。それは今はもう失われてしまった教養市民文化の最良のセンシビリティの一つの例証である。ところで自らの精神的背景としての19世紀教養市民文化と「精神の三連星」の内的な連関に関してフルトヴェングラー自身の証言が残されている。それは彼の著書『音と言葉』に収められている「ニーチェの

場合」という論文である。フルトヴェングラーはヴァーグナーの存在をめぐる賛否の激しい論争の核に、ニーチェがいることを指摘する。ニーチェによってヴァーグナーは初めて受容されるようになり、ニーチェによってヴァーグナーは初めて自らの最も恐ろしい敵を見いだすことになるのである。ニーチェとヴァーグナーの訣れは、フルトヴェングラーにとって教養市民文化の核にある内面性への確信の立場とそれへの懐疑、そこからの逸脱の立場の、すなわち近代精神におけるオーソドキシーとアヴァンギャルド（カウンター・カルチャー）の両方向への訣れをも意味していた。そしてフルトヴェングラー自身は後世におけるニーチェ受容とニーチェ自身を区別した上で、ニーチェとヴァーグナーの両者をデカダンとして包括する19世紀の精神全体の救済を目指そうとする。それはフルトヴェングラーのドイツ教養市民文化の伝統のもっとも正統的な擁護者としての位置を指し示すものである。だがフルトヴェングラーのドイツ教養市民文化の伝統への忠誠には、ニーチェが繰り返し行った「ドイツ的なるもの」のいかがわしさへの自覚がまったくといってよいほど欠落している。それは同時に Th. マンにはあった政治性の契機の欠落も意味する。その結果ナチス時代にあって、ドイツ教養市民文化の砦の死守というフルトヴェングラーの意図が結果としてナチスへの加担へとつながるという悲喜劇を生んだのであった。ヒトラー誕生日記念演奏会でヒトラーと握手するフルトヴェングラーの姿は戯画そのものである。→「トリスタンとイゾルデ」　　　　　　（高橋順一）

ブルーム　[Allan Bloom 1930-92]

シカゴ大学出身。合衆国の各所で教えた後、シカゴ大学教授となる。西欧の偉大さが信じられた50年代の学生生活の経験から、古典古代の偉大さ、西欧の哲学の伝統を信奉し、人生の師としての大学という考え方を抱くリベラリスト。西欧の伝統がアメリカの建国によって実現可能となったと考えている。ところが、今世紀初頭以来、また30年代のドイツ知識人の亡命以降はもっと激しく、いわゆるジャーマン・コネクションがアメリカの若者を毒し始めたと、彼は論じる。つまり、ウェーバー*の文化相対主義を介したニーチェであり、フロイト*の精神分析である。とくにニーチェがアメリカでは左翼ニーチェ主義となって展開したとする。ハイデガー*に関しても同じである。「今日では、ハイデガーの信奉者と同じくニーチェの信奉者はみな実質的には左派である」。彼らは「肝心なのは、真理ではなく傾倒だと信じている」。彼らのエスノセントリズム批判と権威主義批判がアメリカの教育を台無しにしたと嘆く。「過激になった民主主義理論に誘発されたびりびりするような感受性は、しまいにはどんな制限も、気紛れで専制的なものとして経験するようになった」。要するに60年代後半以降、大学は箍が外れたということである。こうした問題を驚くばかりの該博な知識と雄弁で綴った『アメリカン・マインドの終焉』(1987)はベスト・セラーとなって、一介の大学教授の名前を全米に知らしめた。冷戦終了直前の戦後思想史のひとつの決算であり、ニーチェとドイツ思想の意義を逆説的に評価した名著にはちがいない。→反ニーチェ（新保守主義の）　　　　　　　　　　　　（三島憲一）

ブレヒト　[Bertolt Brecht 1898-1956]

ブレヒトの高校時代にニーチェに心酔した時期があったことは、友人ミュンステラーの回想や、書き込みの跡らしきものさえ見られる数冊のニーチェの代表作が蔵書に含まれていることからもわかる。「亡命者の対話」の自伝的な部分に『ツァラトゥストラ』に耽溺した時期の追憶があり、論文「娯楽演劇か教育演劇か」では、シラー*を「ゼッキンゲンの道徳ラッパ手」[『偶像』]と罵倒したニーチ

ェが引用されているが，道徳的でない演劇の理想形態はブレヒトとニーチェではまったく異なっている。残念なのは，古典研究と題され，ダンテ，ゲーテ*，カント*，クライストらを批判的に扱った亡命中（39年ごろ）のブレヒトのソネット集に「ツァラトゥストラについて」が試みられながら数行で中断されていることである。ルカーチ*がファシズムの根源と見なしたニーチェとブレヒトの取り合わせは一見奇異であるが，R. グリムの綿密な研究によって，最後の戯曲「トゥランドット」に至るまで，ニーチェの影響が跡づけられることが立証された。とくに「コイナさん談義」と「メイ・ティ」にはニーチェのアフォリズムとの関連を思わせるものが驚くほど多い。しかし基本的には，ブレヒトはニーチェに対しても，他の古典作家に対してとったのと同じように，意味や機能の置換を行っている。たとえば『この人を見よ』*の「盗作の天才」はブレヒトの行動そのもののようだ。ニーチェの弱者を排除する論理は，資本主義者の論理に置き換えられる。ニーチェにおける価値の転換*は，ベーコンやコペルニクスをたびたび引用するところも似ているが，ブレヒトの異化効果にも影響をとどめている。「真鍮買い」という奇妙なタイトルの演劇論は，「哲学者の誤謬」『人間的』の末尾にある，「素材そのものの価値」という句の変形ともとれる。知識を切り売りする知識人（ブレヒトのいわゆるトゥイ）の発想は，学問や学者についてのニーチェの発言と照応している。だがニーチェ風にいえばブレヒトの演劇はアイスキュロス（ディオニュソス*）型ではなくてエウリピデス（アポロ*－ソクラテス*）型の科学の演劇であり，ブレヒトの用語でいえば，ニーチェの理想とした陶酔的な演劇はK（メリーゴーラウンド）型，ブレヒトの科学的な演劇はP（プラネタリウム）型ということになろう。ベンヤミン*は1934年にブレヒトに，「ニーチェばりの日記風の筆のすさび」を非難された，と言っているが，これが記録されているブレヒトのニーチェ批判である。　　　　　　　　　（岩淵達治）

文献　▷ Rheinhold Grimm, *Brecht und Nietzsche oder Geständnisse eines Dichters*, Frankfurt a. M. 1979.

フロイト　[Sigmund Freud 1856-1939]

「ニーチェについていえば，彼の予見と洞察とは精神分析が骨を折って得た成果とおどろくほどよく合致する人であるが，いわばそれだからこそなお，それまでながい間避けていたのであった」――『自らを語る』でフロイトはこう述懐している。精神分析の成果との一致を感じながらも「避けていた」というニーチェにたいするフロイトのアンビヴァレントな発言は，両者の関係をよく象徴している。フロイトは上のように語った脈絡のなかで，精神分析の理論的成果が科学的な観察や治療の積み重ねにもとづくこと，精神分析の一般的な概念（自我・エス・超自我，快感原則・現実原則など）が，思弁の偶然の戯れから得たものではないことを力説していた。フロイトにしてみれば，ショーペンハウアー*やニーチェとの類似性は，かえって彼の精神分析の「科学的客観性」に水を差すものだったのかもしれない。「徹底操作」（Durcharbeiten）という言葉が象徴するように，彼は治療室にこもり続けた研究と仕事の人であって，晩年やむなく亡命したとはいえ，漂泊*などとは無縁の人間である。フロイトが学問的な水準でニーチェを評価したとは考えられない。「おどろくほどよく合致」していたとしても，ニーチェの思索はフロイトの科学的考察とは縁遠い。精神分析の理論を公にした時の学界や世上からの冷遇に耐えねばならなかったフロイトの防衛本能が災いしたとでもいうべきか，それにしても，ニーチェとの奇妙な符合は後の思想界にとっては避けて通れない事件となったようだ。

フロイトが実際にどの程度、ニーチェを読んだか定かではない。アーネスト・ジョーンズは、多読家で知られたフロイトがニーチェを読もうとはしたものの、フロイト自身の思想的な豊穣さゆえに、ニーチェを読むのをやめてしまったと伝えている［『フロイトの生涯』］。フロイトの書簡には、ニーチェは「私の若い時代に、近づきがたいような、気高さそのものを意味していた」［アルノルト・ツヴァイク宛 1934.5.12.］との発言がある。フロイトの思想形成の初期には、ニーチェは各方面で話題にされたので「ニーチェの思想に浸透されるには、わざわざニーチェの原著に当たって研究する必要などなかった」との指摘もある［エレンベルガー『無意識の発見』］。精神分析の誕生を告げた第一声とでもいうべき『ヒステリー研究』が出たのは1895年、ニーチェはすでに狂気に落ちていたが、ニーチェ熱がドイツ語圏を席捲していた頃である。ニーチェに直接当たらずとも、その思想の一端ぐらいはフロイトの耳に届いたろう。理論的・思想的な類似性にフロイト自身が気づいたことは推測にかたくない。もっともスチュアート・ヒューズは、こうした類似点にも係わらず、フロイト、ベルクソンといった「無意識の思想家たちに対するニーチェの直接的な影響はほとんどなかった」［『意識と社会』］と断じている。

　フロイトとニーチェとの間には直接の人的繋がりはないが、共通の知人として、やはりルー・ザロメ*の名を逸することはできない。フロイトとルーのあいだでしばしばニーチェが話題になったという。もっとも両者が知り合ったのはニーチェが亡くなってから11年後のことである。またフロイトの友人ヨーゼフ・パネートが、1883年にニーチェを訪ねており、フロイトはこのパネートからニーチェに関する知識を得たようだ。他にあえて関係を探ろうとすれば、ニーチェの師リッチュル*の高弟（すなわちニーチェの兄弟子）ヤーコブ・ベルナイス*の姪が、フロイトの妻だったということぐらいだが、もちろんこれを介した人的な交流があったわけではない。ただしアリストテレスのカタルシスにかんするベルナイスの解釈はフロイトも知っていたらしい。ブロイアーとの共著『ヒステリー研究』で精神病の新しい療法として提唱した「カタルシス的方法」が、これと関連あるのかどうか——ベルナイスの解釈にたいするニーチェの批判と評価を吟味していけば、両者の思想を比較できる手がかりとなるかもしれない。ともあれ、両者の関連に注目しながら両者の思想を比較していく作業が魅力あるのはまちがいない。

　まず両者の共通点として指摘しておかねばならないのは、無意識の発見であろう。初期のニーチェはすでに、無意識なものの創造性に注目している。「［ソクラテスの］ダイモンは無意識的なものだが、それは意識的なものに対してときおり妨害的に現れるにすぎない。つまりそれは生産的には働かず、批判的に働くにすぎない。……ふつうは無意識的なものがつねに生産的であり、意識的なものが批判的なのに」［遺稿 I.3.29］。もっともニーチェは、このような無意識の位相が、性衝動に規定されているとみていたわけではない。ニーチェの場合、衝動*や本能*、欲動といった言葉は、性愛に関連したものを拒否はしないが、それがすべてではない。ニーチェもフロイトと同様、人間のさまざまな活動の背後に、衝動の作用をみた点で類似している。しかし、フロイトの衝動論が何より性衝動を柱に構想され、しかもつねに二元論的（初期の性衝動と自己保存衝動、後の生の衝動と死の衝動）な構図をもつのに対して、ニーチェの衝動概念には、そうした特徴がない。たとえば初期のニーチェの衝動概念は、どちらかといえばシラー*の衝動概念に近い。総じていえば、無意識の概念にせよ衝動概念にせよ、フロイトのそれが〈意識-前意識-無意識〉、

〈自己保存衝動と性衝動〉など，厳密な概念構成で組織立てられたのにたいし，ニーチェの用語法ははるかに多元的でアモルフである。(ちなみにフロイトの弟子アードラーは，性衝動よりも劣等感を克服しようとする優越への意志こそ人間の基本的衝動であるとフロイトに異を唱え，精神分析の世界では神経症の病因に性的でない要因を指摘した最初の人間となったが，この優越への意志は，ニーチェの「力への意志*」から借りたものである)。

無意識の発見との関連でフロイトがニーチェから受容したと思われる概念がある。「エス」の概念である。ただしこれは直接には，ゲオルク・グロデック著『エスの書――一女性への手紙』(1923) から借用したもので，あくまでこの本を介した間接受容にすぎない。フロイトは『自我とエス』で，この概念を初めて用いたさいに，次のように注を付けていた。「グロデック自身，たしかにニーチェの例にしたがっている。ニーチェでは，われわれの本質の中の無人格的なもの，いわば自然必然的なものについて，この文法上の表現エスがいつも使われている」。いつも使われているとは言いにくいが，たしかにニーチェには「思想というものは〈それ es〉が欲するときにやってくるのであって，〈われ ich〉が欲するときにやってくるのではない」[『善悪』17] と語った一節がある。無論，このエスを性衝動と結びつける視点はニーチェにない。それに，フロイトが〈自我-エス-超自我〉といういわゆる第二局所論を構想したとき，その発想には，エスの審級がエロスへの衝動の原因になるという因果論的思考が残っている。ニーチェが上の脈絡で批判しようとしたのは，何らかの作用を何らかの主語(主体)に帰して考えようとするそうした発想そのものである。だから「われ思う」の代わりに「それは思う」と言い換えたところで，ニーチェにとっては「それ es」なるものを立てること自身がすでに誤謬なのである。

フロイトのこうした思考のスタイルや科学的精神を思えば，フーコー*ならずとも，フロイトの性の科学に真理や知への意志を見て取ったとしても誇張にはなるまい。だがそうした彼の自己了解にもかかわらず，フロイトが精神分析という新しい知を創造したこともまちがいない。そしてこの新しさは，しばしばフロイト自身の自己了解を裏切ってもいる。

また中期以後のニーチェは，みずからの認識の手法を「心理学*」という言葉で譬えていた。そしてその心理学的考察にはフロイトの説にそのまま通じるようなものもある。「欲動にうちかつというのは，大抵の場合，しばらくの間，欲動を抑圧し，せきとめるということである。したがって危険をさらに増大させる」[遺稿 Ⅱ.5.177]。「ある人間の性欲の程度と性質は，その人の精神の最後の頂にまでおよぶ」[『善悪』75]——もちろんこれはフロイトが自己の学問を精神分析と呼んだ場合とは，およそ位相が違う。認識の対象は，日々のささいな心的出来事から宗教，国家，芸術などにまでおよび，専門の心理学とは程遠い。

もっともフロイトの心理学的考察には応用心理学にあたる分野がある。精神分析の手法を，心理学固有の対象以外にまで適用したものだが，フロイトはこの種の考察をたんなる余技とは見ていなかった。たとえば『夢判断』には，ニーチェに同意した次のような発言がある。「ニーチェは夢の中には〈原初の人間性の残片が働き続けている……〉といっているが，この言葉がいかに適切なものであるかがよくわかるような気がする。……われわれは夢を分析することによって，人間の原始的遺産……を認識できはしないかと思う」[ニーチェの言葉は『人間的』Ⅰ.13 の引用である]。この水準において見るかぎり，フロイ

トの応用心理学にはニーチェの心理学的考察と平行したものがある。ちょうどニーチェが「永遠の真理」，神，宗教など人間の「形而上学的欲求」を日常の「小さな目立たぬ真理」から解剖してみせたように，フロイトはたとえば「宗教の教理が，心理学的性質からいって幻想であること」，しかもほかの「文化財」も同様であることを指摘し，学問・科学などをそれに含めることにも躊躇していない。一種の暴露心理学である。文化とは抑圧の過程であるという有名な命題にしても，良心*，良心の呵責，罪意識などの分析にしても，フロイトがニーチェのとった立場を心得ていたのではないかと思わせる節がある。

『言葉と物』のフーコーは，近代のエピステーメーに代わる新たな知の範例に，文化人類学と精神分析を挙げていた。新しさの基準は，どちらの対象も「人間という概念なしですますことができるばかりか，人間を経ていくことも」ありえず「人間の外部の諸界を構成するもの」だという点にある。それは「人間の終焉」を告げるものである。そしてこの「人間の終焉」は，ニーチェが事実上「神の死*」の名で語ったものにほかならない。→心理学，衝動，ザロメ，ベルナイス

(木前利秋)

文献 ▷ Henri Ellenberger, *The Discovery of the Unconsious: The History and Evolution of Dynamic Psychiatry*, New York 1970 (木村敏・中井久夫監訳『無意識の発見』上・下，弘文堂，1980).

ブロッホ [Ernst Bloch 1885-1977]

ルカーチ*と並んで20世紀のマルクス主義*思想を代表する哲学者エルンスト・ブロッホのニーチェに対する姿勢は，ルカーチのそれとも，ましてや「正統」を自称するレーニン・スターリン的マルクス主義のそれともまったく異なっていて，時に多少の留保を伴いながらもつねに熱い情熱と深い共感に満ちた肯定的受容が特徴である。

ニーチェへの関心はブロッホの初期からすでに顕著であり，彼がまだヴュルツブルクの大学生のときに『自由な言葉(ダス・フライエ・ヴォルト)』誌第6号(1906)に発表した「ニーチェの問題について」が示しているように，彼のニーチェ受容の基本的態度はすでにこの頃ほとんどできあがっていたといえる。

ブロッホはここで近年哲学において自然哲学から文化の問題に関心が移りつつあることを指摘して，これら文化の諸問題を自己の内部でもっとも激烈にあい闘わしめた哲学者こそほかならぬニーチェであるという。これら諸問題のモティーフの持つ葛藤の大きさのためニーチェは破滅したのであって，いわば現代という時代の精神的供犠として彼の死はあったと位置づける。したがって彼の思想的作業はまったく新しいものを求めることであり，開始であろうとし，暗闇の中に灯された光のように暴力的で熾烈である，という。ニーチェの言葉を仕上った英知として受け入れたがる「無能で未熟な人びと」に警告しつつ，ニーチェはあくまで預言者であって，けっして完成者ではない，とする若きブロッホのニーチェ像は，その後の彼の思想上の発展を貫いて本質的に維持される。

このような論文にもかかわらず，1910年代前半までのブロッホはヘーゲル*の強い影響下にあり，体系への確固とした意志を抱いていた。この頃彼はトマス・アクィナスにならって『体系的哲学大全』と呼ぶ著作を計画し，ルカーチに宛てた手紙でその構想を披露している。しかしこの6巻にもなる大著の企画は際限なく膨張するばかりで，ついに原稿の山を残して挫折してしまった。この後1915年にルカーチ宛の手紙に姿を現す新著の企画は前のものとうって変わって，ニーチェ的なラプソディー調で綴られるいくつかの独立したエッセイを集めたものとなっていた。この新著こそ後に『ユートピアの精神』(1918)

と名づけられ、ブロッホの名を思想界に印象づける処女作となるものである。つまりブロッホはヘーゲル的な体系志向を否定して、体系*の欺瞞を暴くニーチェの表現方法をとることで初めて自己を表出するのに成功したといえる。

この『ユートピアの精神』の初版でブロッホはニーチェに3ページあまりを割き、ルター*、カント*、フィヒテ、フォイエルバッハ、キルケゴール*と並べてニーチェを置き、「近代の破壊的な、ということはすなわち誠実で良い精神」の最後に来るものとして位置づけ、「下位の、客観的な、閉じた体系の系統的な友人であり宣言者である者たちの誰一人も、ヘーゲルでさえもが問題にならなくなったとき」、重要な思想家としてニーチェが浮かび上ってくると説いている。

ナチズムが勢力を強め、ニーチェの思想を自分らに都合よく改窃してしまったとき、ブロッホのニーチェ受容はこれまでとは違った性格を帯びざるをえなくなる。亡命中の著書『この時代の遺産』(1934)でブロッホは、ゲオルゲ・サークルやボイムラー*およびローゼンベルク*らに対抗して、この反動的な「仮面と野獣と神話学」の泥沼からニーチェを救い出す努力を行っている。ブロッホはここで「人間のなかにあるまだ来ていないもの、未成のもののしるしとしての、みずから葡萄をさがし光を呼ぶ発酵の神としての、ディオニュソス*の告知者としてニーチェをとらえ、「未来への橋のたもとに空しく自己の部署を設定して、まだ存在しない世界からの野性的な幻光に顔を照らされていた、目的論者」と規定してみせている。そのかぎりでニーチェはジョイス*やカフカ*と同じく、後期ブルジョワ社会のうちで獲得され、引き継がれねばならない重要な「この時代の遺産」のひとつになっている。

ニーチェ晩年の謎めいた言葉「十字架に架けられた者対ディオニュソス」*もブロッホによって大胆に解釈し直され、その奥深い意味が引き出される。ニーチェはディオニュソスの中にアンチクリストを見ているが、後者はグノーシス的異端の拝蛇教によれば、アダムとイヴにリンゴをかじらせた蛇であり、十字架上でゼウスによって頭を二度目に踏みつぶされた蛇であるという。ここでは蛇は英知の象徴であるとともに、それが人身に変わったときイエス*になる聖なる存在である。このアンチクリストでもあるイエス・キリストは、かつて存在したいかなるものも比ぶべくもない明澄さをもつ未知の人間的栄光の告知者として、その異端的・革命的な火の蛇という真の姿を秘めている、とブロッホは説いている。晩年のニーチェがディオニュソス=アンチクリストと同時に「十字架に架けられた者」に自己を擬したのは、まったくの狂気の沙汰ではなかったのだ。→「十字架に架けられた者対ディオニュソス」、ルカーチ　(好村冨士彦)

プロテスタンティズム

牧師の息子として生まれたニーチェの生涯を通した思想的営みが、キリスト教*への徹底した批判に貫かれていることは、よく知られている。そして、ニーチェのこのキリスト教批判にとって、最初に直面しまた標的の中心におかれ続けた相手はプロテスタンティズムであった。ニーチェは言う、「プロテスタンティズムの定義とは何か。それは、半身が麻痺したキリスト教、そして、半身が麻痺した理性」[『アンチクリスト』10]。ニーチェにおいてプロテスタンティズムとは、「繊細さを欠いた」キリスト教であり、そしてまた、ドイツ哲学の「祖父」としての「原罪」を負うものにほかならない。それゆえこれへの批判は、ドイツ文化批判というモティーフにも連なってゆく。

プロテスタンティズムがまずとくに広がったのは、ドイツなど北方のヨーロッパであった。ここでは、南方の諸国民ほどには古い教

会の象徴主義に深くとらわれてはいなかったこともあって、古い土着の宗教性と鋭く対立し決裂するこのキリスト教が受け入れられた、とニーチェは見る。「それゆえ、それは最初から、感覚的であるよりはむしろ思想的であった。まさしくこのために、それは、危急のときに、いっそう狂信的でありかつ挑戦的だったのだ」[『人間的』II-1.97]。カトリックはより感覚的であるゆえに、ラテン民族によって、はるかに内面深く受容されている。だからそれは、一方では、さまざまな宗教的異端と融合するのだが、それゆえ他方では、いかに葉を落とされても生き延びる強靱さを備えてもいる。ところがプロテスタンティズムは、感覚を欠如したまま、むき出しの押しつけがましいやり方で蔓延し、はるかに安上がりに神を祭り上げる。しかも、この押しつけがましさを支えている「信仰」は、ニーチェの見るところ、誠実と正義の感覚を陶冶することがいかにも少ないのだ。このことをはっきり示しているのは、プロテスタンティズムの文献学である。古典文献学者として研鑽を積んできたニーチェにとって、この聖書文献学の不誠実は、まことに気になるところであり、またどうしても許しがたいところのものであったに違いない。ニーチェの見るところ、旧約聖書は、人間のありし日の姿、そこに生きる人物、事物、言葉を雄大に物語って、人々に恐怖と畏敬の念をかき立てずにはおかないはずのものである。「旧約聖書を味わう力があるか否かは、〈偉大〉と〈卑小〉とを分かつ試金石なのだ」[『善悪』52]。それなのに、このプロテスタンティズムの文献学は、旧約聖書のいたるところをキリストと十字架とに結び付けてしまうのである。しかも、この恥知らずの勝手な解釈を、反論されないのをいいことに説教壇から押しつける。「私は正しい。なぜなら、書かれているのだから」[『曙光』84]と。ここに、キリスト教の不誠実は極まる、とニーチェは考える。

さて、他方でニーチェは、ドイツ哲学を「ひとつの陰険な神学」[『アンチクリスト』10]と性格づけ、ここにプロテスタンティズムの後継者を見る。なぜなら、カント*において、現実は「現象界」という仮象*に貶められ、真実の世界としての「物自体*」や世界の本質としての「道徳法則」が、論証はされないとしてもけっして論破もされえないものとして定立されて、ここに「背後世界」は完全に捏造*され尽くすからである。しかし、ニーチェの見るところ、これこそ、「確信（＝信仰）を真理の規準とみなす」というまさにプロテスタンティズムの傲慢であり、知的誠実*の欠落の「学問*」による正当化にほかならない。

このように、感覚を欠落して半身が麻痺したキリスト教であり、知的誠実を欠落して半身が麻痺した理性であるプロテスタンティズムの傲慢は、「禁欲主義的理想」を掲げることによって「生*」そのものにも反抗することになる、とニーチェは考える。禁欲主義的理想は、「負い目*」の感情を利用することによって人間の健康を脅かし、不遜に節度*を越える無作法によって趣味*を頽廃させ、「唯一の目標」や「唯一の理想」を掲げることによって「真実（＝科学的真理）」を疑問視することをけっして許さない。無作法なルター*と超越論者カント、この禁欲主義の代表者こそ、とりもなおさず、プロテスタンティズムの傲慢をもっとも明確に表現するものにほかならない。

ところで、しかしニーチェは、このようなプロテスタンティズムの問題性に対決してそれに打ち勝ちうるものも、また、プロテスタンティズムの峻厳さから生まれると考えているようである。「何がキリスト教の神に打ち勝ったのか？」という問いに対して、ニーチェは、「それは、キリスト教の道徳性そのもの、いよいよ厳格に解された誠実性、あらゆる犠牲の上に科学的良心や知的清廉にまで置

き換えられ昇華されたキリスト教的良心の聴罪師的鋭敏さ，である」[『智恵』357] と答える。そうしてみると，ニーチェの徹底したキリスト教批判は，その実質においては，むしろ，プロテスタンティズムの自己克服の試みとして捉えられねばならないのかも知れない。→禁欲道徳，キリスト教，知的誠実，カント，ルター　　　　　　　　　　　　　　(中野敏男)

フローベール [Gustave Flaubert 1821-80]

『マダム・ボヴァリー』などを書いた，19世紀フランスを代表する作家のひとり。『偶像の黄昏』*の「箴言と矢」34番でニーチェは「座っていないと考えることも書くこともできない」というフローベールの言葉をとらえて揶揄している。「これでお前の正体をつかんだぞ，ニヒリストめ！……歩いて得られた思想だけに価値がある」と。したがってニーチェの見解では，フローベールはデカダンス*の芸術家にほかならない。フローベールは，生を憎悪していたのだ。こうした憎悪は彼の創作態度にも現れる。「フローベールはいつもいやらしい。人間は無で，作品がすべてである」[『ニーチェ対ヴァーグナー』VI] と語りつつニーチェは，作家フローベールにおける「無私」性と「非利己」性を批判する。ニーチェにとって躍動する生*が力の過剰*を意味するかぎり，生の憎悪者フローベールは生の「精霊にたいする罪」である。

(高橋　透)

プロメテウス [Prometheus] ⇨悲劇作家

文体 ⇨修辞学と文体

へ

ヘーゲル [Georg Wilhelm Friedrich Hegel 1770-1831]

ヘーゲルにたいするニーチェの評価は概して否定的である。初期ニーチェの評価で留意してよいのはブルクハルト*からの影響だろう。彼の講義録『世界史的考察』には，「われわれは体系的なものいっさいを断念する。われわれは〈世界史的理念〉を何ら要求せず，観察で満足し，歴史の……できるかぎり多方面からみた横断面を与える」とヘーゲルの歴史哲学に批判的である。ヘーゲル生誕百年の1870年にニーチェが聞いたブルクハルトの講演 [ゲルスドルフ宛 1870.11.7.] でも，こうした発言が顔を出したにちがいない。『エンチュクロペディ』の一節を抜き書きした72年のノートには，「世界過程」や国家の目標などを語ることは妄想で，「国家の歴史とは大衆のエゴイズムと，生きんとする盲目的欲望の歴史にほかならない」といったショーペンハウアー*を思わせるコメントが加えられているが [遺稿 I.4.324-327]，『反時代的考察』*第2篇 [8] では，「おのが時代をこの世界過程の必然的結果だと正当化」したヘーゲル哲学は，「歴史の過剰」のせいで自らを「末期の人間」と信じるようになった風潮のなかで「末裔こそこれまでの全時代の真の意味」だと居直ったものにすぎず，結局それは「事実に対する偶像崇拝」につながると難じている。「われわれの教育施設の将来について」*で「教養のためのあらゆる努力を国家目的の下に従属させることにかけて，プロイセンはヘーゲル哲学の，実践に役立つ遺産をもののみごとに手に入れたのだ」と論じられ

[Ⅲ]、『われら文献学徒』を構想したノートに「ドイツは歴史に対するオプティミズムの発生地となっている。その責任はヘーゲルにもあると思われる」[遺稿 I.5.176]と記されたのも、ショーペンハウアーの影響下での同じ脈絡にある。

ニーチェのヘーゲル評には、彼の文体を揶揄したものがある。初期の断想にはハイネ*とヘーゲルとを文体のセンスで比較・論評しようと試みたものもあるが[遺稿 I.4.246, 250; I.5.469]、『曙光』*で「ヘーゲル独特の悪文」を評した一節は印象深い。フランス的なエスプリに出会うと、ドイツ人は、道徳に目つぶしを喰わせやしないかと不安をいだく。そんなドイツ人のなかでヘーゲルほどエスプリを持っていた者はいなかった。もちろんこの esprit はヘーゲルの Geist を響かせた皮肉だろう。ここからドイツ人に「許された形式のエスプリ」が生じたのだが、それが覆い隠している思想の核心は、「はなはだ精神的な事象にたいする機智に富んだ、しばしば厚かましい思いつきであり、繊細で大胆な言語結合」で、結局、難解な学問や道徳的な退屈と化してしまう。フランス流エスプリの洒脱とドイツ的ガイストの野暮とを対照させた妙が、中期のアフォリズム*の性格を暗示するようで面白い。

ヘーゲルに対する批判は初期から後期にわたって散見する。ヘーゲルは「現実的なものを理性的なものとして崇拝し」「成功を神格化する」[『反時代的』I.7]とも、ヘーゲルの意義は「悪や誤謬、そして苦悩が神への反証とは感じられない汎神論をひねり出し」「既存の諸勢力（国家等々の）によって悪用された」[遺稿 Ⅱ.9.155]ところにあるとも言われている。『悦ばしき智恵』*には「〈発展〉という決定的な概念をはじめて学問に持ち込んだヘーゲルの革新」に触れた一節があり、「われわれドイツ人は、たとえ一ヘーゲルが存在しなかったとしても、ヘーゲル主義者である——われわれが……〈存在する〉ものよりも、生成、発展により深い意味とより豊かな価値を本能的に与えるかぎりにおいては」[『智恵』357]と、一見すると積極的な評価を行ったようにみえるが、「〈歴史的感覚〉というわれわれの第六感の助けをかりて、われわれに存在の神聖性を説得しようという……大げさな試み」としてヘーゲルを批判する一節がそのあとに続いている。

ニーチェがヘーゲルをどの程度読んでいたのか、またヘーゲルと自らの関係をどう意識していたのかはかなり怪しい。しかし両者の思想的な関連や対立の意味を探ることは、ニーチェ解釈の上でも興味深い課題の一つとなってきた。いうまでもなく両者の対立点を強調する論者も少なくない。たとえばハイデガー*は、芸術の位置づけをめぐって、ヘーゲルにとっては「芸術が絶対者を決定的に形態化し保存するものとしての力を喪失してしまった」とみなされたのに対し、ニーチェにとって、そうした力を喪失したと見えたのは「宗教、道徳、哲学」の方であることを指摘している。「ヘーゲルにとっては、宗教、道徳、哲学ではなく、芸術がニヒリズム*に囚われ、過去のもの、非現実のものとなったのに対し、ニーチェはまさに芸術のなかに、ニヒリズムへの反運動を求める」[『ニーチェ講義』]。ヘーゲルとの妥協不可能な対立からニーチェの全体像を浮彫りにしようとした代表格をあげるとすれば、ドゥルーズ*がいる。ヘーゲルの弁証法は、(1)対立と矛盾の中に現れる理論的原理としての否定の力、(2)分裂や断裂の中に現れる実践的原理としての苦痛と悲惨の価値、(3)否定そのものの実践的・理論的な産物としての肯定性という三つの観念からなる。しかし対立・矛盾の概念は、差異の像の転倒に、分裂や断裂の観念は、反動的勢力とニヒリズムとの結合にすぎず、弁証法*的肯定性はたんに「肯定の幻影」にほかならない。ニーチェは、否定的な対立と矛盾には

差異と多との肯定を，弁証法の苦役には力（への）意志の戯れを，否定の重みには肯定する者の軽やかさを対置したという[『ニーチェと哲学』]。

両者の非妥協性や対立を強調する傾向は，いわゆるポスト構造主義*の潮流ではしばしば眼にするもので，デリダ*がヘーゲルに「現前性の形而上学」の一典型を見，ニーチェに脱構築*の思想を読み取ろうとしたところにもその一例が見受けられる。ヘーゲルとニーチェから決定的な影響を受けたと思われるバタイユ*にもこの傾向がある。彼によれば「ヘーゲルは，労働*こそ，完成された人間を生み出した唯一のもの」と見る。しかしニーチェにとって肝心なのは，労働の有用性の拒否と「失われた至高性の回復」である[『至高性』]。ヘーゲルが絶対知において閉じることを求めたのに，ニーチェは，非‐知を語り，真理，神の不在を告知する。もっともニーチェ礼賛がそのままヘーゲルの峻拒にならないのもバタイユで，コジェーヴのヘーゲル講義で知った「主人と奴隷の弁証法」は彼に大きな衝撃を与えたようだ。「ニーチェの『道徳の系譜』*は，ヘーゲルの主人と奴隷の弁証法が，どんな無知の中に投げ込まれているかを示す特筆すべき証拠品であろう。ヘーゲルのこの弁証法の洞察力はおそるべきものだった」[『内的体験』]。「知性の諸可能性をヘーゲルほど深く掘り下げた者はない」とみるバタイユは，非‐知が，たんなる無知とは違い，認識の情熱の凄まじさを絶対知の極限において経験することによってしか開かれないことを強調してもいた。

デリダがバタイユを「留保なきヘーゲル主義者」と呼ぶ所以だが，ここには両者を単純に対抗させるのとは違った独特の思考スタイルがある。このスタイルの中身においてはまったく異なるが，アドルノ*も両者の単なる対立をみるだけに終わっていない。アドルノによれば「ヘーゲルは，彼以後は『偶像の黄昏』*のニーチェだけがしたように……真理と最も抽象的な観念との同一視を非難した」[『三つのヘーゲル研究』]。「ヘーゲルの体系のなかには概念的でない内容があって，これがヘーゲルの概念の運動に抵抗している。そして，この非概念的な内容のうちでは，非同一性が概念よりも優位を占めている」。だが他方，「ヘーゲルの哲学のなかには，……非同一的なものが公然と歩み出すことを禁じる限界線」が引かれてもいる。見たところ同一性の哲学の典型とも映るヘーゲルだが，アドルノは，概念の運動において非同一的なものが異物のように残りつづけながら，それを救出できないでいるヘーゲルの可能性と限界に注目している。「論理学に厳密に対応するようなものは，現実の中には何ひとつ現れない」というニーチェの言葉の方が「弁証法の動機となったヘーゲルの経験と共通するものをまだしもたくさんもっている」ともアドルノは指摘しているが，ここには同一性と非同一性を軸にしたヘーゲル読解が，ニーチェとの関連で行われていることを，物語ってもいる。

ヘーゲルをニーチェの敵とだけ見るならば，いささか一面的だろう。両者の関係はもっと複雑である。ニーチェが徹底させた近代批判の端緒は，すでにヘーゲルの手で築かれていた。「個人についていえば，だれしも元来，その時代の息子であり，哲学もまた，その時代を思想のうちにとらえたものだ」とは『法哲学』の有名な一節だが，ニーチェは，まるでこれを意識したかのように「哲学者たる者が，最初にして最後に，自身から要求することとは何か？　おのがうちなるその時代を超克すること，〈無時代的〉となることである。では，哲学者が最も辛い闘いに勝ち抜かねばならぬ相手とは何か？　ほかでもない自分がその子どもとして生まれ落ちた，おのが時代である」と語っている[『場合』序文]。いずれにしても，「時代の子」としての強い自覚のうちに思索を続けた点で，両者に優る

ものはそういない。→弁証法〔ディアレクティク〕, ドゥルーズ, バタイユ　　　　(木前利秋)

ペシミズム [Pessimismus]

ペシミズムと言えば, ニーチェならずともショーペンハウアー*の名が浮かぶ。ショーペンハウアーは, 1850年代に, 1848年革命の挫折に端を発する時代閉塞のムードから一時期, ブームのように読まれ出したという。レーヴィット*はこの事情を次のように伝えている。「〈ペシミズム〉と〈オプティミズム〉は時代の合言葉になった。なぜならそれらは諦めと不満, ならびによりよい時代への願望をみごとに表していたからである」。人々がその出発点に何を見いだしたかはおいて, 共通していたのは「生存 (Dasein) そのものが問題化していた点にある。なかでもショーペンハウアーは時代の哲学者となった」[『ヘーゲルからニーチェ』]。ニーチェもこうした「生存そのものの問題化」という時代感覚に接したところで, ショーペンハウアーの厭世観に出会うこととなった。もっともショーペンハウアー自身は, 『意志と表象としての世界』で, ペシミズムという言葉を濫用してはいない。自らペシミストと称したこともない。ニーチェがこの言葉を連発したのとは大違いだが, ともかくニーチェにとってのペシミズムが, 良きにつけ悪しきにつけまずショーペンハウアーの存在とそれが象徴した時代の雰囲気とともに考えられていたことはたしかだ。初期には崇敬すべき師として, 後期には唾棄すべき敵として, ショーペンハウアー(およびヴァーグナー*) に象徴されるペシミズムがニーチェの念頭から離れなかったようである。

『悲劇の誕生』*では, まず序言の「自己批判」のなかにある「強さのペシミズム」という表現が眼に止まる。だがこれは後年に付け足した序言の中にあるもので, 同じ言い方は本文には見当たらない。本文の方で眼につくのは, むしろソクラテス*を攻撃するさいの「理論的オプティミズム」という表現である。これとの兼ね合いで, ニーチェは, 「実践的ペシミズム」なるものに触れているが, これは人間のエネルギーが理論的な認識に用いられず個人や民族の実践的な目標に向けられた場合に, 絶滅的戦闘や民族殺戮のために生*の本能的欲求の弱化をまねくような事態をさして言ったもので, 理論的オプティミズムに対立するというより, それと相補関係におかれている。ソクラテス流のオプティミスティックな認識と対立するのは, 「悲劇的認識」, 「ディオニュソス*的英知」といわれるものだろう。たとえば「ソクラテスと悲劇」と題した講演では, ソクラテスの弁証法*とギリシア悲劇を対照させて, 「弁証法はその本質の根底からオプティミスティックである」のに対し, 「悲劇は, 同情という深い泉から発生したので, その本質上ペシミスティックである」と言っている。「悲劇のなかでは現存在ははなはだ怖るべきものであり, 人間ははなはだ愚かな者である。……〔悲劇の主人公は〕盲目的に, 頭をおおったままで, 自分の禍いのなかに飛び込むのである。そして彼が, いま認識したばかりのこの怖るべき世界の前にたたずむときの絶望的だが高貴な態度は, まるで刺のようにわれわれの魂に突きささるのである」。ニーチェがのちに「強さのペシミズム」と呼んだものは, こうした悲劇的認識に現れている。

ところで『悲劇』で理論的オプティミストといわれた同じソクラテスが, 『悦ばしき智恵』*になると一転してペシミストとして登場してくる。「〔ソクラテスの〕〈最期の言葉〉は, 耳ある人にはこう聞こえる, 〈おおクリトンよ, 人生はひとつの病気である!〉と。……快活で, 何びとの眼にも一個の兵士のように生きていた人物が——ペシミストであったのだ! つまり彼は生に対してひたすら良い顔をしてみせていたのであり, 生涯彼の究

極の判断, 最内奥の感情を匿していたのだ！」[『智恵』340]。ニーチェはここに「強さとしてのペシミズム」にたいする「衰退としてのペシミズム」の兆候をみている。

オプティミズム対ペシミズムという図式に代わって, 二つのペシミズムを区別し対立させるようになった裏には, ニーチェがショーペンハウアーやヴァーグナーのペシミズムから距離をとるようになった経緯がある。『智恵』のニーチェは, 両者をロマン主義的ペシミズムと断じながら, そこに病苦に悩む者の「永遠化への意志」をみてとる。「そうした意志は……その苦悩と本来的に切り離せない特異質を法則・強制の足枷にしてしまい, すべての事物に……彼の責め苦の像を……焼き付けることによって, いわばこれらに復讐をする」[『智恵』370]。ニーチェにとってのペシミズムは, こうした「ロマン主義的虚偽とは対照的な……果敢なペシミズム」[『人間的』Ⅱ序言2]でなければならない。「ロマン主義的ペシミズムに対する……私の反対命題をさらに一定式で表現してみるならば, ――知性(好み, 感情, 良心)の強のしるしでもその厳格さのしるしでもある, 悲劇的なものへの, ペシミズムへの一意志が存在するということ。この意志が胸中にあれば, あらゆる存在に固有の恐るべきもの, 疑わしいものは恐れるに足りず, みずからそれを捜し出す。このような意志の背後には勇気が, 自負が, 大いなる敵を求める欲求が隠れている」[同]。ニーチェはこれを「ディオニュソス的ペシミズム」とも呼んでいる。

80年代の遺稿断片でニーチェは, この自らのペシミズムを次のように語っている。「私はペシミズムを奥深くまで考えぬく努力をしてきたが, それはショーペンハウアーの形而上学*においてまず最初に私が出会ったあのペシミズムの, 半ばキリスト教的で, 半ばドイツ的な狭さと単純さからペシミズムを解放するためであり, 人間がペシミズムの最高の表現を知ることによってこの思考法に耐えうるようになるためであった」。この〈世界否定的な思考法〉は, 旧来の最高の諸価値を破壊し, 「究極的ニヒリズム*にまで至り着くペシミズム」である。しかしニーチェは, この〈世界否定的な思考法〉ですべてを終わらせようとはしていない。彼はこれとまったく逆の理想, すなわち, 「あらゆる可能な思考法のうちでもっとも不遜で, 生き生きとし, 世界肯定的な思考法」をも求める。「私はこの思考法を機械主義的な世界観を徹底的に考えぬくことの中に見いだした。……永遠回帰*の世界――つまり永遠の反復（ダ・カーポ）の中にいるわれわれ自身を含めて――を保持するためには, 実際のところ世界についての最良のユーモアが必要である」[Ⅱ.8.284f.]。

初期のニーチェは, 実践的ペシミズムと相補的な理論的オプティミズムに対立するものとして悲劇的認識を構想したが, 後期になると衰退としてのペシミズム, ロマン主義的ペシミズムに対抗させて, 「ディオニュソス的ペシミズム」の〈世界否定的な思考法〉と〈世界肯定的な思考法〉との（統一されない）二元性をつきつめようとしていたのである。

→ショーペンハウアー, ニヒリズム　　（木前利秋）

ヘッセ　[Hermann Hesse 1877-1962]

おそらく日本で最も広く愛読されているドイツの作家・詩人。19世紀末に知的活動を始めたドイツ人の例にもれず, ヘルマン・ヘッセもニーチェに深く影響されている。最初の詩集『ロマンチック歌謡集』を出し, 詩人としての出発を行うのは, 1899年22歳のときであるが, それまでのヘッセは, 神学校脱走, 退学, 自殺未遂, 高校中退, そして, いくつかの職を転々とするなど何回もの危機を迎えている。95年以降テュービンゲンの書店に勤め, ゲーテ*, ヘルダーリン*の作に親しむが, ニーチェを知るのは20歳の年。『ツァラトゥストラはこう語った』*に深い感銘を受

け，大枚を投じニーチェの写真を購入し下宿に飾った，と後年繰り返し述べているし，1899年バーゼル*のR.ライヒ書店に移ったのも，この町がニーチェとヤーコプ・ブルクハルト*ゆかりの町であるということが大きな理由となっている。しかし，後のエッセイに「私の生涯の後半においては，以前ニーチェが占めていた地位をブルクハルトが占めるに至った」と述べるように，この後ヘッセの作品にニーチェの姿が写し出され，あるいは，ニーチェまたはその思想に言及されることの少ないことは，同時代のトーマス・マン*などの例と比べ奇異の感を抱かせるほど，あるいは，意識的なと言えるほど少ない。直接ニーチェを思わせる作品は，1919年の『ツァラトゥストラ再来，ドイツの青年に対する一言』のみに過ぎず，これとてもツァラトゥストラの名を借り，自分の考えを述べたものである。ただ，ここにも時のニーチェ主義への懸念を見てよいものがあるが，ヘッセにとり最も大きく，かつ，生涯に渡って続く，ニーチェの教えは，「詩作とは，音楽の心を創造すること」である。またボルノウ，クンツェなど，ツァラトゥストラにおける精神の三変容を，『ヘルマン・ラウシャー』から『荒野の狼』そして『ガラス玉演戯』へと辿るヘッセの道程の上に見る人も多い。　　　　(村田経和)

ベートーヴェン [Ludwig van Beethoven 1770-1827]

ギムナジウムから大学時代にかけてのニーチェはベートーヴェンを好み，自らもよく弾いている。この大作曲家への尊崇の念はヴァーグナー*の知遇を得てからも変わることがなかった。ヴァーグナー自身も小説「ベートーヴェン詣で」に見られるように，彼を範としており，1870年秋普仏戦争*から戻ったニーチェはヴァーグナーから贈呈されたこの文章を感激して読んでいる。また1872年，ニーチェも出席したバイロイト*祝祭劇場の起工式では，辺境伯のオペラ劇場でヴァーグナー自ら第九交響曲を指揮している。

『悲劇の誕生』*では，ディオニュソス*的なるものの例として，第九の合唱が挙げられている。エリュージウムの秘儀と絶対的な共同性の幻想が結合しているシラー*の詩句にディオニュソス*の降臨を見るのは，十分に根拠のあるところである。また『バイロイトにおけるリヒャルト・ヴァーグナー』でも，ベートーヴェンの「情熱的な意志」の音楽とヴァーグナーの「明瞭な」音楽が対比されている。ベートーヴェンは情熱を「倫理的手段」で表現するという課題のゆえに構成よりも個々の部分の内容に思い入れがしやすい音楽になり，部分相互の交響的緊張が失せ，「解釈の難しい不明瞭な」音楽となっているのに対し，ヴァーグナーはそれを克服している[『反時代的』IV.9]という議論である。だが，ここでもベートーヴェンへの批判がましい調子はとくにない。しかし，中期以降は，冷ややかな距離感が増大する。モーツァルト*の自然な南国性に比べてベートーヴェンは，音楽についての音楽である[『人間的』II-2.152]といった発言は，近代性そのものからニーチェが距離感を抱き出す度合と正比例している。この距離感はフランス革命*の時代そのものへの批判的感情と結び付いている。ドイツ音楽はフランス革命の子であり，「民衆*」を重視しすぎていて，その代表であるベートーヴェンはゲーテ*に比べて乱暴であり，ゲーテもそう見ていたといった指摘がある。むしろわれわれはメロディーという「古きヨーロッパの秩序」(貴族*制度)に戻るべきではなかろうかというのである[『智恵』103]。ベートーヴェンの音楽はヨーロッパが自由の樹の回りで踊った過渡期の音楽であり，「熟しすぎた古い魂と未来の若すぎる魂」のあいだの中間期の声である。しかも，その時期そのものがわれわれの時代から見てなんと昔になってしまったことか[『善悪』245]といった

感慨には，この偉大な時代と作曲家に対する好悪の入りまじった両義性がにじみでている。

(三島憲一)

ペトロニウス [Gaius Petronius Arbiter ?-66]

古代ローマの皇帝ネロの宮廷で「趣味の審判者」(arbiter elegantiae) として尊重されたが，ネロ転覆の嫌疑を受けて自殺に追い込まれる。小説『クオ・ヴァディス』にはその優雅な生活がキリスト教徒と対照的に描かれている。ペトロニウスの小説『ツェーナ・トリマルキオニス』には，無趣味な成り上がり者はいくら頑張って趣味*を装っても駄目なことが軽快な風刺で描かれている。その他にも皮肉な文章の断片が伝わっているが，ニーチェは，「趣味の審判者」としてよりも，軽快で皮肉に富んだ文体を愛したようである。『善悪の彼岸』*28番にはドイツ語に翻訳不可能な洒脱で楽しい文体の例としてアリストファネスと並んでペトロニウスがあげられている。「誰がペトロニウスのドイツ語訳をあえてしようなどと思うだろうか。彼はこれまでのどんな音楽家よりも，着想，思いつき，言葉の点でプレストの巨匠であった」。『アンチクリスト』*46節にも聖書*と正反対の，「優雅でやんちゃな悪ふざけ屋」としてペトロニウスが位置づけられ，さらには遺稿でもやはり聖書と対照させて，ペトロニウスにあっては，聖書から見れば大罪でないようなことはひとつもなされずには，また書かれずには済んでいないのに，軽快な足取りの卓越した精神が感じられるといったことが述べられている [Ⅱ.10.111]。ネロの迫害のなかで教勢を広めるキリスト教徒と，滅びゆく古代世界の最後の洗練さを代表するペトロニウスとの対照がよくなされるが（『クオ・ヴァディス』はその典型），ニーチェもその線に沿って聖書と彼を文体において比べていた。⇨聖書

(三島憲一)

蛇 ⇨鷲と蛇

ヘラクレイトス [Heraklit (Herakleitos) ca. 535/40-ca. 475B.C.]

ソクラテス以前の哲学者。ニーチェのもっとも尊敬する思想家のひとり。エフェソスの王家の生まれであり，箴言風の晦渋な表現のために〈暗い人〉と呼ばれる。「万物は流転する」，「ひとは同じ河に二度入ることができない」などの断片は有名であり，徹底した生成*の哲学を説いた。ニーチェはこの哲学に永遠回帰*の思想の先駆を見る。青年ニーチェはすでに「ギリシア人の悲劇時代の哲学」において，ヘラクレイトスを詳しく論じ，その思想の本質として以下の要素を取り出している。つまり，存在と仮象*の二重性を否定したところに開かれる〈生成〉の光景，生成の展開過程としての対立するものの〈闘争〉，闘争に内在する法則としての〈正義〉，子ども*のような遊戯衝動によって世界を炎上させては蘇生させる〈火〉などがそれである。ニーチェにとってヘラクレイトスは，世界の生成と消滅のドラマを芸術家的陶酔をもって眺めることのできた唯一の思想家であった。⇨ソクラテス以前のギリシア哲学，生成

(村岡晋一)

ヘルダーリン [Friedrich Hölderlin 1770-1843]

詩人ヘルダーリンが狂気の闇の中で死んだ翌年に，生まれ変わりのようにニーチェが生まれていて，ニーチェの運命はしばしばヘルダーリンのそれと比べられる。乏しき時代に国々を渡り歩く革命的な詩人，ドイツの野蛮さを鋭く批判しギリシアの神々の再来を願う詩人ヘルダーリンに，ニーチェは早くから自己との同質性を見て取り，プフォルタ校*でも風変わりな狂気の詩人として当時ほとんど無視されていたヘルダーリンについて作文を書いている。これには「もっと健康で明晰で

ドイツ的詩人に取り組め」との教師の評が付けられていた。ヘルダーリンが一般に評価されるようになるのは，ディルタイ*の『体験と詩作』(1905)やゲオルゲ*派のヘルダーリン研究以後のことで，ニーチェは半世紀も早くこれを先取りしていたことになる。それにディルタイもゲオルゲ*もニーチェの『反時代的考察』*の中のヘルダーリンについての論述を通じてこの詩人に着目したのであった。ヘルダーリンはニーチェの運命を先駆けて生きた詩人であって，『ヒュペーリオン』の中での「大いなる正午*」という構想，「けだし私は御身を愛するからなり，おお，永遠よ」との『ヒュペーリオン』の最後の賛歌，『エンペードクレスの死』の神々の誇りゆえの死，没落の中の生成，愛と自己犠牲のモティーフ，そして数々のメタファーには『ツァラトゥストラ』*の前奏曲が見て取れる。アポロ*的なもの（冷静な分別）とディオニュソ*的なもの（聖なるパトス）の対立などニーチェによって決定的に展開されるテーマの幾つかもドイツ古典主義の時代にすでに取り上げていた。しかしニーチェは，1876年の転換期以後，初恋の詩人ともいえるヘルダーリンから意図的に距離を取るようになる。ヘルダーリンを超克する新しい道を模索しつつ，大いなる健康*の前に，繊細な弱さを意識的に押し除けようとしたのであろうか。しかし『ツァラトゥストラ』の中にはヘルダーリンの『エンペードクレス』からの引用が無数に潜んでいて，これはコリ*とモンティナーリ*に解き明かされている。ニーチェもヘルダーリンも新しい存在のあり方を予感してはいたが，その幻想の重みに打ち砕かれ，それを自ら生きることはできなかった。　　　　(山本　尤)

ベルトラム　[Ernst August Bertram 1884-1957]

ドイツの文芸史家，詩人，エッセイスト。ミュンヘン，ベルリン，ボン各大学で，ドイツ文学史，近代芸術史，哲学，史学を専攻した後，1907年ボン大学で文学博士号，1919年教授資格を取得，1922年より46年まで，ケルン大学において近代ドイツ文学の教授をつとめる。文芸活動においては，ゲオルゲ*に私淑し，そのグループに属して優れた詩作を行ったばかりでなく，1931年グンドルフ*亡き後は，同グループの理論的中心の地位についた。1918年の論文『ニーチェ——神話の試み』(1929年改訂)は，初期の主たる著作である。ここで彼は，当時の文芸論の主潮である精神史的天才論と風土論の上に立ち，ラテン的古典世界の思想と北方ゲルマン的思想の対立を浮き立たせ，ニーチェの姿を，ヘラスの思想をその理想として，北方ゲルマン精神と古典ギリシア精神との融合の中に自己克服をなさんとするものと捉え，そこに新しい伝説・神話を生み出そうとした。この把握の仕方は，トーマス・マン*とも通じるところがあり，両者は1919年来親交を結ぶが，同時にこの考えはナチス*の政策のとるところでもあり，ベルトラムは立場の選択を要求されることになる。これに加えナチ時代を通じ大学の職にあり，禁書・焚書の業に抵抗しなかった点，その選民思想の流布との関連において，戦後1946年教職追放，文筆活動停止，財産没収の処分を受けることになる。著書は，上記の他，『ドイツ的運命について』(1933)，『ドイツ的形姿』(1934)，『ことばの自由について』(1935)など，ドイツ文学史上数々のすぐれた作家たちを論じた研究書の他，詩人としては，1922年の「ライン河」，1925年の「運命の女神たち」などの作品がある。→ポルトフィーノ　　　　　　　　　(村田経和)

ベルナイス　[Jocob Bernays 1824-81]

ユダヤ教のラビの息子に生まれ，ボン大学でリッチュル*について古典文献学*を研究し，1866年以降ボン大学図書館長となった。1857年の論文「悲劇の作用に関するアリスト

テレスの失われた論文の根本特徴」で，観客の「同情と恐怖」の喚起による「カタルシス」というアリストテレスによる悲劇の定義は，レッシング*によって唱えられたように道徳的な「浄化」を目的とするものではなく，医学的な「瀉出」という意味にもとづく比喩的な表現であり，同情や恐怖を引き起こすことによってかえってそうした激情を和らげるはたらきがあるということをいったものだと主張して，大きな論議を呼んだ。ニーチェはボン大学在学中，同じリッチュル門下のベルナイスを尊敬し，その当時彼がいたブレスラウに移ることも考えたほどだった［伯母ロザーリエ宛1866.1.12.；母・妹宛1866.1.15.］。ライプツィヒ*に移ってからはベルナイスの「虚栄心*」を批判しているが［ドイッセン宛1868.6.2.；ローデ宛1868.6.6.］，文献学研究にはベルナイスの先行研究をよく利用し，『悲劇の誕生』*執筆当時もバーゼル大学の図書館からカタルシス論を借り出している。そこで激情的な音楽による恍惚状態を特徴とするバッコス崇拝の儀礼がギリシア悲劇に先立っていると指摘していたベルナイスは，『悲劇の誕生』は自分の見解を誇張したにすぎないと述べたという。それを伝え聞いたニーチェは，「この教育のある利口なユダヤ人の厚かましさにはあきれる」と憤慨している［ローデ宛1872.12.7.］。たしかに，ベルナイスが観客の個人心理を問題にしていたのに対して，ニーチェは『悲劇の誕生』でギリシア人の生全体の歴史哲学的解釈に取り組んでおり，その点ではむしろやはり彼が図書館から借り出していたヨルク・フォン・ヴァルテンブルク伯の『アリストテレスのカタルシスとソフォクレスのコロノスのオイディプス』(1866) の発想に近い。そして，悲劇において「最高のパトス的なもの」が「美的戯れ」にすぎないことを体験した者は，道徳的な教訓を求めたり，病理学的な作用を云々したりする立場を超越して，「悲劇的なものの根源現象」を美的なも

のとしてのみ捉えうるはずであるとニーチェは論じている［『悲劇』22］。また，同情と恐怖の放出という点についても，彼はのちに，個々の場合にはそういうこともあるかもしれないが，むしろ衝動を満足させる訓練となって衝動がさらに強められることもありうるとし［『人間的』I.212］，そもそもアテナイの人びとはそうした情熱よりもそれがいかに美しく語られるかという修辞的な側面を目的として劇場に通ったのだとも述べている［『智恵』80］。なお，激情の喚起による治癒という病理学的なカタルシス解釈は，フロイト*（彼の妻はベルナイスの姪にあたる）がブロイアーとの共著『ヒステリー研究』(1895) で，のちに精神分析に発展した心理療法を「カタルシス的方法」と名づけるきっかけになったという。

(大石紀一郎)

文献 ▷ Jacob Bernays, *Grundzüge der vorlorenen Abhandlung des Aristoteles über Wirkung der Tragödie*, Breslau 1857 (Nachdruck: Hildesheim 1970). ▷ Karlfried Gründer, Jacob Bernays und der Streit um die Katharsis, in: *Ephirrhosis. Festgabe für Carl Schmitt*, Berlin 1968.

ベルヌーリ ［Carl Albrecht Bernoulli 1868-1937］

ベルヌーリ家はアントワープからプロテスタント迫害を逃れて移住し，1622年に市民権を取得して以来続くバーゼル*の名門で，とりわけ18世紀には，「ベルヌーリの定理」で有名な数学者ダニエル・ベルヌーリなど多くの数学者を輩出した。ニーチェのバーゼル大学時代の同僚にも考古学者ヨーハン・ヤーコブ・ベルヌーリがいた。カール・アウグスト・ベルヌーリはバーゼル大学でオーヴァーベック*について神学を修め，バーゼル大学の教会史・宗教史の教授となった。ニーチェについては，友人たちの書簡やオーヴァーベック夫妻の回想にもとづいて，ニーチェの生涯とオーヴァーベックとの交際を描いた大部

の著作『フランツ・オーヴァーベックとフリードリヒ・ニーチェ、ある友情』2巻を著し、これはバーゼルにおけるニーチェの生活を知るには貴重な資料となっている。しかし、ニーチェのオーヴァーベックやブルクハルト*との関係がかならずしもつねに曇りのないものではなかったという主張やニーチェの「アリアドネ*」がコージマ・ヴァーグナーであったという指摘、そしてニーチェ全集の編集方針への批判を行って、ニーチェ研究における「バーゼルの伝統」（シャルル・アンドレール*）を確立した。これに対して、ニーチェ・アルヒーフ側は訴訟で対抗し、第2巻の多くの箇所が裁判所の命令で削除されるという事態になった（ただし、『オーヴァーベック＝ニーチェ往復書簡集』(1916)はベルヌーリとR.エーラー*が協力して編集している）。その他にもニーチェの人となりやバーゼルとの関係に関して多くの著作・エッセーがある。また、バッハオーフェン*の全集を編纂し、『J. J. バッハオーフェンと自然シンボル』(1924)、『宗教学者としてのJ. J. バッハオーフェン』(1924)を著してその再評価に貢献したほか、エルンスト・キルヒナーの筆名で作家活動にも手を染めた。
➡︎オーヴァーベック　　　　　　　（大石紀一郎）

文献　▷ Carl Albrecht Bernoulli, *Franz Overbeck und Friedrich Nietzsche. Eine Freundschaft*, 2 Bde., Jena 1908. ▷ ders., *Nietzsche und die Schweiz*, Leipzig 1922. ▷ ders., *Das Dreigestirn: Bachofen, Jacob Burckhardt, Nietzsche*, Basel 1931.

ヘレニズム　　⇨アレクサンドリア的

ベン　[Gottfried Benn 1886-1956]
　表現主義*から出発し、絶対詩を確立して戦後のドイツ詩壇に大きな足跡を残した詩人ベンのニーチェ理解は創造的誤解のうちでもその最たるものであろう。晩年のベンにとってニーチェは「道徳的もしくは背徳的体系の創始者」でもなければ、「一つの哲学の告知者」でもなく、「自己の内的本質を言葉でもってずたずたに寸断する破壊者、自己を表現し、定式化し、眩惑し、火花を散らすまでの衝動者、表現のための実体の消去者」であった〔『ニーチェ——没後50年』〕。ニーチェの思想上の関連も個々の理念も捨象し、もっぱら言葉の精神のみから見たニーチェである。しかしそこに至るまでには痛ましいニーチェ体験がある。ワイマール末期の混乱の中で新しいヨーロッパのエトスを求め、新しいドイツのモラルを打ち立てようとしたとき、ベンはニーチェの「超人*」「淘汰と育成」「民族の再生」などを援用して、ナチ新国家に古代ドーリア国家の二つの偉大なる力、権力と芸術の実現を期待したのであった。しかしやがてナチの暴虐を目のあたりにして、「ニーチェを彼の悲壮な現実淘汰の薄闇の中で見たことの誤り」を悟り、「ロマン主義者ニーチェ」の「途方もない淘汰の幻想」への激しい批判が書き綴られるようになる。ニーチェから完全には離れることはできず、かといってトーマス・マン*のように「老獪さとイロニーと慎み」の綱渡りのできないベンは、「ニーチェの作品、とくに80年代の作品が激情的に培っていた公的な教育的政治的なものへの諸関連を断ち切って」、ニーチェの中に新しい言語を創造した技巧家のみを見ることになる〔『育成 II』〕。初期の表現主義時代のベンの地中海的メタファー、ディオニュソス的陶酔感情にニーチェとの共通性が指摘されることがあるが、それもニーチェの思想構造から引き出されたものとはいえない。ディオニュソス*はニーチェにあってはアポロ*と弁証法的関係に立つ神話史的性格のものだが、ベンの場合は、歴史を否定し、時空のカテゴリーを解体し、前論理的なものへ退行するためのシンボルだからである。
　　　　　　　　　　　　　　　（山本　尤）

偏見 ⇨先入見〔偏見〕

弁証法〔**ディアレクティク**〕 [Dialektik]

周知のように「弁証法」という語は対話 (Dialog) に由来する。その原型はプラトン*の対話篇であり，そのうちで主人公ソクラテス*が駆使する問答法 (dialektikē) である。ニーチェが Dialektik という語を使用するのも，その多くはこの文脈においてである。プラトンの対話篇についてニーチェは『悲劇の誕生』*14で「既存のあらゆる文体と形式の混合によって生み出されて，物語と叙情詩と劇の中間，散文と詩歌の中間に漂い，そのことによってまた，統一的な言語形式の，古来の厳格な法則を破った」とその外的形態を評するとともに，そうした雑種形式にくるまれた本質は，「あまり頭のよくないひとに，真実を比喩で語る」イソップ寓話を「無限に高めた」ものにほかならない，と断定する。つまり，教訓をこととするというのである。そして，その教訓を割り出してくるために設定される技法が弁証法（問答法）である。それは，ある事柄に対する論拠と反対論拠を闘わせ，因果をたどりつつ推論を重ねてしかるべき結論を引き出し証明しようとする態度であり，そこに見られるのは，「思考は，因果律を導きの糸にして，存在の最深の奥底にまで達するのであり，思考は存在を認識するばかりか，改良さえできる」[『悲劇』15] というオプティミスティックな妄想である。人間の徳も幸福も合理的知に基づける，知性＝徳＝幸福という三位一体のこのオプティミズムが史上はじめてソクラテスという人物に具現されたのだ。

むろん，問答がそれだけでオプティミズムに通ずるというのではない。ソクラテス主義の対極におかれ，またそれに滅ぼされたとする悲劇においても問答は行われる。しかしそこでは「対話 (Dialektik) は迷う。劇の主人公の言葉はたえざる迷いであり，錯覚である」[遺稿 I.3.379] のであって，問答を重ねるほどに主人公は破滅に近づいてゆく。そしてその破滅によって逆に観客は，この世における生成消滅の根底にある根源的世界を垣間見ることになる。それに対し，世のいっさいは弁証法的認識によってきわめつくしうると考えるソクラテス主義は悲劇的芸術による生存の美的救済を否定し，ものが個体化*されて現れる現象界を唯一の世界として堅持する。いっさいの事物が帰一する根源的世界への予感は徹底的に閉ざされるのである。ニーチェがソクラテス主義ならびにその技法としての弁証法をなんとしても容認できなかった理由はそこにある。

以上のような弁証法観は基本的にはニーチェの生涯を通して一貫している。最晩年の著作『偶像の黄昏』*では次のように言われる。「ソクラテスとともにギリシアの趣味は一変し弁証法の側につく。……弁証法とともに賤民*がのさばりにでる。ソクラテス以前には上流社会では，弁証法の流儀は排斥されていた。それは下等の流儀とされていた。ものを裸にするというのである。……手の内をすべてさらけだすのは不作法であり，まず証明してみせなければならないものはたいてい価値がないのである。いまだ権威が良俗の一部をなし，〈基礎づけ〉ではなく命令が行われるところではどこでも，弁証家は道化*である。……弁証法は他に手段がないときにのみ選ばれるのであって，……それは緊急防衛でしかありえない。……弁証家になるとひとは，情容赦のない道具を手にいれることになる。……弁証家は敵が白痴でないことの証明を敵自身にさせる。弁証家は激怒させると同時に手も足も出なくさせる。弁証家は敵の知性の力を殺ぐのだ」[『偶像』II.5-7]。ここに見られるのも，冷徹な合理的認識の方法としての弁証法であり，またそれが人間社会に及ぼす否定的影響への批判である。弁証法的認識そのものが偽として拒否されるのではない。そ

うではなくて、そのために惹き起こされる人間類型の堕落が糾弾されるのである。

ところで、弁証法といえば誰しも連想するのはヘーゲル*であろうが、不思議なことにニーチェには、ヘーゲルと弁証法を明確に連結させて論じているところはあまりない。むろんヘーゲルへの言及は枚挙に暇がないが、そもそもニーチェの思想とヘーゲルの弁証法的思考との関係をどう考えるかは見解の分かれるところであり、両者の親近性を指摘する研究者もいれば、ドゥルーズ*のように水と油のように対置させる論者もいる。ここではニーチェ自身が自分の思想とヘーゲルとを関連づけている箇所を一カ所挙げるにとどめたい。それは『この人を見よ*』のなかで『悲劇の誕生』を自己批判的に回顧している箇所である。「この書物〔『悲劇』〕は不快なヘーゲルの匂いがする。……ひとつの〈イデー〉──ディオニュソス*的とアポロ*的との対立という──が形而上学的なものに翻訳され、歴史自身はこの〈イデー〉の展開とされ、悲劇のなかでその対立は統一へと止揚される。この光学のもとで、これまでまだ互いに対面し合ったことがないような物事〔たとえばオペラと革命〕が、突然互いに向き合わされ、互いに相手の光を浴びて照らされ、概念的に理解される（begriffen）」[Ⅳ.1]。晩年のニーチェからするなら、初期の自分はいまだヘーゲルの弁証法的思考に毒されていた、というのであろう。この自己評価は、一方で『反時代的考察』*などにおいて少なくとも表面上は生涯で一番厳しくヘーゲル批判を繰り広げていた時期に関するものだけに興味深い。
→プラトン、ソクラテス、ヘーゲル　　（須藤訓任）

ベンヤミン　[Walter Benjamin 1892-1940]

ベンヤミンが直接ニーチェを主題として取り上げたのは、おそらく「ニーチェと彼の妹のアルヒーフ」（1932）という短い文章だけである。だが直接的言及の少なさにもかかわらず、ベンヤミンはニーチェと深い思想的次元で対決していたと考えることができる。またベンヤミンは青年時代に、当時のニーチェ熱とも深い関連を持っていたドイツ青年運動*に関わっており、早くからニーチェを知っていたと思われる。

青年運動へと関わった時期のやや後に書かれた初期のエッセー「運命と性格」（1921）においてベンヤミンは、運命による呪縛から人間がいかに解放されうるのかという問題を問おうとする。ベンヤミンは運命と性格の純粋な分離が必要であるという。それは、従来の運命概念が「罪と罰との異教的で測り知りがたい連関」、すなわち「有罪とされた一生命を、考察する場合にみられる……生者の罪連関（Schuldzusammenhang）」を意味するからである。そして伝統的な性格概念はつねにこうした運命概念と混同されていた。それに対してベンヤミンの提示する性格概念は、運命や倫理といった束縛の網の目から逃れ出る人間の「自由」の領域に関わる。したがって罪連関としての運命からの人間の解放をさし示すためには、性格と運命の分離が必要となるのである。

こうした認識は、歴史のプロセスをありうべき根源の境位からのたえざる頽落、隔たりとして捉えると同時に、そうした頽落、隔たりの中にある個々の場面に根源への媒介を可能にする痕跡や徴候を見定めようとするベンヤミンの歴史哲学と深く関連する。それは歴史における解放・救済の可能性を明らかにするという課題につながっている。運命と性格をめぐるベンヤミンの問いにも、運命（罪連関）に支配された歴史の中で逼塞させられている人間に、性格を通じてそこからの脱出口を示唆しようとする問題意識が投影されている。ところで「運命と性格」の中に一箇所ニーチェが引用されている。それは「性格をもつ者は、不断に回帰してくる体験をもつ」[『善悪』70]という言葉である。ベンヤミン

はこのニーチェの言葉を，性格をもつ者の運命が恒常性を，いいかえれば「運命をもたない」ことを指し示していると捉える。この「運命をもたない」こととしての恒常性はニーチェにおいては永遠回帰*の問題と照応するであろう。とするならば，ニーチェの永遠回帰の思想は，ベンヤミンにおいて運命（罪連関）に支配される歴史からの解放・救済のモティーフと関連づけられて捉えられようとしていることになる。この問題は「運命と性格」より少し後に書かれた「暴力批判論」でさらに明瞭になる。

「暴力批判論」でベンヤミンは二種類の暴力を取り上げる。ひとつは法の措定と維持にかかわる暴力，すなわち支配連関の実定性の基礎となる暴力である。ベンヤミンはかかる暴力を「神話的暴力」と呼ぶ。この暴力は運命に対応している。もうひとつの暴力は「神的暴力」「摂理の（waltend）暴力」と呼ばれるものである。これはむしろ「神話的暴力」を打ち破る暴力，いいかえれば解放・救済の暴力である。「運命と性格」において性格のもつ「永遠回帰」的要素に仮託されつつ提示された歴史の解放・救済のモティーフが，「暴力批判論」においては「神的暴力」という概念によって明確化される。同時にここで「神的暴力」が「神話的なもの」からの解放を示唆していることも見落としてはならないだろう。ベンヤミンは同時期ヘルダーリン*の詩について論じているが，その内容も併せて考えるとき，「神話的なもの」からの解放とは，カオスとしての暴力（力）に美的仮象を与えることを通じてその昇華をはかろうとするヘルダーリン的であると同時にニーチェ的でもある「悲劇の思想」——神話*に対抗するものとしての悲劇——の所在をさし示している。ここでもベンヤミンとニーチェの連関を考えることができるだろう。ただベンヤミンとニーチェのあいだには違いもある。というのもベンヤミンは，『ドイツ悲劇の根源』の中でニーチェの「悲劇の思想」を批判しているからである。

ここでのベンヤミンのニーチェ批判のポイントとなっているのは，ニーチェが悲劇の思想を美的仮象の形象化にのみ昇華させ，本来悲劇に備わっているはずの道徳性の契機を無視した点にある。それは悲劇の中核にある「悲劇的罪過と悲劇的贖いの理論」の無視を意味している。この「罪過と贖い」の連関がさきほど触れた「罪連関」の概念とも呼応している。ベンヤミンは，ニーチェが「悲劇の思想」において解放・救済の当為を，「罪過と贖い」の連関によって表象される支配の歴史の実定的プロセスとそこに組みこまれた道徳に象徴される社会的規範性の問題から完全に切り離してしまうことに異議を申し立てていると言えよう。

さてベンヤミンは後年マルクス主義*の立場へ接近する中で，ニーチェの永遠回帰の思想を再び『パサージュ論』とよばれる晩年の，パリと19世紀近代を主題とする遺稿群の中で取り上げている［「D 退屈，永遠回帰」参照］。ここでベンヤミンは19世紀近代という歴史的条件の中で，永遠回帰が示唆する解放・救済のモティーフのありかについて考察をすすめる。このとき注目すべきなのは，ベンヤミンがここでニーチェとは別なかたちの永遠回帰の思想を取り上げていることである。それはフランスの革命家ブランキ*の『天体による永遠』である。ブランキは彼がめざした革命が敗退し，獄につながれた晩年この奇妙な書物を書いた。それはベンヤミンによれば19世紀近代の「最後のファンタスマゴリー（幻影）」であり，「地獄のヴィジョン」である。すなわちブランキは19世紀資本主義が勝利した世界を，あたかも元素周期表のもつ反復的恒常性が支配するような「永遠回帰」の世界として描き出す。そこにはたしかに資本主義の勝利と革命の敗北に対するブランキの諦念が現れている。あたかも歴史は

出口なしの地獄であるかのように。

　だがベンヤミンはブランキの「永遠回帰」が描く資本主義の地獄がその地獄としての衝撃力ゆえに資本主義に対する批判の契機になりうることを、そしてブランキの「永遠回帰」が明らかにするのは資本主義のファンタスマゴリーとしての性格であることを指摘する。「ブランキは……、歴史自体のファンタスマゴリーであることが明白となる進歩の像——最新流行を身にまとって偉そうに歩く、記憶にないほど昔の古物——を描こうと懸命になっている」『パサージュ論』。こうしたブランキの永遠回帰をかいくぐるときニーチェの永遠回帰の捉え方もまたある変容をこうむらざるをえない。ベンヤミンはニーチェの永遠回帰の思想がやはり19世紀近代の歴史性と深く結びついていることを指摘する。そしてニーチェが永遠回帰のうちに美的仮象が媒介する解放・救済の契機を見ようとするのに対して、ベンヤミンはニーチェの審美的な永遠回帰の概念に商品の循環を重ね合わせながら近代市民社会の夢（ファンタスマゴリー）と現実の、まどろみと覚醒の弁証法を見すえる。たとえば次のような断章がある。「永遠回帰の理念は、泡沫会社乱立時代（グリュンダーツァイト）のみじめさから、幸せの幻影（ファンタスマゴリー）を手品のように作りだす……」［同］。だがそのことによってベンヤミンが、自らの青年時代にニーチェの中に見いだした永遠回帰における解放・救済のモティーフを全面的に捨て去ってしまったわけではない。「永遠回帰の呪縛圏のなかにある生は、アウラ的なものから抜け切っていない存在を保証する」［同］。→ブランキ、19世紀とニーチェ、永遠回帰　　　　　　　　　　　（高橋順一）

文献　▷ Walter Benjamin, *Schicksal und Charakter*, Gesammelte Schriften Ⅱ・1, Frankfurt a. M. 1977（野村修訳「運命と性格」『ベンヤミン著作集』1所収、晶文社、1969）．▷ ders., *Zur Kritik der Gewalt*, a. a. O.（野村修訳「暴力批判論」同上）．▷ ders., *Ursprung des deutschen Trauerspiels*, Gesammelte Schriften Ⅰ・1, 1974（川村二郎ほか訳『ドイツ悲劇の根源』法政大学出版局、1975）．▷ ders., *Das Passagen-Werk*, Gesammelte Schriften Ⅴ・1 u. 2, 1982（今村仁司ほか訳『パサージュ論』岩波書店、1993）．

ホ

ボイムラー　[Alfred Baeumler 1887-1968]

　カント*の美学の研究、あるいはニーチェの遺稿集『生成の無垢』やクレーナー版の全集の編者として知られるボイムラーは、一方ではエルンスト・クリークらとならぶナチス*御用哲学者の一人で、あの悪名高いベルリン「焚書事件」の際に主導的役割を果たしたことで知られる。ボイムラーの哲学の中核をなしていたのはニーチェであった。ボイムラーのニーチェ観には、ナチス・イデオロギーにおいてニーチェがどのような受容のされ方をしたかに関する一個の典型例を見ることができる。ボイムラーがニーチェの中に見ようとしたのは「闘争の形而上学」というべきものである。この「闘争」は、単にソクラテス*とキリスト教*に源をもつヨーロッパのイデアリスムスに対する闘いを意味するだけではない。ニーチェの哲学そのものの構造が「闘争の哲学」として把握される。そしてニーチェの哲学は闘いにおける「然り」と「否」の端的な二者択一によってたつ「決断と行動」の論理となるのである。その際にボイムラーはニーチェの思考の源泉を、ヘラクレイトス*に求める。より具体的に言えば、ニーチェの思考を決定づけているのはディオニュソス的な肯定性にもとづく永遠回帰*のモティーフではなく、ヘラクレイトス的な「生成と闘争」のモティーフであるとボイムラー

は考える。こうした文脈にたってボイムラーは、『権力への意志』におけるニーチェの力の不平等性の認識から、「闘争」の現実の一態（実体）としての権力＝支配関係こそが「正義」にほかならないという認識を抽き出す。ニーチェの道徳批判や理性批判の要素もすべてこの「闘争」概念を媒介とする権力＝支配関係の肯定の論理に収斂される。こうしたニーチェの「闘争の形而上学」は、歴史的には「ゲルマン的なもの」の再生という展望の中に位置づけられる。それは、ルソー*的民主主義*＝社会主義*によって衰弱させられた国家*の絶対的な支配意志の再生と言い換えられる。そしてこの「ゲルマン的なもの」の精髄がホーエンシュタウフェン朝、ルター*、ビスマルク*に擬せられるとき、それらの正統な継承者というナチスの自己規定の正当化にニーチェが動員されていることは明らかである。→ナチス　　　　　　　　　（高橋順一）

文献 ▷ Alfred Baeumler, *Nietzsche, der Philosoph und Politiker*, Leipzig 1931（亀尾英四郎訳『ニイチェ——その哲学観と政治観』愛宕書房、1944）．▷山本尤『ナチズムと大学』中公新書、1985．

忘却

「忘却」がニーチェにとって主題的に論じられるのは、「生に対する歴史の利と害」という文脈の下でである。瞬間を無心に享受している動物と違って、人間はたえず過去に固執し、過去の鎖を引きずり、忘却を学ぶことを知らない。だから人間は不幸なのだ。「不眠や反芻や歴史的感覚のうちには、一定の限度を越すと、個人であれ民族であれ文化であれ、生けるものを傷つけ、ついには没落させるようなもの」が含まれている〔『反時代的』Ⅱ.1〕。こういう過剰な過去の重圧の下での生*の衰弱、歴史学の世紀と言われる19世紀にニーチェが見いだす時代の病いに対して、彼が健康と幸福の指針として呈示するのが、「非歴史的に感覚する能力」つまり「忘却」である。「忘れうる者は強者である」。だがそれは楯の一面にすぎない。忘れうることはある能力であるが、忘れうる者がすべて強者とは限らない。弱者もまた自分の限られた安穏を確保するために過去を忘れ、由来を蔽い隠そうとする。この意味では忘却は、弱者が自己保存*のために行う自己欺瞞でもある。『人間的』*、『曙光』*の問題圏の中では、「道徳感覚における忘却の意義」が、つまり「道徳の系譜」を蔽い隠す偽善が暴露される。道徳は本来「社会の有用性に由来する」にかかわらず、そういう動機を忘却したような行動が道徳的として賞讃される。文明は「野蛮*」から発生したにかかわらず、そういう前史を忘却して、人間は「神の種から生まれた」「理性的存在者」であるかのように主張される。こういう欺瞞を打破するためには、個人の、あるいは人類の「原史」を忘却の淵から蘇生させる「想起」が必要となる。しかしこの能力は忘却に比べれば、まだかすかだとニーチェは考えていた。こういう彼の忘却論は、フロイト*の「反復強迫」やユングの神話論、ハイデガー*の「存在の忘却」やベンヤミン*の「追想」論にまで連なっていると言えよう。

（徳永　恂）

冒険

ニーチェの思想的営為はその生涯を通じて冒険の連続だといっていい。古典文献学*の枠を大幅に踏み出て大胆な直観によって「悲劇の誕生」を論じた処女作から、およそ破天荒な自伝『この人を見よ』*にいたるまで、世の良識の眉をひそめさせる「非道徳的」な発言、それ以前からは信じられないような正反対の方向への転身、誇大妄想すれすれの壮大な構想、一見したところまったくの矛盾としか受けとれない両極端な断定などをつねに提示し続ける。しかし、自身の思想のそうした冒険精神をニーチェが自覚してそれを積極的

に前面に押し出してくるのは,『曙光』*以来のことだと思われる。その時期の文章には,思想の冒険と強い親和性を示す言葉が数多くモットー的に用いられている。たとえば,「実験*」「認識の情熱」「認識のドン・ファン」「誠実」「わたしのことなど何だろう!」「ひょっとしたら(vielleicht)」[『善悪』2の末尾参照]など。ここでは,「冒険」という語そのものが見られる一文をひいておこう。「思想家の交わり——生成の大海原のまっただ中で,われわれ,冒険家で渡り鳥のわれわれは,小舟ほどの大きさの離れ島の上で眼をさまし,しばしあたりを見まわす。できるかぎりすばやく,好奇心にみちて。なぜなら,いまにも風が来てわれわれを吹き飛ばすか,あるいは波浪が小島を洗い去って,われわれの姿も消えてしまうかもしれないから! しかし,ここ,このささやかな場所で,われわれは他の渡り鳥とめぐりあい,また以前の鳥たちのことを聞く,——こうしてわれわれは楽しいはばたきとさえずりを交して,認識と推察の貴重な一瞬を過ごし,こうして,大海の上に,大海そのものにも劣らぬ誇りにみちて,精神の冒険の旅にのぼる」[『曙光』314]。思えば,『曙光』の時期とは,初期におけるヴァーグナー*芸術への陶酔から醒めた後,もっぱら科学的認識に沈潜することによって観想的生活にひたり,世の喧噪から身を護ろうとしていた『人間的』*に続き,観想的認識そのものにも潜まざるをえない情熱を突きとめ,生命すら認識に賭けることでひたすらその情熱に誠実たろうとしていた時期だったのである。→航海,真理と認識　　　　　(須藤訓任)

法と正義

「この世で通ずる理屈によれば正義か否かは彼我の勢力伯仲のとき定めがつくもの。強者と弱者の間では,強きがいかに大をなしえ,弱きがいかに小なる譲歩をもって脱しうるか,その可能性しか問題となりえないのだ」。『人間的』*Iのニーチェは,トゥキュディデス著『戦史』巻5の上の一節とおぼしき内容に触れながら正義の起源を語っている。「正義(公平)は,トゥキュディデスが(アテナイの使節とメロスの使節の怖るべき会談のなかで)正しく把握したように,その起源をほぼ同等の勢力のもののあいだに持っている」[『人間的』I.92]。アテナイとメロスの使節の会談とは,戦時下での喰うか喰われるかの外交交渉のことで,「彼我の勢力伯仲」とは戦争*におけるそれである。ニーチェによれば「殺戮と殺戮との償いとからギリシア人の正義の概念が発展した」——いわゆる「戦争の正義」[「五つの序文」V],が,ここでの正義概念にいくらか響いている。

もっともニーチェ固有の正義概念がこれとまったく等しいわけではない。ニーチェは,ヘシオドスにおける争いの二人の女神,人間を戦争に導く邪悪な神と,競技場や闘技場での技競べに人間を誘う善良な神を念頭に置きながら,ヘラクレイトス*の生成*の思想における「永遠の法と正義」を論じている。「相対立するものの戦いこそがあらゆる生成の起源である。……この争いは永遠の正義をあらわにするものでもある。永遠の法に結びついた……正義が終始統治している状態として争いを考察するのは,じつにギリシア的なものの最も純粋な泉から汲み出された……考え方にほかならない。……それは世界原理にまで浄化された,ヘシオドスの善い方の争いの女神である。それは競技場や闘技場,芸術家の技競べ,政党や都市国家同士の競い合いから発して,最も普遍的なものへと転用されるにいたった……競争の思想である」[『悲劇時代の哲学』5]。

戦争ではなくこうした競争での「ほぼ同等の勢力をもったもの同士の均衡」[『系譜』序言4]が正義にほかならない。そしてあらゆる法の前提はこの均衡にある。ただしニーチェは中期以降になると,この競争をもう少し

違った場面に特定するようになる。売買、債権・債務関係などの対人関係がそれである。「明瞭に認められるような優勢が存在せず、闘争が無益な相互の損害になるような場合に、協調して双方の要求について商議しようという考えが生ずる。交換の性格が正義の最初の性格なのである」『人間的』I.92]。「ほぼ同等の力という前提のもとにおける応報と交換」、これが正義である。

こうした正義概念には、二、三の前提がある。第一に、売買などの交換関係は、互いの私的利益を最大にし個人的損害を最小にしようとする利己的行為であるから、最初の正義が交換の性格をもつとすれば、それは互いの利己主義*〔エゴイズム〕を前提している。ニーチェはこれを「分別の利己主義」と呼ぶ。今日、公正な行動が非利己的な行動とみなされるとしたならば、それはエゴイズムという正義の系譜学*的な由来を忘却したためである。第二に、均衡状態を生み出す諸力はもっぱら競争関係のなかにいる以上、それは互いに他から抜きん出ようとする能動的・攻撃的な力であって、反動的な復讐感情とは無縁でなければならない。正義の概念は弱者のルサンチマン*からは出てこない。したがって第三に、正義における「ほぼ同等の力という前提」は、あくまで強い者同士でしか成り立たず、強い勢力と弱い勢力との間にはありえない。「正義にもとづく社会主義*的考え」が可能だとしても、それは「正義を実行する支配階級の内部においてのみ可能」である。隷属した階級の社会主義者たちが権利の平等を要求したところで、それを正義の主張とは呼べない」『人間的』I.451]。「人間は平等ではない。こう語っているのは正義である」[遺稿 II.6.60]。

ところで正義の概念が、能動的と反動的の区別を前提にするならば、そこでは怨恨や復讐といった反動的感情に対処する手段が必要となる。なかでも「最上の権力が反抗や復仇

の感情に対して採用し実行する最も決定的な」手段が、法の制定である。「歴史的に見た場合、法が地上において示すのは、ほかならぬ反動的感情を叩きつけようとする戦い、能動的・攻撃的な力の側からする反動的感情との戦闘にほかならない」[『系譜』II.11]。法の制定とは最上の権力*の目から見て、「何が許され何が正しいか、何が禁じられ何が正しくないと見なされるかということを命令的に宣言すること」[同]である。ニーチェは、『人間的』で、法がもはや慣習ではなくなった現在、求められるのは、「ただ命じられたものでしかありえず、強制でしかありえない」ような法、すなわち「任意法」であるといっているが、この任意法も命令的・強制的な性格がひときわ眼につく[『人間的』I.459]。それは攻撃的な力が、反動的な人間にむかって正・不正の区別の仕方を命じる強さを、端的に表現したものなのである。〈汝なすべし〉という命令的語調は、法が遵守されることの前提なのである」[『アンチクリスト』57]。正義がほぼ同等の力をもったもの同士の均衡にほかならないとすれば、法とは同等でない力をもったもの同士の落差を際立たせるものにほかならないだろう。ニーチェは「真の哲学者は命令者であり、立法者である」[『善悪』211]と言っているが、未来の立法について語った次の一節は命令する者の強さの倫理を巧みに語っている。「自分は、事の大小を問わず、ただ自分が自分自身に与えた法律にのみ服するものだ」[『曙光』187]。→利己主義/利他主義　　　　　　　　（木前利秋）

暴力

ニーチェの思考スタイルにある種の暴力性が感じられることは否定できないであろう。たとえば『偶像の黄昏』*の副題である「人はいかにハンマーを持って哲学するか」*という言葉は、そうしたニーチェの思考スタイルの暴力性を示す例の一つである。「君たちの硬

さが稲妻を放ち，つん裂き，ずたずたに断ち切ることを欲しないなら，どうして君たちは私と共にいつの日か——創造を果たすことができるであろう」[同書末尾に「ハンマーは語る」と題して引用された『ツァラトゥストラ』Ⅲ-12.29]。それはニーチェの思考スタイルの攻撃的性格と言い換えることもできる。そしてこの攻撃的性格は，「善悪の彼岸」に立つ「高貴*な人間」の肯定的な属性としての意味も持っている。それはあの「金髪の野獣*」というイメージの中に内包された属性にほかならない。「これらすべての高貴な種族の根底に紛うかたなく認められるのは，猛獣である。獲物と勝利を狙って徘徊している華麗な金髪の野獣である」[『系譜』Ⅰ.11]。そしてこの属性は具体的には，「安全や身体や生命や快適さに対する彼らの無関心と軽蔑，あらゆる破壊の快453，勝利と残虐のあらゆる悦楽に見られる彼らの怖るべき朗らかさと深さ」[同]として表現される。そこに見てとれるのは，真理や道徳の捏造*の動機となっている「自己保存*」への志向から解放された「自己自身に対する勝ち誇った肯定」[同Ⅰ.10]の契機にほかならない。こうした見方の背景をなしているのは，とくに古代ギリシアやインドに対する考察の中から生まれた「戦士」という人間類型へのニーチェの強い愛着であろう。「戦士」は生きるための日々の労働や雑事に煩わされず，ひたすら戦闘だけを志向する。力と力のぶつかりあいの中で敵を倒し，勝利を得ることだけを欲する。「私は諸君に労働*するよう勧めない。戦闘に赴くよう勧める。平和を望むよう勧めない。勝利を望むよう勧める。諸君の労働は戦闘であれ。諸君の平和は，勝利の平和であれ」[『ツァラトゥストラ』Ⅰ-10]。

だがニーチェの暴力観の問題はこうした「高貴な人間」における直截的な肯定性の次元だけには留まらない。むしろこうした肯定的な暴力に対する否定としてのもう一つの暴力の問題が重要であるように思われる。それはニーチェがユダヤ*・キリスト教*道徳の起源に見た「憎悪と復讐」としての暴力である。ニーチェに従うならば，この「最も深く最も崇高な憎悪」[『系譜』Ⅰ.8]は肯定的な暴力に対する断絶と抑止の機能を通じて，「道徳における奴隷一揆」を促した「ルサンチマン*」の持つ「劣悪さ」を準備していく。その限りにおいてこの暴力はニーチェにとって否定されるべきものである。だがニーチェの考察はそこに留まらずさらに，社会性の起源としての暴力に関するきわめて本質的な認識をこの暴力のありようから抽き出していく。それによってニーチェはあるきわどさを含みながら，道徳というかたちで実定化された社会性の深部に隠蔽されている暴力の契機を明るみに出していく。『道徳の系譜』*の第2論文はこの問題の考察に捧げられている。

ここでニーチェは，「優越した至上の個体」[『系譜』Ⅱ.1]の全き肯定性へと至る「人類前史」としての「慣習道徳*」の系譜について考察のメスを加える。そしてこうした道徳の核にある「よいこと」，すなわち「理性，真面目さ，情念の制御など，反省と呼ばれるこの種の沈鬱なことすべて」の底に「多くの血と戦慄」[同Ⅱ.3]が潜むことを抉り出す。この「残虐さ」の領域は，いわば歴史の起源に位置するアルカイックな暴力の領域といってよいだろう。ニーチェはさらに，人類がこうしたアルカイックな暴力に潜む恐怖や苦痛の記憶にもとづきながら「罪の意識」という「陰性の〈沈鬱なこと〉」[同Ⅱ.4]を創出していくプロセスを追求する。この「罪の意識」の底にニーチェが見いだすのは「債権者と債務者の契約関係」，すなわち「債務」関係である。それは，債権者がその優越性にもとづいて債務者（＝無力なもの）に対して「暴力をふるう」[同Ⅱ.5]ことの快楽を享受することとして現れる。だがその先においてある決定的な転回が生じる。それは「血と戦

585

慄」の記憶に繋ぎ留められていた道徳の中に「ルサンチマン」の契機が忍び込んでくるとき生じる転回である。それは「病的な柔弱化と道徳化」[同 Ⅱ.7]とニーチェが呼ぶ事態でもある。このとき重要なのは、正義を支えるものが「支配欲や所有欲などの真に能動的な情念」から「反動的な情念」へと転倒されることである。前者においては強者の自己肯定が前提としてあり、その後に他者（弱者）の否定がくるというかたちで正義が確証されるのに対して、後者では弱者による強者の否定（憎悪と復讐の情念）がまずあって、しかる後に弱者の正義が定立されるのである。暴力問題の文脈に置き換えてみると、前者は自己の全き肯定に根ざす強者間の暴力行使（たとえば戦争*）を意味し、後者は、自己が自己に対して加える否定的暴力に根ざした弱者の強者に対する反抗・抵抗というかたちの暴力行使を意味することになる。ニーチェは後者を明確に拒絶した。

たしかにニーチェは系譜学*的思考によって、暴力との無縁性を詐称するさまざまな道徳イデオロギーの欺瞞をラディカルに暴いた。そして人類の歴史の起源に内在する暴力の根源的な意味を宣揚した。それによってニーチェは、暴力を隠蔽するために行使されるもう一つの暴力、すなわち自己否定的暴力（道徳）の「残忍さ」からの生*の解放をめざした。だがそうした自己否定的暴力の狡猾な「残忍さ」を強調するあまり、ニーチェは暴力の直截的な創造性のレトリックをあまりに無反省かつ無媒介的に行使しすぎたのではないだろうか。ここで暴力のユートピア的肯定がいっさいの社会的規範性の契機の否定をもたらしたこと、そしてそれがファシズムに象徴される暴力の野放図な聖化と自己肥大化へとつながっていったことを、こうしたニーチェの暴力肯定のレトリックとともに想起せざるをえない。ベンヤミン*は後にソレル*とニーチェの影響を受けつつ、法制定と法維持を司る「神話的暴力」とそうした暴力を解除するカウンター暴力としての「神的暴力」という対概念を提起したが、一方でこうした「神的暴力」の性急な実体化を強く戒めた。それはニーチェによる道徳問題の性急な廃棄への批判とパラレルになっている。こうしたベンヤミンの考え方の中にニーチェの暴力概念が孕む問題性を解きほぐす鍵が隠されているように思われる。→ルサンチマン，ソレル，ベンヤミン　　　　　　　　　　　　　　（高橋順一）

ボスコヴィッチ [Rudjer Josif Boskovic 1711-87]

イタリアの数学者，天文学者，物理学者。クロアチアのドゥブロブニクに生まれ，イエズス会の学校で学んで司祭となり，さらにローマのイエズス会学院に進学して1740年にそこの数学教授となった。40代後半から50代始めにかけての数年間，ヨーロッパ各地を遍歴して研鑽を積み，1761年にはロンドンで王立協会（ロイヤル・ソサエティ）の会員に推挙されている。イタリアに戻って1765年にパヴィア大学の数学教授になるとともに，ミラノのブレラ天文台の創設と運営に力を尽くした。1775年にパリに赴き，フランス海軍で光学の指導に当たったが，83年に帰国し，鬱病に悩まされながらミラノで没した。

ボスコヴィッチは生涯に100冊に及ぶ著書や論文を公表したが，主著は1758年に刊行された『自然哲学の理論』である。彼はニュートンの万有引力理論のイタリアにおける最初の支持者と見なされており，この書もニュートンの力学体系を思弁的に拡張したものとしてイギリスで好評を博した。しかし，彼はニュートンとともにライプニッツのモナド論や空間の関係説から強い影響を受けており，事実，この書の冒頭で自分の理論は「ライプニッツとニュートンの体系の中道を行く体系を提示する」ものであると述べている。そのため彼の力学理論は，今日ではむしろニュート

ンの力学や光学を批判してライブニッツの「ダイナミズム（力本主義，力動主義）」の立場を発展させたものとして位置づけられることが多い。つまり，ボスコヴィッチの見解は，「物質」よりも「力」を自然界の究極的要素とみる一種の「力一元論」にほかならないのである。

ライブニッツは1686年に論文「デカルトの重大な誤りに関する簡単な証明」を発表して，延長と不可入性のみをもつ物質が運動量を保存することを枠にしたデカルト*の機械論（メカニズム）的運動学を批判した。ライブニッツによれば，デカルトの運動量概念は天秤のような単純機械をモデルにして形作られたものであり，それは「死力」(vis mortua)にすぎず，実際の運動は「活力」(vis viva)によって引き起こされるのである。この死力と活力の違いは，今日では運動量（mv）と運動エネルギー（m v²）の違いに対応する。ライブニッツはこの活力を物質に内在する能動的な力と考え，不活性な受動的物質の運動を扱う機械論的力学（mechanics）に対して，活力保存の原理を基盤とする「動力学」(dynamics)を構想した。

ボスコヴィッチはデカルト派の機械論的説明を退け，ライブニッツの動力学的理論を発展させた。彼はまず延長と不可入性を有する物質粒子の概念を否定して力の中心である点粒子（puncta）を仮定し，その回りに非常に小さい距離では斥力が，非常に大きい距離では引力が働くと考えた。それゆえ，延長と不可入性は斥力の空間的表現にすぎない。彼はこの引力と斥力の作用のみによって，物質のさまざまな物理的・化学的性質を説明しようと試みた。原子の実体性を否定し，物質を力の場と考えるボスコヴィッチの動力学的考察は，現代の「場」の概念の先駆的表現と見なされており，後にファラデーやマクスウェルの電磁場の理論に影響を与えた。しかし，物理的実在の究極的要素としての力の概念

は，操作的概念としては有効に機能せず，また彼の理論構成が複雑すぎることもあって，理論物理学の主流とはなりえなかった。

ニーチェは19世紀後半の科学万能主義の時代を生きた哲学者として，当時の自然科学理論にも少なからぬ興味をもっており，1873-74年頃にはボスコヴィッチの著作にも目を通している。例えば『善悪の彼岸』*第12節では次のような最大限の賛辞を彼に呈している。「唯物論的原子論についていえば，これはおよそ完全に反駁されたものの一つである。…… このことは，なかんずく，あのダルマチア人ボスコヴィッチのお蔭なのだが，彼こそはポーランド人コペルニクスとともに，今日までのところ，外観に敵対し輝かしい勝利を収めた最大の人物であった。すなわち，コペルニクスはわれわれを説き伏せて，あらゆる感覚に逆らっても，地球が静止していないということを信ずるようにさせたが，一方，ボスコヴィッチは，地上における〈静止している〉最後のものへの信仰，〈物質〉への信仰，地球のこまぎれにして微粒子であるアトム（原子）への信仰を，破棄するようにとわれわれに教えた。これは，これまでに地上においてかちとられた感覚に対する最大の勝利であった」。ニーチェはそれに続けて，ボスコヴィッチの物質原子論否定の主張をキリスト教*が護持してきた「霊魂原子論」の否定へと拡張することを試みている［『善悪』12］。また遺稿の中でも，「機械論的・原子論的な世界考察」に対してボスコヴィッチの「動力学的考察」を対置しており［遺稿 Ⅱ.7.339］，さらに自らの哲学的系譜を「機械論的運動（一切の道徳的および美的な諸問題を生理学*的な諸問題へと，一切の生理学的な諸問題を化学的な諸問題へと，一切の化学*的な諸問題を力学的な諸問題へと還元すること）」に連なるものとしながらも，「ただし，私は〈物質〉を信ぜず，ボスコヴィッチをコペルニクスと同じく，大転換点の一つだと見なす

という違いはある」[同 II.7.346f.]と付け加えている。以上のことからすれば、ニーチェのボスコヴィッチへの関心は、主に彼の原子論否定の学説に限られていたようである。しかし、『善悪の彼岸』では先の引用に続く節において「およそ生あるものは、何はおいてまず、自らの力を発現しようと欲するものだ——生そのものが力への意志*なのだ」[13節]と述べられていることを見れば、ニーチェの「力」の概念が何ほどかボスコヴィッチの動力学的な「力」の概念から影響を受けていると推定することも可能であろう。いずれにせよ、ニーチェが当時は傍流の物理学者にすぎなかったボスコヴィッチの学説を取り上げ、彼をコペルニクスに比すべき人物として評価していることは、科学史の上からもきわめて興味深いことである。→ニーチェと同時代の自然科学 (野家啓一)

文献 ▷ Karl Schlechta und Anni Anders, *Friedrich Nietzsche. Von den verborgenen Anfängen seines Philosophierens*, Stuttgart-Bad Cannstatt 1962.

ポスト構造主義

【I】 **構造主義** 構造主義はひとつの認識論的革命であった。ソシュール学派の構造言語学は、言語学の構造論的旋回をなしとげていたが、差異の体系としての言語観は、人類学、精神分析、批評の理論（読解の理論）の中に深甚な影響力を及ぼした。レヴィ＝ストロースの二項対立図式の社会構造論や神話論、ラカンの「言語のように、言語として、構造化された無意識」の理論、ロラン・バルトの記号学と批評の理論などは、構造言語学なしには考えられない。しかし構造言語学はフランス構造主義にとって認識論的革命の出発点にすぎない。人類学、精神分析、記号学、批評とテクストの理論は、構造の概念をそれぞれの仕方でひきのばし、鍛えあげ、改作していく。各領域で固有の構造概念が提案

されたのであって、ひとつの構造概念があるわけではない。

構造主義が認識様式を変更する運動であるかぎりは、それぞれの実証知の推進（たとえば民族学）と同時に認識論的研究をも行わなくてはならない。レヴィ＝ストロースの構造人類学は、人類学を構造論的に仕立てあげるエピステモロジックな研究とみることができるし、ラカンのフロイト研究は、フロイト*の精神分析学の認識論的純化とみなしうる。フーコー*の「知の考古学」ですら、ニーチェのインパクト（「系譜学*」の理念）の下にありながらも、バシュラール的科学哲学（とくに、カンギレームの科学哲学）の線上で思考している。フランスの60年代が構造主義の時代であったことは、それが同時にエピステモロジーの時代であったことを意味する。アルチュセール*の認識論的なマルクス読解がこの時代の雰囲気を最もよく代表している。知の革新は、必ず認識論的研究を活性化させる。構造主義は直接には哲学運動ではないが、認識論的革新の先鋭化とともに、哲学的問題を鋭く突き出すことになった。

後に認識論主義（エピステモロジスム）の非難を招くほどに認識論を重視した構造主義は、科学的認識の成立条件を厳密に確証しようとした。構造主義による認識論への極端な傾斜とその偏愛は、たとえばレヴィ＝ストロースの『構造人類学』、ラカンの『エクリ』、アルチュセールとバリバールの『資本論を読む』、フーコーの『知の考古学』などに顕著にみられる。なぜ構造主義は認識論主義だと批判的に特徴づけられるまでに、科学的知の条件の探求に走ったのか。その理由のひとつは、構造主義が活躍した「人間科学」（les sciences humaines, la science de l'homme）の未成熟にあった。何よりも科学的知であろうと努めた構造主義は、人間科学を科学として確立しなければならなかった。構造主義者は構造言語学の中に、人間の科学の

範型を求めたがゆえに，言語学に魅惑されたが，それだけではない。人間の社会と文化を対象とする科学は，非＝科学（または前＝科学）的知の「大陸」のなかから生成し，同時にそこから切断することで自立する。科学的知の条件は，バシュラールが言うように，「たえざる認識論的切断」にあると考えられた。ここに，アルチュセールが定式化したような「イデオロギーの条件と科学的知の条件との切断問題」が登場したのである。構造主義者たちの用語法は互いに異なるとはいえ，認識論的切断の問いは共通の土俵であった。

構造主義が，人間科学を科学として確立させるのを阻止するとみたもうひとつの思想環境が同時に浮上してきた。近代の意識哲学（主体中心の哲学）は人間科学の発展を制限してきたと，構造主義はみる。近代意識哲学の最後の代表は実存主義*であった。したがって構造主義と実存主義との対決は不可避となる。ここに構造主義は科学的でありながら，実存主義との論争の中でひとつの思想的態度をとらざるをえなくなる。

科学的認識の対象を，認識主体をも関係の担い手として含む構造に定めるとき，構造主義の科学論は近代の意識哲学を投げ棄てることになる。社会関係（たとえば親族），文化（たとえば神話），人間の精神（たとえば無意識），人間が作りだしたもの（たとえば作品）などは，主体からではなく構造から出発してより良く認識できることを，構造主義の科学は証明した。この意味で，構造主義は，科学的知の革新であるばかりでなく，思想の革新の告知者になった。構造主義の登場とともに，近代の主体中心の形而上学の解体が開始する。そして，この形而上学的主体への懐疑こそ，ニーチェのプラトニズム批判を受容し結びつく結節点になった。構造主義的思考の奥にニーチェの姿がほのみえている。

【Ⅱ】 **構造主義とポスト構造主義**　構造主義とポスト構造主義との関係は，何よりもまず，近代主体哲学への懐疑をめぐって取り結ばれる。主体哲学への構造主義的批判は，ポスト構造主義の問題圏を作った。だがポスト構造主義は，構造主義のはらむ哲学的問いを，マルクス*，ニーチェ，フロイト*が事実上突き出した形而上学批判と組み合わせる。マルクス，ニーチェ，フロイトは，それぞれ別個の角度から，西欧の制度化した思考の形式を突きくずす試みをしてきた。1960年代に，構造主義の華やかな登場とともに，マルクス／ニーチェ／フロイトというドイツ思想の三巨匠がにわかに浮上してきたのも，西欧的思考の根底への懐疑があったからである。ポスト構造主義は，構造主義的なコギト批判を徹底させ，マルクス，ニーチェ，フロイトの問いを全面的にひきうけ，西欧的な精神と思考の本質を可能なかぎり解剖することになる。ポスト構造主義は，かつてのフッサールのように，西欧的思考の再建の方にではなくて，西欧的な思考（形而上学*とよばれ，プラトニズムともよばれる）の構造を露呈させつつ，根源からのゆさぶりをかけていく。

どの思想家たちをポスト構造主義者とよぶかはむずかしい。デリダ*，ドゥルーズ*，リオタール*をポスト構造主義に入れることに問題はない。けれども，かつて構造主義者とよばれたフーコーやバルトでさえも，後期になればポスト構造主義的になる。アルチュセールですら，彼独得の構造概念のなかに，ポスト構造主義的傾向を秘めてもいる。したがってポスト構造主義の思想的体質は，思想の構え方あるいは問いの方向から決定しなくてはならない。すなわち，構造主義的知に味方しつつ，構造主義が含蓄するコギト批判をひきうけ，同時に古代ギリシア以来の西欧知全体の批判的吟味をラディカルに遂行すること，これがポスト構造主義の思想的構え方と言ってよいだろう。

ポスト構造主義は，ある観点からみると，差異*の哲学あるいは欲望の哲学といえる。

ドゥルーズの『差異と反復』(1968) は,「差異は反復であり, 反復は差異である」というテーゼから西欧知を要約してみせた書物であるが, 反復しつつ差異化する記号という考え自体は, 構造主義の精神を哲学的に表明したものである。レヴィ゠ストロースの「神話論理」はまさに「差異と反復」の論理であった。ドゥルーズは構造主義に「味方する」哲学者である。またドゥルーズとガタリの共著『アンチ・オイディプス』(1972) やリオタールの『リビドー経済』(1974) は,「主体」ではなく「欲望」を強調する点で, 構造主義のコギト批判を受けつぐ。ドゥルーズ／ガタリの「リゾーム」(根茎) のメタファーもリオタールの「漂流」のメタファーも, もはや近代的な意識主体が原理たりえない人間の在り方を「欲望」の流動の視点から描いてみせた。このとき, コギトの構築主義もヘーゲル的な弁証法的総合も消失し, 分子的欲望の水平的なひろがりと出会いの場が浮上し, 偶然的で多様な出会いの空間の中に反権力的な「逃走=闘争」と自由の可能性が垣間見られることになる。『言葉と物』(1966) を書いた時期のフーコーは「エピステーメーの台座」を強調していて, いかにも構造主義的であったが, 70〜80年代のフーコーは『監獄の誕生』や『性の歴史』を書いてからは, ポスト構造主義的になる。ひとつの時代の知の体系と構造を切りとってみせるのではなくて, 知と権力の動的であり不可視の共犯関係を解明しようとした後期フーコーは, 単に近代知のみならず西欧知の全体が, 知と真理への意志にとりつかれている歴史を描くことになる。知とセクシュアリティ*と権力の複合態の角度から, フーコーはニーチェ以来の形而上学批判の企てを具体化したといえるだろう。

構造主義以降, マルクス／ニーチェ／フロイトのインパクトを受けながら, さらにハイデガー*の「形而上学の 解 体 」のテーゼを引き受けて, 西欧知の制度自体の分析に向かったのは, ジャック・デリダである。デリダの視線は, 構造主義的知に対して最大級の敬意を示しつつも, 構造主義 (人間科学) 自身もまた西欧形而上学の枠内にあらざるをえないことをさえあばき出してみせる。デリダは, 構造主義が着手した人間科学の全領域 (人類学, 精神分析, 記号学, 文学批評) をたどり直しつつ, それらを材料にして, 西欧的な形而上学的知の体質を露呈させつつ, 根源からゆさぶりをかける。デリダにおいて,「知の体質を露呈させること」と「ゆさぶる」こととはひとつである。その方法を「脱構築*」とよぶ。

構造主義が「言語記号」をモデルにしているとすれば, その記号の体系とは何ものであるかを問いつめなくてはならない。記号の科学がシニフィアン／シニフィエの差異, ひいては感覚的なもの／可知的なものとの差異なしにはありえないのであれば, この科学のシニフィエへの準拠は結局のところ「絶対的ロゴス」に行きつく。そして「絶対的ロゴス」はかつて中世神学において無限の創造的主体であったことからわかるように, 記号の存在を可能にするものは, 神の言葉と存在の方を向いている。したがって, 記号と神性は同時生誕であり, 同一の場所をもっている。記号の時代は本質的に神学的である [J. Derrida, De la grammatologie, (1966) p. 25]。そうだとすれば記号の科学としての構造主義, ひいては近代の科学知自身が, 記号の時代 (エポック) に属しているのであり, 神学=形而上学の圏内にいることになる。構造主義的知は, 近代科学知の圏内での革新ではあっても, 西欧知の圏内を出るものではない。構造主義を生みだす「記号の時代」の神学=形而上学体制をこそ露呈させなくてはならない。しかし, 記号の知を成立させる諸概念を否定することは問題にならない。知の概念なしには遺産の吟味は不可能である。伝統的な知の遺産

から諸概念を借用して，それらをゆりうごかして，西欧知の体質と体制を明るみに出すことが課題になる。記号の知の時代は終わらない。だがその知の歴史的閉域（クロチュール）は描き出すことができる。「内部から操作しつつ，転倒の戦略的・経済的手段を古い構造から借用し，知の要素や原子を孤立させずに構造的に借用しながら」脱構築の企ては遂行される［同 p.39］。知の閉域が歴史的に描写されることは，ひとつの知の「エポック」（存在＝神学＝形而上学的知のエポック）の極限（リミット）を指し示す。古い知の体質と体制を「露呈させ，ゆるがす」脱構築の作業は，「閉域の外部のきらめきが，まだ名づけようもないままに，垣間見られる隙間」［同 p.25］を指し示すのである。

西欧知の体制は，構造主義的な記号の科学において極点に達した。知の極限に達したことを知ることは，この知の在り方とは異なる別の知への通路（パッサージュ）を探求することである。ニーチェとマルクスが開始した西欧知批判の作業は，ハイデガーを経てデリダへと発展してきた。とりわけニーチェの思想は，そのプラトニズム批判とキリスト教道徳批判によって，西欧精神が素朴に先祖返りをする回路を断ち切った。ニーチェは，西欧精神に対して未知の道を開拓する命令を発したといえる。まさにここからポスト構造主義が出発するのであり，同時にポスト構造主義によって，西欧形而上学の彼岸を指さす人としてのニーチェ像が作られることになった。ポスト構造主義とは，単に構造主義的知の後にくる知ではなくて，西欧知の根源に迫る運動であり，それはまだ終わるどころか，ようやく開始したばかりである。⇒フーコー，デリダとニーチェ，ドゥルーズ，リオタール，ハイデガー，形而上学，差異，脱構築　　　（今村仁司）

没落　［Untergang］

『ツァラトゥストラ』*の冒頭では，30歳にしてツァラトゥストラは故郷を捨て，山に入って，「自らの知恵を愛し，孤独を楽しんで，10年の間倦むことを知らなかった」が，ある朝彼は太陽に向かって，海の彼方に日が沈むことによって地球の裏側に光明をもたらすように，自らの知恵を分かち贈るために「私はあなたのように没落しなければならない」と語りかけて洞窟を出て山を下りたとされ，「こうしてツァラトゥストラの没落が始まった」と語られる［序説１］。ツァラトゥストラの没落は，すぐれた認識を得た人間が自らの身を危うくしてもそれを伝達しようとする伝道者的な姿勢の表現であり，認識のためにはいかなる困難や危険も省みないという点では，ニーチェが他の場面で用いる，無限の大海への「船出」や「実験*」としての生*という比喩*にも通じている。実際，羅針盤なき航海*には，沈没（Untergang）の危険もつきものである。もっとも，『悦ばしき智恵』*に付された「没落」という題名の詩［「たわむれ」47］で，〈彼は沈む，もう落ちる〉──諸君は彼を嘲笑する。／真実は，──彼は諸君のところへ降りてくるのだ！」と歌われているように，ツァラトゥストラの没落には，優位にある者が理解力の足りない民衆*にもわかるように，わざわざ下界に降りてきて教え諭してやるというところもある。だが，ツァラトゥストラは「人間において愛されるべきところ，それは，彼が移りゆき（Übergang）であり，没落（Untergang）であるということである。／私が愛するのは，没落する者として以外には生きるすべを知らない者たちである」と説いて，自らに続く者たちにもまた，自己を克服*するためには挫折や苦難も厭わない厳しい態度を求めている［序説４］。ツァラトゥストラの没落は人間の自己克服という「没落」を誘うものであり，超克をもたらす思想の告知に至って完了する。第３部の「快癒に向かう者」では，鷲と蛇が「最も重い思想」に耐えて横たわるツァラトゥストラ

を代弁して〈永遠回帰*〉を先取りして語り，ツァラトゥストラ自身がくりかえし大地と〈超人*〉と〈大いなる正午*〉について語るために永遠に回帰することが明らかにされたとき，告知者ツァラトゥストラは没落して，「没落する者がわが身を祝福する」時が到来し，ツァラトゥストラの没落は終わると予告する。あとに残るのは，自己の魂と対話するツァラトゥストラの沈黙*と大いなる静寂のみである［Ⅲ-13.2］。　　　　　（大石紀一郎）

ボードレール　［Charles Baudelaire 1821-67］

　ボードレールに関する言及はニーチェが生前に公刊した文章のなかには多くないが，彼が晩年になんどかボードレールを読み，それなりに評価していたことは，遺稿や書簡の研究から次第に明らかになりつつある。また，1980年代以降，美的モダニズムの破壊力や批判力が論じられる過程で，両者が共通する次元にも，とくにベンヤミン*のボードレール論などに刺激されて関心が高まってきた。ニーチェは，1885年春に『悪の華』を読み，それにつけられたゴーティエの序文および別のところで読んだブールジェ*のボードレール論から，一定のボードレール像を結んでいた。そのときには，ボードレールがヴァーグナー*の崇拝者であるとは知らないままに，「ボードレール。音楽なき一種のヴァーグナー」［遺稿Ⅱ.8.267］とか，「ボードレールには多くのヴァーグナーがある」［同Ⅱ.8.417］と書きしるしている。また1888年には，「あらゆる価値の転換」と題した著作を準備する過程で，『悪の華』や『赤裸の心』『火箭』から相当量の抜き書きをしている。先の1885年時点では，芸術のジャンルを越え，かつ国民文化の枠組みを批判し，乗り越える「良きヨーロッパ人*」の意味で高く評価していたふしがあるが，最晩年においてはもっぱらデカダンス*およびヴァーグナー問題との関係で受容していた。その頃にはボードレールのヴァーグナー崇拝，両者の交流などについて知っており，1888年2月22日のガスト宛の手紙では，ボードレールに宛てたヴァーグナーの「下手糞なフランス語」の手紙を引用しながら，数年前の自分の直感を自慢している。「私はボードレールの詩のなかで，これまで詩のなかではいかなる形式にも見いだしたことのない一種ヴァーグナー的なセンシビリティのある箇所に下線を引いておきました」とも述べている。ここでいう「センシビリティ」とは，過度に鋭敏で，興奮しやすい神経のあり方，麻酔剤*を好むデカダンス，衰えた欲望をかきたて永遠の善や美に転化しようとする「4分の3道化」である存在のことである。『この人を見よ*』のなかの「ヴァーグナーの最もすぐれた信奉者は誰であろうか。それはシャルル・ボードレールである。ドラクロワ*を最初に理解した男，この典型的デカダンである」［『この人』Ⅱ.5］という文章はそのことを言っている。

　そうして見ると，ヴァーグナーに対するのと同じく，ボードレールに関しても全体としては親近性と反発のないまじった両義的な性格の受容であったことがわかる。「審美性と切っても切れない関係にある憂愁」といったボードレールの文章の抜き書きなどには，両者における美による救済*のモティーフの共通性を感じさせる。「泣いている，覚りの鈍い愚かな者よ，なぜなら生きてきたからだ。しかし殊更／嘆いていることは，膝まで震えて悲しむことは／ああ，それは明日もまだ生きておらねばならぬこと，明日も，また明後日も，また永久に——われらのごとく」［詩「仮面」］といったニーチェが下線をほどこした憂愁感はまた詩「旅」や「美の讃歌」（有名なこのふたつの詩にも下線がつけられている）における脱出や瞬間の夢と重なっている。それらはニーチェにも共通している［たとえば詩「陽が沈む」や「新しき海へ」］。

　たしかに近代的な現実枠組を呪い，その解

体を一瞬だけでも可能とするような瞬間の美における救済がニーチェにおいてはディオニュソス*の再来となり、ボードレールにおいてはデカダンスから永遠の美への上昇となるという違いはあるとはいえ、これに関連してベンヤミン*が、「憂鬱は現在の瞬間とその直前に生きられた瞬間との間に数世紀を置く。倦むことなく古代を復元するのは憂鬱である」[「セントラル・パーク」]と述べているのは両者に共通するモダニズムの発生の構造の見事な記述である。美のユートピアは、社会理論とは無縁なところで成立し、近代の解放の物語の連続性への組み込みを拒否する。

また「ガス灯」に象徴される進歩を罵倒するボードレール[たとえば「1855年のサロン」]にもニーチェは共感を覚えている。「すべての新聞は人間の最も恐るべき堕落の徴を示している。すなわち新聞とは惨禍の塊である。この胸がむかつく食前酒とともに文明人は朝食の席につく。……どうして清潔な手が吐き気で痙攣することなく新聞に触れることができるのだろう」という『赤裸の心』の一節をニーチェは抜き書きしているが、同時期の遺稿には「新聞を読んだり、それどころか書いたりすることが平気でできるような教養はどんなものであれ、軽蔑ものだ」[遺稿Ⅱ.8.312]とある。それゆえ、ニーチェもボードレールも当時の公式美学であった擬古典主義を断固拒否する。「1855年のサロン」では「インキの汚れにまみれた美学の免許皆伝教授」が口をきわめて罵られているのが思いだされる。

だがそれ以上に重要なのは、憂鬱に浸された生活のなかでのみ逆説的に可能な〈瞬間における救済〉を思いつつも、そうした救済への絶望こそが両者に共通していることである。この点もベンヤミンがよく見ている。彼によればボードレールとニーチェは、モダニズム誕生の時点で、救済と救済への絶望の両面を別様のかたちで表現している。「永遠回帰*の観念は時代の悲惨のなかから幸福の思弁的観念（もしくは幻覚形象）を喚起する。ニーチェのヒロイズムは、俗物の悲惨のなかから近代の幻覚形象を喚起するボードレールのヒロイズムの対蹠物である」[「セントラル・パーク」35]。「ボードレールの英雄的態度はニーチェのそれにもっとも親近なものかもしれない。……宇宙に関する彼の経験は、ニーチェが〈神は死んだ〉という文章に纏めた経験に属している」。だが、この同じベンヤミンが、「ボードレールはヴァーグナーの麻酔に屈してしまった」[同 27]と吐き捨てるように書いている事実を忘れるわけにはいかない。→デカダンス, ニーチェとヴァーグナー, ロマン主義の問題　　　　　　　（三島憲一）

文献　▷ K. Pestalozzi, Nietzsches Baudelaire-Rezeption, in: *Nietzsche-Studien*, Bd. 7, Berlin/New York 1978.

ホーフマンスタール　[Hugo von Hofmannsthal 1874-1929]

世紀末*ウィーンの耽美的な文学者としてホーフマンスタールはすでに16歳でニーチェを読み、「ニーチェの3ページだけで、われわれの人生のいっさいの恋の冒険、エピソード、苦闘よりもはるかに多くの体験が得られる」、「ニーチェとは、私の思想が結晶するために必要な熱である」と書いている。美の瞬間性を求め、美と支配の不可分性にも自覚的であった彼とニーチェはなによりも、19世紀の教養主義への批判において多くの共通点を持っていた（講演「国民の精神的空間としての文学」などには歴史主義*と教養主義への批判が激しい）。また『善悪の彼岸*』のフランス語訳を企ててもいた。一時期計画していた夢幻劇『ティツィアーノの死』の執筆メモには『ツァラトゥストラ*』の直接的影響が認められ、「気分（悦ばしき知識）。ツァラトゥストラは山に入り、彼の智恵と孤独*を楽しむ。……神の死んだ世界、夕暮になって、ますます無気味なる世界——大きな影を伴いつ

つ」などと記されている。世紀転換期頃，ブルクハルト*の影響もあって拡がっていたルネサンス*・ブームも背景にあろう。だが，「無気味」になった世界を越える契機を，晩年はザルツブルクに象徴されるように，バロック的世界劇場の現代化に求めた彼の——本人も認めているとおり「保守革命」の——企ては，ヨーロッパの過去からの訣別を求めたニーチェからは，だいぶ離れている。とはいえ，「チャンドス卿の手紙」に代表される，言語への懐疑は，ニーチェの単に認識論的な言語批判（一般化によって虚構を捏造*する手段としての言語）を越えている。

(三島憲一)

ホメロス [Homer (Homeros) 前9世紀ごろ]

古典文献学*者として出発したニーチェにとって，ホメロスの世界は当然主たる関心の対象であり，バーゼル大学での就任講演（1869年5月）も「ホメロスと古典文献学」と題されたものであった。『イリアス』と『オデュッセイ』の詩人とされるホメロスについては，すでに18世紀末以来一人格としての実在は疑問視され，両叙事詩の成立にはドイツでもメーザー，ヘルダー以来さまざまな仮説が提示されていた。ニーチェが就任講演で扱っているのもこの問題で，彼はほぼ，散在した断片的叙事詩をひとりの詩人が組み合わせ（『原イリアス』），さらに後代になってかなりの部分がつけ加えられたと考えるが，いずれにせよ一人格としてのホメロスの実在は否定し，ホメロスとは所詮ひとつの美学的な，つまり非歴史的な概念であるとしている。ニーチェにとって，この人格問題よりももっと重要であったのは，ホメロスの世界全体をギリシア文化のなかにどう位置づけるかということであり，それが『悲劇の誕生』において論じられる。ホメロスはアポロ*的詩人と呼ばれるが，あの光明と形象に満ちた神々の世界を生み出した古代ギリシア文化の根底には，暗い厭世観と殺伐とした衝動*が潜んでいた，とニーチェは考える。ホメロスの世界は，この陰惨な衝動に美しい仮象*のヴェールを被せ，現世を生きるに値するものと変じる原理，ギリシア的意志の根底に宿ったアポロ的衝動の勝利の産物とされる。ヴィンケルマン*以来の「素朴で明朗なギリシア人」というイメージは見事に覆されて，ギリシア文化の根底に潜む暗黒な部分が露わになり，それと同時にホメロスの世界のいっそう奥深い意味づけがなされるのである。ニーチェはまた，ホメロスが執拗に描き出す「アゴーン*」（競技）についてしばしば言及する。彼はこの「競技」の原理がギリシア世界の基盤であると考え，これをただひとりの神が主宰するキリスト教世界に対置させる。「競技」の強調は，ニーチェ晩年の「力への意志*」の思想につながっていくものである。→アゴーンと嫉妬

(薗田宗人)

ホラティウス [Horaz (Quintus Horatius Flaccus) 65-8 B.C.]

「今日まで私は，ホラティウスの頌歌が私に最初から与えたものと同じ芸術的恍惚を他のいかなる詩人においても得たことはない」と述べているように，ニーチェは古代ローマの詩人のうちでもとくにホラティウスを好んでいた。「この言葉のモザイク，そこではあらゆる言葉が，響きとして，場所として，概念として，右にも左にも，また全体にわたってもその力をほとばしらせており，ここでは最小限の記号の量や数によって最大限の記号のエネルギーが獲得されている——そのすべてがローマ的であり，私の言うことを信じていただけるならば，選り抜きに高貴*である」と絶賛している［『偶像』X.1］。また，文体だけでなく，迷信深いユダヤ人をからかったり，叙情的な心情の下に抜け目のない高利貸しの本性が隠れている人間を風刺したりするホラティウスの「厳かな軽妙さ」も気に入っ

ていたらしい[『人間的』I. 109;『曙光』175]。ニーチェはしばしばローマ帝国を「青銅よりも永遠」というホラティウスの「カルミナ」の詩句で形容しているが,この「永遠の建築の与えるメランコリー」を和らげて慰めをもたらしてくれるのも,やはり「ホラティウスの軽妙さ」であるとしている[『曙光』71]。

⇒古代ローマ人　　　　　　　　　（大石紀一郎）

ホルクハイマー　[Max Horkheimer 1895-1973]

フランクフルト学派*と総称される思想家を輩出したフランクフルト大学付属社会研究所の所長に1930年に就任,学際的研究と社会哲学を統合した「批判理論」の基盤を作った。1895年,シュトゥットガルト近郊の街で繊維工場を営む裕福なユダヤ人家庭に生まれ,多感な青年期にはイプセン*,ゾラ,トルストイ,クロポトキンなどを耽読し,みずからも短編小説を著してもいる。父の望みで家業を継ぐため初めは大学に進学せず,父の経営する工場の監督を任され,容赦なく搾取される労働者の苛酷な実態を知る。だが富める者の同情は偽善であると感じ,政治運動からは距離を取っていた。芸術による社会変革をめざす表現主義*の雑誌『アクツィオーン(行動)』を愛読していた彼の文学作品には表現主義のタッチが色濃く見られるが,政治的に行動主義を支持することはなかった。ニーチェにはすでに表現主義の思潮を通して接していたと思われる。

抑圧された者への連帯を政治行動ではなく,社会分析と理論的反省に求めた彼は23歳にして心理学,哲学,経済学を学びはじめた。1919年以降フランクフルトで,新カント派*哲学者コルネリウスに師事,その後フライブルクのフッサールのもとで助手をしていたハイデガー*に出会い,アカデミズム哲学とは異質の言葉でありうべき生を語る哲学に感動するが,やがてその実存分析には社会構造の分析が欠けているとして批判に転じている。世界恐慌の現実を見ることなく,現存在の「憂慮」を語るだけの哲学者を揶揄したアフォリズムがある。ハイデガーへの感動から醒めたホルクハイマーは,教条主義ではないマルクス*解釈による唯物論とフロイト心理学に社会批判の手がかりを得ようとする。

初期のアフォリズム集『薄明』(1926-31)は68年の学生運動のなかで『啓蒙の弁証法*』についてよく読まれた本であるが,そこにはニーチェの「暴露の心理学」の手法を思わせるところが多い。心情的左翼が労働者階級によせる浅薄な同情や,労働運動に隠れたルサンチマン*心理を暴露する発言にもその影響がうかがえる。たとえば社会的公正を唱える社会主義者の発言の背後には,他の人間が自分よりもいい思いをするのを阻止しようとする非抑圧者のルサンチマンがあるという。だがそのあとに「プロレタリアの子どもを飢餓に陥れておきながら,企業の監査役会を宴席につかせるこの秩序は実際にルサンチマンを起こさせるものである」という社会的抑圧への告発が続く点が,ニーチェにはない資本主義批判の視点である。貴族主義的な超人*思想につながるニーチェの大衆蔑視には批判的で「ニーチェは搾取と貧困のうえに成り立っているシステムのほんとうの敵対者であることはけっしてなかった」と述べ,その意味で超人*はプロレタリア運動の思想に資するものでないとしている。だが,その直後にニーチェを引き合いに出してこう続ける。「大衆がこの社会機構を打ち破るのを躊躇するのは,そうすることが恐いからだ,ということを大衆に教えているのがニーチェその人なのだ。それをもし大衆がほんとうに理解すれば,道徳における奴隷の反乱をプロレタリアの実践とするためにニーチェも力になりうるだろう」。ここには,あらゆる束縛から自らを解こうとする自由精神*という意味での超人解釈が認められる。

1930年以降における批判理論の形成過程で、ルサンチマン、自己犠牲、自己保存*といったニーチェ独特の心理学*の手法と概念はフロイト*の理論を媒介として解釈しなおされ、さらに唯物論的基盤に置かれることによってホルクハイマー固有の社会分析の視点をつくりあげていく。それは教条マルクス主義理論では見えてこないような、人々の日常のちょっとした仕種や顔つきに表れる社会の歪みに照明をあてうる唯物論的視点である。単なる反映理論による上部構造分析ではなく、社会心理学の実証的調査を通じて現実をみすえ、すでに1930年初頭に彼が階級闘争や革命の可能性を否定したことは現代の視点からは高く評価される。だが、そのために左翼理論のなかでは長く修正主義の烙印を押されることになった。

しかし学際的な研究プロジェクトを始めたばかりの社会研究所も、1933年ナチス*の迫害をうけ、アメリカへの亡命を余儀なくされる。「現代哲学における合理主義論争」(1934)でホルクハイマーはナチス的全体主義国家論の台頭と非合理主義思想との関係を明らかにしているが、そのなかで非合理主義をそのまま啓蒙の否定とはみなしていない点が注目される。「印象主義の絵画や文学、ニーチェ、ベルクソンの哲学における合理主義からの転向は市民社会の人文主義的伝統の危機を開示していたと同時に、資本の集中化があたえる個人生活の束縛に対する抗議をも表現していた。しかし今日の非合理主義はこの伝統からかなりはずれてきている」。彼によれば非合理主義は、社会全体を視野に納めることを放棄して、自己整合性だけを追及する合理性に萎縮してしまった啓蒙的理性に対する批判であるかぎり、反啓蒙ではない。非合理主義が共同体への無制約な献身を求める全体主義に変質するのは「個人の自己保存の権利を否定し、全体の中にいっさいの人間活動の意味と目標を直接的に見ようとする」場合である。この点でホルクハイマーは、禁欲的理想が一方で麻酔剤*となり、他方で無条件な従順や自己犠牲を産む心理的過程を的確に考察したニーチェと同様に、自己保存の権利の積極的な面を捉えている。たしかに自己保存の道具と化した理性(「道具的理性」)こそが、人間による人間の支配を組織的殺人にいたるまで遂行させた原因であるが、それを批判しうるのは自己のエゴイズムを放棄せず自由の制限を許さない自律的個人である。彼はそれを「強者」とはいわないが、生*の積極的な肯定が自由の源泉であるとみなしている点ではニーチェと共通するものがある。

アドルノ*との共著『啓蒙の弁証法*』では、ニーチェはサドと並んで、同情*や隣人愛*など市民的徳目の敵対者とされている。「サドとニーチェは論理実証主義以上に決然と理性に固執した。そこには、カント*の理性概念ばかりでなく、あらゆる偉大な哲学に含まれているユートピアをその殻から解放しようとするひそかな意味が秘められている。それは、もはや自ら歪みを持たないために、何ものをも歪める必要のない人間性のユートピアである」。ニーチェにおける合理主義批判を反理性とはとらず、それはむしろいまだ実現せざる理性への絶対的な固執であったと捉える点が、フランクフルト学派第二世代のハーバーマス*と大きく違う点である。サドとニーチェにおける「残酷さについての想像」について、ホルクハイマー／アドルノは「のちにドイツ・ファシズムが、人間に対して現実の世界でとったのと同様の厳しい態度を、遊びの空想の世界で示している」と述べている。ハーバーマスは道徳規範の転倒が実際ナチスの残忍行為に帰結したがゆえにニーチェ的啓蒙批判を危険視するが、ホルクハイマーはその転倒が「遊びと空想の世界で」、つまり美的領域で行われているかぎり、そこに強烈な現実批判を読み取る。ここにはモダニズム芸術と理性批判をめぐる複雑な問題があ

る。ニーチェの場合、その言説の解釈が反理性主義へと転落するのを防ぐ歯止めがテクスト自身に認められるのかどうか、という問いについてはホルクハイマーも十分に答えきれていない。→フランクフルト学派、啓蒙の弁証法、アドルノ、ハーバーマス　　　(大貫敦子)

ボルジア　[Cesare Borgia 1475/76-1507]

ローマ教皇アレクサンドル6世の息子でヴァレンティノ公と言われたボルジアは、権謀術数、決断力、戦闘力といったすべてにおいて君主としての徳（virtù）と運（fortuna）を持った人物としてマキアヴェリがその『君主論』で賛嘆の念をもって描きだしている。分裂したイタリア*の統一は彼によるしかない、とマキアヴェリは思っていた。そのためには信頼できる部下でも民衆の支持を自分に向けるためにはまっぷたつに切り割る勇気が必要であると、居合わせたマキアヴェリは感じたようである（『君主論』第7章の有名な逸話）。後期のニーチェは、このボルジアを崇め、彼のうちに典型的なルネサンス*的人間としての力と壮烈さを見ていた。「ボルジアにとっては、われわれ近代人はおかしくて死にたくなるほどの喜劇的存在である」[『偶像』IX.37]。そして、もしもボルジアが教皇になっていたら、ルネサンスはキリスト教*に勝利していたであろう、それによってオリュンポスの神々の不滅の笑いが鳴り響いたであろうとまで述べている[『アンチクリスト』61]。このボルジア賛美は当時からすでに批判があったようで、『偶像』[IX.37]では、ボルジアは超人*ではない、と雑誌でやりかえされたことに対する怒りが表明されている。

(三島憲一)

ポルトフィーノ　[Portofino]

北イタリアの地中海岸、ジェノヴァ*の東30キロに位置する保養地ラパロの近くにある漁港の名前（「最後の港」の意）。この港を抱くようにして、岸壁をなす岬がのびているが、ニーチェは1883年2月ラパロに滞在中しばしばこの岬の尾根道を散歩し、そのある日にここで「ツァラトゥストラの形姿が私（ニーチェ）を襲った」と述べている[『この人』IX.1]。『ツァラトゥストラ』*の第1部は、ラパロで成立した。この作品のなかには、あちこちにこの岬の風景と、そこで得られたイメージが生きている[第3部「漂泊者」、「三つの悪」など]。また『悦ばしき智恵』*のアフォリズム[281節]は、第一級の楽匠たちが「完全なやり方で曲を終結に導く」ことを述べ、それを「ポルトフィーノの岬——ジェノヴァ湾がそのメロディーを終わりまで歌い尽くすところ——が、誇らしげで安らかな均斉をもって海に突入する」姿に例えている。ベルトラム*は、その著書『ニーチェ——一神話の試み』のなかに「ポルトフィーノ」と題する一章を設け、この岬の風景をオーバーエンガディーンのそれと並ぶふたつの「ツァラトゥストラ的風景」として見事に描き上げている。→『ツァラトゥストラはこう語った』、ベルトラム

(薗田宗人)

ホルネッファー兄弟　[Ernst Horneffer 1871-1954; August Horneffer 1875-1955]

ホルネッファー兄弟は、兄エルンストが1899年から1901年まで、弟アウグストが1899年から1903年までニーチェの遺稿の整理に携わり、グロースオクターフ版全集第11巻と第12巻を編集するなど、ニーチェ・アルヒーフの活動に積極的に関与したが、やがて『権力への意志』の編集をめぐる方針の対立からアルヒーフを去った。エルンストは『ニーチェの永遠回帰の教説とその従来の公刊物』（1900）で、前任者ケーゲルが永遠回帰*関連の遺稿を恣意的に編集し、遺稿に書き込みをするなど重大な問題があったことをきびしく批判した。同時に彼は、生*を永遠のものとして捉える永遠回帰の認識はそれに耐えうる人間を

選別する原理であり、それゆえ超人*の思想と統一的に把握されるべき宗教的理念であるとして、ニーチェは永遠回帰を経験科学的に基礎づけようとしていたというルー・ザロメ*の主張に異議を唱えている。もともとホルネッファー兄弟は、硬直したキリスト教*に代わる異教的宗教を求めており、そこから神秘主義的な自然思想を説く一元論同盟の運動にも加わっていたので、ニーチェは彼らにとって理想の宗教家・預言者として重要な人物であった。共著で刊行した『古典的理想』(1906)でもニーチェを新たな異教的宗教の伝道者として取り上げ、雑誌『タート(行為)』の創刊(1909)当時は共同編集者として自由宗教の文化運動を推進しようとした。やがてギーセン大学の哲学の教授となったエルンストは、ナチス*の政権掌握後も「国民的予言者」ニーチェの思想の伝道に努め、純粋な人種*を守るという消極的な方法よりもニーチェのいう「飼育*(育成)」のように精神的な手段による人種の規定の方が積極的であるとか、ニーチェの超人の「ユートピア」は第三帝国と密接に関連すると主張するなど、ニーチェを「現代の先駆者」として描いてナチス体制に迎合する解釈を提供した。

(大石紀一郎)

文献 ▷ Ernst Horneffer, *Vorträge über Nietzsche. Versuch einer Wiedergabe seiner Gedanken*, Berlin 1900 (=*Nietzsche-Vorträge*, Leipzig 1920). ▷ ders., *Nietzsches Lehre von der Ewigen Wiederkunft und deren bisherige Veröffentlichung*, Leipzig 1900. ▷ ders., *Nietzsches letztes Schaffen*, Jena 1907. ▷ ders., *Nietzsche als Vorbote der Gegenwart*, Düsseldorf 1934. ▷ August Horneffer, *Nietzsche als Moralist und Schriftsteller*, Jena 1906. ▷ Ernst und August Horneffer, *Das klassische Ideal. Reden und Aufsätze*, Leipzig 1906.

ボン [Bonn]

1864年、大学入学資格を取得したニーチェはその年の冬学期に神学を、翌年の夏学期に文献学をボン大学で学んだ。一緒に入学したなかに同窓のドイッセン*がいる。ボンを含むラインラント地方はウィーン会議の結果としてプロイセンに編入され、ルールの石炭と鉄鋼業は後のプロイセンの軍事力に大いに寄与することになるが、カトリック人口が圧倒的に多かったため、プロイセンはさまざまな手段で統合をはかった。ボンにフリードリヒ・ヴィルヘルム大学を設立したのもその一環であり、歴代のプロイセン皇太子はこの大学で学ぶことになった。そうしたこともプロイセン王国の忠実な臣下であったニーチェのボン行きのひとつの理由であろう。だが、なによりも当時のボン大学はプロイセン政府のてこ入れで(ケルンの大聖堂の完成もその結果である)、国際的にも著名な学者を集めていた。ニーチェは神学を学ぶが、次第に古典文献学*に傾き、翌年の夏学期からは完全に後者に転向する。当時ボンにはリッチュル*、ヤーン、ウーゼナー*らの錚々たる文献学者がいたが、ヤーンとの争いに負けたリッチュルがライプツィヒ大学に移ったのに伴い、ニーチェもライプツィヒ*に転学する。ボン時代のニーチェは、7～8人のプフォルタ校*同窓生とともにフランコーニアという学生組合*に入って高歌放吟に耽り、決闘の真似事などもしたようであるが、次第に違和感を抱いて1年とたたないうちに退会した。しかし、学生組合でボン郊外のローランツエック(ローラントの歌の伝説で有名)などに遠足したときの風景体験が、バーゼル時代の公開講演「われわれの教育施設の将来について」での哲人と学生たちが出会う背景として使われている。なお、隣り町のケルンで行われた音楽祭に皆で行ったときに、途中でひとりになって「薄布を纏った女性のいる」怪しげな店に入ったことが友人への手紙に記されている。手紙ではピアノを弾いて、すぐ出てきたことになっているが、トーマス・マン*をは

じめ多くの人々は、このときに梅毒にかかったのではないかと推測している。→古典文献学、学生組合、ドイッセン、ウーゼナー、リッチュル　　　　　　　　　　　　　　　（三島憲一）

本能

　『悲劇の誕生』*以来、本能は、理性による反省能力の届かないもの、しかも生*を、いや理性をすら支え、機能させる存在として考えられている。ニーチェはまず、このように本来は理性を支えているはずの本能に対する理性自身の歴史的勝利を確認する。勝利をもたらしたのはソクラテス*である。アテナイの有名人たちを問いつめるソクラテスは、「彼らがそろいもそろって自分たちの職業についてさえ、正しい確実な見識をもたず、ただ本能からそれをやっているにすぎないことを見破って」驚愕する。「ただ本能からだけなのか」と『『悲劇』13］。ソクラテス主義はこの言葉でそれまでの道徳も芸術*もそのすべてを断罪したのだ、とニーチェは述べる。それによって偉大な悲劇世界が崩壊し、神殿は廃墟となった、と。ソクラテスのダイモン（魔神）こそは「まったく新たな」［同 12］ものであった。このダイモンは、プラトン*が『ソクラテスの弁明』で述べているように、なにかをやりかけているソクラテスにそれはやめておくようにと、突然語りかける鬼神であった。普通の人ならば、やりかけていることをやめるように促すのは、反省的な意識であるのに対して、ソクラテスにあっては逆で「本能が批判者で、意識が創造者である」ことにニーチェは注目する。ところがその反面、ソクラテスにあっては彼の論理的衝動は、「その槍を自分自身に向けることはまったくできない」。なぜなら、それは本能に由来しているからである。「こうしてなんの拘束もなく奔流のように論理的衝動が発揮されるさまは、一種の自然の威力にも似ていた。それはわれわれがきわめて猛烈な本能の威力にだしぬけに出会って戦慄する場合と変わらない」［同 13］。ここでニーチェが言いたいのは、理性には本能以外にいかなる根拠もない、理性の名に値する「理性的な」根拠もない、ということである。アテナイの人々が自分たちの営為に理性的な根拠を挙げることができないのと同じに、それを問い詰める理性にも理性的な根拠はない、ということである。「ただ本能から」なのである。

　後年の『善悪の彼岸』*191番では、若干ニュアンスが変わって、実はソクラテスもそのことに気づいていた、とされる。「ソクラテスは……最初は理性の側についた。……しかし、最後に彼は黙しつつ、ひそやかに自己自身を嘲笑した。彼は自らのより繊細な良心と自己尋問に照らしてみて、自分においても、自己の動機を説明できないという同じ困難と無能を見いだした。彼は自問した、〈だからといって、なんでいったい本能から解放されなければならないのか？〉……彼は心の底では、道徳的判断の持つ非合理性を看破していたのだ」。先には、理性の槍を自分自身に向けることはできないとされていたが、実際にはそれが可能で、理性的価値の代弁者たちは、本当は本能に促されて理性を語っているという、自らの虚妄にうすうす気づいている、というのだ。『悲劇の誕生』でも、そのことは手の込んだかたちで暗示されている。つまり獄中のソクラテスの枕元に現れた幻影が「ソクラテスよ、音楽をやれ」と述べた、というのである。そしてソクラテスは実際に詩作を試みるのだが、ニーチェはそれを、「論理的天性にも限界があるのではないかという疑念を示す独特なしるし」と解する［『悲劇』14］。

　この本能概念はやがて、ルサンチマン*の思想に媒介されて、弱者がなり上がるためのなかば無意識の選択能力という意味を獲得し、他方で支配者道徳を支える自由で強い生命の意味としても使われる。本能概念がふた

つに分かれて行くわけである。ソクラテス以来のヨーロッパは、とくに近代の民主主義的価値などは、〈病的本能〉が〈残虐な本能〉に勝利するしるしとされる［遺稿 Ⅱ.11.298］。とくにそうした弱者の戦略（科学と道徳という戦略）の意味で本能という語が使われることが次第に多くなる。「下降の本能が上昇の本能を支配するようになった」［同 Ⅱ.11.151］。あるいはまた「〈自然の法則性〉によって……あなたがた物理学者は、現代の心情の持つ民主主義*の本能に完全に迎合しているのだ。……こざかしい底意であり、ここにもあらゆる特権をもった者、専横な者たちに対する賤民的な敵意が……潜んでいる」［『善悪』22］。その意味で本能は弱者の「自己保存*，自己肯定の本能」であり、「この本能においては、どのような嘘も聖なるものとなる」［『系譜』Ⅰ.13］。「禁欲的理想は頽廃的生命の防衛本能ならびに治癒本能から起こってくる」［同 Ⅲ.13］。その意味ではルサンチマンにもとづく「精神的な力への意志*」と本能の概念はほぼ同一である。この精神的な力への意志は、生に敵対する価値を意志する以上、最終的には無への意志*である。「人は何も欲しないよりはむしろ無を欲する」*という『道徳の系譜*』の最後の文章はその事情を言い表している。「無への意志が生への意志を支配するようになった」［遺稿 Ⅱ.11.151］以上，本能についても「より深い本能，つまり無への意志としての破壊への本能が抱く破壊への意志」［同 Ⅱ.9.281］といった表現がなされる。本能をめぐるこうした表現は、したがってニヒリズム*の問題に収斂する。だが、このように本能概念が多用されるプロセスは、ニーチェの思想の自己破壊のプロセスでもある。つまり、理性の限界への文化批判的な、執拗かつ慎重な問いの手段であることをやめて、区別、いや差別のための罵倒語へと変質していくからである。たとえば、「自分にされたくないことを人にもするな」という計算に示される倫理と道徳、「利己的と非利己的」という区分はまさに「畜群*の本能」［『系譜』Ⅰ.2］とされる。「本質的に言ってヨーロッパでは……皮膚の色において、頭蓋の短小さにおいて、おそらくはそれどころか知的および社会的本能において、被征服民族のほうが優勢になっている」［同 Ⅰ.5］。こうなると明確に差別言語である。逆に強い本能は、「殺人・放火・凌辱・拷問のあいつぐ惨行から、昂然として、また平然として立ち去る」ことを可能とするものとなってしまう［同 Ⅰ.11］。理性の驕りへの芸術の立場からの批判が、理性の敵の絶対的美化へと発展していくさまが、本能概念の使い方にも認められる。→自由精神と理性批判，自己保存，無への意志

(三島憲一)

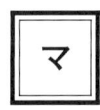

マイゼンブーク [Malwida von Meysenbug 1816-1903]

19世紀は一面において「女性の時代」であった。この「女性の時代」という言い方にはさまざまな要素が含まれるが，19世紀の半ばから後半にかけて女性解放への志向を内に秘めた個性的な女性が数多く現れたことも重要なファクターになるだろう。マイゼンブークもそうした女性たちの一人であった。ただマイゼンブークは，ギリシア精神への憧憬やゲーテ*に体現されたワイマール古典文化およびカント*への傾倒などからもわかるように資質的には女性解放運動の活動家というよりは，芸術的感受性に富んだ「理想主義者(イデアリスティン)」であった。だからこそマイゼンブークの人となりと精神がニーチェやヴァーグナー*，あるいはロマン・ロランというような多くの優れた精神を引きつけてやまなかったのである。

マイゼンブークは北ドイツのカッセルの貴族の家の出身で，父はこの地の選帝侯に仕えていた。しかし1830年代の三月前期(フォーアメルツ)から48年の革命へと至る時期にマイゼンブークは自由と民主主義*を求める共和派の運動に積極的に加担するようになる。彼女の自伝『ある理想主義者の回想』(1876)には48年の革命のさなかに開催されたフランクフルト国民議会への感動が記されている。この革命の後マイゼンブークはハンブルクでフレーベルが始めた女性のための大学の運営に協力するが，この初めての女性のための大学は革命敗北後の反動体制の下で52年には解散を余儀なくされ，マイゼンブーク自身もロンドンへと亡命する。そしてこの地でマイゼンブークはヴァーグナーと偶然に出会う。ヴァーグナーの『わが生涯』によれば，この出会いの前にマイゼンブークはすでに彼の論文「未来の芸術作品」にいたく感動した旨を書簡でヴァーグナーに伝えていた。こうした機縁でマイゼンブークはヴァーグナーと急速に親しくなった。パリでの「タンホイザー」上演の折りやミュンヘンでの「ニュルンベルクのマイスタージンガー」*上演への折における交遊などを経て，マイゼンブークは1872年バイロイト*における祝祭劇場定礎式に招かれ臨席する。この席でマイゼンブークはニーチェと初めて知り合うのである。このときニーチェはすでに69年にフランス語で公刊されていた(ただし匿名で)『ある理想主義者の回想』の第1巻を読んで感銘を受けていたようである。

この出会いのときニーチェは28歳，マイゼンブークは56歳で，二人のあいだには30歳近い年のひらきがあったが，ニーチェはすぐにこの優れた精神の持ち主に強い敬愛の念を感じた。「そう，良き範例です！　そしてそのとき私は貴女のことを思い出したのであり，正義のための孤独な戦闘者としての尊敬すべき貴女と出会えたことを私は本当に心から嬉しく思っております」[マイゼンブーク宛 18/2.11.7.]。バイロイトでの出会いの後すぐにマイゼンブークは，ロンドン時代から教育にあたってきたロシア亡命革命家ゲルツェン*の娘オルガを伴ってバーゼルにニーチェを訪ねてもいる。さて1876年はバイロイトで最初のヴァーグナー音楽祭が開催された年だが，この年の冬ニーチェは極度の体調の悪化や音楽祭への違和感もあって大学から休暇をもらいイタリア*へと赴く。ジェノヴァ*，ノポリを経て最後にソレントへと到着したニーチェはここでヴァーグナーに会い彼の「パルジファル」*の構想について話し合ったりしているがこれがヴァーグナーとの最後の出会いになった。そしてこの年の冬から77年にか

けてニーチェは，マイゼンブーク，パウル・レー*らとともにこのソレントで共同生活を行っている。「ソレントでの生活はしごく快適なものであった。朝私たちは一緒にならない。各々が完全な自由の下で自分の仕事に従事する。昼食の時初めて私たちは一緒になり，時折は午後美しい囲りの自然の中を共に散策した」[『ある理想主義者の回想』]。このソレント滞在の折りにマイゼンブークはニーチェの結婚計画についてニーチェの妹らと種々画策している。結局実らなかったこの計画でニーチェの相手に擬せられたのはオルガの妹ナターリエ・ゲルツェンであったようである。またマイゼンブークはニーチェとヴァーグナーとのあいだに生じた齟齬を何とか調停しようと奔走もしている。それについてニーチェはマイゼンブーク宛ての書簡の中で次のように言っている。「私はかわらぬ感謝の念をもってヴァーグナーのことを想い起こしています。なぜなら私は彼に，私の精神的自立を強力に触発したもののいくばくかを負っているからです。ヴァーグナー夫人は，貴女も御存知のように私が生涯で出会った中でもっともシンパシーを覚える女性です。——だがあらゆる交際，いわんや再び結びつきを取り戻すことなどまったく論外です。もう遅すぎるのです」[1880.1.14.]。

マイゼンブークとニーチェの友情は，マイゼンブークがバイロイトにおけるヴァーグナーを取り巻くサークルの有力な一員になってからも続いた。しかし1888年ニーチェが『ヴァーグナーの場合』をマイゼンブークに贈ったことがきっかけとなってこの友情は終りを告げる[メータ・フォン・ザーリス宛 1888.11.14参照]。ただヴァーグナーとニーチェをめぐる人物群像の中でマイゼンブークはまず第一等の優れた精神の持ち主であったことは間違いないだろう。ここで最後にマイゼンブークの論集『さまざまな個性』の中にあるニーチェについての評価を引いておこう。「彼は新しい時代の，すなわち何らかの形態をとって存在したことのまったくない時代の予言者などではなく，むしろ今なお対立している二つの世界観どうしの闘いという文化史の中にある過渡期を，最も卓越したかたちで代表する者である。それはちょうど彼自身のあまりに早く途切れてしまった生がいまだ完結に到らない過渡期の中にあることと同様である」。

→ゲルツェン (高橋順一)

文献 ▷ M. v. Meysenbug, *Memoiren einer Idealistin*, 2 Bde., Stuttgart 1876/77. ▷ dies., *Der Lebensabend einer Idealistin (Memoiren*, Bd.3), Leipzig 1899. ▷ dies., *Individualitäten*, Berlin 1901. ▷ R.Wagner, *Mein Leben, eine Privatausgabe*, 1871（山田ゆり訳『わが生涯』勁草書房，1986）．

ましな人間 [der höhere Mensch]

『ツァラトゥストラ』*第4部には，白髪となったツァラトゥストラが，山中でさまざまな人物と出会う場面がある。預言者，二人の王，良心的な学究，魔術師，退職した法王，最も醜い人間，求めてなった乞食，そしてツァラトゥストラの影と称する漂泊者たちで，総称して「ましな人間」という。さまざまなその人物像はましな人間の多彩なありようを形容している。二人の王がつれた一匹の驢馬*は，民族*の個性を失って一様化した国民を風刺したものか。王が二人いるのは，支配権の分裂を譬えたものだろう。蛭の脳髄を研究する良心的な学究は，実証主義*や専門馬鹿のカリカチュアと読める。魔術師のモデルがヴァーグナー*だとはしばしば指摘されることだが，かならずしもヴァーグナーに限る必要はあるまい。退職した法王は神の死*で職を失ったもの。他方，求めてなった乞食はイエス*の戯画らしい。ツァラトゥストラの影は懐疑精神の寓意だろう。おしまいの人間*が「末人」とされるように，ましな人間は「高人」などと訳される。高人は末人よりましだが超人*ではない。人間の現実に苦悩

する点で自覚的だが，中途半端に揺れているのがましな人間である。一方で永遠回帰*の思想を「伝えることができ，そのため没落」することはないと言われながら［遺稿Ⅱ.8.80-81］，神の死に耐えられず，驢馬を「われらが神」と見立てて驢馬祭に酔いしれる。ツァラトゥストラは結局彼らを洞穴から追い出し，ひとり永遠回帰の「徴が到来する」のを待つことになる。ただし最も醜い人間と遭遇する場面では，当のツァラトゥストラがこのましな人間の醜さに対する〈同情*〉に襲われてしまう。ニーチェが批判してやまなかった同情にである。神の死に堪えられないましな人間と彼らへの同情に襲われるツァラトゥストラ——これら旧来の価値の克服*がいかに困難かを語ってみせたのが，ましな人間の物語である。→おしまいの人間，超人

(木前利秋)

麻酔剤

『悲劇の誕生』*のニーチェは，ディオニュソス*的陶酔*を呼び起こすものの例に，「全自然を快感でみたす春の訪れ」と「すべての原始的人間と民族が賛歌のなかで語っている麻酔性の飲料」の作用をあげていた［『悲劇』1］。ところが『悲劇』再版の際に添えられた「自己批評の試み」では，ドイツ音楽を一種の麻酔剤だとして「酔わせると同時にもうろうとさせる」二重の特質が指摘されている。「酔わせる」といい「もうろうとさせる」といい，どちらも否定的なニュアンスを強く帯びた表現で，麻酔剤のもつ作用の意味は180度の転換である。1875年春から夏にかけての断想には「人間が苦痛をしずめるための手段とは，さまざまな種類の麻酔だ。宗教と芸術は，観念によって人間を麻酔する」［Ⅰ.5.218］という一節がある。初期の芸術家形而上学がゆらぎはじめ，芸術にたいする信仰と懐疑とが交錯していたころの省察だが，以後，麻酔剤というメタファーは，ほぼ一貫して否定的な意味で用いられる。「その乱用は，その他の阿片剤の乱用とまったく同一の結果を生み出す——神経衰弱症である」［Ⅱ.11.317-8］。麻酔剤の例には，上の宗教と芸術以外，のちにアルコールが加えられている。「野蛮民族がヨーロッパ人からまず受けとるものは何か？　火酒とキリスト教，すなわちヨーロッパ的麻酔剤である」［『智恵』147］。酒をたしなまなかったニーチェだが，この手の話になると，いささか首をかしげたくなる議論もないではない。「ジャガイモを主食としてたくさんたべると，いきおい火酒を飲むようになるのと同じで，主食として米を法外にとると，阿片や麻酔剤を用いるようになるものだ」［同 145］。

(木前利秋)

末人　⇨おしまいの人間

マーラー　[Gustav Mahler 1860-1911]

世紀末*ウィーンを代表する音楽家の一人であったマーラーは，1896年に発表した「交響曲第3番」の第4楽章でニーチェの『ツァラトゥストラ』の「酔歌」の章の「私は眠った，私は眠った——，／深い夢から私は目ざめた。——／世界は深い，／昼が考えたより深い*」という有名な詩句を歌詞に用いている。カール・ショースキーは『世紀末ウィーン』の中でこの詩句を引きながら，マーラーによるニーチェの引用が同時代のウィーンの画家クリムトの「哲学」という絵を想い起こさせるといっている。両者に共通してうかがえるのは，世紀末ウィーンの精神状況の中に浸透していたニーチェ崇拝の影である。それは，後のウィーン表現主義*へと結実する世紀末ウィーンの新たな芸術・文化運動の核にあった契機である。マーラーやクリムトが出入りしていたサークルにはウィーンの代表的なニーチェ主義者であったブルク劇場監督のブルクハルトがいたし，マーラー自身当初は自分の「交響曲第3番」を「悦ばしき智恵」

と名づけようとしていたくらいであった。世紀末芸術とニーチェ熱の関連という問題圏に、マーラーの音楽もまた位置づけられうる。→ユーゲントシュティール　　（高橋順一）

文献 ▷ Carl E. Schorske, *Fin-de-Siécle Vienna: Politics and Culture*, New York 1980 (安井琢磨訳『世紀末ウィーン』岩波書店, 1983).

マルクスとマルクス主義　[Karl Marx 1818-83]

「哲学者は世界をさまざまに解釈してきたにすぎない。肝心なのは世界を変革することである」。「世界を解釈するのは、われわれの持っているもろもろの欲求なのである」。——前の引用はマルクス、後は80年代のニーチェが遺した一節である。文字通りにとればまことに対照的な発言にみえる。いずれももとはノートの一片に走り書きされたものだが、それぞれその思想の特性をよく示唆している。マルクスが世界の変革を謳ったように、ニーチェもあらゆる価値の転換を唱えてやまない。けれども世界の変革と価値の転換*のあいだにある懸隔を見過ごすことはできない。

マルクスが生まれたのは1818年、ニーチェが生まれた1844年には、すでにパリに亡命、のちに『経済学・哲学草稿』と呼ばれるノートを書き溜めていた。マルクスが没した1883年は、ニーチェが『ツァラトゥストラ』*を上梓した年にあたる。世代間のズレや生活環境の違いは否めないが、実際に活動した時代にはかなりの重なりがある。一方は亡命者として、他方は漂泊者として、19世紀のヨーロッパを彷徨する。ただしマルクスの亡命先は、パリ、ブリュッセル、ケルン、そしてロンドン——行き先から推して、マルクスとニーチェとが会いまみえる機会はまずなかったようだ。

彼らが生きた時代をそれぞれどう見ていたかはなかなか興味深い。一例をあげれば、パリ・コミューンを耳にしたときの態度は好対照である。ルーヴル炎上の報を聞いたニーチェは、一日で全時代の芸術が絶滅してしまったと思い「泣きくずれて」しまう。「しかし僕は、僕の苦痛がどれほど激しくとも、あの不敬の徒に石を投ずることはできなかった。私にとって彼らは一般の人間どもが犯す罪過……を代表して担っただけだからだ」［ゲルスドルフ宛 1871.6.21.］。芸術家形而上学の立場から芸術の「いっそう高次の使命」を信じて疑わなかったニーチェの、切々たる、というより何とも大仰な慨嘆である。「労働者*のパリは、そのコミューンとともに、新社会の光栄ある先駆者として、永久に讃えられるであろう。その殉教者は、労働階級の偉大な胸のうちに祀られているのだ」［『フランスの内乱』］。一方での「不敬の徒」は、他方では「新社会の光栄ある先駆者」となる。

政治的立場の違いで注目されることは、ニーチェが社会主義*を毛嫌いしていたことだ。ただしニーチェが眼にして批判したのは、ラサール流の社会主義だったとも言う。むろんマルクスの名を口にしたことはない。ニーチェの偽書『陽に翔け昇る』*には、マルクスをハイネ*と並べて論じたアフォリズムが十数編並んでいるが、これは、ニーチェがマルクスを読んでいた証左になるよりも、この書が偽書である証拠になると見たほうがよい。

マルクスとニーチェには、思索の習慣の上で、時代にたいする構えの違いのようなものがあったようだ。マルクスもニーチェも結局は、アカデミズムの外に出ざるをえなかった。ただしマルクスは、その後の活動の一部をジャーナリズム*に求めることに躊躇していない。これに対しニーチェはジャーナリズムからも距離をとる。社会主義、労働者、民主主義*、フランス革命*、平等思想などにたいするマルクスとニーチェの態度の違いは、このあたりの事情とも無縁ではない。ニーチ

ェが，労働者も社会主義もジャーナリズムも拒否しながら，独特のイロニー*に充ちた文体で，外の視線から内を見透す精神的・文化的な貴族主義を固持しつづけたとすれば，マルクスの共産主義は，どちらかといえば，資本主義の現実を学問的に洗練した文章で解剖し，内から外へ突破しようとする政治的な社会運動を志向しつづけたとでも言えようか。

もっとも労働者観といい社会主義観といいジャーナリズム観といい，マルクスが肯定的でニーチェが否定的と割り切れるほど単純ではない。若き日のマルクスの論説には，新聞のあり方を懐疑した一節がある。また社会主義観にしても，マルクスが初期から一貫していたのは，他の有象無象の社会主義・共産主義を批判し，自らとは区別しようとする姿勢である。そして彼の労働者像が，いわゆるルンペン・プロレタリアートとはおよそ無縁で，むしろ「一つの社会的細部機能の担い手たるにすぎない部分個人に……全体的に発達した個人を」[『資本論』]置き換えようとしたものだったことは注意してよい。19世紀末頃から大衆社会状況が蔓延するにつれ，マルクス主義の新たな可能性を問う動きのなかに，ニーチェに近いスタンスから大衆化した労働者への批判が行われたことも，こうしたマルクスの微妙な位置と無縁ではない。

しかし今日のわれわれに，マルクスとニーチェの両者が際立った意味を持つとすれば，やはり現代思想に与えた影響力の大きさだろう。両者は，その近代批判や西欧文明批判において，あるいは形而上学批判において，しばしば議論の中心に置かれてきた。これにフロイト*の名を加えれば，現代思想の定番が出揃った格好になる。もちろん近代批判といっても，それぞれがとった思想上の構えは異なる。マルクスの経済学批判が，労働の論理に内在しつつ資本主義経済の批判的解剖に限定されていったとすれば，ニーチェが展開したのは，美的仮象に超越しながらの多彩な幅広い文化批判である。マルクスが共産主義という同じ名の下に社会制度上の変革を唱えつづけたのに対し，ニーチェは天才*，英雄*，超人*など，さまざまな名によって人間存在の別の可能性を追いつづけた。一方は新しい社会，他方は新しい個人である。どちらも現にあるものとは違ったもののラディカルな探求を試みたものとして，なお依然として近代批判の範となる地位を失っていない。

近代批判との兼ね合いで，マルクスとニーチェは，永遠の真理を懐疑し意識や観念の自立性の虚偽を批判していくそれぞれの手法を編み出している。「……諸個人がいだく表象は，……自然に対する彼らの関係についての表象か，彼ら相互間の関係についての……表象である」[『ドイツ・イデオロギー』]。「すべての論理とその運動の見せかけの独裁の背後にさえ，……ある種の生を保持するための生理的要求がひそんでいる」[『善悪』3]。マルクスのイデオロギー批判とニーチェの暴露心理学は，真理・認識・意識・表象といったものが生の連関において，いかなる関心に根ざし，それらの自立性の仮象がどのようにして偽造されるのかを解析する優れた方法である。ただしマルクスが，それらを物質的関心に還元する方向を取ったとすれば，ニーチェは，心理学*的関心に帰せしめる方途を歩んだ。このような還元の手法は，生物学主義や科学主義に陥る恐れもないではないが，マルクスとニーチェに形而上学*批判の有望な道を切り開く手段ともなったものである。この点では，両者のあいだに相互補完の可能性を探ってみるのも無駄ではあるまい。「自然科学者たちがやっているように〈原因〉と〈結果〉を誤った仕方で物象化（verdinglichen）すべきではない」[『善悪』21]とのニーチェの主張は，マルクスのいわゆる物象化論を拡張させていく上で興味深い発言である。

しかし両者の近代批判で見逃せない点は，どちらも時代のアクチュアリティへの意識的

な係わりを抜きに成り立たなかったことだろう。初期のニーチェが近代の労働*の時代を揶揄し[「五つの序文」Ⅲ]、『ツァラトゥストラ』が「おしまいの人間*」を批判し、後期ニーチェが畜群*を罵倒したのも、初期マルクスが「疎外された労働」を分析し、後期マルクスが工場労働の悲惨を活写したのも、彼らがアクチュアルな問題とは何かに自覚的だった証左である。後年の解釈が、ニーチェとマルクスに西欧形而上学や近代的世界観の超克の可能性を読み取ったところで、それはあくまで後の解釈でしかない。近代を批判するには、ある意味で近代の理解者でなければならない。「哲学者は自分の時代の疚しい良心たるべき者であり*——そのためには、自分の時代についての最高の知識を持たざるをえない」[『場合』序文]。両者はそれぞれにとって意味ある学問（古典文献学*と政治・経済学）への批判を介して近代的なものの何たるかに出会っている。時代への批判は知への批判と重合していたのである。

さらに近代批判の両者の特徴として、どちらも、近代以後に来るべきものについて語るのを厭わなかったことだろう。もっともニーチェは、同じ理想像といっても想像上のルサンチマン*が生み出す類には否定的である。どうやら社会主義はニーチェにとってそうした類に属していたらしい。「人類はいつかは究極の理想的な社会秩序を見いだすだろう、そしてその暁には、幸福が熱帯諸国の太陽のようにつねに変わらない陽ざしとなってそうした秩序のもとに生きる人間の上に降りそそぐだろうと考えている人間が世間にはいるが、私たちはよき理性の加護によってそうした信条には染まらずにいたいものだ」[『反時代的』Ⅳ.11]。もっともマルクスは、理想的な社会体制の具体像を描くことに禁欲的であった。極論すれば、マルクスは私的所有を自明視しないまったく別の社会を構想してみる実験的思考の可能性を口にしただけだと言え

るかもしれない。

こうした点を思えば、マルクスとニーチェとが異なった問題圏を動いているとしても、マルクスをニーチェの位置から批判的に再構成し、ニーチェをマルクスの側から読み変える努力が払われてもおかしくない。たとえばホルクハイマー*は、ニーチェの「超人」を社会理論的概念として読み変えて、マルクスの「階級なき社会」と重ね合わせてみたことがある。この点、マルクス主義の流れでは、フランクフルト学派*など一部を除けば、マルクス主義者がニーチェの思想との対話を試みたケースはあまりない。ルカーチ*の『理性の破壊』が、ニーチェをブルジョワ哲学における非合理主義の系譜に位置づけたのが象徴的である。→社会主義, 労働者, フランクフルト学派, 『陽に翔け昇る』（偽書）　　　（木前利秋）

マルクーゼ　[Herbert Marcuse 1898-1979]

60年代の学生運動のなかでフランクフルト学派*の思想が注目を浴びることになった一因はマルクーゼにあるといっても過言ではない。そこに大きな誤解があったにせよ、「大いなる拒絶」や「全身を性感帯とするようなエロスの解放」といった衝撃的な表現に、旧左翼理論にあきたらない若い世代は、みずからの代弁者を見つけた。その「解放」の思想の醸成過程で、フロイト*とニーチェの思想の果たしたものは大きい。

マルクーゼは、地方からベルリンに来て一代で財をなした豊かなユダヤ系市民の家庭に生まれた。学生時代には両親が嫌悪していた社会民主党の党員となり、ドイツ革命時には兵士評議会メンバーにも選出され、ミュンヘン・レーテ共和国*の首相アイスナーの社会主義思想に傾倒した。しかしR. ルクセンブルクとK. リープクネヒトの暗殺事件を機に、革命の萌芽を圧殺する社会民主党の現実に幻滅し離党する。そのマルクーゼを魅了したのは、ハイデガー*であった。『存在と時

間』の現存在分析はルカーチ*に欠けるもの，つまり日常性における疎外の形態を解明する鍵を与えると思われたからである。そこにはマルクーゼの求める「具体性の哲学」との近さがあった。一時はハイデガーの助手を勤めたが，やがてそのハイデガーにも，今ここにある生の充実のための「具体的な歴史的条件」の考察が欠けていることに不満を感じる。ハイデガーとの訣別を決定的にしたのは，初期マルクス*の，それまで未刊だった『経済学・哲学草稿』(1932)との出会いである。ここから，疎外の止揚は単に下部構造の変革ではなく「全面的な革命」[『史的唯物論の基礎付けのための新たな源泉』(1932)]を必要とするという，マルクスの読みかえにもとづく解放の思考が生まれる。とはいえ，「全面的な革命」がけっして直接的な政治行動を意味していたわけではない。行動主義への禁欲的態度と上部構造への注目は，正統派マルクス主義も決断的実存主義も承認しないホルクハイマー*／アドルノ*とも共通する。

フランクフルト学派のなかでも比較的目立たない存在だったマルクーゼを一躍有名にしたのが，ようやく60年代になって評価された著作『エロスと文明』(1955)である。ここでマルクーゼは，フロイトに依拠しつつフロイトの昇華理論を超える視点を提示しているが，その跳躍台となっているのはニーチェである。マルクーゼによれば，「性の本能は，生の本能」であり，エロス的衝動は文明の本能的源泉である。アリストテレス以来のロゴスの支配は，地上の幸福を犠牲とした自己保存の原則を生みだし，「文化のエロス的土台を変形させてきた」。確かにフロイトの心理学は，エロスの野蛮な抑圧のもとでのみ文明が成り立つという「文明の弁証法」に照明を当てたが，その抑圧を打破しようとする解放のポテンシャルを根拠づけるものではなかった。エロスの抑圧の原因をエディプス・コンプレックスというかたちで過去に求めるフロイトに対して，マルクーゼはエロスの解放の可能性を現実に求める。それは「昇華」によって芸術に閉じ込められてきたエロス的自由を，「脱＝昇華」することによって現実社会に取り戻すことである。

ロゴスの優先とエロスの抑圧を前提とする「存在論」の伝統を唯一打破しえたのがニーチェであった，と彼はいう。ニーチェの永遠回帰*の思想は現在の生の肯定と抑圧への反抗を正当化する根拠となった。「必然の楯よ！／存在の星の頂きよ！／いかに希おうとも届かず／いかに否定しようとしても汚れぬ／存在の永劫の肯定／われはなんじ／永劫を永遠に肯定する／われはなんじを愛すればなり」[「ディオニュソス・ディテュランブス」，「名声と永遠」]という詩のなかに，マルクーゼは現実原則と幸福の実現との一致を求める「エロス的意志」を認める。「快楽は永遠を求める」とは，過去や彼岸や芸術の世界に繰り延べされてきた「幸福の約束」を「すべての〈ここ〉」に実現させることであるとマルクーゼは理解する。つまり支配のロゴスではなく，エロスの言葉こそが，自己保存*に代わるあらたな現実原則となるべきだということである。

全身が性感帯となるようなエロスの解放は，マルクーゼにとって現実には名指しすることのできないユートピアである。けっしてアメリカやヨーロッパの学生運動世代が解放の実現形態と捉えたフリーセックスやロックへの熱狂的陶酔といった具体的な感性経験が考えられているわけでも，また具体的な革命の道を示唆するものでもない。「美の世界に遊ぶとき，人間は自由である」というシラー*の思考を下敷きにしているマルクーゼは，生産力の拡大によっていつかは人間が自己保存のための労働*の強制から解かれ，疎外なき自由を享受できる世界を思い描いてはいた。しかし，ユートピアの具体化をあくまでも拒否する態度からは，60年代末に実際の世

界革命を夢想していた学生運動の行動主義は生まれるはずはなかった。もっとも、フランスなどで「マルクーゼのドラッグストア化」と皮肉られる思想の安売り現象に、マルクーゼ自身も責任がないわけではない。若者たちのサブカルチャーに「新しい感性」の芽生えを見、そこに旧左翼理論では捉えられなかった新しい社会運動のポテンシャルを探ろうとするあまり、現実の運動に同調する発言がなかったわけではない。だが、彼の求めた「全面革命」は、現実の運動に固定されるはずのない、常なる現状否定を秘めた「永久革命」であるはずだった。そうした誤解にもかかわらず、現社会構造すべてに対する「大いなる拒絶」を掲げるマルクーゼの思想は、資本主義社会において匿名化した権力を「構造的暴力」や「抑圧的寛容」として日常生活のなかに敏感に感じ取る感性をひらいた。学生運動の挫折のあと若者の世代は、大文字の「革命」のビジョンからむしろ日常性に潜む権力構造に目をむけ、個人生活のレベルでの「いまここにおける幸福の充足」を求める変革へと転換していった。その過程でマルクーゼの影響は大きい。→フランクフルト学派、「すべての快楽は永遠を欲する」　　　　　　　（大貫敦子）

マン¹　（ハインリヒ・マン）［Heinrich Mann 1871-1950］

　マン兄弟はともにニーチェの影響を強く受けながら、その解釈の方向はまったく異なっている。弟トーマス・マン*がニーチェのいわゆる芸術家形而上学に魅かれ、市民的生と芸術の二元論的対立を創作上の一貫したテーマとしているのに対して、ハインリヒのニーチェ解釈は時代状況を反映して変化している。

　ギムナジウムをアビトゥアなしで修了した後、ドレスデンの本屋で見習として働いたのも、芸術に没頭することを嫌った父の意志と、文学の道に進みたいという希望との間で可能な唯一の妥協であった。自らの育った帝政時代の市民階級社会の耐えがたい息苦しさが、芸術へと目を開かせた点では弟トーマスと同様である。青年時代のハインリヒを魅了したのは『ツァラトゥストラ』*だった。道徳に縛られず生*に歓喜する強烈な個性を持った個人の称揚、ディオニュソス*的陶酔*、力への意志*、超人*などのモティーフが、初期の作品に取り上げられている。小説三部作『女神たち』(1903) には、ユーゲントシュティール*風のタッチで描かれる情景のなかに、ディオニュソス的生の肯定と賛美が読みとれる。作品の主人公のひとり、ヴィオランテ・フォン・アシーの幻想の世界では、夢のなかで甦るルネサンスの英雄的人物が、ニーチェの「力への意志」を象徴的に表現している。ニーチェと同様に、この頃のハインリヒはチェーザレ・ボルジア*をそうした英雄的個人として崇拝しているが、こうしたルネサンス賛美はトーマスの場合には見られない。ハインリヒがニーチェの超人を強烈な個人のイメージに重ね合わせ肯定的に受けとめたのは、それが権力政治に従順に従うドイツ人のメンタリティーと対極にあるからだった。権力に隷従する人間の滑稽さは、後の作品『下臣』(1914) のテーマとなっている。帝政時代の社会に対するニーチェの文化批判を受け継いだ彼の時代批判、とくに教養俗物*と偽善的な道徳観への批判は、『ウンラート教授』(1905；映画「嘆きの天使」の原作) に、痛烈な皮肉と滑稽さを込めて表現されている。

　しかしニーチェの「力への意志」が次第に権力肯定論として解釈される時代の風潮に抗して、H. マンはディオニュソス的側面を過大視したニーチェ解釈から距離をとる。エッセイ「帝国と共和国」(1919) では、「ニーチェの哲学的な力への意志は、ドイツ帝国を覆い尽くしてしまった。しかしニーチェが力への意志として求めた対象は、権力よりも大きなもの、精神であった」と記している。

H. マンのニーチェ解釈が弟トーマスのそれと決定的に異なるのは、H. マンが啓蒙主義*と民主主義*の基盤をけっして離れることがなかった点である。H. マンは、1914年の第一次大戦の開戦とともに、西洋的文明に対するドイツ的文化の戦いとして戦争を肯定した弟トーマスと絶交する（西欧的民主主義に敵対した弟との絶交は、弟トーマスが22年に共和国を支持する発言をするまで続いた）。ニーチェの英雄主義が戦争肯定論に転化する様を見て、かつて自らも陥っていたニーチェ崇拝から距離を取る。とは言え、ニーチェを完全に切り捨てるのではなく、誤って解釈されたニーチェ像から啓蒙主義的要素を区別する解釈を強調するようになったのである。ことにナチス時代に入ってからは、ニーチェの曲解に対して、ニーチェ自身の意図と、ニーチェ解釈が持ちうる危険な帰結とを区別する必要があると強く主張している。1933年にドイツ国籍を剥奪され、フランスに亡命、そこで E. ブロッホ*やジッド*とともに反ファシズム運動を行う。さらにアメリカに渡って1939年にニーチェのアンソロジーが出版されるにあたって、前書きに次のように記した。「ニーチェの初期の若い読者は、不法性や戦争の時代がやってくるとは一度も考えたことがなかった。ニーチェ自身も、こうした時代は、経験として知らなかった。さもなければ彼はこんな時代を呼び起こすようなことはしなかっただろう。ニーチェが知っていたのは、精神の戦場であり、それ以外の戦場を知ろうなどとは思ってもいなかったのだ」。ディオニュソス、超人、力への意志などの言葉に集約されがちなニーチェ解釈に対して、フランス啓蒙思想に連なるニーチェを彼は強調している。帝国を嫌い、良きヨーロッパ人*であろうとした「フランスのモラリスト*たちの弟子」であるニーチェをもって、ナチス*の狂気の代弁者にさせられたニーチェを批判することによって、理性と人間性を取り戻そうとする H. マンは、ニーチェから「認識への情熱をこそ読み取るべきであり、それ以外の何ものでもない」として、ニーチェをヴォルテール*と並ぶ「偉大なる精神」と称している。

　啓蒙主義者ニーチェをもって、ナチスによる反啓蒙的な解釈に抵抗しようとした H. マンの姿勢は、ナチスによる曲解を解くために必要であり、また当時としては唯一可能な方法であっただろう。しかしそうすることによって、啓蒙批判者としてのニーチェの「暗い」側面、H. マン自身が魅了されたディオニュソス的側面については1914年以降の著作においては今一つ踏み込んだ分析がないのは残念である。☞マン², ナチス　　（大貫敦子）

文献　▷ H. Mann, Nietzsche, in: *Maß und Wert*, Zürich 1939; *The Living Thought of Nietzsche*, presented by H. Mann, New York/Tronto 1939 (dt: *Nietzsches Unsterbliche Gedanken*. Eingeleitet von H. Mann. Ausgewählt von Golo Mann, Berlin 1992;（原田義人訳、永遠の言葉叢書、ハインリヒ・マン編『ニーチェ』創元社、1953）．

マン² （トーマス・マン）［Thomas Mann 1875-1955］

　20世紀を代表するドイツの小説家、エッセイスト。兄ハインリヒ*、長男クラウスも、それぞれ著名な作家であり、次男ゴーロは歴史学者。リューベックの大商人の家に生まれ、その没落が、ヨーロッパ市民社会の没落とあいまって、一生の作風が決定される。ニーチェの作品に初めて触れるのは、高校在学中、『ヴァーグナーの場合』。ヴァーグナー*に対するその批判の眼への感動であったという。すでに『ツァラトゥストラはこう語った』*、『善悪の彼岸』*、『道徳の系譜』*などをその座右に置いていた兄ハインリヒの影響もあり、『善悪の彼岸』からの引用もそのころのメモに見られるが、1896年頃ニーチェ熱は急に高まり、その主著のいくつかを読み、書き込み

を加えメモに記し、自己の作品にも引用が現れるようになる。『悲劇の誕生』*、『反時代的考察』*、『人間的な、あまりに人間的な』*、『曙光』*、『悦ばしき智恵』*などが、このころの読書対象となる。こうした読書体験の上でショーペンハウアー*に触れ、ニーチェの批判的姿勢、ニーチェより摂取したイロニー*の態度で、その書を読みとった。ごく簡単に言うなら、ショーペンハウアーが生*を否定し、無を肯定したのに対し、ニーチェは生を肯定し形而上学的なるものを否定しようとしたが、トーマス・マンは、その両者をとり、生と精神とを同時に肯定しようとする。1900年以降数年にわたってその作品に見られる、さまざまな二項対立の設定、絶対対立に対する価値転換の思考作業、その手段としてのイロニーの行使、認識の喜ばしい冒険の肯定などは、その現れと見てよい。これに続いて、自分が、ショーペンハウアー、ヴァーグナー、ニーチェに代表される19世紀ドイツ文化の正統の子であると主張する時期が来るが、その立場から、ヴァーグナーにショーペンハウアーの哲学を体現した芸術家を見るごとく、ニーチェ哲学を体現する芸術家のまだないことを見、自分こそそれであるとの自負を得るにいたる。このためトーマス・マンのニーチェ引用は、初期短編『幻滅』『幸福への意志』、あるいは、『トニオ・クレーゲル』から後期のいわゆるニーチェ小説『ファウストゥス博士』に至るまで、初期のエッセイから後期のニーチェ論『われわれの経験から見たニーチェ哲学』に至るまで、意図的かつ多量に提示される。すでに述べたごとく、トーマス・マンのニーチェ体験が『ヴァーグナーの場合』で始まり、その底にニーチェの批判の眼への感動があったとするなら、『ツァラトゥストラはこう語った』あるいは『力への意志』*を出発点とする同時代あるいは19世紀末より20世紀初頭にかけての若者たちのニーチェ体験とは趣を異にする。この理解ないし影響の差を、マン自身は後に世代論として捉え、1870年代に生を享けた者はニーチェを同時代の克己の人、戦う人ニーチェを見たのに対し、15年若い世代は、勝利するニーチェの姿のみしか思い描けなかったためとしている。第一次大戦中に記された「筆による参戦」の書、ラテン的文明世界に対しドイツ文化を擁護する立場を表に、実は自己の立場の正当性、とりわけニーチェ理解における自己の立場の正当性を論じた、きわめて個人的な弁白の書『非政治的人間の考察』においては、いっそう戦闘的に「ニーチェ派を名乗るルネサンス式唯美主義者」に対し、ニーチェの言葉「倫理的空気、ファウスト的雰囲気、十字架と死と墓穴」をモットーに、ドイツ性、つまり、認識と倫理性の立場を強調する。そして、そこに自己を、19世紀の、ニーチェの正嫡とうたいあげるが、ニーチェを体現する芸術家とは「深く認識し、美しく表現しよう」と志す。そして認識と表現という二つから分かつことのできない苦痛を、忍耐強く誇らかに忍ぶことが、彼の人生に道徳的尊厳を与えるものとする。第一次大戦後、トーマス・マンは、『ブッデンブローク家』以来の市民階級への思いを理論化し、その理想像をゲーテ*に求める。キリストへのまねびに似たゲーテ模倣を、実生活にも作品の上にも実践したが、第二次大戦中、亡命のアメリカにあって、ふたたび、19世紀、ニーチェの時代へと回帰する。1947年には、ニーチェ伝にのせて自己と自己の時代を批判するエッセイ『われわれの経験から見たニーチェ哲学』および、ニーチェの生涯をふまえ、ファウストの契約とシェーンベルクの音楽技法を用い、20世紀のドイツ批判をとりこんだ小説『ファウストゥス博士、一友人によって物語られたドイツの作曲家アードリアン・レヴァキューンの生涯』において、ニーチェへの最後の解釈をしめすことになる。→マン[1]　　（村田経和）

ミ

三木　清　[みき・きよし　1897-1945]

　三木清には「ニイチェ」と「ニーチェと現代思想」という短いエッセー以外にまとまったニーチェ論はないが、その著作にはニーチェについての多くの言及があり、歴史哲学、近代理性批判、ハイデガー*とナチズムの問題、文献学ないしは解釈学*、哲学的人間学など、さまざまな問題との関連でニーチェが登場する。三木はドイツの哲学や現代文学のコンテクストを紹介しつつ、自らの目前の問題に関連させてニーチェの思想と取り組んだが、同時に、いくつかの二次文献をほとんど剽窃に近いほど援用しており、その独自性は時代のアクチュアリティへの反応の仕方において評価するほかはない。

　三木は、生田長江*訳の『ツァラトストラ』*（明治44年）や和辻哲郎*の『ニイチェ研究』（大正2年）、雑誌『思潮』に連載された阿部次郎*の『ニイチェのツァラツストラ 解釈並びに批評』（大正7-8年）などを通じてニーチェを知ったが、京都帝国大学哲学科では西田幾多郎のもとで新カント派や歴史哲学を専攻した。大正11（1922）年からドイツに留学し、ハイデルベルクではリッケルトについて学び、ヤスパース*やゲオルゲ*派のグンドルフ*の講義も聴講した。当時はまだドイツ古典主義の文化観念を抜け出していなかったが、翌年秋にマールブルクに移ると、ハイデガーによって解釈学的方法を哲学において適用する可能性に目を開かれた。またガーダマー*やレーヴィット*と知り合い、とりわけレーヴィットによってニーチェ、キルケゴール*、ドストエフスキー*、ジッド*について教えられたという。当時、三木は「ロマンティクの克服」（ただし、彼のいう「ロマンティク」はおもにドイツ観念論*哲学を指す）を企てた思想として、新カント派、マルクス主義*のほかに、ニーチェ、キルケゴール、ジンメル*、ディルタイ*らの「生の哲学」を挙げ、彼らはその課題を自覚しながら「ロマンティク」にとどまったとしているが、これもレーヴィットの示唆やカール・ヨーエルの『ニーチェとロマン主義』（1905）に依拠した視点であろう。

　帰国（大正14年）後、三木は「人間学のマルクス的形態」などの論文で唯物論の人間学的解釈を図ったが、昭和5年に共産党への資金提供の容疑で検挙された。「理論、歴史、政策」（昭和3年）でも『歴史哲学』（昭和7年）でも、現在の生*が過去によって規定されるというディルタイ*的な「生の歴史性」の認識に、未来志向の実践を重視するニーチェ的な「歴史の生命性」を対置しているが、昭和3年の段階では革命的プロレタリアートの意識に立つマルクス*に両者の「弁証法的統一」を求めていたのに対して、『歴史哲学』ではそうした展望はもはや示されていない（昭和5年の「ニイチェ」でも、「人間の存在を社会的に考えなかった」ニーチェは「悲劇的ロマンティカー」にとどまったとして、プロレタリアートのうちに人類の未来があるとしていた）。昭和8年の「不安の思想」で三木は、満州事変以降の日本の精神状況は、近代理性への不信を特徴とする点で第一次世界大戦後のヨーロッパにおける精神的危機と並行性があるとして、その危機の表現がニーチェやキルケゴール、そしてハイデガーが代表する「不安の思想」であり、それを克服するためにはプロレタリアートに代わる「新しい人間のタイプ」を規定しなければならないと主張した。そして、その後は独自の「哲学的人間学」に解決の道を探るようになった。そこでは、人間が理性的主体の客観的側面であ

る「ロゴス」と，身体*という内的自然にもとづく主体の主観的側面である「パトス」からなる中間的存在として捉えられ，「ディオニュソス*的なもの」を唱えたニーチェは人間を「パトス」的な側面に偏して捉えたところに限界があったとされる。「パトス的」身体性と「ロゴス的」精神性との「弁証法的統一」という発想は，のちの『構想力の論理』に至るまで三木の思考を規定する要素となる。それは，非合理主義に陥る危険を犯しながらも，理性的存在という人間の定義を変更して近代理性を超克しようとする企てであり，彼のハイデガーやニーチェとの対決も，根本的にはこの問題設定と同じ図式のなかで行われた。のちに「新しい人間主義」を唱えた際にも彼は，ニーチェは「抽象的理性の支配とデモクラシーの支配」に対する批判から出発したが，「新しい人間のタイプ」を具体的に規定するに至らなかったと評価している。

ナチス*が政権を掌握し，ハイデガーのナチス入党が報じられると，三木は「ハイデガーと哲学の運命」(昭和8年)で，ハイデガーとナチスとの「内面的」な結びつきをニーチェを媒介として指摘し，ハイデガーのフライブルク大学学長就任講演「ドイツ大学の自己主張」について，民族統一の原理を血や大地という「パトス的」なものに求めるその主張には客観的原理が示されていないと批判した。「ナチスのディオニュソス的舞踏は何処に向って進もうとするのであるか。ロゴスの力を，理性の権利を恢復せよ。／ハイデガーはニイチェのうちに没した。ニイチェの徹底的な理解と，批判と，克服とは，現代哲学にとってひとの想像するよりも遥かに重要な課題である」というのである。「ニーチェと現代思想」(昭和10年)は，この課題に対する三木なりの解答の試みと見なすことができる。そこで彼はニーチェの本質を「文献学者」に求め，その意義を，「ディオニュソス

的なもの」の発見，反時代的批判，系譜学的思考，根源的なものへの情熱，未来志向の歴史解釈といった点について敷衍したうえで，ニーチェは文献学を哲学的方法へと拡張することによって，ディルタイやハイデガーの解釈学的哲学の先駆者となったと指摘している。そして，ニーチェは理性に対しても批判の刃を向けたが，結局のところ彼は「フィロロゴス」(文献学者，ロゴスを愛する者)であって，理性の全面否定に陥ったわけではないとして，ニーチェの思想を非合理主義の手から救い出そうとした。

しかし，昭和13年になると，三木は「日本が現在必要としているのは解釈の哲学ではなくて行動の哲学である」と述べて［「知識階級に与ふ」］，それまで執筆していた『哲学的人間学』を完成することを断念，同年秋以降は昭和研究会に加わるとともに，政治ジャーナリズムに深くコミットし，実務的な知識を持った行動的テクノクラートに新しい人間像を見いだした。こうして彼は，一方では近代理性を超えたものでありながらなお理性的なものにとどまるという矛盾した統一性を求めながら，他方では時局の変化に引きずられていった。そして，「ロゴスとパトスの統一」の図式を転用して，「協同主義」にもとづく「東亜共同体」論を展開して日本のアジア侵略を正当化したり，海軍の招きで占領下のフィリピンを訪れ，戦争協力的な記事を書いたりするようになった。昭和20年に三木は逃亡幇助の容疑で再度逮捕され，9月に獄中で病死した。「ニーチェと現代思想」で模索されたニーチェの新たな解釈がそれ以上の進展を見た形跡はない。⇒日本における受容

(大石紀一郎)

文献　『三木清全集』全20巻，岩波書店，1984-86.

三島由紀夫　[みしま・ゆきお　1925-70]

近代日本の作家のなかで三島は最もニーチ

ェとの親近性を認め，また人からもそう認められている存在である。彼はすでに戦時中に『ツァラトゥストラ』*を読んで，「超人の思想というよりも，なにか人を無理やりにエキサイトさせる力」が「麻薬みたい」に働く感じを抱いていた［「ニーチェと現代」手塚富雄との対談］。なによりもギリシアの悲劇世界，没落する英雄*，すべてを包みながら，遙かな遠さを宿す海*，これは彼の終生のモティーフであった。英雄悲劇を通じて歴史に転換する神話，そこでの殺戮と結び付いた一回的で卓絶した美，どこまでも広がる青い空，そういったギリシア像に彼は魅せられていた。「犠牲の叫びは（アポロ神殿の）円柱に反響し，その血は新しい白皙の大理石の上に美しく流れたにちがいない。希臘彫刻において，いつも人間の肉を表現するのに用いられたこの石は，血潮の色とも青空の色ともよく似合う」［『アポロの杯』］。「眷恋の地」ギリシアへの旅の文は，ニーチェのギリシアへの旅でもあった。「たとえば，ディオニューソス劇場を見るがいい。そこではソフォークレスやエウリピデースの悲劇がしばしば演ぜられ，その悲劇の滅尽争（vernichtender Kampf）を，同じ青空が黙然と見戍っていたのである」。「今日も私はつきざる酩酊の中にいる。私はディオニューソスの誘いを受けているのであるらしい。……今日も絶妙の青空。絶妙の風。夥しい光」。初期の作品以来，日常性を越えた英雄の没落に召された海と航海のモティーフはいくども繰り返されるが，その絶頂にある『午後の曳航』はニーチェの名前はいちども出て来ないが，ちょうどトーマス・マン*がニーチェのモティーフを作品化したように，出発と滞留，性的絶頂と倦怠*，早熟と凡庸，イロニー*と死といった世紀末*的なニーチェ受容の主要モティーフを巧みに組み合わせた傑作である。また，ギリシアとの関連では，『仮面の告白』に「ペデラスト（少年愛の人）」から「ペシミイスト」へと主

人公を形容する友人がアイロニカルに描かれているが，ニーチェもギリシアの少年愛*を重視していたことも，三島は知っていた。やがて，彼は『太陽と鉄』(1968)のようなエッセイ集でますますスパルタ的ギリシアに憧れ，しかもそれを日本精神と同一視するようになる。そしてニーチェ的ニヒリズム*と「葉隠」の思想とを同一平面に置くようになった。もっとも，その原点はすでに1954年の挑発的な文章「新ファッシズム論」にある。「ニヒリストは世界の崩壊に直面する。……ニヒリストは徹底した偽善者になる。……ニヒリストが行動を起こすのはこの地点なのだ」。→日本における受容，ダヌンツィオ

(三島憲一)

ミュンヘン・レーテ共和国　[Münchener Räterepublik]

1918年11月4日，北ドイツの軍港キールに起きた水兵たちの反乱は，各地に労働者蜂起となって拡大し，いわゆるドイツ革命の発端となった。この革命は皇帝の退位と，共和国宣言をもたらしたものの，結果的には労農兵ソヴィエト（評議会＝レーテ）や生産手段の社会化を拒否したブルジョワ民主主義との妥協を図った点で，挫折した革命と評価される。時を同じくしてミュンヘンでは，より急進的なグループがレーテによる人民委員政府を結成する動きが活発となり，1919年4月7日にレーテ共和国を宣言するに至る。この中心メンバーであったE. ミューザム，E. トラー，G. ランダウアー，K. ヒラーらがみな文学青年であり，ニーチェの強い影響下にあったことは偶然ではない。彼らはともに，ヴィルヘルム時代のドイツ社会の偽善性と鬱屈した雰囲気に対して不満を抱き，現状を一気に転覆させて新たな展望を開こうとした。そうした意気込みに対して，『ツァラトゥストラ』*に集約されて解釈されたニーチェが思想的なインパクトとなった。また彼らの多く

が表現主義*と密接な関係にあったことも、見逃せない事実である。ニーチェの個人主義、自由精神*、既成道徳の偽善性の暴露、価値の転換*などの思考は彼らにとって現状変革の夢の滋養源であった。ミューザムやランダウアーの場合には、レーテ共和国にさえ満足できないアナーキズム*の思想につながっている。だがミュンヘン・レーテ共和国は、高らかに宣言されたものの、実際の政治的運営能力は皆無であった。バクーニンやクロポトキンの思想に心酔し、ロシア革命に心情的な昂揚を感じ、自らの著作に託した変革の夢と政治革命を同一視したナイーヴな彼らの行動主義が、一方ではほんの1カ月とはいえレーテ共和国を実現した力の源であったと同時に、他方ではまたその挫折をはじめから予告していたものだと言える。彼らは皮肉なことに、共和国宣言をしながら徹底した革命を拒否した社会民主党の指揮下ノスケが率いた義勇軍によって逮捕される運命となる。ミュンヘン・レーテ共和国の挫折は、ニーチェの思想が変革への意志を醸成しながら、実際の政治次元においていかに力のないものであるかを語っている。→表現主義　　　（大貫敦子）

文献　▷ Seth Taylor, *Left-Wing Nietzscheans. The Politics of German Expressionism*, Berlin/New York 1990.

ミラー　[Henry Miller 1891-1980]

ニューヨーク州ヨークヴィルで、ドイツ系の両親の家庭に生まれ、幼少時代は人種の坩堝といわれたブルックリンで過ごす。この頃の経験が彼の放浪性とコスモポリタニズムを育んだと言われる。青春期にいっさいの財を投げうって性的放縦の生活を送ったあげく、それにもあきたらずに職を転々とし、ヨーロッパに渡り、パリでシュルレアリスム作家アナイス・ニンと出あい、36年に『北回帰線』を発表。この作品は、「猥褻」、「非小説」という非難を浴びながらも、型破りの作品として注目された。この作品の冒頭でミラーは、「ぼくは諸君のために歌おうとしている。すこしは調子がはずれるかもしれないが、とにかく歌うつもだ。諸君が泣きごとを言っているひまに、ぼくは歌う。諸君のきたならしい死骸のうえで踊ってやる」と記しているが、これがニーチェの『ツァラトゥストラ』を下敷きにしていることは明らかである。ミラーとニーチェの関係をもっともはっきりと示しているのは D. H. ロレンス*を評した彼の著書『ロレンスの世界』である。ここでミラーは同じニーチェの影響を受けた B. ショウ*とロレンスを対比し、ショウのように「肉体のない」人間ではなく、肉体の肯定を通じて疲弊したヨーロッパ文明に否を突き付けたとしてロレンスを評価している。この著書でミラーがニーチェとシュペングラー*を同じ位置づけで扱っていることは注目すべき点である。

ミラーが描きだす世界は、ロレンスに見られる一種のロマンティシズムをいっさい払拭し、肉体のディオニュソス*的オルギアに徹している点で、よりニーチェのツァラトゥストラに近いといえよう。エロスは食物や排泄とまったく同値の生理学に還元され、エロスによる解放というロマンティシズム的なヴィジョンの影もない。「風のまにまに踊っている骸骨、腐敗した舌先から言葉を発している蛇、排泄物でよごれた恍惚感にふくれあがったページが見える。ぼくは、ぼくの粘液、ぼくの排泄物、ぼくの恍惚感を、肉体の地下室のなかに流れこむ偉大なる循環に合流させる」。彼の芸術はまやかしの美に糊塗された人間性を暴露し、汚物偏愛狂のような描写のなかで自我を爆発的解放にもたらす。「戦慄、恐怖、恍惚、汚染が不足していると、それは芸術ではない、それがないものは贋物である。それがないものは、すべて人間的である」。ここには、ニーチェにおける「人間的」なものへの批判と共通のモティーフがある。

またドイツ文化に対する嫌悪、一見反ユダヤ主義*と邪推しかねない発言、大衆化批判などにもニーチェを思わせるものがあるが、ナチス*と同時代に著作活動の最盛期にあったにもかかわらずナチス的思想と同一化することも、されることもなかった。ミラーの文体は、シュルレアリスム*やバタイユ*、セリーヌのそれときわめて類似したところがある。一般に「美的モダニズム」をボードレール*以降の芸術傾向としてひとつに括る見方が定着しているが、ミラーに見られるような『ツァラトゥストラ』*以降のニーチェを受容した作家の作品は、ボードレールのモダニズムとは明らかに一線を画している。モダニズム芸術の変容過程のなかで、後期ニーチェの与えた影響がかなり大きいことを、ミラーの作品は示している。→ロレンス　　　　（大貫敦子）

未来派　[Futurismus (futurismo); Futuristen]

マリネッティ、カラらを代表格として1909年以降に主としてミラノを中心に新たな芸術運動を起こした未来派は、いくつかの「未来派宣言」に現れているように、『ツァラトゥストラ』*に象徴される生*の革新への希望、これまでと違った情熱的生き方への憧憬を共有していた。「感性の完全なる革新」「不可能性の秘密に満ちた扉を開け放つ」（マリネッティ）とか、「生が芸術作品としての生になるような時代の到来」（ボッチョーニ）といった表現には、ニーチェ的モダニズム（美的力動主義）固有の欲望が潜む。その欲望とは、自分にだけ可能な未知の経験への憧れであり、また、溢れるばかりの生命と力の賛仰（これは未来派固有の機械や速度の賛美とも関連する）である。「私はあなたがたに超人*を教える。超人はこの稲妻であり、超人はこの狂気である」とツァラトゥストラが語る、この稲妻の速度と力は未来派をも魅了していた。またマリネッティは「狂気」がもつ、常識を越えた霊感について多くを語る。カラの

「黙示録の騎士」は、ニーチェの崇拝したデューラー*の「死と悪魔と騎士」の遠い反映かもしれない。こうした未来派はなによりも19世紀的な芸術と芸術理解に対する破壊運動であった。歴史意識が過去の芸術との距離を自覚させ、すべてを博物館化した後は、偉大さへのパロディーか、偉大とされるものへの反抗だけが残る。ジョコンダ（ダ・ヴィンチの「モナリザ」のモデル）という名の下剤に狂喜し、かつまた、「図書館の書棚に火を放て」「美術館という恐るべき存在から養分を得ているような、気違いじみた、無責任でスノッブな過去崇拝にわれわれは反抗する」[「未来派宣言」(1909)]と叫ぶ未来派はひとつの偶像破壊運動であったが、『生に対する歴史の利と害』のニーチェも知の過剰を忌み嫌う反抗運動に棹さしていた。だが、そこに確実にあったモダニズムの原理をニーチェはやがて放棄し、こうした革新運動が持つ両義性の罠に捕われていくが、その運命は未来派も逃れることができなかった。とくにマリネッティなどは、戦争肯定論者となり、ついにはムッソリーニの協力者となる。「戦争、それはわれわれの唯一の希望」と鼓吹するマリネッティは、「私はあなたがたに言う。よき戦争*こそはなにごとをも聖化する」と豪語するツァラトゥストラの美的力動主義の危なさをそのまま継承している。世紀転換期の革新運動でありながらも、未来派の基盤には、リゾルジメント（イタリア統一運動）の高揚感があり、ヴェルディのオペラやヴァーグナー*崇拝があったこともここには作用していよう。未来派の革新性を評価しつつも気の触れた小市民の運動ときめつけるトロツキーの未来派論にも一定の真理性があろうし、エルンスト・ユンガー*、シュルレアリスム*、そして近くは三島由紀夫*における芸術と政治の怪しい同一化の根がニーチェにもあることを感じさせる。

（三島憲一）

ミル　[John Stuart Mill 1806-73]

　ニーチェがイギリス*流の「ヨーロッパ的卑しさ、近代の理念の賤民主義」を問題にするとき、凡庸なイギリス人の代表として罵倒したのが、効用性にもとづく道徳を唱えたJ. S. ミルであった[『善悪』252, 253]。そもそもニーチェが功利主義*者の著作としてまともに読んだことがあるのは、1869年以降刊行されたミルのドイツ語訳全集の一部だけであり、コント*に関する知識もそのなかの「コントと実証主義」から得ていた（なお、ニーチェが読んだ翻訳の一部は若きフロイト*によるものである）。ニーチェにとって、「ある者にとって正しいことは他人にも正当であり、自分が欲しないことを他人にしてはならない」というミルの説は、よい行いには報いがあるとする「給付の相互性」という、行動を金銭に換算して数えるような下劣な考えであるばかりか、そもそも等価の行動があるという誤った前提にもとづくものであった。それゆえ、この格言は高貴*な行動の個別的な価値を否認するものであり、何よりも平等を欲する大衆の「畜群*の本能」を暴露しているとされる[遺稿 II.10.370f.; II.12.105f.]。ミルの「共感と同情および利他の説」はキリスト教*の道徳を「人間愛」の道徳哲学に鋳直したものにほかならないというのである[『曙光』132]。さらに彼は、私的享楽の追求も人間がそれを他者と分かち合おうとするかぎりは道徳的に正しいはたらきをするが、他人を引きずり下ろそうとする支配欲だけはどうしようもないというミルの言葉を逆手にとって、これは飽くことなく支配を欲する「力への意志*」こそまさに「唯一絶対に非道徳的なもの」であるということを示すものだとしている[遺稿 II.10.42f.]。→イギリス／イギリス人，功利主義　　　（大石紀一郎）

民衆

　『ツァラトゥストラ』*の「序説」において、下山直後に市場で民衆に向かって「超人*とおしまいの人間*について」説教し、理解を得られなかった主人公は、その翌日、こう独白する。「一つの光が私の念頭に浮かんだ。民衆に向かってではなく、道連れに向かってツァラトゥストラは話すべきなのだ！……私は二度と再び民衆と話そうとは思わない」[『ツァラトゥストラ』序説9]。したがってそれ以後のツァラトゥストラの説教は、すべて少数の弟子や若者、すなわちエリートたちに向けられたものということになる。こうした設定はけっして偶然ではなく、むしろニーチェの生涯における民衆への態度の反映とみなさねばならない。一般に初期および中期のニーチェには、民衆への愛情や民衆の持つエネルギーへの評価を感じさせる発言も多少は見られるが、後期以降にはほとんど見られない。青年期に古典文献学*を専攻し古代ギリシアを愛したニーチェは、「高級文化は二つの異なった階級、……強制労働の階級と自由労働の階級が存在するところにのみ生じうる」[『人間的』I.439]という文化観を持っていたし、歴史の見方としては、「民衆というものは6人か7人の偉大な人間に達するために自然のとる回り道である」[『善悪』126]という天才*・英雄*史観を持っていた。政治思想の面でもニーチェは17世紀フランス*を範例とする貴族主義（貴族*の支配）の支持者であり、民衆の支配を意味する民主主義*や、それにともなう普通選挙制度を何よりも嫌悪していた。ニーチェの紹介者や愛好者にはニーチェ思想のこうした過激な側面を緩和し弁護しようとする傾向があるが、ニーチェは民主主義的諸価値が支配的である近代社会において人間と人間の〈距離のパトス*〉や〈序列*〉の重要性を説き、〈価値の転換*〉を唱えた反時代的人間であり、彼の魅力はそうした民衆蔑視の側面とも不可分であることを、われわれは直視しなくてはならない。→民主主義　　　（清水本裕）

民主主義

　民主主義はこの言葉の産みの親である古代ギリシア人にとってかならずしも最良の政体を意味してはいない。民主主義にたいするニーチェの冷めた視線は、そうした古代ギリシア人の文献に通じていたことと無縁ではなかったかもしれない。もっともニーチェのいう民主主義の淵源を古代ギリシアに求めるのは、二重の意味で無理がある。第一に、ニーチェが民主主義として問題にしたのは近代以降の民主主義で、彼はその由来を古代キリスト教の時代ないしはフランス革命*に採っていたからである。また第二に、ニーチェは古代ギリシアの政体を、むしろ奴隷制にささえられた寡頭政だと解していたからである[『五つの序文』Ⅴ]。「ギリシアの国家」を語った初期の小論には、古代奴隷制の下での文化的隆盛を讃えながら、近代民主制下の文化的堕落を突いたくだりがある。「文化が民衆の意のままになるような場合には、……文化の軽蔑、精神の貧困の賛美、芸術からの諸要求の偶像破壊的な否定が起こるだろう」[同Ⅲ]。「万人の同権」や「人間の基本的権利」など「明々白々たる虚偽」だと喝破しているところを見れば、民主主義にたいする侮蔑的態度は明々白々たる事実である。これは、貴族制を称揚し、支配者道徳と奴隷道徳を峻別する姿勢に通じている。リンガーは、19世紀末から20世紀初頭にいたるドイツの教養層の文化的・政治的メンタリティに、民主主義を是とする政治風土がかならずしも自明の前提として定着していなかった事実を考察している[『読書人の没落』]。リベラルな政治感覚を培った近代派の知識人を無視して一概に言い切るのは危険だが、すくなくともニーチェがそうした政治文化を背景にしていることに違いはない。反民主主義にして貴族主義――ニーチェの言説を総覧してみれば、さしずめこう言って大過なさそうだ。

　しかしニーチェがしばしば反民主主義を公言してはばからなかったとしても、時期によってはかなり微妙な発言をしているのも事実である。ことに中期のアフォリズム*には、民主主義から出てくる（時として思わざる）結果を冷静に考察しようとする態度がうかがえる。たとえば宗教と国家*との歴史的関係を論じた一節では、「現代の民主主義は国家の衰亡の歴史的形式である」[『人間的』Ⅰ.472]と断じながらも、そこから生ずる結果をかならずしも否定的にみていない。国家と宗教の利害が手をたずさえ、宗教的起源にもとづく「政治的事柄の神的秩序に対する信仰」が生きていた時代は、民主主義の到来とともに終わる。民主主義は、国家における「最後の魔力と迷信を追い払うのに役立」ち、言ってみれば国家レベルでの脱魔術化に資する。だがそうなると、威信を失った国家の公務をめぐって党派同士の争いや私的団体の介入が起こり、結局は「国家の軽視と衰亡と死、私人……の解放」にいたるだろう。しかしニーチェの予測によれば、この衰亡ないし解放の結果に、何一つ良いものがないわけではない。むしろそれは一方で「国家よりもいっそう合目的的案出物が勝利を収める」ことに導くかもしれない。ニーチェは別のアフォリズムで、「民主主義化の傾向の蔓延がもたらす実際上の帰結は、まずヨーロッパの諸民族連合であろう」[『人間的』Ⅱ-2.292]として、民族*の過去の古臭い記憶（たとえば旧国境線への民族的な執着）から脱した連合の可能性をすら予言している。また他方で民主主義が、行き着くところ、個人ならぬ私人（Privatperson）の解放を促すとすれば、それは「できるだけ多数の人々に自由独立を作り出し、意見・生活様式・営業の自由独立を保証しようと欲する」[『人間的』Ⅱ-2.293]だろう。それは無産者・富者・党派など徒党をくむ輩を排除し、各人の怜悧さと利己心によって自立した自由な私人たちの道を切り開くはずである。

ミンゾク

中期にみるこうした民主主義の考察には,初期とは異なった二,三の特徴がみてとれる。第一に,ニーチェは過去のプラトン*的な理想国家を想起しながら現状を嘆くことはせず,むしろ「ヨーロッパの民主主義は止めがたい」と現状を冷静に受け止めることから思索をはじめている。第二に,現状を冷静に受け止める態度は,民主主義による過去の断絶を初手から否定的に捉えず,その積極的意義を評価していく姿勢に通じている。「民主主義は……われわれと中世との相違を明示するゆえんの途方もない防止的方策の鎖の一環」なのであり,「野蛮に対し,疫病に対し,身体的および精神的奴隷化に対する岩壁と防壁」なのである[『人間的』Ⅱ-2.275]。さらに第三に,過去との断絶を強調する姿勢は,民主主義がもたらす結果にある可能性をすら読み取ろうとする態度に導いている。ニーチェは「民主主義を来るべきあるものとして論じている」のである[同 Ⅱ-2.293]。

しかし中期のこの冷静な態度にも,民主主義から距離をおく姿勢が貫かれているのを見逃せない。ニーチェは初期と同じく中期でも民主主義そのものを評価するというより,つねにそれをある何ものかの手段とみなしている。またこれと関連して彼は,民主主義の運動を政治に固有の次元として見てはいない。中期にはなお政治固有の問題から考察する傾向が強いが,後期になると違った傾向が顔を出す。民主主義は政治の問題というより道徳の問題である。「道徳は今日のヨーロッパにおいては畜群*の道徳である。……〔そして今日〕もっとも崇高な畜群的欲望に迎合し,媚を売った一つの宗教〔キリスト教〕の助けによって,事態は,われわれが政治的・社会的な制度のなかにまで,いよいよ明らかにこの道徳の表現を見いだすところまで進行している。たとえば,民主主義の運動はキリスト教*の運動の遺産となっているのだ」[『善悪』202]。〈神の下での平等〉というキリスト教思想を〈法の前での平等〉と政治的にすりかえると民主主義になる。民主主義は中期のニーチェでは「国家の衰亡の歴史的形式」とされていたが,今では「むしろ人間の衰亡形式,……人間の凡庸化と価値の低減と見なされる」[『善悪』203]。民主主義とは政治レベルにおける人間の部分的退化ではなく「人間の全般的退化」の兆候にほかならない。

ニーチェにとって民主主義は賤民*の支配に等しい。彼は民主政と衆愚政(Ochlokratie)の区別などは信じていない。その上,ニーチェは民主主義を政治的次元に限定してみるより,文化・道徳の次元に関わるものとみる視点が強い。彼の観察の鋭さや独創性がそうした視点の選択に光っていることは疑いなかろう。けれども,この非政治的人間がみせる政治的考察の一種の粗さがそこにうかがえるのも否定できない。ニーチェをファシストと呼ぶのは無理だが,彼の言説からファシズムに似た思想を捏造してみることは無理ではない。→フランス革命,賤民,平等への意志,社会主義 (木前利秋)

民族

民族についてニーチェは明快な定義を下してはいないが,少なくとも初期においては何か統一のあるもの,いや統一のあるべきもの,しかもその統一とは政治的というよりは文化的統一である,と考えていることは確かである。「文化とはなによりも,ひとつの民族の生の表現のいっさいに及ぶ芸術的様式の統一である」[『反時代的』Ⅰ.1]という有名な定義にもそれは窺えよう。とするなら,民族に文化的統一を与えるものは何か。『悲劇の誕生』*によればそれは神話*である。「神話なくしてはあらゆる文化はその健全な創造的自然力を失うのであり,神話によって取り囲まれた地平によってはじめてひとつの文化の運動全体は統一のあるものにまとまるのだ。……ギリシア人は,あらゆる体験をすぐさま

自分らの神話に連結するよう，いやそれどころか，この連結によってのみ体験を理解するよう，思わず知らずのうちに余儀なくされていた。そのことによって，かれらにはすぐ目の前のこともただちに永遠の相の下に，ある意味では無時間的なものとして現れざるをえなかったのだ。しかし，この無時間的なものの流れのなかに国家*も芸術*も身をひたして，瞬間*の重荷や欲望から身を守る安らぎを見いだしたのである。そして，ひとつの民族とは——ひとりの人間にしてもそうだが——まさに，おのれの体験に永遠の刻印を押しうる限りにおいて，価値をもつものなのだ。というのも，そのことによってその民族はいわば世俗を脱し，時間は相対的であって生の真の意義は形而上学的なものだという無意識の内的な確信を示すことになるからである」[『悲劇』23]。歴史主義*的相対性のあずかり知らぬところで永遠性のうちに安らう，そのつど完結しつつ成長する神話世界こそが，民族の統一を，「民族のものの感じ方の統一」[『反時代的』II.4]を保証するのである。なぜなら，概念をもって思索するのではなく，「次々に現れる出来事や行動や苦難を介して一つの世界像を提示する」「それ自身一箇の思考である」神話こそ，民族的民衆の思考法であるからである [『反時代的』IV.9]。しかるに現代では，いっさいは「世俗の相のもとに」「今という時間の相のもとに」見られており，神話は喪失され，「あらゆるしきたりの敵であり，人間同士の間に生じたあらゆる人為的な疎外と意思不通との敵である，ものの正しい感じ方」[同 5]も，したがって，本源的自然への帰還も，不可能となっている。それは，ギリシアの悲劇文化が知識崇拝のソクラテス主義によって滅ぼされ，近代世界が楽天主義的・アレクサンドリア的*文化にからめとられているにほかならない。ところが，いま現在これと正反対の過程が，ほかならぬドイツで生じようとしている。ソクラテス的楽天主義の暴威にもかかわらず，ルター*以来受け継がれてきたドイツのディオニュソス*的音楽精神から，ヴァーグナー*の手によって悲劇が再生されようとしているのだ。それゆえ，本来的ドイツ精神の純粋性が守られねばならない。「ドイツ的本質の純粋で力強い核心をおおいに尊重するわれわれとしては，暴力的に植え込まれた異国の要素をそれがおのれから排除することをあえて期待し，また，ドイツ精神が自己自身に立ち帰る思慮を持つことは可能だと認める。おそらく多くの人々は，ドイツ精神はラテン系の要素の排除から始めなくてはならない，と思うだろう。そのための外的な準備と激励を最近の〔普仏〕戦争の連戦連勝の勇敢さと血塗られた栄光に認めるかもしれない。しかし，内的な強制力は，競争心に，つまり，この道の崇高な先駆者たち，ルターをはじめわれわれの偉大な芸術家たちと詩人たち，にいつでも匹敵するものでありたいという競争心に，求めなくてはならないのである」[『悲劇』23]。確かに国粋主義的あるいは排外主義的といえる文言であるが，しかし同時に，ニーチェの主眼はあくまで精神文化にあり（むろん，だからこそ問題の根はより深いことになるのだ，ともいえよう），それゆえに，一方で『反時代的考察』などで戦勝気分に酔うドイツ文化の野蛮に激しい批判を浴びせることもできたのだ，ということも忘れてはなるまい。

かくして，民族は統一的文化の基盤をかたちづくることになる。しかし注意しなければならないが，それはあくまで基盤ないし土壌にとどまるのであって，文化の精華はむしろ，民族を母胎として産出される芸術*や宗教の天才*にある，とニーチェは考える。「民族〔民衆*〕の無意識からほとばしり出てくる最高で最貴な教養*〔形成〕の力は，天才を生み出し，次いで天才を正しく育て上げ世話するところにその母性的な使命を有してい

るのであり、……天才は本来、民族の教養から発生するのではなく、いわば形而上学的な起源、形而上学的な故郷をのみもっているのである。だが、天才が現象界に現れて民族のまっただ中から浮かび上がってき、その民族の本来の力すべての、いわば反射像を、旺然たる色彩変化を、表現するということ、そして天才は個人という比喩的存在のうちで、また永遠の作品のうちで、一民族の最高の使命を認識させて、そのことによって彼の民族そのものを永遠なものに結び付け、瞬間的なものの変転する領域から救い出すということ——こうしたことすべてを天才がなしうるのは、天才が民族の教養という母胎のなかで成熟し養育されたときのみなのである——他方、庇護し暖めてくれるこの故郷をもたないならば、天才はその永遠の飛翔にむけて翼をひろげることはできず、冬の荒野にさまよう異邦人のように、招かれざる土地から悲しげに、早々に忍び去るであろう」[「教育施設」Ⅲ]。こうして、文化の土壌と精華という、民族と天才の相互依存的調和関係が明らかにされるとともに、先にいわれた、民族と永遠との結合も、直接的なものではけっしてなく、すぐれて芸術的宗教的天才という媒介を経てのことであることが理解される。なぜなら、天才、「形而上学的起源」をもつ天才こそが、永遠を呼び寄せるのだからである。(神話も、真正の悲劇作家*の作品のなかで音楽によって活性化されてはじめてその使命を充全に果たしうるのだ。)

だが、中期の『人間的』*の「午前の哲学」が鬨の声をあげると、ニーチェはこうした天才崇拝の陶酔から醒め、それとともに、上述のごとき文化民族主義とも訣別する。『人間的』以降、「ヨーロッパはひとつになろうとしている」[『善悪』256]情勢のさなかニーチェが目指すのは、民族主義の偏狭さと民主主義*・社会主義*による人間の水平化との左右の隘路をぬって「良きヨーロッパ人*」たらんとすることである。もっとも、天才産出の土壌としての民族というあの図式が、跡形もなく消え去るわけではない。「民族とは、自然が6、7人の偉大な人間に達するためにとる回り道である。——その通りだが、その次には彼らを迂回してゆくためのものだ」[同126]。しかし、ここに浮かぶ皮肉な表情は覆うべくもないだろう。ともかく「良きヨーロッパ人」を視点に据えることで、それに伴い民族に関する思想もおのずと練り直されることになる。その模様は『ツァラトゥストラ』*の二つの章「新しい偶像」および「千の目標と一つの目標」に示される。そこに見られるのは第一に、国家と民族の峻別であり、いわば民族の非政治化である。これは、民族の純粋性を守ろうとする考え方とも共通する、おきまりのパターンかもしれない。ただし、一民族の民族としての同一性を、ニーチェは人種*の純血性に認めているわけでもなければ、神話的系統の正統性に求めることももはやない。むしろ、近代国家——その功利的権力志向を満足させるために、いかなる価値観・思考法を借りてき、また盗み取ってきて恥じることのない、それゆえそこではいっさいが「贋物」となってしまう近代国家——のうちに民族がからめとられてしまい、そのために民族に認められてしかるべき歴史的に固有な在り方が見失われてしまうのを、防ごうというだけである。ならば、民族のその固有性とはなにか。それをニーチェは、それぞれの民族および民族を母胎とする「創造者」「愛する者」による、その民族に独自の善悪の価値評価に見る。もはや天才的芸術文化の土台として規定されるのではなく、成員すべてに共有され、それゆえ成員すべてを愛によって結合する、固有の善悪の価値観に立脚する共同体——それが民族となったのである。換言するなら、「この地上にそれ以上に大きな力はなかった」とされる善悪の価値観のその源が民族なのであって、その意味でいまや民族は

価値共同体としての相貌をより明確にした,といってよい。しかもそのことは,民族的本質を尊重するとはいえ,あくまで冷めた眼差しで看取されており,また,「集団にかかわる喜びの方が,自我にかかわる喜びよりも古く,自我には良心*の疚しさがつきまとっていた」とか「個人とはごく最近の産物なのだ」[以上『ツァラトゥストラ』I-15]という中期以来の「慣習道徳*」についての系譜学的由来の透徹した考察との関連のもとで,割り出されてくる。系譜学的考察のなかに民族を位置づけているからには,価値の民族的思考はいかに強力なものであれ,「太古」のものとして歴史的に相対化されていることにもなり,その相対化(ニーチェにとってそれは,『悲劇の誕生』や『反時代的考察』で批判された歴史主義的相対性とはまったく似て非なるものであろう)をふまえたうえで,これまでの「千の」民族的目標を越え突破する「一つの目標」,人類的目標のパースペクティヴが開けてくる。そして,その「一つの目標」に向けられていた後期ニーチェの眼差しとは,少なくともさしあたりはあの「良きヨーロッパ人」への視線であったことは,言うまでもないだろう。→神話,国家,人種,天才,ドイツ/ドイツ人,良きヨーロッパ人　(須藤訓任)

ム

無意味　⇨意味と無意味

ムージル　[Robert Musil 1880-1942]

　ムージルは原著で1600ページになる未完の長編小説『特性のない男』でプルースト,ジョイス*とならび称せられるオーストリア出身の作家である。18歳のときニーチェを読み,決定的な影響を受けた。『特性のない男』にも主人公ウルリヒからニーチェ著作集を贈られるニーチェ崇拝者のクラリッセという女性が登場する。しかしもっと本質的なことは,ムージルが小説というジャンルのなかに大々的に哲学的な思索と議論——なんとこの小説の3分の2がそうした議論からなる——をもちこむことにニーチェが大いにあずかった,いいかえればムージルが現代小説の一つの方向をきわめるのに詩人哲学者ニーチェの存在があったということであろう。

　ところでこの「特性のない」という概念であるが,まずは現実に対する批評的態度をあらわしている。通常ひとはたとえば会社員であり父であり,また野党支持で社交的であったりといった諸特性をもっている。しかし,これらの特性は別様でもありうるのではないか。脱サラして自営業を営んだ方がむいているかもしれないし,性格だって変わるかもしれない。ちなみにサルトル*は,対自存在という概念で「～である」(特性)を否定するところに人間のもっとも基本的あり方をみる極端な議論を展開した。ムージルは〈現実感覚〉に対して,ウルリヒに具現される〈可能性感覚〉を対置しているが,これは人間のみならず世界をもふくめた現実をいわば〈偶発性〉(Kontingenz－別様でもありうるが現在たまたまそうなっていること)と見る立場である。もちろんその反面,この「特性のなさ」はもはや確固としたアイデンティティをもちえないで悩む現代という時代を反映してもいるが,ムージルにあっては人間を可能性として,ポテンシャルとして考える肯定的,ユートピア的色彩がつよいのである。さて,この「特性のない男」が本領を発揮する場面はいったいどこであろうか。「真理をもとめる人間は学者になり,主観性の戯れをのぞむ人間は作家になるだろう。しかし,その中間にあるなにものかをもとめる人間はどうすればよいのか」,この真理にも主観性にも還元

されない中間領域こそ、道徳つまり規範の領域にほかならず、ここに照準してムージルはエッセイズム（試行＝批評主義）を提起するのである。ある行為の本性や価値は、それが属している変動する総体に依存する。殺人はときに犯罪になり、ときに英雄的行為になる。この小説のなかでモースブルッガーという娼婦殺しが重要な役割を演じているのは故なしとしない。猟奇殺人といった事件は、老朽化し平均値におちついた道徳を揺り動かすからである。「あらゆる道徳的出来事は、ある力の場でおこり、それらの出来事には、一つの原子に化学的な化合のいくつもの可能性がふくまれているように、善と悪とが同時にふくまれている」という厳密な科学の方法を思わせる認識にたって、なおかつ「正しい生」をもとめるときに、ひとは試行的に、つまりエッセイを書くように生きるのである。とはいえ、それはその場かぎりのいい加減な認識と生き方ではない。「エッセイとは、一人の人間の内的生活が一つの決定的な思想において表現される、一回的な、変更不可能な形態」だからである。それは真理が諸科学という細分化された部分に配当され、その一方で全体をとらえようとする哲学がニーチェ流に「哲学者は軍隊をもっていないために、世界を一つの体系に閉じこめることによって世界を征服する暴力的な人間である」と洞察されたあとに残されたもっとも真剣な生き方であり、認識のあり方かもしれない。

そしてこのルカーチ*やアドルノ*のエッセイ論と一脈通じるエッセイズムは、ムージルの場合最終的には「母乳に鎮められるかのような」一種の幸福感と融合する。分析的に現実を諸要素に解体し、それらのさまざまな組合せを想定し、その上である型を確定する。その果てに「たんに風が遠くからある知らせをはこんでくるかのような」次元に踏みこむのである。「知らせ」は「福音」とも読める。古井由吉はその『ムージル　観念のエロス』のなかで、他の小説にふれてではあるが、的確にムージルの精神の型をいいあてている。すなわち「ずいぶん厳密に観念を分析し、つきつめていって、その観念が解体しかかる頃に抒情的な動きがあらわれ、超越的な方へ振れる。……いわゆる現実というのが自明なものとして踏まえている諸観念、それを分析的につかんでいく、つまり解体していくわけです。解体を重ねた果にのぞくのは虚無とか荒涼というものです。その近くまでいくと、文章の調子が変わる。抒情的になって、何かいわく言い難いものの予感を語る」と。ニーチェならば、「永遠回帰*」とか「力への意志*」と口走って、性急に全体をいいあててしまおうとする手前でムージルはとどまり、そこからふたたび小説の表現にたちもどるのである。しかし、そのエッセイズムは、ニーチェのアフォリズム*と抒情詩の精神を、もっと謙虚で洗練された形で受け継いでいるのではないだろうか。『特性のない男』というライフワークが、長い歳月をかけながらも未完であったことは、この作品をめぐるムージルの悪戦苦闘がついにそのタイトルに忠実であったようにも思えるのである。ちなみにムージルは、オーストリアがドイツへ併合された1938年、ナチス*への協力を要請されたがこれを拒否、スイスへ亡命し、1942年この地で死去した。

（中尾健二）

無神論　[Atheismus]

「神は死んだ」という根本経験は、ニーチェ思想の大前提であり、自明の歴史的事実性だった。「近来の最大の事件、神は死んだということ、キリスト教*的神への信仰がもはや信ずるに足りなくなってしまったこと、それはすでにヨーロッパ中にその最初の影を投げかけ始めている」[『智恵』343]。しかし無神論とは、本来「有神論」への対立概念であり、神の存在証明への懐疑もしくは神の非存在を論証しようとする哲学的論議をさす。そ

れはすでにフランス啓蒙思想のうちに展開されていたにかかわらず，ドイツでは，現実を聖化しようとしたヘーゲル*の壮大な試みのために著しく遅れをとり，ショーペンハウアー*によって初めて公然と主張されたとニーチェは考える。しかしこれまでの神の存在証明への反駁はいずれも不充分であり，彼は「最終的な反駁としての歴史的反駁」[『曙光』95] を試みる。それは神が存在するという信仰がいかにして発生したかを解明するものであり，それによって，もはや神の存在証明への反駁は余計なものとなるとニーチェは考えた。負い目*，罪責感などの道徳感情の発生を分析する暴露心理学がその方法となる。だから無神論の決定的勝利は「第一原因に対する負い目という根深い感情からの解放」であり，「無神論と第二の無邪気さ（無垢）」とは切り離すことはできない，『系譜』Ⅱ.20]。しかしこのような「無条件的に誠実な無神論」の持つ厳しさ，潔癖さは，他面では，じつはキリスト教的良心の厳しさに由来するものであり，キリスト教自身の自己徹底，自己止揚という側面を持っている [『智恵』357]。この意味ではニーチェの無神論は，19世紀の実証主義的ないわゆる「科学的無神論」と重なり合いながら，やはり「宗教的無神論」であり，またハイデガー*が摘出してみせたように，最高価値の没落としてのニヒリズム*へと帰結するプラトニズムの形而上学*の前提の上での運動だったとも言えよう。→神の死，ショーペンハウアー　　　　　　　（徳永 恂）

無政府主義　　⇨アナーキズム

無への意志 [der Wille zum Nichts]

　無への意志とは，力への意志*の頽落的な現象形態であり，力への意志が弱者においてとる形態である。ニーチェによれば，生の本質は力を意欲することであり，「意欲するとは一般に，より強くなろうと意欲すること，成長しようと意欲することと同じである」[遺稿Ⅱ.10.352]。生*の本質がこうした絶えざる自己超克にある以上，生にとってなにも意欲しないことは，おのれ自身の本質的可能性を放棄することにほかならない。したがって，「人間の意志はなんらかの目標を必要とする――そして何も欲しないよりはむしろ無を欲する」* [『系譜』Ⅲ.1]。意欲しないことの空虚さを恐れることこそは，人間の意志の根本事実なのである。ところが，弱者は地上における生存によって負わされる苦悩を是認し，その苦悩に耐えて生成しようとするおのれの生の現実を肯定するだけの強さに欠けているために，現実世界のうちになんらかの目標をも見いだすことができない。そこで弱者は，現実世界から逃避し，もともとはおのれの自己保存*のための目安にすぎない価値を甘美にして理想的な超感性的価値へ祭りあげ，これによって逆に生を抑圧しようとする。こうして，そうした超感性的価値はそれ自体としては幻影であり，無にすぎない。つまり，弱者は生を否定し，無を意欲するのである。無への意志はたしかに「生に逆らう対抗意志」として現れるが，その根底には「あらゆる手段をもって自己保存をはかり，自己の生存のために戦っている頽廃的生命の防衛本能ならびに治癒本能」[『系譜』Ⅲ.13] が働いているのである。無への意志とは，弱者のエゴイズムであり，ニヒリズム*である。ニーチェによれば，キリスト教*も，ストア*以来の禁欲主義的理想も，インド*の宗教（バラモン*教と仏教）も，無への意志の現れとみなすことができる。→『道徳の系譜』，「人は何も欲しないよりはむしろ無を欲する」

（村岡晋一）

メラー・ファン・デン・ブルック [Arthur Moeller van den Bruck 1876-1925]

ラインラントのゾーリンゲンに生まれる。青年時代ボヘミアン的生活を送り、文芸評論家として、また詩人として活躍した。ドストエフスキー*の翻訳者としても知られていた。彼が政治に目を向けたのは第一次大戦中であった。大戦後の11月革命が彼のコースを決定づけた。1918年に保守革命の理論的リーダーになる。ラングベーン*やチェンバレンの系譜に連なる思想家のなかでは最もニーチェの影響を受けたとされるが、ニーチェの文化批判を、旧世代の自由主義*やキリスト教*の博愛主義を攻撃するための武器として利用し、ワイマール期の反民主主義的風潮のなかでニーチェの通俗化に一役買った。ニーチェの超人*は進化に形而上学*的意味を与えるものだとして、ニーチェが力への意志*の道徳を人種*や民族*に拡張しなかったことに不満を表明している。彼はヴェルサイユ条約こそドイツの奴隷化をもくろむものであると断じ、反資本主義的・反西欧的・反アメリカの生き方を鼓吹し、革命共和国、自由主義と社会民主主義をドイツの政治的活力を衰弱させるものとして攻撃した。民族主義的で人種論的論陣を張り、1922年に『第三帝国』を書き、ドイツ神聖ローマ帝国、ビスマルク*帝国、そして将来の民族主義と社会主義の混合した帝国をえがいた。しかしそれはナチス*のゲッペルスらの千年王国論的な第三帝国からは一線を画したものであった。 (上山安敏)

文献 ▷ Fritz Stern, *The Politics of Cultural Despair: a Study in the Rise of the Germanic Ideology*, Berkeley 1961 (中道寿一訳『文化的絶望の政治——ゲルマン的イデオロギーの台頭に関する研究』三嶺書房, 1988).

メリメ [Prosper Mérimée 1803-70]

フランスの小説家。官吏であり、考証家でもあったメリメは、スペインに象徴される南欧への憧憬を学問的考証にねざした緻密な文体にとかしこんだ好中短編小説を多く残している。その中の一篇が『カルメン』である。1875年この小説にもとづいてビゼー*は歌劇「カルメン」を作曲する。反ヴァーグナーの立場に転じたニーチェにとってビゼーの音楽は天啓ともいうべきものであった。ニーチェは『ヴァーグナーの場合』の中で次のように言っている。「このビゼーの作品とともに人は湿っぽい北国から、ヴァーグナー的理想のあらゆるもやから訣別する。ドラマの進行がすでにそれから救済する。それはメリメから情熱(パッション)のなかの理論、最短の線、厳しい必然性を受け取っている」[手紙2]。ニーチェがビゼーの音楽に見てとったヴァーグナー*的デカダンス*への対抗軸としての「南方的なもの」の核に、原作者メリメが大きく影を落としていることはこの記述からも明らかである。またメリメの短編「エトルリアの壺」について「嘲弄的で気品があり、きわめて沈鬱である」[ペーター・ガスト宛1880.7.18.]と言っていることや、彼を「散文の巨匠」[『智恵』92]と評価していることを併せて考えるとき、ニーチェのメリメにたいする傾倒が並々ならぬものであったことがわかる。
→ビゼー (高橋順一)

メルロ゠ポンティ [Maurice Merleau-Ponty 1908-61]

『知覚の現象学』のなかで身体性 (corporéité) の現象学を展開し、遺稿『見えるものと見えないもの』のなかで〈肉〉(chair) の存在論を論じた哲学者ともなれば、「身

体*(Leib)を「大いなる理性*」と呼び、この身体が語りだす「大地の意義*」にふれつつ、「肉体を軽蔑する者」の愚かしさについて述べたニーチェの『ツァラトゥストラはこう語った*』に大きな共鳴を示しても不思議でないように思える。ちなみに、メルロ＝ポンティも、フッサールの「大地」という概念をきわめて重視し、われわれのこの「大地」への根ざし（implantation）の分析こそ現象学的思考の根源的位相をなすと見ていた。が、実際には、メルロ＝ポンティの著述のなかでニーチェの名はごくたまに断片的に挿入されるにすぎず（しかも無神論*やルサンチマン*論に定型的に言及するのみである）、ニーチェに関してとくに主題的に論じている箇所は見当たらない。

唯一、発見的に言及している箇所があるとすれば、それは、晩年のメルロ＝ポンティがみずからの哲学的思考を「非哲学」（non-philosophie）あるいは「反哲学」（anti-philosophie）というふうに逆説的に規定する下りである。「ヘーゲル*とともに何事かが終わった。ヘーゲルののち哲学の空白が生じた。といっても、その言わんとするところは、そこに思想家や天才が欠けていたということではなく、マルクス*やキルケゴール*やニーチェがまず哲学の拒否から出発したということである。彼らとともに、われわれは非哲学の時代に入ったと言わねばならないのではないか」[『講義要録』]。メルロ＝ポンティにおいて「非哲学」あるいは「反哲学」は、存在について直接語りだす伝統的な存在論や形而上学*を解体してゆく〈哲学批判〉の作業を意味している。メルロ＝ポンティは、この「非哲学によって哲学たらんとする哲学」の一つのモデルを、ニーチェの思想のなかに読み込んだのである。→現象学、大地の意義

（鷲田清一）

モ

モダニズムとアンチモダニズムの間
【Ⅰ】 モダニズムに潜むアンチモダニズム
——分別の難しさ　ニーチェの仕事はどの程度にまでヨーロッパのモダニズムの精神に棹さしているのだろうか？　あるいは、ルカーチ*が指摘するように基本的には〈理性の破壊〉を告知するもので、今世紀のヨーロッパに吹きまくったアンチモダニズムの嵐のはじまりなのだろうか？　未来派*（とくにボッチョーニ）の思想、ユーゲントシュティール*の芸術、ゲオルゲ*への影響、ハイデガー*による受け取り方と思いつくままに挙げても、その位置確定は難しい。

ところで、なにをもってモダニズム（モデルニテ、モデルネ）とするかの定義はそう簡単ではない。英語、フランス語、ドイツ語によってそれぞれニュアンスも異なれば、どういう議論のコンテクストで用いるかによっても、意味内容は大きく異なる。ニーチェとの関連で議論するには、アンチモダニズムをイメージすることから始めた方がいいかもしれない。ナチス*に利用される面が彼にあったことを頭におけば、アンチモダニズムとは、20世紀の反動と知的堕落を、そしてアウシュヴィッツと日本のアジア侵略を支えたイデオロギーを、また、そうしたイデオロギーの温床となった生活態度／生活形式を指すものとしていいであろう。具体的に言えば、制服であり、規律や訓練であり、命令であり、検閲と差別である。自分たちの文化の「本質」や特性についての特権的な知を僭称する議論であり、国家や民族に「殉じる」という発想であり、「故郷」の歌であり、「文弱の徒」への

軽蔑的発言である。その底には、なんらかの実体的な知や概念によっていっさいを分析し、切りつくしたいという「簡単な解決」への憧れが潜んでいるであろう。その意味では、スターリニズムもアンチモダニズムのひとつの姿であろうし、さらには1960年代後半の学生反乱にも、そうした退行の芽がいくばくかは潜んでいた。いや、問題の難しさは、こうしたアンチモダニズムのいくつかの特徴の反対物として想定されるモダニズムも、少なくともそれが政治的な形態を取ったり、政治的コミットメントを示す場合には、ほとんどつねにアンチモダニズムの暗い影を、分身として伴っているところにある。一部はムッソリーニに傾斜していった未来派の運命は象徴的である。その意味では、近代性（モダニティ）における最も先鋭な概念であった「革命」という思考形象にも、一片のアンチモダニズムが潜んでいると見ることもできよう。

こうした力と悪趣味と鈍重さの結合の正反対としてモダニズムを想定すれば、自由で磊落な文士であり、カフェーと酒場の生活であり、また、性モラルの無視と規則破り、突飛な服装（ダンディズム）とアヴァンギャルド芸術、アーバニズム（都会性）とインターナショナリズムが思い起こされる。それは、「解体」と「堕落（デカダンス*）」の肯定と大胆な表現の追求でもある。そこでは、政治への関心は多くの場合、政治への直接的コミットメントの拒否という逆説にもつながっている。――こうしたモダニズムを、近代化や合理化の過程のなかでどのように位置づけるかについては、種々の考え方があろう。たとえば、ハーバーマス*のように、19世紀後半以降の芸術家と芸術作品に象徴されるモダニズムを、近代における社会的分化の結果、さまざまな制度が成立してきた同じ過程の一貫として捉え、一見合理性の枠にあてはまらないように見える芸術上の現象も合理性の進化の枠内のこととする立場もある。いわゆる社会的近代化（その究極には国家や経済の徹底的組織化が生じる。したがってファシズムも近代の産物である）と文化的近代化を区別する考え方である。芸術上のモダニズムが現代において硬直した制度や市民社会の因習に挑戦状を叩きつける側面を重視するわけである。近代化の所産が、近代が生み出した暴力と抑圧の装置、それと同道している市民的生活形式に反抗する――これを近代的理性の反省能力の現れとして見る考え方がここにある。普遍性と特殊性が媒介されえないことに気づく理性の自己認識と言える。もちろん、そこには理性そのものへの訣別や、「母なるもの」への回帰願望や、権力と美の、夜と死の美学の絶対化への脱出（例えばセリーヌ、E. ユンガー*）もたえずつきまとってきた。その尾根わたりこそモダニズムのまさに栄光と悲惨の軌跡であろう。ここでも、モダニズムのなかには一片のアンチモダニズムが潜んでいる事態は変わらない（フーコー*がニーチェから刺激を受けつつモダニズム文学から訣別した背景にはこうした事情があるものと思われる）。

マクス・ウェーバー*が近代における理性の分化過程を正面から見つめることを学生たちに説きながら、ニーチェとボードレール*の名前を出すとき、彼は、問題のこの複雑さを念頭に置いていた。第一次大戦後の混乱の中で〈世界観の闘争〉に揺れ動くミュンヘンの大学生を前にした講演『職業としての学問』のなかで彼はこう述べる。「あるものは美しくなくとも神聖でありうるだけではなく、むしろそれは美しくないがゆえに、また美しくないかぎりにおいて、神聖でありうるのである。……また、あるものは善ではないが美しくありうるというだけでなく、むしろそれが善でないというまさにその点で美しくありうる。このことはニーチェ以来知られており、またすでにボードレールが『悪の華』と名づけた詩集のうちにも示されている。さ

らに、あるものは美しくもなく、神聖でもなく、また善でもないかわりに真ではありうるということ、いな、それが真でありうるのはむしろそれが美しくも、神聖でも、また善でもないからこそであるということ、——これは今日ではむしろ常識に属する」。価値の最終的な決定は、合理的には、ましてや学問的には不可能であることをウェーバーは再三にわたって強調し、学問が扱う真理の範囲に慎重な限定を施そうとする。モダンの時代にはそれ以外には無理だというのだ。ところが、ニーチェの叫びをもっと声高に叫ぶ学生たちには、理性の限界に関してニーチェも確認している事態（例えば「美しい魂の芸術と並んで醜い魂の芸術が存在する」『人間的』I．152］）が逆に作用して、アンチモダニズムへ転落する危険があることを、ウェーバーは正確に認識していた。だが、ウェーバーに倣ってニーチェを、文句のつけようのないモダニストのボードレールと（ウェーバーは実際に論敵ゲオルゲとともにボードレールの熱心な読者であった）並べて見るならば、そこにはまた、ニーチェ独特のモダニティも見えてくるというものである。

【Ⅱ】 **ライフスタイル**　まずは、個人的なライフスタイル。ニーチェはひっきりなしに旅行していた。バーゼル大学をやめてからの一所不住の生活はよく知られている。夏はスイス・アルプスからイタリア*へ降りる峠の手前、エンガーディン地方のジルス゠マリーア*で、冬はリビエラ地方で過ごし、その間に、所用も含めてドイツにも頻繁に戻っている。だが、新進の大学教授として「活躍」していた頃でも、公務のあいだをぬってでかけている。たとえば1872年だけをとっても、1月にはヴァーグナー夫妻のいるトリープシェンを数日間訪問、復活祭にはレマン湖に遊び、4月下旬はトリープシェンで過ごした後、5月22日バイロイト*の起工式に出席、社交に加わり、6月28日から30日にはマイゼンブーク*、ゲルスドルフ*とともにミュンヘンに行き「トリスタンとイゾルデ」*の上演を聞く。秋にはイタリア*行きを企てたが途中で引き返した。11月22日から24日シュトラスブルクでヴァーグナー*と会い、クリスマス休暇で帰ったナウムブルク*からワイマール*に出かけて「ローエングリーン」を聞き、ついでにライプツィヒ*を訪問している。他の年でも、復活祭、聖霊降臨の休み、夏季休暇、そして秋の学期の切れ目などには必ずでかけている。ベルナーオーバーラント、バーゼル*からドイツ領に入ってじきのバーデンヴァイラー、ジュネーヴとレマン湖、アルプスの保養地アクセンシュタイン、ルガノ湖、グラウビュンデン、シャフハウゼン、リギ、ルツェルン、ベルン、バーデン・バーデン、シュヴァルツヴァルト、友人を訪ねてドイツ側への国境を越えて一時期しきりと通ったレールラッハ……。南ドイツからスイスにかけての「観光名所」をひととおりカバーしている。蒸気機関車での、今から見ればとてつもなく時間と体力を要する旅*である。手紙のなかでも夜行のなかで眠れなかったことをしばしば嘆いている。ヴァーグナーを聞くためにドイツの奥深くマンハイムなどにも出かけている。上流階級の休暇が日常化し、施設も整備されはじめた時代の生活形式が彼にも浸透していたことがわかると同時に、文化的催しに応じて知的エリートが国境を越えて移動し始めた時代でもある。一部の人には懐かしいこうした19世紀のホテルと汽車のなかには、モダニズムを育む新しい感性が生まれていたのである。また晩年の旅には、これまたモダニズムの重要な側面であるインテレクチュアル・ボヘミアンの要素が加わる。高山の氷河、地中海の波——人間のいない世界への憧れが彼を捉えることになる。だが、それが真に都会的モダニズムでないことは、たとえば、ニーチェと同時期に地中海で孤独なヨットの旅をしていた狂気寸前のモーパッサン*

と比べてみるとよくわかる［『水の上』参照］。モーパッサンの場合には、パリの都会があった。彼は突然ヨットを港につけ、パリに帰る連絡をする。「私はまた友人と会って株の話がしたくなった。その場にいない人の悪口を徹底的に言ってみたくなった。酒をのみ若い女性の姿を嘆賞したくなった」。この要素はニーチェにはない。彼は酒も煙草もやらず、服装も終始ドイツの大学教授のそれであった。あの独特の髭は、失敗したダンディズムの一種なのか、単なる権威主義なのか？ 全体として見れば、ニーチェにもたしかに一定のインターナショナリズム（英語もフランス語もいつのまにか自由に読めるようになっていた）はあったが、アーバニズムにはどことなく欠けているようだ。

とはいえ、土着性こそニーチェの徹底して嫌悪したものである。とくにその土着性が、生まれ育った町の市民道徳と結びつくときはなおさらであった。ルー・ザロメ*との一件を不道徳と詰る母や妹の体現する小市民の物の見方は「ナウムブルクの道徳」以外のなにものでもなかった。ドイツの地方性と結び付いた徳には徹底的に無縁であろうとニーチェはしている。そうした田舎から脱出した者の消息を控え目に語るあるアフォリズム*にはこう記されている。

「幸福と文化——子ども時代の環境を見るとわれわれは衝撃を受ける。庭のあずまや、教会と墓地、池と森——これらに再会するときのわれわれはつねに、悩み苦しむものである。自分自身に対する同情の念に襲われる。あのとき以来、なんとさまざまな苦しみを味わってきたことか？ ところが、ここに戻ってみるとすべては静かで、元のとおり変わっていない。自分だけがこんなに変わってしまった。こんなに激しい変動を経験している。さらには、時間の歯車が、オークの木に与えた以上の痕跡は残していないような人々にも何人か出会う。農夫、漁師、森の住民たち——彼らは元のままだ。低い文化を見たときの衝撃、自己憐憫の思いこそは、より高い文化のしるしである。そこからわかるのは、このより高い文化なるものによって幸福が増すことはいずれにしてもなかったということである。人生から幸福と安楽さを刈り入れたいと思う者は、より高い文化をつねに避けるようにさえすればいいのだ」［『人間的』I. 277］。反省度の高い文化への脱出は、幸福の実現とは無縁である。それはウェーバーからハーバーマスまでのモダンのディスクルスが示したことの先取りでもある。こうした悲哀感はまたなかなか成功しない脱出への強い決意ともなる。「友よ、逃げだそうではないか。どんよりした空の下から、物を書く老嬢から。退屈していられるには、人生はあまりに短すぎないか」［遺稿 II .9.62］。

このようなメンタリティーである以上、彼はヴァーグナー周辺から宣伝される反ユダヤ主義*を徹底的に嫌っていた。ある文化についての好き嫌いはあっても（趣味*の美学）、そうした質の差がなんらかの人種理由によるという考えは、まったく受け入れられなかった。それは啓蒙以降の科学の洗礼を充分に受けていたためである。それどころか、「良くドイツ的であることは、脱ドイツ化することである」［『人間的』II-1.323］と言ってはばからず、ヨーロッパ文化に寄与したユダヤ人の意義を強調してやまなかった。そう言えば、ウェーバーもあの浩瀚な『宗教社会学論集』のある註で、人種によって文化の違いが生じるという説を丁寧に調べた後に、その無根拠性に厳しい判決を加えている。モダンの精神の最大公約数のひとつがここに認められる。にもかかわらず、ニーチェはある特定の民族と文化時代を絶対化するという反近代性を示している。言うまでもなく、ソクラテス*以前のギリシア文化であり、挙げ句の果ては、さらに遡ってオリエントの砂嵐のなかのツァラトゥストラに向かうことになった。こ

こには，どのような論理が働いているのだろうか。そのためには，モダンの時代についてのニーチェの批判的態度に触れておく必要がある。

【Ⅲ】 モダンの時代への批判　彼にとって現代，つまりモダンの時代とは，アクチュアルな生と無縁な歴史的教養*が横行し，人々がロマン主義的な感溺に陥りやすい時代である。そこにあるのは，「さまざまな偉大な様式のカーニヴァル」「歴史的愚鈍さの超越論的高み」「世界史のパロディー」[『善悪』223]でしかない。そして，啓蒙とフランス革命*以降の状況は「モダンなさまざまな理想の癲狂院」の生活[『智恵』350]と等しく，人々はただ無際限に議論するだけで，いかなる解決や価値も見いだせていない。唯一の価値は，善悪の基準を知っているという高慢でしかない[『善悪』202]。そういうモダンの人間たちに対して，彼らがどんなにいやがろうとはっきりと言ってやるべきは，彼らは「畜群*動物」[同]でしかない，ということであり，その同情道徳への批判である。「心理学者は，同情の説教者たちに固有のいかなる虚栄と馬鹿騒ぎの奥にも，自己軽蔑のしゃがれ声のうなり，その真の音色を聞き取るであろう。この自己軽蔑はもう一世紀のあいだもその度を強めつつあるヨーロッパの荒廃と醜悪化の，原因ではないとしても，一部である。……〈近代的理念〉の人間，この高慢な猿はどうしようもなく自分自身に不満である。これは確実なことだ。彼は悩み苦しんでいる (leiden)。そして彼の虚栄心*は，彼がなんとかして〈ともに苦しめれば (mitleiden)〉(同情できれば) いいのにと望んでいるのだ」[『善悪』222]。あるいは次のようにも言っている。この時代には，建築などの流行は過去のスタイルを真似してどんどん変わるが，服装に関しては最終的には仕事に最も便利な背広に画一化されてしまう。もはや，階層の差を表すために努力するという無駄は誰も払わ

ない。せいぜいが，誰でもが，とくに女性は比較のいい階層に属しているかのように一生懸命見せ，可能なかぎりは若々しく見えるように精一杯努力するだけである [「流行とモダン」『人間的』Ⅱ-2.215]。そういう時代であるからこそ，芸術家は「ヒステリーの最も近い親戚」[遺稿 Ⅱ.11.394] でしかない。感情を刺激し，一時の陶酔を観客や読者にもたらすことだけが目的であり，それによって時代の病を癒すかのような幻想にとらわれている。代表格はヴァーグナーである。「ヴァーグナーを通じてモダニティがその最も濃密な声を語り出しており」「ヴァーグナーにおいてモダニティが濃縮されている」[『場合』序文]。「中庸の基準と枠組みを知らぬ，不安に満ちた近代精神」[『人間的』Ⅰ. 221]のなかでは，どんな詩人も「実験する模倣人，大胆なコピー屋」となり，読者は「いっさいの芸術手法を有機的に抑制し飼いならすこと」こそが芸術*の課題であることを忘れてしまう[同]。

【Ⅳ】 太古の暴力的規範への回帰　「抑制し飼いならす」という表現でニーチェが考えているのは，ゲーテ時代以来の古典主義の伝統で「中庸*」(Maß) とか「抑制」(Mäßigung) と言われるものであると同時に，——これが決定的なことだが——ディオニュソス*を無理に抑え込んだドーリア様式の内に秘めた力，いや暴力*の魔力でもある。晩年の遺稿にはこうある。「ニュアンスを感じとり，喜ぶこと (——これぞ真のモダニティ)，一般でないものを感じ，喜ぶこと，これは，典型的なものをとらえることに喜びと力を感じるような衝動，つまりは最良の時代のギリシアの趣味のようなものとは正反対のものである。そのギリシノの趣味のなかには，生けるものの豊饒さを抑え込むものがあり，中庸 (Maß) が支配していた」[遺稿 Ⅱ.9.367]。

現代の平板化や画一化を嫌ったニーチェが「典型」を語ったり，牛*の豊饒を「抑え込

む」ことを重視したりすることが、いぶかしく思えるかもしれない。だが、そこにあるドーリア的なものへの志向の強力さは、とくに晩年のニーチェにはっきりしている。現代批判が古典的モダニズムに内属していることはガス灯と新聞を呪うボードレールでも明らかだが、それが反転して太古の「力」へ、人間が自己保存*のために生を抑え込もうとした記念碑への憧憬となっている。『悲劇の誕生』*ではアッティカ悲劇がモデルとなっていたのが、そしてそこにおけるディオニュソス*の誘惑的な描写はきわめてモダンであったのが、いつのまにかスパルタの武断政治と鍛錬に眼が向いていることがわかる。これはもうモダンからの訣別である（そう言えばニーチェを愛した三島由紀夫*も剣道場の美学に走った）。モダニティへの批判が強いモダニティを宿しながらも、アンチモダニズムを絶えず同伴し、ついには、その懐に飛び込むことになる事態がテクストの言葉にも読み取れよう。

周知のとおり、ロマン派以来、未来に求める可能性の源泉を遥かな過去に、それも過去においてすら実現しなかった可能性に求める思考形象があった。それはベンヤミン*にまでつながる知の伝統を作ってもいる。だが、この思考形象そのものには、アンチモダニズムに対する歯止めがない。ベンヤミンの場合には20年代の社会とユダヤ人としての自分の位置から、そしてマルクス主義*の洗礼のゆえに「敵」がどこにいるかは、けっして見失わなかったが、そうした歯止めのないときには、いつアンチモダニズムが噴出するか分からない危険がある。そして、このアンチモダニズムは、ニーチェが最も憎んだ小市民の自己保存欲望と、少なくともドイツでは、癒着し、ナショナリズムに回収されやすいものでもあった（ハイデガーはその好例）。また、日本でも、たとえば『近代の超克』に見られるように、「神を失った現代人」において生じた言語の平板化を乗り越えるのは、大和の「古びた御堂の幽暗のうちにおいてこそ光を放つ古仏」どころか「ただ御詔勅あるのみ」［亀井勝一郎（1942）］といった議論を誘いやすい。

【Ⅴ】見まがうことなきモダニティ ところが、こうしたアンチモダニズムへの落ち込みのいっさいにもかかわらず、ニーチェには、いかにしても否定できないモダンなところがある。たとえば「ドイツ人にはニュアンスを感じとる指先がない」［『この人』Ⅷ. 4］と書かれ、「ニュアンスこそは生の最高の獲得物」［『善悪』31］と述べられるとき、人は先に引いた「ニュアンスへの喜び」を近代性と見て、それにかたくなな強さを対峙させるニーチェとは異なるニーチェを見るであろう。実際彼ほど文体における繊細さを、ニュアンスとそのずらしを、多層的な音階構成を、論理の断絶と偶然の継続を重視したものはいない。それに伴う体系化の拒否（「体系*への意志は誠実さの欠如である」［『偶像』Ⅰ. 26］）にしても、未知の大陸への船出のモティーフにしても（「ついにわれわれの船はふたたび出発する。認識者のいっさいの冒険がふたたび許された」「船に乗れ！ 諸君、哲学者たちよ！」［『智恵』343, 289］）、こうした思考のパフォーマンス*は、芸術上のモダニズムに直接につながっている。ここではアンチモダニズムへ転落する危険は限りなく小さい。そして、ニーチェを最初に受容した者の多くは、こうした側面が、ドイツでは第二帝政期の市民文化に対して、イギリスではヴィクトリア朝時代の二重道徳に対して、そしてフランスのプチブル社会に対して、強烈な挑発となることを感じとっていた。バーナード・ショウ*、アンドレ・ジッド*、ヘルマン・ヘッセ*、多くの表現主義者*たちの作品や証言にそれは明らかである。世紀転換期にあっては、ニーチェのもつアンチモダニズムよりは、モダニズム芸術の立場からの抵抗が

ニーチェ受容の共通基盤であった。ユーゲントシュティールの芸術家で、『ツァラトゥストラ*の本のデザインをしているヴァン・デ・ヴェルデ一人を見てもそれは明瞭である。それに対してきわめて非ギリシア的な表情を見せる「力への意志*」の思想は、近代社会の現実をシニカルに映しているという意味でやはり「モダン」、つまり社会的近代の体現であった。だが、この「モダン」こそモダニズムの芸術がかなわぬ抵抗を試みたものであったのだということを忘れてはならない。→ニーチェとヴァーグナー──ロマン主義の問題, 美と快楽, 日本浪曼派とニーチェ, ウェーバー², ボードレール, 未来派, 旅　　　(三島憲一)

モーツァルト　[Wolfgang Amadeus Mozart 1756-91]

19世紀半ば以降の呪われた詩人や作家たちの多くは以前の時代の芸術家に批判的であったが、音楽のモーツァルトと絵画のラファエロ*だけはしばしば例外である。精神の分裂や人生の蹉跌に苦しむ、市民社会の繊細な末裔たちは、モーツァルトとラファエロに世紀末*の苦悩からのつかの間の休息を、ひとときの心のやわらぎを味わったようである。ニーチェにおけるモーツァルトも同じである。すでに『反時代的』[Ⅰ.5]では、アリストテレスがプラトン*について言ったという「彼をほめることすら、質の悪い連中はやってはいけない」という一文が、モーツァルトに関して引かれている。モーツァルトのなかに子どもの喜び、アラベスクの楽しみ、うっとりと惚れ込んだ魂の音調をニーチェは聞きとろうとしている。「モーツァルトの優美と心の優雅」[『人間的』Ⅱ-1. 298]は、まさにロココ精神の真髄、とされる。そして音楽というものは今まさに終わろうとする時代の精神を鳴り響かせるという彼の音楽文化論に即して、モーツァルトの音楽は「ルイ14世の時代、ラシーヌとクロード・ロレン*の時代の芸術を鳴り響く黄金のうちに描きだした」[『人間的』Ⅱ-1. 171]と言われている。しかも、こうした最後のロココ精神であるということは、「南ヨーロッパへの信頼」[『善悪』245]を抱いているということでもある。「モーツァルトは自分のインスピレーションを[ベートーヴェン*とは異なって]音楽を聴くことによって得たのではない。そうではなく、人生を見ることによってである。きわめて活動的な南方の生活を見ることによってである。彼は、自分がイタリア*にいないときには、いつもイタリアを夢見ていた」[『人間的』Ⅱ-2. 152]。好きなものは南ヨーロッパに、そして宮廷文化に置きいれるニーチェの思想の構造は、モーツァルトの場合でも例外ではない。その意味でモーツァルトが「ドイツ人でなかったのは幸いなことであった」[『ニーチェ対ヴァーグナー』Ⅳ.2]が、いずれにせよ、このような音楽が可能であった時代は過ぎ去ってしまった、という苦い歴史認識と、モーツァルトの名が一緒に出て来る。ニーチェの時代にはもう単純なモーツァルト好きであることは不可能であったことがわかる。

(三島憲一)

物自体　[Ding an sich]

初期のニーチェは物自体を二通りの仕方で概念化している。一つは、そのカント的定義に従って、人間には絶対的に認識不可能なX（超越的対象）としてであり、いま一つは、『悲劇の誕生』*にいう世界の最内奥の本質としての「根源的一者*」（ショーペンハウアー*の「意志」、カント*では「叡知界」にあたろう）としてである。前者は認識論的な規定であり、後者は「芸術家形而上学」の次元において提出されるものである。したがって両者の登場する場面は一応峻別されているとはいえ、しかし、物自体に対するこのアンビヴァレンツは初期の思想になにか落ち着きの悪さを残さざるをえなくなっている。とく

に，重要な遺稿「道徳外の意味における真理と虚偽」において，その第1節では物自体は認識不可能なXとして明確に定義されているにもかかわらず，第2節は，「根源苦」「根源快」を属性とする「根源的一者」を下敷きにしないことには理解困難な内容となっており，その点などに上のアンビヴァレンツは顕著に現れていると言えよう。この著作が未完に終わらざるをえなかった理由の一つは，そこに求められよう。中期以降ニーチェは物自体に対して，認識不可能なXとして規定するという態度を一義的にとっていくようになる。物自体は端的に問題に値しないとみなされるのであり，そのことは，『この人を見よ』*のなかで，中期の代表作『人間的』*では「ほとんどいたるところで〈物自体〉が凍え死んでいる」[Ⅵ.1]と述べられる通りである。そして，後期においてはその態度はよりラディカルになり，物自体は認識不可能であるばかりか，そもそも存在すらしないのだ，と断言されることになる。この点は，単にニーチェ特有の徹底化というにとどまらず，彼の「遠近法主義*」の理論的定式化にあたって一種の基礎的条件ともなっており，その意味で見逃されてはならないところである。→カント, 形而上学, 真理と認識　　　　　　（須藤訓任）

モーパッサン　[Guy de Maupassant 1850-93]

ノルマンディーに生まれ，名付け親であり母の友人であったフローベール*を師として創作を学ぶ。普仏戦争*に召集されて参戦。この体験は後の厭戦思想に反映している。ニーチェはモーパッサンを好きなフランスの作家のひとりとして，P. ブールジェ*，P. ロティ，H. メイヤック，A. フランス，J. ルメートルらと並べて挙げ，これらの作家たちについて「今のパリにおけるほど，これほど好奇心に満ち，また同時に繊細な心理学者たちが一度にかき集められる時代が他にあろうか」[『この人』Ⅱ.3]と感嘆を記し，そのなかでとくに「この強力な種族のうちでただ一人だけを強調するとすれば，それは私の格別好きな生粋のラテン人，ギィ・ド・モーパッサンだ」と述べている。これらの作家は，テーヌ*のように「ドイツ哲学に毒されていない」からである。彼らは戦争によって「救済」されたフランスの精神を具現する世代だという。ニーチェはモーパッサンの具体的な作品に立ち入ってはほとんど論じてはいないが，鋭い観察眼で「現実を現実よりも完全に，より切実により真実らしく」描くことを自らの課題としたモーパッサンの明朗な文体に，いまだロマン主義の病弊を抜けきれないドイツ文化にはないものを読み取っていたのであろう。　　　　　　　　　　　　　　　（大貫敦子）

モラリスト　[Moralist]

ニーチェは総じてフランス*のモラリストたちが好きだった。『この人を見よ』*のなかで「結局のところ私が繰り返し戻って行くのは，少数の古いフランス人たちである。私はフランスの教養だけしか信じない」と言い，文献学の論文すら「パリの小説家のように面白く作れる」と自分のことを自慢している。普仏戦争*にけりがついた1870年のクリスマスには，自ら所望してコージマ・ヴァーグナー*からモンテーニュ*の豪華版を，妹からラ・ロシュフコー*などのモラリストの著作をプレゼントしてもらっている。国際政治のイデオロギーから知識人たちがいかに抜け出ていたかを示すこのエピソードは，また戦勝国ドイツのあり方への深い懐疑とも結びついていた。彼はヴァーグナー*と仲違いした後の1876年の秋，休暇を得て，友人たちとイタリア*へ行くが，ジェノヴァ*へとひた走る夜汽車の中で，バルト地方から来た二人の貴夫人と知りあった。そのうちの一人イザベラ・フォン・デア・パーレンはこの体験を後に次のように書いている。「ニーチェはラ・ロシュフコーの『箴言と省察』を携えておりまし

たので，それが私たちの話の糸口になりました。彼はフランス人たち，なかでもラ・ロシュフコー，ヴォーヴナルグ，コンドルセ，パスカル*たちがひとつの着想を先鋭に表現し，鮮明な浮き彫りにする才能を賞め讃えました。彼はまた，非常に困難な形式を用いることによって芸術的完成に達するような素材の脆さについて語りました。この完成への要求を表すものとして彼が引いた詩は，今でも私の耳に残っています。〈そうだ，ままならぬ材料からの方が／美しい作品ができるのだ／詩句や大理石や瑪瑙や釉薬……〉。引用がフランス語であり，ゴーティエの詩であることが雄弁に事態を語っている。

夜汽車のニーチェは，フランスのモラリストたちの発言の〈内容〉と鋭い〈形式〉が深く絡みあっていることを論じていた。10年後の『善悪の彼岸』*でも「古く多様なモラリスト文化」を持つフランス人の長所として，形式への情熱が挙げられている［254］。「小さな数への畏敬」によってのみ「文学的室内楽」が可能になるのだと彼は言う。よくわかった少数の人間の前で，事柄の微妙な細部を展開する能力のことであろう。モラリストとは，道徳論をぶつ人ではなく，世態人情について，人間の滑稽さや面白さについて，卑小さや愚劣な可愛らしさについて鋭い観察を書きとめる人である。だがそれが〈鋭い〉のは，その〈形式〉ゆえである。高邁なことを口にしながら地べたを這い回り，落ちている金貨を探し，無関心を装いながら内心ぎらぎらしている人間喜劇百般とその楽屋裏の実体を見る目だけではない。それだけなら人間関係の海を泳ぐ現代人の誰にでも備わっているかもしれない。問題はそれを箴言（Sentenz）と呼ばれる，機智*豊かでさびのきいた，逆説に富み，微苦笑を呼ぶ気のきいた表現にもたらし，それによっていっそう強烈な批判をすることである。単線的合理性では処理できない現実の細部の複雑さを言語形式のなかに掬いあげることである。そのためにはニーチェがドイツでは数少ないモラリストと見るショーペンハウアー*のように，無用な「詩的・修辞的補助手段を用いない」［『反時代的』III.2］ことが必要である。モンテーニュやラ・ロシュフコーはその模範であり，同じ文章家であってもキケロ*の大言壮語とも言える文体をニーチェが嫌い，キケロ嫌いの点でモンテーニュと同意見なのはまさにそのためである。天の邪鬼は簡潔な芸術的形式を使いこなせねばならないのだ。

〈現実の複雑さを言語形式のなかに掬い上げる〉のは，生存の苦悩をディオニュソス*的美へ浄化するのと同じことである。日常の――とはいっても宮廷やサロンの，そしてニーチェにおいては南ヨーロッパとほとんど同義の典雅な都会性のなかでの――さまざまな断片的シーンの美しき醜悪さのゆえに，そうしたシーンの展開される場を〈舞台化〉し，かつ見事な形式へと変貌させることが必要なのである。われわれの生活は理性によって作りあげることが原則的に可能だとしても，実際にはさまざまな偶発的要素，断片的要素に満たされすぎている。背の高さや鼻の曲がり方が，深夜の酒場のあと一杯の酒が，明け方のめざめが，人生を大きく変えることもある。個体化*の原理に貫かれた生存のなかでは嫉妬や見栄といった虚栄心*のゲームが，また偶然の出会いが哀感を作り出す。死の事実性もまた偶然性を免れない。そうしたものを今あえて〈偶発性 Kontingenzen〉と呼ぶとすれば，それを絶対化するのでもなく，理性によって全体へと媒介・抹消するのでもなく，〈偶発性〉を〈偶発性〉として形式美のなかで承認する知的対応こそがモラリスティク（Moralistik）である。〈偶発性〉は「理性の他者」や「外部」ではなく〈理性の友人〉でなければならない。すでにバーゼル時代の遺稿で思惟の過剰は効果がないことを論じ，「知的衝動による野蛮化を抑制すること」

[I.4.184]を考えるニーチェは「知恵もまたその過度をもつ。そして狂愚に劣らず節制を必要とする」と語るモンテーニュにこの点で親縁性を感じていた。アンドレール*はきわめてフランス的にこの態度を「微笑する知性」(l'intelligence souriante)と形容し、エピキュリアンの園で出会う穏やかな懐疑主義者の一面を二人に見ている。

だが、〈偶発性〉への眼は典雅な形式性への掬い上げだけではすまなかった。やがてニーチェは「どうしてあるものがその反対物から生じうるのかという問題」、「たとえば理性的なものが没理性的なものから、感情が死せるものから、論理が非論理から、利害を越えた美的直観が激しい欲情から……生じうるのか」[『人間的』I.1]という問題に取り組み、こうした対立関係が虚構でしかないことを暴露していく。もちろんその場合でも〈偶発性〉への眼は依然として重要であるには違いない。抽象概念を大上段に振りかざす理性哲学のスタイルは否定され、伝来の二項対立的思考がすみずみまでしみとおっている日常のささいな事象の描写が、その欺瞞性の暴露が、したがって「小さな、取るに足らない数多くの真理」[同 I.3]を見いだすことがめざされているからである。ニーチェはこの作業もモラリストたちの延長線上にあると思ってはいた。だが、この暴露心理学はやがて〈力への意志*のモルフォロギー〉として位置づけられ、激烈な道徳批判や形而上学批判へと結晶する。それはもはやモラリストの土俵の上で行われてはいない。「個々のケース」に立脚しながらも、「個々のケース」はやはり自分のテーゼの例証にすぎなくなってしまった。特殊性としてもはや美的形式へと浄化されてはいない。たしかに中期以降のアフォリズム*にも、フランスのモラリストにおいて彼が称賛する形式の魅力を湛えた〈偶発性の承認〉がなおも躍動してはいる。「偶然、これはこの世でもっとも古い貴族の称号である」[『ツァラトゥストラ』III-4]。しかし、文章の腕だけに頼った文体が多くなり、それが美的形式の放棄になっている面も強い。しかもそれがしだいにめだつようにもなる(『ツァラトゥストラ』*はその最たるものである)。それは、結局のところ〈偶発性〉と和解せずに例証へと向かったためであろう。そこにあるのは〈偶発性〉の絶対化であり、その悪趣味な賛美である。最終的には〈力への意志〉そのものが絶対化された〈偶発性〉の代名詞となり、それがハイデガー*の描きだしたように芸術の立場の保証人となる。〈偶発性〉を〈偶発性〉として承認することとそれを絶対化することとは違うはずであるのに。

なるほどフランスのモラリストたちに似た発言はいくらでもある。少し並列させてみよう。「最良の友人は最良の伴侶を得るであろう。よき結婚は友情*の才能にもとづいているから」[『人間的』I.378]。「よき結婚は友愛の諸性質を模倣せんと努める」[モンテーニュ]。「女たちは一般に美しさとともに羞恥心が増して行く」[『人間的』I.398]。「美人なるがゆえにますます進んで貞節なことを誇りにする」[モンテーニュ『エセー』第2巻第8章]。「よい友情が成立するのは相手を非常に、しかも自分自身以上に尊敬する場合であり、同じく、相手を愛しはするが、自分自身ほどには愛していない場合である」[『人間的』II-1.241]。「こちらで尊敬しない人を愛することは困難だ。しかし、われわれは自分を尊敬する以上に尊敬する人を愛することはやはり困難だ」[ラ・ロシュフコー『箴言と省察』296]。だが〈偶発性の絶対化〉への方法的自覚はしだいにはっきりしてくる。『曙光』*103番では、道徳の否定者には二種類いるとされる。第一は、善悪の区別は不問に附しながら、「人々が自ら挙げる道徳的動機なるものは本当に彼らをしてその行為をなさしめたのか」を問う者たちであり、第二は、「道徳的判断が真理にもとづいていることを否定す

る」者たち、つまり、「道徳的判断は本当に行為の動機であるが、その判断そのものが真理にもとづいていると思い込むことによって誤謬が道徳的判断の根拠」になっていることを指摘する者たちである。ニーチェは自分を後者に数え、ラ・ロシュフコーを前者に入れて、彼らに一定の意義を、そして一定の意義のみを認めている。なにが善であり、なにが悪であるかは問わず、善のなかに不純な動機が入っていることを渋い Sentenz に纏める立場と、もはや美的な言語形式によって〈偶発性〉を掬い上げるのでなく、これまで善であり、悪であるとされていた基準そのものを、大真面目に転覆させようとする立場の相違である。後者は〈力への意志〉の形而上学*へと、そして夜郎自大な議論へとエスカレートせざるをえない。〈偶発性の承認〉にもとづいてなされたはずの、理性の暴力性への批判は、〈偶発性〉を〈理性の他者〉として対峙させるという方法の誤りに陥る。そして、フランス・モラリストへの称賛の念は最後まで維持しながらも、彼らとはまったく違った領野へと進んで行くことになる。

『人間的』*第2部を贈られたブルクハルト*の礼状はその点を正確に見ている。「貴方の精神の自由の豊かさを新たな驚きの念で読み、かつつまみ食いしております。ご存知のように私は本当の思惟の神殿にまで侵入したことはなく、言葉の最も広い意味で視覚的なものが支配している神域の庭や回廊を生涯楽しんできた人間です。ところが私のようなだらしない巡礼者にも御高著はとても配慮してくださっております。それでもついていけない場合には、貴方が眼も眩むような岩稜を辿るさまを恐怖と満足のまじった思いで見守らせていただき、貴方が見降ろしている深さと広さを想像しております。ところでラ・ロシュフコー、ラ・ブリュイエール*、ヴォーヴナルグたちが冥界にあって貴方の本を手にするならば、どんな思いに捉えられることでしょうか？ さらにモンテーニュは何と言うでしょうか？ さしあたって私は、たとえばラ・ロシュフコーが真にうらやむであろういくつかの箴言に気づいております」[1879.4.5]。ブルクハルトの見るとおり、ニーチェはモラリストであろうとしながら、それだけではすまなかった。彼はニーチェが大真面目に歩く岩稜の高さには恐怖を抱き、遠くから見ているほかない。自由に遊戈する精神の批判性・否定癖こそは、人生のなかの〈偶発性*〉を理性の友人と見て喜べたはずなのだが、認識の岩稜によじのぼって、キリスト教的価値のなかの権力*のゲームを暴露するに及んでそれが不可能になった。「本当はそれが述べられる調子が気にいらないだけなのに、人は他人の意見に反対することが多い」[『人間的』I.303]——こういった意地悪な文章の楽しさは消え、モラリストの仕事を〈華やぐ知恵〉へと変奏しようとしたニーチェのプログラムは挫折する。もちろん、このエスカレーションの背景には、モラリストとその箴言を不可能にした19世紀以降の文化と社会があることは言うをまたない。→アフォリズムと思考のパフォーマンス、機智／フモール、モンテーニュ、ラ・ロシュフコー　　　　　（三島憲一）

文献 ▷ Julius Wilhelm, *Beiträge zur romanischen Literaturwissenschaft*. Tübingen 1956. ▷ W. D. Williams, *Nietzsche and the French*, Oxford 1952. ▷ Charles Andler, *Nietzsche, sa vie et sa pensée*, tome I, Précurseurs de Nietzsche, tome II, La jeunesse de Nietzsche, Paris 1920.

森 鷗外　[もり・おうがい　1862-1922]

かたや明治日本の建設のために洋行した秀才。かたやドイツ帝国に精神への裏切りを見ていわばドロップアウトした偏屈の思想家。このふたりが出会うのはなかなか難しいはずである。実際に鷗外の留学中は、ニーチェの『ツァラトゥストラ』*以降の時期にほぼあたるが、文学をけじめ当時のドイツの知的生活

に幅広く目を配っていた勤勉な多読家の鷗外にも，ニーチェの名前は視野に入って来なかった。晩年の自伝的短編「妄想」によれば，日本を離れ，それまでの秀才の生活に疑念をもったときに，ハルトマン*の形而上学に救いを求めたとされているが，「十九世紀は鉄道とハルトマンの哲学を齎した」と言われて買い求めたこのハルトマンとは，エードゥアルト・フォン・ハルトマンのことであり，ニーチェが『反時代的考察』*第2論文で口を極めて罵っている現実主義の哲学者であった。だが，帰国後，ニーチェを知った鷗外は，かなり熱心に読んでいる。ひとつには，世紀末*の雰囲気と作品に無関心でいられなくなったこともあるが，今ひとつは，鷗外が外面的にもただの秀才でなくなったことも大きい。文壇活動にいそしみすぎたこともあって明治32年小倉の師団に左遷された鷗外は，いっそう人生に対して，斜視的な筆致を見せるが，その時期に書かれた『心頭語』などは，ニーチェと同じにアフォリズム風に，人生の機微を，出世と権力闘争に明け暮れる世間を描いたものである。多少の影響もなかったとはいいにくい。また文壇復帰後の明治42年，彼は『仮面』と題する短編劇を書いているが，これは「すべて深いものは仮面を愛する」*で始まる『善悪の彼岸』*40番のアフォリズムを連想させ，ニーチェの直接の影響がある。結核を診断され，絶望的になった学生に医者が，私も若い頃結核を診断されたが，仮面をかぶり，凡俗を越えて生きているうちに治癒してしまったと言って励ますのである。ここには，軍務のなかで仮面をかぶりながら，自らその欺瞞性を見抜いていた明治日本，ある短編の標題にあるように「普請中」と形容された明治日本に生きる知識人のあり方が投影されてもいる。しかしまた「なんでも日本に持って来ると小さくなる」「青年」と書いた自らの言葉が，このニーチェの影響に適用されうるような気も，今日の読者にはする。→日本における受容，高山樗牛，ハルトマン

(三島憲一)

モルゲンシュテルン [Christian Morgenstern 1871-1914]

20世紀初頭ドイツの代表的な抒情詩人。33年という短い生涯に数多くの詩，エッセイ，箴言，アフォリズム*を残し，とりわけその詩集『絞首台の歌』(1909)および『パルムシュトレーム』(1910)は，その言葉と精神の自由さにおいて，当時のドイツの若き知的読者に熱狂的に迎え入れられた。早くに母親を亡くし，父親の再婚，再々婚などの事情から，生活の場を転々と変えざるをえず，また，若くして肺を病んだため，大学を中退し，数多くの旅をした上で，『自由劇場』をはじめとする文芸雑誌に寄稿するようになる。すでにブレスラウの高校生時代(1885-89)，ショーペンハウアー*の哲学に憑かれ，1893年ニーチェを発見，熱狂的な読者となる。なかでも『ツァラトゥストラ』*をむさぼるごとく吸収し，ニーチェの文体に染まることが多く，ニーチェを歌い，ニーチェに捧げる歌をうたい，ニーチェについてのアフォリズムを記し，その作品をニーチェの母親に献じるなど，熱狂的な影響の時期を経て，後，次第にニーチェを超克し，批判するに至る。はじめ，ストリンドベリ*，ハムズン，ビョルンソンら北欧の作家，とくに個人的な知遇を得たイブセン*の翻訳家として知られた後，1909年シュタイナーの人智学*に触れ，その後の作品には，その影響が強く見られる。その詩に見られる，時にグロテスクなまでの言語上の実験と戯れとは，ホッディス，リヒテンシュタインら初期表現主義*詩人のブラックユーモア，ダダの詩人アルプの言語操作，バルの音響詩，さらにはリンゲルナッツ，ケストナーらのフモールに満ちた社会批判的詩への影響などにより，文学史上重要な地位を占める。→人智学

(村田経和)

モンティナーリ ［Mazzino Montinari］
　⇨コリ／モンティナーリ

モンテーニュ ［Michel de Montaigne 1533-92］

　1870年のクリスマスに希望してコージマ・ヴァーグナー*からモンテーニュの全集を贈ってもらったニーチェは、とくにバーゼル*時代にモンテーニュを好んだ。モンテーニュとエピクロス*がセットにして挙げられていることからもわかるように（たとえば『さまざまな意見と箴言』の最後のアフォリズム）、モンテーニュの穏やかな懐疑精神を、アンドレール*の言う「微笑する知性」（L'intelligence souriante）を愛していた。また、刈り入れ、納屋の管理などの身近なことを楽しく語るモンテーニュとは「最も近くにあるもの」への関心を共有している。当時のメモには「通俗哲学（プルタルコス*、モンテーニュ）」［遺稿 I.4.406］とある。通俗哲学という表現はここではいい意味に使われている。その点は、「われわれは高貴な通俗哲学というものを持っていない」［同 I.4.22］といった、1872-73年当時のメモを見れば、明らかであろう。〈通俗哲学〉とは該博な知識や精密な理論ではなく、むしろそうしたものに対する解毒剤としての実践的な知を意味している。『エセー』第3巻第5章には「知恵もまたその過度をもつ。そして狂気に劣らず節制を必要とする」とある。第二の『反時代的考察』（『生に対する歴史の利と害』）で言う〈造形力*〉と同等のものをニーチェがモンテーニュのうちに認めているのもうなずける。

　また『エセー』には、プルタルコスからの引用や彼の伝える裨史が無数に散りばめられ、それらについて「楽しみながらのおしゃべり」［『智恵』97］が展開されている。ニーチェも1872年後半に「英雄的な力の息吹を持つ書物が現代にはなんと欠けていることだろうか！──プルタルコスすらももはや読まれていない」［遺稿 I.4.25］と書いている。1年後にも「プルタルコスを知らないこと。モンテーニュのプルタルコス論。……新しいプルタルコスは果たして可能であろうか」［同 I.4.432］とある。反時代的文化批判者の意味でモンテーニュとプルタルコスが「通俗哲学者」として結ばれている。また『教育者としてのショーペンハウアー』のなかでも、モンテーニュをショーペンハウアー*と並ぶ誠実な文章家と形容し、「私はプルタルコスをばらばらと読んだだけで足と翼が生えてきた」という『エセー』の一節を引いている。実は、この部分はニーチェの誤訳であって、正確には、プルタルコスを皆がかってに引用することを嘆きながらも、「私だってちょっと彼を訪れるたびに、その脾と翼を盗まずにはいられない」［3巻5章、プレイヤード版 p. 852］とモンテーニュが述べている個所である。しかし軽やかな足どりや飛翔という後年のニーチェの理想を表す表現が誤訳によって使われているところにこそ、いかにニーチェがモンテーニュに親近感を抱いていたかが読み取れる。⇨モラリスト、プルタルコス

（三島憲一）

ヤスパース [Karl Jaspers 1883-1969]

実存主義*を代表する哲学者。1913年にキルケゴール*の著作に触れ，実存主義的思考に目覚めたとされる。1920年までハイデルベルクで精神病理学の教授であったが，やがて哲学に転じ，1921年からナチス*による教職禁止令を受けた1937年までハイデルベルクで哲学科の正教授をつとめた。ナチスを逃れスイスに亡命，戦後はバーゼル*で哲学の教授となる。ヤスパースは，諸科学とは区別された形而上学的思考として哲学を位置づけ，科学的思考から哲学の本来的思考へと「限界状況」を介して超越的に移行することを要請する。『哲学的世界定位』『実存解明』『形而上学』の全3巻からなる『哲学』(1932) は，彼の実存哲学の全貌を示すものである。34/35年の講義をもとに出版された『ニーチェ』(1936) は，彼の実存主義の思考に即したニーチェ解釈である。とくに第2部「ニーチェの根本思想」は，ニーチェの思考を「合理的普遍性」と「実存的歴史性」の区別を知った人間の問いに発するとし，その問いを「人間とは何か」「真理とは何か」「歴史と現代は何を意味するか」という三つの観点に纏めている。これらの問いを通じてニーチェが永遠回帰*に至る道は，歴史的世界にある現存在が自己否定性を通じて，未来を意志する瞬間における「神秘的な存在統一」に至る発展として捉えられている。ニーチェの比喩的な表現を，具体的な内容を含んだ肯定性を避けるための「間接的伝達」であると言うヤスパースの表現は，明らかにキルケゴールの影響を思わせるし，また生*の肯定へと向かおうとする段階でニーチェが使っている「状態」(Zustand) という言葉をヤスパース自身の実存哲学の中心概念である「限界状況」(Grenzsituation) に引き付けて解釈している。

だがこのような実存主義的な解釈の傾向があるとはいえ，彼の叙述はいわばニーチェに語らしめる方法であり，豊富な引用とその詳細な解釈はニーチェ研究にとって重要な礎となってきた。また彼の緻密なテクスト読解は，ニーチェ自身が要請した「ゆっくりと読む」［『曙光』序言5］姿勢を実践したものである。「使えるものだけを取り出してくる略奪兵のような悪しき読者」を嫌ったニーチェの言葉［『人間的』II.1.137］を引用しているヤスパースは，戦後の再版の序 (46/49年) にも記されているように，この書をもってナチスのニーチェ解釈の歪みに抵抗したのだった。ニーチェの思考の運動は「一定の国家的・国民的・社会的に制限された内容のものではない」というヤスパースの言葉は，ナチスの名を挙げずともナチス批判であることは明らかである。ちょうど同じ頃「ニーチェ講義」を行っていたハイデガー*の解釈と比べるとヤスパースの姿勢との違いは明瞭である。ヤスパースにとってニーチェはあくまでも「その否定性においてより真価を示す」思想家であり，無制約的な存在であろうとして「つねに途上にある」ことを重視し，「問うことを教える」哲学者である。永遠回帰*についても「その矛盾においてニーチェは挫折した」としている。これとは逆に，ニーチェの永遠回帰の思想のうちに近代の超克への決定的な転換点を見ようとするハイデガーは，一時的とはいえナチスにその具体的実現を見た。「実存」を同じように思考の中核としながらも，ヤスパースとハイデガーの思考の方向性はまったく逆である。

K．レーヴィット*は，ヤスパースの『ニーチェ』の出版直後に亡命先の日本からその

書評をフランクフルト社会研究所機関誌に寄稿し (1937)、ヤスパースはニーチェがもっとも厳しく批判した超越的存在の思考に舞い戻ってしまい、ニーチェの思想のアクチュアリティを捉え損なっている、とその実存主義的傾向を厳しく批判している。ニーチェを19世紀の社会的背景を考慮した思想史のなかに位置づけようとするレーヴィットからすれば、ヤスパースの解釈はあまりにも個人の生きる実存的姿勢に還元しすぎた読み方だった。→実存主義　　　　　　　　（大貫敦子）

野蛮

ニーチェにおいて野蛮は両義的に捉えられている。否定的な意味と肯定的な意味と。野蛮とは、もともと古典ギリシアに見られるように、文化的であることを誇りとする民族*が他民族・異邦人を指して呼んだ蔑称であり、文化・文明の対立概念として使われてきた。したがって文化が肯定的に捉えられるかぎり野蛮は当然否定的なものと考えられる。たとえば古典ギリシアにおけるように、「文化とは何よりもまずある民族の生のすべての表現における芸術的様式の統一である」とすれば、それに対立する野蛮は、「様式の欠如」であり、いっさいの様式の混乱であり混沌である [『反時代的』I.1]。アポロ*的な文化から見れば、ディオニュソス*的なものは野蛮である。しかしそういう生の全き表現としての様式の統一は、文化がしだいに主知主義的になり、「アレクサンドリア化」していくにつれて崩壊する。ギリシア人が大胆不敵にも、土着でないいっさいのものを、いかなる時代にも「野蛮的」と呼んだ傲岸な民族だったとしても、しかし彼らは、生*に対する配慮によって、飽くことを知らぬ知識欲を制限することを知っていた。「無制限な知識欲は、それだけでは、知識に対する憎悪と同様に、つねに人を野蛮にする」。こういう知識欲に駆りたてられてつくられていった近代の文化・文明は、じつは非文化であり野蛮である。たとえば19世紀後半のドイツ文化が、形式はパリに依存しながら、独自の様式のない混乱の中で学問の花盛りと普遍的教養を誇るとき、これはニーチェから見れば、俗物的非文化、つまり現代の野蛮にすぎない。ニーチェが「ドイツ人は、100年来の努力にかかわらず、自分たちが野蛮人だったのは遠い昔のことだったと言えるのにはなお数百年を要するだろう」というゲーテ*の言葉を同意とともに引用するとき、彼は独創的様式の創造を欠いた教養主義文化を、「野蛮」の名の下に糾弾している [同]。もちろんこれはドイツだけではない。「非ドイツ的野蛮」というものもある。彼はある種の民主主義*や社会主義*、あるいは文明国によるアフリカの植民地支配のうちに、野蛮人（＝未開人）を征服する際の手段の野蛮さ（＝残虐さ）をも見逃してはいない。おしなべて現代文明は、学問*も芸術*も技術も、すべてが「来るべき野蛮」に奉仕していることになる。ここには文化がその対立物たる野蛮に転化しているという状況診断はあるが、野蛮を否定的なものと捉える用法は一貫していると言えよう。

しかしそれは楯の一面にすぎない。これとは別の面、つまり野蛮を肯定的に評価する側面こそ、ニーチェ特有のものとして注目に価しよう。もともとギリシア悲劇においても、ディオニュソス的なものは、アポロ的文化に対して、野蛮なものとして単に外的に対立するだけではなかった。両者は本来調和のないし相補的であるべきであり、野蛮さ、混沌と情熱の契機は、文化と知性の活性化に不可欠のものと考えられている。文化が主知主義化して、様式の形骸化と生の衰弱をもたらすものとなるとき、つまり非文化へ、否定的な意味で野蛮へと転落するとき、逆にその対立原理だった野蛮は、硬直し衰弱化した文化・文明への批判者・破壊者として、新しい肯定的意味をもって登場してくる。新しい情熱とし

ての野蛮に帰ることがありうるのを，なぜ恐れたり，憎んだりするのか？　とニーチェは問う。衰弱した現代文化を蘇生させるためには，むしろ「新しい野蛮人」が求められているのである。この意味ではニーチェは戦争の意義も否定しはしない。「衰弱していく諸民族に対して，野営のあの荒々しいエネルギー，あの深い非個人的な憎しみ，晴れやかな良心をもってするあの殺人の冷血，敵を絶滅するさいのあの……灼熱，大きい喪失に対する，自己の現存在や親しい者の現存在に対するあの誇らかな無関心，あの重苦しい地震のような魂の震撼」[『人間的』I.477]などを，戦争以外に，今人類に体験させてくれるものがあるだろうか。

こういう野蛮の謳歌は，たしかに「民主主義にとっては危険」であり，事実この面で後のナチス*に利用される面がなくはない。しかし彼の求める「新しい野蛮人」は「精神的卓越性と健康や力の過剰との合体」したものであり[遺稿 II.8.322]，通常の国家間の戦争や，政治上・芸術上のバーバリズムとは種類を，と言うより，レベルを異にしたところに考えられている。ニーチェは単に文化に対し，同じ平面で野蛮を対立させ，それを謳歌したのではない。彼は（否定的な意味で）野蛮と化してしまった文化をさらに否定するものとして，いわばメタ・レベルに「新しい野蛮」を構想したのであって，文化と野蛮との関係は，単に両義的・二分法的に考えられていたのではなく，否定の否定として，弁証法的に考えられていたと言えよう。ただそれがはたして「大いなる肯定*」に達したかどうか。晩年のニーチェは，「永遠回帰*」と関連させ，野蛮の体現者をディオニュソスよりはプロメテウスに求めている。　　　　（徳永　恂）

ユ

唯物論

ニーチェの場合，史的唯物論との遭遇はない。1866年，22歳のとき新カント派*の先駆といわれるフリードリヒ・アルベルト・ランゲの『唯物論の歴史と現代におけるその意義の批判』を読み感銘をうけたことが唯物論との唯一の，しかも間接的な接点であろうか。ニーチェは同年8月のゲルスドルフ*宛の手紙で「1．感性界はわれわれの組織の産物である，2．われわれの眼に見える（身体的）諸器官は，現象界の他のすべての部分と同じく，ある未知の対象の像でしかない，3．われわれの実際の組織は，したがって実際の外的事物と同様われわれにとって未知のままである。われわれの前にあるのはいつも両者の産物でしかない」とランゲの結論を三点にまとめた上で，「かくして事物の真の本質，物自体*が未知のみならず，そういう概念もまたわれわれの組織が引き起こした対立が最後に生み落とした所産にほかならない」と書き，つづいてやや唐突に「概念の領域においても芸術は自由である。だれがベートーヴェン*の楽章を論駁しようとするだろうか，だれがラファエロ*のマドンナの誤りを責めようとするだろうか」と記している。前年のショーペンハウアー*体験の圧倒的な影響下で，カント*の批判哲学が不可知論と「物自体」を強調する方向で読まれ，なおかつその「物自体」概念もいわば仮構とみなされている。エンゲルスの唯物論が同じく「物自体」を仮構とし，不必要なものとして消去してしまって科学の立場に立とうとしたのとは逆に，ニーチェはここから芸術*の正当化の方向にす

すむ（科学から空想へ！）。哲学の駆使する概念が仮構であるならば、それは真理への特権的通路をもたず、本来仮構である芸術はすくなくともそれと同等の地位に、いや仮構をそれとして自覚しているがゆえにそれに優る地位にあるはずである、こうニーチェは言いたいのではないか。ちなみにルカーチ*はランゲのことを「反動的」というレッテルが似合う思想家として挙げているが、彼にすれば当然であろう。

(中尾健二)

[文献] ▷ Friedrich Albert Lange, *Geschichte des Materialismus und Kritik seiner Bedeutung in der Gegenwart*. 1866 (Neudruck: Frankfurt a. M. 1974).

友情 [Freundschaft]

19世紀末から20世紀にかけてギムナジウムに学んだ生徒たちが青春時代の思い出とともに結んだ友情は、教養*あるエリートとして体制の担い手となっていった彼らの間に特殊な共同体意識を育んだ。ニーチェも少年時代の友人グスタフ・クルークとヴィルヘルム・ビンダーとともに「ゲルマニア」という同人の会を結成し、詩作や評論、歴史研究、旅行記、作曲を提出しては互いに批評しあっている。また、プフォルタ校*で知り合ったドイッセン*やゲルスドルフ*との友情にも、そうした独身男性同士の心情の結びつきという性格があり、大学時代以来の友人ローデ*が結婚すると関係が疎遠になったほどであった。当時「友情」は「結婚*」や「社交*」とは相容れないカテゴリーだったのであり、ニーチェの著作の随所に現れる「友情」についての考察にも、そうした時代の雰囲気が反映している（彼には「友情への讃歌」という作曲もある）。それは、ニーチェがその他の点では多くを負っていたラ・ロシュフコー*の友情についての発言がきわめて懐疑的であることと極端な対照をなしている。ニーチェが友情について否定的に述べている場合でも、それは男同士の友情を理想化しているがゆえであることが多い。『ツァラトゥストラ』*には、女性は奴隷か専制君主でしかありえないから「友情を結ぶ能力がない」という言葉もある［I-14］。とはいえ、友情についての発言のなかでもとくに多いのは、誤解の可能性と友情の脆さを扱ったものである。「われわれはわれわれに最も近しい（〈最もよく知っている〉とされる）人びとにもすでに誤って判断される。よき友人たちでさえ、彼らの不機嫌をときとして不満の言葉であらわにする。もし彼らがわれわれを正確に知っていたならば、彼らはわれわれの友人となったであろうか？」というのである［『人間的』I.352］。だが、友情というものがそもそも誤解や錯覚にもとづいて成立するのであれば、親友の間でも感情や意見の相違があると嘆くより、友であり続けるためには沈黙を学んで我慢する方がよいとしているのは［同 I.376］、友情への思い入れゆえの裏返しの発言であろうか。友情が壊れるのは、誤解されたと思ったり、逆に相手が自分のことを知りすぎていると感じる場合だが、本当は両者とも自分自身を知らないからだ［『曙光』287］、という苦い認識もある。また、ニーチェにとっては、自分の変化が友人たちを疎遠にしてしまうという体験もつらいものであった。「われわれが非常に変化すると、変化しないわれわれの友は、われわれ自身の過去の亡霊と化してしまう」［『人間的』II-1.242］ので、長く離れていた友人たちが再会すると、まるで「冥府におけるような会話が生ずる」［同 II-1.259］。それくらいならば、「希望を満足させてやれない友を、むしろ自らの敵として望む」方がよいという［『曙光』313］。だがここで問題になるのは、友か敵かという二者択一ではなく、「友のなかに自分の最善の敵を持たなければならない」ということである［『ツァラトゥストラ』I-14］。これは、「友との談話も、両者がついに事柄だけを考えて、自分たちが友である

ことを忘れるに至って，はじめて認識のよき果実を実らせる」という，理想化された友情観ともつながっている［『人間的』I.197］。とはいえ，「友にとって超人への矢であり，憧れであれ」［『ツァラトゥストラ』I-14］などと要求するニーチェの友情に応えられる人間はほとんどいなかった。オーヴァーベック*のような対等の友人が少なく，ガスト*のように献身的な年下の友人を除けば，リッチュル*やブルクハルト*，マルヴィーダ・フォン・マイゼンブーク*のように年長の理解者を得ることがしばしばあったのは，その辺にも原因があるのかもしれない。一時は親密に交際しながら，のちに生涯にわたる敵となったヴァーグナー*も，ニーチェよりはるかに年長であった。おそらくヴァーグナーとの交流を考えてのことであろう。ニーチェは疎遠になった友人と自分とを目標も航路も違う二隻の船に喩えて，もはや再会することはあるまいが，われわれの道や目標を包み込む曲線や星の軌道はあるかもしれないとして，「われわれはわれわれの星の友情を信じよう。たとえわれわれが互いに地上における敵でなければならないとしても」と愛惜の念を込めて語っている［『智恵』279］。→プフォルタ校，オーヴァーベック，ゲルスドルフ，ドイッセン，ローデ　　　　　　　　　　　　　　（大石紀一郎）

ユーゲントシュティール　［Jugendstil］

19世紀末フランスに開花した新しい芸術運動アール・ヌーヴォーは，ドイツに波及してユーゲントシュティールの名で呼ばれたが，その理念や形態は，同時期に始まるニーチェ受容の熱狂から多くの刺激を受けている。ジャンルの個別化の度を深めるとともに様式の混乱を呈しつつあった諸芸術に，新しい時代の新たな表現を与えること，そして芸術の総合化，生の全体性の獲得を目指すこと，それが彼らを衝き動かしていった情熱だとすれば，そこには，ヴァーグナー*からニーチェへと至る総合芸術の夢が息づいている。さらには，ニーチェの行った過去の価値の転換*，ブルジョワジーの没落と軌を一にする解体の陶酔，迫り来る小市民大衆時代を直視した上での強烈な個人主義，これらの主張が，そのアフォリズム*的表現の力強さとともに多くの芸術家や工芸家の感覚に訴えた。

広範なニーチェ受容のきっかけとなったのは，デンマークの批評家ブランデス*の講演（1889）や論文（1890）であったが，以後多くの芸術家がニーチェから創造的刺激を受けた。ヴァン・デ・ヴェルデは，『ツァラトゥストラ』*や『この人を見よ』*に非常に個性的な装丁を与え，ブック・デザインやレタリングの世界に新たな可能性を開いた。また，ニーチェ・アルヒーフ（ワイマール*）の改装を行い（1903），ニーチェ記念堂の設計も計画していた。R. シュタイナーは，1900年ニーチェ死の年，数多くの記念祭でニーチェについて講演を行った。E. v. ヴォルツォーゲンは，キャバレー「ユーバーブレットル」の劇場「ブンテ・テアーター」の建築をA. エンデルに依頼したが，その際ロビーにニーチェの胸像を置くよう指示し，自らの精神的支柱を呈示している。音楽家ではR. シュトラウス*が交響詩「ツァラトゥストラはこう語った」（1896）を作っている。ユーゲントシュティールの代表的雑誌『パン』巻頭にも『ツァラトゥストラ』の引用が置かれている。そもそもこの作品はユーゲントシュティール的イメージに満ちているが，なかでも，重力の精*に対する軽やかな舞踏の称揚は，この時代の舞踏熱の一つの源泉あるいはよりどころであるといえよう。→19世紀とニーチェ，世紀末とニーチェ　　　　（三宅晶子）

ユダヤ

ニーチェはその「超人*」思想などをめぐって，社会進化論的な人種理論や，それを援用したナチス*によってイデオロギー的に利

用され，反ユダヤ主義的傾向を持つかのように思われがちであるが，それは誤りであり，人種理論はおろか，キリスト教側からの宗教的偏見に対しても醒めた距離を取っていたと考えられる。古代ユダヤ教とパウロ*以後のキリスト教*との関係は，さまざまの形で捉えられているが，ユダヤ教の「選民思想」とキリスト教の「愛」の教説を結ぶ共通性を，ニーチェは，ローマによって亡ぼされた離散の民の自己保存*本能，ルサンチマン*にもとづく新しい価値の捏造*に見いだす。賤民*ないし奴隷道徳の蜂起。そのかぎり，ユダヤ教に対するニーチェの否定的評価は，キリスト教を肯定して，それと対比するという形ではなく，むしろ彼の反キリスト教的態度から発していると言えよう。それ以外の面では，彼はユダヤ人を，あらゆる民族の中でもっとも苦悩に充ちた歴史を辿ってきた民族，世界でもっとも高貴*な人間（キリスト），もっとも純粋な賢者（スピノザ*），もっとも力強い本（聖書*），もっとも影響の多い道徳律を与えてくれた民族として，高く評価している[『人間的』I.475]。古代ギリシア・ローマの啓蒙をわれわれに伝える文化的環としてユダヤ人の功績を捉える態度は，とくに注目に価するだろう。また近代の「反ユダヤ主義*」に対しては，ニーチェは，それが近代の「国民国家」「ナショナリズム」の圏内でのスケープ・ゴートの捏造だということをはっきり認識していた。それは彼の交友の中に，パウル・レー*や，ゲオルク・ブランデス*のようなユダヤ人がいたからというよりは，彼がナショナリズムの心理と病理に醒めた目を持っていたからであろう。ヴァーグナー*への最終的な失望をニーチェはこう表現している。彼は，ドイツ的なもの，キリスト教，そして反ユダヤ主義に対してさえ屈服してしまったと。→反ユダヤ主義，ナチス　　　　（德永 恂）

ユンガー　[Ernst Jünger 1895-1998]

戦陣日記『鋼鉄の嵐の中で』(1920) やエッセー『内的体験としての戦闘』(1922) で，戦場での死と直面する試練による自己の生の強化確認を冷徹な文体で綴るユンガーは早くから「危険を冒して生きることの魅力」をニーチェから学んでいた。「無限なるものに向かって息も荒く疾駆する馬にまたがった騎士……危険の中にあるときにこそ至福を味わう近代の半野蛮人」[『善悪』224] が若き日のユンガーである。第一次大戦後のユンガーは，ニーチェの「ルネサンスの風景」の中には登場する余地のなかった機械を駆使する労働世界に「力への意志*」という構想をあてはめてゆく。『労働者——支配と形姿』(1932) で描かれるのは，自己否定と犠牲の勇気をもち，鋼鉄の機械のように歩み，破局にあっても感情を表に出さない新しいタイプの人間，ニーチェの超人*の現代版である。それは「力への意志から出て，力への意志のための無条件的な無意味さの組織体」に属し，「存在するもの全体を計画的，育成的に実現可能性の中に確保しておくという意味での新しい時代の技術執行者」[ハイデガー『ニーチェ』] であった。ニーチェの生の哲学が現実の歴史の軌道に引き入れられ，ニーチェのいうニヒリズム*が政治哲学的に克服されようとする。その意味では，この時期までのユンガーのニーチェは，ニーチェ晩年の断章からでっち上げられた書『権力への意志』をニーチェの政治的遺書とする20世紀前半の不幸な受容傾向から抜け出ていない。しかし1933年に権力を握ったのは，鋼鉄の意志をもつ労働者兵士ではなく，ユニフォームを着た賤民*であった。ナチス*とは一線を画したまま，第二次大戦とヒトラー独裁を経験した後のユンガーは，歴史を作る「兵士・労働者＝人間」の幻想から離れ，死へ向かって自己自身とのみ戦う「森の散策者」として，ニヒリズムの時代と新しい意味とを隔てる一線を超えて，生の棲

み家としての森の豊かさに包まれながら存在について時間について瞑想に耽る[*Waldgang* (1951) 参照]。60年代以後には〈永遠回帰*〉などに対し〈本能的嫌悪〉を口にし、ニーチェ批判を繰返しながら、ニーチェからショーペンハウアー*へと逆戻りの道を辿っている。
⇨ナチス　　　　　　　　　　　　　　（山本　尤）

ヨ

幼児　⇨子ども〔幼児〕

良きヨーロッパ人　[der gute Europäer; die guten Europäer]

「われわれの太陽が猛烈な速度でヘラクレス座の方に移動しつつあると聞いて楽しい思いをした。地球上の人間もこの点で太陽と同じに動いているといいんだが。われわれを先頭にして。われわれ良きヨーロッパ人を先頭にして」[『善悪』243]。「良きヨーロッパ人」とは、超人*と並ぶニーチェの大いなる希望のメタファーであった。これまでとはまったく異なった生活形式の可能性への夢を紡ぐメタファーであった。「良き」にはしたがって「優れた」の意味合いがある。しかし、超人がどちらかというと強さ、意志、支配、孤独*などと結びつくのに対して、「良きヨーロッパ人」は、より融和的であり、「われわれ」という語がつくことが多く、知的文化的共同体を、モダニズムを、そして多様性の尊重を思わせる。

この「良きヨーロッパ人」にとって最も厄介なのは、19世紀のナショナリズムである。ナショナリズムに陥るには、「われわれはあまりに意地が悪く、あまりに甘やかされており、あまりによく知っており、あまりによく〈旅をしている〉」。ヨーロッパの小国乱立とそれによる視野狭窄にはあきあきしている。「われわれ故郷なき者、われわれは種族から言っても、生いたちから言っても、あまりに多様であり、混合しており、〈モダンの〉人間であり、それゆえ、ドイツ*でドイツ的心性の涵養のためとして誇示されているあの欺瞞的な自人種崇拝や猥褻行為に参加するわけにはいかないのだ」[『智恵』377]。こうした「ナショナリズムの狂喜がヨーロッパの諸国民のあいだを引き割いている病的な疎隔現象」は所詮は短期的なものであり、「ヨーロッパはひとつになろうとする」「明白な徴候」がある[『善悪』256]。それは政治的もしくは経済的統合といった意味ではもちろんなく、ギリシアとキリスト教*によってできあがった生活形式がその頂点に、爛熟に達するということである。そのプロセスは同時に「プラトニズム」と「キリスト教」に対するたえざる闘いの歴史でもある。「ヨーロッパ精神のこの何千年にもわたる豊かな遺産の継承者である〈われわれ良きヨーロッパ人〉は、キリスト教のなかで育ち、そこから離脱し、キリスト教に好意をもたない」[『智恵』377]。それはわれわれの祖先がいっさいの留保なきキリスト教的誠実さを実践していたからである[同]。過去の知的緊張があってこそ、その緊張から解放される自由なヨーロッパ精神が生まれるというのである。「プラトン*に対する闘い――あるいはもっと分かりやすく〈民衆向きに〉言うならば何千年にもわたるキリスト教的-圧迫に対する闘い……こそは、この地上にかつてなかった精神の華麗な緊張をヨーロッパにもたらした。ヨーロッパの人間はこの緊張を危機として感じている」[『善悪』序言]。しかし、ニーチェに言わせれば、イエズス会や民主主義*がしたような、緊張をゆるめる試みは無意味である。「イエズス会士でも民主主義者でもなく、またドイツ人にもなりきれないわれわれ、つまりわれわれ良

きヨーロッパ人，そして自由な，まことに自由な精神の持ち主たちは，まだこの危機を，精神の危機のいっさいを，その弓が張られた緊張を必要としているのだ。ひょっとしたら矢をも，課題をも。そして的はどこにあるのか，誰が知ろうか」[同]。ここには超人のメタファーとの親近性が感じられるが，他方で，キリスト教とプラトニズムの爛熟した落とし子である世紀末*のモダニズム的感性も「良きヨーロッパ人」の文脈に含まれている。「われわれ明後日のヨーロッパ人，20世紀の初児であるわれわれ，そのいっさいの危険な好奇心，多様性，仮装の術，精神と感覚における爛熟していわば甘くなりすぎた残虐さを持ったわれわれ。われわれは……おそらくはわれわれのもっとも秘密の，最も心奥にある欲求，われわれの最も熱い欲望と合うような美徳を持つことであろう」[『善悪』214]。そしてニーチェは，こうした美徳が祖先の禁欲道徳*に発しており，それゆえにそれとまったく違ったものとなるのをつけ加えるのを忘れない。その点では，19世紀のヨーロッパ的ロマン主義，リヒャルト・ヴァーグナー*に象徴されるロマン主義の徒も，彼らすべてがもつ「表現の狂信者」としての共通性のゆえに「良きヨーロッパ人」なのである。「彼らは彼らの欲求の高みにおいても低みにおいても近い，基本的に近い。それこそはヨーロッパである。ただひとつのヨーロッパ。その魂が多様で激しい芸術によって突き上げられ，上へ，そして自己を越えていこうとするひとつのヨーロッパなのだ。どこへ？ 新しい光を求めて？ 新しい太陽を求めてか？」[『善悪』256]。

こうした考え方をする以上，ユダヤ*人もしくはユダヤ精神もヨーロッパの重要な構成要素であり，だからこそ当時広がっていた反ユダヤ主義*に断固反対する。『人間的』*第1部475番では，ナショナリズムが特定の階級の利害に適ったものであることを看破できるならば，「なんのためらいもなく自分を良きヨーロッパ人と称し，諸国民の融合のために行動によって尽くすべきである」と述べたのちに，国民国家があるかぎり差別されるユダヤ人にヨーロッパがいかに多くのものを負っているかを自覚すべきであると述べている。「最も高貴な人間（キリスト）と最も純粋な賢者（スピノザ*），最も力強い書物と最も影響力のある道徳法則」を彼らは生んだのであり，またヨーロッパ中世がアジアの迷妄の闇に閉ざされていたときに啓蒙と精神の自由を旗印にしていたのはユダヤ人の学者である。ユダヤ人のおかげでヨーロッパの課題はギリシアの継承となったのである，と逆説的ながらユダヤ人を擁護している。そうした多様性と精神の緊張のなかから，また爛熟と頽廃のなかから，新しい自由で，軽やかな文化が出てくることをニーチェは，「良きヨーロッパ人」として望んでいた。→自由精神と理性批判，知的誠実 （三島憲一）

欲望

『ツァラトゥストラ』*第3部の「三つの悪」の章では，「最も呪詛され誹謗されて」きた三つの欲望（淫欲，支配欲，我欲）について，その価値の逆転がはかられている。淫欲（Wollust）は「自由なる心情にとっては無垢であり自由」であり，「萎えた者にとってのみ甘い毒であり，獅子の意志を持つ者には心の強精剤である」。支配欲（Herrschsucht）は「大いなる軽蔑*を教える教師」であり「高きものが降りていって権力を欲望する」場合には，その支配欲は悪であるどころか，「贈り与える徳*」である。さらに我欲（Selbstsucht）は「すべての奴隷的なものに唾をはきかけ」すべての隷従やへつらいを拒否するものである。つまり三つの欲望を悪としているのは，生*の力が疲弊した者たちの「えせ知恵」（After-Weisheit: 肛門のように滓ばかり集めた知恵）であり，これに対して

ツァラトゥストラは「自我」を健全で神聖なるもの、「我欲」を幸福なるものと唱え、「大いなる正午*」を予言する。弱者の道徳体系を覆し、生の恢復をはかる力、それが欲望である。「肉体と魂がみずから楽しむこと、これが徳である」[Ⅲ-10.2]。

すでに初期の著作(「五つの序文」)で、ホメロス*の叙事詩を生み出したギリシア文化の最盛期におけるギリシア人の「政治的欲動」(politischer Trieb)を肯定的に記している文章がある。血塗られた戦のあげく敵の死体の上で「獅子のような勝利を勝ち誇る」残忍な光景を前に「快楽に浸る」(lustvoll)ことができたからこそホメロスはあのような美を生み出すことができたのである、とニーチェは見ている。このギリシアの世界において政治的欲望と芸術作品がたぐい稀な結びつきを見せたのは、政治的な欲望が際限なく解き放たれたからであると言う。これに匹敵する状況としてニーチェはルネサンス*の時代——彼が念頭においているのはチェーザレ・ボルジア*であろう——を挙げている。同情*を蔑するほどに自我の欲求の十全な解放を図ることが、自由なる精神の条件である。これとは逆に生が弱化した時代は、「欲望を抹殺し、変形させ、昇華」[『曙光』202]させることで欲望の内向化をはかる。ニーチェはこの欲望の昇華の形態として「芸術家的世界解釈」「学問的世界解釈」「宗教的世界解釈」の三つをあげている[遺稿 Ⅱ.9.330f.]。ここでフロイト*を先取りするように、文化の現出形態を欲望の「昇華」(Sublimation)と捉えていることは注目に値する。しかし、フロイトがリビドーの完全なる解放に躊躇して「昇華」という概念にとどまっているのに対して、ニーチェが求めたのは、「昇華」によって馴致されない欲望の解放である。その意味ではマルクーゼ*が、既存の市民社会的な道徳観念や芸術観には包摂されないエロスの解放の形態を「脱‐昇華」(Entsublimie-rung)という概念で言わんとしたものに近いところがある。

ニーチェは欲望を二つの観点から捉えている。ひとつは自己保存*の基盤となる功利性をいっさい無視し、「自我の利益を考えることはない」[遺稿 Ⅱ.6.34]欲望のありかたである。「どのような欲望も非知性的であるので、功利性は欲望にとってはまったく眼中にない」のであり、「欲望は浪費することによってすべてを破壊」[同]するのである。こうした欲望を解放することが、自由精神*の招来のための条件である。これとは逆のもう一つの観点は、世界解釈の基盤にはつねに欲望が働いているという見方である。一般には「利害をまったく考慮せず、まっしぐらに真理を求めて突進するような、固有の認識への欲望(Erkenntnistrieb)があるかのように」、「実践的な関心の世界とはいっさい関係のないような認識への欲望があるかのように」思われているが、実際には「認識への欲望は、所有欲と支配欲によるものである」[遺稿 Ⅱ.11.154]。つまり、一方では欲望は、自己保存の利害とは無縁であり、バタイユ*の用語での「蕩尽」のように功利性を超えたものとされていながら、他方ですべての認識は功利的な関心と結び付いているとされているのである。この二面性は、「力への意志*」の両義性と関係している。つまり、「力への意志」が自由なる精神の発動である場合には、欲望は肯定的な意味をもつが、逆に「力への意志」がルサンチマン*の反映としてのキリスト教的・市民社会的道徳価値の基盤をなすと解釈される場合には、欲望は自己保存への関心以外の何ものでもなく、すべての認識の根底をなすものとなる。前者の解釈をとるならば、感性の解放をユートピアとして描くマルクーゼ*の方向と一致していると見ることができる。これに対して後者の解釈は、価値中立的な認識は不可能であり、啓蒙的認識の構図自体が自己保存の原理と不可分の関

係にあることを示したホルクハイマー*／アドルノ*の『啓蒙の弁証法』*，さらにはハーバーマス*が『認識と関心』において実証主義批判として提示している問題に継続されていると言えるだろう。→自己保存，フロイト，マルクーゼ　　　　　　　　　　（大貫敦子）

『悦ばしき智恵』〔『華やぐ智慧』〕　［*Die Fröhliche Wissenschaft ("la gaya scienza")*. 1882/1887］

　『悦ばしき智恵』第2版への序言（1886）でニーチェは，この書物は快癒しつつある者が感謝の念とともに欠乏と無力の日々に別れを告げる祝宴であり，未来の冒険を予期して感ずる歓喜であると述べている。そこには，『曙光』*刊行後の1881年8月，ジルス＝マリーア*滞在中にジルヴァプラーナ湖のほとりで〈永遠回帰〉の思想に襲われたという体験も反映していよう。10月から彼はジェノヴァ*で『曙光』の続編に取りかかり，創作意欲の充溢ゆえに彼自身が「聖なる1月」と呼んだ1882年1月には，新たな著作が半ば完成したことを友人たちに告げている。『悦ばしき智恵』の原型である。3月にはシチリアでのちに「メッシーナ牧歌」に収められる詩篇が成立し，このうちの何篇かは改作されて『智恵』第2版の「プリンツ・フォーゲルフライの歌」に収められた。1882年4月，ニーチェはローマ*でルー・ザロメ*と知り合い，両者の恋愛事件はパウル・レー*や妹エリーザベトを巻き込んだ愛憎のもつれへと発展するが，そうした実生活上の混乱のなかで彼は『悦ばしき智恵』と題名を定めた著作の完成に力を注いでいた。ルー宛の書簡では，この書物によって『人間的な』*以降の「自由精神*の新しい姿と理想」を樹立した時期が完結すると宣言している［1882.6月末／7月初旬］。ルーとともにタウテンブルクに滞在中のニーチェのもとにシュマイツナー書店刊の『悦ばしき智恵』が届いたのは8月20日のこ

とであった。この初版は63篇の詩からなる「たわむれ，たくらみ，しかえし」に続き，342のアフォリズム*を4部に分けて収めていた。1887年5月にフリッチュ書店から刊行された第2版では第5書「われら恐いもの知らず」が加わってアフォリズムは383番まで増補され，第2版への序言と「プリンツ・フォーゲルフライの歌」が付け加えられた。注目されるのは，この増補が『ツァラトゥストラ』*（1883-85）と『善悪の彼岸』*（1886）の刊行後に行われたことである。つまり，この両著を挟んで成立した『悦ばしき智恵』第2版，とりわけその第5書には，価値転換期を前にしたニーチェの思想的到達点が集約されているといえるのである。

　題名の『悦ばしき智恵』はドイツ語でもあまり親しみのない表現で，友人の問い合わせに対してニーチェは「トルバドゥールのgaya scienza のことを考えただけだ――それで詩も入っている」と答えているが［ローデ宛1882年12月初め］，そのためか第2版では初版にはなかった „la gaya scienza" という副題を付している。トルバドゥールとは，12世紀初めから13世紀にかけてロワール川以南の宮廷を中心にオック語を用いて活躍した詩人たちのことで，とくにプロヴァンスの吟遊詩人が名高い。多くは騎士階級出身で，恋愛詩や風刺詩，対話詩や哀悼詩など，典雅な叙情詩の技巧を発展させた。gaya scienza はその詩法を指し，fröhliche Wissenschaft という表現は，ヘルダーが『人間性の促進のための書簡』第7集（1796）で „gay sabèr, gaya ciencia" の訳語として用いている。そこで彼は「悦ばしき智恵」は宮廷生活に「悦ばしく心地よい楽しみ」をもたらす技巧（Kunst）＝学び（Wissenschaft）であるとして，これがヨーロッパ近代詩の「曙光」となり，ここからヨーロッパで最初の「啓蒙」が始まったとも述べている［第84, 85書簡］。ニーチェは1881年か82年のものとされる遺稿

で, „Gaya Scienza" と題してトルバドゥールの詩型の名称を列挙しており [1.12.178],『善悪の彼岸』260番では, ヨーロッパは「プロヴァンスの騎士=詩人, 華麗で創意豊かな,〈愉しい学び (gai saber)〉の人びと」に「多くのことを, ほとんど自分自身を負っている」とも述べている。そして『この人を見よ』*では, 「プリンツ・フォーゲルフライの歌」は「〈愉しい学び〉というプロヴァンス的な概念, 歌い手と騎士と自由精神とのあの統一」を想わせるものであるとして, 「新しい舞踏を創造する者を讃えよ! 無数の変化をつくして踊ろう, われわれの芸術を——自由な, と呼び, われわれの智恵を——悦ばしい, と呼ぼう!/われわれはトルバドゥールのように踊ろう!」とうたう最後の詩「ミストラルに寄せて」こそ, 道徳を跳び越えて舞踏する「完璧なプロヴァンス主義」であると語っている [『この人』Ⅷ]。ニーチェにおいて「悦ばしき智恵」というタイトルは, その語源を離れて, 専門化した研究にいそしむ陰鬱な「学問*」(Wissenschaft) に対して, それとは別の様態を備えた認識が可能であることを示すものであった。「真理」を求めて苦吟する理性の仕事に倦んだ精神が南方の世界で発見したのが,〈悦ばしき智恵〉の芸術であったといえよう。

この著作にも, 『人間的』以降のアフォリズム集と同様のパターンで, 道徳や宗教についての考察, 現代の文化や芸術についての発言, 友情*や愛に関する箴言が散りばめられている。ヴァーグナー*の悪口やショーペンハウアー*に対する批評も欠けてはいない。ただ, ここでは他の著作にもまして, 認識への情熱*のさまざまなあり方が描かれている。われわれは認識者として「真理」を求めているつもりでも, じつは「仮象*」の舞踏に加わっているにすぎないとか, 認識において問題になるのは「真理」(Wahrheit) ではなく「もっともらしさ」(Wahrscheinlichkeit) で

あるとしながら, 他方では, 真理への勇気をもって懐疑*を遂行する情熱が求められたり, また, ときおり贈られる認識の至福の瞬間, エピクロス*的な観照的視線の幸福が語られている [『智恵』54, 51, 58, 45]。これらの認識の試みを導くのが, 自分自身を笑うことを知り, 哄笑と叡智とを結びつける「悦ばしき智恵」なのである [同 1]。その快活な懐疑の精神は, やがてキリスト教*の「神の死*」を告知するに至るが, それによって開かれてくる新たな地平でさらに新しい認識の可能性を追求しようとする。第3書のアフォリズム125番は寓話的な語り口で, 狂気の男が白昼にランプを掲げて神を探しまわり, 「われわれはみな神の殺害者なのだ」と叫ぶようすを語っている (この筋立ては, 白昼にランプを灯して「人間」を探したというディオゲネスの逸話のパロディーになっている)。そして, 人間は自分たちが神を殺害したことを自覚しないままに, 神という観念によって与えられていた方向づけを失って「無限の虚無」のなかをさまよっているのではないか, また, 神の殺害という「大いなる」行為に値するためには人間が自ら神々とならなければならないのではないかとも問う。すでにそれに先立って108番と109番では, 神 (「仏陀*」という名で呼ばれてはいるが) の死後に残る「影*」を克服すべきであるとされ, 人間はまだ自然というテクストに神によって与えられた法則や秩序を読み込んでいるので, 本来のテクストを復元しなければならないとされていた。また124番では, 航海*の比喩*が用いられて, 陸地 (確固たる道徳的価値の地盤) との連繋を断って船出したわれわれは, 大洋の波浪の上で陸地に郷愁を覚えてももう戻ることはできないという覚悟が述べられている。「聖なる1月」(Sanctus Januarius) と題された第4書では, この航海の比喩が「生*」とは「認識者の実験*」であるというもう一つの比喩とともに現れる [319, 324]。ここでは生を

大胆に肯定する「運命への愛*」を掲げて、「事物において必然的なものを美として見る」ことが求められる一方で [276]、それはヴェスヴィオ山に町を建設したり、未知の海に船を進めたりするように「危険に生きる」ことでもあるとされる [同 283]。そして、コロンブス*が新世界を発見したように、従来の道徳に代わる道徳の新世界を発見するためには哲学者に対してもまた「船に乗れ」と求められて、認識者のヒロイズムが称えられている [289]。

第4書にはまた、その後の思想的展開を了示するような断片も登場する。寄せてはかえす波のひそやかな欲望に人間の意志と同一の由来を持つ秘密を見たり、認識の根柢にさまざまな衝動*の間の闘争を感じ取る視点は [310, 333]、やがて〈力への意志*〉の思想として展開されることになるものであろう。そして、341番の「最大の重し」では、「お前は自分の生をもう一度、いや無数回にわたってくりかえし生きることを欲するか」という問いにおいて〈永遠回帰*〉の思想が暗示される。この思想を初めて記した1881年8月初めの断片でニーチェは、この思想を体現するための条件として、すべてを生成として理解し、自らの個体性を否定してさまざまな衝動のうちに生き、できるだけ多くの眼で世界を見ること、そして、ときには生を上から安らかに眺めて楽しむことを挙げている。これまで認識への情熱に生きてきた人間が、かつては人生の重大事であったことに対して、すべてを遊びの玩具にしてしまう子ども*のような態度を取るとともに、この「子どもの遊戯」すらも観照的に見る「賢者*の眼」で眺めることが、〈永遠回帰〉という「最も重苦しい認識」を受け止めるためには必要であるというのである [遺稿 Ⅰ.12.80-82]。『智恵』に収められたアフォリズムが、「神の死」と「永遠回帰」という重苦しい認識を背景としながら、快活な気分に貫かれているのは、こうしたエピクロス的な視線のためであろう。「最大の重し」に続く第4書最後のアフォリズムは「悲劇が始まる」(incipit tragoedia) と題され、『ツァラトゥストラ』の冒頭とほぼ同文となっている [342]。それゆえ、『悦ばしき智恵』第4書は、叙述の形式は大きく異なるものの、『ツァラトゥストラ』への序曲とみなされるのである。

さらに『善悪の彼岸』を経て成立した第5書「われら恐いもの知らず」でニーチェは、「神は死んだ」という「近代における最大の事件」を知って新たな航海へと出発する「自由精神」の冒険*を描いている [343]。この「自由精神」はあらゆる道徳的価値に疑問符を付し、いかなる信仰や確実性とも訣別するが、他方では、この精神を導く「真理への意志」もやはり「神は真理であり、真理は神的である」という古い形而上学*的な信仰にもとづいている。つまり、虚偽の道徳的価値を信仰することも、真理を求めてその虚偽を暴露することも、ともに「ニヒリズム*」にほかならないというのであるが [344-348]、このようにして自らをも疑う懐疑の精神は第5書のテクストにきわめて変化に富んだ多層性を与えている。いくつかの特徴的な側面を挙げると、まず認識や解釈の問題については、一方では初期の「道徳外の意味における真理と虚偽について」以来の議論がふたたび持ち出され、認識や意識は畜群*的な人間たちが危急の際の伝達の必要に迫られて偽造した共通の記号の世界であるとされ、それゆえ認識の本質は本来同一ではないものを（畜群の記号へと）同一化すること、未知のものを既知のものへと還元することにほかならないとされる [354, 355]。だが他方では、「神の死」が示すキリスト教的世界解釈の崩壊によって、世界がまださまざまな遠近法*から無限に解釈可能であることがあらわになったと指摘して、事物の疑問に値する性格を見逃さないエピクロス的な認識のあり方を強調するな

ど [374, 375]，遠近法的仮象を楽しみつつ従来とは異なる認識の可能性を試みる姿勢が示されている。第二は，ここでニーチェが19世紀末のヨーロッパの知的見取図を描いて，脱ドイツの立場，さらには脱ヨーロッパの視点を打ち出していることである。「世界に冠たるドイツ」の国粋主義を軽蔑し，教会*の崩壊を妨げたルター*の「精神の農民一揆」を批判するニーチェは，ドイツにおいて唯一ヨーロッパ的な意味を持った出来事として，ショーペンハウアー*が「生存の価値への問い」を発したことを挙げる。そして，その「無条件に誠実な無神論*」こそ，知的誠実というキリスト教の徳が自らキリスト教の神への信仰を突き崩した結果であるとして，そこに「ヨーロッパの最も古く最も勇敢な自己克服の相続者」としての「良きヨーロッパ人*」のあり方を見いだしている [357, 358]。ニーチェが自分の「悦ばしき智恵」を捧げようと望むのは，これらの「故郷なき者たち」であり，彼らは何ものも保守せず，自由主義*や社会主義*，国粋主義，人類愛や同情*の宗教にも与せずに，海へと乗り出していく移住者であるという [377]。つまり，ある町の塔の高さを知るためには漂泊者として町の外へと出て行かなければならないように，ヨーロッパの道徳を偏見なしに評価するためには，ヨーロッパ的な善悪の彼岸に立たなければならないとする脱ヨーロッパの思想が語られ，そのためには，時代を自分のうちで克服するばかりか，この時代に対する自分の「反時代性」や「ロマン主義」も克服しなければならないとされる [380]。こうした自らの内なる否定性への反省が，第三の特徴的な側面として挙げられよう。そこでは，かつては熱狂の対象であったヴァーグナーやショーペンハウアーのロマン主義が病んで衰弱した生にもとづくものであるとして批判され，それに対して生を肯定する古典的ないしはディオニュソス*的ペシミズム*が待望される [370]。そして，新たな価値を求める理想の「地中海」の周航のためには「大いなる健康*」が必要であるとも言われる [382]。こうした健康と病気*，強さと弱さの対比にもとづく否定はその後のデカダンス*批判においては際限なく用いられるようになるものであるが，382番がもう一度『ツァラトゥストラ』を予告して「悲劇が始まる」という一文で終わるのに続いて，『悦ばしき智恵』の最後のアフォリズムではそれまでの厳粛な語り口が一変し，重苦しい問いかけを吹き飛ばす歌と舞踏が求められている [383]。このように，深刻ぶった批判や克服がその対象にとらわれたままになることを，視点をずらしたりパロディー化したりして笑い飛ばそうとする姿勢が，『悦ばしき智恵』に独特の軽快な調子を与えているといえよう。→自由精神と理性批判，真理と認識

(大石紀一郎)

ラ

ライプツィヒ [Leipzig]

ドイツ東部ザクセン地方の中心都市。1165年にマイセン公より都市自治権と市開催権を得たライプツィヒはこの地方の商業・交易の中心地として栄えた。こうして蓄積された富によってライプツィヒは学問と芸術および出版の中心地の一つにもなる。ライプツィヒ大学はそうしたライプツィヒの象徴ともいうべき存在であった。ニーチェはプフォルタ校*を卒業後ボン大学を経て、1865年から67年までライプツィヒ大学のリッチュル*の下で古典文献学*の研究に従事する。リッチュルはニーチェの古典文献学者としての能力を高く評価し、それが後のバーゼル大学教授への異例の抜擢につながる。またここで同じリッチュル門下の E. ローデ*と親交を結んだこともニーチェの生涯にとり重要な出来事となる。しかしニーチェの古典文献学者としての道を閉ざすことになる萌芽もライプツィヒで芽生えたのだった。すなわちショーペンハウアー*の『意志と表象としての世界』を偶然に見つけそのとりこになったのも、そしてニーチェの一生を決定づけるヴァーグナー*と初めて出会ったのもライプツィヒであった。ついでに言えば『ツァラトゥストラ』*などの著作を出版したナウマン書店もライプツィヒにあった。→リッチュル，ローデ　　（高橋順一）

ラインハルト [Karl Reinhardt 1889-1958]

ドイツの古典文献学*者。1916年マールブルク大学で教授になったのを皮切りに、ハンブルク、フランクフルト、ライプツィヒ*の各大学の教授を歴任。1946年以降再びフランクフルト大学教授。フランクフルトのギムナジウムの校長だった父は後に、現在も存在する有名な寄宿エリート校サーレムの創設者の一人であった。この父はプロテスタントの牧師の息子として隣村の同じく牧師の息子であったドイッセン*と長い親交があった。ドイッセンはイタリア行きの途上、いつもラインハルト家に寄って、ニーチェについて語っていたという。また父自身もバーゼル大学の学生時代にニーチェやブルクハルト*の講義を聞き、ボン大学でウーゼナー*に師事して学位を得ている。ウーゼナー夫妻もよく遊びに来たという。ドイツ人文主義と歴史主義の直系とも言える環境に育った本人は第一次大戦前のドイツ古典文献学の帝王、ベルリン大学のヴィラモーヴィッツ゠メレンドルフ*に学んだ。ヴィラモーヴィッツは夜の集まりでもニーチェについて語らなかったというが、次の世代であるラインハルトはやはりニーチェの提示した文献学や歴史意識への問いと生涯にわたってかかわらざるをえなかった。まさに歴史主義*という19世紀の仮面行列があったからこそ、ニーチェは2000年の歴史と生き生きと交わることができるようになったのだと論じる。こうした背景を踏まえてなされたニーチェの詩*「アリアドネ*の嘆き」の解釈は優れている。テクストの解釈がテクストを生み、仮面*が仮面を生む迷宮の深淵*をこの詩に見ようとするもので、逆に狂気のニーチェがコージマ*をアリアドネに、自己をディオニュソス*に見立てたことは、狂気のなかでなされた意味と個人の混同でしかないとして問題にしない。ギリシア解釈者としてのニーチェの意義は一貫して評価している。→オットー、歴史主義　　（三島憲一）

文献　▷ Karl Reinhardt, *Vermächtnis der Antike*, Göttingen 1960.

ラガルド [Paul de Lagarde (Paul Anton de Bötticher) 1827-91]

ドイツの言語学者・批評家。最初ベルリン大学で神学を学ぶが、後に言語学への関心を深め、中近東諸言語の研究やギリシア語訳聖書の本文校訂などの研究にあたる。狷介な性格のためなかなか教職につけなかったが、ようやく1869年ゲッティンゲン大学の旧約聖書学講座の教授に就任した。しかしその後も周囲との軋轢はおさまらずそのために一時はロンドン移住も考えるようになる。これは結局実行されなかったがその代わりにラガルドが行ったのは、自分を白眼視した周囲のドイツ人たちにたいするペンによる闘いだった。その闘いは1886年に出版された『ドイツの書』という文化批判の著作に集大成される。この本においてラガルドの出発点となっているのは、普仏戦争*をきっかけにドイツ国内で生じた浮薄な愛国主義的自己陶酔にたいする違和感であった。ラガルドはそうした時代の浮薄さの中で失われつつあるドイツの伝統的諸価値の再生を唱え、その実現のために一方では中欧の植民地化という帝国主義的政策を、また他方では既成キリスト教*とは異なるドイツ国民宗教の創出を提唱した。こうしたラガルドの議論は同時代においてかなりの反響を呼び、ニーチェの友人オーヴァーベック*もラガルドを賞賛している。ニーチェも1873年のヴァーグナー*への手紙［1873.4.18.］の中でオーヴァーベックの著作とともにラガルドの著作を送る旨を伝えているところから見れば、ラガルドのドイツ批判や教会批判に媒介された保守革命的理想主義にニーチェがなんらかの共感を持っていたことが窺える。

(高橋順一)

[文献] ▷ P. de Lagarde, *Deutsche Schriften*, Göttingen 1878-81. ▷ Fritz Stern, *The Politics of Cultural Despair: A Study in the Rise of the Germanic Ideology*, University of California, 1961（中道寿一訳『文化的絶望の政治』三嶺書房, 1988）.

ラファエロ [Raffael (Raffaello Santi) 1483-1520]

ラファエロへの言及はすでに1866年のゲルスドルフ*宛の手紙に見られる。そこでは分析的・自然科学的な真理概念の限界を指摘して、「誰がラファエロのマドンナに誤謬を咎めるだろうか」と述べ、芸術*が概念の束縛から自由であることを強調している［1866.8月末］。ニーチェが当時ドレスデンにあった「システィナのマドンナ」を見ていたかどうかは定かではないが、彼の好む画家のひとりだったことは確かである。「ラファエロのような能産的自然（natura naturans）」という表現も見られ、ゲーテ*やシェイクスピア*ともならんで登場することが多い。『悲劇の誕生』*［4］では、ラファエロはシラー*が「素朴」と名づけた芸術家の列に加えられている。その作品は自然と人間とがひとつに溶け合い、「仮象*の美に完全に没入した状態」を描く芸術である。アポロ*的芸術が仮象としての現実をさらに幻想的仮象へと変容させることによって救済するのと同じように、ラファエロの芸術（たとえばパロマの聖堂にある「キリストの変容」）も「仮象の仮象」であることによって幻想的仮象の世界での救済*を描きだしているとされる。『反時代的考察』*では、天上の音楽に耳を澄ませて上方を向きながらオルガンを弾く聖セシリアの絵（この絵をショーペンハウアー*は芸術による一瞬の解脱の象徴と解している）を、ヴァーグナー*の音楽の救済的陶酔感と重ね合わせて解釈している。だが『曙光』*［8］では、そうした芸術的仮象による救済観からの距離が見られる。「途方にくれて苦悩するもの、混沌として夢見ごこちのもの、超地上的な恍惚に打たれるもの」という変容の三つの過程を経た救済は、もはや現代では不可能であることをニーチェはここで認め、ラファエロも

現代では「新しい変容」をまのあたりに見ることになろうと述べている。また「私はラファエロと同じように、もう殉教の絵は描くまい」[『智恵』313]、「ラファエロはキリスト教徒ではない」[『偶像』IX.9]、「性的組織の誇張を抜きにしてラファエロを考えることはできない」[遺稿II.11.117]という言明にもみられる脱宗教的なラファエロ解釈は、宗教画のモティーフを使いながらもルネサンス*の人間主義を貫徹させたラファエロを評価していることをうかがわせる。「ラファエロは教会を(それが支払能力を持つかぎり)重視したが……教会の信仰対象を重視することはなく、あまたの注文主が厳しく要求する狂信的な信心深さには一歩も譲歩しなかった」[『人間的』II-2.73]。システィナのマドンナ像ももはや救済のイメージでではなく、幼な子イエス*の「救世主めいた表情」で信仰の篤い人々を「欺いている」と解釈され、画面右側の少女は男性に向かって聖母のような「未来の妻」を想わせる「誘いの眼差し」をなげかけていると言う。ラファエロに対するこうした評価の変化のなかに、芸術による救済の構想から暴露心理学への移行を見ることができよう。

(大貫敦子)

ラ・ロシュフコー [François, duc de La Rochefoucauld 1613-80]

ニーチェは17世紀のフランス*を「軽やかな輝く生の光景の享受」[遺稿II.7.81]と形容し、こよなく愛したが、なかでもルイ王朝の宮廷人として、人間心理の微妙な綾を洒脱なアフォリズム*にまとめたラ・ロシュフコーの『箴言と省察』をバーゼル*時代の後半にことのほか好んで読んだ。直接のきっかけはパウル・レー*との出会いであろう。彼と一緒の1877年の冬のソレントへの旅に同書を携行している。その影響は『人間的』*36, 37, 50番などに直接にうかがうことができる。また、ベルヌーリ*が収録しているォ

ヴァーベック夫人の回想 [C.A. Bernoulli, *Nietzsche und Overbeck*] にも、同家のサロンでニーチェがさかんに彼について論じていたことが記されている。アンドレール*もラ・ロシュフコーがニーチェに「短いが決定的な影響」を与えたことを強調する。なによりも力への意志*のモルフォロギーとして後に位置づけられることになる暴露心理学、なかでも虚栄心*や高慢をめぐる観察に大きな刺激を与えた。ときとすると職業哲学者の議論の中で概念的に肥大化されがちな力への意志が、「現世内的」で具体的な、いわばトリヴィアルな観察に根をもっていることはもっと注目される必要がある。たとえば、「高慢はつねに失ったものの埋め合わせをする。虚栄心を振り捨てるときですら、なにものも失わないのだ」[『箴言と省察』33番]、「一敗地にまみれて、われわれがまたそのために打ちのめされた気になる時さえも、自負心は意外にも、自分自身の敗北のなかにあって凱歌を挙げているのだ」[同563番＝削除された箴言1番]などには、後のルサンチマン*の思想に通じる要素すらある。「ラ・ロシュフコーおよびその他のフランス人のあの魂の研究の名人たちは、……いつもいつも必ず的を射当てる狙いの鋭い射手に似ている」[『人間的』I.36]とニーチェは述べている。しかし、そこには違いも明らかにある。見せかけの謙虚さを装いながら宮廷遊泳術を心得ている人々を冷やかに分析しているラ・ロシュフコーが結局は伝統的価値観を前提にしているのに対して、ニーチェは、そうした価値観そのものの発生の構造をしだいに着目するようになる。実際に『箴言と省察』には、高慢心を除くためには本当の意味でのキリスト教*の謙虚さが必要であるといった発言もある[358番]。このようにラ・ロシュフコーが「謙虚さ」を、つまり伝統的価値を無批判に受け入れていることに対しては、ニーチェもはっきり批判している。「ラ・ロシュフコーは心情

の高貴さの真の動機についての意識があった——そして，その動機に関するキリスト教的な陰惨な評価が」［遺稿 II.7.80］。だがまた，『人間的』Iの50番などでは，安物の同情道徳を貴族的誇りから拒否する宮廷人の言葉に大いに共感もしている。やがて『曙光』*執筆の頃になるとラ・ロシュフコーに代わって，ニーチェが「わが生涯の最も美しい偶然」［ガスト宛1887.3.7.］と呼んだスタンダール*の方が重要になってくる。→虚栄心，モラリスト，スタンダール　　　　　　　　　　（三島憲一）

ラングベーン　［Julius Langbehn 1851-1907］

シュレスヴィヒで生まれ，キールで育ち，著述家として活躍する。メラー・ファン・デン・ブルック*やシュペングラー*とともに新生ドイツの反自由主義的ペシミズムの予言者であった。帝政期の旧世代に対する反乱を狙った学生運動の支えになり，ワンダーフォーゲルの青年運動*にも影響を与えている。彼の著した『教育者としてのレンブラント』(1890)は，合理主義的自然主義に対して非合理主義を唱導して大きな反響を呼び，1年で6万6000部に達するベストセラーとなった。この書は近代民主主義を否定し，近代と合理主義的伝統を拒絶し，原始主義への強い憧憬に満ちていた。その原始主義は，既存の社会の破壊の後に基本的な人間の情熱を解放し，新しいゲルマン社会をつくることを構想したものであった。科学と知性主義はドイツ文化を亡ぼすものであり，ドイツ文化は新しい偉大な芸術的人間が力をもつことによって活性化できると論じた。彼は熱烈なニーチェ心酔者であったが，この書は「一ドイツ人」という匿名で著されたためにニーチェの著作と誤解された。また彼はニーチェが精神障害に陥ると，主治医のオットー・ビンスワンガーを批判して独自の治療法を計画，一時は母親や P. ガスト*の信頼を得たが，過度な後見の要求に母親も疑いをもち，最後にはニーチェの抵抗にあって計画を断念したという経緯もある。→青年運動とニーチェ　　（上山安敏）

文献　▷ Fritz Stern, *The Politics of Cultural Despair: A Study in the Rise of the Germanic Ideology*, Berkeley 1961（中道寿一訳『文化的絶望の政治——ゲルマン的イデオロギーの台頭に関する研究』三嶺書房，1988）.

リ

リオタール　［Jean François Lyotard 1924-98］

1973年フランスのスリージー゠ラ・サールで開催されたニーチェ国際コロークにおいて，リオタールは「回帰と資本についてのノート」と題する発表を行った。問題はニーチェと「永遠回帰*」を強度において読むことである。それは，哲学を支配してきた表象 - 再現 - 上演と神学の秩序を突破することを意味する。社会過程と哲学の言説に内在する概念の生産と表象とは，強度を規則的な偏差として意味作用の秩序に閉じ込めることで強度を奪う。「永遠回帰」や「価値転換*」でさえ，それが理論となり規則化されるときにはニヒリズム*を招来する。それに対し強度を失わぬ読解とは，新たな，異なる強度を自ら生産する読解であり，それ自体が肯定的な回帰の変転の中にある。

今日，規則化された回帰とは資本である。その運動は，資本主義以前の諸制度を解体するばかりか，自らの制度をも絶えず解体 - 再興する自己解体となる。この回帰は，物の人への（またその逆），生産物の生産手段への（またその逆）絶えざる変転という（非政治的）経済としては，人間（主義）の次元を超え始めており，そこにニヒリズムはない。だがその一方では，資本は価値法則の等式に従

ってのみ回帰するがゆえに，新たな表象と商品の（無神論的）神学を再び導入する。力の増大は生産力の成長となり，そこからは極大と極小の強度はやはり排除され，規範に従った平均的な強度だけが許容される。変転はつねに同じ場所と経路へと限定され，エネルギーの強度の移動可能性と多様性が制限される。それとは別の回帰を開くニーチェ的な「政治」の可能性をリオタールは，資本相補的に前-資本的な価値への回帰や，未来における疎外の和解を求める古典的左翼の批判の運動にではなく，意図や主義の場所建立(ポジション)に収まらない性解放運動や無断居住やヒッピー，ポップアートや実験絵画，ジョン・ケージの音楽など，政治・社会・文化の「周縁的」な出来事に（この時点では）見ている。リオタールの努力もまた，政治経済（学）の批判ではなく，概念-表象を突破する「リビドー経済」の肯定にあったのである。

しかし，その後レヴィナスおよびカント*への接近を強めるリオタールは，ニーチェに対してハイデガー*と同じ評価を下すようになる。プラトン主義形而上学からの解放を求めるニーチェは，「力への意志*」をもって再び形而上学*の誘惑に屈したとの評価である。この点で彼は，一貫してニーチェ的な側面を保持し続ける盟友ドゥルーズ*と相岐れるのである。→ポスト構造主義，ドゥルーズ

(港道 隆)

文献 ▷ *Nietzsche aujourd'hui*, 10/18. 1973. ▷ Jean-François Lyotard, *Economie libidinale*, Minuit; *L'inhumain*, Galilée, 1988.

リクール [Paul Ricœur 1913-2005]

フランスの哲学者。初期の論考にはキリスト教*関係のものが多く，彼の一般的解釈学は聖書解釈学を範にしたという。早くはフッサール現象学の影響下にあったが，その後，意識の現象学から象徴の解釈学というべきものに転じた。ニーチェの思想がリクールの哲学に大きな影を投げた形跡はないが，象徴の解釈学に移ったとき，その解釈の概念を明らかにするのにニーチェが一役買っている。「ニーチェとともに哲学全体が解釈となった」と語るリクールは，解釈学*的方法における解釈の概念に，「意味の想起としての解釈」と「懐疑の実践としての解釈」という対立する意味の系譜を読みとり，ニーチェを後者の系譜に置く。「一方で解釈学とは，ノアセージ（信，宣教，あるいは……宣教の使信メッセージの形をとって……告知される意味の闡明と回復」と捉えられ，他方では「脱神秘化，幻想の還元として考えられる」。前者には，レナール，エリアーデらの宗教現象学が属するのに対し，後者に属するのが，マルクス*のイデオロギー論，フロイト*の幻想論，そしてニーチェの道徳の系譜学*である。後三者の試みは，「意味の直接的意識には還元してしまえない，意味の間接的な学を創造」し，「解読の〈意識的な〉方法を暗号化の〈無意識的な〉作業と一致させる」ことにあった。ニーチェが価値の転換*に問題の焦点をあてながら「力への意志*の〈力〉と〈弱さ〉のほうに，虚言と仮面を剝ぐ鍵」を求め，暴露心理学の手法を用いたことは，この現れである。リクールのニーチェ解釈がとりわけ注目に値するとはいえないが，ニーチェを，フロイト，マルクスといわばセットにして，思想のある流れなり構えなりを描くというスタイルは，現代思想におけるニーチェのある影響の仕方を代弁しているとも言える。→解釈学

(木前利秋)

利己主義／利他主義 [Egoismus/Altruismus]

「よく定義されているように，他人のために，しかも他人のためにのみなされる行為だけが道徳的であるとすれば，道徳的な行為というものは存在しない」[『曙光』148]。キリスト教*に発する道徳観からは，利己主義が忌避され，利他主義が，すなわち「同情的

で、公平で、公益的で、社会的な行為をする人間が、「道徳的な人間」として賛美される。ニーチェの利己主義と利他主義についての思索は、このような道徳観への批判の一環として展開されている。

ニーチェによれば、たとえ他人の不幸がわれわれの胸を痛めるとしても、そのときに「われわれはもう他人のことだけを思っている」と考えるのはまったくの無思慮である。もし他人の不幸を見てそれを助けようとしないなら、われわれは自分の卑怯を確認することになろう。また、他人の不幸は、われわれ自身に対する危険の指標としても苦痛を感じさせる。「同情*」という行為によって解消するのは、このような自分自身の憂苦だけなのである。その意味では、「同情する人間」と「同情しない人間」とは、別の種類の利己主義者だと言わねばならない。それなのに、一方を「よい」と呼び他方を「悪い」と呼ぶのは、一つの道徳的な流行であるにすぎない、とニーチェは考える。

いったい、「無私」が説かれるというのはどういうことか。ある徳が善と呼ばれるのは、その徳が、本人にではなく、社会に及ぼすと予想される効果に着目してのことである。それが本人の身体や精神を損なうとしても、その徳が褒め讃えられるのは、隣人たちがそれに利益を見いだすからである。「要するに、個人存在を全体の機能に変えてしまうという徳における背理が、賞賛されるのである。諸徳の賞賛とは、何がしか私的には有害なものの賞賛なのである」[『智恵』21]。それにもかかわらず人間そのものに「無私」への志向があるとすれば、それは、「利他主義」と呼ばれるべきものではなく、他の者の機能になりたいと望む弱者の欲望にほかならない。「こうした人間たちは、自分をある他者の有機体の中へはめ込むとき、最もよく自分の身を保つ者である。それが都合よくいかなくなると、彼らは不機嫌になり、いらいらし、そして自分自身をむしばむ」[同119]。それゆえ、利己的と利他的という対立が人間の良心*を押さえつけるようになるというのは、貴族*的価値判断が没落しこの畜群*本能が顕在化してきたことを示している、とされる。

そもそも、ニーチェによれば利己主義は悪ではない。確かに他人の苦しみは学ばれなくてはならないとしても、「完全にはけっして学ばれえない」のだから、われわれは何がしかはつねに利己主義者たらざるをえない。だから、これを「裁いてはならない」のだ[『人間的』Ⅰ.101]。また、利己主義が悪でないと分かれば、これまで利己的であると非難されてきた行為の価値は回復し、それから良心の疚しさが除去されよう。これは、行為と人生の全体像からその疚しい外観を取り除いて、「生*」そのものの肯定へとわれわれを導くはずである[『曙光』148]。さらには、「正義」ということの尊重も、この「熟慮の利己主義」から出てくるのだ。正義は、ほぼ等しい力をもった者の間で、相手を満足させ自分も望みのものを受け取るという、分別に富んだ自己保存*の見地から発するからである[『人間的』Ⅰ.92]。ニーチェは、利己主義についてひとまずはこのように言う。

しかし、利己主義が悪でないということの最も重要な核心は、それが「高貴な魂の本質」に属するということだ。「純朴な人々の耳には不快に響くかも知れない危険を冒してでも、はっきりと私は言っておく。利己主義は高貴な魂の本質に属する、と。私が利己主義と言っているのは、〈われわれがそれである〉ごとき存在には他の存在が本然的に隷従しその犠牲になるべきであるという、あの動かしがたい信念のことだ」[『善悪』265]。高貴魂の者が自己自身を尊敬する、この利己主義は、恩恵を「上から」施されることを好まず、自らを「正義そのものである」と宣言する。しかし同時に、自分と同等な者に対しては、その高貴*さゆえに羞恥心と繊細な畏

敬の念をもっておのれを自制するだろう。そして，この「自分が高みに立っていることの自覚」がその人をまた高貴にもする，と考えることができるのである。このような「自己追求」は，それが「妊娠の状態」[『曙光』552]に類比されるようなあり方をするとき，理想的なものとなる。この状態では，ひとは，自らのためになすすべてのことが自分の内部で成長しつつある者に役にたつに違いないというひそかな信念に支えられて，その成りゆきは分からないままに，厳しく自分を強制するまでもなく多くのものを避け，静かに大きな情熱をもって来るべき者を待ち望むだろう。このとき，利己主義は，大いなる自己愛として，最も遠い者，来るべき者（超人*）を愛し，それを求めるからである。

このように見てくると，ニーチェの目指しているのは，利己主義そのものの擁護であるよりは，むしろ利己主義と利他主義という対立によって抑圧されてきた〈生〉の肯定，その〈高貴さ〉への志向の肯定にあると理解されよう。→隣人愛　　　　　　　　　　（中野敏男）

リシュタンベルジェ　[Henri Lichtenberger 1864-1941]

フランスのゲルマニスト。ナンシー大学教授をしていた1898年にはフランス語で『ニーチェの哲学』(*La philosophie de Nietzsche*, Paris 1898) を出版している。またニーチェについてのパンフレットや講演も多く，早くからドイツ語にも訳されている（たとえば *Friedrich Nietzsche, Ein Abriß seines Lebens und seiner Lehre*, Dresden u. Leipzig 1900)。そのなかには，狂気のニーチェをワイマール*に見舞ったときの様子が，聖人伝説的に描かれたシーンもある。ヨーロッパ中に燎原の火の如く広がったニーチェ熱のフランスにおける担い手として重要な存在。後に振り返って「当時は大気のなかにプレ・ニーチェイズムが漂っていて，火がつくのを待つばかりであった」と書いているが，その匂いの感覚は抜群であったというべきであろう。彼のニーチェ解釈は，ニーチェの議論の内容よりも，その迫力や熱に重点を置いている。最も敬虔なキリスト教徒であったからこそ，神に逆らって新しい価値の創出をめざしたのであり，彼の魂の奥底には依然として深い宗教性があるとか，あるいは最もヴァーグナー*を崇拝していたからこそ，彼から距離を取ったのであり，素質は徹底して音楽的である，といった賛美の仕方がくりかえされる。同情*道徳への軽蔑も，人間への同情から神が死んだのと同じく，ニーチェは最も同情心の強い人間であるからこそ，同情の海に溺れないためにその克服をはかったのだとされる。ついにはニーチェと正反対の道徳を説いたトルストイとすら，深い宗教性という点では共通するとすらされる[『ニーチェの哲学』p.178]。しかし，こうした文章のなかに，新しい生活形式を求めて，ブルジョワの生活からの脱出を願望した（しかも労働運動には無縁な）世代と階層の思いがこもっている。
→アンドレール　　　　　　　　　（三島憲一）

リスト　[Franz Liszt 1811-86]

ニーチェはすでにライプツィヒ*の学生時代の1869年2月，リストと知り合っている。リストは早くからヴァーグナー*を支持し，1850年には「ローエングリン」を初演している。ニーチェは前年の1868年11月にはこのヴァーグナーの知己も得ていた。彼らの名前に代表される「新ドイツ音楽」はニーチェの世代のいわば世代体験であったが，その信奉者たちから，一緒に論陣を張るべく誘われたことなどを，うれしそうにローデ*に書いている。ともかくリストはその名技によって，また後には交響楽様式によって，19世紀後半のドイツ音楽の中心的存在であった。ニーチェはまだ高校時代に「ハンガリア」などにも共感を抱いているが，生涯変わらなかったスラブ

民族への好意はそのゆえかもしれない。コージマ・ヴァーグナー*がリストの娘であったこともあり、その後もさまざまな接触があったが、ヴァーグナーとの仲違い以降は疎遠になった。評価も落ち「リストもしくは女性好みの流暢さ」などと罵倒している[『偶像』IX. 1]。また、『ヴァーグナーの場合』には、「もしもヴァーグナーがキリスト教徒であったのなら、リストはひょっとしたら教父ということになるのだろうか」[『場合』手紙10]と皮肉が記されている。ちなみに、ニーチェと知り合った頃のリストはすでにローマ*で下級司祭に序階されていた。中世の主題「怒りの日」などにも見られるように、当時のヨーロッパの教養世界の過去体験が土台になっていた以上、ニーチェが好むわけがない。「私自身この目で見たことだが、ライプツィヒでは、〈ドイツ的〉という言葉の古い意味でもっともドイツ的な音楽家の一人、けっして単なるドイツ帝国民ではない巨匠ハインリヒ・シュッツを表彰するために狡猾な教会音楽の奨励と普及を目的としてリスト協会(リスティヒ)なるものが設立された。実際疑いもなくドイツ人は理想主義者だ」[『この人』XIII. 1]。listig(狡猾な)とリストが語呂合わせになっている。ちなみに、ボードレール*はリストを愛し、「リヒャルト・ヴァーグナーとタンホイザーのパリ公演」を書く時にリストの書から多くを学んでいる。またリストもハンガリーのジプシー音楽についての書をボードレールに捧げているし、なによりも後者の『パリの憂鬱』のなかのリストにささげた一文は有名である。
→ヴァーグナー[1]　　　　　　　　　(三島憲一)

理性／理性批判　⇨自由精神と理性批判

リッケルト　[Heinrich Rickert 1863-1936]
　新カント派*のうちのバーデン学派(=南西ドイツ学派)を代表する哲学者。ニーチェに対して、彼は真理への信念を放棄する勇気をもって、プラグマティズムを非常に興味深い仕方で展開することのできた相対主義者である、との皮肉まじりの「高い」評価を下しているリッケルトにあっては、しかし、普遍必然的に妥当する認識を理念としてあらかじめ設定しておくことが哲学をも含めたすべての学問の営みの大前提であり、それゆえ彼の哲学の原点もまたこうした認識の可能性の条件を超越論的に問うことにあった。そのままではけっして俯瞰することのできない非合理的な異質的連続性を有している現実は、基本的には二つの道筋において認識可能であるとされる。ひとつは、すでにカント*によって客観的な妥当性が超越論的に演繹された自然科学の方法であり、それは現実を同質化し連続的な法則のうちに包摂する一般化的な概念構成であるとみなすことができる。もうひとつは、逆に現実の連続性を寸断しつつその異質性を保持しようとする文化科学の個別化的な方法である。リッケルトは、この文化科学に固有の認識形式にも普遍必然的な妥当性を要求し、その根拠を、文化科学が現実の諸事象を取捨選択しそこから有意味な歴史的個体を構成していく際に準拠せざるをえない価値の超越性に求めた。彼の哲学は、したがって認識の営みに対してそのつど当為として現前するさまざまな価値のひとつの体系のうちに結実することになる。文化科学を価値関係的概念構成として捉える着想は、当時の社会科学とくに M. ウェーバー*の理解社会学にも大きな影響を及ぼした。しかし、哲学的には価値の超越性は認識主体の抽象化を導くことになり、第一次大戦後は生の哲学などからの批判に晒されることにもなった。とはいえ、価値の体系を志向するという哲学それ自身がいかなる価値に依拠した認識の営みなのか、という問いが伝統的な哲学の思潮のなかにも明確に意識されてくるのに貢献した点は評価されてよい。→新カント派、ウェーバー[2]

(忽那敬三)

リッチュル [Friedrich Wilhelm Ritschl 1806-76]

19世紀の代表的な古典文献学者の一人。言語を通して古代を把握しようとしたゴットフリート・ヘルマンのもとで古典文献学*研究に入ったが，古代の言語そのものを研究対象とすることによって古代全体を捉えようとしたアウグスト・ベークの影響も受け，文献批判を重視する一方で「古典古代の生をその本質的な表現の認識と直観によって再生すること」を文献学の課題とした。アカデミズムの制度のなかで確立した文献学研究のための俊継者育成にも力を注ぎ，ヤーコプ・ベルナイス*，ヘルマン・ウーゼナー*らを育てた。ニーチェがプフォルタ校*で教えを受けたコルセンやフォルクマンもリッチュル門下の古典文献学者であった。1864年秋にボン大学に入学したニーチェは，家族の期待に反して神学よりも古典文献学に興味を抱き，リッチュルの講義を聴講した。翌年，リッチュルがオットー・ヤーンとの争いの結果，ライプツィヒ大学に転出すると，ニーチェもライプツィヒ*に移って，リッチュルの指導のもとで本格的に文献学の勉強を始めた。彼がやはりリッチュルのもとで学んでいたローデ*と知り合い，親しくつきあうようになったのもこの頃のことである。リッチュルはニーチェに文献学研究会を組織することを勧めたり，文献の伝承や典拠の批判に関する研究の指導にあたるなど，ニーチェにとって「学問的良心」を体現する存在となった。彼にさまざまな課題を与えて，その成果を自分が編集する学界誌『ライン文献学誌』(*Rheinisches Museum für Philologie*) に掲載したり，大学の懸賞論文のテーマに「ディオゲネス・ラエルティオス*の典拠について」という，以前からニーチェが取り組んでいた問題を選んで，自分が目にかけた学生に受賞させたのも彼の計らいならば，まだ博士号も取得していなかったニーチェを強く推して，バーゼル大学への招聘を実現させたのもリッチュルであった。それだけに，『悲劇の誕生』*公刊後リッチュルが沈黙を守ったことは，ニーチェを不安にさせた。ニーチェの問い合わせにリッチュルは，自分は歴史的な傾向に属する人間なので，世界の救済を哲学体系に見いだしたことはない，あなたの見解が若い世代の学問に対する軽蔑を招き，ディレッタンティズムに道を開くことになりはしないか懸念すると答えて彼を失望させた [1872.2.14.]。のちに『この人を見よ』*でニーチェは「自分が出会った唯一の天才的な学者」としてリッチュルを持ち上げているが [Ⅱ.9]，細かい文字の異同を校訂するような文献学研究は自分の性に合っていなかったとも語っている。→古典文献学，ディオゲネス・ラエルティオス　　　(大石紀一郎)

リヒテンベルク [Georg Christoph Lichtenberg 1742-99]

フランス・モラリスト*の著作に匹敵する，軽快で辛辣な皮肉に満ちたアフォリズム*を著した著作家かつ物理学者。彼のアフォリズムやメモを集めた『雑記帳』は啓蒙の批判精神に溢れながらも偏狭な合理主義には懐疑的で，ユニークな思考実験を展開している。ニーチェはかなりリヒテンベルクを愛読したようである。とくに彼の文体と「繊細で強い頭脳」[『人間的』Ⅱ-2.125] に魅せられていたようで，D. シュトラウス*批判では，彼のような「天才になりたがり屋の典型的な馬鹿ものたちが茸のように繁殖することについては，すでにリヒテンベルクが嘆いていた」[『反時代的』I.7] といった具合に，凡俗で一般受けする教養俗物*に対する批判をする時にリヒテンベルクがたびたび引合いに出されている。リヒテンベルクの言う「単純な書き方」にニーチェは魅力を感じ，数少ない「ドイツの散文の宝」[『人間的』Ⅱ-2.109] のひとつに挙げている。文体への関心と「うまく書くこと」の悩みはすでに学生時代に抱いてい

たようで，自分がレッシング*やショーペンハウアー*そしてリヒテンベルクのような文体に至らない悩みを打ち明けている［ゲルスドルフ宛 1867.4.6.］。批判が文体そのものと一体になっていることが，リヒテンベルクを称賛する大きな理由である。また思考の類似性も目立つ。たとえば隣人愛*がけっして他人への思いやりからではなく，快い感情を得ようとするエゴイズムに由来することを暴いたリヒテンベルクのアフォリズムを引用し，道徳概念の誤謬を暴露している［『人間的』I.133］。リヒテンベルクの名が明示されていなくても，その影響がみられる場合も多々ある。とくに思考の主体としての自我の虚構性を指摘し，人間の自我ではない何ものかである es を思考の主語として es denkt と表現した方がよいと述べている断片［『善悪』17］は，リヒテンベルクのアフォリズム［『雑記帳』K［76］, L［806］］を，es denkt という表現も含めて内容的にもそのまま踏襲している感がある。リヒテンベルクの思想は体系化されないがゆえに，一般に哲学史のなかではカントの影に隠れてしまっているが，その機智*に富んだ著作はもうひとつの啓蒙のありようを示している。ドイツでは少数派のこの伝統をニーチェは受け継いでいる。→アフォリズムと思考のパフォーマンス　　　（大貫敦子）

良心 ［Gewissen］

【I】　語源と系譜　　日本語の「良心」は『孟子』に由来する漢語（人の本心，その人固有の善なる心）ではあるが，明治以降はもっぱら英語の conscience，ドイツ語の Gewissen（さらに両者の語源であるギリシア語の syneidēsis, syntērēsis，ラテン語の synderesis, conscientia）の翻訳語として用いられてきた。これらの西洋語はすべて知ないし意識を意味する語根に，共同を意味する接頭語（con-, Ge-, syn-）が付けられたものであることから明らかなように，その原義

は「共に知ること」「全体を意識すること」に遡りうる。実際に古代ギリシア・ローマ世界での syneidēsis, conscientia は，ほとんどの場合「知を共にする」という連帯意識や自己意識を指すにとどまっており，類語である syntērēsis を「良心」の意味で明確に用いた例は，ラテン教父ヒエロニムス（345-420）が最初であると言われている。彼はこの語でもって楽園追放後の人間の中にも残っている「良心の火花」「神の法の守護者」を意味した。その後，スコラ哲学，ドイツ神秘主義，宗教改革を通じて，「良心」の道徳化がさらに進められたが，その頂点に位置するのが良心を「人間の内なる法廷の意識……自分の行いのゆえに神の前に果たすべき責任の主観的原理」［『人倫の形而上学』徳論§13（1797）］と性格づけたカント*である。

カント倫理学が確実な基礎を欠いており，神学的道徳の焼直しにすぎないと看破したショーペンハウアー*は，良心を法廷にたとえたカントが「計算された詭弁」を弄していると難じた。むしろ良心の由来を実生活に即して観察するなら，「良心の5分の1は，人間に対する恐怖から，5分の1は理神論的悪魔への畏怖から，5分の1は偏見から，5分の1は虚栄から，残り5分の1は習慣から成り立っている」という懐疑的見解を安易に却けることはできない。そこで人間の行為の根本動機として，(1)自分の幸福を欲する「利己心」，(2)他人の災禍を欲する「悪意」，(3)他人の幸福を欲する「同情」の三つがあることを指摘した彼は，(1)に正義を(2)に人間愛を対置し，その両者を基礎づける同情こそが道徳の現実的基盤だと主張した［『倫理学の二つの根本問題』(1860)］。彼およびイギリスの実証主義の影響下で『道徳的感情の根源』(1877)，『良心の成立』(1885)を書いた人物が P. レー*であり，ニーチェはレーとの論争を通じて，道徳批判の刃を磨いていったのである。

【II】　良心の疚しさと呵責　　良心に関す

るニーチェの発言は『反時代的考察』*から始まる。そこでは過去や異質なものをつくりかえて我がものにできる力を有した人々の「平静な良心」(ruhiges Gewissen)が賛美され[Ⅱ.1]、慣習と臆見の陰に隠れている大衆の「疚しい良心」(ein böses Gewissen)が摘発された[Ⅲ.1]。そしてレーの『根源』と並行して執筆された『人間的』*では、まず「良心の呵責」(Gewissenbiß)や「良心の内容」の無根拠さが明るみに出される。「良心の呵責というのは、犬が石に嚙みつくのと同様に、愚かなことだ」[『人間的』Ⅱ-2.38]。「われわれの良心の内容は、われわれが少年時代にわれわれから理由なく規則的に、われわれの尊敬し怖れた人物たちによって要求されたいっさいのことである。……権威に対する信仰が良心の源泉である。それは人間の胸中の神の声ではなく、人間の内部にいる数人の人間の声である」[同 Ⅱ-2.52]。

道徳の主要問題を利己的(悪)-非利己的(善)という単純な二項対立で描こうとしたレーと異なって、「善悪の二重の前史」[『人間的』Ⅰ.45]を見据えたニーチェは、因習・掟への隷属とそれらからの解放という対抗軸(後に〈奴隷道徳〉および〈主人道徳〉の二類型として描かれるもの)でもって道徳を捉え返そうとした。こうして良心の疚しさや呵責の中に形を変えたコンフォーミズムが潜んでいることが、剔抉される。「自分の思慮よりも良心に従うほうが気楽である。なぜならどんな失敗をしても、自己弁護や元気づけがあるからだ」[同 Ⅱ-1.43]。「あなたがあれこれの判断を良心の言葉として聴きとるというそのこと……は、あなたが子ども時代から正しいと教えられてきたものを盲目的に受け入れたところに、その原因がある」[『智恵』335]。「慣習の道徳の支配下にあっては、いかなる種類の独創性も疚しい良心に陥った」[『曙光』9]。

以上の準備作業にもとづいて発表されたのが、レーを主たる論敵とする「論争の書」『道徳の系譜』*第2論文である。その主題は、「良心の心理学」を呈示することを通じて「良心は、おおかたそう信じられているように〈人間のうちなる神の声〉ではない。——それは、もはや外に向かって放出できなくなった後で逆行する残忍性の本能である」[『この人』Ⅺ]という事態を抉り出すところに措かれている。「私は良心の疚しさ(das schlechte Gewissen)を深い病気だと見る。……国家的体制が原始の自由の本能に対して自衛のために設けたあの恐るべき防壁——数々の刑罰はとりわけこの防壁の仲間だったのだ——は、野蛮で自由で暴れ回っていた人間のあのすべての本能に回れ右をさせ、それらを人間自身に刃向かわせた。敵意・残忍、迫害や襲撃や変革や破壊に対する快感——これらの本能がすべて、その持ち主自身に向きを変えること、これこそ〈良心の疚しさ〉の起源である」[『系譜』Ⅱ.16]。ただし「良心の疚しさが一種の病気であることには疑いの余地はないけれども、それは妊娠が一種の病気であるような意味での病気なのだ」[同 Ⅱ.19]という点に注意を払う必要がある。「この密やかな自己虐待、この芸術家的残忍さ……この活動的な〈良心の疚しさ〉の全体、これが結局において、種々の理想的・空想的な出来事の真の母胎として、おびただしい新奇な美と肯定を生み、おそらくは初めて美というものを生んだのである。……良心の疚しさのみが、ただ自己虐待の意志のみが、非利己的なものの価値の前提となるのだ」[同 Ⅱ.18]。良心の疚しさを媒介・前段階として生み出される特異な良心のあり方(まるで「最高種の道徳的なるものがある種のゴドウ(黒い=よからぬ根)から咲き出た」ような奇妙な作物[『人間的』Ⅱ-1.26])、それをニーチェは「知的良心」(das intellektuelle Gewissen)と呼んでいる。

【Ⅲ】 知的良心と誠実さ　彼は「知的良

心」と「満足した（疚しくない）良心」（das gute Gewissen）とを同じような意味で用いる場合もあるが［『人間的』II-1.90；『智恵』297］，前者はあくまで因習的な良心（「代用の良心」［『曙光』338］）との拮抗関係の内に成立するのに対して，後者は〈慣習の道徳*〉の遵守を通じても得られる境地にすぎない。「知的良心」の根底を「自由な精神的人格や自立した強者たちと交際するように，われわれ自身の思想，概念，言葉と同等な者どうしのつきあいをしている」という反権威主義的な態度に求めたニーチェ［『人間的』II-1.26］は，この良心を世に言う「良心」の背後にある良心として性格づけた上で，常識の命令に安住せず，「良心に耳を傾けるように自分を駆り立てるのは，本来何ものなのか？」を問い詰め，「そもそも道徳的諸判断はどのようにして生じたものなのか」を洞察すべきだと主張した［『智恵』335］。

『ツァラトゥストラ』*ではそうした「知的良心」にあたる表現として，「精神の良心」「頭に自分の良心をもつ者」「良心的な認識態度」（Wissen-Gewissenschaft）［第1部，第3部，第4部］が用いられているが，これらはいずれも「知（Wissen）としての精神と全知（Gewissen）としての良心との緊張関係のうちにおのれを持することを含意している［吉沢伝三郎の同書訳注］。そうした姿勢はまた，キリスト教*の成立後2000年にわたって続けられてきた「真理への訓練」の結果「ヨーロッパの良心がさんざん苦労して手に入れた勝利」がもたらした態度，すなわちショーペンハウアーのような不屈の無神論者が保持する「申し分のない誠実」（ganze Rechtschaffenheit）とも，「われわれの意向しだいで育成も妨害もできる，成長しつつある徳」つまり「誠実さ」（Redlichkeit）とも言い換えられている［『智恵』357；『曙光』456］。ニーチェは「良心」概念の背後にある「一つの長い歴史と形式の変遷」の終局に，「自己に対して，しかも自負をもって保証を与えうること，したがって自己に対しても〈然り〉と肯定を言いうること」を位置づけようとしているけれども［『系譜』II.3］，こうした肯定の核心を表す言葉こそ，彼が好んだピンドロスの警句「汝は，汝があるところのものと成れ」［『智恵』270］にほかならない。

【IV】 批判と継承　良心を内攻した残忍さや自己への復讐という観点から把握したニーチェの議論は，実質的価値倫理学を提唱したシェーラー*およびそれを良心現象に適用した H. G. シュトーカーによって批判された。前者によれば「復讐衝動は，等根源的に他人に向けられたり自分に向けられたりするものであって，ニーチェのように他人に向かうべき復讐衝動が内攻して自己復讐が生じると考える必要は毛頭ない」［「悔恨と再生」(1917)，『人間における永遠なるもの』(1921) に再録］。また後者によれば「復讐は真の良心にとって，まったく非本質的であり，ニーチェは真正の良心の本質的中核をなす人格的悪（das Personal-Böse）の体験を捉えそこなっている」［『良心』(1925)］。

ニーチェの良心論の偶像破壊的側面は，フロイト*に継承されている。彼によれば，文化は人間の攻撃衝動を無力化するために，その発祥地に送り返し自分自身へ向けるという「内面化する方法」，すなわち個々人を弱め，武装解除し，その心の中の法廷に監視させるという方法を採用している。自我の内部に戻ったこの攻撃衝動は，〈超自我〉の形で自我の他の部分と対立している自我の一部に取り入れられ，「良心」となる。良心は，超自我というわれわれ自身の手で開設された法廷の機能の一つであり，自我の行動と意図を監視・判断すべき，一種の検閲のような役割を果たすのである［『文化への不満』(1930)］。

ニーチェの「知的良心」という積極的構想につながるものに，ウェーバー*の「知的誠実」（intellektuale Rechtschaffenheit）と

ユング派の心理学者 E. ノイマンの「全人的倫理」(totale Ethik) の提唱がある。前者は，事実（あること）と価値（あるべきこと）との緊張関係に耐えながら，両者の異質性をしっかりとわきまえるという研究者の義務ないし徳を言い［『職業としての学問』(1919)］，後者は集合的規範の代理人たる「良心」の支配を拒否し，倫理的行為の基盤として全人格を要求するものである。この「新しい倫理の主たる目標は，個体を〈善良〉にすることにあるのではなく，個体を心の面で〈自立的〉にすること，すなわち，心を健全で生産的で，容易に感染することがないようにすることにあり……古い倫理やそれに属している古い対立的な問題を解消し，あるべき生の前提として，〈善悪の彼岸〉を考慮に入れるような新しい方向におもむくことなのである」［ノイマン『深層心理学と新しい倫理』(1948)］。ノイマンの求める「人格の総体性」(Totalität) や現代英米の徳倫理学 (virtue ethics) で盛んに議論されている「道徳上の全一性＝誠実さ」(moral integrity) も，ニーチェが「知的良心」という言葉で追い求めたものとほぼ同一の問題圏に位置しているといっても過言ではない。→負い目［罪］，知的誠実，「哲学者は自分の時代の疚しい良心でなければならない」〈川本隆史〉

[文献] ▷ Stefan Sonns, *Das Gewissen in der Philosophie Nietzsches*, Zürich 1955（水野清志訳『ニーチェの良心論』以文社，1972）. ▷ Hendrik G. Stoker, *Das Gewissen: Erscheinungformen und Theorien*, Bonn 1925（三輪健司訳『良心——現象形式と理論』共学館，1959）. ▷ 水野清志「ニーチェにおける良心の問題」，日本倫理学会論集12『良心』以文社，1977所収.

リルケ [Rainer Maria Rilke 1875-1926]

詩人としての自己形成への模索過程にあって，リルケもまたニーチェから影響を受けた一人であった。たとえば初期の詩集『わが祝いに』(*Mir zur Feier*, 1899) には，生の永遠回帰的肯定を示唆するようなトーンがうかがえる。またリルケとニーチェの結びつきに関して忘れることができないのは，ルー・アンドレアス＝ザロメ*との出会いである。かつてニーチェの求愛を拒絶したザロメは，1897年ミュンヘンで出会った14歳年下の青年詩人が彼女に対して示した情熱を受け入れる。精神的な面においても遙かに年長であったザロメとの関係の中で，未熟な模索段階にすぎなかったリルケの詩人としての自我は急速な成熟を見せることになる。その最初の結実が『時禱集』(1905) であった。この時期に幾つかニーチェへ直接言及した文章をリルケは残している。最も早い時期のものは1895年の「ボヘミアン漫記」であるが，そこでリルケはニーチェの『反時代的考察』*の『生に対する歴史の利と害』をふまえながら，自分がニーチェの言う意味で「歴史的な」存在であるといっている。しかしニーチェへの言及で最大のものは1900年に書かれた「ニーチェ 傍註」であろう。『悲劇の誕生』*の読書ノートとしての性格を持つこのテクストには，ザロメの影響が見てとれる。リルケはここで，『悲劇の誕生』における音楽やディオニュソス的なものについての解釈を通じて自分なりの芸術の捉え方を模索しようとしている。「ディオニュソス*的生とは無制限な万有の中の生 (ein unbegrenztes In-Allem-Leben) であり，それに対して日常はとるにたらぬ卑小な仮装としてある。だがそのとき芸術が伝える経験とは，こうした仮装のみが唯一，諸々の個別要素や諸変容を超えて広がる偉大な諸連関の中へとときおり参入するための可能性を提供してくれるということである」。ここでリルケはニーチェに触発されつつ，ディオニュソス的生*のアポロ*的仮象*への昇華に芸術*の始源を見ている。美的仮象を通じた生の無限肯定を志向するリルケの姿勢には後年の「世界内面空間」(Weltinnenraum) という概念へとつながるものがある。

ただリルケはニーチェとは異なり、こうした理念をあくまで抒情詩表現の深化を通じて模索し続けた。その模索の頂点に立つのが『ドゥイノの悲歌』であった。リルケにとって詩とは、それ自体において世界を全的に包摂する神話的空間であるとともに、自らの生そのものをも神話化する媒体でもあった。そこにはニーチェが批判的に見ようとしたモダニズムにおける「芸術のための芸術(ラール・プール・ラール)」という傾向の一極点を見ることができる。⇒ザロメ

(高橋順一)

理論的人間 [theoretischer Mensch]

個々の人間は、個体化*の原理にその存在を支えられながら、この現実界もまた一種の仮象*なのではないかという予感をいだき、その節度*のうちに生きねばならない。ニーチェによれば、アポロ*的なものとディオニュソス*的なものの結びつきの中からギリシア悲劇は誕生した。それゆえまた、不断に個体化の原理を破りつつ陶酔の恍惚において自然との和解に導くディオニュソスの要素が排除されるとき、悲劇はいったんは悲劇的な死を遂げる。この悲劇の死に決定的な役割を果たした人こそソクラテス*であり、ニーチェは、このソクラテスに「理論的人間」の誕生を見ている。「ソクラテスという人物とともにはじめて世に現れた一つの意味深い妄想、それは、思惟は因果律という導きの糸をたよりに存在の最も奥深い深淵まで至りうるし、また、思惟は存在を認識できるばかりか訂正することさえできるという、あの不動の信念である」[『悲劇』15]。この形而上学的信念は、知識と認識とに万能の力を認め、普遍的に妥当する真の認識を誤謬から区別することこそ人間の唯一の使命であると考えて、前進して休むことを知らない理論的楽天主義を生み出す。このとき、神話*は死滅し、音楽の神話的創造力も失われてしまうのだ。ニーチェによれば、近代世界は、知識によって世界が修正できると信じ、普遍的に妥当する科学文化が可能であると信じている点で、この理論的人間の理想にとらわれてきた。ところが、近代人は、今やようやく、自分の基礎が不可謬で永遠に妥当するということへの素朴な信頼感を疑い、この理論的文化の落ちて行く先を予感しはじめている。カント*がすでに、科学そのものの武器を逆手にとって、認識一般の限界と制約を示した。このような認識を通じて、永遠の苦悩を自分自身の苦悩として共感的な愛の感情で受け止める智恵を最高の目標とするような、「悲劇的文化」が再び導き入れられる可能性が出てくるだろう、とニーチェは見ている[『悲劇』18]。⇒ソクラテス、『悲劇の誕生』

(中野敏男)

隣人愛

「私の兄弟たちよ、私は君たちに隣人愛を勧めない。私は君たちに、最も遠い者への愛を勧めるのだ」[『ツァラトゥストラ』Ⅰ-16]。隣人愛はキリスト教*の道徳がとくに勧めるところのものである。しかしニーチェの見るところ、隣人愛とは、自分が愛するに足りえないことに耐えられず、隣人によく思われることによって自分を飾りたてようとする、弱さの表現にほかならない。自分に耐ええない者は、孤独*を牢獄と感じるがゆえに、隣人のもとに走る。それゆえ、隣人愛はひとつの自己愛の変形ではある。しかし、隣人によく思われることで自分を埋め合わせるものは、最も遠い者、来るべき者への愛を見失うことになる。そして、大いなる自己愛とは、この最も遠い者、来るべき者を愛し、それを求めるだけの価値が自分にもあることを主張するものなのである。大いなる愛は創造的な愛でなければならない。それゆえ、自分自身の中から、自分自身を超え出て最も遠い者すなわち超人*を求める心を創造しなければならない。ところが、隣人によく思われようと近づき首尾よくそれを達成すると、人は、自分自

身をもよく思うようになり、自分より溢れ出る心を見失ってしまう。しかも、「〈隣人〉というものは無私を賞賛する。無私によって彼が利益を得るからだ」[『智恵』21]。それゆえ、隣人愛は、お互いを自分にとっての機能に変えてしまうだろう。ところが大いなる自己愛は、たとえば妊娠の状態におけるようなものだ。そのとき人は、自分に対する配慮そのものが自分の内部で成長しつつある者に役にたつに違いないという秘かな信念に支えられ、またそれゆえに、厳しく自分を強制するまでもなく多くのものを避け、いつも配慮し、目覚め、魂を静かにして準備する。そして、静かで大きな情熱*をもって来るべき者を待ち望む。このようにニーチェは、キリスト教道徳の隣人愛をひっくり返すことで、いわゆる「超人」への志向の通路を開いていくのである。→利己主義／利他主義　　　(中野敏男)

ル

ルカーチ　[György Lukács 1885-1971]

ニーチェの『悲劇の誕生』*にはじまる時代批判の仕事とルカーチの初期三部作『魂と形式』『小説の理論』『歴史と階級意識』とをつきあわせて考えてみると、両者は同じモダニズム芸術の精神から出発しつつも、ある意味では対照的な脱出路を、すなわち近代批判のまったく異なったタイプを指し示していることがわかる。思想家および作家を論じたエッセイ集である『魂と形式』(ドイツ語版1911年)は、ジンメル*の影響下に「魂(生)と形式」という両極性が議論を運ぶ基本枠組となっているが、「生は無であり、作品がすべてである。生はただ偶然ばかりであるが、作品は必然性そのものである」と述べられているように、そこでは現実は混沌とした無秩序とみなされ、それを素材として秩序化するものこそ芸術形式であるとされている。そうすると芸術形式はなにほどかユートピアの色彩を帯びてこよう。それは生*の一領域というより、生が無意味に流れ出すのを必死にくいとめる唯一の方途になるからである。このラディカルになった美的ユートピア主義のもっとも劇的な証言の一つがニーチェの『悲劇の誕生』だったのではないか(意味喪失の経験を治療するものとしての芸術)。ルカーチはしかし、ニーチェのように近代に汚染されていないとされる悲劇時代のギリシアに遡及し、それを梃子に近代に足払いをかけるといったタイプの批判の方向をとらなかった。時間の流れから飛び出して静止しているかのような一人一人の、キルケゴール*であったりノヴァーリスであったりの両極性のはらむ緊張は、小林秀雄*的にいえば数珠玉のごとき宿命は、ルカーチの場合ヘーゲル*哲学によって歴史化される、つまり時間の軸に再配置されたのである。

第一次世界大戦中に書かれた『小説の理論』について「待望されていたのは、新しい文学形式ではなく、はっきりと〈新しい世界〉であった」とルカーチ自身が後に述べている。ここではたしかにギリシアが、ニーチェと同様に大きな役割を演じてはいるが、悲劇ではなく叙事詩がテーマとなり、ギリシアは人間的生の根源というよりは、近代の叙事詩である小説の特徴描写の引立て役としてもっぱら仕えることになる。「小説とは、生の外延的な総体性がもはやまごうかたなき明瞭さをもって与えられていない時代の叙事詩である。それは意味の生内在が問題化してしまった時代、にもかかわらず総体性への志向をもつ時代の叙事詩である」。「小説の内的形式は過程としてとらえられたが、過程とは問題的となった個人がおのれ自身をめざして遍歴することであり、ただ現存するにすぎない、

それ自体において異質であり、個人にとっては意味を失った現実のなかに暗くとらわれているところから、明晰な自己認識へといたる道なのだ」。こうしてニヒリズム*経験から脱出をはかるルカーチの思考を一貫して動機づけているのは、「総体性への志向」、いいかえれば断片ではなく体系*への志向であって、すでに『魂と形式』のなかでさえ「偉大な美学が到来したその日には、エッセイのどれほど純粋な成就といえども、どれほど力強い達成といえども、活力を失わねばならない」と述べているほどである。ニーチェがブルクハルト*やショーペンハウアー*の影響下に反ヘーゲル的な思想経験から出発したのに対し、ルカーチはカント*からヘーゲルへ、そしてヘーゲルからマルクス*へと、いわばドイツ古典哲学の精髄をその若き日に反復してみせたのである。

そして「総体性」と「明晰な自己認識」への志向、いいかえれば体系への志向は、『歴史と階級意識』(1923)にいたって、プロレタリアートの意識というアルキメデスの点を発見することによって一挙にその理論的展望をうるのである。異質な外界と問題的となった個人との間の亀裂は、労働力商品として物化されたプロレタリアートがおのれの存在を意識するという物の自覚の運動(客体＝主体)によって架橋されるにいたる。疎遠な現実は、もはや芸術形式によってのみ秩序化される混沌とした素材なのではなく、物化の論理によって歴史的に生成したものとして動態化され、その克服もまた歴史に、歴史に内在する主客の運動に帰されるのである。両極性は弁証法*へと揚棄されたわけだが、ここに生じた階級意識の絶対化は大きな問題をはらむことになる。ニーチェもルカーチもモダニズム芸術のもつ批判の急進性を、まったく異なった仕方でではあるが、社会批判のレヴェルにまで全体化しすぎているのではないか、そういう疑念を払拭しきれないのである。その後ルカーチはこれら初期の思想を自己批判して、ソビエト・マルクス主義に近い線で仕事をすることになる。アドルノ*にいわせれば「強要された和解」ということになるが、この間の事情は政治とのかかわりで、つまり反ファシズム闘争をどう闘うかという政治的決断とのかかわりで見るべきであり、単に理論内在的に追跡しきれないところがある。第二次世界大戦後に出版された、戦犯裁判のごとき断罪の書である『理性の破壊』では、ニーチェはルカーチによって理性を破壊し、ファシズムへの道を開いた非合理主義の伝統にたつ思想家として、社会主義*の敵として完膚なきまでに攻撃されている。この二人の思想家がどこまでその責任を負うべきかは別にして、モダニズム芸術に発する批判の精神がこうして再会をはたすことに、つまりファシズムとソビエト・マルクス主義との出会いという形をとることに歴史の現実の苛酷さを思わざるをえないのである。→反ニーチェ(左翼の)

(中尾健二)

ルサンチマン [Ressentiment]

「人間が復讐 (Rache) から解放されること、これが私にとって最高の希望への橋であり、長かった悪天候ののちにかかる虹である」——『ツァラトゥストラ』*でニーチェはこのような目標を掲げている。ここで〈復讐〉と呼ばれているものは、自らに加えられた不正に対して「目には目を」の論理をもってなされる〈報復〉ではない。それはむしろ、無力な者たちが「権力*を持つ者いっさい」に対して抱く嫉妬から生まれるものである。彼らも「専制支配への情欲」に駆られているのだが、ただ無力であるがゆえに、権力を持つ者によって自尊心を傷つけられ、嫉妬に苦しめられる。そこで彼らは、平等こそ正義であると説き、権力は不道徳であると告発することによって復讐しようとするとされて、この「平等の説教者たち」は陰険な毒グ

モ「タランチュラ*」に喩えられている[『ツァラトゥストラ』Ⅱ-7]。この無力ゆえの「憎悪」，嫉妬にもとづく「復讐」に対してニーチェが用いたもう一つの名称が，「ルサンチマン」であり，これは系譜学的思考による批判のキーワードとして，後期ニーチェの暴露戦略の重要な要素となった。ニーチェは，自分は「デカダンス*」を自ら体験したからこそそれを克服しうると主張したが，ここでもそれと同じように，「ルサンチマンからの自由，ルサンチマンに関する啓蒙」を自分が達成したのは，この現象を自らの病において自らの弱さと力の問題として体験したからであるとしている[『この人』Ⅰ.6]。

「ルサンチマン」という言葉は，ニーチェが愛読したモンテーニュ*の『エセー』第2巻第27章でも用いられているが，17世紀初め頃にはフランス語からドイツ語に移入され，「(心理的な)傷つきやすさ」のほかに「不満」「憤懣」「憎悪」という意味も持っていた。ニーチェがこの語をはじめて用いたのは，1875年夏に書かれたデューリング*の『生の価値』に関するノートのなかの，「正義感はルサンチマンであり，復讐と結びついている。彼岸における公正という観念も復讐感情に由来するものである」という一節においてである。形而上学*の本質は，地上における不正に対して「神の裁き」によって補いをつけて，「復讐心を超越的に満足させること」にあるとしているところには，すでに後年のルサンチマン論の萌芽が見られるが[遺稿Ⅰ.5.334f.]，それが本格的に展開されたのは『道徳の系譜*』においてであった。

ニーチェはそこで2種類の道徳的価値評価のあり方を区別している。第一は「騎士的・貴族的価値評価」であり，その前提となるのは「頑健な身体性，盛んで豊かな，湧き立つばかりの健康と，それを保つ条件となる戦争，冒険，狩猟，舞踏，闘技，そして強く自由で高揚した行動を自らのうちに含むいっさいのもの」である。この価値判断は，まず自らの強さ・高貴*さ・美しさを「よい」(gut)とし，「劣悪」(schlecht)な者に対する差異の意識(「距離のパトス*」)をもって，「支配者の道徳」を生み出す。それに対して，第二の「司祭的価値評価」においては，力による支配や抑圧によって虐げられた者が，強く高貴な者に対する憎悪から，まず彼らを「悪い」(böse)とする判断を捏造*し，そのうえでそれとは反対の性質を「善い」(gut)として，「奴隷道徳」または「畜群*道徳」が生ずる[『系譜』Ⅰ.7;『善悪』260参照]。そこではたらくのがルサンチマンであり，その特徴は，能動的(aktiv)な力によって脅かされたがために否と言うこと，すなわち「反動」(Reaktion)によってはたらくことにあるとされる。高貴な者はただちに行動によって反応するので，ルサンチマンは解消され，過剰なまでの造形力*によってその害毒を忘却するが，弱者は「本来の反動，すなわち行動による反動が妨げられているために，自らを損なわないためには想像上の復讐をもってするしかないような性質の持ち主たちのルサンチマン」を抱く[『系譜』Ⅰ.10]。そして，自己保存*の本能から，強者＝「悪人」とは反対の「善人」であることを欲して自らの弱さを肯定する。その結果，支配したり，報復したりできない無力が忍耐や善意として評価され，卑屈さが謙遜の徳に，屈従が神への服従にすりかえられるというのである[同Ⅰ.13，14]。とはいえ，弱者にも支配したいという欲望はあり，彼らは直接的には満足させられない自らの〈力への意志*〉を別の形で発揮する。「道徳における奴隷の反乱は，ルサンチマンそのものが創造的になって，価値を生むことから始まる」[同Ⅰ.10]。彼らは「良心の呵責」というものを発明して，それによって強者を束縛しようとするが，自らの支配欲や復讐心を自覚しないので，安んじて「善人」の「正義」の勝利を祝うことができると

いうのである。さらにニーチェは、弱者による価値の捏造の起源をローマに支配された古代ユダヤ*人に求める。「ユダヤ人、あの司祭的民族は、その敵と圧制者に対して、結局、敵の価値を根本から価値転換すること以外に、すなわち、最も精神的な復讐の行為によること以外に報いを得る術を知らなかった」。そこで彼らは、悲惨な者、哀れな者、無力な者、下賤な者のみが善き者であるとしたというのである［『系譜』I.7；『善悪』195参照］。

ニーチェはルサンチマンの道徳が勢力を得た背景に、弱者たちの「畜群」を「牧者」として守り、彼らのルサンチマンが集団を解体に導かないように配慮する「禁欲主義的司祭*」の役割を認めている［『系譜』III.11以下；『アンチクリスト』22, 26, 38］。彼らは民衆のルサンチマンを巧妙に利用するが、それは、病人の世話をすると称しながら、じつはまず病気にしてから治療することによって信頼を獲得する医者と同じやり方によっている。つまり、苦悩の原因を求める者たちに対して禁欲主義的司祭は、原因は彼ら自身の「原罪」にあると教えて「良心の呵責」をかきたて、「霊魂の不滅」や「最後の審判」という観念で信徒たちの良心*に拷問を加える。こうしてルサンチマンのはたらく方向を内向きに転換させたうえで、司祭は親切や励ましによってささやかな喜びを処方したり、「隣人愛*」によって病人の〈力への意志〉を刺激してやったりする。というのも、慈善や奉仕は多少の優越感をもたらすからであるとされる。それによって心弱き者たちの権力感情をある程度満足させるとともに、救いのありかを示しうるのは司祭のみであると信じ込ませ、彼らを牧者に忠実に付き従う畜群へと組織していくというのである。このような司祭的性格の例としてニーチェが挙げるのが、「憎悪の天才」パウロ*である。彼をはじめとする弟子たちは、イエス*の死がルサンチマンを超越していたことを理解せず、イエスを神の子へとまつり上げることで自分たちの支配を確立し、復讐心から大衆のルサンチマンを利用して高貴な者に対する反乱を起こしたとされる［『アンチクリスト』40, 42, 43］。こうしてこのユダヤ的な「価値の転換*」を相続したキリスト教*は、2000年にわたってヨーロッパを支配し、そのなかから生まれてきた民主主義*や社会主義*による「平等」の要求とともに、「ヨーロッパ的人間の矮小化と画一化」という「最大の危険」が迫っているとされる［『系譜』I.8, 12］。それは、「あらゆる高貴な人種の根柢にある金髪の野獣*」を恐れるあまり、「〈人間〉という猛獣を、飼い慣らされ、文明化された動物、家畜へと飼育すること」によって、退化させてしまう危険であるという［同 I.11］。

ニーチェのルサンチマン説は、近代の平等理念やキリスト教倫理に対する大胆な批判のためにさまざまな反響を呼んだ。マックス・シェーラー*は、のちに『価値の転倒』に収められた論文「道徳の構造におけるルサンチマン」(1912)で、ルサンチマンによる道徳的価値評価の転倒というニーチェの説を認容して、近代の市民道徳の根柢にはたしかにルサンチマンがあり、それがフランス革命*以来の社会変動のなかで増幅されたとしている。しかし他方では、キリスト教の倫理はルサンチマンにもとづくものではなく、ニーチェは「隣人愛」を誤解して、近代的な平等思想を古代宗教に読み込んでいるとも批判している。また、マクス・ウェーバー*は「世界宗教の経済倫理」序論で「ニーチェのすばらしい試論」について語り、「宗教倫理が階級関係によって全面的に制約されているという見解」はルサンチマン説からも導き出せるであろうとしながらも、一つの心理現象を道徳的合理化を規定する唯一の動機とみなすことには反対する。「幸福財」の不平等な分配に回答を与える「苦悩の神義論」においてルサンチマンが作用する可能性は否定できない

が、信仰や禁欲主義がつねに社会的に抑圧された階層の「復讐」の要求から生まれてくるとはかぎらない。それゆえ、支配者と被支配者の階層関係だけでなく、より個別的な社会的条件も考えなければならないというのである。ルサンチマンを宗教現象の〈説明〉として捉えるウェーバーと、ルサンチマンによる抑圧や支配の暴露によって生*の新たな解釈を切り開こうとするニーチェの議論はかみ合っていない。最近ではドゥルーズ*が、能動的にではなく反動的に作用するルサンチマンの特質を軸にしてニーチェの思想を捉えようとしている。

ルサンチマンをめぐるニーチェの系譜学的考察は、制度的な現実や一見だれも批判しえないようにみえる観念のイデオロギー的利用に対する懐疑の技術として見ることができる。弱者のなかにもひそむ支配欲を容赦なく抉り出し、弱者を利用する「司祭」の偽善的な支配を告発するという観点は、自らを弱者の味方の立場におく議論を問い直すヒントになるかもしれない。ただ、ルサンチマンが弱さの隠蔽と偽装に由来するとすれば、力の強弱を問題にするかぎり、ルサンチマンから根本的に脱却することは困難ではないだろうか。ニーチェ自身はルサンチマンの批判を、道徳を超越して行為する強者の礼讃へと転倒させたが、それとは違う帰結を引き出すことも可能であったはずである。→キリスト教, ユダヤ, 司祭, 距離のパトス, 平等への意志, 賎民, 畜群, 隣人愛, 負い目〔罪〕　　　　(大石紀一郎)

ルソー　[Jean-Jacques Rousseau 1712-78]

ニーチェはルソーが嫌いだったらしい。『偶像の黄昏』*では、「私のやりきれない連中」[『偶像』IX.1]の一人にルソーを数えている。ルソーを敵とみる姿勢は終生ほぼ変わらない。アフォリズムや遺稿断片では「ルソーに抗して」(Gegen Rousseau)という文句を幾度か繰り返している[『曙光』163; 遺稿 II.10.101,116]。「道徳のタランチュラ*」「理想主義と賎民*を一身に兼ねた男, 自分の見てくれを保つために〈道徳的品位〉を必要とした男, しまりのない虚栄心*としまりのない自己軽蔑に病んでいた男, 近代の閾際に陣取った出来損ない」「ルソーの厚顔無恥な軽蔑」「ルソーの精神錯乱」[『曙光』序言 3; 遺稿 II.10.93f., 147f.]——ルソーにたいするこうした罵詈雑言の数々をみれば, 孤独な散歩者と孤高の漂泊者とは, まるで水と油である。

ニーチェの後期 (1887年秋) の遺稿には「私の五つの〈否〉」と題した走り書きがある。罪責感情, キリスト教的理想, ロマン主義, 畜群*本能と並んで, ニーチェが戦いを挑むべき相手に, 「ルソーの18世紀」があがっているが, そこには〈ルソー的なもの〉としてニーチェを嫌悪させたものが, ほぼまとまった形で列記されている。「私の戦いはルソーの18世紀に, つまり彼の〈自然〉, 彼の〈善人〉, 感情の支配に寄せる彼の信仰に向けられている——人間の無力化, 虚弱化, 道徳化に向けられている。あれらは貴族的文化に対する憎しみから生まれた理想, 現実には際限のないルサンチマン感情による支配にほかならない理想……」[遺稿 II.10.155]。ルソーにたいする悪口雑言を重ねるなかで, ニーチェはこのルソー型ルサンチマン*を敵として正面に据えていったのである。

刊行されたものでは、ルソーの名はすでに『悲劇の誕生』*でシラー*の自然との調和に触れた脈絡に出てくるが、ここでもトーンは否定的である [『悲劇』3]。『反時代的考察』*のシュトラウス*論では、ヴォルテール*に言及した箇所で、ゲーテ*と対にした句に顔を出す [『反時代的』I.10]。いずれも何気ない一言だが、自然をめぐるルソー, ヴォルテールやゲーテといった人物の星座のなかのルソーは、以後ニーチェがルソーを攻撃するさいのポイントとなる。

ニーチェが〈ルソー的なもの〉を公の著作で槍玉にあげたのは、『反時代的考察』第3篇におけるショーペンハウアー*論での「ルソー的人間」（der Mensch Rousseaus）が最初であろう。ニーチェは、近代が相次いで打ち立てた人間像として、「血の気が多くて、俗受けのする」ルソー的人間、「スケールの大きな静観型の」ゲーテ的人間、そして「活発な活動的人間」たるショーペンハウアー的人間の三つを並べる。ここでニーチェが、第一の人間像よりは第二を、第二よりは第三を高く見ていたことはいうまでもない。「誠実に伴う苦悩をすすんでわが身に引き受ける」「ショーペンハウアー的人間」を当時、理想像としていたニーチェにとって、ルソー的人間はショーペンハウアーの高みからすればもう一方の極ともいうべきはるか下方でうごめいている。ショーペンハウアー（さらにゲーテ）の評価は、その後大きく動揺するが、「ルソー的人間」だけはこの最下位にとどまる。

「〔ルソー的人間像〕は、暴力革命に向かって怒濤のように押し寄せた……エネルギーの源泉である。社会主義*をめざす震動や地震が起こるたびに、……活動するのは今でもルソー的人間だからである。高慢な上流階級や非情な金持階級の重圧に打ちひしがれ……た人間は、せっぱつまって〈聖なる自然〉に呼びかける。そしてその自然なるものが、……わが身から遠い存在であることにはたと思い当たるのだ。……彼はつい先ごろまでは、……芸術*や学問*、洗練された生活に伴うさまざまの利点といったものを人間性の精華のように見なしていた。その彼がそうした賑やかな飾りめいたものを蔑むようにポイと投げ捨て、おのれを薄暗がりのなかに閉じ込めて堕落させていた周囲の壁を拳で打ちながら、陽光の降りそそぐ森と岩のある自然を求めて叫ぶのだ。そして、〈自然だけが善だ、自然人だけが人間だ〉と声を限りに呼ばわると

き、彼はわが身を軽蔑し、わが身を超えたものに憧れているのだ」〔『反時代的』Ⅲ.4〕。

ニーチェが、ルソーの名で罵倒する像の輪郭がここにすでに登場している。ルソー的人間は、まず支配階級の重圧に打ちひしがれた平民、賤民である。この平民たちは血の気が多く、感情に左右されやすい。さらに彼らは堕落した道徳を文明の所為だと見ている。そして自然を理想として憧憬する。ニーチェは、これら諸点にわたって、ルソーに対抗する姿勢を明らかにしていく。

まず第一に、ルソー的人間は、平民ないし賤民である。「ルソーは平民にとどまっていた、文人としても」〔遺稿 Ⅱ.10.147〕。ルソーにあるのは、したがって「書き手としての賤民的ルサンチマン」である。ニーチェは、このルソー的な賤民性に、ヴォルテールの貴族性を対置している。「ヴォルテールはまだルネサンス*の意味における人間性を、同じく徳義（「高い文化」としての）を理解している。彼は礼節ある人々や上流社会の問題のために、趣味や学問や芸術の問題のために、進歩そのものや文明の問題のために戦う。／この戦いは1760年代頃に燃え上がった。すなわち、ジュネーブ公民〔ルソー〕対トゥルネーの殿様〔ヴォルテール〕」〔同 Ⅱ.10.147〕。

このルソー的平民は、また血の気が多く感情に支配されやすい。ルソー的なものの第二の特性は、この感情の支配である。ニーチェが「ルソーの18世紀」と呼んだものは、これにあたる。遺稿には、17世紀をデカルト*、18世紀をルソー、19世紀をショーペンハウアーに代表させて整理した次のような一節がある。「貴族主義、デカルト、理性による支配、意志が主権を握っていることについての証言／女性主義、ルソー、感情による支配、感情が主権を握っていることについての証言／動物主義、ショーペンハウアー、欲望による支配、動物性が主権を握っていることについての証言」〔同 Ⅱ.10.139〕。このうち「18世紀

は，女に支配されている。すなわち，狂信的で，才気に流れ，浅薄であるが，心情という望ましきものに仕える精神を持ち，最も精神的なものの享受において奔放であり，あらゆる権威の土台を掘り崩す」[同 Ⅱ.10. 140]。後期に属するこの遺稿で興味深いのは，19世紀のショーペンハウアーが，18世紀のルソーを乗り越えようとしながら，果たせなかったと見ていることだ。むしろルソー的な18世紀の克服は，18世紀自身の自己克服によってなしとげられる。これを遂行したのが，ゲーテであり，ナポレオン*である。ここでわれわれは，初期の「ルソー的人間－ゲーテ的人間－ショーペンハウアー的人間」という序列が崩れて，「ルソー－ショーペンハウアー－ゲーテ」に転じているのに気がつく。

ところで，先にみたルソーとヴォルテールの対立は，賎民性と貴族*性の対立で終わるものではない。ルソーとヴォルテールは，前者が革命を唱えたのに対して，後者が節度*ある秩序に就いたことでも対立している。それゆえルソーは，第二に「革命の楽観的な精神を呼び覚ました」のである。ただしニーチェは，この「革命においてすらルソーを憎む」。彼がそこに見るのは，ヴォルテール的な節度に対するルソーの感情的な無節度である。「ヴォルテールの節度ある，秩序づけ・純化・改築を好む節度ある天性によってではなく，ルソーのたわごとと半嘘が，革命の楽観的精神を呼び覚ましたのである。この精神に対して私は〈この恥知らずをやっつけろ！〉と叫びたい」[『人間的』Ⅰ.463]。

ルソーとヴォルテールには，もう一つの対立点がある。ルソーが自然状態に文明の堕落を免れた善なるものを見いだし，自然への回帰を唱えたのに対し，ヴォルテールにとって「自然の状態は恐ろしいものであり，人間は猛獣である，われわれの文明はこの猛獣の自然に対する未曾有の勝利である……」[遺稿 Ⅱ.10.101]。もっともニーチェが，ここでヴォルテール流の「文明化した状態のもたらす抑制，洗練，精神的愉悦」で事足りるとみなし，自然への回帰をことごとく拒否したかといえば，そうではない。ニーチェもまた，「自然への回帰」を語る。ただし回帰といっても自然に戻ることを言うのではない。むしろ自然へと高まることである。「高い，自由な，怖くさえある自然と自然性へと上りつめていくこと……譬えていうなら，ナポレオンは，私の解する意味での〈自然の回帰〉の一つだった」[『偶像』Ⅸ.48]。ヴォルテール的な節度を身に具えつつ，自然へと上りつめていくこと，「ルソーに抗して」ニーチェが取ろうとする文明と自然に対する姿勢がここに現れている。

反ルソーから見えてくるニーチェの姿勢は鮮明である。しかしそれが鮮明になるにつれ，ニーチェのルソー像がしばしば硬直した姿をみせる点は気になる。ニーチェがルソーにおける「自然」「善人」「自然への回帰」を，ルソーのテクストから厳密に読み取ったと言えるかどうか。むしろかなり通俗的なルソー像に拠った感が強い。『ルソー，ジャン・ジャックを裁く』のなかで，ルソーは言っている。人間の「絶対的な孤独」は，自然に反し，心を悲しませるだけである。人間がおのが「真の白我」を享受できるには，「他者」との協力がなければならない。ルソーの「自愛心」や「ピティエ」の感情は，ニーチェにしてみれば，同情道徳の一種にすぎないだろう。しかしルソーが親密な関係のなかにみた感情が「同情*」の一言で括れるかどうか，依然として問うに値するだろう。→フランス革命，平等への意志，民主主義，ヴォルテール

(木前利秋)

ルター [Martin Luther 1483-1546]

宗教改革*とルネサンス*は，ともに近代の黎明を告げると見て，両者の相補性を重視するか，それよりも両者の対立関係を重視する

か，古くからの問題であるが，ニーチェは両者を極度に対立的に見て，宗教改革によってルネサンスが破壊されたとする主張を繰り返す。宗教改革が持つ近代性への視線も忘れないが，それは近代のマイナス面の開始であるとされる。しかも，そうしたいっさいがルターに始まったとされ，そのルターにドイツ人*気質のいっさいが，そしてドイツ文化の閉塞性のすべてが象徴的に凝縮されていると見る。「宗教改革においてわれわれはイタリア*におけるルネサンスの，荒寥たる賤民的な反対物を持っている。同じような衝動に発してはいるが，遅れた卑俗なままの北方において宗教的な仮装を纏わねばならなかった。……〈福音の自由〉という一語で，隠れているだけの理由があったいっさいの本能が，狂った犬のように噴きだし，残虐きわまりない欲求がいちどきに勇気を得た」［遺稿II.11. 269］。「ドイツ人はヨーロッパ人が手にしえた最後の偉大な文化的収穫であるルネサンスをヨーロッパから奪ってしまった」『アンチクリスト』61］。対立関係を象徴するのが，よく引かれるローマ*に行ったルターについての逸話である。ローマで高位聖職者たちの奢侈な生活ぶりや，彼らが現世の芸術的官能に耽溺するのを見て生真面目なルターは憤激する。「ドイツの修道士ルターがローマにやってきた。失敗した司祭*の復讐の本能のいっさいを肉体のうちに宿したこの修道士はローマにおいてルネサンスに憤激した」［同］。いずれはチェーザレ・ボルジア*を教皇に抱いてキリスト教的価値を真に転覆し，オリュンポスの神々の高笑いを引き起こすはずであったルネサンスが潰されたのは，ルターのためである。すでに生*が教皇の座に坐っていたのに，ルターはそれを理解しなかったというのである。

このようなルター観はかなり早くからニーチェのうちに萌していた。たしかに高校時代には当時の教育内容や自己の出身階層のゆえもあって，ルターは彼にとってもドイツの誇りであった。15歳の1860年の聖霊降臨節の旅の折りにはアイスレーベンにルターの生家を訪ね，敬虔な思いに浸っている。また，ヴァーグナー*に酔っていた頃には，「トリスタン*」と「マイスタージンガー*」の近さを理解しない者は，ドイツ精神の偉大さを，つまり，ルター，ベートーヴェン*，ヴァーグナーのドイツ的明るさを理解できないし，これは他の国民のよく知りえないところである［『反時代的』IV. 8］といった，月並みな発想も見られる。だが，すでに『人間的』では，ルターの宗教改革はまだ精神の自由と科学の力が十分に強化されていない事態の証左であり，ルネサンスがすぐ消えてしまう程度の力しかもたなかったことを示すものである［『人間的』I.26］とされる。ルターが火あぶりにされていたら，啓蒙はもっと早く，もっと輝かしい光を投げかけたことであろう［同 237］といった激越な発言も見られる。そして，ヴァーグナーすらもがキリスト教に回収され，ドイツ人の自己満足に取り込まれてしまう文化状況を生みだした諸悪の根源にルターがいることになる。もちろん，「全宗教改革の運動を生みだした，ユダヤ的-英雄的調子」は，ルターの最良の部分であり，これがヘンデルの音楽につながる［同II-1. 171］とか，ルターの石頭がレーゲンスブルクの論争を和解に導かなかったために近代の力の源泉が解き放たれた［同 226］といった両義的発言も見られるが［『曙光』88も参照のこと］，次第にルターの個人像が一方的になっていく。信仰は行為を生むという嘘への信頼はルター，プラトン*，ソクラテス*に共通しているし［『曙光』22］，ルターはパウロ*と同じに，守りきれない掟の存在に憎悪を抱いた［同 68］とされ，さらには権力欲こそが人間の生活におけるすべてであることを知っている人物であるとレッテルが貼られる［同 262］。ルサンチマン*の理論による解剖の対象として，

ソクラテス*や初期キリスト教徒についてルターが典型的症例として考えられていたことがわかる。

ただし、ルターに関してこの点は十分に展開されず、むしろ、ドイツ*はギリシアや南ヨーロッパの複雑さを持っていなかったからルターの宗教改革が成功したというように[『智恵』149]、どちらかと言えば文化のスタイルの問題として、ドイツ的なものへの憎悪とルター像の重ね合わせがめだつ。ルターこそはまさに「精神の農民反乱」の象徴であり、現在のキリスト教*の没落状態を招いた存在である。「キリスト教をもっとも守ろうとしたドイツ人こそ、その最良の破壊者」という逆説が強調される。教会*の建設は南ヨーロッパの精神の自由奔放やまったく別の人間知に、その「高貴*な懐疑*に、懐疑と寛容の贅沢に」もとづいているのに、ルターはそうしたものとしての教会には眼がいかなかった。そして南ヨーロッパの生活の「多様性」を見なかった。おまけに重要な権力*問題については、ルターは、民衆*出身の人間として全部判断が誤っていた。それゆえに彼による教会再建の試みは、しょせんは破壊の始まりとなった。聖書*の解放は文献学による聖書破壊の開始であり、公会議は聖霊を否定し、教会を破壊し、性行為を司祭に還譲して例外者をなくすことで、教会からありがたみを奪い、告白をやめることで、司祭職そのものを抹消してしまった。理想の堕落を批判しながら、この理想そのものを破壊したのは、高貴な人間の支配に対する憎悪からである。要するに精神への農民の反乱であるとされる。

だが、そこに潜む逆説もニーチェは見ていた。つまりルターは、北ヨーロッパにおける精神の平板化の始まりであるが、それと同時に「精神の運動、独立と自由への乾きと、権利への信仰」がはじまったという逆説である[『智恵』358]。だが、それすらもドイツの地では似非の精神的深さを生み、キリスト教を崩壊させながら巧妙に維持するというドイツ精神（ニーチェの言う「ライプニッツ、カント*、その他のドイツ哲学、解放戦争、ドイツ帝国」[『アンチクリスト』61]）のもうひとつの逆説を醸成し、それにより歴史の遅延をもたらした。しかも、それはルターだけの罪ではなく、ドイツ人の責任とされる。「ドイツ人はキリスト教が存続していることに責任がある」[同]。キリスト教の維持をはかりながら、実は崩壊をもたらし、同時に、そのように崩壊を誘引しながら内面に維持するという文化の貧困の元凶がドイツ人ルターなのである。→ドイツ／ドイツ人、宗教改革、ルネサンス

(三島憲一)

ルナン [Ernest Renan 1823-92]

フランスの哲学者かつ文献学者。実証主義*やダーウィニズム*に依拠して「人生の科学的組織化」を説く一方で、大著『キリスト教起源史』7巻（1863-83）、とくにその第1巻の『イエス伝』で大きな影響を与えた。エドワード・サイードは『オリエンタリズム』のなかでルナンを F. A. ヴォルフとニーチェの中間に位置づけている。文献学を近代の優越性を示す学問、時代の最高の学問と考えるルナンは、まさにそのことによって時代区分と文化区分を徹底化したヨーロッパ中心主義者とされる。彼の知的エネルギーの源泉は、キリスト教*の教義が文献学的批判にもとづくキリスト教の歴史との間に宿すギャップである。そうした彼によるキリスト教史の研究はそのまま文献学者としてオリエンタリストになることであり、それはまた、ダーウィニズムとも結合して、少数の優越人種による多数者への支配をすすめる議論となり、高等人種と下等人種の区分を肯定し、とりわけセム族を蔑視する思想ともなった。同様に19世紀の栄光の学問である文献学から出発しながら、そこに力と自己肯定の契機が潜んでい

るのを嗅ぎ付けていたニーチェは，晩年このルナンを読み，なかば D. シュトラウス*への批判とも共通するが，それ以上に鋭い批判を行っている。ルナンは「客観性の安楽椅子」に座った「半ば坊主で半ば好色漢」であり，まさに「ルナン香水」と言ってもいい。特徴は「臆病な静観的態度」であり，「歴史に対する淫蕩な宦官主義」であり，同時に「禁欲的理想へ秋波」を送る存在である〔『系譜』Ⅲ.26〕。要するに批判的学者であり，禁欲的・静観的生活を好むが，他方で，訣別した欲望の世界にもいやらしい流し目を送る人間ということである。したがって，一方で人種差別にもとづく「精神の貴族主義」を言いながら，他方で「福音にひざまずく」人間である。また，福音を敬虔な面持ちで読む人間の常として押さえた欲望が不潔にのぞく。そこには「生臭坊主の薄笑い」〔『偶像』Ⅸ.2〕がある。したがって，方法的にも「福音書から，魂の歴史を読み取ろうとする試み」に見られる「嫌悪すべき心理学的軽薄さ」〔『アンチクリスト』29〕があるということになる。貴族主義や支配肯定であっても，そこに現状肯定が潜んでいるならば，そして，押さえているがゆえにいやらしい生臭い匂いがするならば，ニーチェの峻拒にあうといういい例である。→シュトラウス[1] （三島憲一）

ルネサンス　[Renaissance]

古典ギリシア・ローマ文化の再興・再生の試みは歴史上に幾度か見られる。17世紀におけるフランス擬古典主義も，また18世紀中葉以後のドイツにおけるギリシア文化模倣熱も，古典文化の引用が時代の革新をはかろうとする機運と結びついていた点で古典ギリシア・ローマ文化の再生（ルネサンス）であるし，さらにはフランス大革命*の時代に古代ローマ風の衣装トーガが流行したことも，古代ローマの共和制再生の夢が革命の熱情を支えていたことを物語るものである。「ルネサンス」という呼び名が14世紀中葉から16世紀のイタリアに特定して使われ始めたのは，ホイジンガによれば1829年のバルザック*の作品『ソー家の舞踏会』だとされる。15世紀を頂点とするイタリア*文化を狭義のルネサンスとする使い方は，ジュール・ミシュレの著『ルネサンス』(1855)，さらにはブルクハルト*の『イタリア・ルネサンスの文化』(1860) で広まることになる。19世紀後半から20世紀の初頭にルネサンスがさかんに論じられた背景には，「人文主義という言葉の上には，400年の学校教育の塵が積もっている」とクルツィウスに言わしめ，またニーチェがしきりに批判の矛先を向けた市民社会の鬱屈した状況と教養*の空洞化現象への批判があることを忘れてはならない。しかしルネサンスの時代区分は視点の定め方によって流動的である。たとえばW．ペーターやハスキンズはルネサンスの発生を12世紀に求め，またホイジンガは中世との連続性をむしろ強調する。まさにパノフスキーの述べるように〈ルネサンスの問題〉は，歴史解釈の問いを投げかけずにはおかない。

ニーチェはブルクハルトのルネサンス論から大きな影響を得てはいるが，国家や個人の発展を扱った章は無視して，第3章の「古代の再発見」だけ丹念に読んだ跡がある。歴史を恒常的な発展の過程としての実証的事実の羅列ではなく，「過去をわれわれの中に響きわたらせる」，つまり現在の生に直接訴えかけるものを求めて過去と向き合うブルクハルトの姿勢に共鳴したのだろう。現在の精神の高みから過去を静観的に享受するヘーゲル*的な発展的・連続的な歴史観を否定して，ニーチェはブルクハルトの影響を受けて「進歩というものは間違った理念である。……現在のヨーロッパ人はその価値からいえばルネサンスよりもずっと低い」〔『アンチクリスト』4〕と言う。歴史に対するブルクハルトの態度は，ニーチェの眼にはイタリア・ルネサン

スが古典古代文化を摂取した態度と等しいものと映っていた。ルネサンスはニーチェにとって「かつて偉大なものがともかく一度はあったのであり、またおそらくはもう一度可能であろう」という確信を与えてくれる根拠であった。つまり彼の言う「記念碑的歴史」が生に奉仕する場合の例証である。過去の遺跡や記念碑を眼の前にして自分自身の魂への語りかけを感じるような感性が、「ルネサンスのイタリア人を導き、彼らの詩人のうちに古代イタリアの守護神(ゲニウス)をあらたに目覚めさせ、ブルクハルトの言うように〈古代の弦楽器を驚くほどすばらしく響かせ続けた〉のである」[『反時代的』Ⅱ.3]。彼らの古典古代への立ち返りは、「古代の模倣」でも「現実からの逃避」[遺稿『われら文献学者たち』、Ⅱ.5.123]でもない、現代の生のための過去の摂取である。「未来は過去の純粋な光輝のなかに立ち戻る」という言葉を残したペトラルカ、あるいはボッカチオら、ブルクハルトの言う「詩人文献学者」(Poeten-Philologen)に、ニーチェは自らの文献学に対する態度との共通点を見ていた。だが「詩人文献学者」はまた一方で、教養人と大衆との分離の始まりでもあったと見るニーチェは、その分離の克服を一時はヴァーグナー*の総合芸術に求めた[『反時代的』Ⅳ]。あるいはひ弱で神経過敏な現代文化を克服するために「あらたなるルネサンスへの希望」[『人間的』I. 244]の必要性を述べている。

もうひとつニーチェがルネサンスに感じた魅力は、ルネサンスがキリスト教*的中世の殻を破り、社会的妥協を超えた——その意味では非道徳的な——行動をも辞さない強烈な個性を持った人物を生み出した点である。チェーザレ・ボルジア*に象徴されるそうしたルネサンス人は「反民主主義的で反キリスト教的な精神」として称賛され、ルソー*のように内向的に自己呵責を感じる弱々しい人間と対置される。「ルネサンスの時代には犯罪者がはびこり、彼らは彼らで自分なりの徳を身につけた。ルネサンス風の徳、すなわち道徳から自由になった徳を」[遺稿 Ⅱ.10.186]。人文主義的教養が既成の善悪の基準を覆す政治的行動力とひとつに溶け合っていた時代をニーチェは羨望する。この言明は、民主主義*を畜群*道徳と見下して善悪の彼岸に進み行くべき超人*のイメージと重なる。

こうした生*の充実を秘めたルネサンスという「最後にして偉大なる文化遺産をヨーロッパから奪ってしまったのは、ドイツ人*である」[『アンチクリスト』61]とニーチェは言う。そのドイツ人とはルター*であり、ルターを支持したドイツ・プロテスタンティズム*であり、さらにはその基盤の上に極端や逸脱を嫌って「凡庸」の道徳を墨守したドイツ市民階級である。ニーチェにとってルネサンスは、生の充実を計るひとつの尺度であった。また『道徳の系譜』*ではルネサンスは、ユダヤ*に対するローマの勝利の一事件として描かれる。ここでユダヤはキリスト教的価値観の代名詞として使われ、その対極にルネサンスが置かれている。そして宗教改革*によって再びユダヤが勝利したあと、ナポレオン*とともに再びローマ的なものが勝利したという。フランス革命の共和制の理想にではなく、ナポレオンに古代ローマとルネサンス的人間の復活を見ている点に、チェーザレ・ボルジアを称揚するニーチェのルネサンス観の特性が認められる。ニーチェはナポレオンに古代の理想の復活を見て、次のように述べている。「多数者の特権という、怨念の古くからの偽りの合言葉に対して、そして人間を低下させ、卑屈にし、均一にならし、下降と没落へ追いやろうとする意志に対して、少数者の特権という恐ろしい、しかも魅惑的な逆の合言葉が前にもまして、感銘的に響き渡ったのである」[『系譜』I.16]。この「恐ろしい、しかも魅惑的な合言葉」は、ナチス*・ドイツでユダヤ民族の犠牲のもとにドイツ民

族の生の取り戻しという倒錯の道を辿ることになった。ルネサンスに「より高き，強き人間」を読み取ったニーチェ自身の言葉に，ニーチェがナチスにおいて曲解された一因を見ることもできよう。→宗教改革，イタリア，ボルジア　　　　　　　　　　　　（大貫敦子）

レ

レー [Paul Rée 1849-1901]

東プロイセン出身のユダヤ人学者レーとニーチェは，1873年頃から交際があり，すでに1875年暮にニーチェはローデ*に宛ててレーのことを，「最高に鋭い眼差しをもったモラリスト*，ドイツ人の間では非常にまれな才能」と高く評価していた。そして，ヴァーグナー*に幻滅した1876年夏以降はいっそう親密度がまし，同年秋からの数カ月を共に過ごしたソレントにおいて頂点に達する。それはたとえば『人間的』36番でラ・ロシュフコー*に代表されるフランス*のモラリストたちを賞賛しながら，「最近，一人のドイツ人，つまり，『心理学的観察』の著者が彼らの仲間に加わった」とつけ加えていることにも現れている。実際にこのレーの書『心理学的観察』はアフォリズム*集であり，その章の構成（「書物と著作家」「人間の行為とその動機について」「宗教的事物について」「虚栄心について」など）は，『人間的』*とよく似ている。また，当時の遺稿を見ると，本来は『反時代的考察』*の延長であったはずのこの書の準備段階で1876年のある時期になると突然に「女と子ども」というメモが出てくる。これなどもレーの影響であろう。また先の36番のアフォリズムで「心理学的観察のたのしみ(Unterhaltung)」を知っていたフランス17世紀のことを語っているが，レーも自分の書物は「道徳的目的」をめざすのではなく，「娯楽に奉仕する」(zur Unterhaltung dienen)と述べていた。楽しく道徳批判を味わうという，ドイツには乏しい伝統をレーとともに作ろうとしていたのであろう。そして，ルー・ザロメ*の伝えるところによると，『人間的』をレーに贈ったときには，献辞としてEs lebe der Réealismus（「レー主義，現実主義万歳」）と記している。次の37番にはこうも書かれている。「最も大胆で冷静な思想家の一人である『道徳的感情の起源』の著者が……到達した主要命題はなんであったか？彼は言う，道徳的人間は自然的人間よりも叡智的（形而上学的）世界に近いわけではない，と」。ソレントの冬にレーによって書かれ，ニーチェの推薦によってシュマイツナー書店から出たのがこの『道徳的感情の起源』である。

その頃からヴァーグナーはキリスト教*の祭壇にひざまづき，香を焚きだしていた。その背後にある小市民化したキリスト教道徳に対する攻撃へと，ふたりは向かっていった。だが，レーは自由意志*を因果の系列の必然性に解消する実証主義*的発想を強く持っており，その点では，ニーチェにおいて形而上学*的傾向を次第に強めていく〈力への意志*〉の哲学とは大分異なる素地に依拠していた。もっともこの時点ではニーチェにもその違いは意識されていなかったようである。

いずれにせよ遺稿のなかで最も早く〈力への意志〉なる表現が用いられている件りは，レーの『道徳的感情の起源』と深い関連を示していることは興味深い。1876年頃にニーチェはこう書いている。「恐れ（消極的）と力への意志（積極的）こそは，われわれが他人の意見に強く顧慮 (starke Rücksicht auf die Meinung der anderen) することを説明するものである」[遺稿 I .8.218]。レーの虚栄心論とこれが用語において類似しているの

だ。レーはおよそ次のように論じる。われわれの〈虚栄心*〉には〈積極面〉と〈消極面〉がある。前者は他人に気に入られよう，喜ばれよう，賛嘆されよう，それによって他人に力をふるおうという気持であり，後者は嫌われたり，過小評価されたり，軽蔑，嘲笑されるのを恐れる気持である。前者，つまり積極面はさらに分かれて，他人によく思われるために，それに相応した能力を得ようとする〈野心〉と，実質的な裏づけもないのに，他人からの評価を高めるだけで〈うれしい〉狭義の〈虚栄心〉となる。消極的虚栄心は通常名誉心と呼ばれるもののことである。だが，それらはいずれも「他人の意見に対するわれわれの顧慮（Rücksichtnahme）」をよく示しているとされる。こうして見るとレーの書いたものについて考える中から，力への意志についての最初の言及がなされたことは明らかである（ちなみに，筆者の知るかぎりこの文献学的事実を紹介した研究者はまだいないようである）。

ニーチェはすでに「道徳外の意味における真理と虚偽」などにおいても虚栄心がいかに人間にとって中心的であるかを論じていた。これらを勘案してみると，後に心理学*は「力への意志のモルフォロギー」[『善悪』23]であると言われていることからもわかるように，この哲学的教説の発生におけるモラリスト的発想との関連がわかる。もちろん後に形而上学化されてはいくが。そのあたりをよく示してくれるとともに，レーとニーチェ両人の資質の違いをもはっきりさせてくれるのは次のふたつの文である。「自らを卑しめるものは高められるであろう，と考えるゆえに，人は自らを卑しめる（Man erniedrigt sich, weil man denkt: Wer sich erniedrigt, wird erhöhet werden）」[レー『心理学的観察』S. 32]。「ルカ伝18章14節の修正──自らを卑しめるものは，高められることを欲している（Lukas 18, 14 verbessert. ──Wer sich selbst erniedrigt, will erhöhet werden）」[『人間的』87]。明らかにレーの模倣であるが，ここには模倣以上のものがある。レーはルカ福音書のこの一文をそのまま使い，それに「と考えるゆえに」と意識的な操作を，つまり自分は知っているが，人にはそれを気どられない人生戦略としてつけ加えている。しかし，なにが低いか，なにが高いかの前提は揺らいでいない。それに対してニーチェの場合には will という動詞を，彼のルサンチマン*の思想の萌芽として，いや力への意志（Wille）という考えの始まりとして読める。いわば無意識の意欲である。低いこと自身が高いのである。おそらくこのあたりが，ふたりの相違であろう。後にレーは，ニーチェに運命の女性ルー・ザロメを紹介し，三人の奇妙な生活，恋におけるレーの勝利，やがてレーからのルーの離別というように世紀末*の人間ドラマは展開していく。→力への意志，心理学，虚栄心，『道徳の系譜』，ザロメ

(三島憲一)

レーヴィット [Karl Löwith 1897-1973]

ミュンヘン生まれのユダヤ系ドイツ人の哲学者。第一次大戦に従軍後ウェーバー*，ハイデガー*，フッサールらの影響下で哲学および社会学を学び始め，ニーチェに関する論文で学位を取った後，28年からマールブルク大学で哲学と社会学を講じた。当時マールブルクにはハイデガーがおり，強い影響を受ける。33年のナチス*政権奪取に伴い，35年から41年まで仙台の東北大学で教鞭を取った。後にアメリカへ亡命しニューヨークの新社会科学院（スクール・フォー・ソーシャルリサーチ）で講じた。戦後52年に帰国してハイデルベルク大学教授となった。彼の生涯は『1933年以前および以後のドイツにおける私の生活』に詳しい。

レーヴィットはある意味において反時代的な思想家である。だが一方においてレーヴィットほどに自らが属する時代の様相に対して

俊敏に反応した思想家は少ない。この一見すると矛盾する二つの性格の共在がレーヴィットという思想家の理解を難しくしているのだが、同時にこのことがレーヴィットの思想に陰影と奥行きを与えている。

レーヴィットの思考の出発点にあるのは、ヨーロッパ文明の最終的帰結点としての「近代性」をめぐる歴史哲学的認識である。レーヴィットのこうした認識には明らかに彼のニーチェ研究の成果が影を落としている。レーヴィットはまずギリシア以来のヨーロッパ文明の歴史を、自然のコスモス的把握にねざす古代ギリシアとキリスト教神学が支配的のとなった中世以降の時期とに大別する。そして古代ギリシアの思考の中心点をコスモスとしての自然の「テオリア」に見ようとする。それに対してキリスト教*神学が支配的になった以降の時期においては、キリスト教神学の世俗化としての哲学（形而上学*）が支配的となった近世以降の時代もふくめて、自然は「世界」および「歴史」となる。そこではコスモスの一体的秩序に替わって、物理化され機械化された死んだ自然とそこから分離される超越神（あるいはその代補物としての人間）のあいだの二元的関係が形成される。歴史とはかかる世界において、そのつどの目的意志が神の一回的創造をプロトタイプとするかたちで対象としての自然に働きかける過程を意味することになる。レーヴィットはこの過程の頂点にヘーゲル*を見、そしてヘーゲル以降の歴史に、目的因すら失われてとめどなく崩壊を重ねる世界喪失の過程を見る。それが「近代性（モデルニテート）」の歴史的意味にほかならない。「おそらくこう言ってよいだろう、すなわち近代性（モダニテ）は人間が明確な本性と場を持っていると考えられていた自然的かつ社会的な秩序の解体とともに始まり、近代人の〈実存〉の場はあてどないところへと置き換えられて、カオスの縁の極限状況の中にあるのだと」［「ハイデガー——実存主義の問題と背景」］。

レーヴィットはこうした時代にあって再びキリスト教神学以前の古代ギリシアの思索に立ち戻ることを提唱する。この点にレーヴィットの反時代性を見ることができる。だが同時に確認しておかねばならないのは、こうしたレーヴィットの主張が無媒介的な古典古代への回帰を意味するのではなく、近代性そのものに内在する転回の必然性の認識から生じている点である。つまり歴史のヘーゲル的完成以降の時代における世界喪失の過程が必然的に、歴史を超えるものとしてのコスモス＝自然の再生への意志を促したとレーヴィットは考えるのである。レーヴィットはこうした促しを19世紀の社会・文化史に即して綿密に検証しようとする。この作業を通じてレーヴィットは同時代における最も優れた思想史家の一人となっていった。そしてレーヴィットにとりこうした検証作業の中心的な座標軸に位置していたのがニーチェである。

ニーチェの意味についてレーヴィットは次のように言っている。「ニーチェは没落するキリスト教を基礎として、ギリシア哲学の起源の繰り返しにより〈数千年の虚偽〉を克服せんと試みた」。ここで「ギリシア哲学の起源」といわれているものが自然のコスモス的把握であり、「歴史的世界は外見上転変しても本質的に同一なるものが永遠に回帰するという自然哲学的見解」であることはいうまでもない。だがニーチェにとってかかる「永遠回帰*」は無媒介に提示されるわけではない。近代性の尖端に向かって蓄積されてきたヨーロッパ文明の歴史の「虚偽」がまず剔抉されねばならない。レーヴィットはそれを、ニーチェのニヒリズム*認識に見る。つまりレーヴィットにとってニーチェの思考のプロセスは「無への決意をした現存在の極端なニヒリズムを裏返して、等しいものの永遠に必然的な回帰を必然的に意欲すること」として性格づけられるのである。ニヒリズムを認識し、それを克服する過程は、むしろニヒリズムを

徹底化し極端化する過程の中にしかない。それによって人間は無へと投げ出された戦慄とともに真の意味での自由を獲得する。そしてそれがそのまま永遠回帰の可能条件となっていく。「神の死は，自己自身に委ねられ，自己自身に命令する人間，その極端な自由を最後に〈死への自由〉においてもつ人間，の復活を意味する。この自由の頂点では，しかし，無への意志は等しいものの永遠回帰の意欲に転回される」。この過程は，別な言い方をすれば「近代性の尖端」において行われた「古代の復興」を意味している。

レーヴィットの描いたニーチェ像は，たとえばハイデガーのニーチェ像にあるような力への意志*と永遠回帰と超人*を一つにしてしまった上でニーチェを伝統的形而上学の枠組みに押し込めてしまうようなニーチェ解釈に対して，ニーチェの思想が永遠回帰の肯定性へと向かう過程でヨーロッパの近代性の複雑に分節化された経験に深く媒介されていることを際立たせようとしたところに特色がある。別な言い方をすればレーヴィットは近代性の頽落のただ中にあって，ニーチェによりつつヨーロッパ文明の診断と検証をはかったのだといえるかもしれない。→ハイデガー

(高橋順一)

文献 ▷ Karl Löwith, *Nietzsches Philosophie der ewigen Wiederkehr des Gleichen*, Berlin 1935 (柴田治三郎訳『ニーチェの哲学』岩波書店, 1960). ▷ ders., *Von Hegel zu Nietzsche*, Zürich/New York 1939 (柴田治三郎訳『ヘーゲルからニーチェへ』岩波書店, 1952). ▷ ders., *Mein Leben in Deutschland vor und nach 1933*, Stuttgart 1986 (秋間実訳『ナチズムと私の生活』法政大学出版局, 1990). ▷ ders., *Heidegger: Problem and Background of Existentia lism*, Sämtliche Schriften 8, Stuttgart 1984 (柴田治三郎訳『パスカルとハイデガー』未来社, 1967).

レオパルディ [Giacomo Leopardi 1798-1837]
ペシミスティックに生*の苦悩や死の誘惑をうたったこのイタリア*の詩人を，ニーチェは「今世紀最大の文章家」[遺稿 I.5.145]と呼んで早くから愛読した。『悲劇の誕生』*に感激したハンス・フォン・ビューロー*からレオパルディを翻訳したらどうかと持ちかけられたこともある。『生に対する歴史の利と害』では，「超歴史的人間」の倦怠*を「われわれの存在は苦痛と倦怠にしかず，世界は糞土にほかならぬ」というレオパルディの詩句を引いて説明しているし，価値の新大陸を模索する航海者が大洋の「無限ゆえに挫折する」といういかにもニーチェ的な表現[『曙光』575]も，レオパルディの詩「無限」にもとづいているという。ニーチェがこれほどまでにレオパルディに惹かれたのは，一つには，彼が認めたのが「ピンダロスやレオパルディのようにとりわけ思想も持っている詩人だけ」であったためである[遺稿 I.5.278]。その思想とは，苛酷な運命を和らげて生を死よりも甘美なものにするのは美のみであり，それ以外に生の苦悩を救済するものは何もないという，ショーペンハウアー*にも通ずる厭世思想であった[I.4.519]。だが，ニーチェがレオパルディに共感を抱いた原因はむしろ，レオパルディが研究のための研究に邁進する「学者然とした文献学者」(Philologen-Gelehrter)ではなく，「詩人＝文献学者」(Poeten-Philologe)として，自らの創作によって古代の精神を現在に甦えらせようとしたところにあった[I.5.159]。「ゲーテ*とレオパルディはイタリアの詩人＝文献学者に連なる者の最後に遅れてきた偉人」であるとか[『反時代的』IV.10]，「レオパルディは近代の文献学者の理想である。ドイツの文献学者は何も作り出すことができない」(実現されなかった『反時代的考察』*，『われら文献学者』のための草稿[遺稿 I.5.127])といった発言も見いだされる。しかし，やがてニーチェは，「ヘルダーリン*，レオパルディ型の人間」のような「超プラトン主義者」は滑稽な

末路を迎えるといった醒めた言い方をするようになる[遺稿 Ⅱ.7.335]。生の全体的な肯定をめざした後期のニーチェにとって、自分の個人的不幸を嘆くだけのレオパルディはもはや「完全なタイプのニヒリスト」ではありえなかった[Ⅱ.10.409]。すでに1878年には、レオパルディの著作集を贈った知人に対して、「ご存じのように、私は彼のような〈ペシミスト〉ではありませんし、どこであろうと〈陰鬱〉があると気づけば、それを確認するだけで、嘆くことはしません」と書き送っている[マリー・フォン・バウムガルトナー宛1878.12.29.]。 (大石紀一郎)

文献 ▷ Walter F. Otto, Leopardi und Nietzsche, in: *Mythos und Welt*, Darmstadt 1961.

歴史主義 [Historismus]

「歴史主義」という言葉は、ニーチェが公刊した著作には見いだすことができない。しかしながら、歴史主義の問題が語られるとき、それに対する批判の代表例としてつねに挙げられるのがニーチェの名前であり、とりわけ『反時代的考察』*の第2篇『生に対する歴史の利と害』である。ニーチェはこの問題をそれとして名ざすことなく、それと全面的な対決を行ったと言える。

【Ⅰ】 **歴史主義の成立と展開** ドイツにおける歴史主義の成立と展開は、次のような三つの契機からなるものとして捉えることができる。第一は、現在を過去の所産でありながら過去とは区別される新しい時代として意識するとともに、過去の諸時代もまたそれぞれに固有の意義を持っていると考える歴史意識の成立である。第二は、歴史を個人や民族精神、国家といった一回的な個性の発展として捉える思想であるが、これは、抽象的な普遍性しか考慮しない非歴史的な啓蒙主義*に対して、啓蒙的理性も含めてあらゆる事象は歴史的制約のもとにあるという洞察にもとづいており、マイネッケが『歴史主義の成立』で綿密に跡づけたように、18世紀以降のドイツで展開された思想的運動の核心をなすものであった。すなわち、そこでは民族精神の自覚が促され(ヘルダー)、自由の意識の発展の過程として理性によって浸透された歴史を構想する壮大な歴史哲学が生まれ(ヘーゲル*)、さらに、思弁的な歴史哲学の目的論的歴史観を乗り越えて客観的な学問*としての歴史学を標榜するドイツ歴史学派(サヴィニー、ランケ)が登場する。そしてこの段階に至って、歴史主義の第三の契機をなすものとして、個性的なものの発展を具体的かつ客観的に記述することをめざして、膨大な文献・資料の蒐集と校訂、その解釈の方法の精緻化、専門的学術研究の組織化が進行した。しかも、こうした歴史研究の発展はそもそも、自らを新たな歴史の担い手として自覚した市民階級が、自らの手で歴史を作り、新たな時代を切り開いていこうとして掲げた解放的な要求と結びつくべきものであった。

しかし、歴史学の発展が多くの成果を生んで「歴史の世紀」と言われるほどに歴史の文化的比重が高まった19世紀も、その後半になると、ニーチェの言う「歴史の過剰」がさまざまなかたちで現れ、何のために歴史を研究するのかという問いを問わずに、過去についての知識はそれ自体として意味があるかのように考えて、内容空疎な博識を評価するという事態も生じてきた。たとえば、古典古代の著作に現代における行動の指針を与える源泉を見た W. v. フンボルトや F. A. ヴォルフが提唱した新人文主義の〈教養*〉の思想は、古典文献学*をはじめとする歴史研究における歴史的・批判的方法の完成や大学などの研究・教育機関の整備によって、制度のうえで実現を見たが、こうして確立した歴史的学問は、どの時代も見境なく研究対象として取り上げて膨大な史料を蒐集し、客観性の名のもとに自己の価値判断を留保する歴史的相

対主義の蔓延を招くことにもなった。また、ドイツ*における市民階級の解放運動が結局はプロイセン中心の上からの国家統一へと収斂していくにつれて、急速な工業化を遂げながらも独自の近代性を主張するだけの新しい文化的基盤を欠いていた市民階級は、その代用として現在を意味づけるべき歴史的過去を求めるようになった。その結果、歴史はナショナリズムと結びついた現状肯定のイデオロギーのために用いられるか、あるいは好事家の博物館的蒐集の対象として装飾的機能を負わされるようになり、国民国家を歴史の主役とする政治史中心の歴史観は、1871年のドイツ帝国の成立以降、国家主義の代弁者的性格をますます強めていった。他方、このような状況に直面して、歴史諸科学の方法論的反省が深まったこともたしかである。たとえば、ディルタイ*はカント*のひそみに倣った〈歴史的理性批判〉を企てて〈理解〉の概念を核として精神科学の方法論的基礎づけを図ったし、また、ベークやドロイゼンは歴史研究の方法論として「歴史論」(Historik)を展開したが、これらの試みは歴史研究における極端な専門化の進行やその背後にあった市民社会の文化的自己理解の問題性と根本的に対決するものではなかった。

【Ⅱ】 ニーチェの歴史主義批判　『生に対する歴史の利と害』をはじめとする文化批判的な著作におけるニーチェの批判は、自己目的化した歴史研究が過去に関する知識をいたずらに増大させるだけで、けっして現在における行為の指針を与えず、歴史との取り組みにおいて本来めざされていたはずの実践的な〈教養〉とは結びつかないことに向けられていた。彼はもはや市民階級の政治的な解放には期待を抱かず、自分が古代ギリシア悲劇の根柢に見いだした〈ディオニュソス*的なもの〉による現代文化の革新を夢見たが、それだけにまた、文献学が古代に関するさまざまな知識を蒐集して伝承の経路を詮索することに終始し、同時代の歴史研究が専門的研究を旗印として自己目的化していることに疑問を抱いていた。ギリシアを理解しようとしても、「いわゆる歴史的・批判的学問は、これほど異質なものに接近する手段を持っていない」というのである〔遺稿 Ⅰ.4.210〕。それゆえ、彼の歴史についての思索は、ディルタイなどのように歴史研究の可能性の条件を明らかにしようとするのではなく、歴史研究の暴走の結果として現れた「歴史病」の症例を抉り出そうとするものであった。そこでは現状の文化的正当化を求める市民社会と専門の歴史研究との妥協に対する嫌悪が語られ、教養俗物*のナルシシズムの文化における雑多な様式の混在が批判される。歴史研究の組織化を工場労働と比較し、個性的人格の弱体化は嘆かわしいとしているところなどはステロタイプな文化批判でもあるが、歴史家が誇る「客観性」が独自の規範を持たない判断留保であることを暴き、それがじつは時代のイデオロギーに動かされていることや、人びとの行動様式や服装、室内装飾や建築、コンサートや博物館といった文化的制度に浸透した過去志向が市民文化の底の浅さの表現であることを突いているところなどは、現代の文化的制度についても当てはまるのではないだろうか。しかも、こうした批判は彼が自ら携わっていた古典文献学の実状に対する反省に由来するものであった。『生に対する歴史の利と害』の序言で彼は、「われわれの時代のなかで反時代的に——つまり、時代に抗して、それによって時代に対して、のぞむらくは来るべき時代のためになるように——はたらきかけるという意味のほかに、どのような意味を古典文献学がわれわれの時代のなかで持つか私にはわからない」と述べている。そこからまた、「古典古代は任意の古代のひとつのなってしまい、もはや古典的で模範的なものとしてはたらきかけることはない」〔『反時代的』Ⅲ.8〕という状況をもたらした歴史的相対主

義に対する懐疑も生じたのであった。

　価値判断を留保する科学の「客観性」とその相対主義的帰結に対してニーチェは、「ただ現在の最高の力からのみ君たちには過去を解釈することが許されている」、「ただ未来の建設者としてのみ君たちは歴史の語ることを理解することを許されている」と述べて・[『反時代的』Ⅱ.6]、〈歴史〉が〈生*〉に奉仕することを求めるが、これはためになるとか役に立つという意味での教訓的な歴史を求めているのではない。〈生〉に対する〈歴史〉の奉仕の形態として彼は、過去における偉大なる行為を模範としてめざす〈記念碑的歴史〉、自己のアイデンティティーの根拠を擁護しようとする〈尚古的歴史〉、歴史的知識の過剰を打ち破る〈批判的歴史〉という三種の歴史考察のありかたを分類し［同 Ⅱ.2, 3］、「歴史病」に対する処方箋として「非歴史的なもの」（行為を可能にする忘却）と「超歴史的なもの」（歴史のうえに立つ芸術・宗教の叡智）を求めている。いずれにせよ、ここで批判の規範的根拠として最終的な審級となるのは〈生〉であるが、彼がこのように過去についての解釈を〈生〉の法廷における審判として捉えていたことの問題性は、後年の〈力への意志*〉の思想において〈解釈〉の妥当性を保証するものは何かという問いとしてふたたび現れることになる。歴史における規範性の問題を〈生〉や〈力への意志〉への遡行によって解決しようとしたニーチェは、〈歴史〉が市民社会の文化を支えるものとして求められる背景となった社会変動や、その背後において進行した資本主義化の過程に対する問いかけを欠いていた。それは「時代」「文化」「民族*」といったものを有機的な主体として見るロマン主義的な概念を引きずっていたところにも窺える。科学の時代における〈生〉に対する〈歴史〉の奉仕を要求するのであれば、〈生〉を神秘的な主体に奉り上げるのではなく、それとは別のかたちで、たとえば科学的言語と日常のコミュニケーションとの断絶の問題として論ずることもできたはずである。

　ところで、ニーチェの歴史主義批判には、非歴史的な啓蒙も反啓蒙的になった歴史主義も乗り越えるもうひとつの可能性として、ディルタイ的な〈歴史的理性〉の閉塞性を切り崩そうとするもう一つの理性批判の先取りと考えられる要素も存在していた。「歴史的教養の起源――そしてまたこの教養が〈新しい時代［近代］〉、〈近代的意識〉の精神に対して持っている内的で極度にラディカルな矛盾の起源――この起源自体がまた歴史的に認識されなければならない、歴史は歴史自体の問題を解決しなければならない、知識はその棘を自分自身に向けなければならない」[『反時代的』Ⅱ.8]という要請は、歴史的学問に自らの歴史性についての反省を迫ることによって、近代理性の自己反省を通じて歴史主義を克服する方向性を示唆している。『人間的な、あまりに人間的な』*以降、ニーチェは「歴史的に哲学すること」の必要性を説いて理性と道徳の系譜学*的解体を図り［『人間的』Ⅰ-1, 2］、歴史的思考を徹底することによってさらにラディカルな〈啓蒙〉を推進する企図を抱いた。さまざまな偏見や権威の起源を暴き出してその支配力の失効を図るニーチェの戦略は、歴史主義の浸透によって麻痺してしまった文献学の「歴史的感覚」に批判的な可能性を見いだしていこうとするものである。そこでは、忘却され隠蔽された起源を暴露することで日常のなかで維持されている古き価値設定の打破を図る系譜学的破壊と、肥大した「個性」の幻想を透かし見て、意識の下に蠢く無数の〈力への意志〉を見据える視線が交錯している。

【Ⅲ】 **ニーチェ以後における歴史主義の問題性**　ニーチェの歴史主義批判は当初ほとんど反響を呼ばず、『悲劇の誕生』*についてのヴィラモーヴィッツ＝メレンドルフとロ

ーデ*とのあいだで交わされた論争に見られたように、むしろ文献学界の反発を買ったし、また、歴史のなかで行為し苦悩する人間の姿を観照的に捉えようとしたブルクハルト*がニーチェから距離を取る契機ともなった。しかし、世紀転換期以降、市民階級の解放の希望が近代社会における市民的個人の無力さの意識によって取って代わられ、無邪気な歴史信仰と結びついた人文主義的教養理念の空虚さがますますあらわになると、ドイツ市民社会の保守的な文化意識に不満を抱く知識人や芸術家たちは、「歴史の過剰」を嘲り、〈永遠回帰*〉を大胆に肯定するニーチェの思想や〈生〉という無限定な概念に大きな魅力を感じるようになった。ただ、そこには非合理主義への転落の可能性もあった。他方、アカデミズムの内部においても、新たに発展した社会科学が歴史諸科学の威信に挑戦するようになり、やがて歴史家自身によっても〈歴史主義の克服〉が課題として意識されるところとなる。そして、トレルチはニーチェの提出した問題が結局は歴史による文化的価値の規範的根拠づけの問題であることを捉えて、『歴史主義とその諸問題』において「彼は歴史から価値を基礎づけることがどういう問題であるかを真に理解し、感じとっていた」と述べ、「それゆえ、最近の歴史主義の危機と自己反省とは、大部分ニーチェに由来している」と断言した。また、古典文献学内部においてもヴィラモーヴィッツ門下のカール・ラインハルト*がニーチェの復権に一役買うこととなった。その後の20世紀における哲学的反省の進行のなかで、ニーチェによる歴史考察の分類はハイデガー*の『存在と時間』における時間性の分析に取り入れられ、ハイデガーの哲学的思索を承けて歴史性の自覚のうえに立つ哲学的解釈学を提唱したガーダマー*は『真理と方法』で、自らの歴史性に対する反省を欠いた歴史研究の素朴さをあらためて批判している。現代においても、相対主義に直面して〈生〉のような即自的価値に絶対性を認めるのでないとしたら、われわれはどのようにして規範的根拠を求めればいいのかという問いや、近代化とともに意識されてきた〈伝統〉や〈文化的アイデンティティ〉の「喪失」に対して歴史学はどのように対処しうるのかという問題を考察するうえで、ニーチェの歴史主義批判は重要な意義を持っていると言えよう。→学問, 教養, 古典文献学, 19世紀とニーチェ　　　　　　　（大石紀一郎）

文献　▷ Friedrich Jaeger/Jörn Rüsen, *Geschichte des Historismus*, München 1992. ▷ Friedrich Meinecke, *Die Entstehung des Historismus*, München/Berlin 1936（菊盛英夫・麻生建訳『歴史主義の成立』筑摩書房、1967-68）. ▷ Wolfgang J. Mommsen, *Geschichtswissenschaft jenseits des Historismus*, Düsseldorf 1971. ▷ Herbert Schnädelbach, *Geschichtsphilosophie nach Hegel. Die Probleme des Historismus*, Freiburg/München 1974（古東哲明訳『ヘーゲル以後の歴史哲学』法政大学出版局、1994）. ▷ Ernst Troeltsch, *Der Historismus und seine Probleme*, Tübingen 1922（近藤勝彦訳、トレルチ著作集4・5・6,『歴史主義とその諸問題』上・中・下, ヨルダン社, 1980-88）.

歴史神学 [historische Theologie]

　シュライエルマッハーは近代神学を基礎づけるに当たって、神学を、哲学的神学、歴史的神学、実践的神学の三つに部門分けしたが、それに応じて今日では、組織神学, 歴史神学, 実践神学の部門名が一般化している。したがって、歴史神学とは、組織神学（教義学）と実践神学（牧会学）に並ぶ神学の一部門で、歴史の中に生じ歴史の中で発展してきたキリスト教*の信仰とそれに伴う諸件を歴史学的な方法を用いて研究する神学を指す。その内容は、大別すれば聖書学と教会史とに分けられる。聖書学は、旧約学と新約学とが中心になるが、加えて旧約時代史や新約時代史、考古学、言語学なども含まれる。教会史は、キリスト教の歴史的発展の中で生じたも

ろもろの事象の研究であり，歴史上の諸神学者の研究，信条史や教理史，教会行政史，布教史，美術史，音楽史など，きわめて多岐にわたる。

歴史神学が急速に成長を見たのは，19世紀になってニーブールやランケらによる実証的な近代史学の成果を受けてのことである。聖書*や教会*を歴史的に形成されたものとして見る目が培われ，聖書学や教会史に史学的研究の方法が導入されて，ヘーゲル主義者のバウルの指導するテュービンゲン学派において歴史批評的研究が生じ，バウルの『グノーシス』（1835）や『パウロ』（1845）のほか，『西洋哲学史』（1847）の著で有名なシュヴェーグラーの『使徒後時代史』（1846），ギリシア哲学研究でも知られるツェラーの『使徒行伝』（1854）などの業績が現れた。また，D. シュトラウス*の『イエスの生涯』（1835-36）が福音史の歴史批評的方法によって書かれるに及んで，キリスト教批判の動機をもった聖書研究にまで新しい歴史神学の方法が採用されるに至り，バウアーの『共観福音書批判』（1841-42）やフォイエルバッハの『キリスト教の本質』（1841）など，ヘーゲル左派による歴史神学的研究も盛んになった。

歴史神学が本格的に形成されることとなるのは，A. リッチュルとその学派に負うところが大きい。リッチュルはもともとテュービンゲン学派の一人として出発したが，やがてカント*の哲学を受容して，神学からヘーゲル的な形而上学的思弁を排除し，キリスト教の倫理的性格を強調する神学を展開した。カント主義に立って，背後世界の物自体*を不可知とみなし，認識を現象界に限ろうとする態度は，リッチュルにおいては歴史的現象となった限りでの啓示に注目する神学を導き，歴史的文書としての聖書を重視する聖書主義にもとづきながら，歴史的キリストにおける啓示を強調する神学が説かれることとなった。そして，リッチュルの主著『義認と和解』全3巻（1870-74）が出版されるや，その神学に追随するヘルマン，J. カフタン，ハルナック，ローフスらによりリッチュル学派が形成され，19世紀末の神学界を主導することとなった。ニーチェの活躍した時期は，ちょうどこのリッチュル学派の時代であったということができる。また，原始キリスト教をはじめ教会史についての多くの知識をニーチェに提供した歴史神学者のオーヴァーベック*も，このようなドイツ神学界の動向の中で自らの研究を進め，『現今の神学のキリスト教性について』（1873），『古代教会史研究』（1875），『正典史』（1880），『教父文献の起源について』（1882），『教会史記述の起源について』（1892）などの著作を残した。

さて，リッチュル学派の中でもとくに歴史神学の面で仕事をしたのは，ハルナックであり，ローフスであるが，教義学的な関心にもとづいて，聖書の告げる過去の史実的イエス*と聖書の奥から現在の体験として生じてくるキリストとを区別したヘルマンの神学は，歴史神学に与えた波紋が大きかった。また，『教義史教本』全3巻（1887-90）と『キリスト教の本質』（1900）とによって大きな反響を呼んだ歴史神学者のハルナックは，イエスの福音と教会の教義との間に断絶を認め，キリスト教の本質は原始キリスト教団の信じたイエスの福音にあり，その後に作り上げられてきた教義は福音のギリシア化という歪曲にほかならず，キリスト教の歴史は本質からの頽落史であったという。ニーチェが既成道徳としてのキリスト教に徹底した攻撃を加える際に，キリスト教が，各人の心の経験として生じる神の国を説いたイエスの福音を忘れて，背後世界の嘘を賛美するプラトニズムになりさがっていることを指摘するが，このニーチェのイエス像やキリスト教観に，リッチュルやヘルマンやハルナックの神学とどこかで通底するものを認めることができるのではないか。

19世紀の90年代には、リッチュル学派のような啓示の歴史性に注目するだけでなく、聖書の宗教を他の宗教との連関で捉える宗教史学派が登場し、歴史神学はキリスト教の相対化の問題をも抱えることになった。→キリスト教、シュトラウス[1]、批判神学　　（柏原啓一）

レッシング　[Gotthold Ephraim Lessing 1729-81]

啓蒙主義者レッシングの名前は、ニーチェの著作中にしばしば引き合いに出されているが、ほとんどの場合批判的な方向での言及である。『悲劇の誕生』*でニーチェは、エウリピデスを「並みはずれた批判的才能の充実が、創造的に働く二次的な芸術衝動を実り豊かにしている詩人」［『悲劇』11］と呼んでいるが、さらに、この点がレッシングにそっくりだと言い加える。つまり、レッシングはいくつかの戯曲も書いているが、それらはいずれも頭でできたものにすぎないというわけである。また彼を「最も誠実な理論的人間」と呼んでいる箇所［同 15］でも、レッシングの「私は、真理そのものよりも真理への無限の探求をとる」という例の有名な言葉［『ひとつの答弁2』］を引き、この姿勢が、知と認識の無際限な拡大を求めるソクラテス主義、ひいては近代の不毛な学問精神に通底することを暗示している。レッシングがアリストテレスの悲劇論［『詩学』］に道義的観点を読み込んだこともニーチェの気にいらなかったし、とりわけニーチェがヴァーグナー*の芸術に幻滅し、明快なフランス的形式性に傾いていったころからは、レッシングが、ゴットシェートを批判した『最新の文学に関する書簡』［第17書簡］や『ハンブルク演劇論』などで、「フランス的形式、すなわち唯一の近代的芸術形式をドイツで嘲笑の的にし、シェイクスピア*を持ち上げた」［『人間的』Ⅰ.221］ことは許せない点であった。レッシングがドイツ離れした、それもフランス的な文体を身につけていることは評価しながらも、そして鋭敏な批評眼と論戦的な著作態度などにおいて、レッシングとニーチェには一脈合い通じるところがあるように見えながら、啓蒙主義者レッシングは、どうやらニーチェの肌に合わなかったようである。　　（薗田宗人）

労働

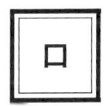

物を作る労働が社会生活に必要であることと、労働が社会的・文化的「価値基準」になることとはまったく別個の事柄である。古代や中世では、労働が生活運営にとって必要であることを認めても、労働を社会形成の原理にすることも、文化を眺める標準にすることも拒否していた。古代や中世にあっては、「生活に必要であること」は社会的にも文化的にも「価値」になりえなかった。したがって、これらの時代では、生活の必要から免れているという意味での「余暇」（スコレー、オティウム）が社会的・文化的価値であった。これに対して生活の必要に追いまくられるという意味での「非余暇」（ネゴティウム）は、社会的にも文化的にも低い評価しか得られない。非余暇としてのネゴティウムは、商業活動や職人の生産労働であるが、これらがつねに社会の底辺に位置づけられるのも、当時の価値体系から必然的に生ずる。

オティウム／ネゴティウムの価値機軸は、近代に入って転倒しはじめる。ネゴティウムの軸に並ぶ生産的労働や商業活動が一挙に上昇してくる。市場経済の拡大と深化がこの上昇の背景にある。勤勉な産業活動（インダストリー）が、社会を動かす中心的位置を占めるようになる。広義の労働は、近代市民社会

と近代資本主義の原理になり、またそこから「労働は価値を生む」という思想も発生してくる。経済学における「労働価値説」は、オティウム／ネゴティウムの位置関係の転倒の遠い帰結であり、またこの近代的価値転倒を象徴的に表現する。近代という時代が、きわめて長い伝統をもつ「余暇」価値を根底からくつがえし、非余暇を価値とし、禁欲倫理によって内面的に駆動される勤勉主義（インダストリー）を台頭させること、一言でいえば「多忙」（ビジネス）を文化価値にする時代であること、これは近代性がもつ最も重要な根本特徴である。前近代と近代の間に、ひとつの切断線が走ったのである。余暇から多忙へ、遊戯から労働への価値的移動があった。これはひとつの価値の大転倒であった。ニーチェが「価値転倒*」を語るとき、彼が視野に収めつつ、敵対したのは、この近代的価値転倒であった。ニーチェはこの転倒を転倒させる。ニーチェの思想の中で、余暇や遊戯が重視されるのも、こうした価値基準の近代的変動の文脈なしには理解できない。しかし問題は、形式的な価値基準の移動ではない。近代の価値転倒、つまり市場・商業・労働の優位によって、人間の生活の中に何が起きたかが問題である。

近代理性は、「人間が作ったものだけを認識できる」という原理を立てる。技術的製作活動が理性の働きのモデルとされる。この生産主義的理性は、自然をも製作可能なものに切りかえる。自然は「数学の言語で書かれている」書物である（ガリレイ）という思想は、自然を機械とみなし、機械と同じように分解したり組み立てたりできると考える。同様に近代理性は、人間の世界を機械とみたて、機械のように分解したり組み立てたりする（ホッブズ）。かつて神の業であった創造の力はことごとく人間の側に移動する。人間の製作活動（生産的労働）は、神を追放し、そうすることで人間中心主義の思想的根拠になる。人間精神は労働になる。ヴィーコの「verum=factum」原理は、ヴィーコの意図をこえて、近代性の根本原則になる。作ることと知ることとは置きかえ可能であるからこそ、真理と製作されたものとは同一になる。市民社会が確立する以前に、すでに近代思想は、人間精神を労働化し、また労働を創造の意味での生産と同一視することで、本来の創造者である「神」を殺す。神が世界存在の意味付与者であったとすれば、近代の労働する精神は、存在の意味の殺害者になり、意味の不在というニヒリズム*をはじめから抱えこむ。労働する理性は、ニヒリズムの生産者である。

人間中心主義は、主観性を「意味」の源泉になると確信した。しかし労働する精神は、あらゆるものを対象化し、ついには世界を物として操作する。言いかえれば世界の一要素である自己自身をさえ対象として、物的性格をもつ存在者として把握することになる。物になるとは死を意味する。人間中心主義は、神を殺すと同時に自己を殺す。近代生産主義理性は、「人間」の死をはじめから抱えこむ。ニーチェは言う。――「真の宗教的生活のためには、世間的な生活での安逸あるいは半安逸がどれほど必要であるかは、おそらくお気づきのことだろう。私の言っているのは、良心に疚しからぬあの安逸、昔からの、血筋による、〈労働は恥ずべきものだ――心とからだを卑しくする〉という貴族的感情と無縁ではないあの安逸のことだ。したがって現代の騒々しい、時間をことごとく独り占めする、のぼせあがった愚劣不遜な勤勉沙汰というものは、他のいかなるものにもまして〈不信心者〉を育てあげ、こしらえあげるのではないか。……彼ら、この健気な人々ときては、仕事やら享楽やらで、もうたっぷり忙しがっているのだ」[『善悪』58]。

ネゴティウムの時代、ビジネス（多忙）の時代、つまりは労働とインダストリーの時代

は、ニヒリズムの時代である。産業資本主義は「自由な市民」を生みだすどころか、群衆社会を生みだす。ニーチェが見た19世紀資本主義は、まさに産業革命によって技術と労働の社会を確立したが、同時に「畜群*」という群衆を大量生産する。精神と身体の中に無意味とニヒリズムを刻み込んだ「おしまいの人間* = 末人」(最後の人間)が社会の表面をおおい尽くしていく。近代の「労働社会」は、ニヒリスト群像を日々産出する社会である。労働は人間を「自由」にするどころか、再び人間を「奴隷」にしていく。労働の中に「自由」の源泉を見ようとした近代人の期待は、労働そのものによってことごとく裏切られていく。労働と自由を等置するすべての思想は、現実の奴隷状態とニヒリズムを隠蔽するイデオロギーでしかない。禁欲主義的勤勉労働が生みだした「群衆」=「畜群」は、ルサンチマン*と虚栄心*で生きるがゆえに、種々の形態の「牧人」型支配者を要求することになる。19世紀から20世紀にかけて、人類史は、群衆が要求する「専制的支配者」の諸類型を作りだしてきた。「彼ら〔労働者〕は、日々パンを必要とすると同じように命令者を必要とする」[『善悪』242]。一人の「指導者」に隷従する「畜群」=「群衆」。近代労働社会は、古い隷属関係を解体しながら、新しい隷属状態を生みだした。価値としての労働という観念自体が解体されなくてはならない。なぜなら、ニヒリズムの源泉は労働にあるからである。→畜群, 禁欲道徳　　　　　(今村仁司)

労働者

ニーチェは彼の時代を「労働の時代」だといっている[『反時代的』Ⅱ.7]。近代的労働観への批判の意をこめたもので、労働者はニーチェにとって蔑称の一つ。そこには古代ギリシアの労働観が影を落としている。もっともニーチェは近代の労働者と古代の奴隷を同類とみたわけではない。ニーチェにしてみれば、分相応に従う術を身につけていた奴隷に比べると、近代の労働者は勤労に服する者として「慎み深く自らを知る」ことをやめてしまい、[『偶像』40]、「労働の尊厳」などと「愚かしいかぎりの妄想」を口にする[遺稿Ⅰ.3.193]。なるほどニーチェが近代的労働の非人間的部分を見なかったといえば嘘になる。今日の労働は「無名で非個人的」なものになり、「機械は非人格的で、労働が作り出した物から、その誇り、その個人的美点……を奪い取る」[『人間的』Ⅱ-2.288]との指摘もある。しかし彼はここで労働者が疎外されていると告発するわけではない。ニーチェが眼を向けるのは「もはや個人ではいられず、ネジの値打ちになり下がる」ことを恥としない彼らの愚かさ、そこに安住してしまう彼らの堕弱さである[『曙光』206]。労働を祝福するものには「個体的なものに対する恐怖心」が隠されている[同 173]。「人々がいま労働……を見て感じるところは……それが各人を制御して、その理性や欲情や独立欲の発展を強く妨げることができるということだ。……かくて激しく労働が行われる社会では、安全性が増大するだろう」。ニーチェが描写した労働者の姿は、たとえばエンゲルスがイギリスで観察した労働者の状態とはずいぶん違う。「今日では、かつての労働者の搾取が愚行であったこと……がわかっている」[『人間的』Ⅱ-2.286]。そこにひかえているのは大衆社会の先駆けのようなものだ。「労働者はあまりにも幸福なので、いまも少しずつ多くのものを、それも臆面もなく要求する」[遺稿Ⅱ.10.339]。ニーチェには「哲学的労働者」「科学的労働者」など労働者をメタファーにした用語があるが[『善悪』211；『曙光』41]、ここでも主眼をなすのは、哲学や学問の創造的営みを忘れ「労働の時代」におもねった態度への批判である。「人間を成熟させる前に、科学の工場で働かせ役立つようにしようとすれば、……小さいうちから工場で働かされる

若い奴隷と同じように,科学もまもなく破滅してしまう。……最終的結果として起こるのは一般受けする科学の……大衆化である」[『反時代的』Ⅱ.7]。　　　　　　　　(木前利秋)

ロシア世紀末とニーチェ

ドストエフスキー*の死(1881)後10年を経て世紀末に至ると,象徴主義の定着やドストエフスキー再発見と並んで,ロシアでニーチェ哲学が流行した。哲学者ソロビヨフはこれを成熟のために必要な「青春の熱狂」として迎えいれている。ディオニュソス*的哲学は象徴主義の始祖メレジコフスキーや,デカダン派の作家アルツィバーセフ,アンドレーエフにおいて性的放縦の形をとり,プロレタリア作家のゴーリキーにすら闘う意志となって現れた。

後期象徴派(1900-10)の詩人ベールイの文体には『ツァラトゥストラ』*との照応関係が,小説『回帰』には永遠回帰*の思想が見いだされる。ブロークもまたベールイをとおしてニーチェの影響を受け,詩劇『薔薇と十字架』の最終場面にはヴァーグナー*の音楽が投影されている。今世紀初頭から革命に至るまでの時期はロシア・ルネサンス期とも呼ばれ,一挙にロシア文化と精神の開花が見られたが,そこで果たしたニーチェの役割が大きいことは,ベルジャーエフが『わが生涯』で証言している。ルネサンス人の中でも,とりわけディオニュソス的資質を発揮したのは詩人で学者でもあったヴャチスラフ・イワーノフで,亡命後に学位論文(「ニーチェとディオニュソス」1904)を執筆するまで一貫してニーチェを取り上げた。彼の主題は象徴としてのディオニュソスとキリストを一体化することにあった。

象徴主義とそれ以前の古典を全面的に否定したロシア・アヴァンギャルドにおいてもニーチェ哲学は威力を失わなかった。詩人マヤコフスキーはニーチェに共鳴し,その闘争的な芸術宣言や詩精神はニーチェの口調のパラフレーズともいえる。東方的,神秘的な傾向の詩人フレーブニコフにはニーチェとの共時的現象が見られる。

このようにロシア人たちはなんらかの形でニーチェを自己表現のための手段とした。その最たるものはシェストフで,トルストイやドストエフスキーとの比較で扱ったニーチェ論は積極的な独断に満ちている。→ロシア・ニヒリズムとニーチェ　　　　　　(川崎 浹)

文献 ▷ Bernice Rosenthal, General editor, *Nietzsche in Russia*, Prinston University Press, 1986. ▷川端香男里「ロシア象徴主義とニーチェ」『薔薇と十字架』所収,青土社,1981.

ロシア・ニヒリズムとニーチェ

すべては虚しく無であるといった思想は,けっして珍しいものではない。西洋では古代ギリシアのソフィストたち(例えばゴルギアス)が,認識能力に関してこうしたことを述べているし,東洋では,「無為」という道教的表現が示すように,人生態度として無の思想が説かれることが多かったし,それはウェーバー*の注目も引いている。ホラティウス*ではすでにニル・アドミラリ(nil admirari)という表現がピュタゴラス*の言葉として使われている。しかし,19世紀以降の意味で無の思想が用いられたのは,ドイツ観念論*のヤコービのフィヒテ宛の書簡が最初であると言われている。ニヒリズム*という単語が広く人口に膾炙したのは,ロシアの小説家トゥルゲーネフの小説『父と子』(1862)で用いられて以来である。この事実は19世紀ロシアの知的状況と,さらには19世紀西欧,とくにドイツ語圏のそれと密接に絡んでいる。主人公バザロフは,帝政ロシアの古い社会体質と人間模様に対する反発から,極端な合理主義に立って,すべての権威や習慣の否定を試みる。ロシア文学の中ではアルクサンドル2世の治世の初期からこうした反権威主

義の意味ですでに「ニヒリズム」の語が使われていた。こうした背景のもとに1860/70年代のロシアのいわゆるインテリゲンチャには、反抗的ニヒリズムの色が濃くなった。アナーキストのクロポトキンも暴政に対する反抗としてニヒリズムを評価している。ここではテロリズムに近い意味をすらもっている。

政治的変革を許さない強固な社会に対する絶望からニヒリスティックな気分が蔓延するという点では、三月革命後のドイツにもそうした土壌は存在していた。すでにシュティルナーの『唯一者とその所有』(1845)はそれを準備していたし、ショーペンハウアー熱にもその反映を伺うことができる。ニーチェのニヒリズム論はこうした空気のなかに炸裂したわけであるが、それは社会批判を著しく形而上学化したものであった。つまり、平等や民主主義*への欲求そのものがニヒリズムの証明だとして批判するのだから、政治的バイアスのかかったロシアのオリジナルとは似ても似つかないものとなっている。『悦ばしき智恵』第5書〔347番〕では、フランスの自然主義*、独仏のナショナリズムと並んで「ザンクト・ペータースブルクのニヒリズム」が科学の実証主義*と同じに批判されるべきものとして出て来るが、これが生前に公けにされたもののなかで最初にニヒリズムが出て来るところである。やはり、ロシアとの関連であるが、この点でルー・ザロメ*との交際から多少の知識を得たかもしれないとはいえ、1880年当時のドイツの新聞報道では、自暴自棄的なロシア・ニヒリズムについて非常に多く報道されていたことの方がきっかけとしては重要であろう。またプールジェ*の『現代心理論集』(トゥルゲーネフ論が出てくる)も、後のニーチェの使い方に影響を与えたとされている。➡ニヒリズム　　　　　(三島憲一)

文献　▷ Elisabeth Kuhn, Nietzsches Quelle des Nihilismus-Begriffs, in: *Nietzsche-Studien*, Bd. 13, Berlin/New York 1984.

魯迅　[ろ・じん　Ru Hsün 1881-1936]

はじめ医学をめざして日本に留学(1902-09)した魯迅が、やがて文学へと志を変え、中国*の近代化運動における「精神界の戦士」として独特の役割を果たすに至る経緯は、よく知られている。それは、政治と文学のはざまで、複雑な段階を経て展開した革命運動の時代を背景として行われた。その核心は、「人間」「個人」「個性」といった基本的概念をすら欠いた旧い封建的風土の中で近代化をめざす、過渡期の中国の精神的苦悩を「言葉」によって表現し、自己否定と克服を通じて、あるべき現在と未来を示そうとする孤独な闘いであった。こうした魯迅の行動を決定した、おそらく無数の動機を、単純にいくつかの転向の相に集約することは不可能である。だがその最も重要な一つに、「ニーチェ」があることを忘れることは許されまい。医学から転進して後、彼の文学的関心は、スラヴ系文学、北欧・東欧の被圧迫国の民族主義文学、バイロン*、ハイネ*らロマン主義的政治詩人に向けられたが、なかでもニーチェの『ツァラトゥストラ』*は、座右の書として愛読されたといわれる。初期の文学評論の中で紹介されるニーチェは、イプセン*らとともに、世俗を排した断固たる意志と個性の主張者であり、個人主義の英雄だった。「ツァラトゥストラの序説」の中国語訳が2度試みられ、部分的に文言訳(1918)された後、1920年には白話(口語)による完訳が発表された。白話訳の題名は「察拉圖斯式拉的序言」で、郭沫若の『ツァラトゥストラ』翻訳をはじめとするその後のニーチェ紹介の先駆をなした。訳出に際し、生田長江*の日本語訳(1911)を参照していることが実証されており、わが国のニーチェ受容史とも関連をもつ。ところで、1917年のロシア革命は、ハーバート・スペンサー*流の社会進化論を含む、もろもろの「それ以前」の思想を、マルクス主義*によって中国思想界から一掃したとさ

れている。しかし魯迅が、そうした政治的動向と主体的な関わりを見せながらも、ニーチェ的な孤立無援の不屈の身の処し方と、「超人*」を思わせる透徹した巨視的な文化批判、柔軟な反語的表現を手放すことがなかった点にこそ、彼のニーチェ受容の真髄は見られる。それは、遺された作品の中から、おびただしい評論や論争文の中から、硬質な輝きを放って「人間」に覚醒を強いる、多くの言葉によって裏づけられる。→中国/中国人

(瀧田夏樹)

文献 ▷瀧田夏樹「魯迅と『超人』」氷上英広編『ニーチェとその周辺』朝日出版社, 1972.

ローゼンベルク [Alfred Rosenberg 1893-1946]

ラトヴィアの首都リガで少数民族のバルト・ドイツ人として育ち、すでに第一次大戦前の学生時代にゴビノーやチェンバレンの反ユダヤ主義*に深い影響を受ける。1917年にロシアで虜囚の憂き目にあったことが、もともとあった反スラブ感情をエスカレートさせた。1918年にミュンヘンに移ったが、1923年のヒトラーのミュンヘン一揆に加わって、ナチス*のイデオローグとなり、党機関紙『フェルキッシャー・ベオバハター』の主幹も務めた。ただ、彼の思想はインド*の宗教、ギリシア、ユダヤ*、およびゲルマンの古代をきまじめに比較するもので、ナチの乱暴な教条にとっては所詮お飾りでしかなかった。1917年に着想を得たと自称する主著『20世紀の神話』(1930) では、インドのように人種混淆が起きればアーリア人種は滅びざるをえない。せっかくギリシア人にも卓越する意志の強さを示すゲルマン民族は、その純血を保つべきであるという人種論が展開される。そこではツァラトゥストラは「純北方的・アーリアン的」存在として祭り上げられている。これは、直接にニーチェの影響によるものでなく、自身の古代宗教研究から得た信念かもしれない。とはいえ、この本にもニーチェ熱がはびこった1910年頃の世代の匂いははっきりしている。ローゼンベルクに言わせれば、ヨーロッパにおいて権威は抽象的な国家原理(自由主義的個人主義) か教会の普遍主義に求められてきた。その結果, 「没人種的権威が、自由のアナーキーを誘発した」。だが「人種的世界観を有する今日では……純粋なる有機的自由は類型内においてのみ可能である」ことを知らねばならない。そして「図式や商品が支配者となっている」「機械の時代」に対抗して「抑圧された何百万の人々がこれに反抗する死物狂いの叫びの声」がニーチェであり、彼の超人*の思想であったというのである [ドイツ語版 528ff.]。そして、ヘルダーやカント*からニーチェにいたる近代ドイツの知的伝統は、民族精神のうちにおける強力な典型もしくは類型の産出に向かう運動である、という議論が展開されている。1946年ニュルンベルク国際軍事法廷で死刑の判決を受け、執行される。→ナチス, 反ユダヤ主義

(三島憲一)

文献 ▷ A. Rosenberg, *Der Mythus des 20. Jahrhunderts*, 119. Aufl., München 1938 (吹田順助・上村清延訳『20世紀の神話』中央公論社, 1938).

ローデ [Erwin Rohde 1845-98]

ニーチェの最も親しい友人の一人であったローデは、ギリシア宗教史の研究者としても著名であり、イェーナ大学、ハイデルベルク大学などの教授を歴任した。とくにホメロス*からギリシア古典哲学の時代へ至るギリシア精神史の流れの中で、霊魂や不死の観念がどのように扱われてきたかを概観した大著『プシケー——ギリシア人の霊魂崇拝と不死信仰』(1893) は代表作である。副題からも明らかなように、この『プシケー』においてはもっぱらギリシア人の宗教的・神話的内面生活が主題として取り上げられ、イオニアの

自然哲学以降の一見非宗教的なギリシア古典哲学ですらそうした宗教的・神話的要素とは根本的に矛盾しないものとみなされている。このこととトラキアに起源を持つ非オリュンポス系の神格であるディオニュソス*への崇拝や、そこから派生したやはり非オリュンポス系の秘儀宗教集団であるオルフェウス教団——ローデはエジプトが起源であるといっている——にたいする強い関心を併せて考えるとき、本書におけるローデの立場が、同時期のギリシア古典研究の主流であるヴィラモーヴィッツ＝メレンドルフ*らの歴史的・批判的文献解釈にもとづく客観主義的なギリシア観と鋭く対立するものであることが明らかになる。この点でローデのギリシア観は、友人であるニーチェが『悲劇の誕生』*において提示したギリシア観と共通の基盤の上に立っている。それは、ギリシア人の心性をオリュンポスの顕教的神統譜とギリシア古典哲学の合理主義によって象徴される理性的要素からではなく、ディオニュソス崇拝の核となっている陶酔*や狂乱によって象徴される非理性的要素から捉えようとする立場といってよいだろう。また同時にこの非理性的要素への着目は、ギリシアにおける非ヨーロッパ的要素（オリエント的なもの）の重視という視点にもつながる。こうしたニーチェ・ローデ的なギリシア観は、たしかに同時代においてはヴィラモーヴィッツらによる正統的なギリシア研究の影に隠れて低い評価しか与えられなかったが、その後のギリシア研究の流れにおける宗教的・神話的要素の重視という傾向、とくにケレーニー*によるデーメーテル祭儀やディオニュソス崇拝の研究、あるいはドッズの『ギリシア人と非理性』などによって代表されるようなギリシア研究の動向の先駆としての意味を持っている。

こうしたローデの業績からも明らかなようにローデとニーチェの出会いの機会となったのは、ライプツィヒ大学のリッチュル*のもとで同窓生としてともに古典文献学*を学んだ日々であった。この出会いの中でローデはニーチェにとり、プフォルタ校*以来の友人であるドイッセン*やゲルスドルフ*、あるいは後にバーゼル*で知り合ったオーヴァーベック*とならんでもっとも親密な友人の一人となる。いつも連れ立って教室へ現れる二人を師のリッチュルは「ディオスクロイ（双子）」と呼んだと伝えられる。「あのライプツィヒ時代で最高のことだとぼくが語ることができるのは、一人の友との絶えざる交際だ。この友けたんに学友というだけでなく、あるいは共通の体験で結びついているというだけでなく、その生活の真摯さがぼく自身の性向と本当に同じ度合いを示しており、物事や人間にたいする価値評価がぼくのとほぼ同じ法則に従っており、つまるところその全存在がぼくにたいして力を与え、ぼくを鍛えてくれる効果を持っているのだ」［ローデ宛 1867.11.3.］。またニーチェは、恩師であるリッチュルの自分にたいする厚遇には感謝しつつも、古典文献学という学問の枠の中に完全に取り込まれてしまうことへの違和感もローデに洩らしている。「われらが老リッチュル〔先生〕は、女衒（Kuppler）なのだ。先生は輝かしい讃辞でわれわれを文献学という御婦人の罠へと誘い込むのだ。ぼくは次に書くリッチュル記念論集のための論文（デモクリトスの著作に関する）の中で、文献学者たちに苦い真実を是非とも語ってやりたい」［同 1868.2.1-2.3.］。こうした思いがニーチェをヴァーグナー*へと近づけることになるが、ニーチェがそのヴァーグナーとの出会いをいちはやく報告した相手もローデであった［同 1868.11.9. 参照］。

ニーチェはヴァーグナーから受けた触発を実質的な処女作である『悲劇の誕生』に結実させる。しかしこの著作によってニーチェは師リッチュルも含めた古典文献学の世界全体から激しい批判を被り古典文献学者としての

生命をほとんど絶たれてしまう。とくにこの著作にたいして激烈な批判を行ったのは、ニーチェの師リッチュルと宿敵の間柄であった古典文献学者ヤーンの弟子であるヴィラモーヴィッツであった。彼は「未来の文献学！」(1872) と題する論文で『悲劇』に含まれている多くの事実関係の誤りを指摘し、この著作が古典文献学の学問的基準を満たしていないことを指弾した。こうした『悲劇』への批判の集中という状況にあって敢然とこの著作の擁護のための論陣を張ったのがローデである。彼はまず『文学中央誌』(*Das Litterarische Centralblatt*) にこの著作の書評を寄せるがこれは編者であるツァルナックによって掲載を拒否される。そこでローデはさらに1872年5月26日付の『北ドイツ・アルゲマイネ新聞』(*Die Norddeutsche Allgemeine Zeitung*) に『悲劇』の書評を寄稿しニーチェへの支持を公然と表明した。後者におけるローデの次のような一文は、ニーチェおよびローデのギリシア観の核心が何処にあったかをよく物語っている。「しかしもし美に耳を傾ける者すべてによって感じ取られた神話的悲劇のディオニュソス的真実を言葉、すなわち概念によって示唆することさえも困難であり、究明することなど不可能だとすれば、その理由は、ここで世界の最も深い秘密があらゆる理性やその表現であるふつうの言語（Wortsprache）よりはるかに高次な言語によって語られているからである」。

ニーチェの紹介で自らもヴァーグナーに私淑するようになったローデは、後年のニーチェとヴァーグナーのあいだの違和には当惑せざるをえなかったようである。ヴァーグナーと訣別したニーチェとヴァーグナーから離反することのできないローデとのあいだに感情の齟齬が生じたこともあった［エリーザベト・ニーチェ宛 1877.4.25. 参照］。そしてついに1887年にはテーヌ*に否定的評価しか下さなかったローデにたいしてニーチェが怒りの書簡を送ったことから二人の離反は決定的なものとなる［ローデ宛 1887.12.2.］。にもかかわらず先に触れたようにローデの『プシケー』が『悲劇』におけるニーチェの古代ギリシア観を古典文献学の領域において継承するものであったことは、ニーチェとローデのあいだに存在した精神の共通の基盤を証しだてている。→古典文献学, 『悲劇の誕生』, リッチュル

(高橋順一)

驢馬

驢馬は一般的には「愚鈍」の比喩であるが、『ツァラトゥストラ』*においてはその意味を含みつつ二種類のニュアンスで用いられる。第2部「名声高い賢者たち」では、社会のオピニオン・リーダーとしての進歩的知識人が驢馬と呼ばれる。彼らは民衆*を愛し民衆から尊敬されつつ民衆を導いていると信じているが、実は民衆を巧みに操りたい権力者によって民衆という荷車につながれて引っぱらされているにすぎない、というわけである。第3部「重力の精」や第4部「覚醒」などでは、驢馬はいかなる場合でもイーアー(I-A, これは鳴き声i ahを表すとともに英語の yes にあたるドイツ語の ja に通じる) と言って肯定する存在として描かれる。この驢馬は忍従の美徳の体現者として、「ましな人間*」たちにとってはキリスト教*の神に代わる崇拝の対象となりうるが、その肯定は否定する勇気と力の欠如から発するにすぎないがゆえに、ニーチェの言うディオニュソス*的肯定や「運命への愛*」とはまったく異なるものである。→『ツァラトゥストラはこう語った』

(清水本裕)

ローマ [Rom (Roma)]

「ローマは私のための場所ではない——それだけはたしかだ」と自ら語っているように［ガスト宛1883.5.10.］、ローマはニーチェにとって居心地のよい街ではなかったらしい。湿

気や熱風（シロッコ）に弱かった彼は，神経質に晴雨の平均日数まで調べて，自分にとってはローマよりもヴェニス*やトリノ*，ニース*の方が過ごしやすいことを確認している。また，カトリックの総本山があるという点でも，ニーチェにとってローマはありがたくない場所であった。ヴァーグナー*が聖金曜日の祝祭劇「パルジファル」*を書いたのは，ニーチェにしてみれば，キリスト教*に屈服して「ローマへの道」を歩んだことにほかならなかった［『善悪』256］。そのためか，ニーチェのローマ滞在はわずか2回だけで，それもきわめて短い期間にすぎない。マルヴィーダ・フォン・マイゼンブーク*とパウル・レー*の誘いで訪れた1回目は，のちに自ら述べているとおり，ルー・ザロメ*というシロッコに当てられ，2回目はザロメとの恋愛事件で仲違いした妹と会って仲直りするためであった。『ツァラトゥストラ』*の「夜の歌」は，このときバルベリーニ広場を見おろす部屋でできたという［『この人』IX.4］。

とはいえ，同時代のローマを好まなかったニーチェにとっても，いにしえのローマ帝国だけは別であった。それは強者の貴族*的な価値が支配し，「高貴*で軽はずみな寛容」がしみわたった「懐疑的で南方的・自由精神*的な世界」であった。ローマ帝国は征服者としてあらゆる民族の過去を自らの前史とし，永遠に持続するがごとき支配を樹立した。しかし，それを妬んだキリスト教はローマを憎悪して復讐を実行した。つまり，当時は「世界（現世）」そのものであったローマを罪に満ちた汚辱の世として貶め，未来における「最後の審判」を導入して現在の生*を中断するという「古代的な価値の価値転換」を図ったというのである［『曙光』71；『善悪』46；『アンチクリスト』58，59］。その後の歴史も，高貴な強者ローマと卑しい弱者ユダヤ*の戦いという図式で捉えられ，宗教改革*やフランス革命*も賤民*的なルサンチマン*の勝利で

あったとされる［『系譜』I.16］。それに対してニーチェは，簡潔かつ実質的で「青銅よりも永遠」なローマ的文体を範として著した自らの著作において，生をあるがままに肯定するローマ的な健康さを求め，生の頽落の歴史を反転させる思想を告知しようとしたのであった［『偶像』X.1］。→古代ローマ人（大石紀一郎）

ロマン主義　⇨ニーチェとヴァーグナー
　　　　　　――ロマン主義の問題

ロレン　［Claude Lorrain 1600-82］

　狂気に陥る寸前のニーチェはトリノ*からガスト*に宛て「燃えるような黄色のすばらしい樹々。薄青色の空と大河，きわめて清らかな空気，――私がこの眼で見るとは夢にも思わなかったクロード・ロレンだ」と書いた［1888.10.30.］。『漂泊者とその影』の頃の遺稿にも「一昨日の夕方，私はクロード・ロレン的な恍惚たる感激にひたり，ついには長いことはげしく泣いてしまった。……地上にかかる風景が存在するとは，知らなかった。いままでは優れた画家たちがこしらえたものだと考えてきたのだ。英雄的・牧歌的な(heroisch-idyllisch)ものを，いまや私は発見した」とある［I.8.483］。「英雄的・牧歌的な」とは，いわゆる牧人文学(Bukolik)の風景をさし，クルツィウスにもあるように，ヴェルギリウス以来のヨーロッパの原風景のひとつである。ロレンはプーサンの系列に入るフランスの画家だが，イタリア*で活躍した。ロレンの描く英雄的・牧歌的なアルカディアの風景をニーチェは，エンガーディン地方の高原の清冽な大気，静まりかえるアルプスの山々と氷河，地中海に下る背後の斜面から射し込んでくるイタリアの光に投影していた。最晩年はトリノ*付近の風景もそうした印象を与えていたようだ。『この人を見よ』*にも「クロード・ロレンが無限に続いているような，毎日が途方もない完璧といったよう

な」日々のことが語られているが [XII.3]、『漂泊者とその影』に収められている「われもまたアルカディアにありき」[『人間的』II-2.295] や「自然の中の分身現象」[II.2.338] などには、そうしたとくにオーバーエンガディーンでの風景体験が殊玉の文章で描かれている。同じような壮大でやさしい自然のなかに浴するニーチェの経験は、『ツァラトゥストラ』*のなかにもしばしば登場する。こうした静かなニーチェは、一般の哲学者（とくに「主観性の時代における形而上学*の完成」といった話を後生大事に繰り返す日本の哲学者）がまとめるニーチェ論ではほとんど無視されているものだが、永遠回帰*の風景とも無縁ではない、重要なものである。古代の風景は近代ヨーロッパでは、こうした英雄的・牧歌的なユートピアのそれとして受容される長い伝統があり、ニーチェにも強く残っている。ちなみにエルンスト・ベルトラム*は、『ニーチェ――一神話の試み』のなかで、一章を「クロード・ロレン」と題してニーチェについての聖人伝説の材料にしている。

(三島憲一)

文献 ▷氷上英広「ET IN ARCADIA EGO――ニーチェにおける英雄的・牧歌的風景」（氷上『ニーチェとの対話』岩波書店、1988所収）．

ロレンス [David Herbert Lawrence 1885-1930]

中部イングランドの小さな炭鉱村イーストウッドに坑夫の子として生まれた。ヘンリ・ミラー*はロレンスを「最後のバッカス的人物」と評し、その系列にニーチェとイエス*を挙げている。古い秩序の破壊から新たな創造を行おうとする「創造的破壊」というロレンスの姿勢は、ニーチェと響きあうところが多い。実際に1907年には『権力への意志』、1916年には『ツァラトゥストラ』*を読んだ形跡があり、その他のニーチェの著作にも触れていたことも明らかにされている。また1912年に後の妻となるフリーダ・フォン・リヒトホーフェンとともに訪れたドイツで、表現主義*をはじめとした当時のニーチェ受容の雰囲気に触れたといわれる。『アロンの杖』『カンガルー』『てんとう虫』などが書かれた1922/23年は、いわゆるディオニュソス・モティーフを扱った時期とされ、その作品に見られるエロス的衝動、一種の英雄主義、生命主義などにはニーチェの影響がある。『てんとう虫』の「ダイオニス伯爵」は名前もディオニュソス*の英語読みであるばかりでなく、人類愛や家庭や夫婦愛が妥当する「白い世界」とは逆の、闇の支配する非日常的な世界、暗い衝動の世界を象徴するまさにディオニュソス的存在である。光と闇、精神と生などの二元的思考はロレンスの作品では男・女の関係に映しだされている。その性描写のゆえに幾度も「猥褻文書」として発禁処分を受け、彼の反民主主義的発言は「同性愛的ファシスト」という評価をもたらし、ボーヴォワールは彼の作品が女性を男性の従属者と定める許しがたいものだと断罪するなど、彼の性描写はセンセーショナルな議論の対象となってきた。しかし、彼自身は、性描写はいわば舞台道具であり、中心のテーマは二元的対立の融合であると捉えていた。「ポルノグラフィーと猥褻」(1929)では、当時の猥褻文学が頽廃的で、単に性的興奮をそそるだけであることを批判し、そうしたものには厳重な検閲が必要であるとも主張している。むしろロレンスは性を再び「聖なるもの」として扱おうとした。性行為は宗教的交わり（コミュニオン）と等しい意味を持ち［たとえば『カンガルー』］、宇宙との神秘的融合であり、近代社会の個別化を克服するひとつの可能性である。古代の円環的宇宙観や、蛇の象徴的意味の解釈 [『翼のある蛇』]、あるいは異教的永遠回帰への関心 [『黙示録論』] に、ニーチェとの共通点を見ることもできるが、ロレンスの場合にはエジプトやエトルリアやメキシコ・

インディアン文化との接触がより大きな思考の源泉であったと推測される。ロレンスを強烈にニーチェに引き付けて解釈しているのはヘンリ・ミラーであるが、彼はロレンスの求めた融合・統一がけっして調和的なものでないことを指摘している。「彼（ロレンス）はニーチェと同様に、ハンマーを握って、古い象徴、偶像、通用しなくなった法律の条文を容赦なくこなごなに打ち壊す」そして「ニーチェのように〈男性的要素〉に完全に重点を置く男」と形容している。ニーチェもロレンスも、破壊による創造が「人間主義的な復興とはならず、平凡人の集団的な復活ともならないような」変革を求めているのだという。「卑猥は、純粋であって、過剰の生命力、生命の歓喜、……神を再吟味するために神の鼻柱を折る健全なタイプの人物がいだく神に対する無関心から発する」というミラーは、ニーチェの禁欲道徳*批判が文学に反映している最良の例をロレンスに読み取っている。ただし、ロレンスの場合には性描写は既成の道徳批判という形をとることによって、逆説的に道徳性の規範との繋がりをまだ持っている（その意味ではニーチェの隠れたロマン主義的な救済のヴィジョンを引き継いでいる）のに対して、ミラーの場合には完全に道徳性とは切り離された芸術表現の形式となっている点でシュルレアリスム*、あるいはセリーヌなどと共通点を持つ。とはいえ、ロレンスとミラーの二人がニーチェに滋養を得ていることは、モダニズム芸術の展開におけるニーチェのインパクトの大きさを物語るものである。→ミラー　　　　　　　　　　　　　　（大貫敦子）

文献 ▷ Henry Miller, *The World of Lawrence. A passionate appreciation*, California 1980（大谷正義訳『ロレンスの世界』北星堂出版, 1982）.

ワイマール [Weimar]

旧東ドイツ(テューリンゲン地方)の小さな田舎町だが、18世紀末にはカール・アウグスト大公の庇護のもとでヘルダーやヴィーラント、次いでゲーテ*やシラー*が活躍し、19世紀にはドイツ古典主義文学のメッカとして教養*市民文化の聖地となった。こうした象徴性に目をつけたニーチェの妹エリーザベトは、兄にも文化の殿堂入りを果たさせようという目論みから、1896年にニーチェの蔵書や草稿をワイマールに移し、翌年母が死去すると、もはや回復の見込みもなくなった兄を伴って移住した。ねらいは見事に的中し、ニーチェを崇拝する多くの教養俗物*がワイマールを訪れた(日本人も数多く参詣した)。1908年には「財団ニーチェ・アルヒーフ」が設立され、1911年にはハリー・ケスラー伯を中心として近郊にニーチェを記念する神殿(設計ヴァン・デ・ヴェルデ)が計画された。その発起人には、ダヌンツィオ*、モーリス・バレス、アナトール・フランス、ジッド*、ハウプトマン、ホーフマンスタール*、マーラー*、R. シュトラウス*、ムンク、ヴァルター・ラーテナウ、H. G. ウェルズといった著名の士が名を連ねたが、第一次世界大戦勃発のため実現には至らなかった。なお、大戦後に争乱のベルリンを避けてここで新しい共和国の憲法草案が討議されたことから「ワイマール共和国」という呼称がある。「財団ニーチェ・アルヒーフ」は、1926年に「ニーチェ・アルヒーフ友の会」へと拡張され、1931年には「ニーチェ全集編集学術委員会」が併設されたが、もともと反ユダヤ主義*的心情の持ち主だったエリーザベトはムッソリーニに心酔し、1930年代にはヒトラーがエリーザベトを訪問して花束を贈り、彼女の方でも彼にニーチェの散歩用の杖を贈呈するなど、アルヒーフはナチス*・シンパの社交場ともなった。当時郊外に設けられたブーヘンヴァルト収容所では反体制派やユダヤ人が拘禁・殺害されていた。1943年にはエリーザベトの死後アルヒーフの中心となったリヒャルト・エーラー*がムッソリーニから贈られたディオニュソス像を爆撃のなかでアルヒーフに持ち帰ったというエピソードも伝わっている。第二次大戦後、ニーチェの蔵書・遺稿は当地のゲーテ・シラー・アルヒーフに保管されたが、東ドイツでは(計画されたことはあったものの)ニーチェの著作の刊行は許可されなかった。ただ、社会主義体制崩壊の数年前に「文化遺産」の見直しが指示されると、かつてのニーチェ・アルヒーフの建物が修復されて、往時のたたずまいを模してユーゲントシュティール*を基調とするニーチェ記念室が設けられ、町中に点在する「国立ドイツ古典文学研究記念館」の仲間入りを果たした。

(大石紀一郎)

文献 ▷ Hubert Cancik, Der Nietzsche-Kult in Weimar. Ein Beitrag zur Religionsgeschichte der wilhelminischen Ära, in: *Nietzsche-Studien*, Bd.16, Berlin/New York 1989. ▷ Manfred Riedel, *Zeitkehre in Deutschland. Wege in das vergessene Land*, Berlin 1991.

鷲と蛇

『ツァラトゥストラ』*序説の冒頭には、ツァラトゥストラが、曙の太陽に向かって「十年のあいだ、汝はこの私の洞へとさし昇って来た。もしも私が、そして私の鷲と蛇がいなかったら、汝はおのが光とその軌道に飽きてしまっていたであろう」[『ツァラトゥストラ』序説1]と語る件がある。鷲と蛇はツァラトゥストラが「私の動物たち」と語るもの。聖

書*には「蛇のように賢く，鳩のように素直であれ」との一節があるが，この素直さと賢さの徳の象徴に対して，『ツァラトゥストラ』では，鷲は「太陽の下で最も誇り高い動物」，蛇は「太陽の下で最も賢い動物」として，それぞれ気高さと賢さの徳の象徴とされる。どちらも「太陽の下に」いる動物としてイメージされ，序説の末尾でツァラトゥストラは，正午の空にかかった太陽の下に，一匹の蛇の巻きついた一匹の鷲が天に大きな輪を描くさまを仰ぎみる。鷲が蛇を嘴や爪で捕らえた図や紋章のたぐいは古くから伝えられており，この図柄では，高さや天のシンボルを表す鷲は，地や低さのシンボルを表す蛇の敵，餌食とされている。これに対し序説の末尾に出てくる蛇は「鷲の獲物ではなく友」のように見える。「なぜなら蛇は鷲の首に輪のように巻きついていたからだ」[『ツァラトゥストラ』序説10]。鷲が天に描く輪といい，蛇が輪のように首に巻きついた姿といい，どちらも円環，さらには回帰を暗示するらしい。ニーチェの断片には，「おまえたち動物は私に告げるのか，太陽はすでに正午にさしかかっていると？　永遠という名の蛇はすでにとぐろをまいていると？」[遺稿 II.5.63-64]と書きつけた一節がある。ハイデガー*は，この二匹の動物について，「(1)その旋回ととぐろは，永遠回帰*の円環を表し，(2)その気高さと賢さは，永遠回帰の教師の基本姿勢と知のあり方を示し，(3)ツァラトゥストラの孤独を訪れる動物たちは，ツァラトゥストラに対する最高の要求を表す」と要約している[『ニーチェ』]。太陽の下に友のごとく戯れる動物たちは正午の哲学における永遠回帰の予兆というべきか。

(木前利秋)

和辻哲郎　[わつじ・てつろう　1889-1960]

和辻哲郎が東京帝国大学哲学科卒業後の大正2（1913）年に上梓した『ニイチェ研究』は，〈力への意志*〉に関する独特の解釈によって日本における受容*に新たな時代を画した。この大部の著作は，翌年には安倍能成訳の『この人を見よ』*の書評を増補して再版されたが，昭和16年には現代風の言葉遣いに改稿された第3版が刊行され，昭和23年にも同じ版が再刊されて，日本におけるニーチェ研究書の中でも屈指のロングセラーとなった。また，和辻は大正4年に『ゼエレン・キェルケゴオル』を刊行し，大正6年にはエリーザベト・ニーチェ編の書簡集にもとづく『ニイチェ書簡集』を編纂している。ただし，ニーチェが「冷血残忍な怪物」でも「誇大妄想狂」でもないことを示そうとして，母と妹宛の書簡を多く採録したため，エリーザベトが捏造したものを数多く紹介することになった。

『ニイチェ研究』の最大の特色は，エリーザベトらの編集による『権力への意志』の目次をもとにして，『反時代的考察』*を除くニーチェの全著作をダイジェストし，その思想を整理・紹介したことにある。ニーチェにおける芸術と思想の関連の重要性に着目して「自己表現」としての哲学という見方を打ち出し，いち早く〈力への意志〉をニーチェの根本思想として捉えた視点は当時としては新鮮であったし，生*を維持するための認識による遠近法*的解釈が仮象*を捏造するところに〈力への意志〉の主要な機能を認めた点でも，和辻の紹介は要点を押さえている。しかし，彼の解釈にはやはり当時紹介されたベルクソンやジンメル*の「生の哲学」の要素が混入しており，倫理学説を整理している部分は，夏目漱石*の「則天去私」や西田幾多郎の『善の研究』の発想に沿っている。そして最大の問題点は，和辻が『ニーチェの思い出』におけるドイッセン*の弁解的解釈を下敷にして，ショーペンハウアー*の「意志の否定」の哲学へとニーチェを回収し，仏教的な解脱の倫理との融合を図っていることである。それによって彼は，ニーチェがむき出し

の権力*を賛美したり，エゴイズムを肯定したりしている面をなるべく目立たないようにして〈力への意志〉を解釈している。すなわち，〈力への意志〉は生の本質との一致を主張する思想であるが，それは個人の意識的な「自我」を解脱して，個人を超越した宇宙的な「自己」に還帰し，それと同一化することを説いたものであるという解釈である。この解釈図式は当時の親友であった阿部次郎*のニーチェ解釈とも一致するが，阿部が美的側面にそれほど関心を寄せなかったのに対して，初期において文学的創作にも手を染めていた和辻は，生を肯定する芸術という発想に親近感を示している。ただ，そこでは素朴な生命力の賛美と個人性の放棄ばかりが強調されており，暗鬱なニヒリズム*はまだその影を落としていない。

このような偏りが生じた背景には，日本における受容の第一段階で高山樗牛*の唱えた「美的生活」が極端なエゴイズムとして受け取られ，愛国主義的な「国民道徳」を唱道した勢力の反発を招いたという事情があった。利己主義という非難をかわそうとする和辻のような傾向の解釈は，ニーチェの個人主義を社会革命と結びつけて捉えた大杉栄*の嘲弄に遭ったが，阿部次郎をはじめとする大正期の教養文化人には受け入れられ，三木清*がハイデガー*やレーヴィット*のニーチェ解釈を持ち帰るまで，日本におけるニーチェのイメージを規定した。和辻も『偶像再興』(大正7年)で，同時代の日本への批判に『反時代的考察』におけるニーチェの文化批判を援用してはいるが，石川啄木が「林中書」(明治40年)で『反時代的考察』第一篇冒頭の批判を日露戦争後の日本に適用した際ほどの鋭さはない。むしろ，現在に至るまであとを絶たない文化保守主義の立場からの近代批判の定形を踏襲したにすぎない。

大正中期になると，和辻は古代日本に「ディオニュソス*的なもの」を見いだして美的な日本回帰を遂げ，『古寺巡礼』(大正8年)によって古代ブームを巻き起こした。大正14年には京都帝国大学に就職し，昭和2年にはヨーロッパに留学して，その際の船旅の途上における直感的な観察は，その後『風土』(昭和10年)として結実した。また，近代ヨーロッパの自己完結的な「個人」ではなく，「人の間」を基礎とする日本的な倫理学を構想して，『人間の学としての倫理学』(昭和9年)以降の著作で展開したが，それは彼が嫌っていた「国民道徳」や京都学派*の「世界史的立場」ないしは「近代の超克」の論理にも通ずる滅私奉公的倫理観も準備するものであった。和辻は昭和9年に東京帝国大学倫理学科教授となり，『倫理学』(昭和12-24年)では，ヘーゲル*の体系を模倣した構成の中で「自我」の滅却による和の倫理を家族国家観と接合した。ここでも『ニイチェ研究』における意識的な「自我」の克服による宇宙的な「自己」への解脱という図式は見事に一貫している。そして，それは当時の情勢のもとで軍国主義体制への順応にもつながっていった。こうして和辻は戦陣訓の註釈を執筆し，海軍兵学校で「日本の臣道」を講演するなど，戦争協力的な活動にも従事した。しかし戦後になると，『倫理学』を改訂して国家を超える国際法の次元を取り入れることで国家主義を是正する方途を探り，『鎖国』(昭和25年)で近世の日本の閉鎖性を批判した。なお，晩年の和辻にはニーチェについての論考はないものの，美的批判のポーズに終始好感を抱いていたらしいことは，彼の教えを受けた学生の回想などにも窺われる。→日本における受容，阿部次郎，三木清，京都学派とニーチェ

(大石紀一郎)

文献 ▷大石紀一郎「和辻哲郎とニーチェ——日本におけるニーチェ受容史への一寄与」『比較文学研究』第46号，東大比較文学会，1984.

笑い

『ツァラトゥストラ』*執筆当時のニーチェの遺稿には「運命と笑いがツァラトゥストラの母である」というメモが二度ばかりある。また「高みの哄笑」という言葉が『ツァラトゥストラ』の章立てのキーワードとして使われている計画がいくつかある［1883年夏, 秋の遺稿。II.5 および 6］。完成された作品のなかにはこのような標題は残されていないが, 全体を貫く通奏低音として, 笑いの要素はこの作品のいたるところに鳴り響いている。ツァラトゥストラの笑いの第一の特質は, それがアンチクリストの笑いであることである。つまり笑いは価値転換*の試みのひとつといえよう。『ツァラトゥストラ』全体が聖書*と深い関連をもち, 個々の章句や表現で聖書のそれをふまえているものやパロディ化しているものは枚挙にいとまがない。最終第4部の「ましな人間」の章では,「哄笑する者のこの冠, このバラの花の冠。私は自分でこの冠を自分の頭上にのせた。私は自分で私の哄笑を神聖だと宣言した」といい, 自らを「笑いの預言者ツァラトゥストラ」と呼んでいる。バラの花の冠はイエス*の頭にのせられた茨の冠に対置するものと考えられる。悲しみと苦しみ, 死の象徴である茨に対し, バラは生*と喜び, ニーチェのいわゆる大地の意義*の象徴である。この章でニーチェは, イエスとおぼしき人について, この地上にあった最大の罪は「いま笑っている人たちはわざわいだ！」といったあの人の言葉だという。笑いの預言者ツァラトゥストラは, 笑わぬ預言者イエスの対極像だということである。

ツァラトゥストラの笑いの第二の特徴は, それが自由精神*の笑いであり, 破壊と否定の機能を持っていることである。第2部冒頭の「鏡を持った幼な児」の章では, 自分の教えが危殆に瀕していることを知ったツァラトゥストラが再び人々のもとにおりてくることを決意し,「稲妻の哄笑を伴った嵐のような荒々しい知恵」を吹きわたらせようと言う。この荒々しい知恵は牝獅子と結びついているが, 獅子は自由精神の象徴であり, 破壊と否定の精神をあらわしている。神々の影のない砂漠のあるじ獅子は, 千年に及ぶもろもろの価値の体現者である巨大な竜と格闘する［『ツァラトゥストラ』I-1 参照］。こうした認識にもとづく破壊の笑いはとりわけ第2部に多い。「有徳者たち」の章では彼らのもつ代償を求める下心, 地上の生活のかわりに天国の生活を受けとろうとする下心を笑う。「毒ぐもタランチュラ*」では平等の説教者の口癖の正義という言葉の背後にひそむ復讐の一念をあばき, これに「高山の哄笑」をあびせかける。「教養の国」では, あらゆる時代や民族の文字や記号をはりつけ, 自分の顔もわからなくなった現代人を笑う。第3部ではさらにキリスト教*の神そのものを笑う。年老いたねたみ深い神が「神はただ一人である！」と叫んだとき, 古い神々は大笑いして笑い死にしてしまったというのだ。

しかしツァラトゥストラの笑いは単に否定と破壊の嘲笑であるばかりでなく, 笑う本人の境地の高さ, 精神の快活さ, はれやかさを示す「高み」の哄笑であることにも注意しなければならない。その笑いの第三の特質は, 創造者の笑いであること, 快活な喜びと肯定の表現だということである。「新しい石板と古い石板」の章［III-12］では, 笑いのさなかに憧れがツァラトゥストラをひきさらい, 太陽に酔いしれた恍惚を貫いて飛んでゆき, いっさいの生成が神々の舞踏であり気まぐれである世界, いっさいの緊縛から解き放たれて本来のそれの姿に立ちかえるところにたどりついたという。この至福の世界にツァラトゥストラは新しい夜々, 新しい星々とともに,「華やかな天幕のように哄笑をはりめぐらした」。この哄笑は至福の境地から生まれた快活な喜びにあふれる笑い, 超人*その他の新しい価値や, 新しい星々を生む創造者の笑い

である。「幻影と謎」の章［Ⅲ-2］で、永遠回帰*の象徴と考えられる黒い蛇を嚙み切った若い牧人が、光につつまれた者となって超人的な哄笑を笑うが、この笑いも永遠回帰の暗黒面を克服した精神の解放をあらわすと同時に、いっさいに対して然りをいう全的肯定につながる新しい価値創造の笑いである。

以上みたように、『ツァラトゥストラ』にちりばめられた笑いはその特質がかなり一貫している。まず破壊と否定の武器としての笑いの機能がみられ、それが一転して精神の解放をもたらし、快活ではれやかな肯定的境地を示す創造の笑いとなる。この笑いはさらに聖化されて、笑わぬイエスの対極像として笑う預言者ツァラトゥストラの像に収斂してゆく。笑いは価値転換をはかるニーチェ・ツァラトゥストラのきわめて重要な属性なのである。→『ツァラトゥストラはこう語った』

(杉田弘子)

文献 ▷杉田弘子「笑いの預言者 ツァラトゥストラ」日本独文学会編『ドイツ文学』85号（1990年秋）所収. ▷ Tarmo Kunnas, *Nietzsches Lachen*, München 1982（杉田弘子訳『笑うニーチェ』白水社、1986）.

「われはさまよう、ただひとり犀のごとくに」
[„So wandle ich einsam wie das Rhinozeros"]

仏典スッタ・ニパータの英訳に出てくるリフレーンを、ニーチェが自己流に訳したもの［ゲルスドルフ宛1875.12.13.］。ニーチェの愛した言葉である。『曙光』*には、「仏教の歌にいう〈犀のごとくただひとりさまよう〉賢者*の、あの重い、何もかもおしつぶすような歩みは、――時にはもっと温和な、おだやかな人情味を見せる必要がある……」との一節がある［『曙光』469］。古い仏典に眼をやる若き日の嗜好には、ショーペンハウアー*の影響の跡がうかがえる。自己に忠実に生き、「誠実」の苦悩を引き受けるその姿勢には、犀の風貌にイメージされる賢者の孤独*の漂泊*と一脈通じるものがあったのかもしれない。犀は孤高の動物である。犀のごとく「何もかもおしつぶすような歩み」は、やがて「認識における成果と前進はすべて、……おのれに対する苛烈さ、おのれに対する潔癖から生じる」［『この人』序］という「認識の情熱」に通じている。→賢者

(木前利秋)

索 引

和文事項索引

欧文事項索引

人名索引

索 引 凡 例

(1) 索引は「和文事項索引」「欧文事項索引」「人名索引」に分け,著作名は事項に含めてある。また「人名索引」には神名や架空の人物も含めた。
(2) 「和文事項索引」「人名索引」は項目名の五十音順,「欧文事項索引」はアルファベット順に配列した。
(3) 索引語の後の数字は当該語の出現する本文のページ数である。数字の後の l, r は各ページのそれぞれ左,右欄を指す。また,太数字は,その索引語が見出しとなっているページである。
(4) 同義語や類語は〔 〕内に併記した。
(5) 関連して参照すべき語は→で示した。

和文事項索引（著作名も含む）

ア

愛　144*l*, 664*r*
アヴァンギャルド　68*r*, 264*l*, 334*l*, 344*r*, 433*r*, 483*l*, 523*l*, 561*l*, 626*l*
アウトサイダー　34*l*
『アウトサイダー』（ウィルソン）　34*l*
アカデミズム　238*l*
『赤と黒』（スタンダール）　309*l*
悪　103*r*
アクション・フランセーズ　1*l*, 343*r*
『悪の華』（ボードレール）　592*l*
悪魔　2*r*
アゴーン　3*l*, 82*l*, 249*r*, 594*r*
アタラクシア　50*l*
「新しい日本」　462*l*
新しき神話　195*l*, 394*l*, 519*l*, 551*l*
新しき人間　368*l*
『新しき欲情』（萩原朔太郎）　465*l*, 487*l*
アッティカ悲劇　13*r*, 275*l*, 338*r*, 511*r*, 513*r*, 630*l*
アナーキズム　5*r*, 614*l*
アフォリズム　7*l*, 102*l*, 199*r*, 250*r*, 256*l*, 280*l*, 296*r*, 346*l*, 418*l*, 487*l*, 622*r*, 647*r*, 659*r* →修辞学, 文体
アポロ的なものとディオニュソス的なもの　226*l*, 514*l*
『アメリカン・マインドの終焉』（ブルーム）　561*l*
あらゆる価値の価値転換　→価値の転換
『あらゆる価値の転換』　100*l*
アリアドネ　16*r*, 308*r*, 651*r*
アルカディア　64*r*
アルケオロジー　→考古学
アール・ヌーヴォー　642*l*
『ある理想主義者の回想』（マイゼンブーク）　601*l*
『あれか、これか』（キルケゴール）　145*r*
アレクサンドリア的　18*l*, 132*l*, 220*l*
アンチクリスト　20*l*, 142*l*, 566*r*, 699*l* →反キリスト者
『アンチクリスト』　19*l*, 100*l*, 143*r*, 415*r*
アンチモダニズム　625*r* →モダニズム
『アンティゴネー』（ソフォクレス）　511*r*

イ

『イエスの生涯』（D. シュトラウス）　263*r*, 524*r*
イェール学派　24*l*
位階秩序　→序列
イギリス　24*r*, 188*l*, 453*r*, 616*l*
イギリス人　24*r*, 403*l*
生きんとする意志　25*r*, 67*r*, 320*r*, 355*r*, 405*r*, 498*l*, 515*l*
育成　→飼育
意志　240*r*, 285*l*, 357*l*
『意志と表象としての世界』（ショーペンハウアー）　285*l*
意志の自由　76*r*, 150*r*, 293*l* →自由意志
「意志の自由と運命」　41*l*, 150*r*
イソップ寓話　578*l*
イタリア　26*r*, 216*l*, 468*r*, 693*l*
一元論　294*l*
一元論同盟　598*l*
「五つの序文」　299*r*, 646*l*
イデア　547*l*
イデオロギー批判　605*r*
犬　232*r*
意味と無意味　27*r* →無意味
意欲　241*r*
イロニー　29*l*, 115*r*, 129*r*, 232*r*, 259*l*, 487*r*, 610*l*
因果性　30*l*, 83*r*
隠者　116*l*
インテリゲンチャ　689*l*
インド　171*l*, 396*l*, 443*r*
隠遁者　236*r*, 256*l*
インモラリスト　296*l*
隠喩　9*r*, 24*l*, 300*r*, 320*r*, 438*l* →メタファー
淫欲　645*r*

ウ

『ヴァーグナーの場合』　101*l*, 151*r*, 265*r*, 383*r*, 407*r*, 415*r*, 431*l*, 461*l*, 516*r*, 529*l*, 602*l*, 609*r*, 624*r*, 658*l*
ウィット　127*l*
ヴェニス　26*r*, 34*r*, 98*l*, 214*l*, 462*l*
『ヴェネツィアの影』　279*l*
嘘　250*r*
自惚れ　137*l*
海　40*l*, 185*r*, 526*r*, 613*l*
産む性　283*r*
運命　41*l*
「運命と歴史」　11*l*, 150*r*, 240*l*, 545*l*
運命への愛　40*r*, 62*l*, 166*l*, 201*l*, 465*r*, 649*l*, 692*r*

エ

永遠　272*r*
永遠回帰　28*r*, 31*r*, 42*l*, 43*l*, 63*r*, 109*r*, 145*l*, 150*r*, 166*l*, 176*r*, 183*r*, 189*r*, 197*r*, 201*l*, 272*r*, 289*l*, 309*r*, 312*l*, 322*l*, 322*r*, 325*r*, 348*l*, 357*r*, 366*r*, 371*r*, 442*r*, 454*r*, 464*r*, 480*l*, 493*l*, 496*l*, 503*r*, 527*l*, 536*l*, 548*r*, 553*l*, 557*l*, 574*r*, 580*l*, 592*l*, 597*r*, 607*r*, 649*l*, 697*l*
英雄　49*l*, 118*r*, 221*l*, 282*r*, 344*l*, 367*l*, 613*l*
英雄主義　609*l*
エイローネイアー　29*l*
エクシステンティア　→現実存在
エクリチュール　387*r*
エス　564*l*
エスプリ　127*l*
『エセー』（モンテーニュ）　637*l*
エピクロス派　310*l*
エロス　278*l*, 607*r*
エロティシズム　336*l*, 522*l*
演技　312*r*
遠近法　28*l*, 54*l*, 78*l*, 80*l*, 123*r*, 139*l*, 180*r*, 256*l*, 315*l*, 331*l*, 357*r*, 475*l*, 552*r*, 649*l*
遠近法主義　28*l*, 54*l*, 79*l*, 106*l*, 398*l*, 442*l*, 632*l*
遠近法的仮象　54*r*, 358*l*, 650*l*

オ

負い目［罪］　57*l*, 567*r*
黄金　71*r*
大いなる嘔吐　530*l*

703

大いなる解放 38*l*, 58*l*, 108*r*, 255*l*, 330*l*, 435*r*
大いなる拒絶 606*r*
大いなる苦痛 529*r*
大いなる軽蔑 60*l*, 367*l*, 645*r*
大いなる健康 60*r*, 255*l*, 650*r*
大いなる肯定 40*r*, 61*r*, 190*r*, 223*l*
大いなる正午 47*l*, **62***r*, 197*r*, 256*r*, 272*r*, 325*r*, 388*l*, 493*l*, 646*l*
大いなる情熱 77*r*, 277*l*
大いなる政治 21*r*, **68***r*, 193*l*, 199*r*, 235*r*, 334*l*
大いなる同情 530*l*
大いなる様式 61*r*, 190*r*, 251*l*, 462*r*, 509*l*, 555*r*
大いなる理性 10*r*, 61*l*, **70***l*, 74*r*, 217*r*, 257*l*, 291*l*, 324*r*, 625*l*
贈り与える徳 **71***r*, 97*r*, 645*r*
幼子 213*r* →子ども，幼児
おしまいの人間 60*l*, **72***r*, 109*l*, 149*r*, 372*r*, 411*l*, 506*r*, 602*r*, 606*l*, 687*l* →末人
男 326*r* →男性
オプティミズム 571*l*
オリエント 444*r*
音楽 177*l*, 434*l*, 437*l*
女 **74***r*, 75*r*, 136*r*, 257*r*, 326*l* →女性
「女の所へ行くときは，鞭を忘れるな」 **75***r*

カ

懐疑 **76***l*, 161*l*, 648*r*
諧謔 128*r*
解釈 28*l*, **80***l*, 123*r*, 305*l*, 358*r* →系譜学
解釈学 9*r*, 28*r*, 77*r*, 85*r*, 99*l*, 251*l*, 379*r*, 611*l*, 655*r*
解釈学的経験 79*r*
解釈学的反省 99*l*
解放された精神 366*l*
快癒 255*l*, 279*r*, **528***l*, 647*l* →病気
快楽 95*r*, 272*r*, 312*l*, 314*r*, 325*r*, 518*l* →美
化学 **86***l*, 297*l*, 470*l*
科学 225*l*, 229*l*, 440*l*, 471*r* →自然科学
科学主義 442*r*
楽劇 427*l*, 515*l*
学者 **86***r*, 88*r*, 195*r*, 237*r*
学生組合 87*l*, 244*l*, 598*l*
革命 671*l*
学問 86*r*, **88***l*, 195*l*, 302*l*, 383*r*, 488*l*, 514*l*, 567*r*, 648*l*
影 76*l*, **93***l*, 208*l*, 472*l*, 534*l*

家系（ニーチェの） **450***r*
我執 320*r*
仮象 13*r*, 54*r*, 91*r*, **94***l*, 115*l*, 130*l*, 161*l*, 204*r*, 301*r*, 305*r*, 313*r*, 321*r*, 327*l*, 359*l*, 474*r*, 517*r*, 540*l*, 547*l*, 567*r*, 648*l*
過剰 14*l*, 61*r*, **96***r*, 211*l*, 328*r*
仮象への意志 359*r*
カースト 495*l*
「火星のツァラトゥストラ」（筒井康隆） 374*l*, 466*l*
家族 283*l*
カタルシス 576*l*
価値 37*l*, 104*l*, 217*l*, 321*r*
——の概念 103*l*
——の逆転 521*l*
——の創造 141*l*
価値相対主義 505*l*
価値の転換〔あらゆる価値の価値転換〕 31*r*, 47*l*, 69*l*, **99***r*, 110*r*, 128*r*, 142*l*, 152*r*, 221*r*, 222*r*, 244*r*, 252*r*, 256*r*, 279*r*, 324*r*, 329*r*, 416*l*, 562*r*, 604*l*, 616*r*, 668*r*, 686*r*, 699*l*
合唱隊〔合唱団，コロス〕 207*r*, 514*r*
カトリシズム 1*l*
かのように 539*r*
神の死 **106***r*, 131*l*, 145*l*, 184*r*, 189*r*, 256*r*, 358*r*, 372*r*, 444*l*, 455*r*, 465*l*, 491*l*, 552*r*, 565*l*, 648*l* →「神は死んだ」
神の死の神学 184*l*
神の存在証明 622*r*
神の冒瀆者 109*l*
「神は死んだ」 143*l*, 622*r* →神の死
仮面 30*l*, **114***l*, 255*r*, 312*r*, 370*r*, 405*l* →戴れ
我欲 645*r*
「カルメン」（ビゼー） 517*l*
「カルメン」（メリメ） 624*r*
慣習 119*r*
慣習道徳 **119***r*, 406*r*, 585*r*, 621*l*
感情 268*l*
換喩 9*r*, 24*l*, 249*l*, 438*r*

キ

擬人観 **122***r*, 438*r*
犠牲 **124***l*, 164*l*, 407*l*
貴族〔貴族的〕 **125***r*, 146*r*, 159*r*, 186*r*, 274*r*, 334*r*, 616*r*
貴族主義 605*l*, 616*r*, 617*l*
貴族道徳 419*l*
北ヨーロッパ 673*l*

機智 127*l*, 633*l* →フモール
キニシズム 313*l* →シニシズム
記念碑的歴史 288*l*, 479*l*, 500*r*, 675*l*, 682*l*
欺瞞への意志 356*r*, 410*l*
義務 84*l*
逆淘汰 348*l*
救済 **129***r*, 241*r*, 273*l*, 407*r*, 517*r*, 592*r*
旧約聖書 567*l*
『教育者としてのショーペンハウアー』 51*r*, 132*r*, 172*r*, 181*l*, 498*r*, 637*r*
教会 20*l*, **130***l*, 361*l*, 530*l*
狂気 **130***r*
共産主義 605*l*
競争 3*l*, 583*r*
競争心 249*r* →アゴーン
強度 426*r*
京都学派（とニーチェ） **131***r*, 698*r*
恐怖 **335***l*, 370*r*, 540*r* →戦慄
教養 87*r*, 90*l*, 125*r*, 131*l*, **132***l*, 160*l*, 238*l*, 245*r*, 288*r*, 337*l*, 394*l*, 397*r*, 447*l*, 500*l*, 500*r*, 641*l*, 680*r*
教養主義 593*r*
教養人 429*l*
教養俗物 89*l*, 133*l*, **135***l*, 172*l*, 238*l*, 246*l*, 264*r*, 317*l*, 398*r*, 440*r*, 482*r*, 485*l*, 499*r*, 525*l*, 539*l*, 659*r*
虚栄心 **136***l*, 241*l*, 356*l*, 473*l*, 653*r*, 677*l*
虚偽 103*l*, 257*l*, 300*r*, 356*r*
極北の人々 49*l*
虚構 91*r*, 205*r*, 241*r*, 360*l*, 474*r*
『虚妄の正義』（萩原朔太郎） 465*l*
距離 115*r*
距離のパトス 126*l*, **139***l*, 188*l*, 408*r*, 530*l*, 616*r*, 667*r*
ギリシア 34*r*, 101*l*, 173*r*, 193*r*, 448*l*, 511*l*, 514*l*, 542*r*, 613*l*, 617*l*, 646*l*, 665*r*
「ギリシア人の悲劇時代の哲学」 122*l*, 197*r*, 301*l*, 309*r*, 341*r*, 375*r*, 574*r*
ギリシア神話 17*r*, 305*r*
「ギリシアの音楽ドラマ」 513*r*
「ギリシアの国家」 139*r*
ギリシア悲劇 514*r*, 517*r*
キリスト教（とその批判） 18*r*, 19*r*, 23*r*, 31*r*, 35*l*, 37*l*, 66*r*, 69*l*, 130*l*, **142***l*, 143*r*, 145*l*, 190*l*, 208*r*, 218*r*, 240*l*, 248*l*, 252*l*, 258*l*, 264*l*, 279*l*, 346*r*, 358*r*, 360*r*, 361*l*, 403*r*, 406*r*, 425*r*, 455*l*, 477*l*, 481*l*, 486*r*, 489*l*, 491*l*, 492*l*, 508*r*, 523*r*,

和文事項索引　キリス〜コドモ

524*l*, 545*l*, 546*r*, 566*r*, 618*l*, 643*l*, 644*r*, 648*r*, 664*r*, 668*r*, 673*l*, 673*r*, 683*r*, 693*l*
キリスト教の娘　555*l*
「近代——未完のプロジェクト」(ハーバーマス)　493*r*
近代科学　31*l*, 442*l*
近代国家　620*r*
近代的結婚　283*r*
近代の超克　698*l*
『近代の哲学的ディスクルス』(ハーバーマス)　493*l*
近代批判　254*l*, 570*r*, 605*r*
金髪の野獣　126*l*, **146***l*, 187*r*, 192*r*, 228*r*, 292*l*, 351*r*, 357*l*, 363*r*, 417*r*, 462*r*, 585*l*
禁欲　36*l*
禁欲主義　310*l*
禁欲道徳〔禁欲主義的理想〕　138*l*, **147***l*, 154*l*, 211*r*, 228*r*, 344*l*, 353*l*, 408*r*, 411*l*, 421*r*, 442*l*, 547*l*, 558*l*, 567*r*, 623*l*

ク

偶然　**150***l*, 281*r*　→必然
『偶像の黄昏』　19*r*, 65*l*, **151***r*, 340*l*, 415*r*, 532*l*
偶発性　633*l*, 635*r*
孔雀　527*r*
苦痛　**154***l*, 162*r*, 252*l*, 325*l*
苦悩　276*r*, 406*l*
蜘蛛〔クモ〕　46*l*, 352*l*
『グラマトロジーについて』(デリダ)　389*l*
訓育　→飼育
君主道徳　420*r*
軍隊　→戦争

ケ

『経済学・哲学草稿』(マルクス)　604*l*
形而上学(とその批判)　54*r*, 65*l*, 80*l*, 86*r*, 88*r*, 102*r*, 110*l*, 117*l*, 143*l*, **157***l*, 257*r*, 262*l*, 299*r*, 357*l*, 369*l*, 387*l*, 423*l*, 470*l*, 477*l*, 478*r*, 502*r*, 545*l*, 589*r*, 605*r*, 625*l*, 634*l*, 667*l*
——の解体　99*l*
形而上学的実存主義　231*r*
形而上学的世界像　358*r*
芸術　44*l*, 56*r*, 91*l*, 95*r*, 135*r*, 145*r*, **159***l*, 286*r*, 305*l*, 324*r*, 359*r*, 391*r*, 448*l*, 470*r*, 483*l*, 514*l*, 515*l*, 519*l*
芸術家　197*r*, 391*l*, 448*l*

芸術家形而上学　86*l*, 102*r*, 117*r*, 159*l*, 296*l*, 360*r*, 514*r*, 518*l*, 552*r*, 603*l*, 604*r*
芸術時代の終焉　160*l*, 448*l*, 481*r*
芸術宗教　159*l*, 428*r*, 471*l*, 485*l*
芸術衝動　13*l*, 435*l*
芸術的モダニズム　494*r*
芸術のための芸術　153*r*, 354*l*, 382*r*, 551*r*, 664*l*
形象　441*r*
刑罰　**162***l*
系譜学　**80***l*, 111*r*, 117*l*, 158*l*, 241*l*, 261*r*, 280*r*, 292*l*, 350*l*, 356*l*, 408*r*, 457*l*, 543*l*, 550*l*, 586*l*, 655*r*, 682*r*
→解釈
系譜学的思索　102*r*
啓蒙　4*r*, 26*r*, 38*l*, 39*l*, 44*l*, 85*r*, 92*l*, 121*r*, 159*l*, 167*l*, 173*l*, 193*r*, 237*l*, 247*l*, 248*l*, 254*l*, 302*r*, 313*l*, 331*r*, 391*r*, 428*l*, 443*l*, 470*l*, 471*l*, 481*r*, 518*r*, 534*r*, 549*r*, 558*r*, 596*l*, 623*l*, 628*r*, 645*r*, 647*r*, 659*r*, 672*r*, 682*r*
啓蒙主義　38*l*, 90*l*, **164***r*, 257*r*, 281*r*, 680*l*
啓蒙の弁証法　4*l*, **167***l*, 220*l*, 254*l*, 331*r*, 550*l*
『啓蒙の弁証法』(ホルクハイマー／アドルノ)　4*l*, 134*l*, 167*r*, 219*l*, 227*l*, 504*l*, 550*l*, 596*r*, 647*l*
啓蒙理性　381*r*
ゲオルゲ・クライス〔ゲオルゲ・サークル〕　37*l*, 157*l*, 466*r*, 566*l*
劇　514*r*
劇場　428*r*
解脱　31*l*
結婚　281*r*, 320*r*　→女、女性
決断主義　36*r*
決闘　87*r*, 244*l*, 332*l*
ゲーテ・シラー・アルヒーフ　202*r*
『ゲマインシャフトとゲゼルシャフト』(テニエス)　384*l*
ゲルマニア　150*r*, 545*r*, 641*l*
ケルン　598*r*
限界状況　638*l*
言語　8*r*, 91*r*, 116*r*, **177***l*, 249*l*, 306*r*, 356*r*, 436*r*
——批判　438*l*
——への不信　437*r*
健康への意志　529*l*
言語哲学　436*l*
言語論的転回　438*l*
『現今のキリスト教信について』(オーヴァーベック)　59*l*
現実　54*r*, 95*l*, **179***l*, 230*r*
現実存在　180*l*

賢者　181*l*, 649*l*, 700*r*
現象　55*l*, 94*l*, 240*r*
現象学　78*r*, **181***r*, 216*r*
現象論　181*r*
『幻想録』(イェイツ)　22*r*
倦怠　**182***l*, 244*r*, 679*r*
現代神学　**183***r*
権力　138*l*, **184***r*, 343*r*, 584*r*, 666*r*
権力意志　184*r*
『権力への意志』　98*l*, 418*l*, 452*l*
原歴史　58*r*

コ

業　31*r*, 495*r*, 545*r*
航海　40*l*, 146*l*, **185***r*, 216*r*, 591*r*, 648*l*
航海者　256*l*
光学　56*r*, 315*l*
高貴　23*r*, 125*r*, 139*l*, 146*r*, **186***r*, 190*r*, 233*r*, 331*l*, 533*l*, 656*r*, 667*r*
公共性　**237***l*
考古学　85*l*
哄笑　602*r*　→ましな人間
「行人」(夏目漱石)　421*l*
構造主義　588*l*
行動主義　381*l*
幸福主義　50*l*
興奮　277*l*
高慢　653*r*
功利主義　25*l*, **187***r*, 616*l*
故郷なき者　256*l*, 650*l*
克服　**189***l*, 247*l*, 272*r*, 315*l*, 474*r*
国民文学　446*l*
午前の哲学〔午前の思想〕　65*l*, 103*l*, 166*r*, 256*r*
個体化(の原理)　14*l*, 31*r*, 94*r*, 161*l*, 186*l*, **190***l*, 406*r*, 519*l*, 544*r*, 664*l*
古代の午後の幸福　50*l*
古代ローマ人　**190***l*
国家　**191***l*, 233*l*, 246*r*, 282*r*, 307*l*, 499*r*, 617*r*, 620*l*
古典古代　8*r*, 23*l*, 37*r*, 39*r*, 115*r*, 135*l*, 173*l*, 267*r*, 400*l*, 561*l*, 659*l*, 675*l*, 678*r*, 680*l*
古典的ペシミズム　100*r*
古典文献学　23*l*, 33*r*, 69*l*, 73*r*, 89*l*, **193***r*, 334*l*, 377*l*, 489*r*, 499*l*, 547*l*, 598*l*, 651*l*, 659*l*, 680*l*, 691*l*
孤独　43*r*, 45*l*, 93*l*, 101*r*, 114*l*, 140*r*, **196***l*, 216*r*, 255*l*, 351*r*, 473*l*, 488*l*, 534*l*, 664*r*
『言葉と物』(フーコー)　543*l*
子ども〔幼児〕　**197***l*, 282*r*, 649*l*

→三段の変化, 幼子
コナトゥス　311*r*
『この時代の遺産』(ブロッホ)　566*l*
『この人を見よ』　43*l*, 62*r*, 98*r*, 135*l*, 144*r*, 178*r*, **198***r*, 252*r*, 271*r*, 279*r*, 387*r*, 415*r*, 523*l*, 556*r*
誤謬　299*r*, 356*r*, 470*l*, 475*l* →真理
固有名詞　387*r*
コーラス　376*l* →合唱隊
コロス →合唱隊
『コロノスのオイディプス』(ソフォクレス)　511*l*
根源的一者　13*r*, 94*r*, 130*l*, **204***r*, 286*r*, 631*r*
混沌　123*l*, **205***l*, 347*l*, 358*r*

サ

差異　118*l*, **207***l*, 262*r*, 589*r*
差異化　141*l*
才気　128*r*
最大の重し　649*l*
差延　389*l*
作曲　437*l*, **439***r*, 452*r*
サテュロス劇　207*r*, 308*r*, 432*r*
サトゥルヌス祭　129*l*, 522*l*
砂漠　445*l*
「砂漠の娘たちのもとで」　208*l*, 445*l*
差別　445*l*
『さまざまな意見と箴言』　383*r*, 468*r*, 637*l*
『三太郎の日記』(阿部次郎)　10*l*
三段の変化　49*r*, 103*l*, 197*l*, **213***l*, 260*l*, 367*l*, 532*l*　→駱駝, 獅子, 子ども(幼児, 幼子)

シ

死　314*l*
詩〔ニーチェの〕　452*l*, 487*r*
飼育〔育成, 訓育〕　**214***r*
ジェノヴァ　26*r*, 113*r*, 203*r*, **216***l*, 279*l*, 647*l*
シオニズム　508*l*
自我　155*l*, 217*l*
『自我とエス』(フロイト)　564*l*
自己　55*l*, **217***l*
自己愛　137*r*
思考のパフォーマンス　7*l* →アフォリズム
自己享楽　138*l*
自己克服　141*l*, 365*l*, 533*l*, 591*l*
自己保存　91*r*, 114*r*, 167*r*, 177*r*, 185*l*, **217***l*, 275*r*, 291*l*, 300*l*, 311*r*, 315*l*, 355*r*, 360*r*, 422*l*, 456*l*, 484*l*, 521*l*, 582*r*, 596*l*, 600*l*, 607*r*, 623*r*, 643*l*, 646*r*, 656*r*, 667*r*
司祭〔僧侶〕　31*l*, 69*r*, **221***l*, 241*l*, 668*l*, 672*l*
獅子　49*r*, 197*l*, 208*r*, 213*l*, 493*l*, 525*r*, 699*r* →三段の変化
自死　**222***r*
事実存在　230*r*
静かなニーチェ　694*l*
自然　224*r*
自然科学　45*l*, 86*r*, 243*l*, 286*l*, 440*l*, 587*r* →科学
自然光　359*l*
自然主義　**223***l*, 317*l*, 689*l*
『自然哲学の理論』(ボスコヴィッチ)　586*r*
自然との和解　5*r*, **224***l*, 259*l*, 335*r*
自然への回帰　226*l*, 671*l*
時代　383*r*, 570*r*
実験　237*l*, 591*r*
実験哲学　182*l*
実証主義　92*l*, 180*r*, 188*l*, 205*r*, **227***l*, 246*l*, 494*l*, 689*l*
実践的ペシミズム　571*l*
実存　180*r*, 229*l*
実存主義　145*l*, 210*r*, **229***l*, 465*r*, 589*l*, 638*l*
実存哲学　229*l*
実体　55*l*, 157*r*
嫉妬　3*l*, 218*l* →アゴーン
『詩と箴言』　452*l*
シニシズム　**232***l*, 313*l*, 484*l*, 498*l* →キニシズム
『詩の原理』(萩原朔太郎)　487*l*
支配〔と服従〕　**232***r*, 356*r*
支配者道徳　113*l*, 266*l*, 357*l*, 415*r*, 418*r*, 599*r*, 617*l* →主人の道徳
支配欲　645*r*
資本主義　243*l*
市民階級　159*r*, 243*r*
市民社会　132*l*, 471*l*
市民的文化批判　493*r*
社会主義　6*l*, 125*r*, 188*r*, 232*r*, **235***r*, 247*l*, 351*l*, 503*l*, 531*l*, 583*l*, 584*l*, 604*r*, 639*r*, 666*r*, 668*l*
社会ダーウィニズム　347*l*
社交　**236***r*
ジャーナリズム　135*l*, **237***l*, 258*l*, 499*r*, 604*r*
ジャーマン・コネクション　561*r*
自由　132*l*, 471*l*
自由意志〔意志の自由〕　41*l*, 139*l*, 150*r*, **240***l*
「自由意志と運命」　240*l*
19世紀〔とニーチェ〕　**242***l*, 471*l*
宗教改革　21*l*, **248***l*, 398*l*, 554*r*, 671*r*, 675*r*
修辞学　39*r*, 248*r* →文体, アフォリズム
「十字架に架けられた者対ディオニュソス」　11*r*, 200*l*, 252*r*, 566*l*
自由主義　**253***l*
自由精神　21*l*, 38*l*, 65*l*, 86*l*, 92*r*, 108*r*, 166*l*, 242*l*, **253***r*, 302*r*, 310*l*, 328*l*, 330*l*, 392*l*, 401*r*, 422*l*, 447*r*, 468*r*, 469*r*, 475*l*, 499*l*, 595*r*, 647*l*, 693*l* →理性批判
羞恥　**259***l*
自由ドイツ青年　323*r*
自由な死　223*l*
自由の本能　163*l*
終末論　21*r*, 66*r*
重力の精　46*l*, **260***l*, 272*l*, 493*l*, 642*r*
主観　55*l*
『侏儒の言葉』(芥川龍之介)　465*l*
主人の道徳　234*r*, 331*l*, 661*l* →支配者道徳
主体　108*l*, 156*r*, **261***l*
受動的ニヒリズム　6*l*, 109*l*, 458*r*
『種の起源』(ダーウィン)　347*l*
種の保存　291*l*
趣味　190*r*, **267***r*, 449*r*, 567*r*, 574*l*
良さ　268*r*
趣味判断　267*l*
受容美学　448*r*
シュルレアリスム　**270***r*, 336*r*, 615*l*
瞬間　46*l*, 62*r*, 260*r*, **272***l*, 290*l*, 322*l*, 366*r*
純粋理性　55*l*
尚古的歴史　172*r*, 479*l*, 500*r*, 558*r*, 682*l*
正午の哲学〔正午の思想〕　103*l*, 166*r*, 213*r*, 697*l*
正直さ　363*l*
上昇　67*l*, 260*l*, **274***l*, 315*l*
衝動　44*r*, 218*l*, **274***r*, 325*l*, 502*l*, 563*r*
情熱　44*l*, **276***r*, 665*l*
少年愛　278*l*, 613*l*
初期ロマン主義　400*r*
女権論者　210*l*
『曙光』　**279***l*, 532*l*
女性　281*l*, 298*r*, 316*l*, 320*r*, 326*r*, 387*l* →女, 結婚
女性解放　601*l* →フェミニズム
『ショーペンハウアーとニーチェ』(ジンメル)　295*l*
署名　387*r*
序列〔位階秩序〕　20*r*, 186*r*, 222*r*, **287***l*, 616*r*
白樺派　464*l*

ジルス=マリーア　4r, 19r, 43r, 64r, 210r, 262r, **289l**, 372l, 384l, 423r, 453r, 647l
深淵　45r, 260r, **289r**, 335r, 474r, 535l
進化　359l
人格　114r
進化論　24r, 347l, 441l
新カント派　**290l**, 640r, 658l
新旧論争　198l, 268l
歳言　633l
『歳言と省察』（ラ・ロシュフコー）653l
進行麻痺　537l
人種　60l, 215l, **290r**, 508r, 598l, 620r
人種理論　508r
新人文主義　337l, 398r, 680r
神聖ローマ帝国　401l
身体　60r, 70l, 125r, 217l, **291l**, 324r, 357l, 612l, 624r　→肉体
神智学　22r, 294l
人智学　**293r**, 636l
神殿冒瀆者　109l
新プラトン主義　94l
新聞　237r, 593l
人文主義　23l
新約聖書　20l
真理　56r, 74r, 75r, 82r, 96l, 103r, 124l, 177r, 222l, 257l, 275r, 298r, **299r**, 305r, 314r, 321l, 326r, 334l, 356l, 383l, 436r, 470l, 475l, 535l, 648l　→認識, 誤謬
心理学　102l, 143r, 155l, **296l**, 324l, 355r, 378r, 472r, 520r, 564r, 671l
『心理学的観察』（レー）　676l
心理学的考察　102r
「真理が女性であると仮定すれば……」75l, **298r**, 329r
『真理と方法』（ガーダマー）　99l
真理への意志　91l, 105r, 125l, 149l, 257l, 277r, 304l, **305l**, 315r, 330r, 355l, 363l, 410l, 422l, 544l, 649r
真理らしさ　301r　→もっともらしさ
神話　169r, 305r, 411r, 428l, 437r, 444l, 461l, 618r, 664l
神話化　308l

ス

ストア派〔ストア主義〕　50l, 309r
「すべての快楽は永遠を欲する」67r, 211r, **311r**
「すべて深いものは仮面を愛する」116l, **312r**, 636l

セ

生　13l, 20r, 69l, 95r, 97r, 99l, 104l, 124l, 132r, 158r, 161l, 217l, 226r, 241l, 286r, 291l, 302l, **313r**, 321r, 346r, 355r, 376l, 379l, 474r, 489l, 500l, 514l, 531r, 547l, 567r, 599l, 682l, 697r
『西欧の没落』（シュペングラー）265r
静観的生活　302l
正義　→法と正義
世紀転換期　294r, 351l, 594l, 630r, 630l
世紀末　35l, 68l, 88l, 243r, 264r, 294l, 310r, 313r, **316r**, 323l, 380r, 459l, 493r, 502l, 554l, 593r, 603r, 631l, 636l, 677r
清廉　362l
誠実　361l, 700r
政治の欲動　646l
政治の美学化　380l
『聖ジュネ』（サルトル）　211r
聖書　21l, 143l, 248r, 249r, **320l**, 361l, 368r, 371l, 524r, 526l, 530l, 547l, 643l, 673l, 684r, 696r, 699l
生殖への意志　**320l**
精神科学　9l, 99l, 377l, 681l
精神分析　212r, 562r
生成　28l, 80r, 124l, 182l, 207l, 297r, 320r, **321l**, 322r, 356r, 547r, 574r
「生成に存在の性格を刻印する」16r, 322l, **322r**, 357r
生成の無垢　58l, 153l, 303l, 305l, **322r**
『生成の無垢』　581r
生存闘争　348l
『性と性格』（ヴァイニンガー）　32l
『生に対する歴史の利と害』　45r, 51r, 77r, 89r, 172l, 195r, 197r, 288l, 337l, 401r, 471r, 478l, 498r, 529l, 558r, 615r, 637l, 663r, 679r, 680r
『青年』（森鷗外）　463r
青年運動　88l, 90r, 157l, 247r, 253l, **323l**, 579r, 654l
青年ヘーゲル派　392r
生の光学　60r
生の哲学　35r, 294r, 378l, 464l, 531r, 611r, 658r, 697r
生への意志　295r
『西方の人』（芥川龍之介）　2l

性欲　283r
生理学　69r, 86r, 298l, **324l**, 521r, 529l, 587r
「世界は深い、昼が考えたよりも深い」**325r**, 603r
責任　162l, **325r**
セクシュアリティ　**326l**
積極哲学　229r
絶対精神　55l
絶対知　570l
折衷哲学者　498r
節度　14l, 38l, 97l, 255r, 282r, **328l**, 360r, 567r, 671l　→中庸
説明　103r
善　103r
善悪　141r
『善悪の彼岸』　186r, 298l, 312r, **329l**, 556l, 636l, 647r
戦士　333l
全集　→ニーチェ全集
戦争　233l, **332r**, 583r, 586l, 615r
先入見〔偏見〕　**334l**
賤民　125r, 188l, 232r, 234r, **334r**, 340l, 363r, 578r, 618r, 670r
賤民主義　616l
賤民的公共性　239l
戦慄　**335l**, 370r　→恐怖

ソ

憎悪　667l
造形力　249r, **337l**, 352r, 637l
総合芸術　427l, 461l, 468r, 513r, 642r, 675l
創造する者　367r
相対主義　683l
僧侶　31l, 411l　→司祭
疎外　687r
俗物　135l
ソクラテス以前のギリシア（哲学, 悲劇）　53l, 140r, 197r, 275l, **338l**, **340r**, 478r, 540l
ソクラテス主義　100l, 142r, 253r, 301l, 339r, 380l, 514l, 578r, 599l, 619l
「ソクラテスとギリシア悲劇」513l
「ソクラテスと悲劇」　513r, 571r
外の思考　553l
『その作品におけるニーチェ』（ザロメ）　213l
ソフィスト　343l
ソレント　601r, 676l
存在　55l, 94l, 321l
『存在と時間』（ハイデガー）　478l

タ

第一次世界大戦　266*l*, 318*l*, 333*r*, 377*r*, 532*r*, 540*r*, 609*l*, 696*l*
大学　88*l*
体系　100*l*, 118*r*, **346***l*, 566*l*, 630*r*
第三帝国　266*l*, 324*l*, 419*r*, 598*l*
『第三帝国』（メラー・ファン・デン・ブルック）　624*l*
大衆　247*l*
『大衆の反逆』（オルテガ）　74*r*
大衆批判　74*r*
大正教養主義〔大正教養派〕　10*l*, 174*r*, 374*l*, 464*r*
大地　107*r*, 625*l*
大地の意義　60*l*, 109*r*, 143*l*, **346***l*, 367*l*, 372*r*, 477*r*, 625*l*, 699*l*
太陽　72*r*, 526*r*
対話　578*l*
ダーウィニズム　295*r*, **347***l*, 673*l*
ダダ　270*r*, 636*l*
脱構築　4*l*, 24*l*, 30*r*, 118*l*, **349***l*, 386*r*, 570*l*, 590*r*
脱呪術化　167*l*
脱 - 昇華　646*l*
脱神話化　168*l*, 308*l*
脱ドイツ　650*l*
脱ヨーロッパ　650*l*
旅　351*l*, 627*r*
『ダーフィト・シュトラウス——信仰者と文筆家』　264*r*, 498*l*
タランチュラ　352*r*, 526*r*, 533*l*, 667*l*, 699*r*
ダルマ　495*r*
戯れ　114*l*, 197*r*, 261*l*　→仮面
「たわむれ、たくらみ、しかえし」　647*r*
男性　284*l*, 327*l*　→男
耽美主義　353*l*

チ

小さな政治　69*l*
小さな理性　217*r*
力　588*l*
力の感情　125*l*, 138*l*, 276*l*, 280*r*, 356*l*, 407*l*, 488*r*
力への意志　26*l*, 42*r*, 45*l*, 56*l*, 61*r*, 82*r*, 95*r*, 102*r*, 123*r*, 125*r*, 138*r*, 139*l*, 152*r*, 155*l*, 158*l*, 166*l*, 168*l*, 184*r*, 189*l*, 192*r*, 217*r*, 226*r*, 234*r*, 241*r*, 254*r*, 261*l*, 281*l*, 287*l*, 305*r*, 315*r*, 321*r*, 322*r*, 325*l*, 331*l*, 353*l*, **354***l*, 366*r*, 397*l*, 407*l*, 408*l*, 411*r*, 422*l*, 431*r*, 448*l*, 457*l*, 463*r*, 479*l*, 481*l*, 489*l*, 494*l*, 564*l*, 608*r*, 623*l*, 631*l*, 643*r*, 646*r*, 667*r*, 676*r*, 682*r*, 697*l*
畜群　146*l*, 188*r*, 218*r*, 333*l*, **360***r*, 606*l*, 618*l*, 649*r*, 687*l*
畜群道徳　146*l*, 188*r*, 331*r*, 408*l*, 422*l*, 486*l*, 667*r*, 675*r*
畜群本能　218*l*, 234*r*
『父と子』（トゥルゲーネフ）　688*l*
地中海　26*r*
知的誠実　20*l*, 121*l*, 256*r*, 310*l*, **361***l*, 567*r*, 650*l*
知的良心　661*l*
知の懐疑主義　228*r*
『知の考古学』（フーコー）　543*l*
地平　78*l*
地平の融合　79*l*
チャンダーラ　221*r*, **363***l*
中国　**364***l*, 446*l*, 689*l*
中国人　**364***l*
中庸　29*r*, **328***l*, 629*r*　→節度
超 - 感性的　157*r*
超自我　58*l*, 662*l*
超獣　241*l*
超人　10*l*, 31*r*, 47*l*, 52*l*, 66*r*, 71*l*, 72*l*, 72*r*, 107*r*, 118*r*, 131*r*, 140*r*, 145*r*, 147*l*, 166*l*, 184*l*, 189*l*, 193*l*, 214*r*, 317*l*, 346*r*, **365***l*, 372*r*, 381*r*, 404*r*, 417*r*, 421*l*, 463*r*, 474*r*, 485*r*, 491*r*, 493*l*, 532*l*, 557*l*, 598*l*, 602*r*, 642*l*, 644*l*, 664*r*
超プラトン主義者　679*l*
沈黙　179*l*, 370*l*
「沈黙の塔」（森鷗外）　26*r*

ツ

『ツァラトゥストラはこう語った』　26*l*, 26*r*, 46*l*, 62*r*, 71*r*, 106*r*, 114*l*, 143*l*, 166*r*, 178*r*, 189*l*, 212*r*, 216*l*, 265*r*, 274*l*, 289*r*, 311*r*, 318*r*, 320*l*, 325*r*, 353*l*, 365*l*, **371***l*, 374*r*, 417*r*, 423*r*, 474*l*, 492*r*, 526*r*, 532*l*, 597*r*, 645*r*, 647*r*, 660*l*, 699*l*
『ツァラトゥストラ再来、ドイツの青年に対する一言』（ヘッセ）　573*l*
通俗哲学　637*l*
罪　57*l*, 84*l*　→負い目
強さのペシミズム　100*r*, 571*r*

テ

ディアレクティク　→弁証法
ディオニュソス祭　64*l*, 224*l*
「ディオニュソス・ディテュランボス」　209*r*, 377*l*
「ディオニュソス的世界観」　64*l*, 301*l*, 513*l*
ディオニュソス的世界肯定　42*r*
ディオニュソス的ペシミズム　572*l*
定言命法　268*l*, **375***r*, 405*r*
ディテュランボス　196*r*, **376***r*
ディテュランボス合唱隊　208*l*
デカダンス　20*r*, 29*l*, 109*l*, 143*l*, 158*r*, 201*l*, 201*r*, 205*r*, 218*r*, 243*l*, 252*r*, 310*l*, 340*l*, 354*l*, **380***l*, 403*l*, 431*r*, 450*r*, 454*r*, 461*l*, 462*l*, 481*l*, 510*r*, 530*r*, 559*r*, 592*l*, 626*l*, 667*l*
出来事　28*l*, 81*l*
テクスト　388*l*
デコンストリュクシオン　→脱構築
哲学　195*r*
『哲学』（ヤスパース）　638*l*
哲学者　116*r*, 250*r*, 383*r*, 501*l*, 507*l*
『哲学者と貴人』（ザーリス）　210*l*
『哲学者としてのニーチェ』（ファイヒンガー）　540*l*
「哲学者は自分の時代の疚しい良心でなければならない」　242*r*, 383*r*, 606*l*
哲学的解釈学　78*l*, 85*r*, 334*l*, 683*l*
哲学的人間学　216*r*, 379*l*, 611*l*
鉄道　243*r*
デルフォイの神託　11*l*
テロリズム　689*l*
天才　122*r*, 124*l*, 125*r*, 127*r*, 268*l*, **391***l*, 501*l*, 619*r*
『天体による永遠』（ブランキ）　548*l*

ト

ドイツ〔ドイツ批判〕　135*l*, 200*r*, 397*l*, 473*r*, 482*r*, 499*r*, 546*l*, 553*r*, 673*l*
ドイツ革命　613*l*
ドイツ観念論　8*r*, 337*r*, 354*l*, **392***r*, 454*r*, 500*r*, 611*r*
ドイツ語　264*l*, 447*r*
　——批判　249*r*
ドイツ国民　401*l*
『ドイツ古典哲学の本質』（ハイネ）　483*r*
ドイツ人　135*l*, 171*l*, **397***l*, 449*r*, 473*r*, 546*r*, 672*l*, 675*r*
ドイツ帝国　133*l*, 400*r*, 401*l*, 507*r*
ドイツの精神　400*r*
『ドイツ悲劇の根源』（ベンヤミン）　580*l*
ドイツ文学　446*r*
同一化　141*l*

同一性 158*l*, 207*l*
道具的理性 169*r*, 596*r*
　　——批判 168*r*
道化 115*r*, 312*r*, **404*r***, 578*r*
同権 140*l*
洞察 168*r*
同情〔同苦〕 120*l*, 128*r*, 139*r*, 259*r*, 280*r*, 317*r*, 360*r*, **405*r***, 603*l*, 656*l*, 671*r*
同情道徳 407*r*, 554*r*
蕩尽 646*r*
陶酔 12*l*, 60*r*, 161*r*, 272*r*, 324*l*, 335*l*, 360*l*, **406*r**, 430*l*, 664*l*
道徳 84*l*, 153*r*, 226*r*, 269*l*
「道徳外の意味における真理と虚偽について」 91*l*, 118*l*, 136*l*, 177*r*, 249*l*, 299*r*, 314*l*, 356*l*, 436*r*, 469*l*, 488*r*, 632*l*, 649*r*, 677*l*
『道徳の感情の起源』（レー） 188*l*
『道徳の系譜』 84*l*, 143*r*, 261*r*, 296*l*, **407*r**, 521*l*, 523*r*, 556*l*, 661*r*, 667*l*
「道徳の構造におけるルサンチマン」（シェーラー） 668*r*
道徳判断 267*r*
道徳批判 634*l*
徳 71*r*
『特性のない男』（ムージル） 621*l*
独断論 329*l*
ドグマティーク →独断論
ドラマ →劇
鳥 256*l*
「トリスタンとイゾルデ」（R. ヴァーグナー） 175*r*, **414*r**, 461*r*, 521*l*, 528*l*, 560*r*, 627*r*
トリノ 19*r*, 26*r*, 59*r*, 113*r*, 271*r*, **415*l**, 424*l*, 453*r*, 558*r*, 693*l*
トルバドゥール 647*r*
奴隷 687*l*
奴隷道徳 23*r*, 126*l*, 143*r*, 234*r*, 266*l*, 317*l*, 353*l*, 408*r*, 420*r*, 554*r*, 617*l*, 643*l*, 661*l*, 667*r*
奴隷の反乱 234*r*, 258*l*, **415*r**, 554*r*, 667*r*
ドレフュス事件 1*l*

ナ

ナウムブルク 23*l*, 46*l*, 210*l*, 333*l*, **417*l**, 451*l*, 536*r*, 545*r*
ナウムブルクの美徳 417*l*
ナショナリズム 1*l*, 59*r*, 87*r*, 172*l*, 192*r*, 246*r*, 253*r*, 259*r*, 351*r*, 400*r*, 413*l*, 449*r*, 468*r*, 481*r*, 491*l*, 510*r*, 530*l*, 556*r*, 657*l*, 630*r*, 643*l*, 644*l*, 681*l*, 689*l*

ナチス 1*r*, 53*l*, 170*r*, 215*l*, 254*l*, 269*r*, 348*l*, 357*l*, 387*l*, 404*l*, **417*r**, 452*l*, 465*l*, 466*r*, 475*r*, 479*l*, 481*r*, 550*r*, 581*r*, 596*l*, 598*l*, 609*l*, 612*l*, 642*r*, 676*r*, 696*r*
「何ものも真ではない、すべては許されている」 258*r*, **421*l**
ナポレオン戦争 87*l*, 194*l*
ナルシシズム 183*l*
南方（的なもの）〔南方礼賛〕 35*l*, 68*l*, 402*l*, 435*l*, 444*r*, 462*l*, 555*l*, 566*r*, 624*r*, 631*r*, 648*l*, 693*l*
　→北方

ニ

「ニイチェ」（三木清） 611*r*
『ニイチェ研究』（和辻哲郎） 464*r*, 697*l*
「ニイチェ雑感」（小林秀雄） 202*l*, 466*l*
『ニイチェのツァラツストラ 解釈並びに批評』（阿部次郎） 10*r*, 464*r*
肉体 60*r* →身体
二元論 61*l*, 157*r*, **423*l***
『20世紀の神話』（ローゼンベルク） 690*l*
ニース 26*r*, 372*l*, **423*r**, 453*r*
二世界論 547*l*
『ニーチェ』（ハイデガー） 466*r*, 478*l*
『ニーチェ』（ヤスパース） 638*l*
『ニーチェ——彼の生活と思想』（アンドレーレ） 478*l*
『ニーチェ——時代に抗する闘争者』（R. シュタイナー） 294*l*
『ニーチェ——神話の試み』（ベルトラム） 575*r*
ニーチェ・アルヒーフ 53*l*, 74*l*, 98*r*, 196*l*, 266*l*, 272*r*, 317*l*, 417*r*, 452*l*, 557*l*, 597*r*, 642*r*, 691*r*
ニーチェ会議（ロワヨモンの） 424*l*
ニーチェ記念碑 318*l*
ニーチェ受容 242*l*, 316*r*, 531*l*, 642*l*
『ニーチェ氏倫理説一斑』（桑木厳翼） 464*l*
ニーチェ神殿 417*l*
『ニーチェ崇拝』（テニエス） 384*l*
ニーチェ生誕百年記念祭典 419*r*
ニーチェ全集（編集・翻訳） 26*r*, 68*r*, 74*l*, 98*r*, 202*r*, 272*l*, 424*r*, 452*r*, 464*l*, 466*r*, 487*l*, 577*l*, 581*r*, 597*l*
『ニーチェ対ヴァーグナー』 415*r*,

433*l*
『ニーチェと悪循環』（クロソウスキー） 156*r*
ニーチェと音楽 **434*l*** →音楽
ニーチェと言語哲学 436*r*
「ニーチェと現代思想」（三木清） 597*r*, 612*l*
ニーチェと作曲 **439*l*** →作曲
『ニーチェと哲学』（ドゥルーズ） 424*r*
ニーチェと同時代の自然科学 440*l* →科学、自然科学
『ニーチェとニーチェ主義』（ノルテ） 476*l*
ニーチェと非ヨーロッパ 443*r*
『ニーチェとブルクハルト』（アンドレー） 478*l*
ニーチェと文学史 446*l*
ニーチェ熱 253*l*, 265*l*, 313*r*, 319*l*, 323*r*, 365*l*, 368*l*, 531*l*, 557*r*, 563*l*, 579*r*, 604*l*, 609*r*, 657*l*, 691*r*, 690*r*
ニーチェの家系 450*l*
『ニーチェの詩』 **452*l**, 487*r*
ニーチェの曙光 453*l*
「ニーチェの心理学的業績」（クラーゲス） 155*l*
『ニーチェの哲学』（リシュタンベルジェ） 657*l*
ニーチェ批判 493*l* →反ニーチェ
ニヒリズム 5*r*, 20*r*, 28*r*, 31*l*, 56*l*, 66*r*, 91*l*, 104*l*, 110*l*, 144*r*, 205*r*, 208*r*, 321*l*, 358*r*, 366*r*, 380*r*, 406*r*, 442*l*, 445*l*, **454*l**, 480*l*, 487*r*, 510*r*, 600*r*, 619*r*, 686*r*, 688*r*
「ニーベルングの指環」（R. ヴァーグナー） 245*l*, 431*r*, **460*l**, 484*r*
日本 446*l*, **461*r***
日本趣味 446*r*
日本における受容 70*r*, 348*l*, 462*r*, 503*l*, 557*r*, 697*r*
日本ファシズム（とニーチェ） 465*r*, 466*r*
日本浪曼派（とニーチェ） **467*l***
『日本浪曼派』 466*l*, 467*l*
ニュアンス 630*r*
『ニュルンベルクのマイスタージンガー』（R. ヴァーグナー） 401*r*, **467*l***
人間化 123*l*
『人間的な、あまりに人間的な』 38*l*, 65*l*, 98*l*, 136*l*, 178*l*, 254*l*, 383*r*, **468*r**, 676*l*
「人間とは克服されるべきなにものかである」 333*l*, 365*l*, **474*l***
人間の死〔人間の終焉〕 111*l*, 565*l*

『人間の美的教育に関する書簡』(シラー) 289l
認識 78r, 177r, 259l, 276r, **299r**, 314r, 321r, 339l, 356r, 378l, 475l, 500r, 648l →真理
認識者の実験 299r
認識衝動 275l, 301r
『認識と関心』(ハーバーマス) 493l
認識の情熱 302l, 700r
妊娠 320l

ネ

捏造 20r, 55l, 300l, 334l, 338l, 356r, 361r, 423l, 455r, **474r**, 547r, 567r, 643l

ノ

能動的ニヒリズム 109r, 458r
ノマド〔遊牧の民〕 **475l**, 535l

ハ

背後世界 60r, 108r, 157r, 207r, 567r
背後世界論(者) 113r, **477l**, 547l
パイデイア 23l
俳優 115r, 250r, 430l
バイロイト〔バイロイト祝祭劇場〕 132r, 160r, 175r, 254r, 428r, 460r, 462l, 468l, 468r, 469l, **484r**, 497l, 501r, 573r, 601r
『バイロイトにおけるリヒャルト・ヴァーグナー』 63l, 429l, 460r, 469l, 498r, 512l, 573r
バイロイトの思想 485l
暴露心理学 86l, 92l, 121r, 166l, 298r, 302r, 309r, 315r, 329r, 469l, 565l, 595r, 605r, 623l, 634l, 653l, 653r, 655r
「馬骨人言」(坪内逍遙) 463l
パースペクティヴ 54l, 78r, 128r
バーゼル 59l, 236l, 253l, 377l, **489r**, 492r, 573l, 576r
バーゼル大学 23l, 50l, 55l, 58r, 86r, 89l, 98l, 175r, 194l, 212l, 248r, 278r, 341l, 375l, 398l, 443l, 452l, 482r, 489r, 512r, 535r, 546l, 558l, 580l, 627l, 651r, 659l
『バッコスの信女たち』(エウリピデス) 12r, 64l
「鳩の足で歩いてくる思想」 **492r**
ハラキリ 462r
バラモン(教) 31r, 444l, **495l**

パリ 481r
パリ・コミューン 191l, 236l, 247r, 604r
「パルジファル」(R. ヴァーグナー) 497l
バロック 251l
パン 319l, 642r
反キリスト者 503r →アンチクリスト
『反抗的人間』(カミュ) 113r
反時代的〔反時代性〕 101l, 175l, 195r, 203l, 232l, 237r, 429r, 498r, 650r, 681r
『反時代的考察』 59l, 101l, 135l, 264r, 265r, 498l, **498r**, 538r, 619r, 661l, 680l
『反デューリング論』(エンゲルス) 386r
反ニーチェ **502r**, **504l**, **505r** →ニーチェ批判
反フェミニズム 542r
ハンマー 507l
「ハンマーを持って哲学する」 **507l**, 584r
反民主主義 617l
反ユダヤ主義 1l, 245r, 253r, 309l, 404l, 413r, 416r, 485l, **507r**, 615l, 628r, 643l, 645l, 690l, 696l

ヒ

美 95l, 145r, **518l** →快楽
美学 159l, 518r
『美学入門』(ジャン・パウル) 128r
彼岸 445r
悲劇 306l, 376r, 472l, 478r, 560r, 576l, 578l, 580r, 613l
——の死 664l
悲劇作家 101l, **511l**, 620l
「悲劇的思想の誕生」 14l, 513r
悲劇的ペシミズム 541r
『悲劇の誕生』 11l, 32r, 33r, 39r, 43l, 63l, 89l, 94l, 100r, 160r, 177l, 208l, 245l, 253r, 286l, 307r, 316r, 338r, 341r, 375r, 392l, 394r, 490l, **512r**, 517r, 519r, 546l, 576l, 659r, 665l, 685l, 691l
『悲劇の哲学』(シェストフ) 465l
『ヒステリー研究』(フロイト) 563r
『非政治的人間の考察』(トーマス・マン) 610r
卑賤 233r
必然 **150l**, 241r →偶然
否定 329r

『否定弁証法』(アドルノ) 5l
美的仮象 94r, 184r, 414r, 461r, 605l
「美的現象としてのみ,人間存在と世界は永遠に是認される」 13r, 43l, 56r, 95l, 286r, 313r, 434r, 514r, 517r
「美的生活」論争 463l
「美的生活を論ず」(高山樗牛) 348l, 463l
美的ソクラテス主義 339l, 375r, 512r, 514r
美的判断 267r
非同一的なもの 5l
『人と超人』(B. ショウ) 273r
「人はいかにそれであるところのものになるのか」 **523l**
「人は何も欲しないよりはむしろ無を欲する」 28l, **523r**, 600l, 623r, 648r
ヒトラー・ユーゲント 324l
『陽に翔け昇る』(偽書) **523r**, 604r
批判神学 **524r**
批判的歴史 479l, 500r, 682l
批判理論 4l, 549r, 595l
比喩 9r, 24l, 40l, 45l, 146l, 178l, 203r, 208r, 249l, 254r, 274r, 324r, 332r, 367r, 370r, 414r, 437l, 441r, 475r, 507l, **526l**, 533r, 591r, 648r
『ヒュペーリオン』(ヘルダーリン) 575l
ピューリタニズム 147r
病気 60r, 279r, 298l, 302l, 325l, **528r** →快癒
表現主義 319r, 336l, 368r, 385l, 453l, **530r**, 542l, 595l, 614l
病者の光学 222r, 298l, 302r, 436r, 529r
平等 21l, 140l, 666r
平等の説教者 353l, 666r
平等への意志 139r, 232r, **533l**
漂泊 93l, 254r, 351r, **533r**, 700r
漂泊者 76l, 93l, 208l, 236r, 256l, 472l, 475l
『漂泊者とその影』 50l, 65r, 93l, 175l, 263l, 330l, 449l, 468r, 534l, 693r
表面 **535l**
漂流 534r
病理研究史(ニーチェの) **535r**
非ヨーロッパ 443l
非歴史的 582r

フ

『ファウスト』（ゲーテ）　365*l*
『ファウストゥス博士』（トーマス・マン）　610*l*
ファシズム　202*r*, 351*l*, 404*r*, 467*r*, 476*l*
不安　540*l*
諷刺　129*r*
フェミニズム〔女性解放〕　214*l*, 542*l*
復讐　241*l*, 666*r*
服従　→支配
不潔　361*l*
負債　162*l*
『プシケー』（ローデ）　690*r*
武士道　420*r*
不条理　112*l*
『舞台の上の思想家、ニーチェの唯物論』（スローターダイク）　313*l*
仏教　20*r*, 444*l*, 544*l*
舟　314*r*
プフォルタ校　33*l*, 53*l*, 132*r*, 175*r*, 248*r*, 287*r*, 395*l*, 417*l*, 446*l*, 545*l*, 641*l*, 691*l*
普仏戦争　133*l*, 135*l*, 171*r*, 264*r*, 333*l*, 380*r*, 398*l*, 447*l*, 498*l*, 499*r*, 513*l*, 516*r*, 546*l*, 553*r*, 632*l*, 652*l*
フモール　127*l*, 449*l*　→機智、ユーモア
フライガイスト　255*l*
プラグマティズム　55*r*, 338*l*, 506*l*, 539*r*, 658*r*
プラトン以前の哲学者　341*l*
プラトン主義〔プラトニズム〕　144*l*, 154*l*, 329*r*, 358*r*, 425*l*, 442*l*, 525*l*, 547*r*, 589*r*, 623*l*, 644*l*, 655*l*, 684*r*
──の転倒　350*l*, 387*l*
逆転した──　102*r*
大衆向けの──　143*l*, 477*l*
フランクフルト学派　3*r*, 493*l*, 549*l*, 595*l*, 606*r*
フランコーニア　87*l*, 598*r*
フランス　7*r*, 249*r*, 267*r*, 397*r*, 447*r*, 481*r*, 546*l*, 553*r*, 632*l*, 653*l*
フランス革命　159*l*, 258*l*, 422*l*, 554*r*, 573*r*, 617*l*, 674*l*
「プリンツ・フォーゲルフライの歌」　65*r*, 115*r*, 289*r*, 647*l*
プロイセン　21*r*, 133*l*, 147*l*, 191*l*, 194*l*, 244*l*, 253*l*, 266*l*, 332*r*, 377*r*, 393*l*, 413*l*, 422*r*, 482*l*, 499*l*, 539*l*, 546*l*, 598*l*, 681*l*
プロヴァンス　647*r*
プロテスタンティズム　1*l*, 35*l*, 530*l*, 554*r*, 566*r*, 675*r*
『プロテスタンティズムの倫理と資本主義の〈精神〉』（M. ウェーバー）　73*r*
プロレタリア文学　467*l*
文化　400*r*
文化科学　658*r*
『文学空間』（ブランショ）　551*r*
文学史　446*l*
『文学論』（夏目漱石）　420*r*
文化産業　5*l*, 134*l*, 433*r*, 485*l*
「文芸的な、余りに文芸的な」（芥川龍之介）　2*l*, 465*l*
文献学　251*r*　→古典文献学
文献学者　89*l*
文体　7*r*, 248*r*　→修辞学、アフォリズム
文明　400*r*
「文明の批評家としての文学者」（高山樗牛）　463*l*

ヘ

平民　670*r*
ヘーゲル派　238*l*
ヘーゲル学派　525*l*
ヘーゲル左派　238*l*, 525*l*, 684*l*
ヘーゲル主義　135*l*
ペシミズム　31*r*, 50*r*, 100*r*, 129*l*, 244*r*, 458*r*, 498*l*, 519*r*, 571*l*
衰退としての──　572*l*
『ペスト』（カミュ）　113*l*
蛇　46*r*, 526*r*　→鷲
『ペルシアの人々』（アイスキュロス）　511*r*
ペルソナ　114*r*
ヘレニズム　18*r*
偏見　→先入見
弁証法〔ディアレクティク〕　394*r*, 411*l*, 569*r*, 578*l*
弁神論　240*l*

ホ

忘却　300*r*, 337*l*, 582*l*
冒険　10*l*, 203*r*, 582*r*
冒険者　256*l*
法と正義　583*l*
暴力　84*r*, 164*l*, 332*l*, 343*r*, 584*r*
『暴力論』（ソレル）　343*r*
母権制　492*l*
『母権制』（バッハオーフェン）　492*l*
『ポジション』（デリダ）　388*r*
保守革命　263*l*, 266*l*, 559*r*, 594*l*, 624*l*
ポスト構造主義　4*l*, 24*l*, 118*r*, 210*r*, 262*r*, 424*r*, 552*l*, 570*l*, 588*l*
ポストモダン　37*l*, 121*r*, 258*r*, 281*r*, 493*r*, 551*l*
北方（的なもの）　402*l*, 419*l*, 555*l*, 566*r*　→南方
没落　106*r*, 203*r*, 274*l*, 367*l*, 372*l*, 404*r*, 489*l*, 532*l*, 591*l*
没落への意志　107*r*
「ホメロスと古典文献学」　90*l*, 194*r*, 489*r*, 594*l*
ホモ・ヴィアトール　351*r*
ポルトフィーノ　127*l*, 216*l*, 289*r*, 372*l*, 597*l*
ボン　598*l*
本質　94*l*
ボン大学　87*l*, 395*r*, 598*r*, 651*r*, 659*l*
本能　381*l*, 563*r*, 599*l*

マ

ましな人間　73*l*, 87*l*, 126*r*, 208*l*, 602*l*, 692*l*　→高人
麻酔剤　130*l*, 603*l*
末人　72*r*　→おしまいの人間
『マヌ法典』　363*r*
『真昼の海への旅』（辻邦生）　466*l*
マルクス主義　549*r*, 565*l*, 604*l*
『マンフレッド』（バイロン）　439*r*, 485*l*

ミ

『自らを語る』（フロイト）　562*r*
ミュンヘン革命　422*r*
ミュンヘン・レーテ共和国　606*r*, 613*l*
未来主義　334*l*
未来の哲学者　257*r*
未来派　522*r*, 615*l*, 626*l*
民衆　73*l*, 181*l*, 573*r*, 616*l*, 692*l*
民主主義　125*r*, 185*l*, 188*r*, 232*r*, 246*r*, 258*l*, 361*l*, 506*r*, 533*l*, 554*r*, 616*r*, 617*l*, 639*r*, 644*r*, 668*r*
民族　69*l*, 194*r*, 290*r*, 307*l*, 618*l*

ム

無意識　127*l*, 563*r*
『無意識の哲学』（ハルトマン）　497*r*
無意味　27*r*　→意味
ムジークドラマ　→楽劇
『無神学大全』（バタイユ）　98*l*

490*r*
無神論　270*l*, 281*l*, 309*r*, 362*r*, 525*l*, 552*l*, **622***r*, 650*l*
無への意志　109*r*, 149*l*, 159*l*, 455*r*, 600*l*, **623***l*

メ

命令　234*l*
メタファー　300*r*
「メッシーナ牧歌」　647*l*
滅亡　227*r*

モ

目的　139*l*
モダニズム　9*l*, 68*r*, 134*l*, 145*r*, 161*r*, 183*r*, 212*l*, 248*r*, 336*l*, 367*r*, 379*r*, 450*r*, 504*l*, 518*l*, 551*l*, 592*l*, 615*l*, 615*r*, **625***r*, 644*l*, 664*l*, 665*r*, 695*r*
　→アンチモダニズム
もっともらしさ　303*r*, 648*l*　→真理らしさ
モデルニテ　625*r*
モデルネ　202*l*, 252*l*, 258*r*, 428*l*, 436*r*, 467*r*, 481*r*, 493*r*, 502*l*, 625*r*
モナドロジー　54*l*, 357*r*
物自体　30*r*, 55*l*, 80*r*, 204*r*, 286*l*, 441*l*, 567*r*, **631***l*, 640*r*
モラリスト　7*r*, 105*l*, 127*l*, 137*l*, 214*r*, 216*l*, 236*r*, 239*r*, 267*r*, 281*r*, 296*r*, 356*l*, 406*l*, 450*l*, 468*r*, 557*r*, 560*l*, **632***l*, 676*l*
問答法　578*l*　→弁証法

ヤ

約束　162*l*
野蛮　133*l*, 167*l*, 192*r*, 582*r*, **639***l*

ユ

唯美主義　353*r*
唯物論　**640***r*
遊戯　12*r*
友情　59*l*, 60*l*, 175*r*, 278*l*, **641***l*
友情結婚　152*r*
「友情への讃歌」　641*l*
優勝劣敗　348*l*
ユーゲントシュティール　68*l*, 242*r*, 318*l*, **642***l*, 696*r*
ユダヤ〔ユダヤ教、ユダヤ人〕　20*l*, 403*r*, 416*l*, 507*l*, 554*r*, **642***l*, 668*l*, 675*r*
ユートピア　245*l*

『ユートピアの精神』（ブロッホ）　566*l*
夢　12*l*, 61*l*, 324*l*
『夢判断』（フロイト）　564*r*
ユーモア　128*l*　→フモール
『ユリシーズ』（ジョイス）　273*l*

ヨ

幼児　49*r*, 367*l*, 526*l*　→子ども、幼子
良きヨーロッパ人　247*l*, 251*l*, 258*l*, 291*l*, 330*l*, 450*l*, 529*r*, 556*r*, 592*l*, 609*l*, 620*l*, **644***l*, 650*l*
抑圧　307*l*
欲望　163*r*, 219*r*, **645***r*
『悦ばしき智恵』〔『華やぐ智慧』〕　40*l*, 45*r*, 95*l*, 204*l*, 216*l*, **647***l*
世論　238*r*
弱き性　283*r*

ラ

ライプツィヒ　194*r*, 407*r*, 414*r*, 450*l*, 453*r*, 535*r*, **651***l*, 657*r*, 659*l*
ライプツィヒ大学　87*r*, 172*l*, 175*r*, 375*l*, 598*r*, 651*l*, 691*l*
駱駝　49*r*, 197*l*, 208*r*, 213*l*, 526*r*
　→三段の変化
ラール・プール・ラール　→芸術のための芸術

リ

理解　79*r*
リグ・ヴェーダ　279*r*, 495*r*
利己主義　187*l*, 584*l*, **655***r*
理性　167*r*, 253*r*, 470*l*, 599*l*
理性の他者　118*r*, 169*l*, 479*l*, 522*r*, 633*r*
理性の友人　633*r*
理性批判　145*r*, **253***r*, 518*r*, 551*r*, 682*r*　→自由精神
理想主義　152*r*
利他主義　205*l*, 246*r*, **655***r*
良心　57*l*, 84*l*, 163*l*, 222*l*, 409*l*, 523*r*, 565*l*, **660***l*
理論的オプティミズム　571*r*
理論的人間　15*l*, 19*l*, 92*l*, 117*l*, 283*r*, 338*r*, 514*l*, **664***r*
隣人愛　139*l*, 188*r*, 660*l*, **664***r*, 668*l*
輪廻　31*r*, 495*r*, 545*r*

ル

ルー・ザロメ事件　452*l*
ルサンチマン　6*l*, 20*r*, 36*l*, 113*l*, 126*l*, 143*r*, 149*r*, 168*l*, 218*l*, 222*l*, 241*l*, 309*l*, 353*l*, 356*l*, 364*l*, 408*r*, 415*r*, 431*l*, 510*l*, 584*l*, 585*r*, 595*r*, 599*l*, 653*r*, **666***r*, 669*r*, 672*r*, 677*r*
ルソー的人間　670*l*
ルソーの18世紀　669*l*
ルター主義　398*l*
ルネサンス　21*l*, 54*l*, 144*l*, 248*l*, 399*r*, 554*r*, 597*l*, 646*l*, 671*r*, **674***l*

レ

歴史　379*l*, 500*r*
歴史意識　79*l*, 89*r*, 338*l*, 379*l*, 413*r*, 478*l*, 615*r*, 651*r*, 680*l*
歴史学派　680*l*
歴史家論争　475*r*
歴史主義　33*r*, 78*l*, 160*r*, 195*r*, 205*r*, 393*r*, 448*r*, 479*l*, 499*r*, 515*r*, 651*r*, **680***l*
歴史神学　393*l*, **683***r*
歴史の教養　29*l*, 133*r*, 245*r*
歴史的相対主義　680*l*
歴史的・批判的方法　33*r*, 515*r*, 680*l*
歴史哲学　568*l*
歴史病　500*r*, 529*l*, 681*r*
恋愛結婚　284*r*

ロ

労働　233*l*, 233*r*, 570*l*, 606*l*, **685***r*
労働者　233*l*, 244*l*, **687***l*
ロココ　631*l*
ロゴス中心主義　118*l*, 389*l*
ロシア　69*l*
ロシア・アヴァンギャルド　**688***l*
ロシア革命　614*l*, 689*l*
ロシア世紀末（とニーチェ）　**688***l*
ロシア・ニヒリズム　454*l*, **688***l*
六派哲学　495*r*
驢馬　20*l*, 373*l*, 411*l*, 602*r*, **692***l*
ローマ　26*r*, 554*r*, **692***r*
ローマ帝国　693*l*
ローマニズム　400*l*
ロマン主義〔ロマン派〕　29*l*, 39*l*, 50*r*, 115*r*, 155*r*, 159*r*, 162*l*, 164*r*, 195*l*, 213*r*, 246*r*, 258*l*, 266*r*, 270*l*, 323*r*, 366*r*, 413*r*, 427*r*, 449*l*, 496*r*, 520*l*, 529*l*, 629*l*, 632*l*, 645*l*,

650r, 669r, 682l
ロマン主義的ペシミズム　572l
ロマン的イロニー　29r
『論理哲学論考』（ウィトゲンシュタイン）　437r

ワ

ワイマール　171r, 202r, 287r, 317l, 380l, 417r, 450r, **696l**

ワイマール共和国　696l
ワイマール古典主義　446l
『吾輩は猫である』（夏目漱石）　420r, 463r
鷲（と蛇）　67l, 404r, 526r, 591r, **696r** →蛇
笑い　405l, **699l**
「われはさまよう、ただひとり犀のごとくに」　**700r**
『われら文献学者』　23l, 89r, 192r, 502l, 569l
「われわれの教育施設の将来について」　89r, 132r, 181l, 191r, 237r, 249r, 398l, 490l, 499r, 501l, 568r, 598r
『われわれの経験から見たニーチェ哲学』（トーマス・マン）　610l
ワンダーフォーゲル　323l

欧文事項索引

A

Abgrund 289r
Action française 1l
actualitas 180l
Adel 125r
alexandrinisch 18l
„Alle Lust will Ewigkeit." 311r
„Alles, was tief ist, liebt die Maske" 312r
Also sprach Zarathustra 371l
Altruismus 655l
amor fati 40r
Anarchismus 5r
Angst 541l
Anthropomorphismus 122r
Anthroposophie 293r
Antisemitismus 507r
Ariadne 16r
Aristokratie 125r
asketische Ideal 147r
asketische Moral 147r
Ästhetizismus 353r
Atheismus 622r
Aufklärung 164r

B

Basel 489r
Bayreuth 484r
Bildung 132l
Bildungsphilister 135l
blonde Bestie 146l
bon goût 267r
Bonn 598l
böses Gewissen 383r
Burschenschaft 87l

C

Chaos 205l
(Le) colloque philosophique international de Royaumont, «Nietzsche» 424l
Corps 87l
Cynismus 232l

D

Darwinismus (Darwinism) 347l
décadence 380l
déconstruction 349r
„Dem Werden den Charakter des Seins aufzuprägen" 322r
Der Antichrist 19r
„Der Mensch ist etwas, das überwunden werden soll" 474l
„(Der Philosoph) hat das schlechte Gewissen seiner Zeit zu sein" 383r
Der Ring des Niebelungen 460l
Dialektik 578l
dialektikē 578l
Dialog 578l
Die Fröhliche Wissenschaft („la gaya scienza") 647l
Die Geburt der Tragödie 512r
Die Meistersinger von Nürnberg 467r
„Die Welt ist tief, Und tiefer als der Tag gedacht." 325r
différance 389l
Ding an sich 631r
„Dionysos gegen den Gekreuzigten" 252r
Dithyrambus (Dithyrambos) 376r
Drei Verwandlungen (Kamel, Löwe, Kind) 213l
„Du gehst zu Frauen? Vergiß die Peitsche nicht!" 75r

E

Ecce homo 198r
Egoismus 655r
Ehrlichkeit 363l
Einsamkeit 196r
Eitelkeit 136l
Entsublimierung 646l
Entzauberung 167l, 308l
erfinden 338l, 474r
Erfindung 474r
Erscheinung 94l
esprit 127l
ewige Wiederkunft des Gleichen 43l
existentia 230l
existentialisme 229l
Existenz 180r, 231l
Existenzphilosophie 229l
Expressionismus 530r

F

Fatum 41l
freie Geist 254r
freie Wille 240l
Freigeist 255l
Freiheit des Willens 240l
Freundschaft 641l
Furcht 540r
Futurismus (futurismo) 615l
Futuristen 615l

G

„Gedanken, die mit Taubenfüssen kommen…" 492r
Geist der Schwere 260l
Genealogie 82r, 158l
Genesung 528r
Genie 391l
Genua (Genova) 216l
Geschehen 81r
Gewissen 660l
Götzen-Dämmerung 151r
Grenzsituation 638r
große Gesundheit 60r
große Mittag 62r
große Politik 68r
große Verachtung 60l
große Vernunft 70l, 291r
gute Europäer (guten Europäer) 644l

H

Hanswurst 404r
Herkunft 85l
Hermeneutik 77r
Herrschsucht 645r
Hinterwelt 157r

hinte ～ tugen

Hinterweltler 477*l*
historische Theologie 683*r*
Historismus 680*l*
höchste Bejahung 61*r*
höhere Mensch 602*r*
homo viator 351*r*
Humor 127*l*
hyperantropos 365*l*
Hyperboreer 49*l*

I

Ich 217*l*
Individuation 190*l*
intellektuelle Gewissen 661*r*
Ironie 29*l*

J

Japan 461*r*
japonisme 461*r*
Jenseits von Gut und Böse. Vorspiel einer Philosophie der Zukunft 329*l*
Jugendstil 642*l*

K

Kamel →Drei Verwandlungen
kategorischer Imperativ 375*r*
Kind 197*l* →Drei Verwandlungen
klassische Philologie 193*r*
(Die) königliche Landesschule Pforta 545*r*
Kontingenzen 633*r*
Kranken-Optik 529*r*
Krankheit 528*r*
kritische Theologie 524*r*

L

Leben 313*r*
Leiden 276*r*, 406*l*
Leidenschaft 276*r*
Leipzig 651*l*
letzte Mensch (letzten Menschen) 72*r*, 149*l*
Liberalismus 253*l*
„Lieber will noch Mensch *das Nichts* wollen, als *nicht* wollen..." 523*r*
Löwe →Drei Verwandlungen
Lust 521*l*

M

Maß 14*l*, 97*l*, 328*l*
Menschliches, Allzumenschliches 468*l*
Mensch Rousseaus 670*l*
Metapher 178*l*
Mitleid 405*r*
Mitte 328*l*
Moralist 632*r*
Morgenröte. Gedanken über die moralischen Vorurteile 279*l*
Münchener Räterepublik 613*r*

N

Narr 404*r*
Naumburg 417*l*
„Nichts ist wahr, Alles ist erlaubt" 421*l*
Nihilismus 454*l*
Nizza (Nice) 423*r*
Notwendigkeit 150*l*
„Nur als ästhetisches Phänomen ist das Dasein und die Welt ewig gerechtfertigt" 517*r*

O

Öffentliche Meinung 239*r*
ohne Sinn 28*l*
Optik 56*r*

P

Parsifal 407*l*
Pathos der Distanz 139*l*
Person 114*r*
Perspektive 54*l*
Perspektivismus 54*l*
Pessimismus 571*r*
Pforta 545*r*
Phänomenalismus 181*r*
Phänomenologie 181*r*
Philister 135*l*
philosophie de l'existence 229*r*
Physiologie 321*l*
plastische Kraft 337*l*
plebejische Öffentlichkeit 239*l*
politischer Trieb 646*l*
Portofino 597*l*
positive Philosophie 229*r*
Positivismus 227*r*
positum 230*l*
Possenreißer 404*l*

Priester 221*r*
professor of joyous science 52*r*
Psychologie 296*l*

R

Rache 666*r*
Rangordnung 287*l*
Rausch 406*r*
Realität 54*r*
Reformation 248*l*
Renaissance 674*l*
Ressentiment 666*r*
Rhetorik 248*l*
Rom (Roma) 692*r*

S

Satire 129*r*
Schaffende 367*r*
Scham 259*r*
Scharfsinn 127*r*
Schatten 93*l*
Schein 94*l*, 301*r*
schenkende Tugend 71*r*
Schuld 57*l*, 84*l*
Selbst 217*l*
Selbsterhaltung 217*r*
Selbstgenuß 138*l*
Selbstsucht 320*r*, 645*r*
Sentenz 633*l*
sentiment 268*l*
Sils-Maria 289*l*
Sinn der Erde 346*r*
Sittlichkeit der Sitten 119*r*
„So wandle ich einsam wie das Rhinozeros" 700*r*
Sozialismus 295*r*
Spiel 12*r*
Stil 248*r*
Stoa 309*r*
Stoizismus 309*r*
Stolz 137*l*
Subjekt 108*l*
Sünde 57*l*
surréalisme 270*l*

T

Tarantel 352*r*
Teufel 2*r*
theoretischer Mensch 664*l*
Theosophie 294*l*
Tristan und Isolde 414*r*
Tschandala 363*r*
Tugend 71*r*

Turin [Torino]　415*l*

U

Überfluß　97*l*
Übermaß　14*l*, 97*l*, 328*r*
Übermensch　365*l*
Überschluß　97*l*
Übertier　241*l*
Umwertung aller Werte　99*r*
Unschuld des Werdens　322*r*
Untergang　107*l*, 591*l*
„Unter Töchtern der Wüste" 208*l*
unzeitgemäß　498*r*
Unzeitgemäße Betrachtungen　498*r*
Ur-Eine　204*r*
Ursprung　85*l*
Utilitarismus　187*r*

V

vanitas　137*l*
Venedig [Venezia]　34*r*
Vermenschlichung　123*l*
Vermenschung　123*l*
vita contemplativa　302*l*
„Vorausgestzt, daß die Wahrheit ein Weib ist—"　298*r*
vornehm　331*l*
Vorsokratiker　341*l*
Vorurteil　334*l*

W

Wahrheit　301*r*, 648*l*
Wahrscheinlichkeit　301*r*, 648*l*
Weimar　696*l*
„Wie man mit dem Hammer philosophiert."　507*l*
„Wie man wird, was man ist."　523*l*
Wille zum Leben　25*r*
Wille zum Nichts　623*l*
Wille zur Macht　82*r*, 354*r*
Wille zur Wahrheit　305*l*
Wille zur Zeugung　320*l*
Wirklichkeit　179*r*, 230*r*
Wissenschaft　648*l*
wit　127*l*
Witz　127*l*
Wollen　241*r*
Wollust　645*r*

Z

Zaubern　308*l*
Zucht　214*r*
züchten　214*r*
Züchtung　214*r*
Zufall　150*l*
Zur Genealogie der Moral　407*r*
Zustand　638*r*
Zynismus　232*l*

人名索引

ア

アイスキュロス Äschylus (Aischylos) 525-456 B.C.　14r, 19l, 339l, 341r, 377l, 392l, 479l, 511l, 513r

アイスナー Kurt Eisner 1867-1919　422r

アイヒェンドルフ Joseph Freiherr von Eichendorff 1788-1857　439r, 446r

アウアーバッハ Berthold Auerbach 1812-82　447l

アヴェナリウス Ferdinand Avenarius 1856-1923　323r

アウグスティヌス Aurelias Augustinus 354-430　144l

芥川龍之介 1892-1927　1r, 421r, 465l

浅野 晃 1901-90　467r

アディソン Joseph Addison 1672-1719　391r

アードラー Alfred Adler 1870-1937　213l, 566l

アドルノ Theodor Wiesengrund Adorno 1903-69　3r, 9l, 134l, 167l, 174l, 220l, 227l, 248r, 482r, 503l, 549r, 570l, 596r, 647l

アナクサゴラス Anaxagoras ca.500-ca.428 B.C.　341l

アナクシマンドロス Anaximandros 611-546以後B.C.　341l

姉崎正治（嘲風） 1873-1949　6r, 26l, 89l, 348r, 397l, 463l

アーノルド Matthew Arnold 1822-88　134l

阿部次郎 1883-1959　10l, 48l, 71l, 174r, 421r, 464r, 698l

安倍能成 1883-1966　174r, 421r, 464l, 697l

アーベル Karl-Otto Apel 1922-　212l

アポリネール Guillaume Apollinaire de Kostrowsky 1880-1918　271r

アポロ Apollo　11l, 64r, 94r, 513l

アラゴン Louis Aragon 1897-1982　270r

アリオン Arion (Ariōn)前7世紀頃　376r

アリストテレス Aristoteles 384-322 B.C.　3l, 12r, 159l, 179r, 262l, 376r, 505r

アリストファネス Aristophanes ca.445-ca.385 B.C.　574l

アルキビアデス Alkibiades ca.450-404 B.C.　19r, 278l

アルタイザー Thomas Altizer　184l

アルチュセール Louis Althusser 1918-90　17r, 588r

アルツィバーセフ Mikhail Petrovich Artsybashev 1878-1927　688l

アルテンブルク Peter Altenberg 1859-1919　212r

アルプ Hans Arb 1887-1966　636r

アルベール Henri Albert　353r

アレクサンダー大王 Alexander (der Große) 356-323 B.C.　18r, 221l

アーレント Hannah Arendt 1906-75　196l, 217r, 507r

アンドリアーン Leopold Ferdinand Freiherr von Andrian-Werburg 1875-1951　382r

アンドレーアス Friedrich Karl Andreas 1846-1930　212r

アンドレーエフ Leonid Nikolaevich Andreev 1871-1919　688l

アンドレール Charles Andler 1866-1933　21r, 52l, 634l, 653r

イ

イェイツ William Butler Yeats 1865-1939　22l, 186l

イェーガー Werner Wilhelm Jaeger 1888-1961　23l, 33l, 417l

イエス Jesus von Nasareth　16l, 20l, 23r, 130r, 143r, 199r, 252r, 263r, 486l, 524r, 526l, 566r, 602r, 668l, 684r, 699l

イェンス Walter Jens 1923-　193r

生田長江 1882-1936　26l, 421r, 464l, 487l, 689r

石川啄木 1886-1912　349r, 463r, 698l

伊東昇太 1928-　538l

イプセン Henrik Ibsen 1828-1906　27l, 223r, 310r, 317r, 556r, 636r

イレーネ Irene von Seydlitz　462l

イワーノフ Vyacheslav Ivanovich Ivanov 1866-1949　688l

インマーマン Karl Immermann 1796-1840　446r

ウ

ヴァイス Konrad Weiss 1880-1940　270l

ヴァイス Peter Weiss 1916-82　494r

ヴァイニンガー Otto Weininger 1880-1903　32l, 542r

ヴァーグナー（コージマ） Cosima Wagner 1837-1930　1r, 32r, 252r, 385r, 485l, 513l, 517l, 524r, 528l, 632r, 637l, 658l

ヴァーグナー（リヒャルト） Richard Wagner 1813-83　18r, 32r, 35l, 119r, 132r, 160r, 175r, 182r, 200r, 253l, 273r, 285l, 370r, 377l, 381l, 391l, 398l, 413r, 414r, 427l, 434l, 449l, 452l, 452r, 460l, 461r, 467r, 468r, 484r, 489r, 497l, 498l, 508l, 513l, 517l, 519r, 529l, 560r, 573l, 592l, 601l, 602r, 624r, 629r, 642l, 643l, 651l, 657r, 691r

ヴァッサーマン Jakob Wassermann 1873-1934　212r

ヴァッティモ Gianni Vattimo 1936-　424l

ヴァール Jean Wahl 1888-1974　418l, 424l

ヴァン・デ・ヴェルデ Henry Van de Velde 1863-1957　318l, 631l, 642r, 696l

ヴィーコ Giambattista Vico 1668-1744　686r

ウィトゲンシュタイン Ludwig Wittgenstein 1889-1951　437l

717

ヴィーネケン Gustav Wyneken 1875-1964　323*r*
ヴィラモーヴィッツ=メレンドルフ Ulrich von Wilamowitz-Moellendorff 1848-1931　23*l*, 33*l*, 39*r*, 375*l*, 377*r*, 515*r*, 651*r*, 682*r*, 691*l*
ヴィーラント Christoph Martin Wieland 1733-1813　215*r*, 447*r*
ウィルソン Collin Henry Wilson 1931-　34*l*
ヴィルヘルム2世 Wilhelm Ⅱ 1859-1941　20*l*, 69*r*
ヴィーレック Peter Viereck　418*r*
ヴィンケルマン Johann Joachim Winckelmann 1717-68　33*r*, 34*r*, 133*l*, 193*r*, 250*l*, 309*l*, 400*l*, 448*l*, 594*r*
ヴィンデルバント Wilhelm Windelband 1848-1915　290*l*
ヴェーガ Lope Félix de Vega Carpio 1562-1635　52*l*
ヴェーデキント Frank Wedekind 1864-1918　27*r*, 212*r*
ウェーバー（アルフレート）Alfred Weber 1868-1958　35*r*, 323*r*
ウェーバー（マクス）Max Weber 1864-1920　4*r*, 35*r*, 36*l*, 37*r*, 73*r*, 88*r*, 147*r*, 167*l*, 182*r*, 410*l*, 626*r*, 658*r*, 662*r*, 668*r*
ウェルズ Herbert George Wells 1866-1946　696*l*
ヴェルディ Giuseppe Verdi 1813-1901　435*r*, 517*l*
ヴェルニケ Christian Wernicke 1661-1725　127*l*
ヴェルハウゼン Julius Wellhausen 1844-1918　20*r*, 37*r*
ヴェルレーヌ Paul Marie Verlaine 1844-96　381*l*
ヴォーヴナルグ Luc de Clapiers, marquis de Vauvenargues 1715-47　128*l*, 450*l*, 633*l*
ヴォルタース Friedrich Wolters 1876-1930　157*l*
ヴォルツォーゲン Ernst von Wolzogen 1855-1934　642*r*
ヴォルテール Voltaire (François-Marie Arouet) 1694-1778　38*l*, 165*r*, 249*r*, 255*l*, 470*l*, 554*l*, 669*r*
ヴォルフ Friedrich August Wolf 1759-1824　194*l*, 680*l*
ヴォルフ Christian von Wolff 1679-1754　127*l*

ウォーレン Mark Warren　506*r*
ウーゼナー Hermann Usener 1834-1905　39*l*, 73*r*, 377*l*, 516*l*, 598*r*, 651*r*, 659*l*
内沼幸雄 1935-　538*l*
ウナムーノ Miguel de Unamuno y Jugo 1864-1936　74*l*
ウーラント Ludwig Uhland 1787-1862　446*r*

エ

エウリピデス Euripides ca.484/480-406 B.C.　12*r*, 16*r*, 64*l*, 157*r*, 339*l*, 375*r*, 511*l*, 513*r*, 685*l*
エッカーマン Johann Peter Eckermann 1792-1854　449*l*
エックハルト Meister Eckhart ca.1260-1327　131*r*
エートシュミット Kasimir Edschmid 1890-1966　531*l*
エピクロス Epikur (Epikuros) 341-270 B.C.　50*l*, 65*l*, 280*l*, 450*l*, 648*r*
エマーソン Ralph Waldo Emerson 1803-82　22*l*, 51*l*, 119*l*, 200*l*, 450*l*
エーラー Adalbert Oehler　53*l*
エーラー Max Oehler 1875-1946?　53*l*
エーラー Richard Oehler 1878-1948　52*r*, 577*l*, 696*r*
エリオット Thomas Stearns Eliot 1888-1965　53*r*
エリーザベト Elisabeth Förster-Nietzsche 1846-1935　53*l*, 98*r*, 153*r*, 212*l*, 272*l*, 318*l*, 355*l*, 417*r*, 451*r*, 452*r*, 462*l*, 510*r*, 524*l*, 536*r*, 696*l*, 697*r*
エリュアール Paul Eluard 1895-1952　270*r*
エルヴェシウス Claude-Adrien Helvétius 1715-71　121*l*
エルンスト Max Ernst 1891-1976　271*r*
エンゲルス Friedrich Engels 1820-95　230*r*, 238*l*, 386*r*, 492*r*
エンデル August Endell 1871-1925　642*r*
エンペドクレース Empedoklēs ca.493-ca.433 B.C.　341*l*

オ

オイケン Rudolf Eucken 1846-1926　490*l*

オイディプス Ödipus (Oidipous)　282*r*, 512*l*
オーヴァーベック Franz Overbeck 1837-1905　7*r*, 58*r*, 98*r*, 265*r*, 411*r*, 415*r*, 490*l*, 524*r*, 536*l*, 558*r*, 576*r*, 642*l*, 652*l*, 684*r*
オーヴァーベック（妻）Ida Overbeck 1848-1933　7*r*, 214*l*, 576*r*
大杉 栄 1885-1923　70*r*, 464*l*, 698*l*
オットー Walter F. Otto 1874-1958　73*r*, 196*l*
オッフェンバック Jacques Offenbach 1819-80　436*l*
オルデ Hans Olde 1855-1917　318*l*
オルテガ José Ortega y Gasset 1883-1955　74*l*
オルデンベルク Hermann Oldenberg 1854-1920　544*r*

カ

カイザー Georg Kaiser 1878-1945　532*l*
カイザーリング伯 Hermann Graf von Keyserling 1880-1946　212*r*
ガイベル Emanuel Geibel 1815-84　446*r*, 530*l*
カウフマン Walter Kaufmann 1921-80　365*r*, 418*l*
ガエード Edouard Gaéde　424*l*
郭沫若 1892-1978　689*r*
ガスト Peter Gast (Heinrich Köselitz) 1854-1918　34*r*, 98*l*, 152*l*, 175*r*, 199*l*, 202*r*, 279*l*, 296*l*, 435*r*, 642*l*, 693*r*
ガーダマー Hans-Georg Gadamer 1900-　78*l*, 85*r*, 99*l*, 334*r*, 371*l*, 611*l*, 683*l*
ガタリ Félix Guattari 1930-92　47*r*, 475*r*, 590*l*
カッシーラー Ernst Cassirer 1874-1945　290*l*, 479*l*
カティリーナ Lucius Sergius Catilina ca.108-62 B.C.　105*r*
金子馬治（筑水）1870-1937　464*l*
鹿子木員信 1884-1949　466*r*
カフカ Franz Kafka 1883-1924　106*l*
カフタン Julius Kaftan 1848-1926　684*r*
カマーベーク J. Kamerbeek　378*r*

人名索引 カミュ～コベル

カミュ　Albert Camus 1913-60　**112***l*
亀井勝一郎 1907-66　467*l*, 630*r*
カラ　Carlo Carrà 1881-1966　615*l*
カーライル　Thomas Carlyle 1795-1881　52*l*, **118***r*, 367*l*
カリオストロ　Alessandro conte di Cagliostro (Giuseppe Balsamo) 1743-95　**119***l*
カルデロン　Pedro Calderon de la Barca 1600-81　448*l*
カンギレーム　Georges Canguilhem 1904-　588*l*
カント　Immanuel Kant 1724-1804　30*r*, 54*r*, 88*l*, **120***l*, 127*r*, 163*l*, 167*r*, 180*l*, 237*l*, 240*l*, 250*l*, 257*l*, 268*l*, 283*r*, 285*l*, 309*r*, 364*l*, 375*r*, 394*l*, 405*r*, 447*l*, 480*l*, 507*l*, 518*r*, 567*r*, 631*r*, 660*r*

キ

キケロ　Marcus Tullius Cicero 106-43 B.C.　**122***l*, 249*r*, 633*r*
キリコ　Georgio di Chirico 1888-1978　271*r*, 415*l*
キリスト　Jesus von Nasareth 320*l*　→イエス
キルケゴール　Søren Aabye Kierkegaard 1813-55　29*r*, **144***r*, 180*r*, 211*l*, 229*r*, 540*r*, 556*r*, 638*l*

ク

クー　Emil Kuh 1828-76　175*l*
九鬼周造 1888-1941　231*l*
クセノファネス　Xenophanës 前6世紀頃　122*r*
グツコー　Karl Gutzkow 1811-78　119*r*, 447*l*
久世見蕪村 1860-1925　464*l*
久保勉 1883-1972　174*r*
クライスト　Heinlich von Kleist 1777-1811　120*r*, 374*l*, 446*r*
クラーゲス　Ludwig Klages 1872-1956　93*l*, **154***r*, 254*l*, 298*r*, 473*l*, 479*r*, 492*r*
グラッシ　Ernesto Grassi 1902-74*l*
クラーマー　Arnold Kramer 1863-1918　318*l*
クリーク　Ernst Krieck 1882-1947　419*r*, 581*r*
クリステヴァ　Julia Kristeva 1941-336*r*
グリム（兄弟）　Jacob Grimm 1785-1863; Wilhelm Grimm 1786-1859　446*r*
グリム　Reinhold Grimm 1942-562*l*
クリムト　Gustav Klimt 1862-1918　603*r*
クリンガー　Max Klinger 1857-1920　318*l*, 385*l*
クルーク　Gustav Krug 1843-1902　546*l*, 641*l*
クルツィウス　Ernst Robert Curtius 1886-1956　88*r*, 674*r*
グルリック　Danko Grlic　424*l*
クロイツェル　Georg Friedrich Creuzer 1771-1858　**155***r*, 490*l*
クロソウスキー　Pierre Klossowski 1905-　28*r*, 45*l*, **156***l*, 210*r*, 253*l*, 308*l*, 424*l*
グロデック　Georg Groddeck　564*l*
クロプシュトック　Friedrich Gottlieb Klopstock 1724-1803　446*r*
クロポトキン　Pyotr Alekseevich Kropotkin 1842-1921　689*l*
桑木厳翼 1874-1946　397*l*, 464*l*
クンツェ　Johanna Maria Luisa Kunze　573*l*
クンデラ　Milan Kundera 1929-　261*l*
グンドルフ　Friedrich Gundolf (Friedrich Gundelfinger) 1880-1931　**156***r*, 611*l*
クンナス　Tarmo Kunnas 1942-290*l*

ケ

ゲオルゲ　Stefan George 1868-1933　**169***r*, 319*r*, 324*l*, 354*r*, 492*r*, 531*l*, 575*l*, 575*r*, 627*l*
ケーゲル　Fritz Koegel 1860-1904　20*l*, 597*r*
ケージ　John Cage 1912-　655*l*
ケストナー　Erich Kästner 1899-1974　636*r*
ケスラー　Harry Graf Kessler 1868-1937　318*l*
ゲッベルス　Paul Joseph Goebbels 1897-1945　157*l*, 171*l*, 418*r*
ゲーテ　Johann Wolfgang von Goethe 1749-1832　8*l*, 88*r*, 133*l*, 160*l*, **171***l*, 194*l*, 243*l*, 252*l*, 287*r*, 338*l*, 351*l*, 365*l*, 391*r*, 394*l*, 390*l*, 443*r*, 446*l*, 452*r*, 485*r*, 516*r*, 527*l*, 529*l*, 669*r*, 696*l*
ケーベル　Raphael von Koeber 1848-1923　26*l*, **174***r*, 464*r*
ケラー　Gottfried Keller 1819-90　**175***l*, 263*l*, 449*l*
ゲーラー　Georg Göhler 1874-1954　440*l*
ゲーリング　Hermann Göring 1893-1946　418*r*
ゲルー　Martial Gueroult　424*l*
ゲルヴィーヌス　Georg Gottfried Gervinus 1805-1871　446*l*
ゲルスドルフ　Carl Freiherr von Gersdorff 1844-1904　**175***r*, 434*l*, 544*r*, 546*l*, 640*r*, 641*l*
ゲルツェン　Aleksandr Ivanovich Gertsen 1812-70　**176***l*, 601*r*
ゲルツェン（オルガ）　Olga Monot, geb. Herzen　176*l*, 601*r*
ゲルツェン（ナターリエ）　Natalie Gertzen 1844-1936　176*l*, 602*l*
ケルナー　Justinus Kerner 1786-1862　446*r*
ケレーニー　Karl Kerényi (Kerényi Károly) 1897-1973　**176***l*, 691*l*

コ

高坂正顕 1900-69　131*r*
高山岩男 1905-　131*r*
コーエン　Hermann Cohen 1842-1918　290*l*
コジェーヴ　Alexandre Kojève 1902-68　211*l*, 570*l*
コージマ　→ヴァーグナー（コージマ）
コッツェブー　August Friedrich Kotzebue 1761-1819　288*l*, 449*l*, 473*r*
ゴットシャル　Rudolf von Gottschall 1823-1909　446*l*
ゴーティエ　Théophile Gautier 1811-72　592*l*, 633*l*
コーバーシュタイン　Karl August Koberstein 1797-1870　287*r*
小林秀雄 1902-83　**201***r*, 466*l*
ゴビノー　Clément Serpeille de Gobineau 1816-82　508*l*
コフマン　Sarah Kofman 1934-94　9*r*, 368*l*
コペルニクス　Nicolaus Copernicus 1473-1543　587*r*

コメレル　Max Kommerell 1902-44　170r

コリ　Giorgio Colli 1917-79　20*l*, 199*l*, 202*l*, 272*l*, 355*l*, 424*l*

ゴーリキー　Maksim Gorkii (Aleksei Maksimovich Peshkov) 1868-1936　688*l*

コルセン　Paul Wilhelm Corssen 1820-75　190*r*, 659*l*

コルネリウス　Hans Cornelius 1863-1947　595*l*

コレ　Kurt Kolle　538*l*

コロンブス　Christoph Columbus (Christoforo Colombo) ca.1446-1506　203*r*, 216*r*, 279*l*, 649*l*

ゴングール(兄弟)　Edmond Huot de Goncourt 1822-96; Jules Huot de Goncourt 1830-70　204*l*, 214*l*, 450*r*

コント　Auguste Comte 1798-1857　38*r*, 187*r*, 204*r*, 228*l*, 616*l*

コンドルセ　Marie Jean Antoine Nicolas de Caritat, Marquis de Condorcet 1743-94　633*l*

コンラディ　Hermann Conradi 1862-90　319*r*

コンラート　Michael Georg Conrad 1846-1927　317*l*

サ

サイード　Edward W. Said 1935-　37*r*, 673*r*

斎藤茂吉　1882-1953　465*l*, 538*l*

ザイドリッツ　Reinhart Freiherr von Seydlitz 1850-1931　462*l*

ザイドル　Althur Seidl 1863-1928　20*l*

サヴィニー　Friedrich Karl von Savigny 1779-1861　270*l*, 680*r*

サテュロス　Satyr (Satyros)　207*r*

サド　Donatien-Alphonse-François Sade (marquis de Sade) 1740-1814　163*r*, 167*r*, 381*r*

ザーリス　Meta von Salis-Marschlins 1855-1926　210*l*

ザリーン　Edger Salin 1892-1974　558*l*

サルスティウス　Gaius Sallustius Crispus 86-34 B.C.　190*r*, 210*l*, 248*r*

ザルテン　Felix Salten 1869-1945　212*r*

サルトル　Jean-Paul Sartre 1905-80　47*l*, 114*l*, 210*r*, 229*l*, 621*r*

ザロメ　Lou Andreas-Salomé 1861-1937　26*r*, 27*r*, 48*l*, 75*r*, 98*r*, 114*l*, 212*l*, 228*l*, 251*r*, 289*l*, 296*r*, 317*r*, 384*l*, 439*r*, 523*r*, 524*r*, 536*l*, 556*l*, 563*l*, 598*l*, 647*l*, 663*r*, 676*r*, 693*l*

サン・テヴルモン　Charles de Marguetel de Saint-Denis de Saint-Évremont 1616-1703　267*r*

サンド　George Sand (Aurore Dupin, baronne Dudevant) 1804-76　213*r*, 284*r*

サント・ブーヴ　Charles-Augustin de Sainte-Beuve 1804-69　214*l*, 450*r*

シ

シェイクスピア　William Shakespeare 1564-1616　215*r*, 446*r*, 556*l*

シェストフ　Léo Chestov (Lev Isaakovich Shvartsman) 1866-1938　412*l*, 465*l*, 688*r*

シェッフェル　Joseph Viktor von Scheffel 1826-86　288*r*

ジェームズ　William James 1842-1910　506*l*

シェーラー　Max Scheler 1874-1928　58*r*, 154*r*, 155*r*, 216*r*, 378*l*, 410*l*, 662*r*, 668*r*

シェリング　Friedrich Wilhelm Joseph von Schelling 1775-1854　180*r*, 229*l*, 357*l*, 392*r*, 401*l*, 497*r*, 519*l*

シェンク・フォン・シュタウフェンベルク　Claus Schenk von Stauffenberg 1907-44　170*r*

シェーンベルク　Arnold Schönberg 1874-1951　610*r*

シクロフスキー　Viktor Borisovich Shklovskii 1916-　412*r*

シーザー　Cäsar (Gaius Julius Caesar) 100-44B.C.　199*l*, 210*l*, 221*l*, 333*l*, 366*l*

信太正三　1912-　465*r*

ジッド　André Gide 1869-1951　232*l*, 318*l*, 353*r*, 696*l*

シャフツベリー　Third Earl of Shaftesbury 1671-1713　391*r*

シャミッソー　Adelbert von Chamisso 1781-1838　439*r*

ジャルー　Edmond Jalloux 1878-1949　353*r*

ジャン・パウル　Jean Paul (Johann Paul Friedrich Richter) 1763-1825　127*r*, 159*l*, 266*r*, 365*l*, 449*l*

シャンフォール　Nicolas Sébastien Roch de Chamfort 1741-94　128*l*, 239*r*, 450, 556*l*

シュヴァイツァー　Albert Schweitzer 1875-1965　184*l*, 264*l*

シュヴェーグラー　Albert Schwegler 1819-57　684*l*

シュタイガー　Emil Staiger 1908-78*l*

シュタイナー　Rudolf Steiner 1861-1925　293*r*, 636*r*, 642*r*

シュタイン　Heinrich von Stein 1857-87　119*l*, 262*r*, 258*l*

シュタットラー　Ernst Stadler 1883-1914　531*l*

シュッツ　Heinrich Schütz 1585-1672　402*r*, 658*l*

シュティフター　Adalbert Stifter 1805-68　175*l*, 263*l*, 449*l*

シュティルナー　Max Stirner (Caspar Schmidt) 1806-56　32*l*, 498*r*, 689*l*

シューティング　Chr. Steding　419*r*

シュトーカー　Hendrik G. Stoker　662*r*

シュトラウス (ダーフィト)　David Friedrich Strauß 1808-74　23*r*, 135*r*, 232*r*, 238*l*, 249*r*, 255*l*, 263*r*, 393*l*, 447*l*, 500*l*, 524*r*, 659*r*, 684*l*

シュトラウス (リヒャルト)　Richard Strauß 1864-1949　264*r*, 318*l*, 642*r*, 696*l*

シュトラム　August Stramm 1874-1915　531*r*

シュニッツラー　Arthur Schnitzler 1862-1931　212*r*

ジュネ　Jean Genet 1910-86　211*r*, 265*l*

シュピーア　Afrikan Spir 1837-90　55*l*, 272*l*

シュピッテラー　Carl Spitteler 1845-1924　265*r*, 449*l*

シュピールハーゲン　Friedrich Spielhagen 1829-1911　87*r*, 449*l*

シューベルト　Franz Schubert 1797-1828　439*r*

シュペングラー　Oswald Spengler 1880-1936　265*r*, 479*l*, 540*l*, 614*r*, 654*l*

人名索引 シュー〜ディオ

シューマッハー Fritz Schumacher 1869-1947　318*l*
シューマン Robert Schumann 1810-56　**266***r*, 436*l*, 439*r*
シュミット Julien Schmidt 1818-86　446*l*
シュミット Carl Schmitt 1888-1985　36*r*, **269***r*
シュライエルマッハー Friedrich Ernst Daniel Schleiermacher 1768-1834　85*r*, 394*l*, 482*r*, 683*l*
シュルツ Carl Schurz 1829-1906　87*l*
シュレーゲル August Wilhelm von Schlegel 1767-1845　215*r*
シュレーゲル Friedrich von Schlegel 1772-1829　127*r*, 198*l*, 519*l*
シュレゼール Boris de Schloezer 424*l*
シュレヒタ Karl Schlechta 1904-85　20*l*, 66*r*, 202*r*, **271***r*, 355*l*, 440*r*, 469*r*
ジョイス James Joyce 1882-1941　**273***l*
ショウ George Bernard Shaw 1856-1950　**273***r*, 319*r*, 369*l*, 614*r*
ショースキー Carl E. Soorske 1915-　603*r*
ショパン Fryderyk (Fréderic) Chopin 1810-49　213*r*, 436*l*, 520*l*
ショーペンハウアー Arthur Schopenhauer 1788-1860　6*r*, 8*l*, 13*r*, 25*r*, 31*l*, 44*l*, 50*r*, 67*r*, 94*r*, 120*r*, 124*l*, 129*l*, 130*l*, 137*l*, 161*l*, 165*r*, 172*r*, 175*r*, 177*l*, 181*l*, 190*l*, 204*r*, 240*l*, 250*l*, 267*r*, 283*l*, **284***r*, 295*l*, 309*r*, 341*r*, 357*l*, 385*r*, 386*l*, 391*l*, 395*r*, 402*r*, 405*r*, 427*l*, 434*l*, 440*r*, 443*r*, 449*l*, 460*r*, 497*r*, 498*r*, 515*l*, 520*l*, 544*l*, 568*r*, 571*l*, 623*l*, 631*r*, 633*r*, 637*l*, 650*l*, 651*l*, 660*r*, 670*r*, 697*l*
ジョーンズ Ernest Jones 1879-1958　563*l*
シラー Johann Christoph Friedrich von Schiller 1759-1805　12*r*, 159*r*, 198*l*, 225*r*, 275*l*, **287***r*, 394*l*, 398*l*, 446*l*, 452*r*, 696*l*
神保光太郎 1905-90　466*r*
ジンメル Georg Simmel 1858-1918　48*l*, **294***r*, 347*r*, 368*r*, 531*l*, 665*l*, 697*r*

ス

スアーレス Francisco Suáres 1548-1617　180*l*
スイダス Suidas　375*l*
スウィンバーン Algernon Charles Swinburne 1837-1909　353*l*
スウェーデンボリ Emanuel Swedenborg 1688-1772　22*r*, 486*l*
スコット Walter Scott 1771-1832　497*l*
スタイナー George Steiner 1929-　**308***r*
スターン Lawrence Sterne 1713-68　128*l*, 450*l*
スタンダール Stendhal (Henri Beyle) 1783-1842　22*l*, **309***l*, 384*r*, 450*r*, 556*l*, 654*l*
ステュアート・ヒューズ H. Stuart Hughes 1916-　563*l*
ストリンドベリ August Strindberg 1849-1912　27*l*, 211*r*, 223*r*, **310***r*, 385*l*, 556*r*, 636*r*
スピノザ Baruch de Spinoza 1632-77　220*r*, **311***l*, 450*l*, 643*l*
スペンサー Herbert Spencer 1820-1903　25*l*, 187*r*, **312***r*
スポー Philippe Soupault 1897-1990　270*r*
スミス Adam Smith 1723-90　162*l*
スロータダイク Peter Sloterdijk 1947-　115*r*, **313***l*

セ

セネカ Lucius Annaeus Seneca ca.4 B.C.-65 A.D.　122*l*, 288*r*
セリーヌ Louis Ferdinand Céline 1894-1961　336*l*, 615*l*, 695*r*

ソ

ソクラテス Sokrates 470-399 B.C.　29*l*, 91*l*, 100*r*, 152*r*, 157*r*, 218*r*, 278*l*, **338***r*, 363*r*, 375*r*, 442*r*, 511*r*, 514*l*, 527*r*, 571*r*, 578*l*, 599*l*, 664*l*
ソシュール Ferdinand de Saussure 1857-1913　438*r*
ソフォクレス Sophokles ca.496-406 B.C.　14*r*, 339*l*, 341*r*, 448*l*, 511*l*, 513*r*
ゾラ Emile Zola 1840-1902　204*l*, 223*r*, 556*l*
ゾルゲ Reinhard Johannes Sorge 1892-1916　532*r*
ソレル Georges Sorel 1847-1922　**343***r*, 476*r*, 586*l*
ソロビヨフ Vladimir Sergevich Soloviyov 1853-1900　688*l*
ソンタグ Susan Sontag 1933-　**344***r*

タ

タイヒミュラー Gustav Teichmüller 1832-88　55*l*
ダーウィン Charles Robert Darwin 1809-82　24*r*, 286*l*, 347*l*, 441*l*
ダウテンダイ Max Dauthendey 1867-1918　317*l*
高山樗牛 1871-1902　6*r*, 26*l*, **348***l*, 353*r*, 463*l*, 698*l*
タキトゥス Tacitus Cornelius ca.55-115以後　252*l*
太宰 治 1909-48　467*l*
田中克己 1911-　466*r*
ダヌンツィオ Gabriele D'Annunzio 1863-1938　59*r*, 353*r*, 696*l*
タレス Thales (Thalès) ca.640(624)-ca.546 B.C.　140*r*, 341*l*
檀 一雄 1912-76　467*l*
ダーン Julius Sophus Felix Dahn 1834-1912　146*r*

チ

チェンバレン Houston Stewart Chamberlain 1855-1927　624*l*

ツ

ツァラトゥストラ Zarathustra　17*l*, 107*l*, 367*l*, 371*l*
ツィーグラー Theobald Ziegler 1846-1918　348*r*
ツヴァイク Stefan Zweig 1881-1942　114*r*, **374***l*
ツェノン Zēnōn ca.460(50)B.C.　343*l*
ツェラー Eduard Zeller 1814-1908　375*r*, 684*l*
辻 邦生 1925-　466*l*
筒井康隆 1934-　**374***l*, 466*l*
坪内逍遥 1859-1935　25*r*, 463*l*

テ

ディオゲネス Diogenes von Sinope

721

?-323 B.C. 232*l*, 313*l*, 648*r*

ディオゲネス・ラエルティオス Diogenes Laertios 375*l*

ディオニュソス Dionysos 11*l*, 17*l*, 64*r*, 207*r*, 224*l*, 252*r*, 276*r*, 320*r*, 376*r*, 513*r*

ティーク Ludwig Tieck 1773-1853 215*r*, 446*r*

ディテュランボス Dithyrambus (Dithyrambos) 63*l*, 208*l*, 501*r*

ディーデリヒス Eugen Diederichs 1867-1930 323*r*

ディドロ Denis Diderot 1713-84 268*l*

ティリッヒ Paul Tillich 1886-1965 184*l*

ディールス Hermann Diels 1848-1922 375*l*

ディルタイ (カール) Carl Dilthey 1839-1907 377*l*

ディルタイ (ヴィルヘルム) Wilhelm Dilthey 1833-1911 39*r*, 74*l*, 85*r*, 159*r*, 263*l*, 318*l*, 377*l*, 465*l*, 479*l*, 490*l*, 575*l*, 681*l*

テオグニス (メガラの) Theognis 544-41 B.C.頃活躍 375*l*, 377*l*

テオクリトス Theokrit (Theokritos) ca. 300-260 B.C. 448*l*

デカルト René Descartes 1596-1650 77*l*, 148*r*, 383*l*, 480*l*, 670*r*

テーセウス Theseus 16*r*

テニエス Ferdinand Tönnies 1855-1936 384*l*

テーヌ Hippolyte Adolphe Taine 1828-93 152*l*, 384*r*, 450*r*, 556*l*, 632*r*, 692*l*

デーブリン Alfred Döblin 1878-1945 531*l*

テミストクレス Themistokles ca.524-459 B.C. 19*r*

デーメル Richard Dehmel 1863-1920 265*l*, 318*l*, 385*l*, 531*l*

デモクリトス Dēmokritos ca.460-ca.370 B.C. 341*l*

デモステネス Demosthenes 384-322 B.C. 249*r*

デューラー Albrecht Dürer 1471-1528 2*r*, 286*r*, 385*r*

デューリング Karl Eugen Dühring 1833-1921 55*l*, 229*l*, 236*l*, 353*l*, 386*l*, 498*r*, 508*r*, 667*l*

デリダ Jacques Derrida 1930- 24*l*, 79*r*, 118*l*, 154*l*, 186*r*, 210*r*, 326*r*, 350*l*, 386*r*, 570*l*, 589*r*

ト

ドイッセン Paul Jakob Deussen 1845-1919 6*r*, 31*l*, 87*l*, 318*l*, 395*r*, 443*r*, 490*l*, 495*r*, 544*r*, 546*l*, 598*r*, 641*l*, 651*r*, 697*r*

ドイブラー Theodor Däubler 1876-1934 270*l*

トゥキュディデス Thukydides ca.455-399/396 B.C. 252*l*, 583*r*

トゥルゲーネフ Ivan Sergeevich Turgenev 1818-83 454*l*,688*r*

ドゥルーズ Gilles Deleuze 1925-47*r*, 83*l*, 103*l*, 287*r*, 358*l*, **410***l*, 424*r*, 475*r*, 569*r*, 579*l*, 589*r*, 655*l*, 669*l*

ドゥンス・スコートゥス Johannes Duns Scotus ca.1265-ca.1308 180*l*

ドストエフスキー Fyodor Mikhailovitsch Dostoevskii 1821-81 21*l*, 223*r*, **411***r*, 465*l*, 556*r*, 688*l*

ドッズ Eric Robertson Dodds 1893-1979 12*l*, 691*l*

ドデー Léon Daudet 1867-1942 1*l*

登張信一郎（竹風） 1873-1955 26*l*, 349*r*, 463*l*, 557*r*

トマジウス Christian Thomasius 1655-1728 127*l*

トマス・アクィナス Thomas Aquinas 1225/6-74 180*l*

ド・マン Paul de Man 1919-83 24*l*, 117*l*, 368*l*

トラー Ernst Toller 1893-1939 368*r*, 422*r*, 532*r*, 613*r*

トライチュケ Heinrich von Treitschke 1834-96 87*r*, 253*r*, 333*r*, **413***l*

ドラクロワ Eugène Delacroix 1798-1863 213*r*, 381*l*, **413***r*, 481*r*, 496*r*

ドリュー・ラ・ロシェル Pierre Drieu la Rochelle 1893-1945 1*r*

トルストイ Aleksei Konstantinovich Tolstoi 1817-75 20*r*, 212*r*, 223*r*, 462*r*, 657*r*

トレルチ Ernst Troeltsch 1865-1923 501*l*, 683*l*

ドロイゼン Johannes Gustav Droysen 1808-84 681*l*

ナ

ナウマン Gustav Naumann 493*l*
中村草田男 1901-83 465*l*
夏目漱石 1867-1916 25*r*, 197*l*, 420*r*, 463*r*, 697*r*
ナトルプ Paul Natorp 1854-1924 290*l*
ナポレオン Napoléon Bonaparte 1769-1821 105*r*, 172*l*, 186*r*, 221*l*, 334*l*, 366*l*, **422***l*, 450*l*, 516*r*, 554*r*, 675*r*

ニ

ニーキッシュ Ernst Niekisch 1889-1967 **422***r*
西尾幹二 1935- 199*r*, 439*l*, 466*l*
西田幾多郎 1870-1945 10*l*, 131*r*, 464*r*, 611*l*, 697*r*
西谷啓治 1900- 131*r*
ニーチェ (父) Carl Ludwig Nietzsche 1813-49 451*l*
ニーチェ (母) Franziska Nietzsche 1826-97 451*l*
ニーチェ (妹) →エリーザベト
日蓮 1222-82 349*r*
ニーブール Barthold Georg Niebuhr 1776-1831 337*r*
ニューマン Ernest Newman 1868-1959 436*l*
ニン Anais Nin 1903-77 614*l*

ノ

ノイマン Erich Neumann 1905-60 663*l*
ノヴァーリス Novalis (Friedrich Leopold Freiherr von Hardenberg) 1772-1801 127*r*, 270*r*, 351*r*, 519*l*
ノルテ Ernst Nolte 1923- **475***r*

ハ

ハイテ F. A. Heydte 1907-86 270*l*
ハイデガー Martin Heidegger 1889-1976 8*l*, 48*l*, 62*l*, 78*r*, 99*l*, 104*l*, 110*l*, 154*l*, 215*l*, 227*l*, 229*l*, 242*l*, 260*r*, 296*l*, 315*r*, 322*l*, 322*r*, 343*r*, 350*l*, 358*l*, 369*l*, 386*r*, 424*r*, 457*l*, 465*l*, **478***l*, 540*l*, 569*r*, 582*r*, 595*l*, 606*r*, 611*l*, 630*l*, 634*r*, 638*r*, 677*r*, 683*l*, 697*l*, 698*l*

ハイネ　Heinrich Heine 1797-1856　7r, 243l, 252l, 351r, 393r, 401l, 446r, 452r, **481**l
ハイム　Georg Heym 1887-1912　531l
バイロン　George Gordon Byron 1788-1824　365l, 439r, 446r, 452r, **485**l
バウアー　Bruno Bauer 1809-82　392r, 524r, 684l
ハウプトマン　Gerhart Hauptmann 1862-1946　223r, 317r, 696l
バウムガルテン　Alexander Gottlieb Baumgarten 1714-62　518r
バウムガルトナー　Marie Baumgartner 1831-97　560l
バウル　Ferdinand Christian Baur 1792-1860　684l
パウルス　Heinrich Eberhard Gottlob Paulus 1761-1851　263r
パウロ　Paulus (Paulos) ca.10-64　21l, 130r, 144l, 252r, 277l, 364l, **485**l, 668l
パウンド　Ezra Loomis Pound 1885-1972　**486**l
芳賀　檀　1903-93　420l, 465r, 466r, 467r
萩原朔太郎　1886-1942　465l, **486**r
バクーニン　Mikhail Aleksandrovich Bakunin 1814-76　230r, 460r
バシュラール　Gaston Bachelard 1884-1962　588r
パス　Octavio Paz 1914-　481r
パスカル　Blaise Pascal 1623-62　7r, 205l, 240l, 346l, 411r, 450l, **488**l, 553r, 633l
長谷川天渓　1876-1940　349r
バタイユ　Georges Bataille 1897-1962　97r, 210r, 224l, 271l, 335r, 369r, **490**l, 522l, 570l, 615l, 646r
波多野精一　1877-1950　174r
バックル　Henry Thomas Buckle 1821-62　24r
バッハ　Johann Sebastian Bach 1685-1750　400l
バッハオーフェン　Johann Jakob Bachofen 1815-87　490l, **491**l, 542l, 577l
ハートマン　Geoffrey Hartmann 1929-　24l
パトロッホ　P. P. Pattloch　270l
パネート　Josef Paneth 1858-90　503l
ハーバーマス　Jürgen Habermas 1929-　5r, 48r, 168r, 254r, 267l, 475r, **493**l, 504l, 522r, 551l, 596r, 626l, 647l
ハミルトン　William Hamilton　184l
ハムズン　Knut Hamsun 1859-1952　212r, 636r
原佑　1916-76　465r
パラント　Georges Palante　71l
ハリー・ケスラー伯　Harry Graf Kessler 1868-1937　696l
バリバール　Etienne Balibar 1942-　588r
バル　Huge Ball 1886-1927　532r, 636r
バール　Hermann Bahr 1863-1934　380r
バルザック　Honoré de Balzac 1799-1850　22r, 450r, **496**r, 674r
ハルト（兄弟）　Heinrich Hart 1855-1906; Julius Hart 1859-1930　317r
バルト　Karl Barth 1886-1968　59l, 184l
バルト　Roland Barthes 1915-80　588l
ハルトマン　Eduard von Hartmann 1842-1906　174r, **497**r, 500r, 636l
ハルトレーベン　Otto Erich Hartleben 1864-1905　420l
ハルナック　Adolf von Harnack 1851-1930　684l
パルメニデス　Parmenides ca.500 (475?) -? B.C.　157r, 211r, 341l
バレス　Maurice Barrès 1862-1923　696l
パン　Pan　63r
バーンゼン　Julius Bahnsen 1830-81　498r

ヒ

ヒエロニムス　Sophronius Eusebius Hieronymus ca.347-419/20　660r
ピカビア　Francis Martínez de Picabia 1897-1953　270r
氷上英広　1911-86　466l
ビスマルク　Otto Eduard Leopold Fürst von Bismarck 1815-98　21r, 68r, 191l, 398l, 413l, **516**l, 546l
ビゼー　Georges Bizet 1838-75　263l, 415l, 435r, **516**r, 624r
ヒトラー　Adolf Hitler 1889-1945　53l, 417r, 452l, 696r
ヒムラー　Heinrich Himmler 1900-45　418r
ヒューエル　William Whewell 1794-1866　440l
ヒューズ　→スチュアート・ヒューズ
ピュタゴラス　Pythagoras ca.571-ca.497 B.C.　341l, **527**r
ピュティア　Pythia　282r
ヒューム　David Hume 1711-76　25l
ビューロー　Hans von Bülow 1830-94　32r, 440l, **528**l, 679r
ピュロン　Pyrrho (Pyrrhon) ca.360-ca.270 D.C.　263l
ビョルンソン　Bjørnstjerne Bjørnson 1832-1910　636r
ヒラー　Kurt Hiller 1885-1972　531r, 615r
ヒルデブラント　Kurt Hildebrandt 1881-1966　170l, 537l
ヒレブランド　Karl Hillebrand 1829-84　**538**l
ビロー　Henri Birault　424l
ピロン　Philo von Alexandrien ca.20 B.C.-40 A.D.　18l
ビンスワンガー　Otto Binswanger 1852-1924　536l, 654l
ピンダー　Wilhelm Pindar 1844-1928　546l, 641l
ピンダロス　Pinder (Pindaros) ca.518-ca.446 B.C.　49l, 523l, 662r, 679r
ピントゥス　Kurt Pinthus 1886-1975　532l

フ

ファイヒンガー　Hans Vaihinger 1852-1933　318l, **539**r
フィッシャー　Friedrich Theodor von Vischer 1807-87　232r
フィッシャー（フィッシャー＝ビルフィンガー）　Wilhelm Vischer-Bilfinger 1808-74　489l
フィヒテ　Johann Gottlieb Fichte 1762-1814　180r, 394l
フィールディング　Henry Fielding 1707-54　128r
フィンク　Eugen Fink 1905-75　107r, 165l, 373r
フェルスター　Bernhard Förster 1843-89　452l, 510r

フォイエルバッハ Ludwig Andreas Feuerbach 1804-72　158*l*, 460*r*, 684*l*
フォルクマン Diedrich Volkmann 1838-1903　659*l*
フォンターネ Theodor Fontane 1819-98　244*r*
フォントネル Bernard Le Bovier de Fontenelle 1657-1757 128*l*, 450*l*
深田康算 1878-1928　174*r*
フクヤマ Francis Fukuyama 1952- 506*r*
フーコー Michel Foucault 1926-84 84*r*, 111*l*, 121*r*, 185*l*, 210*r*, 410*l*, 424*l*, 474*r*, 493*r*, **542*r***, 558*r*, 564*r*, 588*r*
プーサン Nicolas Poussin 1593-1665　50*r*, 413*r*
フックス Carl Fuchs 1838-1922 98*r*
フッサール Edmund Husserl 1859-1938　28*r*, 78*l*, 181*r*, 443*l*
仏陀 466-386 B.C. (564-484 B.C.) 252*r*, 445*r*, **554*l***, 648*r*
フライターク Gustav Freitag 1816-95　449*l*
ブラヴァツキー Elena Petrovna Blavatsky 1831-91　22*r*
プラトン Plato (Platon)　427-347 B.C.　93*r*, 95*l*, 119*r*, 142*r*, 153*r*, 157*l*, 159*l*, 249*l*, 278*l*, 282*l*, 330*l*, 450*l*, 477*l*, **546*r***, 578*l*
ブラームス Johannes Brahms 1833-97　436*l*
ブランキ Louis-Auguste Blanqui 1805-81　49*l*, 151*r*, 183*r*, **548*l***, 580*r*
ブランショ Maurice Blanchot 1907- 551*l*
フランス（アナトール・フランス） Anatole France (Jacques Anatole Thibaut) 1844-1924 450*r*, 632*l*, 696*l*
ブランデス Georg Brandes (Morris Cohen) 1842-1927　27*r*, 144*r*, 223*r*, 310*r*, 317*r*, 411*r*, 463*l*, **555*r***, 642*r*, 643*l*
フーリエ Charles Fourier 1772-1837 557*r*
フリードリヒ2世 Friedrich Ⅱ. 1194-1250　402*r*
フリードリヒ2世（大王） Friedrich Ⅱ., der Große 1712-86 402*r*
フリードリヒ・ヴィルヘルム4世 Friedrich Wilhelm Ⅳ 1795-1861　393*l*, 451*l*
ブリュンティエール Ferdinand Brunetière 1849-1906　450*r*
古井由吉 1937-　622*l*
ブルクハルト（マクス） Max Burckhard 1854-1912　603*r*
ブルクハルト（ヤーコブ） Jacob Burckhardt 1818-97　22*l*, 27*l*, 172*r*, 176*r*, 191*r*, 230*r*, 243*l*, 307*r*, 393*l*, 415*r*, 471*r*, 489*r*, 499*l*, 558*l*, 568*r*, 573*l*, 635*l*, 642*l*, 674*r*, 683*l*
ブールジェ Paul Bourget 1852-1935　204*r*, 213*r*, 450*r*, 459*r*, **559*r***, 592*l*, 632*l*, 689*l*
プルタルコス Purtarch (Purtarkos) ca.46-120　278*l*, **560*l***, 637*l*
ブルデュー Pierre Bourdieu 1930-134*r*
フルトヴェングラー Wilhelm Furtwängler 1886-1954　468*l*, **560*r***
ブルトン André Breton 1896-1966 270*r*
プルードン Pierre Joseph Proudhon 1809-65　460*r*
ブルーム Allan Bloom 1930-92 505*l*, **561*l***
ブレイク William Blake 1757-1827 22*l*, 84*l*
フレーゲ Gottlob Frege 1848-1925 437*r*
プレスナー Helmuth Plessner 1892-1985　161*r*, 500*l*
ブレヒト Bertolt Brecht 1898-1956 **561*l***
フレーブニコフ Velemir Vladimilovich Khlebnikov 1885-1922 688*r*
フレーベル Friedrich Wilhelm August Fröbel 1782-1852 601*l*
フロイト Sigmund Freud 1856-1939　58*l*, 127*l*, 132*l*, 213*l*, 270*r*, 274*l*, **562*r***, 576*r*, 582*r*, 589*r*, 605*l*, 606*r*, 616*l*, 646*l*, 662*r*
フロイント Robert Freund 1852-1936　175*l*
ブローク Aleksandr Aleksandrovich Blok 1880-1921　688*l*
プロタゴラス Prōtagoras ca.500-ca.400 B.C.　343*l*
ブロックハウス Hermann Brockhaus 1806-77　285*l*
ブロッホ Ernst Bloch 1885-1977 565*l*
フローベール Gustave Flaubert 1821-80　213*r*, 450*r*, **568*l***
プロメテウス Prometheus　391*r*, 512*l*, 640*l*
フローレンツ Karl Florenz 1865-1939　463*l*
ブロンデル Eric Blondel　153*l*
フンボルト Wilhelm von Humboldt 1767-1835　133*l*, 194*l*, 398*r*, 680*r*

ヘ

ベーク August Boeckh 1785-1867 659*l*, 681*l*
ヘーゲル Georg Wilhelm Friedrich Hegel 1770-1831　55*l*, 133*r*, 145*r*, 154*r*, 159*r*, 168*r*, 180*r*, 183*r*, 196*l*, 219*r*, 229*r*, 270*l*, 282*r*, 285*r*, 337*r*, 354*l*, 383*r*, 392*r*, 411*l*, 448*l*, 497*r*, 519*l*, 565*r*, **568*r***, 579*l*, 678*l*, 680*r*
ベーコン Francis Bacon 1561-1626 25*l*, 148*r*, 216*l*
ヘシオドス Hesiod (Hesiodos) 前8-7世紀　583*r*
ペーター Walter Haratio Peter 1839-94　353*l*
ペータース Uwe Henrik Peters 538*l*
ベックマン Max Beckmann 1884-1950　114*r*
ベックリーン Arnold Böcklin 1827-1901　385*l*
ヘッケル Ernst Heinrich Haeckel 1834-1919　294*l*, 348*l*
ヘッセ Hermann Hesse 1877-1962 **572*r***
ヘットナー Hermann Julius Theodor Hettner 1821-82　446*l*
ベッヒャー Johannes Robert Becher 1891-1958　532*r*
ペテーフィ Petöfi Sándor 1823-49 439*r*
ベートーヴェン Ludwig van Beethoven 1770-1827　398*l*, 436*l*, 439*r*, 449*r*, 516*r*, **573*l***
ペトロニウス Gaius Petronius Arbiter ?-66　**574*l***
ベーメ Jakob Böhme 1575-1624 22*r*, 540*r*
ヘラクレイトス Heraklit (Herakleitos) ca.535/40-ca.475 B.C. 13*l*, 117*r*, 140*r*, 197*r*, 301*l*, 309*r*, 333*l*, 341*l*, 527*l*, **574*r***, 581*r*

ペリクレス　Perikles ca.500-429 B.C.　278*l*, 511*r*
ベル　Daniel Bell 1919-　504*l*
ベールイ　Andrei Belyi (Boris Nikolaevich Bugaev) 1880-1934　688*l*
ベルク（アルバン）　Alban Berg 1885-1935　27*r*
ベルク（レオ）　Leo Berg 1862-1908　317*l*, 368*l*
ベルクソン　Henri Bergson 1859-1941　53*r*, 531*r*, 697*r*
ベルジャーエフ　Nikolai Aleksandrovich Berdyaev 1874-1948　688*l*
ヘルダー　Johann Gottfried von Herder 1744-1803　263*r*, 365*l*, 391*r*, 401*l*, 447*r*, 594*l*, 647*r*, 680*r*
ヘルダーリン　Friedrich Hölderlin 1770-1843　131*l*, 225*r*, 394*r*, 399*l*, 446*r*, 452*r*, 480*l*, 519*l*, 574*r*
ベルトラム　Ernst August Bertram 1884-1957　157*l*, 170*l*, 254*l*, 263*l*, 385*r*, 465*r*, 466*r*, 575*l*, 597*r*, 694*l*
ヘルトレ　Heinrich Härtle　420*l*
ベルナイス　Jocob Bernays 1824-81　563*r*, 575*r*, 659*l*
ベルヌーイ（カール）　Carl Albrecht Bernoulli 1868-1937　98*r*, 576*r*, 653*l*
ベルヌーイ（ダニエル）　Daniel Bernoulli 1700-82　576*r*
ベルヌーイ（ヨーハン・ヤーコブ）　Johann Jakob Bernoulli 1831-1913　576*r*
ヘルネ　Ludwig Börne (Löb Baruch) 1786-1837　135*l*
ベール＝ホフマン　Richard Beer-Hofmann 1866-1945　382*r*
ヘルマン（ゴットフリート）　Gottfried Hermann 1772-1848　659*l*
ヘルマン（ヴィルヘルム）　Wilhelm Johann Georg Herrmann 1846-1922　684*r*
ヘルムホルツ　Hermann von Hermholtz 1821-94　280*l*
ベーレンス　Peter Behrens 1868-1940　318*r*
ペロー　Charles Perrault 1628-1703　128*l*
ヘロドトス　Herodot (Hērodotos) ca.484-ca.425 B.C.　376*r*
ベン　Gottfried Benn 1886-1956　8*r*, 354*r*, 531*l*, 577*l*

ベンサム　Jeremy Bentham 1748-1832　25*l*, 188*r*
ベンダ　Clemens E. Benda　537*r*
ヘンデル　Georg Friedrich Händel 1685-1759　400*l*, 672*r*
ベンヤミン　Walter Benjamin 1892-1940　4*l*, 27*l*, 48*r*, 68*r*, 114*r*, 151*r*, 162*r*, 183*l*, 479*r*, 494*r*, 548*r*, 562*l*, 579*l*, 582*r*, 586*l*, 593*l*, 630*l*

ホ

ポー　Edgar Allan Poe 1809-49　520*l*
ボイムラー　Alfred Baeumler 1887-1968　357*l*, 418*l*, 465*r*, 566*l*, 581*r*
ボーヴォワール　Simone de Beauvoir 1908-86　229*l*
ボスコヴィッチ　Rudjer Josif Boskovic 1711-87　272*l*, 440*r*, 469*r*, 586*r*
ポーダッハ　Erich F. Podach　47*l*, 536*r*
ホッディス　Jakob van Hoddis 1887-1942　636*r*
ホッブズ　Thomas Hobbes 1588-1679　25*l*, 148*r*, 219*l*
ボードリヤール　Jean Baudrillard 1929-　523*l*
ボードレール　Charles Baudelaire 1821-67　214*r*, 336*l*, 380*r*, 414*l*, 450*r*, 481*r*, 518*l*, 551*l*, 559*r*, 592*l*, 626*r*, 658*l*
ホフマン　Ernst Theodor Amadeus Hoffmann 1776-1822　135*l*, 447*l*, 520*l*
ホフマンスタール　Hugo von Hofmannsthal 1874-1929　170*l*, 212*r*, 265*l*, 318*l*, 354*r*, 382*r*, 401*l*, 522*r*, 593*r*, 696*l*
ホフマン・フォン・ファラースレーベン　August Heinrich Hoffmann von Fallersleben 1798-1874　446*r*
ホーフミラー　Josef Hofmiller 1872-1933　20*l*
ボーフレ　Jean Beaufret 1907-82　424*r*
ホメロス　Homer (Homeros) 前9世紀頃　3*r*, 194*l*, 448*l*, 514*r*, 594*l*
ボーラー　Karl-Heinz Bohrer 1935-　495*l*
ホラティウス　Horaz (Quintus Hora-

tius) Flaccus 65-8 B.C.　190*r*, 594*r*
ホルクハイマー　Max Horkheimer 1895-1973　4*l*, 134*l*, 167*l*, 220*l*, 227*l*, 549*r*, 595*l*, 606*r*, 647*l*
ボルジア　Cesare Borgia 1475/76-1507　144*l*, 597*l*, 608*r*, 646*l*, 672*l*, 675*l*
ホルツ　Arno Holz 1863-1929　212*r*, 223*r*, 385*l*
ホルネッファー（兄弟）　Ernst Horneffer 1871-1954; August Horneffer 1875-1955　597*r*
ボルノウ　Otto Friedrich Bollnow 1903-91　573*l*
ホワイトヘッド　Alfred North Whitehead 1861-1947　20*l*
ボーンヘッファー　Dietrich Bonhoeffer 1906-45　184*l*

マ

マイゼンブーク　Malwida von Meysenbug 1816-1903　176*l*, 210*l*, 212*l*, 262*r*, 468*r*, 539*l*, 542*l*, 601*l*, 642*l*, 693*l*
マイネッケ　Friedrich Meinecke 1862-1954　599*r*
マイヤー　Hans Mayer 1907-　27*r*
マイヤー　Julius Robert von Mayer 1814-78　45*l*, 442*r*
マイヤー　Theo Meyer 1932-　55*l*
マインレンダー　Philipp Mainländer 1841-76　498*r*
マウトナー　Fritz Mauthner 1849-1923　439*l*
マキァヴェリ　Nicollò di Bernardo dei Machiavelli 1469-1527　597*l*
マゾッホ　Leopold von Sacher-Masoch 1836-95　163*r*
マックゴーヴァン　William Montgomery McGovern　685*r*
マヤコフスキー　Vladimir Vladimirovich Mayakovskii 1893-1930　688*l*
マーラー　Gustav Mahler 1860-1911　318*l*, 325*r*, 452*r*, 603*r*, 696*l*
マラルメ　Stéphane Mallarmé 1842-98　169*r*, 169*r*
マリネッティ　Filippo Tommaso Marinetti 1878-1944　351*l*, 531*r*, 615*l*
マルクス　Karl Marx 1818-83

169*l*, 193*r*, 230*r*, 238*l*, 243*l*, 332*l*, 492*r*, 589*r*, **604***l*
マルクーゼ　Herbert Marcuse 1898-1979　90*r*, 289*l*, 312*l*, 504*r*, **606***r*, 646*l*
マルセル　Gabriel Marcel 1889-1973　229*l*, 424*l*
マン（ゴーロ・マン）　Golo Mann 1909-94　609*r*
マン（ハインリヒ・マン）　Heinrich Mann 1871-1950　90*r*, 319*r*, 608*l*, 609*r*
マン（クラウス・マン）　Klaus Mann 1906-46　609*r*
マン（トーマス・マン）　Thomas Mann 1875-1955　29*r*, 35*l*, 147*r*, 170*l*, 176*r*, 313*r*, 316*r*, 354*r*, 385*l*, 385*r*, 401*l*, 419*l*, 427*r*, 461*l*, 560*r*, 575*r*, 608*l*, **609***r*
マンツォーニ　Alessandro Francesco Tommasso Antonio Manzoni 1785-1873　175*r*

ミ

三木 清　1897-1945　132*l*, 465*l*, **611***l*, 698*l*
三島由紀夫　1925-70　351*l*, 466*l*, **612***l*
ミシュレ　Jules Michelet 1798-1874　674*r*
ミッシュ　Georg Misch 1878-1965　378*r*
蓑田胸喜　1894-1946　466*r*
ミューザム　Erich Mühsam 1878-1934　368*r*, 532*l*, 613*r*
ミュッセ　Alfred de Musset 1810-57　213*r*
ミュンステラー　Hanns-Otto Münsterer　561*r*
ミラー　C. A. Miller　412*l*
ミラー　Henry Miller 1891-1980　**614***l*, 694*l*
ミラー　J. Hillis Miller 1928-　24*l*
ミル　John Stuart Mill 1806-73　25*l*, 187*r*, 204*r*, 228*l*, 236*l*, **616***l*

ム

ムージル　Robert Musil 1880-1942　155*l*, 319*r*, 368*l*, 522*r*, **617***l*
ムッソリーニ　Benito Mussolini 1883-1945　343*r*, 417*r*, 476*r*, 615*r*, 696*r*
ムンク　Edvard Munch 1863-1944　318*l*, 696*l*

メ

明治天皇　1852-1912　462*l*
メイヤック　Henri Meilhac 1831-97　632*l*
メーザー　Justus Möser 1720-94　594*l*
メーテルランク　Maurice Maeterlinck 1862-1949　353*r*
メービウス　Paul J. Möbius 1853-1907　536*r*
メラー・ファン・デン・ブルック　Arthur Moeller van den Bruck 1876-1925　401*l*, **624***l*, 654*l*
メーリケ　Eduard Mörike 1804-75　452*r*
メリメ　Prosper Mérimée 1803-70　450*l*, **624***l*
メーリング　Franz Mehring 1846-1919　418*r*
メルロ=ポンティ　Maurice Merleau-Ponty 1908-61　211*l*, 229*l*, **624***r*
メレジコフスキー　Dmitrii Sergeevich Merezhkovskii 1866-1941　688*l*

モ

モース　Marcel Mauss 1872-1950　97*r*
モーツァルト　Wolfgang Amadeus Mozart 1756-91　174*l*, 435*r*, 573*r*, **631***l*
モーパッサン　Guy de Maupassant 1850-93　223*r*, 450*r*, 627*r*, **632***l*
モムゼン　Theodor J. Mommsen 1817-1903　33*l*
モムゼン　Wolfgang J. Mommsen 1930-　36*r*
モラス　Charles Maurras 1868-1952　1*l*
森 鷗外　1862-1922　160*r*, 349*r*, 463*l*, 497*r*, **635***r*
モルガン　Louis Henry Morgan 1818-81　492*r*
モルゲンシュテルン　Christian Morgenstern 1871-1914　319*r*, **636***r*
モルニエ　Thierry Maulnier 1909-88　1*r*
モンティナーリ　Mazzino Montinari 1928-86　20*l*, 199*l*, **202***l*, 272*l*, 355*l*, 424*l*
モンテスキュー　Charles de Secondat, baron de la Brède et de Montesquieu 1685-1755　554*l*
モンテーニュ　Michel Eyquem de Montaigne 1533-92　128*l*, 137*l*, 240*l*, 450*l*, 560*l*, 632*r*, **637***l*, 667*l*
モンベルト　Alfred Mombert 1872-1942　385*l*

ヤ

ヤコービ　Friedrich Heinrich Jacobi 1743-1819　454*l*, 688*r*
保田与重郎　1910-81　465*r*, 466*r*, 467*l*
ヤスパース　Karl Jaspers 1883-1969　102*l*, 144*r*, 211*l*, 229*l*, 296*l*, 358*l*, 368*r*, 418*l*, 465*r*, 472*r*, 537*r*, 611*l*, **638***l*
山崎庸佑　1934-　466*l*
山之内靖　1933-　37*l*
ヤーン　Otto Jahn 1813-69　515*r*, 598*r*, 659*l*, 692*l*
ヤング　Edward Young 1683-1765　145*r*, 391*r*
ヤンツ　Curt Paul Janz 1911-　440*l*

ユ

ユイスマンス　Joris Karl Huysmans 1848-1907　353*r*
ユーゴー　Victor Hugo 1802-85　497*l*
ユンガー　Ernst Jünger 1895-　68*r*, 336*l*, 369*l*, 479*r*, 522*r*, **643***l*
ユング　Carl Gustav Jung 1875-1961　114*r*, 176*r*, 582*r*
ユング=シュティリング　Jung-Stilling (Johann Heinrich Jung) 1740-1817　449*l*

ヨ

ヨーエル　Karl Joël 1864-1934　611*r*
吉沢伝三郎　1924-　465*r*
ヨナス　Hans Jonas 1903-93　326*l*
ヨルク・フォン・ヴァルテンブルク伯　Paul Graf York von Warten-

人名索引 ライヒ〜ロラン

burg 1835-97　378*l*, 576*l*

ラ

ライヒェルト　Herbert W. Reichert 424*l*
ライプニッツ　Gottfried Wilhelm von Leibniz 1646-1716　54*l*, 230*l*, 357*l*
ライマールス　Hermann Samuel Reimarus 1694-1768　263*r*
ラインハルト　Karl Reinhardt 1889-1958　33*l*, 73*r*, 196*l*, **651***l*, 683*l*
ラウシェニング　Hermann Rauschning 1887-1982　418*r*, 454*r*
ラウファ　H. Laufer 1933-　270*l*
ラウマー　Friedich von Raumer 1781-1873　482*l*
ラガルド　Paul de Lagarde (Paul Anton de Bötticher) 1827-91　37*r*, 652*l*
ラカン　Jacques Lacan 1901-81　211*l*, 588*l*
ラサール　Ferdinand Lassalle 1825-64　604*r*
ラシーヌ　Jean Baptiste Racine 1639-99　448*l*
ラーテナウ　Walther Rathenau 1867-1922　318*l*, 696*l*
ラファエロ　Raffael (Raffaello Santi) 1483-1520　652*r*
ラ・ブリュイエール　Jean de La Bruyère 1645-96　128*l*, 450*l*, 635*l*
ラ・ロシュフコー　François, duc de La Rochefoucauld 1613-80　7*r*, 128*l*, 137*l*, 240*l*, 267*r*, 296*r*, 355*r*, 406*l*, 450*l*, 632*r*, 642*l*, **653***l*
ラングベーン　Julius Langbehn 1851-1907　245*r*, 624*l*, **654***l*
ランケ　Leopold von Ranke 1795-1886　482*l*, 559*l*, 680*r*
ランゲ　Friedrich Albert Lange 1828-75　55*l*, 120*r*, 267*r*, 286*l*, 347*l*, 440*r*, 640*r*
ランゲ=アイヒェンバウム　Wilhelm Lange-Eichbaum　537*r*
ランダー　Walter Savage Landor 1775-1864　450*l*
ランダウアー　Gustav Landauer 1870-1919　613*r*

リ

リオタール　Jean François Lyotard 1924-　534*r*, 589*r*, **654***r*
リクール　Paul Ricœur 1913-　655*l*
リシュタンベルジェ　Henri Lichtenberger 1864-1941　657*l*
リスト　Franz Liszt 1811-86　32*r*, 213*r*, **657***r*
リッケルト　Heinrich Rickert 1863-1936　290*l*, 611*l*, **658***l*
リッチュル　Albrecht Ritschl 1822-89　684*l*
リッチュル　Friedrich Wilhelm Ritschl 1806-76　39*l*, 375*l*, 489*r*, 515*r*, 563*l*, 575*r*, 598*r*, 642*l*, 651*l*, **659***l*, 691*r*
リップス　Theodor Lipps 1851-1914　10*r*
リヒター　Horst Eberhard Richter 1923-　62*r*
リヒター　Raoul Richter 1871-1912　199*l*, 347*r*
リヒテンシュタイン　Alfred Liechtenstein 1889-1914　636*r*
リヒテンベルク　Georg Christoph Lichtenberg 1742-99　7*r*, 446*r*, **659***r*
リーリエンクローン　Detlev von Liliencron 1844-1909　385*l*
リルケ　Rainer Maria Rilke 1875-1926　212*r*, 480*l*, 531*r*, **663***l*
リンガー　Fritz K. Ringer 1934-　617*l*
リンゲルナッツ　Joachim Ringelnatz 1883-1934　636*r*

ル

ルカーチ　György Lukács 1885-1971　4*l*, 147*l*, 244*r*, 254*l*, 404*l*, 412*r*, 418*l*, 502*r*, 532*r*, 565*l*, 606*r*, 607*l*, 641*l*, **665***l*
ルキアノス　Loukianos ca. 120-ca.180　365*l*
ルーゲ　Arnold Ruge 1802-80　392*r*
ルソー　Jean-Jacques Rousseau 1712-78　38*r*, 165*r*, 172*r*, 226*l*, 288*r*, 450*l*, 553*r*, 554*r*, **669***l*
ルター　Martin Luther 1483-1546　20*l*, 144*l*, 248*l*, 249*r*, 328*l*, 398*l*, 567*r*, 619*r*, 650*l*, **671***r*, 675*r*
ルナン　Ernest Renan 1823-92　20*r*, 23*r*, 213*r*, 450*r*, 553*r*, **673***r*
ル・ボン　Gustave Le Bon 1841-1931　557*l*
ルメートル　Jules Lemaitre 1853-1914　450*r*, 632*l*

レ

レー　Paul Rée 1849-1901　75*r*, 114*l*, 137*l*, 188*l*, 212*l*, 228*l*, 296*r*, 356*l*, 384*l*, 407*r*, 468*r*, 556*l*, 643*l*, 647*l*, 653*l*, 660*r*, **676***l*, 693*l*
レヴィ=ストロース　Claude Lévi-Strauss 1908-　588*l*
レーヴィット　Karl Löwith 1897-1973　47*l*, 66*r*, 103*l*, 109*r*, 115*r*, 144*r*, 150*r*, 203*l*, 213*r*, 243*l*, 368*r*, 393*l*, 418*l*, 424*l*, 459*l*, 465*l*, 473*l*, 481*l*, 571*l*, 611*l*, 638*r*, **677***r*, 698*l*
レヴィナス　Emanuel Levinas 1905-　552*l*, 655*l*
レオパルディ　Giacomo Leopardi 1798-1837　450*l*, 452*r*, **679***l*
レッシング　Gotthold Ephraim Lessing 1729-81　133*l*, 159*l*, 193*r*, 263*r*, 399*l*, 446*l*, **685***l*
レーナウ　Nikolaus Lenau 1802-50　385*l*
レルシュ　Heinrich Lersch 1889-1936　532*r*
レンツェフスキ　Gustav Lenzewski 1896-　440*l*

ロ

魯迅　Ru Hsün 1881-1936　**689***r*
ローゼンベルク　Alfred Rosenberg 1893-1946　417*r*, 566*l*, **690***l*
ロソ=テイラー　Jessie Lossot-Taylor 1827-1905　539*l*
ロック　John Locke 1632-1704　25*l*, 127*l*
ロッシーニ　Gioacchino Rossini 1792-1868　115*l*, 436*l*
ローデ　Erwin Rohde 1845-98　63*r*, 175*r*, 278*l*, 384*r*, 515*r*, 641*l*, 651*l*, 659*l*, 682*r*, **690***l*
ロティ　Pierre Loti (Julien Viaud) 1850-1923　450*r*, 632*r*
ロティ　Richard Mckay Rorty 1931-　134*r*, 506*l*
ロープス　Friedrich Loofs 1858-1928　684*r*
ロムベルク　Andreas Romberg 1767-1821　287*r*
ロームント　Heinrich Romundt 1845-ca.1920　248*l*, 490*l*
ロラン　Romain Rolland 1866-1944　601*l*

727

ロールズ John Rawls 1921-
　　505*r*
ロラン Claude Lorrain (Claude Gallée) 1600-82　　50*r*, 413*r*, 415*l*, 448*r*, **693*r***
ロレンス David Herbert Lawrence 1885-1930　　614*r*, **694*l***
ロンブローゾ Cesare Lombroso 1836-1909　　131*l*

ワ

ワイルド Oscar Fingal O'Flahertie Wills Wilde 1856-1900　　520*l*
和辻哲郎 1889-1960　　10*l*, 71*l*, 174*r*, 397*l*, 421*l*, 464*r*, **697*l***

縮刷版 ニーチェ事典

2014(平成26)年6月15日　初版1刷発行

編　者	大石紀一郎　　大貫　敦子　　木前利秋
	高橋　順一　　三島　憲一
発行者	鯉渕　友南
発行所	株式会社　弘文堂　　101-0062 東京都千代田区神田駿河台1の7
	TEL 03(3294)4801　　振替 00120-6-53909
	http://www.koubundou.co.jp

装　丁　青山修作

組版・印刷・製本　図書印刷株式会社

© 2014 Printed in Japan

JCOPY　<(社)出版者著作権管理機構　委託出版物>

本書の無断複写は著作権法上での例外を除き禁じられています。複写される場合は、そのつど事前に、(社)出版者著作権管理機構(電話 03-3513-6969、FAX 03-3513-6979、e-mail: info@jcopy.or.jp)の許諾を得てください。
また本書を代行業者等の第三者に依頼してスキャンやデジタル化することは、たとえ個人や家庭内の利用でも、一切認められておりません。

ISBN978-4-335-15058-6

縮刷版 カント事典

編集顧問 ▶ 有福孝岳・坂部 恵
編集委員 ▶ 石川文康・大橋容一郎・黒崎政男・中島義道・福谷 茂・牧野英二

カント哲学の基本概念、用語、関連人物、主要著作など650項目を第一線で活躍する内外の研究者150名余を結集して編み上げた最良の道しるべ。「今、カントを知る」ための恰好の手引。索引も充実。定価(本体3,500円+税)

縮刷版 ヘーゲル事典

編集委員 ▶ 加藤尚武・久保陽一・幸津國生・高山 守・滝口清栄・山口誠一

ヘーゲルの用語、伝記上の人物、研究史に関わる事項等約1000項目を収めて多角的にヘーゲル像に迫り、わが国の研究水準を刷新した本格的事典。和文、欧文、人名の索引も完備した格好の手引である。定価(本体3,500円+税)

縮刷版 ニーチェ事典

編集委員 ▶ 大石紀一郎・大貫敦子・木前利秋・高橋順一・三島憲一

一世紀に及ぶ解釈・受容の歴史と現在の思想・文化状況をふまえた本格的事典。ニーチェ思想のキーワードや様々な相互影響関係をもつ人物など500余の基礎項目をベースにニーチェの内と外を読み解く。定価(本体3,500円+税)

縮刷版 現象学事典

編集委員 ▶ 木田 元・野家啓一・村田純一・鷲田清一

20世紀最大の思想運動として各界に今なお幅広い影響を与え続けている「現象学」の全容に多角的な視座からアプローチする世界最高水準の事典。研究者の格好の便覧であり初学者の良き道標である。定価(本体3,500円+税)

縮刷版 社会学文献事典

編集委員 ▶ 見田宗介・上野千鶴子・内田隆三・佐藤健二・吉見俊哉・大澤真幸

古典から現代の名著・力作・話題作まで、現代社会を読むための必読文献を厳選。各分野を代表する456人の著者自身・訳者自身が解説。年表式書誌データ付き。研究者必携、読書人には座右のツール。定価(本体3,800円+税)

弘文堂